TEOLOGIA SISTEMÁTICA

WOLFHART PANNENBERG

TEOLOGIA SISTEMÁTICA

Volume III

Tradução
Ilson Kayser

Santo André
2021

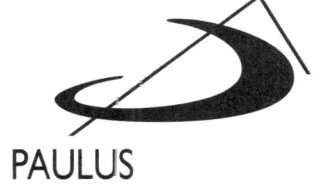

© Editora Academia Cristã
© Vandenhoeck & Ruprecht

Título original:
Systematische Theologie - Band III

Supervisão Editorial:
Luiz Henrique A. Silva
Paulo Cappelletti

Layout e arte final:
Dálet - Diagramações Ltda-me

Tradução:
Werner Fuchs

Capa:
Magno Paganelli

Leitura final:
Rogério de Lima Campos

Assessoria para assuntos relacionados a Biblioteconomia:
Neusa Pedroso Mateus Gomes

P194t Pannenberg, Wolfhart
Teologia Sistemática - Volume III / Wolfhart Pannenberg; tradução: Werner Fuchs
– Santo André; São Paulo : Editora Academia Cristã Ltda; Paulus, 2009.

Título original: Systematische Theologie - Band III

16x23 cm: 840 páginas

ISBN 978-85-98481-37-1

Bibliografia

1. Pannenberg, Wolfhart 2. Teologia Sistemática 3. Teologia Prolegômenos 4. Deus.
I Título.

CDU 230. 2 Pan

Índice para catálogo sistemático:

I - Teologia Sistemática - 23

Proibida a reprodução total ou parcial desta obra, por qualquer forma ou meio eletrônico e mecânico, inclusive através de processos xerográficos, sem permissão expressa da editora (Lei nº 9.610 de 19.2.1998).

Todos os direitos reservados à

Editora Academia Cristã
Rua Vitória Régia,1301 - Santo André
CEP 09080-320 - São Paulo, SP - Brasil
Tel.: (11) 4424-1204
E-mail: academiacrista@globo.com
Site: www.editoraacademiacrista.com.br

Paulus Editora
Rua Francisco Cruz, 229
CEP 04117-091 - São Paulo - SP - Brasil
Tels.: (11) 5087-3700
E-mail: editorial@paulus.com.br
Site: www.paulus.com.br

SUMÁRIO

ABREVIAÇÕES 9

APRESENTAÇÃO À EDIÇÃO BRASILEIRA 13

PREFÁCIO 19

Capítulo 12 – EFUSÃO DO ESPÍRITO, REINO DE DEUS E IGREJA 25
   1. A consumação da economia soteriológica de Deus por meio do Espírito 25
      a) A singularidade da atuação soteriológica do Espírito em relação à criação 25
      b) O Espírito como dádiva e a glorificação da criação 33
      c) A efusão do Espírito e a igreja 39
   Excurso: A posição da eclesiologia na estruturação da dogmática ... 49
   2. Reino de Deus, igreja e sociedade 58
      a) Igreja e reino de Deus 58
      b) A igreja como mistério da salvação em Cristo 72
      c) Igreja e ordem política no horizonte do senhorio de Deus ... 85
   3. Lei e evangelho 96
      a) A compreensão da lei em Paulo no contexto da história da salvação 100
      b) O evangelho como nova lei? 112
      c) A lei como exigência e a outorga do evangelho 123
      d) A liberdade do cristão frente à lei e a vontade jurídica de Deus 134

Capítulo 13 – A CONGREGAÇÃO DO MESSIAS E O INDIVÍDUO 147
   1. A comunhão do indivíduo com Jesus Cristo e a igreja como comunhão dos fiéis 147
      1) Igreja como comunhão dos fiéis e como corpo de Cristo 149

*2) A mediação da comunhão dos fiéis por meio da confissão
conjunta* 164
**3) A relação direta do indivíduo com Jesus Cristo no
Espírito Santo e a mediação do evangelho pela igreja** 179
**2. Os efeitos salvadores fundamentais do Espírito
em cada cristão** 195
1) A fé 196
  a) Fé como confiança 200
  b) Fé e tomada de conhecimento 204
  c) Fé e saber histórico 207
  d) Fundamento da fé e pensamentos de fé 220
  e) A certeza de salvação da fé 229
2) A esperança 243
3) O amor 255
  a) Amor a Deus e amor ao próximo 255
  b) Amor e graça 275
  c) A oração cristã 282
4) Filiação em Deus e justificação 293
**3. A configuração simbólica da presença salvadora de
Cristo na vida da igreja** 328
1) O batismo e a vida cristã 331
  a) O batismo como constituição de identidade cristã 331
  b) Batismo, conversão e arrependimento 338
  *c) Batismo e fé (batismo de infantes, confirmação, unção de
    enfermos)* 354
  d) A instituição do batismo e o simbolismo do rito batismal 378
2) A ceia do Senhor e o culto cristão 387
  a) Origem e significado da ceia do Senhor 387
  b) Palavras da instituição e presença de Cristo na Ceia do Senhor 400
  *c) A mediação da presença de Jesus Cristo na liturgia eucarística
    da igreja* 415
    aa) Anamnese e sacrifício de Cristo 416
    bb) A presença física do Exaltado na Santa Ceia 424
    cc) Sacrifício e presença de Cristo 429
    dd) Presença de Cristo e Espírito Santo 434
  d) Ceia do Senhor e comunhão eclesial 440
  e) A ceia do Senhor e a proclamação do evangelho no culto da igreja 449

*3) A pluralidade de significados do conceito de sacramento
e o caso singular do matrimônio* 454
  a) *O conceito tradicional de sacramento* 454
  b) *Dificuldades na aplicação e justificação do conceito de
    sacramento* 458
  c) *Um só mistério da salvação e a pluralidade de sacramentos* 466
  d) *Os sacramentos como sinais* 469
  e) *O entorno do sacramental* 478
  f) *O matrimônio como recordação de uma compreensão mais
    ampla de sacramento* 481
  g) *A questão dos critérios ao se falar de sacramentos (síntese)* 489
4. **O ministério diretivo como sinal e instrumento da
unidade da igreja** 496
  *1) A incumbência conjunta dos fiéis e o ministério da
    unidade* 498
  2) Ordenação e sucessão ministerial apostólica 525
    a) *Sacramentalidade e exercício da ordenação* 527
    b) *A eficácia da ordenação* 532
    c) *A execução canônica da ordenação como um sinal da unidade
      da igreja* 534
  *3) A unidade da igreja e o escalonamento de seu ministério
    diretivo* 541
    a) *Os atributos essenciais da igreja* 542
    b) *Níveis distintos da unidade da igreja e de seu ministério diretivo* 555
    c) *Um serviço à unidade do cristianismo todo* 561
5. **Igreja e povo de Deus** 575

CAPÍTULO 14 – **ELEIÇÃO E HISTÓRIA** 579
  1. **A Eleição do Indivíduo** 583
    a) *A doutrina clássica da eleição* 583
    b) *Eleição e vocação* 594
    c) *A eleição do indivíduo e a comunhão* 603
  2. **A Igreja como Povo de Deus** 613
    a) *O conceito do povo de Deus na eclesiologia* 616
    b) *Igreja e Israel* 622
    c) *Povo de Deus e igreja oficial* 631
  3. **A Eleição do Povo de Deus e a Experiência
    da História** 638

a) A idéia da eleição como categoria religiosa para a constituição histórica da ordem cultural 639
  b) Os aspectos da autocompreensão histórica correlatos à idéia da eleição 644
  4. A tarefa de uma interpretação teológica da história de igreja e cristianismo à luz da doutrina da eleição 656
  Excurso: Fé secular na eleição e nacionalismo na história do cristianismo 681
  5. O objetivo da eleição e o governo mundial de Deus no processo da história 686

CAPÍTULO 15 – A CONSUMAÇÃO DA CRIAÇÃO NO REINO DE DEUS 693
  1. O Tema da Escatologia 693
  a) Escatologia e senhorio de Deus 693
  b) O caminho para fundamentar afirmações escatológicas 699
  c) A relação entre escatologia individual e geral e a atuação do Espírito na consumação da criação 717
  2. Morte e Ressurreição 728
  a) A teologia da morte 729
  b) A relação entre esperança de ressurreição e outras formas da fé em um futuro do indivíduo para além da morte 738
  c) A problemática interior da concepção da ressurreição 752
  3. Reino de Deus e Fim dos Tempos 760
  a) O reino de Deus como consumação da sociedade humana ... 760
  b) O reino de Deus como fim da história 768
  c) O reino de Deus como entrada da eternidade no tempo 779
  4. O Juízo e o Retorno de Cristo 795
  a) O juízo e seu critério 797
  Excurso: A linguagem da escatologia 810
  b) A obra do Espírito no juízo e na transfiguração 811
  c) A concretude do Cristo que retorna 816
  5. A Justificação de Deus pelo Espírito 821
  a) O problema da teodicéia e as tentativas de sua superação argumentativa 823
  b) A superação do mal e dos males pelo próprio Deus 829
  c) A revelação do amor de Deus na consumação da criação ... 835

ABREVIAÇÕES

Adv. Haer.	– Irineu, *Adversus haeresus*
Adv. Marc	– Tertuliano, *Adversus Marcion*
Adv. Praxean	– Tertuliano, *Adversus Praxean*
ANET	– Ancient Near Eastern Texts
ATD	– Das Alte Testament Deutsch
Barn.	– Epístola de Barnabé
BKAT	– Biblische Kommentare zum Alten Testament
BSELK	– Bekenntnisschriften der Evangelisch-Lutherischen Kirche
c. Arian.	– Atanásio, *Contra arianos*
CA	– Confessio Augustana – Confissão de Augsburgo
cf.	– confira
Clem	– Primeira e Segunda Epístola de Clemente
Conf.	– Agostinho, *Confessiones*
CR	– Corpus Reformatorum, Berlim
De civ. Dei	– Agostinho, *De Civitate Dei* [A cidade de Deus]
De div. Nom.	– Pseudo-Dionísio Areopagita, *De diviris nominibus*
De docta ign.	– Nicolau de Cusa, *De docta ignorantia*
De lib. arb.	– Agostinho, *De libero arbitrio*
De nat. deor.	– Cícero, *De natura deorum*
De praesc. haer.	– Tertuliano, *De praescriptione hareticorum*
De princ	– Orígenes, *De principiis*
De ver.	– Tomás de Aquino, *De veritate*
De vera rel.	– Agostinho, *De vera religione*
Dial.	– Justino, *Dialogus contra Tryphone*
DS	– Denzinger/Schönmetzer, *Enchiridion Symbolorum, etc.*
DV	– *Dei Verbum* – Constituição do Concílio Vaticano II
Ed. Vat.	– edição vaticana
EKD	– Evangelische Kirche in Deutschland

EKK	– Evangelisch-katholischer Kommentar
Enn.	– Plotino, *Ennarationes in Psalmos*
esp.	– especialmente
Ev. Theol.	– Evangelische Theologie (periódico)
GCS	– Orígenes
Hist. Eccl.	– Eusébio de Cesaréia, *Historia ecclesiastica*
Hist WB Philos	– Historisches Wörterbuch der Philosophie
Hom. Num.	– Orígenes, *Homilia in Numeros*
HTB	– Harper Torchbook
ib.	– ibidem
i.é.	– isto é
IKZ	– Internationale kirchliche Zeitschrift
Inst.	– *Institutio religionis christianae* = Institutas, de João Calvino
KD	– *Kirchliche Dogmatik,* de Karl Barth
KuD	– Kerygma und Dogma (periódico)
LC	– Livro de Concórdia – As Confissões da Igreja Evangélica Luterana
Leg.	– Atenágoras, *Leges*
Loc. cit.	– *locus citatum*
LThK	– Lexikon für Theologie und Kirche, ed. M. Buchenberger
Magn.	– Inácio de Antioquia aos Magnésios
Med.	– Descartes, *Meditações*
Met.	– Aristóteles, *Metaphysica*
MPG	– Migne, Patrologiae cursus completus, series graeca
MPL	– Migne, Patrologiae cursus completus, series latina
n.	– nota
NF	– Neue Folge (Nova seqüência)
NTD	– Das Neue Testament Deutsch
NZsystTh.	– Neue Zeitschrift für systematische Theologie (periodico)
Op. cit.	– *Opus citatum*
Opusc. Theol. Polem.	– Máximo Confessor
Ord. Prol.	– Duns Escoto, *Ordinatio Prologus*
Or.	– *Oratio Catechetica Magna,* de Gregório de Nissa
p.	– página

pp.	– páginas
p. ex.	– por exemplo
PG	– Pais gregos
PhB	– Philosophische Bibliothek
Phys.	– Aristóteles, *Física*
PL	– Migne, Pais latinos
PRE	– Paulys Real-Encyklopädie der klassischen Altertumswissenschaft
RE	– Realenzyklopädie für protestantische Theologie und Kirche
RGG	– Religion in Geschichte und Gegenwart
SCM	– Studies in the Christian movement
Strom	– Clemente de Alexandria, *Stromata*
Sum. c. gent.	– Tomás de Aquino, *Summa contra Gentiles*
Sum. theol	– Agostinho, *Summa Theologica* ou *Summa theologiae*
SVF	– *Stoicorum Veterum Fragmenta*
Symp	– Platão, *Symposion*
tb.	– também
Th. Ex.	– Theologische Existenz
ThLZ	– Theologische Literaturzeitung (periodic)
ThWBNT	– Theologisches Wörterbuch zum Neuen Tetstament
TRE	– Theologische Realenzyklopädie, editada por Krause e Müller
Tusc.	– Cícero, *Tusculanae Disputationes*
v.	– versículo
vv.	– versículos
Vis.	– Pastor de Hermas, *Visiones*
WA	– Weimarer Ausgabe = Obras completas de Martim Lutero, edição de Weimar, Alemanha.
ZAW	– Zeitschrift für alttestamentliche Wissenschaft
ZEE	– Zeitschrift für evangelische Ethik
ZGK	– Zeitschrift für Kirchengeschichte
ZKG	– Zeitschrift für Kirchengeschichte
ZsystTh	– Zeitschrift für sistematische Theologie
ZTK	– Zeitschrift für Theologie und Kirche

APRESENTAÇÃO À EDIÇÃO BRASILEIRA

"Em terra de cego, quem tem um olho é rei", diz o ditado. Felizmente ele está, aos poucos, deixando de ser aplicável ao cenário da Teologia Sistemática no Brasil. Um levantamento feito num projeto de pesquisa na Faculdade EST, em São Leopoldo, mostra que nossa produção nesta área já é significativa, mesmo que qualitativamente talvez deixe ainda a desejar.

Mas é no terreno de traduções de obras importantes que temos progredido mais. Como exemplos recentes, temos a nova edição portuguesa da Teologia Sistemática de PAUL TILLICH, a série completa dos estudos dogmáticos de JÜRGEN MOLTMANN, e agora o lançamento da Teologia Sistemática de WOLFHART PANNENBERG. Trata-se de uma das mais importantes obras teológicas do século 20. Nela PANNENBERG resume uma vida de intensa dedicação à pesquisa teológica e filosófica, com centenas de publicações e mais de uma dezena de livros que marcaram época. Certamente aqui temos dois olhos, e bem abertos e perspicazes.

A atitude dos leitores e leitoras, diante destes três volumes, certamente será diversa. Alguns vão se perguntar como é que alguém pode escrever tanto assim. Se realmente há tanto que dizer. E de fato, esta deve ser uma exigência dos dias de hoje: uma escrita econômica, que abandone a ambição de achar que todo mundo deve ter todo o tempo do mundo para ler o que a gente escreve. Outras vão ficar admiradas por ver como PANNENBERG conseguiu ser tão econômico ao dizer tanto em tão pouco espaço.

Estes três volumes representam o cume de uma produção teórica em que o autor já havia esmiuçado praticamente cada tópico aqui abordado, em artigos, coletâneas e monografias. Desde a perspectiva deste grande resumo final, tudo serviu como trabalho preparatório para a síntese que aqui encontramos. PANNENBERG foi produzindo-a primeiramente na forma de preleções acadêmicas, sempre de novo revistas e melhoradas. A redação definitiva começou nos anos 1980, quando a aposentadoria já se aproximava. E se estendeu aos inícios dos anos 1990.

O que temos em nossas mãos é uma grande síntese teológica. Alimentada e aprofundada pelas várias décadas de estudos preparatórios, ela consegue juntar tudo e realizar uma visão de conjunto da teologia cristã. Pelo compasso, pela erudição, pela reflexão madura que ela apresenta, é daquelas obras que só aparecem uma a cada meio século.

PANNENBERG pode ser considerado o último grande escolástico protestante. Quem tem noção de quanto alguém precisa ler, e quanto tempo alguém precisa para refletir tudo que se encontra dentro das capas destes três livros, fica admirado. É uma vida dedicada à teologia, o que se expressa nestas páginas. Na Alemanha se ouvem historinhas de como sua esposa o acordava às 5 da manhã para começar a trabalhar, por exemplo, e de como ela o acompanhava constantemente (o casal não teve filhos), em cada aula, em cada auditório, e como ele lhe fazia um sinal para anotar algo que lhe ocorresse naquele momento e que poderia ser importante para a Teologia Sistemática que ele vinha gestando ao longo de décadas.

Esta obra tem várias características que a distinguem. Primeiro, o pendor escolástico de PANNENBERG não o exime de encarar de frente a questão da verdade e da normatividade da teologia cristã. Em tempos de modernidade diluída, como os nossos, parece melhor deixar de lado esta questão. Mas quem por anos a fio analisou e ponderou os dados da teologia cristã sabe que a questão da verdade lhe é imanente e fundamental. Que ela tenha que continuar a ser discutida em moldes aristotélicos e iluministas é uma questão que se coloca, e que também não escapa a PANNENBERG, mesmo que sua solução talvez deixe a desejar. A noção de verdade do cristianismo pode não ser a mesma, e não ser da mesma ordem, que a que estamos acostumados como herdeiros do racionalismo.

Importante é que PANNENBERG tenha percebido a centralidade desta questão, e que a tenha colocado logo no início de suas meditações sobre a fé cristã. Ela determina, em parte, o teocentrismo de compasso amplo que anima o conjunto de sua síntese (e em parte é por ele determinado). A estrutura do primeiro volume, dedicado às questões de teologia fundamental, expressa isso claramente. A uma discussão da noção de verdade cristã segue uma reflexão sobre a relação desta noção de verdade com a noção de Deus.

É interessante que PANNENBERG começa com uma reflexão sobre a noção de Deus, e não diretamente com a teologia trinitária, como fazem KARL BARTH e, a seu modo, MOLTMANN. Neste aspecto, sua abordagem lembra mais a de TILLICH. Isso tem a ver com sua compreensão de teologia como exercício acadêmico em franca conversação com o pensamento atual. Para esta conversação, cujo compasso as notas de rodapé ao longo dos três volumes mostram, ele traz um conhecimento e um domínio assombroso da história da teologia.

Este amplo domínio, tanto da literatura filosófica e científica atual como da história da teologia, é uma das coisas que encantam em PANNENBERG. Para alguns ele será moderno demais, gastando tempo demais com o pensamento "secular". Para outros, ele será tradicional demais, perdendo tempo demais com minúcias da história do pensamento cristão. Provavelmente isso indica que ele está no caminho certo.

Mas tem mais. PANNENBERG não se omite da complexa e delicada questão da religião e das religiões. TILLICH, no final de sua vida, admitiu que esta questão lhe ficara tão importante que, para fazer jus a ela, teria que reescrever sua Teologia Sistemática. PANNENBERG enfrenta o desafio logo no começo. Não só a noção (filosófica) de Deus é levada a sério, também a reivindicação ao divino nas religiões. O encaminhamento que ele dá a esta questão, tão atual na teologia e nas ciências da religião, merece um estudo à parte. Ele visa tanto respeitar a pluralidade religiosa, como levar a sério a singularidade do cristianismo e de sua pretensão de verdade.

Todas estas questões levam, no fluxo do argumento de PANNENBERG, ao problema central da revelação. Também ele espinhoso, e de preferência deixado de lado por teologias "pós-modernas" mais afoitas. É para a análise e a meditação da questão da revelação que levam os fios díspares que PANNENBERG vinha tramando, o da verdade cristã, o da noção filosófica de Deus e o da reivindicação do divino nas religiões, seja pela via da afirmação ou da negação.

A leitora e o leitor que acompanharam atentos o fluxo da argumentação até este ponto (até a metade do primeiro volume) já terão ficado atônitos pelo domínio de campos de pesquisa tão diferentes e pela maturidade da reflexão que tece estes fios num emolduramento sobre o qual, agora, a compreensão de uma teologia cristã consciente de seu enraizamento na revelação divina se desdobrará num amplo painel que vai da teologia trinitária à escatologia, passando por todos os temas clássicos da teologia cristã.

Além da constante conversação com a filosofia e a ciência contemporâneas, e da escuta atenta e erudita das tendências da história do pensamento cristão ao longo de dois milênios, uma terceira característica da teologia de Pannenberg é sua constante interação com os textos bíblicos. Formalmente, aqui, ele se distingue bastante de Tillich, que quase sempre deixava a base bíblica de sua teologia subentendida. Pannenberg discute passo a passo, pacientemente, com a tradição exegética do cristianismo. Seu conhecimento da exegese bíblica contemporânea é, para um teólogo sistemático, assombroso. Ponto por ponto, a reflexão teológica começa com os dados bíblicos, que, discutidos e sintetizados, vão constituir a plataforma sobre a qual a discussão com a tradição teológica e com o pensamento contemporâneo vai se dar.

Pannenberg é teólogo luterano, assim como o fora Tillich. Dentro do protestantismo, isso sem dúvida afeta e marca algumas diferenças, por exemplo, em relação a Barth e a Moltmann, ambos reformados. Mas sua pertença à tradição luterana não representa um entrave para a sua relevância ecumênica. Pelo contrário. Não é negando as tradições, em busca de um caldo indiferenciado, que teremos uma teologia ecumênica. É assumindo as pertenças e se abrindo ao diálogo respeitoso e desejoso de aprender com as diferenças.

O engajamento ecumênico concreto de Pannenberg é conhecido. Por décadas, ele foi presença constante nos diálogos católico-luteranos, só para dar um exemplo. Vários documentos bilaterais importantes têm sua marca impressa neles. A teologia católica sempre teve grande respeito e interesse por seu pensamento. Mas o mesmo acontece também nos meios evangélicos. De mais que um jeito ele deixou suas marcas em sínteses teológicas como a de Millard Erikson, por exemplo (teólogo conhecido no meio batista brasileiro), e especialmente na obra de Stanley Grenz, teólogo batista que se doutorou com Pannenberg em Munique e continuou em frutífero contato com ele. Grenz publicou, em inglês, uma alentada introdução aos três volumes que agora o leitor e a leitora têm em suas mãos (Reason for Hope. The Systematic Theology of Wolfhart Pannenberg, 1990).

Por tudo isso nos congratulamos com os editores, que assumem o risco de publicar uma obra deste porte, e com os tradutores e revisores, pelo trabalho difícil que conseguiram levar a bom termo. E esperamos que o livro possa exercer, no mundo de fala portuguesa, a mesma influência que vem exercendo no cenário teológico internacional desde a sua publicação em língua alemã e através de sua tradução para várias línguas.

Eric R. Mueller
Faculdades EST, São Leopoldo
Março de 2009.

PREFÁCIO

No centro deste terceiro volume da presente exposição da doutrina cristã encontra-se, não apenas formalmente, o tema da igreja, objeto do capítulo que de longe é o mais volumoso, embora inserido na moldura abrangente da doutrina do Espírito como dádiva escatológica, que indica para a consumação escatológica da salvação e que é fiadora dela, conferindo assim certeza dessa salvação, não obstante toda a fragilidade terrena da existência cristã. Os temas da obtenção individual da salvação por fé, graça e justificação são incluídos no tratamento desse conceito de igreja, mediados pela análise dos sacramentos. Apesar disso a ênfase da exposição recai sobre a participação de cada cristão na salvação, na medida em que igreja e sacramentos constituem apenas sinais da futura consumação da salvação. Sua eficácia como sinais tem de se efetivar e confirmar na vida de cada cristão. Apenas na condição não-mediada do relacionamento pessoal com Deus a salvação futura já se torna eficaz no presente, transformando a vida atual em vida de fé, esperança e amor.

A relevância da comunhão da igreja e de sua unidade para a autocompreensão de cada indivíduo cristão foi muitas vezes negligenciada no protestantismo. Ora, as doutrinas dos reformadores certamente ofereciam pontos de referência para uma apreciação apropriada do tema. A Reforma intentava justamente reformar a igreja, e precisamente no tocante ao cristianismo como um todo. A cisão da igreja significou que por enquanto esses esforços haviam fracassado. Esse fracasso da Reforma se tornou ponto de partida para que no protestantismo o significado da igreja e de sua unidade para a autocompreensão da existência cristã individual recuasse além do admissível ou retrocedesse até os limites de um conceito de igreja confessional. Isso não é incompreensível em vista das condições do antagonismo confessional de séculos passados, em que a liberdade da fé e da consciência da verdade na situação de relação pessoal direta com Deus precisava, ou parecia precisar, da delimitação e auto-afirmação contra um sistema de reivindicações de domínio hierárquico sobre a fé do indivíduo. No entanto, a esperança por uma generalização da liberdade na fé em meio a um mundo de cunho cristão foi um sonho de breve duração histórica, e o protestantismo ficou relegado hoje em todos os lugares à sua base eclesiástica.

Em contraposição, desde o impulso do Concílio Vaticano II a igreja católico-romana fez muito em prol da renovação de sua autocompreensão a partir da profundidade biblicamente fundamentada de sua tradição de fé para dissipar a recordação na distorção da hierarquia dos serviços cristãos em sistema de dominação, que tanto contribuiu para a história dos cismas cristãos. As estruturas da ordem hierárquica, contudo, de pertinaz sobrevivência, continuam dificultando a realização daquela função de serviço ao cristianismo todo, para a qual Roma se sabe chamada com razão. A recordação do caráter da igreja e de todas as suas instituições como sinal, preservado pela doutrina da igreja católico-romana, talvez possa ajudar a resistir futuramente com mais êxito às tentações de dominação hierárquica.

Na situação atual do cristianismo um tratamento adequado do tema da igreja requer que se tente integrar enfoques da Reforma com as características básicas das formas de vida eclesial desenvolvidas ao longo da história e que se tornaram peças constitutivas da tradição geral cristã. Os fundamentos disso se tornaram claramente perceptíveis na discussão atual sobre a estrutura da igreja como *communio* [comunhão], ou seja, na comunhão local da vida de celebração como manifestação primária da comunhão invisível de todos os crentes em Cristo. Sobre essa base seria possível já hoje uma conciliação de todas as tradições confessionais do cristianismo acerca da essência da igreja, e tal conciliação se torna tanto mais premente quanto mais o cristianismo está exposto não apenas à erosão do secularismo, mas também à concorrência com outras religiões universais. A reflexão sobre a mensagem apostólica de Cristo, na forma testemunhada no Novo Testamento, deveria levar ao reconhecimento, lamentavelmente ainda pouco disseminado no cristianismo depois de quase um século desde o início do moderno movimento ecumênico, da proporção em que as igrejas cristãs com sua mensagem se tornaram indignas de crédito para o mundo por causa de suas persistentes cisões.

Nesse ponto a realidade da igreja e conseqüentemente também a doutrina da igreja se ligam com especial clareza à pergunta pela verdade da doutrina cristã, que constitui o fio condutor de toda a exposição aqui apresentada. A verdade do evangelho de Jesus não é obscurecida tanto por nenhum outro fator quanto pela realidade da dilaceração da igreja, associada aos fenômenos que a acompanham, particularmente por meio da combinação de ânsia de poder e mentalidade bitolada em seus dirigentes oficiais: Afinal, em geral é o caráter bitolado do discernimento pessoal que faz descambar o bem-intencionado empenho pela verdade do evangelho para as ambigüidades da busca humana para assegurar a dominação. A igreja é chamada para testemunhar ao mundo a verdade do evangelho. Esse testemunho está associado à circunstância de que a própria igreja é neste mundo um prenúncio da determinação da humanidade, de ser renovada para uma comunhão em liberdade, justiça e paz no futuro do reino de Deus. Quanto mais a igreja – e as igrejas como partes do cristianismo todo – se apresentarem aos olhos das pessoas de fato como um sinal desses, tanto maior será sua autoridade entre os humanos. Tal autoridade não deve ser confundida com os poderes de jurisdição de seus dirigentes oficiais. Pelo contrário, ela consiste na credibilidade que cerca a vida cultual da igreja e sua proclamação do evangelho e que ela irradiada.

Definir, pois, a contribuição da igreja para a pergunta pela verdade da mensagem cristã é tudo menos uma questão simples. Isso vale ainda mais para uma doutrina da igreja. Ela somente pode se esforçar por elaborar a função da igreja como sinal rumo ao reino de Deus, justamente também na diferença em relação a ele, pelo que a igreja transmite ao fiel a certeza da participação na salvação escatológica e por meio do que ela mesma pode ser em sua vida de celebração um lugar da presença do Espírito já antes da consumação escatológica.

No mais a pergunta se e até que ponto a igreja em sua trajetória através da história é lugar da salvação escatológica e de fato se tornou perceptível como tal, constitui tema da doutrina da eleição. Na doutrina da eleição, que incorpora a pergunta pela eleição do indivíduo na da igreja, surge de modo historicamente concreto no campo de visão o caráter da igreja como sinal para o futuro do reino de Deus, obviamente não sem os obscurecimentos dessa sua vocação e dos daí decorrentes juízos de Deus na história. É somente na consumação escatológica do reino de Deus que a existência da igreja como sinal estará subsumida na verdade do futuro por ela anunciado – na superação do antagonismo de indivíduo e sociedade pela concretização do destino do ser humano na comunhão com o Deus eterno através de seu Espírito. O capítulo da escatologia explicita que e como a consumação escatológica tem por conteúdo a persistência de Deus em sua vontade de Criador, contendo assim para cada criatura tanto o juízo como também a salvação eterna. Somente por meio dessa consumação escatológica do mundo Deus evidenciará a si mesmo de modo definitivo como o verdadeiro Deus e Criador de suas criaturas, e assim demonstrará ao mesmo tempo em caráter definitivo a verdade de sua revelação em Jesus Cristo. Entretanto, seu desdobramento na doutrina cristã sem dúvida pensa em direção dessa autodemonstração definitiva de Deus, mas isso acontece por meio de conjeturas e hipóteses que sempre de novo se revelam passíveis de correção. Nisso, de modo semelhante como na vida da igreja, a verdade definitiva do próprio Deus já é apreendida e se torna presença – presença eterna – porém certamente apenas em configuração provisória, que não deve ser tomada pela verdade definitiva.

Minha secretária, a Sra. Berger, escreveu também para o presente volume a versão do manuscrito para a impressão. A Fundação Volkswagen viabilizou, mediante uma bolsa acadêmica no ano letivo de 1991/92, minha liberação da docência acadêmica através da contratação de um substituto, contribuindo assim decisivamente para a pronta conclusão da obra. Meus assistentes, a Dra. Christine Axt-Piscalar, o Dr. Walter Dietz e a Sra. Friederike Nüssel, bem como o Sr. Markwart Herzog, novamente me apoiaram nos trabalhos de correção. Ao Sr. Herzog devo especialmente o penoso e minucioso trabalho da verificação de todas as citações, à Dra. Axt-Piscalar, a confecção do índice remissivo, ao Dr. Dietz e à Sra. Nüssel, a dos outros dois índices. A todos eles externo meu cordial agradecimento. Desejo agradecer especialmente também ao Professor Avery Dulles por ter revisado o manuscrito do capítulo sobre a igreja e me fornecer, em muitos pontos específicos, valiosos conselhos que em sua maior parte ainda puderam ser levados em conta. Para além do grupo dos que participaram cientificamente do surgimento deste livro, agradeço, em vista da conclusão da obra toda, à minha esposa, sem cujo empenho constante e desinteressado não teria sido possível concluir o trabalho. Acima de tudo, porém, agradeço a Deus, que a cada dia me deu novas forças para trabalhar nesta obra, cuja formação se estendeu ao longo de toda a história de meu estudo de teologia e de sua análise na docência acadêmica, e que se destina a servir à exaltação de sua glória e verdade, na medida em que minhas fracas forças foram capazes disso.

Munique, janeiro de 1993
Wolfhart Pannenberg

Capítulo 12
EFUSÃO DO ESPÍRITO, REINO DE DEUS E IGREJA

1. A consumação da economia soteriológica de Deus por meio do Espírito

a) A singularidade da atuação soteriológica do Espírito em relação à criação

O agir do Deus trinitário em sua criação é em todas as suas configurações um agir do Pai por meio do Filho e do Espírito, um agir do Filho em obediência ao Pai, e a glorificação de ambos na consumação de sua obra por meio do Espírito. O Espírito de Deus não se torna atuante apenas na redenção dos seres humanos,[1] ensinando-os a reconhecer em Jesus de Nazaré o eterno Filho do Pai e movendo seus corações para enaltecer a Deus mediante fé, amor e esperança. O Espírito já opera na criação como hálito poderoso de Deus, origem de todo movimento e de toda a vida, e é somente diante do pano de fundo de sua atividade como Criador de toda vida que se pode entender corretamente sua atuação no extasiar-se da vida humana consciente,[2] bem como, em contraposição, seu papel de gerar nova vida na ressurreição dos mortos.[3] Em contrapartida o santo Espírito de Deus, dado aos crentes de um modo bem específico, a saber, de tal modo que ele "habita" neles (Rm 8.9; 1Cor 3.16), não é outro senão o Criador de toda

---

[1] Como pensa Orígenes, *De prin.* 1,3, 5-8. Cf. sobre isso vol. I da presente obra, p. 370.
[2] A esse respeito, cf. vol. II, p. 284ss., esp. p. 285ss..
[3] Maiores detalhes no vol. II, p. 487s., bem como abaixo, cap.15.

a vida na vastidão do acontecimento da natureza, bem como na nova criação da ressurreição dos mortos. Somente quando se vê a comunicação do Espírito Santo aos fiéis nessa correlação abrangente é possível aquilatar o que na realidade significa o acontecimento da efusão do Espírito: Nele está em jogo muitíssimo mais que apenas um auxílio divino de entendimento para compreender um evento de revelação que do contrário permaneceria incompreensível. A atuação do Espírito de Deus em sua igreja e nos crentes serve à consumação de sua atuação no mundo da criação. Porque o modo singular da presença do Espírito divino no evangelho e por meio de sua proclamação, que irradia da vida de celebração da igreja e preenche os fiéis de modo que se pôde afirmar deles que o Espírito "habita" neles, constitui um penhor da promessa de que em última análise a vida que em todos os lugares da emana atuação criadora do Espírito há de derrotar a morte, que é o preço para a declaração de autonomia das criaturas na desmedida persistência em sua existência, sem considerar sua finitude, diante da origem divina de sua vida.

> O nexo entre os efeitos soteriológicos do Espírito nos fiéis e sua atividade como Criador de toda a vida, bem como nessa nova criação e consumação escatológicas, foi muitas vezes negligenciado na teologia. Isso vale especialmente em vista da teologia do Ocidente cristão, cujas concepções da atuação do Espírito se concentraram predominantemente em sua função como fonte da graça ou da fé. Talvez se deva atribuir essa tendência à doutrina de AGOSTINHO sobre o Espírito como dádiva (*donum*) e ao concomitante recuo da personalidade do Espírito.[4] Seja como for, pode-se compreender a partir disso uma relação estreita da pneumatologia com a doutrina da graça na Idade Média latina, embora a maioria dos teólogos medievais não tenha seguido a identificação do Espírito Santo com a dádiva do amor (*caritas*) derramado em nossos corações, mas tenha diferenciado entre esse dom da graça como graça criada (*gratia creata*) e o próprio Espírito Santo.[5] A teologia da Reforma, em contrapartida, entendeu que a fé era o efeito decisivo do

---

[4] A esse respeito, cf. W. D. HAUSCHILD, art. "Heiliger Geist/Geistesgaben IV. Dogmengeschichtlich", in: *TRE*, vol. XII, 1984, p. 196-217, esp. p. 202s.
[5] J. AUER, *Die Entwicklung der Gnadenlehre in der Hochscholastik*, vol. I. *Das Wesen der Gnade*, 1942, p. 86-123.

Espírito Santo,⁶ ainda que sucedida pela dádiva do próprio Espírito para a santificação.⁷ Apesar de todas as diferenças confessionais permaneceu também aqui a concentração da concepção da atuação do Espírito na apropriação da salvação, ainda que em LUTERO e particularmente em CALVINO fossem também consideradas as afirmações bíblicas sobre a atividade do Espírito na criação.⁸ Na Reforma a concentração da pneumatologia na relação entre palavra, Espírito e fé podia facilmente levar a um estreitamento da função do Espírito na mediação da percepção da fé que, como se pensava, não era acessível à razão natural. Tais tendências puderam ser combatidas tanto pela ênfase na função do Espírito para a santificação da vida de fé pessoal dos cristãos quanto, como em SCHLEIERMACHER,⁹ pelo destaque ao aspecto comunitário da dotação do Espírito que liga cada um dos cristãos na comunhão da igreja. Na teologia do séc. XX foi gerada novamente a consciência, a partir da exegese do Novo Testamento, acerca da ligação entre dotação do Espírito e escatologia. Na substância isso aconteceu já quando KARL BARTH descreveu o Espírito Santo como "o poder despertador", por meio do qual o Ressuscitado criou para si a igreja como "exposição provisória de todo o mundo humano justificado nele".¹⁰ Depois OTTO WEBER demandou expressamente, a partir da reflexão acerca da função do Espírito no Novo Testamento como "dádiva escatológica".¹¹ um novo realismo pneumatológico, contrariando a difundida tendência

---

⁶ A explicação do Terceiro Artigo do Credo Apostólico por LUTERO em seu Pequeno Catecismo de 1531 expressa isso de maneira mais nítida: "Creio que por minha própria razão ou força não posso crer em Jesus Cristo, meu Senhor, nem vir a ele, mas o Espírito Santo me chamou pelo evangelho, iluminou com seus dons, santificou e preservou na verdadeira fé..." (*WA* 30/1, 367s; *BSELK*, p. 511s). Em LUTERO a fé assume o lugar da graça infusa no sentido da doutrina escolástica da graça. Cf. W. D. HAUSCHILD, *op. cit.*, p. 207ss., bem como G. EBELING: *Lutherstudien II: Disputatio De Homine* 3ª seção: "Die theologische Definition des Menschen", 1989, p. 441ss., acerca da compreensão da fé como dádiva do Espírito Santo.
⁷ P. MELANCHTHON, *Loci praecipui theologici* (1559), CR21, p. 742, cf. p. 752.
⁸ Sobre LUTERO, cf. R. PRENTER, *Spiritus Creator. Studien zu Luthers Theologie*, 1954, p. 187-199, sobre CALVINO, abaixo, nota 137, o estudo de W. KRUSCHE.
⁹ F. SCHLEIERMACHER: *Der christliche Glaube*, 2ª ed. 1830, p. 121-125.
¹⁰ K. BARTH, *KD*, vol. IV/1, 1953, p. 718 (§ 62 diretriz), e ainda p. 721ss. Quanto à ênfase escatológica da visão ali expressa, cf. já p. 130s, bem como p. 819ss.
¹¹ O. WEBER. *Grundlagen der Dogmatik*, vol. II, 1962, p. 270ss. Sobre a locução "dádiva escatológica", vide R. BULTMANN, *Theologie des Neuen Testaments*, 1953, p. 153, cf. p. 42 [port.: Teologia do Novo Testamento, S. Paulo, Academia Cristã, 2008].

de "falar quase que doceticamente do Espírito Santo", que transforma "o Espírito Santo em quebra-galho que entra em cena toda vez que questões levantadas ficam em aberto".¹² A atuação escatológica do Espírito, porém, precisa por sua vez ser vista em correlação com sua participação na obra de criação de Deus, o que deveria ser plausível justamente para uma concepção oriunda de CALVINO.¹³ Nem em BARTH, nem em WEBER foi estabelecida essa correlação. Pelo contrário, WEBER, seguindo a BARTH, ainda contrapôs o Espírito como grandeza escatológica em termos quase dualistas à realidade mundial existente.¹⁴ Em contrapartida, PAUL TILLICH por um lado desenvolveu de modo sumamente impactante a ligação da presença do Espírito na vida da igreja e dos fiéis com o fenômeno da vida em toda a sua amplitude,¹⁵ mas por outro não levou em consideração a relação escatológica. Contudo é somente por meio da ligação de escatologia e criação que se obtém para a compreensão da atividade do Espírito a configuração plena daquele realismo pneumatológico que OTTO WEBER intencionava e que se preservou com maior probabilidade na teologia e devoção das igrejas orientais ortodoxas.¹⁶

---

¹² O. WEBER, op. cit., p. 269s.
¹³ Para tal, cf. a obra citada por O. WEBER, op. cit., p. 271, nota 2, de W. KRUSCHE, *Das Wirken des heiligen Geistes nach Calvin*, 1957, p. 13s, 15ss Em CALVINO, no entanto, o caráter escatológico da ação do Espírito recua em vista da ênfase na conexão com a criação. WEBER expressou uma crítica justificada (op. cit., p. 274), mas por sua vez negligenciou a dimensão de que o Espírito atua na criação, de modo que o Espírito como realidade escatológica se contrapõe à realidade da criação como algo estranho, ao invés de requerer e aperfeiçoá-la como propriedade dele.
¹⁴ Ela aparece nas considerações de WEBER apenas sob o aspecto da "temporalidade da morte" (op. cit., p. 271).
¹⁵ P. TILLICH, *Systematische Theologie*, vol. III (1963), trad. alemã 1966, p. 21-337 ("A vida e o Espírito"). Contudo, em consonância com o método apologético de TILLICH, o Espírito foi concebido aqui mais como "resposta" à "pergunta" contida de modo bem geral nos fenômenos da vida, e não que a vida já fosse apresentada em suas formas pré-humanas como criação do Espírito.
¹⁶ No entanto, também em teólogos modernos ortodoxos que se empenham enfaticamente por uma maior consideração da obra do Espírito Santo – como N. A. NISSIOTIS: *Die Theologie der Ostkirche im ökumenischen Dialog. Kirche und Welt in orthodoxer Sicht*, 1968, p. 64ss – recua a importância do nexo entre criação e escatologia na obra do Espírito, que se salienta de forma tão marcante na liturgia ortodoxa da festa da Epifania e já podia ser notada em Basílio de Cesaréia, quando afirmava em sua obra sobre o Espírito Santo que este é em tudo a causa

O agir do Espírito acontece sempre em estreita conexão com o do Filho. Na criação, *Logos* e Espírito atuam de tal modo juntos que a palavra da criação vem a ser o princípio configurador, mas o Espírito a origem de movimento e vida das criaturas. Na consumação escatológica o Espírito está ativo como o poder que capacita as criaturas a participar na glória de Deus e as transforma, enquanto o Filho como portador do juízo final é o critério do pertencimento a Deus e seu reino ou também da incompatibilidade com ele. Na concretização do evento da reconciliação e da mediação histórica de seus efeitos de salvação, a encarnação do Filho precede – ou seja, sua atuação terrena, morte e ressurreição precedem – a comunicação do Espírito aos fiéis. É somente nesse contexto que se fala de um "envio", pelo Filho, do Espírito que em eternidade emana do Pai[17] (Jo 15.26s; 16.7).

As afirmações sobre o envio do Espírito por meio do Filho (cf. ainda Lc 24.49) constituem uma entre várias formas de expressão dos testemunhos do Novo Testamento acerca de sua comunicação aos discípulos crentes por intermédio do Ressuscitado: Conforme Jo 20.22 o Espírito lhes é concedido enquanto o Ressuscitado sopra sobre os discípulos, conforme At 2.33 o Espírito de Pentecostes foi "derramado" pelo Exaltado, e de acordo com At 8.15-17 ele é transmitido pela imposição das mãos. Ao invés de um envio por meio do Filho, João 14.26 (cf. Jo 14.16s) fala de um envio do Espírito pelo Pai em nome e por súplica do Filho (cf. 1Pd 1.11). A diferença objetiva entre essas duas formas de expressão, porém, não é grande, porque em cada um dos casos Pai e Filho atuam juntos no envio do

---

do aperfeiçoamento (*De spir. s.* XVI, 38, MPG 32, 136 AB). Igualmente em V. Lossky as exposições acerca da ação salvadora do Espírito (*Die mystische Theologie der morgenländischen Kirche*, ed. alemã 1961, p. 198-220) não são conectadas com as afirmações acerca de sua participação na criação (p. 127ss.). Cf. também K. C. Fetmy: *Die orthodoxe Theologie der Gegenwart. Eine Einführung*, 1990, p. 106-115.

[17] A afirmação no tempo presente, de que o Espírito parte do Pai (Jo 15.26), na verdade não assevera expressamente uma emanação eterna no sentido da posterior doutrina imanente da Trindade e ao contrário da economia da salvação. Essa diferenciação não constitui um tema para o evangelista (cf. R. E. Brown: *The Gospel according to John* XIII-XXI, 1970, 689). Apesar disso o tempo presente, diferente do envio do Espírito por meio do Filho anunciado para o futuro, designa seu sair incessante do Pai, e não determinado acontecimento atual que se diferencie do passado e do futuro.

Espírito, seja que o Pai envia o Espírito por solicitação de Jesus e em nome dele, seja que o Ressuscitado derrama o Espírito recebido do Pai (como diz expressamente em At 2.33).[18] Além disso ambas as vezes o sentido do envio do Espírito por meio do Filho reside "na continuidade da atuação de revelação de Jesus".[19] Ela acontece por meio de recordação do que Jesus disse (Jo 14.26) e pelo testemunho do Espírito em favor de Jesus (Jo 15.26), ao qual o Espírito glorifica (Jo 16.14).

O envio do Espírito por meio do Filho, portanto, faz parte da singularidade de sua atividade no contexto da revelação da salvação: O Espírito glorifica Jesus como o Filho do Pai, ao ensinar a reconhecer nas palavras de Jesus e em sua atuação a revelação do Pai. Isso, porém, justamente não diz que o Espírito "é o *poder*, pelo qual Jesus Cristo – dá testemunho de si mesmo".[20] Pelo contrário, Jesus Cristo depende do testemunho do Espírito, que ensina a reconhecer nele o Filho do Pai. O Espírito de Deus não é descrito exaustivamente pelo fato de que por meio dele o Cristo exaltado continua agindo na terra, ainda que agora em forma invisível. De fato é difícil de distinguir, especialmente nas declarações do apóstolo Paulo sobre esse tema, a atuação do Espírito daquela do Senhor exaltado.[21] Não obstante, o Espírito se diferencia do Filho já pela circunstância de que o próprio Jesus Cristo aparece nos testemunhos do Novo Testamento e também em Paulo como *recebedor* do Espírito e de sua atuação, já em seu batismo e especialmente porque o Espírito (ou o Pai por meio de seu Espírito) o ressuscitou dentre os mortos (Rm 1.4 e 8.11).[22] Por estar, como Ressuscitado, impregnado

---

[18] Cf. R. E. Brown, *op. cit.*, p. 689, bem como p. 638, e R. Bultmann, *Das Evangelium des Johannes*, 12ª ed. 1952, p. 426.

[19] R. Bultmann, *op. cit.*, p. 426, R. E. Brown, *op. cit.*, p. 644. Conforme Brown é justamente por isso que o Espírito é chamado de Paracléto (cf. p. 1135-1144, esp. p. 1140s).

[20] É a posição de K. Barth, *KD*, vol. IV/1, p. 724. Essa afirmação (vide também p. 162s e 836) não faz justiça à autonomia pessoal do Espírito na vida trinitária de Deus e conseqüentemente tampouco na economia da salvação.

[21] A esse respeito, cf. vol. I, p. 367s. com referências bibliográficas, e ainda vol. II, p. 632s.

[22] Vol. I, p. 364. Também K. Barth, *KD*, vol. IV/1, p. 340, tratou a questão de que conforme Paulo a ressurreição de Cristo aconteceu por intermédio do Espírito de Deus, assim como já ocorreu seu nascimento, de acordo com as

inteiramente do Espírito divino da vida (cf. 1Cor 15.45), esse Espírito emana dele e também da mensagem cristã da Páscoa, de modo que o Ressuscitado também é capaz de comunicá-lo a outros, desde que tenham comunhão com ele. Dito de outro modo, o Espírito é capaz de revelar o sentido escatológico da história de Jesus porque ele mesmo é uma realidade escatológica: Ele não é apenas a origem de tudo que vive, mas também a origem da nova vida que irrompeu com a ressurreição de Jesus Cristo e que se diferencia da vida terrena pelo fato de que permanece ligada à fonte divina da vida, a qual por isso é chamada de *soma pneumatikón* [corpo espiritual] e é imortal (1Cor 15.44s).

Pelo fato de que a essência do Espírito de Deus não se resume em ser irradiação de Jesus Cristo, é preciso fundamentar de modo especial a circunstância de que ele realmente emana do Ressuscitado e por meio dele é comunicado aos fiéis. Essa circunstância se constitui pelo fato de que Jesus como o Ressuscitado está ligado inseparavelmente ao Espírito e à vida dele e de que à luz do acontecimento da Páscoa também se torna perceptível sua vida pré-pascal como plena do Espírito de Deus (Jo 1.33; cf. Lc 4.1). Uma como a outra são expressão da irrupção do futuro da salvação escatológica de Deus na pessoa e história de Jesus; porque associada a esse futuro a esperança judaica aguardava a efusão do Espírito de Deus sobre seu povo (Ez 39.29; Zc 12.9s; Jl 3.1).

> Entretanto, as concepções acerca do Espírito Santo mediadas pelos escritos do Novo Testamento de forma alguma são homogêneas.[23] Em especial existem consideráveis diferenças entre as declarações de Lucas e João de um lado e Paulo de outro, acerca do Espírito e sua atuação.[24] Em Paulo, mas também na primeira carta de Pedro (1Pd 3.18), a vida na ressurreição, e especialmente o acontecimento da ressurreição de Jesus, são atribuídos ao Espírito. Em Lucas e João faltam afirmações sobre esse assunto. Mas também entre a descrição mais dinamista do Espírito em Lucas e a concepção

---

narrativas de sua infância nos evangelhos (Mt 1.18.20; Lc 1.35). Mas curiosamente parece que ele depreendeu disso apenas que o Espírito de Deus constitui uma unidade, e não que também se diferencia em relação a Jesus Cristo.

[23] A relevância desses fatos para a tarefa teológica da pneumatologia foi salientada com razão por E. BRUNNER, *Dogmatik*, vol. III, 1960, p. 23.

[24] A esse respeito, cf. K. BERGER, art. "Heiliger Geist/Geistesgaben III", in: *TRE* 12, 1984, p. 193s.

mais pessoal da realidade do Espírito em João existem profundas diferenças. Apesar disso as concepções diversas do Espírito Santo nos escritos do primeiro cristianismo apenas salientam aspectos diferentes que estão todos fundamentados na compreensão do Espírito no judaísmo e no Antigo Testamento e que lá também podem ser identificados em sua correlação mútua.[25] Por exemplo, também no evangelho de João é dito do Espírito que ele vivifica (Jo 6.63), e também conforme Hb 6.4s os batizados ao receberem o Espírito já "degustaram as forças do novo éon". Isso corresponde à referência da narrativa de Pentecostes feita por Lucas (At 2.16ss) a Joel 3.1-5, ainda que essa correlação tenha sido entendida em Lucas mais no sentido do cumprimento de uma promessa profética e menos como antecipação da consumação final. De qualquer modo, os dados bíblicos gerais preconizam que, para chegar a uma opinião sistemática, se tome por base a correlação entre as funções do Espírito em termos de teologia da criação, em termos carismáticos e escatológicos, conforme se pode depreender da tradição do Antigo Testamento e do judaísmo. Essa correlação precisa depois ser refletida quanto à modificação que ela recebeu pela história de Jesus e quanto aos registros que ela obteve nos escritos do cristianismo primitivo sob diversos aspectos específicos. Em uma observação dessas será preciso conceder um peso objetivo comparativamente maior aos enfoques para uma teologia cristã do Espírito em Paulo e João. Nisso cabe valorizar a ênfase paulina na correlação entre Espírito e vida na ressurreição de um lado, e a descrição joanina do Espírito como poder hipostático que glorifica a Jesus, depois de sua partida, em seus discípulos, e que por isso é diferente do próprio Jesus, de outro lado, como aspectos que se complementam no contexto da função escatológica do Espírito, e não como mutuamente excludentes.

Faz parte dos traços comuns da compreensão do Espírito no primeiro cristianismo principalmente "que *o presente* do *pneuma* constitui uma dádiva *escatológica,* que sua atividade na congregação representa um evento escatológico".[26] Sobre os fiéis o Espírito de Deus não atua

---

[25] R. Bultmann: *Theologie des Neuen Testaments,* 1953, p. 155.
[26] R. Bultmann, *op. cit.*, p. 153. Segundo opinião de Bultmann, em contraposição, as "diferenças no modo de concepção" representam "relativamente pouco" (*ibid.*).

apenas como campo de força invisível e intangível como que de fora, mas ele lhes foi outorgado como dádiva. Nisso consiste a singularidade de sua função na correlação do evento da salvação. A dádiva do Espírito possui função soteriológica como antecipação da efusão escatológica do Espírito, e se define como dádiva pelo fato de que o Espírito é dado aos fiéis por meio de Jesus Cristo, em cuja pessoa e história o futuro escatológico de salvação já irrompeu, de sorte que os fiéis estão cônscios do Espírito recebido como sendo o Espírito de Jesus Cristo (Fl 1.19; cf. Rm 8.9). A peculiaridade assim descrita da forma de atuação soteriológica do Espírito requer inicialmente uma análise mais precisa.

b) *O Espírito como dádiva e a glorificação da criação*

Não em toda a atuação do Espírito de Deus se salienta de igual modo a forma da dádiva, do ser outorgado. Pelo contrário, a forma básica da atuação do Espírito é a atividade criadora de gerar vida e movimento. É isso que corresponde à natureza do Espírito como "vento", e isso também será a primeira coisa a ser considerada quando é dito que o Espírito emana do Pai (Jo 15.26; cf. 14.16). Apesar disso a dinâmica do Espírito se transmite de algum modo também ao que foi produzido ou atingido por ele e que foi elevado acima da própria existência: As criaturas, por exemplo, também têm dentro de si movimento e vida, são elas mesmas movimentadas e vivas, ainda que a origem disso resida na dinâmica do Espírito que supera a existência delas e que justamente assim a leva à autotranscendência como cumprimento de sua destinação.

AGOSTINHO pensou que a peculiaridade do Espírito como tal estava expressa em seu caráter de dádiva, porque apenas nisso se destacaria no Espírito o momento da relação, característico para cada uma das pessoas da Trindade, que no caso do Pai e do Filho já está assegurado por meio dessas expressões pessoais e que também precisa ser constitutivo para o Espírito como pessoa da Trindade.[27]

---

[27] AGOSTINHO, *De trin.* V, 11, 12 (CCL 50,219). Para a designação *"spiritus"* consta ali: *Sed ipsa relatio non apparet in hoc nomine; apparet autem cum dicitur donum Dei* [Porém a mesma relação não aparece naquele nome, mas aparece com a chamada dádiva de Deus]. Cf. V, 11, 15: *Quod autem datum est et ad eum qui dedit refertur*

Tentou, porém, combinar a peculiaridade do Espírito como dádiva com o símbolo de Constantinopla de 381, que com base em Jo 15.26 destacou que o Espírito procedia do Pai. Agostinho pensava que tinha de falar de que o Espírito também procedia do Filho, porque conforme Rm 8.9 o Espírito também é chamado de Espírito de Cristo.[28] Assim Agostinho chegou à concepção de que o Espírito não emana apenas do Pai, mas também do Filho e que, *concedido por ambos*, também era diferente de ambos. Essa forma, porém, de fundamentar, na teologia da Trindade, a peculiaridade do Espírito como dádiva não pode se apoiar em Jo 15.26, porque lá se afirma que o Espírito procede apenas do Pai. A participação do Filho na comunicação ou no envio do Espírito deve ser diferenciada disso, uma vez que o próprio Filho é recebedor do Espírito que emana do Pai.[29] Por isso é preciso negar a identificação de *processio* [procedência] e *donum* [dádiva].[30] A concepção de Agostinho do Espírito como *donum* a partir da comunicação do Espírito viabilizada pelo envio do Filho, em termos de economia da salvação (esp. Jo 20.22),[31] leva ademais à dificuldade de que o Espírito precisa ser imaginado na vida trinitária interior de Deus como dádiva, já antes de ser dado (para fora).[32] A concepção do Espírito como dádiva já no interior da

---

et ad eos quibus dedit [Que, no entanto, foi doado e que se refere àquele que o concedeu e àqueles para os quais foi dado] (CCL 50, 222s). Sobre a concepção de Agostinho acerca do Espírito como dádiva, vide Y. Congar, *Der heilige Geist*, Paris 1979/80, trad. alemã 1982, p. 382.

[28] A continuação da citação de Agostinho, *De trin.* V 11,12 é: *Donum enim est patris et filii quia et a patre procedit, sicut dominus dicit, et quod apostolus ait: Qui spiritum Christi non habet hic non est eius* [Pois é dádiva do Pai e do Filho, porque procede do Pai, como disse o Senhor e conforme diz o apóstolo: Quem não possui o Espírito de Cristo, esse não é dele] (CCL 50, 219). Quanto à ligação da concepção do Espírito como dádiva com o *filioque* [e do filho], cf. Y. Congar, *op. cit.*, p. 383s.

[29] A esse respeito, cf. as afirmações P. Evdokimov citadas por Y. Congar, *op. cit.*, p. 374: *L'Esprit-Saint dans la tradition orthodoxe*, Paris 1969, p. 71s, 77s, de que o Filho foi gerado pelo Pai através do Espírito.

[30] É o que mediante recurso a Agostinho, *De trin.* V,1 1, 12 afirma Pedro Lombardo, *Sent.* I,18, 2: *Eo enim dicitur Spiritus quo donum, et eo donum quo procedens* [Pois ali consta o Espírito enquanto dádiva, e ali a dádiva enquanto procedente] (*Sententiae in IV Libris Distinctae* vol. I/1, Roma 1971, p. 154, 5).

[31] *De trin.* IV,20,29; cf. Y. Congar, *op. cit.*, p. 381, nota 20.

[32] *De trin.* IV,16, 17: *Nam sempiterne spiritus donum, temporaliter autem donatum* [Porque eternamente o Espírito é dádiva, mas temporariamente foi doado] (CCL 50, 224, .7's) e V, 15, 16: *Nam donum potest esse et antequam detur; donatum autem nisi*

vida da Trindade seria plausível se o Filho fosse imaginado como recebedor do Espírito que procede do Pai. AGOSTINHO tangenciou a possibilidade de uma concepção dessas, mas imediatamente limitou o recebimento relacionado com a concepção do Filho, por parte dele, ao recebimento da capacidade de comunicação conjunta do Espírito,[33] provavelmente porque para ele a divindade do Filho demandava que o Filho possuísse o Espírito da mesma maneira como o Pai. Por isso AGOSTINHO quis falar de uma recepção do Espírito por meio do Filho apenas em vista da humanidade de Jesus.[34] Contudo, porventura Jesus não recebeu o Espírito *como pessoa* no acontecimento de seu batismo? E será que a atuação do Espírito na ressurreição dentre os mortos em Rm 1.3s não se refere igualmente, como segundo Lc 1.35 em seu nascimento, à *constituição* de sua pessoa como Filho de Deus?

A atuação do Espírito está sempre vinculada de algum modo à comunicação de sua dinâmica, ainda que nessa atuação ele não seja comunicado e recebido em sentido pleno como dádiva. O fundamento trinitário desse fato precisa ser visto na circunstância de que na vida trinitária de Deus o Filho é eternamente recebedor do Espírito que emana do Pai. Contudo é somente na proporção em que o Filho se manifesta na existência de criatura que a atuação do Espírito na criação adquire a forma de dádiva. Apenas na ligação com a encarnação do Filho isso acontece de forma definitiva. Em razão disso afirma-se de Jesus Cristo, que o Espírito lhe foi dado "sem medida", *i. é*, sem qualquer restrição (Jo 3.34) e, em consonância, o Espírito se comunica aos fiéis como dádiva associado à circunstância de que no batismo eles se tornam partícipes da filiação mediante a comunhão com Jesus Cristo (cf. Rm 8.15 e 6.3ss).

Em sentido mais amplo o hálito da vida, conferido a todas as pessoas na criação (Gn 2.7) já deve ser entendido como dotação com o

---

datum fuerit nullo modo dici potest [Porque pode ser dádiva inclusive antes que seja dado, mas de forma alguma pode ser chamado de algo dado se não fosse concedido] (CCL 50, 224, 15s).

[33] *De trin.* XV, 17,29; cf. XV, 26,47, onde consta que a vida que o Pai concedeu ao Filho através da geração eterna inclui que também dele emana o Espírito (CCL 50 a, 528, 92ss).

[34] AGOSTINHO, *Super Ioann. tr.* 74, n.3 (CCL 36, 514), acolhido por PEDRO LOMBARDO, in: *Sent.* I,17,5 (*op. cit.* p. 147s).

Espírito de Deus.³⁵ Além disso, em manifestações vitais singulares se explicitam formas específicas e mais intensivas da dotação com o Espírito de Deus: p. ex., em capacidades especiais dos humanos de percepção, em talentos artísticos, na inspiração profética, mas também no carisma do governante.³⁶ Não se deve pensar apenas em experiências momentâneas de êxtase, mas também em formas de dotação duradoura com o Espírito de Deus. Essa concepção se encontra, por exemplo, no contexto da realeza de Davi, do qual se afirma expressamente que o Espírito do Senhor permaneceu sobre ele (1Sm 16.13), ao passo que se separou de Saul (1Sm 16.14; cf., porém, 1Sm 11.6), e de forma bem análoga a expectativa messiânica judaica se voltou para um governante futuro, sobre o qual "repousará" o Espírito de Deus (Is 11.2).

No exemplo da realeza se evidencia com especial clareza, por causa da ligação com o título de Filho (2Sm 7.14; Sl 2.7), a correlação entre outorga do Espírito e prefiguração da encarnação do Filho. A concepção de um "repousar" do Espírito, no entanto, também era referida a Moisés (Nm 11.17 e 25) e aparece ligada aos profetas Elias e Eliseu.³⁷ Também o mensageiro da alegria de Trito-Isaías afirma de si: "O Espírito do Senhor repousa sobre mim, porque o Senhor me ungiu" (Is 61.1). O evangelho de Lucas entendeu essa palavra como promessa que se cumpriu na atividade pública de Jesus (Lc 4.18), assim como Mateus encontrou na atuação salvadora de Jesus o cumprimento da promessa de Dêutero-Isaías de que o servo de Deus seria equipado com o Espírito de Deus (Is 42.1; Mt 12.18; cf. 12.28 e 31). Assim se confirma a correlação entre dotação do Espírito e filiação, a qual se configura de forma definitiva na pessoa de Jesus Cristo.

Para o Antigo Testamento toda dotação com o Espírito de Deus acaba o mais tardar no instante da morte: O Espírito de Deus foi dado ao ser humano "não para sempre" (Gn 6.3). Por ocasião do falecimento da pessoa ele retorna a Deus que o concedeu (Ecl 12.7). Também Jesus devolveu ao Pai na cruz, segundo Lc 23.46, o Espírito recebido de Deus

---

³⁵ Cf. vol. II, p. 291ss.
³⁶ Comprovantes disso na relação panorâmica de BAUMGÄRTEL, in: *TWNT* vol. VI, 1959, p. 361.
³⁷ No "espírito de Elias" que conforme 2Rs 2.15 "repousa" sobre Eliseu (cf. 2Rs 2.9) somente pode se tratar do Espírito de Deus (cf. 2Rs 2.16).

com a palavra de oração de Sl 31.6.[38] Apesar disso, conforme 1Tm 3.16, ele foi ressuscitado dentre os mortos por meio do Espírito de Deus (cf. Rm 8.11). Porventura devemos, pois, entender, no caso de Jesus, o Espírito de Deus, que já lhe foi conferido em sua atuação terrena, como a força vital criadora de Deus que o ressuscita dos mortos? Será que nisso se expressa o caráter escatológico, o aspecto definitivo da outorga do Espírito a Jesus? A dotação do Espírito a Jesus com certeza significou, no sentido dos testemunhos do primeiro cristianismo, mais que apenas o retorno do carisma do Espírito que segundo o pensamento judaico se apagou com o fim do profetismo[39] e que desde então era inexistente. De acordo com Jo 3.34 o Filho que proclama as palavras de Deus (cf. Jo 3.35) foi equipado por Deus com o Espírito de Deus sem qualquer limitação. Apesar disso também conforme João (Jo 19.30) o Crucificado entregou o Espírito no momento da morte. Não existe em João a conexão paulina entre a ressurreição de Jesus (e por decorrência também dos fiéis) com a atuação vivificante do Espírito. Mas tampouco Paulo falou da ressurreição de Jesus como de uma obra do Espírito por si somente, mas falou do Espírito daquele que ressuscitou Jesus dos mortos (Rm 8.11) e que por isso também constitui, habitando nos fiéis, para eles o penhor da ressurreição futura deles (ibid.). Jesus não venceu a morte simplesmente a partir do poder do Espírito a ele conferido, mas para isso continuava dependente do agir do Pai. Assim se pode entender que ao morrer tenha devolvido o Espírito ao Pai. Não obstante, o Espírito que emana do Pai e que já fora dado a Jesus em sua atuação terrena, é poder de Deus (1Cor 6.14), por meio do qual Deus o ressuscitou dos mortos (cf. Rm 6.4), assim como ele também há de ressuscitar aos que na fé estão ligados a Jesus por meio do Espírito que lhes foi outorgado. Apenas por isso a dádiva do Espírito pode ser para os fiéis um penhor de sua futura ressurreição dos mortos.

Da história de Jesus se pode depreender a importância da reciprocidade na relação entre Pai e Filho para a dotação escatológica do

---

[38] O grito pelo qual Jesus rendeu o espírito conforme Mc 15.37 (cf. também Mt 27.50; Jo 19.30) é interpretado em Lucas como clamor de oração. Segundo W. Grundmann, *Das Evangelium nach Lukas*, 8ª ed. 1978, p. 435, isso significa: "O espírito, recebido de Deus como portador da vida, é devolvido à mão de Deus. A obediência confiante que caracteriza Jesus se consuma com sua morte."
[39] Cf. E. Sjöberg, in: *TWNT* 6, 1959, p. 380 e 383s.

Espírito: Assim como o Pai concede o Espírito que emana dele, assim o Filho o devolve ao Pai e por meio dessa autodiferenciação frente ao Pai ele se evidencia como o Filho, que obtém do Pai eternamente o Espírito que o desperta para a vida. O enfoque de AGOSTINHO para compreender o Espírito como dádiva, na qual se concretiza a comunhão de Pai e Filho em amor mútuo, somente adquire sua profundidade bíblica plena em vista dessa dádiva e devolução do Espírito entre Pai e Filho, a profundidade da vida divina interna da Trindade. A dádiva do Espírito aos fiéis, na qual o Pai e Filho atuam em conjunto, é algo posteriormente derivado disso: Ela é transmitida pelo fato de os fiéis se tornarem membros do corpo do Filho manifesto em Jesus Cristo, ligados a ele pela fé e pelo batismo, de sorte que a filiação na relação com o Pai pode se manifestar também neles como participação na filiação de Jesus e conseqüentemente na vida intratrinitária de Deus, na obtenção do Espírito por meio do Filho e em sua devolução ao Pai. Essa última acontece na glorificação do Pai como Deus revelado por meio de seu Filho mediante oração e louvor, e como na relação de Jesus com o Pai também no caso dos fiéis a glorificação do Pai por meio do Filho tem como correlato a glorificação do Filho por meio do Pai (Jo 17.4s). Os crentes, nos quais Jesus é glorificado como o Filho (Jo 17.10), são inseridos por meio dele na relação com o Pai e por conseqüência também na glória que ele recebe do Pai (Jo 17.22). No ato da glorificação de Jesus como o Filho, que no Filho também glorifica simultaneamente o Pai, os crentes têm participação na comunhão do Filho com o Pai e logo na glória de Deus, por meio da qual sua própria vida há de ser transformada para a comunhão imperecível com o Deus eterno. Em Jesus eles contemplam, como diz Paulo, a glória do Senhor (i. é, aqui, do Pai) "no espelho e nisso são transformados nessa mesma imagem de uma glória à outra, assim como (é concedido) pelo Senhor, o Espírito" (1Cor 3.18).[40]

A singularidade da dádiva escatológica do Espírito, portanto, consiste em que pela concessão do Espírito é acessada para os fiéis, como propriedade permanente, a participação na vida eterna de Deus e, por conseguinte, também se afiança a ressurreição para uma nova vida em comunhão com Deus. Isso se fundamenta na circunstância de que o Espírito é transmitido por meio do Filho feito carne em Jesus Cristo, e precisamente de tal modo que com a fé em Jesus é comunicada e recebida

---

[40] Tradução conforme U. WILCKENS, *Das Neue Testament*, 1970, p. 628.

ao mesmo tempo a participação em sua condição de Filho. Assim, a mediação da dádiva do Espírito por meio do Filho e seu conteúdo escatológico formam uma unidade como participação na vida de Deus que a tudo supera. O dom do Espírito ao ser humano em sua criação, mas igualmente os carismas da antiga aliança são apenas antecipações em forma de sinal dessa dádiva escatológica: É somente através dela que o Espírito se liga de tal modo com a vida do recebedor que ela não pode mais ser separada de sua força criadora nem mesmo pela morte.

A comunicação do Espírito como dádiva, contudo, forma apenas um momento de transição em sua atuação na história da salvação. Do mesmo modo como na vida trinitária de Deus dar e devolver o Espírito é o meio para expressar sua autonomia pessoal em relação ao Pai e ao Filho, assim Deus também será "tudo em todos" (1Cor 15.28) na futura consumação da criação pelo seu Espírito. Através do Espírito as criaturas são capacitadas para a autonomia em sua relação com Deus e ao mesmo tempo integradas na unidade do reino de Deus. Nesse aspecto, a comunicação do Espírito como dádiva caracteriza a peculiaridade da fase soteriológica de sua atuação no acontecimento da reconciliação. A forma da dádiva não significa que o Espírito fica à disposição das criaturas, pelo contrário, que ele penetra nelas: Dessa maneira se viabilizam uma adesão independente, espontânea dos humanos ao agir reconciliador de Deus para com o mundo e a participação no movimento de seu amor reconciliador em direção do mundo. Ao elevar os fiéis, nos quais "habita" (Rm 8.9ss; 1Cor 3.16), acima da própria particularidade deles, o Espírito já é sempre mais que mera dádiva, a saber, a quintessência do movimento extático da vida divina.

c) A efusão do Espírito e a igreja

A dádiva do Espírito não vale apenas para cada crente, mas visa à formação da comunhão dos fiéis, à fundação e ao sempre novo avivamento da igreja. Porque através do vínculo com o mesmo Senhor, pelo qual cada fiel recebe para si a participação na filiação e assim também no Espírito de Cristo, ele está simultaneamente inserido na comunhão dos fiéis. Cada um deles está ligado pela fé com o Senhor único e conseqüentemente também com todos os outros crentes. Por meio do Espírito cada indivíduo é elevado acima de sua própria particularidade para formar "em Cristo" com todos os outros fiéis a comunhão da igreja.

A verdade de que o Espírito certifica, não apenas cada crente para si, da comunhão com Jesus Cristo e assim da participação na salvação futura, mas que ao mesmo tempo fundamenta dessa forma a comunhão dos fiéis, foi expressa na história do Pentecostes narrada por Lucas (At 2.1ss) e que se tornou determinante para a época posterior. Porque essa narrativa pelo menos deixa explícito que o Espírito foi dado a todos os discípulos conjuntamente e que assim teve início a igreja.

Entretanto, no cumprimento do vaticínio profético que se tornou um acontecimento na tradição do Novo Testamento acerca do surgimento da igreja cristã, de efusão do Espírito sobre todo o povo de Deus "naqueles dias" (Jl 3.1-5), não se trata diretamente do Espírito da nova vida escatológica que se tornou eficaz na ressurreição de Jesus, mas inicialmente apenas da comunicação da inspiração profética (contudo certamente também da ligação direta com Deus a ela associada) a todos os membros do povo da aliança. É o que expressa o milagre dos idiomas em At 2.4. Parece ter consistido originalmente em uma experiência extática coletiva, possivelmente do falar glossolálico, porém evidentemente foi relacionado já na tradição trabalhada por Lucas com a proclamação missionária cristã nas áreas da Diáspora judaica (At 2.9-11), que em decorrência foi expressa com densidade figurada na exposição do acontecimento de Pentecostes. Essa interpretação, que já pressupõe a experiência da inicial missão cristã aos judeus e que transporta para dentro do evento de Pentecostes, poderia mais provavelmente ser originária da Antioquia. De qualquer modo, ela é difícil de coadunar com as condições locais na formação da primeira congregação de Jerusalém.[41] A exposição de Lucas combina com maestria as duas camadas da tradição: De um lado ela recorre ao caráter glossolálico do acontecimento. Para muitos dentre os circunstantes os sons emitidos permanecem incompreensíveis (At 2.12s), e é a isso que faz referência o discurso de Pedro narrado por Lucas na seqüência (At 2.15). Contudo Lucas limita essa reação a uma parte dos presentes, fazendo com que outros depreendam do que é dito a mensagem dos "grandes feitos de Deus" (At 2.11) em seu próprio idioma, antecipando a história missionária a ser de fato consumada e cujo transcurso será informado pela narrativa de Atos dos Apóstolos. Assim o acontecimento da efusão do Espírito se torna uma exposição sintética da igreja como povo escatológico de

---

[41] Posição de J. ROLOFF: *Die Apostelgeschichte übersetzt und erklärt*, 1981, p. 39.

Deus, que ao contrário do povo judaico é reunido pela missão dentre toda a humanidade, para – como dirá a teologia cristã posterior – tornar-se o novo povo dentre todas as nações.[42]

É difícil definir o cerne histórico do acontecimento por causa das muitas camadas de retoques que ele parece ter sofrido no processo da tradição e na elaboração pelo próprio Lucas. Na realidade a maioria dos exegetas tende a supor que na primeira festa do Pentecostes judaico depois da ressurreição de Jesus de fato pode ter ocorrido no grupo de seus discípulos a experiência de um entusiasmo coletivo que se exteriorizou no falar extático.[43] Contudo, dificilmente se pode definir algo a mais que isso. A descrição do vento tempestuoso em At 2.2 deve ser entendida como exposição palpável do sentido da palavra *pneuma*, assim como as labaredas de fogo em At 2.3 se baseiam no duplo sentido da palavra *glossai* (idiomas, respectivamente línguas) e o tornam concreto. Mas principalmente é preciso duvidar de que esse acontecimento tenha sido a primeira experiência do Espírito. Porque segundo Jo 20.22 o Espírito foi comunicado no contexto de uma aparição do Ressuscitado. É isso que também tem em mente a suposição, expressa com freqüência no passado, segundo a qual na aparição do Senhor Ressuscitado narrada por Paulo em 1Cor 15.6 perante "mais de quinhentos irmãos de uma só vez" se trataria da forma original do acontecimento de Pentecostes.[44] O grande número aqui mencionado, porém, não se deixa conciliar com a exposição de João, que pressupõe somente a presença do grupo dos Doze. Apesar disso, a suposição de um nexo entre a comunicação do Espírito e as aparições da Páscoa possui maior probabilidade substancial que a narrativa de Lucas, porque por um lado ela corresponde mais bem à concomitância, consistentemente observável em Paulo, do Espírito e de sua

---

[42] A esse respeito, cf. A. V. HARNACK, *Die Mission und Ausbreitung des Chistentums in den ersten drei Jahrhunderten* (1902), 4ª ed. 1924, p. 259-289.

[43] Assim pensa também J. ROLOFF, *op. cit.*, p. 39, diferente E. HAENCHEN, *Die Apostelgeschichte neu übersetzt und erklärt* (1959), 1961, p. 137s. A suposição de uma influência da *hagadá* judaica do Sinai sobre a versão de Lucas e até mesmo sobre a atribuição do fenômeno do falar extático no cristianismo primitivo ao prazo do Pentecostes judaico foi, contudo, refutado com boas razões já por E. LOHSE, "Die Bedeutung des Pfingstberichtes im Rahmen des lukanischen Geschichtswerkes", in: *EvTh* 13, 1953, p. 422-436) (p. 428ss.).

[44] Cf. a esse respeito H. GRASS, *Ostergeschehen und Osterberichte*, 1956, p. 99s.

atuação nos fiéis com a realidade da ressurreição de Cristo e porque, por outro, na exposição de Lucas se pode detectar uma tendência condicionada pelo interesse teológico específico desse evangelista: Pela delimitação das aparições do Ressuscitado ao tempo simbólico de quarenta dias, trazida somente por ele (At 1.3), Lucas descolou nitidamente o evento de Pentecostes (cuja data depende dessa referência cronológica por causa do período de cinqüenta dias entre o *passá* judaico e Pentecostes) do período de aparições do Ressuscitado. O pensamento da diferenciação entre o tempo da igreja e o tempo da presença direta do Senhor exaltado junto de seus discípulos expressa uma importante reflexão teológica sobre a diferença da igreja a partir da realidade escatológica do Cristo Ressuscitado. Nisso reside uma correção da impressão que facilmente resulta das afirmações de Paulo, de que a presença do Senhor exaltado e a atuação do Espírito são coincidentes. Particularmente se cria espaço em Lucas para a espontaneidade da experiência do Espírito como fonte da proclamação de Cristo pela congregação. Mas a exposição marcada por intenções teológicas não permite obter nenhuma conclusão histórica acerca da hora da comunicação ou efusão do Espírito. Por isso é apropriado valorizar a história do Pentecostes em Lucas principalmente como afirmação teológica sobre a relação entre igreja e Espírito, que foi expressa quando Lucas retrabalhou a tradição mais antiga. Em decorrência, a igreja é credenciada, por sua proclamação missionária universal, como o povo de Deus do fim dos tempos prenunciado pelo profeta Joel, e como tal foi fundamentada pela efusão do Espírito profético sobre todos os seus membros (cf. At 1.8). Está implícita nisso também a proximidade escatológica com Deus. Mas Lucas não diz nada sobre o fato de que a comunhão dos cristãos com Deus e entre si se fundamenta por sua participação no único Cristo, ao qual cada um deles está ligado pela fé e pelo batismo. Esse ponto de vista predominante em Paulo (1Cor 12.12s; cf. 1Cor 10.17, bem como Rm 12.4s) não se destaca na narrativa do Pentecostes por Lucas, porque aqui a ênfase cai sobre a aparição e atuação do Espírito, um ponto de vista que também foi salientado por João de outra maneira (Jo 14.26; 16.13-15). Naturalmente também Lucas pressupõe que os crentes pertencem a Jesus Cristo, mas em sua apresentação do acontecimento de Pentecostes essa condição aparece no máximo de forma implícita na sucinta referência às "grandes façanhas de Deus" como conteúdo do falar entusiástico dos discípulos. A ênfase está em que com a espontaneidade da experiência do Espírito se estabelece um novo momento adicional, que diz respeito ao grupo de discípulos como comunhão e libera antes de tudo a dinâmica da proclamação missionária cristã e, assim, também a vida da igreja.

Em Paulo Jesus Cristo é o fundamento da igreja (1Cor 3.11). Essa idéia passou a ser desenvolvida em Paulo principalmente sob um ponto de vista distinto da relação edifício/fundamento, de que também os fiéis são membros do corpo único de Cristo, por meio do qual são encaixados para formar a comunhão da igreja. Em Lucas, no entanto, a igreja aparece como fundada pelo "poder" do Espírito Santo enviado do céu (Lc 24.49), distinto de Cristo, ainda que por ele prometido (At 1.8), porém sob a premissa da continuidade do grupo de discípulos, que passa a ser capacitado para a proclamação missionária pela obtenção do Espírito. A teologia cristã não pode nem manter estáticas essas concepções diferentes como alternativas, nem reprimir a consciência das diferenças por meio de uma harmonização. Pelo contrário, cada conceito teológico da igreja precisa integrar os aspectos substanciais articulados nessas concepções diferentes, para formar uma concepção homogênea da constituição da igreja por Jesus Cristo e pela atuação do Espírito, ou seja, para uma interpretação da relação entre igreja e Espírito que não pode ser simplesmente idêntica a nenhum dos conceitos do Novo Testamento, porque tem de subsumir em si as diferenças delas.

Para essa tarefa as declarações de João sobre o Espírito se mostram úteis, porque partilham com Lucas o interesse no Espírito como ente autônomo, mas ao mesmo tempo verbalizam com maior clareza que a narrativa de Pentecostes em Lucas a correlação de sua atuação com Jesus Cristo. Essa correlação não se dá apenas pelo fato de que (como em Lucas) Jesus há de enviar o Espírito, mas principalmente pela circunstância de que a atuação do Espírito consiste em conduzir ao conhecimento de Jesus como a verdade de Deus: O Espírito "não falará de si próprio", mas glorificará a Jesus (Jo 16.13s). No entanto, acontecendo isso, o próprio Jesus – e esse é o passo decisivo na reflexão – está com os seus através da atuação do Espírito, ele está "dentro" deles, assim como estão dentro dele (Jo 14.20). Atestando o Espírito nos fiéis a Jesus como a verdade de Deus, eles são extaticamente arrebatados de si próprios e estão além de si mesmos, em Jesus. Inversamente Jesus dessa maneira está neles, a fim de ligá-los para a comunhão mútua, e com Jesus também o Pai passa a habitar nos fiéis (Jo 14.23).[45]

É digna de nota a proximidade dessas afirmações com Rm 8.14-16. O Espírito da filiação, do qual Paulo fala ali, corresponde à idéia joanina de que o Filho habita nos fiéis. E se conforme João junto com o Filho também o Pai passa a morar nos crentes, o aspecto correspondente em Paulo é que o Espírito da filiação capacita os fiéis a invocar a Deus como Pai, como compete ao Filho. A partir de Paulo, pois, se explicita que o "habitar em" por parte do Pai somente pode acontecer de tal maneira que o crente se diferencia do Pai como o Filho em oração e louvor, sujeitando-se a ele. Em contraposição resulta das afirmações de João que a participação na filiação por sua vez já é a obra do Espírito que em nós glorifica a Jesus, enquanto Paulo em Rm 8.15 chama ao próprio Espírito de Espírito da filiação e até mesmo define em Gl 4.6 a dádiva do Espírito como conseqüência da filiação que os fiéis obtiveram, embora também ele já tenha descrito em 1Cor 12.13, como efeito do Espírito, a incorporação dos fiéis no corpo único de Cristo pelo batismo, pelo qual também recebem a filiação.

Se Jesus Cristo habita nos crentes por intermédio do Espírito (cf. Rm 8.9s), então ele é justamente assim o Senhor único que interliga os seus na unidade de seu corpo para a comunhão da igreja. Portanto, não é de outra forma que pela atuação do Espírito que Jesus Cristo é o fundamento da igreja, porque a obra do Espírito não consiste em nada mais que em glorificar o Filho, ensinando a reconhecer o Pai no Filho, ao qual temos acesso através do Filho. A constituição cristológica e pneumatológica da igreja não se excluem, mas formam uma unidade, porque Filho e Espírito como pessoas trinitárias habitam mutuamente um no outro. Contudo nem por isso a função e relevância peculiares do Espírito na vida da igreja devem ser deixadas de lado. Assim como o Pai ressuscitou ao Crucificado dentre os mortos por meio do Espírito, assim também é somente o Espírito que ensina, à luz do futuro escatológico de Deus a reconhecê-lo como o Messias do povo escatológico de Deus. Por ser o próprio Espírito, como Criador de uma nova vida sem morte, uma realidade escatológica, ele

---

[45] Cf. R. E. BROWN, *The Gospel According to JOHN* (XIII-XXI), 1970, p. 644ss. BROWN remete para a correspondência com Mt 28.20: "Estarei em vós todos os dias até o fim do mundo" (p. 646).

também é capaz de revelar o sentido escatológico da atuação de Jesus e de sua história.[46]

Essa obra do Espírito acontece absolutamente em concatenação continuada com sua atuação na obra da natureza como origem de toda a vida e especialmente nos humanos como fonte da espontaneidade de suas atividades "intelectuais", que elevam as pessoas "extaticamente" sobre a própria particularidade, de sorte que elas podem estar no objeto que elas captam além de si mesmas, na diferenciação de sua própria existência. De maneira parecida o Espírito produz em nós a percepção espontânea de Jesus como Filho de Deus, que leva à fé nele como o Messias do povo de Deus. Isso foi muitas vezes desconsiderado na história da teologia ocidental em decorrência de se ter isolado a iluminação pelo Espírito no reconhecimento crente de Jesus Cristo, da atuação do Espírito na criação e especificamente na vida do ser humano como criatura. A singularidade diferenciadora do reconhecimento da fé se fundamenta unicamente em seu objeto, não no modo de sua percepção. Manifestações extáticas de comoção mental ocorrem também em outras áreas. Isso não constitui a especificidade. Mas faz parte da singularidade diferenciadora no reconhecimento de Jesus Cristo que ele como o único Filho e Messias interliga a todos para a união com ele próprio e por conseqüência também entre si na comunhão da igreja. Sobre isso, porém, se alicerça o fato de que com o conteúdo dessa fé (Gl 3.2) o Espírito foi concedido aos fiéis na comunhão da igreja de Cristo como dádiva permanente, como penhor da esperança para além da morte, cujo cumprimento já irrompeu na ressurreição de Jesus.

A espontaneidade dos impulsos do Espírito nos fiéis está indissoluvelmente unida à individualidade e pluralidade de suas manifestações. Essa multiplicidade de vozes se expressa na história de Pentecostes pelo fato de que cada membro do grupo de discípulos dá testemunho a seu modo e, não obstante, em consonância

---

[46] Conforme J. D. ZIZIOULAS, *Being as Communion. Studies in personhood and the Church*, 1985, o Espírito liberta dessa forma o Filho praticamente das algemas do meramente histórico, assim como o ressuscitou dos mortos segundo Rm 8.11: "Hence the first fundamental particularity of Pneumatology is its eschatological character. The Spirit makes of Christ an eschatological being, the 'last Adam'" [Logo a primeira particularidade da pnematologia é seu caráter escatológico. O Espírito transforma Cristo em um ser escatológico, o "último Adão"] (p. 130).

com todos os demais acerca dos "grandes façanhas de Deus" na história de Jesus. Entretanto, a variedade das expressões do Espírito se tornou tema da reflexão teológica principalmente em Paulo, mais precisamente na controvérsia com as reivindicações surgidas em Corinto, de que apenas uma ou outra determinada forma da experiência e atividade do Espírito deveria ser considerada uma expressão do autêntico pneumático. Em discussão com tais postulações e com os conflitos desencadeados por elas Paulo não tomou partido nem em favor de uma nem de outra forma de suposta espiritualidade exclusivamente autêntica, mas reconheceu justamente a diferença de efeitos espontâneos do Espírito, convocando os fiéis a tolerar mutuamente tais diferenças. Sua lista poderia ser consideravelmente alongada para além das formas manifestadas em Corinto – como falar em línguas, inspiração profética, poderes de cura, falar com sabedoria, etc. O próprio Paulo já contou igualmente como dons especiais do Espírito a força proeminente de fé, conhecimento ou engajamento caritativo, que não são concedidas a cada um de forma equânime. Sua preocupação foi que a diferença dos dons não devia dar ensejo a conflitos e cisões. Pelo contrário, todos devem reconhecer que em todos esses dons atua o mesmíssimo Espírito que "distribui a cada um seus dons como quer" (1Cor 12.11), e cada um desses dons deve obter o respeito que lhe cabe para sua contribuição na edificação da congregação. Assim os dons individuais do Espírito devem se complementar mutuamente na vida da igreja. O único critério para uma espiritualidade autêntica é, no caso, a relação com a confissão de Cristo (1Cor 12.3), e com a relação com o único Senhor fica estabelecido simultaneamente o compromisso para a unidade dos cristãos na comunhão da igreja, não mediante negação da pluralidade, mas através da simpatia e amor mútuos na unidade do corpo de Cristo. Esses pensamentos sobre o tema da pluralidade e unidade se tornaram norteadores para a igreja de todas as eras.[47]

A igreja, portanto, é criação do Espírito e do Filho conjuntamente. Ela é criatura do Espírito *enquanto* criação do Cristo exaltado por

---

[47] Foi particularmente E. SCHLINK quem destacou sempre de novo a importância da doutrina paulina dos carismas para a vida da igreja até a problemática ecumênica da atualidade, por último in: Idem, *Okumenische Dogmatik* 1983, p. 597ss. Cf. também as exposições de J. D. ZIZIOULAS, *op. cit.*, p. 135ss sobre a relação entre unidade e pluralidade no horizonte da escatologia (esp. p. 138).

meio da palavra do evangelho. Se a história de Jesus e a palavra do evangelho sobre ele permanecessem exteriores para os ouvintes da mensagem, ainda que no sentido de mera autoridade externa, e se não surgissem neles próprios o reconhecimento e o conseqüente engajamento espontâneo, então a igreja nunca teria se formado e ela poderia no máximo continuar existindo com seu arcabouço institucional. Uma fundamentação unilateral cristológica da igreja foi por isso classificada com razão como desfiguração e desacerto de sua realidade plena. Desenvolvimentos correspondentes na realidade da igreja como também especialmente na eclesiologia do cristianismo ocidental aparecem como merecedores de crítica, sobretudo com vistas à ênfase excessiva nas estruturas ministeriais da igreja diretamente derivadas de Jesus Cristo, que não sem razão foi alvo de contestação por parte de teólogos da igreja oriental.[48] Mas também a concepção da Reforma, de que a igreja é uma criação da palavra, corre o perigo de um estreitamento unilateral cristológico com as decorrentes tendências para uma teocracia da proclamação, se não for enfatizada do mesmo modo a "vinculação da palavra ao Espírito" como a vinculação do Espírito à palavra.[49] No entanto, o dom do Espírito concedido não apenas a cada crente, mas à igreja como comunhão e por isso também mediado através dela, não deve ser compreendido como espírito de comunhão da igreja em analogia ao espírito de grupo que em geral é próprio de formas de comunhão humana e que une seus membros entre si,[50] a menos que

---

[48] A esse respeito, cf. W. KASPER, in: W. KASPER; G. SAUTER (eds.), *Kirche – Ort des Geistes*, 1976, p. 14ss. Conforme J. D. ZIZIOULAS, *op. cit.*, p. 123ss., críticos ortodoxos acreditavam ser necessário constatar tal ênfase excessiva na fundamentação cristológica da igreja até mesmo na constituição eclesiástica *Lumen Gentium* do Concílio Vaticano II.

[49] Posição de G. SAUTER no volume citado acima, nota 48, p. 90ss. Acerca da história da definição da relação entre Espírito e palavra no protestantismo, particularmente na teologia luterana antiga, cf. R. H. GRÜTZMACHER, *Wort und Geist. Eine historische und dogmatische Untersuchung zum Gnadenmittel des Wortes*, 1902.

[50] Em F. SCHLEIERMACHER, *Der christliche Glaube*, 2ª ed. 1830, § 121ss. (cf. já § 116, 3) a interpretação do Espírito Santo "como Espírito comunitário da nova vida conjunta" da igreja "fundamentada por Cristo" (§ 121, diretriz) não foi diferenciado da forma necessária da analogia do espírito de comunhão em geral (§ 121,2: exemplo do povo), embora SCHLEIERMACHER fosse capaz de enfatizar que a unidade do espírito comunitário "também" tem por fundamento que "ele seja em todos oriundo da mesma pessoa, a saber, de Cristo" (*op. cit.*).

encontre a devida consideração a fundamentação específica da consciência de comunhão da igreja sobre a base preestabelecida de sua existência na pessoa e história de Jesus Cristo. A dádiva do Espírito não está disponível para a igreja e seus membros como sua posse, mas continua vinculada ao fundamento que eles têm fora de si mesmos em Jesus Cristo.[51] É por isso que na vida da igreja também existe sempre de novo a necessidade da recordação (Jo 15.26) desse fundamento. Tal recordar e despertar pode acontecer pela glorificação de Jesus Cristo a muitas vezes à luz da criação, bem como do futuro escatológico de Deus e da destinação dos humanos pertencentes a Jesus, assim como pertencem ao Pai (Jo 16.14). A relevância do Espírito para a vida da igreja e para sua proclamação somente é definida corretamente quando se leva permanentemente em conta a correlação com a criação de um lado e com a escatologia de outro.[52] Somente assim se consegue evitar um reducionismo deficitário da pneumatologia até mesmo sob aspectos cristológicos, o qual encontra a atuação do Espírito apenas na comunhão dos fiéis, exagerando-a muitas vezes de modo irrealista. Da mesma forma, porém, a referência ao testemunho do Espírito sobre Jesus Cristo como escopo deveria prevenir de desenfreamento entusiasta, que mediante alegação da dinâmica do Espírito rompe com a tradição e ordem institucional da igreja, como se isso já pudesse vigorar sozinho como sinal de vitalidade intelectual. A liberdade do Espírito diante da letra (2Cor 3.6ss) se apóia sobre o fato de que o Espírito testemunha como já iniciada em Jesus Cristo a consumação escatológica da temática vital humana, assim como ela também já formava o verdadeiro objeto e sentido último da própria letra da lei. À luz da consumação escatológica da criação, o Espírito permite reconhecer a verdade humana geral do envio de Jesus, ele glorifica a Jesus como Messias e como o novo ser humano. A atuação específica do Espírito na igreja

---

[51] Esse "fora de" constitui o ponto de vista que diferencia a igreja de outras comunhões e de seu espírito comunitário e que é fundamental para o caráter significativo da igreja como comunhão, mas que foi insuficientemente observado por Schleiermacher, porque considerou a participação da igreja em Cristo apenas de forma causal, sob o aspecto do efeito gerado por ele. Nisso foi valorizada insuficientemente a diferença entre o caráter escatológico do evento da salvação em Cristo e a configuração da igreja que sempre é apenas provisória.

[52] Cf. também E. Lessing, in: *TRE* 12, 1984, p. 229s.

permanece sempre relacionada com Jesus e com o futuro escatológico do reino de Deus que já irrompeu com ele.

Disso resulta para a doutrina sobre a igreja que sua relação com o reino de Deus, como antecipação da comunhão futura de uma humanidade a ser renovada no reino de Deus, tem de constituir o horizonte para o entendimento da igreja como comunhão dos crentes, a qual se alicerça sobre a participação de cada um no único Jesus Cristo. A certeza de que Jesus é o Cristo, o Messias do povo escatológico de Deus que no futuro do reinado de Deus será glorificado, constitui a premissa para que ele pudesse se tornar o cabeça de uma igreja formada de judeus e gentios, que por meio dele estão interligados na unidade de seu corpo. A função da fundamentação pneumatológica da igreja é tornar inteligível a consumação escatológica da criação, à qual já aportava o envio terreno de Jesus, como a glória de Jesus Cristo, por força da qual ele é o novo Adão e conseqüentemente também o cabeça da igreja como de seu corpo. A doutrina sobre a igreja tem de levar isso em conta, relacionando desde já o conceito da igreja com o horizonte do futuro do reino de Deus, como cuja representação provisória a igreja existe.[53]

Excurso: A posição da eclesiologia na estruturação da dogmática

Não é auto-evidente que o conceito da igreja forme um tema específico da dogmática. Não foi esse o caso na igreja antiga nem na Idade Média latina. Como conteúdo da fé e da doutrina cristã vigoravam o Deus trinitário, a criação do mundo, sua reconciliação por meio de Jesus Cristo, os sacramentos. Uma peça doutrinária própria sobre a igreja, porém, falta na apresentação sistemática da doutrina cristã até o séc. XV.[54]

Obviamente existe nas obras dos Pais da igreja uma diversidade de afirmações isoladas sobre a igreja e também apresentações coesas e complexas de sua natureza.[55] Nas confissões de fé da igreja antiga se

---

[53] Cf. a esse respeito as observações de J. D. ZIZIOULAS, *op. cit.*, p. 137s sobre o caráter de sinalização escatológica da igreja.
[54] Maiores detalhes em L. DULLAART, *Kirche und Ekklesiologie*, 1975, p. 190ss.
[55] Cf. a visão sinótica de G. MAY, "Kirche III", in: *TRE* 18, 1989, p. 218-227, bem como mais detalhes os dados compilados no manual citado abaixo, *Handbuch der Dogmengeschichte*, vol. III, 3a-d.

mencionou desde o séc. II a igreja em estreita relação com o Espírito Santo, quase como o "lugar de sua atuação".⁵⁶ A descrição da igreja como una, santa, católica e apostólica, surgida na ocasião, tornou-se em CIRILO de Jerusalém, no ano de 348 ou 350, objeto de explicações catequéticas (*cat*.18, 22-27).⁵⁷ Apesar disso ADOLF V. HARNACK já opinou, concordando na substância com FERDINAND KATTENBUSCH, que na patrística grega a igreja não era "*nenhum conceito dogmático* no sentido estrito da palavra": "Ela não se insere no arcabouço das doutrinas da redenção".⁵⁸ Nas exposições sistemáticas da doutrina cristã desde ORÍGENES a doutrina da igreja não formava um objeto específico. Tanto GREGÓRIO de Nissa em sua grande catequese (cap. 33) quanto JOÃO DAMASCENO (*De fide orth*. IV,9) passavam dos temas da cristologia diretamente à análise do batismo. Os Pais da igreja latinos tampouco desenvolveram uma "eclesiologia sistematicamente elaborada", uma "teologia da estrutura da igreja, de sua hierarquia e autoridades".⁵⁹ O célebre escrito de CIPRIANO sobre a unidade da igreja foi apenas um escrito polêmico de ocasião e não traz nenhuma exposição sistemática do conceito de igreja. Ela falta até mesmo em Agostinho, por mais que se encontrem nele afirmações importantes, multissegmentadas e profícuas acerca da compreensão de igreja.⁶⁰ Por isso não surpreende que também a obra das sentenças de PEDRO LOMBARDO não tenha trazido consigo nenhum tratamento sintético do conceito de igreja⁶¹ e "que

---

⁵⁶ G. MAY, *op. cit.*, p. 225.

⁵⁷ Cf. a esse respeito, A. V. HARNACK, *Lehrbuch der Dogmengeschichte*, vol. II, 5ª ed. 1931, p. 110-113.

⁵⁸ A. VON HARNACK, *op. cit.*, p. 112, cf. a referência a F. KATTENBUSCH, ali, p. 110, nota 1. Também J. N. D. KELLY, *Early Christian Doctrines* (1958), 2ª ed. 1960, p. 401 concorda com essa opinião, como diz, costumeira, pelo menos no que tange à falta de "deliberate statements of ecclesiological theory" [declarações deliberadas de teoria eclesiológica] (ib.).

⁵⁹ P. T. CAMELOT, "Die Lehre von der Kirche. Väterzeit bis ausschließlich Augustinus", in: *HDG*, vol. III, 3b, 1970, p. 51.

⁶⁰ Visão panorâmica em J. N. D. KELLY, *op. cit.*, p. 412-417. Justamente a ausência de uma exposição sistemática explica as tendências contrárias das idéias antidonatistas de AGOSTINHO sobre a igreja como *corpus permixtum* de um lado e, de outro, da restrição do conceito de igreja aos verdadeiramente eleitos, decorrente de sua doutrina da predestinação (p. 416s).

⁶¹ Ao invés disso PEDRO LOMBARDO desenvolveu no contexto da cristologia uma peça doutrinária *De Christo capite* (*Sent*. III,13) que propiciou aos comentaristas

nenhum dos teólogos da escolástica tardia encarou um tratado específico De Ecclesia".[62] Foi somente no séc. XV, ou seja, na era do conciliarismo e depois das experiências da cisão do Ocidente com a detenção dos papas em Avignon, que surgiram tratados independentes sobre o conceito de igreja.[63]

Essa situação é significativa também para a apreciação dos enfoques da Reforma acerca da eclesiologia, porque permitem notar como ainda eram incipientes no séc. XVI os esforços em prol de uma formatação sistemática do conceito de igreja. As afirmações da Reforma sobre a natureza da igreja passaram a estimular que também na contra reforma católica o conceito de igreja se tornasse tema de controvérsia.[64]

Provavelmente a doutrina da igreja tenha sido introduzida na dogmática pela primeira vez pelos reformadores. É verdade que o tema ainda está ausente na primeira versão dos Loci communes de MELANCHTHON em 1521. A exposição da doutrina cristã transita aqui da análise de pecado, lei e evangelho diretamente para a abordagem da justificação mediante a fé, e na seqüência constam trechos sobre as boas obras, os sacramentos (de signis), bem como sobre o amor, os magistrados religiosos e seculares e – como último ponto – sobre o escândalo. Somente na segunda edição de sua obra em 1535 MELANCHTHON inseriu, depois das exposições sobre lei e evangelho, justificação e boas obras, uma seção De Ecclesia (CR 21, p. 825ss.), que explica as afirmações de Confissão de Augsburgo (CA 7 e 8) sobre a igreja, antes

---

um fulcro para analisar temas eclesiológicos, cf. Y. CONGAR, "Die Lehre Von der Kirche. Von Augustinus bis zum Abendländischen Schisma" (HDG, vol. III, 3c) 1971, p. 101s.

[62] Y. CONGAR, op. cit., p. 140.

[63] Por exemplo, JOÃO de Ragusa: Tractatus de Ecclesia, 1433/3 5 (cf. Y. CONGAR, "Die Lehre von der Kirche. Vom Abendländischen Schisma bis zur Gegenwart" (HDG, vol. III, 3d), 1971, p. 24s), bem como principalmente a um pouco posterior Summa de Ecclesia de JOÃO de Torquemada (cf. Y. CONGAR, op. cit., p. 31-34). Um precursor desses trabalhos foi o curialista Jacó de Viterbo (De regimine christiano, 1301-1302), cf. Y. CONGAR, HDG, vol. III, 3c,1971, p. 177s.

[64] Cf. sobre isso Y. CONGAR, HDG, vol. III, 3d,1971, p. 45-48, em especial sobre a sistematização da doutrina sobre as notae ecclesiae [sinais da igreja] em conexão com os quatro atributos da igreja do símbolo de Nicéia/Constantinopla feita por STANISLAUS HOSIUS (1553), que no entanto haveria de ser consolidar apenas no séc. XVIII (p. 47), enquanto nas controvérsias da Contra-Reforma se tornou marcante inicialmente a obra de ROBERTO BELARMINO (op. cit., p. 53ss.).

de serem tratados os sacramentos. Sobre isso se afirmou com razão que aqui MELANCHTHON teria empreendido pela primeira vez "projetar e elaborar", a partir do novo enfoque evangélico da Reforma, "uma teologia da igreja como um todo".[65]

Também na primeira versão da *Institutio religionis Christianae* de CALVINO (1536) ainda falta um capítulo próprio sobre a igreja. CALVINO empregou aqui uma seqüência temática comparável aos catecismos de LUTERO, primeiramente sobre a lei, depois sobre a fé, depois sobre a oração e finalmente sobre os sacramentos. Contudo expôs as determinações de conteúdo da fé seguindo o Credo Apostólico e nesse contexto também tratou brevemente o conceito de igreja.[66] Na revisão de 1539 as exposições sobre o conceito de igreja já se tornaram muito mais elaboradas (*CR* 29, p. 537-672), mas foi somente a última edição da *Institutio*, de 1559 que fez valer o peso ampliado do conceito de igreja também na estruturação da obra: O tomo IV sobre os meios exteriores pelos quais Deus nos torna partícipes da comunhão com Cristo e nela preserva, começa agora com um capítulo *De vera ecclesia* (*CR* 30, p. 744-767).[67] A isso se agrega, depois de uma contraposição da igreja falsa (p. 767-776), uma apreciação detalhada dos ministérios eclesiásticos e de suas competências. Somente com IV,14 (p. 941ss.) CALVINO passou para a doutrina dos sacramentos. O conceito do evangelho, no entanto, já havia sido tratado no âmbito da percepção da obra salvadora de Cristo (11,9; *CR* 30, p. 309ss.), e também a análise da apropriação individual da graça de Cristo mediante o Espírito e a fé antecede, como tema do terceiro tomo da *Institutio* em CALVINO, a doutrina da igreja. Essa seqüência temática de modo geral também continuou sendo determinante para a dogmática reformada do séc. XVII.

---

[65] K. HAENDLER, *Wort und Glaube bei* MELANCHTHON. *Eine Untersuchung über die Voraussetzungen und Grundlagen des melanchthonischen Kirchenbegriffes*, 1968, p. 16.

[66] *CR* 29, p. 72s Cf. a respeito A. GANOCZY, *Ecclesia Ministrans. Dienende Kirche und kirchlicher Dienst bei Calvin*, 1968, p. 142ss. GANOCZY menciona o recurso de CALVINO ao conceito de igreja de *CA* 7 já na dedicatória a FRANCISCO I da França (p. 142, cf. *CR* 29, p. 21). A partir de *CA* 7 também se poderia explicar a ênfase na unidade da igreja em CALVINO, a qual, porém, no mais é descrita com termos fortemente predestinacionistas (*universum electorum numerum*, *CR* 29, p. 72 e 74s), e por isso também é reconhecível em sua abrangência apenas pelos olhos de Deus (p. 75).

[67] Cf. A. GANOCZY, *op. cit.*, p. 165-175.

Os dogmáticos luteranos do séx. XVII analisaram o conceito de igreja ou como MELANCHTHON (e CALVINO) antes dos sacramentos, mas depois da fé e da justificação, ou até mesmo bem no final da dogmática.[68] Em contraposição o dogmático reformado JOÃO WOLLEBIUS tratou já no começo do séc. XVII o conceito da igreja após os sacramentos, mas antes da apropriação individual da salvação,[69] e WILHELM AMESIUS definiu a igreja expressamente como o sujeito primário da concessão dos efeitos salvadores de Cristo.[70] O dogmático luterano ABRAÃO CALOV tratou o conceito da igreja como corpo místico de Cristo na seqüência imediata da cristologia e somente depois os meios de salvação da palavra e do sacramento, bem como a apropriação individual da salvação.[71] Nisso se explicita uma classificação de cunho mais

---

[68] Posição de J. G. BAIER. *Compendium theologiae positivae*, 1694, reimpressão 1864 (ed. Preuss) p. 586ss., bem como D. HOLLAZ, *Examen theologicum acroamaticum*, Stargard 1707, p. IV e J. F. BUDDEUS, *Compendium institutionum theologiae dogmaticae*, 1724, p. 766ss. Em BAIER essa seqüência foi fundamentada pelo fato de a igreja ser apresentada como resultado da predestinação que, no entanto, em boa configuração luterana, é exposta apenas em seguida aos sacramentos. BUDDEUS procede da mesma forma. Em HOLLAZ, porém, se chega a falar da igreja apenas depois do juízo final.

[69] J. WOLLEBIUS, *Compendium theologiae Christianae* (Basiléia 1626) Amsterdã 1655, p. 143 (vol. I, p. 25). A inserção do conceito de igreja em seguida à exposição dos sacramentos decorre do enfoque na teologia da aliança em WOLLEBIUS, a partir do qual a igreja é definida como *externa communio foederis gratiae* (p. 143). A análise de vocação, fé, justificação passa a ser feita apenas em vol. I, p. 28ss.

[70] W. AMESIUS, *Medulla SS. theologiae* (1627), 4ª ed. Londres 1630, p. 160s (c. 31). Conforme AMESIUS as afirmações anteriormente analisadas sobre predestinação, vocação, justificação, adoção, santificação e glorificação (cap. 23-30) se referem todas em primeiro lugar à igreja. Os sacramentos foram tratados por AMESIUS somente em posição posterior (cap. 40, p. 218ss.). H. BERKHOF, que se insere entre os poucos dogmáticos que versaram expressamente sobre o problema da anteposição da igreja (pela qual o próprio BERKHOF optou) antes da apropriação individual da salvação na estrutura da dogmática (*Christian Faith. An Introduction to the Study of the Faith* (1973), trad. inglesa 1979, p. 340ss.), cita em favor desse procedimento na teologia reformada do séc. XVII ainda J. OWEN: *Pneumatologie*, 1674, bem como, no séc. XX, A. KUYPER, *The Work of the Holy Spirit*, 1900, e a dogmática de E. BRUNNER (vol. III, 1960, p. 34ss.).

[71] A. CALOV, *Systema locorum theologicorum*, tomo VIII, Wittenberg 1677. CALOV não forneceu uma justificativa dessa subdivisão, exceto uma breve observação sobre a igreja como *mysticum Christi corpus* (p. 3). A doutrina dos meios de salvação segue no tomo IX, a exposição da apropriação individual da salvação, no

histórico-soteriológico do conceito de igreja na seqüência de temas da apresentação dogmática. Não foi capaz de se impor. Até na teologia dos séc. XIX e XX se antepõe via de regra a exposição da apropriação individual da salvação ao tratamento do conceito de igreja. Como caso exemplar pode ser considerada também nesse aspecto a doutrina da fé de Schleiermacher, que analisou comunhão do indivíduo com Jesus Cristo em estreita correlação com a cristologia, a saber, imediatamente depois da doutrina da obra de Cristo, enquanto a doutrina da igreja obteve sua exposição posteriormente sob o aspecto da "configuração do mundo no que diz respeito à redenção".[72] De certa forma esse procedimento foi coerente em Schleiermacher, porque segundo seu juízo o protestantismo se diferenciava do catolicismo por "fazer depender a relação do indivíduo com a igreja de seu relacionamento com Cristo, enquanto pelo contrário o catolicismo faz depender a relação do indivíduo com Cristo de seu relacionamento com a igreja" (*op. cit.*, § 24 diretriz). Tanto mais surpreendente, no entanto, é que também a dogmática católica até o séc. XX antepõe o tratamento da doutrina da graça – e, portanto, da participação individual na salvação – à eclesiologia.[73] Provavelmente isso seja compreensível apenas porque a conexão estabelecida pela escolástica latina de cristologia e doutrina da graça repercutiu por tanto tempo. Mas essa circunstância também explica a correspondente seqüência temática na dogmática da Reforma desde Melanchthon e Calvino. No caso, não se trata somente da expressão de subjetivismo protestante, mas de uma decorrência tardia do fato de que a peça doutrinária sobre a igreja realmente surgiu tão tardiamente e seu enquadramento na seqüência de temas da doutrina cristã por isso se ressentiu tanto tempo de incertezas.

Na substância merece preferência a anteposição, já ensaiada por Johannes Wollebius de um lado e por Abraão Calov de outro, do conceito de igreja antes da exposição da apropriação individual da salvação. Deixando-se de lado o primeiro grupo de discípulos de Jesus, a

---

tomo X. No séc. XX aderiu a uma estruturação análoga P. Althaus, *Die christliche Wahrheit*, 3ª ed. 1952, p. 499s, mas antepondo a doutrina do Espírito Santo (p. 494-499), como acontece também na presente apresentação.

[72] F. Schleiermacher: *Der christliche Galube*, 2ª ed. 1830, p. §§ 113-163.

[73] Vide, p. ex., L. Ott, *Grundriß der katholischen Dogmatik*, 2ª ed. 1954, p. 253ss., 312ss.

comunhão do indivíduo com ele sempre já é mediada pela igreja, por sua proclamação e administração dos sacramentos. Na dogmática católica de MICHAEL SCHMAUS, de cunho histórico-soteriológico, a doutrina da igreja foi por isso anteposta à doutrina da graça já antes do Concílio Vaticano II,[74] e depois do concílio obedeceu a essa seqüência também a obra comunitária *Ministerium Salutis* classificada programaticamente como "rudimento de dogmática histórico-soteriológica".[75] Entretanto também faria parte dessa forma de exposição que o quadro de referência fornecido com a história da salvação para a existência da igreja fosse salientado em sua relevância constitutiva para sua concepção. A intenção era que fosse menos determinante para o conceito de igreja o conceito do povo de Deus,[76] mas pelo contrário o do reino de Deus. Porque somente como exposição precedente da comunhão das pessoas no domínio vindouro de Deus a igreja formada de judeus e gentios se destaca do povo de Deus da velha aliança. O senhorio de Deus

---

[74] M. SCHMAUS, *Katholische Dogmatik*, vol. III/1: *Die Lehre von der Kirche*, 3ª ed. 1958. A doutrina da graça seguiu em vol. III/2, 3ª ed. 1951.

[75] J. FEINER; M. LÖHRER (eds.), *Mysterium Salutis. Grundriß heilsgeschichtlicher Dogmatik*, vol. IV/1: *Das Heilsgeschehen in der Gemeinde*, 1972. Vol. IV/2, 1973, p. 595-982: *Gottes Gnadenhandeln*. Vol. V: *Zwischenzeit und Vollendung der Heilsgeschichte*, 1976, trata nos primeiros cinco capítulos da problemática ética da conduta de vida cristã, bem como os sacramentos do batismo e confirmação, da penitência e da unção dos enfermos.

[76] Já em M. SCHMAUS foi analisado imediatamente depois da "fundação da igreja por Jesus Cristo" (§ 167c) o "cunho divino-humano da igreja", começando por sua descrição como povo de Deus (vol. III/1, 3ª ed. 1958, § 168) e seguida por sua interpretação como corpo de Cristo e noiva de Cristo (§ 169), antes de ser verbalizado seu "aspecto" pneumatológico (§ 170) e as propriedades essenciais da igreja (§ 173). A relação entre igreja e reino de Deus foi analisada somente em um ponto posterior (§ 175) no âmbito do envio da igreja. A ênfase na descrição da igreja como povo de Deus por meio da constituição eclesiástica do Concílio Vaticano II torna compreensível que em *Mysterium Salutis* vol. IV/1, 1972 as exposições sistemáticas sobre o conceito de igreja começam com um capítulo sobre "O novo povo de Deus como sacramento da salvação" (cap. 4. de W. BEINERT). Em contrapartida, falta completamente uma elaboração sistemática da relação entre igreja e reino de Deus, o que não apenas causa surpresa pelo fato de que com isso deixa de haver uma clarificação da relação entre surgimento da igreja e o tema central da mensagem de Jesus, mas igualmente porque o conceito eclesiológico fundamental da constituição exlesiástica do Vaticano *Lumen Gentium*, o conceito do mistério da salvação, tem por base bíblica a referência ao reino de Deus e de Cristo (cf. LG 1,3).

é o princípio crítico no qual se evidenciam o fracasso e a apostasia do povo de Deus, mas também o princípio criador de sua transformação histórica e renovação escatológica. Por isso é possível falar apenas em termos de uma "correlação" de reino de Deus e povo de Deus.[77] Em sentido estrito unicamente o Filho constitui um correlato ao senhorio do Pai, de modo que assim se constitui conjuntamente o conceito da própria soberania de Deus (Mt 11.27; par.). Na relação com o senhorio de Deus o povo de Deus é uma variável. A relação constitutiva entre ambos não deve ser entendida como reversível e tampouco como recíproca. Justamente a transição do envio de Jesus ao povo de Deus da antiga aliança até o surgimento da igreja como resultado da rejeição de Jesus por seu povo documenta a soberania do senhorio de Deus perante o povo da aliança. Somente quando se leva em conta essa primazia do senhorio de Deus diante do povo de Deus por ele constituído pode-se valorizar também a continuidade com Israel que persiste apesar da singularidade da igreja como congregação escatológica. Isso acontecerá no capítulo 14 no âmbito da doutrina da eleição, que versará sobre a igreja na concretização de sua realidade histórica, e por isso também em sua ligação com Israel. Antes, porém, cabe expor o conceito essencial da igreja, a peculiaridade diferenciadora de seu ser. Algo análogo vale em vista das cisões da igreja que incidiram no curso de sua história. A doutrina da igreja não pode deixar de lado esses traços de sua realidade histórica concreta que contrariam seu conceito essencial. No entanto, tampouco pode começar por eles, mas tem de analisar a concretização histórica da igreja à luz de seu conceito essencial. Em função disso, também essa problemática será abordada apenas no contexto da doutrina da eleição.

Constituiu um mérito da escola católica de Tübingen ter elaborado a importância fundamental da idéia do reino de Deus não apenas para a teologia em geral, mas também para o conceito de igreja. Enquanto JOHANN SEBASTIAN DREY ainda havia relacionado de modo bem genérico com o governo da providência divinia a idéia do reino de Deus presente através do amor, ou seja, definida moralmente, idéia

---

[77] Posição de G. LOHFINK, "Die Korrelation von Reich Gottes und Volk Gottes bei Jesus", in: *Theol. Quartalschrift* 165, 1985, p. 173-183, bem como idem, "Jesus und die Kirche", in: W. KERN; H. J. POLTMEYER; M. SECKLER(eds.), *Handbuch der Fundamentaltheologie* vol. III, 1986, p. 49-96, esp. p. 16ss.

essa mediada por JOHANN ALBRECHT BENGEL e oriundo de JOHANN COC-
CEJUS, conforme FRANZ ANTON STAUDENMAIER o reino de Deus se apresenta "em sua imanência como igreja".⁷⁸ Diante da concepção da igreja
como concretização do reino de Deus na história JOHANN ADAM MÖHLER
passou a enfatizar com razão a diferença entre reino de Deus e igreja,
porque, como em outras comunidades humanas, na igreja o reino de
Deus não aparece "sem turbação", de modo que a igreja tem antes de
tudo "a tarefa de educar para o reino de Deus, devendo empreender
a tentativa em bons e maus para ganhá-los para ele". Mas desse modo
recuou em MÖHLER também a importância constitutiva da relação com
o reino de Deus para o conceito de igreja, dando lugar à idéia problemática da igreja como "corporificação continuada" do Filho de Deus.⁷⁹
Em MÖHLER, assim como em seus antecessores ainda inexiste a idéia
de que a igreja é o sinal provisório para o futuro do governo de Deus
entre as nações.

Se a relação com a comunhão de uma humanidade renovada, a
ser concretizada no futuro do senhorio de Deus, é constitutiva para
o conceito de igreja, resulta disso também uma conseqüência para o
tratamento dos temas pertinentes à apropriação individual da salvação no contexto da eclesiologia: Para a proclamação de Jesus acerca

---

⁷⁸ F. A. STAUDENMAIER, *Encyklopädie der theologischen Wissenschaften als System der ge-
sammten Theologie*, 1834, p. 644 (§ 1327). É característico que essas afirmações em
STAUDENMAIER não aparecem no contexto da eclesiologia dogmática (p. 425ss.),
mas somente no âmbito da teologia histórica, que recebe a incumbência de
compreender a história como revelação do reino de Deus (p. 642s, § 1323s). Sobre J. S. DREY, cf. J. R. GEISELMANN, *Die katholische Tübinger Schule. Ihre theoloische
Eigenart*, 1964, p. 191-279, esp. p. 192-209, quanto à sua dependência de COCCEJUS
e BENGEL, *ibid.*, p. 191. De qualquer modo já consta em DREY (*Kurze Einleitung in
das Studium der Theologie mit Rücksicht auf den wissenschaftlichen Standpunct und
das katholische System*, 1819, § 268), que na igreja a visão fundamental religiosa
do cristianismo – reino de Deus – alcança realidade empírica e relevância objetiva". Cf. em GEISELMANN, *op. cit.*, p. 224-262 também as considerações sobre J.
R. HIRSCHER, esp. p. 259ss., bem como sobre P. SCHANZ (p. 273ss.). Para complementação, cf. E. KLINGER, *Ekklesiologie der Neuzeit. Grundlegung bei Melchior Cano
und Entwicklung bis zum Zweiten Vatikanischen Konzil*, 1978, p. 118-202 (idéia do
reino de Deus e igreja). Contudo na exposição de KLINGER se subestima a importância da escola de Tübingen (*op. cit.*, p. 141s) ao lado de M. DOBMAYER (1789) e
F. BRENNER (1815/18) e como continuidade de seus enfoques.

⁷⁹ J. A. MÖHLER, *Symbolik, oder Darstellung der dogmatischen Gegensätze der Katholi-
ken und Protestanten nach ihren öffentlichen Bekenntnisschriften*, 1832, p. 267.

da irrupção iminente do governo de Deus era característico que ela se dirigia diretamente ao indivíduo e não tentava realizar historicamente, como outras iniciativas judaicas da época, p. ex., uma agregação da comunidade remanescente escatológica ou outra forma de apresentação do verdadeiro povo de Deus. A esse dado significativo para a mensagem e a atuação de Jesus corresponde, na correlação vivencial da igreja cristã, a relação direta de cada crente com Jesus Cristo, sem prejuízo da mediação de fato de sua fé pela proclamação e administração dos sacramentos da igreja. Nisso se localiza também o momento da verdade da anteposição, que por muito tempo foi costumeira na história da teologia, da apropriação individual da salvação, respectivamente da doutrina da graça, antes da análise dos sacramentos e do conceito de igreja. Embora essa ordem temática, como já foi mencionado, tenha sido acolhida por outras razões, ela não deixa de trazer em si como momento duradouro da verdade o ponto de vista da relação pessoal não-mediada do fiel com Jesus Cristo. Esse aspecto não deve ser entendido mal como se os crentes individualmente formassem apenas secundariamente, por se encontrarem, a comunhão da igreja. Porém na vida da própria igreja, como prefiguração da futura comunhão dos seres humanos no reino de Deus, a relação não-mediada de cada crente com Deus que para ele está presente em Jesus Cristo possui relevância constitutiva. Será evidenciado que disso também depende a compreensão correta da vida cultual, dos sacramentos e do ministério eclesiástico.

2. Reino de Deus, igreja e sociedade

a) Igreja e reino de Deus

A clarificação da relação entre igreja e reino de Deus é imprescindível para responder à pergunta pela base constitutiva da igreja. Quando se deriva a existência da igreja, com o relato de Lucas sobre o acontecimento de Pentecostes, da efusão do Espírito, cabe ainda assinalar o que isso significa. Pentecostes também se tornou a razão da existência da igreja de acordo com a narrativa de Atos dos Apóstolos não meramente como acontecimento de um entusiasmo coletivo, mas porque foi o ponto de partida da proclamação da ressurreição do Crucificado e de sua instalação na posição escatológica de poder do Filho de Deus e *kyrios*. O caráter escatológico desse evento tem como correlato do lado dos fiéis a certeza de que a efusão do Espírito de Deus prometida para a consumação escatológica já se tornou acontecimento neles e credencia para a proclamação do evangelho da ressurreição do Crucificado como agir redentor de Deus com seu povo e com toda a humanidade. Independentemente se a origem dessa certeza, pois, é atribuída com Lucas à experiência de um entusiasmo coletivo no grupo dos discípulos ou com outros testemunhos do cristianismo primitivo a um encontro com o Ressuscitado: De qualquer modo o passo para proclamação da ressurreição e exaltação de Jesus se tornou a origem da igreja. Na realidade, porém, faz parte da proclamação ainda a inclusão dos que dão crédito à mensagem na comunhão do grupo de discípulos. E a circunstância de que os discípulos agora constituíram tal comunhão – e talvez retornaram para esse fim da Galiléia, onde podem ter acontecido as primeiras aparições do Ressuscitado, para Jerusalém[80] – isso somente pode ser entendido quando se pressupõe que eles aguardavam em Jerusalém a iminente consumação do senhorio de Deus por meio do Senhor ressuscitado que para isso retornaria do Pai. A realidade escatológica da ressurreição dos mortos, que já iniciou com Jesus, e também o acontecimento da efusão do Espírito esperado para o fim dos tempos formam aspectos parciais do evento abrangente da consumação do reino de Deus, que assim já está irrompendo.[81] Também a constituição da própria igreja primitiva é um dos aspectos parciais do reino de Deus em vias de irromper, a saber reunião provisória da comunhão que espera pelo futuro de Deus, que chegará à realização definitiva por meio da comunhão das pessoas no reino de Deus consumado.[82]

---

[80] Isso depende da decisão sobre a questão controvertida se as primeiras aparições do Ressuscitado ocorreram na Galiléia, como sugere Mc 16.7. Cf. H. v. CAMPENHAUSEN, *Der Ablauf der Osterereignisse und das leere Grab* (1952), 2ª ed. 1958, p. 13ss., bem como W. G. KÜMMEL, *Die Theologie des Neuen Testaments nach seinen Hauptzeugen*, 1969, p. 111.
[81] W. G. KÜMMEL, *Kirchenbegriff und Geschichtsbewußtsein in der Urgemeinde und bei Jesus*, 1943, p. 27, cf. p. 10ss, 14s.
[82] G. LOHFINK, "Jesus und die Kirche", in: W. KERN; H. J. POTTMEYER; M. SECKLAR (eds.), *Handbuch der Fundamentaltheologie*, vol. III, 1986, p. 49-96, atribuiu a idéia de reunir a congregação do reino de Deus já à atuação do próprio Jesus de promover a reunião escatológica de Israel (esp. p. 78ss., 89s e 94). Mas também

Unicamente por meio da relação com o senhorio de Deus que irrompe, a constituição da congregação pós-pascal também se conecta a Jesus e sua atuação terrena. O envio de Jesus à terra havia se dirigido ao povo de Israel, e precisamente a todo o povo da antiga aliança.[83] Diferentemente dos demais movimentos judaicos de seu tempo Jesus não fundou nenhuma comunhão de seus adeptos segregados do restante do povo, mas anunciou ao povo inteiro a proximidade de seu Deus, com o qual estava compromissado como povo da aliança. Logo não se pode falar de uma fundação da igreja pelo próprio Jesus.[84] A "palavra da rocha" dirigida a Pedro em Mt 16.18s, que fala expressamente de uma fundação da igreja, é avaliada pela exegese atual com grande unanimidade como uma elaboração pós-pascal.[85] Além disso ela fala da fundação da igreja no futuro, apontando portanto no sentido do próprio evangelho de Mateus para o tempo depois da Páscoa.[86] No entanto a vocação dos Doze discípulos não deve ser entendida como

---

conforme LOHFINK esse motivo inerente à mensagem de Jesus sobre o reino chegou à concretização somente depois da Páscoa com o surgimento da igreja como uma comunhão separada do antigo povo de Deus.

[83] G. LOHFINK, op. cit., p. 76, W. G. KÜMMEL, "Jesus und die Anfänge der Kirche" (in: idem, *Heilsgeschehen und Geschichte*, 1965, p. 289-309), p. 295, cf. p. 301. Cf. já aqui vol. II, p. 441s.

[84] Isso é enfatizado hoje também por exegetas católicos (cf. G. LOHFINK, op. cit., p. 49), ao contrário do preceito de fé do juramento antimodernista de 1910, de que a igreja teria sido fundada de imediato e diretamente pelo Jesus histórico *(Ecclesiam... per ipsum verum atque historicum Christum, cum apud nos degeret, proxime ac directe institutam eandemque super Petrum... aedificatam* [A igreja... foi instituída de imediato e diretamente pelo próprio e verdadeiro Cristo histórico, quando passou um tempo entre nós, e ela mesma foi edificada... sobre Pedro], *DS* 3540). Com exceção da fundamentação da igreja sobre Pedro e seus seguidores, o teólogo sistemático evangélico mais proeminente da época, ALBRECHT RITSCHL, concordou em que a igreja como "congregação do reino de Deus" teria em Jesus seu "fundador", *Unterricht in der christlichen Religion* (1875), reimpressão ed. por G. RUHBACH, 1966, § 19, p. 25). Mas cf. abaixo, p. 390-401 acerca do significado da última ceia de Jesus.

[85] A esse respeito, cf. W. G. KÜMMEL 1965 (supra, nota 83), p. 301-308, bem como G. LOHFINK, op. cit., p. 49 com referências a A. VÖGTLE, P. HOFFMANN, W. TRILLING, R. PESCH.

[86] Apoiado nisso W. G. KÜMMEL, 1943 *(acima,* nota 81), p. 37ss analisou a pergunta se Jesus visou a uma "fundação de sua congregação somente após sua morte" (p. 37), mas respondeu negativamente também a essa pergunta por causa de Mc 10.35ss (p. 40s).

a formação de uma comunidade central, mas como uma ação simbólica escatológica de Jesus, como símbolo da restauração escatológica de Israel como povo de doze tribos no futuro do governo de Deus.[87] Sem dúvida a mensagem de Jesus, da proximidade do senhorio de Deus, também servia para "reunir e despertar" Israel rumo a esse objetivo. Visto que apenas uma minoria do povo judaico seguiu esse chamado de Deus, sendo que os representantes oficiais do povo rejeitaram Jesus e sua mensagem e também se fecharam diante da mensagem de seus discípulos sobre a ressurreição de Jesus e a função expiatória de sua morte para o povo, tinha de acontecer uma separação.[88] Nisso o chamado de Jesus para dentro do senhorio de Deus teve o efeito de um princípio crítico, que agora intermediou a transição da referência ao envio de Jesus ao povo judaico de Deus para a fundação pós-pascal da igreja formada de judeus e gentios. O grupo de discípulos de Jesus, que tinha a finalidade de representar simbolicamente qual é a destinação do Israel como um todo, se transformou, após a rejeição da mensagem pascal por parte da maioria do povo judaico e pela experiência conjunta da presença escatológica do reino de Deus, em cerne de uma nova comunhão, que pela acolhida de não-judeus transpôs a circunferência da federação do povo judeu e assim se tornou independente diante dele como representação já não apenas da destinação de Israel, mas da destinação da humanidade toda, para formar uma nova e definitiva comunhão no reino de Deus.

Note-se que o reino de Deus não é simplesmente idêntico à igreja. A igreja nem sequer deve ser compreendida como a configuração inicial incompleta do reino de Deus. À semelhança do povo de Deus da antiga aliança, a igreja se encontra em uma relação com o reino de Deus que é constitutiva para sua existência, e essa relação é diversa nos

---

[87] G. LOHFINK, op. cit., p. 75ss. Ao contrário de KÜMMEL, 1943, p. 28ss., LOHFINK constata não apenas na pessoa de Jesus, mas igualmente em seu grupo de discípulos já um "sinal do reino que agora resplandece" (p. 76). A diferença com KÜMMEL, porém, não é muito grande, porque para ele interessava primordialmente que o grupo dos Doze não fosse visto como estoque inicial de uma nova congregação do verdadeiro povo de Deus (p. 31s), e disso tampouco LOHFINK discorda. Quanto à função do grupo dos Doze, cf. também J. ROLOFF, Apostolat – Verkündigung – Kirche. Urspung, Inhalt und Funktion des kirchlichen Apostelamtes nach Paulus, Lukas und den Pastoralbriefen, 1965, p. 138-168, esp. 146s e 166s.
[88] G. LOHFINK, op. cit., p. 71s, cf. p. 57s e 67.

dois casos, mas não possui nem no caso de Israel, nem no da igreja, a forma de uma identidade simples ou também apenas de uma identidade parcial.

Em Israel é a expectativa pelo senhorio de Deus que foi elaborada como esperança por um futuro, no qual a vontade jurídica de Deus será concretizada sem restrições nem rupturas, tanto no próprio Israel quanto no âmbito das nações. Isso significa em primeiro lugar que a própria divindade de Deus receberá reconhecimento irrestrito (Zc 14.9 e 16s) e que desse modo ele trará paz aos povos, apaziguando suas contendas jurídicas (Zc 9.9s; cf. Mq 4.1-4).[89] A rigor o próprio povo da aliança sempre já deveria ser o reino de uma maneira singular, no qual seu Deus governa como rei (Dt 33.5; cf. Nm 23.21; Sl 47.7).[90] Conforme 1Cr 28.5 Salomão estava assentado sobre o trono da realeza de Deus (1Cr 29.23; cf. 2Cr 9.8) como antes dele seu pai Davi (1Cr 17.14) e depois os davididas posteriores. Apesar disso Israel já aparecia ao profeta Isaías como um povo "de lábios impuros" que não pode persistir diante do rei eterno e por isso é refém da morte (Is 6.5). Isso se confirmou pelo agir julgador de Deus para com seu povo, e na visão dos tempos pós-exílicos precisa acontecer em cada indivíduo a decisão de "tomar sobre si o jugo do reinado de Deus (ou do céu)".[91] A mensagem de Jesus fez valer essa exigência de dedicação pessoal de cada indivíduo como reivindicação do senhorio de Deus sobre sua vida com todo seu peso substancial, muito além da exterioridade de mera recitação do sh^ema' [Escuta!] (Dt 6.4), ao convocar os membros do povo de Deus a se voltar com todas as conseqüências para o futuro do senhorio de Deus e da irrupção dele sobre sua vida.[92] A rejeição experimentada

---

[89] Para os pontos de partida ugaríticos das concepções do reinado de Deus em Israel continua sendo fundamental W. H. SCHMIDT, *Königtum Gottes in Ugarit und Israel. Zur Herkunft der Königsprädikation Jahwes*, 2ª ed. 1966. O processo das modificações dessa concepção, conforme chegou a ser expresso nos salmos da realeza de Javé, foi analisado com base nos resultados de SCHMIDT, por JÖRG JEREMIAS, *Das Königtum Gottes in den Psalmen. Israels Begegnung mit dem kanaanäischen Mythos in den Jahwe-König-Psalmen*, 1987. Sobre a ligação do reinado de Deus com o temário do direito, cf. ibidem, p. 114ss sobre Sl 99. Cf. também J. GRAY, *The Biblical Doctrine of the Reign of God*, 1979.

[90] J. JEREMIAS, *op. cit.*, p. 50-69, esp. p. 64s e 88s.

[91] Quanto ao significado dessa fórmula, cf. K. G. KUHN, in: *TWNT*, vol. I, 1933, p. 571.

[92] A esse respeito, cf. vol. II, p. 460ss., esp. p. 465s. sobre Mc 12.29s par.

por Jesus, porém, evidenciou como o povo da aliança estava distante até mesmo da reivindicação do reinado de Deus sobre o testemunho de vida de seus membros (cf. Lc 13.22-30).

Diante disso os discípulos de Jesus formavam um círculo de pessoas que se abriram à interpelação do reinado de Deus anunciada por Jesus. Não obstante, nesse grupo de forma alguma chegou à configuração plena o reino de Deus. Pelo contrário, ele continuou sendo também para ele algo futuro (cf. Mt 20.20-28). Para o grupo de discípulos vale no geral o que de maneira especial se expressa pela eleição dos Doze: Ele é apenas sinal antecipado do senhorio de Deus, embora o seja de tal modo que seu futuro já está presente nele, mesmo que ainda não em configuração plena.[93] Algo análogo continua valendo para a igreja, embora ela forme agora, diferentemente do grupo de discípulos de Jesus antes da Páscoa, uma comunhão delimitada para fora por meio da confissão conjunta a Jesus como Cristo e *kyrios*. Também a igreja ainda vive na expectativa do futuro de Deus e da revelação de seu governo, ainda que essa expectativa esteja associada agora à antevisão do retorno de seu Senhor. A igreja ainda não é o reino de Deus, porém sinal precursor para a comunhão vindoura dos humanos no senhorio de Deus. Isso se expressa particularmente no centro de sua vivência cultual, na celebração da ceia do Senhor, que dá continuidade à prática das refeições de Jesus como antecipação da comunhão, representada na ceia, dos seres humanos no futuro de salvação do reinado de Deus. Em nenhum outro lugar na vida da igreja se expressa de tal modo como aqui a característica de sinal de toda a sua existência. Nessa prática significante evidentemente a coisa significada já é eficaz no presente, como já acontecia nas refeições celebradas pelo próprio Jesus – ou seja, o futuro de salvação do reino de Deus, mediado na celebração da ceia do Senhor pela comunhão com o Senhor Jesus Cristo presente na ceia. Justamente como sinal a vida de celebração da igreja, portanto, é também presença eficaz e mediação da salvação vindoura.

Por meio do caráter significante, que determina a existência da igreja, sua relação com o senhorio de Deus é diferente daquela de Israel. Certamente Israel já foi chamado para ser testemunha da vontade jurídica de Deus entre os povos (Is 42.1) e desse modo não foi apenas

---

[93] Essa é preocupação válida de G. LOHNFINK perante W. G. KÜMMEL (vide *acima*, nota 87).

segregado dentre as nações, mas de fato também chamado a ser sinal da vontade jurídica de Deus que visa à humanidade toda. Mas a existência de Israel certamente não foi de antemão fundamentada assim como a igreja sobre a irrupção do senhorio universal de Deus sobre a humanidade: Israel é o povo separado para Deus e nisso também portador de uma função para a humanidade que transcende sua particularidade. A igreja não é absolutamente nada fora de sua função como congregação escatológica e, portanto, como sinal de antecipação do senhorio vindouro de Deus e de sua salvação para a humanidade. Por isso faz parte de sua peculiaridade que a missão cristã tenha transposto os limites do povo judaico e da particularidade de suas instituições, para se tornar igreja formada de judeus e gentios que está unida pela fé na aparição de Jesus como expressão de uma nova humanidade a ser consumada no futuro de Deus.

Faz parte da estrutura do sinal que sinal e coisa sejam diferentes. Um sinal aponta para além de si mesmo, para a coisa. Diferenciar entre sinal e coisa é, portanto, imprescindível para a função do sinal. A coisa não deve ser confundida com a precariedade de seu sinal. Apenas pela diferenciação entre o sinal e coisa essa última pode estar de certo modo presente através de seu sinal. Essa é também a situação de igreja e reino de Deus. A igreja tem de diferenciar a si mesma da futura comunhão dos humanos no reino de Deus, para ser reconhecível como sinal do reino de Deus, por meio do qual seu futuro de salvação já se torna atual para as pessoas em sua respectiva época. Quando a igreja deixa de tornar explícita essa diferença, ela arroga a si mesma o caráter definitivo e a glória do reino de Deus, privando em contrapartida de credibilidade a esperança cristã por causa da miserabilidade e o caráter demasiadamente humano de sua própria vivência. Da mesma maneira como em sua proclamação terrena Jesus se diferenciou humildemente do Pai e do futuro de seu reino,[94] também a igreja tem de distinguir entre sua própria existência e o futuro do reino de Deus. Unicamente na pobreza espiritual e humildade de tal autodiferenciação ela é o lugar em que pelo poder do Espírito Santo o futuro escatológico do governo de Deus já atua no presente para a salvação dos seres humanos. Apenas mediante renúncia a reivindicações exclusivas para sua respectiva configuração particular ela consegue ser nitidamente um sinal da

---

[94] Cf. vol. II, p. 525ss.

universalidade do reino de Deus e um instrumento para a reconciliação dos seres humanos entre si e com Deus, transpondo todos os contrastes separadores das pessoas entre si e do Deus de Israel. Por isso o caráter significante inerente à existência da igreja sempre se salientou com especial clareza em tempos de padecimento e perseguição.

No decorrer de sua história a igreja teve consciência de sua diferenciação do futuro do senhorio de Deus na proporçãc em que se entendeu como povo de Deus peregrino no sentido de Hb 3.7-4,11.[95] Ou seja, como um povo que nesta terra não possui nenhum Estado (*pólis*) duradouro como configuração de sua vida ccmunitária, mas que busca o reino de Deus vindouro (Hb 13.14). Contudo já na época da patrística a diferença entre igreja e reino de Deus muitas vezes não foi vista com a clareza que é devida a partir dos testemunhos do Novo Testamento. Ela foi particularmente borrada pelo fato de que o caráter futuro do reino de Deus não mais foi entendido como base também para as afirmações sobre a presença antecipatória de sua salvação em Jesus Cristo e por meio dele na igreja. Pelo contrário, o futuro do reino de Deus passou a ser inversamente compreendido como consumação de sua realidade já existente inicialmente na igreja. Dessa forma a consciência da diferença entre presença da salvação e consumação futura com certeza não precisava ser totalmente perdida. Assim a imagem da igreja como noiva de Cristo também podia expressar a consciência da distância entre a realidade histórica da presença da igreja e o futuro de Cristo como noivo: Como noiva de Cristo a igreja aguarda cheia de saudades a aparição do noivo e o banquete nupcial escatológico. Nessa metáfora também foi possível dar conta da desfiguração do formato atual da igreja por meio de uma série de mazelas e faltas.[96] A experiência de que a realidade histórica da igreja fica aquém do conceito de sua natureza teológica foi enfrentada por CLEMENTE de Alexandria e ORÍGENES pela diferenciação platonizante entre igreja celestial e terrena, à qual ainda recorreu AGOSTINHO na controvérsia com o donatismo.[97] Contudo conforme sua essência a igreja

---

[95] Sobre isso, cf. E. KÄSEMANN, *Das wandernde Gottesvolk*, 2ª ed. 1957.
[96] Cf. H. FRIES, in: *Mysterium Salutis* IV/1, 1972, p. 229s com referências a H. U. v. BALTHASAR: *Sponsa Verbi*, 1960, p. 203-305, e J. DANIÉLOU, *Sacramentum Futuri*, 1950, p. 217- 232.
[97] Documentação em J. N. D. KELLY, *Early Christian Doctrines*, 1958, p. 201ss., 415s.

celestial era na realidade tida como idêntica com a cidade de Deus, a Jerusalém celestial, que aparecerá na terra no futuro.[98] Ponto de partida disso era a concepção de uma preexistência da igreja, já encontrada no Pastor de Hermas (*Vis.* II,4,1) e na segunda carta de Clemente (*2 Clem.*14,2s), mas deve ter sido desenvolvida principalmente no gnosticismo.[99] Tinha de ser plausível identificar a igreja imaginada como preexistente com a Jerusalém celestial (Gl 4.26; Ap 3.12; 21.2), a "cidade do Deus vivo" (Hb 12.22), e daí resultou por sua vez sua identidade com o reino de Deus vindouro contido na expectativa do cristianismo primitivo. Afinal, já o apóstolo Paulo havia associado a expectativa do retorno de Cristo com a concepção da *pólis* celestial, da qual ele há de vir (Fl 3.20). Por isso, como CLEMENTE e ORÍGENES, assim também AMBRÓSIO[100] e AGOSTINHO[101] identificaram a igreja com o reino de Deus, a *civitas* celeste. AGOSTINHO na verdade se esforçou para distinguir a configuração futura do reino de Deus da configuração atual da igreja, na qual florescem conjuntamente o inço e o trigo (*De civ. Dei* XX, 9,1). Apesar disso a igreja é para ele também agora já o reino de Deus e de Cristo,[102] e isso continuou assim também nas épocas subseqüentes. Não apenas os teólogos da escolástica medieval, também LUTERO manteve a designação da igreja atual como reino de Deus e de Cristo,[103] por mais que no geral soubesse enfatizar a relação com o futuro da consumação

---

[98] J. N. D. KELLY, *op. cit.*, p. 202s remete, nessa questão, especialmente a ORÍGENES, *Hom. in Ierem* 9, 2 e *in Ios* 8,7, bem como a *De princ.* 1,6,2 (sobre a igreja terrena como réplica – *imitatio* – do reino vindouro). Cf. também CLEMENTE, *Strom.* 4, 8,66.

[99] J. N. D. KELLY, *op. cit.*, p. 191 sobre IRINEU, *Adv. haer.* I,2,2, etc.

[100] Ambrósio, *in Sl* 118,15,35 (MPL 15, 1422).

[101] AGOSTINHO, *De civ. Dei* XIII,16; XVIII,29. O nexo com a concepção de uma igreja celestial preexistente pode ser notado em AGOSTINHO especialmente no *Enchiridion ad Laurentium* 56,15 (MPL 40, 258).

[102] AGOSTINHO, *De civ. Dei* XX,9,1: *Ergo et nunc ecclesia regnum Christi est, regnumque caelorum* [Logo a igreja é agora o reino de Cristo, e reino dos céus] (CCL 48,716). Cf. XX,9, 2: *ecclesia, quae nunc etiam est regnum de Cristo* [a igreja, que agora também é o reino de Cristo] (717).

[103] Basta conferir M. LUTERO, *Von weltlicher Obrigkeit* [Da autoridade secular] (1523), *WA* 11, 251 (Gottis reych), p. 262 (Gottis reych unter Christo), p. 252s, 249. Veja ainda o sermão de LUTERO de 25.10.1522 (*WA* 10/111, p. 379-385) e a esse respeito H. J. GÄNSSLER, *Evangelium und weltliches Schwert. Hintergrund, Entstehungsgeschichte und Anlaß von Luthers Scheidung zweier Reiche oder Regimente*, 1983, p. 68ss.

da salvação como constitutivo para a fé. Também a formulação de uma criação ou fundação do reino de Deus por Jesus Cristo não deve ser simplesmente atribuído ao iluminismo cristão. Comprovação dela já se encontra em LUTERO.[104] Nova foi no iluminismo apenas a interpretação ética da concepção do reino de Deus, que chegou a exercer, sobretudo por meio de KANT,[105] uma influência determinante sobre a teologia evangélica mais recente. Por ironia, foi justamente a reinterpretação ética da concepção do reino de Deus para uma condição a ser produzida pelo agir humano que levou a uma diferenciação entre reino de Deus e igreja, porque a igreja visível não é simplesmente idêntica com a comunhão ética dos humanos no reino de Deus, e sim apenas pode ser *"representante"*[106] em vista da introdução histórica da formação de uma comunhão verdadeiramente moral. A igreja foi pensada aqui a serviço de uma finalidade da humanidade que era diferente dela mesma. Em consonância, também ALBRECHT RITSCHL diferenciou entre a congregação do reino de Deus fundada por Cristo e o próprio reino,[107] enquanto SCHLEIERMACHER, justamente por formular em termos mais fortemente religiosos o conceito do reino de Deus, amarrando-o aos efeitos emanados de Cristo como Redentor, identificou a igreja cristã com o reino de Deus e a apresentou como "o reino de Deus instituído por Cristo".[108] A interpretação ética do conceito de reino de Deus possui, apesar da reinterpretação de seu caráter futuro originalmente escatológico, ainda assim o mérito duradouro de romper o falso eclesiocentrismo, em vigor até então, na abordagem desse tema e fazer valer contra ela novamente os dados bíblicos, de que o reino de Deus constitui um fenômeno que supera a existência da igreja,

---

[104] Consta assim em LUTERO, *WA* 11,249, 29, que Cristo teria vindo para "que iniciasse o reino de Deus e o instaurasse no mundo".

[105] I. KANT, *Die Religion innerhalb der Grenzen der bloßen Vernunft* (1793), 2ª ed. 1794, p. 127ss., onde a "vitória do bom princípio sobre o mal" é apresentada como "fundação de um reino de Deus na terra".

[106] I. KANT, *op. cit.*, p. 144.

[107] A. RITSCHL, *Unterricht in der christlichen Religion* (1875), reimpressão 1966, p. 15 (§ 5). Quanto à correlação entre congregação e reino de Deus, cf. também: idem, *Die christliche Lehre von der Rechtfertigung und Versöhnung*, vol. II, 2ª ed. 1883, p. 297s (§ 39) e p. 280 (§ 37). Para diferenciá-lo da congregação como igreja visível, RITSCHL (*Unterricht* § 9, *op. cit.*, p. 17) imaginou o reino de Deus como invisivelmente presente nela, em analogia ao que já pensava KANT (*op. cit.*, p. 142).

[108] F. SCHLEIERMACHER, *Der christliche Glaube* (1821), 2ª ed. 1830, § 117 (diretriz), cf. § 113,4, bem como § 105.

ao qual a vida da própria igreja está relacionada como à finalidade dessa sua existência.

O caráter escatológico do senhorio de Deus como ação do próprio Deus, cuja data ou hora ninguém conhece, nem sequer o Filho (Mc 13.32), foi novamente trazido à consciência por Johannes Weiss, e por conseqüência também a assim condicionada diferença entre reino de Deus e igreja: "Quando Deus instala seu governo eterno, o andamento das coisas vai de cima para baixo." Ao contrário dos reinos mundanos o reino de Deus virá "sem contribuição de mão humana" (Dn 2.34). "É assim que também Jesus e todo o cristianismo primitivo imaginam a vinda do reino de Deus," razão pela qual é equivocado "quando se considera o reino de Deus como uma plantação ou criação de Jesus que cresce para o alto ou se espalha a partir de um broto terreno".[109] Por isso tampouco pode haver uma "equação entre o reino de Deus e o grupo dos adeptos de Jesus", embora a idéia do reino de Deus certamente inclua "a comunhão, em que se concretiza a verdadeira justiça".[110] Essa, porém, é esperada ainda pela segunda carta de Pedro para a chegada de um novo céu e uma nova terra (2Pd 3.13), por mais que por seu turno a justiça do indivíduo já seja condição de admissão nessa futura comunhão do reino de Deus. Também sob esse aspecto a igreja é analogia e sinal do senhorio de Deus, uma vez que apenas a pessoa purificada pelo batismo e justificada pela fé pode ser membro dela.

A partir dos dados exegéticos não foi somente a teologia evangélica do séc. XX, mas também a católica que desenvolveu uma nova consciência da diferença entre igreja e reino de Deus.[111] Pioneiro disso foi Rudolf Schnackenburg.[112] Na dogmática foi enfatizado em seguida por Karl Rahner que a igreja não deveria, apesar de saber que é "sacramento da salvação definitiva", "se entender

---

[109] Cf. J. Weiss, *Die Predigt Jesu vom Reiche Gottes* (1892), reimpressão da 2ª ed. 1964, p. 105. Cf. especialmente as exposições sobre as parábolas de crescimento, p. 82ss.

[110] J. Weiss, *op. cit.*, p. 79 e 125s.

[111] Exemplo disso é K. E. Skydsgaard, *Reich Gottes und Kirche*, 1950. Cf. ainda T. F. Torrance, *Kingdom and Church*, 1956, P. Tillich, *Systematische Theologie*, vol. III (1963), alemão 1966, p. 426ss., J. Moltmann, *Kirche in der Kraft des Geistes. Ein Beitrag zur messianischen Ekklesiologie*, 1975, p. 214-221. Cf. também do autor: *Theologie und Reich Gottes*, 1971, p. 31-61 ("Reich Gottes und Kirche"), esp. p. 35s.

[112] R. Schnackenburg, *Gottes Herrschaft und Reich. Eine biblisch-theologische Studie* (1959), 4ª ed. 1965.

equivocadamente como se ela em sua configuração presente como tal já fosse o definitivo" e sua historicidade apenas dissesse respeito a cada um de seus membros. Pelo contrário, a igreja, "corretamente entendida, sempre vive da proclamação de seu próprio caráter provisório e de sua suspensão historicamente progressiva no reino vindouro de Deus, rumo ao qual está peregrinando, para alcançá-lo, porque Deus vem ao encontro dela na parusia de Cristo como ato próprio dele e porque também sua peregrinação acontece na força dessa vinda de Cristo. A natureza da igreja é a peregrinação rumo ao futuro por vir".[113] De modo similar HANS KÜNG se voltou, em sua obra fundamental sobre a igreja, contra a identificação de igreja e reino de Deus,[114] sem ocultar que, não obstante, o futuro do reino de Deus já está presente na igreja como seu *"sinal prévio"*.[115] Contra RAHNER e KÜNG foi levantada a objeção de que enfatizaram de modo unilateral a diferença entre igreja e reino de Deus.[116] Mas ambos certamente asseveraram também a presença do senhorio vindouro de Deus na igreja como seu sinal precursor.[117] No entanto a afirmação

---

[113] K. RAHNER, "Kirche und Parusie Christi" (1963), in: idem, *Schriften zur Theologie*, vol. VI, p. 165, 348-367, 350 e 351. O "caráter provisório" da igreja foi enfatizado também por J. RATZINGER no artigo "Kirche III. Systematisch", in: *LTK* 6, 1961, p. 173-183, esp. p. 177.

[114] H. KÜNG, *Die Kirche*, 1967, p. 111-118, esp. p. 114s.

[115] H. KÜNG, *op. cit.*, p. 118.

[116] Pensa assim principalmente A. DULLES, *Models of the Church* (1974), 1978 (Image Books), p. 109. DULLES inclui nessa crítica também o exposto em meu ensaio mencionado na nota 111. Entretanto, cf. seu livro: *The Reshaping of Catholicism. Current Challenges in the Theology of the Church*, 1988, p. 136ss., onde DULLES também busca conceder espaço à diferença entre igreja e reino de Deus.

[117] Em HANS KÜNG é dito que a igreja seria *"arauto do reino de Deus vindouro e ao mesmo tempo já presente"* (*op. cit.*, p. 118). Isso seguramente foi formulado na linguagem do modelo "querigmático" de igreja, segundo a linguagem de A. DULLES (*op. cit.*, p. 81-93) e não nas concepções da igreja como sacramento da salvação, porém seguramente não deixa de expressar para o leitor isento a presença da futura salvação na igreja. A definição criticada por DULLES, da igreja como "obra humana" (*work of man*, DULLES, p. 109, KÜNG, p. 115), diante do reino que irrompe "de cima", com certeza não expressa exaustivamente a natureza da igreja e também em KÜNG dificilmente teria essa conotação. Evidentemente há na configuração histórica da igreja muita participação de obras humanas. Diferentemente de muitos outros tratados católicos sobre o conceito de igreja, isso foi com razão enfatizado por KÜNG. Mas que a igreja seria *"definitively the work of man"* [definitivamente obra humana] (DULLES, *op. cit.*) reproduz imprecisamente o teor da expressão de que a igreja seria "decisivamente obra

de que a igreja é analogia da realidade da salvação escatológica que transcende sua particularidade, a saber, do reino de Deus, não deveria e não pode ser contestada sem reduzir o universalismo da esperança cristã de salvação.[118] Nesse sentido devem ser entendidas também as acima referidas afirmações do primeiro cristianismo acerca da *pólis* celestial.

A igreja, portanto, não é idêntica com o reino de Deus, mas ela é sinal de seu futuro salutar, mais precisamente é sinal, de tal modo que

---

humana". Porque "em última análise" a igreja não é nem mesmo para KÜNG mera obra humana (cf. KÜNG, p. 181-244, esp. p. 200ss, 203ss.). Menos ainda a crítica de DULLES atinge a KARL RAHNER. Porque RAHNER define a igreja expressamente como "realidade escatológica", porque "nela o futuro consumado já possui presença real, no obstante sua pendência" (RAHNER, *op. cit.*, p. 351). As considerações de RAHNER não se movem apenas no modelo querigmático da igreja, mas asseveram que "a vitória de Deus sobre o pecado do mundo" teria na igreja "também já agora uma presença e palpabilidade históricas, de certo modo sacramentais no mundo" (*op. cit.*, p. 354). A crítica exercida por DULLES na realidade é compreensível apenas em vista da tradução equivocada de uma formulação de RAHNER, que em vista da igreja fala de uma "suspensão para dentro do reino vindouro de Deus" (*op. cit.*, p. 351). Essa locução é reproduzida como "elimination in the coming kingdom of God" [eliminação no reino vindouro de Deus] (DULLES, p. 109). A palavra "suspensão", porém, em contraposição a "eliminação" possui também um aspecto positivo, a saber, de preservar e consumar.

[118] O anúncio de Jesus, de que não apenas os membros do povo de Deus, mas pessoas de todas as regiões do mundo participarão do banquete no reinado de Deus (Lc 13.29), pôde seguramente ser referido pela teologia cristã posterior à missão da igreja entre os gentios e constitui um importante impulso para tal, contudo não deixa de ultrapassar sempre de novo os contornos da igreja formada de gentios. Do contrário, como a teologia cristã haveria de asseverar a possível participação de pessoas que nunca se tornaram membros da igreja histórica, na salvação do senhorio de Deus? Aliás, também A. DULLES define a comunhão da graça da igreja como "an anticipation of the final kingdom" [uma antecipação do reino final] (*op. cit.*, p. 126), não como idêntica ao próprio reino de Deus, e sem dúvida enfatiza com razão, e bem no sentido de RAHNER: "The coming of the Kingdom will not be the destruction but the fulfillment of die church" [A vinda do reino não será a destruição mas a consumação da igreja] (DULLES, p. 127). Se, no entanto, o futuro de Deus "transcende a dicotomia entre igreja e mundo", então isso não é outra coisa que aquilo que RAHNER descreveu como "suspensão" da igreja na consumação do reino de Deus que a supera.

o futuro de salvação de Deus já está presente nela e se torna acessível às pessoas através da igreja, através de sua proclamação e sua vida de celebração.[119] Sob esse aspecto os cristãos foram, por meio do Espírito do Pai, já agora "transportados para o reino de seu amado Filho" (Cl 1.13), de sorte que através dele foram redimidos já agora do pecado (Cl 1.14). É nesse sentido que o reino de Deus, que já se tornou presente pela atuação de Jesus (Lc 11.20), também está presente com eficácia na igreja dele, de modo que KARL BARTH pôde afirmar que pelos "afazeres do Espírito Santo" o reino de Deus já estaria "de fato na terra, no tempo, na história, sob a configuração dessa congregação que ora por sua vinda", embora a congregação como tal não fosse o reino de Deus.[120] A congregação em sua forma "institucional" não dispõe sobre a presença do futuro soteriológico de Deus, mas ele se torna nela um "acontecimento" por meio do Espírito Santo,[121] sendo mediado pela palavra do evangelho que proclama a Cristo.[122] Sua configuração mais

---

[119] Nesse sentido consta com razão em O. SEMMELROTH que na realidade não se pode "afirmar que a igreja seria simplesmente o reino de Deus" Mas em contraposição a aplicação das parábolas do reino de Deus de Jesus para a igreja pelos pais da igreja contém sem dúvida a verdade de que a igreja é "o sinal sacramental do governo de Deus" ("Die Kirche als Sakrament des Heiles", in: *Mysterium Salutis*, vol. IV/1, 1972, p. 309-355, citação à p. 331). Acerca da expressão "sacramento" para essa situação, cf. abaixo, p. 72ss.

[120] K. BARTH, *KD*, vol. IV/2, 1955, p. 742. No entanto BARTH não destacou na congregação, assim como não o fez em vista de Jesus Cristo, a autodiferenciação de Deus como condição de sua presença.

[121] J. L. LEUBA, *Institution und Ereignis. Gemeinsamkeiten und Unterschiede der beiden Arten von Gottes Wirken nach dem Neuen Testament* (1950), alemão 1957, p. 90ss conectou o "dualismo eclesiológico" de Espírito e instituição com a diferença entre cristianismo judaico e gentílico, no que ele contudo visava à unidade dos dois aspectos assim diferenciados na vida da igreja. A ampla aceitação da fórmula de LEUBA evidencia, sem prejuízo de dúvidas justificadas, como foram expressas, p. ex., por J. MOLTMANN, *Kirche in der Kraft des Geistes*, 1975, p. 359s, contra uma mera concatenação complementar de aspectos contrários, que com isso se correspondeu a uma situação relevante. Ela será acolhida aqui sob o ponto de vista da diferenciação e unidade (proléptica) de igreja e reino de Deus.

[122] Cf. o exposto por A. DULLES, *Models of the Church* (1974) 1978, p. 81-93 sobre "The Church as Herald", esp. p. 90: "As contrasted with the image of the sacrament, the word has a unique capacity to express not only what is present but what is absent..." [Em contraste com a imagem do sacramento, a palavra possui a singular capacidade de expressar não apenas o que está presente, mas

densa essa correlação de palavra e acontecimento sem dúvida a recebe na celebração da ceia do Senhor, na qual a congregação possui certeza de sua prometida presença pelas palavras do próprio Jesus.

b) A igreja como mistério da salvação em Cristo

O caráter da igreja com sinal foi expresso pelo Concílio Vaticano II pela paráfrase de sua natureza como mistério da salvação ou sacramento. Porque o concílio explicitou essa formulação como "sinal e instrumento da mais íntima união com Deus bem como da unidade de toda a humanidade".[123] Mas na substância a unidade de toda a humanidade, fundamentada pela união com Deus e viabilizada através dela, é uma paráfrase do conceito do reino de Deus. Por isso se depreendeu com razão da afirmação do concílio que a igreja é o sinal sacramental do senhorio de Deus".[124] Até mesmo é preciso dizer que precisamente esse é o conteúdo da própria declaração do concílio.

> A relação do conceito de igreja com o do reino de Deus, no entanto, não foi expressa textualmente logo de início em *LG* 1 nem em conexão com a função da igreja como sinal. O tópico "reino do céu" ocorre somente na terceira seção do capítulo introdutório, e ainda na formulação que já não se pode sustentar exegeticamente, de que Cristo teria "fundado o reino do céu na terra".[125] Na seqüência a igreja é

---

o que está ausente...]. Dessa forma a palavra vem ao encontro da extática da atuação do Espírito, precisa dela para o entendimento do que é dito e por sua vez lhe confere determinação e direcionamento. Cf. igualmente G. EBELING, *Gott und Wort*, 1966, p. 50ss, 60s. Contudo nessa passagem EBELING não se volta para a cooperação entre palavra e Espírito.

[123] *LG* 1: *Cum autem Ecclesia sit in Christo veluti sacramentum seu signum et instrumentum intimae cum Deo unionis totiusque generis humani unitatis* [Mas como a igreja é em Cristo como que sacramento ou sinal e instrumento da mais íntima união com Deus bem como para a unidade de toda a humanidade].

[124] Posição de O. SEMMELROTH, *op. cit.*, p. 331: "Porque se a igreja é o sacramento da salvação, então ela é o sinal sacramental do senhorio de Deus."

[125] *LG* 3: *Christus... regnum caelorum in terris inauguravit...* [Cristo inaugurou... o reino dos céus na terra...]. Em consonância, *LG* 5 vê o envio da igreja não apenas no anúncio do futuro do reino de Deus, mas também em sua fundamentação inicial entre os povos (*Ecclesia... missionem accipit Regnum Christi et Dei annuntiandi et in omnibus gentibus instaurandi, huiusque Regni in terris germen et initium constituit* [A igreja... recebeu a missão de anunciar o reino de Cristo e de Deus e instaurá-lo

chamada de "reino de Cristo", mas de maneira notoriamente diferenciada frente à forma tradicional dessa concepção. A saber, a igreja é chamada de "o reino de Cristo já presente no mistério".[126] Quando se considera que *mysterium* é o equivalente grego da expressão *sacramentum* empregada em LG 1, então LG 3 retoma o pensamento introduzido em LG 1, para expressar através do conceito de mistério a relação entre a igreja e o futuro do reino de Cristo, que nela "já" está presente. À luz dessa afirmação deve ser correto interpretar a expressão *sacramentum* em LG 1 no sentido de "sacramento do reino de Deus".[127]

Subjacente a essa definição fundamental do conceito de igreja pelo concílio está inicialmente uma declaração de CIPRIANO sobre a igreja como sacramento da unidade.[128] Mas essa fórmula tem o conteúdo preenchido de um modo que remete de volta às afirmações da carta aos Efésios sobre o *mysterion* do plano de salvação divino (Ef 3.3-9), que visa a reunir todas as coisas em Cristo (Ef 1.9s). O concílio não se apoiou expressamente sobre essas palavras da carta aos Efésios. Apesar disso, elas são de importância decisiva para a pergunta pela base bíblica de seu conceito de igreja.

Do lado evangélico a designação da igreja como sacramento sofre em parte uma crítica intensa,[129] não apenas por causa da

---

em todas as nações, do qual ela constitui na terra o gérmen e o início]). A relação entre a igreja e o futuro do reino é descrita no sentido de uma interpretação das parábolas de crescimento de Jesus, superadas exegeticamente desde J. Weiß (*Ipsa interea, dum paulatim increscit, ad Regnum consummatum anhelat...* [Entrementes ela, enquanto cresce paulatinamente, anela à consumação do reino], *ibid.*). Desse modo não foi descrita adequadamente a diferença entre a igreja e o futuro do reino de Deus que irrompe por si só sem contribuição humana.

[126] LG 3: *Ecclesia, seu regnum Christi iam praesens in mysterio, ex virtute Dei in mundo visibiliter crescit* [A igreja, ou o reino de Criso já presente em mistério, cresce visivelmente no mundo pela virtude de Deus].

[127] Cf. também L. BOFF, *Die Kirche als Sakrament am Horizont der Welterfahrung. Versuch einer Legitimation und einer struktur-funktionalistischen Grundlegung der Kirche im Anschluß an das II. Vatikanische Konzil* I, 1972, p. 27.

[128] CIPRIANO, *ep.* 69,6 (MPL 3, 1142 B), bem como *De unitate ecclesiae* 4 (MPL 4, 500s). L. BOFF, *op. cit.*, p. 96s salienta que aqui ainda opera a idéia do Novo Testamento, de que o mistério é o plano divino de salvação. Cf. também as exposições ali, p. 87ss., sobre o uso terminológico na patrística em geral.

[129] Cf. a esse respeito E. JÜNGEL, "Die Kirche als Sakrament?", in: *ZTK* 80, 1983, p. 432-457, 433.

tradicional contraposição do entendimento evangélico de igreja como igreja da palavra contra uma compreensão de cunho primordialmente sacramental da vida eclesial, cuja exacerbação poderia levar ao temor diante de uma sacramentalização do próprio conceito de igreja, mas acima de tudo porque a carta aos Efésios associa o conceito do mistério com Cristo (Ef 3.4), assim como Cl 2.2, não porém – ou pelo menos não expressamente – com a igreja. Assim pôde surgir a impressão de que o lado católico estaria atribuindo à igreja o que na verdade compete apenas a Cristo. Enquanto a Reforma luterana, pela constatação de que no Novo Testamento o conceito *mystérion* ou *sacramentum* não é usado para atos eclesiásticos posteriormente assim designados, mas para o próprio Jesus Cristo, havia sido inicialmente motivada a restringir o uso da expressão "sacramento" a Cristo e entender o batismo, a santa ceia e a penitência como meros sinais sacramentais,[130] a moderna eclesiologia católica parecia promover exatamente o oposto, com uma dilatação do conceito de sacramento para entender a igreja. Essa divergência tendencial pareceu tão grave a Gerhard Ebeling que segundo sua opinião, por causa dela, *"rebus sic stantibus* [permanecendo assim as coisas] não é possível uma comunhão eclesiástica com a igreja romana".[131]

Para clarear a questão objetiva cabe inicialmente definir mais precisamente o conceito de *mystérion/sacramentum* no Novo Testamento naquilo em que se diferencia do posterior conceito dogmático de sacramento: A expressão *mystérion* denomina no Novo Testamento como no apocalipsismo judaico[132] os desígnios do plano divino da história. Estão ocultos no Deus Criador, "encobertos desde sempre" (Ef 3.9; cf. 1.9 e Cl 1.26). Deus guardou consigo seus pensamentos sobre o alvo derradeiro da história. Porém hão de ser revelados no fim dos tempos (Ap 10.7), quando o alvo de Deus e os caminhos que levam a ele, estiverem patentes aos olhos de todos mediante os fatos da história. Aos fiéis, pois, esses segredos de Deus estão manifestos já agora (Mt 13.11; par.; cf. Rm 11.25; 1Cor 15.51 e 4.1; 2.7). Porque estão manifestos em Jesus Cristo (Rm 16.25s).

---

[130] M. Lutero, *De captivitate Babylonica ecclesiae praeludium*, 1520 (*WA* 6, 501) bem como idem, *Disputatio de fide infusa et acquisita*, 1520 (*WA* 6, 86).
[131] G. Ebeling, *Dogmatik des christlichen Galubens*, vol. III, 1979, p. 315.
[132] Fundamental para tanto continua sendo o artigo *Mysterion* de G. Bornkamm, in: *TWNT*, vol. 4, 1942, p. 809-834. Sobre o conceito de mistério da carta aos Efésios, cf. H. Schlier, *Der Brief an die Epheser. Ein Kommentar*, 1962, p. 60ss.

A carta aos Colossenses ainda ultrapassa essa afirmação quando define Jesus Cristo não apenas como o lugar da revelação do mistério divino, mas praticamente o identifica com ele (Cl 2.2). Como se deve entender isso? Cristo não é apenas sinal de revelação do senhorio de Deus, mas ao sê-lo (cf. Mt 12.39s), esse mesmo senhorio já irrompe através dele. Por isso Jesus Cristo como proclamador do futuro de Deus e de seu governo é ao mesmo tempo o instrumento, por meio do qual Deus instaura seu domínio no mundo. Desse modo ele próprio é a quintessência do plano histórico de Deus. Em função disso também a carta aos Efésios afirma (Ef 3.4): Alvo do plano histórico de Deus é Cristo, uma vez que nele há de ser reunido tudo o que está no céu e na terra (Ef 1.9s). Mas isso significa agora: Jesus Cristo não é para si sozinho o alvo do agir divino na história, mas ele é o *mystérion de Deus* como aquele que traz a salvação a toda a criação, o "legado" (Ef 1.11 e 14) do reino de Deus. Faz parte do mistério divino da salvação, conforme a carta aos Efésios, em especial também que "em Jesus Cristo os gentios são co-herdeiros, membros e co-partícipes da promessa" (Ef 3.6).[133] Disso resulta que a identificação do mistério divino da salvação com Jesus Cristo não deve ser entendido de forma excludente, mas inclusiva: Ela não exclui aqueles que estão "em Cristo", visto que constitui justamente o propósito do plano divino da história unificar tudo em Cristo.

A afirmação de Ef 3.6 (em associação com Ef 2.14) torna compreensível que a teologia católica romana tenha entendido a igreja como o conteúdo do mistério divino da salvação. Nisso também se realça do lado católico a base cristológica dessa sacramentalidade da igreja.[134] A definição inicialmente utilizada, da igreja como "sacramento originário"[135] (na relação com os diversos atos e ofícios sacramentais na vida da igreja), contudo, foi infeliz e dada a mal-entendidos, porque enfocava a igreja em si, não em vista de sua participação em Jesus Cristo. Justamente em sua diferenciação de Cristo como o "fundador da ordem sacramental de salvação" a igreja foi chamada de sacramento originário que formaria a base das realizações sacramentais da vida, dos sete sacramentos.[136] Isso

---

[133] Cf. H. SCHLIER, *op. cit.*, p. 62: "Constitui o mistério de Cristo, que é a sabedoria de Deus, que se torna palpável e experimentável na igreja formada de judeus e gentios." Cf. p. 151, bem como já p. 20s.
[134] Posição de K. RAHNER, *Kirche und Sakramente*, 1960, p. 22s.
[135] K. RAHNER, *op. cit.*, com O. SEMMELROTH, *Die Kirche als Ursakrament*, 1953.
[136] Posição de O. SEMMELROTH, Art. "Ursakrament", in: *LTK*, vol. 10, p. 1965, p. 569.

não corresponde mais ao uso do termo *mystérion* concentrado em Cristo nas cartas aos Colossenses e Efésios. A deficiência tampouco foi corrigida pela circunstância de que Otto Semmelroth em 1972 atribuiu apesar de tudo o nome "sacramento original" a Jesus Cristo e diante disso caracterizou a igreja apenas como "sacramento-raiz", para expressar sua relação com cada sacramento específico.[137] Porque o decisivo é que as declarações do Novo Testamento designam a igreja como sacramento justamente não em sua diferenciação de Jesus Cristo, ainda que dependente dele. O texto do concílio nesse caso formulou com mais propriedade, quando consta que a igreja seria "em Cristo" (*LG* 1) praticamente sacramento da unidade dos seres humanos com Deus e entre si.

A classificação da igreja para si como sacramento originário ou sacramento-raiz deu à teologia evangélica um motivo válido para insistir em que, conforme o Novo Testamento "não a igreja, mas o próprio Jesus Cristo" é o sacramento da unidade e o único sacramento propriamente dito.[138] Na medida em que a igreja é considerada uma realidade distinta do próprio Jesus Cristo, o veredicto de fato tem de ser esse. Contudo justamente nesse ponto está o nó do problema; porque como corpo de Cristo a igreja forma uma unidade inseparável com Cristo, ainda que Cristo como o cabeça permaneça diferenciado dos membros. Separar Jesus Cristo de sua igreja, como se ele fosse o divino mistério da salvação sem a igreja, estaria em contradição com Ef 3.4-9, onde se destaca a superação, concretizada na igreja primitiva, do contraste entre judeus e gentios como conteúdo do mistério de Cristo (Ef 3.4), em consonância com a idéia de Ef 1.9s, de que o mistério divino da salvação consiste na

---

[137] O. Semmelroth, in: *Mysterium Salutis*, vol. IV/I, 1972, p. 318s.
[138] E. Jüngel, no ensaio citado acima, nota 129, p. 434. Já de forma independente da interpretação eclesiológica do conceito de sacramento na teologia católico atual Jüngel havia pleiteado, lembrando o Lutero dos primórdios e a retomada de seu questionamento por Karl Barth (por último em *KD*, vol. IV/2, 1955, p. 59), que o conceito de sacramento fosse restrito, no sentido do uso terminológico do Novo Testamento, totalmente a Jesus Cristo ("Das Sakrament – was ist das?", in: *EvTh* 26, 1966, p. 320-336, esp. p. 330ss.). Cf. também a discussão de Jüngel com K. Rahner, in: K. Rahner; E. Jüngel, *Was ist ein Sakrament? Vorstöße zur Verständigung*, 1971. No ensaio de 1983 ele tenta chamar a igreja "o grande *sinal sacramental* representativo de Jesus Cristo" (*op. cit.*, p. 450), mas justamente não sacramento, porque essa designação deveria ser reservada a Jesus Cristo e porque o mistério divino da salvação revelado nele não seria "continuado na igreja", como formulou de fato a *LG* 52.

junção unitária de todas as coisas em Jesus Cristo. É verdade que Cl 1.27 afirma expressamente que o mistério divino da salvação é idêntico a Cristo, mas ao "Cristo em vós", *i. é*, da igreja gentílico-cristã. O ponto alto do falar de Cristo como mistério da salvação reside na universalidade histórico-soteriológica de Cristo como Reconciliador do mundo (Cl 1.20), que se manifesta na vida da igreja, para o incipiente cristianismo especialmente na superação do abismo entre judeus e gentios pela transição para a missão aos gentios. Nesse aspecto se pode falar simplesmente de uma "já concluída... obra de Deus" como conteúdo do mistério da salvação,[139] porque a superação do abismo entre judeus e gentios na realidade aconteceu apenas na história da primeira igreja – e também ali no máximo de forma rudimentar. De acordo com as afirmações das cartas aos Efésios e aos Colossenses a igreja faz parte do mesmo mistério de salvação, mas não como unidade independente, e sim apenas na proporção em que ela estiver em Cristo e Cristo estiver presente e atuante nela.[140] Não se trata, no caso, de um complemento do mistério da salvação idêntico com Jesus Cristo. Nesse aspecto falar de uma continuação desse mistério na igreja (*LG* 52) de fato é problemático, porque sugere que a igreja completaria a obra de Cristo. Contudo no contexto do plano único de salvação divina Cristo e a igreja formam uma unidade, já que o próprio Cristo está presente nela. Por isso não se deve estabelecer neste ponto nenhuma alternativa, mas em contrapartida tampouco se deve atribuir à igreja uma sacramentalidade própria e que lhe caiba autonomamente.[141] A realidade de junção de Cristo e sua igreja no conceito do mistério da salvação também pode ser entendida como expressão da comunhão de Filho e Espírito no obra da reconciliação. Nesse aspecto se pode chamar o único mistério da salvação também de "sacramento do Espírito",[142]

---

[139] Posição de E. JÜNGEL, 1983, p. 448 com referência à obra salvadora de Deus na morte e ressurreição de Jesus Cristo, à qual deveria ser restrito o conceito de *mystérion*.

[140] E. SCHILLEBEECKX: *Christus, Sakrament der Gottbegegnung*, 1960.

[141] Isso já foi enfatizado pelo presente autor em 1970 (*Thesen zur Theologie der Kirche*, 1970, tese 97). A essa concepção aderiu também J. MOLTMANN, *Kirche in der Kraft des Geistes*, 1975, p. 229s. Na ocasião apontou com razão para as dimensões escatológica e pneumatológica do mistério da salvação que se manifesta na igreja.

[142] Posição de M. KEHL, "Kirche – Sakrament des Geistes", in: W. KASPER (ed.): *Gegenwart des Geistes. Aspekte der Pneumatologie*, 1979, p. 155-180.

enquanto uma relação dessas não tiver o objetivo de diferenciar, no conceito do sacramento, entre igreja e Cristo. A igreja por acaso não é sacramento do Espírito na diferença com o Filho. Pelo contrário, é Jesus Cristo por meio do testemunho e da atuação do Espírito em seu corpo, a igreja, que é chamado o único mistério da salvação de Deus, ou melhor, como "sacramento do reino",[143] porque nisso se sintetiza a obra de salvação do Filho e do Espírito: Sua obra conjunta serve à concretização do reino de Deus em sua criação.

Não a partir de si a igreja é mistério da salvação do senhorio de Deus, nem em sua constituição social, nem em sua respectiva configuração histórica, mas apenas "em Cristo", ou seja, no acontecimento da participação em Jesus Cristo, como acontece na vida cultual da igreja. Tomada isoladamente, a igreja não é sem mais nem menos perceptível como sacramento da unidade, no qual a futura unidade dos seres humanos no reino de Deus se configura antecipadamente e exerce eficácia histórica para a reconciliação da humanidade. Na configuração histórica da igreja o mistério divino da salvação se mostra apenas de forma fracionada. Afinal, ele é desfigurada pelo fracasso dos cristãos, não por último também dos detentores de ministérios na igreja, e pelas cisões relacionadas com isso, que surgiram em sua história. Também a unidade de judeus e gentios somente se estruturou na vida da igreja na medida em que desde cedo o cristianismo arrolou tanto judeus quanto gentios entre seus membros, que apesar de todas as cisões estão unidos pela fé em Jesus Cristo. Desse modo, no entanto, de forma alguma foi superado universalmente o contraste entre não-judeus e o povo judaico, e até mesmo na própria igreja surgiram, como reação à rejeição da mensagem de Cristo pela maioria do povo judeu, atitudes antijudaicas, de modo que na história das relações entre cristãos e judeus com freqüência ainda se intensificou a contraposição de judeus e não-judeus. Algo análogo vale para a atitude dos cristãos para com outras culturas e religiões, e os contrastes que aqui se manifestam sempre de novo tampouco devem ser vistos como mera expressão de falta de tolerância por parte dos cristãos. A própria confissão de Cristo gera sempre de novo tais contrastes (Mt 10.34-36; par.), e os cristãos não devem tentar desviar-se deles às custas de sua confissão. Logo existe uma

---

[143] J. MOLTMANN, *op. cit.*, p. 224ss.

variedade de motivos da dilaceração da imagem da unidade dos seres humanos no reino de Deus, da forma como ela se apresenta na realidade histórica da igreja. Apesar disso se efetuou, pela presença de Jesus Cristo em sua igreja, sempre de novo também a superação histórica de todas essas contradições, tanto no relacionamento externo para com o povo judeu e outras culturas e religiões, quanto em vista das cisões que incidiram sobre o próprio cristianismo. Estando a igreja "em Cristo" pela fé e em sua vida cultual, desenvolveram-se em sua história sempre de novo forças de reconciliação que entrelaçam os membros do cristianismo dentre muitos povos e culturas para a unidade do corpo de Cristo e também os transformam para outros em sinal da destinação da humanidade para que seja unida no reino de Deus.

Apesar do fracionamento com que o mistério da salvação de Deus, que visa ao reino de Deus, se manifesta na vida da igreja, a igreja de Jesus Cristo, que em sua pessoa é o mistério divino da salvação, não se diferencia por ser apenas sinal dele. Na função de sinal como tal não pode estar fundamentada a diferença entre igreja e Jesus Cristo. Porque também o próprio Jesus Cristo não é indistintamente idêntico ao senhorio de Deus, anunciado por ele. Ao cumprir seu envio terreno ele produziu os sinais do senhorio de Deus (Mt 11.4s) por meio de sua atividade redentora e pelo anúncio da boa nova da proximidade salvadora de Deus, mas também através da realização de refeições como sinal da comunhão no reino de Deus. Ele mesmo é, por meio de sua morte e ressurreição, o sinal dado por Deus aos seres humanos (Mt 12.39s), com base no qual os povos chegam a crer (Mt 12.41s). Ele é contra-imagem e analogia do senhorio do Pai, ao se mostrar como o Filho por meio de cuja obediência são manifestos o Pai e seu reino. Provavelmente a função de sinal não consta desde já na idéia bíblica do mistério da salvação como plano oculto da história da sabedoria divina. Mas ela está contida na manifestação desse mistério divino em e por meio de Jesus Cristo. Assim, em Jesus Cristo, mistério da salvação e função de sinal não constituem um contraste, mas na função de sinal de sua atuação terrena e de sua história para o futuro der senhorio de Deus ele é a corporificação do mistério da salvação, pela qual se concretiza o próprio plano divino de salvação. Fazem parte disso também o surgimento e a função da igreja. Na vida da igreja, porém, a junção de mistério da salvação e função de sinal se apresenta de outra maneira: Nela se medeia a função de sinal através da comunhão com Jesus

Cristo. Como corpo de Cristo a igreja é o povo escatológico de Deus formado de todos os povos e, conseqüentemente, sinal da reconciliação rumo à futura unidade de uma humanidade renovada no reino de Deus. Jesus Cristo é a revelação do mistério divino da salvação, porque de sua morte e ressurreição emana a reconciliação da humanidade rumo ao reino de Deus. A igreja, porém, se torna sinal do futuro da humanidade no reino de Deus por seu envolvimento no plano de salvação de Deus manifesto em Jesus Cristo, e se envolve nele existindo como corpo de Cristo.

Na literatura católica sobre a compreensão da igreja como mistério da salvação em Cristo parece que por ora não foi tratada adequadamente a problemática da concatenação dos conceitos de mistério da salvação e sinal. Isso talvez se deva ao fato de que a concepção do sacramento como sinal foi predeterminada pela definição do sacramento por AGOSTINHO.[144] Assim acontece quase que naturalmente a transição da idéia do mistério da salvação à do sinal. Na história precedente da doutrina do Concílio Vaticano II sobre a igreja como mistério da salvação o ponto de partida chegou a ser sua interpretação como sinal: O Concílio Vaticano I havia definido a igreja, com Isaías 11.12 como o *signum Ievatum in nationes* [insígnia erguida entre as nações], ou seja, como o estandarte erguido por Deus, em torno do qual se agrupam os dispersos dentre os povos.[145] A concepção da igreja como sinal foi depois combinada com a expressão mistério, já conhecida dos pais da igreja, para a igreja.[146] Dessa forma o Concílio Vaticano II sem dúvida alcançou uma definição mais profunda e alicerçada no Novo Testamento, do conceito de igreja. Seu peso teológico, no entanto, depende de que o termo mistério, como tal polissêmico, seja usado rigorosamente no sentido do Novo Testamento, como designação para o plano histórico do agir divino de salvação revelado em Jesus Cristo. A culminância bíblica do conceito ainda não foi alcançada quando a igreja é concebida como um mistério divino inacessível para concepções e imagens divinas ou pelo

---

[144] AGOSTINHO, *De civ. Dei* X,5: Os sacrifícios visíveis para a imolação de animais são sinais do sacrifício invisível do coração (*sacramentum, id est sacrum signum est*, CCL 47, 277).

[145] DS 3014. Sobre isso, cf. acima nota 127, a obra de L. BOFF (1972), p. 185-206.

[146] L. BOFF, *op. cit.*, p. 206-227.

menos não-atingido em seu ocultamento.[147] Pelo contrário, trata-se do mistério da vontade salvadora divina manifesto em Jesus Cristo e que se concretizou na igreja como corpo de Cristo.

Como sinal e instrumento do reino vindouro de Deus a igreja possui uma finalidade em si mesma, mas no futuro de uma humanidade reconciliada com Deus e unificada pela exaltação conjunta de Deus em seu reino. Esse pensamento não é desconhecido da teologia evangélica, embora aqui a igreja normalmente foi descrita, segundo o Credo Apostólico, como comunhão dos crentes. Essa fórmula na verdade expressa os fatos centrais para a vida interior da igreja e por isso também constituirá a idéia-mestra para a exposição dos próximos capítulos. Apesar disso, tomada isoladamente, ela descreve de forma incompleta a natureza da igreja, porque nela não passam a ser temas nem a incumbência missionária da igreja nem tampouco a transmissão da fé a novas gerações. Tomada isoladamente, a fórmula de que a igreja é comunhão dos fiéis pode ser entendida no sentido de uma posterior coesão de pessoas já crentes. Mas para a essência da igreja é constitutiva a referência ao todo da humanidade, em consonância com a relevância universal do agir reconciliador de Deus na morte e ressurreição de Jesus Cristo, e por isso ela é missionária por natureza. Isso tampouco está necessariamente contido na concepção do povo de Deus. É preciso que seja especialmente acrescentado como em EDMUND SCHLINK, que via a igreja "em um duplo movimento", por um lado "como o povo de Deus chamado para fora do mundo" e, por outro, "como o povo profético, sacerdotal e régio enviado para dentro do mundo".[148] Esse duplo movimento ainda não está assegurado meramente pela idéia do povo de Deus. Nele o conteúdo pode ser, como no caso do povo de Deus no Antigo Testamento, a segregação do mundo das nações para formar o povo da propriedade de Deus. É somente a referência ao futuro escatológico do senhorio de Deus que

---

[147] A. DULLES conectou em sua importante obra *Models of the Church* (1974), 1978, p. 21s o conceito bíblico específico com o conceito mais geral do mistério e fundamentou a descrição da igreja por meio de uma pluralidade de "modelos" (p. 22, cf. 36s). O conceito bíblico do mistério, no qual Cristo e a igreja se interligam, está ainda mais estreitamente ligado ao "modelo" da igreja como sacramento do que se depreende da exposição de DULLES (p. 67-79).
[148] E. SCHLINK, *Ökumenische Dogmatik*, 1983, p. 571.

introduz necessariamente a dimensão missionária no conceito da igreja: Como congregação que aguarda a parusia de seu Senhor ressuscitado, a igreja é chamada ao testemunho missionário perante o mundo, não podendo ser um "fim em si mesmo".[149] A ancoragem desse conjunto de verdades no conceito da essência da igreja é mais bem expressa pela descrição dela como sinal ou "sacramento do reino", uma determinação que a igreja, no entanto, não cumpre para si, mas somente como corpo de Cristo no poder do Espírito Santo.[150] Pois a igreja vem a ser o "povo messiânico do reino vindouro"[151] unicamente em sua função como prenúncio da destinação da humanidade no futuro reino de Deus a ser instaurado unicamente por ele.[152] Apenas na modalidade

---

[149] O. WEBER, *Grundlagen der Dogmatik*, vol. II, 1962, p. 752.

[150] J. MOLTMANN, *Kirche in der Kraft des Geistes*, 1975, na realidade relaciona no título a expressão "Sacramento do reino" (p. 224) com o "envio do Espírito", mas não deixa de visar com isso à igreja, conforme se depreende das exposições subseqüentes. "Não Cristo para si, mas Cristo no Espírito Santo, não a igreja para si, mas a igreja de Cristo no Espírito Santo devem ser chamados mistério ou 'sacramento'" (p. 231).

[151] J. MOLTMANN, *op. cit.*, p. 220s.

[152] K. BARTH descreveu com razão a congregação cristã como "parábola" do futuro do reino de Deus (*KD*, vol. IV/3, tomo 2, 1959, p. 906s), como "apresentação provisória" de toda a humanidade justificada em Jesus Cristo (*KD*, vol. IV/I, 1953, p. 718, cf. vol. IV/2, 1955, p. 695). Entretanto BARTH – não sem se reportar a autoridades um tanto questionáveis como MARCIÃO e ORÍGENES (vol. IV/2, p. 219) – não diferenciou entre Jesus Cristo e o reino de Deus (p. 180; etc., p. 742ss., cf. vol. IV/3, tomo 2, p. 815). Por isso ele podia falar de que a comunidade eclesial não apenas vai ao encontro do reino de Deus, mas também provém dele (p. 742). Tal estreitamento cristológico não corresponde aos testemunhos bíblicos. Pelo contrário, o próprio Jesus está relacionado, por sua função de Messias do povo de Deus, através de sua atuação, com o futuro do reino de Deus, cujo anúncio foi objeto de seu envio. Apesar disso não deixa de ser importante na exposição de BARTH que a igreja (ou congregação) não aparece como fim em si mesmo, mas é relacionada com o futuro de toda a humanidade, e até mesmo de todas as criaturas (vol. IV/3, tomo 2, p. 908). Para BARTH está relacionada com isso também a função missionária da igreja (vol. IV/l, p. 168). Esse pensamento do envio da igreja como testemunho em favor do reino vindouro de Deus teve particular influência sobre o tempo posterior, como em J. C. HOEKENDIJK, *Die Zukunft der Kirche und die Kirche der Zukunft*, 1964. W. KRECK, em sua obra *Grundfragen der Ekklesiologie*, 1981, parte de uma reflexão sobre "o alvo escatológico da igreja" (p. 20-30, cf. p. 283ss.). U. KÜHN, ao tratar do tema do envio da igreja como ponto de entrada de suas considerações sistemáticas sobre a eclesiologia

de sinal, não como realidade intata, esse futuro já constitui presença na igreja.

A relação da igreja com a finalidade do reino de Deus deve ser distinguida de sua concepção tradicional na teologia evangélica da igreja como meio de salvação. Ela remonta a CALVINO. Na formulação final de sua *Institutio* a igreja aparece como "mãe" dos crentes no topo dos meios exteriores para obtenção da salvação.[153] A igreja é relacionada aqui como meio não para o reino de Deus, mas para a salvação dos indivíduos, que se tornam seus membros.[154] Isso provavelmente se deve à falta de uma diferenciação clara entre a comunhão dos fiéis com Jesus Cristo, mediada pela igreja, por um lado, a relação com cunho de sinal, da comunhão da igreja com o reino de Deus, por outro, ao qual servem por sua vez também as obras de Cristo e do Espírito.

A conferência mundial de Upsália em 1968 falou da igreja "como o sinal da futura unidade da humanidade".[155] Presumiu-se nisso, provavelmente com razão, um eco à descrição da igreja pelo Concílio Vaticano II. Mas se trata igualmente de uma ampliação das afirmações evangélicas tradicionais sobre a igreja, com a finalidade de incluir em seu conceito sua relação com o mundo.[156] Entretanto – em comparação

---

(*Kirche*, 1980, p. 153ss.), destacou com razão a ambivalência nas asserções da bibliografia na definição do objetivo desse envio: Será que o alvo é erigir o *shalom* no mundo, como pensa HOEKENDIJK, ou glorificar a Deus? (p. 154s).

[153] J. CALVINO, *Institutio religionis Christianae* (1559), vol. IV, 1,4 (*CR* 30, p. 748s). Cf. na versão de 1539, *CR* 29, p. 539 nº 3, e sobre isso A. GANOCZY, *Ecclesia ministrans. Dienende Kirche und kirchlicher Dienst in Calvin*, ed. alemã 1968, p. 149ss., esp. 152, quanto à denominação da igreja como mãe. "Sua maternidade faz parte de sua destinação, de ser *meio* da salvação e da santificação." Também no Catecismo Maior de LUTERO de 1529 se encontra a classificação da igreja como "meio" de que Deus se serve para tornar os seres humanos participantes da salvação (*BSELK* 654, p. 53), e em correlação com isso também a concepção da igreja como mãe dos crentes (*BSELK* 655, p. 4s).

[154] A. GANOCZY, *op. cit.*, p. 160.

[155] Relatório de Upsália 1968. Relatório oficial sobre a Quarta Assembléia Geral do Conselho Mundial de Igrejas, Upsália, 4-20 de julho de 1968, ed. por N. GOODALL, ed. alemã por W. MÜLLER-RÖMHELD, 1968, p. 15.

[156] Na tradição da Reforma essa foi a função não do conceito de igreja, mas da doutrina dos dois reinos ou dois regimentos de Deus no exercício de seu governo

com a afirmação do concílio – falta nela a perspectiva da unidade com Deus como base para a unidade dos humanos entre si. Em conseqüência, nas afirmações da conferência mundial das igrejas o impulso missionário para expandir a fé no Deus revelado em Jesus Cristo recua para trás do interesse puramente ético de fomentar "uma unidade da humanidade que seja a mais justa e suportável possível",[157] desconsiderando a questão da unidade religiosa como base da convivência social. Contudo os esforços "ecumênicos secularistas" para estabelecer uma ordem justa da convivência humana sem considerar as diferenças religiosas entre as pessoas e suas culturas talvez possam parecer plausíveis ao espírito do secularismo político da Modernidade, mas se contrapõem à expectativa bíblica do senhorio de Deus, que se expressou antigamente na ilustração profética da peregrinação das nações até o monte Sião (Mq 4.1-4; Is 2.2-4), onde os povos alcançam, por se voltarem ao mesmo Deus, a solução de suas disputas jurídicas.

Pode levar a uma problemática semelhante a ênfase unilateral na função da igreja como instrumento em relação à comunhão do senhorio de Deus, que nela se concretiza em forma de sinal. Certamente é correto que o futuro do governo de Deus e sua irrupção na vida do indivíduo como na comunhão da igreja possui implicações revolucionárias.[158]

---

universal. Para o desenvolvimento do tema "unidade da igreja e unidade da humanidade" no Conselho Mundial de Igrejas, cf. G. MÜLLER-FAHRENHOLZ, *Einheit in der Welt von heute. Zum Thema Einigeit der Kirchen – Einheit der Menschheit*, 1978.

[157] G. MÜLLER-FAHRENHOLZ, *op. cit.*, p. 75. Essa ênfase já abriu caminho no texto aprovado pela conferência Fé e Ordem em Bristol, 1967 (*op. cit.*, p. 44s), enquanto a problemática dessa tendência foi levantada com razão em Löwen, 1971, por J. MEYENDORFF, tornando-se objeto de intensa discussão (p. 55, 67ss.), sem contudo levar a uma redução correspondente no tratamento do projeto por parte de Fé e Ordem. Foi somente na fase mais recente do desenvolvimento do estudo que, após várias investidas frustradas, foi superada a falsa tendência ecumênica secularista pelo fato de que o estudo partiu da proclamação de Jesus do reino de Deus e da função da igreja na relação com o futuro dele (*Church and World. The Unity of the Church and the Renewal of Human Community. A Faith and Order Study Document*, Faith and Order Paper, nº 151, Genebra 1990).

[158] L. BOFF, *Die Kirche als Sakrament im Horizont der Welterfahrung*, 1972, p. 530ss, esp. 532: "Enquanto a igreja tem de anunciar o reino de Deus, ela proclama uma revolução permanente, i. é, um não-conformismo com o vigente, porque esse não é o reino de Deus, não é a eliminação de todo tipo de alienação, não é a redenção que a fé almeja para a *realidade inteira*."

Apesar disso a igreja não é capaz de transformar o mundo no reino de Deus. A asserção de que a igreja com sua ligação a Jesus Cristo é sinal e instrumento do reino de Deus não afirma que Cristo e seu Espírito aceleram por meio dela "a concretização do reino na história do mundo bem como – de modo explícito e adensado – no âmbito da igreja".[159] O reino de Deus vem exclusivamente a partir do próprio Deus. Seu futuro se torna já agora presença libertadora somente na fé e para quem crê, e por isso também sempre apenas para os indivíduos que se deixam cativar pela fé. Não vem na forma de "um penoso processo de libertação, para que o mundo possa acolher em si o reino e encontrar um final feliz".[160] Como corpo de Cristo a igreja é *apenas sinal* da comunhão futura no reino de Deus, e ela é instrumento para a unidade dos seres humanos com Deus e entre si apenas através de sua função de sinal, não no sentido do estabelecimento do reino de Deus, ou seja, não como "ferramenta" por meio da qual ele deve se tornar realidade na história dos seres humanos".[161] Na função significante da igreja para o reino de Deus reside sua diferença quanto à ordem política e à relação dela, diferentemente configurada, com o futuro do senhorio de Deus.

c) *Igreja e ordem política no horizonte do senhorio de Deus*

Não apenas a igreja, também a ordem política da sociedade se encontra em uma relação, para ela constitutiva, com o tema do senhorio de Deus e com o futuro do reino de Deus. Isso vale de modo bem geral, não apenas para essa ou aquela configuração de ordem política, e particularmente não de forma especial para aquela configuração que adotou a ordem política no contexto de uma tradição cultural marcada pela fé no Deus da Bíblia e pelo cristianismo. A relação com o reino de Deus é dada por meio da incumbência de assegurar o direito e a paz na convivência dos seres humanos. Porque o reino de Deus há de trazer a concretização definitiva do direito e da paz na comunhão da

---

[159] Posição de L. Boff, Kirche: Charisma und Macht. Studien zu einer streitbaren Ekklesiologie (1981), ed. alemã 1985, p. 23.

[160] Posição de L. Boff, *op. cit.*, p. 16.

[161] L. Boff: Und die Kirche ist Volk geworden. Ekklesiogenesis (1986), ed. alemã 1987, p. 35. Lá também consta que a igreja "realiza pública e oficialmente o plano, segundo o qual Deus pretende reunir toda a humanidade para uma comunhão".

humanidade. Pelo fato de que a ordem política sempre tem a ver, em suas formas ruins como nas melhores, com a incumbência de estabelecer um estado de direito e de paz, ela se encontra constantemente em uma relação com o reino de Deus, até mesmo quando a ordem estatal e os detentores do poder do Estado ainda não sabem nada de tal relação ou não querem saber nada dela.[162] Isso, porém, não significa que haja uma consistente concordância entre as formas concretas de ordem política e jurídica no convívio humano e a vontade de direito de Deus. Pelo contrário: A esperança pelo futuro do governo de Deus parte da experiência de que nenhuma constituição política e ordem jurídica existente atende plenamente à tarefa de estabelecer o direito e a paz entre os seres humanos. A relação com o reino de Deus existe apenas na *incumbência* da ordem política, não na configuração de sua concretização.

De qualquer modo, será esse o veredicto cristão sobre a questão. Em vista da história cultural da humanidade, ele a princípio se apresenta de outro modo. Porque todas as culturas antigas entenderam a ordem política e jurídica da sociedade como fundamentada e legitimada por seus deuses.[163] Seus sistemas de domínio tinham caráter teocrático. Seus reis eram tidos como representantes terrenos do governo da própria divindade. Em função disso também se conectava na maioria das culturas a ordem política e jurídica da sociedade estreitamente com a ordem do cosmo, e a tarefa do domínio político, assim como a do culto público consistia em manter a vida da sociedade em concordância com a ordem cósmica. Ou seja, nessas culturas o senhorio de Deus era entendido como realidade absulatamente presente, ainda que carente de renovação periódica em consonância com o ciclo anual na natureza. Era tida como fundamentada no evento dos tempos originários,

---

[162] Seja como for, é nessa relação, ainda que mais ou menos fracionada, do domínio político com o futuro do reino de Deus, na função de assegurar direito e paz, que se fundamenta a solicitação do apóstolo aos cristãos para se sujeitarem às autoridades políticas (Rm 13.1ss.) – e concretamente às autoridades dos magistrados do império gentílico. A esse respeito, cf. U. WILCKENS, *Der Brief an die Römer 3 (Rm 12-16)*, 1982, p. 32ss., 38ss e sobre a história de sua influência, p. 43-66.

[163] Posição sintetizada de E. VOEGELIN, *Die neue Wissenschaft von der Politik* (1952) ed. alemã 1959, p. 83s. Sobre a interpretação antropológica dessa função representativa do governo político e sobre a problemática relacionada à sua forma secularizada, cf. do autor, *Anthropologie in theologischer Perspektive*, 1983, p. 453ss (Lá cabe corrigir o número da página na citação de VOEGELIIN).

informado pelo mito, embora em contraposição o domínio divino também tivesse de ser defendido sempre de novo contra inimigos externos e tendências internas de dissolução da ordem jurídica.

Parece que em Israel no tempo da realeza se pensou de forma bem análoga sobre o senhorio de Deus e sua relação com a ordem política. Isso vale principalmente para Jerusalém. O mais tardar com a transição para uma constituição estatal própria, Israel teve de transferir para o Deus de Israel a ligação já existente na religião cananéia, de uma ordem político-jurídica e cósmica que estava fundamentada na fé no reinado dos deuses dirigentes.[164] Nesse processo Israel substituiu o mito cosmológico por uma "narrativa das condições" do domínio de Deus sobre o cosmos, vigente desde a eternidade[165] e relacionou o aspecto social do senhorio de Deus com a superação dos povos estrangeiros em sua própria história, particularmente com as experiências da eleição própria por Deus e da conquista da terra concedida por Deus a Israel.[166] Contudo, à semelhança de outras culturas do antigo Oriente, também em Israel o rei era considerado o representante do governo de Deus na terra (Sl 2.7; cf. 2Sm 7.14). Isso não altera nada no fato de que Deus continuava sendo o verdadeiro rei de Israel.[167] Em sua visão de chamamento, Isaías viu Deus entronizado como rei.[168] Mas isso não o impediu por sua vez de considerar o sucessor de Davi como o representante terreno do reinado de Deus, conforme isso se expressa singularmente na profecia messiânica de Is 9.1ss (cf. também Is 11.1ss).

Com o declínio da realeza davídica em Jerusalém Jeremias viu que a função da representação terrena de Javé foi entregue ao conquistador, o rei babilônico Nabucodonozor (Jr 45.1ss), e Dêutero-Isaías anunciou pouco depois o persa Ciro como o futuro novo representante do domínio universal de Javé na terra,[169] enquanto para o deuteronomista, agora em

---

[164] J. Jeremias, *DasKönigitum Gottes in den Psalmen. Israels Begegnung mit dem kanaanäischen Mythos in den Jahwe-König-Psalmen*, 1987, p. 13.

[165] J. Jeremias, *op. cit.*, p. 15-50, esp. sobre os Sl 93 e 29.

[166] Sl 47.4s. Cf. Sl 68.7ss, mas principalmente Dt 33.5, bem como Êx 15.1-18. A esse respeito, cf. J. Jeremias, *op. cit.*, p. 50-106, esp. 55s, bem como já as exposições do autor, no vol. II, p. 549.

[167] Cf. a interpelação "meu rei" em Sl 74.12, bem como Sl 5.3; 68.25; 84.4; 145.1.

[168] Is 6.1ss, esp. 6.5; cf. 33.17ss; Mq 4.7.

[169] Para a interpretação desses textos no contexto histórico, cf. K. Baitzer, "Das Ende des Staates Juda und die Messias-Frage", in: R. Rendtorff, K. Koch (eds.):

retrospectiva, a instauração de um reinado humano no povo de Israel parecia uma blasfêmia contra o reinado exclusivo de Deus sobre seu povo.[170] Com isso já estava preparada a guinada crítica também contra o domínio dos impérios mundiais que se manifestou abertamente em Daniel (Dn 2.31-45). Nem o império dos babilônios, nem o dos persas, mas muito menos ainda o reino "esquartejado" dos diádocos de Alexandre não foram capazes de, em longo prazo, cumprir a função da representação terrena do senhorio de Deus pelo estabelecimento do direito e da paz.[171] Da fé na justiça de Deus teve de brotar, por isso, a expectativa de um reino futuro, no qual o próprio Deus passa a governar (Dn 2.44s) e que, ao contrário do caráter predatório dos impérios que emergiram do mar do caos, há de ter características verdadeiramente humanas (Dn 7.13s).[172]

Diferentemente das demais culturas do antigo Oriente, o Israel pós-exílico não possuía mais nenhuma instância política de reinado humano como representação do governo mundial de Deus. O povo judeu confessa a realeza exclusiva de seu Deus em ligação ao cumprimento da vontade jurídica dele por seus membros na forma tradicional da lei de Moisés. Apesar disso a manifestação da realeza de Deus por meio de seu governo sobre o mundo das nações foi deslocada, para Israel que pessoalmente caíra debaixo da alternância dos regimes dos impérios, ao futuro da esperança escatológica. Para a igreja cristã, no entanto, o início desse futuro pela atuação de Jesus e sua história se

---

Zur Theologie der alttestamentlichen Überlieferungen (para G. v. RAD pelo 60º aniversário), 1961, p. 33-43, e ainda abaixo, citação do trabalho de K. KOCH, nota 172.

[170] Jz 8.23; 1Sm 8.7; 12.12. Conforme H. J. KRAUS: *Die Königsherrschaft Gottes im Alten Testament*, 1951, p. 104, Deuteroisaías já se conectou, para além da realeza davídica e sua história, com tradições mais antigas da confissão do reinado não-mediado de Javé.

[171] A esse respeito, cf. no contexto de Sl 99.4 as considerações de J. JEREMIAS, *op. cit.*, p. 117ss., bem como a crítica aos deuses das nações em Sl 82.2ss.

[172] K. KOCH, "Spätisraelitisches Geschichtsdenken am Beispiel des Buches Daniel", in: *Historische Zeitschrift* 193, 1961, p. 1-32, esp. p. 23s, tornou plausível que o surgimento do Filho do homem no sentido de Dn 7.13, em analogia aos personagens de animais anteriores, dos reinos emergidos do mar do caos (Dn 7.3ss), caracteriza o último dos quatro reinos em seu fundo essencial. A esse respeito, cf. do autor: "Über historische und theologische Hermeneutik" (1964), in: *Grundfragen systematischer Theologie*, vol. I, 1967, p. 123-158, 153.

tornou o fundamento de sua existência. O futuro do reino de Deus, já iniciado na pessoa de Jesus, rompeu com as barreiras da tradição, que para a igreja continua significativa somente como promessa do cumprimento iniciado em Jesus. A irrupção do futuro de Deus relativiza as ordens senhoriais dos seres humanos, porém não coloca imediatamente em seu lugar a concretização definitiva do direito e da paz, que os cristãos esperam, assim como o povo judeu, da consumação do senhorio de Deus. Essa consumação é aguardada pela comunidade cristã somente em ligação com o retorno de Cristo: Assim como a irrupção do senhorio de Deus veio na atuação de Jesus e sua história, assim sua consumação também virá exclusivamente do próprio Deus. Por isso a igreja existe apenas como sinal de antecipação do futuro do governo de Deus. Como tal, mantém aberto o espaço para a esperança da consumação da destinação social das pessoas em uma comunhão caracterizada pelo direito e pela paz[173] e que há de abolir todas as formas estatais e sistemas jurídicos baseados na dominação de pessoas sobre pessoas. Igualmente concede ao indivíduo já na atualidade um acesso à participação naquela salvação definitiva.

A participação sacramental no senhorio de Deus pela celebração da ceia de Jesus e pela filiação ao corpo de Cristo tem a ver com o mesmo temário da vida humana que a ordem política e jurídica da convivência social dos humanos. A comunhão sacramental da igreja na celebração da eucaristia chega até mesmo a reivindicar que nela já se configura a forma consumada da determinação social do ser humano. Dessa maneira se contestam *ipso facto* [pelo próprio ato], ou seja, pela simples existência da igreja e no exercício de sua vida cultual, as reivindicações de cada ordem estatal e jurídica humana – seja sua constituição, pois, monárquica, oligárquica ou democrática – de corporificar como tal a forma de vida social definitivamente apropriada à determinação do ser humano. Mas na vida sacramental da igreja essa consumação da determinação social do ser humano se concretiza apenas em forma de sinal, de modo axial na celebração eucarística da ceia do Senhor. Por mais que a exposição significante do governo de Deus no culto da igreja se possa irradiar sobre a vida de cada cristão

---

[173] Cf. a esse respeito e para o subseqüente as exposições do autor, in: *Die Bestimmung des Menschen. Menschsein, Erwählung und Geschichte*, 1978, p. 23ss (a destinação social do ser humano e a igreja).

e sobre as comunidades seculares em que vivem, pouco se concretiza, pois, já nos relacionamentos seculares das pessoas, a consumação da comunhão dos humanos no senhorio de Deus, retratada no sinal da ceia sacramental. Pois do contrário a igreja já não precisaria aguardar o retorno de seu Senhor. Ela o faz na consciência de sua própria natureza provisória na relação com o domínio de Deus, no sentido de uma diferença entre sinal e coisa, por mais que *na forma do sinal* a própria coisa assinalada já esteja presente.

Para a tradição cultural cunhada pelo cristianismo tornou-se característica, em razão disso, a diferença entre Estado e Igreja. Tem por fundamento a consciência de que a ordem política e jurídica, que em todos os casos carece da realização das questões públicas por indivíduos autorizados para tanto de uma ou outra maneira diante do restante da sociedade, e que, portanto, se caracteriza pelo domínio de pessoas sobre pessoas, ainda não corporifica a configuração definitiva da determinação do ser humano como ser social, enquanto o acesso a ela já é franqueado no presente a cada um apenas através da determinação do ser humano, a ser realizada pelo governo direto de Deus nos corações dos humanos, mediante a vida sacramental da igreja, mas somente na forma do sinal e da fé na salvação afiançada no sinal sacramental. Logo a diferença entre o espiritual e o secular, e por isso também a secularidade da ordem política e da configuração cultural da vida no mundo atual, se alicerça sobre a consciência escatológica do cristianismo. Sem essa base ela dificilmente poderá ser preservada.[174] Isso mostra não apenas a comparação com a relação entre religião e ordem pública em outras culturas, como no islamismo e até mesmo no judaísmo. Já por razões de princípio, de fácil entendimento, a pergunta pelo que constitui a existência humana, não pode ser deixada totalmente entregue à arbitrariedade da configuração privada da vida. Porque as instituições oficiais (ou subsistemas) da sociedade como Estado e ordem jurídica, economia, estabelecimentos educacionais, fomento da arte, bem como o sistema de informação e entretenimento, carecem, no que se refere à sua organização concreta, de uma legitimação que, caso não seja religiosa, somente pode ser extraída de suposições sobre a natureza e as necessidades pessoais do ser humano. O secularismo das modernas

---

[174] Para o que segue, cf. deste autor: *Christentum in einer säkularisierten Welt*, 1988, esp. p. 32ss.

sociedades industriais na realidade emanou da diferenciação, característica para o desenvolvimento cultural de cunho cristão, entre o definitivo e o provisório, entre igreja e cultura secular, mas se baseia em uma transformação radical dessa sua origem. Aquela diferenciação entre definitivo e provisório se baseava *em seu todo* no entendimento da realidade pela fé cristã, ou seja, também com vistas à secularidade da ordem estatal como das demais áreas da vida imanente. Em comparação com a secularidade dessas áreas da vida no entendimento cristão tradicional, a compreensão de sociedade no secularismo moderno, que se emancipou de modo mais ou menos decidido de sua origem cristã (e com isso também de sua diferenciação e justaposição do espiritual e do secular), é totalmente ideológica. O caráter ideológico do secularismo moderno consiste em determinadas suposições, entrementes tidas como evidentes, sobre a natureza humana, para as quais em todos os casos o temário religioso da vida é considerado secundário.[175] Perante esse secularismo de cunho ideológico o cristianismo tem de estabelecer um relacionamento novo, de característica crítica fundamental. Os cristãos e as igrejas cairiam em uma ilusão se entendessem o secularismo da sociedade moderna simplesmente como continuação da autonomia restrita e da secularidade do imanente diante do espiritual no contexto de uma cultura que no todo possui cunho cristão: Tal comportamento dos cristãos e de suas igrejas daria e dá a entender que eles ainda não se aperceberam plenamente do desafio por parte da Modernidade secularista. Juntamente com a aceitação desse desafio, no entanto, o cristianismo deveria acolher os momentos da humanidade verdadeiramente secular no saber do ser humano acerca de sua finitude, como foram desenvolvidas na vida social e cultural moderna, na compreensão cristã da secularidade da vida no aquém (na diferença entre definitivo e provisório, espiritual e secular), não se deixando arrastar, p. ex., para uma reação clericalista contra o secularismo moderno, no intuito de submeter a autonomia racional dos indivíduos e das instituições da sociedade a reivindicações de dominação clerical. Pelo contrário, os cristãos e suas igrejas têm de agir como defensores da uma autonomia

---

[175] A revelação dos reducionismos em uma visão dessas do ser humano e a restauração da consciência da importância constitutiva do temário religioso para a autocompreensão do ser humano em todas as áreas de sua prática de vida é o tema dos estudos do autor, in: *Anthropologie in theologischer Perspektive*, 1983.

sensata do ser humano na consciência de sua própria finitude e por isso também do mistério divino que constitui sua existência finita.

Em todos os casos a igreja atua diante da ordem jurídica estatal e cultura pública que se desenvolve no âmbito dela já através de sua simples existência, e precisamente em sua vida de culto, como sinal da consumação da destinação do ser humano, que torna relativa a ordem deste mundo, no futuro do reino de Deus. Daí podem partir efeitos sobre a vida individual e também pública – em caso extremo até uma renovação da diferenciação, característica para os efeitos culturais exercidos pelo cristianismo, entre espiritual e secular. Entretanto não deve ser tarefa dos cristãos ou das igrejas superar por princípio a diferença entre espiritual e secular mediante a reivindicação de concretizar politicamente a liberdade cristã e realizar o reino de Deus na vida social dos seres humanos.

> Foi na concretização secular do princípio da liberdade cristã destacado pela Reforma que HEGEL divisou a tarefa histórica universal dos tempos recentes: "Com a Reforma... desenrolou-se o novo, o último estandarte, em torno do qual se reúnem os povos, a bandeira do espírito livre que está consigo mesmo, mais precisamente na verdade, e que somente nela está consigo mesmo... O tempo desde então até nós não teve nem tem outra obra a realizar senão configurar esse princípio para dentro do mundo, porém de tal modo que isso ainda tinha de conquistar a forma da liberdade, a universalidade".[176] A princípio vale, por isso, conforme HEGEL, desde a Reforma: "De agora em diante religião e Estado são concordes; porque ambos têm os mesmos afazeres. Existente agora a verdadeira reconciliação do mundo com a religião."[177] Ao contrário de KANT, HEGEL acreditava que na história da Idade Moderna iniciada pela Reforma a diferença entre igreja e Estado estaria destinada a desaparecer. Essa visão das coisas foi acolhida na teologia principalmente por RICHARD ROTHE.[178] Suas repercussões, porém, alcançam os

---

[176] G. W. F. HEGEL, *Vorlesungen über die Philosophie der Weltgeschichte* (PhB 171), ed. por G. LASSON (1919) 1976, p. 881.

[177] G. W. F. HEGEL, *op. cit.*, p. 882. Por isso se compreende por que HEGEL em sua filosofia do direito não tem mais um lugar sistemático para a contraposição de igreja e Estado.

[178] R. ROTHE, *Theologische Ethik*, 2ª ed., vol. V, 1871, § 1168 (p. 397s). ROTHE, porém, não se reportou expressamente a HEGEL, mas em troca a FICHTE, ao qual atribuiu

tempos atuais por meio de ERNST TROELTSCH, com a opinião de que
para a o mundo da cultura atual a revelação do absoluto poderia ser
encontrada na idéia da personalidade, respectivamente nos direitos
humanos.[179] Tais concepções podiam gozar de certa plausibilidade
no chão do regime eclesiástico dos governos territorial no protestantismo, enquanto a ordem estatal se entendia oficialmente como
fundada sobre o cristianismo e suas influências culturais. Isso, porém, não ocorre mais hoje, e desde 1918 não mais na Alemanha. A
concepção e aplicação dos direitos humanos no Estado secularista,
que se separou de suas raízes cristãs, já não podem ser consideradas sem mais como expressão do espírito cristão. Onde os direitos humanos ainda cumprem sua função como prerrogativas, que
transcendem toda a ordem vigente e que emanam da determinação
do ser humano, contra as reivindicações totalitárias da ordem estatal, lá eles próprios atestam o caráter provisório de toda ordem jurídica estatal concreta, inclusive quando essa se legitima pelo recurso
aos direitos humanos. Porque toda ordem jurídica dessas, mesmo
quando se legitima democraticamente, continua sendo ordem de
governo humano, expressão de uma regulamentação do domínio
de pessoas sobre outras pessoas. Disso decorrem sempre também
barreiras concretas para a justiça passível de realização, ou de fato
realizada, sobre esse chão. Justamente os direitos humanos constituem uma recordação de que a ordem jurídica estatal ainda não
é nem pode ser a realização da justiça do reino de Deus. Por isso
também é ilusória a concepção supracitada da teologia da libertação, com o exemplo de LEONARDO BOFF, de que por meio de um agir
revolucionário que partisse da igreja seriam realizados a justiça do
reino de Deus e esse próprio pela prática social. Tais concepções
deixam de levar sobriamente em conta a corrupção da natureza humana neste mundo caído, bem como o fato de que o reino de Deus

---

a origem da idéia de "que a Reforma destruiu a verdadeira igreja" (p. 398, nota). Para ROTHE, cf. H. J. BIRKNER, *Spekulation und Heilsgeschichte. Die Geschischtsauffassung Richard ROTHES*, 1959, p. 100ss.

[179] E. TROELTSCH, *Die Soziallehren der christlichen Kirchen und Gruppen*, 1912, cf. ainda T. RENDTORFF, Theologie in der Moderne. Über Religion im Prozess der Aufklärung, 1991, p. 102s, esp. também p. 104ss acerca da ligação entre a idéia da personalidade com os direitos humanos no escrito tardio de TROELTSCH: *Naturrecht und Humanität in der Weltpolitik*, 1923. Cf. a esse respeito também do autor: "Christliche Wurzeln des Gedankens der Menschenwürde", in: W. KERBER (ed.), *Menschenrechte und kulturelle Identität*, 1991, p. 61ss.

vem unicamente do próprio Deus e não de mão humana. Quando se trata de eliminar injustiças gritantes, de respeitar os direitos humanos e melhorar o estado de direito, os cristãos e as igrejas com certeza não devem se calar. Mas todos esses melhoramentos acontecem no âmbito do provisório da ordem jurídica humana e não são capazes de estabelecer a justiça definitiva e multilateral do senhorio de Deus. Ainda mais vale para o Estado secularista (variação da supracitada palavra de HEGEL) que as pessoas sob a bandeira do espírito livre estão em si mesmas, mas por isso ainda não estão em si mesmas *na verdade*.

Com sua vida de celebração a igreja é no meio deste mundo passageiro um sinal e indício da determinação definitiva dos seres humanos para uma comunhão reconciliada no reino de Deus: reconciliados com Deus e sobre essa base também reconciliados nos relacionamentos das pessoas entre si. Da existência dos cristãos e da igreja podem e devem partir efeitos reconciliadores para a convivência dos seres humanos já neste mundo. No entanto, a fé cristã sempre continua consciente, em vista do futuro ainda pendente do retorno de Cristo, do caráter provisório de toda ordem humana de convivência neste mundo, de sua distância em relação à concretização definitiva do reino de Deus pelo próprio Deus. É sobre a realidade dessa distância que se baseia a necessidade da existência da igreja como comunhão especial ao lado do Estado, embora o tema da ordem estatal de fato tenha por conteúdo aquilo que alcançará o aperfeiçoamento definitivo no reino de Deus: a convivência dos humanos em justiça e paz. A existência da igreja como comunhão especial assinala a constante fragmentação de toda concretização dessa determinação comum do ser humano na forma de ordem estatal. Por meio de sua diferença em relação ao Estado a igreja não por último serve também à humanização da própria ordem estatal em seu relacionamento com cada cidadão, porque pela existência da igreja o Estado é lembrado incessantemente da diferença entre sua ordem e a concretização definitiva da destinação dos seres humanos para a comunhão, sendo assim limitadas as suas reivindicações sobre os indivíduos. Isso vale tanto no caso do reconhecimento dessa diferença e de sua função por parte do Estado quanto no caso da inexistência desse reconhecimento. No último caso apenas será necessário expressá-la de outro modo, a saber, na forma de uma crítica fundamental da igreja à autocompreensão do Estado e de sua ordem jurídica.

Essas considerações acolhem na substância o tema que na tradição da teologia luterana foi tratado como diferenciação e correlação de dois reinos ou "regimentos" do agir divino.[180] Contudo elas se distinguem da maneira usual de tratar ali o tema pelo fato de que a separação institucional das esferas do espiritual e do secular é compreendida como uma singularidade histórico-cultural do cristianismo e de suas influências geradoras de cultura. O regimento secular, no sentido cristão da diferença entre Estado e igreja, não se deixa pressupor sem mais nem menos como existente também em outras culturas (p. ex., no islamismo). O fato da ordem estatal na realidade aparece a partir de determinado grau de desenvolvimento da socialização de uma maneira bem geral na história social humana, e também podemos valorizá-la de forma bem genérica como expressão da vontade divina de evolução. Porém sua relação com a religião como sua base se configura de modo diferente em outras culturas que a formação alcançada na história do cristianismo.[181] O reino bizantino já se caracterizava por uma contraposição da autoridade episcopal ao império, algo sem analogia nas instituições do Império Romano pré-cristão. Na Idade Média ocidental essa contraposição encontrou uma correspondência na diferenciação entre poder secular e espiritual na vida do cristianismo, e a doutrina dos dois regimentos da Reforma deu continuidade a esse enfoque. Mas, ao discernir os dois regimentos de Deus em seu governo sobre o mundo, ela não esteve suficientemente consciente de que a diferenciação entre poder espiritual e secular foi historicamente desenvolvida apenas no solo cristão e está vinculada a premissas especificamente cristãs, a saber, à consciência cristã escatológica e a sua relevância constitutiva para o conceito de igreja.[182]

---

[180] Quanto ao desenvolvimento do tema em LUTERO, cf. H. J. GÄNSSLER, *Evangelium und weltliches Schwert. Hintergrund, Entstehungsgeschichte und Anlaß von Luthers Scheidung zweier Reiche oder Regimente*, 1983; quanto a algumas interpretações mais recentes, cf. ali, p. 138ss.

[181] Cf. do autor, *Anthropologie in theologischer Perspektive*, 1983, p. 463s, bem como sobre a origem histórico-cultural do Estado, ali, p. 445ss., as observações acerca de E. R. Service, etc.

[182] Veja a respeito, do autor: "Luthers Lehre von den zwei Reichen und ihre Stellung in der Geschichte der christlichen Reichsidee", in: A. HERTZ, et al.: *Gottesreich und Menschenreich. Ihr Spannungsverhältnis in Geschichte und Gegenwart*, 1971, p. 73-96, esp. p. 86ss.

A diferença entre igreja e Estado possui uma correspondência na relação com o direito. Porque a ordem estatal, afinal, é essencialmente ordem jurídica. A relativização do Estado para ser uma configuração apenas provisória da vida comunitária humana inclui por isso também uma atitude correlata para com a ordem jurídica. E apesar disso é justamente a concretização irrestrita de direito e justiça que perfaz o conteúdo da esperança pelo senhorio de Deus, que já agora se apresenta em forma de sinal na celebração da igreja. A ordem jurídica do Estado, portanto, na visão cristã, possui relevância provisória[183] apenas pelo fato de ser julgada na perspectiva escatológica da vontade de direito de Deus e de sua reivindicação sobre as pessoas e sua convivência. Essa visão das coisas se expressou na diferenciação entre lei e evangelho, mas de um modo que com está conectada ao desligamento da consciência escatológica cristã da configuração judaica do nexo entre direito e religião. Esse quadro complexo carece de uma análise singular e detalhada em vista de sua importância para a autocompreensão cristã e no tocante à sua história de interpretação no cristianismo.

3. Lei e evangelho

Na história das culturas e povos antigos, assim como a ordem de governo estatal, também a ordem jurídica se encontra em uma relação especialmente estreita com a religião.[184] É verdade que o direito possui uma raiz antropológica independente da religião no princípio da reciprocidade, mas o cumprimento desse princípio no comportamento dos

---

[183] Cf. ainda a diferenciação entre moralidade e legalidade em I. KANT, *Kritik der praktischen Vernunft*, 1788, p. 126ss., etc.) e sua relevância fundamental para a diferenciação de KANT entre igreja e Estado: *Die Religion innerhalb der Grenzen der bloßen Verrnunft*, 1793, 2ª ed. 1794, p. 137ss. Entretanto em KANT posicionou-se no lugar da diferença entre a vontade escatológica de justiça de Deus e sua concretização parcial apenas provisória em ordens jurídicas humanas, a diferença entre direito e moral, concebida em termos estruturais.

[184] Analisei o vivo debate mais recente acerca dessa questão em meu ensaio "Christliche Rechtsbegründung", in: A. HERTZ et al. (eds,): *Handbuch der christlichen Ethik*, vol. II, 1978, p. 323-338, especialmente no trecho sobre "Direito e Religião", ali, p. 327-332. Cf. também minhas observações, in: *Anthropologie in theologischer Perspektive*, 1983, p. 451ss.

indivíduos carece da autoridade da divindade como protetora do direito e como garantidora da punição de transgressões. Também a concretização do princípio da reciprocidade pela aplicação a situações específicas de interação social nos costumes e na jurisprudência, bem como a codificação do direito por reis ou por legisladores especificamente incumbidos disso[185] careciam do recurso à autoridade da divindade, à origem divina ou ao mandato divino especifico e à inspiração divina.

A autorização da ordem jurídica assim como da ordem de governo político pela divindade muitas vezes se encontrava em relação com a asserção de uma correlação de ambas com a ordem cósmica. Essa idéia aparece também em Israel (Sl 19, bem como Sl 119.64 e 119.89ss) e encontrou uma continuação na posterior identificação judaica da Torá com a sabedoria divina (cf. Sr 24.23ss), que também era concebida como início e mediação da criação divina do mundo. Mas o apelo à concordância com a ordem cósmica não faz parte das origens do direito divino em Israel. Pelo contrário, a legitimação das convicções jurídicas judaicas como direito de Deus foi mediada originalmente pelas tradições da eleição de Israel, respectivamente pelo direito de propriedade de Javé sobre Israel com base na condução para fora do Egito (Dt 4.37-40) e da concessão da terra. Acontece que foi somente o Deuteronômio, promulgado em 621 a. C. pelo rei Josias de Judá, que regulamentou de forma abrangente "amplos setores da vida israelita".[186] No entanto, isso não aconteceu como na Babilônia pela alegação de uma autorização direta do rei por Deus, mas como relato de uma legislação divina revelada a Moisés e transmitida através dele.[187] O Deuteronômio foi

---

[185] Para o primeiro ponto há exemplos, in: W. PANNENBERG; A. KAUFMANN, Gesetz und Evangelium, SBAW 1986/2, p. 5s (referências ais reis sumérios Urnammu e Lipit-Ischtar, bem como a Hammurabi da Babilônia). O personagem de um legislador especialmente chamado encontra-se não apenas em Israel, na pessoa de Moisés, mas igualmente na tradição grega sobre a atuação de nomotetas como Sólon de Atenas e personagens mais ou menos lendários como Minos de Creta e Licurgo de Esparta. A atuação de nomotetas no antigo Israel e na Grécia tem em comum, apesar de todas as diferenças, que lá como aqui se tratava de sociedades sem realeza.

[186] K. KOCH, art. "Gesetz I", in: TRE 13, 1984, p. 40-52, citação à p. 47.

[187] Em razão disso vale para o Deuteronômio assim como para o códice da aliança, que no tocante à sua configuração básica pré-exílica é difícil de delimitar (Êx 20.22-23.33), o que KOCH, op. cit., p. 45 escreve do último: "Pela junção com a aliança do Sinai como data fundamental da história da salvação a legislação

chamado, em uma versão posterior revisada, com uma expressão emprestada da prática cultual sacerdotal, como "essa Torá" (Dt 1.5; cf. 4.44),[188] e em tempos pós-exílicos a designação foi ampliada para todo o Pentateuco. Nesse processo se dataram para os tempos do Sinai preceitos legais posteriores de diversos tipos e formas, bem como coletâneas inteiras de tais sentenças, para ser apresentados como recebidos por Moisés e assim ao mesmo tempo divinamente legitimados, como instrução do próprio Deus.[189]

Uma vez que isso se efetuou, esses estatutos mais tarde não podiam mais ser revisados nem substituídos por outros, mas tão-somente interpretados. Embora cada uma das sentenças legais e a matéria regulamentada por elas tivessem se originado em uma situação histórica bem específica e fossem condicionadas pelas circunstâncias peculiares delas, não puderam ser alteradas nem eliminadas quando essas circunstâncias se modificaram, porque agora valiam como parte integrante do direito divino anunciado por Deus de uma vez por todas no Sinai. Em conseqüência, não apenas cresceu o número dos mandamentos a ser observados, mas também a necessidade de uma complexa interpretação atualizadora. A tradição jurídica de Israel, enrijecida pelo endurecimento tradicionalista, tornou-se, na forma da Tora, uma singularidade da tradição nacional do povo judeu, ao invés de se apresentar como expressão de validade geral da vontade de direito do Deus único de todos os seres humanos.

Diante desse quadro se destaca agora ainda mais o pleno alcance da nova fundamentação do direito de Deus na mensagem de Jesus, conforme efetuada a partir do futuro escatológico de Deus e de sua irrupção. Como foi exposto no capítulo 10,[190] a interpretação de Jesus acerca da ordem jurídica de Deus a pessoas de outras orientações judaicas se

---

e prática judicial no futuro não serão mais ligados a uma divindade *qualquer* – como na Mesopotâmia – mas com a divindade *suprema* (sem a posição mediadora de um rei)".

[188] K. Koch, *op. cit.*, p. 47. O termo Torá, originalmente sentença cultual do sacerdote sobre "puro" ou "impuro" (Lv 14.57; cf. Jr 18.18), já havia sido utilizado no séc. VIII a. C. por Oséias para instruções divinas isoladas de cunho jurídico e passou então a ser a designação de uma ordem abrangente da vida emanada de Deus com um sem-número de instruções isoladas.

[189] Cf. também: *Handbuch der christlichen Ethik*, vol. II, 1978, p. 332ss.

[190] Cf. o vol. II da presente obra, p. 455ss.

diferenciou menos pelo conteúdo de suas afirmações, concentrado no amor a Deus e ao próximo, que pela fundamentação fornecida para ele: Jesus justamente não argumentou a partir da autoridade da tradição da lei, embora fosse capaz de lembrá-la aos ouvintes. A fundamentação de suas afirmações partia da reivindicação do futuro de Deus sobre as pessoas e de sua irrupção na própria atuação de Jesus. Dessa maneira foi feita a escavação do cerne do direito divino do Antigo Testamento, da forma como foi visto aqui e acolá também nas interpretações judaicas da Torá, sob a crosta de determinações individuais, surgidas de motivos históricos passados. Em decorrência, abriu-se ao mesmo tempo a chance de reconhecer o conteúdo humano de validade universal do direito divino judaico. Em prol dessa reivindicação da tradição jurídica judaica por relevância humana geral, ao contrário da aparente vigência apenas particular para o povo judeu, empenhou-se também a interpretação da lei do judaísmo helenista antes, durante e depois de Jesus, porém sempre sob a premissa de autoridade divina da tradição da lei em todos os seus preceitos individuais. Dessa autoridade exterior da tradição foi liberta a percepção da exigência de direito de Deus pela interpretação de Jesus, e a rejeição judaica de Jesus por causa da lei legada tornou para os cristãos à luz da ressurreição de Jesus por Deus definitiva a ruptura com a autoridade da tradição da lei, ainda que tenha sido apenas Paulo que tirou essa conseqüência com toda a clareza (Gl 3.13).

Para os cristãos a autoridade da lei foi assim substituída pelo evangelho. Entretanto, que a rigor significa essa substituição, se a lei chegou ao fim como caminho de salvação, mas não como expressão da vontade jurídica de Deus em Jesus Cristo (Rm 10.4).[191] se o próprio evangelho agora deve ser entendido como a nova lei de Deus que substitui a Torá ou possui uma função bem diversa dela, e em que, no segundo caso, a vontade jurídica de Deus estabelece sua expressão duradoura, essas são perguntas que não se aquietaram na história da teologia cristã até os dias de hoje. Por isso, para compreender a relevância humana geral da substituição realizada pelo evangelho de Jesus e pela mensagem apostólica de Cristo, da autoridade da tradição jurídica judaica, é necessário trazer nitidamente à memória pelo menos as

---

[191] Acerca da ambivalência do discurso paulino de Cristo como *télos* [fim] da lei, cf. U. WILCKENS, *Der Brief an die Römer*, vol. II, 1980, p. 221ss.

fases principais da história da interpretação da relação entre lei e evangelho no pensamento cristão, a saber, a concepção paulina, as interpretações da igreja antiga e da Idade Média do evangelho como *nova lex* e a doutrina da Reforma acerca de lei e evangelho: O reconhecimento da diversidade das duas últimas concepções em relação à paulina, mas também das ambivalências e questões abertas existentes em Paulo, que deram ensejo para o desenvolvimento posterior, é necessário para toda nova apropriação do tema objetivo nele tratado. Nesse caso será útil a diferenciação entre o conceito do direito e a lei no sentido judaico como tradição jurídica que remonta à revelação divina e cujos resultados são por ela autorizados. O resultado conduzirá de volta à diferença, mas também à relação mútua entre evangelho e ordem jurídica (inclusive a ordem estatal), como raiz da diferença entre igreja e Estado que caracteriza o cristianismo em sua história.

a) A compreensão da lei em Paulo no contexto da história da salvação

A diferenciação da Reforma entre lei e evangelho, da qual LUTERO afirmou que ela seria "a mais sublime arte no cristianismo" (*WA* 36,9,28s), se alicerça sobre Paulo. Contudo já ADOLF V. HARNACK constatou que em lugar algum o próprio Paulo correlacionou nem contrapôs expressamente esses dois conceitos.[192] À lei Paulo contrapôs a fé (Rm 3.21ss; 4.13ss; 10.5s) ou também a graça (Rm 6.14s) e o Espírito (Rm 7.6; cf. 8.2), mas jamais o evangelho, embora a mensagem da fé (*akoè písteos*), que em Gl 3.2 é contraposta como fonte do Espírito às "obras da lei" devesse ser, na substância, idêntica ao evangelho. Nesse contexto Paulo justamente não enfatiza a forma da mensagem, mas a nova realidade da fé, da graça e do Espírito, que substitui a lei e suas obras. Na única passagem em que Paulo combina, na correlação mais ampla do texto, os dois conceitos lei e evangelho (1Cor 9.20-23), ele expressa que a proclamação do evangelho é superior à controvérsia em torno da lei, que essa última se move em outro nível. Somente sob um questionamento que não era mais o do apóstolo Paulo, combinaram-se

---

[192] A. V. HARNACK, *Entstehung und Entwickelung der Kirchenverfassung und des Kirchenrechts in den zwei ersten Jahrhunderten, nebst einer Kritik der Abhandlung R. Sohms "Wesen und Ursprung des Katholizismus", und einer Untersuchung über "Evangelium", "Wort Gottes" und das trinitarische Bekenntnis*, 1910, p. 218.

na Reforma suas palavras sobre a lei com aquelas sobre o evangelho, de tal modo que foram contrapostas umas às outras como diferentes formas de interpelação às pessoas: À lei como expressão da exigência de Deus foi contraposto o evangelho como promessa e outorga do perdão dos pecados. Em Paulo, porém, se trata de duas realidades da história da salvação, de um lado a lei, de outro a fé em Cristo, que pertencem a duas épocas diferentes do agir histórico divino. Pela vinda de Cristo foi encerrada a era da lei (Gl 3.24s; Rm 10.4).

Em um importante ensaio sobre a lei, GERHARD EBELING enfatizou a conotação histórico-soteriológica do conceito paulino da lei, chamando atenção para a circunstância de que o único denominador comum sob o qual Paulo conseguiu contrapor, e assim reunir, a lei e as novas realidades substitutas da lei, a fé, a graça e o Espírito, é o da aliança – na contraposição de "antiga" e "nova" aliança (Gl 4.24ss; 2Cor 3.6).[193] A lei no sentido paulino não é a forma atemporalmente válida da vontade divina, respectivamente da exigência de Deus aos humanos, mas uma "unidade histórica positiva", a saber, a lei do Antigo Testamento, ou também – de forma generalizada – todo o Antigo Testamento concebido como lei.[194] Isso não impede que Paulo falasse em analogia da "lei do Espírito" (Rm 8.2), da "lei da fé" (Rm 3.27) ou também da "lei de Cristo" (Gl 6.2): Trata-se de "ilustrações de contraste formuladas *"ad hoc"*,[195] e que expressam que em Cristo algo diferente se contrapõe à lei de Moisés, de sorte que sua vigência acabou. Também o fato de que conforme Paulo a exigência de Deus expressa na lei e dirigida às pessoas é geral, de modo que (pelo menos em casos isolados)[196] também não-judeus na prática fazem o que a lei requer (Rm 2.14), não depõe contra

---

[193] G. EBELING, "Erwägungen zur Lehre vom Gesetz" (1958), in: idem, *Wort und Glaube*, vol. I, 1960, p. 255-293, esp. p. 266.
[194] Posição de G. EBELING, *op. cit.*, p. 272, com R. BULTMANN, *Theologie des Neuen Testaments*, 1953, p. 255s. H. RÄISÄNEN, *Paul and the Law*, 1983, p. 16ss confirma esse significado básico, mas fala com razão de que o conceito *tacitly assumes much wider dimensions* [tacitamente assume dimensões muito mais amplas] (p. 22), quando o efeito da lei é dilatado, p. ex., em Gl 4.5s e 5.1, também aos gentios. Veja também E. P. SANDERS, *Paul, the Law, and the Jewish People*, 1983, p. 81ss.
[195] G. EBELING, *op. cit.*, p. 269. Cf. sobre isso H. RÄISÄNEN, *op. cit.*, p. 52 sobre Rm 3.27 e 8.2, bem como p. 77ss sobre Gl 6.2 e 1Co 9.20s.
[196] U. WILCKENS, *Der Brief an die Römer*, vol. I, 1978, p. 133.

a identidade do conceito paulino de lei com o fenômeno histórico da lei do Antigo Testamento: Que os gentios são "lei para si mesmos" não altera nada em que eles "não cumprem a lei", embora as obras dela "lhes estejam inscritas no coração" (Rm 2.15).[197] É inegável que nesse ponto se levantam perguntas que levam além das afirmações e idéias paulinas sobre a lei. Contudo a característica histórico-soteriológica das concepções do apóstolo acerca da lei não é atingida por elas.

Conforme Paulo, portanto, a lei de Moisés encontrou seu fim em Cristo (Rm 10.4). Nessa afirmação a palavra *télos* [fim] também permite o entendimento de que Cristo é descrito como o alvo, ao qual a lei (na provisão de Deus) está apontada, e esse pensamento de fato soa junto no termo, porém não exclui que com a aparição de Cristo o tempo da lei se exauriu, e esse último ponto de vista de qualquer modo recebe a ênfase maior.[198] Por que com a vinda de Cristo a lei chegou ao fim? Porque em Jesus Cristo, ou seja, em sua morte vicária expiatória (Rm 3.25), ficou evidenciada a justiça da aliança de Deus, à qual o ser humano somente pode corresponder pela fé, não através

---

[197] Das repercussões de idéias estóicas e de direito natural nessa passagem de Paulo, que nisso é singular diante de todas as demais afirmações do apóstolo sobre a lei, não se deve tirar a conclusão de imputar a Paulo no geral um conceito de lei oriundo do direito natural, que solaparia o sentido em geral consistentemente histórico-positivo de seu falar sobre a lei. Também em Rm 2.14s Paulo parte da analogia entre os *atos* dos gentios com as obras exibidas pela lei, não da idéia de um *nómos* que fosse inscrito no coração de igual modo a todas as pessoas e que na lei judaica apenas teria uma de suas formas de manifestação histórica. A circunstância de que Paulo era capaz de argumentar dessa maneira precisa ser entendida no contexto da "oscilação" de seu conceito de lei, chamada assim por H. RÄISÄNEN (vide *acima*, nota 194). Cf. no mais G. BORNKAMM, "Gesetz und Natur", in: idem, *Studien zu Antike und Urchristentum* (Ges. Aufsätze, vol. II), 1959, p. 93-118, esp. p. 98ss. BORNKAMM destaca às p. 110s a diferença entre as afirmações paulinas e FILO, mas com a asserção de um "conhecimento" gentílico da lei de Deus (p. 99, 107, etc.) ele ultrapassa as formulações cautelosas do apóstolo que visam à prática da lei pelos gentios, enquanto o conhecimento subjacente a tal agir, decorrente da natureza dos gentios, é mencionado apenas implicitamente, quando é dito que a obra (!) da lei lhes estaria inscrita no coração (Rm 2.15). Cf. H. RÄISÄNEN, *op. cit.*, p. 26.

[198] Cf. E. P. SANDERS, *Paul, the Law, and the Jewish People*, 1983, p. 38ss., bem como H. RÄISÄNEN, *Paul and the Law*, 1983, p. 53-56. Conforme U. WILCKENS, *Der Brief an die Römer*, vol. 2, 1980, p. 222s cabe considerar ao lado do ponto de vista do fim também o do alvo.

das obras da lei (Rm 3.22). Por isso o ser humano (agora) é justo perante Deus unicamente pela fé, não por obras da lei (Rm 3.28; cf. Gl 2.16). Quem se nega a crer no agir de Deus em Jesus Cristo, de nada lhe servem todas as obras da lei, porque nega obediência à justiça de Deus, ou seja, não corresponde a ela por meio do seu agir (Rm 10.3): É somente nessa situação que apegar-se à justiça das obras, por meio da qual o povo judeu preserva a fidelidade à aliança, se transforma em justiça "própria" em contraposição à justiça da aliança de Deus (*ibid.*),[199] porque essa foi explicitada pela morte expiatória de Cristo, de sorte que o ser humano somente lhe pode corresponder pela fé, ou seja, que também é exclusivamente pela fé que pode ser justo diante de Deus.

Como prova de que tal justiça por fé não é estranha à tradição judaica (Rm 3.31), Paulo recorre ao exemplo de Abraão, a quem conforme Gn 15.6 foi creditada a fé nas promessas de Deus para a justiça (Rm 4.3; cf. já Gl 3.6). Crer em Deus é segundo o testemunho da Escritura mais importante para a justiça do ser humano perante Deus que as obras da lei. A circuncisão de Abraão aconteceu somente mais tarde (Rm 4.10ss). Por isso segundo Paulo os verdadeiros filhos de Abraão são aqueles que vivem a partir da fé (Gl 2.7; cf. Rm 4.16s).

---

[199] U. WILCKENS, *op. cit.*, p. 220s e esp. E. P. SANDERS, *op. cit.*, p. 37ss. Veja também as exposições de SANDERS, p. 30ss contra a interpretação oriunda de R. BULTMANN, *Theologie des Neuen Testaments*, 1953, p. 260s, 264, cf. p. 237s, da crítica paulina ao "gloriar-se" em Rm 3.27 (cf. v. 17 e 23) no sentido de uma justiça própria pelo cumprimento da lei. Na crítica de Paulo à auto-exaltação judaica está antes em jogo, conforme SANDERS, a preferência dos judeus como o povo da aliança. Cf. igualmente SANDERS, p. 140 sobre Fl 3.9, bem como sua discussão com E. KÄSEMANN (p. 155ss.) e a crítica de H. RÄISÄNEN, *op. cit.*, p. 169-177 à explicação de BULTMANN para a religiosidade legalista judaica. A esse respeito também U. WILCKENS, *op. cit.*, p. 215. Essa crítica atinge também a interpretação de G. BORNKAMM de Rm 7.7-13 com sua suposição de um motivo do desejo pecaminoso que tende à auto-justificação por meio do cumprimento da lei "no zelo pela justiça própria" (*Das Ende des Gesetzes. Paulusstudien*, 1952, p. 55), bem como as observações feitas a esse respeito por H. HÜBNER, *Das Gesetz bei Paulus. Ein Beitrag zum Werden der paulinischen Theologie*, 1978, p. 65 e 68s. As exposições de HÜBNER, embasadas em BULTMANN e BORNKAMM, acerca da devoção legalista como expressão da auto-exaltação da justiça humana pelas obras, carecem de correção segundo a crítica de SANDERS, RÄISÄNEN e outros (cf. a crítica de SANDERS a HÜBNER, *op. cit.*, p. 32s).

Entretanto, se Abraão já foi justo diante de Deus por fé e não por obras condizentes com a lei, por que Deus, afinal, concedeu a lei, com a qual está associada a promessa: "Quem os pôs em prática, terá nisso a vida" (Lv 18.5)? Paulo citou diversas vezes essa fiança fornecida com a lei (Gl 3.12; Rm 10.5), e estava ciente de que com isso a justiça perante Deus está vinculada à prática da lei (Rm 2.13). Portanto, não foi o próprio Deus que deu a lei como caminho para a justiça e a vida, em contraposição à tese da justiça por fé? Paulo não forneceu a resposta a essa questão que seria plausível para o entendimento de hoje do Antigo Testamento e da fé judaica, de que a lei nem sequer serve à *fundamentação* da justiça perante Deus, mas à *preservação* dos membros do povo de Deus na relação fundamentada pela aliança de Deus da comunhão com Deus.[200] A fundamentação da autoridade da própria lei a partir da aliança de Deus com Israel podia ser entendida absolutamente como continuidade com a justiça da fé de Abraão. Se em relação a Abraão Paulo foi capaz de asseverar que esse recebeu a circuncisão como selo da justiça por fé (Rm 4.11), por que não poderia ele entender, então, toda a lei e seu cumprimento pelos membros do povo de Deus como selo de sua aceitação crente da aliança de Deus? Talvez essa pergunta possa ser respondida apenas quando se leva em conta que na época do cristianismo primitivo, como já na mensagem de Ezequiel (Ez 18.1ss), ou seja, no tempo do exílio, a participação do indivíduo na salvação da comunhão com Deus não estava assegurada já pelo fato de pertencer ao povo de Deus, mas dependia do comportamento individual de cada um frente às exigências da Torá. Em consonância, para seitas judaicas como Qumran e os essênios, mas também para João Batista, os membros do povo de Deus em sua maioria eram tidos como blasfemos, de modo que apenas restava a possibilidade de reunir um remanescente como congregação da salvação, ao qual o indivíduo tinha de se agregar, ou ele tinha de tentar escapar do juízo vindouro por um ato de arrependimento – como no batismo de João – a fim de obter a esperança de participar da salvação do senhorio de Deus. Somente em vista dessa situação[201] talvez seja compreensível que Paulo não entendeu a legislação divina para o povo de Deus como preservação e selo do povo

---

[200] Cf. G. v. Rad, Theologie des Alten Testaments, vol. I, 1957, p. 192-202, esp. 195ss.
[201] Sobre isso, cf. J. Becker, *Johannes der Täufer und Jesus von Nazareth*, 1972.

na comunhão da aliança com Deus, a ser entendida decididamente no sentido da justiça de Abraão mediante a fé. De qualquer modo se lhe apresentou de fato a justiça da fé como *alternativa* para a devoção à lei por parte de seu povo (Gl 2.16; Rm 4.14; 10.3-10). O ensejo para tanto foi fornecido pelo fato da negativa da fé no novo agir de Deus em Jesus Cristo. Ele constitui o ponto de partida para toda a crítica paulina à lei.[202] Mas Paulo agora não se contentou com a menção da nova situação baseada no agir reconciliador de Deus em Jesus Cristo, de sorte que *a partir de agora* era necessária, para a justiça perante Deus, a fé na mensagem de Cristo e não mais unicamente o apego à lei como sinal da fidelidade à aliança. Pelo contrário, ele contestou que pessoas jamais teriam se tornado justos diante de Deus e participantes da vida prometida por meio da lei e do cumprimento de seus mandamentos: Através de obras da lei ninguém se torna justo diante de Deus (Gl 2.16; Rm 3.20). Neste sentido é decisivo que a lei não é cumprida por ninguém em todos os tempos e em todas as suas partes (Gl 3.10). Isso não significa necessariamente que os mandamentos individuais da lei sejam impossíveis de cumprir.[203] Mas a promessa de vida associada a

---

[202] E. P. SANDERS, *op. cit.*, p. 68s, 138 e anteriormente idem: *Paul and Palestinian Judaism. A Comparison of Patterns of Religion*, 1977, p. 442-447 em discussão com R. BULTMANN e outros ("The solution as preceding the problem" [A solução antecedendo o problema]). Também H. RÄISÄNEN, *op. cit.*, p. 23 julga em vista da descrição paulina da situação do ser humano sob a lei, acompanhando SANDERS: "*The solution is for Paul clearer than the problem*" [Para Paulo a solução está mais clara que o problema] (cf. também p. 108).

[203] Em seu comentário a Gl 3.10-12, E. P. SANDERS, *op. cit.*, p. 20ss, se posicionou contra a concepção defendida pela maioria dos exegetas de que Paulo considerou impossível cumprir a lei (p. 22s). No caso, é importante a referência à desinibição com que Paulo pôde falar em Fl 3.6 de seu próprio cumprimento da lei como judeu (SANDERS, p. 23). Em contraposição, H. HÜBNER interpretou Gl 3.10 como comprovação da "pecaminosidade sem exceção de todos os seres humanos", porque conforme a citação de Dt 27.26 está sob a maldição da lei todo aquele que não satisfaz "todos" os seus mandamentos ("Gal 3.10 und die Herkunft des Paulus", in: *KuD* 19, 1973, p. 215-231, citação à p. 218). SANDERS argumentou contra isso que na literatura rabínica e judaica em geral seria um lugar-comum que "everyone, at some time or other, commits a sin" [qualquer um, em um momento ou outro, comete um pecado] (*op. cit.*, p. 24), sem que disso resultasse uma dúvida de que a lei seria por princípio impossível de cumprir. Para transgressões havia o caminho do arrependimento e do recurso às possibilidades de expiação previstas na lei (p. 28). Nessa questão H. RÄISÄNEN

eles em todos os casos não é obtida mediante o cumprimento da lei, mas quando foi alcançada isso aconteceu – como já em Abraão – pela fé. Decisivo para o fato de Paulo relacionar essa opinião também com o tempo antes da aparição de Jesus Cristo deve ter sido para ele a pessoa de Abrão. Porque nela ficou evidente para ele que a justiça perante Deus é obtida não apenas desde a vinda do Messias, mas desde sempre já por meio da fé e não das obras da lei. E, como tal, desde Abraão fé sempre já se refere ao agir de Deus em Cristo, que na época era futuro e do qual agora se origina a mensagem apostólica, porque a promessa dada a Abraão já se referia a Jesus Cristo (Gl 3.16) e porque nele se cumpriu a bênção ligada ela (Gl 3.8).

Assim se explica a acuidade da pergunta com que Paulo se viu confrontado, para que, então, foi dada a lei com a promessa de vida nela contida. Paulo desenvolveu diversos enfoques para responder a essa questão, os quais não se harmonizam completamente,[204] mas contêm tensões e talvez até mesmo contradições.

Conforme Gl 3.19 a lei não foi dada diretamente pelo próprio Deus, mas através de anjos. Com isso certamente se intenciona debilitar sua autoridade: A lei não é a expressão não-mediada e por isso imutável e definitiva da vontade divina. Contudo, será que assim não se

---

optou contra SANDERS, porque acha que Gl 3.10 (bem como Gl 5.3) em todos os casos afirma a impossibilidade de cumprir *a lei toda* em *todas* as suas exigências, e isso se confirmaria em Rm 3.20 como síntese de todo o bloco antecedente (*op. cit.*, p. 95s). RÄISÄNEN, no entanto, confessa que a alternativa de cumprimento total da lei no que tange a todos os preceitos individualmente ou da mesma forma o descumprimento total traz em si uma interpretação forçada da concepção judaica da obediência à lei (*ibid.*), e ele tem de deixar valer as afirmações paulinas sobre o cumprimento real da lei em gentios (Rm 2.27), como também pelo próprio Paulo (Fl 3.6), como expressão de uma contradição insolúvel da tese fundamental do apóstolo sobre a impossibilidade de cumprir a lei.

[204] Essa é a conclusão relativamente moderada de E. P. SANDERS, *op. cit.*, p. 81 como resultado de uma análise minuciosa (p. 70ss.). Enquanto RÄISÄNEN encontra constantemente contradições em Paulo (p. 132s, cf. p. 65 e 69s, bem como p. 96, 103ss e o exposto na Introdução, p. 1-15) e HÜBNER acredita ser possível solucionar os contrastes entre as afirmações da carta aos Gálatas e a carta aos Romanos apenas pela suposição de uma evolução da doutrina paulina sobre a lei, SANDERS considera o apóstolo como um pensador que não é sistemático em todas as afirmações isoladas (p. 144ss.), mas que não deixa de ser coerente no que tange ao conteúdo substancial de suas idéias (p. 147s).

exclui também que a lei de originou diretamente do próprio Deus?²⁰⁵ Porventura os anjos que participaram na legislação eram demônios?²⁰⁶ Apesar da concepção também constante em textos judaicos, embora com ênfase diversa, de uma mediação da revelação da lei por anjos, Deus continua concebível como origem da lei,²⁰⁷ porém em Paulo não de tal forma que a lei seja a forma definitiva e permanente de sua vontade. Isso resulta da circunstância de que conforme Gl 3.19 a duração da vigência da lei desde já deveria ser limitada,²⁰⁸ porque Deus visava de antemão ao aparecimento de Cristo e à justiça mediante a fé, a ser realizada através dele (Gl 3.24).²⁰⁹

A que finalidade, portanto, serviu a revelação da lei? Em Gl 3.19 é dito que a lei foi acrescentada por causa das transgressões. Porém em que sentido isso deve ser compreendido? Para combater o pecado?²¹⁰ Se era essa a destinação da lei, então ela conforme Paulo de qualquer modo não se mostrou bem-sucedida, e então a intenção de Deus com a lei deve ter sido ainda outra. Devia ela quase que provocar as transgressões?²¹¹

---

[205] Posição de H. SCHLIER, *Der Brief an die Galater* (1949), 1951, p. 109 e 118s. Não se consegue entender como "justamente assim" se mantém uma identidade oculta entre a lei histórica e a vontade de Deus manifesta no Cristo (p. 119).

[206] Posição de H. HÜBNER, *Das Gesetz bei Paulus. Ein Beitrag zum Werden der paulinischen Theologie*, 1978, p. 28s. Contra isso, H. RÄISÄNEN, *op. cit.*, p. 131s.

[207] H. RÄISÄNEN, *op. cit.*, p. 130. Sobre a participação de anjos, ali, p. 131ss.

[208] H. RÄISÄNEN, *op. cit.*, p. 132 contra a interpretação desse aspecto em HÜBNER, *op. cit.*, p. 29. Contra a suposição de Hübner, relacionada a isso, de três tipos de intenções na revelação da lei, cf. RÄISÄNEN, p. 153s, bem como E. P. SANDERS, *op. cit.*, p. 67s.

[209] Nisso E. P. SANDERS, *op. cit.*, p. 78 vê com razão o ponto "which is most nearly consistent throughout Paul's diverse discussions of the law" [que está mais próximo da coerência ao longo das diversas discussões da lei por Paulo]". Cf. igualmente a crítica da SANDERS à tese evolutiva de HÜBNER, *op. cit.*, p. 67s e a enumeração das concordâncias fundamentais entre a concepção da lei da carta aos Gálatas e a da carta aos Romanos (p. 148s).

[210] H. SCHLIER, *op. cit.*, p. 107 não constata a esse respeito nenhum tipo de apoio em Paulo. De qualquer modo a interpretação da função da lei em Gl 3.24 deve certamente trazer implícita, pela metáfora do vigia, uma concepção dessas. Cf. H. RÄISÄNEN, *op. cit.*, p. 145, nota 84, apesar de sua declaração discordante (p. 140), motivada pelas afirmações da carta aos Romanos (esp. Rm 5.20), que de fato apontam em outra direção.

[211] Posição de H. HÜBNER, *op. cit.*, p. 27 (e p. 71), concordando com H. SCHLIER, *op. cit.*, p. 106s, cuja exegese no entanto recorre por sua vez a declarações da carta aos Romanos (Rm 5.20; 7.7ss; 7.13).

Isso não é dito em Gl 3.19. Antes se poderia entender assim ainda os textos de Rm 4.15 e principalmente Rm 5.20 (Mas a lei interveio para que se multiplicasse a transgressão").[212] Contra isso somente se pode argumentar que essas declarações da carta aos Romanos (como também Rm 7.13) já pressupõem o fato do pecado, de modo que o pecado não foi produzido primeiramente pela lei.[213] Sua multiplicação pela lei, no entanto, e a homologação de sua correlação com a conseqüência da morte[214] não podem ser contestadas. Isso foi mais fortemente enfatizado na carta aos Romanos que em Gálatas, embora a função ali referida para a lei como vigia (Gl 3.24) sobre o cativeiro do pecado (Gl 3.22) com certeza pode incluir também a condição do pecador como refém diante da conseqüência da morte: Essa correlação foi expressamente elaborada somente na carta aos Romanos. Contudo em ambas as cartas está claro que conforme Paulo a lei deve manter as pessoas cativas até o aparecimento de Cristo: "Porque Deus encerrou todos na desobediência, para direcionar a todos sua misericórdia" (Rm 11.32; cf. Gl 3.22s).

Entretanto, a lei não está ligada à promessa de vida (Gl 3.12; Rm 10.5; cf. 7.10)? Nesse ponto foi vista uma linha de pensamento coadunável com a função da lei diante do pecador.[215] Contudo a promessa da vida foi cumprida por Deus de outra forma que pelas obras da lei por parte dos seres humanos, a saber, pelo envio de Jesus Cristo,[216] ao qual em última análise se refere desde o início a função histórico-soteriológica da lei na providência de Deus (Gl 3.21s). Em razão disso Paulo pode rejeitar a acusação de que estaria invalidando a lei (Rm 3.31):

---

[212] H. HÜBNER praticamente inverteu as coisas quando leu para dentro de Gl 3.19 a idéia de uma causação do pecado pela lei (cf. acima) e atribuiu à carta aos Romanos uma atenuação dessa idéia, de modo que a lei agora santa, justa e boa (Rm 7.12) tão-somente passaria a conduzir ao reconhecimento do pecado (Rm 3.20), enquanto a lei segundo a carta aos Gálatas praticamente provocaria o pecado. Por causa dessa sua tese decisiva para sua asserção de uma evolução da carta aos Gálatas para a carta aos Romanos (*op. cit.*, p. 62, 71s) HÜBNER teve de atenuar tanto Rm 4.15 (p. 72s) quanto Rm 5.20 (p. 73): Aqui, por causa do singular de *paraptoma*, o sentido não seria o aumento dos atos pecaminosos, apesar da afirmação expressa de sua multiplicação, mas somente a "consciência dos atos pecaminosos" (p. 74).

[213] U. WILCKENS, *Der Brief an die Römer*, vol. I, 1978, p. 328s.

[214] U. WILCKENS, *op. cit.*, p. 318s, comentando Rm 4.15. Cf. Rm 7.10 e 2Cor 3.6s.

[215] H. RÄISÄNEN, *op. cit.*, p. 152ss.

[216] U. WILCKENS, *op. cit.*, p. 249s.

"De forma alguma. Estamos confirmando a lei". Em que sentido a lei é validada? Como promessa em direção de Cristo. Assim, no capítulo 4 da carta aos Romanos, a história de Abraão, que como tal é relatada na "lei", é interpretada como promessa em direção de Cristo. A idéia básica para isso é fornecida por Gl 3.8: Por "as Escrituras preverem que Deus justificaria os povos gentios em virtude da fé, elas anunciaram de antemão a Abraão a mensagem da salvação: 'Em ti todos os povos gentios estarão igualmente abençoados'." A lei, portanto, é "levantada" como "Escritura", como prenúncio profético da vinda de Cristo.[217] Mas como preceito ela chegou ao fim com a aparição de Cristo, porque a vida prometida é agora alcançada por meio da fé.

A palavra do fim da lei (Rm 10.4) se refere à lei toda com todas as suas partes, não apenas à lei ritual, mas também aos mandamentos éticos.[218] Apesar disso Paulo esperava que nos cristãos, que em Cristo morreram para o egoísmo, seria cumprida a exigência legal por meio do Espírito (Rm 8.4), e pelo menos de modo implícito se destacaria uma concordância com as exigências éticas da lei: O amor é o cumprimento da lei (Rm 13.10; cf. Gl 5.14).[219] Será que isso contradiz a afirmação do

---

[217] Sobre Rm 3.31, cf. H. RÄISÄNEN, *op. cit.*, p. 69s.
[218] H. RÄISÄNEN, *op. cit.*, p. 42-50, esp. p. 48s acerca de 1Cor 6.12, onde a liberdade do cristão é afirmada fundamentalmente por Paulo também em vista do tema moral aqui tratado. RÄISÄNEN aponta para a circunstância de que conforme 2Cor 3.7 a letra da lei que mata era cinzelada em pedra – uma alusão às tábuas do decálogo recebidas por Moisés (25). RÄISÄNEN salienta as implicações radicais da abolição da lei em Paulo com mais intensidade que SANDERS, segundo o que na prática se tornaram obsoletas para Paulo apenas a circuncisão, regras de alimentação e a observação de determinadas datas e épocas, embora ele não tenha feito uma distinção expressa entre esses aspectos da lei e seus mandamentos éticos que continuam em vigor (*op. cit.*, p. 100ss.).
[219] Quanto à síntese da exigência da lei no mandamento do amor em Lv 19.18, cf. SANDERS, *op. cit.*, p. 95, e para a questão de analogias judaicas (esp. em HILLEL), cf. RÄISÄNEN, *op. cit.*, p. 33s. O próprio RÄISÄNEN entende Paulo no sentido da declaração de que os cristãos de fato cumprem a lei (p. 113s), considerando isso tão exagerado quanto a asserção de que ser impossível cumpri-la por parte dos judeus (p. 114, 117). Semelhante é opinião de SANDERS, *op. cit.*, p. 80. H. HÜBNER tenta diferenciar entre o cumprimento qualitativo da lei pelo amor em Gl 5.14 (*op. cit.*, p. 37ss.) em contraposição ao cumprimento quantitativo da lei, considerado inviável por Paulo, como sumário dos mandamentos em Gl 5.3 de um lado e Rm 13.8-10 de outro, porque lá a diferença entre concepção quantitativa e qualitativa da totalidade da lei já não teria importância e se trata "realmente

fim da lei? Ou será que, pelo contrário, o sentido dela é assim elucidado? Será que a lei acabou apenas no que se refere à sua função de condenar o pecado em Cristo,[220] ou apenas como condição de acesso à congregação da salvação,[221] continuando em vigor como exigência para o comportamento de seus membros? Na proporção em que Paulo fundamentou suas exortações, ele via de regra não se apoiou na autoridade dos preceitos da lei, mas tentou derivar o conteúdo de suas instruções de conduta a partir da comunhão dos fiéis com Cristo (Fl 2.5).[222] A liberdade alcançada por intermédio de Cristo (Gl 5.1) não deve se tornar um pretexto para servir ao egoísmo (Gl 6.13; cf. Rm 8.12), para o qual os cristãos morreram por meio de sua comunhão com Cristo. O Espírito de Cristo se expressa em formas de conduta às quais a lei não se contrapõe (Gl 5.22s; Rm 8.1ss). Contudo para o cristão elas não se fundamentam mais na letra da lei, mas na comunhão com Cristo por meio do Espírito.

Neste ponto a argumentação paulina se toca com a interpretação da lei, ou melhor, com a nova fundamentação do direito divino em Jesus a partir do amor de Deus ao mundo, demonstrado no envio dele. Desse amor precisa participar todo aquele que quiser ter comunhão com Deus.[223] Tanto em Jesus quanto em Paulo já não se argumenta a

---

do cumprimento da Torá de Moisés" (p. 76), ainda que no sentido de uma "redução" à lei moral (p. 78). Apesar da crítica de SANDERS às exposições de HÜBNER sobre Gl 5.14 e 5.3 (SANDERS, p. 96) e especialmente à explicação da concepção do *nómos* como unidade qualitativa pela referência ao conceito estóico de *nómos* (p. 115, nota 4) certamente deve ter sido detectado algo importante, na diferenciação de HÜBNER entre uma essência qualitativa da demanda da lei e a concepção da lei como somatória de mandamentos isolados. Cf. H. HÜBNER, "Das ganze und das eine Gesetz. Zum Problemkreis Paulus und die Stoa", *KuD* 21, 1975, p. 239-256.

[220] Posição de U. WILCKENS, *Der Brief an die Römer*, vol. II, 1980, p. 222.
[221] Posição de E. P. SANDERS, *op. cit.*, p. 113s.
[222] Instrutivas nessa questão continuam sendo as exposições de H. v. CAMPENHAUSEN, *Die Begründung kirchlicher Entscheidungen beim Apostel Paulus. Zur Grundlegung des Kirchenrechts* (SHAW 1957/2), 1957.
[223] Cf. para isso vol. II, p. 468ss. Uma vez que é difícil de avaliar o que da proclamação pré-pascal de Jesus era conhecido por Paulo, é digna de nota a proximidade existente nesse ponto, sem que possa, no entanto, ser reclamada como conexão direta com a nova fundamentação do direito de Deus por Jesus. Não obstante, é mais plausível entender o pensamento paulino do cumprimento da lei em sua totalidade qualitativa por meio do amor a partir de sua proximidade

partir da autoridade da lei, embora a fundamentação da exigência legal de Deus ao ser humano a partir da revelação do amor coincida, no resultado, com aquilo que também a erudição judaica das Escrituras podia classificar como conteúdo central da tradição judaica da lei.

Em Paulo, no entanto, esse quadro não está inequivocamente claro em todas as passagens. Tomado para si, Rm 13.8-10 (sem a recordação de Rm 13.14 a Rm 8.1ss) pode levar ao mal-entendido de que a lei, no mínimo em seus mandamentos éticos, ainda seria compromissiva também para o cristão. Ainda mais que tal interpretação de Paulo podia se apoiar em formulações como 1Cor 7.19, de que importa unicamente preservar os mandamentos. Em contraposição, as exortações apostólicas podiam ser entendidas como uma nova lei, a "lei do Espírito" (Rm 8.2), mediante desconsideração da liberdade do Espírito. Em vista da própria lei de Moisés, não foi destacada explicitamente a diferenciação entre letra e tradição de direito, talvez sugerida pelo discurso da exigência legal (*dikaíoma*) da lei na carta aos Romanos (Rm 1.32; 2.26; 5.16 e 18; 8.4). Com isso também está relacionada a falta de uma diferenciação expressa entre a lei como tradição legal especificamente judaica de um lado e como expressão da vontade jurídica de Deus válida para todas as pessoas, de outro: Esse segundo aspecto poderia estar implícito em Rm 1.32 e 2.26 no uso da expressão *dikaíoma* em lugar do conceito da lei. Será que, no entanto, a função condenatória da lei é inerente apenas à letra judaica da lei (2Cor 3.6), ou será que também ela possui uma raio de vigência maior em conformidade com o nexo interior de pecado e morte? Porventura a função da lei condenatória do pecado persiste também depois do aparecimento de Cristo para todos aqueles que não estão "em Cristo"? Isso é sugerido pela observação de que a lei não é contra aqueles que pertencem a Cristo Jesus (Gl 5.23s) e que se deixam conduzir pelo Espírito dele (Gl 5.18): Contra todos os demais, portanto, continua em vigor a maldição da lei? Como isso se relaciona com o acontecimento determinante da vinda de Cristo como fim da lei? Seria ele o fim da lei apenas para os crentes, não também para o mundo? Acaso não surgiu uma situação objetivamente nova para toda a humanidade com o aparecimento do novo Adão, da qual faz parte também a palavra do fim da lei?

---

com a ética de Jesus que com H. HÜBNER (acima, nota 219) a partir da relação com o estoicismo.

As declarações de Paulo sobre a lei, portanto, deixam abertas muitas perguntas, e diversas contradições reais ou aparentes nelas haveriam de atuar sempre de novo na história do pensamento cristão como desafio para uma melhor elucidação.

b) O evangelho como nova lei?

No contexto da interpretação judaico-cristã de Jesus como um novo Moisés, em breve Jesus Cristo também foi entendido na igreja gentílico-cristã como origem de uma "nova lei" (*Barn* 2.6), em consonância com uma série de outras contraposições tipológicas da nova aliança com a antiga – o entendimento da igreja como novo Israel, de Maria como uma nova Eva e do próprio Jesus como o novo Adão. Dessa maneira a doutrina paulina do fim da Torá foi relacionada com a concepção de uma nova lei promulgada para os cristãos, que foi por Paulo chamada de lei do Espírito (Rm 8.2) ou de Cristo (Gl 6.2).[224] A teologia do primeiro cristianismo encontrou o conteúdo dessa nova lei primordialmente nos evangelhos, a saber, na explicação do direito divino por Jesus, em especial no Sermão do Monte e no "novo mandamento" de Jo 13.34. Essa interpretação foi agora entendida como redução da lei do Antigo Testamento ao mandamento da razão contido nele e no Decálogo, e inato ao ser humano por meio sua natureza racional, mas igualmente como maior clarificação e ampliação dela.[225] Fundamento para tal foi que se creu em Jesus Cristo como o *Logos* divino manifesto em figura humana, do qual "todo o gênero humano se tornou participante", de sorte que todas as pessoas que viveram segundo a razão, como entre os gregos SÓCRATES ou HERÁCLITO, puderam sem problemas ser classificados de cristãos.[226] A partir disso se torna plausível que por sua interpretação da lei Jesus restabeleceu, como ser humano, a pura doutrina do *Logos*. As demais determinações da Torá, que mais

---

[224] Mais comprovantes em H. MERKEL, art. "Gesetz IV", in: *TRE* 13, 1984, p. 75-82, esp. p. 78s de TERTULIANO.

[225] Justino, *Dial.* 47.2 denominou o objeto dos mandamentos morais de "os atos jurídicos eternos e correspondentes à natureza". Segundo IRENEO, *Haer.* IV, 13,1 os mandamentos da Torá correspondentes à lei natural foram ampliados e cumpridos pela interpretação da lei por Jesus (cf. 13,4). Trata-se, como mostra *Haer.* 16,1, principalmente do Decálogo.

[226] Justino, *Apol.* 46.

tarde foram diferenciadas como lei cerimonial e judicial, eram entendidas como acréscimos que teriam ocorrido após a adoração do bezerro de ouro.[227] Teriam sido invalidados "pelo Novo Testamento da liberdade", enquanto os "mandamentos livres e gerais da natureza" foram intensificados e ampliados.[228] Conforme IRENEO eles perfazem o conteúdo do evangelho, agora contraposto à lei, mas coincidente com ela no contingente central, a saber, no duplo mandamento do amor.[229]

Assim a "nova lei" se apresenta como restauração e complementação da lei natural da filosofia estóica. Não se pode negar que esse modo de ver a lei tinha também pontos de sustentação em Paulo, principalmente em sua referência à voz da consciência, que conforme Rm 2.14s demonstra que também os gentios possuem por natureza um conhecimento daquilo que a lei demanda. Essa alusão paulina foi ampliada pelos teólogos cristãos do séc. II para uma reinterpretação da própria lei do Antigo Testamento à luz da doutrina do direito natural, no que também se passou a diferenciar expressamente entre os mandamentos morais e as demais determinações. Por "lei do Espírito" (Rm 8.2), no entanto, o apóstolo certamente deve ter entendido outra coisa que a lei da razão dos estóicos: Sobre a vida dos cristãos paira, conforme Paulo "não a lei, mas a graça" (Rm 6.14).

Foi acima de tudo AGOSTINHO que aprofundou o conceito da lei natural como quintessência do mandamento divino, cuja percepção foi purificada e aperfeiçoada pelo ensino de Jesus, e que o complementou com sua doutrina do amor como a força graciosa dada por Deus para o cumprimento da lei: O amor não é apenas *objeto* do mandamento. Unicamente pela força do amor a Deus e à justiça é possível cumprir os mandamentos.[230] O amor, porém, é derramado em nós, segundo Rm 5.5, pelo Espírito Santo.[231] Se conforme 1Jo 4.7 o amor é oriundo de Deus, então PELÁGIO afirmava sem razão que possuímos a boa vontade

---

[227] IRENEO, *Haer.* IV,15, 1s; cf. *Barn* 4,8 e 14,3s, onde no entanto, ao contrário de IRENEO, se fala da perda da lei originária pelo povo judaico, enquanto Ireneo apenas afirmava adendos ao acervo central original.
[228] IRENEO, *Haer.* IV,16, 5.
[229] IRENEO, *Haer.* IV,12, 3. Quanto à contraposição de lei e evangelho, cf. também IV,9, 1.
[230] AGOSTINHO, *Expositio epist. ad Gal* 43 (MPL 35,2136f.). Cf. *Epist.* 138,3 (MPL 33, p. 849s).
[231] AGOSTINHO, *Enchiridion ad Laurentium* 31, 117 (CCL 46, p. 112).

e o agir correspondente a partir de nós mesmos. Pelo contrário, a boa vontade é idêntica com a *caritas* que nos é infundida por Deus.[232] Por ser infundida por Deus, a *caritas* é graça. É transmitida pela fé e cumpre a lei. Porque a lei aponta para ela. Em razão disso ela é seu cumprimento.[233] Com base nisso era natural compreender a graça ou a própria *caritas* como *lex fidei* [lei da fé],[234] respectivamente como a "nova lei", conforme fez TOMÁS DE AQUINO.[235]

Uma apreciação da concepção do evangelho como "nova lei" deveria partir do fato de que assim se prolongou em certo sentido a leitura histórico-soteriológica das afirmações paulinas sobre a lei: Lei e evangelho não são primordialmente diferenciados e relacionados entre si em termos típico-estruturais, como mais tarde na teologia da Reforma, mas aparecem como designações de épocas sucessivas em termos de história da salvação. No entanto, agora, diferente de Paulo, a nova época da revelação de Cristo foi definida com o mesmo termo daquele da antiga aliança, o da lei. Isso foi causado pela figura mental da correlação tipológica. Nela o novo na verdade é contraposto ao antigo, mas igualmente lhe é adequado como correspondência oposta. De qualquer modo o momento do contraste foi tão decididamente elaborado em AGOSTINHO e TOMÁS DE AQUINO que a imputação de uma "leitura legalista" do evangelho tem de parecer imprópria: Afinal, a "nova lei" do evangelho conforme AGOSTINHO e TOMÁS já não é uma exigência que confronta o ser humano, mas a força do próprio Espírito Santo que atua em seu coração.[236]

Ao esclarecer a relação entre evangelho e lei do Antigo Testamento, a teologia do cristianismo primitivo podia se apoiar na interpretação da Torá, já desenvolvida no judaísmo helenista, como expressão de uma sabedoria apropriada à natureza do ser humano e oriunda da sabedoria divina (do *Logos*). Ele superou a plausibilidade dos esforços de alguém como FILO de Alexandria pelo fato de que as determinações cerimoniais e judiciais da Torá que transcendem o direito natural não

---

[232] AGOSTINHO, *De gratia christiana* 1,21,22 (MPL 44, p. 370s).
[233] AGOSTINHO, *En. in Pss* 31,72, 5 (CCL 38, p. 227s).
[234] AGOSTINHO, *De spir.* 27, 29 (MPL 44, p. 218s).
[235] TOMÁS DE AQUINO, *S. theol.*, vol. II/1, 106, 1. Cf. sobre isso, U. KÜHN, *Via caritatis. Theologie des Gesetzes bei Thomas von Aquin*, 1965, p. 192ss.
[236] Cf. U. KÜHN, *op. cit.*, p. 192s, em TOMÁS DE AQUINO, p. ex., *S. theol.*, vol. II/1, 106, 1 ad 2.

precisavam ser submetidas a uma penosa reinterpretação alegórica, para se tornar palatáveis ao mundo erudito não-judeu, mas podiam ser sumariamente declaradas e explicadas como superadas por meio de Jesus Cristo. A acolhida cristã da doutrina do direito natural da Antiguidade, associada a isso, formava o mais importante ganho do pensamento cristão ao lado do monoteísmo filosófico para alicerçar a reivindicação da mensagem missionária cristã sobre uma validade humana geral. "Por parecer essa lei natural aos cristãos eruditos como a ordem da criação, como o conteúdo do Decálogo e como componente da lei moral cristã e do *Logos* encarnado, também aquele direito natural se lhes apresentou praticamente como uma doutrina cristã." Assim estava estabelecida ao mesmo tempo também "a fundamentação geral e regra crítica" na relação com a ordem estatal e suas leis,[237] no que cumpria diferenciar entre o direito natural puro do estado originário e sua realização fragmentada sob as condições da pecaminosidade dos humanos em um mundo em que se haviam tornado necessárias a propriedade privada e sua proteção, a desigualdade social e a autoridade do Estado, para barrar os abusos dos humanos uns contra os outros.[238]

Conforme a opinião de ERNST TROELTSCH a concepção cristã da lei natural é "relativa" – relativa porque refratada pela pecaminosidade dos humanos na criação caída – constitui "o verdadeiro dogma cultural da igreja e como tal ela é no mínimo tão importante quanto o dogma da Trindade ou outros dogmas principais".[239] Ainda que a comparação

---

[237] E. TROELTSCH: *Die Soziallehren der christlichen Kirchen und Gruppen*, 1912, p. 158.
[238] E. TROELTSCH, *op. cit.*, p. 162ss.
[239] E. TROELTSCH, *op. cit.*, p. 173. TROELTSCH chegou a essa conclusão embora a doutrina cristã do direito natural parecesse ser "precária e confusa como teoria científica" (*ibid.*), e se queixava da falta de compreensão dos teólogos protestantes para com a relevância da tese do caráter fragmentado do direito natural absoluto por meio do pecado em contraposição à sua renascença no moderno direito natural liberal: Para os teólogos protestantes o "caráter cristão de Estado e sociedade se tornou tão óbvio" que teriam se tornado cegos para suas condições (*op. cit.*, nota 77). Assim de fato se explica a falta de uma discussão crítica por parte dos teólogos evangélicos com o "processo de desprendimento e busca de autonomia de elementos antigos estóico-jurídicos" (*ibid.*) da tradição do direito natural na transição ao liberalismo, como TROELTSCH o viu representado em O. V. GIERKE, *Johannes Althusius und die Entwicklung der naturrechtlichen Staatstheorien*, 1880.

com a doutrina da Trindade pareça exacerbada, não há como questionar a relevância destacada da doutrina cristã do direito natural na história do pensamento cristão para além da Reforma. Ela foi substituída somente no início do Iluminismo por uma nova idéia do direito natural que se baseava na reivindicação do indivíduo por liberdade e auto-realização.[240] Depois disso foi principalmente a escola do direito histórico no séc. XIX que questionou a possibilidade de uma doutrina do direito natural de validade rigorosamente geral, comprovando o condicionamento histórico dos diversos conceitos de direito natural. Essa crítica encontrou na teologia evangélica um eco tardio na pergunta de BARTH, de onde, afinal, se tornaria perceptível aquela constelação do direito natural supostamente fundamentada como ordem da criação.[241] EMIL BRUNNER afirmou com razão a esse respeito que um quadro pertencente à natureza do ser humano como criatura sempre também teria de aflorar "de algum modo" à consciência dos humanos como entes cônscios de si mesmos.[242] Isso, porém, dá espaço para uma variedade de inflexões, referentes ao respectivo lugar histórico da percepção – e logo também para a asserção de que a revelação de Cristo seria o lugar excelente para um entendimento adequado da natureza do ser humano como criatura e assim igualmente para o temário do direito com ele relacionado.[243]

O momento duradouro da relevância das doutrinas do direito natural deveria consistir em que a pergunta pela natureza comum das pessoas como seres humanos se impõe inevitavelmente sempre de novo e com ela também a pergunta pelas condições antropológicas básicas da vida social. Essas condições básicas foram tratadas nas doutrinas do direito natural junto da pergunta pelas regras básicas do

---

[240] Veja a esse respeito as sucintas observações de E. BRUNNER, *Gerechtigkeit. Eine Lehre von den Grundgesetzen der Gesellschaftsordnung*, 1943, p. 109. BRUNNER viu nisso uma "unilateralização individualista" mediante negligência em relação à "idéia comunitária", tão essencial para o cristianismo.

[241] K. BARTH, *KD*, vol. III/4, 1951, p. 21.

[242] E. BRUNNER, *op. cit.*, p. 106.

[243] Por isso os esforços de fundamentar cristologicamente o direito na teologia evangélica e em juristas próximos dela nos anos após a Segunda Guerra Mundial podem ser entendidos como variante das teorias de direito natural. Cf. sobre esses esforços, E. WOLF, art. "Christliches Naturrecht" in: *RGG* 3ª ed., vol. IV, 1960, p. 1359-1365, esp. 1364s e a bibliografia ali arrolada.

comportamento social sob a condição da reciprocidade.²⁴⁴ A própria idéia da reciprocidade, como se expressa na regra áurea e ainda serve de fundamento para o imperativo categórico de KANT, deve representar o pensamento central de todo direito natural.²⁴⁵ Regras mais específicas como a proibição de ferir a outros ou o mandamento de observar contratos podem ser remontados a ela. Liberdade e igualdade podem ser descritas como condições da reciprocidade plena, mas tomadas isoladamente elas ainda não contêm o dado fundamental da socialidade, o condicionamento relacional com outros, de modo que não podem valer por sua vez como fundamento antropológico da idéia do direito natural. Do mesmo modo a idéia da justiça não preenche essa função.²⁴⁶ Para ela, pelo menos na forma do *suum cuique*, é determinante, como outra premissa além da reciprocidade, ainda a desigualdade real dos humanos segundo aptidões e méritos. Na justiça trata-se, portanto, de uma aplicação do princípio da reciprocidade sob as condições da desigualdade dos indivíduos. Todas as afirmações sobre condições básicas antropológicas da interação social, porém, dependem de como se avalia a relação entre individuo e comunhão.²⁴⁷ Em função disso são condicionadas pela respectiva autocompreensão norteadora do ser humano. Igualmente faz parte do contexto das variantes aqui possíveis de

---

²⁴⁴ Sobre isso, cf. do autor: *Anthropologie in theologischer Perspektive*. 1983, p. 436s, bem como as exposições sobre a reciprocidade das relações entre os indivíduos como fundamento de toda a institucionalização social do comportamento humano (p. 399ss.).

²⁴⁵ Essa já era a concepção de AGOSTINHO, in: *De ordine* 11,8, 25 (CCL 29, p. 121): *In omni vero contractu atque conversatione cum hominibus satis est servare unum hoc vulgare proverbium: Nemini faciant quod pati nolunt* [Em todo verdadeiro contrato e acordo com humanos é suficiente preservar um provérbio popular: A ninguém façam o que vocês não querem sofrer]. Cf. *Ennaratio in Os. 118*, sermo 25,4 (CCL 49, p. 1749s) e *in Ps 57,1*: ... *manu formatoris nostri in ipsis cordibus nostris veritas scripsit: Quod tibi non vis fieri, ne facias alteri* [... a mão de nosso criador escreveu em nossos próprios corações: O que não queres que te façam, tampouco o faze a outro]. (CCL 39, p. 708).

²⁴⁶ E. BRUNNER, *op. cit.*, p. 101s considerava a idéia do direito natural como idêntica à idéia da justiça no sentido da norma de conceder a cada um o que lhe cabe segundo sua singularidade (*suum cuique*).

²⁴⁷ A esse respeito, cf. as observações do autor sobre a avaliação diferenciada da instituição da propriedade no direito natural antigo e cristão por um lado, e na Idade Moderna por outro, in: *Anthropologie in theologischer Perspektive*, 1983, p. 411ss.

fundamentação antropológica do direito uma teologia cristã do direito que não apenas – como a tradicional doutrina cristã do direito natural – deveria ser cunhada pelo ponto de vista da condição do ser humano como criatura na tensão com sua pecaminosidade de fato, mas também pelo ponto de vista da determinação do ser humano para participar da relação filial de Jesus Cristo com o Pai. Não cabe aqui detalhar isso. Neste ponto somente se reveste de importância que uma continuação dessas ou uma renovação do temário do direito natural não preencheria a função tradicional do conceito da *nova lex*. Ela não poderia nem ser identificada com o conceito do evangelho, nem tampouco, como o direito natural em LUTERO, ser considerada como equivalente à lei de Deus como exigência divina atemporalmente idêntica ao ser humano. Isso não apenas se deve ao condicionamento histórico de cada configuração de fundamentação antropológica (ou segundo o direito natural) do direito, mas também à sua generalidade abstrata na relação com o direito concreto e acima de tudo a que o evangelho não possui a forma da lei, nem mesmo na generalidade antropológica do direito natural, embora sem dúvida possam partir dele impulsos para uma nova e cada vez melhor configuração do direito.

Contra a concepção do evangelho como *nova lex* no sentido da tradição cristã do direito natural depôs, na perspectiva da Reforma luterana, inicialmente o desconhecimento da peculiaridade do evangelho, com ele relacionado, que não vem ao encontro da pessoa como exigência – como faz a lei – mas o declara livre da sentença condenatória.[248] Verdade é que dessa maneira, conforme a doutrina da Reforma, não se abre mão do caráter compulsório da exigência jurídica de Deus, mas a certificação do perdão dos pecados justamente visa a possibilitar que o ser humano realize a vontade de Deus espontaneamente e sem os temores da busca de justiça pelas obras. É isso, porém, que também quer dizer a doutrina do evangelho como a nova lei, que é marcada pela atuação do Espírito e da graça. Nesse ponto, além da diferença na definição e função do conceito de evangelho, a contrariedade da Reforma com a *doutrina da nova lex* é menor no resultado do que muitas vezes se supõe.

Entretanto permanece em aberto outro problema, que obviamente não apenas onera o entendimento do evangelho como uma nova lei,

---

[248] Cf. as observações críticas abaixo, p. 127s., bem como já no vol. II, p. 627ss., especialmente p. 634s.

mas, como se evidenciará, também não foi solucionado nas concepções da Reforma quanto ao cumprimento da lei por parte dos crentes: Quando o evangelho ou seu efeito é concebido como cumprimento da lei e quando então a lei (no sentido da lei moral ou também do direito natural) continua sendo o parâmetro do que deve valer como cumprimento, negligenciam-se a liberdade criadora e a diversidade das possibilidades da vida que brotam do amor. Com a orientação na lei apresenta-se de uma ou outra maneira determinado modelo de comportamento como padrão do cristão. Na igreja antiga e medieval isso se deu mediante apoio na moralidade "natural" do antigo direito natural. Todavia a vida a partir da confiança no futuro de Deus e da participação no amor criador de Deus pelo mundo se diferencia justamente da vida sob o direito divino de Israel transmitido como lei pelo fato de não estar definitiva e imutavelmente atrelada a formas jurídicas bem definidas, estabelecidas de uma vez por todas. Isso vale também com vistas a toda outra orientação de conduta segundo formas jurídicas estabelecidas. A fantasia do amor é capaz de criar novas formas de comportamento que sejam adequadas à respectiva situação com sua singularidade, ainda que também via de regra se mova no âmbito de formas comprovadas de convivência. A lei amarra em *uma* forma de conduta bem definida. O amor tem a força de renovar o direito, por ser capaz de desenvolver em situações incomuns – e sem destruir a coesão da vida em comunhão – novas soluções e modos de conduta que sejam mais condizentes com a situação. Ou seja, à forma de vida da lei, regulamentada uniformemente para cada caso, contrapõe-se o amor com uma diversidade de possibilidades criadoras: Por isso ela também se torna atuante onde a lei deixou lacunas e onde a pessoa que apenas se orienta pela lei passa de largo de situações não previstas em suas instruções – assim como o sacerdote e o levita passaram de largo daquele que caiu na mão de assaltantes, enquanto o samaritano, sem tê-lo conhecido anteriormente, se lhe tornou o próximo nessa situação (Lc 10.25ss, esp. Lc 10.36).

A lei formulada serve para, e tende a, solidificar uma ordem vital tradicional, enquanto o amor é mais flexível, conseguindo responder a novas situações com novas soluções. Essa diferença, no entanto, não constitui nenhum confronto de princípio. Pelo contrário o amor, ao tender por natureza à comunhão, também está voltado à perenidade, de modo que visará à preservação e conservação da ordem existente, da mesma forma como à produção de formas novas e mais duráveis da vida conjunta. Contudo, igualmente estará disposto a romper com normas de vigência geral toda vez que elas não corresponderem à necessidade de uma situação concreta (Mc 2.23ss; par.). Essa peculiaridade criativa do amor é ignorada quando se imagina, mediante recurso à interpretação da lei por Jesus e ao duplo mandamento do amor, que a lei do Antigo Testamento foi substituída por uma nova lei cristã. Enquanto cada lei dá durabilidade a uma forma de vida surgida no passado ou enquanto até mesmo prescreve a partir de si uma regulamentação como doravante normativa, de modo que novas situações precisam ser superadas por ampliações ou explicações casuísticas, a atuação do amor se caracteriza pela liberdade. Essa liberdade não consiste apenas em que se pratique "com prazer" algo de antemão estabelecido de forma geral, ao invés de se dignar a contragosto. Ela não se atém apenas ao *modo*, mas também aos *conteúdos* do agir. Embora o amor de forma alguma tenha de desprezar a orientação segundo regras preestabelecidas, a concordância com elas sempre será um ato livre, porque não precisa ser realizado assim em todas as circunstâncias. Para o amor cada nova situação se torna um apelo à sua força inovadora. Nisso consiste seu contraste com o mero cumprimento de uma lei.

Jesus soube interpretar o tradicional direito divino de Israel a partir do amor de Deus manifesto em sua mensagem escatológica e do mandamento do amor a Deus e ao próximo, nele fundamentado, sem no entanto ferir o teor essencial da lei judaica, porque o direito divino de Israel sempre já estava enraizado na aliança de Deus com seu povo e portanto no amor de Deus, visando à preservação dos membros do povo na comunhão com Deus e uns com os outros. Algo análogo terá de valer para qualquer direito, ainda mais que o direito divino de Israel é paradigmático para a essência do direito como tal, sem prejuízo das enormes diferenças entre direito bom e ruim. Todo direito está alicerçado sobre atos – ainda que geralmente limitados – de reconhecimento de pessoas quanto a seus papéis e seu status nos relacionamentos dos seres humanos entre si,[249] e o reconhecimento abrangente do outro

---

[249] A esse respeito, cf. com mais detalhes, do autor: "Christliche Rechtsbegründung", in: A. Hertz et al. (eds.): *Handbuch der christlichen Ethik*, vol. II, 1978, p. 332ss., esp. p. 336s e já idem, *Zur Theologie des Rechts* (1963), agora in: *Ethik und Ekklesiologie*, 1977, p. 11-40, esp. p. 37ss.

como pessoa constitui um traço fundamental do amor. A correlação entre amor e direito é estabelecida especialmente pelo fato de que atos de reconhecimento fundamentam relacionamentos duradouros, que por seu turno também carecem da adaptação a situações mudadas.

Uma adaptação das concepções de direito a situações mudadas tornou-se necessária na história de Israel já na ocasião da transição do modo de vida nômade para uma vida na terra de cultivo, e disso resultou boa parte da posterior tradição jurídica de Israel, principalmente o acervo de sentenças jurídicas condicionais, nas quais também deve ter sido registrada a prática contínua da jurisprudência. A incorporação desse material na tradição do direito, no entanto, aconteceu com auxílio da ficção de que também esses preceitos acrescentados mais tarde já faziam parte do contingente original do direito divino revelado a Moisés no Sinai. Essa ficção já se baseava sobre a nefasta premissa de que o direito de Deus deveria ter tido sempre a mesma configuração. Essa suposição foi fatídica, porque negava a produtividade viva da tradição do direito, contendo assim o germe de seu posterior enrijecimento. A liberdade do amor, porém, que brotava de forma nova e autônoma da mensagem escatológica de Jesus, podia colidir com a regra jurídica enrijecida, como aconteceu entre outros com o mandamento do sábado (Lc 6.1-11).

Jesus sintetizou o direito divino do Antigo Testamento nos dois mandamentos do amor a Deus (Dt 6.5) e do amor ao próximo (Lv 19.18), como podia ocorrer também na interpretação judaica da lei antes e na época dele (Mc 12.28-34). Primordialmente, porém, o amor não é mandamento, mas realidade viva, um impulso que parte do amor de Deus pelo mundo e que cativa o ser humano, arrastando-o para dentro de seu movimento. A possibilidade de esse efeito não ocorrer é mostrada pela parábola de Jesus sobre o credor sem compaixão (Mt 18.22-35) como algo antinatural. A participação na bondade do Deus Criador deveria ser a conseqüência bem natural de sua aceitação com gratidão (Mt 5.44ss). Em contraposição, ordenar o amor e praticá-lo como cumprimento de um mandamento continua sendo uma contradição em si, porque para toda dedicação e amor é constitutiva a livre espontaneidade. Faz parte das descobertas duradouras de AGOSTINHO em sua controvérsia com PELÁGIO que o amor como força motivadora possui um caráter diferente que um mandamento e seu cumprimento: Ele é um presente da graça que antes de tudo capacita o ser humano a corresponder em sua conduta à bondade do Deus Criador e a seu amor redentor, bem como a participar dele. Foi por isso que Paulo pôde descrever o amor como carisma (1Cor 13) e falar de sua efusão em nossos corações pelo Espírito de Deus (Rm 5.5). Na formulação de João acerca de permanecer no amor (1Jo 4.16) se expressa que não se trata apenas de agir humano, mas de uma esfera em que nos movemos, um campo de força que parte de Deus e nos liga a ele.

Como, apesar disso, puderam surgir também no cristianismo novas formas de legalismo? Um ponto de partida para isso já podia residir na circunstância de que da liberdade do amor surgem formas concretas de configuração da vida, e entre elas também formas e regras de convivência projetadas para durar. Que seria mais óbvio que considerar tais regras e instruções de conduta que concretizam uma vida a partir da fé e do amor de Deus, em fidelidade ao Senhor e à origem apostólica, como normatização permanentemente válida da vida dos cristãos? Isso já pode ser notado na transmissão e no desenvolvimento das palavras de Jesus, p. ex., na regra dos discípulos em Mt 18.15ss, mas igualmente na autoridade que instruções apostólicas dadas em uma situação concreta continuavam tendo na vida da igreja. Ainda que muitas dessas regras e instruções tivessem inicialmente a intenção de traçar limites ou de exortar, para que se permanecesse no contexto de vida fundamentado pela fé e pela obtenção do Espírito Santo, elas não obstante foram formuladas em sua maioria como desafios ou mandamentos. Também o amor a Deus e ao próximo na realidade foi tratado como objeto de mandamentos. Facilmente se podia perder o foco naquilo que a rigor diferencia de toda a lei o amor que emana da mensagem escatológica de Jesus sobre o amor de Deus, do evangelho apostólico acerca do agir reconciliador de Deus na morte de Jesus Cristo e em sua acolhida pela fé, bem como da orientação no amor que brota do exemplo do próprio Jesus Cristo, a saber, a liberdade da superação criativa de situações. Então, na expectativa do juízo vindouro segundo as obras (1Cor 5.10) o cumprimento dos mandamentos podia aparecer como o caminho incontornável para a beatitude, ainda que agora o perdão dos pecados anteriores, recebido através do batismo, constituísse agora o ponto de partida para tal. Em contraposição havia necessidade do lembrete de AGOSTINHO, de que a fonte de todo agir cristão, o amor, somente pode ser recebida como presente da graça, e da mesma forma havia necessidade de conscientizar-se da premissa da fé antes de qualquer ação pessoal, o que determina a vida cristã de modo duradouro. Cabe à fé uma primazia que a proclamação do evangelho precisa fazer lembrar sempre de novo, por menos que deva redundar daí uma atitude quietista que não permite mais que a própria vida seja envolvida na dinâmica do amor que emana do conteúdo da fé.

c) A lei como exigência e a outorga do evangelho

A novidade na compreensão da lei pela Reforma foi que LUTERO não entendeu a lei, de que se fala em Paulo, primordialmente em termos de história da salvação, como a lei "antiga" substituída pelo evangelho e idêntica com a Torá judaica, mas em termos estruturais como lei propriamente dita. Tinha em mente que na igreja cristã se haviam formado fenômenos que em boa parte correspondiam estruturalmente ao legalismo descrito por Paulo, embora que no conteúdo já não se tratasse de circuncisão e mandamentos sobre comidas, mas de peregrinações e obras penitenciais. No empenho por justiça através de realizações conforme normas vigentes havia um denominador comum. Por isso LUTERO viu na lei rejeitada por Paulo como caminho de salvação não apenas a Torá judaica, que para os cristãos é restrita a determinado período da história da salvação, mas um fenômeno que com roupagens históricas diversas ocorre em todos os povos: A Torá judaica era para ele apenas como a configuração especificamente judaica dessa lei compromissiva para todas as pessoas. Em Paulo LUTERO conseguiu encontrar apenas em um pensamento secundário um ponto de apoio para uma compreensão tão generalizada da lei, a saber, na referência à lei cujo conhecimento os gentios atestam por meio de seu comportamento (Rm 2.14ss). Diferente de Paulo, a concepção estóica da lei natural que transparece nessa passagem se tornou em LUTERO a base da compreensão de todas as afirmações paulinas sobre a lei, no que a lei natural era para ele idêntica também ao Decálogo como cerne da lei de Moisés.[250] Com essa leitura LUTERO se movia sobre o chão da

---

[250] Sobre a ampliação do conceito paulino de lei feita por LUTERO, cf. G. EBELING, "Erwägungen zur Lehre vom Gesetz" (1958), in: *Wort und Glaube*, vol. I, 1960, p. 255-293, esp. p. 286ss., sobre a ênfase no Decálogo, P. ALTHAUS, *Die Theologie Martin Luthers*, 1962, p. 218s. Acerca da relação entre lei divina e lei natural, cf. abaixo, nota 265, bem como R. SEEBERG, *Lehrbuch der Dogmengeschichte*, vol. IV/1

concepção tradicional da igreja, conforme foi desenvolvida desde os apologistas e IRENEO. Apenas que ele justamente não associou a concepção da lei natural com a "nova" lei do Espírito, mas unicamente com a lei que acusa o pecado, da qual falou Paulo. Isso decorre do fato de que LUTERO, por causa de sua descoberta exegética sobre a relevância do conceito do evangelho não podia mais admitir nenhum nexo entre esse conceito e a lei. Por isso foi preciso também que a idéia do direito natural puro e vigente em todos os tempos e lugares ficasse totalmente do lado do conceito de lei que em Paulo se contrapõe à graça e à fé, e a esse conceito generalizado de lei corresponde um legalismo igualmente generalizado como expressão de uma tendência, que caracteriza o ser humano como pecador, de se justificar a si próprio por meio de obras consoantes à lei. Com tudo isso está relacionado, ainda, que LUTERO não podia mais pensar a relação entre lei e evangelho primordialmente como expressão da seqüência de duas épocas da história da salvação. Com razão GERHARD EBELING notou "a mais notória diferença" entre LUTERO e Paulo no fato "de que da relação consecutiva o esquema da Reforma fez, por meio de uma guinada singular e não mais reversível, uma peculiar relação de concomitância, por assim dizer, uma guinada em permanência, que está sob a suspeita de nem sequer ser uma guinada... A fórmula da Reforma... praticamente transforma essa guinada *para* a nova aliança em estrutura da existência *na* nova aliança".[251]

O característico dessa confrontação de cunho estrutural entre lei e evangelho foi muitas vezes resumido por LUTERO através de fórmulas, nas quais os traços essenciais são sempre os mesmos. Por exemplo, na preleção sobre a carta aos Gálatas de 1516/17 consta: "Evangelho e lei se diferenciam na realidade pelo fato de que a lei prega o que deve ser feito e deixado de fazer, não, o que já foi feito e omitido, e por isso ela

---

(1933), 5ª ed. 1953, p. 255s. O comentário de SEEBERG, de que com essa concepção LUTERO teria "apenas seguido o procedimento da escolástica" (p. 256) negligencia, no entanto, a mudança desse conceito condicionada pela delimitação do evangelho contra o conceito de lei. Porque na escolástica o conceito da lei divina, orientado no direito natural, estava acima da diferença entre lei (antiga) e evangelho (cf. R. SEEBERG, *Lehrbuch der Dogmengeschichte*, vol. III, 4ª ed. 1930, p. 449ss.).

[251] G. EBELING, *op. cit.*, p. 269s. A maioria das análises da relação entre lei e evangelho nas exposições dogmáticas infelizmente deixa de lado a problemática explicitada por EBELING.

gera tão-somente o reconhecimento do pecado. O evangelho, porém, prega que os pecados estão perdoados e tudo já foi cumprido e realizado por Cristo. Porque a lei diz: Paga o que deves (Mt 18.28), mas o evangelho: Teus pecados te foram perdoados (Mt 9.2)".[252]

Essa frase permite notar claramente onde se deve buscar em LUTERO o "lugar vivencial" para a diferenciação (e correspondência) entre lei e evangelho. Ela possui plausibilidade na situação da confissão, conforme era familiar para o monge LUTERO e para o ser humano da Idade Média tardia em geral por meio do sacramento da penitência: A lei, ou um espelho de confissão, basicamente porém o Decálogo, é apresentado ao confessando como instrução para o auto-exame, para que reconheça seus pecados e se arrependa. Essa "obra" da lei é, conforme LUTERO, seu verdadeiro uso "teológico".[253] Uma vez realizada essa obra, o evangelho pode achegar-se com a imputação do perdão dos pecados como consolo para a consciência atemorizada, em consonância com a fórmula sacerdotal de absolvição no sacramento da penitência. Essa relação consecutiva de lei e evangelho no confessionário, uma seqüência a ser repetida com indefinida freqüência, constitui o referencial para a forma mais comum da doutrina da justificação da Reforma. De maneira especialmente nítida isso se depreende da descrição de MELANCHTHON nas exposições de sua *Apologia* acerca do artigo de justificativa da Confissão de Augsburgo. É "certo que para um arrependimento correto não basta pregar apenas a lei, porque somente atemoriza a consciência; mas precisa ser acrescentado também o evangelho, a

---

[252] Segundo M. LUTERO, *WA* 57, p. 59s sobre Gl 1.11; cf. *WA* 2, p. 465, 3-7: *Evangelium et lex proprie in hoc differunt, quod lex praedicat facienda et omittenda, immo iam commissa et omissa ac impossibilia fieri et omitti (ideo solam peccati ministrat cognitionem) Evangelium autem remissa peccata et omnia impleta factaque. Lex enim dicit 'Redde quod debes', Evangelium autem 'Dimittuntur tibi peccata tua"* [O evangelho e a lei diferem propriamente em que a lei apregoa o que deve ser feito e omitido, ou melhor, as coisas cometidas e omitidas, e o que é impossível fazer e omitir (por isso ministra somente o conhecimento do pecado), mas o evangelho, que estão perdoados os pecados e todos os fatos realizados. Pois a lei diz: Faz o que deves, e o evangelho: Sejam perdoados a ti teus pecados] (*In epístolam Pauli ad Galatas commentarius*, 1519).
[253] M. LUTERO, *WA* 40/1, p. 480s. Mais detalhes sobre a distinção de LUTERO entre "uso" político e espiritual da lei, in: P. ALTHAUS, *op. cit.*, p. 220s, bem como em G. EBELING, "Zur Lehre vom triplex usus legis in der reformatorischen Theologie" (1950), in: *Wort und Glaube*, vol. I, 1960, p. 50-68, esp. p. 58ss.

saber, que os pecados são perdoados sem mérito por causa de Cristo, e que mediante a fé alcançamos o perdão do pecado".²⁵⁴ Conforme MELANCHTHON, no entanto, receber o perdão dos pecados significa o mesmo que a justificação.²⁵⁵

A diferença entre essa concepção da Reforma acerca do processo do arrependimento e sua configuração usual na igreja medieval do Ocidente como penitência sacramental consiste principalmente em que no lugar da fórmula de absolvição do sacerdote aparece a promessa do próprio Jesus Cristo ou a promessa do evangelho. O pastor evangélico exerce o poder das chaves não mais como autoridade judicial independente, mas proclama apenas o perdão fundamentado na promessa do próprio Cristo, a qual constitui o conteúdo do evangelho.²⁵⁶ A fé que recebe o perdão dos pecados, portanto, se volta diretamente à palavra do próprio Jesus Cristo. Por isso foi possível que na história das igrejas evangélicas a proclamação pública do evangelho como outorga do perdão – quer no âmbito de uma celebração pública de penitência, quer na forma da pregação estruturada homileticamente segundo a seqüência de lei e evangelho – assumisse o lugar da confissão e absolvição privadas.

As afirmações doutrinárias de LUTERO acerca da diferenciação entre lei e evangelho possuem o mérito perene de ter destacado nitidamente a diferença estrutural entre o efeito libertador do evangelho e as funções da lei. Contudo o modo como essa diferença foi definida continuou refém da mentalidade penitencial da Idade Média tardia, bem como da discussão daquele tempo em torno do sacramento da penitência. Dessa maneira ele se diferencia profundamente das declarações paulinas sobre a liberdade da fé frente à lei como definição basilar da existência cristã propriamente dita. Contudo, também como aplicação da doutrina paulina a uma situação e problemática diversas das do apóstolo, as afirmações de LUTERO continuam necessitadas de uma crítica objetiva a partir do testemunho das Escrituras: Será que na aplicação ao

---

[254] P. MELANCHTHON, *Apologie* IV § 257, cf. § 62 (*BSELK* 210, p. 45ss e 172, p. 37-39).

[255] P. MELANCHTHON, *op. cit.*, IV § 76 sobre o Sl 32.1: *Consequi remissionem peccatorum est iustificari...* [alcançar a remissão dos pecados é ser justificado...] (*BSELK* 175, p. 31s).

[256] É o que já dizem as teses 6 e 38 de 1517 (*WA* 1, p. 233 e 235); cf. as declarações correspondentes das *Resolutiones* de 1518 (*WA* 1, p. 538s, 595). Entretanto, é preciso observar a persistência no *actus iudicialis* sacerdotal na doutrina da penitência do Concílio de Trento (*DS* 1685 e 1709).

temário da penitência são adequadamente valorizados o conceito bíblico do evangelho[257] e as intenções do ensinamento paulino sobre a lei?

Sobre o conceito do evangelho em Lutero é preciso anotar criticamente que a concentração, compreensível a partir da discussão com a doutrina da penitência, na outorga do perdão dos pecados, não faz justiça à amplitude do conceito bíblico do evangelho. Quando se medirem as afirmações de Lutero pela maneira como o motivo do perdão dos pecados aparece na mensagem de Jesus,[258] não se pode prescindir em absoluto da fundamentação do perdão dos pecados sobre a proximidade do senhorio de Deus, sobre seu anúncio por parte de Jesus e sobre sua aceitação pelos que crêem nessa mensagem. Para a confiança na proximidade do senhorio de Deus esse já está presente, e na comunhão com Deus, nele contida, foi afastada qualquer separação de Deus. Essa é a correlação que fundamenta a participação de "publicanos e pecadores" na salvação e também a outorga direta do perdão dos pecados a indivíduos na tradição da mensagem de Jesus, independentemente de se tratar, em Mc 2.5 e Lc 7.48, de palavras autênticas do próprio Jesus ou de uma articulação posterior daquilo que implicava sua inclinação para os excluídos. O anúncio do perdão dos pecados de fato pode ser entendido, particularmente em vista de Mc 2.5, como síntese do efeito salutar da mensagem de Jesus. Mas isso vale apenas quando se ponderam simultaneamente as premissas disso na proclamação de Jesus do senhorio de Deus, quando, portanto a outorga do perdão dos pecados é entendida em seu contexto originário. Então, no entanto, é impossível contrapor a palavra do perdão dos pecados à exigência jurídica de Deus. No horizonte escatológico da mensagem de Jesus a *demanda* do senhorio vindouro de Deus ao ser humano e a *adjudicação* do perdão dos pecados formam a mais estreita unidade, e precisamente nessa ordem. Na substância, Lutero percebeu essa correlação em suas declarações sobre o Primeiro Mandamento, que não apenas seria lei, mas a quintessência do evangelho.[259] No entanto em suas contraposições de

---

[257] Para isso, cf. o exposto no vol. II, p. 627ss. sobre o conceito do evangelho na tradição de Jesus e em Paulo.
[258] Cf. vol. II, p. 466s.
[259] Cf. P. Althaus, op. cit., p. 231s, bem como G. Heintze, *Luthers Predigt von Gesetz und Evangelium*, 1958, p. 113-137 com permanente referência à discussão sobre esse tema motivada por Karl Holl (esp. p. 121ss.).

lei e evangelho via de regra não estão presentes essa verdade e sua conexão com a mensagem do reino trazida por Jesus. O destaque isolado dado ao perdão dos pecados diante da lei como expressão da vontade jurídica de Deus constitui um reducionismo da mensagem de Jesus,[260] mas igualmente do evangelho de Paulo. A concentração do evangelho, feita por Lutero, na outorga do perdão dos pecados realmente está mais próxima da mensagem da reconciliação do apóstolo alicerçada na morte expiatória de Cristo que da mensagem de Jesus, mas a base da afirmação sobre a morte expiatória de Cristo no contexto do evangelho apostólico da morte e ressurreição de Jesus Cristo e suas relações com a doutrina paulina de Jesus Cristo como o novo Adão e Filho de Deus recuaram indevidamente no conceito do evangelho, em decorrência de sua orientação no contraste fundamental entre evangelho e lei, assim como Lutero o imaginava na relação com a situação de confissão e penitência.

Para asseverar uma função negativa da lei que conduz somente ao reconhecimento do pecado, Lutero podia se reportar a Paulo (Rm 3.20). Mas Lutero individualizou esse pensamento. Diante da concepção paulina da lei a de Lutero, como mencionado, se caracteriza por um recuo da destinação histórico-soteriológica do conceito de lei. O horizonte da história da salvação não desapareceu completamente em Lutero. Lutero aplicou sua diferenciação formal entre lei e evangelho também à diferença histórico-soteriológica entre o Novo e o Antigo

---

[260] Em que pese a força de convencimento das exposições de Lutero sobre a fé como origem de todas as boas obras (como já no Sermão das boas obras, 1520, WA 6, esp. p. 204-216), não fica claro como justamente a confiança no evangelho concentrado na remissão dos pecados causaria esses efeitos. Isso leva de volta à pergunta como a fé no Primeiro Mandamento se relaciona com a fé no perdão de pecados como (conforme Lutero) quintessência do evangelho. A. Ritschl deve ter percebido corretamente que o nexo de fé e obras na Reforma luterana sem dúvida foi afirmado, mas não fundamentado com a suficiente consistência (*Die Lehre von der Rechtfertigung und Versöhnung*, vol. III, 3ª ed. 1888, p. 11), e tentou com razão estabelecer o nexo aqui que faltava mediante recurso à mensagem do reino de Deus por Jesus, ainda que nesse empenho não tenha reconhecido o caráter escatológico do reino anunciado por Jesus, motivo pelo qual não apresentou o senhorio de Deus não apenas como ponto de partida da mensagem Jesus, mas igualmente como o alvo a ser alcançado pelo agir humano, no qual coincidem segundo Ritschl a finalidade de Deus, o objetivo do envio de Jesus e a destinação do ser humano como criatura.

Testamentos. Porém justamente nisso, p. ex., no prefácio de LUTERO ao Antigo Testamento de 1523, se mostra o predomínio da diferenciação formal: Ela permite a LUTERO encontrar tanto no Antigo Testamento traços do evangelho quanto no Novo Testamento, ao lado do evangelho, a lei. Em Paulo, no entanto, o ponto de vista ocasional da diferença formal entre exigência da lei (Rm 10.5) e a "palavra da fé" anunciada pelo apóstolo (Rm 10.8) estava inteiramente a serviço da diferenciação histórico-soteriológica entre o tempo da graça inaugurado com Jesus Cristo e a época assim encerrada do domínio da lei. Na continuação dessa perspectiva histórico-soteriológica por meio da doutrina escolástica do evangelho como "nova" lei, LUTERO reconheceu com razão um mal-entendido em relação à natureza diversa do evangelho diante da lei. Mas pelo fato de LUTERO por sua vez interpretar a novidade do evangelho, mediante uma limitação excessivamente estreita aos problemas da prática penitencial, apenas como outorga do perdão dos pecados, a relação consecutiva de lei e evangelho lhe parecia agora como uma guinada a ser realizada sempre de novo, porque o ser humano sempre de novo carece do arrependimento como volta a Deus. O caráter histórico-soteriológico definitivo da reviravolta escatológica acontecida por meio de Jesus Cristo, da qual Paulo falou quando chamou Cristo de término da lei (Rm 10.4), na realidade não foi eliminado em LUTERO – porque somente a partir de Cristo existe o perdão – contudo foi dissolvido de forma atualista em uma seqüência de reviravoltas a serem realizadas sempre de novo.

A diferença inerente a essa posição em relação a Paulo foi articulada por GERHARD EBELING com insuperável clareza e acuidade (cf. acima, nota 251). Apesar disso, EBELING considera justificada a reconfiguração realizada em LUTERO ou, como pensa, a "interpretação sistemática"[261] da concepção paulina da reviravolta escatológica realizada na morte e ressurreição de Jesus, porque mais tarde já nem seria viável manter essa idéia na forma apresentada por Paulo: "O esquema da história da salvação, no qual ele descreve essa reviravolta, nos confronta agora com a dificuldade de como ela pode ser entendida como atual. Nessa identificação com o esquema histórico-soteriológico não há como transmitir a guinada escatológica. Nele ela inevitavelmente se torna algo passado; inclusive

---

[261] G. EBELING, *Wort und Glaube*, vol. I, 1960, p. 291.

quando é entendida como irrupção de um novo período da história. Seu caráter escatológico somente pode ser preservado se a πίστις, [*pístis* – fé] que veio com Cristo continua vindoura, ou seja, se a reviravolta acontecida em Cristo se torna atual na fé... Por isso a diferença da mera seqüência cronológica se torna a diferença da existência em dois tempos",[262] a saber, na existência do pecador que por princípio acabou pelo batismo, e no futuro da nova vida já manifesta em Cristo, agarrado pela fé. O âmago dessa argumentação é formado pela asserção de que a guinada escatológica não pode ser transmitida historicamente como mudança de épocas na história da salvação. Entretanto, será isso consistente? Por que motivo, afinal, seria violada a natureza da reviravolta escatológica, se ela "inevitavelmente se tornar algo passado"? Incompatível com o caráter definitivo inerente ao conceito do escatológico seria, enfim, apenas se o evento escatológico como passado se tornasse algo superado. Paulo já contemplou em retrospectiva a guinada escatológica na cruz e ressurreição de Jesus como um acontecimento ocorrido no passado. Para ele, porém, esse passado era ao mesmo tempo também futuro, a saber, o futuro dos crentes, que "ainda não" se manifestou em nós. Acontece que não somente o crente vive em tempos diferentes ao antecipar, mediante a fé e a esperança, a salvação futura, mas no curso da própria história o futuro escatológico dela já se tornou um acontecimento em Jesus, e em vista disso a recordação da cruz e ressurreição de Jesus transita para o crente para a expectativa do próprio futuro, no qual há de participar pessoalmente da nova vida que já se manifestou em Jesus. Enquanto nos acontecimentos da cruz e ressurreição de Jesus Cristo que – como já para Paulo – se tornaram históricos se tratar simultaneamente da antecipação e garantia de nosso próprio futuro, não pode ter peso decisivo quanto tempo aqueles acontecimentos já ficaram para trás. Isso constitui mero ponto de vista quantitativo, referente à duração do tempo decorrido desde então. No que tange à estrutura qualitativa do evento da salvação

---

[262] G. EBELING, *op. cit.*, p. 292. Sucede-se em EBELING uma série formulações dignas de nota de LUTERO, que expressam a existência do crente em dois tempos e que podem ser lidas como uma espécie de interpretação existencial das afirmações paulinas sobre a vida ainda vivida "na carne" (Gl 2.20) pelos fiéis, que contudo já estão pela fé ligados a Cristo e seu futuro (Rm 8.9). Porém Paulo não caracteriza a vida atual, temporal, do crente "na carne" como LUTERO (*WA* 40/1, 526, p. 2s) como vida sob a lei (cf. abaixo).

como prolepse do fim dos tempos nem sequer se pode entender por que motivo ela *não* seria passível de transmissão em termos histórico-soteriológicos. Pelo contrário: Se no caso de cruz e ressurreição de Jesus se tratar de um acontecimento realmente ocorrido em determinado momento histórico, se o futuro da salvação escatológica de Deus portanto de fato penetrou na história da humanidade e assim "veio na carne" (1Jo 4.2), então essa reviravolta escatológica não pode ser transmitida na continuação da história da humanidade até seu final de outra maneira senão em termos histórico-soteriológicos.

Isso vale não apenas para a história da salvação em dimensão ampla, mas igualmente de forma existencial para a história de vida de cada indivíduo cristão: Aqui o momento único da reviravolta escatológica na história mundial corresponde à singularidade do batismo. Por meio do batismo, que liga o batizando a Jesus Cristo, se processa em sua vida em forma de sinal, porém com eficácia, a mesma guinada escatológica que se concretizou por meio de Jesus Cristo para a história da humanidade. E também no caso do batismo essa guinada se torna para nós um evento do passado, que no entanto não escapa de nós para o passado, porque nosso batismo já antecipou o futuro de nossa vida individual, ao unir nossa futura morte antecipadamente com a morte de Cristo e dessa maneira inaugurando a esperança pela participação também em sua ressurreição. Por causa dessa estrutura proléptica do evento do batismo, sem prejuízo de ser um acontecimento único, a história de vida individual do cristão se torna um crescer contínuo para dentro do batismo, como LUTERO explicitou sempre de novo com insistência. A configuração plena do que foi realizado em nós no batismo continua sempre sendo futura para o crente, um futuro ao encontro do qual caminha sua vida. Desse modo o batismo fundamenta a unidade da história individual de vida do cristão de acordo com a maneira pela qual o acontecimento salvador da cruz e ressurreição de Jesus Cristo se tornou ponto de partida da história da igreja. Para ambos vale, ao contrário da afirmação de EBELING: A reviravolta escatológica como algo de fato ocorrido na história nem sequer pode ser interpretada e transmitida de outro modo senão de modo histórico-soteriológico enquanto ainda prosseguir a história dos seres humanos. Se não for preservado o caráter histórico-soteriológico da reviravolta, então não poderá mais ser expressa, como ato acontecido, a "guinada ocorrida em Cristo", da qual EBELING, afinal, também fala²⁶³ – e uma reviravolta que acontecesse somente aqui e acolá de forma alguma seria, como o próprio EBELING salientou enfaticamente (cf. *acima*, nota 251), uma guinada definitiva, muito menos escatológica.

A Reforma não negou como tal a guinada histórico-soteriológica que entrou em nossa história com a vinda de Cristo. Pelo contrário, ela a pressupôs. Nesse sentido ela permaneceu fiel à idéia fundamental da visão paulina e além dela à fé na encarnação em todo o cristianismo. Apesar disso não foi desenvolvido na doutrina da Reforma sobre lei e evangelho o caráter definitivo da guinada escatológica em sua conseqüência para a compreensão teológica da lei, e com isso recuou no contexto da teologia da lei para trás da exigência de que é necessário que os humanos sempre de novo se voltem a Deus pelo arrependimento. Essa deficiência não onera a teologia de LUTERO no todo, como se poderia presumir em vista de sua ênfase na relevância fundamental da diferenciação entre lei e evangelho na teologia. Em sua teologia do batismo LUTERO, pelo contrário, articulou de maneira praticamente pioneira o caráter definitivo da guinada escatológica para a vida do indivíduo cristão, e isso justamente por meio de suas percepções da correlação de batismo e arrependimento, no que ensinou a compreender o arrependimento como repetição diária do que foi realizado sacramentalmente de uma vez por todas no batismo.²⁶⁴ Porém para a contraposição de evangelho e lei o caráter definitivo da reviravolta instaurada com a vinda de Cristo conforme Paulo não repercutiu plenamente na teologia de LUTERO, porque LUTERO entendia a vivência do cristão na carne de modo diferente de Paulo como uma vida ainda sujeita à lei. Paulo justamente não diz que a vida do cristão "na carne" ainda está sob a lei, mas que o crente já deve deixar a vida terrena ser determinada pelo Espírito (Gl 5.18; Rm 8.4ss), vivendo, pois, não sob a lei, mas sob graça (Rm 6.12-14).

Nesse ponto é necessária uma revisão, a partir do testemunho das Escrituras, das afirmações doutrinárias luteranas. É preciso fazer valer que no sentido do ensinamento paulino do evangelho a reviravolta da lei para a graça aconteceu de uma vez por todas e que precisamente

---

²⁶³ G. EBELING, *op. cit.*, p. 292.
²⁶⁴ Isso terá de ser mais bem exposto e analisado em um momento posterior.

assim se abriu espaço para a existência e história da igreja como também para fundamentar a continuidade da vida cristã individual no batismo. A guinada escatológica da lei para o evangelho não é algo que acontece sempre de novo na igreja na asserção do perdão, mas ela aconteceu de uma vez por todas em Jesus Cristo e fundamentou dessa maneira a história da igreja, da mesma maneira como ela é propiciada pelo batismo à vida de todo indivíduo e constitui sua nova identidade como cristão. Ao ser a igreja lembrada sempre de novo, pela proclamação do evangelho e pela celebração do culto, desse acontecimento que a constitui, ele continua atual e se torna sempre de novo atual para ela. Em consonância, o batizado carece sempre de novo da recordação de seu batismo e assim (mas justamente sobre essa base) também sempre de novo da afirmação do perdão. Contudo, tanto cada cristão individualmente quanto a igreja sempre já estão em relação com uma história, que tem como ponto de partida e manancial de sua vida a reviravolta escatológica da lei para o evangelho por meio do acontecimento salvador em Jesus Cristo. A guinada da lei para o evangelho tem de ser relacionada outra vez com o contexto amplo da história universal, de governo divino, em seu movimento que conduz ao futuro de Deus, também em contraposição às intenções dos atores nela atuantes, e pela qual sempre já está abarcada a história da igreja e com ela também a trajetória de vida e a problemática da existência de cada indivíduo cristão. Apenas nesse contexto pode e precisa obter a devida consideração também a experiência de LUTERO, como anteriormente já a de AGOSTINHO, de que na vida da igreja se mostram analogias do caminho da justiça pela lei, declarado como descartado por Paulo. Porém tais desenvolvimentos falhos e a necessidade de fazer com que seja respeitada a liberdade do evangelho não devem levar a que na definição da relação entre evangelho e lei se dissipe o horizonte escatológico e histórico-soteriológico, de modo que a diferenciação entre lei e evangelho finalmente seja reduzida a uma regra homilética a ser aplicada sempre de novo.

O emprego repetitivo da diferenciação entre lei e evangelho a serviço de uma pregação que cultiva e renova a mentalidade penitencial leva a problemas que precisam ser objeto de uma terceira apreciação crítica. Enquanto o primeiro ponto de crítica tinha a ver com a relação entre a formação doutrinária da Reforma acerca da mensagem do reino por Jesus, e o segundo, com sua relação com a tese paulina do fim da lei, o terceiro agora tem a ver com uma aporia interna que eclodiu na própria doutrina da Reforma a partir de sua formulação do conceito da lei.

d) A liberdade do cristão frente à lei e a vontade jurídica de Deus

Para LUTERO não acabou a vigência da lei na igreja, e ela tampouco se esgota na função de acusação do "velho" ser humano. A lei continua tendo uma função positiva como expressão da eterna vontade de Deus também para o cristão. Isso resulta já da interpretação da lei por LUTERO em termos de direito natural.[265] Por não incluir nela – ao contrário da tradição – o conceito do evangelho e portanto ser incapaz de compreender o evangelho como a configuração purificada e aperfeiçoada da eterna vontade de Deus expressa na lei natural, ele teve de conceder à lei como tal, em sua diferença frente ao evangelho, essa função permanente. Na disputa antinomista com seu amigo JOHANN AGRICOLA em 1537-1540 LUTERO passou a explicitar inequivocamente a necessidade constante da pregação da lei para o cristão, e previamente não apenas como instrução para o arrependimento diário, mas igualmente para o progresso na santificação.[266] Uma peça doutrinária sobre o uso da lei nos renascidos, no entanto, ainda não foi desenvolvida por LUTERO. Ela

---

[265] É o que consta já em 1519 no pequeno comentário aos Gálatas, de que existe uma lei igual para todos os tempos, que seria "conhecida de todas as pessoas, inscrita em todos os corações", a saber, a lei áurea (cf. Mt 7.12), que LUTERO combinou com uma palavra de Paulo sobre o amor como cumprimento da lei (Rm 13.10) em uma idéia única (*WA* 2, p. 580). A esse cerne se agregaram, segundo LUTERO, nos diferentes povos, diversas outras leis, cujas peculiaridades são transitórias. Contudo aquele cerne de direito natural permanece e dita "sem cessar nos corações de todas as pessoas" (cf. também *WA* 39/1, p. 356, tese 34s, de setembro de 1538). É elucidativo comparar com isso a opinião de TOMÁS DE AQUINO, segundo a qual os princípios gerais do direito natural sempre carecem de uma concretização que no Antigo Testamento foi produzida para a relação com Deus por meio da lei cerimonial, para as as relações interpessoais por meio da lei judicial (cf. U. KÜHN, *Via caritatis. Theologie des Gesetzes bei Thomas von Aquin*, 1965, p. 179ss., 187ss.).

[266] W. JOEST, *Gesetz und Freiheit. Das Problem des Tertius usus legis bei Luther und die neutestamentliche Parainese* (1951) 2ª ed. 1956, p. 55-82, esp. p. 74ss., bem como comprovações anteriores às p. 72ss.

foi preparada somente por MELANCHTHON[267] e desenvolvida de um lado em CALVINO[268] e de outro na Fórmula de Concórdia.[269]

Em termos objetivos LUTERO tinha razão contra seus adversários antinomistas, tendo em vista que de fato, segundo o testemunho do Novo Testamento e justamente também das cartas de Paulo, o cristão não fica simplesmente entregue a si mesmo nas questões do comportamento ético. Ele é destinatário da paráclese apostólica,[270] que foi fundamentada por Paulo como explicação da nova existência em Cristo. Esse

---

[267] P. MELANCHTHON, *Loci praecipui theologici* 1559, CR 21, p. 719. De acordo com W. JOEST a rigor não se pode falar em LUTERO de um uso da lei nos renascidos, *op. cit.*, p. 132s.

[268] J. CALVINO, *Institutio chr. rel.* (1559), vol. II, 7, 12, onde CALVINO até mesmo ressalta especialmente o uso da lei nos fiéis: *Tertius usus, qui et praecipuus est, et in proprium legis finem proprie spectat, erga fideles locum habet, quorum in cordibus vim viget ac regnat Dei spiritus* [O tercerio uso, que é precípuo e no qual se vê propriamente o fim da lei, de modo que os fiéis tenham um lugar, em cujos corações governa e reina a força do Espírito de Deus] (CR 30, p. 261). Cf. também W. NIESEL, *Die Theologie Calvins* (1938), 2ª ed. 1957, p. 94s, bem como as declarações dos escritos confessionais reformados sobre esse tema, em J. ROHLS, *Theologie reformierter Bekenntnisschriften von Zürich bis Barmen*, 1937, p. 238ss.

[269] SD VI, p. 7ss (BSELK 964-969). Também aqui foi enfatizado que a lei de Deus sempre permanece a mesma (§ 15, 966) e por isso também seria determinante para os cristãos. No entanto, o crente cumpriria espontaneamente o que a lei prescreve (§ 6, 964), e a força para tal obediência seria dada pelo Espírito Santo (§ 11s, 965s). Isso é um pensamento totalmente concorde com AGOSTINHO e corresponde igualmente à doutrina medieval. Apenas se fala, em lugar da *nova lex*, tão-somente da lei única de Deus.

[270] Essa breve visão panorâmica sobre as múltiplas formas da parênese ou paráclese no Novo Testamento é trazida por R. SCHNACKENBURG em seu artigo sobre esse tópico, in: *LTK* 8, 1963, p. 80s. Quanto à parênese ou paráclese em Paulo, cf. esp. H. SCHLIER, "Vom Wesen der apostolischen Ermahnung nach Römerbrief 12.1-2" (1941), agora in: idem, *Die Zeit der Kirche. Exegetische Aufsätze und Vorträge*, 2ª ed. 1958, p. 74-89, bem como outra contribuição de H. SCHLIER, "Die Eigenart der christlichen Mahnung nach dem Apostel Paulus", in: *Besinnung auf das Neue Testament. Exegetische Aufsätze e Vorträge*, vol. II, 1964, p. 340-357, e ainda P. STUHLMACHER, "Christliche Verantwortung bei Paulus und seinen Schülern", *EvTh* 28, 1968, p. 165-186, além dos tratados citados acima, nota 222, de H. v. CAMPENHAUSEN. Sobre a parênese na primeira carta de Pedro, cf. L. GOPPELT, *Der erste Petrusbrief*, 1978, p. 155ss e esp. p. 163-179, bem como pp. 182ss., 199ss. Com bons argumentos H. SCHLIER pleiteou em 1964, p. 340s em favor de que seja dada preferência à expressão "paráclese", de uso muito mais freqüente que "parênese".

é seu critério, e por isso também critério para modificações, correções e novas formulações de normas da conduta cristã. Uma paráclese dessas pode ser formulada de modo positivo como auxílio para a vida, mas também como advertência ou ameaça face ao juízo de Deus. Sob esse aspecto há correspondências entre paráclese e lei. Apesar disso leva a equívocos classificar a instrução apostólica como lei; porque pretende ser tão-somente explicação da existência em Cristo.[271] Para ela Cristo ocupou o lugar da lei, e a palavra de Cristo como fim da lei decididamente faz parte de seu fundamento. Suas sentenças são entendidas mal quando são concebidas como fixações imprescindíveis a partir de uma autoridade apostólica independente e depois como uma nova lei. Sua autoridade é unicamente a do próprio Jesus Cristo. Contudo, divergir das instruções da paráclese apostólica tampouco é uma questão arbitrária, mas carece da legitimação pelo amor de Deus manifesto em Jesus Cristo. Não obstante, persiste a diferença em relação à lei: A lei é uma formulação uniforme da vontade de Deus, diante da qual o amor por princípio é capaz de dar uma multiplicidade de respostas criativas face aos desafios das situações vivenciais. Em consonância, também já existe no Novo Testamento uma variedade de instruções para a vida como interpretações da existência em Cristo – uma multiplicidade que, no entanto, permanece sustentada na unidade do amor de Cristo.

> KARL BARTH definiu com exatidão a peculiaridade da instrução apostólica quando entendeu a tarefa da ética especial em contraposição à aplicação casuística de normas gerais da lei (*KD*, vol. III/4, 1951, p. 5-15) como interpretação da convocação do ser humano por parte de seu ser em Cristo. BARTH queria que essa convocação do ser humano fosse entendida como coisa da graça, e logo seu efeito, como obediência espontânea da pessoa (*KD*, vol. II/2, p. 619ss.). Por isso a ética especial conforme BARTH somente é capaz de fornecer

---

[271] A esse respeito, cf. E. SCHLINK, "Gesetz und Paraklese", in: *Antwort. Karl Barth zum siebzigsten Geburtstag am 10. Mai 1956*, 1956, p. 323-335, esp. p. 326s com recurso a H. SCHLIER. Diferentemente pensa G. ENELING, *Dogmatik des christlichen Glaubens*, vol. III, 1979, p. 272, que cita "as parêneses apostólicas", ao lado de Decálogo, sabedoria dos provérbios e Sermão do Monte como "explicações da lei". EBELING, porém, não trata da singularidade das parêneses ou parácleses apostólicas como explicitações das conseqüências da comunhão dos fiéis com Cristo (Rm 12.1s; Gl 5.13; Fl 2.5).

"indicações" para o acontecimento de tal convocação (*KD*, vol. III/4, p. 15s, 30s): "... uma diretiva, ou pelo contrário: muitas *diretivas* que fornecem *instruções* a cada pessoa em forma de muitas aproximações para o conhecimento do mandamento de Deus e de um bom agir humano" (*op. cit.*, p. 33). Gerando confusão, BARTH no entanto, combinou essa função paraclética da ética com o conceito da lei, ao falar da lei como "forma e configuração" do evangelho (*KD*, vol. II/2, p. 564ss., 567). Esse entendimento da lei como "mandamento da graça" (p. 584) desenvolve adiante as afirmações da Reforma sobre a função da lei nos renascidos (*tertius usus legis* [terceiro uso da lei]) e corresponde especialmente à concepção calvinista da ligação entre justificação e santificação. Nisso BARTH se contrapôs à tradicional doutrina luterana da lei, com sua ênfase na função acusadora da lei, *anterior* à outorga do evangelho. Na substância, porém, as percepções certeiras de BARTH acerca da peculiaridade da paráclese do Novo Testamento como desdobramento das conseqüências da comunhão dos fiéis com Jesus Cristo conduzem para além da disputa em torno da peça doutrinária protestante inicial do *tertius usus legis*. Infelizmente isso permaneceu encoberto pela utilização do conceito da lei para o fenômeno da paráclese cristã.[272]

Assim como a teologia medieval, as discussões da Reforma sobre o conceito da lei também não diferenciaram entre lei e paráclese cristã como explicação da existência em Cristo. A razão disso não deve ser buscada apenas em um estágio hoje ultrapassado da exegese das Escrituras, mas reside acima de tudo na concatenação do conceito teológico de lei com o do direito natural. Quando se entende o direito natural como expressão determinante da eterna vontade de Deus para os seres humanos, a declaração paulina sobre Cristo como fim da lei já não pode ser valorizada com todo o peso. Em decorrência, também o cristão tem de cumprir a lei. Por mais que então se enfatize também que a salvação não se alcança mediante obras da lei, mas mediante a fé, não se consegue evitar a conseqüência oposta, de que sem cumprir a lei (ainda que por eficácia da fé) ninguém se torna partícipe da salvação. Não há como desviar dessa conseqüência quando se tiver igualado, no conteúdo, o conceito teológico da lei com a lei natural e essa com a eterna vontade de Deus. O cristão que não age em conformidade

---

[272] Cf. as observações a esse respeito, in: E. SCHLINK, *op. cit.*, p. 333s.

com a eterna vontade de Deus manifesta na lei, torna-se réu, inclusive de acordo com a opinião de LUTERO, do juízo vindouro que há de julgar de acordo com as obras dos seres humanos (2Cor 5.10).²⁷³ Por isso, também conforme LUTERO, cumprir os mandamentos é para o cristão a condição para permanecer ligado a Cristo e se tornar participante da salvação futura.²⁷⁴ Se a lei como *lex aeterna* ou *lex naturae* é o parâmetro para a sentença sobre as obras dos humanos no juízo final, então parece, não obstante, ser obrigatório haver para os ser humano uma justiça das obras, ainda que sobre o fundamento da graça do batismo e do perdão de pecados com ele relacionado. Será que nesse caso ainda é possível sustentar que o ser humano é justificado não por obras da lei, mas unicamente a partir da fé?

Essa aporia somente poderá ser evitada quando a eterna vontade de Deus não for imaginada como *lex aeterna*, expressa na *lex naturae*, mas entendida como idêntica ao amor, que é o cumprimento da lei, sem contudo ter ele mesmo a forma da obediência à lei. Existem em LUTERO rudimentos de tal visão das coisas, que de fato leva a sério a liberdade do cristão em relação à lei. Consta, p. ex., no pequeno comentário de LUTERO à carta aos Gálatas de 1519 que Cristo teria "abolido as obras da lei de tal forma que é indiferente se a cumprirmos ou não, e que não coagem mais". Um verdadeiro cristão, diz ele na seqüência, é "totalmente igual e sem preconceitos em todas as coisas, fazendo e deixando de fazer, assim como a questão lhe possa vir ao encontro... Se o fizer por amor, ele o fará muito bem, mas se o fizer por necessidade ou porque o medo o impele, ele o fará não como cristão, mas por fraqueza humana".²⁷⁵ Tais pensamentos apontam o caminho para uma autêntica

---

²⁷³ A esse respeito, cf. O. MODALSLI, *Das Gericht nach den Werken. Ein Beitrag zu Luthers Lehre vom Gesetz*, 1963; cf. sobre Paulo, p. ex., W. G. KÜMMEL, *Die Theologie des Neuen Testaments nach seinen Hauptzeugen*, 1969, p. 203ss., bem como também E. LOHSE: Theologische Ethik des Neuen Testaments, 1988, p. 70ss, esp. p. 82s.
²⁷⁴ Cf. M. LUTERO, *WA* 2, p. 466.
²⁷⁵ M. LUTERO, *WA* 2, p. 477s: *Postquam enim Cristo advenit, legis opera sic abrogavit ut indifferenter ea* [Depois que veio Cristo, ele aboliu as obras da lei de modo que ela fosse indiferente]; p. 478: *haberi possint, non autem amplius cogant...* [embora possam ser consideradas, não coagem mais amplamente...]; p. 479,1ss: *Igitur Christianus verus... ad omnia prorsus indifferens est, faciens et omittens, sicut ad manum sese res vel obtulerit vel abstulerit... quod si ex charitate facit, optime facit,*

liberdade da lei. Mas a concepção da vontade eterna de Deus como idêntica à lei natural não permitia unificar a obediência à vontade de Deus com a idéia da liberdade da lei.

Como saída apresentou-se na história do protestantismo a idéia do discipulado de Cristo. A liberdade na comunhão com Deus, obtida pela fé em Cristo, se torna ativa pelo amor na caminhada do discipulado de Cristo. Foi JOHANN ARNDT que em 1606, reportando-se ao escrito de LUTERO "Da liberdade cristã" (1520), descreveu a espontaneidade da vida cristã: O cristão é livre pela fé em Cristo. Porque "o Espírito do amor de Deus o libertou e purificou de desejos carnais".[276] Nisso, conforme 1Tm 1.9, não foi dada nenhuma lei ao justo. "Porque a verdadeira fé viva faz tudo voluntariamente, renova o ser humano, purifica o coração, ama o próximo com prazer, espera e visa ao que está por vir."[277] Enquanto, porém, conforme ARNDT a lei apenas foi eliminada como "lei de necessidade ou coação" e é para o cristão "uma bela regra para uma vida cristã" (ibid.), mas o amor que brota espontaneamente da fé ainda valia como idêntico à lei natural,[278] a idéia da espontaneidade ética do cristão no discipulado de Cristo haveria de se tornar independente no curso do desenvolvimento do Pietismo e do Iluminismo cristão até chegar a substituir também o conceito da lei natural geral ou da lei moral.[279] A vinculação a uma lei alheia ao ser humano aparece agora como expressão de menoridade.[280] O amor não é concebido como cumprimento de uma mandamento heterônomo, mas como expressão do

---

sin ex necessitate aut timore urgente, non Christianiter sed humaniter facit [Logo o verdadeiro cristão... é indiferente a tudo daqui para frente, no que faz e no que deixa de fazer, de modo que na prática tanto conduz para si as coisas como para fora... O que realiza por amor, faz da melhor maneira, mas quando faz por necessidade ou medo urgente, o faz não de modo cristão, mas humano].

[276] J. ARNDT, *Vier Bücher vom wahren Christentum* (1606), vol. I, p. 25, citação conforme a edição de A. STRUENSEE de 1760: *JOHANN ARNDTS... Sechs Bücher do wahren Christentum nebst desselben Paradisgärtlein*, p. 75.

[277] J. ARNDT, *op. cit.*, vol. II, p. 4 (1950).

[278] J. ARNDT, *ibid.* e *op. cit.*, vol. I, p. 26 (p. 78), sobre a fén como raiz do amor, vol. I, p. 24 (p. 72).

[279] Cf. as afirmações de J. S. SEMLER sobre a libertação do cristão também da lei natural geral e dos preceitos morais, citadas por F. W. GRAF, art. "Gesetz VI. Neuzeit", in: *TRE* 13, 1984, p. 90-126 (cit. p. 103).

[280] F. W. GRAF, *op. cit.*, p. 103: "No lugar da doutrina ortodoxa dos *usus* entra uma doutrina da vinculação errada à lei."

íntimo de uma formação humanitária cristã, que se entende como renovação do próprio humanitarismo. No lugar do tradicional conceito teológico de lei com sua orientação na *lex naturalis*, na qual se localizava a expressão da eterna lei divina, apareceu agora, na moderna ética protestante, a doutrina da autonomia da liberdade humana fundamentada teonomicamente. Impôs-se assim a tarefa de derivar o direito e a lei da idéia da própria liberdade. Enquanto isso acontecia em KANT pelo preço da suspensão da liberdade individual em uma autonomia geral da razão, HEGEL e SCHLEIERMACHER tornaram a combinação do geral e do particular na liberdade individual em idéia-mestra de suas exposições da vida ética dos humanos na dimensão comunitária e consideraram o direito e a lei como uma esfera de sua concretização. SCHLEIERMACHER entendeu o direito como expressão do convívio dos indivíduos entre si na comunhão ética,[281] enquanto HEGEL, no conceito do direito, concedeu inicialmente a prerrogativa ao geral na forma da lei diante do princípio da singularidade vigente na sociedade burguesa,[282] ao passo que a harmonização com a singularidade dos indivíduos passou a ser provisoriamente tratada sob o aspecto da administração ("polícia"), mas foi considerada como realizado apenas no conceito do Estado ético.[283] No resultado ocorre, pois, não apenas em SCHLEIERMACHER, mas também em HEGEL uma relativização da generalidade abstrata da lei, embora em HEGEL seja em favor da idéia do Estado. Quem considera exageradas as expectativas de HEGEL ao Estado, tenderá antes a enfatizar na vida da sociedade a prioridade das relações jurídicas diante da generalidade abstrata da lei. Para a teologia cristã é significativo o último ponto de vista, porque permite diferenciar entre vontade jurídica de Deus e conceito da lei, sem deixar que – como aconteceu em HEGEL – seja diluído na comunhão ética do Estado. Na visão cristã o próprio Estado pode valer apenas como realização provisória da vontade jurídica de Deus, que há de chegar à concretização definitiva somente no reino de Deus.

---

[281] F. SCHLEIERMACHER, *Grundriß der philosophischen Ethik*, ed. por A. TWESTEN 1841, p. 60ss (§ 55s). Cf. também as declarações de SCHLEIERMACHER citatas por F. W. GRAF, *op. cit.*, p. 109ss sobre a crítica de uma fundamentação da ética sobre o conceito de lei.
[282] G. W. F. HEGEL: *Grundlinien der Philosophie des Rechts* (1821), ed. por J. HOFFMEISTER, (*PhB* 124a), 1955, § 211.
[283] G. W. F. HEGEL, *op. cit.*, § 229 e § 260.

Unificar a obediência à vontade de Deus, com a qual também o cristão continua compromissado, com a liberdade da lei, parece ser viável apenas sob a premissa de que a vontade jurídica de Deus seja diferenciada da forma da lei, inclusive da lei natural. Por isso não basta explicar a vontade eterna de Deus em termos morais e relacioná-la, diferentemente da legalidade exterior das relações de direito, com a noção moral dos indivíduos, como manifesta em sua consciência. Porque também a noção moral se impõe diante do indivíduo na forma da lei, que em termos de conteúdo corresponde às concepções da tradição do direito natural. A vontade jurídica divina se dirige à viabilização da comunhão dos humanos entre si com base em sua relação com Deus. Ela se expressa primordialmente na realidade da formação da comunhão humana, ou seja, nas circunstâncias do costume e do direito, nos quais a comunhão de pessoas chega a formas duradouras Para a possibilidade de diferenciar entre vontade jurídica divina e forma da lei se pressupõe, portanto, que direito e lei realmente possam ser diferenciados e que a lei não seja mais considerada constitutiva para todo agir correto e direito, mas seja entendida como função auxiliar secundária a serviço da preservação e restauração do direito. Então igualmente será possível entender a vontade jurídica de Deus como imutável e apesar disso sua identificação com a forma da lei como transitória, a saber como uma fenômeno específico na história do povo da aliança do Antigo Testamento (com analogias em outras culturas),[284] que foi descartado por Jesus Cristo. Nisso o conceito do *direito* forma o conceito intermediário entre o *amor* como motivação do reconhecimento que deixa valer outras pessoas e que fundamenta e preserva a comunhão entre pessoas, e a *lei* que por natureza serve, como norma geral, à preservação da comunidade de direito.

O direito é mais antigo que a lei.[285] Suas raízes residem no costume, ou seja, nas formas ensaiadas pelo convívio social, de reciprocidade

---

[284] Na fundamentação da ordem jurídica da sociedade expressa em lei tais analogias também insistem na autoridade dos deuses, como ainda consta em HERÁCLITO *fg.* 114.

[285] A esse respeito, cf. as observações de A. KAUFMANN no fascículo publicado em conjunto com o autor: *Gesetz und Evangelium*, 1986 (SBAW 1986/2), p. 25-48, esp. p. 26ss. KAUFMANN aponta para o fato de que ainda em TOMÁS DE AQUINO *ius* em contraposição a *lex* "não é um acervo de normas, nem um esquema abstrato para o agir correto", mas designa "pelo contrário, o próprio agir correto

do comportamento individual. Relacionada com isso está também a jurisprudência no processo que, ocorrendo ruptura do direito ou litígios, restaura a comunhão ameaçada ou rompida. Pelo fato de que nesse caso é preciso que casos iguais recebam também um julgamento igual, resultam da prática da jurisprudência formulações de regras do direito condicional, ou seja, de um direito casuístico que, ao lado de preceitos vigentes para todos os membros da comunidade jurídica em geral, constitui um ponto de partida para a formulação de leis. Leis servem ao direito – e à unidade da sociedade na consciência do caráter comunitário do direito – providenciando para que coisas iguais sejam tratadas de maneira igual e diferenciadas daquilo que possui cunho diverso.[286] Nessa função as leis são indispensáveis para uniformizar o direito para além do círculo vivencial controlável mantido pelos costumes, mas igualmente para fazer valer o direito toda vez que se afrouxam as amarras rigorosas do indivíduo pelos costumes, toda vez que aumenta a individualização, e enquanto as pessoas não realizam por si mesmas aquilo que é direito. Leis podem ser entendidas, em conjunto, como quintessência das condições gerais para a comunhão dos humanos em uma sociedade concreta. Em consonância, as fórmulas legais do direito natural articulam, em um estágio de generalização ainda maior, as condições do convívio social propriamente dito.

Na forma da generalização, pela qual a norma da lei serve na vida concreta da comunhão ao direito e à justiça, estão baseadas ao mesmo tempo também a limitação e fraqueza da lei.[287] Por causa de seu caráter genérico a lei não consegue levar em conta a singularidade do caso individual. Mediar entre ambas permanece incumbência da jurisprudência. Já conforme ARISTÓTELES, por causa da unilateralidade devida ao caráter geral, a lei precisa da complementação e correção pela benignidade (*epieikeia*).[288] Logo a lei sozinha não consegue garantir uma justiça plena. A fonte do direito, que deve ser buscada na vontade para

---

e a decisão certa na situação concreta" (p. 36, referente a *Systematsche Theologie*, vol. II/2, 57, 1), enquanto em HOBBES *ius* devia ser entendido unilateralmente no sentido de direitos subjetivos, aproximando-se nisso da idéia da liberdade, mas ficando em oposição ainda mais forte à *lex* (*op. cit.*, p. 27).

[286] A. KAUFMANN, *op. cit.*, p. 42s.
[287] A. KAUFMANN, *op. cit.*, p. 42; cf. também a observação do autor no mesmo fascículo, p. 19.
[288] ARISTÓTELES, *Eth. Nic.* V, 14, 1137 b, p. 10ss.

a comunhão pelo reconhecimento do outro em sua singularidade (e por isso no amor), se destaca com especial nitidez na complementação da lei pela benignidade – e além dela, pela graça.[289] O amor como origem da comunhão duradoura fundamenta o direito e também é o único que o aperfeiçoa. Porém a lei, em sua generalidade abstrata não pode ser a forma definitivamente determinante da comunidade de direito entre pessoas, cuja consumação é o conteúdo da esperança judaica e cristã pelo reino de Deus. Faz parte dessa esperança escatológica a impregnação recíproca do individual e do geral.[290] A ela serve a seu modo também a lei, submetendo as singularidades individuais à regra do geral. Mas a consumação de direito e justiça supera as possibilidades da lei e de sua aplicação.

A necessidade de leis é uma expressão do estado imperfeito da comunhão humana neste mundo, no qual nem todos deixam valer os outros e praticam o que é direito. Algo análogo vale para o poder estatal que impõe o cumprimento das leis em cada cidadão. A consumação escatológica da comunhão dos humanos no reino de Deus já não carece de lei e tampouco de um poder estatal. Jesus Cristo, porém, é o fim da lei, porque nele o futuro escatológico do senhorio de Deus já se tornou presente. A participação dos humanos no amor e benignidade de Deus, manifestos nesse senhorio, deveria desencadear em cada pessoa o impulso de praticar o que é direito. Como crente o cristão de fato não precisa de nenhuma lei, mas no máximo da instrução apostólica, que o orienta no uso da liberdade que ele tem em Cristo e que não pode ser separada da participação no amor de Deus pelo mundo. Mas como o futuro do reino de Deus já irrompeu em Jesus, porém ainda está por acontecer para o restante da humanidade, também o cristão ainda vive uma vida passageira, no "corpo da morte" (Rm 7.24), ainda

---

[289] A. KAUFMANN, *op. cit.*, p. 45ss entende a graça como analogia secular do evangelho (cf. p. 25) e a diferencia não apenas da lei (como KARL ENGISCH, ali, p. 46), mas com HEGEL (*Grundlinien der Philosophie des Rechts*, § 132) de toda a esfera do direito. Todavia, se a graça visa à ressocialização daquele que tropeçou (p. 48), então também ela se refere, como o direito, à preservação e restauração da comunhão. Nisso ela certamente é diferente da razoabilidade na aplicação de normas legais, porque não tem a ver com a aplicação individual da norma geral, mas vale para aquele que sem dúvida foi condenado com razão.

[290] Na passagem citada na nota 287 apontei para a correlação com a ideia do Lógos divino encarnado em Jesus Cristo. Cf. também vol. II, p. 107ss.

que sua morte já tenha sido antecipada pelo batismo em forma de sinal (Rm 6.2s). Na medida em que ainda está preso a este mundo transitório, ele também está, como cidadão de sociedades seculares, povos e estados, sujeito às leis deles.²⁹¹

Ou seja, de fato não ocorreu o fim da lei? A fórmula paulina, de que Cristo seria o fim da lei (Rm 10.4), refere-se inicialmente à lei de Moisés como expressão da vontade de Deus para o povo eleito. A fórmula declara que a lei de Moisés não é a forma definitiva da vontade jurídica de Deus. Nesse ponto situa-se a relevância axial, também no sentido da história universal, da frase do fim da lei em Jesus Cristo. A identificação da tradição jurídica do povo com a vontade definitiva e imutável de Deus é substituída com a aparição de Jesus Cristo, para os que nele crêem, pela diferença entre o definitivo e o provisório. A lei se torna um dado provisório correlato ao mundo que passa (2Cor 3.11 e 13). Algo correspondente vale obviamente também e muito mais para lei e Estado no mundo dos povos. Diante disso o definitivo é a realidade do reino de Deus já irrompida na mensagem e história de Jesus Cristo. Evidentemente ela ainda não foi consumada neste mundo. Por isso continuam existindo ao lado dela as formas da ordem provisória do convívio humano, o Estado e a lei. Mas também a irrupção da realidade definitiva do reino de Deus, iniciado já com Jesus Cristo, permanece presente na história por meio da proclamação do evangelho, do batismo e da celebração da ceia escatológica de Jesus. A diferença entre definitivo e provisório, portanto, se expressa na contraposição entre a igreja e o Estado e suas leis. Mas a realidade escatológica que já teve início em Jesus, está presente na igreja apenas em forma de sinal. É por isso que ao lado dela persistem ainda a ordem estatal e suas leis. Como sinal da comunhão futura dos humanos no reino de Deus a

---

²⁹¹ Na terminologia da doutrina da lei da Reforma isso significa: O *usus politicus legis* continua valendo, também para a vida do cristão neste mundo. Nesse ponto a diferenciação entre lei e evangelho se conecta com a diferenciação entre regimento secular e espiritual. Precária no discurso da vigência continuada do *usus politicus legis* é apenas a concepção, nele subjacente, da unidade da lei como quintessência imutável (na forma da lei natural) da exigência jurídica divina ao homem. Diante disso as exposições acima têm por base a idéia de que o fenômeno da lei na realidade pertence, no mundo jurídico (e ao contrário do próprio direito), ao mundo passageiro do pecado e da morte, por mais que sirva no mundo assim definido, à preservação e restauração do direito.

igreja não é capaz de transformar, por meio das influências que partem dela, este mundo no reino de Deus. Contudo através de sua vida cultual ela mantém aberto o espaço – nos corações das pessoas e também na vida da sociedade – para a esperança pelo futuro de Deus e transmite ao indivíduo já agora a certeza da participação em sua salvação.

Capítulo 13
A CONGREGAÇÃO DO MESSIAS E O INDIVÍDUO

1. A comunhão do indivíduo com Jesus Cristo e a igreja como comunhão dos fiéis

Depois de descrevermos a relação com o reino de Deus como horizonte para a existência da igreja e para a forma específica da presença do Espírito de Deus nela, e ainda como referencial da relação da igreja com a comunidade política e sua ordem jurídica, a exposição precisa agora se voltar à estrutura interna da igreja. Em todos os casos, ela se define pelo fato de que a igreja é comunhão de fiéis. Com isso impõe-se de imediato a pergunta pela relação entre igreja como comunhão e a destinação de seus membros como indivíduos crentes: Será que a igreja se forma pela união dos indivíduos crentes? Não deveria, pelo contrário, a fé do indivíduo ser imaginada como sempre mediada já pela igreja, de modo que caberia à igreja a prioridade diante dos cristãos individualmente? Que, porém, seria a igreja, se não comunhão de indivíduos crentes em Jesus Cristo? Pelo que parece, a igreja não pode ser concebida em todos os aspectos como precedente à fé individual. Mas, em contraposição, também seria equivocado imaginar a comunhão da igreja como algo secundário, adicional, à fé do indivíduo cristão. Isso resulta tanto do conteúdo dessa fé quanto também da circunstância de sua mediação pela proclamação, ensino e vida cultual da igreja.

Um acesso a esse complexo de perguntas que perpassam toda a eclesiologia se depreende da relação, constitutiva para a essência da igreja, para com o futuro do senhorio de Deus: O conteúdo da esperança pelo senhorio de Deus é determinado politicamente. Porque o reino de Deus há de consumar a destinação social dos humanos para uma comunhão caracterizada por paz e direito. Mas, apesar desse conteúdo político da esperança pelo reino de Deus, a proclamação de Jesus sobre o iminente senhorio de Deus se voltou ao indivíduo e não anunciou, p. ex., um programa político de libertação. Unicamente na fé do indivíduo que, seguindo a convocação de Jesus, subordina todos os demais interesses de sua vida à proximidade do senhorio de Deus, o futuro dele já se torna atualidade. Em consonância, também a mensagem missionária da igreja e sua proclamação cultual se dirigem primordialmente ao indivíduo, visando à salvação dele, propiciada a cada um pela comunhão com Jesus Cristo e comunicada através do evangelho e dos sacramentos. A igreja não constitui como o povo de Israel uma comunidade por nascimento através da ligação genealógica de seus membros, mas é essencialmente uma comunhão de indivíduos renascidos mediante a fé e o batismo. A comunhão com Cristo mediante a fé no evangelho agrega os fiéis entre si para a comunhão da igreja, na qual já se concretiza a comunhão futura do reino de Deus por meio de uma antecipação com caráter de sinal. Ocorre que a igreja (como comunhão dos fiéis mediada pela comunhão de cada um com o Cristo), sem prejuízo da concentração de suas atividades na salvação do indivíduo, continua sempre sendo congregação messiânica de seu Senhor,[1] e como tal ela obviamente também é povo de Deus, eleita e enviada ao mundo por Deus para a salvação de toda a humanidade. Por isso o capítulo 14 retomará o direcionamento missionário da igreja para além das respectivas divisas de sua comunhão, voltado à humanidade toda e cujos fundamentos se situam na relação com o futuro do senhorio

---

[1] A expressão "congregação messiânica" deveria ser mais precisa que a designação escolhida pelo Concílio Vaticano II da igreja como "povo messiânico" no começo das exposições acerca da igreja como de povo de Deus (LG 9): Essa designação pressupõe a idéia surgida pouco antes, de que a igreja seria, perante Israel, o "novo povo de Deus". O próximo capítulo (cap. 14) terá de empreender a crítica dessa forma de expressão ainda não usada no Novo Testamento. Por enquanto deve permanecer em aberto aqui se o conceito do povo de Deus não é mais abrangente que o da igreja e se não se deveria falar do povo de Deus no singular, como o próprio concílio também fez em ocasião posterior (LG 13). A igreja também pode ser "congregação messiânica" como comunidade especial no seio da comunidade mais ampla do povo de Deus. Como congregação messiânica a igreja seguramente também é povo de Deus, mas essa reivindicação não precisa ser entendida de forma exclusiva, como se os limites históricos da igreja também fossem os do povo escatológico de Deus.

de Deus que alicerça a existência da igreja (capítulo 12). A retomada acontecerá sob os aspectos de eleição e envio. Antes, porém, é preciso descrever com maior precisão a ligação entre a comunhão de pessoas individualmente com Jesus Cristo e sua agregação na igreja. Uma vez que nisso o tema "igreja" constitui o ponto de vista norteador, cabe partir do entendimento de igreja como comunhão dos fiéis.

1) Igreja como comunhão dos fiéis e como corpo de Cristo

A descrição da igreja como reunião (*congregatio*) dos fiéis se tornou fundamental e característica para o conceito de igreja da Reforma. No caso, LUTERO se reportou à fórmula *sanctorum communio* [comunhão dos santos] no Credo Apostólico, da qual ele sabia que havia sido inserida somente depois no texto do Terceiro Artigo, imediatamente depois de ser citada a igreja, e que ele justamente por isso entendeu como interpretação do conceito de igreja. LUTERO pensava que havia concordância geral a esse respeito.[2] Entendeu a palavra *communio* no sentido de reunião ou congregação, com o que também coincidiria o teor de *ecclesia*.[3] Em consonância, a Confissão de Augsburgo substituiu a palavra *communio* por *congregatio*[4] e interpretou, na versão alemã da

---

[2] M. LUTERO, *WA* 2, p. 190,20-25: *Totus mundus confitetur, sese credere ecclesiam sanctam Catholicam aliud nihil esse quam communionem sanctorum. unde et antiquitus articulus ille 'sanctorum communionem' non orabatur, ut ex Ruffini simbolo exposito videre licet, sed glossa aliqua forte ecclesiam sanctam Catholicam exposuit esse Communionem sanctorum, quod successu temporis in textum relatum nunc simul oratur* [Todo o mundo confessa que crê na santa igreja católica, que não é outra coisa senão a comunhão dos santos. Onde desde os primórdios não constava o artigo "comunhão dos santos", como se pode ver no exposto pelo símbolo de RUFINO, mas uma glosa qualquer expôs que a santa igreja católica seria a comunhão dos santos, o que pelo curso do tempo de exposição do texto agora é orado juntamente]. De forma um pouco mais sucinta a mesma situação é mencionada em 1529 no Catecismo Maior, II, 45 (*WA* 30/1, p. 189,6ss. = *BSELK*, p. 655s).

[3] É o que costa no Catecismo Maior de LUTERO, *BSELK*, p. 656s. Aqui LUTERO escreve expressamente que a palavra *communio* não "deveria" ser "comunhão", mas "comuna" (p. 657,1-3). Apesar disso não fica excluído o ponto de vista da participação conjunta em algo (cf. p. 657,34s). Contudo não recebe nenhuma ênfase especial. Cf. ALTHAUS, P. *Communio sanctorum. Die Gemeinde im lutherischen Kirchegedanken*, vol. I. *Luther*, 1929, p. 37ss.

[4] *CA* 7, cf. M. LUTERO, *BSELK* p. 656,19ss.

CA 7, a designação de "santos" como "crentes". Coerentemente *CA* 8 denomina a igreja uma "reunião de todos os fiéis e santos" (*congregatio sanctorum et vere credentium*). Essa interpretação também já se encontra em teólogos escolástiscos, de modo que não constituiu nenhuma inovação da Reforma.[5]

> O adendo *communionem sanctorum* pode ser comprovado pela primeira vez por volta do ano 400 no bispo NICETAS de Remesiana na Sérbia.[6] Talvez o tenha obtido do sul da Gália, onde também foi inserido no símbolo apostólico.[7] Pelo que parece a fórmula tinha desde o início um duplo sentido. Designava uma vez a igreja como comunhão de pessoas santas, mais precisamente ao longo dos tempos – começando pelos patriarcas hebreus, passando pelos profetas do Antigo Testamento, pelos apóstolos e mártires até a atualidade. Associada com isso havia a idéia da comunhão dos respectivos cristãos vivos com esses santos de todas as eras e também uns com os outros. No entanto, ao lado dessa acepção pessoal da fórmula *communio sanctorum* havia já desde cedo e particularmente na terminologia das igrejas orientais uma interpretação desse genitivo como comunhão "no" sagrado (no sentido do *sanctum*, ou seja, participação nas *sancta* [coisas santas]), como já consta no ano 388 em um rescrito do imperador TEODÓSIO e no ano 394 (ou 396) em um sínodo em Nimes.[8] Na substância se pensava principalmente em participação na eucaristia. Essa idéia, porém, recuou na interpretação da locução na Idade Média latina e na Reforma em favor da interpretação pessoal da fórmula como uma *communio* ou *congregatio fidelium* [comunhão ou congregação de fiéis]. Para a explicação do conceito dos santos como crentes havia como reportar-se ao linguajar paulino, porque nas cartas de Paulo os fiéis são sempre de novo interpelados como "santos chamados" (Rm 1.7; 1Cor 1.2) ou também simplesmente como santos (2Cor 1.1; Fl 1; cf. Cl 1.2; Ef 1.1), portanto como separados do mundo para a comunhão com Deus.

---

[5] Y. CONGAR, "Die Wesenseigenschaften der Kirche", in: *Mysterium Salutis* IV/1, 1972, p. 375 mostra comprovantes particularmente em TOMÁS DE AQUINO, entre os quais sua explicação do símbolo apostólico.

[6] DS 19. Cf. J. N. D. KELLY, *Altchristliche Glaubensbekenntnisse. Geschichte und Theologie*, ed. alemã 1972, p. 173s, 381 ss. Cf. ainda DS 27-29.

[7] J. N. D. KELLY, *op. cit.*, p. 382.

[8] J. N. D. KELLY, *op. cit.*, p. 382 e 386.

A designação da igreja como "reunião dos crentes" facilmente se torna alvo do mal-entendido de que na igreja se trata de uma convenção ou associação de cristãos individuais, como se a existência cristã do indivíduo para si formasse a base da comunhão dos cristãos na igreja. Foi nesse sentido que principalmente FRIEDRICH SCHLEIERMACHER interpretou a concepção especificamente protestante da relação do indivíduo cristão com a igreja: O protestantismo tornaria "a relação do indivíduo com a igreja dependente... de sua relação com Cristo", enquanto conforme a concepção católica "em contrapartida, a relação do indivíduo com Cristo dependeria de sua relação com a igreja".[9] O fato de que essa alternativa não reproduz corretamente a concepção da Reforma, apesar de sua ênfase na relação não-mediada do crente com Cristo, já pode ser depreendido das afirmações dos reformadores sobre a igreja como "mãe" dos fiéis.[10] Mas também o artigo sobre a igreja na Confissão de Augsburgo com sua descrição da igreja como "reunião dos crentes" produz uma imagem diferente quando essa fórmula é lida e entendida em seu contexto.

De acordo com *CA 7* trata-se, no caso da igreja, não de uma associação qualquer de indivíduos crentes, mas daquela comunhão em que o evangelho é ensinado de forma pura (*pure*) e os sacramentos são distribuídos em conformidade com sua instituição (*recte*).[11] A comunhão dos cristãos entre si, portanto, se fundamenta e comunica por meio do ensino do evangelho e dos sacramentos. Isso corresponde à supracitada

---

[9] F. SCHLEIERMACHER, *Der christliche Glaube*, 2ª ed. 1830, § 24 (tese), cf. § 106,2. Na realidade SCHLEIERMACHER também falou "da comunhão dos crentes, na qual todos os renascidos sempre já se encontram" (§ 113, tese), mas isso na verdade representa apenas a igreja como "comunhão exterior" formada pelos "carentes de redenção e os que esperam" (§ 113,2), enquanto a comunhão interior da igreja consiste em "que onde renascidos conseguem alcançar uns aos outros também tem de surgir algum tipo de comunhão entre eles" (§ 113,1). Resulta, porém, da derivação de SCHLEIERMACHER do conceito geral de uma igreja a partir da ética que "em todos os casos a igreja é uma comunhão que se forma somente pelo livre agir humano e apenas pode persistir por meio dele" (§ 2,2).

[10] Cf. acima, p. 83, nota 153.

[11] H. MEYER, e H. SCHÜTTE enfatizam com razão em suas considerações sobre esse artigo que isso seria "uma frase relativa essencialmente necessária, sem o qual a natureza da igreja não é apropriadamente descrita" (*Confessio Augustana. Bekenntnis des einen Gaubens. Gemeinsame Untersuchung lutherischer e katholischer Theologen*, 1980, p. 179). Cf. também W. LIERT, *Der christliche Glaube. Grundlinien der lutherischen Dogmatik*, 1940, 4ª ed. 1956, p. 405.

fórmula de SCHLEIERMACHER, na medida em que na palavra e no sacramento de fato está em pauta a comunhão de cada indivíduo com Jesus Cristo, a comunhão com o único Senhor que, portanto, mediante palavra e sacramento com graça os fiéis para a comunhão da igreja. Porém Jesus Cristo vem ao encontro dos fiéis na igreja. Palavra e sacramento são ensinados e oferecidos *na igreja*, e somente na igreja eles são ensinados "puramente" e recebidos "conforme sua instituição", apesar de que inversamente o fato da autorização eclesiástica para a proclamação da palavra e administração dos sacramentos não representa já uma garantia para sua conformidade com o evangelho.

A pureza da doutrina e a administração dos sacramentos condizente com sua instituição são conforme *CA* 7 a única condição para a unidade da igreja, portanto também para a comunhão eclesial: Para tanto não há nem necessidade de uma administração eclesiástica conjunta, nem concordância em todos os ritos e costumes, mas tão-somente concordância sobre a doutrina do evangelho e sobre a administração dos sacramentos. Nisso, no entanto, deveria estar incluída também a concordância quanto ao ministério da igreja, o *ministerium verbi* (cf. *CA* 5), ao qual foram confiadas a doutrina do evangelho e a administração dos sacramentos.[12] Quando, porém, a unidade da igreja vai tão longe como a concordância na doutrina do evangelho e na administração dos sacramentos condizente com sua outorga, então de qualquer modo também fica explícito que não é toda união local de cristãos como tal e por si só que já pode ser chamada de "igreja". Trata-se de igreja unicamente quando os membros desse grupo estão reunidos pela proclamação da doutrina pura do evangelho e pela administração dos sacramentos condizente com sua instituição. Isso significa que no culto da congregação local a unidade universal da igreja se manifesta ao longo dos tempos, assim como ela existe desde sua fundação apostólica. Portanto, significa igualmente a comunhão com os mártires e santos do cristianismo primitivo. Porque a doutrina pura do evangelho apostólico e a administração dos sacramentos fiel a sua origem é que perfazem a unidade da igreja pelas eras e ao mesmo tempo caracterizam a respectiva reunião local dos crentes como igreja de Cristo.

---

[12] Acerca dessa questão que recebe avaliações diferentes na teologia luterana e que haveremos de retomar abaixo, cf. por enquanto H. MEYER; H. SCHÜTTE, *op. cit.*, p. 184-190, esp. p. 188s.

A mediação da comunhão dos fiéis pela palavra e pelo sacramento liga o sentido pessoal da fórmula *communio sanctorum* com o sentido sacramental dessa expressão como participação "no" sagrado, nas dádivas de salvação da palavra e do sacramento.[13] Essa participação no sagrado não é outra coisa senão a participação no próprio Jesus Cristo presente para os fiéis por meio de sua palavra e sacramento, através do qual eles são unificados para a comunhão do corpo de Cristo. É, sobretudo na santa ceia que se torna tangível esse nexo, constitutivo para a igreja, entre a comunhão de cada crente com o Senhor presente em palavra e sacramento e sua comunhão uns com os outros, alicerçada sobre a primeira. Por isso será somente em correlação com a análise da presença real de Jesus Cristo na celebração da santa ceia que também poderá ser clareada com maior precisão a concepção da igreja como corpo de Cristo. Contudo, já agora se pode afirmar o seguinte: Ao designar a igreja como corpo de Cristo não se trata de mera metáfora e não apenas de uma das ilustrações bíblicas para a natureza da igreja.[14] Pelo contrário, o realismo da coesão indissolúvel dos fiéis com Cristo e por meio dele também uns com os outros, expressa na concepção da igreja como corpo de Cristo, é fundamental para o entendimento da igreja como comunhão dos fiéis e por isso também como povo de Deus. A igreja é comunhão dos fiéis unicamente sobre a base da participação de cada indivíduo no mesmo Senhor único. O significado peculiar da santa ceia para o conceito de igreja, que também se salientou sempre de novo na história da igreja,[15] repousa sobre o fato de que a fundamentação da comunhão dos fiéis entre si se concretiza e visualiza em sua participação conjunta em Jesus Cristo na celebração da santa ceia em forma de uma característica sacramental de sinal. Na realidade a coesão de cada indivíduo com Jesus Cristo, essencial para a igreja como comunhão dos fiéis, não é fundamentada somente por participarem no corpo e sangue de Cristo na santa ceia. Ela se fundamenta na fé

---

[13] Opinião também de H. MEYER; H. SCHÜTTE, *op. cit.*, p. 180. Cf. ainda o destaque dado a esse aspecto em W. ELERT, *Abendmahl und Kirchengemeinschaft in der alten Kirche besonders des Ostens*, 1954, p. 13s.

[14] J. RATZINGER, art. "Kirche II", in: *LTK* 6, 1961, p. 172-183, 176. De acordo com RATZINGER somente a partir do entendimento da igreja como corpo de Cristo é possível dizer em que sentido especial a igreja também é povo de Deus (idem: *Das neue Volk Gottes. Entwürfe zur Ekklesiologie*, 1972, p. 97).

[15] A esse respeito, cf. o trabalho de W. ELERT, citado acima, nota 13.

no evangelho e na ligação definitiva com Jesus Cristo pela confissão e pelo batismo. Mas a unidade interior da comunhão dos fiéis com Jesus Cristo e da comunhão dos fiéis entre si não se evidencia em nenhum outro momento senão na celebração da santa ceia.[16]

A concepção da Reforma acerca da igreja como *communio*, que por meio de Cristo como cabeça está ligada à unidade da fé e do amor entre seus membros,[17] se insere em uma tradição que alcança até a igreja patrística e que tem raízes no Novo Testamento (1Cor 10.16s; Ef 4.15s), segundo a qual a igreja se concretiza primordialmente na celebração do culto por parte da congregação reunida para tanto no respectivo lugar. No caso, jamais se trata apenas de uma congregação isolada em sua particularidade, mas em toda celebração de culto local em que o próprio Jesus Cristo está presente se evidencia sempre toda a comunhão universal dos cristãos. Porque onde está Jesus Cristo, ali está também toda a igreja ("católica").[18] Por serem todos os cristãos mediante fé e batismo e obtenção da ceia de Jesus Cristo membros de seu corpo, está imanente também em cada culto em que Jesus Cristo está realmente presente todo o cristianismo, em especial, portanto, em cada celebração da santa ceia. Por isso em contrapartida a comunhão entre as congregações locais constitui essencialmente a integridade de cada congregação isolada como forma de manifestação e configuração da única e geral igreja de Cristo. "Assim a igreja é uma comunhão (*communio*), que consiste de uma rede de igrejas locais."[19] Logo a igreja não

---

[16] Também LUTERO soube destacar esse vínculo peculiar entre santa ceia e conceito de igreja. Cf. sobre isso P. ALTHAUS, *Communio sanctorum. Die Gemeinde im lutherischen Kirchengedanken*, vol. I. *Luther*, 1929, p. 75s, bem como idem, *Die Theologie Martin Luthers*, 1962, p. 275-278 sobre a santa ceia "como sacramento da *communio sanctorum*" (p. 275, nota 110) nos escritos de LUTERO dos anos 1519-1524, especialmente em seu Sermão do digníssimo sacramento do santo e vero corpo de Cristo e das irmandades, de 1519 (*WA* 2, 742-758).

[17] M. LUTERO, *Catecismo Maior* 11,51 (*BSELK* 657).

[18] INÁCIO de Antioquia, *Esmir.* 8,2.

[19] Foi em torno dessa afirmação que houve acordo por parte da comissão conjunta instituída pela Igreja Católica Romana e a Federação Luterana Mundial em seu documento: *Einheit vor uns. Modelle, Formen und Phasen katholisch-lutherischer Kirchengemeinscahft*, 1985, 5 (p.10). Cf. do lado luterano já P. BRUNNER, "Die Einheit der Kirche und die Verwirklichung der Kirchengemeinschaft" (1955), in: idem, *Pro Ecclesia. Gesammelte Aufsätze zur dogmatischen Theologie*, vol. I, 1962, p. 225-234, bem como: idem, "Koinonia. Grunlagen und Grundformen der

é primordialmente uma instituição universal com direção central, mas a realidade da igreja una se manifesta nas congregações locais reunidas em torno da palavra e do sacramento, que por sua vez formam entre si uma comunhão.[20] Entretanto, parece que na época da Reforma não se analisou posteriormente eclesiologicamente como essa estrutura básica da igreja é mediada pelo estabelecimento de cargos de direção supra-congregacionais e suas tarefas de visitação, embora a necessidade de um ministério episcopal de visitação de qualquer modo tenha sido reconhecida nas igrejas luteranas, enquanto a tradição reformada tendeu mais em favor de formas sinodais de direção supra-congregacional.

Na discussão mais recente sobre o conceito de igreja – partindo dos trabalhos de Nikolaus Afanassiev e Werner Elert[21] sobre a correlação entre igreja e santa ceia – foi situada cada vez mais no centro do interesse a compreensão da igreja como *koinonia* [comunhão], a partir do culto eucarístico das igrejas locais. Isso vale em particular para a teologia católica romana depois do Concílio Vaticano II.[22] De acordo com o cardeal Joseph Ratzinger a eclesiologia

---

Kirchengemeinschaft" (1963), in: *Pro Ecclesia. Gesammelte Aufsätze zur dogmatischen Theologie*, vol. II, 1966, p. 305- 322.

[20] Essa é a idéia-mestra na eclesiologia do dominicano J. M. R. Tillard, *Église d'Églises. L'ecclésiologie de communion*, Paris 1987. Uma concepção da igreja, a princípio semelhante, já fora defendida por Lutero em 1519 na Disputa de Leipzig. Cf. sobre isso R. Slenczka, "Ecclesia Particularis – Erwägungen zum Begriff und zum Problem", *KuD* 12, 1966, p. 310-332, esp. p. 322ss. Contudo Lutero enfatizou "a plena autonomia das *'ecclesiae particulares'* ou *'singulae'*" [singulares] (p. 323), embora entendesse sob *ecclesia particularis* a totalidade da igreja em determinado lugar, em determinada situação e na comunhão igualitária praticada com outras igrejas e comunhões eclesiais" (p. 324). Slenczka comprova essa acepção ainda em L. Hutter e J. Gerhard (p. 325s). Ele anota que em Hutter a concepção da *ecclesia particularis* está associada à idéia de Lutero acerca da invisibilidade ou da natureza oculta da verdadeira igreja, que na verdade se mostra visivelmente na palavra e no sacramento (p. 325).

[21] N. Afanassiev, *La Cène du Seigneur*, Paris 1952 (russo), W. Elert, *Abendmahl und Kirchengemeinschaft in der alten Kirche hauptsächlich des Ostens*, 1954. Sobre N. Afanassiev, cf. P. Plank, *Die Eucharistieversammlung als Kirche. Zur Entstehung und Entfaltung der eucharistischen Ekklesiologie Nikolaj Afanas'evs* (1893-1966), 1980.

[22] Cf. a visão panorâmica em H. Döring, "Die Communio-Ekklesiologie als Grundmodell und Chance der ökumenischen Theologie", in: J. Schreiner; K. Wittstadt (eds.), *Communio Sanctorum. Einheit der Christen – Einheit der Kirche*

católica da *communio*, estimulada pela teologia eucarística de teólogos ortodoxos se tornou "a verdadeira peça central da doutrina do Concílio Vaticano II sobre a igreja",[23] e para WALTER KASPER sua "concretização plena" representa a tarefa do futuro, inclusive no diálogo ecumênico entre as igrejas.[24] O enfoque de uma doutrina da igreja desenvolvida a partir da celebração da santa ceia inclui a ênfase na igreja local como a forma fundamental de concretização da igreja propriamente dita, para a qual KARL RAHNER já apontou em 1961[25] e que conforme JOSEPH RATZINGER "representa o fundamento interior, sacramental, para a doutrina da colegialidade", como foi

---

(Festschrift P. W. SCHEELE), 1988, p. 439-469. DÖRING também analisa em detalhe a importância desse ponto de vista no diálogo com os ortodoxos (p. 451s) e com a igreja anglicana (p. 458ss.), constatando no final acerca da importância da eclesiologia da *communio* no movimento ecumênico: "Ela é o modelo básico comum" (p. 469). Quanto ao estágio da acolhida desse enfoque na doutrina oficial da igreja católica romana, cf. o escrito da Congregação da Fé aos bispos da igreja católica sobre alguns aspectos da igreja como *communio*, de 28-5-1992 no *Osservatore Romano* 22, Nº 25, de 19 de junho de 1992, anexo XXIII. Entrementes ele já alcançou importância fundamental para o entendimento ecumênico sobre a natureza da igreja, não apenas no diálogo entre Roma e as igrejas ortodoxas do Oriente (cf. abaixo, nota 29), bem como no diálogo entre a igreja católica romana e a anglicana (cf. ARCIC II: "Church as Communion", in: *One in Christ*, 1991, p. 77-97), mas igualmente no diálogo entre Roma e o Conselho Mundial de Igrejas (Sexto relatório do grupo de trabalho conjunto do Conselho Mundial de Igrejas e da Igreja Católica Romana, 1990, p. 31-47: A igreja: local e universal).

[23] J. RATZINGER, "Die Ekklesiologie des Zweiten Vatikanums", in: *Internationale katholische Zeitschrift "Communio"* 15, 1986, p. 41-52, 44. No parágrafo seguinte consta: "A santa ceia é o começo da igreja. Porque o significado sempre é que a eucaristia une pessoas, não apenas entre si, mas com Cristo, transformando assim pessoas em igreja. Ao mesmo tempo já está dada assim a constituição fundamental da igreja: Igreja vive em comunidades eucarísticas" (*ibid.*). Cf. também idem, *Zur Gemeinschaft gerufen. Kirche heute verstehen*, 1991, p. 72ss.

[24] W. KASPER, "Kirche als communio. Überlegungen zur ekklesiologischen Leitidee des Zweiten Vatikanischen Konzils", in: F. KÖNIG, (ed.): *Die bleibende Bedeutung des Zweiten Vatikanischen Konzils*, 1986, p. 64. Cf. também as exposições e KASPER sobre esse tema, in: *Die Kirche als Sakrament der Einheit, Internationale katholische temposchrift "Communio"* 16, 1987, p. 2-8, 5s.

[25] K. RAHNER; J. RATZINGER, *Episkopat und Primat*, 1961, p. 26s. Cf. também E. LANNE, "Die Ortskirche: ihre Katholizität und Apostolizität", in: *Katholizität und Apostolizität. Theologische Studien einer gemeinsamen Arbeitsgruppe zwischen der Römisch-katholischen Kirche und dem Ökumenischen Rat der Kirchen* (*KuD* compl. 2) 1971, p. 129-151, 130s.

desenvolvida pelo Concílio Vaticano II.[26] RATZINGER, porém, remete igualmente à variação especificamente católica romana, por meio da qual aquela idéia básica do concílio foi acolhida, quando consta que a igreja de Cristo "está verdadeiramente presente em todas as congregações locais legítimas dos crentes, que pelo vínculo com seu pastor no Novo Testamento também são chamadas de igrejas".[27] O destaque dado à legitimidade e ao "vínculo com seu pastor" significava que a igreja não estaria presente simplesmente "de modo pleno em qualquer congregação que celebra a eucaristia".[28] De fato já se inseriu, com essa ênfase, na descrição da situação de igreja local da congregação celebrante do culto, a idéia, determinante para toda a doutrina da *communio* na *Lumen Gentium*, de uma *communio hierarchica* [comunhão hierárquica][29], uma vez que no entendimento católico

---

[26] J. RATZINGER, *op. cit.* (nota 23), p. 44.
[27] *LG* 26: *Haec de Christo Ecclesia vere adest in omnibus legitimis fidelium congregationibus localibus, quae, pastoribus suis adhaerentes, et ipsae in Novo Testamento Ecclesiae vocantur* [A verdadeira igreja de Cristo está presente em todas as congregações locais legítimas de fiéis que, estando presentes seus pastores, são também chamadas tais como as igrejas do Novo Testamento]. Em seu comentário dessa frase KARL RAHNER destacou nuances um pouco diferentes de J. RATZINGER, ao constatar que esse trecho significa um corretivo da visão que do contrário "descreve toda a constituição da igreja de forma excessivamente unilateral a partir da igreja toda como tal (cap. 1 e 2) e *de sua estrutura* (ministério – povo, etc.)" (*LTK* compl. I, 1966, p. 242), de modo que em função disso tão-somente "se abre e se reconhece como legítima a possibilidade de uma eclesiologia (sumamente importante para o ecumenismo) da congregação da palavra e do altar..." (*op. cit.*, p. 243s).
[28] J. RATZINGER, *op. cit.*, p. 45.
[29] *LG* 22. Sobre a definição mais precisa de *communio* como *communio hierarchica*, nessa passagem, cf. as observações da *Nota explicativa praevia* Nº 2 (*LTK* compl. I, 1966, p. 354). Também em outras declarações da constituição da igreja a expressão *communio* se refere especificamente à comunhão dos bispos com o papa (*LG* 25, §1 e 2). De uma *communio fidelium* se fala do Decreto do Ecumenismo (*UR* 2), e na substância também em *LG* 13 no contexto do tema do povo de Deus. Em uma eclesiologia de fundamentação eucarística esse aspecto fundamental careceria de uma explicação mais detalhada (cf. H. DÖRING, *op. cit.*, p. 446s). Cf. também as afirmações correspondentes no escrito, citado na nota 22, da Congregação romana da Fé, § 7ss. Aqui caberia diferenciar com mais precisão de um lado entre a "igreja geral" que se faz presente em cada celebração da eucaristia e, de outro, sua representação no colégio dos bispos com sua cabeça no bispo de Roma. Para tanto é preciso salientar desde já a vinculação do cargo episcopal com a congregação reunida para o culto eucarístico, como aconteceu

romano a vinculação com o pastor implica em toda a hierarquia ministerial, chegando até o papa. Essa visão das coisas igualmente contém sem dúvida uma verdade importante, formulada assim por Joseph Ratzinger: "Cristo está integralmente em todos os lugares... Mas em todos os lugares ele também é apenas um, e por isso somente posso ter esse um Senhor na unidade que ele mesmo é, na unidade com os outros que *também* são corpo dele e que na eucaristia hão de sê-lo sempre de novo. Por isso a unidade entre as congregações que celebram a eucaristia não é um ingrediente exterior à eclesiologia eucarística, mas sua condição interior".[30] Com isso não se pode senão concordar, e certamente significa (embora que o cardeal Ratzinger não intencionasse dizê-lo) que em nenhuma das igrejas hoje desunidas, que não podem deixar de reconhecer que os membros de outras igrejas são cristãos, esteja plenamente concretizada a presença do único Senhor na celebração separada da eucaristia. Com o ponto de vista da *communio hierarchica*, porém, surge o perigo da *inversão* da intenção de entender a realidade da igreja a partir do culto das congregações locais, agora a partir da perspectiva, que se tornou tradicional no Ocidente cristão, da igreja universal e de seu vértice papal. Esse perigo se torna premente particularmente quando a *communio hierarchica* é concebida como réplica da comunhão das pessoas da Trindade na unidade da vida divina, de que o vértice da hierarquia deveria ser imaginado em analogia ao Pai, ao qual o Filho se subordina eternamente.[31] Cabe dizer sobre isso que a estrutura de *communio* da igreja a ser desenvolvida a partir da comunhão eucarística realmente deve ser vista em relação com a comunhão trinitária, mas o ministro que em união com toda a congregação realiza por nós a anamnese da morte de Cristo na cruz, age, ao proferir as palavras da instituição de Jesus, *in persona Christi* [na pessoa de Cristo], não na pessoa do Pai. A partir da liturgia da santa ceia não se pode fundamentar uma analogia do oficiante com Deus, o Pai. Pelo contrário, o oficiante e com ele toda a congregação são incluídos na relação filial de Jesus Cristo com o Pai.[32] Isso então precisa valer também para a igreja

---

na parte ortodoxa na segunda sessão plenária da Comissão conjunta (com a Igreja católica romana) em Munique em 1982 (*Una Sancta* 1982, p. 334-340).

[30] J. Ratzinger, *op. cit.*, p. 46.

[31] Posição de W. Kasper, "Die Kirche als Sakrament der Einheit", in: Internationale katholische temposchrift "Communio" 16, 1987, p. 5s, cf. p. 7s.

[32] Sobre isso, cf. abaixo, p. 425s. e 438ss.

como um todo, quando se pretende descrevê-la a partir do evento da eucaristia. Portanto é preciso concordar com o pensamento de JOSEPH RATZINGER, de que a comunhão eucarística inclui a comunhão com a igreja toda – e em função disso também com os ministros que representam sua unidade nos diversos níveis da vida eclesiástica. A explicação mais precisa dessa situação, porém, representa uma tarefa ainda não resolvida pela teologia e pelo diálogo ecumênico, [33] porque está ligado a ela todo o temário da posição do ministério eclesiástico na (e não, p. ex., sobre a) congregação.

De acordo com o entendimento da igreja antiga acerca da *communio* eclesial, a comunhão das congregações locais se expressa no reconhecimento recíproco dos detentores de ministérios que as representam, bem como em especial na reunião deles para um concílio.[34] Nisso a comunhão das igrejas locais não deve ser entendida como se as congregações locais tivessem de se aliar posteriormente em uma federação.[35] Como igrejas locais elas sempre já são formas de manifestação da igreja de Cristo. Ela não é formada como segundo passo a partir das igrejas locais. Pelo contrário, a comunhão das igrejas locais se apóia na unidade no único Senhor já preestabelecida antes delas e presente de forma singular na celebração da santa ceia.

Como conseqüência da presença de Cristo em palavra e sacramento, a unidade da igreja é inicialmente uma realidade oculta, perceptível unicamente para a fé. Mas como tal, justamente para a fé ela não pode ser dissociada do batismo e da santa ceia, por meio dos quais cada um é assegurado de seu pertencimento a Jesus Cristo e logo também de sua vinculação com todos os demais membros do corpo de Cristo. Por isso a concretude espiritual da unidade da igreja está presente para o crente no culto da congregação e não pode ser separada dele sem se dissipar em uma

---

[33] Cf. também a opinião de H. DÖRING no final de seu ensaio citado acima, nota 22, *op. cit.*, p. 469.
[34] Sobre a conciliaridade como expressão da comunhão de igrejas locais, cf. J. ZIZIOULAS, *Being as Communion. Studies in Personhood and the Church*, 1985, p. 133 ss, 240 ss. Quanto à discussão sobre esse conceito no Conselho Mundial de Igrejas, cf. agora A. KESHISHIAN, *Conciliar Fellowship. A Common Goal*, 1992.
[35] Sobre isso, cf. Y. CONGAR, in: *Mysterium Salutis* IV/1, 1972 (acima, nota 5), p. 398ss.

ilusão.³⁶ Quando LUTERO, principalmente nos primórdios, falava da igreja como uma comunhão invisível, espiritual ou oculta em Cristo, ³⁷ ele estava se opondo a identificar a unidade da igreja diretamente com a estruturação hierárquica da igreja universal, ³⁸ mas jamais contra a presença da igreja una – como do próprio Jesus Cristo – no culto da congregação. Em cada culto, no qual se anuncia o límpido evangelho e são celebrados os sacramentos, se manifesta uma igreja católica santificada por Jesus Cristo, derivada dos apóstolos e tendo um envio apostólico.³⁹ Dessa presença espiritual da igreja una de Cristo no culto de cada congregação individual em seu respectivo lugar decorre o dever da comunhão entre as congregações. Na comunhão eclesial se expressa, por isso, visivelmente a unidade espiritual de todos os fiéis em Jesus Cristo.⁴⁰ Disso resulta que não se pode falar que por princípio a igreja de Jesus Cristo seria invisível ou tampouco que ela se contrapõe a toda configuração institucional de sua vida, com a correspondente

---

36 Por isso MELANCHTHON em seus *Loci praecipui theologici* (1559, CR 21, p. 825) e com menor clareza já em Apol. 7,20 (*BSELK* p. 238,17ss.) se voltou contra o malentendido das afirmações da Reforma sobre o caráter oculto da igreja no sentido de uma idéia platônica, ou como *civitas Platonica*, enfatizando sua visibilidade, por mais que se posicionasse contrariamente à concepção da igreja como *politia externa* (*BSELK* p. 235,57, etc.) ou como "sociedade de sinais exteriores" (*societas externarum rerum ac rituum*), *op. cit.*, p. 234, 27s. A ligação com a vida de culto como lugar da concretude da igreja foi expressa com mais nitidez nos *Loci* que na Apologia.

37 Especialmente em 1520 no escrito "Do papado em Roma contra o afamado romanista em Leipzig", *WA* 6, 296s (distinção de "duas igrejas", a espiritual e interior e o cristianismo físico e exterior). Cf. U. KÜHN, *Kirche*, 1980, p. 24ss., que, diferente de K. HOLL, "Die Entstehung von Luthers Kirchenbegriff" (1915), in: idem, *Gesammelte Aufsätze zur Kirchengeschichte*, vol. I, *Luther*, 1921, p. 245- 278, 252ss aponta para a circunstância de que no LUTERO tardio já não ocorre a diferenciação entre "duas igrejas" (*op. cit.*, p. 27).

38 Posição de P. ALTHAUS, *Die Theologie Martin Luthers*, 1962, p. 253. Cf. acima, nota 36, acerca das afirmações de MELANCHTHON.

39 Os quatro predicados da igreja de acordo com o símbolo de Nicéia e Constantinopla serão analisados mais de perto na seção 4 deste capítulo.

40 Essa importante percepção foi formulada por P. BRUNNER, "À unidade da igreja sempre concretizada no corpo pneumático de Jesus Cristo e indestrutível corresponde a *koinonia* das igrejas de Deus na terra" ("Die Einheit der Kirche und die Verwirklichung der Kirchengemeinschaft", 1955, in: *Pro Ecclesia. Gesammelte Aufsätze zur dogmatischen Theologie*, vol. I, 1962, p. 225-234, 231).

depreciação da comunhão eclesial histórica concreta.⁴¹⁴² Principalmente se deve diferenciar entre a unidade da igreja com Cristo presente no culto da congregação como corpo dele em seu caráter oculto, e a concepção, derivada da doutrina da dupla predestinação de Agostinho, de uma comunhão invisível dos verdadeiramente eleitos, que estaria oculta na igreja histórica como em uma associação mesclada com membros que não pertencem em definitivo à igreja de Cristo (*corpus permixtum*).⁴³ Enquanto essa concepção de uma separação precoce de eleitos e condenados no desígnio de Deus agiu sempre de novo na história da igreja como questionamento da presença da salvação de Cristo para cada membro da congregação cultual, a idéia da presença conjunta da comunhão dos cristãos na presença eucarística do próprio Jesus Cristo sempre já pressupõe a eficácia salvadora para cada pessoa que crê.

Comunhão eclesial é, portanto, uma forma de manifestação, mais precisamente uma necessária forma de manifestação e decorrência da unidade da igreja, mas não é diretamente idêntica com ela. A unidade da igreja preestabelecida antes de toda comunhão eclesial historicamente realizada e que já lhe serve de fundamento, alicerçada sobre a presença de Cristo na vida de culto da congregação, igualmente se expressa nos cargos regionais e supra-regionais a serviço da unidade das igrejas locais, chegando a um cargo que representa a comunhão universal de todos os cristãos, como a igreja católica romana reivindica possuir no primado do bispo de Roma, cuja configuração e re-configuração para um perfil que seja aceitável para todas as igrejas cristãs, também para

---

⁴¹ Foi assim que principalmente E. Brunner, no vol. III de sua dogmática (*Die christliche Lehre von der Kirche, vom Glauben und von der Vollendung*, 1960), contrapôs a *ekklesia* do Novo Testamento à "instituição igreja" e a suas diversas configurações históricas (p. 46ss.), embora também ele rejeitasse o "duplo conceito de igreja" (visível/invisível) (*op. cit.*, p. 45), que era defendido sobre o fundamento da doutrina da predestinação de Agostinho por Zwinglio e pelo jovem Calvino nas *Institutas* de 1536 (cf. A. Ganoczy, *Ecclesia ministrans. Dienende Kirche und kirchlicher Dienst bei Calvin*, 1968, p. 142ss.). Quanto à ênfase posterior de Calvino na visibilidade da igreja, cf. U. Kühn, *op. cit.*, p. 58ss.
⁴² Cf., porém, as exposições de U. Kühn, *op. cit.*, p. 164ss sobre o "problema não-resolvido do duplo conceito de igreja".
⁴³ O ponto de apoio disso está em Agostinho, *De doctr. chr.* III, 32,45, CSEL 80, p. 106s.

as que atualmente ainda estão separadas de Roma, no entanto ainda está por acontecer. Também para esses ministérios de qualquer modo não pode valer que sejam fundamento da própria unidade,[44] mas apenas que servem à preservação da unidade sempre já presente na vida de culto das congregações locais – ou deveriam servir (apesar de toda a experiência histórica contrária) – e torná-la concreta. A base de todas as formas em que a unidade crida da igreja se expressa como comunhão eclesial sempre tem de ser a realidade da unidade do corpo de Cristo estabelecida na presença do único Senhor da igreja no culto das congregações em seus respectivos lugares.

Neste ponto, pois, suscita-se, porém, a pergunta pelo que, afinal, se deve entender sob a designação "igreja local" para as unidades elementares da vida eclesiástica. Porventura se trata da congregação reunida no lugar do culto em torno da proclamação da palavra e da santa ceia, ou será a "igreja local" uma designação para a diocese atribuída a um bispo? Para os primórdios cristãos não havia esse problema, porque ao bispo como presidente do presbitério de uma congregação local cabia ao mesmo tempo dirigir seu culto.[45] Mas em séculos posteriores ampliou-se a dimensão das dioceses. A igreja

---

[44] No sentido de uma eclesiologia eucaristicamente fundamentada, carece de uma revisão o linguajar habitual até aqui na doutrina e teologia católica romana, que define o papa como *principium et fundamentum* da unidade da igreja (*LG* 18 e 23, cf. *DS* 3051s), assim como a correlata designação dos bispos como *principium et fundamentum* da unidade em suas igrejas seccionais. Princípio e "fundamento" da igreja e de sua unidade é unicamente o próprio Jesus Cristo (1Cor 3.11). Os ministérios da igreja devem servir à sua unidade, mas se a unidade dos cristãos tivesse neles seu fundamento, ela há muito estaria irremediavelmente perdida, em vista do fato de que no curso da história foram justamente os altos dignitários que não raro contribuíram para suas cisões. Quando Ef 2.20 modifica a ilustração da igreja como edifício no sentido de que essa construção está erguida sobre o "fundamento" dos apóstolos e profetas, essa afirmação deve ser entendida no sentido de 1Cor 3.11, na acepção de que é o *testemunho de Cristo* pelos apóstolos e profetas que possui essa função da fundamentação, por mais que Cristo também seja apresentado como a pedra final que dá coesão à edificação. Cf. H. SCHLIER, *Der Brief an die Epheser*, 1957, 6ª ed. 1968, p.142s.
[45] E. LANNE, "Vielfalt und Einheit: Die Möglichkeit verschiedener Gestaltungen des kirchlichen Lebens im Rahmen der Zugehörigkeit zu der gleichen Kirche", in: *Katholizität und Apostolizität* (*KuD* compl. 2), 1971, p. 110-128, 115.

do bispo e as congregações locais não eram mais idênticas em todos os lugares. Contudo a concepção da constituição episcopal da igreja, que se tornara tradicional, continuou considerando as igrejas dos bispos, ou dioceses, como as unidades elementares, cuja comunhão entre si representa a unidade da igreja. Se, pois, o novo fulcro da doutrina da igreja considera estabelecida sua realidade primordialmente no lugar do culto eucarístico, então não se pode mais identificar sem mais o conceito da igreja local, assim definido, com o da diocese atribuída a um bispo. O enfoque desse desdobramento do conceito de igreja a partir do culto eucarístico precisa tender para a noção de que a realidade da igreja se reconhece primordialmente no culto da congregação local hoje geralmente conduzido por sacerdotes ou pastores e na congregação ali reunida em torno de palavra e sacramento, diferenciando-se do pensamento básico tradicional da constituição episcopal da igreja como base de toda a *communio* eclesial (sem prejuízo do fato de que obviamente em sua igreja catedral o bispo também dirige o culto), a menos que se desse uma nova ênfase na unidade pela raiz dos ministérios do presbítero e bispo, portanto, no caráter episcopal inclusive do ministério pastoral. A constituição da igreja do Concílio Vaticano II dificilmente já deve ter dado uma solução definitiva a esse problema, ao combinar a tese de que a igreja de Cristo está "verdadeiramente presente" na congregação local (*LG* 26,1) com a asserção de cunho bastante fictício de que toda celebração correta da eucaristia estaria sob a presidência do bispo.[46] Neste ponto precisa voltar a ser atual de uma nova maneira, para uma eclesiologia com fundamentação eucarística, a antiga pergunta pela unidade fundamental dos ministérios de bispo e presbítero ou pastor.[47] De qualquer modo não é muito satisfatória a resposta que KARL RAHNER deu a esse problema, notado já por ele, do novo enfoque eclesiológico na congregação local de culto, a saber, que somente no nível do episcopado estaria concretizada a igreja em todas as suas "dimensões e autoconcretizações",[48] quando por um lado a celebração local do culto eucarístico deve

---

[46] *LG* 26, § 2: *Omnis autem legitima Eucharistiae celebratio dirigitur ab Episcopo* [Mas toda celebração legítima da eucaristia é dirigida pelo bispo].
[47] A esse respeito, cf. abaixo, p. 555-561, bem como p. 536ss.
[48] K. RAHNER, in: F. X. ARNOLD, et al. (eds.), *Handbuch der Pastoraltheologie*, vol. I, 1964, p. 174s. Cf. H. DÖRING, "Die Wiederentdeckung der Ortskirche in der katholischen Ekklesiologie", in: *Orthodoxes Forum. Zeittschrift des Instituts für Orthodoxe Theologie der Universität München* 2, 1988, p. 239-257.

fornecer o ponto determinante para o conceito de igreja, mas em contrapartida o cargo episcopal de fato se tornou um ministério diretivo regional.

2) A mediação da comunhão dos fiéis por meio da confissão conjunta

Os diversos crentes estão aliados na igreja por intermédio de sua união comum com Jesus Cristo, mediada pela proclamação do evangelho e pelos sacramentos. Essa pelo menos é a razão objetiva da comunhão dos fiéis. Como, porém, se processa a correlação assim fundamentada entre cada crente e a comunhão dos fiéis da parte dos próprios fiéis, em sua subjetividade? É plausível remeter para isso simplesmente à fé como tal. Contudo o ato da fé em si individualiza a pessoa, concentra-se totalmente na relação pessoal com Jesus Cristo e com o Deus nele revelado. É apenas tendo em comum o conteúdo da fé que o indivíduo se dá conta de pertencer à comunhão dos fiéis, para além de mera condição formal de membro da igreja. Como, porém, os fiéis se certificam de que têm em comum o conteúdo da fé? Será suficiente apontar para isso à disposição, inerente à natureza humana, para a sociabilidade e a necessidade de comunicação relacionada com ela?[49] Sem dúvida a socialização e comunicação religiosas na coesão vivencial da igreja cristã estão envolvidas em tal certificação, mas de modo definitivo ela acontece somente na confissão conjunta da fé. A confissão é inicialmente um ato do indivíduo, por meio do qual cada crente expressa publicamente sua fé. Mas no caráter público da confissão está baseada a possibilidade da confissão conjunta, que também pode se processar como adesão à confissão de outros. Em tal confissão conjunta chega ao alvo a certificação de que a fé é comum. Nisso, no entanto, é preciso supor que com as mesmas palavras todos os envolvidos também querem dizer de certo modo a mesma coisa. Obviamente isso pode ser alvo de justificadas dúvidas. Porém todo exame e verificação da concordância na fé confessada em conjunto podem ser sempre de novo selados, mesmo no caso de um entendimento satisfatoriamente bem-sucedido, apenas pela confissão conjunta.

---

[49] Posição de F. Schleiermacher, *Der christliche Glaube*, 2ª ed. 1830, § 113.

A relevância fundamental da confissão conjunta para a comunhão da igreja se expressa na função da confissão na vida cultual da igreja. No caso, a confissão comum da fé está estreitamente ligada com o batismo por um lado e com a santa ceia por outro. No batismo a confissão a Jesus Cristo por parte do batizando pode ser professada na forma de uma aceitação da confissão da igreja ou (no caso do batismo de crianças) por meio de pais e padrinhos que agem vicariamente em lugar dele. Mas também pode ter a forma de uma confissão pessoal que é recebida pela congregação como concorde com sua fé. No caso do batismo de crianças há, além disso, a necessidade de que a própria pessoa batizada confirme pessoalmente mais tarde a confissão prestada em seu lugar por outros, como foi relacionada com o ato da crisma ou da confirmação. De uma maneira ou outra a confissão pessoal da fé junto com o batismo é condição para pertencer à igreja. Isso também torna compreensível a repetição da confissão conjunta pela congregação antes da celebração da santa ceia como condição para a admissão à comunhão. Em contraposição, na história da igreja diferenças na confissão, ou suspeitas de divergências na doutrina, que questionam a unanimidade da confissão, assim como uma conduta incompatível com a confissão, tiveram como conseqüência a excomunhão, a exclusão da comunhão da ceia.[50]

A forma da confissão, no âmbito da vida cultual, não foi sempre a mesma na história da igreja, principalmente na época antes do séc. IV. Para os inícios do primeiro cristianismo existem apenas referências indiretas. No caso da santa ceia um ponto de referência desses existiria somente se a exclamação aramaica *maranatha* (1Cor 16.22), relacionada evidentemente com a celebração da ceia no cristianismo primitivo, pudesse ser entendida como aclamação da presença do Senhor exaltado na santa ceia[51] e se devesse ser atribuída a uma

---

[50] Cf. a síntese das exposições de W. ELERT sobre santa ceia e comunhão eclesial na igreja antiga, in: *Koinonia. Arbeiten des Ökumenischen Ausschusses der Vereinigten Evangelisch-lutherischen Kirche Deutschlands zur Frage der Kirchen-und Abendmahlsgemeinschaft*, 1957, p. 57-78, esp. p. 64s, 66ss.
[51] O chamado que remonta à mais antiga congregação, e cujo sentido não possui uma interpretação segura, também pode ser entendido como oração pela volta escatológica de Cristo (como provavelmente em Ap 22.20). Mas a ligação com a exclusão de todo aquele que "não ama o Senhor" em 1Cor 16.22 (cf. também

aclamação dessas – à semelhança da exclamação *"Kyrios* Jesus" (Rm 10.9; 1Cor 15.3; cf. Fl 2.11) – um caráter de confissão.⁵² No batismo existem mais desses pontos de referência, embora também aqui não tenha sido transmitido literalmente nenhum texto ou fragmento de uma confissão de batismo do primeiro cristianismo e tampouco haja uma indicação segura de sua forma.⁵³ Com alguma certeza o discurso da confissão uma vez proferida, na qual cabe permanecer firme, na carta aos Hebreus (Hb 4.14; cf. 3.1) poderia levar à inferência de uma confissão de batismo.⁵⁴ Também a palavra de Paulo sobre a confissão ao *Kyrios* Jesus (Rm 10.9) pode ser entendida como alusão a uma confissão batismal.⁵⁵ De época posterior nos

---

Did 10.6) sugere uma referência ao Senhor presente na ceia (K. G. KUHN, in: *TWNT* 4, 1942, p. 474s).
⁵² Dúvidas a esse respeito foram externadas por H. v. CAMPENHAUSEN, "Das Bekenntnis im Urchristentum", in: *ZNW* 63, 1972, p. 210-253, 225. Mas A. M. RITTER, seguindo a F. HAHN, observou seguramente com razão que com isso "foi feita uma separação estrita demais entre aclamação e confissão" (*TRE* 13, 1984, p. 400). Afinal, em Rm 10.9 Paulo, assim como o hino pré-paulino de Fl 2.11, empregam expressamente as palavras "confessar" e "confissão" para o ato da aclamação. Quanto à aclamação no cristianismo primitivo, cf. K. WENGST, em seu artigo "Glaubensbekenntnis(se) IV", in: *TRE* 13, 1984, p. 396s. Sobre o caráter confessional dos hinos cultuais sob o enfoque sistemático, cf. G. WAINWRIGHT, *Doxology. The Praise of God in Worship, Doctrine and Life. A Systematic Theology*, 1980, p. 182ss.
⁵³ Além de J. N. D. KELLY, *Altchristliche Glaubensbekenntnisse. Geschichte und Theologie*, trad. alemã 1972, p. 36-65, esp. p. 46ss., cf. principalmente G. KRETSCHMAR, "Die Geschichte des Taufgottesdienstes in der alten Kirche", 1964/66, in: *Leiturgia* 5, 1970, p. 1-348, 49ss. A única menção expressa de uma confissão de batismo no Novo Testamento, por ocasião do batismo do tesoureiro etíope em At 8.37, que pode ser encontrada apenas em manuscritos transmitidos no Ocidente, dificilmente será original (opinião divergente: J. N. D. KELLY, p. 46s), mas permite notar que pelo menos antes de IRENEO já se sentia falta de uma menção da confissão batismal nesse episódio.
⁵⁴ G. BORNKAMM, "Das Bekenntnis im Hebräerbrief" (1942), in: *Studien zu Antike und Urchristentum*. Ges. Aufsätze, vol. II, 1959, p. 188-203. Cf. também a opinião de K. WENGST, in: *TRE* 13, 1984, p. 394.
⁵⁵ U. WILCKENS, *Der Brief an die Römer*, vol. II, 1980, p. 227, discordando de H. v. CAMPENHAUSEN, *op. cit.*, p. 231. No mais a tendência disseminada há décadas entre os exegetas do Novo Testamento, de identificar nos escritos do primeiro cristianismo fragmentos de confissões batismais, cedeu em boa parte a uma volta à sobriedade. Crítico contra ela já foi R. P. C. HANSON, *Tradition in the Early Church*, 1962, p. 69.

foram legadas perguntas batismais que se referem à fé trinitária da igreja,[56] ao passo que se pode comprovar apenas desde o séc. IV uma confissão coesa ("declaratória") a ser proferida pelo batizando. Essa mudança na forma da confissão no batismo, porém, não altera nada na estreita relação, evidentemente habitual desde o incipiente cristianismo, entre confissão e batismo. Com a confissão o batizando concorda com a fé da igreja e se declara definitivamente[57] como pertencente a Jesus, assim como ele recebe no próprio ato do batismo de maneira igualmente definitiva a vinculação com Jesus. Esse caráter definitivo da confissão, no entanto, não exclui que a confissão uma vez proferida seja lembrada, reiterada e reforçada em outro contexto, em especial na celebração da eucaristia (cf. Hb 13.15), e precisamente para louvar a Deus e sua revelação,[58] como, aliás, a confissão de fato está próxima do hino no aspecto de dar a Deus a honra em seu agir que o revela.

A dimensão de caráter definitivo, inerente à confissão batismal cristã em analogia à importância da homologia no linguajar jurídico grego,[59] caracteriza a confissão como uma peculiaridade para a fé cristã específica e que a diferencia no mundo das religiões. Isso vale também em relação à religião de Israel. No Antigo Testamento não existe o fenômeno da confissão nessa acepção específica, porque o pertencimento do judeu ao Deus de Israel se baseia na filiação ao povo eleito por esse Deus, respectivamente na aliança de Deus com seu povo, não, porém, em uma confissão individual, enquanto os cristãos pertencem a Jesus Cristo e assim à comunhão dos cristãos por intermédio do ato do batismo e da confissão pessoal. Em um sentido mais amplo da palavra seguramente também o judeu devoto se "confessa" ao Deus de seu povo, mas nesse caso não se trata do ato que primeiramente embasa, ou apenas fundamenta em conjunto, o pertencimento a Deus e ao povo dele, mas da fidelidade ao Deus do povo e da oferta de louvor que lhe é devida por seus feitos. Dar a Deus a honra que lhe cabe é também o

---

[56] Sobre isso, cf. J. N. D. KELLY, *op. cit.*, p. 46 ss.
[57] G. BORNKAMM, *op. cit.*, p. 192.
[58] Cf. G. BORNKAMM, *op. cit.*, p. 194. O caráter definitivo no ato da confissão não exclui também conforme BORNKAMM sua atualização memorizadora e seu reforço. Cf. também novamente as exposições de G. WAINWRIGHT, citadas na nota 52, sobre o parentesco interno de confissão e hino.
[59] G. BORNKAMM, *op. cit.*, p. 192 com referências bibliográficas ali, nota 9.

sentido religioso da confissão dos pecados.⁶⁰ O confessar cristão, entretanto, corresponde à função da homologia no linguajar jurídico antigo, que foi caracterizada como "uma declaração pública compromissiva, pela qual se estabelece contratualmente uma relação jurídica".⁶¹ Uma função análoga possui a confissão de fé na relação com o batismo. Por isso leva a equívocos falar de confissão de fé já no Antigo Testamento, como se lá houvesse uma situação de cunho semelhante.⁶² A forma e função da confissão no cristianismo, pelo contrário, representam uma nova espécie de fenômeno religioso, que somente pode ser entendido a partir de sua origem em Jesus.⁶³

A promessa que Jesus vinculou ao "confessar-se" a ele foi transmitida em diversas versões.⁶⁴ Diante da formulação em Mateus (Mt 10.32s)

---

⁶⁰ Cf., p. ex., Js 7.19. Não deixa de ser significativo que para a reprodução de *jadah* foram empregados na LXX menos o verbo *homologeo* e muito mais derivações desse termo, como *exhomologeisthai*. Cf. O. MICHEL, in: *TWNT* vol. V, 1954, p. 203s.

⁶¹ G. BORNKAMM, *op. cit.*, p. 192.

⁶² G. V. RAD, p. ex., classificou Dt 26.5-9 como um "Credo" histórico-soteriológico e asseverou que esse texto é "de ponta a ponta uma confissão" (*Theologie des Alten Testaments*, vol. I, 1957, p. 127, cf. p. 177ss.). As distantes analogias com o conteúdo igualmente "histórico-soteriológico" do Segundo Artigo nos textos confessionais cristãos dificilmente podem justificar o recurso a esse conceito. Seu uso em v. RAD provavelmente remonta a O. PROCKSCH, *Das Bekenntnis im Alten Testament*, 1936, cf. idem, *Theologie des Alten Testaments*, 1950, p. 629-632. Entretanto H. GUNKEL já falou em sua *Einleitung in die Psalmen* (ed. por J. BEGRICH), em 1933, da "*Confissão* a Javé como o Redentor da aflição" como um motivo do hino de gratidão (p. 272).

⁶³ Apesar de suas observações precisas quanto à palavra de Jesus sobre confessar-se a ele (cf. a nota subseqüente), G. BORNKAMM curiosamente não destacou as diferenças com a *todah* do Antigo Testamento, à qual dedicou uma investigação específica ("Lobpreis, Bekenntnis und Opfer. Eine alttestamentliche Studie", 1964, in: *Geschichte und Glaube*, vol. I (*Gesammelte Aufsätze*, vol. III), 1968, p. 122-139). A confissão a Jesus com certeza abarca elementos do louvor (a Deus) do Antigo Testamento, porém possui o sentido específico de um testemunho forense – em analogia a uma situação de tribunal – e por isso simultaneamente de uma tomada de partido em prol de Jesus face à disputa pela legitimidade verdadeira de seu recurso à autoridade de Deus para sua mensagem e atuação. Onde estariam as analogias exatas disso no Antigo Testamento, bem como da função fundamentadora da confissão a Jesus para a participação na salvação escatológica por parte do confitente?

⁶⁴ Para o seguinte, cf. G. BORNKAMM, "Das Wort Jesu vom Bekennen" (1938), in: *Geschichte und Glaube*, vol. I, 1968, p. 25-36, esp. p. 31ss. Quanto à questão da autenticidade de Lc 12.8s, cf. ali p. 25s, nota.

provavelmente a do evangelho de Lucas poderá exigir a primazia da autenticidade para essa palavra da fonte de ditos, porque aqui o Filho do Homem e seu juízo vindouro são posicionados em correlação com os atuais veredictos das pessoas sobre Jesus, enquanto o Filho do Homem do futuro não é identificado com Jesus: "Todo aquele que se confessar a favor de mim perante os humanos, a favor dele também se confessará o Filho do Homem perante os anjos de Deus; contudo quem me nega diante dos humanos, essa também será negado diante dos anjos de Deus" (Lc 12.8s). Se ambos os segmentos desse dito remontam a Jesus,[65] então essa palavra está situada no começo da história da confissão cristã. O termo hebraico *hodah* ("exaltar"), respectivamente o equivalente aramaico que constitui aqui o pano de fundo do termo grego *homológeo*, assume no presente dito de Jesus uma nuance bem específica, a saber, o significado de "tomar partido" publicamente em uma disputa, na disputa em torno da mensagem e pessoa de Jesus.[66]

Esse sentido da tomada de partido em favor de Jesus em uma controvérsia pública em torno de sua causa e pessoa foi preservado pelo conceito da confissão no cristianismo. No processo, a tomada de partido em favor da pessoa de Jesus, que ao mesmo tempo fundamenta um pertencimento duradouro a ele, foi cada vez mais combinada com afirmações doutrinárias sobre Jesus. Ainda carece de explicação por que isso transcorreu assim. Contudo desde já cabe anotar que a confissão cristã sempre possui o caráter do engajamento pessoal em favor de Jesus e do Deus revelado nele. No caso, não está em jogo primordialmente a aceitação de uma doutrina sobre Jesus.[67] Salientar isso

---

[65] Ao contrário do *lógion* da fonte de ditos, Mc 8.38 traz somente o anúncio negativo: "Porque quem se envergonha de mim e de minhas palavras... dele também se envergonhará o Filho do Homem, quando vier na glória de seu Pai no cortejo dos santos anjos." Cf. Lc 9.26.

[66] H. v. CAMPENHAUSEN, "Das Bekenntnis im Urchirstentum", in: *ZNW* 63, 1972, p. 210-253, 212s.

[67] H. v. CAMPENHAUSEN, *op. cit.*, p. 211: "Originalmente a confissão cristã não é uma listagem das peças tradicionais e verdades doutrinárias essenciais para a fé, mas a designação tão breve quanto inequívoca do único divino interlocutor, cuja afirmação faz de cada cristão um cristão e o diferencia de todo não-cristão, a saber, a pessoa de Jesus." Cf. também a observação de VON CAMPENHAUSEN, *op. cit.*, p. 214, sobre a proximidade do sentido original cristão de *homologein* com o *martyrein* em João, bem como seu ensaio "Die Idee des Martyriums in der alten Kirche, 2ª ed. 1964, p. 20ss.

é importante, porque a palavra "confissão", sobretudo nas igrejas da Reforma, se tornou designação de uma síntese da doutrina da igreja, enquanto a igreja latina somente associou com a confissão de fé o ato de confessar como *professio fidei*, ao passo que designou a própria confissão, como o cristianismo oriental, de *simbolum*, ou simplesmente de "a fé", enquanto relacionou a expressão *confessio* com a confissão de pecados.

Vem ao encontro precisamente da compreensão evangélica da fé que o ato da confissão tem a ver apenas indiretamente com conteúdos doutrinários: Diretamente ele se refere à pessoa do próprio Jesus e ao Deus manifesto nele, e isso na controvérsia em torno da verdade de tudo que o nome de Jesus representa. O efeito de salvação que consta na promessa do ato da confissão, tem a ver apenas secundária e indiretamente com as percepções teológicas com que esse ato se relaciona. As percepções podem ser precárias e vagas. O que importa é o ato da "tomada de partido" em favor de Jesus. Também esse ato não tem por si próprio a força de ligar alguém a Jesus, mas isso se dá unicamente por causa da promessa do próprio Jesus, de por sua vez se confessar em favor daquele que se apega a ele. Porque o Filho do Homem, de cujo futuro fala a palavra de Jesus, já não pode ser outro para o conhecimento cristão após a Páscoa senão o Ressuscitado e Exaltado. A reflexão teológica sobre a pergunta a que, afinal, os cristãos se confessam ao se confessarem em favor de Jesus, pode parecer como algo posterior e quase secundário em contraposição à ligação com a pessoa do próprio Jesus no ato da confissão. Isso, no entanto, vale apenas enquanto não houver nenhuma dúvida de que é de fato Jesus aquele a quem se refere o ato da confissão. Na medida em que a reflexão teológica expressa aquilo pelo que é representado pelo nome de Jesus, ela sem dúvida tem algo a ver com a relação da confissão com a pessoa de Jesus.

É nesse ponto que se situa o fulcro para desenvolver ampliações doutrinárias da confissão a favor de Jesus. Os começos desse desenvolvimento já devem ser supostos para o tempo imediatamente posterior à Páscoa. Porque, ao contrário da situação determinada pela proclamação e atuação terrenas de Jesus, após a Páscoa havia necessidade de um critério para o que aquele que pronuncia o nome de Jesus e se confessa a favor dele também se referisse realmente a Jesus de Nazaré crucificado e ressuscitado. Na situação antes da Páscoa era desnecessário um critério desses. Bastava que o próprio Jesus aceitasse a confissão prestada a ele. Nisso se mostrava, de forma igualmente perceptível para outros, o pertencimento a Jesus. No tempo após a Páscoa os discípulos de Jesus e a congregação formada por eles, que anuncia a Jesus, assumiram essa função: Concordar com a proclamação da igreja e sua aclamação cultual de Jesus como Messias e *Kyrios* tornou-se o critério para definir se a confissão individual ao nome de Jesus se refere ao Cristo e *Kyrios* crucificado e ressuscitado, anunciado pela igreja. Por isso Paulo afirma: "... se com os lábios confessares 'Jesus é o Senhor' e com o coração creres 'Deus o ressuscitou dos mortos', serás salvo" (Rm 10.9). A menção da fé na ressurreição de Jesus dentre os mortos não deve ser entendida aqui simplesmente como um momento aditivo acrescentado à confissão em favor de Jesus como o Senhor, mas como explicativo[68] para definir mais precisamente aquele do qual os cristãos confessam que ele é o Senhor.

Nessa palavra da carta aos Romanos pode-se notar o começo do desenvolvimento da confissão do primeiro cristianismo rumo à confissão doutrinária.[69] A confissão a favor de Jesus como o *Kyrios* recebe inicialmente uma definição mais precisa pela referência à mensagem da Páscoa: É o Jesus ressuscitado dos mortos que a igreja chama de Senhor. Por isso toda confissão a Jesus que não o testemunhar como aquele morto na cruz e ressuscitado deixará ser condizente com a identidade dele.

Assim como em Paulo o evento da Páscoa explicita a identidade de Jesus, assim em 1Jo 4.15, o título "Filho de Deus": "Quem confessa que (*hóti*) Jesus é o Filho de Deus, nele Deus fez morada duradoura e ele em Deus" Em outra passagem da carta a afirmação central de João acerca da encarnação do *Logos* é acolhida na explicação da identidade de Jesus como objeto da confissão cristã: "Todo espírito que confessa Jesus Cristo como vindo na carne é de Deus" (1Jo 4.2).[70]

---

[68] Posição de U. WILCKENS, *Der Brief an die Römer*, vol. II, 1980, p. 227 (sobre *hóti*).
[69] Diferente é a posição de H. v. CAMPENHAUSEN, *op. cit.*, p. 223s, porque ele nega o nexo interior entre aclamação do *Kyrios* e homologia, em contrariedade ao expresso uso terminológico de Paulo (cf. acima, nota 52).
[70] Aqui já ocorre a forma que se tornou usual em fórmulas posteriores de confissão cristã (particularmente em seu Segundo Artigo), de combinação participial entre a realidade caracterizada e o nome de Jesus. Além disso, cabe notar: A autenticidade do *pneuma* possui, segundo essa palavra, como critério a confissão a Cristo, em analogia a 1Cor 12.3, e não o inverso.

Aqui se podem perceber os primeiros passos da caminhada que por fim levou às fórmulas declarativas de confissão do séc. IV, em cuja seção cristológica foram sintetizados os principais dados da história de Jesus. Na história da confissão batismal cristã elas foram por um lado completadas pela confissão a Deus, o Pai e Criador, assim como, por outro, ao Espírito Santo e sua atuação na igreja e na consumação futura. O primeiro aspecto se tornou necessário no passo para fora do círculo da tradição judaica, tão logo a fé no Deus único como Criador do mundo não podia mais ser pressuposto como natural.[71] A inclusão do Espírito Santo, porém, já estava preestabelecida pela fórmula batismal triádica de Mt 28.19. A ela corresponde a tríplice interrogação do batizando, transmitida por TERTULIANO e HIPÓLITO, durante o ato do batismo, acerca de sua fé no Pai, no Filho e no Espírito Santo.[72] Em contrapartida, a subdivisão tríplice das perguntas do batismo, como também das posteriores confissões batismais declarativas, corresponde à forma trinitária da regra de fé (*regula fidei*) vigente desde o séc. II como parâmetro, na qual hoje se reconhece um esquema não rigidamente formulado, e tampouco relacionado especificamente com a confissão e catequese batismais, referente à prestação de contas sucinta do conteúdo da fé cristã, sendo que a configuração mais precisa desse esquema permaneceu variável até o séc. IV.[73] O fato de que as confissões de batismo em formulação declarativa daquele tempo – como também já as perguntas batismais mais antigas – eram estruturadas de forma trinitária, credencia-as, portanto, como sumários da fé da igreja.

O uso de tais sumários no batismo significa que a confissão do batizando, relacionada com o ato do batismo, não é mais uma confissão pessoal direta à pessoa de Jesus, mas concordância com a confissão

---

[71] O fato de que essa ampliação aconteceu apenas com hesitação é salientado por H. v. CAMPENHAUSEN, *op. cit.*, p. 215s. Em contraposição J. N. D. KELLY, *op. cit.*, p. 26ss., p. 34 assinala que fórmulas de credos de dois elementos (sem ser expressamente designadas de homologia) surgiram já por razões de conteúdo e em tempo muito antigo na literatura cristã, assim como também fórmulas triádicas como, além de Mt 28.19, também 1Cor 12.4-6; 2Cor 13.13; 1Pd 1.2 (J. N. D. KELLY, *op. cit.*, p. 28s).

[72] J. N. D. KELLY, *op. cit.*, p. 49ss.

[73] A esse respeito, cf. o exposto por A. M. RITTER, in: *TRE* 13, 1984, p. 402ss com bibliografia, bem como para a concretização da regra de fé em "confissões privadas", também p. 408ss.

da igreja sobre Cristo e aceitação da fé trinitária dela. Essa constitui a última conseqüência da situação pós-pascal, na qual a congregação de Jesus Cristo com sua confissão de Cristo se tornaram critério para a autenticidade da confissão individual a Jesus. Vista a partir de sua origem, a confissão cristã é inicialmente uma expressão do engajamento individual por Jesus Cristo, pela verdade de seu ensinamento e pelo Deus manifesto em sua atuação e sua história, e também continua sendo isso. Contudo a concordância no conteúdo da confissão dos fiéis, i. é, na descrição identificadora de seu destinatário, é fiadora da autenticidade e identidade da referência a Jesus Cristo, bem como da aceitação da confissão pelo próprio Jesus Cristo, porque a comunhão dos fiéis com seu Senhor forma uma coesão como seu "corpo", e porque conseqüentemente Jesus Cristo não pode ser objeto de confissão autêntica separado de sua igreja. Em decorrência, inverte-se na história da confissão cristã a relação entre ato confessional individual e confissão da igreja, no sentido de que a fé da igreja se torna determinante para a confissão a ser proferida pelo indivíduo. Isso, porém, não constitui já um indício de sua falsificação do sentido original do confessar cristão, enquanto o caráter balizador da fé eclesiástica para o confessar individual apenas for expressão e conseqüência da precedência da pessoa e doutrina de Jesus e do evangelho apostólico antes de toda fé e confissão individual. Porque a doutrina da igreja como critério do que significa confessar-se a Jesus por seu turno está condicionada à concordância com sua origem na mensagem apostólica de Cristo. Por isso carece de constante verificação, mas igualmente de interpretação explicativa a partir do testemunho das Escrituras, com o qual alega estar em consonância.

Isso vale também para o conceito e a função da própria confissão. O engajamento expresso na confissão a Jesus é qualificado como escatologicamente definitivo face ao futuro do juízo que há de acontecer, com a confirmação da reivindicação de veracidade de Jesus, simultaneamente acerca da participação na salvação por parte dos que agora se confessam a favor dele. Em contraposição, a situação em que é prestada a confissão ainda não é a do próprio julgamento escatológico. Pelo contrário, está marcada pelo caráter provisório da era atual do mundo. Esse momento do provisório também diz respeito à forma na qual é proferida a confissão. Isso vale tanto para a confissão do indivíduo como também para a confissão conjunta da igreja. O horizonte escatológico da mensagem e história de Jesus e a tensão assim gerada entre o caráter vindouro do futuro do senhorio de Deus e sua reivindicação de apesar disso "já" determinar o presente também deveria acarretar para a igreja um saber da condição provisória da forma de sua vida e doutrina. "Agora ainda conheço em parte; então, porém, conhecerei cabalmente, assim como também eu fui conhecido" (1Cor 13.12). Isso vale para a comunhão dos fiéis tanto quanto para o indivíduo. Por isso ambos carecem sempre de ensinamento mais profundo acerca do conteúdo de sua fé, e não apenas no futuro escatológico de Deus, mas também já neste mundo. Tal ensinamento, no entanto, a comunhão dos cristãos sempre poderá esperá-lo somente a partir do fundamento de sua fé e confissão, ou seja, a partir da revelação de Deus acontecida em Jesus Cristo. Por isso também poderá esperá-lo decisivamente apenas a partir do estudo sempre reiterado dos testemunhos apostólicos sobre ele, ou seja, não a partir das modas alternantes da época, mas tampouco a partir dos progressos da experiência do mundo tomados para si, e sim apenas na medida em que novas descobertas sobre o mundo e o ser humano, e não por último também sobre a interpretação de textos legados, precisam ser introduzidas na explicação das Escrituras e na interpretação de seu teor. Os testemunhos da Bíblia precisam ser lidos sempre de novo à luz de novas experiências e concepções modificadas da realidade do mundo e do ser humano, mas é somente do conteúdo deles – no contexto da verificação e interpretação da tradição da doutrina eclesiástica em sua história – que podem partir os impulsos decisivos para novas definições do conteúdo da doutrina eclesiástica e da confissão de Cristo.

> Nesse sentido a igreja, sua doutrina e sua confissão sempre de novo carecem de revisão e reforma.[74] Esse conceito, no entanto, não

---

[74] Esse pensamento da Reforma foi acolhido também pela Igreja Católica Romana no Concílio Vaticano II. No decreto sobre o ecumenismo, p. ex., é dito acerca da tarefa da renovação (*renovatio*) da igreja: *Ecclesia in via peregrinans vocatur a Cristo ad hanc perennem reformationem qua ipsa, qua humanum terrenumque institutum, perpetuo indiget* [A igreja peregrinando a caminho é chamada por Cristo para aquela reforma permanente, da qual carece perpetuamente como instituição humana e terrena] (*UR* 6). Entretanto podemos nos perguntar como essa bela frase se relaciona com a formulação da constituição da igreja do Concílio Vaticano I, segundo a qual as definições doutrinárias do

deve ser entendido como "configuração reversa" para um estado originário determinante. Revisão e reforma no sentido cristão se referem à origem da igreja no evento da aproximação do senhorio de Deus pela chegada e atuação de Jesus, porque e na medida em que esses eventos configuram ao mesmo tempo o futuro rumo ao qual se dirige a igreja juntamente com toda a humanidade. Pelo fato de que a reforma eclesiástica tem a ver com a história de Jesus Cristo como acontecimento escatológico, do mesmo modo como a confissão cristã, por isso ela não olha apenas para trás, para se orientar conforme um estágio inicial clássico da igreja, mas para frente, para o futuro do senhorio de Deus, ao refletir sobre sua origem na pessoa e história de Jesus Cristo. Na relação com o futuro de seu Senhor exaltado a forma da doutrina e confissão da igreja continua provisória e por isso reformável.

Saber da possibilidade e da necessidade de modificação e da forma de doutrina no processo aberto da experiência histórica deveria capacitar a igreja para a tolerância frente a formas distintas da consciência de fé em cada um de seus membros no contexto da realização de suas confissões pessoais ao Senhor comum. O ato da confissão em seu caráter escatológico definitivo transcende sempre o estágio limitado de uma ou outra maneira da própria consciência de fé. Precisamente por isso, no entanto, a abertura e possibilidade de revisão da forma das declarações doutrinárias associadas à confissão da igreja quanto do indivíduo, não significa que a própria confissão seja mutável. Pelo contrário, por natureza a confissão a Jesus Cristo sempre é, por ser proferida em vista do futuro escatológico de Deus, definitiva e por sua intenção, abrangente. Exemplo disso é a decisão de LUTERO em 1528 de "confessar minha fé a Deus e a todo o mundo parte por parte, na qual pretendo me firmar até a morte, partindo nela (que Deus me ajude) deste mundo e comparecendo perante o tribunal de nosso Senhor Jesus Cristo".[75]

---

papa devem ser *irreformabiles* [irreformáveis] (*LG* 25, cf. *DS* 3074). Porventura o magistério papal não pertence também à igreja peregrina, que possui o tesouro da verdade divina "em vasos de terra", como afirma o apóstolo de forma bem geral sobre vida atual dos cristãos (1Cor 4.7) – ou, com as palavras citadas do concílio, na figura de uma instituição que sempre é também humana e terrena? Cf. também abaixo, p. 566, nota 995.

[75] *WA* 26, p. 499,20-23.

Tão definitiva na intenção quanto a confissão do indivíduo é a da igreja como um todo. Essa, no caso, se diferencia da confissão do indivíduo apenas no aspecto expressivo de sua configuração; porque no tocante à intenção também ela, quando autêntica, sempre é a confissão da igreja toda. Não obstante, uma forma de expressão de sua confissão intencionada para ser representativa para a igreja toda, e como tal também aceita em boa medida, se reveste de uma dignidade singular. É sobre isso que repousa a relevância extraordinária do símbolo ecumênico de Nicéia e Constantinopla de 381 para a consciência de fé da igreja.[76] Porque nesse símbolo foi levantada pela primeira vez a reivindicação de expressar a fé da igreja de modo abrangente e definitivo em forma compromissiva para todo o cristianismo. Essa reivindicação foi sempre de novo reconhecida pelas igrejas não apenas daquele tempo, mas igualmente em todos os séculos seguintes, de sorte que as igrejas do cristianismo em ocasiões solenes ou também em todos os domingos confessaram a fé com as palavras desse símbolo como sinal visível da unidade de toda a igreja em sua fé e confissão. Antes do símbolo de 381 desenvolveram-se formulações diferentes de confissões batismais com uma respectiva autoridade apenas regional, entre as quais também se deve contar o Credo Apostólico, surgido da congregação romana. Nesse desenvolvimento na realidade também foi feita a tentativa de formular a fé da igreja de modo sintético em sua totalidade, mas não com a reivindicação de fazê-lo de maneira representativa e compromissiva para todo o cristianismo. Essa reivindicação é peculiar ao símbolo de Constantinopla. Em sua característica ele é tão escatologicamente definitivo em relação à igreja de Cristo como um todo como a confissão individual em relação à vida do indivíduo cristão. Por isso sua reivindicação se

---

[76] Cf. do autor "Die Bedeutung des Bekenntnisses von Nicaea-Konstantinopel für den ökumenischen Dialog heute", in: *Ökumenische Rundschau* 31, 1982, p. 129-140, bem como idem, "Das Bekenntnis in der lutherischen Tradition" (1981), in: *Schritte zur sichtbaren Einheit*, Lima 1982, sessão da Comissão de Fé e Ordem eclesiástica (suplemento da Ökumenische Rundschau 45), H. G. Link (ed.), 1983, p. 118-124, esp. p. 121ss. Essa palestra foi uma contribuição para os debates documentados nesse fascículo na comissão de *Faith and Order*, por volta de 1980, se o esforço por uma confissão conjunta da fé cristã deveria visar a uma nova formulação da confissão pela comissão, a ser apresentada às igrejas-membro, ou se deveria ser estruturada como explicação do "Niceno", conforme acabou sendo decidido na sessão da comissão em Lima. Também nos esforços ecumênicos bilaterais da atualidade a reflexão sobre o reconhecimento conjunto do Credo Niceno como formulação compromissiva da fé da igreja representou muitas vezes o primeiro passo.

estende também à igreja de todas as gerações futuras. Se quiséssemos alterar esse texto ou substituí-lo por outro, seria levantada inevitavelmente a pergunta se ainda nos encontramos na mesma igreja una, pela qual os pais do Concílio de Constantinopla em 381 pretendiam expressar vicariamente a fé de todo o cristianismo, e nisso tiveram razão, como mostrou a acolhida universal desse símbolo ao longo de tantos séculos. Por isso esse texto sem dúvida pode ser explicado – e de fato carece da explicação em diversos aspectos – mas ele não pode ser substituído por outro. Porque nenhuma formulação posterior, por melhor que fosse, poderia cumprir a mesma função representativa como sinal da identidade da fé cristã ao longo dos séculos. Por isso o símbolo de Nicéia-Constantinopla tampouco pode ser complementado por acréscimos com o mesmo nível de autoridade. Já o concílio de Calcedônia em 451 estava cônscio disso e deu a entendê-lo, quando subordinou sua própria declaração doutrinária à fé dos pais de Nicéia e Constantinopla e a entendeu como aplicação daquela para a decisão de controvérsias doutrinárias surgidas depois dela.[77] Concílios posteriores do Oriente e do Ocidente procederam de forma análoga, quando, p. ex., em sua abertura foi recitado solenemente o símbolo de Nicéia e Constantinopla como sinal da comunhão na fé da igreja pelos séculos. O Concílio de Trento chegou até mesmo a chamar esse símbolo de fundamento sólido e singular (*fundamentum firmum et unicum*), sobre o qual todos fiéis necessariamente precisam concordar.[78] Mas também a Reforma luterana queria que sua Confissão de Augsburgo em 1530 fosse entendida como explicação da confissão da igreja antiga.[79] Na

---

[77] DS 300, *Conciliorum Oecumenicorum Decreta*, 3ª ed. Bologna 1973, p. 83ss.

[78] DS 1500. Nas igrejas do Ocidente esse sinal da comunhão ecumênica na fé, no entanto, foi desfigurado desde a era carolíngia e definitivamente desde o séc. XI por meio da inclusão unilateral do *filioque* [e do Filho] na confissão acerca da origem do Espírito Santo do Pai no Terceiro Artigo do símbolo, de modo que desde então o símbolo alterado se tornou um sinal da cisão entre o Ocidente cristão e o cristianismo oriental. Cf. vol. I, p. 481ss., bem como os posicionamentos de A. GANOCZY e R. SLENCZKA sobre a problemática do *filioque* no volume editado por K. LEHMANN, e por mim: *Glaubensbekenntnis und Kirchengemeinshcaft. Das Modell des Konzils von Konstantinopel* (381), 1982, p. 74-79, bem como p. 80-99.

[79] Cf. as observações do autor no segundo artigo mencionado na nota 76 ("Das Bekenntnis in der lutherischen Tradition), p. 118ss., bem como G. KRETSCHMAR, "Die Bedeutung der Confessio Augustana als verbindliche Bekenntnischrift der Evangelisch-Lutherischen Kirche", in: H. FRIES et al., *Confessio Augustana –*

realidade, porém, ocupava o primeiro plano para os reformadores o Credo Apostólico, porque naquele tempo ainda se atribuía a redação desse símbolo aos apóstolos, considerando-o, portanto, mais antigo e original entre as fórmulas confessionais da igreja antiga, e porque não se percebia, em comparação com o Niceno, sua importância apenas regional, a saber, restrita à área de influência de Roma no Ocidente cristão. A partir da visão atual é preciso revisar essa valorização. Os esforços ecumênicos da atualidade se convenceram novamente da proeminente autoridade do símbolo de Nicéia e Constantinopla, que obteve em todos os segmentos do cristianismo de longe a acolhida mais generalizada. À luz da autoridade cristã universal dessa confissão ecumênica da igreja podem ser hoje entendidos os diversos tipos de formação doutrinária confessional no Oriente, no Ocidente latino e nas igrejas da Reforma como distintas tradições de interpretação da mesma confissão da igreja, que por isso têm nesse texto também uma base para o entendimento acerca de divergências.

A valorização do símbolo de Nicéia e Constantinopla como sinal para a unidade da fé da igreja e de sua confissão de forma alguma exclui que se tenha consciência da relatividade histórica de suas formulações. As diversas afirmações acerca da pré-existência de Cristo no Segundo Artigo apresentam nítidos vestígios da controvérsia ariana. A menção do nascimento de Cristo a partir do Espírito, acrescentada em 381 ao texto de Nicéia de 325, não apenas corresponde ao procedimento seguido na maioria das confissões batismais, de citar nascimento, morte e ressurreição de Cristo como estações principais de sua trajetória terrena, contrariando toda diluição gnóstica de sua realidade humana, mas por trás está também o interesse do concílio de 381 na divindade do Espírito. Em contraposição, falta qualquer referência à mensagem e atuação terrena de Jesus. No Terceiro Artigo sentiu-se falta da menção da santa ceia, mas igualmente da justificação. O símbolo, portanto, não traz uma lista completa dos conteúdos da doutrina cristã. Apesar disso ele sumariza o todo da fé cristã. Pode ser aprovado e proferido por cristãos de eras posteriores como declaração sintética também da sua fé, quando concordarem com a intenção expressa por meio das formulações do símbolo, ainda que coloquem uma ou outra

---

Hindernis oder Hilfe?, 1979, p. 31-77, esp. p. 49s Cf. também o ensaio do autor no mesmo volume, p. 259-279.

ênfase diferente, também, p. ex., concordando com a menção de que Jesus nasceu do Espírito apenas como afirmação de sua origem a partir do Espírito de Deus, mas não como asserção de uma concepção sem participação masculina. O texto do símbolo carece sempre de novo de uma interpretação explicitadora à luz dos testemunhos bíblicos, mas para além de todas as barreiras de sua formulação ele continua sendo uma expressão compromissiva para a confissão da igreja a Jesus Cristo na vinculação dele com Deus, o Pai, e com a atuação do Espírito Santo.

3. A relação direta do indivíduo com Jesus Cristo no Espírito Santo e a mediação do evangelho pela igreja

A análise da confissão a Jesus Cristo como condição subjetiva do pertencimento a ele e à comunhão de seu corpo levou do ato da confissão do indivíduo à confissão da igreja, na qual cada pessoa se inclui. Por mais que na confissão em última análise esteja em jogo o engajamento pessoal do indivíduo por Jesus Cristo como pessoa, isso somente pode ser efetivado no tempo depois da Sexta-Feira Santa e da Páscoa sob a condição de que o indivíduo se some à proclamação e ao louvor, à oração e à confissão da igreja. Retorna, assim, a pergunta pela relação entre a existência individual cristã e a igreja, agora na forma aguçada da pergunta de como se coadunam a mediação da relação individual a Jesus pela igreja e o contato direto do indivíduo com Jesus Cristo no ato da fé e da confissão.[80]

Incontestável é inicialmente que para cada cristão individualmente, pelo menos depois da geração dos primeiros discípulos, o conhecimento de Jesus Cristo e a comunhão, gerada pela fé nele e pela confissão a ele em associação com o batismo, com sua morte e vida é mediado pela tradição cristã da mensagem e atuação de Jesus, de sua história e de sua relevância para todos os seres humanos. Contudo, o processo da tradição da doutrina cristã através da proclamação do evangelho não pode ser concebido dissociado da institucionalização de tal tradição na igreja e da elaboração de formas institucionais, solidificadas para esse fim, de comunicação como pregação, catequese e

---

[80] Esse conjunto de questões raramente se tornou, na forma aqui apresentada, objeto de análise dogmática ou também apenas de uma abordagem de teologia fundamental.

outras formas de ensino. Sem dúvida cada cristão individualmente é chamado, capacitado e compromissado ao testemunho pessoal de sua fé. Contudo em todos os lugares em que um testemunho pessoal desses é ouvido também já surge igreja (Mt 18.20), comunhão de fiéis. E a igreja já antecede a cada um desses eventos e os envolve. É somente na comunhão cultual que ela encontra sua configuração plena. Ligada com isso, porém, sempre já existe uma cooperação regulamentada, portanto institucional, de cada cristão.[81] Há necessidade de uma ordem litúrgica, de uma fixação de tempos para o culto conjunto e para sua condução, uma ordem dos serviços pastorais e caritativos do mesmo modo como da catequese e da proclamação missionária. A tradição da doutrina cristã, que na proclamação nos cultos, quer através da catequese e missão, constitui, portanto, uma tarefa da igreja como um todo, mais precisamente pela atuação conjunta das igrejas locais e também das organizações regionais da vida eclesial, porque no caso se trata da unidade da fé e da confissão cristãs.

No processo da tradição, pois, a igreja já pressupõe a verdade do que é transmitido, mas igualmente se engaja a favor dela pela argumentação. Contudo ela permanece dependente de que para os destinatários da proclamação e tradição seu conteúdo se confirme sempre de novo como verdadeiro, ao ser relacionado com todas as demais experiências e convicções dos humanos, não apenas se afirmando assim na consciência do indivíduo, mas conseguindo lançar uma nova luz esclarecedora sobre tudo o mais, de modo que todas as outras experiências e formações de opinião apareçam sob uma nova perspectiva, sendo assim também modificadas à luz da fé em Cristo. Mesmo que inicialmente a proclamação e doutrina da igreja forem aceitas em função de sua autoridade, elas somente poderão se tornar frutíferas nos destinatários quando acontecerem tais processos de apropriação. Com eles, porém, está ligada a liberdade da opinião própria inclusive sobre os conteúdos da tradição e sobre a reivindicação de verdade reclamada para ela. O fato de que a verdade dos conteúdos, inicialmente pressuposta no decurso da tradição, depende sempre de novo de reconfirmação e aprovação

---

[81] Quanto ao conceito da instituição e da institucionalização do comportamento, cf. do autor: *Anthropologie in theologischer Perspektive*, 1983, p. 386-404, esp. p. 391ss. Com a institucionalização também já fica estabelecida a base para o teor jurídico das relações de comunhão, cf. ali, p. 452s.

por parte do destinatário, viabiliza que ele adquira uma relação própria com o objeto da tradição, fundamentando assim nos destinatários da tradição que se tornaram capazes de opinar certa medida de independência interior diante do próprio processo de mediação, por meio do qual os conteúdos inicialmente chegaram até eles. A circunstância de que o destinatário da tradição adquira tal entendimento próprio da questão e conseqüentemente independência do processo de mediação da tradição e de suas instituições deve ser praticamente o alvo do próprio evento da transmissão: Também a tradição cristã por meio da proclamação e doutrina terá alcançado o objetivo somente quando através dela o destinatário adquirir um relacionamento próprio, independente, com a questão, ou seja, uma relação não-mediada que permite que se esqueça do processo de mediação (cf. Jo 4.42). Tal relação direta que os cristãos experimentam como ação do Espírito, caracteriza a fé em Jesus, porém não apenas no sentido de um saber acerca de Jesus, mas como conexão direta de um relacionamento pessoal de vida: Os crentes estão diretamente relacionados com Jesus, porque cada indivíduo tem comunhão com Jesus pela fé.

A relação direta com o objeto da tradição pode se tornar ponto de partida de uma reflexão crítica sobre o processo de sua mediação – a serviço da apropriação da própria verdade a ser transmitida, para a qual a forma de sua mediação na verdade não deveria ser um estorvo, mas uma ajuda. A possibilidade de tal reflexão crítica sobre o processo de mediação eclesiástica da doutrina do evangelho, como foi institucionalizada de modo específico na teologia, existe sem prejuízo para o fato de que aquele que realiza tal reflexão crítica deve pessoalmente sua relação com o objeto da tradição à mediação através dela. Uma crítica que não se dirige contra o objeto da própria tradição, mas se apóia sobre ela para voltar contra a forma inadequada dessas ou daquelas características de sua mediação. Ou seja, a crítica cristã à igreja, sob apelação a Jesus, pode ser entendida como um serviço à igreja e em alguns casos (mais raros) pode também ser aceita como um serviço desses que conclama a igreja para o essencial. Tal crítica, porém, igualmente pode se posicionar de maneira mais ou menos distanciada diante do processo da tradição cristã e de sua configuração institucional na igreja. Em caso extremo, ainda aquém dos limites de uma crítica que não argumenta mais a partir do próprio objeto da tradição, trata-se de crítica à igreja por princípio na perspectiva de um cristianismo fora da igreja.[82] Tal cristianismo posicionado de forma distanciada diante da igreja como instituição, que apesar de seu caráter não-eclesiástico se entende enfaticamente como cristão, existiu desde os primórdios (p. ex., em determinadas formas monacais). Sempre de novo isso é causado pelas múltiplas deficiências na apresentação da vida eclesiástica. Como fenômeno de massas, porém (e em contraposição à vida monacal na forma de conduta mundana da vida) a existência cristã do indivíduo distanciado da igreja é um fenômeno característico da Idade Moderna – causado pelo escândalo da divisão do cristianismo em igrejas confessionais que se condenam mutuamente, mas também favorecido pelo daí decorrente tratamento da confissão religiosa como questão privada, de modo que a subjetividade do indivíduo podia aparecer como o lugar da religião propriamente dito, e a comunhão religiosa da igreja como algo secundário em relação a ela. Essa forma de existência cristã distanciada da igreja podia considerar-se confirmada em vista de a mensagem e prática do próprio Jesus se voltar ao ser humano individualmente e de ele manter distância da religião institucionalizada de seu povo. Tal devoção individualista a Jesus, no entanto, desconsidera com excessiva facilidade e rapidez que para a atuação de Jesus também fazia parte a formação de um grupo de discípulos, a equação simbólica dos Doze com o povo de Deus e das celebrações das ceias por Jesus com a futura comunhão do reino de Deus. Ainda mais deixa de ser refletido nessa devoção individualista o peso, por princípio, da mediação pós-pascal do pertencimento a Jesus mediante a comunhão de sua igreja. Ela não leva em conta sua própria condicionalidade histórica, ao negligenciar a importância da igreja para a formação religiosa pessoal e para a transmissão da fé a gerações futuras, pelo menos para o entendimento da própria identidade cristã. Não atenta para o fato de que faz parte da condição de membro do corpo de Cristo a comunhão dos cristãos, para cujo fomento cada cristão é convocado segundo seus dons peculiares. Em vista disso uma vida cristã do indivíduo que por princípio permanece fora da igreja realiza apenas em parte o que pertence à identidade da

---

[82] Esse fenômeno foi descrito principalmente por T. RENDTORFF, *Christentum außerhalb der Kirche. Konkretionen der Aufklärung*, 1969. Cf. também do autor "Christsein ohne Kirche", in: *Ethik und Ekklesiologie. Gesammelte Aufsätze*, 1977, p. 187-199.

fé cristã, e por sua vez continua dependendo de que a configuração plena do cristianismo eclesiástico esteja concretizada e viva em outro lugar, para o que pouco contribuem os cristãos alienados de sua igreja. Não obstante, pertence à realidade histórica do cristianismo a forma distanciada da existência cristã individual afastada da igreja, presente em graus e colorações diferenciados – aquém do extremo da rejeição fundamental da igreja – em especial na Idade Moderna do Ocidente. Nisso se expressa uma crítica silenciosa, raramente explicitada na vida eclesiástica, que de sua parte não dá espaço para o que os de fora teriam a contribuir, e que não corresponde às suas necessidades espirituais. Não se poderá afirmar que uma crítica dessas sempre é gratuita e que a prática da igreja constitutiva de seu alvo é em todos os lugares determinada e coberta pelo mandato do evangelho. Por isso o fato de um cristianismo fora da igreja ou em distância parcial da vida eclesiástica em relação à congregação cultual precisa ser aceito como desafio para uma abertura maior de um lado, mas ao mesmo tempo também para a reflexão sobre o centro cristão de sua vida em comunhão.

A forma clássica da relação não-mediada do crente com Cristo e Deus, como se salientou na Reforma, ainda permaneceu aquém da problemática moderna de um cristianismo distanciado da igreja: Trata-se da tese da Reforma quanto ao *sacerdócio geral dos fiéis*. LUTERO retirou essa idéia da primeira carta de Pedro, que designa os cristãos em conjunto não somente como povo de Deus, mas também (com Êx 19.6) como "sacerdócio real" (1Pe 2.9), e interpretou essa declaração como participação dos crentes no ministério sacerdotal e régic de Cristo.[83] Encontrou nele expressa a idéia da liberdade cristã, porque pela participação nessa dupla posição de dignidade de Cristo, que supera a todos

---

[83] M. LUTERO, *De libertate Christiana*, 1520, p. 15: *Hinc omnes in Christo sumus sacerdotes et reges, quicumque in Christum credimus* [Logo somos todos em Cristo sacerdotes e reis, visto que cremos em Cristo] (*WA* 7, p. 56,37s). De acordo com o escrito de LUTERO *An den christlichen Adel deutscher Nation von des christlichen Standes Besserung* [À nobreza cristã] (1520) todos os cristãos foram consagrados sacerdotes através do batismo (*WA* 6, p. 407,22ss.). Lá LUTERO remete, além de a 1Pd 2.9, também a Ap 5.10. Cf. também *WA* 6, p 564. No mais a idéia do sacerdócio geral não representou uma descoberta da Reforma, mas já detinha uma longa tradição na igreja. Cf. a obra de P. DABIN citada abaixo, p. 499, nota 821.

os demais, o crente não está subordinado a mais ninguém.[84] Contudo PAUL ALTHAUS afirmou com razão que LUTERO entende "sob sacerdócio de todos os fiéis nunca apenas 'protestantemente' a relação direta com Deus, ou seja, a liberdade do cristão de se apresentar perante Deus sem mediador humano, mas sempre 'evangelicamente' o poder de comparecer perante Deus pelos irmãos, inclusive pelo 'mundo'". Por isso a idéia de LUTERO não contém o individualismo religioso, mas "justamente a realidade da congregação como *communio*".[85] De fato o sacerdócio geral dos fiéis significa conforme LUTERO que todo cristão pode apresentar-se diante de Deus, a fim de orar por outros, e que todos podem instruir-se mutuamente sobre Deus.[86] Nesse sentido a idéia do sacerdócio geral no escrito de LUTERO sobre a liberdade faz a transição da liberdade do cristão que consiste na relação direta com Deus como independência interior de toda autoridade ou poder terrenos para o serviço ao semelhante através do amor. Mas a idéia da relação não-mediada de cada indivíduo cristão com Deus sem dúvida confere à idéia do sacerdócio geral dos crentes em LUTERO a marca característica, somada à acuidade crítica contra a asserção de uma função exclusiva de mediação do sacerdote ordenado e contra as reivindicações de dominação daí derivadas, pela hierarquia eclesiástica.[87] Em razão disso LUTERO também adjudicou a cada cristão o direito e o dever de julgar sobre a doutrina dos ministros.[88] Cabe ao detentor de um ministério, como servo da palavra do evangelho, conduzir os fiéis no caminho da

---

[84] M. LUTERO, *WA* 7, p. 58,4: *Ex iis clare videre potest quilibet, quo modo Christianus homo liber est ab omnibus et super omnia* [Disso se pode ver claramente como o cristão é uma pessoa livre de todas as coisas e está acima de todas as coisas].

[85] P. ALTHAUS, *Die Theologie Martin Luthers*, 1962, p. 270ss, citação à p. 271.

[86] Já em *De libertate Christiana* o sacerdócio geral contém principalmente a credencial da intercessão mútua e da proclamação uns aos outros: ... *per sacerdotium digni sumus coram deo apparere, pro aliis orare et nos invicem ea quae dei sunt docere* [... pelo sacerdócio somos dignos de comparecer perante Deus, interceder por outros e ensinar-nos mutuamente as coisas que são de Deus] (WA 7,57, 25s).

[87] Em *De captivitate Babylonica ecclesiae*, 1520, LUTERO conclui do sacerdócio geral dos crentes que os detentores de cargos na igreja apenas se diferenciam dos demais crentes por meio do *ministerium*, e precisamente com o consentimento deles: *nullum eis esse super nos ius imperii, nisi quantum nos sponte nostra admitteremus* [O direito de mando em nada disso estaria sobre nós a não ser tanto quanto espontaneamente admitíssemos] (*WA* 6, p. 564, 8s).

[88] *WA* 5, p. 68,21s; cf. WA 11, p. 408ss.

autonomia em sua relação com a causa das Escrituras. Somente assim cumpriu sua tarefa. Uma instância de mediação que não entende a si mesma como momento em vias de desaparecer no serviço à causa da tradição, de modo que seus destinatários finalmente adquiram uma relação direta com essa causa e sua verdade, é um estorvo para conteúdo a ser mediado, ao invés de lhe servir. Surge então o risco de que a própria instância de mediação assuma o lugar da causa a ser mediada. Contra tais tendências de mediatização dos fiéis não foi enfatizada não apenas na Reforma, mas já em diversas correntes da devoção e teologia medievais tardias – como no misticismo, no agostinismo medieval tardio de pessoas como TOMÁS BRADWARDINE e na doutrina da livre aceitação divina de cada indivíduo eleito para a salvação em DUNS SCOTUS e WILHELM OCKHAM – a relação direta do indivíduo com Deus sem prejuízo de toda mediação pela igreja.

Através do Concílio Vaticano II foi dado à idéia de um sacerdócio geral dos fiéis um reconhecimento tardio como componente também da doutrina católica.[89] Trata-se, no caso, de um dos numerosos exemplos da acolhida de preocupações da Reforma pelo concílio, ainda mais que se abriu mão conscientemente de diferenciar entre o sacerdócio oficial como forma sacramental do sacerdócio (*sacerdotium sacramentale*) e o sacerdócio comum dos fiéis. Afinal, também esse último tem um fundamento sacramental, a saber, pelo batismo, como já foi salientado por LUTERO. Entretanto o concílio não acolheu expressamente o ponto de vista tão fortemente enfatizado em LUTERO, de uma autonomia, alicerçada sobre o sacerdócio geral dos fiéis, na relação com Deus e o evangelho, perante o sacerdócio oficial hierárquico, somado à dedução de uma capacitação e autoridade de cada crente para um juízo crítico próprio sobre a condução ministerial desse último. Esse ponto de vista, porém, tampouco foi excluído; porque a relação e a dependência recíprocas, asseveradas pelo concílio, entre ministério com ordenação e comunhão dos fiéis poderiam, afinal, ter por conteúdo entre outros

---

[89] Mediante referência às palavras bíblicas também arroladas por LUTERO (Ap 1.6 e 5.9s; 1Pd 2.9s) a constituição eclesiástica fala de um *Sacerdotium... commune fidelium* [sacerdócio... comum dos fiéis] (*LG* 10, § 2), que por um lado é diferenciado do sacerdócio oficial (*sacerdotium ministeriale seu hierarchicum*), mas por outro se alicerça, assim como esse, sobre uma participação no sacerdócio de Cristo, de modo que ambos estão correlacionados um com o outro (*ad invicem ... ordinantur*).

também esse momento de um acompanhamento crítico da atividade e doutrina dos detentores de ministérios pelo povo dos fiéis, bem como de sua dependência de um acolhimento pela congregação.

A fundamentação exegética do pensamento da Reforma para a relação direta do indivíduo cristão com Jesus Cristo e Deus através das afirmações do Novo Testamento sobre o sacerdócio comum de todos os crentes, no entanto, precisa agora ser avaliada como problemática. Por um lado é compreensível e também justificado que LUTERO baseou sobre essas afirmações uma crítica à restrição da designação "sacerdote" (*sacerdos*)[90] a uma categoria espiritual singular no cristianismo. Mas por outro lado se trata, em 1Pd 2.9, não da relação do indivíduo com Deus, mas da congregação cristã como de povo de Deus e sacerdócio real – funções que antes destacavam unicamente Israel como povo da aliança.[91] A ponte para a interpretação da idéia pela Reforma conduz por sobre a inferência de que a função sacerdotal adjudicada ao povo de Deus inteiro também precisa ser concedida a cada um de seus membros. Mas essa inferência não se situa nem no campo de visão da primeira carta de Pedro nem tampouco das afirmações correlatas do Apocalipse de João (Ap 1.6 e 5.9s). O fundamento objetivo dela foi estabelecido somente pela conexão feita por LUTERO com as afirmações paulinas sobre a liberdade do crente.[92] Aqui LUTERO se movia sobre um fundamento exegético seguro e se reportou com razão a afirmações paulinas sobre a liberdade cristã como 1Cor 3.21: "Tudo é vosso".[93] A idéia da relação direta de cada fiel com Deus, assim como a nela fundamentada capacitação para um discernimento próprio independente (1Ts 5.21; Fl 1.9s; cf. 1Cor 2.15), possui sem dúvida uma validade objetiva

---

[90] A palavra "sacerdote" a rigor remonta ao termo grego presbítero, mas também adquiriu o sentido de *sacerdos*, porque desde o tempo da igreja patrística os presbíteros (e bispos) foram entendidos como os sacerdotes da nova aliança em correspondência tipológica com o sacerdócio do Antigo Testamento.

[91] L. GOPPELT, *Der Erste Petrusbrief* (ed. por F. HAHN), 1978, p. 152s. Conforme GOPPELT o ponto alto reside em que "a igreja não está como unidade política ao lado de outras na história", mas como "sacerdócio real" se refere a Deus e ao seu governo real do fim dos tempos.

[92] Em *De libertate Christiana* 16 LUTERO estabeleceu essa conexão, ao entender o sacerdócio real dos fiéis como expressão da liberdade cristã (*WA* 7, p. 58, cf. acima, nota 84).

[93] *WA* 7, p. 57 (*De libertate Christiana* 15).

e bíblica. Basta recordar as declarações de Paulo sobre a liberdade dos filhos de Deus (Rm 8.21ss), uma liberdade do poder do pecado e da morte, concedida ao fiel através da comunhão com Jesus Cristo. Sua essência mais íntima reside na filiação que Paulo contrapõe à escravidão sob a lei (Gl 4.5-7) como base da liberdade (Gl 4.5). Através da participação na relação filial de Jesus Cristo com o Pai os cristãos têm livre acesso ao Pai e podem interpelá-lo com as palavras de Jesus como seu Pai (*Abba*; Rm 8.15; Gl 4.6).[94] Liberdade e relação não-mediada com Deus, portanto, formam uma unidade.

A liberdade cristã é a obra do Espírito Santo nos fiéis: "Onde está o Espírito do Senhor, aí há liberdade" (2Cor 3.17). Contudo essa não é apenas um efeito do Espírito entre outros, assim como ele age na criação toda e particularmente no reino dos seres vivos. A liberdade dos fiéis é expressão de que o Espírito de Deus não apenas *age* neles, mas que ele lhes foi *dado* de forma duradoura, e isso se baseia na participação dos fiéis na relação filial de Jesus com o Pai; porque somente ao Filho foi dado o Espírito sem ressalvas e barreiras (Jo 3.34).[95] "Se, pois, o Filho vos libertar, sereis verdadeiramente livres" (Jo 8.36) – livres da escravidão do pecado, e conseqüentemente também da escravidão sob a lei (Gl 4.5s) e dos poderes da transitoriedade e da morte (Rm 8.21). Porque o Espírito de Deus como origem de toda a vida é fiador para os fiéis, aos quais foi concedido como dádiva permanente, da participação na vida eterna de Deus e da ressurreição dentre os mortos (Rm 8.11).

A libertação por meio do Espírito concedido como dádiva duradoura ao serem acolhidos os fiéis na relação da filiação com o Pai alicerça uma liberdade que não mais consiste apenas na possibilidade de agir de um ou outro modo. Essa chamada liberdade "formal" do ser humano, que se baseia em uma capacidade de se distanciar das impressões e pulsões, ainda que não irrestritamente, mas em medida maior ou menor, obtendo assim um leque de opções de escolha,[96] representa uma liberdade que na realidade muitas vezes é precária e que praticamente não merece esse nome, enquanto o ser humano não estiver unido

---

[94] LUTERO apelou a essas afirmações paulinas como expressão do sacerdócio universal dos fiéis: *WA* 7, p. 57,30 (*De libertate Christiana* 16).
[95] Cf. acima, cap. 12,1b (p. 33-39).
[96] Cf. vol. II, p. 373s., bem como o ensaio do autor, citado na nota subseqüente, p. 370s.

com o bem (o que é um bem para ele e um bem para todos) e firmado nele, mas puder também "agir de outra maneira" diante do bem[97] e, portanto, estiver alienado de seu verdadeiro ser como tal. A verdadeira liberdade somente é conquistada quando o ser humano alienado de Deus e por isso também de si mesmo se deixa reconciliar com Deus e assim também superou a alienação de sua própria identidade, ou seja, em firme liame com aquilo que é bom para as pessoas, de sorte que elas se tornam independentes de tudo o mais, sendo, por isso, de fato capazes de, diante disso tudo, "agir também de outra maneira". Uma liberdade dessas é alcançada através da participação na relação filial de Jesus com o Pai mediante a fé. Nisso se concretiza a destinação do ser humano domo criatura no relacionamento com Deus e, logo, sua verdadeira identidade. Em comunhão com o Deus eterno os féis se tornam livres do medo por sua existência finita, do medo diante dos humanos e dos poderes deste mundo. Tal liberdade é presenteada pelo Espírito, ao soltar não apenas as pessoas da fixação no próprio eu e as elevar acima da própria finitude, mas ao ser concedido a eles também de forma permanente, tornando-as participantes da filiação de Jesus Cristo (Rm 8.13s).

A dádiva do Espírito, contudo, não apenas fundamenta a relação direta do crente com Deus na percepção do envio divino de Jesus Cristo através da filiação em que o crente é acolhido. O mesmo Espírito fundamenta simultaneamente também a comunhão dos fiéis na unidade do corpo de Cristo. Onde governa o Espírito de Cristo, ali a liberdade da fé não pode ser usada contra a comunhão dos fiéis nem contra o dever de preservá-la, assim como em contrapartida sob o senhorio do Espírito de Cristo a mediação do evangelho não pode assumir a forma de domínio clerical, que não deixa os féis chegar à verdadeira liberdade da relação não-mediada com Deus, mas os mantém na dependência.

Em decorrência, toda a primeira seção deste capítulo converge para a tese de que a tensão entre comunhão e indivíduo no conceito de igreja – e assim também a tensão a ela subjacente antropologicamente

---

[97] Isso, no entanto, deve ser viável somente sob a condição de que o bem em si não é reconhecido como o bem para aquele que escolhe, mas que para ele algo diferente lhe parece sedutor e, portanto, "bom para ele". Sobre isso, cf. do autor "Sünde, Freiheit, Identität. Eine Antwort an Thomas Pröpper", in: *Theologische Quartalschrift* 170, 1990, p. 289-298, esp. p. 292s, 296s.

entre sociedade e liberdade individual, que deve experimentar na igreja sua anulação no mínimo em forma de sinal, como prenúncio do futuro do reino de Deus – é suspensa e reconciliada por meio da atuação do Espírito. Nesse sentido a próxima seção tratará da forma básica geral dos efeitos do Espírito em cada cristão através de fé, esperança e amor, de tal forma que no resultado se poderá perceber ao mesmo tempo o lugar do indivíduo na vida da igreja. A atuação do Espírito Santo eleva os indivíduos não apenas de forma extática sobre sua particularidade para participar da filiação de Cristo, mas assim simultaneamente para experimentar a comunhão no corpo de Cristo, que conecta cada cristão com todos os outros cristãos. Nisso, porém, não acontece a anulação da individualidade de cada cristão nos laços sociais da igreja, mas será explicitado que a elevação para uma existência fora de si próprio em Cristo (*extra se in Christo*) não somente certifica cada indivíduo de sua liberdade em Cristo, mas também o conduz com isso ao lugar da comunhão dos fiéis: Não somente o indivíduo, também a igreja em sua vida de celebração tem a existência *extra se in Christo*. Nisso a igreja se revela como "comunhão no Espírito".

Entre os esforços do séc. XX em relação ao conceito de igreja a contribuição de PAUL TILLICH ocupa uma posição de destaque pelo fato de TILLICH ter situado a doutrina da igreja sob o critério de uma "comunhão no Espírito" distinta dela, a qual ele relacionou com a função do Espírito na teologia da criação como origem da vida. A anulação reconciliada das tendências antagônicas nos processos vivenciais através da atuação do Espírito divino[98] determina a perspectiva tanto da soteriologia individual de TILLICH quanto também de sua concepção de comunhão no Espírito e de igreja. As tendências antagônicas nos processos vivenciais haviam sido apresentadas anteriormente como "ambigüidades" na figura de "contradições de auto-integração e desintegração do que é vivo, de dinâmica autocriadora e autodestruição, de autotranscendência e profanação.[99] A "manifestação do Espírito divino no espírito humano", que segundo TILLICH se expressa como arrebatamento extático,[100] supera essas

---

[98] P. TILLICH, *Systematische Theologie*, vol. III (1963) ed. alemã 1966, Seção IV: Das Leben und der Espírito, esp. p. 176ss.
[99] P. TILLICH, *op. cit.*, p. 42-130.
[100] P. TILLICH, *op. cit.*, p. 135.

ambigüidades ao gerar em cada pessoa a fé como ser arrebatado pela nova existência manifesta em Cristo e assim como abertura para "a unidade transcendente de uma vida não-ambígua".[101] A "condição de ter sido incluído" nessa unidade foi designada por TILLICH como amor.[102] Somente depois de ponderações adicionais sobre a "manifestação do Espírito divino na humanidade histórica", em especial também na atuação de Jesus Cristo,[103] TILLICH chegou à asserção da existência de uma comunhão oculta no Espírito, cujo conceito ele na verdade norteou pela história bíblica de Pentecostes, mas o qual pretendia manter diferenciado das igrejas históricas.[104] Com isso TILLICH não fez justiça ao testemunho bíblico do Espírito como dádiva à comunhão dos fiéis. O nome *ecclesia* no Novo Testamento não permite ser contraposto à configuração histórica das igrejas cristãs, como fizeram TILLICH e também EMIL BRUNNER,[105] mas designa sua configuração histórica inicial. É a elas que também se referem as afirmações bíblicas sobre a igreja como povo de Deus e corpo de Cristo. JÜRGEN MOLTMANN afirmou com razão sobre a igreja que ela é "como comunhão histórica com Cristo uma criatura escatológica do Espírito".[106] Devoção histórica e escatológica estão

---

[101] P. TILLICH, *op. cit.*, p. 153ss., citação à p. 156. TILLICH diferencia entre a definição material do conceito de fé, relacionado com a nova existência manifesta em Cristo, e a formal, que abarcaria "toda espécie de fé em todas as religiões e culturas" e é descrita como ser cativado pelo "incondicional em ser e sentido" (p. 155), mas trata ambos como uma unidade na substância (p. 156). Nesse caso o momento do consentimento na fé não se refere a "objetos em tempo e espaço, mas a nossa relação com aquilo que nos diz respeito incondicionalmente" (p. 158), de modo que também Jesus Cristo aparece mais como motivação e símbolo da fé que como objeto dela.

[102] P. TILLICH, *op. cit.*, p. 160ss.

[103] P. TILLICH, *op. cit.*, p. 165ss., 171-176.

[104] P. TILLICH, *op. cit.*, p. 178s. Conforme TILLICH a palavra "igreja" "pode ser usada unicamente na relação com a ambigüidade da religião" (p. 176s, cf. p. 179), embora de acordo com TILLICH as igrejas representem a comunhão no Espírito de forma manifesta (p. 181). Em função disso as igrejas e sua relação com a comunhão no Espírito são tratadas somente em um capítulo próprio posterior sobre "a presença do Espírito divino e a ambigüidade da religião" (p. 191-281).

[105] P. TILLICH, *op. cit.*, p. 177, cf. E. BRUNNER, *Dogmatik*, vol. III, 1960, p. 37.

[106] J. MOLTMANN, *Kirche in der Kraft des Geistes*, 1975, p. 49. O motivo disso é, como consta em MOLTMANN, que a comunhão da igreja com Cristo acontece "no Espírito Santo", ainda que a frase seguinte: "O Espírito é essa comunhão" pareça carecer de correção: Tomada literalmente, a igreja seria dessa forma declarada

entrelaçadas nela e não devem ser dissociadas doceticamente apesar de todo o fracionamento e dilaceração da configuração histórica da igreja. Justamente em sua realidade histórica a igreja precisa ser reconhecida como "comunhão no Espírito". No entanto, como comunhão no Espírito ela tampouco é simplesmente idêntica com a forma sociológica de sua existência histórica. Essa é a dimensão de verdade nas concepções de TILLICH e EMIL BRUNNER, como também nos demais defensores de um "conceito duplo de igreja". Comunhão no Espírito, a igreja somente o é na medida em que está "em Cristo", portanto, na medida em que vale para a igreja da mesma forma como para o indivíduo que ela existe *extra nos* [fora de nós]. Isso acontece na vida cultual da igreja, como ainda será demonstrado em detalhe. Por isso a igreja não é simplesmente uma organização social, mas em sua vida cultual ela é comunhão no Espírito, embora também sua configuração social seja determinada a partir do culto. Por isso persiste o risco de equívoco quando o Espírito é chamado de "princípio comunitário" da igreja,[107] algo tão equivocado como a descrição do Espírito como "espírito comunitário" da igreja.[108] O Espírito tampouco está na igreja da maneira como a alma em seu corpo; porque a igreja não é o corpo do Espírito de Deus, mas o corpo de Cristo.[109] O Espírito é dado à igreja somente

---

como integrante essencial da Trindade. Com mais acerto afirmou HANS KÜNG: "O Espírito *não é* a igreja", mas se lhe contrapõe como Espírito de Deus (*Die Kirche*, 1967, p. 208). Parece que também vem de KÜNG a designação da igreja em MOLTMANN como "criatura do Espírito" (cf. KÜNG, H. *op. cit.*, p. 181-244).

[107] Posição de Y. CONGAR, *Der Heilige Geist* (1979/80) ed. alemã 1982, p. 167. CONGAR, no entanto, estava consciente da possibilidade de ser mal-entendida essa designação, razão pela qual pôde concordar com a observação de H. KÜNG citada na nota anterior (p. 172).

[108] F. SCHLEIERMACHER, *Der christliche Glaube*, 2ª ed. 1830, § 121.

[109] Posição de Y. CONGAR, *op. cit.*, p. 174, embora o pensamento da animação da igreja por meio do Espírito Santo tenha sido classificado duas páginas antes (p. 172) por CONGAR como importante. De fato esse pensamento aparece em uma série de pais da igreja (especialmente em JOÃO CRISÓSTOMO, DÍDIMO, AGOSTINHO) e ainda é mencionado em *LG* 7, § 6 (lá referências de passagens de comprovação). Quando se busca uma comparação antropológica para a presença do Espírito na igreja, a mais plausível seria tomar como ponto de comparação a relação de transcendência e imanência do Espírito na alma humana (cf. vol. II, p. 270ss., esp. p. 277ss.), no que entretanto o fato de o Espírito ser dado de modo permanente diferencia entre a ordem da redenção e a realidade da criação ainda imperfeita.

na medida em que ela – na fé, no louvor e na celebração dos sacramentos – está "em Cristo". E ela está em Cristo por meio da atuação do Espírito que lhe é transcendente, uma atuação que eleva a congregação acima dela mesma. O caráter extático do modo de atuação do Espírito[110] precisa também ser levado em conta para a compreensão de sua atuação e presença na igreja. A *transcendência* do Espírito, inerente a ela, na relação com a igreja não se contrapõe à peculiaridade de sua relação com ela, uma vez que o Espírito da igreja é concedido como dádiva. Porque a *atuação* do Espírito sobre o ser humano no surgimento da fé já está pressuposto no processo de sua *outorga* ao crente por meio de sua instalação na filiação pela participação em Jesus Cristo. À igreja o Espírito foi dado "em Cristo", *i. é*, por ser ela alçada acima da configuração terrena de sua comunhão por meio da atuação do Espírito nela. Por isso o nós da comunhão eclesiástica também não é sem mais nem menos o lugar do Espírito, no qual o Espírito habita a igreja,[111] mas isso vale somente para o nós eclesial erguido até Jesus Cristo pelo processo cultual e unido com ela. Quando não se leva isso em conta, a liberdade de cada fiel se perde diante do nós da igreja que muitas vezes é determinado de forma bastante terrena. Em contrapartida, a consideração da forma extática da atuação do Espírito (como fundamental para o habitar do Espírito na igreja com a diferenciação, preservada como condição dessa unidade, entre Cristo e Espírito e a configuração histórica da igreja) também abre espaço para a justificada função crítica dos fiéis individualmente (desde que estejam como fiéis alçados pelo Espírito para a comunhão com Cristo) diante da configuração provisória da igreja, da mesma maneira como a comunhão eclesiástica precisa (ou deveria, como cumpre afirmar em vista da decadência da disciplina eclesiástica da penitência em muitas igrejas do cristianismo de hoje) se tornar ativa como corretivo perante as recaídas

---

[110] Para isso, cf. já W. Kasper no volume publicado em conjunto com G. Sauter, *Kirche – Ort des Geistes*, 1976, p. 26ss. Kasper enfatiza com razão também a estreita ligação, nela inerente, de "ordem da criação e ordem da redenção" para a pneumatologia (p. 35).

[111] As exposições de W. Kasper, *op. cit.*, p. 43 sobre "o nós da comunhão de fé eclesiástica" como "lugar, e quase que a condição transcendental de viabilidade da teologia" carecem de uma correção diferenciada nesse ponto, no sentido da própria ênfase de Kasper na diferença entre a consumação escatológica, que já se torna presente na vida cultual da igreja, e sua configuração empírica no presente (p. 43ss.).

de seus membros batizados em uma vida "segundo a carne". Para todas essas questões vale: A pneumatologia tem de combinar entre si a doutrina da criação e a escatologia em vista da presença antecipatória do futuro escatológico na vida da igreja, para poder descrever corretamente a função eclesiológica do Espírito. Faz parte das premissas antropológicas da eclesiologia não por último o antagonismo entre indivíduo e sociedade, no qual se revela a ruína da relação da humanidade pecadora com o Espírito divino e cuja anulação constitui um motivo central da esperança escatológica bíblica. Seu cumprimento passa a se configurar já agora na comunhão da igreja, no entanto primordialmente em forma de sinal e sacramento, uma vez que também a igreja como comunhão, assim como seus membros individualmente, ainda participa do fracionamento desta vida terrena. Chega-se à dissolução do antagonismo entre indivíduo e comunhão unicamente na proporção em que o Espírito atua na igreja para glorificar a Jesus Cristo como o eterno Filho de Deus, de modo que sejam relativizadas as diferenças, que sempre eclodem também na igreja, entre os indivíduos, bem como entre indivíduos cristãos e os órgãos da comunhão eclesiástica como liame social dos cristãos.

Ou seja, extática não é apenas a atuação do Espírito em cada um dos cristãos, mas também sua atuação na vida da igreja, conduzindo para o centro dela no culto e irradiando dele para a vida cotidiana. Acontece que a igreja não se diferencia em todos os aspectos de outras formas de comunhão por sua relação com o Espírito. Porque assim como o Espírito de Deus atua em tudo que é vivo e singularmente nas almas dos humanos, assim também em suas condições de comunhão. A natureza extática de sua atuação se expressa em toda comunhão, cujos membros individualmente são unidos pela entrega à causa comum. No entanto, em tal espírito comunitário o Espírito criador de Deus atua apenas de maneira mais ou menos fracionada: A causa comum que une os indivíduos pode ser nada sagrada. Também quando não for esse o caso, como nas formas naturais de comunhão, matrimônio e família, povo e Estado, o aspecto extático da atuação do Espírito se concretiza apenas de modo restrito, porque na autarquia dessas formações de comunhão a causa pela qual seus membros estão unidos assume uma configuração própria. Isso é diferente na comunhão espiritual da igreja como uma comunhão determinada de forma simbólico-sacramental:

Tem fora dela a "causa" do senhorio vindouro de Deus, que chega a ser exposta nela. O reino somente está presente para ela no evento da proclamação do *extra nos* em Jesus Cristo, que acontece para nós e todas as pessoas a partir de Deus e na configuração dos sacramentos como sinais. Justamente dessa forma, mas precisamente apenas assim, lhe foi conferido o Espírito de Deus como dádiva escatológica.

Em suma, pode-se afirmar:

1 – O Espírito Santo é o meio da relação não-mediada do indivíduo cristão com Deus, ao elevá-lo para a participação na filiação de Jesus Cristo e presenteá-lo com a liberdade cristã como dádiva duradoura, que nos leva a invocar com confiança a Deus como nosso Pai (Rm 8.15), porque o Espírito nos dá a certeza de sermos filhos de Deus (Rm 8.16).

2 – O Espírito Santo liga os féis entre si para a comunhão do corpo de Cristo e constitui assim a igreja, por estar presente nela como dádiva permanente (1Cor 12.13). Presente para a igreja, porém, ele está pela glorificação de Jesus Cristo como enviado do Pai (Jo 14.16), portanto na proclamação do evangelho e na celebração dos sacramentos, através dos quais o Espírito atrai os crentes para a comunhão do Filho com o Pai e os firma nela (Jo 17.21s).

3 – A comunhão dos fiéis na igreja é uma comunhão que os féis possuem pelo Espírito além de si mesmo em Cristo, assim como também cada indivíduo de seu meio é elevado mediante a fé para a comunhão com Cristo e assim, preenchido e movido pelo Espírito, situa-se além de si próprio, em Cristo. Inversamente, o futuro de Jesus Cristo já está presente para os fiéis através do Espírito como seu futuro de salvação pessoal e conjunto (Rm 8.23; cf. 8.11; 2Cor 1.22; 5. 5). É por isso que a comunhão da igreja pode ser uma prefiguração, em caráter de sinal, da comunhão escatológica de uma humanidade renovada no reino de Deus.

Cabe, porém, indagar: Como, afinal, deve ser entendida e descrita uma comunhão que não possui sua essência em si mesma, mas *extra se* [fora de si]? Para clarificar essa questão a exposição se voltará inicialmente a uma descrição mais precisa da elevação do indivíduo cristão sobre si mesmo por meio de fé, esperança e amor (2). Depois caberá evidenciar como a comunhão da igreja chega à concretização na relação com seus membros na vida cultual da congregação (3).

2. Os efeitos salvadores fundamentais do Espírito em cada cristão

Em todas as formas de manifestação os efeitos do Espírito de Deus têm caráter extático. Essa constatação, porém, deveria ser mantida isenta da concepção de estados irracionais de êxtase. O êxtase pode significar que a criatura, estando fora de si, se encontre no mais elevado grau em si mesma. Isso está baseado na estrutura extática dos fenômenos da vida: Todo ser vivo realiza sua vida existindo fora de si – a saber, em e a partir de seu entorno.[112] Também no nível da vida humana o Espírito vivifica elevando os indivíduos acima de sua particularidade e finitude, e a espontaneidade da autotranscendência do ser vivo não constitui o reverso disso. As próprias formas do comportamento e vivência humana, chamadas em sentido mais estrito de "intelectuais", possuem também para o eu que as vivencia traços extáticos,[113] da maneira mais intensiva talvez nas experiências intelectuais mais produtivas da inspiração artística ou de uma intuição que lampeja subitamente por inspiração, mas também na experiência de libertação interior de sombrias amarras que há pouco ainda pareciam insuperáveis. Também a experiência de confiar é dessa espécie. Isso vale já de modo bem geral para a confiança básica,[114] pela qual um ser humano se abre sempre de novo para o entorno, para o mundo, apesar de todas as decepções, e vale novamente de forma singular da confiança crente no Deus que vem ao encontro em Jesus Cristo. Tal fé eleva o ser humano acima de sua particularidade, quando Deus se lhe torna poderosamente presente como a luz de seu futuro definitivo e o certifica ao mesmo tempo acerca de sua própria salvação eterna. Simultaneamente cada fiel é unido, pelo evento de tal elevação acima de sua própria particularidade, com outros na comunhão dos fiéis – em uma comunhão, cujo lugar conjunto é o *extra*

---

[112] Cf. vol. II, p. 67; cf. p. 196ss.
[113] Vol. II, p. 284ss.
[114] Cf. sobre isso do autor: *Anthropologie in theologischer Perspektive*, 1983, p. 219ss., bem como já p. 68ss.

nos da fé no único Senhor. A integração extática dessa comunhão pelo Espírito no louvor conjunto de Deus pode comunicar o pressentimento de uma suspensão inicial da alienação entre os indivíduos e, portanto, também do antagonismo entre indivíduo e sociedade.

1. A fé

Fé é uma forma de se posicionar frente à verdade,[115] e nisso é comparável à percepção e ao saber. No hebraico os termos para verdade (ʿ*emet*) e fé *(heʾemin)* já podem ser reconhecidos como do mesmo grupo semântico, porque estão interligados pela mesma raiz. Assim como verdade no sentido de ʿ*emet* se refere ao que é constante e por isso confiável que pode servir de fundamento, assim *heʾemin* designa a confiança que se apega ao que por si mesmo é constante, para dessa maneira adquirir firmeza e consistência para a própria pessoa que confia. Visto que, pois, unicamente Deus e suas palavras e obras são ilimitadamente constantes e confiáveis (cf. Sl 111.7s; 119.90s; 146.6; etc.), tem de se firmar em Deus quem deseja pessoalmente ter consistência. Essa é a lógica subjacente à palavra de Isaías ao rei Acaz: "Se não credes, não permanecereis firmes" (Is 7.9). De modo análogo Jesus comparou aquele que constrói sobre o futuro de Deus e deixa sua vida ser determinada por ele com um homem que edificou a casa sobre um alicerce de rocha (Mt 7.24s).

Assim como em Israel a fé, assim no pensamento grego o saber era considerado a relação apropriada com a verdade. Também ao saber importa captar o que é imutavelmente consistente,[116] entretanto supondo que isso já está oculto de forma sempre igual e constante e por trás da realidade mutável e por isso ilusória que acessamos pelos sentidos. O verdadeiro é imaginado como atemporal e idêntico consigo mesmo, enquanto no antigo Israel o conceito da verdade é relacionado com o tempo: O futuro há de evidenciar o que é verdadeiramente constante e, portanto, ultimamente verdadeiro.

---

[115] Mais detalhes sobre isso do autor: "Wahrheit, Gewissheit und Glaube", in: idem, *Grundfragen systematischer Theologie*, vol. II, 1980, p. 226-264, esp. p. 229ss.

[116] Já salientei em 1962 que nisso reside o cerne comum da compreensão hebraica e grega da verdade: "Was ist Wahrheit?", in: *Grundfragen systematischer Theologie*, vol. I, 1967, p. 202-222, 205.

A relação diferenciada com o tempo no que tange a seu significado para a verdade das coisas está por trás da valorização maior da fé em Israel em comparação com o conhecimento e o saber: Conhecimento e saber se orientam pelo presente e pelo que já foi experimentado até então, mas a fé se volta como confiança para o futuro. Se somente o futuro há de ensinar o que definitivamente possui consistência, importa, para a relação com a verdade, decisivamente a fé. Nisso se pressupõe que com o vindouro estará ligado algo novo que ainda não pode ser conhecido previamente de modo seguro. Por isso é limitada a possibilidade do saber como acesso ao verdadeiramente duradouro, enquanto a fé se arrisca para além desse limite. Isso, porém, não significa que para a fé o sabível deva ser indiferente e que ela não careça também do saber como de uma noção inicial da verdade com a qual se aventura. Também a fé de Israel contém conhecimento e saber como um elemento essencial dela mesma, porque pressupõe que se tome conhecimento de Deus em seus feitos. A realidade de Deus não é captada primordial e exclusivamente por um ato de fé. Pelo contrário, no começo estava um ver a Deus pelos patriarcas em sonhos e visões. Contudo esse ver justamente não comunicava já a percepção verdadeira de Deus. Para isso é preciso aventurar-se com Deus, a fim de experimentar o poder dele através de sua condução histórica, e de modo inverso tais experiências fundamentam sempre de novo o aventurar-se confiante com esse Deus. Na narrativa do milagroso salvamento dos fugitivos do Egito no mar Vermelho lê-se no final que com base nessa demonstração divina de poder eles depositaram sua confiança no Deus Javé e em seu servo Moisés (Êx 14.31). De forma análoga se utiliza no Deuteronômio a história vivenciada de salvação por condução divina que levou à posse da terra, como o fundamento com base no qual o povo deve reconhecer agora a Javé como seu Deus (Dt 4.35ss; 7.9). Evidentemente falta aqui, ao contrário da história do êxodo, uma referência expressa ao futuro agir divino e logo também ao conceito de fé. Transcendendo o Deuteronômio é preciso enfocar o nexo entre o conhecimento de Deus aqui demandado, mas não concretizado adequadamente no comportamento histórico do povo (com as conseqüências disso decorrentes) e o conhecimento dele, a ser consumado somente por um agir futuro de Deus, conforme foi enfocado em Oséias (Os 2.8; 4.1s; 13.4ss; 2.20) e nos anúncios de um agir divino, geradores de tal percepção definitiva de Deus, por parte do profetismo exílico, para chegar à dimensão aberta da historicidade da relação com a verdade divina, na qual o conceito de fé adquire sua função central, como se pode observar no "Eloísta" (Gn 15.6) e em Isaías.

Nessa dinâmica a fé sempre permanece dependente de uma noção inicial da verdade (portanto da realidade subentendida como constante), à qual ele se confia. Isso vale também para a compreensão cristã da fé. A conclamação do próprio Jesus à fé em vista da proximidade do reino pressupõe a compreensão de Deus da tradição judaica com sua concentração no Primeiro Mandamento e na santidade zelosa do Deus judaico. Em Paulo, porém, a fé dos cristãos é fundamentada sobre a salvação futura afiançada pela comunhão com Cristo por intermédio do saber de que o Senhor ressuscitado não é transitório: "Se já morremos com Cristo, cremos que também viveremos com ele. Porque sabemos: Cristo, ressuscitado dos mortos, já não morre; a morte não tem mais domínio sobre ele" (Rm 6.8s; cf. 2Cor 4.13s). O fato da ressurreição do próprio Jesus é conforme Paulo objeto da fé (Rm 10.9s), mas – como ainda será demonstrado – da fé em outro sentido, a saber, como aceitação de comunicação histórica. Em seu bojo existe, porém, um saber que alicerça a fé no sentido da confiança cristã no futuro a ser inaugurado por Deus. De modo semelhante é definida também em João a percepção do amor de Deus, adquirido em Jesus Cristo, como fundamento da fé nele (1Jo 4.16), embora também João em contrapartida saiba falar de um conhecer que sucede a fé (Jo 6.69). A fé por sua vez leva a um novo conhecimento (cf. Jo 10.38). Isso vale particularmente para o conhecimento definitivo, escatológico, de Deus, que estará associado ao retorno de Cristo e à consumação do reino de Deus (cf. 1Cor 13.12). De modo consistente, pois, a fé aparece como definição intermediária entre uma percepção inicial e uma mais profunda, até chegar à contemplação perfeita e definitiva de Deus.

Nisso a própria fé não constitui nem mera tomada de conhecimento nem mero consentimento com uma doutrina. Decisiva é a relação da fé com o tempo, o futuro, a ser trazido por Deus, e conseqüentemente com o próprio Deus. Talvez tenha sido o mérito mais relevante de LUTERO como exegeta das Escrituras ter redescoberto nos textos bíblicos e tornado frutífera para a teologia a estrutura cronológica da fé e, portanto, sua essência como ato de confiança (em correspondência com a palavra da promessa de Deus) e a correlata relação não-mediada com Deus. Fé no sentido da palavra entendida pela Reforma significa, por isso, principalmente confiança (*fiducia*). Uma análise mais detalhada, no entanto, mostra que nela não estão excluídos, mas muito antes pressupostos, os momentos da tomada de conhecimento (*notitia*) e do consentimento (*assensus*).

Sendo isso correto, pode-se afirmar que Lutero não rejeitou simplesmente o conceito tradicional de fé, mas o aprofundou e ampliou. A relação pessoal da fé com o próprio Deus – para além da verdade objetiva captada com consentimento – não ficou desconhecida tampouco para a escolástica latina da Idade Média, mas era imaginada de forma mais indireta como motivadora do ato de fé.[117] Em contrapartida Lutero conectou a relação da fé com Deus, por meio do conceito da promessa, com o objeto concreto e o conteúdo da fé: Agarrar a promessa de Deus e confiar no próprio Deus constituem uma unidade inseparável. O crente confia em Deus *ao* se aventurar na sua promessa.

Por meio da concepção da fé como um ato de confiança pessoal voltado para o tu divino a teologia católica mais recente se aproximou consideravelmente da compreensão da fé de Lutero.[118] A ligação entre relação pessoal e teor objetivo da fé, contudo, ainda não foi elucidada de modo suficiente.[119] Isso vale de outra maneira também para a teologia

---

[117] Neste ponto deve bastar mencionar a interpretação da definição de fé por Agostinho como consentimento (*cum assensione cogitare, De praed. sanct.* 11,5, *MPL* 44, p. 963,6s) em Tomás de Aquino. Segundo ele, na fé, ao contrário do saber, o intelecto é ouvido pela vontade de dar consentimento (*S. teol.* vol. II/2, 1,4, bem como 2,1). Mas por um lado a vontade está direcionada para Deus como supremo bem, e precisamente na modalidade de um instinto interior (cf. M. Seckler, *Instinkt und Gluabenswille nach Thomas von Aquin*, 1961, p. 94ss.). Sob esse aspecto Deus sempre é o primeiro "objeto formal" da fé (II/2,1,1 e 2,2), aquele por causa do qual algo é crido, embora os conteúdos da fé, sob o aspecto material, sejam multiformes e em grande parte não idênticos com Deus, mas direcionados a ele.

[118] Cf. esp. H. Fries, *Fundamentaltheologie*, 1985, p. 18ss ("a fé como ato da pessoa"). Um ponto de partida importante para essa concepção nova, personalista, da fé foi J. Mouroux, *Ich glaube an dich. Die personale Gestalt des Glaubens*, 1951. Cf. igualmente C. Cirne-Lima, *Der personale Glaube. Eine erkenntnis-metaphysische Studie*, 1959, Seckler, M. art. "Glaube", in: H. Fries, (ed.) *Handbuch theologischer Grundbegriffe*, vol. I, 1962, p. 528-548, 540s, bem como W. Kasper, *Einführung in den Glauben*, 1972 e B. Weite, *Was ist Glaube? Gedanken zur Religionsphilosophie*, 1982.

[119] Ainda em H. Fries, p. ex., a relação com o tu divino descrita como confiança (*op. cit.*, p. 19, bem como p. 22s) não é tratada segundo a mediação histórica concreta por experiências de auto-revelação divina, mas como premissa geral

protestante, que não raro trata a fé na promessa e a tomada de conhecimento concordante de dados objetivos como contrastes excludentes, tendo então optado em favor da primeira em detrimento da segunda.[120] Por isso a reflexão sobre a compreensão da fé na Reforma pode ainda ser considerada um caminho para captar de modo diferenciado a estrutura da natureza da própria fé, para muito além de uma análise meramente histórica, e tampouco meramente algo determinante para uma exposição dos dados objetivos, restrita e estreitada de antemão a uma perspectiva confessional.

a) Fé como confiança

Já em suas observações marginais às sentenças de PEDRO LOMBARDO LUTERO notou em 1509/1510, em conexão com a afirmação, que para ele sempre continuou sendo fundamental, de Hb 11.1 sobre a fé, a estreita ligação existente entre fé e esperança.[121] Contudo naquela época e por mais um tempo ele entendia a fé de modo bem tradicional primordialmente

---

da "fé afirmativa": Por causa da confiança na realidade pessoal de Deus "também se afirmaria o que vem dessa pessoa em termos de declaração e expressão pormenorizadas" (*op. cit.*, p. 23). A concepção de TOMÁS DE AQUINO acerca da função motivadora do relacionamento com Deus para o consentimento da fé com "declarações de cunho objetivo" (H. FRIES, *ibid.*) ainda deve compor aqui o pano de fundo.

[120] Mais adiante ainda caberá analisar isso de perto. P. NEUNER enfatizou com razão em suas considerações sobre "Fé como princípio subjetivo da percepção teológica" que devem ser rejeitadas duas concepções unilaterais: de um lado "o entendimento doutrinalista ou conceitualista da fé, segundo o qual a fé deveria ser compreendida como mero acatar por verdadeiro de frases que se subtraem à capacidade natural de percepção do ser humano" e que são aceitas em virtude de uma autoridade, mas de outro lado também a concepção, na qual a fé é "entendida unicamente como atitude pessoal de confiança, que não desencadeia um movimento cognitivo gerador de comunhão no nível da verdade objetiva", nenhuma "verdade formulável" e "exprimível em sentenças" (in: W. KERN; H. POTTMEYER; M. SECKLER(eds.), *Handbuch der Fundamentaltheologie*, vol. IV, 1988, p. 51-67, 65).

[121] M. LUTERO, *WA* 9, p. 91,7ss. Cf. SCHWARZ, R. *Fides, Spes und Caritas beim jungen Luther unter besonderer Berücksichtigung der mittelalterlichen Tradition*, 1962, p. 50-66, bem como W. v. LOEWENICH, *Luthers Theologia crucis* (1929) 4ª ed. 1954, p. 112-115. Sobre a mudança da concepção de LUTERO de Hb 11.1, cf. ali, p. 106s.

como consentimento (*assensus*).¹²² Acontece que em LUTERO o ato de consentimento da fé já é muito cedo relacionado diretamente a Deus: A fé honra a Deus mediante seu consentimento, dando-lhe razão,¹²³ e precisamente em sua sentença judicial sobre nós. O jovem LUTERO desenvolveu a partir daí a idéia de que a fé, ao dar razão a Deus em suas obras, estaria de acordo com Deus e assim abrigada nele.¹²⁴ A melhor elaboração desse pensamento se encontra na preleção de LUTERO sobre a carta aos Romanos de 1515/16 no contexto de suas considerações sobre a predestinação: Quem se rende à vontade de Deus inclusive diante da possibilidade de que Deus o possa condenar, esse está abrigado em Deus; porque é impossível que aquele que se entrega tão integralmente à vontade de Deus possa ser separado dele.¹²⁵

Ou seja, a partir da idéia do consentimento da fé, ao relacioná-la não com doutrinas sobre Deus, mas ao próprio Deus em suas obras e juízos, LUTERO chegou a uma concepção extremamente audaciosa da relação direta da fé com Deus e de sua comunhão com Deus. Esse pensamento mudou nos anos tardios de LUTERO apenas na medida em que o consentimento da fé passou a ser referido cada vez mais à palavra concreta da promessa como expressão da intenção de Deus frente aos humanos. P. ex., já na preleção sobre a carta aos Romanos ele afirmava que fé e promessa se encontram em uma correlação recíproca, que a promessa chega àquele que a agarra pela fé, e em contraposição que unicamente a fé seria a maneira de consentimento e aceitação correspondente à

---

¹²² M. LUTERO, *op. cit.*, p. 92,23ss.
¹²³ M. LUTERO, *WA* 4, p. 172s. Cf. H. J. IWAND, *Glaubensgerechtigkeit nach Luthers Lehre*, 1951, p. 11ss.
¹²⁴ M. LUTERO, *WA* 3, p. 289s, cf. *WA* 56, p. 226,4ss., cf. a citação à p. 23ss.
¹²⁵ M. LUTERO, *WA* 56, p. 391,13ss: *impossibite est ut extra Deum maneat, qui in voluntatem Dei sese penitus proiecit. Quia vult, quod vult Deus, ergo placet Deo* [É impossível que permaneça fora de Deus quem se projetou profundamente na vontade de Deus. Porque quer o que Deus quer, por isso agrada a Deus]. Cf. ainda *De libertate Christiana*, 1520, p. 11: *Ubi autem deus videt, veritatem sibi tribui et fide cordis nostri se honorari tanto honore, quo ipse dignus est, Rursus et ipse nos honorat, tribuens et nobis veritatem et iustitiam propter hanc fidem* [Mas onde vive Deus, é tributada a ele verdade e recebe honra pela fé de nosso coração com tanta honra de quanta é digno. Em troca também ele nos honra, concedendo também a nós verdade e justiça por causa dessa fé] (*WA* 7, p. 54,21ss.).

palavra da promessa.¹²⁶ Também nessa formulação persiste o entendimento básico da fé como consentimento com os juízos e as palavras de Deus. Ainda em 1520 ele diz que a alma, que crê firmemente no Deus que faz promessas, o considera desse modo veraz e justo, concedendo-lhe assim a mais elevada honra que lhe cabe.¹²⁷ Tal fé é cumprimento do Primeiro Mandamento.¹²⁸ Mas no caso se trata agora do Deus que se manifesta concretamente na palavra da promessa: "O objeto da fé já não é genericamente o invisível, mas concretamente a palavra... Enquanto antes a fé era para LUTERO idêntica com a esperança, ele agora reconhece sua essência na fidelidade em relação à promessa de Deus".¹²⁹ Com isso se combina, pois, também a dimensão da certeza e da confiança na intenção salvadora de Deus para com os seres humanos.¹³⁰ A fé que aceita a promessa é, como consentimento, necessariamente já também *fiducia*,¹³¹ a saber, na confiança em que Deus é misericordioso conosco por meio de Cristo.¹³²

> Nesse ponto o conceito de fé de LUTERO diverge da interpretação usual na escolástica latina, da fé como consentimento com a autoridade divina da doutrina eclesiástica. É verdade que também TOMÁS DE AQUINO não referiu o ato de consentimento da fé somente ao conteúdo doutrinário a ser considerado verdadeiro (como *materiale obiectum* [objeto material]), mas ao próprio Deus, que como verdade suprema constitui o objeto formal da fé (cf. acima, nota 117). Por isso o motivo da verdadeira fé tem de ser, conforme TOMÁS, o amor a Deus que move a volição para o consentimento (*S. teol.* II/2,4,3). A autoridade da doutrina eclesiástica é afirmada à luz da relação da vontade para com Deus como o supremo bem

---

[126] *WA* 56, p. 46,15: *ratificat promissionem* [ratifica a promessa] (sobre Rm 4.17). Cf. *WA* 56, p. 45,15: *fides et promissio sunt relativa* [fé e promessa são relacionadas].
[127] M. LUTERO, *De libertate Christiana* 11: *Sic anima, dum firmiter credit promittenti deo, veracem et iustum eum habet, qua opinione nihil potest deo praestantius tribuere* [Assim a alma, enquanto crê firmemente no Deus que promete, tem-no por veraz e justo, uma opinião pela qual nada pode tributar mais magnificamente a Deus] (*WA* 7, p. 54,1s). Cf. a citação do mesmo capítulo, acima, nota 125.
[128] M. LUTERO, *op. cit.* c.13 (*WA* 7, p. 55s).
[129] W. v. LOEWENICH, *op. cit.*, p. 105s.
[130] A esse respeito, cf. M. LUTERO, *WA* 1, p. 172,15ss; 6, p. 209s.
[131] *WA* 40/1, p. 228,33.
[132] *WA* 42, p. 564,5s.

e logo por amor a Deus. Mas nesse aspecto a doutrina eclesiástica está apenas ligada de forma mediada com a realidade pessoal de Deus. Não possui, ela mesma, a forma da interpelação pessoal de Deus ao ser humano. Por ser esse o caso na palavra da promessa, a fé está, em sua relação com a promessa como seu objeto material, diretamente relacionada com o próprio Deus. O *adhaerere Deo* [aderir a Deus] (ou *credere in Deum* [crer em Deus]) de AGOSTINHO[133] se transforma assim em *fiducia promissionis* [confiança na promessa]. O amor a Deus nesse caso deixa de ser apenas motivo para o consentimento de fé voltado para algo distinto, mas a fé se dirige diretamente a Deus e sua palavra. Objeto material e formal da fé coincidem nesse ato. Por isso a fé não mais descrita como *fides caritate formata* [fé formada pelo amor] como em TOMÁS (*S. teol.* II/2,4,3), mas como *fiducia promissionis* [confiança na promessa], e a graça divina é recebida diretamente na palavra da *promissio* [promessa], não somente após uma mediação sacramental diferente dela

Em MELANCHTHON se procura em vão pelo pensamento fundamental de LUTERO, de que a fé unifica com o próprio Deus e com sua palavra. Mas MELANCHTHON concordou com LUTERO em que a fé como confiança é a única forma de aceitação condizente com a palavra da promessa, por parte do ser humano como destinatário da promessa.[134] A fé não é uma obra valiosa em si mesma que ofertamos a Deus. Ela traz justificação somente pelo fato de que unicamente ela é a forma apropriada de recebimento da promessa.[135] A promessa e a fé que nela confia

---

[133] AGOSTINHO, *Enn. in Sl* 77,8: *Hoc est ergo credere in Deum, credendo adhaerere ad bene cooperandum bona operanti Deo* [Isso é, portanto, crer em Deus, apegar-se, crendo, em Deus que opera coisas boas, para cooperação no bem] (CCL 39, p. 1073).

[134] Em seus *Loci praecipui theologici* (1559) MELANCHTHON escreveu sobre a correlação asseverada em Rm 4.20 entre promessa e fé: *Vult ergo nos assentiri promissioni. Id assentiri revera est haec fiducia amplectens promissionem* [Quer, pois, nos confirmar pela promessa. O confirmar é quando a fidúcia abraça a promessa] (CR 21, p. 745s). Em razão disso, a confiança na promessa divina constitui a definição decisiva do conceito de fé (cf. ali, p. 749ss., bem como *Apol.* IV, 80, *BSELK*, p. 176,21s, bem como já a primeira versão dos *Loci* em CR 21, p. 167).

[135] MELANCHTHON, *Apol.* IV, 56: ... *fides non ideo iustificat aut salvat, quia ipsa sit opus per sese dignum, sed tantum, quia accipit misericordiam promissam* [... a fé por isso não justifica nem salva, porque ela seria uma obra digna em si mesma, mas na medida em que ela aceita a misericórdia prometida] (*BSELK* p. 171,13-16). Cf. IV, 86 (178, p. 38s).

são por isso conceitos correlatos.[136] Tal correlação foi colocada também por CALVINO no centro de sua definição de fé, embora a expressão confiança (*fiducia*), usada apenas ocasionalmente, recuou em seus escritos atrás do discurso em tom genérico acerca da fé como percepção (*cognitio*) da promessa divina.[137] Em contrapartida, nem mesmo MELANCHTHON restringiu o conceito de fé ao ato da confiança, entendendo-a, pelo contrário, como a forma do consentimento (*assensus*) apropriada especificamente à promessa, que por sua vez sempre já pressupõe uma tomada de conhecimento (*notitia*) do objeto do consentimento.

b) Fé e tomada de conhecimento

A fé caracterizada como confiança na promessa de Deus foi sempre de novo delimitada pelos reformadores contra um entendimento desse conceito no sentido de mera tomada de conhecimento de fatos, que poderia acontecer de forma distanciada e sem engajamento pessoal. P. ex., consta em MELANCHTHON que a fé não seria uma aprazível tomada de conhecimento (*otiosa cogitatio*) de fatos da salvação. Porque tal "fé" é possuída também pelos incrédulos e diabos,[138] na medida

---

[136] *Apol.* IV, 50 (*BSELK*, p. 170, 28), cf. IV, 324 (p. 222,22).

[137] J. CALVINO, *Inst. chr. rel.* (1559), vol. III, 2,7: *Nunc iusta fidei definitio nobis constabit, si dicamus esse divinae erga nos benevolentiae firmam certamque cognitionem, quae gratuitae in Christo promissionis veritate fundata, per spiritum sanctum et revelatur mentibus nostris et cordibus obsignatur* [Agora teremos uma justa definição da fé se dissermos que temos conhecimento seguro e certo da benevolência divina para conosco, a qual está fundada sobre a promessa gratuita em Cristo, mediante o Espírito Santo, e é revelaba a nossas mentes e selada em nossos corações] (*CR* 30, 403). A expressão *fiducia* é mencionada em vol. III, 2,11 sobre Gl 4.6 (*op. cit.*, p. 406). Uma função maior é desempenhada por ela na definição de fé na teologia reformada inicial, enquanto os dogmáticos reformados posteriores viam na *fiducia* apenas uma conseqüência da justificação (H. HEPPE, *Die Dogmatik der evangelisch-reformierten Kirche*, nova ed. por E. BIZER, 1958, p. 425s., cf. p. 410).

[138] MELANCHTHON, *Apol.* IV, 64 (*BSELK*, p. 173,65) e 249: *otiosa notitia, qualis est etiam in diabolis* [aprazível conhecimento, que existe também nos diabos], p. 209,10s). Na primeira versão dos *Loci* (*Loci communes*, 1521) MELANCHTHON havia escrito que também os condenados possuem a fé em histórias sob a coação dos fatos da experiência (*Damnati vero, non ut dent gloriam verbo dei, credunt. Sed experientia coacti, quae certefides vocari non potest* [Os condenados de fato, ainda que não glorifiquem verbalmente a Deus, crêem. Mas (fazem-no) coagidos pela experiência,

em que precisam admitir com ranger de dentes os fatos da encarnação, da crucificação e ressurreição do Filho de Deus. A formulação é interessante também pelo fato de mostrar como era pouco questionável o caráter factual dos eventos da salvação na época da Reforma. De forma semelhante já se expressara a Confissão de Augsburgo. Em seu Artigo 20 se lê que a palavra fé designa não apenas a tomada de conhecimento de fatos históricos (*non significat tantum historiæ notitiam*), assim como a possuem também os incrédulos e os diabos, mas aquela fé que crê não apenas (*non solum*) o registro histórico, mas também (*sed etiam*) do efeito dos eventos históricos (*effectum historiae*), a saber, o perdão do pecado (*CA* 20, 23). Digno de nota é, nesse caso, que a fé na salvação de forma alguma está contraposta de modo excludente à tomada de conhecimento dos dados históricos, como aconteceu não raro em interpretações modernas.[139] Pelo contrário é dito que a *mera* tomada de conhecimento histórico por si só permanece insuficiente, e precisamente pela circunstância de que deixa de captar o teor de sentido mais profundo dessa mesma história, seu alcance para a salvação dos humanos, e por isso também para cada um pessoalmente. Por isso a simples tomada de conhecimento histórico carece da complementação pelo aventurar-se confiante (*fiducia*) que apreende o verdadeiro sentido, o "efeito" da história de Jesus, a saber, o perdão de pecados.[140] A mera tomada de conhecimento histórica exterior não capta integralmente o fundamento histórico da fé, a saber, não em vista da determinação de finalidade ligada a esses dados históricos no agir de Deus na história: Trata-se do sentido de promessa dessa história para a

---

o que não pode ser chamado de fé convicta]). Aqui a rigor não se trataria de fé, mas de uma opinião (... *nunc prorsum non fidem, sed opinionem appelo* [agora não o chamarei de fé, mas de opinião]). *CR* 21, 162.

[139] É a posição particularmente enfática de F. GOGARTEN, *Die Wirklichkeit des Glaubens. Zum Problem des Subjektivismus in der Theologie*, 1957, p. 139. e idem, Entmythologisierung der Kirche, 3ª ed. 1953, p. 103. O "não somente... mas também" das afirmações da Reforma foi aguçado em GOGARTEN e outros para uma alternativa que não mais permite nem sequer perguntar pela confiabilidade histórica do legado da tradição (*op. cit.*, p. 76).

[140] *CR* 21, 176 e 743, cf. *Apol.* IV,51: *Itaque non satis est credere, quod Christo natus, passus, resuscitatus sit, nisi addimus et hunc articulum, qui est causa finalis historiae: remissionem peccatorum* [Assim não basta crer que Cristo nasceu, morreu e foi ressuscitado, se não acrescentamos também esse artigo que constitui a causa final da história: a remissão dos pecados] (*BSELK*, p. 170,33-37).

salvação do mundo, identificado em MELANCHTHON de modo um pouco estreito com o conceito do perdão dos pecados. Por causa da relevância própria inerente à história de Jesus, a saber, por causa de seu sentido de promessa, a tomada de conhecimento precisa transitar dela para a confiança no Deus que age nessa história.

Nessa questão LUTERO não julgou de maneira diferente que MELANCHTHON. Também conforme a opinião de LUTERO a fé na história de forma alguma é dispensável, muito menos perniciosa, mas por si só insuficiente para a obtenção da salvação. Nessa argumentação LUTERO salientou principalmente a necessidade da apropriação pessoal do sentido de promessa da história de Jesus: "... quando 'minha' é acrescentada, *est alia fides quam absque* [é outra fé do que quando não tem] 'minha'."[141] LUTERO chegou a afirmar que a tomada de conhecimento histórica nem sequer seria fé no real sentido, mas apenas colocaria diante do *objeto* da fé.[142] Contudo nessa função a tomada de conhecimento histórica é uma premissa indispensável da fé: "... se chegasse ao ponto de se esquecer aquela história, teria acabado o fundamento".[143]

Principalmente a declaração de LUTERO citada por último revela quanto era diferente a situação da discussão na era da Reforma no que tange à história bíblica, em comparação com a que se desenvolveu desde o surgimento da ciência histórico-crítica nos séc. XVII e XVIII. LUTERO ainda podia pressupor que a historicidade dos relatos bíblicos e das evidências centrais da salvação não sofria contestação séria de ninguém. Por isso ele se podia concentrar totalmente no tema da apropriação subjetiva do sentido de promessa dessa história pelo aventurar-se confiante no Deus nela atuante. Na Idade Moderna, todavia, justamente o fundamento da história bíblica, naquela época ainda pressuposta como óbvia por todas as partes, foi em muitos pontos transformado pela exegese histórico-crítica dos escritos bíblicos em objeto de controvérsias. A necessidade de confiança pessoal no Deus que faz promessas, tão enfatizada por LUTERO, seguramente persiste hoje tanto quanto naquele tempo. Mas na Idade Moderna o foco das discussões intelectuais se deslocou para os fundamentos históricos da fé na salvação que

---

[141] *WA* 29, p. 197,12; cf. *WA* 27, p. 105,11s.
[142] *WA* 56, p. 172s, cf. *WA* 7, p. 215,1-22 e 2, p. 527,4ss., bem como p. 458,21s, *WA* 9, p. 49,5s, p. 453,13-18, p. 472,5-16.
[143] *WA* 29, p. 657,3s, cf. p. 657,16s.

na época de LUTERO ainda não eram alvo de controvérsia. Porque se, com palavras de LUTERO, "acabou o fundamento", sobre o qual a fé constrói, então sua casa não está apenas construída sobre areia em lugar da rocha (Mt 7.26s), mas está suspensa no ar. Quem, no entanto, confia em algo nulo há de ser pessoalmente aniquilado (Jó 15.31).

c) *Fé e saber histórico*

Enquanto LUTERO destacava a fé no sentido estrito da palavra, ou seja, a confiança no Deus que vem ao nosso encontro em suas palavras, respectivamente no sentido de promessa da história de Jesus, do mero saber histórico como uma premissa inconteste dela, ainda que fundamental, os teólogos da igreja antiga e da Idade Média colocaram justamente o consentimento com os fatos da salvação no centro da análise do conceito de fé. Dessa forma estão mais próximos do tema das controvérsias da Idade Moderna sobre os fundamentos históricos da fé cristã que a contribuição da Reforma para o conceito de fé, mas a orientação do juízo histórico segundo o princípio da autoridade mostra de forma muito mais nítida a distância em relação à moderna discussão histórica.

O ponto de partida das abordagens da igreja antiga sobre o consentimento da fé está na concepção paulina da fé como aceitação da mensagem apostólica da salvação.[144] O consentimento com a afirmação da mensagem apostólica, de "que" Deus ressuscitou a Jesus dentre os mortos, é conforme Paulo condição para a eficácia de salvação da confissão a Jesus como o *Kyrios* (Rm 10.9). Mediante recurso à terminologia da teoria estóica do conhecimento CLEMENTE de Alexandria elaborou o conceito da fé como consentimento,[145] e AGOSTINHO, seguindo-o

---

[144] Cf. sobre isso R. BULTMANN, in: *TWNT*, vol. VI, 1959, p. 209ss.
[145] Em *Strom* 11,8,4 (*MPG* 8,939, 11-13), cf. II, 27,2. II, 28,1 a fé é designada com a categoria estóica da *prolepsis* como um "antecipar compreensivo antes do captar seguro". A todas essas passagens subjaz Hb 11.1. Como consentimento sensato (*synkatathesis*) a fé também é classificada em *Strom* V, 3,2. ao contrário da interpretação ontológica da fé em Basílides (com mais detalhes sobre isso, cf. minha obra *Grundfragen systematischer Theologie*, vol. 2, 1980, p. 238ss., esp. p. 240). *Synkatathesis* é um conceito central do ensino epistemológico estóico, cf. M. POHLENZ, *Die Stoa. Geschichte einer geistigen Bewegung*, vol. I, 1959, p. 91 (sobre CRÍSIPO), cf. vol. II (4ª ed. 1972), p. 53.

e tornando-se determinante para a escolástica latina posterior, definiu a fé como um conceber combinado com consentimento (*cum assensione cogitare*).[146] Nessa definição o consentimento da fé se dirige, em concordância com a forma retórica de pensar, tanto ao conteúdo da doutrina quanto à instância de autoridade que a media.[147] Em ambos os aspectos a fé em última análise está para AGOSTINHO relacionada a Deus: Deus é o objeto que fundamenta todos os demais conteúdos (*credere Deum* [crer Deus]), e por trás da autoridade da igreja, que afiança esses conteúdos, está por sua vez a própria autoridade de Deus (*credere Deo* [dar crédito a Deus]). Nesse caso, leva para além de mera fé na autoridade o apego a Deus, a fé em Deus (*credere in deum* [crer em Deus]).[148] Contudo o correlato do conceito de fé sempre é em AGOSTINHO primordialmente a autoridade, à qual a fé dá crédito. "O que reconhecemos, nós o devemos à razão; o que cremos, devemos à autoridade".[149] Nisso a autoridade pode ter a função de conduzir pedagogicamente a um reconhecimento posterior, sendo então substituída por um entendimento autônomo da questão. Isso vale conforme AGOSTINHO também para a percepção de Deus. Existem, porém, conteúdos que nunca poderão ser reconhecidos independentemente de mediação por uma autoridade. Faz parte deles, para AGOSTINHO, como para toda a Antiguidade, todo conhecimento histórico,[150] porque tal conhecimento permanece sempre dependente de relatos e em última análise das testemunhas oculares do evento asseverado. Por causa de seu conteúdo histórico, portanto, a fé cristã nunca pode se transformar em saber autônomo.

---

[146] AGOSTINHO, *De praed. sanct.* II, 5 (*MPL* 44, p. 963,6s).

[147] Quanto ao pano de fundo das afirmações de AGOSTINHO sobre fé e autoridade na retórica da Antiguidade, cf. K. H. LÜTCKE, *"Auctoritas" in Augustin*, 1968, p. 49ss., 60ss.

[148] AGOSTINHO, *Sermo* 61,2 (*MPL* 38, 409s). A dogmática posterior à Reforma referiu essas três modalidades da fé aos momentos de *notitia, assensus* e *fiducia* (D. HOLLAZ, *Examen theol. acroamaticum* (Stargard 1707), reimpressão 1971, p. III seção II, c.7 q.3; p. 282).

[149] AGOSTINHO, *De utilitate credendi* II,25: *Quod intelligimus igitur, debemus rationi: quod credimus, auctoritati...* (*MPL* 42, p. 83,40s).

[150] AGOSTINHO, *De div. quaest.* q. 48: *Alia sunt quae semper creduntur, et numquam intelliguntur, sicut est omnis historia, temporalia et humana gesta percurrens* [São outras coisas que sempre se crêem e jamais são entendidas, conforme é toda a história, percorrendo atividades temporais e humanas] (*CCL* 44 A, p. 75,1-3). Outras referências em K. H. LÜTCKE, p. 184 ss.

O conhecimento da história de Jesus Cristo sempre permanece dependente de doutrina com cunho de autoridade, e em última análise, de testemunhas oculares apostólicas.

A transmissão com autoridade, do conhecimento dos eventos históricos fundamentais para a doutrina cristã, ainda era óbvia também para a Reforma. No entanto, para a Reforma como já para a Idade Média Tardia, o problema da autoridade se concentrou no conceito da Escritura inspirada por Deus, da qual se acreditava ter a ver não com uma autoridade humana, mas diretamente com a autoridade do Deus que a inspirou.[151] Era unicamente a isso que se referia agora o conceito de fé, de modo que diante disso podia passar para segundo plano a realidade mais geral da dependência de conhecimento histórico atestado com cunho de autoridade. A autoridade divina das Escrituras cobria também esse aspecto. Em consonância, do lado do conceito de fé as relações com os conteúdos históricos das Escrituras também apareceram subordinadas à relação da fé com Deus. Enquanto, porém, especialmente MELANCHTHON tendia a restringir o conceito da fé ao momento da confiança, a teologia após a Reforma tornou a incluir também terminologicamente no conceito de fé o conhecimento histórico nela pressuposto.[152]

A profundidade do corte que o desenvolvimento da moderna pesquisa histórico-crítica das Escrituras significa para a relação da fé cristã e da doutrina cristã com seus fundamentos históricos somente pode ser entendida quando se percebe que não apenas passaram a ocupar mais fortemente a cena, no pensamento e na forma de expressão, o aspecto humano dos testemunhos bíblicos e as correlatas diferenças, tensões e condicionantes da época, mas que principalmente o julgamento quanto à historicidade do relatado agora se dissociou por princípio da questão, até então determinante, pela confiabilidade geral ou não dos transmissores (portanto, também dos autores bíblicos), tornando-se

---

[151] Cf., porém, já em CLEMENTE de Alexandria a declaração de que os cristãos devem seu conhecimento da história de Jesus não a uma autoridade humana qualquer, mas ao próprio *Logos* divino (*Strom* II,9,6; *MPG* 8, p. 941).

[152] Posição de O. RITSCHL, *Dogmengeschichte des Protestantismus*, vol. II/1, 1912, p. 499 sobre M. CHEMNITZ. Desde os *Loci theologici* de CHEMNITZ (1591) tornou-se predominante a análise do conceito de fé nos componentes *notitia, assensus* e *fiducia*. Cf. D. HOLLAZ, *Examen theol. acroamaticum* (Stargard 1707), reimpressão 1971, p. III seção. II, c.7 q.13 (p. 299s).

matéria de julgamento histórico em todo caso individual, bem como da reconstrução histórica das correlações. Enquanto todo conhecimento histórico dependia da autoridade dos relatos, respectivamente dos transmissores, era possível que, existindo os respectivos critérios, certamente se considerasse sensato o reconhecimento do que foi por ela transmitido. O Iluminismo, no entanto, substituiu agora a necessidade de se apoiar, para conhecer o passado, na autoridade de tradições, pela nova ciência histórica e seu princípio da reconstrução crítica do passado. Dessa forma relatos de toda espécie, dignos de crédito ou não, se tornaram mero material para a análise crítica dos historiadores, e em contrapartida as reconstruções históricas deles podiam agora, apesar de todas as ressalvas, reivindicar o status de descobertas cientificas, ao contrário da categoria inferior de mera fé ou opinião, que havia sido até então atribuída ao conhecimento histórico por causa de sua dependência de uma autoridade. Isso significava que a partir de agora a mediação de conhecimento histórico com autoridade somente podia ser aceita no sentido de condução pedagógica. Mas a reivindicação de que fatos históricos representariam um penhor de máxima autoridade para a razão tinha de ficar insustentável a partir de agora. Isso acarretou conseqüências inevitáveis para as postulações de veracidade da doutrina eclesiástica como também no que tange à concepção tradicional protestante da autoridade das Escrituras como penhor credenciado dos fatos comunicados nos escritos bíblicos. O contraste confessional quanto às fontes da doutrina cristã ficou assim relativizado, porque ambas as formas de mediação com autoridade já não podiam valer como maximamente compromissivas para o julgamento das conteúdos históricos da Bíblia. Antes a dependência do conhecimento histórico da mediação com autoridade havia gerado dados incontestes que todo aquele que não quisesse de fato abrir mão do conhecimento do passado era obrigado a aceitar, de modo que as reivindicações de autoridade da doutrina eclesiástica com seus fundamentos na Sagrada Escritura possuíam dessa maneira praticamente uma moldura de plausibilidade geral. De agora em diante, porém, o teor histórico da tradição bíblica somente podia ser constatado como de validade geral apenas mediante a participação no processo de construção de um julgamento histórico, portanto na forma da livre cognição, e também isso somente na forma de veredictos de probabilidade com a ressalva de uma possível revisão no andamento posterior da pesquisa e discussão históricas.

Sob essas novas condições, quando a teologia cristã preservava o formato de autoridade de sua fundamentação doutrinária, em particular em vista dos fundamentos históricos da doutrina cristã, então, ao contrário de todos os séculos anteriores, ela passava a se situar em oposição fundamental à razão. Mas, quando aderia à mudança no entendimento dos conhecimentos históricos (*notitia historica*) como premissa e fundamento da fé na salvação, ela tinha de alterar uma série de conceitos básicos e suposições, que estavam conectados à concepção tradicional do vínculo autoritário do conhecimento dos fundamentos históricos do cristianismo. Fazia parte disso em primeiro lugar a doutrina da inspiração das Escrituras, ou pelo menos aquela forma dessa doutrina que considerava que com a inspiração divina dos escritos bíblicos ao mesmo tempo estaria assegurada sua inerrância e concordância em todos os detalhes. Entretanto, uma vez abandonado esse princípio, e sendo enfocado integralmente o caráter dos escritos bíblicos como documentos humanos, com a multiplicidade de vozes, com a natureza contraditória e, por princípio, capacidade de erros de suas afirmações específicas, então podia surgir a preocupada indagação pelo que ainda restaria do conteúdo dos fatos salvadores transmitidos nesses escritos, uma vez que a crítica histórica tivesse concluído seu trabalho. Uma insegurança correspondente tinha de resultar para a compreensão da fé que se apoiasse sobre os veredictos de probabilidade de tal tomada de conhecimento histórico. A convicção da garantia autoritária dos fundamentos da tradição doutrinária cristã – em última análise dada pela autoridade do próprio Deus, que inspirou os autores dos escritos bíblicos – havia fornecido uma base sólida à consciência de veracidade da fé quanto a seus objetos e conteúdos. Porventura a fé não estava sendo entregue à incerteza ou pelo menos privada de sua autonomia, por ser dependente do respectivo estágio do conhecimento histórico? E como se deveria configurar agora a doutrina eclesiástica, se lhe havia sido tirado o fundamento seguro do penhor de autoridade dos fundamentos históricos da fé?

Em vista da gravidade desses problemas é compreensível que grandes segmentos da teologia buscassem outros caminhos, a fim de corresponder às condições modificadas. Mais próximo era para a teologia evangélica o recuo ao conceito central da fé como fé na salvação (*fides salvifica*) mediante o voltar-se confiante a Deus (*fiducia*). Na experiência da conversão essa fé na salvação já parecia ter um fundamento próprio de certeza na doutrina protestante antiga da apropriação da salvação (*ordo salutis*), inserida na constelação temática de vocação, renascimento, conversão e santificação. Então se tornou possível ou declarar as referências históricas dessa experiência cristã de fé como secundárias, ou, porém, fazer a tentativa de fundamentar a plausibilidade de tais suposições históricas sobre a própria evidência da experiência da fé. De uma ou outra maneira se podia esperar possuir uma defesa contra os efeitos destrutivos da crítica racional da Bíblia, declarando que era objeto da experiência de fé buscar em si mesma a certeza sobre conteúdo e verdade da tradição cristã da fé.

O segundo desses dois caminhos foi muitas vezes trilhado pelas tendências influenciadas pela teologia do reavivamento na teologia evangélica mais recente. Um ponto de contato para isso era a doutrina protestante antiga do testemunho do Espírito Santo em nós como princípio da certeza subjetiva da fé. DAVID HOLLAZ já estendeu em 1707 esse pensamento também para o saber da fé acerca de seus fundamentos históricos, quando diferenciou entre a fé histórica baseada em autoridade divina (*fides historica*) e os julgamentos históricos apoiados meramente sobre a autoridade de transmissores humanos.[153] Apenas a segunda modalidade de fé na história é conforme HOLLAZ acessível também a demônios e incrédulos, como assevera a confissão luterana (*CA* 20,23-26). Nesse ponto HOLLAZ divergiu da concepção da Reforma; porque segundo ela a verdadeira fé na salvação somente se diferencia da fé histórica dos diabos e incrédulos por crer, além dos fatos da paixão e ressurreição de Jesus Cristo, também no significado desses eventos para a salvação, no perdão dos pecados (*CA* 20,23.25). Os fatos históricos nisso pressupostos têm de ser reconhecidos também pelo incrédulo (cf. acima). Em HOLLAZ, no entanto, a tomada de conhecimento histórico não tem mais a função de premissa da fé na salvação, mas é arrastada para dentro dela, sendo desse modo diferenciada do conhecimento histórico secular. A teologia do reavivamento deu um passo adiante nesse caminho, quando tentou alicerçar o conhecimento histórico

---

[153] D. HOLLAZ, *Examen theol. acroam.* IV, Stargard 1707, p. 300 (p. Ill, seção II, c.7 q.14): *Notitia fidei non est naturalis* [O conhecimento da fé não é natural]. Cf. p. 280 (ib. q.2): *Fides historica... est duplex: Una auctoritati humanae, altera revelationi divinae innititur* [A fé histórica... é dupla: Uma é iniciada por autoridade humana, a outra por revelação divina].

da fé praticamente na experiência da fé e assim assegurá-lo contra toda crítica histórica.[154] Esse enfoque de um acesso independente à realidade histórica do fundamento da fé ao lado da ciência histórica foi desenvolvido adiante particularmente pela teologia de Erlangen.[155] Manifesta-se de forma característica em WALTHER KÜNNETH, que pretendia alicerçar sobre a fé não apenas o saber cristão acerca da ressurreição de Jesus, mas também o da historicidade de Jesus como tal: Uma vez que "a fé tem certeza de que Jesus, o Senhor, vive, por isso a fé sabe consecutivamente da existência histórica do ser humano Jesus de Nazaré".[156] A idéia de que a convicção da existência do Redentor está fundada sobre a consciência de fé do cristão também já aparece em SCHLEIERMACHER e chega até mesmo a ser constitutiva para o nexo de fundamentação de sua cristologia. De acordo com SCHLEIERMACHER fica "estabelecido o Redentor" com a consciência da redenção em vista da circunstância de que ela somente pode se desenvolver em uma comunhão de redimidos (um novo "viver comunitário" em contraposição ao pecado). Ele é estabelecido como "causador" daquela nova vida comunitária,[157] porque ela afinal precisa ter em algum lugar um ponto histórico inicial. SCHLEIERMACHER, porém, não recorreu à consciência da fé para assegurar a historicidade dos traços específicos da história de Jesus. Nem mesmo a paixão de Cristo lhe serviu como "elemento primitivo" (§ 101,4) do conceito do Redentor afiançado pela consciência da fé, e muito menos os fatos da ressurreição e da ascensão de Cristo" (§ 99). Desse modo a obra de SCHLEIERMACHER por um lado também se tornou ponto de partida para a argumentação da teologia do reavivamento, que considerava a consciência da fé como penhor da realidade histórica do Cristo bíblico, mas por outro lado ela aponta de forma mais decisiva para a outra linha de desenvolvimento da teologia mais recente, para a qual os conteúdos históricos das tradições bíblicas parecem irrelevantes, porque todo falar sobre Deus

---

[154] J. MÜLLER, *Dogmatische Abhandlungen*, 1870, p. 44s, cf. p. 35.

[155] J. C. K. HOFMANN, *Weissagung und Erfüllung im alten und im neuen Testamente*, vol. I, 1841, p. 33ss., esp. p. 39 e ainda o anúncio pessoal de HOFMANN no boletim da igreja de Mecklenburg 1844/4.5 (citada em *RE* 3ª ed. 8, 1900, p. 239).

[156] W. KÜNNETH, *Glaube an Jesus? Die Begegnung der Christologie mit der modernen Existenz*, 1962, p. 286. Quanto à crítica, cf. G. EBELING, *Theologie und Verkündigung. Ein Gespräch mit Rudolf Bultmann*, 1962, p. 139.

[157] F. SCHLEIERMACHER, *Der christliche Glaube*, 2ª ed. 1830, § 91,2 e § 88,1. As referências seguintes no texto dizem respeito a essa obra.

e seu agir somente deveria ser compreendido como declaração da fé e logo como expressão de seu entendimento de sua existência: Na teologia do séc. XX essa concepção apareceu especialmente associada à asserção de que a fé não está vinculada com a história, mas com o *kérygma* [proclamação]. Nesse sentido se posicionou, ao lado de RUDOLF BULTMANN, particularmente FRIEDRICH GOGARTEN, ao pretender que todos os conteúdos da fé estariam recolhidos à palavra, por meio da qual o próprio Deus se promete à fé.[158] Que isso é assim pode ser demonstrado, por sua vez, unicamente como asserção da fé. Em decorrência de sua rejeição de qualquer fundamentação histórica da fé, a teologia do *kérygma* continuou, ela mesma, refém do subjetivismo da fé, ao qual combatia. Nessa questão GOGARTEN argumentou sem razão com LUTERO, que, apesar de toda dissociação entre fé na salvação e mero ter por verdade a história, não deixava de reconhecer nos fatos dessa última o fundamento da fé na salvação.

Contra ambas as formas da tendência moderna de recolher o objeto da fé para dentro do ato da fé, respectivamente de fundamentá-lo no ato da fé, a teologia cristã precisa preservar que a fé cristã possui como fundamento e premissa a revelação histórica de Deus. Por isso o conhecimento (*notitia*) dos fatos da história em que Deus se revelou, bem como o consentimento (*assensus*) com a circunstância de que Deus é manifesto a nós nesses fatos, constituem premissas indispensáveis da fé-confiança cristã (*fiducia*). Isso ainda não representa uma resposta à pergunta pela motivação psicológica do ato da fé. Nela o conhecimento da história de Jesus de forma alguma tem de ser o fator determinante. Os motivos do consentimento da fé podem, antes, estar relacionados com o amplo espectro da relação inexprimível da existência humana com o mistério divino que envolve e sustenta a realização da existência humana.[159] Em cada caso isso pode ter uma configuração

---

[158] F. GOGARTEN, *Entmythologisierung und Kirche*, 3ª ed. 1953, p. 24s, cf. p. 103, bem como p. 76. Cf. também acima, nota 139.

[159] Esse é o complexo temático da discussão que partiu da tese de TOMÁS DE AQUINO sobre a motivação da concordância da fé por meio do amor a Deus (cf. acima, nota 117) na teologia católica romana sobre a *analysis fidei*. Cf. o artigo F. MALMBERG sobre esse tópico in: *LTK* 1 (2ª ed.) 1957, p. 477-483. Sobre o assunto, cf. também a obra de M. SECKLER citada na nota 117. A formulação da questão fornecida no texto se apóia em expressões de KARL RAHNER.

muito diversa e de forma alguma deveria ser estreitado para o modelo da experiência da culpa e da outorga do perdão. Na tomada de conhecimento da história de Jesus e no consentimento com a mensagem da igreja que transmite esse conhecimento, de que nos fatos que cercam a identidade da pessoa de Jesus Deus é revelado a nós, não se trata em primeiro lugar de motivos psicológicos da fé, mas das condições lógicas para que a confiança crente no Deus revelado em Jesus Cristo possa valer como objetivamente fundamentada. Nessa questão nem mesmo é necessário que tomada de conhecimento e consentimento sejam tratados propriamente um por um, nem que sua problemática tenha sido compreendida, porém eles estão colocados em cada ato da fé cristã como premissas da confiança no Deus revelado em Jesus Cristo.

A análise tradicional do ato da fé na teologia da Reforma sob a seqüência lógica dos momentos *notitia, assensus, fiducia* tornou-se desde ALBRECHT RITSCHL objeto de uma crítica mais ou menos veemente. Com base na primeira versão dos *Loci* de MELANCHTHON de 1521 (cf. acima, nota 138) RITSCHL pretendia restringir o conceito da fé ao da confiança em Deus e constatava na combinação da fé como *fiducia* com *notitia* e *assensus*, embora essa combinação fosse realizada expressamente tanto no próprio LUTERO quanto nas afirmações posteriores de MELANCHTHON (como já em *Apol* IV), um resquício medieval ou também o resultado de uma mescla da compreensão evangélica com a católica da fé.[160] WILHELM HERRMANN concentrou essa crítica totalmente no conceito do *assensus*. Ele admitiu que "a *notitia* seria, no entanto, uma condição prévia da fé", mas a entendeu como tomada de conhecimento do "fato" de Jesus, de sua "vida interior", não como tomada de conhecimento de uma doutrina, e por isso tampouco como vinculada a um consentimento.[161] No discípulo de HERRMANN, KARL BARTH, porém, para o qual assim como para RUDOLF BULTMANN o fato de Jesus ainda acontecia somente na palavra do *kérygma*, justamente o conceito do *assensus* passou para o primeiro plano, no entanto não no sentido rejeitado por HERRMANN, de consentimento com uma doutrina, mas como designação do reconhecimento obediente que compete ser dado à palavra de Deus.

---

[160] A. RITSCHL, *Fides implicita. Eine Untersuchung über Köhlerglauben. Wissen und Glauben*. Gauben und Kirche, 1890, p. 84ss.

[161] W. HERRMANN, *Der Verkehr des Christen mit Gott im Anschluß an Luther dargestellt* (1886), 5ª ed. 1908, p. 180, cf. p. 173-190 e esp. p. 177s.

Diferente de HERRMANN, porém, BARTH formou a concepção forçada de um reconhecimento que não seria precedido por nenhuma tomada de conhecimento daquilo que caberia reconhecer. Expressamente BARTH inverteu por isso a seqüência tradicional entre os momentos do conceito de fé: Nas palavras da dogmática antiga se deveria falar "primeiro do *assensus* e somente então da *notitia*".[162] A percepção do objeto da fé seria decorrente apenas como conseqüência do reconhecimento. "Ele não é precedido por qualquer saber, reconhecer e confessar de nenhum tipo, mas todo perceber e confessar da fé estão abarcados por ele e decorrem do fato de que a rigor e originalmente se trata de um reconhecer, do ato espontâneo da obediência".[163] No entanto, será possível reconhecer algo do que nem sequer se tomou conhecimento? Em favor de sua concepção BARTH apelou para a caracterização paulina da fé como obediência (Rm 1.5) e nisso sabia com razão que estava próximo de RUDOLF BULTMANN.[164] Não obstante, será que Paulo definiu a fé como obediência *cega* diante da autoridade apostólica do evangelho? O próprio BULTMANN notou que a fé inspirada pelo ouvir (Rm 10.17) "contém por isso necessariamente um saber". Em razão disso Paulo poderia "falar ocasionalmente como se o saber fundamentasse a fé".[165] Mas por que Paulo falaria assim apenas aparentemente? Por que ouvir a mensagem não provocaria de fato uma tomada de conhecimento, da qual brota depois a confiança crente? Por que

---

[162] K. BARTH, *KD*, vol. IV/1, 1953, p. 848.
[163] K. BARTH, *op. cit.* Sob essa premissa BARTH pôde, no entanto, argumentar com eloqüência em favor da necessidade do conhecimento e do saber em conexão com a fé (esp. *op. cit.*, p. 854).
[164] BARTH, porém, pensava em concordar com BULTMANN (como com HERRMANN) apenas na dimensão negativa, de que o ato de fé não se baseia em "ter por verdadeiros textos bíblicos ou preceitos eclesiásticos" (*KD* vol. IV/1, p. 850), não porém na percepção positiva de que "o Senhor vivo Jesus Cristo, testemunhado pelas Escrituras e anunciado pela igreja" seria o objeto da obediência da fé. Em R. BULTMANN, cf. *Theologie des Neuen Testaments*, 1953, p. 310ss encontra-se à p. 312 também a definição acolhida literalmente por K. BARTH, *op. cit.*, p. 848, da obediência como "ato voluntário", que curiosamente seria apesar disso protegida, conforme BULTMANN, "contra a suspeita" de "ser uma "realização humana" (p. 311). Não constitui justamente o *sacrificium intellectus* [sacrifício do intelecto] de uma obediência cega de forma saliente uma realização, ainda mais quando essa obediência deve ser ofertada como "ato espontâneo"?
[165] R. BULTMANN, *Theologie des Neuen Testaments*, 1953, p. 313 com referência a Rm 6.8s e 2Cor 4.13s.

Paulo não se referiria ao todo desse processo quando fala da "obediência" da fé? Conforme BULTMANN não pode ser esse o caso porque "a palavra da proclamação, afinal, não é uma palestra sobre acontecimentos históricos, não uma ensinamento sobre circunstâncias objetivas, que pudessem ser aceitas como verdadeiras sem uma transformação existencial. Afinal, palavra é *kérygma*, interpelação, exigência e promessa, é o próprio ato divino da graça. Sua aceitação, a fé, portanto, é obediência, reconhecimento, confissão."[166] Logo é por isso que, conforme BULTMANN, Paulo nem sequer pode ter de fato em mente o que parece afirmar, a saber, que uma tomada de conhecimento e um saber fundamentam a fé, mas somente é capaz de "falar assim ocasionalmente", como se fosse esse o caso. No entanto, será que a fé, pelo contrário, não deveria ser entendida como fé que compreende, e justamente não apenas as próprias possibilidades de existência, mas igualmente a realidade que vem ao encontro dela, por meio da tomada de conhecimento do conteúdo da proclamação e pela obediência à verdade mediada pela concordância com ela, e não como obediência cega à reivindicação de autoridade da proclamação? É compreensível que OTTO WEBER já não conseguiu acompanhar sem mais nem menos a BARTH e BULTMANN nesse ponto, embora também ele tentasse evitar a fundamentação da fé sobre uma tomada de conhecimento e o consentimento com seu conteúdo. Ao invés do momento da obediência, WEBER localizou no início a confiança, retornando assim, sem ter clareza disso ou sem mencioná-lo propriamente, à concepção de ALBRECHT RITSCHL. Conforme WEBER a fé chega da confiança à certeza e somente da certeza (como *certitudo fidei* [certeza da fé]), pela via da obediência e do amor, ao conhecimento.[167] De acordo com WEBER seria ignorado o caráter pessoal da fé e a realidade pessoal do Deus que vem ao encontro em sua palavra, se a fé se alicerçasse sobre a aceitação de fatos como verdadeiros.[168] No entanto WEBER admite que a interpelação da palavra não pode chegar ao ser humano sem uma tomada de conhecimento. "A fé nunca vive de si mesma. Carece da interpelação, do *verbum externum* e, portanto,

---

[166] R. BULTMANN, *op. cit.*, p. 314.
[167] O. WEBER, *Grundlagen der Dogmatik*, vol. II, 1962, p. 296-313.
[168] O. WEBER, *op. cit.*, p. 300 se voltou contra a fundamentação da fé, expressa na anteposição de *notitia* e *assensus* sobre uma "relação eu-coisa". Instrutiva é uma comparação com a concepção primordialmente pessoal da fé, in: H. FRIES, acima, nota 1, p. 18s.

da *notitia*." Entretanto, nesse processo a tomada de conhecimento se dirige apenas à "palavra interpelante" do tu divino.[169] Seria, pois, a interpelação através da palavra dissociável de seu conteúdo? Para a mensagem cristã certamente vale que sua interpelação para a fé é mediada pela via de seu conteúdo, pela notícia da morte de Jesus na cruz e sua ressurreição, e logo através da tomada de conhecimento desse conteúdo. Pelo consentimento com ele, de "que" Deus o ressuscitou dos mortos (Rm 10.9), chega-se à fé, à qual foi prometida a salvação.

Como ato pessoal de confiança a fé em última análise está relacionada unicamente com Deus. Porém essa relação pessoal da fé com Deus é mediada através da auto-revelação histórica de Deus e da tomada de conhecimento dela. Somente nisso reside sua determinação plena. Assim a fé cristã em Deus é ao mesmo tempo fé no Pai celestial e em seu Filho Jesus Cristo, que por nós superou a morte e o pecado. É verdade que Abraão já era justo diante de Deus por intermédio de sua fé (Gn 15.6), mas a promessa em que Abraão creu apontava, segundo Paulo, para a chegada de Cristo (Gl 3.8; cf. Rm 4.11), de sorte que já a fé de Abraão era implicitamente fé em Cristo, porque se dirigia ao Deus que haveria de cumprir sua promessa através do envio de seu Filho para a salvação do mundo (cf. Jo 8.56). Em analogia com isso, toda a fé verdadeira em Deus antes da vinda de Jesus Cristo e fora da área de atuação da proclamação de Cristo pela igreja sempre já está implicitamente relacionada com a fé da igreja em Cristo. Ela é a estatura plena da fé no Deus que age na história para a salvação dos humanos, e a fé cristã possui essa determinação somente através da auto-revelação histórica de Deus que a fundamenta e da tomada de conhecimento dela.

Na dependência de experiência histórica e mediação de sua relação com Deus se evidencia que a fé depende do Deus vivo, que não apenas é o fundamento insondável na existência da criatura, mas também o Redentor e Consumador de sua criação. É somente nessa historicidade que se manifesta integralmente a peculiaridade da fé. Nisso a verdadeira fé em Deus se mostra simultaneamente contraposta às falsas concretizações da confiança originária em que os seres humanos sempre já vivem,

---

[169] O. WEBER, *op. cit.*, p. 302 e 300. Na segunda passagem WEBER acrescenta que nesse caso a *notitia* "não é uma atitude eu-coisa, porque na palavra vem ao nosso encontro o *tu*".

por se inclinarem a poderes dentre as criaturas. Faz parte da integridade da fé primordialmente que a fé não vive de si mesma, mas da realidade, anterior a ela, de Deus e de sua revelação na história de Israel e sua consumação escatológica em Jesus de Nazaré. Quando se espera da fé que ela por seu turno garanta a verdade e realidade de seus conteúdos, ela na prática é proclamada fundamento de sustentação de todos os seus conteúdos. Com isso, porém, acontece uma inversão radical de sua natureza. Porque a natureza da fé consiste em se fiar em Deus como a alteridade de si própria, tendo assim *extra se* [fora de si] a base de sua existência. Somente enquanto a realidade de Deus e de sua revelação histórica for inequivocamente preestabelecida à subjetividade do ato da fé, o crente poderá ter certeza de que confia em Deus e não em si próprio. Essa anterioridade de Deus e de sua revelação como fundamento da fé se expressa na realização subjetiva da fé na diferenciação entre a confiança crente e o saber sobre Deus e sua revelação no ambiente público da história da humanidade como fundamento de tal confiança.

Não obstante, o conhecimento dos fatos históricos, nos quais segundo a proclamação da igreja Deus se manifestou, é, como todo saber histórico, na melhor as hipóteses plausível, permanecendo exposto a várias objeções, tanto no que se refere aos fatos asseverados como também em vista da importância que lhes é atribuída. Por isso, desde GOTTHOLD EPHRAIM LESSING, o saber histórico sempre de novo foi considerado insuficiente[170] como base da certeza da fé cristã. Contudo é preciso deixar claro que a convicção de que Deus ingressou no mundo histórico do ser humano e de sua revelação em uma seqüência bem determinada de episódios dessa história não pode ser obtida sem a relatividade e interinidade que abarcam todo saber histórico, e ainda potenciada pelo caráter incomum de muitos dos acontecimentos asseverados na tradição cristã acerca de Jesus Cristo. Podem-se enfrentar as objeções históricas e filosóficas aqui levantadas somente no campo da argumentação, mas não declarando o próprio conhecimento histórico pressuposto na fé-confiança cristã como questão de fé, de modo que fique isento de qualquer crítica: Desse modo a fé somente incorreria na perversão da autofundamentação e seria privada da consciência

---

[170] G. E. LESSING, *Über den Beweis des Geistes und der Kraft* (1777): *"Verdades históricas fortuitas jamais podem se tornar prova de necessárias verdades racionais"* (Lessing's Werke, ed. por C. GROSS, seção 16, p. 12).

de um fundamento histórico preestabelecido antes dela. Desde o fim da era da mediação de todo saber histórico por uma autoridade somente se pode ter ainda consciência de um fundamento histórico da fé quando se leva em conta a relatividade do saber histórico-exegético relacionado com ele, acompanhada da disposição de examinar sempre de novo os fundamentos históricos da fé e, quando necessário, revisar suas apresentações existentes. Nisso também se torna passível de revisão a compreensão tradicional da certeza dos conteúdos de fé: A própria consciência da verdade da fé tem de ceder à relatividade e interinidade de nosso saber do objeto da fé. Isso continua sendo incomum para muitos cristãos. Contudo cabe reconhecer que através disso é fortalecida a certeza de verdade da fé, e não destruída. Porque justamente assim a consciência cristã se abre para a peculiaridade da realidade histórica, na qual Deus se aliou com a humanidade. Os limites e a interinidade do saber histórico podem, ao contrário do dogmatismo de reivindicações de verdade absoluta que por muito tempo dominou a história do pensamento cristão, ser um incentivo para a fé cristã para uma reflexão mais profunda sobre sua própria natureza na situação de seu caráter provisório antes do futuro definitivo de Deus. E o que se refere ao próprio objeto da fé, a confiança dos cristãos em Deus deveria alicerçar a serena certeza de que nenhuma crítica histórica pode destruir a verdade da revelação de Deus, e que pelo contrário, justamente também a partir dos resultados da exegese e reconstrução críticas da história de Jesus, a verdade da revelação de Deus precisa se destacar sempre de novo, visto que ela de fato se tornou um acontecimento na história de Jesus. Entretanto, torna-se necessário sempre de novo diferenciar, na tradição da fé da igreja e já nos próprios textos bíblicos, entre o conteúdo da revelação de Deus, fundamental para a fé, e as formas de sua exposição condicionadas pela época. É sobre isso que repousa a relevância duradoura da diferenciação introduzida por Wilhelm Herrmann entre fundamento e pensamentos da fé, embora essa diferenciação certamente não se sustente na configuração que Herrmann lhe deu.

d) Fundamento da fé e pensamentos de fé

O desenvolvimento da consciência histórica e da hermenêutica histórica levou ao reconhecimento da dependência situacional da experiência histórica e de suas formas de expressão lingüística no processo da tradição. Disso resultam a perspectividade e relatividade de todos os testemunhos e interpretações históricos. Nas obras de WILHELM DILTHEY e ERNST TROELTSCH foi apresentada de maneira determinante para as épocas subseqüentes a importância fundamental desse reconhecimento.[171] Esse reconhecimento também vale para o objeto histórico da fé cristã, para os testemunhos do primeiro cristianismo sobre a pessoa e história de Jesus, bem como para todas as afirmações doutrinárias posteriores e descrições históricas apoiadas neles. A consistente relatividade histórica, porém, não exclui a identidade do objeto ao qual se referem os diferentes testemunhos e interpretações e no qual precisam ser avaliados. No entanto, cabe notar que a diferença entre uma interpretação e seu objeto somente pode ser determinada em um terceiro lugar, mais precisamente em associação com uma nova interpretação, que sob recurso aos textos e fatos a ser interpretados questiona a consistência das interpretações anteriores. Tomada individualmente, cada interpretação reivindica expor a questão como tal, assim como cada sentença afirmativa reivindica a verdade dos fatos asseverados. Também quando a perspectividade e possível necessidade de correção são acolhidas na consciência do intérprete, isso de forma alguma exclui a intenção de buscar a verdade do objeto a que se referem as afirmações e que é estabelecida para a fé através do fundamento ao qual ela se entrega. Isso vale em dois sentidos, tanto para a concordância entre interpretação e seu objeto quanto para o alcance dos próprios fatos objetivos. Nesse segundo sentido o Cristo de João se define a si mesmo como "a verdade" (Jo 14.6), a saber, como unido com a verdade (*emet*) de Deus que a tudo fundamenta, sustenta e concentra. Essa afirmação corresponde seguramente à consciência escatológica com a qual o próprio Jesus se apresentou. Por isso toda interpretação da pessoa e história de Jesus, ao reivindicar fornecer uma interpretação condizente de seu objeto, tem a ver ao mesmo tempo com a reivindicação de verdade que determina a atuação do próprio Jesus, em cuja confirmação pela

---

[171] No ensaio do autor "Über historische und theologische Hermeneutik", in: Grundfragen systematischer Theologie, vol. I, 1967, p. 123-158, a problemática daí resultante para a teologia foi tratada principalmente em conexão com W. DILTHEY, em sua obra *Wissenschaftstheorie und Theologie*, 1973, p. 105-177, e na seqüência também em relação à obra de ERNST TROELTSCH.

ressurreição de Jesus se fundamenta a fé cristã. É disso que vive todo falar dos crentes sobre o alicerce de sua fé. Mas o crente cônscio de sua própria historicidade e da assim condicionada limitação fundamental de seu saber acerca da verdade do evento da salvação, que constitui o motivo de sua fé, terá presente de modo bem geral a interinidade e necessidade de correção de sua compreensão do fundamento que sustenta sua fé, sem prejuízo da verdade definitiva desse mesmo fundamento da fé, que está vinculada ao caráter escatológico da história de Jesus como irrupção do futuro não-ultrapassável de Deus. A consciência da diferença entre atualidade da vida cristã e esse futuro definitivo de Deus, que já irrompeu em Jesus Cristo, cuja consumação para nós, porém, ainda está pendente, já foi expressa pelo apóstolo Paulo em sua palavra sobre o caráter fragmentário de nosso saber (1Cor 13.12). Cabe ter em vista primordialmente o saber da fé sobre seu próprio fundamento e objeto. Essa percepção do apóstolo decorrente da escatologia do primeiro cristianismo converge com a moderna consciência da relatividade histórica da experiência humana e das interpretações de seus conteúdos. Porém com isso é perfeitamente coadunável, hoje como outrora para o próprio apóstolo, a certeza da fé, de estar ligado em Jesus Cristo com a verdade definitiva de Deus, que excede nosso próprio entendimento assim como todo saber do mundo atual.

É essa problemática que WILHELM HERRMANN tentou à sua maneira levar em conta pela diferenciação entre fundamento e pensamento da fé: A realidade histórica de Jesus Cristo como fundamento da fé contém a intransponível verdade de Deus. Em contrapartida, os pensamentos de fé, pelos quais os cristãos expressaram esse fundamento da fé, são historicamente relativos, portanto condicionados pela época e passíveis de superação.

> Em seu ensaio fundamental para esse tema WILHELM HERRMANN falou ainda do "conteúdo" da fé e da proclamação, que deveria ser diferenciado do fundamento da fé.[172] Em publicações posteriores HERRMANN versou de forma mais precisa e inequívoca sobre os

---

[172] W. HERRMANN, "Der geschichtliche Christus der Grund unseres Glaubens", in: *ZTK* 2, 1892, p. 232-273, 248. Para a diferenciação entre fundamento e conteúdo da fé em HERRMANN, cf. W. GREIVE, *Der Grund des Glaubens. Die Christologie Wilhelm Herrmanns*, 1976, p. 98-103.

pensamentos, nos quais esse conteúdo foi retido e expresso, portanto os "pensamentos da fé".[173] Concretamente trata-se de que HERRMANN, ao contrário de MARTIN KÄHLER, propunha entender a proclamação apostólica do Cristo ressuscitado e exaltado como uma interpretação do primeiro cristianismo acerca do objeto fundamental da fé e não como o último "arrimo e fundamento de nossa fé".[174] Fundamento da fé seria, porém, o "Cristo histórico", que "pelo poder de sua vida pessoal nos faz experimentar a atuação de Deus conosco".[175] A confusão entre pensamentos de fé, "pelos quais o cristão se conscientiza da nova realidade a que é transportado", e o fundamento da fé foi combatida por HERRMANN como lei de fé escolástico-católica. "Os pensamentos de outros que são redimidos não são capazes de me redimir." Fundamento da fé seria única e exclusivamente "o ser humano Jesus".[176] Já a mensagem apostólica da ressurreição de Jesus não pertence, segundo HERRMANN, ao fundamento da fé, mas constitui uma expressão da fé e, portanto, é um pensamento de fé dos discípulos de Jesus.[177] Contra essa concepção se posicionou não apenas MARTIN KÄHLER,[178] mas igualmente o dogmático de Tübingen THEODOR HÄRING, que como HERRMANN estava próximo da teologia de ALBRECHT RITSCHL, ao demandar que a ressurreição de Jesus teria de ser computada como fundamento da fé.[179]

---

[173] W. HERRMANN, *Der Verkehr des Christen mit Gott* (1886), 5ª ed. 1908. p. 31ss., 37.
[174] Posição de W. HERRMANN, no ensaio citado na nota 172, p. 250.
[175] W. HERRMANN, *op. cit.*, p. 263. Cf. sobre isso W. GREIVE, *op. cit.*, p. 101s, bem como p. 136ss.
[176] W. HERRMANN, *Der Verkehr des Christem mit Gott*, 5ª ed. 1908, p. 31,33, 37.
[177] A esse respeito, cf. as afirmações de W. HERRMANN compiladas por W. GREIVE, *op. cit.*, p. 106ss., a partir de sua obra fundamental: *Die Religion im Verhältnis zum Welterkennen und zur Sittlichkeit*, 1879, p. 387ss.
[178] Na substância as observações de KÄHLER se referem a HERRMANN já na palestra de 1892: *Der sogenannte historische Jesus und der geschichtliche, biblische Christus*, p. 20s. Expressamente KÄHLER se voltou, na discussão com HERRMANN apensa à segunda edição de seu escrito de 1896 (p. 149-206, esp. p. 192), contra a concepção defendida por ele. Cf. a reedição dos escritos de KÄHLER, por E. WOLF, 1953, p. 40s.
[179] T. HÄRING, "Gehört die Auferstehung Jesu zum Glaubensgrund?", in: *ZTK* 7, 1897, p. 331-351, esp. p. 337ss., 341s. A crítica de HÄRING se voltou diretamente contra MAX REISCHLE, *Der Streit über die Begründung des Glaubens auf den "geschichtlichen" Jesus Christus*, publicado no mesmo ano da ZTK 17, p. 1-264, esp. 201ss., 221ss., mas na substância também atinge HERRMANN, ao qual REISCHLE havia seguido.

A crítica devotada a HERRMANN mostrou que há dificuldades na delimitação entre fundamento da fé e pensamentos de fé. Não obstante isso não nega por princípio a validade da diferenciação de HERRMANN. Precisa, no entanto, ser definida de outro modo. HERRMANN ainda pensava que seria possível captar o fundamento da fé por trás de todos os pensamentos de fé isoladamente e isento de qualquer mescla. Contra isso cumpre dizer que conseguimos captar o fundamento da fé, a pessoa e história de Jesus, sempre apenas na configuração dada por determinada interpretação, ou seja, pela via do pensamento de fé. É somente para a reflexão crítica sobre interpretações existentes que se dissociam o objeto da fé (como fundamento da fé) e as formas criticadas de sua interpretação. Nisso, porém, somente o fundamento da fé pode ser contraposto, em forma de uma nova interpretação, às explicações antigas que se mostram insuficientes. Exemplo marcante disso é a própria concepção de HERRMANN acerca da "descrição do caráter de Jesus", a qual consistiria na sublimidade ética de sua pessoa: Esse quadro, que para o jovem HERRMANN era considerado realidade histórica incontestável, e precisamente como cerne da realidade histórica do próprio Jesus, já na fase tardia do pensamento do próprio HERRMANN se evidenciou como aistórica em vista da nova concepção exegética originária de JOHANNES WEISS, que ensinava compreender a mensagem de Jesus como totalmente marcada pela dimensão escatológica.

Enquanto determinada forma de interpretação vale como verdadeira, i. é, como adequada, o que ela afirma é considerado como idêntico no conteúdo com seu objeto e nesse sentido como descrição apropriada de sua realidade histórica. Se, em contraposição, algo legado como fato não pode mais, por quaisquer razões, ser reconhecido como fato, como no caso de HERRMANN a ressurreição de Jesus, então a respectiva peça da tradição aparece como mera interpretação. Disso resulta secundariamente também que interpretações diferentes não se refiram apenas ao *significado* de fatos, como se sua realidade factual permanecesse intocada pela mudança das interpretações. Pelo contrário, em uma interpretação diferente também os fatos pelo menos se apresentam de outro modo, quando não chegam a se dissolver em interpretações. A própria diferença entre fato e significado pertence, de forma análoga àquela entre fundamento e pensamentos da fé, ao instrumental da respectiva interpretação, pelo menos daquele tipo de interpretações que já foram marcadas pela relação histórico-hermêneutica com a tradição.

O significado do acontecido é captado pela interpretação dos fatos. Na diferenciação entre fato e interpretação se revela uma consciência da historicidade e interinidade de interpretações (tradicionais e alheias, mais raramente também de próprias) diante da identidade de seu objeto. Nesse sentido também o crente pode se conscientizar da diferença entre o fundamento da fé (com o caráter definitivo que lhe é atribuído) e a interinidade da respectiva percepção dele. Dessa maneira se relativiza para ele por princípio a compreensão de sua própria fé, da mesma forma como a de outros, passando a ser apenas pensamento de fé. Fica estabelecida assim também a legitimidade de uma pluralidade de elaborações doutrinárias teológicas. Apesar disso a consciência da relatividade e perspectividade das interpretações não precisa comprometer a convicção da justeza da reivindicação de verdade por parte da percepção de sua própria fé, na medida em que essa convicção se apóia em boas razões nomináveis.

A pluralidade das interpretações não significa que o significado dos fatos a que elas se referem tenha sido igualmente bem captado em cada uma delas. O significado é próprio do fato em si, não sendo gerado a partir das interpretações. Isso se mostra pelo verdade de que uma interpretação pode certamente se equivocar quanto ao significado do fato interpretado, dando justamente assim motivo para novas tentativas de interpretação. Em contraposição, no grande número de interpretações se faz valer o significado do próprio objeto interpretado, na proporção em que se salientam, na controvérsia das interpretações, quando são medidas no próprio objeto, seus momentos de significado. É assim que no embate das interpretações se pode chegar ao desdobramento – e, em caso favorável, ao desenvolvimento progressivo – do significado do próprio objeto. Nesse caso o resultado da interpretação não é algo exterior aos fatos interpretados, mas faz com que realmente se saliente em sua peculiaridade. Foi nesse sentido que MARTIN KÄHLER compreendeu a relação entre a mensagem apostólica de Cristo e Jesus, podendo por isso contrapor à pergunta pelo Jesus histórico, mas também à diferenciação de HERRMANN entre fundamento da fé e pensamentos de fé, a fala do *"Cristo histórico da Bíblia"*.[180] É verdade que a

---

[180] M. KÄHLER, *Der sogenannte historische Jesus und der geschichtliche, biblische Christus*, 1892, p. 21 (= WOLF 1953, p. 42). "O Senhor ressuscitado não é o Jesus histórico

respectiva justificação de KÄHLER através do princípio da história da influência dos eventos[181] tem alcance insuficiente, não concedendo o devido mérito à diferenciação crítica entre fato e interpretação, fundamento da fé e pensamentos de fé: Não todas as "influências" que partem do personagem histórico definem de maneira igual sua peculiaridade. A peculiaridade de um personagem histórico também pode muito bem ser encoberto por suas repercussões. Algo análogo vale para as interpretações dadas a um personagem desses. Somente aquelas interpretações que destacam o significado característico do personagem histórico devem ser reconhecidas, no sentido de KÄHLER, como inseparavelmente ligadas a ele. A mesma asserção pode ser feita no que diz respeito à mensagem apostólica do Cristo também na visão da pesquisa histórico-tradicional atual sobre a cristologia do cristianismo primitivo, tanto em vista da história dos títulos cristológicos quanto para as concepções de exaltação e preexistência de Cristo. Nesse ponto, porém, já está pressuposta a diferenciação entre fundamento e pensamentos da fé, entre a realidade histórica de Jesus, na qual se deve incluir com HÄRING também o evento da Páscoa, e a história da cristologia no cristianismo primitivo. Não todas as concepções cristológicas que se apresentaram nesse desenvolvimento podem valer de igual maneira como expressão condizente do significado próprio da pessoa e história de Jesus.[182] No resultado, então, obviamente se modifica o conceito do

---

por trás dos evangelhos, mas o Cristo da pregação apostólica, de todo no Novo Testamento" (p. 20 = WOLF, p. 41).

[181] M. KÄHLER, *op. cit.*, p. 19 (= WOLF, p. 37ss.) afirmou que um ser humano seria uma "grandeza histórica" somente na medida em que fosse "causador e sustentador de sua permanente ação continuada" (p. 37), e em função disso "o verdadeiramente histórico em um personagem importante" seria "a eficácia pessoal que também resta de modo perceptível para os pósteros" (WOLF, p. 38), no caso de Jesus, portanto, "a fé de seus discípulos" (WOLF, p. 39).

[182] A percepção da pessoa de Jesus está estreitamente vinculada à sua história, e é somente no contexto dela que ela pode ser compreendida em sua peculiaridade. Isso não significa que a pessoa de Jesus (do Ressuscitado e Exaltado) seja reduzida à sua história passada (R. SLENCZKA, *Geschichtlichkeit uns Personsein Christi. Studien zur christologischen Problematik der historischen Jesusfrage*, 1967, esp. p. 303ss., 346s). Em todo ser humano, pessoa e história formam uma unidade; porque a identidade da pessoa é definida por sua história (cf. do autor, *Anthropologie in theologischer Perspektive*, 1983, p. 494ss em conexão com H. LÜBBE, *Geschichtsbegriff und Geschichtsinteresse. Analytik und Pragmatik der Geschichte*,

próprio fundamento da fé: Se a idéia da preexistência for inescapável como descrição da relação filial entre Jesus e o Pai, então em última análise o fundamento da fé é idêntico ao Filho de Deus preexistente que se tornou ser humano em Jesus Cristo. Em consonância, terá de ser reconhecido, para além do encerramento da história do cânon do Novo Testamento, também o desenvolvimento da doutrina da Trindade até o dogma trinitário do séc. IV como clarificação da pessoa de Jesus no contexto do significado próprio de sua história – passando por todas as controvérsias entre as distintas interpretações cristológicas. Como fundamento da fé se apresenta, pois, em último caso, o Deus trinitário, embora a história da discussão cristológica que conduz à doutrina da Trindade tenha tido a ver inicialmente com pensamentos de fé que precisam ser examinados quanto à sua propriedade como explicação da pessoa de Jesus implícita em seu próprio contexto histórico: Se o resultado dessa histórica interpretativa tiver de ser classificado como apropriado, caberá agora valorizar o próprio Deus trinitário que age na história de Jesus, como fundamento da fé – por ser o último fundamento substancial da realidade histórica de Jesus.

Também nessa visão é preciso preservar a consciência crítica do condicionamento histórico e da perspectividade da respectiva compreensão alcançada sobre as implicações do personagem histórico de Jesus e da divindade presente em sua pessoa, que seja adequada à noção da interinidade escatológica da situação atual do mundo dos fiéis. Entretanto, na medida em que a fé se relaciona com a pessoa de Jesus, confia na pessoa de Jesus, ela transcende a respectiva forma provisória de sua própria percepção da pessoa e história de Jesus, por mais imprescindível que seja tal percepção para de fato visualizar o objeto da fé e se certificar da credibilidade da proclamação cristã. Quanto mais se conscientiza da peculiaridade desse seu objeto, o próprio ato da percepção leva além da mera atitude perceptiva para a adoração.[183]

1977, p. 146ss.). Logo também o *Kyrios* ressuscitado Jesus Cristo não é outro senão o Jesus de Nazaré histórico. Ele *é* sua história de tal maneira como ela está presente para a eternidade de Deus, e assim ele constitui em pessoa o fundamento da fé.

[183] Cf. BASÍLIO de Cesaréia, *ep.* 234,3: *ex operationibus cognitio, ex cognitione autem adoratio* [das ações o conhecimento, e do conhecimento a adoração] (*MPG* 32, p. 870).

Como, porém, o fundamento da fé – o próprio Jesus em sua realidade histórica, respectivamente o Deus trinitário que nela se revela – pode ser suficientemente um fundamento para a fé, se ele sempre pode ser captado apenas através de pensamentos de fé, ou seja, em forma interina e carente de revisão? Será que isso não significa pretender alicerçar uma beatitude eterna sobre o chão oscilante de uma "aproximação"?[184] Contudo em todas as situações, quando confiamos, nosso saber de que aquilo em que nos fiamos é digno de confiança se baseia em um conhecimento apenas provisório. No ato da confiança, porém, abandonamos em sentido bem literal a nós mesmos – atravessando essa tomada provisória de conhecimento e ultrapassando-a rumo ao objeto de nossa confiança. Pois no ato da confiança confiamos o bem-estar futuro de nossa própria existência àquele em quem depositamos nossa confiança, na suposição e expectativa mais ou menos justificadas de que o objeto de nossa confiança, respectivamente a pessoa em quem confiamos, se mostrará confiável. Isso vale não apenas quando está em jogo certo aspecto, portanto quando confiamos com restrições, mas também quando no ato da confiança está em jogo a totalidade de nossa vida, sua integridade, seu bem-estar ou sua salvação a ser consumada no futuro. Tal confiança irrestrita é fé religiosa; porque somente Deus é digno de confiança irrestrita, que controla nossa existência em seu todo e é seu Criador. A antecipação do futuro inerente na expectativa de tal confiança abrangente e que supera tudo que é finito corresponde, agora, à estrutura da história de Jesus, porque nela se tornou "prolepticamente" presente o futuro de Deus e assim a salvação do mundo – na ressurreição de Jesus dentre os mortos, mas igualmente já em sua proclamação da proximidade do reino e em sua atuação plenipotenciária nela fundamentada. Por isso a história de Jesus possui na estrutura de sua determinação de conteúdo a forma da promessa, à qual a fé corresponde, e por isso a percepção de Jesus é capaz de fundamentar, no que tange à realidade histórica que lhe é peculiar, a transição para o ato da fé, que através de Jesus se dirige ao Pai, sem prejuízo da relatividade de nosso conhecer humano, da qual nos tornamos conscientes em plena santidade somente face ao futuro de

---

[184] Posição de S. KIERKEGAARD, *Abschließende unwissenschaftliche Nachschrift zu den Philosophischen Brocken*, 1846, *SV*, vol. VII, p. 501 = Ges. Werke, ed. por E. HIRSCH, vol. XVI/2, p. 286.

salvação escatológica que supera a tudo que é presente. A correspondência estrutural entre *promissio* e *fides* fundamentou já na teologia da fé dos reformadores a tese de que somente a *fiducia* faz justiça à história de Jesus Cristo reconhecida como *promissio*, porque somente ela aceita a promessa como promessa. Nisso sempre se pressupõe que a história de Jesus de fato se reveste desse sentido de promessa e que, no caso, se trata da promessa do próprio Deus, e justamente de sua promessa que em Jesus Cristo vale para cada ser humano: Somente nisso é que se alicerça a certeza da fé.

e) A certeza de salvação da fé[185]

Na certeza da fé não se trata apenas de certeza em relação a objetos da experiência, mas sempre também de certeza de si mesmo, porque – como ainda será demonstrado – a certeza fundamentada na promessa de Deus se refere à salvação dos próprios fiéis e, portanto, à integridade de sua identidade como tal.[186] Por ser a certeza de fé também certeza da salvação, por isso tampouco se trata, no caso dela, de uma certeza teórica, mas de uma certeza essencialmente prática. Porque para com a integridade da própria identidade como tal as pessoas não se relacionam em uma distância teórica, mas de tal modo que sua concretização da vida sempre já está referida a esse tema. Apesar disso, o tema da certeza da salvação abarca, além de uma relação teórica com objetos, também um momento de convicção teórica de si, aliada à pergunta se tal consciência de si é, na prática, mediada ou modificada, sem prejuízo da experiência de sua condição de não-mediação, por uma experiência de objetos.

O nexo entre certeza de fé como certeza da salvação e o interesse dos humanos na integridade de sua identidade não significa que tal certeza tenha de ser fundamentada sobre a auto-experiência ou autoobservação do eu. Pelo contrário, como certeza de fé ela está ligada à promessa de Deus, que como pessoalmente afiançada a pessoas concretas fundamenta nelas a certeza de sua salvação, ao ser aceita por

---

[185] Quanto ao seguinte, cf. as exposições detalhadas do autor sobre o tema sob o título "Wahrheit, Gewißheit und Glaube", in: *Grundfragen systematischer Theologie*, vol. II, 1980, p. 226-264, esp. p. 248ss.
[186] Acerca do conceito de salvação, cf. vol. II, p. 551s.

elas como pertinentes a elas pessoalmente. A teologia da Reforma entendeu a fé na promessa de Deus como indissociável dessa certeza, porque diante da palavra de Deus, quando entendida como tal, não cabe nenhuma dúvida, de sorte que faz parte da essência da promessa de Deus que ela (implicitamente) *ordena* a seus receptores que tenham certeza da salvação que lhes é outorgada, independente de como possa ser a condição que a pessoa receptora da promessa constata em si mesma.[187]

Na Reforma, portanto, a certeza da salvação da fé não repousa sobre uma conclusão acerca do próprio estado de graça do cristão. Foi esse o mal-entendido da doutrina da Reforma por parte de seus oponentes, inclusive no concílio de Trento. Lá as afirmações da Reforma foram lidas com outro referencial, a saber, no contexto das controvérsias escolásticas sobre a pergunta se alguém podia ter certeza do próprio estado na graça. Em decorrência foi condenada em Trento a doutrina de que o ser humano tem de crer com firmeza e sem qualquer consideração de sua própria fraqueza que lhe foram perdoados os pecados.[188] O anátema do concílio provavelmente se refere a uma frase das *Resolutiones* de LUTERO de 1518 acerca de suas 95 teses. Lá é dito que, quando alguém não tem convicção de que lhe foi perdoado o pecado, ele tampouco obteve perdão algum.[189] Hoje também teólogos católicos reconhecem que o concílio, ao condenar uma suposta segurança

---

[187] M. LUTERO, *WA* 40/1, p. 589: *Ideo nostra theologia est certa, quia ponit nos extra nos: non debeo niti in conscientia mea... sed em promissione divina, veritate, quae non potest fallere* [Logo está correta nossa teologia por nos colocar fora de nós: Não devo me apoiar em minha consciência... mas na promessa divina, na verdade que não pode iludir].

[188] O cânon 13 acerca da doutrina da justificação diz: *Si quis dixerit, omni homini ad remissionem peccatorum assequendam necessarium esse, ut credat certo et absque ulla haesitatione propriae infirmitatis et indispositionis, peccata sibi esse remissa: an.s.* [Se alguém disser que para todo ser humano alcançar a remissão dos pecados é necessário que creia corretamente, a menos que por alguma hesitação de sua própria insegurança e indisposição, os pecados estão perdoados para ele] (*DS* 1563).

[189] M. LUTERO, *WA* 1, 541: *Donec autem nobis incerta est, nec remissio quidem est, dum nondum nobis remissio est,* immo *periret homo peius nisi fieret certa, quia non crederet sibi remissionemfactam* [Mas enquanto existir para nós a incerteza de que não há o perdão, então não há nenhum perdão para nós. Do contrário perecerá... porque a pessoa não crê que para ela a remissão foi realizada].

presunçosa da salvação, se equivocou quanto ao sentido da doutrina de LUTERO.[190] Por exemplo, OTTO HERMANN PESCH declara praticamente "que o concílio rejeita exatamente aquilo que também LUTERO rejeita: uma certeza da graça *no* ser humano". Em função disso o concílio teria atingido, com sua condenação, "não a verdadeira doutrina de LUTERO, mas uma interpretação distorcida dela".[191]

A certeza de salvação da fé, portanto, não se alicerça sobre a experiência própria nem sobre a autoconvicção do ser humano. Pelo contrário, de acordo com LUTERO a própria personalidade do ser humano é reconstituída por intermédio da fé.[192] Com a certeza da salvação da fé, portanto, não apenas se conquista uma certeza especial no tocante a um temário exclusivo, mas nela se trata da certeza constitutiva da própria identidade pessoal do ser humano.[193] Esse sentido fundamental da doutrina da Reforma sobre a certeza da salvação da fé foi destacado por GERHARD EBELING por meio de uma contraposição comparativa com o retorno de DESCARTES à certeza de si mesmo do *cogito* como fundamento de todas as demais certezas.[194] Entretanto, nem mesmo em DESCARTES o *cogito* é, como muitas vezes foi entendido, a última raiz de toda certeza, mas – semelhante ao que já pensava AGOSTINHO[195] –

---

[190] Posição recentemente defendida em O. H. PESCH, *Hinführung zu Luther*, 1982, p. 116ss (bibliogr.). Fundamental para a revisão da condenação católica romana sobre a doutrina de LUTERO tornou-se A. STAKEMEIER, *Das Konzil von Trient über die Heilsgewißheit*, 1947. Cf. também S. PFÜRTNER, *Luther und Thomas im Gespräch. Unser Heil zwischen Gewißheit und Gefährdung*, 1961.

[191] O. H. PESCH, *op. cit.*, p. 125.

[192] M. LUTERO, WA 39/1, p. 283,18s: *fides facit personam* [a fé faz a pessoa]. Cf. sobre isso G. EBELING, *Lutherstudien II Disputatio de Homine*, 3ª seção, 1989, 205, bem como todo o trecho às p. 192-207. Cf. também W. JOEST, *Ontologie der Person in Luther*, 1967.

[193] Isso é válido ainda que no próprio LUTERO, como observa G. EBELING, *op. cit.*, p. 207, não tenha chegado "a uma nova formulação definitiva, à qual pudéssemos recorrer de forma antropológica geral".

[194] G. EBELING, "Gewißheit und Zweifel", in: *Wort und Glaube*, vol. II, 1969, p. 138-183, esp. p. 172 acerca da constituição da pessoa pela fé, em LUTERO.

[195] Em *De lib. arb.* 11,3ss AGOSTINHO desenvolveu sua demonstração da existência de Deus a partir da auto-evidência da existência do eu como consciência cognitiva. De acordo com AGOSTINHO ela reside em que a consciência, se não existisse, nem sequer poderia ser enganada: *si no esses, falli omnino non posses* (II,3,7; MPL 32,1243). Esse argumento foi resultado de uma controvérsia com o ceticismo acadêmico (*Solil.* II,1,1) e retorna também nos escritos tardios de AGOSTINHO

apenas ponto de partida provisório de uma argumentação que aponta para a idéia de Deus. O fundamento último da certeza também para o eu pensante é atingido no curso da argumentação das meditações de DESCARTES somente com a idéia do infinito. Dela se afirma na terceira meditação que ela constitui o fundamento de todos os demais conteúdos de nossa consciência, porque conseguimos pensar todos os objetos finitos, inclusive o próprio eu, unicamente como restrições do infinito, de sorte que "o conceito do infinito antecede de certa maneira ao do finito, i. é, o de Deus ao de mim mesmo".[196] Ou seja, a convicção de si mesmo por parte do eu depende da idéia de Deus, porque a idéia do eu como tal já pressupõe a idéia do infinito. Também em DESCARTES, portanto, a certeza que o eu tem de si ainda não repousa nele próprio. Mas ao contrário de LUTERO DESCARTES imaginou o eu não como constituído pelo Deus manifesto na história, de modo que fosse necessária, diante da perda de si mesmo por parte do ser humano no pecado, a reconstituição do eu por meio da fé em Jesus Cristo, para que se torne possível a verdadeira certeza de si.

Quando perguntamos pelo motivo dessa diferença, somos remetidos ao processo de independência da razão filosófica diante da fé na revelação, cujas raízes remontam ao ápice da Idade Média. Na época posterior à Reforma, esse processo passou para uma realidade aguda por conseqüência das disputas confessionais. LUTERO ainda havia se oposto criticamente àquela tendência, e como teólogo podia fazê-lo com base na aceitação geral e pública da autoridade da Escritura como autoridade da própria palavra de Deus, que ordena ao ser humano que tenha certeza de fé. Para os séc. XVII e XVIII, porém, a Escritura havia se tornado um documento de revelação positiva, cuja autoridade divina as igrejas confessionais faziam valer de maneira oposta e cujo caráter compromissivo geral havia sido abalado pelos conflitos das denominações. É por isso que em DESCARTES a constituição do eu a partir da idéia de Deus aparece dissociada intencionalmente

---

(*De civ. Dei* XI,26: *Si enim fallor, sum. Nam qui non est, utique nec falli potest; ac per hoc sum, si fallor* [Pois se falho, existo. Pois o que não existe, tampouco pode ser enganado. E existo por esse fato, se me engano]; cf. *De trin.* X,10). Já por isso na realidade é difícil de conceber que DESCARTES tenha considerado o fulcro da filosofia no *cogito*, e não pelo contrário sua nova fundamentação da idéia sobre Deus como sua contribuição própria e original para a filosofia.

[196] R. DESCARTES, *Meditationes de prima philosophia* (1641), vol. III, p. 24.

de qualquer referência a uma revelação positiva. Pouco depois disso JOHN LOCKE já submeteu expressamente ao juízo da razão as reivindicações das religiões positivas de comunicarem conhecimento revelado. A concordância com os princípios da razão tornou-se o parâmetro de sua credibilidade. Para tanto se pressupunha uma autocerteza da razão que se alicerçava sobre a certeza do eu da pessoa pensante. Em LOCKE abriu-se o caminho para torná-la antônoma, e isso foi concluído por IMMANUEL KANT através de sua tese da unidade do "penso" como condição da viabilidade de todos os conteúdos do consciente. DESCARTES, porém, ainda havia visto que a própria certeza do eu já pressupõe a idéia do infinito e, por conseqüência, a realidade de Deus como condição de tudo que é finito. Contudo, também independente das dificuldades na execução dessa idéia em DESCARTES e seus seguidores, recorrer a seu enfoque para responder à pergunta teológica pelo fundamento da certeza da existência humana ajuda no máximo de forma indireta e limitada. Porque DESCARTES tornou o eu e sua certeza autônomos não em relação a Deus, mas certamente em relação à experiência do mundo, e assim implicitamente também perante qualquer mediação histórico-soteriológica (e como tal também sempre mundana) da constituição da subjetividade humana a partir de Deus. Por isso a teologia cristã precisa ter interesse na crítica da dissolução da certeza do eu em DESCARTES desvinculada do mundo pelo empirismo em seu desenvolvimento de LOCKE até a moderna filosofia analítica. Ainda que não se tenha obtido sucesso em demonstrar as impressões dos sentidos como a última fonte de todo saber, ou seja, a certeza sensória como base de toda certeza propriamente dita, pode-se mesmo assim considerar como largamente aceito que a formação da certeza do eu não pode ser separada da configuração inicial da experiência do mundo, e precisamente nem em vista do entorno social nem tampouco em relação ao mundo das coisas no tempo e no teólogos espaço.[197] Somente nesse contexto é possível resgatar novamente a mediação histórico-soteriológica da fundamentação da subjetividade e sua certeza a partir da relação com Deus no pensamento teológico. Um impulso norteador para tal já foi desenvolvido pela filosofia do idealismo alemão, em particular pela filosofia de HEGEL, ainda que sob a premissa

---

[197] Sobre isso, cf. as considerações do autor nos cap. 4 e 5 da obra: *Anthropologie in theologischer Perspektive*, 1983, esp. p. 199-217.

de uma definição que hoje se tornou problemática, da relação entre consciência de si e consciência de objetos.

> Por que são necessárias considerações tão amplas, quando se trata do tema específico da certeza de fé? Pelo fato de que a certeza da fé justamente não representa mero tema específico. Quando é tratada dessa forma, perde-se desde já a chance de uma clarificação e justificação suficientes. Somente se pode falar de modo satisfatório de certeza de fé e somente se pode justificar racionalmente sua aceitação quando se apreciar, no tema da certeza da fé, ao mesmo tempo a possibilidade de certeza como tal. Isso foi reconhecido certeiramente em especial por GERHARD EBELING. É verdade que já em sua obra sobre "certeza da fé", repetidamente editada desde 1916 e sempre de novo profundamente reconfigurada, KARL HEIM tratou desse tema com razão a partir do fio condutor da pergunta pela obtenção da certeza em si. Contudo, nesse esforço HEIM seguiu o método de comprovar a incerteza de todas as outras bases de certeza, até que o leitor finalmente se visse confrontado com a "decisão" entre crer em Deus ou no niilismo. Esse procedimento já pressupunha a consciência de si do eu que se decide de uma ou outra maneira. EBELING viu mais profundamente que na certeza da fé está em jogo a constituição da certeza do próprio eu.

A investigação sobre a formação da certeza no âmbito da experiência do mundo pode fornecer apenas uma contribuição limitada à pergunta pela constituição da consciência de si próprio. Mas nem por isso deixa de ser indispensável, para que o eu não seja isolado do mundo. A teologia não pode desconsiderar o papel da experiência do mundo na constituição da autoconsciência do eu, porque ela forma a moldura para a mediação histórico-soteriológica da nova constituição da identidade pessoal no ato da fé. GERHARD EBELING não tratou da questão em detalhe porque suas exposições sobre o tema da certeza se concentraram em contrapor à certeza cartesiana, que estaria localizada no consciente pensante (*cogitatio*), a ancoragem, por LUTERO, da certeza na consciência (*conscientia*).[198] Contudo EBELING declarou expressamente que na

---

[198] Posição de G. EBELING no ensaio citado na nota 194 (*Wort und Glaube*, vol. II, 1969, p. 163). Na obra de EBELING, *Dogmatik des christlichen Glaubens*, vol. I, 1979, p. 132s o contraste foi atenuado pelo fato de que agora se formula que na certeza da fé não se trata "de mera certeza de saber", porque a fé não tem a ver

certeza da consciência se trataria de "certeza de Deus, da salvação e do mundo", sendo que o momento da certeza do mundo tem a ver com a dependência do ser humano do evento da salvação que vem ao seu encontro de fora.[199] Entretanto isso ainda não explica como no âmbito da experiência do mundo se forma a certeza, e será preciso cautela para remeter simplesmente outra vez à consciência para responder a essa pergunta. Dessa maneira não apenas se saltaria por cima da pergunta pela formação da certeza no contexto da experiência do mundo, mas igualmente se apontaria uma vez mais para o próprio ser humano como fundamento da certeza.[200]

O nexo da certeza da fé com o surgimento de certeza no contexto da experiência do mundo foi raramente investigado. Isso pode estar relacionado com o fato de que a certeza sobre o acontecimento da salvação em Jesus Cristo parecia estar suficientemente afiançada pela autoridade da doutrina eclesiástica e da Sagrada Escritura. Mas a crítica à autoridade pela Idade Moderna abalou a certeza assim fundamentada, e a tentativa de sua restauração pelo recurso ao testemunho do Espírito Santo na consciência assumiu com freqüência a forma de um subjetivismo teológico que não deixa mais valer que por meio do acontecimento da salvação o ser humano justamente deve ser liberto de

---

"com objetos aleatórios, mas com o fundamento da fé e sua explicação", e por isso com a própria "base de existência" do crente.

[199] *Wort und Glaube*, vol. II, 1969, p. 166 e 174. Na segunda passagem EBELING enfatiza a relevância da "externalidade" do acontecimento da salvação em Jesus Cristo, "que é decisiva para a compreensão da justificação em LUTERO", observando em seguida: "Na relevância do *verbum externum* pode-se reconhecer a relação abrangente da certeza da fé com a história". Em consonância, EBELING diferencia em sua dogmática entre a "certeza em relação a Jesus" e a dela decorrente certeza do crente "em relação a si próprio" (*Dogmatik des christlichen Glaubens*, vol. II, 1979, p. 157).

[200] Por isso não é muito feliz designar a compreensão da certeza na Reforma como "certeza da consciência" e em todos os casos deixa margem a mal-entendidos. No ensaio mencionado, G. EBELING citou uma observação de LUTERO sobre a certeza de fé fundada sobre o *extra nos* do acontecimento de Cristo, que faz com que a designação "certeza de consciência" pareça problemática. Porque LUTERO afirma: *non debeo niti in conscientia mea, sensuali persona, opere, sed in promissione divina, veritate, quae non potest fallere* [Não devo me apoiar em minha consciência, pessoa sensória, pela obra, mas na promessa divina, pela verdade, que não pode iludir] (*WA* 40/1, p. 589,8-10, citado por G. EBELING, *Wort und Glaube*, vol. II, 1969, p. 172 nota 109).

seu aprisionamento em sua subjetividade. A verdade contida na doutrina do testemunho do Espírito Santo na consciência dos seres humanos tem de ser defendida contra tal redução subjetivista. Isso somente pode ocorrer pela inclusão da experiência do mundo na compreensão sobre o surgimento da certeza.

A contribuição teológica até hoje mais significativa sobre esse tema foi feita por JOHN HENRY NEWMAN em sua análise sobre o caminho para o consentimento da fé.[201] NEWMAN partiu da pergunta de como, afinal, chegamos a uma firmeza em nossos juízos. Ao contrário da estratégia predominante na tradição filosófica, NEWMAN não buscou a resposta a essa pergunta pela recondução às fontes de nossa percepção. Não considerou como fonte de certeza nem os registros sensórios nem as funções de nosso intelecto e de nossa razão, anteriores a toda percepção. Pelo contrário, NEWMAN defendia a opinião de que nossos juízos não estão desde o início vinculados a uma certeza. Eles se firmam somente por meio de um processo de reflexão sobre nossas experiências e juízos. A simples asserção certamente seria, no momento de sua expressão, incompatível com dúvidas quanto a seu conteúdo, mas desse modo de forma alguma estariam descartadas reflexões e dúvidas posteriores, nem tampouco outras investigações. Quanto mais cada juízo isolado passar a ser inserido em contextos mais amplos por meio da conexão com outros juízos, tanto mais se chegará, conforme NEWMAN, ao "repouso do espírito" (*repose of mind*), que caracteriza a condição da certeza.[202] Não é preciso acompanhar NEWMAN na opinião de que por essa via finalmente se poderia chegar a juízos a rigor não mais mutáveis, "infalíveis".[203] Além disso, caberia levar mais detalhadamente em conta, para compreender o surgimento da certeza no âmbito da experiência do mundo, o nexo com a problemática da autoconsciência do eu sobre a definição de sua identidade, bem como com a certeza de Deus. Mas NEWMAN deve ter descrito em grande medida de forma correta o

---

[201] J. H. NEWMAN, *An Essay in Aid of a Grammar of Assent*, 1870, reimpressão 1973. Da copiosa bibliografia sobre NEWMAN, cf. esp. D. A. PAILIN, *The Way to Faith. An Examination of Newman's* Grammar of Assent *as a Response to the Search for Certainty in Faith*, Londres 1969.
[202] J. H. NEWMAN, *op. cit.*, p. 204. Cf. o exposto pelo autor, in: *Grundfragen systematischer Theologie*, vol, II, 1980, p. 260s.
[203] Sobre J. H. NEWMAN, *op. cit.*, p. 221ss; cf. do autor, *Grundfragen systematischer Theologie*, vol. II, 1980, p. 261, nota 79.

processo da crescente solidificação e segurança de nossa formação de juízos pelo enquadramento das experiências isoladas em correlações mais amplas. Por sua vez a certeza preliminar de veracidade, contida em cada frase de afirmação simples – que NEWMAN porém ainda não classificou como certeza, mas como simples consentimento, porque "certeza" era para ele algo definitivo – forma, então, uma antecipação da verdade definitiva, que fundamenta e contém em si a conexão entre todas as verdades individuais.

Diferente de NEWMAN, HEGEL entendeu a certeza como uma configuração apenas provisória da consciência da verdade, que chega à verdade plena sobre si mesma no conceito. Apesar dessa diferença terminológica, porém, HEGEL e NEWMAN concordam em que para chegar à percepção da verdade há necessidade de um caminho, um processo de experiências e reflexão. A enciclopédia filosófica de HEGEL aplicou essa visão das coisas também à consciência de Deus e ao conceito de fé: "A consciência subjetiva do Espírito absoluto é essencialmente um processo, cuja unidade direta e substancial é a *fé* contida no testemunho do Espírito como a *certeza* acerca da verdade objetiva".[204] A fé e sua certeza são aqui caracterizadas como antecipação da verdade que terá sua configuração definitiva no conceito, como resultado daquele processo e experiência que também NEWMAN tinha em vista de outra forma como enquadramento progressivo de todas as coisas individuais, no avanço de "totalidades para totalidades".[205] A presença antecipatória da "verdade objetiva" do absoluto em cada estágio desse processo foi designada por HEGEL, considerando que nela se trata de conhecer a Deus, como "*fé* contida no testemunho do Espírito": Aquilo que, visto de um lado, é, como fé, antecipação da verdade absoluta sobre a realidade em seu todo, se apresenta do outro lado como manifestação do Espírito que constitui e preenche esse todo.[206]

---

[204] G. W. F. HEGEL, *Encyclopädie der philosophischen Wissenschaften* (1817), 3ª ed. 1830, reimpressão ed. por J. HOFFMEISTER, *PhB* 33, § 555 (Em *Grundfragen systematischer Theologie*, vol. II, 1980, p. 255 nota 62 houve o lapso da omissão desse número de parágrafo. O ali mencionado § 413 foi citado apenas em complementação para a compreensão de HEGEL acerca do eu como "certeza de si próprio").
[205] J. H. NEWMAN, *op. cit.*, p. 301ss.
[206] No sentido de HEGEL a fé, no entanto, está subordinada à cognição entendedora da razão. Ela é "como que certeza antecipatória da verdade que então será conclusivamente captada pela razão. Por isso somente a razão é capaz de justificar

A concepção de GERHARD EBELING, da consciência como lugar da certeza, está menos distante dessas ponderações que se poderia supor. Porque EBELING escreve: "... na consciência está em jogo o todo, porque está em jogo a pergunta pelo que é ultimamente vigente. Por isso a pergunta pelo mundo como a totalidade da realidade é uma questão que envolve a consciência, assim como a pergunta pelo próprio ser humano é uma questão que atinge a consciência. Contudo, essas duas questões por sua vez não podem ser separadas de que Deus aparece como a pergunta em sentido radical, como a pergunta pelo todo, pelo primeiro e último."[207] Entretanto, a contraposição feita por EBELING nesse contexto, entre consciência e razão (respectivamente *cogitatio*), não pode reivindicar o caráter de uma diferenciação fundamental,[208] porque o próprio conceito da consciência foi concebido originalmente como uma forma da autoconsciência,[209] e porque em contraposição a relação, asseverada por EBELING, da consciência com a pergunta pela realidade no todo, somente pode ser comprovada na correlação de sentimento e razão – com o sentimento como relação não-temática do ser humano com a realidade em seu todo, e com a razão como tematização dessa relação sob o fio condutor da pergunta pela unidade incondicional

---

a fé como certeza da verdade objetiva. Mas, será que a razão jamais chegará a tal entendimento conclusivo? Seus próprios conceitos, pelo contrário, não continuam sendo antecipação? Nesse caso o próprio compreender da razão continuaria alicerçado sobre uma certeza da fé, que vive do testemunho da verdade objetiva que nunca foi conclusivamente captada" (*Grundfragen systematischer Theologie*, vol. II, 1980, p. 259).

[207] G. EBELING, "Theologische Erwägungen über das Gewissen", in: idem, *Wort und Glaube*, vol. I, 1960, p. 429-446, 434. Em sua *Dogmatik des christlichen Glaubens*, vol. III, 1979, p. 39-45 EBELING passou a falar da certeza bíblica "da consumação" que se refere, na perspectiva da escatologia, "ao todo" (p. 40) e se caracteriza por uma "imbricação de futuro e presente" (p. 44).

[208] Várias exposições de EBELING dão a impressão de que está sendo asseverada tal diferenciação fundamental, p. ex., a passagem citada acima, na nota 198. Contudo em outros textos EBELING admite que "já o conceito da razão e muito mais o do pensar" também poderiam abarcar aquilo que diz respeito ao ser humano em seu ser (*Dogmatik des christlichen Glaubens*, vol. I, 1979, p. 152), de sorte que surge um conflito entre consciência e razão unicamente na relação com o abuso da razão pelo pecador (*op. cit.*, p. 156).

[209] Isso já foi declarado pelo autor em *Grundfragen systematischer Theologie*, vol. II, 1980, p. 259s e entrementes exposto com mais detalhes in: *Anthropologie in theologischer Perspektive*, 1983, p. 286-303, esp. p. 286s.

em todas as experiências. A descrição de EBELING quanto à consciência como relacionada com a pergunta pelo todo e ultimamente vigente diz, então, em formulação mais genérica, que o ser humano em sua relação consigo mesmo sempre já está relacionado com o todo de sua própria identidade (portanto com sua salvação) em conexão com o todo que excede a todas as experiências isoladas concretas de seu mundo, e nisso em conexão com Deus como origem e consumador do mundo e do si-próprio, ainda que para tanto a palavra "Deus" não lhe seja familiar nessa situação. Porém, é somente a partir da concepção de Deus que o ser humano e o mundo são enfocados expressamente por inteiro.

A referência ao todo da realidade de mundo e ser humano, a qual EBELING reclama para a consciência, pode ser demonstrada mais originariamente para o fenômeno do sentimento. No sentimento o ser humano está originariamente relacionado com a totalidade de sua vida e seu mundo.[210] Na consciência trata-se de uma modificação peculiar do fenômeno básico: Porque na consciência se torna expressiva a relação consigo mesmo, contida no sentimento. Sob esse aspecto a consciência já é, diferente do sentimento, uma forma de saber de si, na qual entretanto está subjacente a presença não-temática da totalidade da própria vida na conexão com o mundo, conforme posto no sentimento. A relação do sentimento com o todo da vida pode ser descrita como um saber antecipatório e não-temático da realidade da própria vida e do mundo, na qual essas duas esferas ainda não se separaram. Tal consciência é antecipatória por causa do caráter não-concluído do todo da vida, não-temática ela é porque não possui a forma da visão panorâmica entendedora. Desse modo o sentimento, como SCHLEIERMACHER já afirmou em seguimento a STEFFENS, pode ser caracterizado como presença direta da totalidade indivisa da existência em cada um dos momentos da vida.[211] A partir daí cada momento de vida, cada experiência se apresenta como uma articulação antecipatória do todo da vida no episódio isolado. Esse foi o pensamento fundamental da filosofia hermenêutica de WILHELM DILTHEY: A experiência individual tem significado somente no contexto da totalidade da vida antecipatoriamente presente. Em razão disso o significado dos momentos vivenciais se desloca para nós

---

[210] Cf. do Autor, *Anthropologie in theologischer Perspektive*, 1983, p. 237ss.
[211] F. SCHLEIERMACHER, *Der christliche Glaube* (1821) 2ª ed. 1830, § 3,2. A esse respeito, cf. minhas exposições in: *Anthropologie in theologischer Perspektive*, 1983, p. 240ss.

no curso de nossa história de vida, porque nele o lugar de cada uma das vivências no todo de nossa vida aparece sempre de novo sob uma nova perspectiva.[212]

Por meio de uma antecipação até a totalidade da correlação da vida e do mundo é também condicionada a certeza da verdade de cada sentença assertiva individual ou ato de discernimento que realizamos. Porque nisso está subentendida a confirmação de nossa asserção, e cada verdade individual está sob a condição da concordância com cada outra verdade. Por isso a verdade é em última análise apenas uma só, por mais que se manifeste em verdades individuais e por meio das conexões delas. A certeza do juízo é por isso sempre apenas provisória e antecipatória, dependente da aprovação no curso subseqüente da experiência e, nisso, ainda exposta sempre ao risco de ser esvaziada e demonstrada como nula.

Algo equivalente vale para a certeza da fé. Como certeza de Deus ela também possui sempre um caráter antecipatório por causa do nela contido avanço sobre a consumação da própria vida e da realidade do mundo. Por conseguinte, também a certeza da fé se encontra em uma

---

[212] Documentação a respeito foi compilada pelo autor no ensaio "Über historische und theologische Hermeneutik", in: *Grundfragen systematischer Theologie*, vol. I, 1967, p. 123-158, esp. p. 142ss. Cf. também minhas exposições sobre o tema, in: *Wissenschaftstheorie und Theologie*, 1973, p. 78ss. Para a presença primordialmente não-temática da totalidade da vida como referencial e condição de viabilidade de todo significado individual experimentado, desenvolvi ali o conceito da "totalidade de sentido" (p. 104, 200ss, 216ss., etc.), ou seja, justamente não para esboços abrangentes de interpretação, mas para a presença *não-temática* e *indefinida* da totalidade de vida no sentimento, a qual sempre já é anterior a eles e a toda significação individual experimentada. De modo bem diferente G. EBELING utiliza a expressão "totalidade de sentido" para "as correlações de sentido que pressionam para o universal e que são estruturadas em sentido de construções abrangentes" (*Dogmatik des christlichen Glaubens*, vol. III, 1979, p. 208), ou seja, certamente para interpretações de sentido, de sorte que ele fala de "totalidade de sentido" como de um "ideal" que na seqüência é com razão chamado de "utopia". Interpretações conclusivas de sentido da realidade como um todo permanecem inalcançáveis para o ser humano justamente pelo fato de que sua vida sempre já se move em uma totalidade de sentido não-temática e impossível de abarcar completamente por nenhuma interpretação. Esse dado como condição formal de viabilidade de experimentar significado propriamente dito por sua vez não implica em que a vida sempre tenha de ser experimentada positivamente como "plena de sentido".

tensão com o processo continuado da experiência, permanecendo por isso exposta à contestação, tanto em vista de seu objeto, a realidade de Deus e a base histórica da fé, quanto também em vista da própria subjetividade na relação com o objeto da fé. Esse segundo aspecto estava em primeiro plano para a experiência de tribulação de LUTERO, à semelhança das afirmações medievais sobre esse tema.[213] A tribulação contra a certeza da verdade no que diz respeito às próprias afirmações de fé, em que se capta o fundamento histórico da fé, permaneceu encoberta pela orientação segundo o princípio da autoridade da transmissão da fé. Na Idade Moderna essa forma de tribulação da fé se salientou de maneira tanto mais eficaz. No caso, não se trata simplesmente da tentação de apostatar da fé, mas predominantemente da imposição oriunda do próprio Deus, porque necessária por causa da verdade, para a correção de juízos costumeiros sobre o fundamento da fé. Faz parte dela, ao lado da crítica a formas inadequadas da concepção de Deus, também o caráter controverso das asserções históricas e teológicas sobre o fundamento da fé na pessoa e história de Jesus Cristo. Tal caráter controverso, porém, não precisa se opor à certeza da fé, porque, afinal, constitui parte essencial da auto-comunicação de Deus na concretude da história humana. Além disso, a tribulação da certeza da fé quanto a seu objeto se diferencia do questionamento da certeza da verdade de asserções humanas sobre fatos finitos no processo da progressiva experiência e compreensão, pela circunstância de que para a fé a referência ao todo da vida e do mundo se torna presente de outro modo do que acontece nas afirmações de verdades de nossa percepção de fatos finitos, a saber, sob referência expressa a Deus como a origem e o consumador do mundo e de nossa própria existência. Por isso a fé consegue aceitar o questionamento da percepção de seu objeto como contestação, por parte do próprio Deus, do caráter fragmentário de seu saber, na disposição de receber instrução adicional sobre o fundamento de sua certeza.

Assim há também necessidade de reiteradas novas tentativas para esclarecer a pergunta de como é possível e justificável na substância,

---

[213] A esse respeito, cf. as contribuições de R. SCHWARZ e H. BEINTKER sobre o tópico "Anfechtung (II-IV)", in: TRE 2, 1978, p. 691-708, somadas à bibliografia ali arrolada. Sobre LUTERO, cf. do autor, "Der Einfluß der Anfechtungserfahrung auf den Prädestinationsbegriff Luthers", in: *KuD* 3, 1957, p. 109-139, esp. p. 109ss.

compreender a pregação eclesiástica do evangelho de Jesus Cristo como proclamação da promessa do próprio Deus manifesta nessa história e não apenas depreender dela expressões mais ou menos curiosas de religiosidade humana e as reivindicações de autoridade de seus porta-vozes profissionais. Para poder captar a promessa de Deus em Jesus Cristo, à qual a fé se apega, requer-se, no estágio atual da percepção histórica e teológica, inicialmente uma ampliação do conceito da promessa para além da referência exclusiva à outorga do perdão dos pecados, para a qual o pregador sabe que está credenciado. O anúncio do perdão dos pecados no nome de Jesus necessita de uma fundamentação abrangente a partir da estrutura de promessa da mensagem e história de Jesus. Ela reside no fato de que o futuro do senhorio de Deus e da nova e eterna vida a partir da ressurreição dos mortos na pessoa de Jesus como Filho de seu Pai celestial já se tornou presente para nós em nosso mundo histórico e por meio dele se torna acessível a todas as demais pessoas na proclamação do evangelho. O perdão dos pecados é apenas o lado negativo da salvação, que consiste positivamente na aceitação do senhorio de Deus e na obtenção de sua nova vida: A irrupção desse futuro de salvação na atuação e história de Jesus Cristo *implica* em perdão dos pecados (i. é, afastamento de tudo o que separa de Deus). A promessa de Deus e a salvação comunicada por meio dela puderam por isso, *pars pro toto* [a parte representando o todo], mas sem dúvida sob uma ênfase muito unilateral, ser sintetizadas no conceito do perdão dos pecados. Nessa função, como quintessência da salvação, a outorga do perdão dos pecados hoje praticamente já não é compreensível. Quando, porém, se tornam audíveis, como anúncio da salvação possível do ser humano como tal e por conseqüência também do respectivo ouvinte da mensagem, as palavras do senhorio de Deus e da nova vida que já se tornou acontecimento em Jesus, sendo simultaneamente ouvidas como afirmação válida sobre futuro e natureza do mundo em seu todo, então a estrutura de promessa da história de Jesus de fato pode ser entendida e percebida como promessa de Deus, que é o Criador e Senhor do mundo e de nossa vida.

Nisso a relação com a totalidade do mundo e da vida pessoal no ato da fé precisa estar envolvida apenas na forma não-temática do sentimento, implicitamente posta no objeto e fundamento concretos da fé e confissão. Ela não precisa ser temática na forma de prestação de contas racional sobre as implicações do conceito de Deus. Talvez possa estar alusivamente presente nas palavras da confissão a Deus como Criador, Reconciliador e Redentor do mundo. De qualquer modo a prestação de contas racional nunca chega a um fim com aquilo que está presente no sentimento (ainda que vago) como um todo e que é articulado na concepção religiosa. Em termos de sentimento temos de ser capazes de confirmar que na história de Jesus a consumação do mundo e de nossa própria vida já iniciou e está presente para nossa fé, embora provisoriamente ainda refratada por sofrimento e morte. Sem essa confirmação, sensibilizada pelo sentimento, das implicações que estão encerradas na idéia de Deus e por isso também nas declarações sobre o agir de Deus na história de Jesus, o ato de fé não pode ser realizado. Mas se o evangelho fala dessa maneira ao nosso sentimento, podemos captá-lo como promessa do próprio Deus, e quando isso ocorre, também fica explicito que a fé nela, a confiança em Jesus Cristo, nos é ordenada pelo próprio Deus, e por isso podemos, mediante a fé, ter certeza da verdade de Deus em Cristo, independentemente de todas as tribulações a que tal fé continua exposta.

2. A esperança

A fé, alicerçada sobre a promessa de Deus e que se compreende como confiança em Deus e em sua promessa, nunca pode existir sem esperança. Afinal, promessa fundamenta esperança. O nexo entre fé e esperança, porém, igualmente se mostra como confiança ao que reflete sobre a natureza da fé: Existe nele por um lado um fiar-se naquele (ou naquilo) em que se deposita confiança, por outro lado, porém, ao mesmo tempo uma ligação com o futuro em forma de expectativa, de que o objeto da confiança se revelará como persistente e benéfico para a vida de quem confia. Sob essa faceta a confiança implica em esperança, enquanto inversamente o sair-de-si da confiança na relação com o objeto em que alguém se fia não está necessariamente contido no conceito da esperança, mas serve por base somente para a forma específica da esperança que brota da fé. Faz parte da esperança em si tão-somente estar ciente da incompletude da vida naquilo que ela já é, aliada à fidúcia que se dirige a seu possível cumprimento. Sob esse aspecto está instalado também na esperança um momento de autotranscendência daquele que espera. Ele corresponde ao sair-de-si do crente rumo ao objeto de sua confiança. O momento extático na essência da fé torna compreensível como o tema da esperança pode estar incluído no ato da fé. Também se pode considerar a ambas, fé e esperança, como expressão da confiança originária que age no comportamento humano desde o nascimento.[214] Contudo essa confiança originária ou fundamental ainda não é confiança no sentido precípuo, porque nela ainda nem sequer foi desenvolvida a diferenciação entre eu e entorno, razão pela qual também a confiança como fiar-se em outro e a esperança de uma plenitude de vida distinta da realidade atual ainda não puderam receber seu perfil característico.

Paradigmática para a estreita vinculação de fé e esperança é a descrição paulina da fé de Abraão, do qual é dito em Gn 15.6 que Deus a imputou a Abraão como justiça (Rm 4.3). Quando Paulo expõe em Rm 4.19-21 que Abraão deu honras a Deus, o qual lhe prometera o nascimento de Isaque, ao crer em sua promessa e não duvidar "em vista de seu corpo desfalecido", ele explica com isso a constatação densa imediatamente anterior de que Abraão teria "crido contra toda esperança em vista da esperança" (Rm 4.18). A esperança se diferencia do confiar crente no Deus que promete, unicamente pelo fato de que a referência a si mesma implícita em tal confiança em Deus se torna temática na esperança. Ela se dirige ao conteúdo da promessa como ao futuro salutar que diz respeito ao crente pessoalmente. A partir da fé é preciso que isso aconteça, sendo que a fé está apensa à *promessa de Deus*, tornando-se fé na salvação somente pelo fato de que o crente confirma a promessa como relativa a ele próprio (*pro me*). Essa referência a si próprio é captada inicialmente pelo ato da fé como expressão da interpelação e do envolvimento pela promessa como palavra de Deus, tornando-se temática na esperança em vista do bem salvífico prometido.

A esperança bíblica e cristã está, pois, direcionada para a fé. Por isso nos salmos a esperança do orador se dirige sempre de novo a Deus.[215]

---

[214] Cf. a esse respeito o exposto pelo autor in: *Anthropologie in theologischer Perspektive*, 1983, p. 219ss.

[215] Sl 25.2; 26.1b; 28.7; 31.15; 32.10; 56.5; 62.9; 91.2, etc. Emprega-se consistentemente nessas passagens o verbo *batach*, que foi traduzido na LXX como *elpizein*. Essa palavra foi reproduzida no alemão muitas vezes por "vertrauen" [confiar]. Essa possibilidade de tradução é expressão para a proximidade objetiva entre confiança e esperança (cf. R. BULTMANN, in: *TWNT* 2, 1935, p. 518). Contudo *elpizein* jamais é usado para o hebriaco *he'emin* (crer), assim como *batach* nunca é reproduzido para *pisteuein* [crer, em grego].

Sustentável é somente a esperança que não emerge da própria vitalidade dos humanos e não se apega a coisas transitórias, mas se volta para Deus e se estriba nele. Em consonância, vale para a esperança cristã que seu fundamento está fora de nós mesmos, a saber, em Jesus Cristo (Ef 1.12; 1Tm 1.1). Pela fé no poder do Espírito os cristãos participam da esperança para as nações prometida por Isaías (Rm 15.12), que teve início em Jesus Cristo (cf. Rm 15.13; Gl 5.5). O Espírito os liga extaticamente com Jesus Cristo, de modo que agora com Cristo a esperança pela glória está *em nós* (Cl 1.27), e nós nele já agora fomos salvos em esperança (Rm 8.24). Como a de Abraão, a esperança cristã tem por base o Deus da promessa, mas agora no sentido de que com a manifestação de Cristo o cumprimento da promessa dada a Abraão em favor dos povos (Rm 4.18) já irrompeu na história.

A estreita ligação da esperança cristã com a fé a diferencia por sua singularidade de outras esperanças humanas com fundamentações de outro cunho. Isso se mostra em que seu conteúdo ultrapassa a tudo que pode ser aguardado ou esperado segundo a experiência humana. Abraão creu contra toda esperança apropriada para seu estágio de vida, a saber, contra a sóbria constatação de que de acordo com todas as analogias na experiência humana já não poderia esperar um filho de Sara. Creu apesar de tudo na promessa de Deus e na esperança, por ela afiançada, do nascimento de um filho. Assim também os cristãos crêem contra todas as demais analogias da experiência humana na salvação que lhes é prometida na ressurreição de Jesus, de uma nova vida para além da morte (1Pd 1.3; cf. v.13). Aliás, em última análise sua esperança se dirige ao próprio Deus e à comunhão com sua vida eterna (v. 21).

O fato de a esperança transcender o já existente rumo a algo que ainda não é visível (Rm 8.24s; cf. 2Cor 5.7 e Hb 11.1) vale para toda esperança, e desse modo a esperança pertence essencialmente à humanidade do ser humano. A vida humana se caracteriza pela autotranscendência, mais precisamente pela peculiaridade de que o ser humano está imbuído de uma consciência de insuficiência em tudo que ele já é e possui na respectiva situação, pelo menos no sentido de estar ciente da caducidade e transitoriedade de tudo que é terreno. O ser humano está a caminho de uma realização futura de sua essência,[216] a qual supera

---

[216] G. MARCEL, *Homo viator* (1944), trad alemã 1949. Cf. sobre o tema também do autor, *Grundfragen systematischer Theologie*, vol. II, 1980, p. 91s, bem como *Anthropologie in theologischer Perspektive*, 1983, p. 233.

tudo que existe no presente. Por isso as pessoas estão repletas de sempre novas esperanças, ou melhor, oscilam entre esperança e desespero. Pois sobre o que se alicerçará sua tendência para a esperança? Onde ela encontra respaldo? ERNST BLOCH pensava que a fonte da esperança residia no caráter de processo da própria realidade natural, uma vez que a matéria é quintessência do realmente possível,[217] "gérmen, no qual está instalado o vindouro" e, por isso, solo de antecipação real.[218] O premente "ainda não" nas tendências e latências dos processos materiais[219] constitui, segundo BLOCH, a base ontológica da natureza de pulsão da vida, da fome, dos sonhos. Contudo nas tendências e latências dos processos materiais está fundamentado, assim como o devir, também o desaparecer, e a insegurança do meramente possível ameaça ao esperançoso com decepção. Por isso a esperança era para a Antiguidade grega um bem questionável, no mínimo ambivalente. Com excessiva facilidade a esperança permanece enganadora. HESÍODO por isso a alistou entre os males, e de forma semelhante ainda se expressou PÍNDARO.[220] Em contraposição, PLATÃO avaliou de modo fundamentalmente positivo a esperança no Filebo como expressão da relação da alma com o futuro do bem.[221] A esperança direcionada para o bem era tida por ele como até mesmo justificada face à morte.[222] Mas essa esperança platônica já não está fundamentada sobre as expectativas futuras a ser derivadas do existente, a menos que pensemos na convicção de PLATÃO de que a alma é indestrutível.

Por causa de sua fundamentação em Deus e sua promessa, a esperança judaica e cristã se contrapõem às esperanças que se derivam de extrapolações de dados da experiência atual. Isso foi enfatizado com razão por JÜRGEN MOLTMANN.[223] No entanto, em seus escritos iniciais

---

[217] E. BLOCH, *Das Prinzip Hoffnung*, 1959, p. 225s.
[218] E. BLOCH, *op. cit.*, p. 274 e 273.
[219] E. BLOCH, *op. cit.*, p. 357ss. Quanto à "ontologia do ainda-não-ser" em E. BLOCH, cf. também dele *Tübinger Einleitung in die Philosophie* (1963/64), 1970, p. 212s, esp. p. 217ss.
[220] HESÍODO, *Op.* 498ss. Sobre PÍNDARO, cf. O. LACHNIT, *Elpis. Eine Begriffsuntersuchung*, dissertação Tübingen 1965, p. 50s. Uma síntese é trazida por H. G. LINKem seu ensaio sobre o tópico "Hoffnung" no HWBPhilos., vol. III, 1974, p. 1157-1166, 1157.
[221] PLATÃO, *Filebo* 33c-34c, 39a-41b.
[222] PLATÃO, *Fédon* 64a.
[223] J. MOLTMANN, "Methoden der Eschatologie", in: *Zukunft der Schöpfung*, 1977, p. 51-58; também no ensaio: "Hoffnung und Entwicklung", no mesmo volume,

MOLTMANN fez valer de modo excessivamente genérico e unilateral o momento da contradição da promessa (e da esperança nela alicerçada) "com a realidade atualmente experimentável".²²⁴ Pois quando a promessa é entendida apenas como contradição à realidade existente do ser humano e não se insere também em uma relação positiva com ela, ela nem sequer pode ser entendida como *promessa*. Então não haveria mais como indicar a diferença entre promessa e ameaça. Essa diferença consiste em que a promessa como tal se insere em uma relação positiva com a realidade de seu destinatário. Isso vale também para o exemplo de Abraão em Rm 4; porque a promessa de um filho e herdeiro corresponde ao desejo que há tempo já movera Abraão e cujo não-cumprimento o leva a recorrer a soluções substitutivas. A contradição da promessa com a realidade experimentável no presente se limita, no caso de Abraão, a que seu desejo se cumpriria em época tardia, quando há muito havia passado para Sara o tempo natural de dar à luz. O exemplo de Abraão, portanto, não é motivo para entendermos a promessa em todos os aspectos como contradição com a realidade experimentada pelo ser humano. Pelo contrário, a promessa de Deus vem ao encontro das esperanças instaladas na vida humana, porém de forma impossível de antecipar.²²⁵ Acolhe a tendência aberta do ser

---

p. 59-67, é exposto esse ponto de vista, bem como já in: *Hoffnung und Planung* (Perspektiven der Theologie, 1968, p. 251-268). Na substância essa crítica de MOLTMANN implica também em uma rejeição da fundamentação da esperança em E. BLOCH, embora MOLTMANN não a tenha apresentado em discussão expressa com BLOCH. A fundamentação da esperança a partir das "potências e latências" dos processos da natureza foi acertada, quando MOLTMANN escreveu em 1964, em sua "Teologia da esperança", que a promessa não apenas faz uma antecipação "até a antessala do real-viável, iluminando-a. Pelo contrário, 'o possível' e assim 'o vindouro' se forma absolutamente da palavra da promessa de Deus, ultrapassando assim o real-viável ou real-inviável. Ela não ilumina um futuro que de algum modo sempre já seja inerente à realidade" (p. 75s, cf. E. BLOCH, *Das Prinzip Hoffnung*, 1959, p. 225s).

²²⁴ J. MOLTMANN, *Theologie der Hoffnung*, 1964, p. 13s, cf. p. 93, etc. G. SAUTER, em sua dissertação *Zukunft und Verheißung. Das Problem der Zukunft in der gegenwärtigen theologischen und philosophischen Diskussion*, 1965, p. 158-177, levou mais bem em conta a correlação de escatologia e protologia, criação e consumação, na qual a criação já se apresenta no *status promissionis* [condição da promessa] (p. 174).

²²⁵ Isso vale também para a esperança cristã na ressurreição, que possui como fundamento a estrutura de promessa do ressuscitar de Jesus (na medida em que

humano, ainda incerta quanto ao alvo para além de sua atualidade não-pronta, rumo a uma concretização futura de sua natureza. Essa tendência é atualizada pela promessa de Deus, que desde os primórdios já é o Criador do ser humano, ela é precisada quanto a seu objeto, e eventualmente também reorientada, mas não descartada nem mesmo decepcionada. O apelo a promessas divinas perderia seu sentido, a saber, justamente seu sentido de promessa, se a promessa não viesse ao encontro do mais profundo anseio e da verdadeira necessidade do ser humano.[226] Isso não afeta o fato de que o ser humano depende de Deus e de sua promessa para o cumprimento de seu próprio anseio mais profundo.

As pessoas não podem produzir a partir de si, nem por sua própria ação, sua salvação, a totalidade e consumação de sua existência, sua identidade com sua destinação de ser verdadeiramente elas mesmas. Tampouco podem esperá-lo sensatamente das coincidências da vida. A esperança de consumação, de salvação, supera tudo o que é possível pela ação própria e no contexto do curso normal do mundo. Sob esse aspecto trata-se de uma esperança contra toda esperança (justificada a partir da experiência normal humana), uma esperança que somente se pode alicerçar sobre aquele "que vivifica os mortos e chama à existência o não-existente" (Rm 4.17; cf. 2Cor 1.9), – ou seja, sobre uma instância que também é capaz de tornar possível o que no mais parece inatingível. Também nessa instância a esperança fundamentada não pode se fiar como que para dentro do incerto, mas somente em vista da circunstância de sua automanifestação de uma maneira que possa ser com razão classificada de promissora. Paulo viu expressa na crucificação e ressurreição de Jesus essa promessa para além de tudo que é atingível ao curso do mundo e ao agir dos humanos, porque o alcance

---

deve ser entendida como irrupção da nova vida para toda a humanidade), mas igualmente está em conexão com a esperança judaica por ressurreição, que por sua vez é representativa para a esperança, de uma ou outra forma dispersa sobre toda a humanidade, por uma vida para além da morte. Justamente no que tange à ressurreição de Jesus, aliás, se poderia descrever a esperança cristã praticamente como extrapolação – ainda que não com base em uma experiência acessível a todos e repetível, mas somente a partir desse acontecimento extraordinário.

[226] De forma semelhante já me posicionei in: *Thesen zur Theologie der Kirche*, 1970, p. 54.

desse evento coloca sob uma nova luz a situação de cada ser humano, de modo que pela fé no Crucificado e Ressuscitado todo ser humano pode se tornar partícipe do futuro de salvação de uma humanidade renovada no reino de Deus, que já se tornou manifesta em Jesus.

Pelo fato de a fé alçar o ser humano acima de seu enleio no círculo vicioso de pecado e morte, ligando-o a Jesus e dando-lhe participação em seu Espírito, o crente em Cristo, aliado com ele – portanto no estar-fora-de-si extático da fé – ganha uma esperança para além da morte. É nisso que está fundamentada ao mesmo tempo a superação da estrutura egoísta da esperança humana. Os cristãos esperam não apenas para sua respectiva própria pessoa, quando com excessiva freqüência a esperança acontece à custa da esperança de outros. Em Cristo os cristãos participam de uma esperança comum da humanidade. Nela com certeza também é acolhido e atendido o anseio do indivíduo, mas isso acontece no âmbito maior da realidade de salvação do reino de Deus que supera o particularismo do indivíduo. Pela fé o cristão é liberto do aprisionamento em sua busca egoísta por felicidade, para encontrar a plenitude precisamente de sua vida pessoal na comunhão do corpo de Cristo e na atuação em prol do futuro da humanidade no reino de Deus.

Essas correlações são decisivas para compreender a peculiaridade da esperança cristã. Surpreendentemente elas permaneceram preponderantemente subdesenvolvidas na descrição teológica da esperança. Isso pode ser assim porque a relação, de fato fundamental para o conceito da esperança, com a própria pessoa esperançosa obstruía tal percepção. Ainda em 1962 JOSEF PIEPER escreveu que faz parte "do conceito da esperança que somente se pode ter esperança para si mesmo".[227] Acrescentou, entretanto, que essa referência da esperança a si mesma seria ampliada pelo amor para "o 'outro si-próprio' amado desinteressadamente". Para essa tese PIEPER argumentou com TOMÁS DE AQUINO, em cuja *Quaestio disputata* sobre a esperança se lê: "Quem foi conduzido pela esperança para dentro do amor também possui dessa hora em diante uma esperança mais perfeita".[228] Porque o amor imperfeito, que almeja todas as

---

[227] J. PIEPER, art. "Hoffnung", in: H. FRIES (ed.), *Handbuch theologischer Grundbegriffe*, vol. I, 1962, p. 704.
[228] TOMÁS DE AQUINO, *De spe* 3 ad 1: ... *cum aliquis ex spe iam ad caritatem introductus fuerit, tunc etiam perfectius sperat, et castius timet, sicut etiam et firmius credet*

coisas esperadas unicamente por causa do próprio eu (*amor concupiscentiae*) é transformado, quando se dirige a Deus, pela esperança em Deus a ele ligada, no amor perfeito, na *caritas*, que Tomás considerou caracterizada pelo conceito aristotélico do amor da amizade (*amor amicitiae*) e que ama a Deus por causa dele próprio.[229] Já em suas primeiras preleções Lutero se opôs com veemência a essa concepção que provavelmente já lhe havia aparecido em formato um pouco diferente, a saber, por intermédio de Gabriel Biel.[230] Deu tanto peso a esse ponto controverso que também o acolheu em sua polêmica contra a teologia escolástica (1517): Não seria verdade que a concupiscência pudesse ser "ordenada" pela esperança, ou seja, transformada do amor egoísta no amor a Deus por causa dele próprio.[231] Ao invés disso, Lutero falou da conversão do ser humano pela fé, que desprende o ser humano de seu egoísmo, deslocando-o *extra se* [para fora dele]. Enquanto a tradição escolástica somente atribuía ao amor a força para unificar o ser humano com o objeto do amor,[232] conforme Lutero a pessoa é arrebatada de si mesma pela fé.[233] Unicamente a

---

[... sendo levado da esperança para o amor, também esperará de modo mais perfeito, e temerá mais castamente, conforme também crê mais firmemente] (*Quaestiones disputatae* II, Marietti 1949, p. 809). Existe, portanto, em Tomás não apenas uma *fides caritate formata* [fé formada pelo amor], mas em analogia a ela também uma esperança aperfeiçoada pelo amor (*S. teol.*, vol. II/1, 62 a4).

[229] Tomás de Aquino, *De spe* a.3 resp.: ... *in via generationis et temporis*... *spes introducit ad caritatem; dum aliquis per hoc quod sperat se aliquod bonum a Deo consequi, ad hoc deducitur ut Deum propter se amet* [... no caminho da geração e do tempo... a fé leva ao amor. Enquanto alguém através do que espera alcança para si outro bem junto de Deus, do que se deduz que Deus o amaria por causa dele]. Cf. *S. teol.*, vol. II/2, 17,8. Também aqui é dito que a esperança como tal estaria referida a si mesma: *quia ille qui sperat, aliquii sibi obtinere intendit* [porque aquele que espera pretende obter algo para si]. Apesar disso a *spes* levaria ao verdadeiro amor a Deus (*ib.* 17,3). Em Aristóteles, cf. *Eth. Nic.* 1155 b 30-35. Aristóteles já concebeu o amor aos amigos como decorrente do amor a si próprio (1168 a 5-36).

[230] Documentado in: R. Schwarz, *Fides, Spes und Caritas beim jungen Luther*, 1962, p. 342-357.

[231] M. Lutero, *Disputatio contra scholasticam theologiam*, tese 23: *Nec est verum quod actus concupiscentiae possit ordinari per virtutem spei* [Tampouco é verdade que o ato da concupiscência possa ser controlado pela virtude da esperança] (*WA* 1, p. 225, 11s).

[232] Comprovantes in: R. Schwarz, *op. cit.*, p. 219ss.

[233] Lutero podia empregar para isso a concepção mística de um *raptus* [arrebatamento], que transporta o ser humano para fora dele próprio: *WA* 56, p. 307,14; *WA* 7, p. 69,14; cf. R. Schwarz, *op. cit.*, p. 308s.

fé é capaz de gerar no lugar do amor egoísta, que continua egoísta mesmo quando se dirige a Deus, o verdadeiro amor a Deus, de modo que com a fé também está relacionada, conforme LUTERO, a verdadeira esperança: A alma do crente é deslocada pela esperança para o futuro de Deus. Pelo fato de a fé já a ter libertado da busca egoísta da concupiscência, a esperança fundamentada a partir da fé acompanha de antemão o verdadeiro amor a Deus.[234] Apesar disso aparentemente não ocorre nem mesmo em LUTERO a idéia de que a esperança cristã não é apenas esperança do indivíduo por Deus, mas esperança para o mundo, esperança pelo reino de Deus, e que somente abarcada nela também é esperança de salvação pessoal.

Esse pensamento curiosamente tampouco foi desenvolvido pela teologia da esperança de JÜRGEN MOLTMANN. Ocorre que sua plausibilidade se dá por meio do entendimento cristão da esperança em vista da mediação cristológica da esperança, bem como da fé. O plano de salvação de Deus – seu *mystérion*, agora manifesto – consiste, conforme Cl 1.27, "em que Cristo está em vós, a esperança pela glória" (cf. 1Tm 1.1). Cristo, porém, é o Messias do povo de Deus e, além disso, também o Salvador do mundo das nações. Em razão disso Cristo é a esperança não apenas para esse ou aquele indivíduo, mas "a riqueza da santidade do plano divino de salvação entre os gentios" (Cl 1.27: *en tois éthnesin*). Unicamente pela vinculação ao Messias Jesus, como acontece no batismo (Cl 2.12s), o indivíduo participa dessa glória (Cl 3.4).

A esperança cristã, portanto, não é uma esperança acalentada pelo indivíduo para si mesmo, mas a mediação da esperança pela fé em Jesus Cristo arranca o ser humano de tal aprisionamento em si, eleva-o acima do próprio eu. Em função disso a fé fundamenta uma esperança que não mais se interessa apenas pelo bem-estar pessoal, mas que está compromissada com a causa de Deus no mundo, que tem por alvo a salvação da humanidade toda e somente dentro desse quadro amplo também abarca o eu do crente.

O vínculo da esperança cristã com a humanidade é significativo também para a discussão com a crítica de LUDWIG FEUERBACH à esperança por uma vida para além da morte. Em sua dissertação de Erlangen de 1828 e em seu escrito publicado dois anos depois "Pensamentos

---

[234] Cf. R. SCHWARZ, *op. cit.*, p. 322ss.

sobre morte e imortalidade" FEUERBACH se voltou contra o pretenso *egoísmo* da esperança cristã para além da morte, que se lhe apresentava principalmente na forma reduzida de uma fé na imortalidade. A doutrina da imortalidade do indivíduo expressa, conforme FEUERBACH, apenas a intransigência do eu que se apega egoisticamente a si mesmo, e que ainda em vista da morte não quer se soltar para ser dissolvido na universalidade da razão.[235] Essa crítica não era sem motivo, face ao tratamento tradicional dado à doutrina da esperança cristã. E a dissociação entre a escatologia individual e a geral no séc. XVIII mediante redução da primeira à imortalidade da alma individual[236] fez com que praticamente fosse provocada a acusação de que essa concepção era expressão de um egoísmo excessivo. A imputação de que a esperança escatológica cristã seria expressão e projeção de tal anseio egoísta somente pode ser contra-argumentada pela reflexão sobre a vinculação de escatologia geral e individual, de reino de Deus e ressurreição dos mortos.

No contexto da amplitude da esperança cristã aberta para toda a humanidade pode-se fazer valer inequivocamente o interesse especificamente cristão pelo indivíduo. Tem como origem a mensagem de Jesus do amor de Deus a cada indivíduo que se perdeu (Lc 15). O amor de Deus pelo perdido fundamenta uma distinção inaudita de cada pessoa na Antiguidade pré-cristã: Todo indivíduo em sua singularidade é doravante um ente de infinita preciosidade, porque objeto do eterno amor de Deus. Essa é a raiz cristã até mesmo dos modernos direitos humanos. Mas o eterno amor de Deus não está voltado ao indivíduo como um ser sozinho, mas na correlação com a nova comunhão dos seres humanos no reino de Deus, que constitui o alvo dos caminhos de Deus na história de sua criação.

Conteúdo da esperança cristã é, pois, a salvação a ser obtida somente na comunhão com a vida eterna de Deus, a integridade e totalidade da vida na existência individual bem como comunitária dos humanos. Um não é possível sem o outro. O indivíduo não pode alcançar sua identidade na totalidade de sua existência sem os outros, e a destinação social do ser humano se concretiza somente quando todos

---

[235] Sobre isso, cf. P. CORNEHL, *Die Zukunft der Versöhnung. Eschatologie und Emanzipation in der Aufklärung, bei Hegel und in der Hegelschen Schule*, 1971, p. 219ss.
[236] P. CORNEHL, *op. cit.*, p. 29-52.

os indivíduos adquiriram sua identidade sem cortes. Contudo, tal unidade da destinação individual e social do ser humano não é plenamente realizável sob as atuais condições desta vida finita e em muitos aspectos estreitada por barreiras. Os males naturais e sociais que desprivilegiam pessoas individualmente e grupos humanos inteiros em graus diferentes podem na melhor das hipóteses ser reduzidas, e suas conseqüências atenuadas, mas não completamente eliminadas. Principalmente o egoísmo dos indivíduos impede sempre de novo a medida, no mais talvez alcançável, de fomento do bem comum. Por isso, enquanto é preciso que os afazeres e interesses gerais sejam percebidos e concretizados por alguns indivíduos em lugar de todos e perante todos os demais, e enquanto realmente os indivíduos não concordam por si mesmos naquilo que é necessário para o bem comum, permanece inatingível a unidade de destinação individual e social do ser humano. Seria alcançada somente quando se tornasse desnecessário o domínio de pessoas sobre pessoas, porque Deus passou a governar no coração de todos os seres humanos, movendo-os para a comunhão de uns com os outros. No mundo atual o governo de Deus nos corações dos indivíduos na realidade pode se manifestar aqui e acolá, mas como condição geral ele não é concretizado e tampouco pode ser realizado pelo agir humano, porque cada tentativa de sua realização pelo poder humano, também nas melhores das intenções, somente levará à perversão de sua essência.

Para o indivíduo a totalidade de sua existência pode ser esperada unicamente a partir de um futuro para além da morte, que interrompe a vida individual e no máximo a lega como fragmento da totalidade nela pretendida para a recordação do mundo contemporâneo e da posteridade. Mas também a concretização da essência do ser humano na humanidade como um todo por parte de todos os indivíduos somente pode ser imaginada como futuro comum para além da morte, em uma condição social, em que – ao contrário da utopia de uma sociedade perfeita em um futuro finito – poderiam participar os indivíduos de todos os tempos.

A esperança cristã é, portanto, essencialmente uma esperança escatológica que transcende esta vida terrena e a condição atual do mundo. A exposição mais precisa dos conteúdos dessa esperança será objeto do capítulo da escatologia. No entanto, a esperança escatológica por uma consumação da vida humana para além da morte não exclui esperanças intramundanas, mas pode lhes propiciar orientação e encorajá-las apesar de toda sobriedade na consciência das barreiras daquilo que é atingível sob as condições da vida terrena. É somente essa volta à sobriedade que liberta a visão para o que é realisticamente viável. Mas é somente a esperança por consumação definitiva que a rigor confere sentido a uma vida esperançosa, ao invés de fazê-la parecer em última análise ilusória. A esperança escatológica já lança sua luz sobre a vida atual, preserva do desespero, mas também de superestimar ou até mesmo tornar ilusoriamente absolutos os alvos finitos da esperança. Isso vale tanto para esperanças por realização plena individual da vida neste mundo quanto para esperanças por melhoramento da ordem social e suas instituições. Em ambas as áreas o empenho por melhores condições de vida continua fazendo sentido também quando nos conscientizamos sobriamente dos limites do que é alcançável.

No movimento ecumênico do cristianismo foi discutida apaixonadamente nos anos 1970 a pergunta pela relação entre esperança escatológica e esperanças intramundanas. Resultado dessa discussão em escala mundial foi o documento de Bangalore de 1978, alvo de controvérsias sobre suas formulações até o último instante.[237] As conseqüências dessa marginalização da esperança escatológica dos cristãos diante de supostos alvos mais prementes de esperanças intramundanas revelam: Nesses objetivos se expressam muitas vezes apenas os interesses singulares de determinados grupos. Dessa maneira as diferentes imagens de esperanças entram em conflito entre si, e surge o risco de paliações de um lado e de difamações de outro. Unicamente a esperança escatológica une todos os cristãos. Por isso, também por causa da unidade dos cristãos é necessário subordinar esses diferentes

---

[237] *Bangalore 1978. Sitzung der Kommission für Glauben und Kircheverfassung. Berichte, Reden, Dokumente*, ed. por G. MÜLLER-FAHRENHOLZ 1979, p. 51-60. Já antes da conferência foi publicado por E. SCHLINK, que havia sido co-responsável pelo tema norteador da Segunda Assembléia Geral do Conselho Mundial de Igrejas em Evanston em 1954 ("Cristo, a esperança para o mundo"), uma contribuição crítica sobre o estado da discussão: "Rechenschaft über die oikumenische Hoffnung", in: *Ökum. Rundschau* 26, 1977, p. 352-358, que advertia contra fazer retroceder a "grande esperança" dos cristãos para trás das "pequenas esperanças" do mundo (p. 354). Infelizmente essa advertência foi pouco ouvida em Bangalore (cf. de R. J. NEUHAUS e do autor, "Faith and Disorder at Bangalore", in: *Worldview* 22, 1979, p. 37-40).

objetivos intramundanos à esperança escatológica e sempre de novo aferi-los a partir dela.

3. O amor

Esperança e amor formam uma unidade: Somente quem tem esperança junto com outras pessoas, e para elas, também consegue amá-las – não no sentido da cobiça egoísta de possuir a quem se ama (*amor concupiscentiae*), mas no sentido da benevolência amorosa que favorece ao outro na caminhada de concretização de sua destinação humana especial (*amor amicitiae*).[238] Da esperança nutre-se a fantasia do amor, seu impulso criativo. Sem esperança pelo outro o amor se torna comiseração ou mera beneficência, e a afeição pessoal associada a ela em última análise se torna deficitária. Contudo esperança sem amor se estreita para um desejo egoísta ou se torna uma fuga para quimeras impotentes. Esperança cristã dá asas ao amor. Assim como o reconhecimento da natureza da fé cristã levou à idéia de uma esperança já não centrada no eu, assim resulta agora da vinculação entre esperança escatológica e intramundana um acesso à idéia cristã do amor. Porque o amor no sentido cristão da palavra não é apenas, e tampouco primordialmente, um fenômeno antropológico, mas tem como ponto de partida a realidade de Deus, com a qual a fé se envolve e que constitui o fundamento de sua esperança.

a) Amor a Deus e amor ao próximo

A elevação do ser humano até Deus por meio do Espírito da fé e da esperança, que alicerça um "novo ser" do crente fora dele próprio em Cristo e (por meio dele) em Deus, já é implicitamente amor a

---

[238] A diferenciação entre esses dois tipos básicos de amor é em sua substância agostiniana (cf. *De doctr. chr.* III,10,16, *CSEL* 80, 89, 12ss: *caritas – cupiditas*), mas terminologicamente foi formulada assim somente pela escolástica aristotélica com auxílio da idéia aristotélica do amor entre amigos (*philia: Eth. Nic.* 1155a-1163b). Cf. TOMÁS DE AQUINO, *S. teol.*, vol. I, p. 60,3 resp. Para o conceito do amor de amizade e para sua diferenciação de outras formas do amor TOMÁS se reportou expressamente a ARISTÓTELES, a saber, em *S. teol.* II/2, 23, 1c à passagem supracitada na Ética nicômaca, em *S. teol.* II/1, 26, 4 resp. à Retórica aristotélica, vol. II, 4, 1380 b 35s.

Deus, resposta à sua mensagem do amor de Deus aos seres humanos demonstrado no envio de Jesus Cristo, e traslada para a participação na dinâmica do amor de Deus ao mundo. O aspecto extático da fé e da esperança, que transportam o ser humano para dentro do Deus manifesto em Jesus Cristo, chega à consumação no amor. Porque através do amor o crente participa da própria natureza de Deus e permanece ligado a ele: "Quem permanece no amor, permanece em Deus, e Deus permanece nele" (1Jo 4.16).

Não é apenas a primeira carta de João que afirma que o próprio Deus é amor (1Jo 4.8 e 16), mas também Paulo fala do "Deus do amor" (2Cor 13.11). Em João como em Paulo tais afirmações expressam como Deus comunicou seu modo de ser pelo envio de Jesus Cristo, pela mensagem e história dele: "Nisso se tornou patente o amor de Deus entre nós: que Deus enviou seu próprio Filho unigênito ao mundo, para que nós vivêssemos por meio dele" (1Jo 4.9; cf. Jo 3.16). A primeira carta de João enfatiza essa origem do amor no amor de Deus a nós pelo envio do Filho (1Jo 4.10): O amor é uma força que emana de Deus. Não é primordialmente um ato do ser humano. Porém arrebata o ser humano de tal maneira que o leva a se tornar pessoalmente ativo. Por isso a primeira carta de João pode prosseguir diretamente depois de salientar a origem do amor em Deus: "... se Deus nos amou tanto, também nós devemos nos amar uns aos outros" (1Jo 4.11). Essa, porém, é mais que mera conclusão moral. Pelo contrário, trata-se de "permanecer" na elevação extática a Deus mediada pela fé, que por parte de Deus é uma presença de Deus nos fiéis por meio de seu Espírito: "Se nos amarmos uns aos outros, Deus permanece em nós, e seu amor atingiu entre nós seu objetivo" (1Jo 4.12). Em total consonância na substância, no evangelho de João o "novo mandamento" de Jesus é: "Assim como eu vos amei, amai-vos uns aos outros" (Jo 13.34). Também aqui não se trata de mera exigência moral, mas de um "permanecer" no amor de Jesus (Jo 15.10), ou seja, de manter-se em uma esfera da existência, e esse permanecer no amor é conforme Jo 17.21ss a unidade, que unifica os féis entre si e desse modo também com Jesus e o Pai.

A mesma realidade foi descrita por Paulo com palavras um pouco diferentes. Quando ele diz em Rm 5.5 que o amor de Deus foi derramado em nossos corações por meio do Espírito Santo, que nos foi outorgado, então a locução com genitivo "amor de Deus" está rigorosamente relacionada com o próprio Deus como sujeito. Não se trata, portanto, de um amor do ser humano a Deus.²³⁹ É o amor com que Deus nos amou e que nos é transmitido através do Espírito que nos foi dado, ao testemunhar (Rm 8.16) e tornar eficaz em nós (Gl 5.22; cf. 5.6) o amor de Deus por nós. Logo também conforme Paulo o amor precípuo de Deus como poder que emana de Deus está presente e atuante nos fiéis. Dessa maneira ele certifica – esse é ponto alto de Rm 5.5 – os féis de sua comunhão com Deus. A ligação de amor e Espírito evidencia em Paulo o caráter poderoso desse acontecimento que parte de Deus e é comunicado através da mensagem do evangelho, e para dentro do qual os crentes são arrastados.

Pelo que parece, o próprio Jesus também já falou de forma semelhante do amor de Deus.²⁴⁰ O amor de Deus às pessoas que se expressa de forma marcante na busca do perdido (Lc 15), visa a atrair as pessoas para dentro de sua dinâmica, fazê-las participar dela: Assim como Deus faz nascer seu sol sobre maus e bons e chover sobre justos e injustos, assim também os féis devem amar seus inimigos e interceder por seus perseguidores (Mt 5.44s). Assim como Deus nos perdoou, devemos também nós perdoar aos que nos devem. A parábola do credor implacável (Mt 18.23-35) expressa que também o perdão obtido de Deus é anulado quando seu beneficiário não o transmite adiante na relação com o semelhante. Em contrapartida, essa correlação é expressa de tal modo na quinta prece do Pai Nosso (Mt 6.12) que a própria disposição de perdoar constitui a condição, ou também a medida, do perdão que a pessoa pode pedir a Deus para si mesma na oração. A isso correspondem exatamente as afirmações de João sobre o amor ao próximo como expressão e condição da "permanência" no amor de Deus a nós. Nas exortações para a prontidão de perdoar, para amar ao próximo e ao inimigo trata-se, por isso, de não cair fora da esfera da comunhão com Deus. Ou seja, por meio do amor o crente de fato participa da natureza e atuação próprias de Deus, do movimento de seu amor pelo mundo. Por isso Paulo foi capaz de designar em 1Cor 13.13 o amor como o maior de todos os dons do Espírito; porque não apenas transmite, mas já é em si a comunhão com o próprio Deus.

Em todas essas afirmações não se fala do amor do ser humano a Deus, mas do amor de Deus para com os seres humanos e deles para

---

²³⁹ Cf. U. WILCKENS, *Der Brief an die Römer*, vol. I, 1978, p. 293.
²⁴⁰ Sobre isso, cf. vol. II, p. 467ss.

com seus semelhantes, contudo igualmente para com seus inimigos. A tendência predominante nas declarações do Novo Testamento sobre o amor não é a de um amor que ascende até Deus (anabático) no sentido do *éros* platônico-agostiniano, mas de um amor que desce com Deus ao mundo (catabático). Isso se expressa no entendimento bíblico do amor como *agápe*[241] ao contrário de *éros*, mas igualmente diferente do amor aristotélico aos amigos (*philia*), cuja reciprocidade requer um elemento de igualdade, inexistente originariamente na relação entre Deus e criatura. *Agápe* é "amor doador", como FRIEDRICH NIETZSCHE expressou com tanta beleza, embora na opinião equivocada de formular uma posição contrária à idéia cristã do amor.[242] O sentido "catabático" da *agápe* foi salientado de forma expressa particularmente na primeira carta de João: "Nisso consiste o amor: não que nós tivéssemos amado a Deus, mas que ele nos amou e enviou seu Filho como expiação por nossos pecados" (1Jo 4.10). Por isso consta alguns versículos adiante: "Amemos, porque ele nos amou primeiro" (1Jo 4.19).[243]

No entanto, nas declarações de João foi pressuposto o mandamento deuteronômico do amor a Deus (Dt 6.5), que também foi designado por Jesus como o maior mandamento e combinado com o mandamento do amor ao próximo (Mc 12.29s). Mas se menciona apenas de passagem como algo natural para o crente: "Quem ama a Deus deve amar também seu irmão" (1Jo 4.21). Semelhante é o que se constata em Paulo, onde se fala do amor humano a Deus apenas em Rm 8.28, e ainda em 1Cor 2.9 e 8.3, consistentemente como marca dos fiéis.[244] O amor

---

[241] O sentido do conceito *agápe* foi elaborado de forma abrangente especialmente por A. NYGREN, *Eros und Agape. Gestaltwandlungen der christlichen Liebe*, vol. I, 1930, esp. p. 45-137. *Agapāv* é usado já na LXX para *ahab* como designação do amor de Deus, mas também para o amor a Deus. Cf. E. STAUFFER, in: *TWNT*, vol. I, 1933, p. 34-55, 39.

[242] F. NIETZSCHE, *Also sprach Zarathustra* (1883/85), vol. I, p. 22 em contraposição ao exposto em vol. I, p. 16. Cf. sobre NIETZSCHE as considerações de A. NYGREN, *op. cit.*, p. 48ss. De acordo com NYGREN, NIETZSCHE confundiu o amor cristão "com o altruísmo comum" (p. 48). O próprio NYGREN empregou ocasionalmente a fórmula de NIETZSCHE acerca do "amor de doação" (vol. I, p. 53, etc.).

[243] Alguns manuscritos inseriram aqui a idéia do amor a Deus, do qual evidentemente sentiram falta ("amemos a *Deus*" ou "... a *ele*"), em contraposição à tendência catabática das declarações anterrores do capítulo.

[244] Para Rm 8.29, cf. U. WILCKENS, *Der Brief an die Römer*, vol. II, 1980, p. 163, para a raridade de afirmações sobre o amor a Deus em Paulo, também E. STAUFFER, *op. cit.*, p. 51 e 53.

dos humanos a Deus não forma nem em Paulo nem em João um tema próprio ao lado do amor de Deus ao mundo demonstrado no envio do Filho e da participação nesse amor através do amor ao próximo. Como se explicam esses dados em vista da circunstância de que Jesus, aderindo a Dt 6.5, classificou o amor a Deus como o maior mandamento? Ou será que a vinculação estreita estabelecida por Jesus com o mandamento do amor ao próximo significa que o amor a Deus já não pode ser diferenciado do amor ao próximo, mas se dissolve nele?

Na tradição teológica mais antiga o amor a Deus foi refletido como um tema autônomo, ao qual cabe objetivamente a prioridade diante do amor ao próximo. A exposição dessa constelação que se tornou clássica para a teologia ocidental foi fornecida por AGOSTINHO. Ele interpretou o amor a Deus no sentido da idéia platônica do *éros* como uma busca por Deus por ser o bem supremo.[245] Nessa busca o *amor Dei* [amor de Deus] chega à consumação no *frui Deo* [desfrutar a Deus], no amor a Deus por causa dele próprio.[246] O amor ao próximo é derivado do amor de Deus mediante a ponderação de que o próximo deve ser amado *por amor a Deus*.[247] Sob esse aspecto o amor ao próximo em AGOSTINHO foi sem dúvida pensado como participação no amor de Deus às pessoas. Mas o motivo disso brota, conforme AGOSTINHO, de um nível bem diferente que

---

[245] Comprovantes em J. MAUSBACH, *Die Ethik des heiligen Augustinus*, vol. I, 1909, capítulo 2 e 4, esp. p. 174ss; cf. também H. ARENDT, *Der Liebesbegriff be Augustin. Versuch einer philosophischen Interpretation*, 1929, p. 7-11, bem como G. COMBÈS, *La charité d'après saint Augustin*, 1934.

[246] AGOSTINHO, *De doctr. chr.* 1,4,4: *Frui est enim amore inhaerere alicui rei propter se ipsam* [Pois desfrutar é por amor estar imerso em outra coisa por causa dela mesma] (*CSEL* 80, 10,5; cf. *De fide et simbolo* 9,19). Pelo fato de que de acordo com AGOSTINHO se chega ao *frui Deo* [desfrutar a Deus] somente pela graça de Deus, ocorre nele, conforme NYGREN, *op. cit.*, vol. II, 1937, p. 271-376, esp. p. 279ss., 340ss.) uma combinação de *éros* e *agápe*, que no entanto não teria conduzido a um conceito consistente em si mesmo.

[247] AGOSTINHO, *De doctr. chr.* 1,33,37 (*CSEL* 80, p. 28,21ss.). Cf. III,10, 16: *Caritatem voco motum animi ad fruendum deo propter ipsum et se atque proximo propter deum* [Chamo amor o movimento da alma para desfrutar de Deus por cause dele mesmo e desfrutar a si e ao próximo por causa de Deus] (*CSEL* 80, p. 89,12s). Sobre esse tema cf. também NYGREN, *op. cit.*, vol. II, p. 366ss. "Está claro que isso é algo diferente do que o Novo Testamento quer dizer com amor ao próximo" (p. 367).

no Novo Testamento, a saber, do amor anabático até Deus como bem supremo. De forma semelhante pensava a escolástica latina, e precisamente sem encobrir a diferença entre seus teólogos mais proeminentes na pergunta se o amor a Deus por causa dele próprio brota da busca do ser humano por beatitude (e assim por Deus como supremo bem beatificador) ou se ele se baseia no senso de justiça (quanto ao que é devido a Deus como o bem infinitamente bom).[248] A primeira posição obteve sua formulação clássica em TOMÁS DE AQUINO,[249] a segunda em DUNS SCOTUS.[250] Acontece que ambos entenderam o amor cristão como um ato único voltado para Deus, que inclui apenas indiretamente o amor ao próximo.[251] O ato do amor visa sempre a Deus como seu objeto primordial e apenas acidentalmente também ao semelhante.[252] O direcionamento final do amor para Deus não permite nem em DUNS SCOTUS nem tampouco em TOMÁS DE AQUINO que o próximo possa ser amado por causa dele mesmo. O fundamento dessa concepção de amor está em seu

---

[248] Essa diferença foi descrita por P. ROUSSELOT como contraste entre uma concepção "física", porque partindo do amor do ser humano a si mesmo, e uma "extática" do amor a Deus (*Pour l'histoire du problème de l'amour au moyen âge*, 1908, p. 7ss e 56ss.).

[249] TOMÁS DE AQUINO, *S. teol.* II/2, p. 23-27, bem como já 17 a8, onde TOMÁS fala de que a esperança leva ao amor a Deus, bem como 19 a7, onde se assevera algo análogo sobre o temor. Cf. também a *Quaestio disp. De caritate*.

[250] Uma vez que a nova edição do comentário das *Sentenças* ainda não está disponível para o terceiro livro, é preciso citar para *Sent.* III, d.27 e d.28 q1-2 ainda J. DUNS SCOTI *Opera Omnia* [obras completas] (ed. Wadding-Vivis) vol. XV, 1844, p. 354ss e 376ss. Cf. igualmente J. KLEIN, *Die Charitaslehre des Johannes Duns Skotus*, 1926, p. 3ss. Sobre isso, esp. *Sent.* III, d.27 q.un. n.2 (p. 356s).

[251] TOMÁS DE AQUINO, *S. teol.* II/2, 23,5 fala da *caritas* como uma única *virtus* [virtude] que abarca amor a Deus e amor ao próximo, mas também que cada ato isolado seria da mesma espécie, porque o próximo é amado por causa de Deus (25 a1). DUNS SCOTUS, *Sent.* III, d 28, q.1-2 n.2 (p. 379).

[252] Expressamente por DUNS SCOTUS, *op. cit.*, p. 379 n.3 (*quasi omnino accidentale objectum* [como que lançado de forma totalmente acidental]). O fundamento para que, afinal, o amor a Deus ainda se estenda também ao próximo é conforme DUNS SCOTUS: Deus quer que também as criaturas amadas por ele sejam amadas juntamente com ele (*Sent* III, 28, q 1-2 resp. n.2, *op. cit.*, p. 378). Em TOMÁS lê-se em consonância: *caritas diligit Deum ratione sui ipsius; et ratione eius diligit omnes alios in quantum ordinantur ad Deum* [O amor preza a Deus por sua própria razão; e por sua razão preza todos os demais naquilo em que são ordenados para Deus] (*De car.* a 4), do que decorre: *Quod proximus non diligitur nisi ratione Dei* [Quem não ama o próximo tampouco o faz pela razão de Deus] (*ib.* ad 1).

direcionamento para o bem. Em decorrência, até mesmo o amor de Deus precisa estar voltado primordialmente para ele próprio, porque ele é objetivamente o supremo bem.[253] Seria, pois, o amor de Deus primordialmente amor a si mesmo, ainda que pela efusão de sua bondade ele se torne causa da existência como criaturas, de modo que as criaturas estão incluídas em seu amor?[254] Será que Deus não pode amar suas criaturas por causa delas mesmas? Não é justamente esse o sentido do amor definido como *agápe*? E será que então o amor cristão, a ser entendido no sentido das afirmações de Paulo e João como participação no amor de Deus, não amaria também o próximo por causa dele próprio?

A concepção do amor divino como amor a si mesmo decorre, assim como a subordinação do amor ao próximo sob o amor a Deus, da concepção do amor como um *empenho* pelo bem. Quem confirma essa descrição tem de concordar também com a conclusão de que somente o supremo bem pode ser amado por causa dele mesmo. Para escapar dessa conclusão seria preciso negar que o amor seja essencialmente um empenho para buscar o bem. Foi assim que de fato o teólogo beneditino VICTOR WARNACH criticou a descrição da estrutura do amor como empenho pelo bem e busca de Deus como bem supremo, no que coincide em vários aspectos com a crítica de ANDERS NYGREN, preparada por MAX SCHELER,[255] à estrutura egoísta do *éros*: O amor pessoal, que se forma espontaneamente "a partir de dentro", "nem sequer se refere diretamente ao bem, mas ao ser do amado, e precisamente a sua condição única de pessoa, ao tu inconfundível, que ele confirma como tal, tentando favorecê-lo". Nisso ele, conforme WARNACH, "de forma alguma depende de um bem qualquer" que fosse buscado. Por isso "não é correto... designar meramente como amor... a circunstância da determinação por um bem".[256] Sem que

---

[253] Já em AGOSTINHO lemos que Deus nos ama somente como meios direcionados a ele próprio como fim: *Non ergo fruitur nobis, sed utitur* [Pois ele não nos agrada, mas usa] (*De doctr. chr.* 1, 31,34 *CSEL* 80, p. 27,16), ainda que referindo-se à sua bondade: *deus vero ad suam bonitatem usum nostrum refert* [Deus de fato relaciona nosso uso à sua bondade] (*ib.* 32.35 *CSEL* 80, 27, 19s). Cf. ainda H. ARENDT, *op. cit.*, p. 68-72.
[254] TOMÁS DE AQUINO, *S. teol.* I, 20, 2.
[255] M. SCHELER, *Wesen und Formen der Sympathie* (Ges. Werke, vol. VII), 6ª ed. 1973, p. 164ss.
[256] V. WARNACH, art. "Liebe", in: H. FRIES (ed.), *Handbuch theologischer Grundbegriffe*, vol. II, 1963, p. 54-75, 70. Cf. também a obra de WARNACH: *Agape. Die Liebe als*

WARNACH o tivesse enfatizado expressamente, decorre daí uma revisão fundamental análise estrutural do amor final, habitual desde AGOSTINHO, e da assim fundamentada superioridade do amor a Deus sobre o amor ao próximo. WARNACH por isso também entende o amor cristão no sentido de Rm 5.5 como "participação" ou "co-realização do amor divino... por meio do qual o próprio Deus exerce essencialmente seu próprio ser".²⁵⁷

Entretanto a interpretação pessoal do amor contém um problema que não onerava a forma doutrinária da igreja antiga e medieval. Será que Deus não é imaginado inevitavelmente como dependente de outros, quando seu amor como *agápe* se dirige essencialmente a outros? Quando Deus ama primordialmente a si mesmo como bem supremo, esse problema não pode surgir. A interpretação pessoal do amor de Deus, porém, somente consegue evitá-lo quando concebe o amor de Deus de forma trinitária: O amor do Pai está desde a eternidade voltada para o Filho e somente nele também à criatura terceira, que passa existir por meio de sua mediação e na qual o Filho por sua vez deve assumir forma. Nesse sentido o amor ao próximo pode ser entendido como participação no amor do Pai ao Filho que se amplia para o mundo das criaturas e as inclui.

Se o amor cristão é por natureza "participação" no amor de Deus ao mundo, então tem de surgir a pergunta se, afinal, ainda é possível diferenciar entre amor a Deus e amor ao próximo. Será que nesse caso o verdadeiro amor a Deus não consiste em participar do amor de Deus pelo mundo? E porventura não se ama justamente na profundidade da dedicação ao tu do semelhante ao mesmo tempo a Deus?²⁵⁸

Grundmotiv der neutestamentlichen Theologie, 1951, p. 192ss., 460ss. Cf. o exposto por A. NYGREN sobre o caráter espontâneo e "não-motivado" da *agápe* (*op. cit.*, p. 1, 58s, 74ss.). Posicionamento crítico sobre isso, porém, por V. WARNACH, *Agape*, p. 195ss.

[257] V. WARNACH, art. "Liebe" (cf. acima), p. 71. Cf. a observação de A. NYGREN sobre a *agápe* de Deus, que "apenas prossegue" no amor ao próximo (*op. cit.*, p. 1, 109).

[258] Posição de K. RAHNER, "Über die Einheit von Nächsten- und de Deusliebe", in: *Schriften zur Theologie*, vol. VI, 1965, p. 277-298, 292ss. A tese escolástica da unidade do ato da *caritas* (cf. supra, nota 251) foi modificada em RAHNER de tal modo que o amor a Deus é entendido primordialmente como implicação e fundamento "transcendental" do amor ao próximo: "O amor categorial-explícito ao próximo é o ato primordial do amor a Deus, que no amor ao próximo como

Muitas vozes na teologia evangélica do séc. XX se inclinaram em direção de uma resposta positiva a essas duas interrogações, entendendo Mc 12.29-31 no sentido da identidade do verdadeiro amor a Deus com o amor ao próximo (em favor do que também Mt 25.40 já parece depor), de modo que o amor a Deus já não constitui nenhum tema à parte a ser distinguido do amor ao próximo. Foi nesse sentido que se posicionaram em especial também os proeminentes teólogos dialéticos. KARL BARTH, p. ex., na segunda edição de seu comentário à carta aos Romanos, de 1922, opinou que o tu divino intangível vem a nosso encontro concretamente no próximo, de sorte que nosso amor a Deus se decide na relação com o próximo.[259] O mesmo pensamento ocorre em FRIEDRICH GOGARTEN,[260] e em EMIL BRUNNER lemos em 1927 que o amor seria o movimento de Deus para baixo, rumo ao ser humano, "no qual somos incluídos por meio da fé".[261] Essa concepção foi partilhada também por ANDERS NYGREN, em função do que considerou apropriado que Paulo, como ele pensava, "deixa de lado o conceito da *agápe* quando se trata de expressar a relação do ser humano com Deus".[262] Essa seria

---

tal se dirige a Deus em transcendentalidade sobrenatural de forma não-temática, mas concretamente e sempre, e até mesmo o amor explícito a Deus ainda é sustentado a partir daquela abertura confiante e amorosa até a totalidade da realidade que acontece no amor ao próximo" (p. 295). Com essas palavras RAHNER certamente não reduziu o amor a Deus ao amor ao próximo. Pelo contrário, o ato do amor explícito a Deus é libertado da falsa aparência de representar um fenômeno excepcional de relevância apenas marginal. Pelo fato de Deus, "como silenciosa incompreensibilidade" (p. 297), estar envolvido em todos os relacionamentos entre as pessoas, por mais seculares que sejam, por isso se torna temático no ato do amor explícito a Deus aquilo para o que toda vida humana na convicência com o semelhante já está programada. Resta evidentemente a pergunta se e, em caso positivo, por que essa referência também *tem de* se tornar temática para si.

[259] K. BARTH, *Der Römerbrief*, 4ª reimpressão da revisão 1926, p. 478, sobre Rm 13.8.
[260] F. GOGARTEN, *Ich glaube an den dreieinigen Gott. Eine Untersuchung über Glaube und Geschichte*, 1926.
[261] E. BRUNNER, *Der Mittler. Zur Besinnung über den Christusglauben* (1927) 4ª ed. 1947, p. 550. R. BULTMANN citou essas colocações de BRUNNER concordando com elas ("Das christliche Gebot der Nächstenliebe", 1930, in: *Glaube und Verstehen*, vol. I, 1933, p. 229-244, 243).
[262] A. NYGREN, *Eros und Agape*, vol. I, 1930, p. 105. Contudo NYGREN declara que é errada a alternativa "amor a Deus ou amor ao próximo" (p. 119), porque o último não seria "*nada apenas humano, mas uma emanação da própria vida de Deus*" (p. 120). Sobre a discussão dessa tese, cf. também G. OUTKA, *Agape. An Ethical Analysis*, 1972, p. 47ss

descrita agora por meio de outra palavra, a saber, como fé.[263] KARL BARTH externou em 1955, emitindo um retrospecto autocrítico sobre essa posição partilhada no passado também por ele,[264] que nessa questão ele próprio e seus amigos teólogos daquele tempo teriam seguido de forma demasiado ingênua a visão de ALBRECHT RITSCHL (e KANT). De fato RITSCHL rejeitou a suposição de um amor a Deus diferenciado por um lado da fé e, por outro, do amor ao próximo,[265] ao se posicionar criticamente contra o Pietismo, mas também contra a definição da relação entre fé e amor na teologia medieval católica. Não obstante, RITSCHL com isso de forma alguma pretendia dizer que o amor a Deus tenha de se dissolver no amor ao próximo. Pelo contrário, RITSCHL insistia em diferenciar cuidadosamente a relação religiosa do ser humano com Deus na fé de um lado e o amor como quintessência de sua atividade ética de outro.[266] Igualmente ainda não concebeu o amor ao próximo como participação no movimento "catabático" da *agápe* divina, ainda que o imaginasse como relacionado à finalidade do reino de Deus. Ainda não foi RITSCHL, mas somente os teólogos dialéticos, reportando-se à unidade do duplo mandamento do amor, que identificaram o amor a Deus com o amor ao próximo e descreveram a fé como inclusão do ser humano no movimento do amor divino direcionado ao mundo.[267] Dessa maneira deslocou-se a ênfase em contraposição a RITSCHL.

---

[263] A. NYGREN, *op. cit.*, p. 106.
[264] K. BARTH, *KD* IV/2, 1955, p. 901ss., 904s.
[265] A. RITSCHL, *Die christliche Lehre von der Rechtfetigung und Versöhnung*, vol. III, 2ª ed. 1883, p. 258ss., 551ss.
[266] Cf. abaixo, nota 272.
[267] E. BRUNNER, *Das Gebot und die Ordnungen. Entwurf einer protestantisch-theologischen Ethik* (1932), 4ª ed. 1978, p. 116s. De forma similar a RITSCHL, BRUNNER identificou o amor do ser humano a Deus com a fé, mas agora mediante a locução: "Amá-lo de verdade significa deixar-se amar por ele" (p. 116s), e isso significa "que *o próprio Deus* nos agarra com seu amor, realizando através de nós a obra *dele*" (p. 117). Isso por sua vez se expressa no amor ao próximo; porque "esse mesmo dever de amar a Deus é o outro dever, de amar o semelhante" (*ibid.*). Cf. F. GOGARTEN, *Die Verkündigung Jesu Christi: Grundlagen und Aufgabe*, 1948, p. 112ss., onde a ênfase correta da ligação entre fé em Deus e amor ao próximo (p. 112) é destacada no seguinte sentido "de que fé e incredulidade se decidem única e exclusivamente na relação com o próximo" (p. 115). Esse seria "o sentido profundo do mandamento do amor de Jesus" (*ibid.*). Ou seja, será que o significado do amor a Deus se dissolve completamente no amor ao próximo?

A identificação do amor a Deus com o amor ao próximo pode levar facilmente a uma interpretação moralista do cristianismo. Então a relação com Deus pode desaparecer como tema específico e se dissolver completamente na dedicação ao semelhante.[268] Diante disso KARL BARTH lembrou com razão que o Novo Testamento não deixa de falar também do amor a Deus e do amor do crente a Jesus.[269] Na mensagem de Jesus o mandamento do amor a Deus até mesmo chega a ocupar o primeiro lugar (Mc 12.29s), anterior ao amor ao próximo. Em Jesus não se pode admitir que o amor a Deus se dilua no amor ao próximo. No entanto, é justificada a pergunta se em Jesus o mandamento do amor a Deus na prática já não é idêntico com a exigência de crer na proximidade do senhorio de Deus com sua prerrogativa sobre todas as demais intenções do ser humano, de modo que Paulo definiu com toda a razão os *crentes* como aqueles que amam a Deus (Rm 8.28; cf. 1Cor 2.9 e 8.3). Será que o conceito da fé, quando compreendido em seu sentido pleno como confiança, não caracteriza o amor a Deus, demarcado do ser humano e apropriado para a relação da criatura com o Criador, de maneira mais específica e inequívoca que a polissêmica palavra amor?

É nesse sentido que precisa ser entendida a decisão de ALBRECHT RITSCHL, de dar preferência ao conceito da fé para a relação adequada do ser humano com Deus, e restringir o conceito do amor cristão ao amor ao próximo. Base para isso foi sua opinião de que a própria fé era a forma do amor a Deus correspondente à relação do ser humano com Deus.[270] Por isso RITSCHL ainda não foi refutado pela citação de passagens da Bíblia que falam do amor a Deus. Isso ocorreria se fosse comprovado que a exigência do Deuteronômio, preservada e até mesmo destacada de modo singular por Jesus, do amor a Deus tem mais e outros conteúdos que a fé.[271] Obviamente

---

[268] Posição trazida por H. BRAUN, "Die Problematik einer Theologie des Neuen Testaments" (1961), in: idem, *Gesammelte Studien zum Neuen Testament und seiner Umwelt*, 1962, p. 324-341, esp. p. 341.
[269] K. BARTH, *KD* vol. IV/2, 1955, p. 896-909, esp. p. 902s. Cf. V. WARNACH, *Agape*, 1951, p. 196ss., 426ss.
[270] A. RITSCHL, *op. cit.*, p. 98ss.
[271] Consta, p. ex., em DUNS SCOTUS, que o amor de Deus acima de todas as coisas seria uma virtude separada não apenas da esperança, mas também da fé, *quia actus eius non est credere* [porque seu ato não é crer] (*Sent.* III d 27 q. un. n.2, *Opera Omnia*, ed. por WADDING-VIVÈS, vol. XV, p. 355). Essa justificativa é

se pode perguntar por que é necessária nesse ponto uma diferenciação e decisão terminológica, ou seja, por que não se pode falar tanto da fé quanto do amor do ser humano a Deus como objeto do Primeiro Mandamento. O interesse de RITSCHL em uma diferenciação dessas era "que as características pelas quais o cristianismo é religião e aquelas que designam sua finalidade ética, não devem ser mescladas umas nas outras",[272] e nessa posição sabia que com certa razão estava em linha com a Reforma.

LUTERO caracterizou com freqüência de modo sintético a relação do ser humano com Deus por meio do conceito da fé, e a com o semelhante pelo do amor. Isso ocorre não apenas em 1520 no escrito sobre a liberdade cristã,[273] mas também ainda em anos posteriores. Em seu grande comentário à carta aos Gálatas de 1535/38 ele chegou a contrapor à doutrina tomista da consumação da fé pelo amor a Deus a constatação: Nós, porém, colocamos no lugar do amor a fé.[274] Fundamento de tal contraposição era evidentemente a suposição de LUTERO, de que a *caritas* sempre significa (também) amor ao próximo, ou seja, estaria inserida entre as obras do ser humano, razão pela qual teria de ser diferenciada da fé que justifica. TOMÁS DE AQUINO, no entanto, havia pensado em sua fórmula *fides caritate formata* [fé formada pelo amor] no amor a Deus como motivo da fé, e em outro contexto também LUTERO era capaz de asseverar justamente no relacionamento com Deus uma estreita conexão entre fé e amor, a saber, especialmente quando versava sobre a fé como cumprimento do Primeiro Mandamento. No tratado sobre a liberdade cristã ele afirma a esse respeito que o Primeiro Mandamento, com sua exigência de venerar somente o Deus único, é cumprida pela fé. Porque não se poderá honrar a Deus quando não se lhe concede a honra da veracidade (em suas promessas) e da bondade. Isso,

---

convincente enquanto *credere* for entendido unicamente no sentido de *assensus* e não também como *fiducia*. A última sem dúvida inclui o amor. Resta avaliar se ele também já foi plena e integralmente expressado no ato da confiança ou não.

[272] A. RITSCHL, *op. cit.*, p. 101.
[273] M. LUTERO, *WA* 7, p. 69,12ss: *Concludimus itaque, Christianum hominem non vivere in seipso, sed in Christo et proximo suo... in Cristo per fidem, in proximo per charitatem* [Concluímos, pois, que a pessoa cristã não vive em si mesma, mas em Cristo e no próximo... em Cristo pela fé, no próximo pelo amor].
[274] M. LUTERO, *WA* 40/1, p. 228,27s: *Nos autem loco charitatis istius ponimus fidem* [Mas nós colocamos, pois, no lugar do amor a fé].

porém, aconteceria exclusivamente mediante a fé, não por obras.[275] Enquanto aqui a alternativa é "fé ou obras", LUTERO soube expor no mesmo ano, no tratado sobre as boas obras, que a fé é "a obra do Primeiro Mandamento".[276] Porque através da confiança crente o ser humano deixaria Deus ser antes de tudo seu Deus. Tal "convicção em honra a Deus", porém, "traz consigo amor e esperança", e LUTERO continua: "Sim, se observarmos bem, o amor será o primeiro ou, antes, simultâneo à fé. Porque eu não confiaria em Deus se eu pensasse que ele quer ser favorável e gracioso comigo, pelo que eu em troca também lhe serei amistoso e movido a confiar nele de coração e providenciar tudo de bom para ele."[277] Aqui surpreendentemente o amor aparece em LUTERO como condição ou momento constitutivo da própria fé. Nessa passagem LUTERO podia falar desse modo porque estava claro que no amor não se trata do amor ao próximo ativo em boas obras, mas do amor a Deus, que se forma diante da promessa de Deus. Aqui não pode ser ignorada a proximidade da concepção de uma formação da fé através do amor,[278] apenas que segundo as palavras de LUTERO o amor a Deus não surge da relação do ser humano com Deus como supremo bem e máxima verdade, mas no confronto concreto com a promessa de Deus. Isso, no entanto, não precisa excluir a relação básica do ser humano como criatura com Deus como supremo bem e máxima verdade, mas a pressupõe, embora de tal modo que ela seja, no ser humano como pecador, fracionada e pervertida, sendo renovada somente no confronto com a promessa. De qualquer modo a fé como cumprimento do Primeiro Mandamento implica também no amor a Deus. Isso foi declarado por LUTERO também em outra passagem, em particular em seus catecismos. Por exemplo, no Pequeno Catecismo de 1529 é

---

[275] *De lib. chr.* 13: ... *deus coli non possit, nisi tribuatur ei veritatis et universae bonitatis gloria, sicut vere tribuenda est: hoc autem opera non faciunt, sed sola fides cordis. Non enim operando sed credendo deum glorificamus et veracem confitemur* [Deus não pode ser honrado senão lhe for rendida glória da verdade e da universal bondade, conforme verdadeiramente deve ser rendida. Contudo isso as obras não o fazem, mas somente a fé do coração. Pois não glorificamos a Deus e verdadeiramente o confessamos não realizando obras, mas crendo] (*WA* 7, p. 56,2-5).

[276] *WA* 6, p. 209,34s, cf. já a partir da linha 24.

[277] *WA* 6, p. 209,38; p. 210,5-9.

[278] TOMÁS DE AQUINO, *S. teol.*, vol. II/2, 4,3. Para explicar essa concepção é preciso recorrer a 4,1.

dito acerca do Primeiro Mandamento: "Devemos temer, amar e confiar em Deus sobre todas as coisas."[279] O cumprimento do Primeiro Mandamento que em outras passagens (também no Catecismo Maior)[280] é atribuído unicamente à fé, é descrito aqui pela tríplice expressão "temer, amar e confiar". Essa tríplice expressão retorna no Catecismo Maior na introdução ao Quarto Mandamento, que faz um retrospecto sobre os três primeiros mandamentos, referindo como exigência do Primeiro Mandamento "que de todo o coração confiemos nele, o temamos e amemos em toda nossa vida".[281] Disso se deve depreender que faz parte da estrutura interior da própria fé temer e amar a Deus. Temer a Deus – isso é, reconhecer a Deus como Deus em sua eminência e poder, como o Criador, do qual nossa vida depende em cada instante, e como o Juiz, diante do qual nada permanece oculto. Mas também o amor reconhece a Deus em sua divindade: Permite que Deus seja nosso Deus. No ato da confiança em Deus ambos os aspectos estão pressupostos, a saber, que Deus é reconhecido em sua divindade, na qual ele é infinitamente superior a nós e na qual ele ao mesmo tempo deseja ser nosso Deus. Em decorrência, está necessariamente incluído na confiança no Deus da promessa o reconhecimento da veracidade e bondade de Deus, que LUTERO chamou em *De libertate Christiana* como questão da fé (cf. acima, nota 275). Em LUTERO o temor a Deus e o amor a Deus estão vinculados inseparavelmente com a confiança em Deus por parte da fé.

A fé não é simplesmente equivalente ao amor a Deus, mas ela o implica como pressuposto. Sob esse aspecto de fato se pode afirmar sobre os fiéis que eles amam a Deus. Apesar disso o ato de confiança da fé, tomado isoladamente, não contém todos os momentos do amor. Porque esse não apenas estabelece um vínculo, como faz a confiança com aquele em que o confiante se fia. Pelo contrário, o amor é também

---

[279] BSELK, p. 507,42s.
[280] BSELK, p. 560ss Aqui, aliás, se fundamenta a confiança em Deus pela afirmação de que "ele é o bem eterno único" (p. 563,12s), no que repercute a constelação fundamental exposta em TOMÁS DE AQUINO para a concepção da *fides caritate formata*, em *S. teol.* II/2,4,3.
[281] BSELK, p. 586,37-39. A seqüência diferente das três palavras em comparação com o Catecismo Menor deveria prevenir para não derivar da seqüência determinado tipo de ordem quanto à gênese ou à categoria.

a força do reconhecimento do diferente. Dessa maneira ele viabiliza a comunhão, e nisso ele é mais premissa e condição de moldura de uma vida na fé que idêntico com o ato da fé. Ele tampouco é apenas pressuposto da fé; porque a confiança abre acesso para a riqueza da reciprocidade no amor, e ela própria já representa um momento nessa reciprocidade.[282]

A multiplicidade dessas relações foi assinalada por Paulo pela idéia da filiação, na qual os féis foram instalados ao obterem participação pelo Espírito na relação filial de Jesus com o Pai (Rm 8.14-16; Gl 4.5s). O acesso a ela é transmitido pela fé; porque a fé nos eleva acima de nosso próprio eu para a comunhão com Jesus Cristo, que também inclui a participação em sua relação com o Pai na liberdade do Filho. Mas a fé propicia a transição para a relação filial com o Pai (e assim para a comunhão de amor do Filho com o Pai) de tal forma que no próprio ato da fé adquire forma a relação filial com o Pai, porque a pessoa que confia em Jesus chega por meio dele a confiar no Pai. Em contraposição, a relação filial não deixa para trás a fé, mas se caracteriza como tal pela fé, a saber, pela confiança do Filho no amor do Pai, a partir da qual ele também obedece ao Pai por liberdade.

O fato de que assim a fé inclui o amor a Deus constitui um dado de grande alcance sistemático. Porque dessa maneira não apenas a elevação do ser humano na participação na relação filial de Jesus com o Pai é inserida no pensamento do movimento da *agápe* que descende de Deus aos humanos, mas também a própria compreensão do amor divino é modificada em vista de abrir espaço em seu seio para um momento de reciprocidade (portanto também de amor de amizade aristotélico).[283] Dessa forma é feita a transição de um entendimento

---

[282] Nesse ponto finalmente recebem peso as ressalvas de KARL BARTH contra a negligência com que são tratadas as afirmações do Novo Testamento sobre o amor a Deus e o amor a Jesus (cf. acima, nota 269), inclusive diante da identificação de ALBRECHT RITSCHL, do amor a Deus com a fé (cf. acima, nota 270): Para nos convencermos disso, porém, há necessidade da comprovação, não fornecida por BARTH, de que o amor a Deus não é subsumido no ato da fé.

[283] Isso significa uma correção na ênfase unilateral na direção descendente da *agápe* em A. NYGREN, *Eros und Agape*, vol. I, 1930, p. 185-187, etc., que o levou a avaliar criticamente, contrariando o uso lingüístico do Novo Testamento, a inclusão da resposta do ser humano ao amor de Deus no conceito da *agápe* (p. 106s). Se, como opinava NYGREN, a resposta humana ao amor de Deus

apenas monoteísta para um trinitário da *agápe* divina. A Trindade se evidenciou, justamente no tocante à reciprocidade das relações entre as pessoas trinitárias, cada uma das quais busca a glorificação das outras, como expressão e configuração do amor que perfaz a vida divina.[284] Se, pois, nem sequer existisse tal reciprocidade na relação entre Deus e ser humano, ou seja, se o ser humano aparecesse na fé perante Deus apenas como receptor do amor divino, como se poderia afirmar, então, que o amor de Deus foi derramado nos corações dos humanos (Rm 5.5)? Faz parte disso também o momento da reciprocidade. A realidade de que pessoas amem a Deus evidentemente precisa ser sempre entendida apenas como efeito do amor, que é o próprio Deus, em suas criaturas. Contudo esse amor criador e reconciliador de Deus é que justamente torna possível que a criatura ame o Criador com liberdade, relacionando-se com ele como o Pai: Amamos a Deus, ao permitir que para nós ele seja Deus, assim como Jesus permite que o Pai seja Deus para ele, e ao permitir que ele seja *nosso* Deus, *nosso* Pai, portanto, ao depositar nele nossa confiança e nossa certeza.

A compreensão trinitária do amor divino possibilita agora também uma resposta à pergunta deixada de lado até aqui, de como o amor a Deus constitutivo da fé e abrangente se relaciona com o amor ao próximo. Afinal, já ficou evidente que o amor ao próximo precisa ser entendido como participação no movimento do amor, que é o próprio Deus. Algo análogo resultou agora para o amor a Deus, uma vez que nele se manifesta a relação do Filho com o Pai. Em ambas as relações, portanto, o ser humano é arrastado para dentro do movimento do amor divino, mas em sentidos diferentes: No amor a Deus como resposta viabilizada pelo Espírito Santo ao amor recebido de Deus o ser humano participa da vida intratrinitária de Deus, da reciprocidade da comunhão entre Pai, Filho e Espírito. Pelo amor ao próximo ele toma parte no movimento do Deus trinitário voltado à criação, reconciliação e consumação do mundo. Assim como as obras da Trindade econômica decorrem da vida da Trindade imanente, assim também

---

carecesse da espontaneidade característica para o conceito da *agápe* (*ibid.*), teríamos de ficar surpresos de que Paulo foi capaz de caracterizar a relação filial com Deus, na qual os féis são acolhidos, por meio do conceito da liberdade (Gl 4.5; cf. Rm 8.21).

[284] Para isso, cf. vol. I, p. 567-577, esp. p. 572ss.

o amor ao próximo decorre do amor a Deus, portanto também da fé que precede as obras do amor ao próximo. Apesar disso não se trata de duas realidades totalmente distintas no amor a Deus e ao próximo, e sim de dois aspectos da participação humana no mesmíssimo amor de Deus, que conforme Rm 5.5 foi derramado nos corações dos crentes por meio do Espírito Santo.

>Nesse sentido a escolástica latina asseverou com razão a unidade interior de amor a Deus e amor ao próximo. A intenção contida nessa tese pode ser avaliada positivamente a partir da fundamentação trinitária do amor cristão, sem que com isso fosse questionada (como temia ALBRECHT RITSCHL) a diferenciação entre fé e obras, a primazia da fé justificadora sobre as obras do amor ao próximo. O ser humano já precisa ter sido transportado mediante a fé para participação na filiação e, logo, no amor divino, antes que possa participar da atuação dele em termos de economia da salvação. Evidentemente, assim como não existe uma Trindade imanente sem a Trindade econômica, assim a fé não pode existir sem obras do amor ao próximo.
>Na afirmação da unidade de amor a Deus e amor ao próximo a teologia escolástica, no entanto, não soube explicitar suficientemente a estrutura dessa unidade, porque não a concebia como mediada pela teologia da Trindade e por isso não sabia combinar a direção do amor a Deus com a direção ao próximo sob um ponto de vista único, a saber, como formas diferentes de participação do ser humano no movimento do amor divino. Para tanto também a fé precisaria ter sido incluída na descrição do amor a Deus, ao invés de ser tratada como uma virtude bem diversa do amor (ainda que motivada pelo amor a Deus). Principalmente, porém, o amor de Deus derramado pelo Espírito Santo nos corações dos fiéis (se essa expressão for referida em Rm 5.5 a Deus como sujeito) não é um hábito virtuoso anexado à alma da criatura, mas o próprio amor divino que habita nos crentes por meio do Espírito Santo. Toda a época áurea da escolástica ignorou essa verdade, ao rejeitar, através de PEDRO LOMBARDO, por preocupação com uma diluição da diferença entre Criador e criatura, a afirmação da identidade da *caritas* com o Espírito Santo e conceber o amor derramado nos corações dos humanos como dom sobrenatural da graça, mas atribuindo-o não obstante, apesar de levar muito em conta sua vinculação com a atuação do próprio Espírito Santo, à condição existencial do ser

humano como criatura e analisando-a segundo esses parâmetros (cf. abaixo, em b). O reconhecimento do traço fundamental extático da dinâmica de fé, esperança e amor permite agora pensar a participação da criatura em Deus sem prejuízo da transcendência dele, precisamente através da concepção de uma *participação extática* da criatura na vida divina *extra nos in Christo* [fora de nós em Cristo]. Isso inclui em certo sentido também uma reabilitação da doutrina de PEDRO LOMBARDO acerca da identidade de *caritas* e Espírito Santo diante de seus críticos do auge da escolástica, contudo qualificada pela reflexão sobre a estrutura extática da fé, em consonância com o caráter excêntrico da vida intelectual propriamente dita. LUTERO já simpatizou muito cedo com a concepção do LOMBARDO,[285] provavelmente compreendendo-a já no sentido de participação extática. Em um caso desses a inspiração através do Espírito não precisa afetar a integridade humana e a livre espontaneidade dos atos de fé, amor e esperança, quando se leva em conta que a experiência extática da inspiração de forma alguma restringe a liberdade de nossos atos mentais, mas a intensifica.

A interpretação trinitária da vinculação indissolúvel do amor a Deus e amor ao próximo finalmente também torna a situar sob uma nova luz a relação entre a *agápe* de Deus atuante nos crentes através do Espírito Santo e o *éros* platônico como a forma carente, ávida, do amor pelo belo e bom. Embora o amor erótico não seja idêntico ao amor a Deus no sentido cristão, sua classificação e apreciação teológicas não deixam de manter uma estreita ligação com a pergunta por peculiaridade e validade do amor a Deus antes e ao lado do amor ao próximo. Não constitui nenhum acaso que o *éros* platônico foi mais severamente rejeitado em termos teológicos – porque oposto à tendência descendente da *agápe* – toda vez que se restringia a concepção cristã do amor ao amor ao próximo. Quando se reconhece o amor a Deus, demandado do ser humano e concretizado na relação filial de Jesus com o Pai, como expressão da reciprocidade do amor que sai do Pai na comunhão das pessoas da Trindade, então também se torna possível um juízo diferenciado sobre o amor erótico (no sentido abrangente desse conceito). Então a tendência "ascendente" da busca erótica pelo bem e perfeito

---

[285] Cf. R. SCHWARZ, *Fides, Spes und Caritas beim jungen Luther unter besonderer Berücksichtigung der mittelalterlichen Tradition*, 1962, p. 26s.

pelo menos não pode mais ser um argumento em favor da asserção de uma contrariedade por princípio com o entendimento cristão do amor como *agápe*. Pelo contrário, será necessário admitir na tendência "ascendente" do *éros* platônico uma correlação, ainda que distante, para com a tendência igualmente ascendente do amor bíblico a Deus como amor do Filho pelo Pai. É a partir daí que também passa a ser visualizada nitidamente a verdadeira diferença entre os dois: Trata-se da diferença entre o amor que ainda não conhece o alvo de seu anseio e que está em busca, e o amor do crente que tem certeza de Deus e de seu amor, e que o retribui.

Surge, porém, a pergunta se o amor avidamente saudoso do *éros* não poderia ser também uma configuração da reciprocidade do amor, como resposta obscuramente tateante e sonhadora, ainda não conscientizada de sua própria natureza, ao amor do Criador por parte das criaturas mediante uma busca que se dirige ao indefinido e não possui certeza de seu alvo, mas que nisso talvez de fato anseia a contraparte divina como uma plenitude perdida. Se a relação com o Criador for constitutiva para o ser das criaturas, então elas ainda ao se tornar autônomas perante o Criador estarão referidas à comunhão com Deus como alvo de sua destinação, mas agora naquela forma obscura de uma saudade voltada para o indefinido, que caracteriza justamente o amor erótico segundo a descrição de PLATÃO. A pobreza da busca erótica, que reconhece estar separada a almejada beatitude e precisamente por isso anseia por ela atravessando todos os enganosos pseudocumprimentos, seria então um eco distorcido da autodiferenciação nos relacionamentos das pessoas trinitárias entre si, nos quais o amor divino detém sua configuração eterna.

> Enquanto o anseio erótico pelo bem e perfeito foi em AGOSTINHO relacionado acima de tudo antropologicamente com o Deus cristão, a patrística grega, em especial do areopagita[286] e em MÁXIMO Confessor, concebeu o anseio erótico das criaturas pela comunhão com o Criador como uma dinâmica extática que perpassa todo o cosmos, que evidentemente chega à configuração depurada e perfeita somente no amor cristão como participação na *perichóresis* [circulação] trinitária de esvaziamento recíproco das pessoas

---

[286] DIONÍSIO Pseudo-Areopagita, *De divinis Nominibus* 4,13 (*MPG* 3, p. 711).

divinas.²⁸⁷ Assim a patrística grega está em vantagem sobre a tendência ocidental de contrastar formas opostas do amor, chegando até a contrapor *éros* e *agápe*. Porque a unidade do amor que perpassa a criação em todas as suas refrações de sua atuação é uma condição indispensável para a asserção cristã de que o próprio Deus é amor. Como Deus poderia ser amor se seu amor não penetrasse em todos os processos cósmicos, visto que, afinal, o mundo é criação dele?

A fé na criação, portanto, autoriza a supor que nas múltiplas formas do amor erótico, apesar de todo fracionamento, sempre ainda está presente e atuante o amor divino, e precisamente a resposta do amor do Pai por meio do Filho, que possui um eco às vezes mais distante, às vezes mais nítido na relação das criaturas com Deus, e cuja configuração perfeita se manifestou na encarnação do Filho, na relação de Jesus com o Pai. Na relação do Filho com o Pai se clareia a indefinição do objetivo que caracteriza a busca erótica. O lugar da dolorosa saudade associada a ela passa a ser ocupado pela certeza do amor do Pai e da comunhão com ele. Mas, embora o amor erótico deva ser classificado como deficitário na relação com a comunhão do Filho com Deus, ele nem por isso deve ser identificado com o desejo egoísta que é a forma de manifestação do pecado. A concupiscência deve ser, antes, compreendida como deturpação do erótico como tal. O fascínio erótico constitui um fenômeno extático que seguramente está exposto a várias distorções e inversões por egoísmo humano, mas que não se dilui nisso, podendo, no entanto, também conduzir o ser humano à adoração do Criador. Contudo o caráter extático do amor erótico não pode garantir, nem mesmo quando se volta para Deus,²⁸⁸ a superação de todo desejo egoísta. A superação da distorção egoísta do amor rumo à comunhão com Deus, que é pessoalmente o amor, não acontece nem no êxtase do *éros*, nem tampouco pela via da esperança humana, comparável com ele em vários aspectos,²⁸⁹ mas somente por meio da fé, que desprende a pessoa de seu aprisionamento no eu e a transporta para Cristo, no qual

---

[287] Sobre isso, cf. L. THUNBERG, *Microcosm and Mediator. The Theological Anthropology of Maximos the Confessor*, 1965, p. 444ss., 448ss.

[288] Cf. a referência à importância desse motivo para BERNARDO de Clairvaux, ABELARDO e RICARDO de S. VÍTOR em V. WARNACH, art. "Liebe", in: H. FRIES, (ed.), *Handbuch theologischer Grundbegriffe*, vol. II, 1963, p. 63.

[289] Cf. acima, na nota 229, o exposto sobre TOMÁS DE AQUINO, *S. teol.* II/2, p. 17,8.

ele se fia, tornando-a assim partícipe da comunhão do Filho com o Pai. Mas para a própria fé já são constitutivos o amor antecipatório de Deus e a resposta de amor despertada por ele no ser humano. Trata-se, no caso, da graça, que dá origem à fé.

b) *Amor e graça*

Os efeitos do Espírito Santo nos fiéis, nos quais acontece sua elevação para participar da vida de Deus, foram designados no linguajar tradicional da teologia no sentido específico como "graça". Trata-se no caso não apenas de "agraciamento" no sentido de indulto das culpas, mas de uma elevação dos humanos em sua constituição ontológica como criaturas para a comunhão com o Deus clemente e para a participação em sua graciosa inclinação ao mundo. Foi assim que se entendeu a graça na doutrina da igreja antiga do Oriente como participação em Deus gerada pela adequação a Deus (*homoiosis theo*).[290] AGOSTINHO concebeu particularmente o amor (*caritas*) como graça no sentido dessa elevação ontológica a Deus e desse mover por meio dele,[291] apontando com isso o rumo do desenvolvimento da doutrina da graça na Idade Média latina. Nessa reflexão sempre se reconheceu que a graça parte da clemente inclinação de Deus ao ser humano. Mas justamente por ser dada "de graça" (Rm 5.15) ela também alcança o ser humano de fato na forma da justiça perante Deus presenteada com a fé (Rm 5.17). Não foi plenamente esclarecido na história der teologia como se relaciona, nesse caso, a dedicação amorosa de Deus com o presente da graça que os féis recebem.

---

[290] A esse respeito, cf. o exposto por P. FRANSEN, in: *Mysterium Salutis*, vol. IV/2, 1973, p. 633-641. Fundamentais são as afirmações de IRENEO e ATANÁSIO acerca da transformação do ser humano em divino como objetivo da encarnação do Filho, cf. K. C. FELMY, *Die orthodoxe Theologie der Gegenwert. Eine Einführung*, 1990, p. 141ss. Cf. também A. THEODOROU, "Die Lehre von der Vergottung des Menschen bei den griechischen Kirchenvätern", in: *KuD* 7, 1961, p. 283-310, esp. p. 293ss.

[291] AGOSTINHO, *In Ioann.* 82,4 (*MPL* 35, 1844), *De spir. et litt.* 4,6. O conceito de graça, porém, tem muitas vezes um sentido mais geral no desenvolvimento de AGOSTINHO. Cf. A. NIEBERGALL, *Augustins Anschauung von der Gnade*, 1951, esp. p. 143ss., 178, 196ss., bem como R. LORENZ, "Gnade und Erkenntnis bei Augustinus", in: *ZKG* 75, 1964, p. 21-78.

No desenvolvimento posterior do pensamento agostiniano sobre a graça na escolástica latina esteve no centro a pergunta pela relação de graça e Espírito Santo. PEDRO LOMBARDO havia asseverado que o próprio Espírito Santo é o amor de Deus que segundo Rm 5.5 foi derramado nos corações dos crentes.[292] A grande maioria dos teólogos escolásticos, porém, se posicionou contra essa concepção. Determinantes para isso foram principalmente dois argumentos:[293] Em primeiro lugar estava a ponderação de que o próprio Deus não poderia entrar de tal modo no ser humano que viesse a ser um componente da alma humana, assim como é a *caritas* como virtude. O que é derramado pelo Espírito Santo na alma da pessoa precisa, pois, como se pensava, ser diferente da natureza não-criada de Deus, ainda que se apresente como dádiva "sobrenatural", que excede a natureza criada do ser humano (nesse sentido, concedida "de graça") e que dispõe a alma humana para a comunhão com Deus. Desse modo estava lançado o fundamento para a doutrina de uma graça criada (*gratia creata*) como qualificação sobrenatural da alma humana. O segundo argumento principal em favor da suposição de tal graça criada foi que era preciso que algo mudasse *da parte dos humanos*, se o Deus imutável e irado com o pecador devia chegar a um novo juízo sobre o ser humano. Essa mudança não pode ser produzida pelo ser humano pessoalmente: Isso acabaria no pelagianismo. Por isso ela lhe pode ser conferida unicamente como presente. Isso acontece pela comunicação de uma dádiva sobrenatural da graça, que é presenteada ao ser humano como quem foi conquistado pelo mérito de Cristo, e que o torna amável ao olhar de Deus como um ornamento concedido à sua alma. No entanto, como é possível imaginar a *caritas* como uma dádiva concedida à alma de modo duradouro? Como nesse pensamento é definida ontologicamente sua relação com a alma? Essa indagação foi esclarecida pela teologia escolástica por meio do conceito de um *habitus*

---

[292] PEDRO LOMBARDO, *Sent.* 1 d 17,2 (*Sententiae in IV Libris Distinctae*, vol. I, 1971, p. 142,4-14).
[293] Para o subseqüente, cf. J. AUER, *Die Entwicklung der Gnadenlehre in der Hochscholastik*, vol. I, 1942, p. 86ss (sobre a doutrina do LOMBARDO), p. 95ss (sobre as razões para a suposição de um hábito criado que viabiliza o ato do amor) e p. 111ss. (o chamado "argumento da conversão" (p. 121), segundo o qual, para uma mudança da posição do Deus imutável diante do ser humano, é necessária uma mudança na alma dele através de uma dádiva sobrenatural da graça).

[hábito] concedido à alma.[294] Trata-se de uma "atitude" ou um posicionamento duradouro subjacente a cada ato. Conforme ARISTÓTELES tais atitudes ou costumes são adquiridos normalmente através da repetição freqüente de ações similares.[295] Dessa maneira surgem conforme ARISTÓTELES tanto as virtudes quanto os vícios. Em analogia, a teologia escolástica concebeu o amor como uma atitude básica virtuosa da alma ou da vontade que, no entanto, não surge pelo costume (*habitus acquisitus*), mas é dada por Deus (*habitus infusus*).

A Reforma discordou dessa concepção da graça. Já na primeira preleção sobre os Salmos LUTERO havia notado o entendimento bíblico da graça como inclinação clemente e favorável de Deus (*favor Dei*).[296] Em sua preleção sobre a carta aos Romanos de 1515/16 ele ainda tentou combinar essa compreensão pessoal da graça (*gratia personalis*) com a concepção de uma dádiva graciosa propiciada ao ser humano, e até mesmo identificar as duas: '*Gratia Dei*' *autem et* '*donum*' *idem sunt, sc. ipsa Iustitia gratis donata per Christum* ['graça de Deus', porém, e 'dádiva' são a mesma coisa, ou seja, a própria justiça doada gratuitamente por meio de Cristo].[297] Porém em 1521, no escrito contra LATOMO, LUTERO contrapôs alternativamente a concepção da graça como clemência de Deus (*favor Dei* [favor de Deus]) à concepção de uma qualidade comunicada à alma (*qualitas animi* [qualidade da alma]).[298] No mesmo ano MELANCHTHON descreveu, na primeira versão de seus *Loci*, o conceito da graça exclusivamente como favor de Deus: *favor, misericordia, gratuita benevolentia dei erga nos* [favor, misericórdia, benevolência gratuita de Deus para conosco].[299] Para isso reportou-se singularmente a Rm 5.15, onde Paulo diferencia entre *charis* [graça] e *charismata* [dons da graça]. Justamente essa afirmação do apóstolo ainda havia sido interpretada por LUTERO na preleção sobre a carta aos Romanos no sentido da identidade de graça e dom da graça. Mas MELANCHTHON passou a separar esses dois conceitos, limitando o conceito da graça ao favor

---

[294] Podemos omitir aqui a pergunta, respondida de diversas maneiras, se esse hábito está apenso à potência psíquica da vontade ou diretamente à substância da alma subjacente às potências psíquicas (como pensa TOMÁS DE AQUINO).
[295] ARISTÓTELES, *Eth. Nic.* 1104 a 27- 1104 b 28, esp. 1114 a 11s.
[296] M. LUTERO, *WA* 3, p. 25s.
[297] M. LUTERO, *Preleção sobre a carta aos Romanos* 1515/16, I, 1960, 356 sobre Rm 5.15 (= *WA* 56, p. 318,28s).
[298] *WA* 8, p. 106,10-13.
[299] *CR* 21, p. 157-159, citação à p. 159.

divino: *Gratiam vocat favorem dei, quo ille Christum complexus est et in Christo et propter Christum omnes sanctos* [A graça chama o favor de Deus, pelo que envolveu a Cristo e em Cristo e por causa dele a todos os santos].[300] De forma semelhante MELANCHTHON parafraseou ainda em 1530, na Apologia à Confissão de Augsburgo, o conceito da graça, em oposição à concepção de um hábito infuso da graça, como *misericordia Dei erga nos* [misericórdia de Deus para conosco], que é oferecida pela promessa de Deus e agarrada pela fé.[301]

Tal contraposição não faz plena justiça às afirmações bíblicas, e MELANCHTHON mais tarde também se corrigiu nessa questão (cf. abaixo, nota 307). É verdade que os equivalentes do Antigo Testamento para *charis*, a saber principalmente *chesed*, que no grego podia ser traduzido, além de com *charis* também com *eleós*,[302] designam consistentemente, quando aplicados a Deus, a dedicação pessoal de Deus, em especial no sentido da "aprovação de um relacionamento de comunhão", ou seja, o "favor da aliança" de Deus.[303] A amplitude de significados de *charis* abarca, porém, ainda a concretização do favor no sentido do presente, como em Paulo em 2Cor 8.1 ou 1Cor 1.4, onde o apóstolo agradece pela graça concedida aos coríntios por Deus mediante Jesus Cristo. Por metonímia, a palavra *charis* pode até mesmo designar também a *gratidão* pelo presente recebido (Rm 6.17; 7.25; etc.).[304] LUTERO, portanto, sem dúvida valorizou corretamente na preleção sobre a carta aos Romanos os dados exegéticos, quando constatou diante de Rm 5.15 que aqui graça e presente eram idênticos. Acontece, porém, que conforme LUTERO o próprio Cristo é o presente comunicado aos fiéis.[305] Isso também corresponde à constatação exegética de hoje.[306] Cabe analisar isso com mais detalhes abaixo. No entanto, no que tange à estreita vinculação de mentalidade da graça e dádiva da graça, o apóstolo se pronunciou com clareza ainda maior no começo do mesmo capítulo de sua carta: Lá consta que o amor de Deus foi derramado em nossos

---

[300] P. MELANCHTHON, *CR* 21, p. 158 (II,8-10).
[301] P. MELANCHTHON, *Apol.* IV, p. 381 (*BSELK*, p. 231s).
[302] Sobre isso, cf. a comprovação em R. BULTMANN, in: *TWNT* vol. II, 1935, p. 474ss.
[303] Posição de W. ZIMMERLI, in: *TWNT*, vol. IX, 1973, p. 372s. A afeição espontânea (*chen*), diferenciada nos textos mais antigos de *chesed*, é igualmente traduzida para o grego com *charis*.
[304] Cf. H. CONZELMANN, in: *TWNT*, vol. IX, p. 383ss.
[305] M. LUTERO, *Preleção sobre a carta aos Romanos*, vol. I, 1960, 356 (WA 56, p. 318,20-32).
[306] Cf. U. WILCKENS, *Der Brief an die Römer*, vol. I, 1978, p. 322s, sobre Rm 5.15.

corações por meio do Espírito Santo que nos foi dado (Rm 5.5). O contexto – ou seja, Rm 5.2, onde se fala da "graça", na qual "conquistamos posição firme" – mostra que a afirmação acerca da dádiva do Espírito Santo e do amor de Deus que por meio dele foi derramado em nossos corações precisam igualmente ser relacionados com o conceito da graça. Isso significa que não há como sustentar a contraposição entre uma *gratia personalis* no sentido da inclinação pessoal de Deus ao ser humano (como *favor Dei*) e a concepção de um presente da graça propiciado ao ser humano. Pelo contrário, as duas coisas estão interligadas. Foi por isso que MELANCHTHON também abandonou aquela contraposição na versão tardia de seus *Loci* em 1559. Agora se afirma que o conceito graça não significa apenas *favor*, mas também *donum* [presente], a saber, a *donatio Spiritus sancti* [doação do Espírito Santo], que estaria inseparavelmente ligada à misericórdia de Deus prometida por causa de Cristo.[307]

Porventura ficou, assim, revogada a crítica anterior da Reforma ao conceito escolástico da graça? Não totalmente. É verdade que MELANCHTHON admitiu no fim da vida que as idéias da inclinação pessoal e do favor por si só não reproduzem a compreensão paulina da graça. A graça não é própria apenas do interlocutor pessoal divino diante do ser humano, mas igualmente se apodera dele mesmo e lhe é concedida como dádiva. Disso, porém, não decorre a presunção de uma graça criada. Pelo contrário, MELANCHTHON enfatizou agora o nexo entre perdão dos pecados ou *acceptatio gratuita* [aceitação gratuita] e dádiva do Espírito Santo (*op. cit.*). De fato: Justamente também como dádiva a graça é idêntica ao próprio Deus, a saber, ao Espírito Santo "que nos foi concedido" (Rm 5.5). Isso vale também para o amor que o Espírito Santo derrama em nossos corações. Porque se trata do amor, que o próprio Deus é.[308] Entretanto, isso ainda não soluciona a ressalva levantada pelos teólogos do auge da escolástica, de que nesse caso Deus teria de se tornar parte integrante da realidade criada do ser humano. Parece que isso não tranqüilizou a teologia incipiente da Reforma porque a graça, idêntica à dádiva do Espírito Santo, ainda não era considerada um componente da realidade humana, mas apenas seus

---

[307] P. MELANCHTHON, *CR* 21, p. 752,24-27.
[308] Isso se infere para Rm 5.5 a partir da circunstância de que o genitivo da expressão "amor de Deus" é um genitivo do sujeito, ou seja, refere-se ao próprio ato do amor divino: Declara-se sobre ele que foi derramado nos corações dos fiéis.

efeitos, os "novos impulsos" no ser humano por ela produzidos.[309] Contudo, porventura a concepção do próprio Espírito como dádiva não requer uma informação sobre o modo se seu habitar? A dogmática luterana do séc. XVII tentou definir melhor o habitar do Espírito Santo na alma através de sua doutrina da *unio mystica* dos justificados com Deus,[310] que não pretendia ser uma unidade substancial no sentido formal, mas uma presença atuante de Deus na alma humana.[311] A peculiaridade dessa união mística, porém, não foi de fato esclarecida, nem mesmo por meio da concepção de uma *perichóresis* [circulação] recíproca do divino e do humano na alma humana,[312] porque nela não se partiu da estrutura extática da fé.

Somente a estrutura extática da fé torna compreensível que o Espírito de Deus e, logo, também o amor divino derramado nos corações dos fiéis não se tornam partes integrantes da realidade do ser humano como criatura, quando o Espírito de Deus é concedido ao ser humano como dádiva e o amor de Deus derramado em seus corações através dele. Unicamente aquele que crê em Jesus Cristo já é agraciado com essa dádiva. A fé, afinal, não é apenas gerada assim pelo Espírito de Deus como todos os fenômenos da vida remontam à atuação do Espírito na criação, mas o crente recebe com a realidade escatológica da nova vida manifesta em Jesus Cristo também o Espírito como dádiva a ele outorgada de forma duradoura, por viver por meio da fé fora de si mesmo em Cristo. Apenas quando se pressupõe essa elevação extática até Jesus Cristo por meio da fé também se pode afirmar o inverso, de que "Cristo está em nós" (Rm 8.10; cf. Gl 2.20) e com ele, o amor de Deus, revelado na morte e ressurreição de Jesus (Rm 5.5ss) e que nos renova por dentro (2Cor 4.16) conforme a imagem de Cristo, no qual se evidenciou a destinação do ser humano para ser imagem e semelhança de Deus (cf. Cl 3.10).

---

[309] P. MELANCHTHON, *CR* 21, p. 760,26-30. A dogmática luterana posterior falava da *gratia Spiritus Sancti renovans* [graça do Espírito Santo que renova] como fonte da santificação do ser humano (cf., p. ex., D. HOLLAZ, *Examen theol. acroam.*, Stargard 1707, p. III, *theol. sect.* I, c.10, vol. II, p. 506ss.).

[310] Essa peça doutrinária se encontra em D. HOLLAZ no cap. 9 da seção III sect. I de sua obra (vol. II, p. 485ss.).

[311] D. HOLLAZ, *op. cit.* q.12 (vol. II, p. 494ss.).

[312] D. HOLLAZ, *op. cit.*, O. Prob. d. (vol. II, p. 497).

A conexão de efeitos do Espírito na alma do crente com o habitar do próprio Espírito Santo nele também foi mais fortemente salientado na teologia católica da atualidade que na tendência predominante da doutrina católica da graça desde o auge da Idade Média.³¹³ Fato é que não se abandona a suposição de uma graça criada (para as dádivas da graça), mas ela é estreitamente vinculada com a graça não-criada do Espírito Santo e seu habitar na alma.³¹⁴ KARL RAHNER deu mais um passo: Se for possível na glorificação futura do ser humano "uma autocomunicação de Deus ao Espírito agraciado criado", "a qual não seja a criação causal *eficiente* de uma qualidade ou entidade de criatura diferente de Deus, mas a comunicação (como que causal-formal) do próprio Deus ao ser humano, então esse pensamento também poderá ser utilizado com muito mais clareza para a graça do que era usual até hoje na teologia".³¹⁵ Contudo, que significa para tal auto-comunicação "como que causal-formal" de Deus ao ser humano a mediação da graça pela fé em Jesus Cristo? Isso tampouco foi tratado por RAHNER. Acontece que justamente por essa via seria possível concretizar biblicamente sua idéia com traços das concepções de *theosis* [divinização] da patrística e das igrejas orientais, porque por meio da fé o ser humano é ligado a Jesus Cristo e dessa maneira se torna partícipe da "forma" da filiação na relação com o Pai.³¹⁶

A participação dos fiéis no amor divino, que lhes é concedida pela dádiva do Espírito, tem de ser imaginada como mediada pela participação da fé em Jesus Cristo e no evento de salvação de sua morte e ressurreição. Porque na história de Jesus Cristo Deus demonstrou

---

³¹³ Posição já encontrada em M. DE LA TAILLE, "Actuation créée par l'acte incréé", in: *Recherches des Sciences Religieuses* 18, 1928, p. 251-268, e principalmente em K. RAHNER, *Schriften zur Theologie*, vol. I, 1954, p. 347-376, esp. p. 352. Cf. P. FRANSEN, in: *Mysterium Salutis*, vol. IV/2, 1973, p. 732s.
³¹⁴ Sobre isso, cf. I. WILLIG, *Geschaffene und ungeschaffene Gnade. Bibeltheologische Fundierung und systematische Erörterung*, 1964, esp. p. 283ss.
³¹⁵ K. RAHNER, "Natur und Gnade", in: idem, *Schriften zur Theologie*, vol. IV, 1960, p. 209-236, 220. E também G. PHILIPS, *L'Union Personelle avec le Dieu vivant. Essai sur l'origine et le sens de la grâce créée*, 1974, esp. p. 263s, 275ss.
³¹⁶ Quanto à importância do pensamento paulino da adoção dos fiéis a fim de participarem na filiação de Cristo, para a doutrina ortodoxa da *theosis*, cf. V. LOSSKY, *Die mystische Theologie der morgenländischen Kirche*, 1961, p. 206ss.

às pessoas sua graça (Rm 3.24)[317] e seu amor (Rm 5.8). Isso foi muito pouco notado na doutrina tradicional da graça: O acontecimento atual da comunicação da graça aos féis não deve ser entendido como um processo dissociado da história de Jesus como passado histórico e a ser descrito isoladamente, localizado na intimidade do ser humano e que seria vinculado no máximo causalmente com a história de Jesus, como se a morte de Jesus fosse o motivo meritório da outorga divina da graça. Pelo contrário, trata-se na graça de Deus de uma disposição e do amor demonstrado na história de Jesus, no qual os féis adquirem participação pelo fato de, e unicamente por esse fato, de serem incluídos na história de Jesus. Justamente isso acontece por meio da fé, que adquire participação na relação filial de Jesus com o Pai pelo fato de se fiar em Jesus. O Espírito, pelo qual o crente está "em Cristo" e por meio do qual por isso também "Cristo vive em nós" é o mesmo Espírito por meio do qual o amor de Deus enche nossos corações.[318] Graça não é uma força ou qualidade diferente de Jesus Cristo, comunicada ao ser humano, mas o próprio Jesus Cristo (cf. acima, nota 305) como o presente do amor divino (Rm 8.32), com o qual os crentes são "conformados" através do Espírito (Rm 8.29), ao ser atraídos para dentro de sua relação filial com o Pai, e assim reconciliados com Deus e libertados para participar do amor de Deus pelo mundo.

c) A oração cristã

Não é óbvio que a doutrina do amor também seja o lugar dogmático para uma teologia da oração. Nas exposições da dogmática a oração foi tratada em contextos muito diversos.[319] Não existe um lugar fixo para ela, preestabelecido pela tradição. O fato de que na oração

---

[317] "Essa graça de Deus coincide com seu agir salvador na morte expiatória de Jesus Cristo e nos fiéis" (E. RUCKSTUHL, no artigo "Gnade III", in: *TRE* 13, 1984, p. 468).

[318] Em função disso (e nesse sentido) as expressões "graça" e "amor" em Rm 5.1-11 significam "em última análise a mesma coisa" (E. RUCKSTUHL, *op. cit.*, p. 469).

[319] Cf. a visão panorâmica em H. BENCKERT, "Das Gebet als Gengenstand der Dogmatik", in: *EvTh* 15, 1955, p. 535-552, esp. p. 541ss., e ainda M. PLATHOW, "Geist und Geber", in: *KuD* 29, 1983, p. 47-65, bem como G. MÜLLER, art. "Gebet VIII", in: *TRE* 12, 1984, p. 84-94.

se concentra[320] e concretiza a totalidade do relacionamento com Deus pode tornar plausível expor já a doutrina sobre Deus como expressão da experiência de oração.[321] Nesse caso, porém, é preciso admitir que a oração já pressupõe a Deus e um saber acerca dele.[322] Em função disso deve ser mais apropriado que a doutrina sobre Deus anteceda a sobre a oração, e que a oração seja tratada no contexto da pneumatologia, porque é apenas o Espírito que capacita e credencia o ser humano para orar. Isso vale de um modo mais geral já para a oração como fenômeno religioso fundamental,[323] mas de maneira especial para a oração cristã que se alicerça sobre a dádiva do Espírito concedida aos fiéis.

Se a oração, portanto, se insere no contexto da pneumatologia, cabe esclarecer inicialmente se nesse caso se trata primordialmente da oração da comunhão religiosa da qual o indivíduo participa, ou se a oração do indivíduo assume uma posição central. Essa pergunta já conduz a uma peculiaridade da oração cristã. Porque, enquanto no

---

[320] G. EBELING, Dogmatik des christlichen Glaubens, vol. I, 1979, p. 208, cf. já idem, "Das Gebet" (1973), in: Wort und Glaube, vol. III, 1975, p. 405-427, esp. p. 422: "A oração entende a situação básica do ser humano como determinada decisivamente pela relação com Deus", no que, porém, "o objeto da relação com Deus é o ser humano em sua relação com o mundo" (p. 423).

[321] Posição de G. EBELING, Dogmatik des christlichen Glaubens, vol. I, 1979, p. 192-210.

[322] G. EBELING, op. cit., p. 194. Apesar disso EBELING pretende fazer valer para a doutrina sobre Deus a relação com a situação de oração como "uma instrução determinante de interpretação" (p. 194), tendo consciência de uma "fundamental divergência com o procedimento dogmático tradicional" (p. 193), a saber, com a "entrada metafísica" da doutrina tradicional sobre Deus (p. 208). Mas se na oração Deus já está pressuposto (cf. supra), então a relação entre a doutrina sobre Deus e a oração (e a doutrina sobre a oração) terá de ser determinada justamente por esse caráter de pressuposto, o que certamente deve significar que as questões da filosofia da religião e da metafísica na fundamentação da doutrina teológica sobre Deus não podem facilmente ser contornadas. Isso não exclui que o entendimento religioso de Deus (ao contrário do filosófico?) e oração estejam estreitamente ligados, porque a respectiva compreensão de Deus é fundamental para viabilizar uma prática da oração e para seu formato. Isso vale também para o cristianismo. Um entendimento de Deus que não viabilizasse uma relação de oração com Deus nem encorajasse para ela, careceria da ligação com a vivência religiosa.

[323] Para isso continua fundamental a abrangente análise fenomenológica de F. HEILER, Das Gebet. Eine religionsgeschichtliche und religionspsychologische Untersuchung (1918), 5ª ed. 1923.

mundo das religiões e também no antigo Israel[324] a oração individual estava inserida em grau máximo na prática vivencial de culto da comunidade, é característica para o cristianismo[325] uma individualização da pessoa que ora perante Deus, a qual remonta à mensagem e ao comportamento do próprio Jesus. Assim como Jesus estimulou outros a orar na calada (Mt 6.6), informa-se também acerca dele mesmo que se deslocava a lugares ermos para orar (Mc 1.35; par.; Mt 14.23; par.; Lc 5.16; cf. Lc 9.18 e 28; Mc 14.35; par.). Pode haver nisso repercussões de parentesco com Moisés ou Elias, mas principalmente deve se tratar de uma expressão da relação direta entre o Filho e o Pai, pela qual Jesus se diferenciava de outros. Mas agora também os crentes obtêm acesso a tal relação direta com o Pai, por participar da filiação de Jesus (Rm 8.15). Em consonância, deve-se contar também no cristianismo primitivo com a oração silenciosa do indivíduo. Paulo, p. ex., menciona como algo óbvio que quem ora se retira para o silêncio (1Cor 7.5). Ao lado, obviamente existe também no cristianismo a oração conjunta da congregação cultual. Assim como a participação do indivíduo na filiação de Cristo o coliga com todos os demais fiéis, assim também a oração do indivíduo cristão vive com seus conteúdos e formas da tradição de oração da igreja. Algo análogo vale já para a oração de Jesus, o Pai Nosso, em relação à tradição de oração de Israel, por mais que nesse caso a ênfase se desloque para a relação pessoal de quem ora para com Deus. Mas essa ênfase específica, que se deve à relação direta de quem ora com Deus, faz com que pareça apropriado tratar da oração no âmbito dos efeitos do Espírito Santo no indivíduo cristão.

De acordo com Paulo é a dádiva escatológica da filiação pelo Espírito que capacita e credencia todo crente a invocar a Deus como Pai (Rm 8.15 e 26; Gl 4.6). Ao permitir que os féis participem da filiação de Jesus, o Espírito também possibilita a oração ao Pai "no nome de Jesus", à qual foi prometida atendimento conforme Jo 14.13.[326] Nisso

---

[324] H. GRAF REVENTLOW, *Gebet im Alten Testament*, 1986, p. 295ss.

[325] G. EBELING, *op. cit.*, p. 201 afirma isso até mesmo de modo bem geral como característico para a palavra de oração.

[326] Cf. Jo 15.16 e 16.23s, mas também a idéia do envio do Espírito pelo Pai "em nome de Jesus" (cf. Jo 14.26). A isso corresponde a concepção patrística de que a forma normal da oração dos cristãos é dirigida através do Filho e no Espírito Santo ao Pai (BASÍLIO, *De spir. S.* 16-21, *MPG* 32, p. 93-105, embora justamente Basílio tenha defendido o direito de na oração poder invocar ao lado o Filho

existe uma correlação com a autoridade de orar com todas as conseqüências fundamentais do Espírito no crente, a saber, tanto com a própria fé aliada ao testemunho e louvor a Deus, quanto também com a esperança, que não se refere apenas ao esperado pelo crente para si mesmo, mas que se expressa justamente também na intercessão em favor de outros. Especialmente difícil, contudo, é por uma razão bem específica a vinculação com o amor:[327] Já foi demonstrado acima que do amor de Deus, do qual o crente participa por meio do Espírito Santo, faz parte o momento da reciprocidade, a saber, aquela reciprocidade que possui como forma básica eterna a *perichóresis* [circulação] recíproca das pessoas da Trindade. Por isso a participação dos fiéis no amor de Deus não significa somente participação em seu movimento rumo ao mundo, portanto amor ao próximo com inclusão do amor fraternal que deve ligar os féis entre si, mas também amor a Deus como resposta ao amor de Deus por nós. Porém expressão primordial do amor a Deus como resposta ao amor de Deus a nós é a oração. Nela se expressa a filiação que obtivemos de Deus como dádiva de seu amor: Ela nos capacita para invocar Deus como nosso Pai, como fez Jesus, e em seu nome.[328] De acordo com Gl 4.6 é justamente nessa capacitação para a reciprocidade na relação com o Pai, na autoridade para retribuir[329] seu

---

também o Espírito). Para isso, cf. G. WAINWRIGHT, *Doxology. The Praise of God in Worship, Doctrine and Life. A Systematic Theology*, 1980, p. 100, cf. p. 229. Acerca da relevância de ORÍGENES para essa tradição, cf. WAINWRIGHT, *op. cit.*, p. 52s e 94, e sobre a importância do batismo realizado de forma trinitária para a ampliação do endereço da oração para toda a Trindade, ali, p. 96ss.

[327] As exposições acerca do amor são também em E. SCHLINK o lugar para tratar da oração, que, no entanto, é analisada unicamente como oração de súplica, porque "gratidão e adoração" são tratadas em outro lugar (*Ökumenische Dogmatik*, 1983, p. 451ss.). Cf. também K. RAHNER, *Von der Not und dem Segen des Gebetes*, 1949, p. 22s, 44ss.

[328] Rm 8.16 e Gl 4.6 talvez aludam à oração de Jesus, o Pai Nosso, mas de qualquer modo à invocação de Deus como Pai por Jesus; cf. U. WILCKENS, *Der Brief an die Römer*, vol. II, 1980, p. 137.

[329] Por isso R. MÖSSINGER apresentou com razão a oração cristã como "resposta" à auto-revelação de Deus em Jesus Cristo: *Zur Lehre des christlichen Gebets. Gedanken über ein vernachlässigtes Thema evangelischer Theologie*, 1986, p. 105ss., 113ss., sem, no entanto, se dedicar à participação do fiel na relação filial de Jesus com o Pai como premissa fundamental para isso. Cf. também G. EBELING, *Dogmatik des christlichen Glaubens*, vol. I, 1979, p. 202.

amor na oração, que se evidencia a *liberdade* que está associada à filiação.[330] Os féis não são simplesmente sugados para dentro da dinâmica da atuação divina, da qual ficaram repletos por meio do Espírito de Deus. Participando da filiação, eles adquirem uma subjetividade própria perante Deus, que se exterioriza como franca espontaneidade na relação com o Pai e por isso também na relação com toda a realidade criada. A oração é uma das formas de exteriorizá-la particularmente adequada à divina origem dessa espontaneidade. Nisso a interpelação da oração ao Pai aparece bem ligada à intercessão por outros, de modo que a conexão entre amor a Deus e amor ao próximo se mostra de modo concreto justamente na oração cristã.

A oração não poderia ter uma relevância tão central para a existência cristã se nela se tratasse apenas dos atos de interpelação expressamente formulados de oração, dirigidos a Deus. Porque tal interpelação expressa a Deus sempre ficará reservada para tempos e lugares especiais. Contudo os cristãos são exortados à oração incessante (1Ts 5.17; cf. Ef 6.18),[331] e quando não sabemos o que devemos orar, o Espírito intervém em nosso favor "com gemidos inexprimíveis" (Rm 8.26). Nessa concepção de oração incessante trata-se da atitude constante e penetrante em todas as atividades singulares dos fiéis, na qual a vida de fé deve ser vivida,[332] não de orações expressamente formuladas. Em vista da oração expressamente formulada Jesus, no entanto, convocou para a brevidade, visto que a providência do Pai no céu torna desnecessário o uso de muitas palavras (Mt 6.7s). Mas a oração incessante, que caracteriza a vida do crente na relação com

---

[330] M. KÄHLER, que reconheceu e destacou com singular lucidez a filiação divina como fundamento da oração cristã: *Die Wissenschaft der christlichen Lehre*, 1883, 2ª ed. 1893, p. 516-520 = SS p. 647-651, encontrou também inversamente na "ousadia da oração estimulada pelo espírito filial", a "expressão caracterizadora" da filiação (p. 408 § 503).

[331] Quanto ao tema da oração incessante nos cristãos, como já nos devotos judaicos, cf. K. BERGER, art. "Gebet IV", in: *TRE* 12, 1984, p. 47-60, 55. Sobre o "orar sem cessar" como forma da oração cotidiana, cf. esp. também o exposto por O. H. PESCH, *Das Gebet*, 1972, p. 54ss. Em estreita vinculação com isso, PESCH trata da oração breve (p. 60ss.).

[332] Por isso D. SÖLLE falou com razão de que Jesus soltou a oração da limitação temporal bem como local (art. "Gebet", in: H. SCHULTZ (ed.), *Theologie für Nichttheologen. ABC protestantischen Denkens*, 1963, 118 if., 121). Esse pensamento foi acolhido e desenvolvido adiante por R. MÖSSINGER, *op. cit.*, p. 108ss.

Deus, tem de, não obstante, transitar sempre de novo também para a interpelação expressamente formulada de Deus, quer no direcionamento individual para Deus, quer na oração no culto da congregação. Sem oração definha a resposta espontânea ao amor de Deus pelos que crêem, que se expressa na oração dirigida a Deus, mas igualmente a consciência da vinculação do amor ao próximo com o amor a Deus. Porque através da oração o amor ao próximo permanece inserido na relação do crente com Deus, como participação em seu amor pelo mundo. A oração preserva a prática do amor ao próximo de se tornar mera obra moral do ser humano.

A fundamentação a partir do amor de Deus, que foi derramado nos corações dos fiéis e busca por resposta no amor espontâneo do filho ao Pai, diferencia o orar cristão das formas que a oração assumiu em outras religiões e a destaca em sua peculiaridade diante dos fundamentos antropológicos gerais da oração. No impulso para orar que é característico do ser humano,[333] ainda que possa ser soterrado, expressa-se a consciência da dependência de uma realidade que supera tudo o que pode ser encontrado no mundo e que é capaz de preservar, salvar e restaurar a vida dos humanos em harmonia com seu mundo.

Por isso a oração humana, como frisou FRIEDRICH HEILER, pode ser antropologicamente bastante original em sua forma como oração de súplica. No "ser humano primitivo" o "motivo inicial para orar" é sempre formado, conforme HEILER, por uma "*situação aflitiva concreta*, na qual os interesses vitais elementares de um indivíduo ou um grupo estão gravemente ameaçados: estiagem e carestia, risco de vida na tempestade e nas intempéries, ataque de inimigos e animais ferozes, doença e pestilência, mas também inculpação e acusação..." É nessas situações que conforme HEILER se destaca "a *consciência* da total impotência e plena *dependência*" do ser humano perante poderes maiores, levando à oração em vista das restritas possibilidades de auto-ajuda humana.[334] Isso, porém, vale dessa forma unicamente para a oração extracultual, enquanto no culto está em primeiro plano o hino que exalta

---

[333] Cf. A. HARDY, *The Biology of God. A Scientist's Study of Man the Religious Animal*, Londres 1975. Em idioma alemão a obra foi publicada em 1979 sob o título: *Der Mensch – das betende Tier. Religiosität als Faktor der Evolution.*

[334] F. HEILER, *Das Gebet* (1918), 5ª ed. 1923, p. 41 e 42.

a divindade e que pode desembocar em gratidão e súplica.³³⁵ Além disso, antropologicamente o sentimento da gratidão, em busca de um endereço ao qual direcionar a gratidão, pode dar motivo para a oração da mesma forma como a experiência da aflição que se expressa na oração de súplica.³³⁶

Na oração cultual, por natureza a adoração da divindade e, portanto, a oração em forma de hino ocupam o primeiro plano. Isso vale não apenas para as formas de culto marcadas por concepções de Deus predominantemente de cunho cosmológico, mas também para o antigo Israel. Aqui era possível acolher no hino motivos relacionados com o agir histórico de Deus.³³⁷ Justapostos a eles estavam os motivos da lamentação, da prece e da intercessão, bem como da gratidão. No âmbito da posterior expectativa escatológica do judaísmo há uma ênfase maior na oração de gratidão, que de acordo com vários textos judaicos permanecerá como única forma de oração também não mundo vindouro. De forma análoga o motivo da gratidão ocupa o primeiro plano também na teologia cristã primitiva da oração. Isso vale especialmente para Paulo, ainda mais na tensão com o fato de que as declarações de Jesus sobre a oração legadas nos evangelhos sinóticos se referem consistentemente à oração de súplica.

>Em coerência com os dados dos evangelhos FRIEDRICH SCHLEIERMACHER caracterizou a oração cristã como prece em nome de Jesus.³³⁸

---

[335] Posição contrária a HEILER de C. H. RATSCHOW, in: *TRE* 12, 1984, p. 32. Cf. também R. MÖSSINGER, *op. cit.*, p. 34. Porém, de acordo com HEILER a experiência do atendimento da oração já constitui a base do surgimento da convicção de que a divindade requer do ser humano veneração e adoração (*op. cit.*, p. 43s). É somente a isso que se agrega também o motivo da gratidão (p. 44s, cf. 389ss).

[336] Sobre isso, cf. D. HENRICH, "Gedanken zur Dankbarkeit", in. R. LÖW (ed.), OIKEIOSIS. *Festschrift für Robert Spaemann*, 1987, p. 69-86.

[337] H. GRAF REVENTLOW, *Gebet im Alten Testament*, 1986, concorda em sua análise do hino com a síntese dos gêneros de hino e cântico de gratidão, diferenciados por H. GUNKEL, feita por C. WESTERMANN, no que ele contudo faz uma distinção entre "louvor narrativo" e "descritivo" (p. 123). Não obstante, GRAF REVENTLOW preserva apesar disso uma função independente do cântico de gratidão no contexto da oferenda de gratidão (p. 208ss.).

[338] F. SCHLEIERMACHER, *Der christliche Glaube* (1821), 2ª ed. 1830, § 146s. No §146,1 SCHLEIERMACHER diferencia expressamente a oração como "ligação íntima do desejo voltado ao máximo sucesso com a consciência de Deus" da "exaltação ou gratidão" em vista do "resultado de esforços anteriores".

Em contrapartida ALBRECHT RITSCHL afiançou, recorrendo a Paulo, que pelo contrário "o reconhecimento de Deus por meio da gratidão" deve ser considerado "a forma geral de orar", e a oração de súplica, apenas "uma modificação da oração de gratidão a Deus".[339] Porque Paulo deseja que todas as preces "cheguem diante de Deus com ações de graças" (Fl 4.6), e com o convite para a oração incessante ele combina a exortação: "Em tudo dai graças, como Deus espera de vós em Jesus Cristo" (1Ts 5.18). Conforme RITSCHL até mesmo no Pai Nosso todas as preces estão envoltas pela interpelação de Deus como Pai e, logo, pelo motivo da gratidão.[340] Será isso exagerado? Em todos os casos as primeiras preces da oração de Jesus, por se conectarem ao teor do *Qaddish*, são "expressão da confiança na promessa e misericórdia de Deus" e na reviravolta escatológica já iniciada da parte de Deus, e na qual os que oram se inserem com suas preces.[341]

Em Paulo a gratidão pelo agir redentor de Deus em Jesus Cristo (Rm 7.25; 1Cor 15. 57) constitui o ponto de partida e o referencial para todo o orar cristão, como mostra singularmente Fl 4.6. Com destaque especial depois a carta aos Colossenses convoca para agradecer a Deus, o Pai , por meio do Senhor Jesus (Cl 3.17; cf. Cl 1.12 e 2.7). Pelo menos na substância existe nisso uma correlação estreita com as afirmações paulinas em Rm 8.15s e Gl 4.6 sobre a capacitação dos fiéis através do Espírito da filiação para invocar a Deus como Pai. Contudo as pessoas têm obrigação de agradecer a Deus não somente como resposta à demonstração do amor do Pai no envio do Filho, mas já como criaturas, o que deveria se externar no louvor a Deus, ao passo que de fato eles "não o glorificaram como Deus e não lhe agradeceram" (Rm 1.21).

---

[339] A. RITSCHL, *Die christliche Lehre von der Rechtfertigung und Versöhnung*, vol. III, 2ª ed. 1883, p. 597s.
[340] A. RITSCHL, *op. cit.*, p. 599s.
[341] J. JEREMIAS, *Die Verkündigung Jesu* (Neutestamentliche Theologie, Erster Teil) 1971, 2ª ed. 1973, p. 192s. Contudo dificilmente se poderá falar de um "predomínio da gratidão na oração de Jesus" como antecipação do mundo vindouro, na qual segundo a concepção judaica contemporânea somente permanecerá a oferta de gratidão (*op. cit.*, p. 186), a menos que se considere Mt 11.25s, contrariando a decisão da maioria dos exegetas, uma palavra autêntica de Jesus hält (mas é o que faz JEREMIAS, p. 185s).

Gratidão a Deus e glorificação de Deus formam uma unidade. Foi por isso que para a oração cristã a doxologia e a forma do hino, próxima dela, também permaneceram fundamentais.[342] Porém, o conteúdo dos hinos do primeiro cristianismo tem um cunho consistentemente cristológico. A doxologia cristã exalta o agir do Pai no envio do Filho e a glorificação dele por meio do Espírito. Por isso ela é doxologia trinitária, na qual a gratidão a Deus por seu agir redentor está guardado na adoração de sua divindade nele revelado, que antecipa já agora o louvor escatológico de Deus da congregação consumada na nova criação.

O fato de ter sido preservado na teologia cristã da oração o destaque da gratidão como ponto de partida e motivo da oração[343] provavelmente deve ser atribuído não por último a que as ações de graças marcaram a principal oração cultual dos cristãos em associação com a santa ceia de Jesus (1Cor 11.24; Mc 14.23 par.): Na "eucaristia" a gratidão pelas dádivas da criação se alia à gratidão pelo envio do Filho para salvar os humanos e pela vida eterna presenteada por meio dele.[344] A eucaristia como a grande oração de gratidão da igreja faz convergir em si todos os demais temas da oração cristã. Em especial cabe salientar ao lado da vinculação de gratidão a Deus e adoração de Deus a estreita ligação entre gratidão e anamnese, fundamentada no memorial judaico dos feitos salvadores de Deus. Na anamnese eucarística da igreja está em jogo especialmente a "memória" da morte de Cristo (1Cor 11.24s), mas nessa memória é incluída toda a história da salvação que culmina na morte reconciliadora de Cristo e em sua ressurreição.

No entendimento cristão é somente sobre o fundamento de gratidão e adoração que deveria ser tratada a oração de súplica. Quando as palavras de Jesus sobre a oração, legadas pelos evangelhos, se referem diretamente à oração de súplica, elas sempre já pressupõem a fé e com

---

[342] E. SCHLINK, em seu importante e influente ensaio "Die Struktur der dogmatischen Aussage als ökumenisches Problem" (*KuD* 3, 1957, p. 251-306) enfatizou que com isso também fica estabelecido o contexto para a formação da doutrina cristã (esp. p. 253ss.). Nesse ato a gratidão transita, conforme SCHLINK, para a adoração e para o louvor a Deus (p. 254). Para esse nexo aponta também a introdução à liturgia sírio-jacobita citada em G. WAINWRIGHT, *op. cit.* (acima, nota 326), p. 38. Toda a obra de WAINWRIGHT é dedicada à exposição da correlação entre doxologia e doutrina eclesiástica. Quanto ao hino cristão, cf. ali, p. 198ss.
[343] Cf. sobre isso, com documentação, R. MÖSSINGER, *op. cit.*, p. 121ss.
[344] Posição já presente no *Didaquê* 10,1-4.

ela a comunhão com Deus que se expressa pela gratidão e adoração. Em consonância, a oração de Jesus formulada como oração de súplica inicia com preces que se dirigem a Deus e a consumação de seu reino na terra. É somente na seqüência que são feitas as preces pelo pão diário, pelo perdão da culpa e preservação diante da tentação da apostasia. Na oração de súplica cristã os desejos, preocupações e pedidos dos humanos são subordinados aos objetivos de Deus com sua criação e coadunados com eles. A mais nítida instrução para isso é dada pela oração do próprio Jesus: "Mas não como eu quero, e sim, como tu queres" (Mc 14.36; par.). Nessa prece sempre já se pressupõe que as aflições e intenções da criatura têm lugar nos objetivos e no agir de seu Criador (Lc 12.22-31; par.), ainda que a maneira como encontrarão neles seu espaço possa ultrapassar a imaginação e compreensão humanas. Em todos os casos, a oração de súplica à qual Jesus prometeu atendimento (Mc 11.24; par.) é a oração de fiéis e, portanto, uma oração sustentada pela disposição de se render à vontade de Deus. É o que expressa também a relação do atendimento assegurado para a prece pelo Espírito Santo (Lc 11.13). Estão conectados com isso as demais condições para o atendimento de oração, referidas por Jesus, principalmente a disposição de perdoar a outros (Mc 11.25; cf. Mt 6.12-14s):[345] Quem não perdoa a outros caiu fora da dinâmica do amor divino pelo mundo e, logo, tampouco possui mais autoridade para invocar confiantemente o Pai "no nome de Jesus" (Jo 14.13; etc.).

Porventura isso significa, que apesar de todo encorajamento para a súplica, em última análise o que importa é render-se à vontade de Deus? Nesse caso, será que pedir na realidade se torna desnecessário? [346] A verdade de que não é esse o caso, como, afinal, já mostra o encorajamento para suplicar, tem evidentemente a ver com a temporalidade da situação da vida humana antes da consumação do reino de Deus: É somente nessa situação que fazem sentido as três primeiras preces do Pai Nosso pela vinda do reino, e por isso também as demais preces.

---

[345] Cf. para essa questão e outras condições do atendimento de oração em Jesus o art. "Gebet IV", de K. BERGER, in: *TRE* 12, 1984, p. 52s Cf. também H. v. CAMPENHAUSEN, "Gebetserhörung in den überlieferten Jesusworten und in der Reflexion des Johannes", in: *KuD* 23, 1977, p. 157-171.

[346] Cf. H. v. CAMPENHAUSEN acerca da concepção de João acerca do atendimento de oração, *op. cit.*, p. 165ss., esp. as considerações finais críticas à p. 168ss.

A abertura do futuro na situação histórica dos crentes com os riscos com ela relacionados para os próprios que oram cria espaço para a prece. Na oração de súplica o crente se agarra a Deus também em vista da insegurança de seu futuro. Por isso Jesus criticou a preocupação, mas encorajou a pedir. Contudo, existe ainda uma segunda razão disso: Deus envolve suas criaturas na introdução de seu reino no mundo, ao deixá-los ser encorajados para pedir. O reino de Deus não vem como um destino sobre este mundo, fixado imutavelmente desde seus primórdios. É somente no futuro da consumação que a eternidade terá entrado total e plenamente no tempo, terá subsumido em si o tempo. A trajetória até lá de forma alguma está fixada em todos os detalhes. A abertura para o futuro em relação a toda a atualidade finita é real, não ilusória. Por isso os féis são convocados a cooperar no caminho de Deus rumo ao futuro de seu reino por meio de seu agir e de sua oração. Porém eles não trarão o reino de Deus por meio de sua ação. É unicamente o próprio Deus que pode fazê-lo, e sua provisão sozinha sabe como poderá combinar e tornar eficazes as diversas ações dos seres humanos para esse objetivo. Por isso a oração de súplica continua sendo, na consciência dos limites do agir humano, a mais sublime forma de participação das pessoas na aproximação do reino de Deus. Nesse processo a oração de súplica torna a ser um impulso e uma orientação para o agir dos fiéis.

Na situação escatológica da aparição e atuação de Jesus podiam permanecer em grande parte não-expressas a gratidão e a adoração como implicações óbvias de sua mensagem e de sua aceitação por fé (mas veja Mt 11.25; também Lc 17.18).[347] Entretanto, no tempo da proclamação apostólica e da igreja, que faz um retrospecto sobre a história de Jesus, gratidão e adoração de Deus em relação ao agir dele no envio do Filho para a salvação da humanidade tinham de passar para o centro da idéia. É aqui que também se situam a meditação e a oração meditativa, no que constitui um importante tema, assim como na anamnese eucarística, a vinculação de dados da criação e história da salvação.[348] Assim, de forma alguma passou para segundo plano a oração de súplica

---

[347] Cf. R. MÖSSINGER, *op. cit.*, p. 122.
[348] Cf. para isso H. U. VON BALTHASAR, *Das betrachtende Gebet*, 1955, mas igualmente M. NICOL, *Meditation bei Luther*, 1984. O trabalho de NICOL mostra que a meditação como caminho à oração seguramente pode reivindicar cidadania também no cristianismo da Reforma.

do indivíduo e da igreja, em particular também na forma da intercessão, mas insere-se agora nesses parâmetros. Nessa oração a anamnese do agir salvador de Deus em Jesus Cristo conduz para a antevisão da ainda pendente consumação do reino de Deus no futuro de Jesus Cristo e conseqüentemente para a súplica, em concordância com o nexo interior entre anamnese e epiclese na liturgia eucarística da igreja.[349]

É assim que o caráter extático da fé e da esperança cristã, que chega ao alvo pela participação no movimento do amor divino até seus objetivos viáveis na atualidade dos fiéis, perpassa também a execução autêntica da oração cristã. Isso se patenteia na correlação de anamnese, meditação e adoração, por meio das quais a pessoa que ora se eleva a Deus e deixa para trás a particularidade de seus objetivos pessoais, aceitando ao mesmo tempo com gratidão a própria existência da mão de Deus. A elevação até Deus e o alvo do agir dele conosco, porém, determina igualmente a oração cristã de súplica e sua elevação acima da aflição humana, do lamento e da carência de quem ora. Ela fundamenta sua certeza de ser atendido. Passa a se expressar não por último na importância da intercessão para a oração cristã: Assim como a esperança do cristão para si próprio tem lugar apenas em conexão com a esperança para outros à luz da irrupção do futuro escatológico de Deus para a consumação do mundo, assim também a prece do indivíduo pelo bem-estar pessoal tem razão de ser unicamente quando inserida na vontade salvadora de Deus para a humanidade. Isso se expressa nas preces do Pai Nosso pelo fato de se orar por "nosso" pão diário e pelo perdão de "nossa" culpa. Unicamente essa oração, que se eleva à vontade de Deus dirigida para a consumação escatológica de seu reino, é oração no nome de Jesus e pode ter certeza de ser atendida.

4. Filiação em Deus e justificação

A fé liga com Jesus Cristo pelo fato de que o crente se fia nele e na promessa da salvação dada em sua mensagem e história. A comunhão

---

[349] A relevância da vinculação de anamnese e epiclese no culto eucarístico da igreja para uma prestação de contas teológica sobre a oração cristã em geral, mas particularmente para o entendimento da oração de súplica, é explicitada por G. WENZ, "Andacht und Zuversicht. Dogmatische Überlegungen zum Gebet", *ZTK* 78, 1981, p. 465-490, esp. p. 472s.

com Jesus Cristo, porém, inclui a participação em sua relação filial com o Pai. Essa é a condição de ser "criança em Deus",[350] que concede ao crente a certeza da "herança" futura, a saber, da nova vida já manifesta em Jesus Cristo.[351] A filiação ou condição de criança na relação com Deus se exterioriza conforme Paulo na invocação de Deus como Pai. Deve-se reconhecer nisso a expressão tanto de confiança em Deus quanto de amor a ele em resposta ao amor de Deus por nós. Os fiéis, no entanto, recebem, em correspondência com a filiação de Jesus (cf. Fl 2.5), o amor do Pai não apenas para si. Unicamente poderão permanecer no amor de Deus – e, portanto, na comunhão com Deus – se o passarem adiante para outros (Lc 11.4; cf. 6.36; Mt 5.44s). Assim os fiéis como filhos de Deus estão incluídos na comunhão de amor do Filho com o Pai da mesma maneira como no caminho de obediência do Filho de Deus no mundo. Em outras palavras: "Os que são impelidos pelo Espírito de Deus, esses são filhos de Deus" (Rm 8.14). A filiação em Deus é, portanto, a quintessência da existência cristã. Como tal, ela não consta somente em Paulo. No mínimo existem rudimentos da idéia no próprio Jesus, não apenas nas bem-aventuranças aos pacificadores, aos quais é prometido que serão chamados filhos de Deus (Mt 5.9), e a correspondente promessa aos que seguirem o exemplo de Deus e amarem seus inimigos (Lc 6.35), mas também na importância paradigmática que Jesus atribuía à confiança infantil na provisão paterna no que se refere à relação dos humanos com o senhorio de Deus: "Quem não aceita o reino de Deus como uma criança não entrará nele" (Lc 18.17 = Mc 10.15).

O significado abrangente da idéia de ser criança de Deus foi enfatizado singularmente na teologia protestante mais recente. Enquanto os teólogos protestantes do séc. XVII viam na adoção para

---

[350] O conceito de ser criança diante de Deus não é diferente de "ser filho". No grego consta via de regra a mesma palavra *hyós*, filho. A expressão de ser criança é usada para distinguir a condição dos fiéis como filhos adotivos (*hyothesia*) da filiação eterna de Jesus.

[351] Rm 8.17. Essa função da esperança pela vida eterna aparece no mais em Paulo como conseqüência da comunhão com Jesus Cristo propriamente dita, em especial com sua morte, tal como é estabelecida pelo batismo (Rm 6.8; cf. Rm 8.11; 2Cor 4.10ss; Fl 3.10).

a filiação uma das decorrências da justificação,³⁵² SCHLEIERMACHER a identificou com essa, pelo menos viu na filiação em Deus o teor positivo da justificação ao lado do aspecto negativo do perdão dos pecados.³⁵³ É notório que KARL BARTH opinou de forma análoga,³⁵⁴ embora ele, ao contrário de SCHLEIERMACHER, não baseasse a sentença de justificação sobre a conversão do ser humano, mas a relacionasse com a absolvição no juízo de Deus. Também ALBRECHT RITSCHL considerou a justificação e a adoção para a filiação em Deus como equivalentes e salientou a peculiaridade da segunda concepção na relação com a vida eterna,³⁵⁵ bem como o ponto de vista de uma resolução volitiva divina, que combinaria ambas as concepções.³⁵⁶ Contudo foi somente no tempo subseqüente que a idéia da filiação em Deus se tornou um termo-chave pura e simplesmente para a constituição da existência dos cristãos perante Deus, de sorte que a terminologia da justificação recuou diante dele. Isso evidentemente tem a ver com a orientação na mensagem do próprio Jesus. JOHANNES WEISS, p. ex., chamou a filiação em Deus na "consciência do amor

---

[352] Cf. A. RITSCHL, *Die christliche Lehre von der Rechtfertigung und Versöhnung*, vol. III, 2ª ed. 1883, p. 70ss (§ 15) sobre J. G. GERHARD, W. BAIER e W. AMESIUS. Cf. ainda H. E. WEBER, *Reformation, Orthodoxie und Rationalismus*, vol. II: *Der Geist der Orthodoxie*, 1951, p. 40s sobre J. A. QUENSTEDT, J. F. KÖNIG, D. HOLLAZ. Na teologia mais antiga da Reforma a adoção para a filiação em Deus perfazia diretamente uma unidade com o renascimento, ainda não diferenciado da justificação, como, p. ex., ainda em J. ANDREÄ no diálogo religioso em Mömpelgard em 1586, sobre a eficácia do batismo de crianças (O. RITSCHL, *Dogmengeschichte des Protestantismus*, vol. IV, 1927, p. 131s). Não por último cabe citar aqui também a Fórmula de Concórdia (*SD* III, p. 4, *BSELK*, p. 916,6; 9, 917,23; 16, 919,17; 32, 925,20), embora lá o sentido da filiação em Deus identificada com a justificação não tenha sido mais explicitado.

[353] F. SCHLEIERMACHER, *Der christliche Glaube*, 1821, 2ª ed. 1830, § 109. Segundo SCHLEIERMACHER "o perdão dos pecados como tal é somente a anulação de uma grandeza negativa" e ainda não "uma designação para a beatitude plena" (§ 109,1). SCHLEIERMACHER sentia falta nos escritos confessionais a identificação desse "elemento positivo" como filiação em Deus, desconsiderando, no entanto, evidentemente as asserções da Fórmula de Concórdia citadas na nota precedente, julgando por isso ter motivo para acrescentar as respectivas afirmações extraídas das Escrituras (*ibid.*).

[354] K. BARTH, *Kirchliche Dogmatik*, vol. IV/1, 1953, p. 668ss. A justificação "é consumada nessa obra positiva de Deus", e seria melhor não pretender dizer tudo já com a expressão "perdão dos pecados" (p. 668).

[355] A. RITSCHL, *op. cit.*, vol. III, p. 90s e 92, cf. p. 74.

[356] A. RITSCHL, *op. cit.*, vol. 111, p. 91.

e do cuidado do Pai celestial" como o "supremo bem pessoal presente" do ser humano no sentido de Jesus.[357] Chama-se o supremo bem "presente" em contraposição ao futuro do reino de Deus. Mas pelo fato de que Weiss considerava a perspectiva de Jesus para o futuro, com sua expectativa imediata, como traço próprio na mensagem de Jesus, condicionado pela época e superado pelo avanço da história mundial, foi capaz de afirmar: "Aquilo que na pregação de Jesus tem validade geral e deve constituir o cerne de nossa teologia sistemática, não é a idéia de Jesus sobre reino de Deus, mas a da filiação em Deus..."[358] Em consonância, poucos anos depois Adolf von Harnack descreveu, na obra *Wesen des Christentums* [A essência do cristianismo], a filiação em Deus como quintessência da relevância da mensagem de Jesus sobre o reino de Deus para o ser humano: "O eterno se instaura, o temporal se torna meio para o fim."[359] Entretanto, já em Harnack se podia perceber que o tema do reino de Deus não se dissolve simplesmente na idéia da filiação em Deus, mas constitui premissa permanente dele, e a evolução posterior da teologia no séc. XX certamente mostrou que também o tema da futuridade do reino de Deus e de sua proximidade de forma alguma se tornou obsoleto com o esmaecimento da expectativa imediata específica do primeiro cristianismo.

Como, pois, se relaciona a filiação do cristão em Deus com a justificação? Ao contrário da filiação em Deus, a formulação expressa da doutrina da justificação constitui um tema específico somente da teologia paulina. No entanto, o destaque, associado a isso, dado à importância decisiva da fé para o ser humano perante Deus e sua dependência da graça de Deus, consta em todos os testemunhos do Novo Testamento. A doutrina paulina da justificação propiciou a essa idéia sua formulação mais nitidamente aguçada, mas sua forma idiomática não é a única forma de expressão no cristianismo primitivo para a salvação de Deus presenteada em Cristo. Basta recordar apenas o linguajar de João acerca da vida e luz da verdade divina manifesta em Jesus Cristo.[360] O agir salvador de Deus em Jesus Cristo constitui o

---

[357] J. Weiss, *Die Predigt Jesu vom Reiche Gottes*, 1892, reimpressão da 2ª ed. 1964, p. 245.
[358] J. Weiss, *op. cit.*, p. 246.
[359] A. von Harnack, *Das Wesen des Christentums* (1900), 1902, p. 40-45, citação à p. 45.
[360] Cf. sobre isso W. G. Kümmel, *Die Theologie des Neuen Testaments nach seinen Hauptzeugen*, 1969, p. 253s.

tema central em todos os escritos do Novo Testamento. A doutrina da justificação representa apenas uma entre outras formas de explicação desse tema.[361] Nem mesmo em Paulo a justificação é o único centro de sua teologia que determina a tudo o mais. Pelo contrário, também em Paulo o centro é Jesus Cristo,[362] em cuja morte e ressurreição Deus agiu para salvar a humanidade inteira. A doutrina da justificação das cartas aos Gálatas e Romanos seguramente não apenas constitui uma doutrina polêmica antijudaísta do apóstolo, mas igualmente está vinculada com a concepção sistemática de sua teologia, com a correlação da salvação ao futuro escatológico, em relação à qual a justificação designa a candidatura no presente do cristão à salvação vindoura.[363] Justamente nisso a afirmação da justificação se toca com a idéia da instalação do cristão na filiação, no que, porém, essa segunda idéia não apenas traz em seu bojo já a referência à "herança" futura, mas também expressa a comunhão com Jesus Cristo como o Filho e a participação em sua relação filial com o Pai. Além disso, a idéia da filiação traz implícita uma relação com a perspectiva da encarnação inerente ao entendimento da salvação em João, que é significativa para compreender a história de sua influência na patrística e nas igrejas orientais. Em contraposição, a doutrina da justificação possui uma função crítica que a diferencia de todas as demais formas de compreensão da salvação e que se tornou determinante para seus efeitos históricos específicos.

A multiplicidade das iniciativas do primeiro cristianismo para explicar teologicamente a salvação acessível à fé por meio de e em Jesus Cristo torna compreensível a diversidade no entendimento da salvação na história do cristianismo até a situação ecumênica atual do cristianismo, e esse quadro deveria advertir contra o risco de considerar apenas uma dessas configurações do entendimento da salvação – ainda que seja a doutrina da justificação – como a única legítima, de sorte que lá onde ela faltasse teria de ser constatada uma não-ocorrência de

---

[361] Com razão isso é lembrado por H. G. PÖHLMANN, *Rechtfertigung. Die gegenwärtige kontroverstheologische Problematik der Rechtfertigungslehre zwischen der evangelisch-lutherischen und der römisch-katholischen Kirche*, 1971, p. 39ss.
[362] H. G. PÖHLMANN, *op. cit.*, p. 43ss., esp. p. 45.
[363] Cf. aqui, vol. II, p. 557s. Essa referência escatológica da justificação com a sentença de Deus no juízo final forma também em LUTERO o horizonte das afirmações sobre a justificação, como A. PETERS salientou com razão (O. H. PESCH; A. PETERS, *Einführung in die Lehre von Gnade und Rechtfertigung*, 1981, p. 120ss.).

fé cristã genuína. Pelo contrário, as diferentes formas do entendimento cristão da salvação poderiam ser apropriadas para corrigir certas unilateralidades que podem existir em cada uma delas.[364]

Na patrística grega a salvação descortinada por Cristo para a humanidade foi explicada primordialmente na linha dos pensamentos de João e particularmente no contesto da encarnação do *Logos* e da comunhão do ser humano com Deus, nela fundamentada.[365] E esse modo de ver predomina até hoje. A doutrina paulina da justificação conquistou relevância central para o entendimento da salvação somente no cristianismo ocidental,[366] mas também aqui através do estudo de Paulo por AGOSTINHO e por seu mestre AMBRÓSIO, assim como em virtude de sua função crítica na disputa com PELÁGIO. Apesar disso, o efeito da doutrina paulina da justificação em AGOSTINHO permaneceu limitado, por causa de sua subordinação à concepção da eficácia da graça ou *caritas* transformadora do ser humano e que emana de Deus.[367] Dessa maneira

---

[364] Para essa problemática continua norteador o que escreveu sobre isso E. SCHLINK no ensaio "Die Methode des dogmatischen ökumenischen Dialogs", *KuD* 12, 1966, p. 205-211, esp. p. 206s. Cf. também H. G. PÖHLMANN, *op. cit.*, p. 37ss.

[365] A esse respeito, cf. A. THEODOROU, "Die Lehre von der Vergottung des Menschen bei den griechischen Kirchenvätern", in: *KuD* 7, 1961, p. 283-310.

[366] Isso já foi ressaltado por K. BARTH, in: *KD* vol. IV/1, 1953, p. 584s com a observação ponderada de que o "cristianismo dos séculos dos mártires evidentemente também sabia sem doutrina da justificação o que ela possuía em sua fé" (p. 584). Também J. BAUR, *Salus Christiana. Die Rechtfertigunslehre in der Geschichte des christlichen Heilsverständnisses*, vol. I, 1968, p. 13ss trata desse fato, contudo bem mais no sentido de constatar um déficit na tradição da igreja antiga e sem que o desiderato de uma "reflexão autocrítica" (p. 13) do teólogo protestante fosse demonstrado de forma particularmente nítida: Esse desiderato teria de se referir tanto à própria compreensão protestante da doutrina paulina da justificação, quanto a seu lugar no testemunho múltiplo das Escrituras, na contramão da tendência protestante de reclamar sem mais nem menos o testemunho global das Escrituras exclusivamente para essa forma peculiar de expressão da compreensão cristã da salvação.

[367] Foi o que, além de outros, salientou com razão também J. BAUR, *op. cit.*, p. 21-32 (esp. p. 22ss.). No entanto, AGOSTINHO já sabia destacar a relação da justificação com a fé (*De spir.* 13, 22, *MPL* 44, p. 214s), e principalmente ocorrem nele declarações sobre a relação de justificação e comunhão com Cristo, às quais mais tarde pôde recorrer o monge agostiniano LUTERO. Faz parte delas a idéia, tão amada por LUTERO, da "alegre troca": Em suas elaborações acerca do Sl 22 (21).2 AGOSTINHO referiu as "palavras das minhas transgressões" (*verba delictorum meorum,* de acordo com o texto hebraico a rigor "palavras do meu lamento")

AGOSTINHO não apenas marcou decisivamente a compreensão da salvação e a teologia da graça da Idade Média latina. Ainda a Reforma, apesar da ruptura em direção de um entendimento mais profundo do sentido genuinamente paulino da doutrina da justificação, não conseguiu se libertar totalmente da declividade na ligação, oriunda de AGOSTINHO, entre as concepções de justificação e de renovação do ser humano. Isso de certo modo se concretizou mais bem em LUTERO, por relacionar a afirmação da justifica com a comunhão com Cristo efetuada no ato da fé, enquanto a interpretação "forense" da justificação em MELANCHTHON e em sua escola no sentido de um ato jurídico divino alicerçado sobre o mérito de Cristo, ainda reforçada pela Fórmula de Concórdia (*SD*, vol. III, p. 11ss.), permaneceu, apesar de toda a diferenciação da renovação ética do ser humano, sempre configurada segundo aquela, como sua complementação.

Para LUTERO a comunhão extática da fé com Cristo, no qual o crente se fia, constituía o fundamento para compreender a justificação.[368] Cabe

---

a que Cristo teria transformado nossos delitos nos dele, para fazer da justiça dele a nossa: *quia pro delictis nostris ipse precatur, et delicta nostra sua delicta fecit, ut iustitiam suam nostram iustitiam faceret* [Porque por nossos delitos ele mesmo intercedeu, nossos delitos transformou em seus, para tornar nossa a justiça dele] (*Enn. in Pss.* 21,11,3, *CCL* 38, p. 123). Assim uma tradução falha também é capaz de gerar ocasionalmente a um pensamento profundo.

[368] Esse é um ponto de vista que, contrariando uma tendência dominante por longo tempo na pesquisa de LUTERO, foi defendido nos últimos anos com grande energia por pesquisadores finlandeses de LUTERO, especialmente por T. MANNERMAA, *Der im Glauben gegenwärtige Christus. Rechtfertigung und Vergottung. Zum ökumenischen Dialog*, 1989. Cf., porém, igualmente G. EBELING, *Lutherstudien*, vol. II: *Disputatio de homine*, Seção 3, 1989, p. 174-176 e 459s acerca do significado da *unio cum Christo* [união com Cristo] para o entendimento da fé por LUTERO, e W. VON LOEWENICH, *Luthers Theologia crucis*, Sinodal, 1929. 4ª ed. 1954, p. 134ss (com ênfase na diferença permanente entre o eu do crente e Cristo). MANNERMAA se apóia principalmente no grande comentário de LUTERO à carta aos Gálatas, de 1535. A fundamentação da doutrina da justificação sobre a comunhão da fé com Cristo, porém, pode ser detectada em LUTERO até nos anos anteriores à Reforma. Nesse retrospecto também é possível elucidar a pergunta como na realidade deve ser mais bem entendida a presença de Cristo nos fiéis, asseverada por MANNERMAA como "ôntico-real" (p. 48, etc.; cf. a indagação crítica de G. WENZ sobre esse tópico em sua recensão, in: *Theol. Revue* 86, 1990, p. 469-473, 470s).

partir para tanto da concepção do ato de fé em Lutero, que desloca o crente para fora de si mesmo e o insere em Cristo. P. ex., já na preleção sobre a carta aos Romanos, de 1515/16, ele diz que todo o nosso bem está fora de nós, a saber, em Cristo, e que por isso participamos dele somente pela fé e esperança.[369] Premissa não-verbalizada disso é que fé e esperança propiciam participação naquilo que está fora de nós. De acordo com o *Sermão sobre as duas espécies de justiça*, de 1519, a justiça dos fiéis consiste em que estão suspensos pela fé em Cristo, estando assim (fora de si próprios) unidos com ele, e logo também participam de sua justiça.[370] De forma semelhante Lutero afirmou um ano depois, na preleção sobre a carta aos Gálatas, para fundamentar a tese paulina de que somos justificados pela fé em Cristo (Gl 2.16): Quem crê em Cristo, torna-se um com ele pela fé.[371] O mesmo diz com outras palavras a preleção sobre a carta aos Hebreus de 1517: Os fiéis são transformados na imagem de Cristo e assim afastados das imagens do mundo.[372] Aqui se pressupõe em todos os lugares que a fé nos transporta "extaticamente" para dentro de Cristo, que está fora de nós, e Lutero também enfatizou mais tarde

---

[369] M. Lutero, Vorlesung über den Römerbrief 1515/1516, vol. I, 1960, p. 276 sobre Rm 4.7: ... *Extrinsecum nobis est omne bonum nostrum, quod est Christo. Sicut Apostolus dicit: 'qui nobis factus est a Deo Sapientia et Iustitia et sanctificatio et redemptio'* [1Cor 1.30]. *Que omnia in nobis sunt non nisi per fidem et spem in ipsum* Chama-se heresia a negação pertinaz, após a recepção do batismo, de qualquer verdade que se deva crer com fé divina e católica, ou a dúvida pertinaz a respeito dela; apostasia, o repúdio total da fé cristã; cisma, a recusa de sujeição ao Sumo Pontífice ou de comunhão com os membros da Igreja a ele sujeitos. Extrínseco a nós é todo o nosso bem, que é Cristo. Como disse o apóstolo: 'que se tornou para nós da parte de Deus sabedoria, justiça, santificação e redenção (1Cor 1.30), que estão todos em nós não de outro modo senão pela fé e esperança nele] (*WA* 56, p. 279,22-25). Já na explicação de Rm 4.7 (*op. cit.*, p. 258 = WA 56, p. 268s) consta que somos justos fora de nós mesmos, a saber, no juízo de Deus. Cf. H. J. Iwand, *Rechtfertigungslehre und Christusglaube. Eine Untersuchung zur Systematik der Rechtfertigungslehre Luthers in ihren Anfängen*, 1930, p. 28-31.

[370] M. Lutero, WA 2, p. 146,12-15. Cf. sobre isso W. von Loewenich, *Duplex Iustitia. Luthers Stellung zu einer Unionsformel des 16. Jahrhunderts*, 1972, p. 2s.

[371] M. Lutero, WA 57 (Gl), p. 69,25: *per fidem efficiatur unum cum Christo* [pela fé torna-se um com Cristo].

[372] M. Lutero, WA 57 (Hb), p. 124,12-14: Deus Pai transformou Cristo em sinal e protótipo *cui adherentes per fidem transformarentur in eandem imaginem ac sic abstraherentur ab imaginibus mundi* [ao qual os que se apegam a ele pela fé são transformados na mesma imagem e assim são distanciados da configuração do mundo].

que o motivo de nossa salvação está em Cristo fora de nós.[373] Contudo justamente pelo fato de a fé nos transportar para o Cristo *extra nos* [fora de nós], Cristo agora também está em nós. Assim LUTERO expôs em 1518 sobre a tese 26 de sua Disputa de Heidelberg que Cristo está em nós pela fé e que por isso também cumprimos todos os mandamentos através dele.[374] No mesmo ano consta nas *Resoluções* sobre as 95 teses que, por causa da unidade espiritual com Cristo, fundamentada pela fé, todos os méritos de Cristo também pertencem aos fiéis, assim como em contrapartida seus pecados são absorvidos por meio de Cristo.[375] Esse é o pensamento agostiniano da troca entre os pecados dos humanos e a justiça de Cristo (cf. acima, nota 367). Esse pensamento, porém, não é apoiado em LUTERO, como no comentário aos Salmos de AGOSTINHO, sobre a intercessão de Cristo, mas sobre a unidade do crente com Cristo efetuada pela fé, que LUTERO gostava de descrever na linguagem da mística antenupcial.[376] A justiça da fé, portanto, se baseia, conforme LUTERO, sobre a participação em Cristo e sua justiça, efetuada pela fé. Nisso a justiça é somente um dos bens de salvação em que o crente participa por sua vinculação com Cristo. Fazem parte disso também sabedoria e santificação, vida e salvação. Toda a existência do cristão na fé pode ser descrita como um estar *in Christo*. Permanece sempre fundamental o ser de Cristo conferido *extra nos* e conseqüentemente também a diferença entre Cristo e o crente. Unicamente porque o

---

[373] Sobretudo *WA* 40/1, p. 589,7s (1531), cf. ainda *WA* 38, p. 205,28s e *WA* 39/1, p. 83,24s.

[374] *WA* 1, p. 364,22-26: *fides iustificat... Sic enim per fidem Christus in nobis, imo unum cum nobis est. At Christus est iustus et omnia implens Dei mandata, quare et nos per ipsum omnia implemus, dum noster factus est per fidem* [A fé justifica... Assim, pois, pela fé Cristo está em nós, de sorte que é um conosco. E Cristo é justo e cumpre tudo que Deus manda, pelo que também nós cumprimos tudo por meio dele, logo nosso feito acontece pela fé]. Quanto ao aspecto do Cristo *in nobis*, cf. H. J. IWAND, *op. cit.*, p. 31-37, e sobre sua fundamentação sobre o *extra nos in Christo* [fora de nós em Cristo] também G. EBELING, *op. cit.*, p. 143.

[375] *WA* 1, p. 593, concl. 37: *... omnia merita Christi sint etiam sua per unitatem spiritus ex fide in illum. Rursum omnia peccata sua iam non sint sua sed Christi per eandem unitatem, in quo et absorbentur omnia* [... todos os méritos de Cristo são também deles pela unidade do Espírito a partir da fé nele. Doravante todos os seus pecados não sejam deles mas de Cristo através da mesma unidade em que também são todos absolvidos].

[376] Assim, sobretudo, in: *De libertate Christiana* [Da liberdade cristã], 1520, c.12 (*WA* 7, p. 54s).

crente vive além de si próprio em Cristo, pelo reconhecimento dessa diferença e pela autotranscendência do ato da fé, em decorrência também Cristo está nele.

Lutero soube enfatizar também em anos posteriores a relevância fundamental da comunhão da fé com Cristo para a justificação, em especial no comentário à carta aos Gálatas, de 1535/36. Mas em muitas de suas manifestações posteriores está em primeiro plano a idéia da *imputação* divina da fé para a justiça (a partir de locuções paulinas como Rm 3.26; 4.23s, cf. 4.6 e 11), respectivamente também a imputação (*imputatio*) da justiça de Cristo em favor dos fiéis:[377] Será possível explicar esse modo de falar "forense" a partir da concepção da comunhão da fé Cristo, fundamental para a justificação, ou será que ele aparece desconectado ao lado dela, como uma concepção concorrente?

Lutero se manifestou apenas raramente sobre o nexo interior da descrição "forense" da justificação como uma sentença divina sobre o ser humano com sua descrição "ôntica" como conseqüência da comunhão da fé com Cristo. As afirmações mais importantes sobre isso se encontram no grande comentário aos Gálatas de 1535.[378] Visto que a participação ôntica do fiel na justiça de Cristo se apóia sobre sua unidade com Cristo *além dele próprio*, levanta-se a pergunta como esse fato se relaciona com a realidade empírica do ser humano *em si mesmo*. Aqui somente se pode falar dos efeitos iniciais da comunhão de fé com Cristo e sua justiça sobre a vida dos fiéis. Por isso, em sua existência empírica, o crente participa da justiça que ele possui pela fé *extra se* em Cristo, apenas pelo dato de que aquilo que ele é em Cristo lhe é imputado em vista de sua constituição empírica da existência.

---

[377] Para as declarações de Lutero sobre a não-imputação do pecado e a adjudicação da justiça de Cristo, cf. H. J. Iwand, *op. cit.*, p. 55-76. Aqui, porém, não fica suficientemente nítido o nexo desse modo de expressão "forense" com a fundamentação ôntica da justificação na comunhão com Cristo. Ainda em A. Peters a doutrina da justificação de Lutero foi apresentada a partir da idéia da imputação (O. H. Pesch; A. Peters, *Einführung in die Lehre der Gnade und Rechtfertigung*, 1981, p. 130s e lá, nota 34), enquanto ele ainda entendia as declarações de Lutero sobre a unidade do crente com Cristo no sentido da dogmática luterana posterior como "elo intermediário" entre justificação e santificação (p. 167), e não como fundamento da própria justificação.

[378] M. Lutero, *WA* 40/1, p. 233s e 363s, 366s, 371. Sobre isso, cf. T. Mannermaa, *op. cit.* p. 62-66.

Dessa forma também se tornam mais compreensíveis as afirmações de LUTERO aparentemente paradoxais sobre o ser humano como *simul iustus et peccator* [ao mesmo tempo justo e pecador].[379] Aquilo que o ser humano é como crente em Cristo nunca já se efetiva plenamente em sua existência empírica, embora LUTERO também em vista disso tenha falado de crescer na justiça.[380] Sem essa interpretação a fórmula permanece altamente passível de mal-entendidos. Facilmente se torna, então, uma prova a favor da suspeita levantada contra toda a concepção da justificação como imputação da justiça de Cristo mediante um ato de juízo divino, de que segundo essa concepção de graça e justificação nada se altera no próprio ser humano.[381] A evidência de que não era essa a opinião de LUTERO resulta de suas declarações acerca dos efeitos da nova identidade que o crente possui *extra se* em Cristo sobre a gradativa mudança em sua realidade de vida empiricamente constatável, embora nesta vida esses efeitos sempre permaneçam imperfeitos e constituam apenas conseqüências, não condições prévias da justificação.

---

[379] A fórmula ocorre em LUTERO desde a preleção sobre a carta aos Romanos (*WA* 56, p. 272,17). Comprovantes em P. ALTHAUS, *Die Theologie Martin Luthers*, 1962, p. 211ss. Cf. sobre isso, na perspectiva católica, O. H. PESCH, *Hinführung zu Luther*, 1982, p. 190ss.

[380] Isso foi destacado particularmente por G. EBELING, *op. cit.*, p. 425ss., mas também foi visto por outros, p. ex., por P. ALTHAUS, *op. cit.*

[381] Pelo que parece, essa suspeita também fundamentou o anátema do Concílio de Trento contra a doutrina da imputação (*can.* 11 sobre a doutrina da justificação, *DS* 1561), assim como a rejeição do *sola fide* [somente pela fé] no *can.* 9 (*DS* 1559), enquanto a condenação da tese de LUTERO, de que a justiça do próprio Cristo seria a do fiel, não permite detectar em *can.* 10 (*DS* 1560) nenhuma compreensão de sua vinculação com a concepção de LUTERO sobre a estrutura extática da fé como de um ato que transcende o próprio crente e fixa sua identidade no objeto de sua confiança. A esse respeito, cf. também K. LEHMANN; W. PANNENBERG (eds.), *Lehrverurteilungen – kirchentrennend?*, vol. I, 1986, p. 53-55, especificamente sobre *can.* 9 e acerca da questão do conceito de fé também lá, p. 56-59, bem como agora também as considerações de O. H. PESCH sobre *can.* 9-11, in: idem, "Die Canones des Trienter Rechtfertigungsdekretes: Wen trafen sie? Wen treffen sie heute?", in: K. LEHMANN (ed.): *Lehrverurteilungen – kirchentrennend?*, vol. II, 1989, p. 243-282, 255ss., esp. p. 257, nota 32. A concepção do parecer da faculdade de Göttingen, segundo o qual os respectivos cânones acertam muito bem as teses da Reforma (D. LANGE (ed.), *Überholte Verurteilungen? Die Gegensätze in der Lehre von Rechtfertigung, Abendmahl und Amt zwischen dem Konzil von Trient und der Reformation – damals und heute*, 1991, p. 54s, 56-58, 69), não leva em conta a compreensão divergente das formulações e conceitos então controvertidos por parte dos dois grupos em conflito.

A acusação de que na doutrina da Reforma acerca da justificação como declaração do ser humano como justo se trata de um "computar meramente exterior da justiça de Cristo" por meio de um ato judicial de Deus, que absolve o pecador "sem alterar nada em sua constituição interior",[382] atinge à primeira vista antes MELANCHTHON que LUTERO. Porque a fundamentação da justificação por LUTERO na comunhão da fé com Cristo não tinha mais importância em MELANCHTHON. Por ele o ato de justificação foi pensado, pelo menos em seu primeiro passo, em termos puramente forenses. No entanto no jovem MELANCHTHON o ato do juízo divino não é exterior ao ser humano na medida em que se refere a um comportamento do ser humano, ou seja, à fé. Em decorrência, consta do artigo sobre a justifica na Confissão de Augsburgo que as pessoas são justificadas pela fé por causa de Cristo,[383] mais precisamente de tal modo que Deus lhes imputa como justiça a fé no feito da redenção de Cristo (como conteúdo do evangelho).[384] A justificação é, portanto, um ato jurídico divino que se fundamenta no mérito de Cristo (*i. é*, em sua morte sacrifical por nós) (*propter Christum* [por causa de Cristo]). Por sua causa Deus imputa como justiça a fé que agarra o mérito de Cristo como promessa para nós.[385] Nessa visão, a declaração do crente como justo, imaginada em termos forenses, estava para MELANCHTHON estreitamente conectada com o fato de que o ser humano se torna justo em si mesmo: A palavra "justificar" também conteria esse aspecto, e estaria sendo usada em ambos os sentidos

---

[382] F. DEUKAMP, *Katholische Dogmatik nach den Grundsätzen des heiligen Thomas*, vol. II, 6ª ed. 1930, p. 507; cf. ainda M. SCHMAUS, *Katholische Dogmatik*, vol. III/2, 3ª e 4ª ed. 1951, p. 94, bem como a exposições elucidativas de A. HASLER, *Luther in der katholischen Dogmatik. Darstellung seiner Reschtfertigungslehre in den katholischen Dogmatikbüchern*, 1968.

[383] *CA* 4: *Item docent, quod homines... gratis justificentur propter Christum per fidem, cum credunt se in gratiam recipi et peccata remitti propter Christum...* [Também ensinamos que os humanos... são justificados gratuitamente por causa de Cristo mediane a fé, ao crerem que são aceitos na graça e seus pecados são remitidos por causa de Cristo.] (*BSELK*, p. 56).

[384] *CA* 4 encerra com a frase: *Hanc fidem imputat Deus pro iustitia coram ipso* [em vista disso Deus imputa essa fé por justiça] (*op. cit.*).

[385] Em consonância, consta na *Apologia* para *CA* 4: ... *propter Christum propitiatorem iusti reputemur, cum credimus nobis Deum propter Christum placatum esse* [por causa de Cristo que propicia, somos considerados justos, porque cremos que Deus foi para nós aplacado por causa de Cristo] (*Apol* IV, § 230, cf. os parágrafos 86, 89, 214, 221, 307s, 362, também 252).

no escrito.³⁸⁶ Não obstante, MELANCHTHON também relacionou a efetiva transformação em justo com o perdão dos pecados e não, no caso, com a decorrente renovação e santificação.³⁸⁷ Apesar disso a tese de que a justificação conteria também um tornar justo mostra que a interpretação puramente forense do ato da justificação, quando entendida como fundamentação da justiça do ser humano perante Deus, depende da complementação por concepções de uma renovação real do ser humano, porque do contrário o ato de juízo divino de fato permaneceria exterior ao ser humano, enquanto a descrição da justificação por LUTERO como expressão da comunhão da fé com Cristo não é atingida por tais objeções, porque no ato da fé o ser humano está *totalmente* em Cristo e a partir daí também é renovado "em si próprio". Em vista das afirmações de LUTERO surge, no entanto, a pergunta de como devem ser entendidos os dois aspectos do ser *extra nos in Christo* e do ser do crente em si mesmo como aspectos interligados da mesmíssima pessoa. A essa pergunta complexa será necessário retornar um momento posterior.

O Concílio de Trento contrapôs à Reforma uma descrição da justificação como de um processo de transformação interior do ser humano através da graça.³⁸⁸ A descrição começa pelos pressupostos desse

---

³⁸⁶ MELANCHTHON, *Apol* IV,72 (*BSELK*, p. 174,37-40). Essa passagem deu ensejo a mal-entendidos, porque de acordo com a formulação tornar justo serve de base para declarar justo (*Et quia iustificari significat ex iniustis iustos effici seu regenerari, significat et iustos pronuntiari seu reputari* [E porque justificar significa efetuar de injustos justos ou regenerar, significa também declará-los ou considerá-los justos]; cf. nota 3, in: *BSELK*, p. 174, bem como a bibliografia relacionada lá à p. 158, nota 2, e além disso agora especialmente V. PFNÜR, *Einig in der Rechtfertigungslehre? Die Rechtfertigungslehre der Confessio Augustana (1530) und die Stellungnahme der katholischen Kontroverstheologie zwischen 1530 und 1535*, 1970, p. 178ss.

³⁸⁷ *Apol* IV,77s (*BSELK*, p. 175,33ss). De forma clara formula IV,114: *prius hac fide iusti reputamur propter Christum, quam diligimus ac legem facimus, etsi necessario sequitur dilectio* [antes por essa fé somos considerados justos por causa de Cristo, ao qual amamos e cuja lei cumprimos, como que necessariamente sucede o amor] (*BSELK*, p. 183, 42-45).

³⁸⁸ Uma visão geral da bibliografia mais recente sobre o decreto da justificação do Concílio de Trento é trazida por O. H. PESCH, "Die Canones des Trienter Rechtfertigungsdekretes: Wen trafen sie? Wen treffen sie heute?", in: K. LEHMANN, (ed.): *Lehrverurteilungen – kirchentrennend?*, vol. II, 1989, p. 243-282, 245s (nota 2). Do lado católico merecem destaque, junto com a exposição histórica fundamental de H. JEDIN, *Geschichte des Konzils von Trient*, vol. II, 1957, as interpretações

processo e leva por diversos estágios de preparação mediante consideração dos fatores neles atuantes (*DS* 1520-1528) até a infusão da graça justificadora da *caritas,* que conforme Rm 5.5 é derramado pelo Espírito Santo nos corações daqueles que são justificados (*DS* 1530). Dessa maneira o ser humano recebe ao mesmo tempo com o perdão dos pecados a fé, o amor e a esperança por meio de Jesus Cristo, no qual é incorporado.[389]

É profundo o contraste entre a exposição do acontecimento da justificação pelo Concílio de Trento e as declarações da Reforma. Enquanto aqui a justificação está localizada na relação da fé com a promessa do evangelho, a aceitação da proclamação doutrinária da igreja pela fé constitui para o concílio apenas preparação para o recebimento da justificação por meio da graça sacramental. Apesar disso não se deve ignorar que para o Concílio de Trento como para LUTERO (e CALVINO)[390]

---

por H. KÜNG, *Rechtfertigung. Die Lehre* KARL *Barths und eine katholische Besinnung,* 1957, p. 105-266 e O. H. PESCH (O. H. PESCH; A. PETERS, *Einführung in die Lehre von Gnade und Rechtfertigung,* 1981, p. 169-209. Do lado evangélico permanece fundamental (apesar da crítica de H. A. OBERMAN) H. RÜCKERT, *Die Rechtfertigungslehre auf dem Tridentinischen Konzil,* 1925 (cf. também a réplica de RÜCKERT à crítica de OBERMAN, in: *ZTK* 68, 1971, p. 162-194. Cf. ainda P. BRUNNER, "Die Rechtfertigungslehre des Konzils von Trient" (1963) in: idem, *Pro Ecclesia. Gesammelte Aufsätze zur dogmatischen Theologie,* vol. II, 1966, p. 141-169, e W. JOEST, "Die tridentinische Rechtfertigungslehre", in: *KuD* 9, 1963, p. 41-69.

[389] *DS* 1530: *Unde in ipsa iustificatione cum remissione peccatorum haec omnia simul infusa accipit homo per Iesum Christum, cui inseritur: fidem, spem et caritatem* [Do que segue que nessa justificação com a remissão dos pecados todas essas coisas infusas o ser humano recebe por Jesus Cristo, através do qual lhe são inseridos: fé, esperança e amor]. Nisso acontece, como mostra o parágrafo seguinte do Decreto (*DS* 1531), que a fé surgida antes do batismo a partir da mensagem da igreja (*DS* 1526) somente pela obtenção da graça batismal (com esperança e amor) passa a se aperfeiçoar de tal modo que ele é capaz de se unificar perfeitamente com Cristo. Esse é o conteúdo positivo da formulação negativa do decreto: *Nam fides, nisi ad eam spes accedat et caritas, neque unit perfecte cum Christo, neque corporis eius vivum membrum efficit* [Pos a fé, se não se lhe acrescentam esperança e amor, tampou une perfeitamente com Cristo nem se torna membro vivo de seu corpo] (*DS* 1531).

[390] Também conforme CALVINO a *incorporação* em Cristo mediante a fé é decisiva para a justificação (*Institutio chr. rel.* 1559, III,14,6: *inserimur in illius communionem* [somos inseridos na comunhão daquele], *CR* 30, p. 568,19, bem como esp. III,11, 10; *CR* 30, p. 540s), apesar de sua polêmica contra OSIANDRO, em cuja tese de uma união essencial dos fiéis com a divindade de Cristo CALVINO sentia falta

a incorporação do crente é decisiva para sua justificação. A partir desse ponto em comum é possível, na perspectiva de hoje, que boa parte das contrariedades de então sejam entendidas de modo relativo como diferentes interpretações desse acontecimento, com as quais se combinou um sem-número de mal-entendidos e julgamentos equivocados de parte a parte.[391] Uma visão dessas não exclui que se lance luz sobre as deficiências da exposição do acontecimento da justificação pelo concílio. Contudo exclui que se considere como definitiva e a *priori* isenta de qualquer crítica a exposição da Reforma acerca dessa questão (ou, antes, uma ou outra dessas exposições bastante diversas entre si).[392] Também as doutrinas da Reforma sobre a justificação, não apenas sua interpretação em MELANCHTHON a partir da declaração do ser humano como justo ou a teoria da imputação da Fórmula de Concórdia, mas também as afirmações de LUTERO, possuem suas dificuldades e deficiências internas, que carecem da crítica à luz dos testemunhos bíblicos.

Quando se deixa valer as declarações antipelagianas do concílio, sobre a incapacidade do pecador de restaurar a partir de si a comunhão com Deus, como expressão de sua intenção, apesar de algumas formulações de sentidos múltiplos (*DS* 1554 e 1557), quando ademais se lêem as afirmações sobre as diferentes formas da graça no processo da preparação para a justificação e nela mesma sob o ponto de vista da inclusão do ser humano na justiça de Deus revelada em Jesus Cristo e

---

da consideração pelo Espírito como meio da unificação com Cristo (III,11, 5; *CR* 30, p. 536,18-21). Cf. W. KOLFHAUS, *Christusgemeinschaft in Johannes Calvin*, 1939, p. 36ss., 54ss e esp. p. 57ss. KOLFHAUS ainda tinha de defender CALVINO contra a acusação de não ter fornecido uma interpretação forense da justificação.

[391] Essa visão dos fatos determina as exposições da controvérsia no volume norte-americano *Justification by Faith (Lutherans and Catholics in Dialogue*, vol. VII, ed. G. ANDERSON), 1985, bem como em K. LEHMANN; W. PANNENBERG (eds.): *Lehrverurteilungen – kirchentrennend?*, vol. I, 1986, p. 35-75. Cf. também do autor "Die Rechtfertigunhslehre im ökumenischen Gespräch", *ZTK* 88, 1991, p. 232-246.

[392] Uma opção dessas para a doutrina de LUTERO acerca da justificação *extra nos* em Cristo, agarrada pela fé, serve de base para a obra de J. BAUR, *Einig in Sachen Rechtfertigung?*, 1989. Isso foi anotado criticamente por U. KÜHN; O. H. PESCH, *Rechtfertigung im Disput. Eine freundliche Antwort an Jörg Baur*, 1991, p. 101s, 106ss. Pode-se considerar a teologia da fé em LUTERO como o fulcro teológico melhor, como faz também o autor da presente exposição, accmpanhando J. BAUR, e apesar disso reconhecer a necessidade de crítica de sua execução à luz do testemunho das Escrituras.

comunicada por seu Espírito, e não como asserções sobre uma realidade da graça em criaturas, diferente de Cristo e da atuação do Espírito, e quando em terceiro lugar se define o livre arbítrio e sua cooperação nesse processo como determinado, ele próprio, pela graça, e não como fator independente dela, adicionado complementarmente a ela,[393] então permanece como diferença central entre a doutrina do concílio e as diversas variantes da doutrina da justificação da Reforma a apreciação diferente, para o entendimento da justificação, da fé por um lado e da mediação sacramental da incorporação em Cristo por outro.

As afirmações do Concílio de Trento sobre a participação do ser humano, através de sua liberdade de arbítrio, na preparação para a graça da justificação e para a obtenção dela, não precisam sugerir a "concepção de um sujeito independente que é equipada com novas qualidades".[394] Pelo contrário, o ser humano pode ser entendido no processo descrito como determinado e movido em sua própria liberdade pela graça,[395] de sorte que ele próprio como

---

[393] Essa a cautelosa exposição de P. BRUNNER que se diferencia de outras interpretações evangélicas por levar em conta as atas do concílio para explicar as declarações isoladas do Decreto, "Die Rechtfertigungslehre des Konzils von Trient", in: idem: *Pro Ecclesia. Gesammelte Aufsätze zur dogmatischen Theologie*, vol. II, 1966, p. 141-169, esp. p. 143ss (com questionamentos ao cânon 7 do Decreto), p. 150ss (sobre a compreensão da graça pelo concílio) e p. 159ss (sobre a função do livre arbítrio). W. JOEST, porém, considera como "real problema teológico controvertido" que o concílio considera a justiça conferida ao ser humano "como sua justiça pessoal que lhe é inerente como seu portador", fazendo uma distinção expressa da justiça de Cristo (*KuD* 9, 1963, p. 50; cf. esp. DS 1560). Quando se lêem as formulações do concílio como descrição definitiva da questão, é preciso opinar da forma como faz JOEST. Quando lidas como expressão da intenção de que a graça de Cristo não deve ser pensada como algo que permanece exterior ao ser humano (DS 1529), então algumas formulações do concílio ainda continuam passíveis de crítica como teologicamente insuficientes para além do que foi dito por BRUNNER, op. cit., p. 150s, por mais que possam ser compreensíveis a partir do tradicional linguajar escolástico e de suas barreiras. Cf. também o ensaio do autor mencionado na nota 391, p. 242s.
[394] J. BAUR, *Einig in Sachen Rechtfertigung?*, 1989, p. 60, cf. p. 53 e 56.
[395] Foi assim que P. BRUNNER, *op. cit.*, p. 159s interpretou as afirmações do concílio sobra a participação do ser humano em sua liberdade. Fundamental nisso é que o livre arbítrio não é capaz de "explodir" por si a prisão do pecado (p. 143, 159s). Cf. sobre isso e sobre o conceito de liberdade do concílio, também H. KÜNG, op. cit., p. 180-188.

sujeito não continua sendo nesse processo aquilo que era. Entretanto a questão está mais encoberta que esclarecida por causa do uso não-diferenciado da expressão *liberum arbitrium* [livre arbítrio] no texto do concílio.[396]

Inicialmente será analisada a pergunta pela justiça da fé. No âmbito das conclusões finais dela resultantes surgirá por si mesma no campo de visão a correlação entre fé e batismo.

A restrição do papel da fé, na justificação, ao começo dela[397] deve ser definida, à luz das afirmações bíblicas sobre esse tema, em especial, portanto, das palavras paulinas sobre a justificação, como a deficiência mais grave do Decreto de Trento. Porque Paulo afirma muito expressamente e sem restrições que a justiça de Deus é alcançada pela fé em Jesus Cristo (Rm 3.22) e que Deus em sua justiça declara justo aquele que o é pela fé em Jesus (Rm 3.26). Não existe amparo exegético para, acompanhando o Concílio de Trento, restringir o conceito da fé, como é usado nessas declarações sobre a justiça da fé e sobre a justificação do crente, a um "começo" da justificação, para depois atribuir sua consumação à efusão do amor nos corações dos fiéis por meio do Espírito Santo, da qual Paulo fala em um contexto diferente (Rm 5.5), mas não com referência à justificação.[398] De acordo com Paulo a própria fé é a

---

[396] Por isso MARTIN CHEMNITZ já foi capaz de compreender equivocadamente as afirmações do concílio sobre a ação conjunta da vontade com a graça na preparação da justificação no sentido de que a vontade se tornaria ativa a partir de suas forças naturais: *Fingunt gratiam divinam tantum movere et excitare liberum arbitrium, quod deinde ex naturalibus suis viribus possit illa praeparatoria inchoare et praestare* [Configuram a graça divina tanto o mover e o estimular o livre arbítrio, que em decorrência possa, a partir de suas forças naturais, iniciar e cumprir essas coisas preparatórias] (*Examen Concilii Tridentini*, 1565 1578, ed. por E. PREUSS, 1861, p. 181s = parte 1, loc. LX, seção 1, p. 15). Essa com certeza não foi a concepção dos pais do concílio, mas evidencia que mal-entendidos foram provocados pela discurso diferenciado do *liberum arbitrium* [livre arbítrio].

[397] *DS* 1532 interpreta a fórmula paulina da justificação do ser humano mediante a fé (Rm 3.22) como se com ela estaria sendo dita que a fé seria o *humanae salutis initium* [início da salvação humana], a saber, *fundamentum et radix omnis iustificationis* [fundamento e raiz de toda justificação].

[398] Posição já defendida por M. CHEMNITZ, in: *Examen Concilii Tridentini*, 1565 1578, ed. por E. PREUSS, 1861, loc. VIII, s.3 n.2s (p. 164ss.). Esse quadro permaneceu também na consciência de dogmáticos luteranos posteriores, p. ex., de J. A. QUENSTEDT, *Theologia did.-polemica sive Systema Theologicum*, vol. III, 1715, c.8 qu.1, p. 760.

justiça que vale perante Deus, porque pela fé em Jesus Cristo correspondemos à justiça da aliança de Deus evidenciada nele, quando aceitamos para nós a expiação nela consumada para o perdão dos pecados (Rm 3.24s), dando razão assim a Deus em seu agir. Hoje está sendo reconhecido cada vez mais também por teólogos católico-romanos que nesse ponto o concílio não fez justiça, ou não o fez plenamente, às declarações de Paulo sobre a justiça da fé.[399] A avaliação exegética equivocada do concílio pode ser compreendida diante do fato de que se liam as afirmações paulinas pelos óculos da doutrina escolástica da graça, mas apesar disso continua sendo uma avaliação equivocada.

Em que sentido, pois, Paulo empregou a palavra "justificar" em relação à fé? Também nesse ponto a exegese da Reforma continua com razão diante do concílio: O termo *dikaioun* (justificar) empregado por Paulo significa "declarar justo",[400] mas não "tornar justo" no sentido de uma transformação ética ou física do ser humano. Nessa declaração do crente como justo se trata da sentença de Deus no juízo final, que por causa da vinculação com Jesus Cristo foi dada já agora ao crente, embora o direito, nela fundamentado, à salvação escatológica venha a ser consolidado, conforme Paulo, somente no retorno de Cristo.

Do sentido da palavra "justificar" como ato jurídico resulta que justificação no sentido do uso terminológico bíblico não pode ser descrita como processo de uma transformação do ser humano de pessoa pecadora em justa. Isso não quer dizer que nem sequer exista um processo de transformação do pecador com o alvo da participação na salvação de Deus. Apenas a exposição de um processo desses, como o Concílio de Trento pretendia descrever, deveria se dedicar à transformação do pecador em crente, já que, afinal, conforme Paulo, é a fé que justifica perante Deus e, além disso, tal processo de mudança não deveria ser designado de "justificação", pelo menos não no sentido do uso terminológico de Paulo, porque essa palavra significa declarar justo.

Isso, porém, traz consigo outra conseqüência, que tampouco foi tirada na teologia da Reforma, ainda que ocasionalmente ressoe em

---

[399] Cf. O. H. Pesch no volume publicado em conjunto com A. Peters, *Einführung in die Lehre von Gnade und Rechtfertigung*, 1981, p. 151-195, bem como também J. Trütsch; J. Pfammatter, in: *Mysterium Salutis* I, 1965, p. 822.

[400] Quanto a essa interpretação do termo, cf. G. Schrenk, in: *TWNT*, vol. II, 1935, p. 219s.

LUTERO:[401] Quando se acompanha Paulo, a *declaração* de justo não pode ser imaginada como fundamento da justiça do crente, mas já a pressupõe: Conforme Rm 3.26 Deus *declara* justo aquele que, em virtude da fé, já o *é*.[402] Nada disso é alterado nem mesmo quando Deus declara justo aquele que no sentido da lei judaica é "ímpio", a saber, que não pertence ao povo da antiga aliança e não é justo perante Deus através de obras da lei (Rm 4.5). Porque isso acontece justamente em virtude da fé: Por meio da fé o ímpio em termos da lei é justo perante Deus. A sentença divina da declaração do fiel como justo não é, portanto, como se afirmou, um juízo "sintético", que combina o predicado da justiça com um sujeito que nem sequer possui justiça.[403] Pelo contrário,

---

[401] Assim em *WA* 40/1, p. 233s e 364ss., bem como esp. p. 229,22-32. Cf. T. MANNERMAA, *Der im Glauben gegenwärtige Christus*, 1989, p. 63.

[402] "Somente ao justo pela fé em Jesus é que Deus reconhece como justo correspondente à sua justiça" (U. WILCKENS, *Der Brief an die Römer*, vol. I, 1978, p. 198.

[403] Posição de A. RITSCHL, *Die christliche Lehre von der Rechtfertigung und Versöhnung*, vol. III, 2ª ed. 1883, p. 76ss. O predicado da justiça na realidade "não está englobado já no conceito do pecador", como RITSCHL diz com razão (p. 77), contudo no do crente que recebe a promessa de Deus em Jesus Cristo. RITSCHL passou com excessiva rapidez sobre a interpretação exegeticamente mais plausível de Rm 3.22-25, a saber, que Paulo teria "imaginado" a fé de Rm 3.22 em Rm 3.26 "como o objeto da declaração de justo por parte de Deus" (*op. cit.*, vol. II, 2ª ed. 1882, p. 324). Porém suas elaborações um pouco forçadas sobre Rm 4.9 e 4.5 (p. 324s) não rendem nada. A tese de que a justificação do pecador seria um juízo "sintético" gozou de grande popularidade, porque parecia expressar a liberdade da graça de Deus, o caráter criador do evento da justificação (Cf. a exaustiva análise em H. G. PÖHLMANN, *Rechtfertigung. Die gegenwärtige kontroverstheologische Problematik der Rechtfertigungslehre zwischen der evangelisch-lutherischen und der römisch-katholischen Kirche*, 1971, p. 352-358. O próprio PÖHLMANN defendeu ali uma interpretação "sintética" da sentença de justificação nos escritos confessionais luteranos e até mesmo no Decreto do concílio de Trento). Contudo tal liberdade da misericórdia de Deus, como de fato cabe asseverar, já é própria da "revelação ativa da justiça de Deus" na morte expiatória de Jesus Cristo (U. WILCKENS, *op. cit.*, p. 188, sobre Rm 3.21ss), como também da atuação do Espírito para gerar a fé, mas não de um ato jurídico a ser considerado de maneira isolada. Através da "revelação ativa da justiça de Deus" é de fato transformada a situação do pecador. A sentença da declaração de justo diz respeito somente a seu resultado, respectivamente à sua aceitação na fé. Que esse juízo, tomado isoladamente, seria uma "sentença confeccionadora" (H. G. PÖHLMANN, *op. cit.*, p. 359ss.) não se confirma por Rm 3.26 na relação com Rm 3.22.

o crente é justo perante Deus por causa de sua fé e *por isso* é declarado justo por ele. Essa sentença é sem dúvida "analítica", ou seja, corresponde à situação dos fatos a que ela se refere, mas não no sentido de que assim se anteciparia um tornar-se justo incipiente do pecador em si próprio no sentido de sua renovação moral,[404] porém somente como juízo sobre ele como crente. Nem sequer existe – pelo menos desde Jesus Cristo, mas já antes pela evidência do exemplo de Abraão (Rm 4) – outra justiça perante Deus senão a da fé. Isso, contudo, não significa que a fé como ato humano seja, aos olhos de Deus, uma obra digna por causa dela mesma.[405] A fé somente torna a pessoa justa perante Deus pelo fato de ela, como fé em Cristo, aceitar para si o agir de salvação de Deus em Cristo – e em particular a remissão dos pecados fundamentada em sua morte expiatória – assim como outrora Abraão aceitou na fé a promessa de Deus que lhe foi dada (Rm 4.1-22). Essa é a justiça da fé, que constitui o objeto da declaração do crente como justo por Deus – portanto sua "justificação".

---

[404] Essa concepção já desenvolvida pelos socinianos e arminianos (cf. A. RITSCHL, *op. cit.*, vol. III, p. 78s), que também aparece no escrito de I. KANT sobre a religião (*Die religião innerhalb der Grenzen der bloßen Vernunft*, 1793, 2ª ed. 1794, p. 99, nota), foi classificada com razão por RITSCHL como incompatível com a doutrina forense da justificação do protestantismo. Tanto maior foi a excitação quando KARL HOLL levantou a tese de que o próprio LUTERO teria concebido a justificação no sentido de um juízo "analítico" (*Die Rechtfertigungslehre im Licht der Geschichte des Protestantismus*, 1906, p. 9, bem como idem, "Die Rechtfertigungslehre in Luthers Vorlesung über den Römerbrief mit besonderer Rücksicht auf die Frage der Heilsgewissheit" (1910), in: *Gesammelte Aufsätze zur Kirchengeschichte*, vol.I, *Luther*, 1921, p. 91-130, 103 e lá, nota 2). HOLL podia se reportar para tanto a afirmações inequívocas de LUTERO, mas não observou que na substância se trata apenas da aplicação da participação fundamental na unidade extática da fé com Cristo na justiça de Cristo para o curso da vida do cristão que transcorre no tempo. Seja como for, fica evidente nesse ponto o problema, já mencionado acima, da concepção de LUTERO na pergunta pela unidade do eu crente reconstituído na fé *extra se* com seu eu empírico.

[405] Contra isso já se posicionou MELANCHTHON na *Apologia* a *CA* 4: A fé é nossa justiça perante Deus, *videlicet non, quia sit opus per sese dignum, sed quia accipit promissionem* [evidentemente não porque seja uma obra digna por si, mas porque recebe a promessa] (*Apol* IV, 86, *BSELK*, p. 178,38s). Nossa justiça tem por fundamento a morte expiatória de Jesus Cristo (Rm 3.24s), a partir da qual se fundamenta a promessa do perdão dos pecados, de que fala MELANCHTHON. A fé a agarra – mas somente assim ela se torna a *nossa* justiça perante Deus.

O desenvolvimento da doutrina da justificação na teologia da Reforma foi onerado pelo fato de que MELANCHTHON considerou de modo crescente a declaração de justo, portanto o ato "forense" da justificação, como ponto de partida da justiça da fé, ao invés de reconhecê-la como sua premissa. Em decorrência, os *Loci* de 1535 relacionaram o sentido forense do ato de justificação tanto com o perdão dos pecados quanto com a declaração de justo. Com isso ela combinaria "ao mesmo tempo" (*simul*) a dádiva do Espírito Santo para nossa renovação.[406] A derivação da justiça da fé do ato forense do juízo de Deus *propter Christum* [por causa de Cristo] traz necessariamente consigo a pergunta de como essa justiça jurídica se torna realidade própria do ser humano. Para isso MELANCHTHON recorreu à concepção do renascimento (*regeneratio* [regeneração]) de Jo 3.5 e da primeira carta de Pedro (1Pd 1.3; etc.). Afinal, já na *Apologia* havia sido identificada com a justificação,[407] de sorte que esse conceito foi ampliado com um momento efetivo para além da idéia precisa de Paulo da declaração de justo, especificamente com a *regeneratio*. Na *Apologia* ela, porém, ainda consistia no próprio perdão dos pecados, ao contrário da subseqüente renovação (*renovatio*) do ser humano pelo Espírito Santo. Entretanto nos *Loci*, que desde 1535 conceberam o conceito da justificação em termos puramente forenses, o conceito *regeneratio* passa a designar, mediante recurso a Jo 3, a conversão (*conversio*) do ser humano pela atuação do Espírito Santo e os "novos moveres" (*novos motus*) por ele efetuados, aos quais, porém, ainda continuará sucedendo a nova obediência.[408] A *regeneratio*, portanto, não mais precede a dádiva do Espírito ao crente como na *Apologia* IV. Contra isso de fato depõe Jo 3.5. Então, porém, parece que, quando recordamos *Apol.* IV,72; etc.,

---

[406] CR 21, p. 421s. A versão de 1559 (ali p. 742) é quase literalmente idêntica.

[407] *Apol* IV,117 (*BSELK*, p. 184,9-11): *sola fide iustificemur, hoc est, ex iniustis iusti efficiamur seu regeneremur* [Somos justificados somente pela fé, isso é, de injustos somos feitos justos ou regenerados]. No caso o próprio renascimento consistiria no perdão dos pecados (*op. cit.*, 72; *BSELK*, p. 174,42s), e como renascidos os fiéis recebem o Espírito Santo (*op. cit.*,126; *BSELK*, p. 185,43s) para a renovação de sua vida.

[408] CR 21, p. 760,26-29: *Cum autem Spiritus sanctus in illa consolatione novos motus et novam vitam afferat, dicitur haec conversio regeneratio, Ioan.3, et sequi novam obedientiam necesse est...* [Mas como o Espírito Santo nessa consolação traz consigo novo estímulo e nova vida, essa conversão é chamada regeneração, Jo 3, e é necessário que siga uma nova obediência...].

o começo da renovação do ser humano foi agora incluído no conceito da justificação, de sorte que ele passa a representar a faceta efetiva do evento da justificação. A imprecisão assim produzida fez com que a Fórmula de Concórdia[409] delimitasse o renascimento contra a renovação como sua conseqüência, de modo que apenas a primeira faz parte do ato da justificação. Uma vez, pois, que a justificação foi descrita como juízo de Deus que adjudica aos fiéis a justiça de Cristo,[410] também o renascimento apareceu como algo que não (ou ainda não) acontece no ser humano, mas no por ocasião do juízo de Deus, embora seja recebido pela fé.[411] Para essa concepção coesa em si é decisiva a idéia da imputação do mérito de Cristo, diante do qual a imputação da fé para a justiça recua tanto que ela nem mais é mencionada em *SD* III,25. Embora tampouco se fale da atuação do Espírito Santo nessa descrição dos momentos pertinentes ao conceito da justificação, não deixa de ser dito no final acerca da *conversão* que nela é acesa primeiramente a fé justificadora por meio do Espírito Santo, à qual seguiriam então a renovação e santificação da pessoa pelo Espírito Santo.[412] Nessa concepção a fé aparece como aceitação da sentença divina de justificação, enquanto inversamente em Paulo é a sentença da justificação por Deus que tem por objeto a fé.

O processo de independência da declaração forense como justo na Fórmula de Concórdia em direção da fundamentação da justiça da fé tinha a ver com as precedentes disputas acerca da doutrina de ANDREAS OSIANDRO.[413] OSIANDRO havia entendido o pensamento de LUTERO, da comunhão da fé com Cristo, como fundamento da

---

[409] *SD* III,18s (*BSELK*, p. 920).

[410] *SD* III,25 (*BSELK*, p. 922,33-36). A idéia de uma imputação do mérito de Cristo em favor do pecador remonta a LUTERO. Ocorre, p. ex., no prefácio ao grande comentário à carta aos Gálatas, *WA* 40/1, p. 40ss, mas na substância também já na preleção sobre a carta aos Romanos de 1515/16 (*WA* 56, p. 276,21: *iustitia Dei imputetur credentibus* [a justiça de Deus é imputada aos crentes], cf. p. 284,20ss.). Ao contrário da contagem da fé para a justiça, esse pensamento não vem de Paulo. MELANCHTHON, que o utilizou apenas raramente, tentou de maneira um tanto penosa derivar de Rm 4.4 a idéia de uma *imputatio iustitiae gratuita* [imputação gratuita da justiça] (*CR* 21, p. 752,38s).

[411] *SD* III,19s (*BSELK*, p. 920s).

[412] *SD* III,41 (*BSELK*, p. 927s).

[413] Sobre isso, cf. M. STUPPERICH, *Osiander in Preussen 1549-1552*, 1973, p. 110-362, bem como idem, "Zur Vorgeschichte des Rechtfertigungsartikels in der Konkordienformel", in: M. BRECHT; R. SCHWARZ (eds.), *Bekenntnis und Einheit der Kirche. Studien zum Konkordienbuch*, 1980, p. 175-194.

justiça da fé, não no sentido da participação na justiça de Cristo *extra nos*, que por isso carece adicionalmente de uma responsabilização do eu empírico do crente, mas como habitar da justiça essencial de Deus *em nós* por sua palavra, que é reconhecida por meio da imputação da fé como justiça de Deus.[414] Contudo, já MELANCHTHON não havia adotado a concepção de LUTERO sobre a estrutura extática da fé e sua compreensão da comunhão da fé com Cristo *extra nos* como fundamento da imputação da fé para a justiça, mas entendia a justiça da fé a partir do ato de juízo "forense" da justificação. Em função disso aparece nele o habitar de Cristo nos fiéis como *decorrência* da justificação em associação com a dádiva do Espírito Santo.[415] Na mesma linha está a decisão da Fórmula de Concórdia: O habitar de Cristo e, com ele, de toda a Trindade nos crentes seria *decorrência* da justiça da fé existente no perdão dos pecados.[416]

O contraste entre OSIANDRO e seus adversários não consistia, como pensava OSIANDRO, em que eles rejeitavam absolutamente a doutrina do habitar de Cristo nos fiéis, mas em que eles invertiam a seqüência entre o habitar de Cristo e imputação da fé para a justiça, ao considerar o habitar de Cristo (e do Deus trinitário) nos fiéis

---

[414] A interpretação do grande comentário de LUTERO à carta aos Gálatas por T. MANNERMAA em 1989 (cf. acima, nota 368) é apropriada para trazer novamente com mais força à memória a proximidade de OSIANDRO com LUTERO, em favor da qual se empenhou no passado especialmente E. HIRSCH, *Die Theologie des Andreas Osiander und ihre geschichtlichen Voraussetzungen*, 1919: Já em LUTERO consta ocasionalmente a idéia de que com o habitar de Cristo nos crentes eles adquirem participação na união essencial divina e em sua justiça (*WA* 40/1, p. 441, cf. MANNERMAA, p. 28s, cf. p. 31s). Também para a tese de OSIANDRO, de que a justiça da fé já constitui a base da *imputação* da fé como justiça (STUPPERICH, 1973, p. 112s, cf. p. 198s, 200s), existem pontos de referência em LUTERO (cf. acima, nota 401), no qual na verdade a comunhão da fé com Cristo era o fundamento da imputação da fé para a justiça.

[415] *CR* 7, p. 894, cf. p. 780; e ainda M. STUPPERICH, 1973, p. 246, bem como p. 261 sobre a expressa anteposição de MELANCHTHON do perdão dos pecados ao habitar de Cristo nos fiéis (*CR* 7, p. 783s). MELANCHTHON tentou fornecer para tanto também uma fundamentação a partir da teologia da Trindade que repousa sobre a primazia da palavra sobre o Espírito propiciada pelo *filioque* (STUPPERICH, *op. cit.*, p. 260).

[416] SD III,54: *Sed inhabitatio Dei sequitur antecedentem fidei iustitiam, quae nihil aliud est, quam remissio peccatorum...* [Mas o habitar de Deus sucede à precedente justiça da fé, que não é outra coisa senão a remissão dos pecados] (*BSELK*, p. 933,12s).

como *decorrência* e não, conforme Osiandro, como fundamento da declaração de justos. Nessa questão Osiandro tinha a seu lado não apenas Lutero, mas igualmente a prioridade paulina da própria justiça da fé antes da declaração do crente como justo (Rm 3.22-26). Na luta em torno de sua doutrina, porém, esse ponto retrocedeu para trás da controvérsia em torno da tese de Osiandro de que a justiça da fé seria idêntica à da eterna justiça essencial de Deus.[417] Aqui tinha razão a crítica a Osiandro, porque a justiça da fé em Paulo é pensada como *correspondência* com a justiça de Deus, e que por isso também sua participação em Cristo precisa ser entendida primordialmente como comunhão com a relação do ser humano Jesus (e *nela* do Filho eterno) com o Pai, e de qualquer modo sempre preservará o momento da autodiferenciação – como do Pai, assim também de Jesus Cristo, no qual o Pai revelou sua justiça de aliança.[418]

A derivação da justiça da fé a partir do ato forense da declaração de justo, contudo, levantou inevitavelmente a pergunta de como a justiça fundamentada na sentença de Deus de fato chega ao ser humano, de modo que ela lhe sé conferida. Justamente quando o ato de juízo divino não deve valer meramente como ato externo ao ser humano, mas é entendido como sentença criadora sobre ele, essa pergunta é inevitável. Para a análise da justificação pela Reforma, orientada no temário da penitência, era plausível responder à pergunta pela referência à pregação do evangelho, que anuncia diante da exigência da lei a sentença divina da justificação do ser humano por causa de Cristo como perdão dos pecados, despertando assim a fé. À fé na outorga da remissão dos pecados, porém, visa não apenas a *adjudicação* da obra de reconciliação de Cristo pela obra do Espírito na proclamação da palavra, mas com ela começa também por parte dos fiéis a apropriação da justiça outorgada.

---

[417] Contra isso a Fórmula de Concórdia colocou a tese de que Cristo seria nossa justiça na unidade de sua pessoa, e por isso segundo as duas naturezas e no exercício de sua perfeita obediência ao Pai (*SD* III,56; *BSELK*, p. 933s. Cf. n. 63, *BSELK*, p. 935,30ss.).

[418] A comunhão com Jesus Cristo e a autodiferenciação do fiel não apenas do Pai, mas também do Filho revelado na história de Jesus não se excluem, mas justamente nessa autodiferenciação dos fiéis também do Filho (pela glorificação do Filho e de sua comunhão com o Pai a partir da força do Espírito) se expressa a unidade dos fiéis com o Filho como o princípio gerativo da diversidade (daí também da autonomia) das criaturas em relação a Deus e umas às outras (cf. vol. II, p. 59ss.-63).

O ponto de partida do *extra nos* da sentença divina (ao contrário do *extra nos* da fé em LUTERO, no qual a subjetividade do crente sempre já está incluída) requer complementação pela certificação subjetiva de seu conteúdo.[419] À sombra da Fórmula de Concórdia essa problemática foi antes preterida que solucionada pela dogmática luterana ortodoxa. A execução correta do pensamento da imputação por JOHANN ANDREAS QUENSTEDT o evidencia claramente: É verdade que se diz que Cristo seria nossa justiça efetiva, porque ele nos justifica. Contudo, como isso acontece? A *iustitia formalis* [justiça formal] do crente se estabeleceria pelo fato de que a justiça de Cristo lhe é imputada.[420] Com isso permanece em aberto a pergunta como o conteúdo desse juízo divino se torna realidade pessoal no crente.[421]

---

[419] Essa problemática deve ter sido insuficientemente considerada por J. BAUR, *Salus Christiana. Die Rechtfertigungslehre in der Geschichte des christlichen Heilsverständnisses*, vol. I, 1968, p. 70s, de maneira que sua exposição não fez justiça aos motivos do posterior direcionamento da teologia luterana para a inclusão, demandada pelo Pietismo, do aspecto da experiência da apropriação da salvação.

[420] J. A. QUENSTEDT, *Theologia did.-pol. sive Systema Theol.* (1685), Leipzig 1718, III c.8 s.2 qu. 4 obi. dial. 19: *Christus est nostra iustitia effectiva, quia nos iustificat; Est nostra iustitia obiective, quia fides nostra in ipsum fertur; Est nostra iustitia formaliter, quatenus eius iustitia nobis imputatur* [Cristo é nossa justiça **efetiva** porque nos justifica. É nossa justiça **objetiva**, porque nossa fé é sustentada nele. Ele é nossa justiça **formalmente**, na medida em que a justiça dele é imputada a nós] (p. 787). Não consigo reconhecer como aqui, exceto uma definição isolada do sujeito, também teria sido evitada uma "objetividade isolada na justificação", como opina J. BAUR, *op. cit.*, p. 79. Depõe contra isso que QUENSTEDT deixa valer a fé somente como instrumento da justificação, mas não como objeto da sentença justificadora. O fato de que também conforme QUENSTEDT acontece entre Cristo e o pecador o *admirabile commercium* [maravilhosa troca] (BAUR, *op. cit.*, p. 80), vale seguramente em um sentido bem diverso de LUTERO, a saber (com uma citação de J. HÜLSEMANN), *coniungens obiectum imputationis, et conditonem organi illud apprehendentis* [conjugando o objeto da imputação e a condição do órgão daquela apropriação] (QUENSTEDT, *op. cit.*, c. 8 s.1 th. 18 Nota, 754, citado por J. BAUR, *op. cit.*, p. 80, nota 89).

[421] H. E. WEBER classificou corretamente o problema que reside nessa concepção: "justo inicialmente apenas na imputação. Assim é preciso que a justiça real seja acrescentada" (*Reformation, Orthodoxie und Rationalismus*, vol. II, 1951, p. 70). WEBER falou com razão de uma dissociação da objetiva "série dos feitos de Deus" e das subjetivas fases da vida de fé (*op. cit.*, p. 65), inclusive de um *"dualismo"* e uma *"rivalidade"* (p. 70). Uma vez que essa problemática surge com tanta acuidade somente no tipo luterano da dogmática protestante antiga, as exposições subseqüentes no texto se limitam a ele. Sobre doutrina da ortodoxia reformada

A dogmática ortodoxa do luteranismo tentou responder a essa questão no final do séc. XVII mediante a reflexão sobre a seqüência dos atos da outorga da salvação e apropriação da salvação (*ordo salutis* [ordem da salvação]).[422] Aqui DAVID HOLLAZ ainda se deixou conduzir completamente pelo ponto de vista do agir divino: A graça que chama é seguida pela graça que converte, no que a conversão é concebida exclusivamente como "transitiva" no sentido do ato divino de conversão.[423] A isso se acrescenta o renascimento, que segue ao ato de conversão como efeito do Espírito Santo e visa, pela comunicação da fé, à justificação e adoção do ser humano.[424] Nessa ordem tanto o renascimento quanto a justificação eram considerados atos exclusivos de Deus, e apenas a renovação, um acontecimento em que o ser humano está ativamente envolvido.[425] Em JOHANN WILHELM BAIER, no entanto, imaginavam-se o renascimento, mas não a conversão como um ato realizado sozinho por Deus, porque nas Escrituras a conversão também estaria atestada como um converter-se do ser humano ("intransitivo").[426] Depois da conversão, que leva à fé, sucede conforme BAIER a justificação, que como tal não traz consigo nenhuma modificação interior da pessoa, produzindo apenas sua justiça perante Deus. Nessa visão o objeto da justificação é a pessoa já convertida ou renascida. BAIER explicou que na verdade Deus justifica o ímpio (Rm 4.5), mas certamente não o ímpio como tal (*quatenus impius est et manet* [até que ponto for ímpio e permanecer]), porém desde que seja convertido e renascido.[427] Essa concepção de JENA foi acolhida e aprofundada

---

com sua diferenciação entre justificação ativa e passiva, cf. a exposição de WEBER, *op. cit.*, p. 94-98.
[422] Conforme R. SEEBERG, art. "Heilsordnung", in: *RE* 3ª ed., vol. VII, 1899, p. 593-599, 594, essa designação se origina somente de J. F. BUDDEUS. Cf. seu *Compendium Institutionum theologiae dogmaticae*, 1724, Iv. 5, p. 622, bem como já 3, p. 619.
[423] D. HOLLAZ, *Examen theol. acroam.*, vol. II, Stargard 1707, III s.1 c.6 qu.1 (p. 371). Cf. J. A. QUENSTEDT, *op. cit.*, c.7 s.1 th.5 (p. 700s).
[424] D. HOLLAZ, *op. cit.*, p. 410 (c.7 q.1), cf. p. 440 (c.7 q.23). Em J. A. QUENSTEDT a relação é inversa (renascimento antes da conversão).
[425] D. HOLLAZ, *op. cit.*, p. 441 (Prob.e).
[426] J. G. BAIER, *Compendium Theologiae Positivae secundum editionem anni 1694*, ed. E. PREUSS, 1864, p. 410 (III c.4, 16). Cf. c.4,28 (p. 424s) e 35 (p. 433).
[427] J. G. BAIER, *op. cit.* III, c.5, iss (p. 445ss.), bem como principalmente 12 (p. 458s). Baier acrescenta: *Alias enim Deus* "odit operantes iniquitatem" [Pois do contrário Deus "odeia os que praticam a iniquidade'], Sl V,5 (p. 459).

por JOHANN FRANZ BUDDEUS.[428] A fé do renascido, portanto, vale aqui como *objeto* e não apenas como resultado do juízo divino de justificação. Nisso não nos deparamos com um amolecimento da doutrina da justificação,[429] mas com uma nova aproximação à seqüência de pensamentos paulinos em Rm 3.21-26, onde o fato da justiça da fé precede a atestação de justo. O fato de "justificação" ter o sentido forense da atestação de justo constitui um reconhecimento permanente da Reforma. Sua relação com a própria justiça da fé, no entanto, foi definida desde MELANCHTHON de uma maneira que diverge de Paulo, ao se localizar na declaração de justo a origem da justiça da fé, mediante recurso ao pensamento, igualmente não-paulino, de uma "adjudicação do mérito de Cristo".[430] Disso resultou um falso "objetivismo", uma definição falsa, por ser relacionada com o ato de juízo divino, do *extra nos* da justiça da fé. A isso nem mesmo a doutrina da união mística do crente com Cristo não foi capaz de sanar,[431] porque essa própria unidade passou a ser entendida como conseqüência do ato de juízo divino e de seus efeitos sobre o ser humano, ao invés de – como em LUTERO – como seu fundamento. A conseqüência da percepção do sentido forense da idéia da justificação deveria ter

---

[428] J. F. BUDDEI, *Compendium Institutionum Theologiae Dogmaticae*, 1724, p. 685s (IV,4,2): *Cum autem vox iustificare... non aliter, quam in forensi significatione adhibetur, atque eiusmodi actum denotat, quo Deus hominem peccatorem, sed regenitum, adeoque vera fide meritum Christi adprehendentem, innocentem et ab omni reatu peccatorum liberum... pronuntiat* [Mas a palavra justificar... não é aplicada de outro modo que no signifcado forense, e ainda denota de tal forma a ação pela qual Deus... pronuncia o ser humano pecador, mas regenerado, e que ainda por fé verdadeira se beneficia dos méritos de Cristo, como inocente e livre de toda condição de réu pelos pecados...]. Cf. *ib.* 9 (p. 694s), onde consta que a fé deve ser apreciada como *causa impulsiva*, portanto não apenas como instrumento da justificação.
[429] Posição de J. BAUR em sua apresentação, no mais instrutiva, da concepção de BUDDEUS, *op. cit.*, p. 111-116.
[430] Que o pensamento da *imputação* do mérito de Cristo não é bíblico já foi destacado com razão por C. M. PFAFF, *Institutiones Theologiae dogmaticae et moralis*, 1720, p. 496. J. BAUR, *op. cit.*, p. 120 anota isso, sem atribuir maior relevância a essa observação. No entanto, esse fato foi enfatizado por J. S. SEMLER, *Versuch einer freiern theologischen Lehrart*, 1777, p. 563.
[431] H. E. WEBER, *op. cit.*, p. 40ss. WEBER lembra com razão que ao contrário da doutrina ortodoxa da unidade mística com Cristo para "a antiga contemplação luterana... a unificação com Cristo fundamenta e engloba dentro de si a justificação" (p. 41).

sido diferenciar entre surgimento da justiça da fé e o ato de juízo forense, posicionando esse depois daquela. Isso não precisava levar a uma teologia subjetivista da experiência vivencial, enquanto fosse levada em conta a mediação entre conversão e fé pela palavra da mensagem de Cristo[432] e pelo batismo, bem como o correlato *extra nos* da salvação em Cristo no próprio ato da fé. Isso sem dúvida ainda ocorria em BUDDEUS, como mostra sua acolhida do *simul iustus et peccator* [simultaneamente justo e pecador] luterano no sentido da ancoragem da justiça da fé em Cristo, em quem a fé está apensa.[433] Entretanto a concentração equivocada do *extra nos* sobre o ato do juízo divino, em particular com o pensamento, mais orientado na doutrina da reconciliação de ANSELMO de Cantuária que nas Escrituras, da imputação do mérito de Cristo, fez surgir o perigo de que, sob o impacto da crítica sociniano-arminiana a esse complexo conceitual[434] e no seguimento da ligação, nunca totalmente

---

[432] H. E. WEBER, *op. cit.*, p. 67.

[433] J. F. BUDDEUS, *op. cit.*, IV,4,3: Observados em si mesmos, todos os humanos são pecadores, também segundo o juízo de Deus. *At in sponsore Christo considerati, aliam merito sententiam exspectant* [Mas considerados sob o patrocínio de Cristo, esperam outra sentença justa...] (p. 686). Porque: *In sponsore Christo non aliter homines considerari possunt, quam prout meritum eius vera fide adprehenderunt, eaque ratione iustitiam eius sibi facere propriam, quae adeo est iustitia fidei, seu, quam per fidem in Christum habemus,* Fl III,9 há dikaiosne theou, iustitia Dei, *hoc est, quae sola Deo placet, vocatur* [Sob o patrocínio de Cristo não podem ser consideradas outras pessoas que conforme se apegaram com verdadeira fé ao mérito dele, e dessa maneira tornaram sua própria a justiça dele, que portanto é a justiça da fé, ou aquela que temos pela fé em Cristo, Fl 3.9, *ha dikaiosne theou*, a justiça de Deus, ou seja, aquela única que agrada a Deus] Rm III,21,26. Se J. BAUR tivesse dado a devida atenção a essas afirmações, ele dificilmente chegaria à conclusão de que BUDDEUS estava "totalmente orientado pelo efeito no sujeito" (*op. cit.*, p. 114).

[434] A crítica sociniana à concepção de uma imputabilidade de méritos alheios no contexto da vida ética (G. WENZ, *Geschichte der Versöhnungslehre in der evangelischen Theologie der Neuzeit*, vol. I, 1984, p. 119ss.) atingiu também a concepção de uma declaração de justo por causa da imputação de uma justiça alheia (sobre isso, cf. A. RITSCHL, *Die christliche Lehre von der Rechtfertigung und Versöhnung*, vol. I, 2ª ed. 1882, p. 328s). É verdade que socinianos e arminianos preservaram os conceitos da computação e imputação, mas já não se referiam ao mérito de Cristo, e sim à "computação de justiça própria incompleta" (A. RITSCHL, *op. cit.*, III, 2ª ed. 1883, p. 78): De acordo com FAUSTO SOZZINI, Deus em sua misericórdia deixa valer a obediência dos fiéis, embora seja incompleta (*ibid.*, nota 1). Esse pensamento se impôs na teologia do Iluminismo desde a obra de J. G. TÖLLNER

exorcismada, da idéia da justificação com uma renovação ética do ser humano, a ênfase passasse inteiramente para a subjetividade ético-religiosa do ser humano. Isso ocorreu em SCHLEIERMACHER,[435] embora ainda preservando a diferença entre a temática religiosa e ética da vida, enquanto justamente a renovação da doutrina do juízo forense de Deus como origem da justiça da fé em ALBRECHT RITSCHL ironicamente reforçou sua vinculação com a subjetividade ética.[436] Diante disso cabe preservar domo percepção fundamental da Reforma que unicamente a comunhão da fé com Jesus Cristo,[437]

---

sobre a obediência ativa de Cristo, de 1768 (A. RITSCHL, op. cit. I, p. 394s). Em 1777 J. F. GRUNER abandonou completamente o conceito forense da justificação em suas Institutiones theologiae dogmaticae (RITSCHL, op. cit., p. 415), enquanto no mesmo ano J. S. SEMLER se pronunciou de forma mais contida, mas a princípio na mesma direção: Versuch einer freiern theologischen Lehrart, 1777, p. 564ss., 567. De forma mais decidida se apropriaram, então, da argumentação e solução sociniana I. KANT, Die Religion innerhalb der Grenzen der bloßen Vernunft, 1793, 2ª ed. 1794, p. 94s e 102), bem como o racionalismo teológico.

[435] F. SCHLEIERMACHER, Der christliche Glaube, 2ª ed. 1830, § 109. Er quanto a tese apenas constata que a justificação na relação com Deus se refere àquele que já "possui a verdadeira fé no Redentor", é dito na explicação em §109,2 que o novo ser humano "não incorpora mais o pecado, e também trabalha contra ele como contra algo estranho, pelo que, portanto (!), fica anulada a noção da culpa".

[436] A. RITSCHL louvou em MELANCHTHON que na Apologia da CA ele ainda teria entendido a justificação como capacitação do ser humano para cumprir os mandamentos de Deus. Mais tarde, nele próprio e na teologia luterana como tal teria saído do campo de visão a conexão entre fé e ética na compreensão da justificação (op. cit., I,34 8, cf. III,170), e "sem sua relação com a finalidade prática" o pensamento da justificação teria se tornado incompreensível (III,172). RITSCHL pretendia restabelecer essa relação com uma finalidade por meio do direcionamento da justificação para o alvo ético do reino de Deus. Entendeu de tal maneira a questão que as pessoas, alienadas de Deus em decorrência da consciência de culpa, são novamente capacitadas pelo perdão dos pecados para a cooperação ativa rumo ao alvo do reino de Deus (op. cit., p. 81), e precisamente no contexto da congregação fundada para isso por Jesus (op. cit., p. 129s).

[437] Essa concentração cristológica da idéia da justificação foi renovada de modo impressionante por KARL BARTH, ao apresentar Jesus Cristo como aquele julgado em nosso lugar, mas também ressuscitado para nossa justiça, pelo qual participamos da sentença absolvente de Deus (KD IV/I, 1953, p. 573-718). Nisso já não existe espaço para uma imputação apenas exterior, uma vez que o fiel participa da alforria por Deus apenas em Cristo (p. 634ss.). Em contraposição,

sem quaisquer intenções secundárias, constitui o objeto da sentença divina de justificação em relação aos fiéis. Nisso com certeza estão incluídas também as conseqüências da fé para a conduta de vida, mas não é nelas, e sim precisamente na fé que consiste a justiça do ser humano perante Deus.

Se a justificação como declaração de justo já pressupõe a justiça dos fiéis perante Deus, ao proclamá-la, e se ela está fundamentada no vínculo da fé com Jesus Cristo, então cabe indagar adiante como deve ser mais bem entendida a participação da fé em Jesus Cristo. Conforme Rm 3.21-26 trata-se, nesse caso, da participação, obtida pela fé, no efeito expiatório da morte de Jesus (Rm 3.25). É preciso ver essa afirmação no contexto das asserções de Paulo sobre a reconciliação fundamentada na morte expiatória de Cristo e que está sendo levada ao mundo todo por meio da mensagem missionária apostólica como "ministério da reconciliação" (esp. 2Cor 5.18-21).[438] Pela aceitação dessa mensagem os que nela crêem se tornam "justiça de Deus" (Rm 5.21). Contudo, até que ponto isso inclui comunhão com o próprio Jesus?

De acordo com uma antiga tradição do primeiro cristianismo que remonta ao próprio Jesus é a confissão a Jesus que fundamenta uma comunhão inquebrantável com ele, que também prevalecerá no juízo vindouro do Filho do Homem (Lc 12.8) e conduzirá ao que confessa à participação na salvação escatológica (cf. acima, p. 239ss.). A isso corresponde que os discípulos estão "com" Jesus no sentido do discipulado, partilhando o caminho e destino de Jesus.[439] Esse estar junto com Jesus foi relacionado depois da Páscoa também com a congregação ampliada pela atuação missionária. Nesse contexto deve ser compreendida também a função da fé no agir de Deus em Jesus Cristo

---

impõe-se em BARTH nesse ponto, como já em seu conceito de reconciliação (cf. aqui, vol. II, p. 576-599ss.), a pergunta se nesse caso resta espaço para a peculiaridade de outras pessoas ao lado de Jesus Cristo (cf. em BARTH, *op. cit.*, p. 616 e a explicação do *sola fide* [somente pela fé] às p. 679-703). Conforme Paulo é declarada justa a fé, e ela agarra não somente a justiça que cabe a Jesus para si próprio perante Deus, mas a nele revelada justiça da aliança de Deus em relação à humanidade.

[438] Cf. aqui, vol. II, p. 583ss., esp. p. 592s., bem como p. 570ss. (lá também sobre a relação entre o ministério apostólico da reconciliação e o agir reconciliador de Deus na morte de Cristo).

[439] A esse respeito, cf. U. WILCKENS, *Der Brief an die Römer*, vol. II, 1980, p. 60ss.

proclamado pela mensagem missionária apostólica. Conforme Paulo é a confissão a Jesus como o *Kyrios* que fundamenta a esperança por redenção em combinação com a fé na proclamação apostólica de "que" Deus o ressuscitou dos mortos, e por meio de uma fé dessas o ser humano é "justo" diante de Deus (Rm 10.9s; cf. Rm 4.24). Isso implica por um lado em uma relação bem pessoal do indivíduo com Jesus Cristo,[440] em contrapartida, porém, igualmente no pertencimento à igreja que surge da proclamação missionária apostólica e a sua confissão conjunta da fé apostólica.[441] Uma coisa não pode ser separada da outra. É por isso que nas palavras do apóstolo sobre a comunhão dos fiéis com Jesus Cristo fé e batismo estão ligados da forma mais estreita. O apóstolo sabe que pela fé "em" Jesus Cristo está aliado a ele para participar de seus padecimentos e por isso também para ter esperança na participação futura na vida de sua ressurreição (Fl 3.9-11). Na carta aos Romanos o mesmo efeito é atribuído ao batismo (Rm 6.3ss): incorporação na comunhão de destino com Cristo em seu morrer e ressurgir. Particularmente Gl 3.23ss, onde se fala da chegada histórico-soteriológica da fé que substituiu a lei, mostra a vinculação de fé e batismo em vista de seu efeito,[442] ao se fundamentar e explicar a comunhão com Cristo como efeito da fé (v. 26) mediante referência ao batismo (v. 27).

A estreita ligação entre fé e batismo possui, pois, também uma relação com a justificação dos fiéis. Porque o perdão dos pecados como efeito da morte expiatória de Cristo, cuja obtenção por parte dos crentes fundamenta, conforme Rm 3.25, a justiça deles perante Deus, a qual Deus confirma pela atestação de justos, é concedida, de acordo com a convicção geral do primeiro cristianismo, ao indivíduo através do batismo.[443] Em decorrência o batismo se insere no nexo de fundamentação da justificação.

---

[440] Opinião de R. BULTMANN, in: *TWNT*, vol. VI, 1959, p. 211s.
[441] Nesse sentido A. RITSCHL asseverou com razão que a justificação teria uma relação com a igreja (*Die christliche Lehre von der Rechtfertigugn und Versöhnung*, vol. III, 2ª ed. 1883, § 22, esp. p. 115ss., 129s). Essa relação, no entanto, não deveria ser afirmada como a "relação mais próxima" do conceito da justificação (p. 130). Seguramente a justificação possui seu lugar no plano histórico-soteriológico do agir divino (Rm 8.30), porém a atestação de justo não deixa de se referir ao crente individualmente e confere ao indivíduo a certeza do direito à salvação futura.
[442] Sobre isso, cf. U. WILCKENS, *Der Brief an die Römer*, vol. II, 1980, p. 52-54.
[443] O grande número de referências disso foi compilado por U. WILCKENS, *op. cit.*, p. 50.

Algo análogo resulta em vista do renascimento, que na teologia da Reforma foi equiparado à justificação (cf. acima, nota 407). O renascimento é compreendido tanto no evangelho de João (Jo 3.5) quanto na carta a Tito (Tt 3.5) como efeito do Espírito Santo no batismo, e também 1Pd 1.3 parece fazer alusão ao batismo.[444] Na carta a Tito se liga com isso expressamente também uma referência à justiça que foi propiciada aos crentes pela graça de Deus (Tt 3.7).

Em vista desses dados deve ser classificado como surpreende que a vinculação de batismo e justificação praticamente não teve importância no desenvolvimento da doutrina da justificação nas igrejas da Reforma. É verdade que em LUTERO se podem detectar pontos de apoio para ela, de sorte que foi possível afirmar de sua doutrina do batismo que ela seria "sua doutrina da justificação em configuração concreta".[445] Contudo tampouco LUTERO se pronunciou fundamentalmente sobre a relação entre justificação e batismo, p. ex., no sentido de que no batismo se trata da concretização fundamental da justificação. Isso deveria ter trazido consequências também para o conceito da justificação, e que sem dúvida alguma seriam plausíveis em vista da concepção de LUTERO sobre o arrependimento como memória batismal. Em MELANCHTHON a relação do tema da justificação com o batismo já saiu do campo de visão. No entanto o Concílio de Trento posicionou com razão o batismo no centro de seu Decreto sobre a justificação. Se a teologia da Reforma também tivesse feito isso de seu lado, não apenas a doutrina da justificação unicamente pela fé teria sido menos passível de equívocos, uma vez que o batismo era tido pela tradição como o *sacramentum fidei* [sacramento da fé]. Também a relevância fundamental do perdão dos pecados para a justiça da fé teria podido se salientar mais claramente pela referência ao batismo, mas também a vinculação entre justificação e adoção dos fiéis na relação filial de Jesus Cristo com o Pai. Não por último é somente pelo batismo que se consegue esclarecer a relação entre o ser dos fiéis *em Cristo* e *sua existência nesta vda terrena*. Em contraposição, sem evidenciar a relação com o batismo, era imperioso que as exposições da teologia da Reforma sobre as correlações da justificação com renascimento e adoção para a filiação em Deus fomentassem a suspeita de que a teologia da Reforma estaria

---

[444] Posição de L. GOPPELT, *Der Erste Petrusbrief*, 1978, p. 95.
[445] P. ALTHAUS, *Die Theologie Martin Luthers*, 1962, p. 305.

separando conscientemente esses temas de sua ancoragem sacramental no acontecimento do batismo.

Já MELANCHTHON teve de defender o *sola fide* [somente pela fé] contra suspeições dos adversários de que com esse princípio o ato subjetivo da fé-confiança seria separado da palavra da proclamação doutrinária da igreja e dos sacramentos.[446] De fato ele explicitou a relação entre a fé e a palavra da promessa de Deus, não, porém, a relação entre a fé que justifica e os sacramentos, em particular o batismo. Também a concentração do tema da justificação no batismo por parte do Concílio de Trento não conseguiu na seqüência estimular MARTIN CHEMNITZ a tratar desse tema em seu vasto *Examen* das decisões conciliares. Nos teólogos dogmáticos posteriores do antigo luteranismo o batismo é mencionado ocasionalmente nas exposições acerca da justificação, mas sempre em vista da condição de salvação das crianças. Por exemplo, é dito por DAVID HOLLAZ acerca das crianças que são verdadeiramente renascidas pelo batismo. Apesar disso não se fala do batismo nas elaborações gerais sobre o renascimento, como se nos adultos o renascimento acontecesse sem qualquer relação com o batismo.[447] Ao invés disso, o renascimento está, conforme FRANZ BUDDEUS, ligado à conversão.[448]

---

[446] *Apol.* IV,74: *Excludimus autem opinionem meriti. Non excludimus verbum aut sacramenta, ut calumniantur adversarii* [Excluímos, porém, a opinião do mérito. Não excluímos nem o verbo nem os sacramentos, como caluniam os adversários] (*BSELK*, p. 175,3-6).

[447] J. A. QUENSTEDT, *Systema theol.* III c.6 s.2q 2 (*op. cit.*, p. 695s); D. HOLLAZ, *Examen theol. acroam.* II, Stargard 1707, p. 426 (III s.1 c.7 qu. 13c) e p. 420s (qu. 9). Cf. também p. 427s (qu. 14). O batismo ainda é mencionado na *vocação* (c.4 qu.7, p. 330s), mas somente como uma roupagem especial (*quasi vestita* [como que vestida]) da vocação pelo evangelho. J. G. BAIER pelo menos citou o batismo ao lado do *verbum evangelii* [palavra do evangelho] como causa instrumental da fé, mas anotou: *Saltem respectu infantium, qui per baptismum concipiunt fidem* [No mínimo em consideração dos infantes, que acolhem a fé pelo batismo] (*Compendium Theologiae Positivae* 1694, ed. E. PREUSS, 1864, III,3, 11, p. 392). De acordo com J. F. BUDDEUS os adultos somente são renascidos sob a condição de que não resistam à atuação do Espírito Santo, *ex infantibus autem omnes eos, qui baptizantur* [mas dentre as crianças todas as que são batizadas] (*Compendium Institutionum Theologiae Dogmaticae*, 1724, IV,3, 23; p. 650), de sorte que nas crianças na realidade acontece renascimento, mas não uma conversão (§ 28,653), enquanto nos adultos não mais o batismo, mas a conversão constitui o lugar de seu renascimento.

[448] J. F. BUDDEUS, *op. cit.*, p. 652s. De forma semelhante já em J. A. QUENSTEDT, *op. cit.*, c.6 s.1 th.9 (p. 687).

Hoje a teologia das igrejas da Reforma tem motivos, do mesmo modo como a teologia católica romana, de se conscientizar das barreiras da apreciação tradicional do tema da justificação em ambos os lados da contrariedade confessional. Cada um dos tipos doutrinários confessionais está onerado de consideráveis deficiências em comparação com o testemunho paulino da justiça da fé. Enquanto o Decreto doutrinário de Trento considerou apenas insuficientemente a relevância decisiva da fé para a relação dos renascidos pelo batismo com Deus, o lado da Reforma – com exceção de LUTERO – não concedeu a necessária atenção à relação entre justificação e batismo, tentando ainda, ao contrário de Paulo, fundamentar a justiça da fé a partir do ato da declaração de justo. Em vista de tais déficits teológicos as igrejas têm poucos motivos para condenar por amor ao evangelho as concepções do lado oposto que divergem de seu próprio tipo doutrinário, como se a doutrina própria fosse perfeitamente idêntica com a do evangelho (ou pelo menos com a teologia do apóstolo Paulo). Na visão de hoje as diferenças na doutrina da justificação deveriam ser consideradas como um contraste entre escolas teológicas, que tentam ambas descrever a comunhão com Jesus Cristo como decisiva para a participação na salvação, mas que na concretização também carecem ambas da correção a partir do testemunho das Escrituras.

Isso vale também para a pergunta pelo peso teológico específico da terminologia da justificação em Paulo na relação com outras descrições da participação na salvação por parte dos crentes no Novo Testamento, principalmente em vista do pensamento do renascimento e da adoção na relação filial de Jesus com o Pai. Não existe motivo para *subordinar* essas outras descrições à concepção da justificação, ainda mais que também em Paulo já está pressuposta a comunhão da fé com Cristo na sentença da justificação, sendo ademais desenvolvida como adoção para dentro da relação filial com o Pai. Contudo cabe seguramente empreender a tentativa de *correlacionar* as diferentes descrições da participação na salvação. Isso deveria ter prioritariamente sucesso quando se pondera que cada uma delas possui uma relação com o batismo: No batismo acontece o renascimento do ser humano através do Espírito Santo. No batismo está alicerçada a filiação dos fiéis em Deus (Gl 3.26s; cf. Jo 1.12s), aliada à esperança pelo "legado" da vida eterna (1Pd 1.3s), que também em Paulo faz parte da filiação dos crentes (Gl 4.7; Rm 8.17). Contudo é a esse acontecimento que também se refere a palavra da justiça da fé (Gl 3.24-26; cf. Tt 3.7). O batismo forma, portanto, o ponto de referência comum de todas essas propostas de interpretação teológica.

A atestação de justos daqueles que por batismo e fé estão ligados a Jesus Cristo possui apenas uma função parcial para a descrição do evento que em outras passagens é concebido como renascimento, respectivamente de seu resultado. Paulo também a podia designar de estar reconciliado com Deus ou de paz com Deus (Rm 5.1). Mais profunda é a descrição dessa condição como participação na relação filial de Jesus com o Pai. A declaração de justos é somente um momento dela, a constatação de que estão reconciliados, sem o qual não se poderia falar de uma relação filial dos crentes com Deus como o Pai. Mas a filiação forma o real conteúdo da nova relação com Deus como resultado do renascimento. Isso vale também para a comunhão da fé com Cristo. Ela com certeza representa primeiramente uma comunhão de destino com a trajetória de Jesus na cruz e ressurreição. Seu cerne, porém, ela o possui na participação na relação filial de Jesus com o Pai, e assim também na vida intratrinitária de Deus: Em última análise é sobre isso que repousa a esperança pela "herança" da vida eterna a partir da ressurreição dos mortos. À autoridade para certificar nessa esperança os fiéis e os que se confessam a favor dele Jesus pôde recorrer unicamente porque ele é o eterno Filho do Pai e insere os fiéis na eterna comunhão com o Pai. Nisso cabe compreender a acolhida dos humanos na relação filial de Jesus com o Pai também como a consumação do intuito de Deus com as pessoas na criação (Cl 3.9s).[449] Porque com a filiação elas se revestem do "novo ser humano", como Deus o intencionou desde o início, a saber, "em justiça e verdadeira pureza" (Ef 4.24).

Que resta, então, como função especial da afirmação da justificação, no sentido da declaração dos fiéis como justos por parte de Deus? Ela confere certeza aos cristãos batizados, para já estarem convictos como crentes (e ainda não perfeitos) da participação na salvação escatológica. Essa certeza também está aliada à participação dos batizados na filiação. Mas a asserção da justificação, que declara expressamente a fé como forma da justiça perante Deus, delimita-o assim ao mesmo tempo contra todas as tentativas dos humanos de, por forças próprias e pelo agir próprio, se colocarem em ordem com Deus e consigo

---

[449] Para isso, cf. aqui, vol. II, pp. 326ss., 432ss., 449ss. e já p. 260s.

mesmos – ou também sem Deus apenas consigo mesmos. Foi essa função crítica e polêmica da doutrina paulina da justificação do ser humano pela fé que fez com que o tema da justificação se tornasse atual em pontos críticos na história da igreja. Nessa função, como princípio crítico, ele possui relevância duradoura,[450] embora a descrição da salvação em Cristo presente para a fé não careça da terminologia da justificação, como se depreende dos dados gerais do Novo Testamento, e embora tal descrição tenha de transcender a fórmula da justiça da fé, como mostra o próprio exemplo da teologia de Paulo. A fórmula da justiça da fé preserva que a vida cristã como um todo é uma vida na fé, que alça o ser humano acima dele próprio para a comunhão com Jesus Cristo, e nisso também para a esperança e o amor, porém sempre de tal maneira que também a participação na vida do amor divino continue sendo sustentada pela extática da fé e unicamente assim fique protegida contra a distorção da referência do ser humano em si mesmo.

3. A configuração simbólica da presença salvadora de Cristo na vida da igreja

A comunhão de cada fiel com Jesus Cristo é mediada pela igreja (cf. acima, cap. 13/1). Somente como membro da congregação do Messias cada cristão possui participação no "corpo de Cristo" e, portanto, no próprio Jesus Cristo. Justamente através da mediação da igreja, porém, cada cristão individual entra na relação de contato direto com Jesus Cristo (13/1,3). A relação direta da comunhão com Jesus Cristo por meio do Espírito, na qual chega ao alvo o acontecimento da reconciliação

---

[450] É principalmente nisso que, seguindo a PAUL TILLICH, também C. E. BRAATEN, *Justification. The Article by which the Church Stands or Falls*, 1990, 41-62, esp. p. 60ss, detecta a relevância da doutrina da justificação (p. 73). Ocorre que também BRAATEN é capaz de afirmar "that the word 'justification' is not the important thing" [que o termo "justificação" não é o que importa] (p. 82). Em contraposição ele considera violado o princípio, quando, como no documento norte-americano luterano-católico sobre a justificação, a fé é apresentada como "some kind of process that could be *completed* by something else, like love and obedience" [certo tipo de processo que poderia ser *completado* por algo mais, como amor e obediência] (p. 119, comentando *Justification by Faith, Lutherans and Catholics in Dialogue*, vol. VII, ed. por G. ANDERSON et al., 1985, p. 107).

com Deus, se processa fundamentalmente como fé, esperança e amor (13/2). Como tal, ela é temática na doutrina do renascimento, da justificação e da adoção dos fiéis na relação filial de Jesus com o Pai.

Ora, de acordo com o testemunho do Novo Testamento o evento do renascimento dos fiéis acontece no batismo. Dessa maneira não somente retorna ao campo de visão a mediação da comunhão de fé do indivíduo com Jesus Cristo pela igreja. Ela já está atuante no conceito da própria fé, que depende da proclamação do evangelho pela igreja. O batismo é também ato constitutivo da nova existência do cristão como esse cristão individual. Em função disso, é na apropriação crente do batismo que a vida cristã do indivíduo encontra um formato concreto. O processo de apropriação do renascimento acontecido no batismo se estende por toda a vida dos cristãos. Fazem parte dele o arrependimento, a ser realizado sempre de novo, e o voltar-se (conversão) do cristão para o Deus manifesto em Jesus Cristo e conseqüentemente para sua própria nova existência em Cristo, fundamentada no ato do batismo. Faz parte dela, no entanto, igualmente sua consolidação e confirmação definitiva na autopercepção do crente.

Com a reflexão sobre o batismo como evento do renascimento do indivíduo ao mesmo tempo se amplia o olhar para além da vivência do indivíduo até a ligação com o convívio na igreja. Afinal, o batismo incorpora o batizando na comunhão da igreja: Ele fundamenta a comunhão eclesial. A isso corresponde que a realização do batismo constitui um ato eclesiástico. Independente de ser efetuado por ministros da igreja ou, em caso de exceção, por qualquer cristão: Sempre aquele que batiza age em nome da igreja como a comunhão abrangente de todos os cristãos que por meio do ato do batismo recebe um novo membro.

A incorporação na comunhão da igreja através do batismo, contudo, é somente uma decorrência lateral da implantação do indivíduo em Jesus Cristo. De modo análogo a comunhão dos fiéis está associada à participação na ceia do Senhor que certifica o indivíduo de sua comunhão com Jesus Cristo. Na ceia do Senhor se configura, pela participação de todos os comungantes no mesmo Senhor Jesus Cristo, ao mesmo tempo a comunhão da igreja nela fundamentada. Esse ponto de vista do agir configurador caracteriza a prática da ceia do Senhor no culto cristão, que também pode ser descrito em seu todo como configuração preliminar do povo escatológico de Deus na oferenda do louvor a Deus.

Tanto no batismo quanto na ceia do Senhor sempre também se trata, no batismo até mesmo em primeira linha, da comunhão do indivíduo com Jesus Cristo: no batismo, da fundamentação única de tal comunhão, e na participação na ceia de Jesus, da preservação certificadora nela. Sob esse aspecto a participação na ceia de Jesus também se insere na história individual da apropriação da nova existência do cristão constituída pelo batismo.

Batismo e ceia do Senhor são ações com caráter de sinal, "sinais da proximidade de Deus".[451] Ambos efetuam como sinal aquilo que representam. Mas o efetuam somente na forma e no nível do sinal. Isso tem a ver, como será mostrado, com o fato de que a comunhão dos fiéis com Jesus Cristo está alicerçada fora de nós mesmos em Cristo, para o qual apontam as ações de sinais e ao qual se apega a fé. Por isso ela chega a ser configurada na vida da igreja e de seus membros somente em caráter de sinal, embora aquilo que assinalado nas ações de sinais do batismo e da ceia do Senhor sem dúvida repercuta realmente na vida e no convívio dos fiéis. Por meio do caráter de sinal de sua concretização o formato atual da participação dos fiéis na salvação se diferencia da consumação futura da comunhão da igreja com seu Senhor quando retornar para o juízo e a consumação da criação.

A tradição teológica designou a forma peculiar do sinal eficaz, tão significativa na vida dos fiéis e da igreja, com o conceito do sacramento. Por isso o presente bloco será concluído por uma análise do conceito do sacramento e de sua aplicação nas cerimônias da igreja com caráter de sinal. Porque a utilização do conceito mistério ou sacramento para essas cerimônias não é algo auto-evidente, quando se pondera que no Novo Testamento Jesus Cristo constitui a quintessência do mistério de Deus e de sua vontade, embora não em contraposição à igreja dele, mas com inclusão da igreja que surge no curso do acontecimento da reconciliação e mediante a superação do antagonismo entre judeus e gentios (cf. acima, cap. 12,2b). Na análise da questão de como se deve entender e julgar a aplicação do conceito de sacramento aos atos simbólicos de batismo e ceia do Senhor, também será necessário considerar a curiosa circunstância de que o Novo Testamento não relacionou, dentre os atos posteriormente chamados de sacramentos,

---

[451] Por meio desse título T. Schneider descreve de forma marcante a natureza dos sacramentos: *Zeichen der Nähe Gottes. Grundriß der Sakramententheologie*, 1979.

nem o batismo, nem a ceia do Senhor, mas de fato o matrimônio com o conceito do mistério.

1. O batismo e a vida cristã

a) O batismo como constituição de identidade cristã

O batismo de uma pessoa por um lado é um acontecimento isolado, que como todos os eventos de sua vida passa no curso do tempo. Mas como acontecimento do renascimento ele possui, do mesmo modo como o nascimento corporal, um efeito permanente: A pessoal batizada nunca mais volta a ser uma não-batizada. A apropriação do batismo pode deixar de ocorrer, o fato de ter sido batizada pode até mesmo ser esquecido. Mas isso não transforma a ocorrência em algo não-acontecido. É essa verdade que expressa a doutrina, oriunda de AGOSTINHO, do "caráter" permanente[452] que é conferido ao batizando pelo batismo assim como a imagem cunhada em uma moeda. Toda pessoa batizada se torna duradouramente outra pessoa do que foi antes. Isso se expressa no fato de que com o batismo é dado um nome, que como nome dessa pessoa continua ligado a ela.

O renascimento ou reconstituição da pessoa mediante o batismo tem por conteúdo que a pessoa batizada é vinculada a Jesus Cristo e assim ao Deus triúno, de modo que desde então sua condição de pessoa é constituída pela relação com Deus, e concretamente por meio da participação na relação filial de Jesus com o Pai. Isso acontece pelo fato de que o batizando é batizado no "nome" de Jesus Cristo ou no nome de Deus Pai, Filho e Espírito Santo (Mt 28.19). O batismo no nome de Jesus ou, como se tornou usual cedo na igreja, no Deus trinitário, é um ato da entrega de propriedade:[453] Agora o batizando não pertence mais a si mesmo, mas a Deus (Rm 6.10), respectivamente a Jesus Cristo (Rm 7.4). Esse é o sentido original da concepção o batismo como lacre

---

[452] Comprovantes em B. NEUNHEUSER, *Taufe und Firmung* (*Handbuch der Dogmengeschichte*, vol. IV/2, 1956, p. 48ss., bem como R. SCHULTE, "Die Umkehr (Metanoia) als Anfang und Form christlichen Lebens", in: *Mysterium Salutis* 5, 1976, p. 117-221, esp. p. 162s e 192ss.

[453] Sobre isso, cf. E. SCHLINK, *Die Lehre von der Taufe* (Leiturgia V), 1969, p. 39ss., bem como R. SCHULTE, in: *Mysterium Salutis* 5, 1976, p. 145ss.

(2Cor 1.22),[454] que como sinal de identificação no juízo mundial vindouro é ao mesmo tempo garantia da redenção escatológica da pessoa batizada, sinal de sua eleição e esperança.

    Nos primórdios da prática batismal cristã o emprego da fórmula batismal trinitária deve ter sido precedido pelo batismo no nome de Jesus (Rm 6.3; Gl 3.27; cf. 1Cor 1.13-15).[455] Particularmente os Atos dos Apóstolos atestam essa forma de batismo (At 2.38; 8.16; 10.48; 19.3-5). Na substância, porém, não constitui uma alternativa à posterior forma trinitária do ato batismal, aceita universalmente. Visto que já na mensagem pré-pascal de Jesus o Pai e o Espírito estavam estreitamente vinculados ao próprio Jesus, "não é muito longo", no conteúdo, o caminho da fórmula batismal cristológica para a trinitária de Mt 28.19.[456] O batismo no nome de Jesus desde sempre já aliava o batizando com o Filho do Pai eterno e lhe conferia participação em seu Espírito.

Pela vinculação a Jesus Cristo o cristão batizado recebe participação no fruto da morte de Cristo e na nova e eterna vida manifesta em sua ressurreição e que vence a morte. Por isso, no cristianismo primitivo o batismo esteve desde cedo ligado à *remissão dos pecados*,[457] com

---

[454] G. Kretschmar, *Die Geschichte des Taufgottesdienstes in der alten Kirche*, 1970 (Leiturgia V), p. 36ss.

[455] Posição de U. Wilckens, *Der Brief an die Römer*, vol. II, 1980, p. 48-50 contra as objeções de H. von Campenhausen, "Taufe auf den Namen Jesu?", in: *Vigiliae Christianae* 25, 1971, p. 1-16. Cf. também G. Kretschmar, *op. cit.*, p. 32ss.

[456] U. Wilckens, *op. cit.*, p. 50.

[457] At 2.38, cf. 22.16 e 1Cor 6.11 (lavar os pecados pelo batismo). Também as demais passagens de Atos dos Apóstolos que citam o perdão dos pecados no contexto da fé em Jesus (At 10.43; 13.38; 26.18) devem trazer implícito o batismo (cf. J. Roloff, *Die Apostelgeschichte übersetzt und erklärt*, 1981, p. 208 sobre At 13.38). Acerca da ligação entre batismo e perdão dos pecados, cf. ainda Ef 5.26s; 1Pd 3.21 (cf. 2Pd 1.9) e Hb 10.22. A isso se somam as afirmações paulinas e póspaulinas, segundo as quais a pessoa batizada morreu para o pecado pela ligação com a morte de Cristo. Mc 1.4 par. já afirma para o batismo de João que batismo e perdão dos pecados formam uma unidade. A isso se opõem, porém, no Novo Testamento não apenas Mt 3.11 e At 19.4, onde se fala de mero batismo de arrependimento (sem perdão dos pecados), mas igualmente o testemunho de Josefo (*Ant.* 18,117), de modo que a informação de Marcos nessa passagem provavelmente deva ser considerada como retocada pelo cristianismo (J. Jeremias,

a eficácia reconciliadora da morte de Jesus e, em contraposição, com a *dádiva* escatológica *do Espírito*,⁴⁵⁸ por meio do qual a nova vida da ressurreição de Jesus já se faz presente para os batizados e sua consumação futura está afiançada. Assim como o perdão dos pecados é o efeito salvador da comunhão com a morte de Cristo, assim a dádiva do Espírito é o "sinal de negócio" (2Cor 1.22; 5.5; cf. Rm 8.23) para a vida a partir da ressurreição dos mortos. Na confissão da igreja o perdão dos pecados permaneceu ligado à cerimônia do batismo.⁴⁵⁹ Na dádiva do Espírito, porém, o cristianismo primitivo já vislumbrava no batismo cristão um sinal diferenciador eficaz da salvação escatológica, em especial também na contraposição com o batismo de João (At 1.5; 11.16; 19.1-6).

A comunhão dos cristãos com a morte e ressurreição de Jesus Cristo no batismo foi interpretada desde Paulo, se não já antes dele, como participação real no destino de Jesus em sua morte e ressurreição

---

Neutestamentliche Theologie, Erster Teil: Die Verkündigung Jesu, 2ª ed. 1973, p. 52). Sem dúvida o batismo de João como ato de arrependimento se referia à salvação no juízo vindouro (cf. Lc 3.7), contudo dificilmente no sentido de que nele a redenção futura já tivesse sido antecipada para o presente. Isso deve ter sido possível somente no batismo cristão por sua relação com a morte de Jesus. No entanto, pensam diferente J. BECKER, *Johannes der Täufer und Jesus von Nazareth*, 1972, p. 38, e H. THYEN, *Studien zur Sündenvergebung im Neuen Testament und seinen alttestamentlichen und jüdischen Voraussetzungen*, 1970, p. 131-145, esp. p. 138ss. Thyen fala por isso somente de uma nova *fundamentação* do perdão dos pecados no cristianismo pela referência à morte de Jesus (p. 152-194).

⁴⁵⁸ At 2.38; 19.5s, cf. At 10.44ss., onde o recebimento do Espírito, já ocorrido, é sucedido pelo batismo. Aqui pode permanecer em aberto se da ausência de uma menção expressa da dádiva do Espírito no batismo do tesoureiro etíope (At 8.38s) e no *Didaquê* (7.1-4) temos de concluir por uma forma antiga do batismo cristão sem a dádiva do Espírito (posição de G. KRETSCHMAR, *op. cit.*, p. 23s). Embora também no batismo de Paulo não se relata o recebimento da dádiva do Espírito (At 9.18), o apóstolo o pressupõe como óbvio nas declarações de suas cartas sobre o batismo (1Cor 12.13 em conexão com o batismo, e no mais 1Cor 2.12; Rm 5.5; 8.9,11,15; etc.).

⁴⁵⁹ Na confissão de Nicéia e Constantinopla a igreja confessa "um só batismo para o perdão dos pecados" (*DS* 150, cf. já 41,42,46,48). A explicação ecumênica da confissão pela Comissão para Fé e Ordem tratou com razão essa declaração como o lugar teológico para o tema geral do perdão dos pecados e da justificação: *Gemeinsam den einen Glauben bekennen. Eine ökumenische Auslegung des apostolischen Glaubens, wie er im Glaubensbekenntnis von Nicäa-Konstantinopel (381) bekannt wird*. Studiendokument der Kommission für Glauben und Kirchenverfassung, 1991, p. 98ss., nº 252-256).

(Rm 6.3ss).[460] Então a água do batismo já não significa apenas "lavar" os pecados (como em 1Cor 6.11),[461] mas a morte do pecador. Se isso ainda não foi assim no apóstolo,[462] em todos os casos a igreja posterior considerou essa idéia como expressa no rito do banho de imersão. De acordo com BASÍLIO de Cesaréia "imitamos pelo batismo a sepultura de Cristo",[463] e na Constituição Apostólica se afirma: "O batismo foi dado sobre a morte de Cristo, a água no lugar da sepultura... Mergulhar é morrer com ele, emergir é levantar-se com ele."[464] Já em Paulo, porém, o batismo é chamado de imagem e "configuração idêntica" (*homoioma*, Rm 6.5) da morte de Cristo. Isso significa: A morte futura do batizando é antecipada em forma de sinal no batismo, quando o batizado é ligado com a morte de Jesus, para que obtenha a certeza de futuramente também participar da vida de ressurreição de Cristo, cujo penhor, o Espírito – como origem criadora de toda vida – foi propiciado aos batizados já agora (Rm 8.23).

A concepção de um vínculo real do batizando com a morte e ressurreição de Jesus explicita o motivo da entrega a Jesus Cristo no ato do batismo de tal modo que ele é conectado com o chamado a ser discípulo dele, originário do próprio Jesus. Que o chamado de Jesus a segui-lo constitui o fundamento do batismo cristão e é continuado pela proclamação missionária cristã com o convite para o batismo em configuração modificada resulta da ordem batismal de Mt 28.19, que amplia o "fazer discípulos" às pessoas de todos os povos. Isso ainda terá de ser mais bem esclarecido no contexto da questão pela instituição do batismo por Jesus. Para o conteúdo da concepção da ligação do destino do batizando com Jesus torna-se relevante aqui inicialmente apenas um momento: O discípulo que segue Jesus em seu caminho deixa que sua própria vida passe a formar uma unidade com a trajetória de Jesus. Mesmo que o discípulo não tenha de padecer a morte na cruz nem o martírio, ainda assim seu morrer está conectado ao morrer de Jesus, de sorte que o significado vicário dele vem em benefício da vida e morte

---

[460] Sobre isso, cf. U. WILCKENS, *op. cit.*, p. 50s, bem como p. 11ss., 23s.
[461] Cf. ainda At 22.16; Hb 10.22; Ap 1.5, e sobre isso A. OEPKE, in: *TWNT*, vol. IV, 1942, p. 305ss., bem como G. KRETSCHMAR, *op. cit.*, p. 45ss.
[462] Ressalvas a isso em G. KRETSCHMAR, *op. cit.*, p. 17.
[463] *MPG* 32, 129 B.
[464] III,17, 1s, citado por G. KRETSCHMAR, *op. cit.*, p. 174.

do próprio discípulo. Toda a sua caminhada está debaixo da promessa de Jesus: "Quem me confessa diante das pessoas, a esse também o Filho do Homem confessará diante dos anjos de Deus" (Lc 12.8).[465] Trata-se de uma vinculação de reciprocidade, mas ela demanda por parte do discípulo em todos os casos que ele se atenha a Jesus. Por mais que o fiel seja liberado justamente pela morte de Jesus para seu caminho próprio, pessoal, o caminho de sua vocação especial para o serviço a Deus e às pessoas, ele não obstante na vida e na morte já não pertence a si mesmo, mas a Jesus Cristo e por meio dele ao Pai, por cuja incumbência o próprio Jesus rendeu sua vida. O fato de o crente pertencer a Jesus evidentemente pressupõe que Jesus não permaneceu na morte, mas como Ressuscitado foi exaltado à participação no governo do Pai. É assim que também consegue governar o caminho de sua igreja e o de cada um de seus seguidores. Isso, porém, não acontece independentemente do próprio caminho terreno de Jesus, não como que passando de largo de sua história, mas pelo processo em que os fiéis são vinculados a esse caminho terreno dele e aprendem na experiência de sua vida pessoal que forma específica adquire nela o fato de estarem ligados à história e trajetória de Jesus. Pelo fato, porém, de que Jesus vive, com o qual os cristãos estão ligados pelo batismo, eles individualmente também não estão mais sozinhos a caminho da morte, podendo andar esse último caminho na convicção da nova vida que já se manifestou em Jesus.

O batismo fundamenta o pertencimento a Jesus Cristo em seu morrer e ressurgir na forma de uma *ação com caráter de sinal*. No entanto, faz parte da função do sinal não apenas que ele aponta para a coisa assinalada, mas também que alguém siga o rumo para o qual o sinal aponta. Somente desse modo se cumpre a função do sinal. No caso do batismo isso acontece pela fé. O que isso significa fica plenamente nítido somente a partir da descrição da fé por LUTERO – como um firmar-se em algo dado ao crente fora dele próprio: A fé que se confessa a Jesus Cristo e se fia nele, concretiza a vinculação com ele e

---

[465] Com a obtenção do batismo sempre já está ligado, pelo menos implicitamente, o momento da confissão a Jesus Cristo, ainda que no ato do batismo no cristianismo primitivo nem sempre tenha sido realizada uma confissão pessoal do batizando (cf. acima, cap. 12,2, nota 53). O motivo do discipulado e o significado do rito batismal como adjudicação a Jesus Cristo contêm a base objetiva para o papel fundamental da confissão no batismo, da forma como foi desenvolvida na história do culto batismal cristão.

com seu caminho, representada em forma de sinal pelo batismo. No entanto, como ação com caráter de sinal o batismo é mais que apenas uma expressão visível e pública da fé e do confessar-se a Jesus, embora ele também seja isso no caso do batismo de uma pessoa adulta. O fato de que na obtenção do batismo acontece mais é assinalado já porque ninguém pode batizar-se a si mesmo. Do batismo como ação de sinal é própria uma objetividade que como tal engaja o batizando por sua substância de sentido. Nesse teor de sentido ele demanda do cristão batizado um comportamento condizente, que também pode não ser cumprido. Por isso ele é mais como apenas expressão da subjetividade do crente, embora aquilo que ele assinala seja plenamente concretizado para o batizando somente pela apropriação na fé.

Na ação do batismo como sinal o batizando é sepultado na morte de Cristo (Rm 6.4). Sua própria morte futura é antecipada em forma de sinal – de forma particularmente nítida no costume da imersão no primeiro cristianismo – e vinculada à morte de Cristo. É nisso que se fundamenta a relação do batismo com a totalidade da trajetória de vida ainda futura do batizando, da forma como ela é trazida como um todo ao campo de visão a partir do fim. A história de vida do cristão entre batismo e morte torna-se, assim, efetivação do acontecimento antecipado como sinal em seu batismo: A vida cristã torna-se, a partir do batismo, um processo de morrer conjuntamente com Cristo, enquanto ao mesmo tempo por meio do Espírito o novo ser humano, a vida do Ressuscitado, já se torna eficaz no cristão (Rm 6.9ss).

Dessa maneira se evidencia, pois, também o sentido mais profundo do batismo como ato único: Pelo fato de que a antecipação da morte futura do batizando confere ao batismo uma relação com toda a sua trajetória ainda por realizar, como já está sugerida na idéia da adjudicação pela consumação do batismo, por isso o batismo é por natureza único e não-repetível. Assim como na história da salvação da humanidade a guinada da morte para a ressurreição de Jesus Cristo é única e irreversível, e por isso também não-repetível, assim acontece igualmente no batismo na vida individual de cada cristão. Isso significa que o sinal do batismo como quintessência da vida cristã individual de agora em diante paira sobre o andamento histórico dessa vida e dessa maneira também fundamenta ao mesmo tempo a unidade dessa nova vida em sua individualidade, conforme assinalada pelo nome próprio recebido pelo batismo.

O sentido antecipatório do batismo com sua referência prévia à morte e conseqüentemente a toda a trajetória de vida do batizando foi enfocado apenas de modo rudimentar na história da teologia cristã.[466] Em especial no cristianismo ocidental essa questão, por diversas razões, rapidamente passou para segundo plano. Trata-se, no caso, de desenvolvimentos que fizeram com que o batismo passasse a ser considerado apenas como começo do ser cristão, pertinente a uma fase inicial, que já não abarca a vida inteira do cristão, mas é superada por fases posteriores. Nessa direção agiu a separação entre o rito da confirmação e o batismo.[467] Uma vez que o rito da unção e imposição de mãos, originalmente pertencente ao batismo, se tornou um ato sacramental próprio e foi atribuído a um segmento da vida posterior ao batismo, que desde o séc. IV era realizado cada vez mais em bebês, era forçoso que se criasse a impressão de que haveria na vida cristã um progresso para além do batismo em uma linha que depois poderia parecer prolongável no matrimônio ou na ordenação. De outro modo contribuiu o desenvolvimento da instituição eclesiástica da penitência para situar o batismo na distância de mero ponto inicial da vida cristã, por causa da perda da graça do batismo através de pecados posteriores, que ao contrário do batismo fizeram com que a recuperação da graça pelo arrependimento e pela absolvição, ou até mesmo pela nova conversão ao evangelho, dos que se alienaram de sua fé infantil passasse para o centro da vida cristã.

Em decorrência, para a reflexão sobre a relevância do batismo referente a toda a trajetória de vida do cristão é necessária uma análise mais precisa tanto da relação do batismo com da penitência quanto a da relação do batismo com a crisma ou confirmação. Por causa da estreita vinculação entre a autocompreensão do rito da confirmação e

---

[466] Posição de CLEMENTE de Alexandria (esp. *Paidagogos* 1,6,26,1-3 com a seqüência dos momento da iluminação, adoção, perfeição e imortalidade) e em ORÍGENES. Cf. sobre isso B. NEUNHEUSER, *Taufe und Firmung* (*Handbuch der Dogmengeschichte*, vol. IV/2), 1956, p. 28 e 30ss.

[467] G. KRETSCHMAR, *op. cit.*, p. 236 mostra já para AMBRÓSIO de Milão a dissociação dos diferentes ritos isolados, originalmente pertencentes à "constelação ritual" do batismo (em particular do banho batismal de um lado e dos ritos isolados "pós-batismais" como a unção e a imposição de mãos de outro). Os "atos parciais do batismo" são compreendidos em AMBRÓSIO não mais como uma unidade coesa, mas "como ritos subseqüentes instituídos por Deus" (*ibid.*, cf. p. 267s).

a prática do batismo como batismo de crianças recomenda-se analisar esses dois temas em conjunto. Por fim, possui relação com o batismo e com a confirmação, bem como com a penitência, o costume do primeiro cristianismo de ungir os enfermos, que desde a Idade Média latina foi compreendido como um sacramento próprio: Pela outorga do perdão ele está próximo do sacramento da penitência, pelo rito da unção, porém, próximo do batismo e da confirmação. Já por causa de sua relevância ecumênica esse tema deveria ser alvo de atenção, antes que com o tratamento da pergunta pela instituição do batismo por Jesus cheguemos ao final todo o bloco sobre o batismo.

b) Batismo, conversão e arrependimento

O evangelho de Mateus sintetizou a mensagem de Jesus na convocatória: "Dai meia-volta; porque o reino dos céus está próximo" (Mt 4.17). Através da solicitação literalmente idêntica ao arrependimento o evangelista havia caracterizado antes a mensagem de João Batista. De fato Jesus, com o chamado ao arrependimento não apenas deu continuidade à mensagem do Batista, mas desse modo também se inseriu na tradição dos profetas que desde Oséias (Os 12.7; 14.2s) conclamaram o povo de Deus a retornar a seu Deus. A obra historiográfica do cronista interpretou o fenômeno do profetismo em Israel como absolutamente motivado pelo chamado de Deus para que o povo se arrependa (2Cr 24.19). E de fato não somente as pessoas do povo de Deus, mas todos que se tornaram independentes frente a Deus e se desviaram dele carecem dar meia-volta até ele, a fim de ser resgatados da rendição ao poder da morte, que é conseqüência do afastamento de seu Criador. Foi assim que a missão cristã levou ao mundo das nações o chamado ao arrependimento ou à conversão a Deus – agora no sentido de se voltar para o único e exclusivamente verdadeiro Deus de Israel e de Jesus Cristo (1Ts 1.9; Lc 24.47; At 17.30; 26.20). Nisso, porém, agora o chamado à conversão a Deus esteve aliado à solicitação de se deixar batizar no nome de Jesus Cristo (At 2.38; cf. Hb 6.1s). Que significa essa vinculação de volta a Deus e batismo no nome de Jesus, e como ela está fundamentada?

Embora Mateus tenha expressado o motivo da meia-volta na mensagem de Jesus com a mesma fórmula que ele utilizou para a mensagem do Batista, o motivo não deixa de ter uma função diferente no contexto da mensagem de Jesus: Enquanto em João o arrependimento em vista da proximidade do juízo final iminente deveria fundamentar a esperança por salvamento e perdão dos pecados, na atuação de Jesus o chamado à meia-volta se apóia na mensagem da chegada do futuro da salvação de Deus no aparecimento dele, Jesus, e naquele que aceita seu chamado pela fé. Por isso se afirma em Marcos: "O tempo se cumpriu, o senhorio de Deus está próximo: Arrependei-vos e crede no evangelho" (Mc 1.15). A proclamação da presença do senhorio de Deus e de sua salvação naquele que pela fé se envolve com seu futuro que a tudo determina deve agora motivar os ouvintes para darem meia-volta até Deus. Acontece que como tal essa fé já é meia-volta, assumindo conseqüentemente o lugar do batismo de arrependimento de João, que na atuação de Jesus não obteve continuação ou cuja importância pelo menos passou totalmente ao segundo plano. A circunstância de que depois da morte e ressurreição de Jesus o cristianismo retomou o batismo, praticando-o, porém, como batismo no nome de Jesus, representa um fato cujas origens e motivos se situam em boa parte no escuro. De qualquer modo, porém, ele está vinculado à realidade de que a presença da salvação do reino de Deus havia irrompido com a atuação de Jesus, razão pela qual podia ser afiançada pelo pertencimento a ele. O batismo assumiu o lugar da palavra do próprio Jesus que convoca pessoas individualmente para a relação de ser discípulas e seguidoras. Trouxe consigo da origem em João o teor significante de um ato de conversão. Mas a conversão se processava agora como aceitação crente da mensagem apostólica acerca do agir salvador de Deus em Jesus Cristo e por isso pelo ato do batismo em seu nome.

Meia-volta até Deus ou conversão a ele não é, portanto, algo diverso ao ato do batismo, anterior ou posterior a ele, mas conversão e batismo formam uma unidade. Chegar à fé e deixar-se batizar não podem ser separados. Porque é apenas pelo batismo que a pessoa que pela fé se abre para a mensagem apostólica recebe "objetivamente" de uma vez por todas a comunhão com Jesus Cristo e, por conseqüência, também a remissão dos pecados fundamentada (Rm 3.25) na morte reconciliadora de Jesus Cristo (At 2.38). Por isso, fé no evangelho sem batismo ainda não é fé cristã na salvação em sentido pleno. Ela ainda acontece no exercício da autodeterminação do ser humano sobre si mesmo, ao passo que pelo ato do batismo ele se torna um novo sujeito, ainda que na prática da própria transformação ainda relacionado com o que foi antes disso.

O quanto no cristianismo primitivo arrependimento e batismo coincidiam é evidenciado pelo fato de que no Novo Testamento – exceto no Apocalipse de João – praticamente não se fala de arrependimento em relação a cristãos batizados: Para eles aconteceu a meia-volta de uma vez por todas no batismo. No evangelho de João falta totalmente o tema do arrependimento, e em seu lugar entrou a idéia de um renascimento, necessário para o ser humano e que acontece pela água e pelo Espírito (Jo 3.5), portanto pelo batismo. Na concepção do renascimento se expressa de forma mais intensa o caráter único da meia-volta relacionada com o batismo. Na carta aos Hebreus fala-se até mesmo de que para os que, depois de obtida a "iluminação" (Hb 10.32) para a "percepção da verdade" (Hb 10.26), tornam a "pecar deliberadamente" não haveria mais nenhuma outra possibilidade de expiação (*ibid.*, cf. Hb 6.4-6 e 12.17). Isso não precisa estar em contradição com o pedido por perdão que cada cristão profere no Pai Nosso (Lc 11.4), aliado à disposição de por seu turno perdoar a outros. A menção de tal disposição também é expressa nas instruções para a ordem da congregação em Mt 18.15ss, bem como nas respectivas exposições da carta de Tiago (Tg 5.19s, cf. Tg 3.2). A primeira epístola de João considerava a ocorrência de transgressões também nos membros da congregação como algo bem difundido (1Jo 1.8-10). Paulo exortou a que fosse corrigido com brandura aquele que comete uma falta por precipitação (Gl 6.1), e o fato de os coríntios cederem a suas repreensões chegou a ser definido por ele como uma "meia-volta (*metanoia*) que conduz à salvação" (2Cor 7.10). Contudo Paulo igualmente citou por nome as formas de conduta que precisam ter como conseqüência a exclusão da congregação (1Cor 5.9-13). Subjacente a tais diferenciações no tocante à qualidade e ao alcance de pecados está em última análise a distinção judaica entre pecados por ignorância e imprudência de um lado e, por outro, pecados cometidos em blasfêmia contra Deus "de mão erguida" (Nm 15.30).[468] A instituição de um processo penitencial eclesiástico para a readmissão daqueles que se haviam excluído por pecados graves da comunhão eclesiástica, bem como o desenvolvimento da posterior prática penitencial para a admissão de atos repetidos de arrependimento, aliados à generalização da prática penitencial para

---

[468] Sobre essa diferenciação no Antigo Testamento, cf. R. RENDTORFF, *Studien zur Geschichte des Opfers im Alten Israel*, 1967, p. 199-203.

todos os membros da congregação mediante a dilatação da confissão e penitência também para as transgressões menores que ocorrem em todos os cristãos, fizeram com que a penitência se tornasse algo independente em relação ao batismo. A disseminação do batismo de crianças favoreceu esse desligamento, e distanciada dele, a penitência, agora autônoma e não mais sentida como exceção, tornou-se o tema vivencial central do cristão medieval na busca por salvação diante do iminente juízo final de Deus.

Havia um procedimento formal de penitência desde o séc. II inicialmente para casos excepcionais, para que também em casos de transgressões graves de membros que oneravam a congregação como um todo pudesse ser-lhes concedida, após confissão pública dos pecados, a possibilidade de um novo arrependimento e de reconciliação com a igreja. No começo esse processo penitencial extraordinário ainda se chamava "segunda penitência",[469] recordando que para o cristão o batismo é o acontecimento fundamental do arrependimento, da conversão e do renascimento. Foi apenas no séc. VI que se abandonou o princípio da natureza única de tal "segunda penitência" e se abriu a possibilidade de repetidos processos penitenciais e reiteradas reconciliações do pecador com a igreja.[470] O correlato afrouxamento da relação com o batismo como o verdadeiro evento fundamental da conversão e da remissão dos pecados foi intensificado pela transição do processo de penitência pública perante a congregação para a confissão auricular e absolvição particular no início da Idade Média, que passaram a ser ampliadas para pecados menos graves e assim, por princípio, a todos os membros da igreja. Essa transformação do instituto da penitência, gerada tanto no Ocidente como no Oriente a partir do monasticismo, preservava por um lado o pecador do prejuízo de sua reputação cidadã, facilitando assim a confissão e levando a um aprofundamento geral da formação da consciência e do exame de consciência do indivíduo perante Deus. Por outro lado, passou agora para segundo

---

[469] HERMAS, Man. IV,3,1-6; TERTULIANO, De paenitentia VII,1,10 e 12 (vaenitentia secunda [segunda penitência]); CLEMENTE de Alexandria, Strom. 1₁,57,1 e 58,2. Sobre isso, cf. B. POSCHMANN, Paenitentia secunda. Die kirchliche Busse im ältesten Christentum bis Cyprian und Origenes, 1940.
[470] Posição de H. VORGRIMMLER, "Der Kampf des Christen mit der Sünde", in: Mysterium Salutis 5, 1976, p. 349-461, 410.

plano a dimensão⁴⁷¹ do pecado e da reconciliação do pecador com a igreja, que dizia respeito à comunhão eclesiástica e que, afinal, na origem havia sido o motivo para a instituição de um procedimento penitencial eclesiástico especial. De acordo com a doutrina do apogeu da escolástica, a absolvição sacerdotal diz respeito primordialmente à relação privada do indivíduo com Deus pela outorga do perdão.⁴⁷² Unicamente como efeito secundário da verdadeira "coisa" do sacramento tratava-se também da restauração da paz com a igreja.⁴⁷³

Insere-se entre os mais relevantes méritos da teologia de LUTERO que ele religou a mentalidade penitencial interiorizada com o batismo e a descreveu como tarefa de apropriação diária da conversão e do renascimento do ser humano, realizados uma só vez no batismo. Nesse regate, porém, pelo fato de LUTERO considerar o uso da confissão e absolvição eclesiásticas, praticadas por ele próprio, como assunto da consciência individual, permaneceu sem uma regulamentação a problemática de arrependimento e reconciliação do pecador notório com a igreja. Tornou-se assunto da disciplina eclesiástica, cujo nexo com a penitência, no entanto, não refletido teologicamente mais do lado reformado que do luterano e se concretizou na ordem da vida eclesiástica.⁴⁷⁴

---

⁴⁷¹ Cf. a esse respeito a observação de H. VORGRIMMLER, *op. cit.*, p. 364ss sobre os catálogos de vícios no Novo Testamento, bem como esp. K. RAHNER, "Das Sakrament der Busse als Wiederversöhnung mit der Kirche", in: *Schriften zur Theologie*, vol. VIII, 1967, p. 447-471, acerca da relação entre arrependimento e o relacionamento do penitente com a igreja, partindo das declarações do Concílio Vaticano II sobre esse tema (*LG* 11 e *PO* 5). Acerca das análises isoladas sobre a história da penitência e da teologia do sacramento penitencial nos escritos de RAHNER *Schriften zur Theologie*, vol. XI, 1973, encontram-se sempre de novo trechos sobre essa problemática no desenvolvimento da penitência até CIPRIANO e ORÍGENES.

⁴⁷² A remissão dos pecados foi imaginada, p. ex., em TOMÁS DE AQUINO, por um lado (com a concepção predominante nos primórdios da escolástica) de fato como efeito da contrição (ou virtude penitencial), porém principalmente (*principalius*) como efeito da absolvição (*S. teol.* III,86,6; cf. 84,3). Cf. também H. VORGRIMMLER, *op. cit.*, p. 415.

⁴⁷³ H. VORGRIMMLER, *op. cit.*, p. 418s. Assim "o aspecto eclesial do perdão dos pecados recuou cada vez mais atrás daquele individualismo que estava interessado em primeira linha na relação de Deus com cada pessoa" (p. 419).

⁴⁷⁴ Em sua exaustiva análise do tema J. CALVINO (*Inst. chr. rel.* 1559, IV,12, 1-28) também citou como finalidade da disciplina eclesiástica, além da proteção da

A correlação mais próxima entre batismo e arrependimento, que conforme a primeira das *95 Teses* deve durar durante toda a vida do cristão,[475] foi enfatizada por LUTERO já em 1520 em seu escrito sobre o cativeiro babilônico da igreja: "Uma vez foste batizado de forma sacramental, mas precisamos ser incessantemente batizados na fé, de modo que cumpre sempre de novo morrer, para desse modo viver".[476] O caráter único do ato do batismo e sua relação com o caminho todo da vida cristã aparecem nessa concepção como um todo coeso. Em consonância, consta em 1529 no *Catecismo Menor* sobre o batismo que ele significa "que o velho Adão em nós deve ser afogado por contrição e arrependimento diários e morrer com todos os pecados e maus desejos, e sair de novo diariamente e ressurgir um novo ser humano que viva eternamente em justiça e pureza para Deus".[477] O *Catecismo Maior* enfatiza mais fortemente o caráter contínuo desse processo, quando faz constar acerca da "força e obra do batismo" que se trata, no caso, de "morte do velho Adão, depois de ressurreição do novo ser humano, que ambos hão de andar dentro de nós a vida inteira, ou seja, que uma vida cristã não é outra coisa senão um batismo diário, uma vez iniciado, e sempre andado nele".[478] Nesse processo,

---

ceia do Senhor contra a profanação e da proteção dos bons contra o contágio pelo mau exemplo dos maus, que os pecadores notórios sejam conduzidos ao arrependimento pelo vexame sobre sua maldade (12,5: *ut eos ipsos pudore confusos suae turpitudinis poenitere incipiat* [para que eles mesmos confusos pela vergonha de sua torpeza comecem a se arrepender], *CR* 30, p. 908). Acerca das penas (desde a exclusão da comunhão até o banimento e a morte), cf. H.-J. GOERTZ, art. "Kirchenzucht" in: *TRE* vol. 19, 1990, p. 176-183, 178. Do lado luterano a disciplina eclesiástica foi computada na *Confissão de Augsburgo* (CA 28, 21) ao poder jurisdicional do ministério episcopal que, contudo, deveria ser exercido *sine vi humana, sed verbo* [sem força humana, mas pela palavra] (*BSELK*, p. 124,9). Por fim foi assumida e exercida, de forma mais unilateral ainda que no lado reformado, pela autoridade secular (GOERTZ, *op. cit.*, p. 180s), pelo que a disciplina eclesiástica com razão passou a ser mal-afamada no protestantismo.

[475] *WA* 1, p. 233. As teses subseqüentes acrescentam que essa declaração não se referiria à penitência sacramental, mas tampouco apenas à mentalidade interior de contrição, uma vez que ela também precisa se expressar visivelmente pela mortificação da carne. Cf. sobre isso as *Resolutiones*, in: *WA* 1, p. 530ss.

[476] *WA* 6, p. 535,10s: *Ita semel es baptizatus sacramentaliter, sed semper baptizandus fide, semper moriendum semperque vivendum.*

[477] *WA* 30/1, p. 312 = *BSELK*, p. 516,32-38.

[478] *WA* 30/1, p. 220 = *BSELK*, p. 704, 28-35. O cristão deve "andar constantemente" no batismo como sua "veste cotidiana" (p. 707,22s).

pensava LUTERO, o velho ser humano "diminui diariamente, até que venha a submergir por completo",[479] enquanto o novo ser humano cresce em nós. Em ambos os catecismos, portanto, combinam de um lado a penitência, de outro, a santificação com o processo da apropriação do batismo a ser diariamente renovada. Ainda mais que a penitência não era na opinião de LUTERO nada mais que a apropriação vitalícia do que aconteceu de uma vez por todas no batismo. "Porque, que significa penitência senão atacar seriamente o velho ser humano e ingressar em uma nova vida? Por isso quando vives no arrependimento, estás andando no batismo, que não apenas interpreta essa nova vida, mas também a efetua, levanta e impulsiona; porque nisso serão dados graça, Espírito e poder para oprimir o velho ser humano, para que surja o novo e se torne forte. Por isso o batismo sempre fica de pé, e ainda que alguém caia e peque, sempre temos, não obstante, um acesso a ele, para que se subjugue novamente o velho".[480]

Entretanto, com essa referência ao batismo, orientada segundo Rm 6.3-14, e que acompanha toda a trajetória da vida cristã, LUTERO se posicionou em contradição com a definição tradicional da relação entre penitência e batismo, como havia sido desenvolvida na teologia ocidental. Porque se voltou contra a concepção de JERÔNIMO, de que por pecados graves do cristão seria perdida a graça batismal e a penitência seria como que uma segundo prancha redentora do pecador náufrago, depois de ter sido privado da primeira (do batismo).[481] A teologia escolástica transferiu posteriormente a ilustração para a instituição da confissão e penitência particular. TOMÁS DE AQUINO dedicou um artigo próprio à questão. Nele passou

---

[479] BSELK, p. 705,30s.
[480] WA 30/1, p. 221 = BSELK, p. 706,3-17. Imediatamente antes se diz por isso que a penitência "na realidade não é outra coisa senão o batismo".
[481] JERÔNIMO, Ep. 130,9, MPL 22, p. 1115: *Illa quasi secunda post naufragium miseris tabula sit* [Essa praticamente é a segunda prancha depois do naufrágio do miserável]. Cf. também Ep. 8,6, bem como Ep.122,4 e 147,3 (MPL 22, p. 1046 e 1197), bem como Comment. in Jesaiam 1.2 c.3, 8-9 (MPL 24, p. 65s). A imagem do naufrágio remonta a TERTULIANO, que havia comparado o pecado com um naufrágio, do qual os humanos estariam salvos pelo batismo, de sorte que na verdade se deveria esperar que eles não se arriscariam outra vez ao mar tempestuoso (De paen.7; cf. 4). Acerca desse símbolo náutico da doutrina penitencial de TERTULIANO, cf. H. RAHNER, *Symbole der Kirche. Die Ekklesiologie der Väter*, 1964, p. 455-458. TERTULIANO, no entanto, ainda não chamava a penitência de "segunda prancha de salvação".

a interpretar a metáfora do naufrágio de tal modo que a primeira tábua de salvação constitui o próprio navio, enquanto somente a segunda se refere ao resgate do naufrágio.[482] Contra essa interpretação da metáfora dirigiu-se a crítica de Lutero: "Dessa maneira foi, pois, tirada a utilidade do batismo, de modo que não pode nos servir de mais nada. Por isso não é afirmação correta, porque o navio não se quebra, por ser... ordem de Deus e não coisa nossa". Sem dúvida "acontece que escorregamos e caímos fora, mas se alguém cair fora, cuide para que nade novamente para perto e se agarre no navio até consiga entrar de novo e ande dentro dele da forma como iniciou anteriormente".[483]

O Concílio de Trento rejeitou a crítica de Lutero à definição tradicional da relação entre batismo e penitência e sua tese da unidade de batismo e arrependimento (*DS* 1702). Será que nisso foi determinante a impressão ou a preocupação de que na visão da teologia da Reforma depois do batismo nem sequer poderiam mais ser consideradas necessárias outras confissões e penitências? Isso é plausível em vista da condenação da concepção, segundo a qual todos os pecados cometidos depois do batismo já estariam remidos pela mera recordação do batismo e pela confiança nele, ou transformados em pecados veniais.[484] Se a rejeição da visão convergente de batismo e penitência em Lutero estiver relacionada com isso, não teria fundamento objetivo: *Em primeiro lugar* Lutero sem dúvida concebeu o "rastejar" diário para dentro do batismo e o "afogar" do velho Adão como arrependimento autêntico (*contritio*) pelo pecado, evidentemente não como ação do ser huma-

---

[482] Tomás de Aquino, *S. teol.* III, 84,6: *Nam primum remedium mare transeuntibus est ut conserventur in navi integra: secundum autem remedium est, post navim fractam ut aliquis tabulae adhaereat: Ita etiam primum remedium in mari huius vitae est quod homo integritatem servet: secundum autem remedium est, si per peccatum integritatem perdiderit, quod per poenitentiam redeat* [Pois o primeiro remédio dos que cruzam o mar é que mantenham ilesa a nau: o segundo remédio, porém, é que depois de soçobrado o navio que se apegue a qualquer outra tábua: Assim também o primeiro remédio no mar da vida é aquele que serve à integridade do ser humano, mas o segundo é, quando tiver perdido a integridade pelo pecado, que retorne pela penitência].
[483] M. Lutero, *WA* 30/1, p. 221s = *BSELK*, p. 706s. Cf. *WA* 6, p. 529.24-32.
[484] *DS* 1623: *sola recordatione et fide suscepti baptismi* [somente pela recordação e pela fé no batismo recebido].

no, mas como obra de Deus nele, a ser por ele "passivamente" sofrida e aceita na fé, mediante lei e evangelho.[485] *Em segundo lugar*, porém, LUTERO, do mesmo modo como a *Confissão de Augsburgo* (CA 11 e 12), também preservou a necessidade de confissão e arrependimento para os cristãos batizados.[486] Não obstante, LUTERO não foi capaz de fornecer para essa necessidade uma fundamentação realmente plausível que fosse além do afogar diário do velho Adão na intimidade da vida de fé. Simplesmente pressupôs a necessidade de confissão e absolvição em cada cristão que leva a sério sua fé. LUTERO praticamente não parece ter estado consciente de que nisso está em jogo o aspecto eclesial da penitência, a reconciliação do pecador com a igreja, na qual Cristo está presente para ele, porque apesar de todas as distorções ela continua sendo o corpo de Cristo. O acontecimento da confissão e absolvição se concentrava para ele totalmente na relação do indivíduo com o Deus que perdoa. Com essa posição, porém, ele tão-somente acompanhava a tendência que se salientava cada vez mais intensamente já na teologia penitencial da Idade Média. Em razão disso LUTERO também frisou, em concordância com uma influente linha de tradição da teologia medieval, o caráter puramente declarativo da absolvição como distribuição do perdão de Deus em contraposição à concepção dela como uma

---

[485] Sobre *contritio* [contrição] e *compunctio* [compunção, pesar] nos primeiros tempos de LUTERO, cf. R. SCHWARZ, *Vorgeschichte der reformatorischen Bußtheologie*, 1968, p. 272ss (também p. 151ss., sobre J. VON STAUPITZ). Para enfatizar o caráter "passivo" da verdadeira *contritio* nos *Artigos de Esmalcalde* (BSELK, p. 437,30s) cf. também WA 6, p. 544s e 39/1, p. 276s, e ainda WA 1, p. 322,9s: *Contritio vera non est ex nobis, sed ex gratia dei* [A verdadeira contrição não vem de nós, mas da graça de Deus]. Também a maioria dos teólogos do início da escolástica entendeu a contrição (*contritio*) sem dúvida como "meia-volta presenteada por Deus" e lhe atribuíram como tal de já ser expressão do perdão divino, ainda que sem declaração expressa do perdão por parte do sacerdote (H. VORGRIMMLER, *Buße und Krankensalbung. Handbuch der Dogmengeschichte*, vol. IV/3, 1978, p. 129s). LUTERO soube julgar de maneira semelhante (WA 1, p. 540,8ss.), no entanto sob a premissa de que o desejo por absolvição já implica fé no evangelho (cf. o segundo ensaio de B. LOHSE citado na nota seguinte, p. 367ss.).

[486] Sobre isso, cf. B. LOHSE, "Beichte und Buße in der lutherischen Reformation", in: K. LEHMANN (ed.) *Lehrverurteilungen – Kirchentrennend?*, vol. II, 1989, p. 283-295, bem como acerca do posicionamento pessoal de LUTERO: idem, "Die Privatbeichte bei Luther" (1968), in: B. LOHSE, *Das Evangelium in der Geschichte. Studien zu Luther und der Reformation*, 1988, p. 357-378.

decisão judicial do sacerdote.⁴⁸⁷ Por isso ele, em contraposição, insistiu também sempre no caráter não-compulsório da confissão, tanto no que se refere à ida à confissão como tal como também no que diz respeito ao volume das culpas a ser confessadas: Para ambos os aspectos deveria ser responsável unicamente a consciência do indivíduo,⁴⁸⁸ e isso de fato também é apropriado, considerando-se que se trata do contato direto entre o indivíduo e Deus. Quando, em contraposição, a igreja romana insistia no aspecto integral da confissão e no caráter judicial da absolvição,⁴⁸⁹ tampouco aqui se estabeleceu a correlação com o significado eclesiástico de arrependimento e reconciliação do cristão que teve uma recaída, de modo que a insistência na regularidade e completude da confissão e na decisão judicial do confessor foi sentida não sem fundamento como coação e demanda de dominação espiritual.

A rejeição da visão teológica de conjunto de batismo e arrependimento em LUTERO por parte do Concílio de Trento ignorou a verdade de que na origem da igreja de fato os dois eram um só, e precisamente de tal maneira que o próprio batismo é o ato fundamental da penitência na conversão para a fé no Deus manifesto em Jesus Cristo. O fato de os pais do Concílio de Trento ignorarem isso é ainda mais surpreendente, considerando que estaria na linha de seu próprio enfoque de tratamento da justificação no contexto do batismo. O resultado da evolução histórica que levou à instituição de uma "segunda penitência"

---

⁴⁸⁷ É o que já afirma a sexta das *95 Teses*: *Papa non potest remittere ullam culpam nisi declarando et approbando remissam a deo* [O papa não pode remitir qualquer culpa a menos que declare e aprove que foi remitida por Deus] (*WA* 1, p. 233 tese 6, cf. tese 38, lá p. 235). Entre os teólogos do início da escolástica personagens tão notáveis como ANSELMO de Cantuária, ABELARDO e PEDRO LOMBARDO (IV.*Sent.* d.17 c.1) se posicionaram a favor da interpretação declarativa da absolvição, no séc. XIII ainda ALEXANDRE de Hales e ALBERTO MAGNO (cf. H. VORGRIMMLER, *Buße und Krankensalbung*, p. 130s). A proximidade de LUTERO com essa concepção provavelmente seja um pouco subestimada por B. LOHSE, que nesse aspecto segue a L. KLEIN, *Privatbeichte*, p. 367s. Afinal, a fé no evangelho, salientada por LUTERO e já atuante no desejo por absolvição, na realidade está sendo pressuposta também nos primeiros escolásticos.

⁴⁸⁸ Quanto às declarações a esse respeito no *Catecismo Maior* de LUTERO (*BSELK*, p. 725s, 730,14ss), cf. B. LOHSE, *Beichte und Buße...*, p. 287s, bem como idem, *Die Privatbeichte bei Luther, op. cit.*, p. 376.

⁴⁸⁹ *DS* 1709 (can. 9 acerca da doutrina penitencial). Cf. sobre isso K. LEHMANN, W. PANNENBERG (Eds.): *Lehrverurteilungen – Kirchentrennend?*, vol. I, 1986, p. 69s.

evidentemente se tornara tão óbvia para eles, que dificilmente estavam cônscios da penosa contradição com o caráter definitivo do batismo. Isso não depõe contra a justeza da instituição, por parte da igreja antiga, de uma "segunda penitência" para os que tiveram uma recaída. Porém depõe em favor de que nessa questão se trata da restauração da constituição da existência cristã de uma vez por todas fundamentada pelo batismo, e não de ultrapassar o batismo. Na convicção de que o batismo não pode ser repetido, o cristianismo sempre preservou uma consciência de que é esse o caso, e a exposição de LUTERO acerca do nexo entre arrependimento e batismo a partir de Rm 6, relacionando com Paulo o batismo com toda a caminhada da vida cristã, a rigor tão-somente destacou de forma explícita essa verdade.[490]

    Teólogos escolásticos souberam recorrer, assim como LUTERO, a Rm 6.3ss para fundamentar que o batismo não pode ser repetido. A esse respeito afirma-se em TOMÁS DE AQUINO: Visto que Cristo morreu apenas uma vez, o batismo não deve ser repetido.[491] Diferente de LUTERO, porém, TOMÁS não interpretou com Paulo o batismo na morte de Cristo como antecipação da futura morte do cristão, relacionando-o, assim, ao todo da vida terrena que ainda está diante dele. Apesar disso deve estar embutido um elemento desses na concepção da marca imperdível comunicada pelo batismo. No entanto, será que ela pode ser totalmente dissociada do acontecimento do renascimento que não apenas foi sinalizado pelo ato do batismo, mas também concretizado? Será que em função disso a graça do renascimento a partir de Deus não deve ter também uma relação com toda a trajetória de vida terrena da pessoa batizada?

---

[490] Cf. K. LEHMANN; W. PANNENBERG (eds.): *Lehrverurteilungen – kirchentrennend?*, vol. I, 1986, p. 67: "A preocupação da Reforma pela outorga, de validade permanente, da graça é expressa na terminologia escolástica pelo linguajar do '*character indelebilis*' ('marca inapagável')..." Por isso se pergunta: "Será realmente condenável entender e praticar a penitência como recondução graciosa ao batismo que a partir de Deus é indestrutível?" (p. 72).

[491] TOMÁS DE AQUINO, *S. teol.* III, p. 66,9: *Secundo, quia in morte Christi baptizamur, per quam morimur peccato et resurgimus in novitatem vitae. Christus autem semel tantum mortuus est. Et ideo nec baptismus iterari debet* [Em segundo lugar, por sermos batizados na morte de Cristo, pelo qual morremos para o pecado e ressurgimos em novidade de vida. Mas Cristo foi morto apenas uma vez. E por isso o batismo não deve ser repetido].

Entretanto, quando se compreendia com a escolástica a graça como uma realidade de criatura, ainda que sobrenatural, que foi infusa na alma pelo sacramento e está apegada a ela, então era plausível supor uma perda desse estado da graça, se um pecado mortal fosse cometido, visto que, afinal, é incompatível que o ser humano peque e ao mesmo tempo seja aceito por graça junto de Deus. O preço de uma concepção dessas é apenas que o batismo como renascimento perde relevância para a vida toda do cristão e se torna um início perdido e uma condição prévia apenas formal para o agraciamento tardio no arrependimento. LUTERO, porém, entendeu a realidade de uma nova vida cristã, fundamentada pelo batismo, assim como a comunhão da fé com Cristo, como uma realidade posta pelo agir exterior ao ser humano, mas dada na configuração do ato batismal e assim relacionada com cada pessoa individualmente, como a concretização individual do "novo ser humano", para dentro da qual o velho homem é arrastado e absorvido. É assim que a partir do batismo o novo ser humano deve crescer em nós e aumentar, enquanto o velho homem se desfaz. A vida cristã consiste dessa luta entre o novo e velho homem em nós.[492] PAUL ALTHAUS acreditava que nesse ponto tinha de constatar uma diferença em relação a Paulo: Conforme Paulo o velho homem já foi morto no batismo, enquanto LUTERO não teria em vista "algo acontecido uma só vez, mas algo que acontece continuamente".[493] Esse é um mal-entendido de graves conseqüências, que redunda em diluir o batismo na penitência, ao invés de – como aconteceu em LUTERO – entender a penitência como apropriação contínua do que no batismo aconteceu de uma vez por todas para aquela pessoa concreta.

No ato do batismo realizado "uma vez" o navio da nova vida está preparado de uma vez por todas para o cristão. Ainda que um cristão caia fora dessa graça (cf. Gl 5.4), ele não obstante pode retornar sempre

---

[492] Cf. a esse respeito no *Catecismo Maior* de LUTERO, *BSELK*, pp. 704,28ss., 706,6ss., 707,14ss.

[493] P. ALTHAUS, *Die Theologie Martin Luthers*, 1962, p. 306. Por isso é dito por ALTHAUS: "Em Paulo temos a ver com um *praeteritum praesens* (cf. os aoristos em Rm 6 e Cl 3), em LUTERO com um *praesens perpetuum*, que... como *totum* ainda não aconteceu." Contudo o praeteritum praesens de que ALTHAUS sentia falta já consta em *De captivitate babylonica ecclesiae* de 1520: *Ita semel es baptizatus sacramentaliter, sed semper baptizandus fide* [Logo estás simultaneamente batizado de modo sacramental, mas és sempre um batizando pela fé] (*WA* 6, p. 535,10).

de novo a ela. O batismo permanece "posto para sempre" sobre nossa vida.[494] A esse *perfectum praesens* [pretérito presente] está associada a necessidade de sua reapropriação diária, porque a nova identidade do cristão fundada sobre o batismo foi colocada pelo sinal do batismo "fora" do velho homem, mas executada corporalmente nele de forma concreta, de sorte que sua vida fica destinada a ser absorvida por ele e transformada para dentro dele.

> Essa interpretação da vida cristã a partir do evento do batismo ultrapassa afirmações explícitas do apóstolo Paulo em Rm 6.3ss, na medida em que nessa passagem Paulo afirma o morrer e ressuscitar somente do ato "sacramental" do batismo como tal – ainda que em relação à vida inteira do batizando. Apesar disso também a inversão desse pensamento, a concepção da vida cristã como assunção do que foi representado como sinal no batismo, corresponde à intenção paulina. Em Gl 5.24, p. ex., "crucificar" as cobiças é citado como atividade daqueles que pertencem a Cristo, embora no aoristo e certamente também em alusão ao ato do batismo,[495] mas não obstante como uma situação em que cabe à pessoa ser aprovada no confronto atual com as concupiscências da carne (Gl 5.16s). Pais também em Rm 6.12ss o apóstolo parece ter motivos para desafiar os cristãos a levar a sério em sua conduta de vida aquilo que ocorre com o acontecido no batismo (cf. também 2Cor 4.16). A tensão paulina entre indicativo e imperativo pressupõe que o ser em Cristo fundamentado sobre o indicativo do batismo não é concretizado automaticamente na conduta vivencial da pessoa batizada, mas se contrapõe a ela como algo que ainda carece de cumprimento na conduta. A explicação de LUTERO incluiu essa tensão no pensamento paulino da comunhão do cristão batizado com a morte de Cristo, com o resultado de que por um lado se trata de um acontecimento final no ato sacramental, mas que por outro ele sempre precisa ainda ser realizado no andamento da vida do cristão.

Com a excentricidade da nova identidade da pessoa batizada, correspondente exatamente à doutrina da justificação de LUTERO, em comparação com a atitude do velho homem centrado no eu, está relacionado que conforme a doutrina luterana o pecado original ainda não

---

[494] *BSELK*, p. 706,13.
[495] H. SCHLIER, *Der Brief an die Galater*, 11ª ed. 1951, p. 192s.

foi integralmente extinto na realidade empírica do ser humano através do batismo, mas que ele apenas não é mais imputado ao que renasceu pelo batismo, como AGOSTINHO já havia afirmado.[496] O Concílio de Trento, no entanto, insistiu em que através do batismo foi eliminado tudo o que é pecado na real acepção da palavra.[497] Nessa questão ambos os lados têm razão à sua maneira. A nova identidade do cristão, alicerçada sobre o batismo, como tal é de fato sem pecado. Não há nada condenável naqueles que renasceram em Cristo (Rm 8.1). Contudo essa nova realidade ainda está ligada, até a efetiva realização de nossa morte, antecipada em forma de sinal no batismo, à realidade do velho homem determinada pelo egoísmo, e para a qual vale que Deus não a imputa mais ao que é renascido pelo batismo. Também de acordo com o ensinamento do Concílio de Trento permanece ainda concupiscência na pessoa batizada (nota 497). Quando se pretende ver conjuntamente esse fato no mesmo nível da realidade não-pecaminosa de quem renasceu pelo batismo, chega-se inevitavelmente a uma interpretação atenuante das afirmações de Paulo sobre o antagonismo existente na pessoa batizada entre Espírito e carne (Gl 5.16ss.). Contudo, se não houvesse esse antagonismo, por que o apóstolo exortaria os batizados a não colocarem seus membros à disposição do pecado (!) (Rm 6.12s)? Não apenas marcado pela terminologia agostiniana, mas também em consonância com Rm 6.12 e 7.7s LUTERO entendeu a concupiscência como pecado no verdadeiro sentido da palavra.[498] Por isso não podia admitir que na pessoa batizada o pecado estivesse totalmente eliminado já na vida atual. Mas ele é submetido à nova identidade da pessoa renascida fundada no batismo, de modo que já não governa sobre ele (Rm 6.12). Que essa nova identidade *como tal* é sem pecado, isso tampouco

---

[496] *Apol.* II,35-37 (*BSELK*, p. 153s), cf. *WA* 2, p. 160,33, e ainda p. 410ss. Entre as afirmações de AGOSTINHO listadas na passagem citada da *Apologia* de MELANCHTHON deve-se ressaltar particularmente *De nupt. et concup.* 1,25, onde consta que o pecado é perdoado no batismo *non ut non sit, sed ut in peccatum non imputetur* [não para que não seja, mas para que não seja acusado no pecado] (*CSEL* 42, p. 240,17s).

[497] *DS* 1515.

[498] Para o caráter em boa parte terminológico da diferença confessional nessa questão, mas que por sua vez também está vinculada à concepção geral divergente de graça, fé e justificação, cf. o exposto in: K. LEHMANN, W. PANNENBERG, (eds.): *Lehrverurteilungen – kirchentrennend?*, vol. I, 1986, p. 50ss.

a teologia Reforma poderá negar em vista de Rm 8.1. Mas, pelo fato de essa nova identidade consistir na antecipação da morte, que na vida terrena ainda está diante de nós, é preciso que no curso dessa vida terrena o velho homem ainda seja constantemente "absorvido" com corpo e alma para dentro do novo, até que tenhamos alcançado e cumprido integralmente no juízo final aquilo que já foi realizado no "sinal" do batismo.[499]

Lutero, portanto, de forma alguma subestimou e nem mesmo contestou a eficácia do batismo, realmente transformadora do ser humano, como parece supor a condenação tridentina da doutrina de mera não-imputação do pecado em decorrência do batismo. Tampouco questionou o caráter de pretérito perfeito inerente ao renascimento ocorrido no batismo.[500] Sua doutrina simplesmente fez valer o caráter sacramental e, portanto, de sinal, do evento do batismo. A visão de que o sacramento possui eficácia na forma do sinal sacramental, e de que essa eficácia não deve ser confundida com uma causalidade física direta, constitui um ponto de vista que tampouco é estranho à teologia católica romana dos sacramentos. Resulta daí, porém, para o entendimento do batismo que o renascimento realizado no ato do batismo do ser humano, por um lado já está definitivamente concretizado no nível do sinal sacramental, mas que por outro, na execução terrena da vida da pessoa batizada, carece da apropriação pela fé, que no caso do batismo não se conclui em um instante único, mas que precisa acontecer no processo todo de sua vida na terra.

> Deveria fazer parte disso também a memória regular do batismo no culto da congregação, orientando o indivíduo em seu comportamento privado. Para isso é particularmente apropriado o intróito do culto, que inclui, nas liturgias influenciadas pela tradição romana, uma confissão de pecados (*confiteor*): Ela deveria ser proferida sempre no contexto de uma recordação do batismo, porque isso é teologicamente consistente e também porque assim os participantes do culto são interpelados como cristãos batizados e não como pecadores separados de Deus.[501] Além disso, determinadas

---

[499] Cf. M. Lutero, *WA* 6, p. 535.
[500] Para isso, cf., p. ex., *BSELK*, p. 516,20ss (Tt 3.5,8).
[501] Sobre isso, cf. do autor: *Christliche Spiritualität. Theologische Aspekte*, 1986, p. 48-58 (Christsein und Taufe), esp. p. 51s.

ocasiões no ano litúrgico (como a noite da Páscoa), mas também o aconselhamento espiritual de enfermos e moribundos, são singularmente apropriadas para a renovação da consciência da relevância fundamental do batismo para toda a trajetória da vida cristã.[502]

Dessa maneira o tema da penitência está de certo modo integrado na compreensão da vida cristã, porque a conversão concretizada no ato do batismo ao mesmo tempo possui um prolongamento temporal para o curso da vida da pessoa batizada. O arrependimento diário nesse sentido não tem a ver com um acidente na vida cristã, mas caracteriza sua execução normal. É óbvio que justamente por isso nem sequer foi atingido o tema específico da recaída para antes do batismo, que na igreja antiga tornou necessária a instituição de um procedimento penitencial especial. Tais recaídas acontecem quando o pecado torna a governar a vida de pessoas batizadas. Reside na natureza de uma situação dessas que ela também tende a se tornar, em algum momento e de alguma maneira, um fato público na vida da igreja.[503] Dessa maneira, porém, ela também se torna para a igreja o que já era antes para a pessoa que teve a recaída, a saber, uma ruptura da comunhão do corpo de Cristo. E uma ruptura dessas já contém, por natureza, uma separação do corpo de Cristo, que é estabelecida, por parte da comunhão da igreja, no ato da excomunhão. Em vista de uma situação dessas surge, pois, a pergunta pela possibilidade de uma reconciliação com a igreja como comunhão do corpo de Cristo. Esse tema, porém, não é idêntico ao das elaborações de LUTERO sobre o nexo geral entre batismo e penitência na condução normal da vida cristã. A diferenciação que se faz necessária aqui, no entanto, já se tornou imprecisa na prática medieval da confissão particular. Ela se expressa de modo apenas insuficiente na diferenciação entre pecados capitais – que em todos os casos requerem a confissão – e pecados veniais. Porque no conceito do pecado mortal

---

[502] O tema foi detidamente analisado por FRIEDER SCHULZ em uma palestra na Conferência Litúrgica Luterana de 1986 em Fulda (*Das Taufgedächtnis in den Kirchen der Reformation*).

[503] Enquanto o pecado for mantido no esconderijo da vida privada ele de certo modo está dominado, apesar de toda a hipocrisia associada com isso. O retorno do pecado ao domínio sobre a vida do ser humano, porém, tenderá a romper também a restrição à vida privada (apesar de todas as regras de sensatez que a recomendam).

falta a dimensão eclesial como característica de diferenciação e porque, ademais, perante Deus qualquer pecado possui peso infinito, como Anselmo de Cantuária já incutiu na consciência do cristão medieval. Por isso a instituição da confissão privada dificilmente seria apropriada na situação atual para fazer frente satisfatoriamente à problemática peculiar da recaída para antes do batismo em uma vida *dominada* pelo pecado. Nesse ponto existe, tanto para as igrejas da Reforma, nas quais desde o séc. XVII a confissão particular se tornou exceção, quanto também para a igreja católica romana, hoje uma questão em aberto. O aconselhamento espiritual privado e a tarefa de uma reconciliação com da igreja daquele, em cuja conduta de vida o pecado voltou a ser o poder dominante, são temas diferentes, embora o aconselhamento espiritual também terá uma função na preparação de uma reconciliação. A necessidade de se reconciliar com a igreja deveria ser novamente compreendida com mais clareza como caso excepcional na vida cristã e tratada de acordo. Nisso estão interconectados os temas tradicionais da penitência e disciplina eclesiástica (ou banimento). No entanto, também esse caso de exceção ainda se insere no contexto geral da assunção da conversão e do arrependimento em todo transcurso da vida de cada indivíduo cristão, representados no ato do batismo em forma de sinal.

c) Batismo e fé (batismo de infantes, confirmação, unção de enfermos)

Fé e batismo formam uma unidade: A comunhão da fé com o destino do Crucificado e Ressuscitado (Fl 3.9-11) está fundamentada sobre o batismo (Rm 6.3ss). Em contrapartida, a "vinda" da fé e de sua justiça (Gl 3.23s) culmina no evento do batismo, porque ele intermedeia a participação na relação filial de Jesus Cristo com o Pai (Gl 3.26s). Nos antigos relatos da missão dos primeiros cristãos a pregação do evangelho visa regularmente ao batismo.[504] Ele é o "selo da fé", como consta no *Pastor de Hermas*.[505] Quando se chega ao ponto do batismo,

---

[504] Dessa maneira G. Kretschmar, *Die Geschichte des Taufgottesdienstes in der alten Kirche* (Leiturgia V), 1970, p. 49 sintetiza os dados a esse respeito desde os Atos dos Apóstolos de Lucas até os atos apostólicos apócrifos.
[505] Hermas, *Sim.* IX, 93,5. A expressão igualmente ocorre em Tertuliano, *De paen.* 6,16 (*SC* 316, 168) e ainda em Basílio, no escrito contra Eunômio 3,5 (*MPG* 29, p. 665 C).

evidencia-se que a proclamação missionária da igreja foi aceita, que encontrou fé. Em contrapartida, o significado do batismo é apropriado e preservado pela fé. Assim o batismo é, em duplo sentido, o "sacramento da fé".[506]

Na prática missionária e na teologia da igreja antiga a relação entre batismo e fé se apresentava inicialmente de tal forma que a fé precede e o batismo vem depois. Isso já é explicitado pela história do batismo do tesoureiro etíope por Filipe (At 8.37), e também deve ser o sentido original de sua designação como *sacramentum fidei* [sacramento da fé] em TERTULIANO: Da parte do batizando o batismo era testemunho e confissão de sua fé. Isso pressupunha a instrução sobre o conteúdo da fé, conforme acontecia no catecumenato da igreja antiga.

Com o surgimento do batismo de crianças isso mudou. O batismo de infantes na realidade foi designado já no séc. III por CIPRIANO e ORÍGENES como antigo costume apostólico, mas não possui comprovação segura antes de HIPÓLITO de Roma – ou seja, antes do final do séc. II.[507] Os dados de Atos dos Apóstolos, de que recém-convertidos se deixavam batizar "com toda a sua casa" (At 18.8; cf. 10.2; 11.14; 16.33) não permitem conclusões seguras no tocante a um batismo de bebês. Somente mostram que voltar-se à fé na mensagem de Cristo não era sempre uma decisão solitária de indivíduos, mas desde cedo podia envolver famílias inteiras. Ali é preciso presumir a origem do costume do batismo de crianças, disseminado desde o séc. III – além do batismo no leito de morte. É verdade que TERTULIANO levantou contra ele a objeção de que as crianças ainda não são capazes de uma percepção e decisão próprias,[508] contudo nem mesmo ele como adversário do batismo de crianças não rejeitou esse costume como inovação nem o culpou de destruir a vinculação entre fé, confissão e batismo, porque, pelo contrário, considerou, apoiado em 1Cor 7.14, os filhos de pais cristãos santificados por meio deles.[509] O costume se

---

[506] Posição de TERTULIANO, *De an*. 1,4 (*CCL* 2, p. 782,28s). A designação permaneceu, através de AMBRÓSIO e AGOSTINHO, em uso na escolástica latina (cf. TOMÁS DE AQUINO, *S. teol*. III,66,1 ad 1) e ainda desaguou no Decreto tridentino sobre a justificação (*DS* 1529).

[507] Acerca desse dado há décadas intensamente discutido, cf. a síntese em E. SCHLINK, *Die Lehre der Taufe*, 1969, p. 110s, bem como G. KRETSCHMAR, *op. cit.*, p. 81ss.

[508] TERTULIANO, *De bapt*. 18 (*MPL* 1, p. 1221).

[509] K. ALAND, *Die Säuglingstaufe im Neuen Testament und in der alten Kirche. Eine Antwort an Joachim JEREMIAS*, 1961, p. 40ss.

consolidou no séc. IV pela interpretação surgida com base em Rm 6.3ss, de que o batismo seria um evento de mistério, que liga o batizando com a morte e a ressurreição de Cristo. "Sendo o batismo primordialmente morrer com Cristo e novo nascimento da água e do Espírito, o voto do batizando não pode mais estar no mesmo nível desse agir de Deus." Pelo contrário, agora a vinculação entre batismo e fé "também podia ser entendida como aceitação obediente ou até mesmo compreensiva da palavra de Deus que acontece no próprio evento do batismo para a pessoa batizada".[510]

Fundamento mais importante em favor do batismo de bebês passou a ser na igreja ocidental, desde AGOSTINHO, a doutrina do pecado original. O concílio de Cartago decidiu em 418 que também as crianças carecem do batismo para a remissão dos pecados e sem ele permanecem excluídos do reino dos céus.[511] Essa justificativa do batismo de crianças não apenas permaneceu determinante para a teologia e igreja católica romana, mas igualmente para as igrejas da Reforma.[512] Na doutrina calvinista esse ponto de vista não tem tanta relevância, porque ela considerou de modo geral os sacramentos somente como sinais da graça, acessível também sem eles, mediante a palavra do perdão.[513] Apesar disso, também as igrejas reformadas conservaram o batismo de crianças, porque nelas o batismo é entendido como admissão à aliança da graça de Deus, que não vale apenas para os adultos, mas igualmente para as crianças.[514] Foi somente por meio de KARL BARTH que a prática

---

[510] G. KRETSCHMAR, *op. cit.*, p. 266 e 267, comentando AMBRÓSIO e AGOSTINHO. Sobre os pressupostos, cf. já p. 174ss., também p. 169. Segundo AGOSTINHO, no batismo de lactentes os pais e outros membros da igrega crêem e confessam vicariamente, à semelhança de como na realidade também foram outros que incorreram no pecado, apagado pelo batismo (*Contra duas epist. Pelag.* 1,22. MPL 10/1, p. 570). Até mesmo no caso de os pais serem incrédulos, não é motivo, conforme AGOSTINHO, para impedir decisivamente o batismo (*Ep.* 98,2; MPL 33, p. 360).
[511] DS 223 e 224.
[512] CA 9,1-3 designou por isso o batismo de crianças como necessário (*necessarius ad salutem* [necessário à salvação], *BSELK*, p. 63,1ss.) e condenou os anabatistas, porque ensinam a possibilidade de salvação para as crianças também sem o batismo.
[513] É o que diz o *Catecismo de Heidelberg*, de 1563, Questão 66.
[514] *Catecismo de Heidelberg*, questão 74. Cf. J. CALVINO, *Inst. chr. rel.* 1559 IV, p. 16,5s. CALVINO avaliou o batismo de crianças como correspondência tipológica com a circuncisão na antiga aliança (*op. cit.* 16,3ss e 20s, bem como 14,21). O nexo

do batismo de crianças ficou abalada em amplas parcelas do protestantismo reformado, mas também muito além dele.⁵¹⁵ Terá objetivamente razão a crítica de BARTH, que insiste na fé e na confissão espontânea do batizando como condição prévia para o exercício do batismo? Ou será que se pode defender contra essa posição a prática do batismo de crianças como condizente com a natureza do batismo?

A questão não pode ser liquidada já por meio de uma crítica aos *argumentos* de BARTH. A exigência do *batismo de confissão* foi defendida muito antes de BARTH pelas igrejas praticantes do batismo de fé. Ela continuará tendo peso mesmo quando os argumentos de BARTH em favor dele fracassarem. É fácil mostrar que a diferenciação entre batismo no Espírito e batismo na água em *KD* IV/4 não possui uma base bíblica suficiente. Não existe no cristianismo primitivo nenhum "batismo do Espírito" separado do batismo na água. Existe somente um batismo, realizado com água e normalmente associado à dádiva do Espírito.⁵¹⁶ A circunstância de ambos

---

necessário de batismo e fé não era tido pela tradição reformada até KARL BARTH como objeção contra o batismo de crianças, porque se confiava em que o Espírito Santo também seria capaz de gerar até mesmo em lactentes a semente da futura fé (assim CALVINO, *op. cit.*, p. IV, 16,20; cf. 18, bem como H. HEPPE; E. BIZER, *Die Dogmatik der evangelisch-reformierten Kirche*, 1958, p. 496ss). Em defesa do batismo de infantes CALVINO se reportou – à semelhança de LUTERO em seu livreto sobre o batismo (*BSELK*, p. 539,35ss.) – também à palavra de Jesus sobre as crianças conforme Mt 10.14s (*Inst. chr. rel.* 1559, IV,16,7).

⁵¹⁵ K. BARTH, *Die kirchliche Lehre von der Taufe*, 1943. BARTH demandou aqui que o batismo teria de ser configurado como expressão da confissão espontânea do batizando (p. 40). Em *KD* IV/4, 1967, BARTH ainda reforçou essa posição pela diferenciação entre batismo com o Espírito e batismo com água, no que a última se configura como um ato humano de obediência da fé. Cf. E. JÜNGEL, "Karl Barths Lehre von der Taufe", in: *Barth-Studien* 1982, p. 246-290, esp. 256ss. Sobre a relação entre a doutrina batismal de BARTH e a de ZWÍNGLIO e CALVINO, cf. também E. SCHLINK, *op. cit.*, p. 122ss.

⁵¹⁶ A contraposição de batismo na água e batismo no Espírito (fogo) em Mc 1.8; par. Caracteriza, na acepção do evangelista, justamente o batismo de João em sua diferença com o batismo cristão. Em consonância, Atos dos Apóstolos contrapôs o batismo no nome de Jesus, combinado com a concessão do Espírito (pela imposição das mãos) ao batismo com água de João (At 19.1-7). Na história de Cornélio (At 10) na verdade se informa que Cornélio e o seus já haviam recebido o Espírito ao ouvir a pregação de Pedro, e que por isso Pedro também não os impediu de receber o batismo na água (At 10.44ss) – mas o recebimento

formarem uma unidade deve estar relacionada com a outra diferença entre o batismo cristão e o de João, a saber, que o primeiro é um batismo *no nome de Jesus*, que une o recebedor com Jesus. A realidade escatológica de Jesus, porém, está plena do Espírito. Por isso Paulo foi capaz de afirmar: "Quem, no entanto, não possui o Espírito de Cristo, não pertence a ele" (Rm 8.9). O batismo cristão na água não poderia, pois, ligar o batizando com Cristo, como ensina todo o primeiro cristianismo, se por meio dele não fosse comunicado o Espírito. Menos ainda um batismo na água que liga o batizando efetivamente com Cristo poderia ser propriamente contraposto, como mero ato de obediência humano, ao ato divino da concessão do Espírito: De tanto um simples ato humano não é capaz. Portanto, ainda que a base bíblica das teses de BARTH quanto ao batismo permaneçam questionáveis, persiste, sim, a pergunta do mérito: Não apenas por causa da plausibilidade interna da concepção que considera a confissão pessoal como premissa do batismo, mas principalmente porque, de acordo com todas as probabilidades, também a prática do cristianismo primitivo era condizente com essa forma.

A pergunta pela justeza ou não do batismo de crianças não constitui uma questão de detalhe. Pelo contrário, na decisão dessa pergunta

---

do Espírito Santo não é caracterizado como um batismo no Espírito. É somente na retrospectiva sobre o acontecimento que Pedro se lembra, conforme At 11.16, da palavra do Ressuscitado, que conforme At 1.5 anunciou o batismo por meio do Espírito. Essas duas palavras de Atos dos Apóstolos são, entre as referências do Novo Testamento citadas por K. BARTH, *KD* IV/4, 1967, p. 3, em favor de sua asserção de um batismo no Espírito diferente do batismo na água, as únicas que entram em cogitação como argumento sério (Das quatro restantes: 1Cor 12.13 certamente fala da atuação do Espírito no batismo, mas sem sugerir a concepção de um batismo sem água; Mc 1.8; par. e Jo 1.33 são palavras do Batista, cuja diferenciação entre batismo na água e no Espírito foi superada pelo batismo cristão (cf. At 2.38), como mostra justamente At 19.2. O anúncio do batismo no Espírito em At 1.5 simplesmente acolhe a formulação do Batista (Lc 3.16), porque Lucas obviamente não encontrou na tradição nenhuma palavra marcante de Jesus (posição de J. ROLOFF, *Die Apostelgeschichte*, 1981, p. 22). A acolhida dessa palavra por Pedro em At 11.16, porém, aponta justamente para a vinculação de batismo na água e recebimento do Espírito, que para Lucas, conforme At 2.38 e 19.2ss, caracteriza o exercício normal do batismo cristão, sendo que o Espírito evidentemnte via de regra era transmitido pela imposição das mãos (At 19.6; cf. 8.17, diferente em At 8.39).

influem as respectivas concepções sobre a natureza do batismo como tal e sobre a relação entre batismo e fé. Quando se compreende o batismo apenas como expressão e manifestação pública de que uma pessoa abraça a fé, então é preciso rejeitar o batismo de crianças.[517] Quando, porém, o batismo comunica um efeito que também aquele que já se converteu à fé não consegue providenciar sozinho para si, mas que ele unicamente consegue receber, a saber, a vinculação definitiva do batizando com o destino de Jesus, então a correlação dos fatos evidentemente possui mais níveis que os defensores do batismo de confissão freqüentemente presumiram. Acontece que o batismo não pode ser entendido primordialmente como ação do ser humano, ou seja, do batizando, já pelo fato de que ninguém pode batizar a si mesmo.[518] Além disso, ele, embora realizado por outras pessoas no batizando, é executado mediante recurso a uma incumbência divina: É disso e, portanto, de sua instituição que depende a legitimidade do batismo. Uma vez que isso está assegurado, a execução do batismo não deixa de ser mediada por agir humano, mas em seu cerne se trata de um agir do próprio Deus no batizando: "Porque ser batizado em nome de Deus não é ser batizado por humanos, mas pelo próprio Deus; por isso, ainda que aconteça por mão humana, ele é verdadeiramente obra do próprio Deus."[519] O batismo seguramente não produz a salvação sem a fé. De um ou outro modo sempre está relacionado com a fé do batizando, porém: "... a minha fé não faz o batismo, mas recebe o batismo".[520] Isso vale também quando fé e confissão precedem a execução do batismo: Também aquele que já se confessa como pertencente a Jesus Cristo recebe através do batismo o "lacre" de sua fé que liga sua vida de forma inquebrável com a morte e ressurreição de Jesus Cristo. A eficácia desse acontecimento é assegurada pelo fato de que a vida do cristão é marcada passo a passo por sua condição de pessoa batizada e pela apropriação, via recordação, do que isso significa.

---

[517] É o que defende também E. SCHLINK, op. cit., p. 122.
[518] G. KRETSCHMAR chamou atenção para a circunstância de que o batismo cristão, diferente dos banhos de imersão judaicos, "não era simplesmente autobatismo", mas da mesma forma como já o batismo de João pressupunha "que outra pessoa o executava" (op. cit., p. 18).
[519] M. LUTERO, Catecismo Maior IV,10 (BSELK, p. 692s = WA 30/1, p. 213). Cf. WA 6, p. 530,16-25.
[520] M. LUTERO, Catecismo Maior IV,53 (BSELK, p. 701,41s = WA 30/1, p. 218).

Esse quadro foi explicitado na teologia de um lado pela diferenciação entre o lacrar ocorrido no ato do batismo de um lado, e a apropriação crente de sua substância, por outro. O lacre do batismo, por meio de qual o batizando é entregue à propriedade Jesus Cristo no nome do Deus triúno, antecede a assunção crente dele. Ele persiste de pé até mesmo quando deixa de ocorrer a apropriação na fé, e não é repetido por esse motivo. Contudo o batismo é eficaz para a salvação de quem o recebe não já pela execução ritual, mas somente por meio de sua apropriação na fé. LUTERO o justificou em 1520 com o argumento de que os sacramentos da nova aliança se distinguem dos da antiga pelo fato de que cada um deles vem acompanhado de uma palavra de promessa, que precisa ser agarrada na fé. Toda a sua eficácia depende da fé. Ela não consiste simplesmente da execução sacramental. Por isso também se diz que não é o sacramento, mas a fé no que o sacramento assinala que justifica.[521] Por essa razão também se deve ensinar no batismo a fé na promessa vinculada a ele.[522] Aos teólogos escolásticos LUTERO os acusou de terem negligenciado isso.[523] Na realidade, contudo, também um teólogo escolástico como TOMÁS DE AQUINO ensinou que a fé era imprescindível para a obtenção do efeito salvador do batismo. No entanto TOMÁS diferenciou entre a "marca" (*character*) permanente no batizado, realizada pela execução do batismo, como engajamento para Deus e a graça justificação assim propiciada.[524] O lacre comunicado pelo batismo é apenas o sinal sacramental do acontecimento da justificação que deve se processar na alma do batizando e apenas ocorre de fato pela apropriação crente do batismo. Enquanto é possível perder a justiça assinalada pelo sinal da obtenção do batismo, e que não é alcançada sem fé, é impossível perder a caracterização associada ao

---

[521] M. LUTERO, *De capt. babyl. eccl.*: ... tota eorum efficatia est ipsa fides, non operatio. Qui enim eis credit, is implet ea, etiam si nihil operetur. Inde proverbium illud 'Non sacramentum, sed fides sacramenti iustificat' [... toda a eficácia deles é essa fé, não a ação. Pois quem crê nela, cumpre-a, mesmo que não aja nada. Daí o provérbio: Não é o sacramento, mas a fé no sacramento que justifica] (*WA* 6, p. 532,27-29).

[522] M. LUTERO, *op. cit.*, p. 529.

[523] M. LUTERO, *op. cit.*, p. 530. Cf. a observação crítica sobre TOMÁS DE AQUINO e os teólogos dominicanos nos *Artigos de Esmalcalde* 1537 (*BSELK*, p. 450,2s), e ainda L. GRÖNVIK, *Die Taufe in der Theologie Martin Luthers*, 1968, p. 90ss, seguindo a P. BRUNNER, *Pro Ecclesia*, vol. I, 1962, p. 138-164, esp. p. 149s.

[524] TOMÁS DE AQUINO, *S. teol.* III,68,8. TOMÁS fundamentou a imprescindibilidade da fé para o efeito da salvação do batismo com Rm 3.22: *Iustitia Dei est per fidem Jesu Christi* [A justiça de Deus é pela fé em Jesus Cristo].

estado de pessoa batizada.⁵²⁵ Aqui a diferença entre LUTERO e TOMÁS não é muito grande na substância. Embora LUTERO não tenha acolhido a concepção do "caráter", seu teor ainda chega a ser formulado no *Catecismo Maior*, de que o batismo permanece "sempre de pé... ainda que alguém caia dele e peque".⁵²⁶

Se o batismo como ação sacramental com cunho de sinal visa à fé de quem o recebe naquilo que ele assinala, mas não a pressupõe necessariamente, porque em todos os casos a fé somente pode *receber* o batismo, então – e unicamente então – é admissível por princípio, a partir da natureza do ato batismal, também um batismo de crianças e bebês. Pelo menos não se pode fazer valer, então, a peculiaridade do ato batismal contra uma prática dessas. O fato que inicialmente se opõe a ela, de que o incipiente cristianismo anunciou primeiramente o evangelho e somente batizou aos que foram conquistados para a fé, pode ser esclarecido, então, com a explicação de que a missão dos primórdios cristãos, afinal, se dirigia predominantemente a adultos. Pelo que se evidencia, o batismo não deve ser realizado contra a vontade e contra a convicção do batizando, desde que vontade, capacidade de discernimento e convicção estejam desenvolvidos no respectivo caso concreto. Mas ele não depende disso. Também na pessoa já batizada todos esses fatores antropológicos continuam sendo mutáveis. Apesar disso a outorga de Deus permanece "sempre de pé" sobre sua vida. Se devemos compreender o batismo como uma "dádiva", cujo começo não está vinculado a determinado grau de capacidade humana de discernimento e decisão, mas pressupõe unicamente que não exista uma resistência contra ele, que em princípio haja uma disposição, por que, então, ele deveria ser negado a crianças? Será que os adultos de fato

---

⁵²⁵ *S. teol.* III,66,1 o "caráter batismal" perene é chamado de *signum sacramentale interioris iustiflcationis* [sinal sacramental da justificação interior] Quando à impossibilidade de perdê-lo, cf. *ib.* ad 1 e III,63,5, onde, porém, a fundamentação é outra.

⁵²⁶ *BSELK*, p. 706,13-15. No Catecismo Maior acontece uma mudança de ênfase em relação a afirmações de LUTERO de 1520, na medida em que a agora se destaca mais a primazia do agir divino no batismo em comparação com o recebimento com fé (cf. sobre isso L. GRÖNVIK, *op. cit.*, p. 102ss.). Contudo não existe o contraste, porque também agora LUTERO não falou de um efeito justificador do sacramentos sem fé.

estão em condições completamente diferentes em relação a eles, quando se trata de afiançar a própria fé? Quem pode garantir sua própria perseverança na fé? Será que os adultos de fato trazem consigo muito mais que uma disposição positiva? Em vista dessa premissa, porém, cabe de fato ponderar o que também um crítico da igreja antiga contra o batismo de crianças como TERTULIANO deixou valer em favor dele, a saber, que os filhos de pais cristãos podem ser considerados como santificados por meio deles, no sentido de 1Cor 7.14. Isso pode ser difícil de aceitar par ao individualismo da mentalidade moderna, mas faz mais justiça à realidade humana com sua complexidade social que uma apreciação abstrata do indivíduo. De medida especial isso vale para a situação da criança em sua carência de ajuda e sua abertura. Nisso o próprio Jesus reconheceu uma abertura para a proximidade por ele anunciada do senhorio de Deus (Mc 10.14s). Trata-se, no caso, de um quadro antropológico geral, que deve ser diferenciado da singularidade da situação de crianças de pais cristãos, mas que lhe serve de base. Também ele precisa ser considerado nas ponderações a favor e contra o batismo de crianças. Nesse sentido não foi totalmente incorreto que a tradição eclesiástica tenha se reportado, em favor do costume do batismo de crianças, ao chamado "evangelho das crianças" de Mc 10.14, embora lá não se fale de um batismo. Em síntese, cumpre dizer que na criança pequena – e de modo especial em filhos de pais cristãos – não apenas se deve constatar uma falta da formação de discernimento e vontade que se contraponham ao batismo, mas, além disso, deve-se contar com uma disposição positiva para uma confiança irrestrita, cujo verdadeiro objeto – como a criança evidentemente ainda não pode saber – é exclusivamente o verdadeiro Deus, que se revelou no envio de Jesus.

> As considerações de LUTERO sobre a possibilidade de uma fé em crianças gerada pelo Espírito Santo (*fides infantium*), ou seja, de uma variante da confiança crente, correspondente à tenra idade da criança, substâncialmente (embora não explicitamente) aberta para Deus, não podem ser avaliadas, à luz dessas últimas ponderações, como tão despropositadas como asseveraram diversos críticos.[527]

---

[527] É, p. ex., a posição de P. ALTHAUS, em uma recensão da obra de K. BRINKEL, *Die Lehre Luthers von der* fides infantium *bei der Kindertaufe*, 1958, in: *TLZ* 84, 1959, p. 866-869.

Naturalmente a confiança infantil ainda não possui a estrutura posteriormente desenvolvida de uma confiança em Deus mediada por *notitia* e *assensus*, em função do que ainda não pode ser fé explícita em Jesus Cristo. Por isso, de fato seria melhor não falar de fé no sentido de uma resposta, de que no batismo a criança é "interpelada" pela palavra de Deus.[528] Em contrapartida, pode-se muito bem falar de "fiar-se e crer no coração", no sentido da explicação dada por Lutero para o Primeiro Mandamento.[529] Pois se trata, no caso, de uma constante antropológica que, ao contrário da "intencionalidade" demandada por Paul Althaus, pela qual de fato se caracteriza "o ato pessoal do *accipere* [aceitar] da *promissio* [promessa] de Deus" no adulto,[530] não pode ser contestada nem mesmo para a fase de vida infantil. Althaus afirmou com razão que Lutero não tratou no *Catecismo Maior* a fé de crianças como premissa do batismo.[531] Isso condiz com a regra de Lutero, de que de modo geral a fé não faz o batismo, mas o recebe. Contudo tampouco nesse sentido Lutero "postulou" a fé da criança batizada. Pelo contrário, o Catecismo Maior apenas fala de que a criança seja trazida ao batismo na "opinião e esperança de que creia", aliadas à prece de "que Deus lhe conceda fé".[532] Isso não é nenhum postulado, mas é dito em respeito perante as possibilidades do Espírito de Deus subtraídas ao discernimento humano, na relação direta com a criança. Será que aquele, junto do qual os leãozinhos buscam alimento (Sl 104.21) e que os filhotes de corvo invocam por socorro (Jó 38.41), não teria também meios e acessos ao coração de uma criança humana?

De tudo isso não decorre que indistintamente todas as pessoas já devem ser batizadas como bebês. Isso tampouco é imperioso em conseqüência da doutrina do pecado original, já que no futuro do reino de Deus de qualquer modo se achegarão pessoas de todas as regiões do mundo – integrantes de culturas estranhas que dificilmente estarão batizados – para se deitarem à mesa com Abraão, Isaque e Jacó (Mt 8.11; par.). Nesse ponto a condenação doutrinária dos adversários do batismo de crianças pela *Confissão de Augsburgo* carece de correção. Porque

---

[528] Posição de K. Brinkel, *op. cit.*, p. 75.
[529] M. Lutero, *Catecismo Maior* 1,2 (BSELK, p. 560,16s).
[530] P. Althaus, *op. cit.*, p. 868.
[531] P. Althaus, *op. cit.*, p. 867.
[532] BSELK, p. 702,45-47.

ali consta na versão latina de *CA* 9 que os anabatistas são condenados porque asseveram que as crianças também podem vir a ser bem-aventuradas sem batismo. Para fundamentar essa condenação, Mt 18.14 não é apropriado, porque essa palavra não se refere ao batismo. Diferente é o caso de Jo 3.5. Contudo essa palavra não se refere à situação de crianças e não visa a vincular a palavra de bênção de Jesus sobre as crianças (Mc 10.14s) à condição do batismo, mas confrontar adultos com a necessidade de seu renascimento. A concepção derivada da doutrina do pecado original, de que crianças não-batizadas estariam excluídas da salvação eterna não corresponde ao testemunho geral do Novo Testamento. Isso, porém, significa: Pode-se avaliar como teologicamente questionável a concepção que considera a fé como condição prévia do batismo, bem como a crítica, nela apoiada, ao batismo de crianças, como aconteceu também aqui. Contudo o batismo de crianças por sua vez tampouco deveria ser concebido como a única forma possível de prática batismal. Isso levaria ao descrédito de grande parcela da prática batismal dos primórdios cristãos. Por isso também se deveria abrir mão das respectivas condenações nesse ponto, por mais que se possa compreender o interesse de cada igreja por uma prática uniforme nessas questões. Um efeito divisor de igrejas é causado somente pelo rebatismo de pessoas já batizadas, porque assim se atribui *ipso facto* [por isso mesmo] a invalidade ao batismo já recebido.[533]

Ao lado do batismo de crianças tem de ser mantido espaço para a possibilidade do batismo de adultos para aqueles que se deparam com a mensagem cristã ou a abraçam somente em idade avançada. Ambas as formas da prática batismal podem ser executadas lado a lado. Entretanto, depõe a favor do batismo de crianças que na vida dos batizados como crianças o chamado da graça de Deus em Jesus Cristo e sua reivindicação sobre sua vida já antecedeu toda experiência e todo esforço pessoal. Também aquele que somente em anos posteriores se

---

[533] É significativo que nessa questão também nas igrejas praticantes do batismo de crentes existe disposição para o entendimento, quando acontece a admissão de membros de outras igrejas sem repetição do batismo, no caso de os convertidos se entenderem a si próprios como já batizados. O fato de em outras situações se realiza pelo menos um batismo condicional constitui um problema ecumênico que não ocorre apenas na relação com igrejas batistas, mas também na relação com algumas igrejas ortodoxas que não reconhecem o chamado batismo de hereges.

dá conta disso e aceita conscientemente o batismo, pode experimentar como uma bênção que Deus desde o início destinou e aceitou essa vida como um todo, antes de quaisquer caminhos e descaminhos, para a comunhão consigo em seu Filho. Essa ponderação pode com razão ser o ponto decisivo em uma família cristã para a decisão de deixar batizar desde cedo uma criança. Afinal, constitui a situação de vida da criança que outros – em primeira linha os pais – assumem vicariamente pela criança a responsabilidade por seu bem-estar e seu desenvolvimento, até que esteja em condições de responder por si em responsabilidade própria. Isso começa com alimento, vestes, cuidados de saúde, e inclui igualmente o desenvolvimento da vida religiosa, ainda mais que a pessoa primária de referência da criança pequena (via de regra a mãe), representa provisoriamente o objeto de sua dependência irrestrita e de sua ilimitada confiança, enquanto a educação religiosa na tenra idade infantil tem a incumbência de diferenciar entre Deus, como o único interlocutor da pessoa digno de confiança ilimitada e que dá firmeza à dependência ilimitada do ser humano do ser humano, e as possibilidades limitadas dos pais.[534] Sob esse aspecto, a concepção da igreja antiga, atestada desde o final do séc. II, de que no batismo de crianças na menoridade os adultos responsáveis por elas proferem vicariamente por elas a confissão de fé é menos estranha que possa parecer na visão do moderno subjetivismo. Não obstante a confissão vicária da fé então também inclui o compromisso da educação religiosa da criança. Esse compromisso evidentemente não pode dar garantias da fé futura da criança, assim como tampouco é capaz disso um ser humano em relação a sua própria fé no futuro.

Em todos os casos o batismo de uma criança na menoridade depende de modo especial da posterior apropriação autônoma de seu significado mediante a fé do adolescente. A apropriação da fé por parte do batizando em todos os casos faz parte do batismo. O sinal sacramental do batismo e o efeito permanente, nele fundamentado, de ser batizado apontam para a fé pessoal do batizando: É somente nela que chegam à plena realização o renascimento e a justificação do ser humano que acontecem no batismo. A *Declaração de Lima*, da Comissão

---

[534] Sobre isso, cf. do autor, *Anthropologie in theologischer Perspektive*, 1983, p. 223s. Cf. também H.-J. FRAAS, *Die Religiosität des Menschen. Ein Grundriß der Religionspsychologie*, 1990, p. 112s, 176ss.

para Fé e Ordem do Conselho Mundial de Igrejas enfatizou em 1982 com razão que o nexo essencial entre batismo e fé não é atingido pelas diferenças na prática batismal: "Quando alguém é batizado capaz de responder por si mesmo, a confissão pessoal de fé constitui uma parte integral do culto batismal. Quando é batizado um bebê, a resposta pessoal será dada em uma hora posterior."[535] Nesse entendimento a confissão pessoal está tão integrada no ato do batismo que sua prestação posterior não deveria ser considerada um evento diferente do batismo, adicional e complementar dele, como se somente então aconteceriam renascimento e justificação, mas assim que dessa maneira se ratifica o batismo outrora realizado como evento de renascimento e justificação.

O distanciamento temporal entre a cerimônia ato batismal crescentemente realizada como batismo de crianças e a confissão pessoal a favor da ligação dos batizados com Jesus Cristo e o Deus triúno efetivada pelo batismo encontrou expressão no cristianismo ocidental desde o início da Idade Média no *rito da confirmação* que a princípio se tornou independente por outras razões. No caso, trata-se da cerimônia de impor as mãos e ungir a fronte, que originalmente fazia parte da "seqüência ritual" da ação do batismo.

O ato da unção com óleo na forma de sinal da cruz, que já no séc. V foi chamado *consignatio* ou *confirmatio*, porque confirmava a legitimidade de toda a ação batismal, era prerrogativa do bispo na prática do batismo na igreja antiga.[536] A confirmação episcopal do batismo tinha relevância especialmente por causa da filiação do batizado à igreja, por ele fundamentada, e por isso também para a admissão à comunhão eucarística. Na unção e no sinal da cruz como "ato de lacrar" para a participação da pessoa batizada na unção de Cristo (2Cor 1.21; 1Jo 2.20,27), constitutiva para o título Cristo ou Messias, via-se também o sinal da comunicação do Espírito Santo, que acontecia por meio da imposição de mãos. Por isso unção e imposição das mãos podiam ser consideradas praticamente o auge do ato batismal. Nas igrejas orientais ortodoxas essa correlação foi preservada até hoje. No cristianismo ocidental, porém, os atos da unção e imposição de mãos foram desmembrados

---

[535] *Batismo, Eucaristia e Ministério*. Declaração de convergência da Comissão de Fé e Ordem do Conselho Mundial de Igrejas, com prefácio de WILLIAM H. LAZARETH e NIKOS NISSIOTIS, 1982, nº 12 sobre o batismo.

[536] G. KRETSCHMAR, art. "Firmung", in: *TRE*, vol. II, 1983, p. 192-204, 195.

do rito batismal no início da Idade Média justamente por causa de seu vínculo com o ministério do bispo, sendo que as demais partes podiam ser executadas por sacerdotes. O desmembramento desses ritos finais do ato batismal se deu por causa da "transformação do ministério episcopal da direção de uma congregação local para a supervisão de uma região".[537] Agora o bispo já não podia estar presente em todos os batismos, que por sua vez eram realizados o quanto antes após o nascimento de uma criança por causa da doutrina do pecado original. Por isso se passou a recuperar a unção da fronte e imposição das mãos pelo bispo, quando ele podia visitar a respectiva congregação.

O processo de tornar independente a unção e imposição das mãos para vir a ser um rito próprio da crisma ou confirmação, portanto, a princípio não tinha nada a ver com a confirmação do batismo pela pessoa batizada, mas apenas com a atestação pelo bispo. Houve, porém, problemas decorrentes de uma fundamentação e interpretação teológicas do rito independente da confirmação, e no contexto deles se salientou igualmente a aceitação autônoma da confissão do batismo por parte da pessoa batizada como propriedade pertencente a esse rito.

Cabe inicialmente mencionar ainda que o enquadramento desse rito como sacramento se mostrou problemático, porque não havia como comprovar a instituição necessária dele no Novo Testamento.[538] A promessa do Espírito em Jo 16.7, que TOMÁS DE AQUINO aduziu em favor dele,[539] não pode valer como instituição específica da confirmação já porque de acordo com os testemunhos do primeiro cristianismo a dádiva do Espírito geralmente está associada ao batismo.[540] Visto que,

---

[537] G. KRETSCHMAR, op. cit., p. 197. Acerca da correlação com o batismo de infantes como forma normal da prática do batismo, cf. p. 199.

[538] Com que dificuldades se deparou a teologia nesse ponto mostra a sugestão de ALEXANDRE de Hales, com conotação de desespero, de que o sacramento da confirmação teria sido instituído em 845 pelo Sínodo de Meaux, enquanto BOAVENTURA ensinava uma instituição pelos apóstolos e TOMÁS DE AQUINO insistia em que somente o próprio Deus poderia instituir um sacramento. Comprovantes disso em G. KRETSCHMAR, op. cit., p. 198, onde, porém, se deve corrigir a referência ao resumo de ALEXANDER no sentido do comprovante aduzido abaixo, na nota 740.

[539] TOMÁS DE AQUINO, S. teol. III, 72,1, ad 1.

[540] Nos Atos dos Apóstolos de Lucas essa regra é confirmada justamente pelas aqui relatadas exceções, como At 8.15s e 10.44, bem como v. 48 (cf. também At 19.2ss): Ou se recupera o batismo na água após acontecido primeiramente

pois, não se pode falar de uma instituição da confirmação como ação independente no Novo Testamento, LUTERO questionou com razão em 1520 a sacramentalidade da confirmação segundo o critério determinado por TOMÁS DE AQUINO e reconhecido na escolástica posterior, da obrigatoriedade da instituição divina como base constitutiva de um sacramento.[541] No entanto, na ocasião LUTERO não estava cônscio da ligação original de unção da fronte e imposição das mãos com a execução do batismo. Se tivesse sido esse o caso, seria concebível uma conclusão diferente, sob as premissas da Reforma, no que tange à sacramentalidade do rito da confirmação, porém não no sentido de reconhecer a confirmação como um sacramento completamente independente, porém certamente no sentido de uma participação do rito da confirmação na sacramentalidade do batismo. Há inícios de uma interpretação dessas na teologia católica atual em vista da também ali amplamente reconhecida impossibilidade de comprovar a instituição da confirmação como um ato independente no Novo Testamento.[542] Nessa direção se pode alcançar mais rapidamente um entendimento acerca da diferença confessional aqui existente. A outra concepção, recentemente defendida com freqüência por teólogos católicos, que admite que a igreja possui uma competência global para concretizar o proto-sacramento único em determinados atos isolados,[543] de qualquer modo não é apenas inaceitável para o lado evangélico, mas igualmente

---

o recebimento do Espírito, ou depois do batismo meramente na água se comunica o Espírito pela imposição de mãos (assim em At 8.15s, cf. sobre isso, J. ROLOFF, *Die Apostelgeschichte*, 1981, p. 135). Veja também T. SCHNEIDER, *Zeichen der Nähe Gottes. Grundriß der Sakramententheologie*, 1979, vol. III, bem como S. REGLI, "Firmsakrament und christliche Entfaltung", in: *Mysterium Salutis* 5, 1976, p. 297-347, 302 sob recurso a J. AMOUGOU-ATANGANA, *Ein Sakrament des Geistempfangs? Zum Verhältnis von Taufe und Firmung*, 1974, p. 84-96, bem como p. 272ss.

[541] WA 6, p. 549s.
[542] Posição em H. KÜNG, "Die Firmung als Vollendung der Taufe", in: *Theologische Quartalschrift* 154, 1974, p. 26-47, 36, bem como em J. AMOUGOU-ATANGANA, *op. cit.*, p. 281ss.
[543] É o que já defendeu K. RAHNER, *Kirche und Sakramente*, 1960, p. 37ss., sobre a confirmação especificamente, cf. p. 41ss. Posição semelhante, entre outros, também de R. SCHULTE, "Die Einzelsakramente als Ausgliederung des Wurzelsakramentes", in: *Mysterium Salutis* 4/2, 1973, p. 46-155, esp. p. 137s, bem como na aplicação à confirmação também S. REGLI, *op. cit.*, p. 318.

se contrapõe à exigência de TOMÁS DE AQUINO para que se comprove uma instituição *divina* como condição do reconhecimento de cada sacramento específico. Nesse aspecto é decisivo que não apenas está em jogo o nome "sacramento", mas a fundamentação para a respectiva ação propriamente dita.

A segunda questão teológica que surgiu em decorrência do processo de independência do rito da confirmação foi a da eficácia específica desse rito em contraposição ao batismo. No ato batismal da igreja antiga se pensava que a comunicação do Espírito Santo estava aliada aos ritos da unção e da imposição das mãos. Depois que eles se tornaram independentes constituindo o ato da confirmação essa correlação não pôde ser mantida sem restrição, porque do contrário o batismo – diferentemente dos testemunhos do Novo Testamento – se teria tornado mero batismo na água sem transmissão do Espírito. Restou, pois, à confirmação somente a função de um *fortalecimento* do beneficiário na fé e na participação no Espírito Santo e suas dádivas. Com isso foi combinada desde o início da Idade Média a idéia do envio para o testemunho autônomo da fé.[544] Com essa concepção convergiram depois os pontos de vista que na época da Reforma, apesar de LUTERO rejeitar a sacramentalidade da confirmação, levaram a uma renovação da confirmação nas igrejas evangélicas:[545] A prática do batismo de crianças tornava necessária uma aceitação pessoal posterior da confissão batismal pela pessoa batizada, e a essa necessidade de apropriação subjetiva do batismo pelo batizando corresponde do lado da igreja um compromisso de ensinar a pessoa batizada na fé, sobre a qual foi batizada. Justamente nas igrejas protestantes a confirmação passou a ser – principalmente através do Pietismo – um dos ofícios religiosos da igreja mais importantes na vida de seus membros.[546] Sua fundamentação e explicação teológicas, porém, permaneceram em grande medida um desiderato. A redescoberta da vinculação original do rito da confirmação com o batismo e a reflexão sobre a assim estabelecida

---

[544] Cf. G. KRETSCHMAR, *op. cit.*, p. 197s, esp. sobre *Alkuin ep.* p. 134.
[545] Esse desenvolvimento não partiu de LUTERO, mas de ZWÍNGLIO e BUCER. Cf. G. KRETSCHMAR, *op. cit.*, p. 200s, bem como também K. DIENST, art. "Konfirmation I", in: *TRE* 19, 1990, p. 437ss.
[546] Sobre esse tema, cf. D. RÖSSLER, *Grundriß der Praktischen Theologie*, 1986, p. 220-223 e 496ss.

correlação substancial com o batismo[547] oferecem novos pontos de partida para isso.

A confirmação pode ser entendida, através de sua ligação interna com o batismo, como expressão da relação do batismo com toda a trajetória de vida do batizando. LUTERO sublinhou esse prolongamento do que foi realizado em forma de sinal no batismo durante a história da vida sob aspectos diferentes, a saber, em relação ao arrependimento. Suas exposições, contudo, sobre o vínculo entre batismo e penitência, possuem, como hoje se pode notar, uma correspondência notória na ligação entre batismo e confirmação: Assim como a morte do velho ser humano antecipada no batismo precisa ser diariamente assumida no processo de apropriação do batismo na história de vida do cristão, assim também é preciso que a pessoa batizada mediante a fé e confissão pessoal se aproprie da "adjudicação" a Jesus Cristo e ao Deus trinitário. A verdade de que o caráter de sinal do batismo, que antecipa, a partir de seu fim, todo o caminho de vida da pessoa batizada, precisa ser apropriada passo a passo no curso da vida cristã não vale apenas para a penitência, mas igualmente para a apropriação crente do batismo para a autonomia do testemunho pessoal. A prática do batismo de bebês tornou imperioso que tal acolhida pessoal do batismo pela fé e pelo testemunho autônomo também seja manifesto publicamente na congregação, conforme acontece na confirmação.[548] Nisso a própria forma do ato cultual já expressa que nesse caso não pode se tratar apenas de um ato por parte dos receptores humanos do batismo. Pelo contrário a pessoa batizada carece do fortalecimento pelo Espírito Santo a ele conferido no batismo, a fim de ser capaz dessa fé autônoma e desse testemunho autônomo. Nisso a compreensão evangélica da confirmação deveria poder concordar com a teologia católica da confirmação. Como sinal da dependência do respaldo do Espírito Santo para a fé e o testemunho pessoais, realiza-se também no culto evangélico de confirmação a imposição das mãos. Contudo não se pratica a unção da fronte, porque nas igrejas protestantes se perdeu a noção da ligação

---

[547] Sobre a renovada visão de conjunto de batismo e confirmação na igreja católica romana desde o Concílio Vaticano II (SC 71), cf. G. KRETSCHMAR, op. cit., p. 201s.

[548] Por isso, no norte-americano *Lutheran Book of Worship* de 1979 o culto de confirmação é chamado de *Affirmation of Baptism* [afirmação do batismo] (p. 198ss.).

entre o costume de ungir da igreja antiga e título de Cristo e conseqüentemente também o sentido do simbolismo da unção como sinal da comunhão com Jesus Cristo.

 O sinal da unção falta nas igrejas que emergiram da Reforma também em outra cerimônia que remonta ao cristianismo primitivo e que é considerada como sacramento especialmente pela igreja católica romana: a unção dos enfermos.[549] Acontece que a unção dos enfermos está ligada ao rito da confirmação não apenas pelo aspecto exterior da unção. Entre ambas existe também um vínculo mais profundo, uma vez que em ambos os casos se trata do fortalecimento do recebedor pela assistência do Espírito Santo. Isso acontece na confirmação pela forma do evento único, consoante ao batismo, com relação a todo o transcurso subseqüente da vida, e na unção dos enfermos em uma situação aflitiva especial, na qual o enfermo carece singularmente da assistência e do consolo. O evangelho de Marcos (Mc 6.12s) vinculou ao envio dos discípulos por Jesus para curar enfermos, relatado em todos os evangelhos sinóticos, a informação de que em sua atividade de cura os apóstolos ungiam os enfermos com óleo – um uso também difundido de modo geral na Antiguidade, do qual se acreditava que seria favorável à cura dos enfermos. A carta de Tiago atesta como costume dos primórdios cristãos que enfermos eram visitados pelos presbíteros que oravam com eles e os ungiam com óleo (Tg 5.14s). Esse costume foi preservado na igreja e por causa da ligação com o perdão dos pecados (Tg 5.15) se tornou a penitência para os moribundos. Foi por isso designada desde o séc. XII como "extrema unção". Contra isso se voltou a crítica de LUTERO: Tg 5.14s não se referiria apenas a moribundos, mas a enfermos em geral, e precisamente com a esperança por sua recuperação e convalescença. Além disso, faltaria uma instituição expressa mediante uma ordem de Cristo, o que é necessário para um sacramento. LUTERO não se dirigiu contra o rito como tal, mas apontou para o papel central da oração e da remissão dos pecados no texto de Tiago.[550] Enquanto o Concílio de Trento insistia na sacramentalidade do rito, asseverando sua instituição implícita por

---

[549] Sobre isso, cf. J. FEINER, "Die Krankheit und das Sakrament des Ungãosgebetes", in: *Mysterium Salutis* 5, 1976, p. 494-550, bem como H. VORGRIMMLER, art. "Krankensalbung", in: TRE 19, 1990, p. 664-669.
[550] M. LUTERO, *De capt. babyl. eccl.* 1520, WA 6, p. 567ss., esp. p. 570s Cf. também J. CALVINO, *Inst. chr. rel.* IV, p. 19,18-21.

Cristo em Mc 6.13 e sua promulgação por Tiago (*DS* 1695 e 1716), restou nas igrejas protestantes apenas o uso da visita aos enfermos pelo pastor, com oração pelos doentes, mas sem unção. Na igreja católica romana a unção dos enfermos aparece hoje "sob uma nova luz" em decorrência de um conhecimento melhor da história do rito e de suas origens no Novo Testamento. O Concílio Vaticano II abandonou a restrição da unção para os moribundos (*SC 73ss*), correspondendo assim na substância também à crítica de LUTERO sobre o recurso abusivo a Tg 5.14s. A possibilidade da comprovação de uma instituição pelo próprio Jesus é avaliada hoje também na teologia católica de forma mais cautelosa do que aconteceu no Decreto do Concílio de Trento. Ademais o significado central da "oração da fé" (Tg 5.15) é mais fortemente ressaltado no âmbito dessa cerimônia.[551] Também nisso se pode constatar uma consideração de fato com um ponto central para a crítica de LUTERO. JOHANNES FEINER chega a classificar a *"oração* pelo enfermo e sobre o enfermo" como "o elemento principal do ato sacramental com o enfermo", julgando por isso que também o conselheiro evangélico realiza na visita ao enfermo, ao orar "pela graça perdoadora e auxiliadora de Deus e pela convalescença, conforme for da vontade de Deus", aquilo que conforme a instrução da carta de Tiago os líderes da congregação "devem fazer primordialmente", embora falte do lado protestante o símbolo da unção que o acompanha.[552] Em contrapartida não se levantou do lado da Reforma nenhuma oposição expressa ao rito da unção. Quando se vê o sentido do rito em aliviar e fortalecer o enfermo através de um símbolo sensoriamente perceptível para a assistência do Espírito Santo,[553] então não é necessário se opor à preservação desse rito na igreja católica romana, ainda mais que também LUTERO deixou valer uma função dessas para a unção. A analogia com o rito da unção na confirmação poderia ser valorizada

---

[551] Sobre isso, cf. K. LEHMANN; W. PANNENBERG (eds.), *Lehrverurteilungen – Kirchentrennend?*, vol. I, 1986, p. 133-140, esp. p. 136ss. Constata-se expressamente que "a doutrina e prática católica romana" teria "levado em conta um ponto fundamental da crítica do protestantismo" (p. 138), de sorte que com a discordância da Reforma nesse ponto também se elimina a condenação direcionada contra ela (*DS* 1718).

[552] J. FEINER, *op. cit.*, p. 534 e 547.

[553] Isso foi afirmado, além do perdão dos pecados para o enfermo, pelo Concílio de Trento, como eficácia desse sacramento: *DS* 1696: *et aegroti animam alleviat et confirmat* [e alivia e confirma a alma do enfermo], cf. *DS* 1717.

como expressão da dependência pela vida inteira, da pessoa batizada, da assistência do Espírito Santo para uma assunção sempre reiterada da confissão batismal na luta contra as tentações e aflições da vida.

A adoção da confissão batismal pelos confirmandos no culto de confirmação não significa o encerramento, mas pelo contrário o começo da apropriação autônoma da fé, na qual foram batizados como cristãos. A experiência mostra que para muitos jovens justamente depois da confirmação começa um período de alienação da fé cristã. Por isso se levantaram dúvidas se o começo da puberdade foi bem escolhido como momento para a execução da confirmação. Tais dúvidas são justificadas quando a confirmação é entendida como adoção definitiva da confissão de fé por parte dos confirmandos. No início da puberdade ninguém pode prever ou nem mesmo garantir como a relação entre fé e identidade pessoal se configurará em definitivo para cada pessoa. Para isso, porém, tampouco existe uma garantia em períodos posteriores da vida. Por isso a confissão pessoal não deveria ser entendida como tema central da cerimônia de confirmação, mas a bênção e o fortalecimento dos adolescentes pelo Espírito Santo, o qual já receberam no batismo. Sob esse ponto de vista também a época da confirmação no começo da puberdade é bem escolhido. O motivo da bênção e do fortalecimento dos adolescentes pelo Espírito Santo em memória de seu batismo deveria também ser mais enfatizado na forma da cerimônia de confirmação (não por último no sermão com ela relacionado): Assim como o batismo, também a confirmação não pode se apoiar na fé e no testemunho pessoais. Se quiséssemos entendê-lo desse modo, o compromisso da confirmação se tornaria um fardo que nenhuma pessoa seria capaz de carregar. A assunção autônoma da confissão de fé na confirmação não é algo como o fundamento finalmente recuperado para a legitimidade do batismo: Pelo contrário, faz parte das premissas para a execução legítima do batismo de crianças o reconhecimento de que também em fases posteriores da vida a fé pessoal jamais pode fundamentar o batismo que conecta a vida toda com Jesus Cristo. "Quando somos batizados sobre nossa fé, tudo é incerto. Porque não sabemos se amanhã também teremos fé. E amanhã talvez duvidemos de termos crido corretamente ontem."[554] Era

---
[554] L. GRÖNVIK, *Die Taufe in der Theologie MARTIN Luthers*, 1968, p. 142.

esse um dos argumentos de peso de LUTERO em sua discussão com os críticos daquele tempo contra o batismo de crianças: "Verdade é que se deve crer para o batismo, mas sobre a fé não devemos nos deixar batizar. É realmente uma coisa bem diferente ter a fé e se fiar na fé e, logo, deixar-se batizar sobre isso."[555] Quem se fiasse na fé própria, confiaria em si mesmo e não em Deus. Isso vale também para a confirmação. Ela é apenas uma etapa no processo de apropriação do batismo na fé durante uma vida toda, do qual LUTERO afirmou: "No batismo não falta nada, da fé sempre haverá falta. Porque temos o suficiente a aprender sobre a fé durante toda a nossa vida."[556]

Não apenas o batismo carece da apropriação pela fé, mas também a fé carece do batismo, pelo qual é dada aos fiéis a declaração duradoura de seu pertencimento pessoal a Jesus Cristo. LUTERO podia se voltar em 1529 no Catecismo Maior contra os "espertalhões, os novos espíritos", que "alegam que a fé sozinha leva à beatitude", a saber, sem tal "coisa exterior" como os sacramentos. "Mas isso os guias de cegos não querem ver, que a fé precisa ter algo que ela creia, ou seja, em que se agarre e se apóie e afirme nele". Porém, a "água" do batismo seria que "ele está incorporado com a palavra e ordem de Deus e seu nome está grudado nele".[557] Quando se levam a sério essas afirmações e outras similares de LUTERO sobre a importância duradoura do batismo para a fé de cada indivíduo cristão e se busca aquilatar seu peso pleno, resultam daí conseqüências de amplo alcance para a compreensão global da teologia de LUTERO: Porque todas as suas exposições sobre a justificação mediante a fé precisam então ser lidas como afirmações não sobre a fé por si sozinha, mas sobre a fé como apropriação e assunção do batismo. A relação, tão enfatizada por LUTERO, das promessas de Deus e de Cristo com o eu do crente adquire sua plausibilidade plena somente a partir do batismo. É apenas o batismo que confere aos cristãos o direito e a certeza de se entender a si mesmos como destinatários das promessas de Deus. A justiça de Cristo que os crentes agarram não é outra senão a justiça da filiação, adjudicada a eles em seu batismo. Por conseqüência, o batismo é o lugar concreto da justificação na vida dos cristãos, e a fé é isso

---

[555] M. LUTERO, *WA* 26, p. 164s (Sobre o rebatismo, 1528).
[556] M. LUTERO, *op. cit.*, *WA* 26, p. 166,2-4.
[557] *BSELK*, p. 696,26-28, 31-35 e 38-40.

somente na proporção em que se apropria "durante toda a vida" da nova identidade fundamentada no batismo.

LUTERO não se expressou sempre explicitamente assim. Do contrário a proximidade objetiva de sua doutrina da justificação com declarações da escolástica medieval sobre a justificação como efeito do batismo e sobre a fé como condição desse efeito salvador[558] poderiam ter-se salientado com mais clareza. Por vários trechos as declarações de LUTERO sobre a justificação mediante a fé podiam ser lidas como se essa fé na respectiva situação atual não tivesse nada a ver com o acontecimento, há muito pretérito, do batismo. Essa constatação corresponde ao fato de que no desenvolvimento da teologia escolástica, em substituição à doutrina batismal, a doutrina da penitência se tornou cada vez mais o lugar preferido da análise do tema da justificação.[559] Foi esse também o ponto de partida para o desenvolvimento do pensamento de LUTERO, e embora já em 1520 ele tivesse ligado estreitamente a penitência ao batismo, descrevendo-a como apropriação dele, a conseqüência disso para a compreensão do processo de justificação é tirada apenas raramente de maneira expressa. De forma alguma estava claro nas discussões dos teólogos da Reforma que na justificação se trata da execução única e da apropriação do batismo durante a vida toda. Por isso a justificação mediante a fé pôde ser explicada em MATTHIAS FLACIUS de modo atualista,[560] na Fórmula de Concórdia de modo abstratamente forense, e na ortodoxia posterior mais e mais em relação a um ato de conversão descolado do batismo tanto cronologicamente quanto pelos pecados entrementes acontecidos. A dissociação entre a doutrina da justificação e a doutrina batismal de LUTERO é responsável de que a apropriação da promessa na fé pudesse ser descrita desde o

---

[558] P. ex., TOMÁS DE AQUINO, S. teol. III, 68,8; cf. 66,1.
[559] Essas análises se encontram nos Comentários às Sentenças sobre IV. Sent d 17. Cf. sobre isso em síntese J. AUER, art. "Rechtfertigung V. Dogmengeschichte", in: LTK 8, 2ª ed. 1963, p. 1037-1042, esp. p. 1039s.
[560] Porque relacionado com o respectivo ato da proclamação do evangelho. Cf. o exposto por O. RITSCHL, Dogmengeschichte des Protestantismus IV, 1911, p. 486ss sobre a doutrina de FLÁCIO acerca de uma *poenitentia continua* [penitência contínua] (p. 445), que teria de ocorrer a cada instante de novo na oração pelo perdão dos pecados, de modo que o recebimento subjetivo da justificação conforme opinião de RITSCHL "se estilhaçou em um sem-número de atos sempre de novo repetidos" (p. 493).

séc. XVII cada vez mais como um processo que se realiza inteiramente na subjetividade da experiência de fé, de modo que com isso se perdeu a idéia de Lutero acerca da constituição da identidade do crente *extra se in Christo* [fora de si em Cristo].[561] Dessa maneira foram decisivamente debilitadas a plausibilidade e a força de resistência do enfoque da Reforma na teologia evangélica do séc. XVIII contra a tendência moderna de buscar a autonomia da subjetividade humana.[562]

A solução cristã da pergunta como o ser humano constituiria sua identidade pessoal como que por meio de uma instância que lhe é indisponível e como ele se poderia entender na consciência de si próprio como dado, mas não obstante simultaneamente como livre auto-realização, foi preestabelecida pela doutrina cristã do batismo. Porque através do batismo é fundamentada uma nova identidade do ser humano "fora dele próprio", *i. é*, fora da familiaridade do eu direta e "natural" consigo mesmo e da autoconfiança que em curto-circuito se apóia no próprio eu, uma identidade que, não obstante, precisa ser simultaneamente apropriada e vivenciada em todo o processo da história de vida. Essa refundação cristã da identidade humana pode ser descrita como uma entre outras formas de mediação da identidade do eu pela experiência no mundo:[563] Nesse sentido a consciência da identidade cristã, referida ao batismo, não representa um caso singular de exceção, ou arbitrariamente postulado, da formação da identidade em contraposição a uma certeza do eu supostamente prévia a toda e qualquer experiência. Pelo contrário, a suposição de uma certeza apriorística do eu, não mediada pela experiência do mundo, deve ser aquilatada como uma abstração do real processo de constituição dela na história devida dos indivíduos. Em decorrência, também a fundamentação de uma nova identidade pelo batismo deve ser entendida, no sentido radical desse pensamento, como reconstituição da própria certeza do eu. O batismo não é apenas como tal uma apresentação da condição do indivíduo como dado a si próprio, no sentido da ilustração de uma realidade

---

[561] Cf. também a exposição de Wagner sobre o tema da penitência (VI), in: *TRE* 7, 1981, p. 473-487.

[562] Como exemplo disso seja mencionada apenas a problemática descrita no volume editado por H. Ebeling em 1976: *Subjektivität und Selbsterhaltung. Beiträge zur Diagnose der Moderne*.

[563] Com mais detalhes pelo autor, in: *Anthropologie in theologischer Perspektive*, 1983, p. 213s, bem como p. 189ss., e também p. 243ss.

geral, mas ele é, na forma de sinal sacramental, uma nova constituição de fato da pessoa. Nisso ele depende, como antecipação em forma de sinal, de toda a história de vida da pessoa batizada a partir do final dela, da assunção pela apropriação de seu conteúdo na fé. Todavia essa mesma assunção somente é possível a partir do batismo e está cônscia de ser em cada um de seus momentos um efeito do Espírito, que é propiciado por meio do batismo. Em outras palavras: apropriação e assunção vivencial do batismo são realizadas *através do cristão*, ou seja, através do sujeito reconstituído no ato do batismo, não através de um sujeito pretensamente sempre já subjacente a toda experiência e que permanece idêntico consigo próprio na variação de seus conteúdos. Porque por meio do batismo o crente está vinculado à morte e ressurreição de Jesus Cristo, e ao lembrar os cristãos de Jesus (conforme Jo 14.26; 16.13ss), o Espírito de Cristo os certifica ao mesmo tempo de sua própria identidade fundamentada pelo batismo. Essa nova subjetividade dos fiéis não possui a forma de uma identidade do eu que por força de sua familiaridade consigo mesmo se opõe a todo não-eu, mas a própria estrutura da identidade do eu é transformada pela participação na relação do Filho com o Pai através do Espírito.

Premissa para que o batismo possa ser definido dessa maneira como nova constituição da pessoa, e a fé como sua apropriação pela assunção vivencial do batismo, é agora, porém, que o batismo – como disse LUTERO – seja "obra de Deus"[564] e como tal não apenas anteceda sua apropriação humana, mas também conduza o ser humano a si mesmo em concordância com sua destinação natural, fundamentada em sua criação, e não o aliene eventualmente dessa sua natureza. Somente assim é possível compreender o surgimento de uma nova identidade pessoal do cristão por meio do batismo como aquisição de uma verdadeira identidade do eu como ser humano. Isso significa, contudo, que o efeito do batismo como renascimento e, portanto, como nova fundamentação da identidade do batizando na forma do sinal sacramental depende cabalmente da *instituição* divina do batismo. Em LUTERO, da mesma forma como em TOMÁS DE AQUINO, a definição da relação entre batismo e fé repousa sobre a premissa de que no batismo não se trata apenas de um rito eclesiástico venerável por sua idade, mas de um mandamento e uma instituição de Deus. Será justificada essa premissa?

---

[564] M. LUTERO, *Catecismo Maior* (*BSELK*, p. 692s).

d) A instituição do batismo e o simbolismo do rito batismal

A pergunta por uma instituição divina e pela possibilidade de comprová-la não somente se levanta diante do batismo. De acordo com a tradição teológica essa característica diferencia os chamados sacramentos de outras cerimônias eclesiásticas. Ainda não cabe analisar isso aqui. O conceito geral de sacramento deverá ser discutido somente após a exposição dos mais importantes atos assim designados. Isso corresponde à história da própria teologia dos sacramentos. Batismo e ceia do Senhor estiveram aí na igreja antes de ser designados, juntamente com outras cerimônias, como sacramentos, e sua posição singular na vida cultual da igreja desde o início esteve relacionada à circunstância de que tanto o batismo quanto a ceia do Senhor fossem diretamente remetidos a Jesus. Pelo fato de que isso parecia biblicamente fundamentado de forma incontestável apenas no caso do batismo e da ceia do Senhor, a Reforma restringiu o conceito de sacramento a essas duas cerimônias.

No caso do batismo a origem parecia estar clara e inequivocamente transmitida em uma instrução do próprio Jesus, a saber, na ordem de batizar dada pelo Ressuscitado, conforme é relatada em Mt 28.19s: "... ide e tornai todas as nações minhas discípulas. Batizai-as em nome do Pai e do Filho e do Espírito Santo, e ensinai-as a cumprir tudo o que vos ordenei." Com essa palavra LUTERO argumentou sempre de novo como sendo a palavra fundamental de instituição do batismo.[565] Justapôs a ela a palavra de promessa vinculada com o batismo de Mc 16.16: "Quem crer e for batizado, esse será bem-aventurado. Quem, porém, não crer ficará sujeito ao juízo."[566]

Sobre a base da exegese histórico-crítica se patenteiam, embora por razões distintas, graves problemas em vista dessas duas palavras da Escritura, de modo que pairam dúvidas se elas são capazes de suportar o fardo de assegurar de modo incontestável a origem do batismo cristão no próprio Jesus. Mc 16.16 pertence à ampliação do capítulo

---

[565] É o que consta no *Catecismo Maior* IV,3, *BSELK*, p. 691,22-30 (*WA* 30/1, p. 212), bem como no *Catecismo Menor* (*BSELK*, p. 515, 25-34). Cf. L. GRÖNVIK, *Die Taufe in der Theologie Martin Luthers*, 1968, p. 68ss.
[566] M. LUTERO, *Catecismo Menor BSLEK*, p. 516,6-9. Cf. também no *Catecismo Maior*, *BSELK*, p. 691,32-35, e sobre isso L. GRÖNVIK, *op. cit.*, p. 94ss.

final do evangelho de Marcos acrescentado somente no séc. II, a qual falta nos manuscritos mais antigos. Essa palavra, portanto, apenas significa que *no séc. II* se atribuía o batismo a uma instrução do Ressuscitado. Mas também Mt 28.19 parece ser uma palavra tardia na história da tradição. Por um lado está claro que o evangelho de Mateus atribui aqui o batismo dos cristãos, combinado com a fórmula batismal trinitária, a uma incumbência do Ressuscitado. Impreciso já é, entretanto, se no caso se trata apenas de uma forma de apresentação literária ou de um dado com origem histórica acerca dos inícios do batismo. Quando se toma Mt 28.19 como asserção acerca da origem histórica do batismo em uma incumbência expressa do Ressuscitado e quando se conta com a consistência dessa asserção, então se deveria esperar vestígios dessa origem também em outros textos, em vista da disseminação da prática batismal no cristianismo primitivo. Tais vestígios, porém, não existem. Na questão pesa particularmente a comparação com o evangelho de Lucas. "Embora Lucas esteja interessado da forma mais intensa na instituição do batismo e embora reserve um espaço relativamente grande para palavras de incumbência do Ressuscitado, ele não traz uma ordem para batizar." Isso seria totalmente incompreensível se tivesse conhecimento de uma ordem dessas da parte do Ressuscitado. Mas "Lucas simplesmente não encontrou no amplo espectro da tradição do cristianismo primitivo nenhuma ordem para batizar, à qual pudesse ter recorrido".[567] Naturalmente não se pode descartar que apesar disso Mt 28.19 se baseia em uma antiga tradição especial que por coincidência teria permanecido desconhecida de Lucas, de sorte que não se trataria de uma livre formulação do próprio evangelista Mateus. Contudo, se admitirmos que um evento desses é real, teríamos de considerar extremamente estranho, em vista de sua relevância, então de fato fundamental para toda a prática de batismo do incipiente cristianismo, que a notícia disso tivesse sido preservada apenas em uma afastada linha marginal da tradição do cristianismo primitivo, a ponto de poder permanecer desconhecida de Lucas, em total contradição, p. ex., com a instituição da ceia do Senhor por Jesus. A dificuldade tampouco se deixa solucionar pela informação de que a ordem de batizar "como palavra do Ressuscitado está tão subtraída da verificação histórica quanto

---

[567] G. LOHFINK, "Der Ursprung der christlichen Taufe", in: *Theol. Quartalschrift* 156, 1976, p. 35-54, 38.

a própria ressurreição".[568] A problemática de Mt 28.19s no que tange à história da tradição, que reside na ocorrência isolada dessa notícia no contexto do Novo Testamento, não possui paralelo na tradição cristã da Páscoa. No que diz respeito à ressurreição de Jesus, a idade e amplitude da tradição não deixam nada a desejar. Em Mt 28.19s isso é diferente. A palavra permanece relevante como testemunho do evangelho de Mateus para a correlação do batismo cristão com a ressurreição do Crucificado e como comprovante mais antigo da fórmula batismal trinitária. Mas não restaria uma situação tranqüila para a doutrina cristã da instituição do batismo pelo próprio Jesus se ela tivesse de ser fundamentada unicamente sobre essa palavra de ocorrência isolada. Felizmente não é esse o caso. Existe uma base historicamente mais sólida para a suposição de que o batismo cristão tem origem no próprio Jesus. Trata-se do batismo de Jesus por João Batista. Com razão ele sempre teve um papel importante na história da doutrina cristã do batismo, inclusive quando apelou a Mt 28.19 para a instituição do batismo.

> IRENEO, por exemplo, relacionou a unção praticada no batismo cristão com a unção do próprio Jesus pelo Espírito Santo em seu batismo através de João. O Espírito teria descido sobre ele por ocasião de seu batismo, para ungi-lo, ou seja, para instalá-lo como "Cristo", a fim de que nós, a partir da plenitude de sua unção, igualmente recebamos a unção mediante o Espírito e assim sejamos salvos (Iren. *Haer*. III,9,3). Mais influente ainda que esse pensamento tornou-se a atribuição do poder purificador da água batismal ao batismo de Jesus. Consta, assim, já em INÁCIO de Antioquia que Jesus foi batizado para "purificar" a água através de seu sofrimento (In. *Ef*. 18,2). A concepção da santificação da água do batismo por meio do batismo de Jesus ocorre também em TERTULIANO (*c. Iud*. 8) e AGOSTINHO,[569] e referindo-se a esse pensamento PEDRO LOMBARDO,[570] bem como mais

---

[568] E. SCHLINK, *Die Lehre von der Taufe*, 1969, p. 28, cf. 30.
[569] AGOSTINHO, *Sermo* 135,4 (*MPL* 39, 2012). Cf. também CLEMENTE de Alexandria, *Paid*. 1,6, onde versa de modo geral sobre o batismo de Cristo como protótipo do nosso (*GCS* 12, p. 104ss., esp. p. 105,19s). De forma semelhante também ORÍGENES em seus comentários sobre Lucas e João (cf. B. NEUNHEUSER, "Taufe und Firmung", in: *HDG* IV, 2b, 1956, p. 32).
[570] PEDRO LOMBARDO, *Sent*. IV,3,6 (*Sententiae in IV Libris Distinctae* II, 1981, p. 248,8-12) declarou depois de avaliar diversas possibilidades de determinar a data da instituição do batismo: *Commodius ergo dicitur institutio facta quando Christo a*

tarde TOMÁS DE AQUINO,⁵⁷¹ entenderam o batismo de Jesus no Jordão como o verdadeiro ato de instituição do batismo. Nesse posicionamento TOMÁS levantou a pergunta, se, como sugere Mt 28.19s, o batismo foi instituído somente depois da paixão de Jesus, respondendo que a força do batismo (*virtus sacramenti*) se origina, pelo contrário, do fato do batismo do próprio Jesus Cristo. Contudo a necessidade de utilizar esse sacramento existiria apenas desde a ressurreição de Jesus, porque somente com o acontecimento da paixão se encerrou a velha aliança, mas igualmente porque a equiparação do ser humano com a morte e ressurreição de Cristo, realizada no batismo, somente poderia ocorrer depois desses acontecimentos.⁵⁷² TOMÁS acrescentou que também já o batismo do próprio Jesus no Jordão extrai seu vigor de sua paixão, por tê-la prefigurado.⁵⁷³

Também LUTERO soube destacar a importância do batismo de Jesus para o batismo cristão. No *Catecismo Maior* ele atribuiu ao batismo de Jesus a ligação de palavra e água no ato batismal.⁵⁷⁴ Em um sermão de LUTERO é dito que Cristo teria santificado para nós o

---

Ioanne baptizatus est in Iordane, quod dispensavit non quia meari voluerit, cum sine peccato fuerit; sed quia contactu mundae carnis suae vim regenerativam contulit aquis, ut qui postea immergeretur, invocato nomine Trinitatis, a peccatis purgaretur [Mais apropriado, portanto, é considerado o ato da instituição quando Cristo foi batizado por João no Jordão, embora fosse sem pecado, mas porque pelo contato com a carne do mundo juntasse sua força regeneradora com a água, para que aquele que depois fosse imerso, invocado o nome da Trindade, fosse purgado dos pecados]. Cf. lá, nota 4, a passagem citada de AMBRÓSIO (*CCL* 14,67), bem como as elucidações da *Glossa ordinaria* sobre Lc 3.21 (*CCL* 120,83).

⁵⁷¹ TOMÁS DE AQUINO, *S. teol.* III,66,2 argumentou em favor dessa posição (no *sed contra*) à passagem de AGOSTINHO arrolada na nota 569.

⁵⁷² TOMÁS DE AQUINO, *op. cit.*: *Sed necessitas utendi hoc sacramento indicta fuit hominibus post passionem et resurrectionem. Tum quia in passione Christi terminata sunt figurata sacramenta, quibus succedit baptismus et alia sacramenta novae legis. Tum etiam quia per baptismum configuratur homo passioni et resurrectioni Christi...* [Mas a necessidade do uso desse sacramento foi anunciada aos humanos depois da paixão e ressurreição. Porque então haviam sido finalizadas na paixão de Cristo as formações dos sacranentos, pelos quais surgiu o o batismo e outros sacramentos da nova lei. Então o ser humano também foi configurado pela paixão de ressurreição de Cristo...].

⁵⁷³ TOMÁS DE AQUINO, *op. cit.*, ad 1: ... *etiam ante passionem Christi baptismus habebat efficaciam a Christi passione, inquantum eam praefigurabat...* [...também antes da paixão de Cristo o batismo tinha eficácia pela paixão de Cristo, na medida em que a prefigurava...].

⁵⁷⁴ *BSELK*, p. 695,13-20.

batismo através de seu próprio batismo.[575] Isso se aproxima da concepção da igreja antiga oriunda de INÁCIO, da santificação da água batismal pelo batismo de Jesus, que ainda constituía em TOMÁS o pano de fundo de suas ricas afirmações sobre esse tema. No hino de batismo de LUTERO de 1541[576] o batismo de Jesus no Jordão chega até mesmo a ser apresentado como instituição do batismo cristão: "Quis propiciar-nos uma lavar, nossos pecados apagar, afogar também a morte amarga, por chagas e pelo sangue seu; nova vida para nós valeu".[577] Pode-se presumir que essa verdade nas afirmações de LUTERO sobre a instituição do batismo estava pressuposta. Apesar disso ele fez valer para o ato de instituição como tal exclusivamente Mt 28.19s,[578] certamente porque apenas aqui se podiam encontrar a palavra e ordem expressas de Jesus. Da visão da apreciação histórico-crítica desse texto, acima exposta, e de sua posição marginal na correlação da história do surgimento do batismo cristão, contudo, se deslocaram as ênfases nesse ponto para uma análise a partir da visão de hoje.[579]

O batismo de Jesus no Jordão por João Batista pertence aos poucos dados da história de Jesus, cuja historicidade praticamente não é contestada. Isso, no entanto, não vale para a exposição do acontecimento do batismo trazida pelos evangelhos em seus detalhes. A tradição do batismo de Jesus e a forma pela qual se relatava a seu respeito, pelo que se nota, foram influenciadas e marcadas muito cedo e de modo crescente de um lado por um interesse cristológico que atribuía o título de Filho ao batismo de Jesus, e de outro pela prática batismal da igreja. Ou seja, já foi a tradição do incipiente cristianismo que compreendeu o batismo de Jesus como protótipo do batismo cristão.[580] Isso vale em especial também para a ligação entre batismo e obtenção do Espírito.

---

[575] WA 37, p. 271,14-18.
[576] *Christ unser Herr zum Jordan kam* [Cristo, nosso Senhor, veio ao Jordão], EKG 146.
[577] Cf. WA 35, p.468,36-469,5.
[578] Contra L. GRÖNVIK, *op. cit.*, p. 71. Cf., porém, ali, p. 68s.
[579] Já K. BARTH, p. ex., definiu o batismo de Jesus como "o *real fundamento* do batismo cristão", "que na palavra de Mt 28.19 apenas é tornado *cognoscível* e *formulado*" (*KD* IV/4, 1967, p. 57).
[580] A esse respeito, cf. R. BULTMANN, *Die Geschichte der synoptischen Tradition*, 4ª ed. 1958, p. 267ss.

RUDOLF BULTMANN supôs que a transmissão do Espírito associada à prática batismal do cristianismo primitivo foi projetada de volta sobre a tradição do batismo de Jesus. Nessa suposição, contudo, permanece incompreensível como aconteceu no cristianismo primitivo a vinculação de batismo e comunicação do Espírito. Sendo preciso admitir que batismo e obtenção do Espírito desde cedo formavam uma unidade no cristianismo primitivo, como já se pressupõe em Paulo[581] e como também decorre da exposição de Atos dos Apóstolos (At 2.38),[582] então é plausível supor que o ponto de partida dessa peculiaridade que diferencia o batismo cristão do batismo de João vem do próprio Jesus. Seguramente o evento escatológico da "efusão" do Espírito (At 2.33, cf. v. 17 = Jl 2.28) está ligado à experiência da irrupção da realidade escatológica da salvação de Deus na ressurreição de Jesus, devendo ser entendido a partir daí, mas disso não se torna compreensível sem mais também a vinculação com o batismo. Essa realidade aponta para o aspecto carismático na atuação do próprio Jesus e para a origem em seu batismo. Existem muitos apoios para a circunstância de que Jesus foi um carismático,[583] e esse fato também se harmoniza sem dificuldades com a convicção que determina o todo da atuação de Jesus, sobre a irrupção do senhorio escatológico de Deus em sua atuação (cf. esp. Mt 12.28; par.). Uma vez que, porém, o batismo de Jesus por João se tornou ponto de partida de sua própria atuação pública, é plausível presumir que aqui também está a origem de sua consciência carismática de envio.[584] A partir daí se explica, então, a vinculação característica para o incipiente cristianismo entre batismo e recebimento do Espírito, cuja origem do contrário permaneceria

---

[581] U. WILCKENS, *Der Brief an die Römer*, vol. II, 1980, p. 131 e 136s. Contra a suposição de um batismo no Espírito pretensamente distinta no início do batismo na água, como mais recentemente também foi defendida novamente por K. BERGER, in: *TRE* 12, 1984, p. 185, cf. WILCKENS, *op. cit.*, p. 51s.

[582] A isso o autor dos Atos dos Apóstolos evidentemente considerava o caso normal do batismo cristão, como justamente se depreende dos relatos sobre casos divergentes dele, de mero batismo com água, seja no sentido do batismo de João (At 19. 3), seja também como batismo no nome de Jesus, mas sem transmissão do Espírito (At 8.17).

[583] Sobre isso, cf. J. JEREMIAS, *Neutestamentliche Theologie. Erster Teil: Die Vrkündigung Jesu* (1971), 2ª ed. 1973, p. 82ss.

[584] J. JEREMIAS, *op. cit.*, p. 58-62. De modo semelhante, ainda que um pouco mais contido, opina W. G. KÜMMEL, *Die Theologie des Neuen Testaments nach seinen Hauptzeugen*, 1969, p. 28s e p. 66.

de difícil compreensão. Os pormenores do relato batismal de Marcos (Mc 1.9-11) podem ser atribuídos a uma formulação posterior, como em especial a voz celestial com a citação de Sl 2.7, bem como a pomba como apresentação palpável do Espírito de Deus. Apesar de tudo, a vinculação entre batismo no Jordão e atuação pneumática de Jesus pode pertencer ao cerne original da tradição do batismo de Jesus.[585]

Será que também remonta ao batismo de Jesus a consciência da filiação na relação de Jesus com o Pai? De qualquer modo Paulo já conhecia um nexo entre obtenção do Espírito e filiação dos cristãos no relacionamento com Deus, que se expressa na interpelação, usada na oração, de Deus como Pai (*Abba*; Gl 4.6; Rm 8.15) e que de uma ou outra maneira deve se originar da invocação de Deus na oração por Jesus, conforme também é atestada no Pai Nosso. A vinculação de batismo, obtenção do Espírito e interpelação de Deus como Pai, bem como a idéia, no mínimo implícita, da filiação na relação com Deus remete, portanto, da prática batismal cristã primitiva ao batismo do próprio Jesus.

O fato de que o próprio Jesus não praticou o batismo de João deve provavelmente ser entendido como expressão da peculiaridade de sua mensagem, que não apenas chamava ao arrependimento em vista do juízo vindouro, mas proclamava a proximidade do senhorio de Deus como presença da salvação.[586] Apesar disso o batismo de João, cuja execução ele próprio havia solicitado para si, dificilmente estava resolvido para a própria autocompreensão de Jesus. Pelo contrário, há indícios de que a autocompreensão de Jesus foi marcada de forma duradoura pelo seu próprio batismo, e precisamente assim que nele o teor de sentido do batismo de João como ato penitencial recebesse um novo viés. Existem na tradição sinótica duas palavras que apontam nessa direção: Uma é a resposta de Jesus à pretensão dos dois filhos de Zebedeu, de obterem na glória vindoura os lugares de honra em ambos

---

[585] A ser entendido, talvez (como supõe J. JEREMIAS, *op. cit.*, p. 61), no sentido de Is 42.1. Cf. Is 61.1 (Lc 4.18).

[586] Também opinião de T. SCHNEIDER, *Zeichen der Nähe Gottes*, 1979, p. 83. Somente no evangelho de João (Jo 3.22s e 4.1) se relata sobre uma atividade batismal de Jesus e seus discípulos – um dado que não é considerado historicamente relevante pela maioria dos exegetas em vista do silêncio da tradição sinótica.

os lados de Jesus. Jesus responde a isso inicialmente com uma contrapergunta: "Afinal, podeis beber o cálice que eu bebo, ou ser batizados com o batismo com que eu sou batizado?" (Mc 10.38).[587] A segunda palavra digna de menção pertence à fonte de ditos: "Vim para lançar fogo sobre a terra, e como eu gostaria que já estivesse aceso. Contudo tenho um banho de imersão para ser banhado, e como estou ansioso até que seja consumado" (Lc 12.49s).[588] Não se haverá de compreender ambas as palavras, podendo ser qualificadas de autênticas, apenas como alusões sombrias à iminente trajetória de paixão de Jesus, mas também se deverá relacioná-las com sua compreensão do batismo recebido de João. Nesse caso o próprio Jesus vinculou seu batismo por João com a expectativa de seu iminente martírio: "Somente depois de ter passado por esse banho de imersão – e ser nele consagrado – ele é capaz de deflagrar o incêndio na terra..."[589] Isso, porém, significa nada menos que o entendimento posterior, encontrado em Paulo, do batismo cristão como participação na morte e ressurreição de Jesus é correspondente à concepção do próprio Jesus acerca do significado de seu batismo recebido de João e, em contrapartida, acerca da interpretação do martírio, em direção do qual caminhava, como um "batismo". A partir daí também se torna compreensível o fato, que do contrário continuaria enigmático, de que depois da paixão e do acontecimento da Páscoa justamente o batismo pôde se tornar sinal da comunhão com Jesus em sua morte e ressurreição e ser renovado com essa função no cristianismo primitivo. A palavra de Jesus aos filhos de Zebedeu em

---

[587] R. BULTMANN classificou essa palavra como um *vaticinium ex eventu* [profecia pós evento]: *Die Geschichte der synoptischen Tradition*, 4ª ed. 1958, p. 23. No entanto, isso seria plausível no máximo para a continuação do dito com a aplicação ao martírio iminente para os filhos de Zebedeu. Em relação a isso, porém, J. SCHNIEWIND já ponderou que a omissão da menção do batismo na versão trazida por Mateus (Mt 20.22s) tem o aspecto de uma adaptação a episódios que na morte dos filhos de Zebedeu evidentemente transcorreram de outra forma, de modo que em Mt 10.38s deve se tratar de uma palavra que permaneceu sem cumprimento e que por isso mesmo remonta ao próprio Jesus (J. SCHNIEWIND, *Markus* (NTD 1)1952, p. 142).

[588] Conforme W. GRUNDMANN, *Das Evangelium nach Lukas*, 1961, p. 271, essa palavra causa "a impressão de uma palavra genuína de Jesus..., porque espera um banho purificador de imersão para ele próprio" (a idéia seria, como em Mc 10.38s, "o martírio que possui poder redentor e purificador", p. 270).

[589] W. GRUNDMANN, *op. cit.*, p. 270.

Mc 10.38s permite detectar o fulcro disso: É verdade que ali somente se fala do batismo de sangue do martírio, que os discípulos de Jesus partilharão com ele. Porém a própria concepção de um batismo de sangue já repousa sobre a transferência do batismo de arrependimento em João para o martírio. Se Jesus já viu dessa maneira o martírio iminente para ele e os seus em conexão com o batismo obtido de João, torna-se compreensível a partir daí, ao lado da manutenção da concepção de um batismo de sangue do mártir, também a readmissão do batismo na água no cristianismo primitivo – com um novo significado diante do batismo de João, mediada pela apropriação dele em Jesus.

Portanto, o batismo de Jesus deve de fato ser entendido como o "fundamento" (KARL BARTH) do batismo cristão. Nele, ademais, está enraizado também o teor de sentido do batismo cristão como de um morrer junto com Jesus. Apesar disso, o passo para a reintrodução da prática batismal ocorreu evidentemente apenas depois da Páscoa, e Mt 28.19 pode ser visto como expressão dessa realidade. Para isso era preciso, além do que foi dito em Mc 10.38s, mais um motivo, existente somente à luz da ressurreição de Jesus: Somente na perspectiva do acontecimento da Páscoa a morte de Jesus se configurou como evento de salvação, e por isso era apenas agora que a comunhão com a morte de Jesus como mártir, estabelecida pelo ato do batismo, podia valer como penhor da futura salvação para a pessoa batizada, a saber, da esperança de participar também da vida do Ressuscitado.

A comunhão dos cristãos com o destino de Jesus nem sempre assumiu a forma do martírio. Em função disso, se diferenciou nos primórdios do cristianismo[590] entre o batismo de sangue do mártir e o batismo na água, que todos os cristãos recebem. Isso corresponde às palavras de Jesus sobre o discipulado da cruz (Lc 9.23; 14.27; par.; Mc 8.34), uma vez que Jesus não demandou de seus discípulos que carregassem a cruz dele, mas apenas que levassem sua própria cruz – ou seja, as conseqüências da respectiva vocação específica recebida de Deus e do envio de cada um. Em decorrência, participar da cruz e morte de Jesus significa subordinar tudo o mais ao respectivo chamado divino especial que cada um recebe para si, assim como o próprio Jesus tudo o mais a seu envio recebido do Pai e por causa dele chegou a ponto de

---

[590] Conforme G. KRETSCHMAR, *Geschichte des Taufgottesdienstes*, essa diferenciação se processou desde o final do séc. II (*op. cit.*, p. 143).

aceitar a morte. Em vista disso, por um lado as peculiaridades individuais dos humanos são transformadas pelo batismo na morte de Jesus Cristo e referidas a um novo foco, mas por outro não são apagadas e acima de tudo são liberadas em formato renovado. Isso se expressa na liberdade da filiação que o batizando recebe com o Espírito e que o capacita a trilhar seu próprio caminho, a seguir sua vocação específica e assumir as conseqüências dela, assim como fez Jesus. Acontece que apesar de todas as diferenças esses caminhos não transcorrem separados um do outro. Assim como o envio de Jesus serviu à proclamação do senhorio de Deus e de sua concretização na comunhão de seus seguidores, assim cada cristão individualmente foi chamado pelo batismo de Jesus para dar uma contribuição singular no testemunho em prol do senhorio de Deus e na comunhão da igreja.

A partir do envio de Jesus relacionado com o reino de Deus e sua concretização na comunhão dos discípulos deve ser entendida a função do batismo como constituição da filiação dos fiéis à igreja. A comunhão com Jesus os tornou membros da igreja, porque, como Jesus, são chamados a ser testemunhas do senhorio de Deus, que se expressa com interinidade com caráter de sinal, pela comunhão de seus discípulos. Entretanto, essa realidade não chega mais a ser visualizada no batismo, mas na ceia do Senhor.

2. A ceia do Senhor e o culto cristão

a) Origem e significado da ceia do Senhor

Desde os primeiros momentos do cristianismo a celebração da ceia do Senhor esteve no centro do culto cristão, conferindo-lhe seu caráter específico.[591] No "partir do pão" (At 2.42,46; etc.) a congregação dos primórdios cristãos tinha a consciência de prolongar a comunhão de mesa com seu Senhor crucificado e ressuscitado. Os discípulos de Jesus sabiam que haviam sido autorizados para tal pelo próprio Jesus, que na véspera de sua morte lhes havia assegurado a continuidade da comunhão com ele na ceia conjunta. Lucas (Lc 24.30s e 41, bem como At 10.41) e João (Jo 21.13) informam até mesmo que o Ressuscitado apareceu a seus discípulos, para partilhar com eles a ceia.

---

[591] G. Kretschmar, art. "Abendmahlsfeier I", in: *TRE* I, 1977, p. 231.

A tradição da autorização, dada pelo próprio Jesus na noite anterior à sua paixão, para continuarem a comunhão da ceia com ele também depois de sua morte (esp. 1Cor 11.24s), representa o alicerce para a celebração cristã da ceia do Senhor e, por conseqüência, do culto cristão propriamente dito. Nesse sentido a "instituição" pelo próprio Jesus é fundamental justamente para a celebração da ceia do Senhor – mais diretamente ainda do que acontece no batismo. Justamente em função disso, porém, as formulações dos relatos do Novo Testamento sobre a última ceia de Jesus com os discípulos são marcadas em tão grande medida também por sua função como "etiologias da ceia do Senhor pós-pascal" (F. HAHN), de modo que a reconstrução da peculiaridade histórica e do transcurso dessa última ceia de Jesus no grupo de seus discípulos, antes de ser detido e padecer, não é mais factível de modo seguro. Por isso o entendimento tradicional de uma "instituição" da ceia do Senhor na igreja mediante as palavras de instituição de Jesus na ceia de despedida se depara hoje com dificuldades na formação de uma conclusão histórica. As dificuldades, no entanto, se configuram de outra maneira que no caso o batismo: Enquanto lá apenas uma linha marginal da tradição cristã primitiva sabe relatar sobre uma instrução expressa do próprio Jesus, mais precisamente do Ressuscitado, a autorização de continuar a comunhão da ceia com Jesus já é atestada textualmente em Paulo (1Cor 11.24s), de modo semelhante em Lucas (Lc 22.19), e todos os evangelhos exceto João informam sobre as palavras de Jesus nessa última ceia. Aqui o problema reside em que as diferentes narrativas divergem entre si em pormenores importantes.

Nos informes acerca da ceia de despedida de Jesus em Marcos (Mc 14.22-24) e em Mateus (Mt 26.26-28) falta a ordem expressa de continuar a celebrar a ceia depois da despedida de Jesus. Também o teor da palavra do pão e da palavra do copo é diferente em cada relato. Em conseqüência, por causa da impossibilidade de detectar com segurança a formulação exata do que Jesus disse naquela última ceia, não é muito fácil falar, apenas mediante recurso a essas palavras, de uma instituição da celebração da ceia do Senhor na igreja por parte de Jesus. Também é controvertida a especificidade da santa ceia de Jesus – principalmente em relação à pergunta se se tratou de uma refeição do *Passá* judaico ou não.

Logo, para fundamentar a celebração da ceia do Senhor pela igreja, é necessário também aqui – como no caso do batismo – retroceder ao todo da tradição de Jesus para obter uma base suficientemente segura para formar uma conclusão. A tradição da última ceia de Jesus no meio de seus discípulos antes de sua crucificação precisa ser apreciada no contexto das celebrações de ceias do tempo pregresso em sua atuação terrena. Somente assim é possível captar mais nitidamente o sentido também da última ceia de Jesus na correlação geral de sua mensagem e seu envio, não obstante as mencionadas incertezas no que tange a seu transcurso. Sobre esse fundamento devem, então, ser citadas as peculiaridades associadas à tradição da ceia de despedida de Jesus e de suas palavras proferidas na ocasião. Somente assim se pode delinear uma base histórica suficientemente larga e satisfatoriamente assegurada para a consciência da igreja acerca da origem de seu culto eucarístico no próprio Jesus.[592]

Na tradição sobre Jesus possuem um lugar relevante os relatos sobre a realização de refeições de que ele participou.[593] Ao lado deles deve ter havido, além dos milagres de alimentação como o relatado em Mc 8.1-10 (cf. também Mc 6.30-44), também outras refeições, nas quais o próprio Jesus era o anfitrião. É verdade que não existem notícias específicas sobre tais "ceias com discípulos" de Jesus,[594] mas se informa que Jesus causa escândalo pelo fato de que seus adeptos não jejuavam como os de João, mas "comem e bebem" (Lc 5.33). O próprio Jesus foi desqualificado pelos adversários em comparação com João Batista como "comilão e beberrão" (Lc 7.34). À ausência daquela figura de uma devoção visível, manifesta pelo jejum, acrescia ainda que ele se contaminava pela comunhão de mesa com "publicanos e (outros) pecadores" (*ibid.*, cf. Lc 15.2, bem como Lc 5.29s). Essa crítica denota

---

[592] De forma semelhante opina U. KÜHN, art. "Abendmahl IV (Das Abendmahlsgespräch in der ökumenischen Theologie der Gegenwart)", in: *TRE* 1, 1977, p. 145-212, 199. Cf. também J. MOLTMANN, *Kirche in der Kraft des Geistes. Ein Beitrag zu einer messianischen Ekklesiologie*, 1975, p. 268ss. MOLTMANN, no entanto, está disposto a abrir mão completamente do conceito de uma "instituição" (p. 275, 277). Isso se justificaria somente se à ordem de repetição dada por Jesus e transmitida em Paulo e Lucas não apenas fosse negada a autenticidade no sentido de que não se trata de uma instrução fornecida assim literalmente por Jesus, mas também negada a correlação com a estrutura de sentido implícita do comportamento e das manifestações de Jesus nessa última ceia.

[593] Mc 14.3; Lc 7.36ss; Mc 2.15; par.

[594] H. PATSCH, *Abendmahl und historischer Jesus*, 1972, p. 36s.

que as refeições que Jesus promovia ou de que participava eram consideradas características para sua atuação e para o comportamento de seu grupo de discípulos, e por isso deve ter sido notada nessa prática, inclusive quando Jesus aceitava o convite de outros, a expressão de sua própria disposição de conceder comunhão com ele aos que o convidavam (Mc 2.16; Lc 15.2). Isso deve ter sido sentido como escandaloso especialmente porque a comunhão de mesa concedida ou aceita por Jesus se tornou, pela participação dele, sinal da presença do reino de Deus que ele proclamava, e sinal da aceitação dos demais participantes em sua futura comunidade de salvação. Mc 2.17 mostra que à concessão ou aceitação da comunhão na ceia por Jesus estava vinculada a anulação de tudo que separa de Deus e de sua salvação, o perdão dos pecados, de modo que a comunhão na ceia se tornou símbolo real da comunhão com o próprio Deus e da participação no futuro do reino de Deus. Não sem sentido mais profundo, a nova acolhida do filho perdido [Lc 15.11ss] de acordo com a parábola de Jesus se expressa no banquete que o Pai prepara.[595]

A tradição judaica havia apresentado o futuro escatológico da comunhão no reino de Deus com a ilustração de uma ceia (Is 25.6; *Enoque* 62.14).[596] Também no entorno de Jesus essa concepção era corrente. Era declarado ditoso aquele que participará na ceia do senhorio de Deus (Lc 14.15). De forma análoga também o próprio Jesus falou da futura comunhão no reino de Deus como uma comunhão de mesa.[597] Nesse processo a imagem profética da peregrinação dos povos ao Sião (Is 2.2ss; Mq 4.1ss) foi reinterpretada como um afluir das nações para a comunhão de mesa com os patriarcas no reino de Deus vindouro (Lc 13.29; cf. 22.30). Também nas parábolas de Jesus a futura comunhão dos seres humanos no senhorio de Deus foi descrita com a ilustração de uma ceia, em especial como banquete de núpcias (Lc 12.35ss; cf. Mt 25.10). Entretanto a figura do banquete nupcial (Mt 22.1-10) ou do ágape

---

[595] Sobre Lc 15.22s, cf. G. DELLING, art. "Abendmahl II (Urchristliches Mahl-Verständnis)", in: *TRE* 1, 1977, p. 47-58, 49.

[596] Quanto a comprovações de época posterior, cf. H. L. STRACK; P. BILLERBECK, *Kommentar zum Neuen Testament aus Talmud und Midrasch*, vol. IV/2, 1924, p. 1146-1165. A concepção ocorre justamente também em textos rabínicos, p. ex., *M. Esth.* 1, 14: "Para a ceia de nosso Deus, que ele preparará no futuro aos justos, não existe fim" (*op. cit.*, p. 1137).

[597] Sobre isso, cf. H. PATSCH, *Abendmahl und historischer Jesus*, 1972, p. 139ss.

de confraternização (Lc 14.16-24) também foi relacionada com o envio do próprio Jesus: Por meio de Jesus é expedido o convite de Deus para a ceia do reino de Deus, mas o convite é rejeitado pelos primeiros convidados, de sorte que em seu lugar são convidados e participam desse banquete os pobres, aleijados, cegos e coxos das vielas da cidade e os andarilhos das sebes e cercas nas estradas. Talvez resida nisso originalmente uma alusão à controvertida comunhão de mesa de Jesus com "publicanos e pecadores". De qualquer modo, porém, essa parábola mostra que os tempos de refeição celebrados pelo próprio Jesus evidentemente tinham muito conscientemente o sentido de antecipações em forma de sinal e exposições da comunhão escatológica do reino de Deus. Sendo esse o caso, então se trata nesses momentos de ceia da ação simbólica central de Jesus, em que foi concentrada e apresentada de forma tangível sua mensagem da proximidade do governo de Deus e de sua salvação. Não por último a remissão dos pecados associada e concedida com a aceitação dessa mensagem, por ser eliminação de tudo que separa de Deus, se expressou de forma sensível na comunhão de mesa como era praticada por Jesus.

Na comunhão de mesa como representação da salvação do senhorio de Deus está em jogo primordialmente a comunhão com Deus, mas ao mesmo tempo também a nela fundamentada comunhão dos participantes da refeição entre si. Nas declarações da época da atuação terrena de Jesus esse aspecto não se salienta de modo especial. A esperança judaica aguardava a comunhão futura da salvação em consonância com a comunhão do povo da aliança e como sua consumação escatológica, seja restrita exclusivamente aos justos de Israel, seja inclusivamente aberta para a participação dos justos dentre as nações. Também as declarações de Jesus sobre isso se movem no âmbito dessa expectativa, ainda que na forma de uma crítica profética, a saber, como ameaça de que serão admitidos à comunhão da ceia escatológica muitos que vêm de fora – seja dentre as nações, seja dentre os membros do próprio povo não contados entre os justos – enquanto os membros do povo da aliança, os "filhos do reino" (Mt 8.12) estarão excluídos. Talvez a palavra não tenha de ser entendida como se *todos* os membros do povo da aliança fossem excluídos. Mesmo nessa acepção ela não deixa de ser dura: Foi dissolvida aqui a correlação entre povo da aliança e comunhão escatológica da salvação? De qualquer modo, nessas palavras de Jesus o povo da aliança não é substituído por outra comunhão, à qual corresponde a comunhão de mesa escatológica no futuro do reino de Deus. Contudo, será que não aconteceu exatamente isso na última ceia de Jesus com os discípulos, quando ele, conforme os relatos do cristianismo primitivo, conectou o conceito da (nova) aliança (Jr 31.31s) com a entrega do cálice (Mc 14.24; par., 1Cor 11.25)? Porventura a nova e definitiva aliança escatológica não assume o lugar da promessa profética da antiga aliança, a qual ela substitui? Na expectativa profética, no entanto, trata-se no caso da nova aliança apenas da nova constituição da relação pactual para o mesmo povo (cf. abaixo, p. 624ss., 632s.).

    Por meio da interpretação do vinho oferecido com a taça como sinal da aliança no sangue de Jesus, a comunhão da ceia com Jesus é caracterizada como ceia da aliança no sentido de Êx 24.11, onde se afirma de Moisés e os anciãos de Israel que haviam subido com ele à montanha: "Contemplaram a Deus, comeram e beberam." A circunstância de que a ceia de despedida de Jesus não era igual, nos pormenores preservados pela tradição, à ceia da aliança do Antigo Testamento,[598] ainda não alicerça uma objeção contundente contra a originalidade da idéia da aliança nesses relatos. O conceito da aliança poderia ter sido aduzido como elemento interpretativo, a fim de qualificar como tal um tempo de ceia que pela forma não era uma ceia de aliança. As informações esparsas da tradição sobre o transcurso da ceia não permitem nenhuma conclusão definitiva sobre seu caráter, seja como ceia da aliança, seja como refeição do *Passá*,[599] embora os evangelhos sinóticos aparentemente pretendessem que a última ceia de Jesus fosse entendida como refeição do *Passá*.[600] Por isso, o arcabouço para entender as palavras explicativas de Jesus sobre o pão e o cálice não deveria ser procurado na estrutura de sentido preestabelecida de determinada celebração de ceia judaica, mas, antes, na prática anterior das refeições do próprio Jesus e de seu

---

[598] É o que frisa H. PATSCH, *op. cit.*, p. 24 contra S. AALEN, "Das Abendmahl als Opfermahl im Neuen Testament", in: *Novum Testamentum* 6, 1963, p. 128-152. Acerca das razões em favor da originalidade da idéia da aliança na tradição da santa ceia, cf. E. SCHWEIZER, in: *RGG* 3ª ed., vol. I, 1957, p. 13s.

[599] Entre outros, também H. PATSCH entende a última ceia de Jesus como ceia do *Passá* judaico (*op. cit.*, p. 34-36).

[600] Sobre isso, F. HAHN, "Zum Stand der Erforschung des urchristlichen Herenmahls", in: *Evangelische Theologie* 35, 1975, p. 553-563, 557, bem como idem, "Die alttestamentlichen Motive in der urchristlichen Abendmahlsüberlieferung", in: Ev. Theologie 27, 1967, p. 337-374, 342s, cf. p. 352ss.

grupo de discípulos. Isso não exclui que na última ceia de Jesus com suas palavras explicativas sobre pão e cálice tenha sido associada uma explicação específica de sentido em vista do iminente martírio de Jesus, uma vez que também por outras razões se deve presumir que Jesus contou com a proximidade de sua morte violenta.[601]

Controvertida e dificilmente detectável por completo é a configuração original dessas palavras interpretativas. Por isso tampouco se pode decidir com segurança a pergunta correlata pela interligação histórico-tradicional entre suas diferentes versões no âmbito da tradição cristã primitiva da santa ceia. Isso vale em especial para a palavra do cálice. Aqui está em destaque em Paulo (e Lucas) a idéia da aliança, enquanto conforme Marcos e Mateus o sangue do próprio Jesus é a dádiva do cálice, em paralelo ao corpo de Jesus na palavra do pão. O paralelismo de palavras do pão e do cálice, assim estabelecido, constitui o indício mais importante de que a versão existente em Mateus e Marcos das palavras de Jesus na santa ceia representa um estágio posterior da tradição, que era caracterizada por uma harmonização das formulações da palavra do pão e do cálice, uma harmonização que por sua vez pode estar vinculada ao uso litúrgico das palavras.[602] A principal dificuldade da forma textual transmitida em Paulo e Lucas consiste no fato de que ambos designam a aliança concedida com a entrega do cálice de "nova aliança": De um lado a "nova aliança", prometida em Jr 31.31ss, ao contrário da aliança de Moisés (cf. Êx 24.8) não precisa mais de sacrifícios sangrentos, enquanto a palavra do cálice proferida por Jesus fala da aliança selada em seu sangue.[603] De outro lado parece que o acréscimo da palavra *kainè* (nova) a *diathèkè* (aliança) no processo da transmissão do texto seria mais fácil de explicar (a saber, no sentido de um adendo interpretativo) que sua omissão, que deveria ter ocorrido na versão da palavra oferecida por Marcos e Mateus, quando se considera original o discurso da "nova" aliança em Paulo e Lucas.[604] Manter a originalidade dessa formulação pela

---

[601] Cf. sobre isso, aqui, vol. II, p. 578s.
[602] O mesmo pensa H. PATSCH, *op. cit.*, p. 82.
[603] Cf. V. WAGNER, Der Bedeutungswandel von *berith kadoschah* [aliança sagrada] na configuração das palavras da santa ceia", in: *Evangelische Theologie* 35, 1975, p. 538-544, esp. p. 543s Cf. também as exposições de F. HAHN, in: Ev. Theologie 27, 1967, p. 367-373 sobre a importância da idéia da aliança na tradição da santa ceia.
[604] Posição de H. PATSCH, *op. cit.*, p. 86s, que todavia conclui daí rapidamente demais pela antiguidade maior da tradição de Marcos (cf. p. 84).

eliminação da referência ao sangue de Jesus como de um adendo secundário[605] se apresenta como uma operação por demais arbitrária, ainda mais que a palavra do cálice nem teria mais uma relação com a morte de Jesus e a idéia da nova aliança restaria sem motivação, a menos que se busque essa motivação e a vinculação com a morte de Jesus na palavra do pão, que, no entanto, está situada no começo da ceia, enquanto a palavra do cálice justamente conforme Paulo (1Cor 11.25) e Lucas (Lc 22.20) consta em seu final e por isso deve ser analisada à parte para a detecção de um conteúdo assertivo. As dificuldades que oneram a hipótese da originalidade da palavra do cálice na forma de Paulo e Lucas desapareceriam se subentendêssemos que a caracterização expressa do cálice aqui referido como "nova" aliança é uma ampliação secundária, ao lado de outros traços da palavra do cálice em Paulo e Lucas.[606] Entretanto não deixa de ser digno de nota que o apóstolo com formação teológica parece não se ter incomodado com a justaposição de "nova aliança" e sangue nem na versão das palavras da santa ceia que lhe foi transmitida (1Cor 11.25), nem tampouco em suas formulações teológicas autônomas (cf. 2Cor 3.6, também Gl 4.24 com 1Cor 10.16; 11.27; Rm 3.25 e 5.9). Será que a impossibilidade de coadunar conceitualmente "nova aliança" e sangue talvez exista somente para o exegeta moderno? Se Deus instaurou a "nova aliança" através de Jesus, mas nisso permitiu que Jesus caminhasse para a morte na cruz, porventura na unificou pessoalmente as duas coisas? Aquilo, porém, que evidentemente parecia coadunável para o apóstolo Paulo, não precisa ser incompatível nos lábios do próprio Jesus. De qualquer modo, as duas coisas foram vinculadas por meio do destino dele, de modo que agora a presença da consumação escatológica na atuação de Jesus, que corresponde à idéia da nova aliança e foi legada por Jesus aos discípulos,[607] foi vinculada pelo próprio Deus com um sacrifício de sangue em analogia à aliança de Moisés em Êx 24.8. A ceia adquire assim o significado de uma ceia de aliança

---

[605] É o que propõe V. Wagner, *op. cit.*, p. 543s.
[606] Em relação à ordem de repetição, cf. a enumeração das objeções que contrariam a admissão de sua originaldade, in: H. Patsch, *op. cit.*, p. 79, bem como L. Goppelt, *Theologie des Neuen Testaments* (ed. por J. Roloff), vol. I, 1975, p. 269s.
[607] Sobre Lc 22.28-30, cf. abaixo, bem como W. Grundmann, *Das Evangelium nach Lucas*, 1961, 8ª ed. 1978, p. 402-405. Lá também é analisada a relação dessa palavra com a concepção comum no primeiro cristianismo, da participação dos discípulos no governo do Exaltado (1Cor 4.8; 6.2; 2Tm 2.12, etc.).

em analogia com Êx 24.11, por mais que seu curso possa ser divergente dela.

Esse resultado é corroborado pelo fato de que o surgimento da idéia da aliança na versão da palavra do cálice em Paulo e Lucas na ceia de despedida de Jesus com seus discípulos não é totalmente única no âmbito da tradição de Jesus. O dito em Lc 22.28-30 acrescenta à constatação de que os discípulos de Jesus lhe permaneceram próximos em suas "tentações", respectivamente "atribulações" (*peirasmois*), a promessa: "Por isso eu lhes legarei (*diarithemai*) o reino, assim como meu Pai mo legou. Em meu reino comereis e bebereis à minha mesa e tomareis assento em tronos para governar as doze tribos de Israel." Já por causa do estreito parentesco com essa palavra[608] também se poderá considerar autêntica a interpretação da palavra do cálice na última ceia de Jesus a partir da idéia da aliança. As declarações expiatórias de Lc 22.20 e Mc 14.24 podem, em contraposição, ser consideradas ampliações secundárias da idéia de que a morte violenta de Jesus "em seu sangue" seria o sacrifício pactual da nova aliança. O motivo da expiação conseguiu conectar-se facilmente à concepção do sacrifício sangrento,[609] assim como à fórmula *hypèr* [em favor de] na palavra do pão (cf. abaixo). Em decorrência a celebração da santa ceia e o desdobramento da liturgia da santa ceia podem muito bem ser ponto de partida e "lugar vivencial" das interpretações cristãs primitivas da morte de Cristo como expiação,[610] embora nem por isso o motivo da expiação já tenha de remontar à situação da origem da santa ceia de Jesus.

A locução "dado em favor de vós" na formulação da palavra do pão em Paulo e Lucas (1Cor 11.24; Lc 22.19) ainda não precisa implicar em uma idéia de expiação na situação de origem da santa ceia, mas talvez expresse apenas a idéia da solidariedade de Jesus com os seus e, logo, o caráter indelével da comunhão com seus discípulos propiciada na ceia conjunta. De qualquer maneira isso vale para a forma mais simples, geralmente avaliada como a mais original, da palavra do pão em Marcos (Mc 14.22). Nisso se torna perceptível uma ligação com a prática antecedente terrena de refeições de Jesus: No pão o próprio Jesus (e com ele o senhorio de Deus) está presente para os seus, para acolhê-los na comunhão consigo. Atualmente a

---

[608] Lc 22.28-30 deve ser, acompanhando a opinião de F. HAHN, "autêntico em sua configuração básica" (*Ev.Theol.* 1975, p. 560).
[609] Também posição de F. HAHN, *op. cit.*, p. 560.
[610] Sobre isso, cf. H. PATSCH, *op. cit.*, p. 169.

pesquisa está predominantemente de acordo que "corpo" reproduz a palavra aramaica *gwf*, "que não designa uma parte do corpo humano, mas a pessoa toda".[611] A palavra do cálice ainda ultrapassa a asserção contida nela, ao outorgar, por meio da idéia da aliança, aos discípulos como dádiva permanente a presença der senhorio de Deus vinculada à presença de Jesus em pessoa, constituindo desse modo também como duradoura a comunhão dos participantes entre si.

A última santa ceia de Jesus antes de sua paixão deu continuidade à sua prática anterior de refeições, pelo fato de que também lá a ceia, pela participação de Jesus, já se tornou antecipação, em forma de sinal, do senhorio vindouro de Deus. A continuidade objetiva com essa acepção básica da ceia também se expressa na antevisão escatológica de Jesus em Mc 14.25; par.[612] Essa palavra corresponde à orientação escatológica para o reinado vindouro de Deus, que caracterizou toda a prática das refeições de Jesus. Em contraposição, verbaliza a despedida da comunhão terrena da ceia com os discípulos, retomando assim a sinalização dada na palavra do cálice ao iminente martírio. Contudo no pão que partem Jesus há de permanecer presente – uma promessa da qual os discípulos se recordarão à luz da ressurreição de Jesus, e de fato extrai suas forças do fato de que Jesus não permaneceu na morte. A asserção de sua presença, associada ao pão, ainda não aponta, na formulação, expressamente para além da última celebração da ceia. Mas por que Jesus haveria de prometer sua presença no pão, enquanto ele próprio está corporalmente presente? A promessa contém sem dúvida um momento que para quem a recebe se estende com o pão recebido para além da celebração da ceia e para além da despedida de Jesus. Possui a característica de uma disposição testamental (cf. novamente Lc 22.28-30) à luz a palavra do cálice com sua referência à idéia da nova aliança, que Deus há de selar pelo sangue de Jesus e que é cumprida pela distribuição e aceitação do cálice.

Assim fica também fundamentada a comunhão dos discípulos de Jesus para além da morte. Em função disso se localizou nesse último ato

---

[611] F. Hahn, *op. cit.*, p. 559.
[612] Lucas (Lc 20.18) antepôs essa palavra à do pão, vinculando-a com a entrega de um primeiro cálice, de modo que o cálice posterior ao pão se apresenta como um segundo cálice e a seqüência dos acontecimentos da ceia foi adaptada à de uma ceia de *Passá* (cf. F. Hahn, *op. cit.*, p. 557).

de ceia de Jesus não apenas a origem da ceia do Senhor celebrada pela igreja, mas também a da própria igreja.[613] De fato cabe à última ceia de Jesus uma relevância decisiva para a ligação entre a atuação de Jesus e o surgimento da igreja. O grupo dos discípulos de Jesus não foi já pela vocação dos doze (Mc 3.13ss) constituído como uma comunhão própria, distinta do antigo povo de Deus, porque, pelo contrário, os doze como representantes das doze tribos de Israel simbolizavam o antigo povo de Deus como alvo do envio de Jesus.[614] Do mesmo modo, ainda que por outras razões a "palavra da rocha" de Jesus a Pedro, transmitida em Mateus (Mt 16.18s) não deve ser vista como ato da fundação da igreja, porque essa palavra, antes, já pressupõe a *ekklesia*, ao atribuir a Pedro uma função de destaque nela.[615] A idéia da nova aliança, porém, constitui, no âmbito da celebração da última ceia de Jesus, de fato uma comunhão duradoura, a comunhão de seus discípulos, que agora é relacionada de uma maneira nova, a saber, tipologicamente, com a antiga aliança e o antigo povo da aliança, mas nisso ao mesmo tempo diferenciada dele. No caso, não se trata de "um grupo firmemente delimitado",[616] mas apesar de toda intenção de durabilidade, ou seja, também de repetidas celebrações da ceia, trata-se da comunhão aberta, numericamente não-fixada, daqueles que participam da ceia de Jesus e dessa maneira são unificados na comunhão uns com os outros. O conceito da "aliança" torna explícito o que já estava inerente à prática pregressa de refeições por Jesus: a comunhão dos que participam da ceia sobre o fundamento da participação no senhorio de Deus descortinada por Jesus para cada um individualmente, ao delimitar essa comunhão

---

[613] Já defendido por F. KATTENBUSCH, "Der QueLLort der Kirchenidee", in: *Festgabe A. v. Harnack*, 1921, p. 143-172, 169. Cf. também K. L. SCHMIDT, "Die Kirche des Urchristentums", in: *Festgabe für Adolf Deissmann*, 2ª ed. 1932, p. 258-319, 295.

[614] Cf. acima, p. 25ss. (cap. 12, 2a).

[615] Cf. W. G. KÜMMEL, *Kirchenbeggriff und Geschichtsbewußtsein in der Urgemeinde und bei Jesus*, 1943, p. 20ss. Cf. ainda B. FORTE, *La chiesa nell' eucharistia*, 1975, p. 35. Isso valeria também quando, ao contrário da maioria dos exegetas, a palavra da rocha dita a Pedro não fosse avaliada como uma formação pós-pascal (como, entre outros, pensa também G. BORNKAMM, "Enderwartung und Kirche im Matthäusevangelium", in: *Festschrift Charles Harold Dodd*, 1954, p. 222-260, 254s, discordando de O. CULLMANN, *Petrus*, 1952, p. 214), mas fosse atribuída à situação da ceia de Jesus, como em F. KATTENBUSCH, *op. cit.*, p. 169.

[616] W. G. KÜMMEL, *op. cit.*, p. 37 contra KATTENBUSCH, *op. cit.*, p. 169.

da "nova aliança" do antigo povo da aliança. Contudo essa segregação ainda se processa inicialmente no seio do antigo povo da aliança. Tampouco se constitui aqui igreja como grupo organizado, mas no nível da ação com caráter de sinal: O ser da igreja consiste primordialmente na ação simbólica da própria ceia como sinal da presença do senhorio de Deus e da nele fundamentada consumação de toda comunhão humana. O que dessa maneira está latente na ceia de despedia de Jesus será realizado definitivamente depois da Páscoa pela dádiva do Espírito. Isso vale também para a própria celebração da ceia do Senhor: Por causa da presença do Senhor ressuscitado mediante o Espírito o culto eucarístico da igreja é mais que apenas uma ceia memorial. Ou seja, a existência da igreja de fato foi possibilitada somente pela "atuação de Deus... na ressurreição do Crucificado e na dádiva escatológica do Espírito".[617] Apesar disso, ela tem por fundamento o pensamento da nova aliança, associado à ceia de despedida de Jesus. Essa nova aliança, porém, não foi concretizada primordialmente na forma de uma comunhão organizada, mas no nível da ação de sinal da ceia de Jesus. Por isso a comunhão da antiga aliança, o antigo povo da aliança, tampouco é simplesmente substituído por ela. Afinal, na ceia no reinado de Deus também a antiga aliança chegará à consumação.

Constitutiva para o ser da igreja não é, portanto, sua forma organizacional, mas a ação de sinal da ceia de Jesus, que a igreja celebra na certeza fundamentada pela dádiva do Espírito. Como comunhão que celebra a ceia do Senhor ela é sinal e instrumento da destinação escatológica da humanidade para a comunhão no reino de Deus. Assim como essa destinação já se tornou presente na prática de refeições de Jesus, assim – e unicamente assim – ela o é também na igreja. Por isso a igreja é primordialmente em sua vida cultual aquilo que constitui sua essência, a saber, "congregação escatológica" – apresentação antecipada da comunhão escatológica dos humanos no futuro do senhorio de Deus. O culto da igreja patenteia o fundamento de sua própria existência na celebração da ceia de Jesus. Nisso a igreja possui sua existência *extra se* [fora de si], a saber, previamente à sua configuração organizativa como comunhão estabelecida em determinadas formas – também jurídicas – e nisso programada para ser duradoura, em total analogia com a maneira como a identidade do indivíduo cristão, alicerçada *extra se*

---

[617] H. PATSCH, *Abendmahl und historischer Jesus*, 1972, p. 149.

in Christo [fora dele em Cristo] e captada por meio da fé, chega à representação no batismo, tornando-se por meio dele identidade permanente dessa pessoa individual. Nem no indivíduo cristão, nem na igreja se trata, no caso de tal representação com cunho de sinal, de mera ilustração que seria acrescentada secundariamente à realidade representada. Pelo contrário, pela mediação da representação a própria realidade primeiramente vem a ser fundamentada: Através do batismo nós nos tornamos membros de Cristo e de seu corpo, e a celebração da ceia do Senhor renova a comunhão da igreja, ao apresentar e assumir sua fundamentação na ceia de seu Senhor. Onde quer que aconteça a celebração da ceia do Senhor, ali existe igreja cristã. Por isso a igreja possui sua configuração em primeira linha na vida cultual das congregações locais, que por sua vez se definem como congregações locais pelo local do culto, e nessa vida cultural vinculada a um local está enraizada a comunhão universal das igrejas locais que celebram a mesma ceia do Senhor e dessa maneira estão unidas umas às outras.

São essas as conseqüências de amplo alcance a partir da importância constitutiva da celebração da ceia de Jesus não apenas para a ceia do Senhor na igreja, mas para o próprio ser da igreja. Nisso é fundamental que os cristãos sejam, pela comunhão com Jesus Cristo que cada um recebe para si na forma de pão e vinho, unidos entre si para a comunhão na unidade do corpo de Cristo, como afirma Paulo: "A taça da bênção, sobre a qual proferimos a bênção, não nos dá participação no sangue de Cristo? O pão que partimos não nos dá participação no corpo de Cristo? Visto haver um só pão, nós muitos somos um só corpo; porque todos recebemos nossa participação nesse pão único" (1Cor 10.16s). O apóstolo passa a elaborar adiante essa idéia pela observação de que os diferentes membros do corpo único possuem dádivas e funções específicas, mutuamente complementares (1Cor 12.14-27). Nessa consideração ele também relaciona a ceia do Senhor com a recordação do batismo, que incorpora cada cristão individualmente no corpo de Cristo: "Pelo mesmíssimo Espírito somos todos batizados em um único corpo, judeus como gregos, escravos como livres – e a nós todos foi dada a mesmíssima bebida do Espírito" (1Cor 12.13). Ou seja, já o batismo está relacionado com a unidade do corpo de Cristo, em nada diferente que a ceia do Senhor. Assim como o batismo fundamenta a identidade de cada cristão, assim ele simultaneamente o direciona também com sua peculiaridade individual à comunhão da igreja, que passa a ser representada na celebração da ceia do Senhor.

Não obstante, a igreja não celebra na ceia do Senhor sua própria comunhão. Quando isso acontece surgem distorções na vida de culto da igreja. No centro da celebração da ceia tem de estar Jesus Cristo com a promessa de sua presença para ter comunhão com cada pessoa individualmente que participa de sua ceia. A partir daí a comunhão, para a qual os cristãos já se sentem unidos entre si em outras dimensões, carece sempre de novo de correção e renovação. Contudo, assim como a presença de Cristo está no centro da administração apropriada da ceia do Senhor na igreja, assim a pergunta por sua compreensão correta constitui o centro da teologia da ceia do Senhor.

b) *Palavras da instituição e presença de Cristo na ceia do Senhor*

Como pão e vinho podem ser corpo e sangue de Cristo na ceia do Senhor? A exegese moderna ensinou que nesse caso está em jogo – e primordialmente em vista do pão – a presença pessoal e indivisa de Jesus Cristo. A tradição teológica teve de primeiramente encontrar o rumo para essa percepção. O problema, no entanto, se mostrou com toda a nitidez somente quando não se entende mais as palavras da instituição de forma simbólica, mas literal, como aconteceu na Idade Média latina desde a disputa em torno de BERENGÁRIO e o surgimento da doutrina da transubstanciação no séc. XII. Agora tinha de surgir a pergunta: Será que as dádivas oferecidas com pão e vinho de fato são diferentes entre si, a saber, uma vez o corpo, outra vez o sangue de Cristo? Ou será que se trata sob ambas as espécies da mesma dádiva, a saber, o único e indiviso Senhor? Na teologia prevaleceu essa última concepção; mais precisamente no sentido de que a palavra do pão na verdade se refere primeiramente ao corpo de Cristo, cuja presença, contudo, engloba o Cristo inteiro e logo também seu sangue. Algo análogo vale inversamente para o vinho eucarístico. Por causa dessa "concomitância" (como "acompanhamento natural") recebe-se, portanto, através de cada um dos dois elementos ao Cristo todo com corpo e sangue.[618]

---

[618] Cf. J. BETZ, "Eucharistie als zentrales Mysterium", in: *Mysterium Salutis* IV/2, 1973, p. 185-313, 236s. Cf. também TOMÁS DE AQUINO, *S. teol.* III, 76,2 e 3.

Infelizmente essa importante percepção teológica foi utilizada no Concílio de Constança em 1415 para justificar o impedimento do acesso de leigos ao cálice pelo argumento de que eles já recebem sob a forma do pão o Cristo inteiro.[619] Essa aplicação prática da doutrina da concomitância foi rejeitada pela Reforma luterana, não, porém, a doutrina em si, de que sob as duas espécies se recebia o Cristo inteiro.[620] A comunhão sob as duas espécies, não apenas mediante o pão sozinho, mas também mediante o cálice, foi exigida por LUTERO tão-somente por causa da administração da santa ceia em conformidade com sua instituição. Nessa questão argumentou também com a prática da igreja antiga (como faz também CA 22). Essa exigência de LUTERO – uma das exigências principais da Reforma – foi acolhida já em 1520 entre as sentenças de LUTERO condenadas pela bula Exsurge Domine (n. 16, DS 1466). O Concílio de Trento contestou expressamente que a instituição da santa ceia sob ambas as espécies obrigaria todos os crentes a também recebê-la sob as duas espécies (DS 1727 e 1731). A descrição da questão controvertida sob o ponto de vista do recebimento, contudo, sugeria um contexto com dúvidas sobre a presença do Cristo todo em cada um dos dois elementos eucarísticos, portanto também no pão sozinho (cf. DS 1733), que não existiam por parte da Reforma luterana e

---

[619] DS 1199: *firmissime credendum sit et nullatenus dubitandum, integrum Christi corpus et sanguinem tam sub specie panis quam sub specie vini veraciter contineri* [Deve-se crer firmemente e de forma alguma duvidar que tanto sob a espécie de pão quanto sob a espécie do vinho verdadeiramente está contido todo o corpo e sangue de Cristo]. O Concílio de Trento reforçou essa concepção (DS 1733).

[620] M. LUTERO, WA 2, p. 742,24-26; WA 6, p. 139,20ss e esp. Schmalkaldische Art. III, BSELK, p. 451,3ss. Cf. H. GRASS, *Die Abendmahlslehre in Luther und Calvin. Eine kritische Untersuchung*, 1940, p. 37-50. Ao contrário de LUTERO, CALVINO também se posicionou contra a doutrina da concomitância como tal (*Inst. chr. rel.* 1559, IV,17, 47), embora a idéia nela expressa, de que nas dádivas da santa ceia sempre está presente o Cristo todo em pessoa, a rigor correspondesse a seu próprio ensinamento. Cf. sobre isso J. ROHLS, "Coena Domini. Die altreformierte Abendmahlslehre und ihre Wandlungen", in: M. GARIJO-GUEMNBE; J. ROHLS; G. WENZ, *Mahl des Herrn. Ökumenische Studien*, 1988, p. 105-221, 158s. Acerca da concepção luterana, cf. na mesma obra G. WENZ, "Für uns gegeben: Grundzüge lutherischer Abendmahlslehre im Zusammenhang des gegenwärtigen ökumenischen Dialogs", p. 223-338, 258ss. As exposições de Wenz contêm igualmente uma tácita correção da tese defendida por J. ROHLS, *op. cit.*, p. 142ss em seguimento a H. GOLLWITZER, de que a teologia luterana estaria "primordialmente interessada na materialidade de duas substâncias distintas, carne e sangue", p. 142, 144s.

não formavam o fundamento para a exigência da concessão da comunhão sob ambas as espécies. Pelo contrário, estava em questão que a igreja, respectivamente seus líderes, estão compromissados na celebração da ceia do Senhor com a ordem de Cristo fornecida por ocasião de sua instituição. Por isso a *Confissão de Augsburgo* designou a restrição da distribuição para a forma do pão como um "costume introduzido contra o mandamento de Deus".[621] Hoje essa crítica perdeu sua acuidade, menos por causa da liberação da comunhão sob ambas as espécies como regulamentação de exceção pela Constituição Litúrgica do Concílio Vaticano II (*SC* 55) que através da declaração da congregação vaticana para os ritos de 1967, de que a santa comunhão se torna "um sinal mais nítido quando recebida sob ambas as espécies".[622] A "Comissão conjunta católica romana e evangélico-luterana" conseguiu chegar ao ponto de constatar em seu documento: "A ceia do Senhor" de 1978: "Católicos e luteranos têm conjuntamente a convicção de que fazem parte da configuração plena da eucaristia o pão e o vinho." Por isso consta depois também com razão que as diferenças remanescentes nessa questão não possuem "mais caráter divisor das igrejas".[623]

A doutrina de que tanto no pão como também no vinho está presente o Cristo todo e indiviso já contém, na substância, aquela compreensão da presença de Cristo que hoje é chamada de presença pessoal, diferenciada de uma presença, concebida em termos de objeto, de corpo e sangue nos elementos da santa ceia. Nas controvérsias medievais e também nas posteriores confessionais sobre esse tema, porém, esteve no centro a pergunta de como se relaciona a presença de Cristo no pão e no vinho com a identidade ontológica desses "elementos".[624] Essa

---

[621] *CA* 22,9: *consuetudo contra mandata Dei introducta* [costume introduzido contra as ordens de Deus] (*BSELK*, p. 86,1s).

[622] *Instructio de cultu mysterii eucharistici* 1967 n. 32 (*AAS* 59, 1967, p. 558; cf. *CIC* 925).

[623] Gemeinsame römisch-katolisch/evangelisch-lutherische Kommission: Das Herrenmahl, 1978, n. 64. J. A. JUNGMANN já escrevera em 1966 no comentário à Constituição Litúrgica do Concílio Vaticano II sobre *SC* 55: "A comunhão sob ambas as espécies pertence sem dúvida à completude do sinal sacramental e corresponde à incumbência do Senhor" (*LTK* supl., *Das Zweite Vatikanische Konzil*, vol. I, 1966, p. 58). Cf. também K. LEHMANN; W. PANNENBERG (eds.), *Lehrverurteilungen – kirchentrennend?*, vol. I, 1986, p. 116.

[624] J. BETZ diferenciou entre esse aspecto da presença de Cristo na eucaristia como "presença real" em sentido mais restrito e a "presença atual" do Senhor exaltado,

pergunta não é idêntica com aquela pela forma ou peculiaridade da presença de Cristo na ceia, mas tampouco pode ser contornada, uma vez que, afinal, é dito do pão que ele "é" o corpo de Cristo (1Cor 11.24; par.).[625] Logo não "é" mais o que foi antes, a saber, simplesmente pão como outro pão. Na celebração da ceia do Senhor acontece uma "transformação" em vista do significado que os participantes associam com o pão (e vinho) eucarístico, mas também em vista do próprio pão e vinho: Do contrário o liturgo não poderia dizer com as palavras de Cristo: "Isso é meu corpo". No entanto, permaneceu controvertido na história da doutrina da ceia do Senhor como mais precisamente se deve entender essa transformação, e essa pergunta deu motivo, desde a Reforma, a confrontos doutrinários causadores de divisões eclesiásticas.

De uma "transformação" de pão e vinho pela presença de Cristo falaram já CIRILO de Jerusalém e GREGÓRIO de Nissa,[626] bem como de forma semelhante no Ocidente AMBRÓSIO de Milão. Contudo, enquanto se imaginava no Oriente a mudança em analogia com a encarnação como um penetrar do *Logos* nos elementos eucarísticos, AMBRÓSIO atribuiu às palavras da instituição como palavras de Cristo o poder da palavra criadora divina, que gera o que ela afirma.[627] Esse pensamento se tornou ponto de partida da doutrina medieval da palavra da instituição como "fôrma" do sacramento e da concepção de que a transformação se processa no momento em que o sacerdote profere as palavras de Cristo.[628] Seu resultado

---

que por sua vez também contém dois aspectos, a saber, "presença eficiente pessoal e pneumática do Cristo exaltado" e "a presença anamnética de sua obra única de salvação" (*op. cit.*, p. 267).

[625] Na realidade a palavra "é" pertence somente à tradução grega da palavra do pão, uma vez que o aramaico não conhece um verbo auxiliar correspondente. Contudo, conforme o sentido ela corresponde à forma originária aramaica da afirmação: "Isso – meu corpo". Um paralelo exato para isso quanto à relação entre vinho e sangue de Cristo encontra-se somente na versão das palavras da instituição em Marcos (Mc 14.24) e Mateus (Mt 26.28), enquanto em Paulo e Lucas consta que o cálice "é" a *nova aliança* que foi instituída pelo sangue de Jesus (1Cor 11.25; Lc 22.20).

[626] Comprovantes em G. KRETSCHMAR, art. "Abendmahl III/1. Alte Kirche", in: *TRE* I, 1977, p. 79s.

[627] AMBRÓSIO, *De sacr.* IV,14-17 (*SC* 25,108-110).

[628] Verdade é que ainda na confissão prescrita a BERENGAR em 1079 foi citada como fundamento da transformação, ao lado das palavras da instituição de Cristo, a oração de consagração (*mysterium sacrae orationis*; DS 700).

ainda podia ser entendido no início da Idade Média sob o aspecto de que através da transformação os elementos se tornam símbolos do corpo e do sangue de Cristo.[629] Mas contra BERENGAR de Tours se impõe definitivamente em 1059 a interpretação realista (*DS* 690, cf. 700). Nessa situação a teologia tentou rechaçar, pelo conceito da transubstanciação, concepções realistas extremas em conexão com a presença e o consumo do corpo e sangue de Cristo e tornar compreensível como, apesar da transformação da essência interior de pão e vinho, suas características exteriores persistem para a percepção sensorial também depois da transformação.[630] Essa nova terminologia foi acolhida em 1215 pelo Concílio de Latrão IV (*DS* 802) e desde então vigora como eclesiasticamente compromissivo. Inicialmente não estava claro o que, afinal, abrange a definição. Somente desde BOAVENTURA e TOMÁS DE AQUINO (*S. teol.* III,75,2) a concepção de que pela transformação o Cristo presente no sacramento é somado à substância dos elementos (consubstanciação) foi considerada como incompatível com a doutrina da igreja, embora ainda fosse considerada por muitos teólogos da Idade Média tardia – como DUNS SCOTUS e WILHELM VON OCKHAM – como mais bem conciliável com a razão e também não contraditória com as Escrituras.[631] Somente nessa discussão o conceito da transubstanciação foi identificado com uma concepção definida, e também filosoficamente precisa (em contraposição à *c*onsubstanciação de um lado e ao aniquilamento da substância de pão e vinho de outro), a saber, com a concepção de que depois da transformação as características perceptíveis de pão e vinho continuam existindo para si sem base substancial: É por causa dessa conseqüência que a concepção de

---

[629] Acerca desse simbolismo agostiniano no Ocidente, cf. E. ISERLOH, art. "Abendmanl III/2. Mittelalter", in: TRE I, 1977, p. 89-106, 90ss.

[630] A intenção da doutrina da transubstanciação voltava-se à preservação justamente do caráter espiritual da transformação e da presença de Cristo nos elementos eucarísticos. É o que defenfem K. LEHMANN; W. PANNENBERG (eds.), *Lehrverurteilungen – kirchentrennend?*, vol. I, 1986, p. 99 seguindo a H. JORISSEN, *Die Entfaltung der Transubstantiiationslehre bis zum Beginn der Hochscholastik*, 1965. Foi assim que TOMÁS DE AQUINO já enfatizou que o verdadeiro corpo e o verdadeiro sangue de Cristo na ceia do Senhor não podiam ser compreendidos nem com os sentidos nem com o intelecto, mas unicamente pela fé nas palavras de Cristo: *non sensu deprehendi potest, sed sola fide* (*S. teol.* III,75,1). Como, porém, soa diferente a fórmula *DS* 690 imposta em Roma a BERENGAR em 1059! Cf. sobre isso também TOMÁS DE AQUINO, *op. cit.*, III,77,7 ad 3.

[631] E. ISERLOH, *op. cit.*, p. 93s e 99-102.

uma transubstanciação foi sempre de novo rejeitada como absurda. Porque se características cognoscíveis de modo geral somente podem aparecer em uma substância – como definições "acidentais", ainda que caracterizando o objeto em sua peculiaridade – então a concepção não é cabível para acidentes de pão e vinho existentes em si, depois da transformação eucarística, do mesmo modo como em contrapartida a concepção de que as propriedades de pão e vinho podem valer como peculiaridades do corpo e sangue de Cristo.

O posicionamento de LUTERO contra o conceito da transubstanciação se insere no contexto do fato de que desde o final do séc. XIII esse conceito não era mais simplesmente designação da transformação da identidade essencial dos elementos na celebração da ceia do Senhor, mas determinada descrição teórica desse processo ao lado de outras. LUTERO tendia para a descrição alternativa, preferida na escola de OCKHAM, do processo de transformação como consubstanciação e declarou em 1520 sob citação de PEDRO D'AILLY, que a doutrina da transubstanciação não seria necessária nem a partir das Escrituras, nem para elucidar as afirmações das Escrituras por motivos da razão. O que, porém, for asseverado sem fundamento imperioso das Escrituras, deveria permanecer objeto da livre formação de opinião.[632]

O Concílio de Trento defendeu em 1551 o conceito da transubstanciação contra a crítica da Reforma como designação apropriada

---

[632] M. LUTERO, *WA* 6, p. 508,20ss. Acerca da *opinio Thomae* [opinião de TOMÁS] é dito que ela *sine scripturis et ratione fluctuat* [oscila sem a Escritura e sem a razão] (cf. p. 509,20s: *nulla scriptura, nulla ratione nititur* [não se apóia nem na Escritura nem na razão]). Isso mostra que LUTERO não rejeitava essa doutrina pela razão de ela tentar fornecer uma explicação racional do mistério, mas pelo contrário, entre outras, porque ela estaria em contradição com a razão, e precisamente também com as declarações aristotélicas sobre substância e acidentes. LUTERO na realidade estava disposto a crer também contra a razão, mas somente quando palavras claras da Escritura obrigassem a isso. Para sua própria concepção de uma consubstanciação ele vislumbrava como modelo a combinação da natureza divina com a humana na pessoa de Cristo (*op. cit.*, p. 510). Cf. sobre isso ainda a Fórmula de Concórdia, *SD* VII, 37s, *BSELK*, p. 983,37ss. Contra o equívoco de que essa concepção levaria à idéia de uma inclusão espacial do corpo de Cristo no pão, cf. G. WENZ, *op. cit.*, p. 264ss. Entretanto através de várias declarações LUTERO deu motivo a tal mal-entendido, como, p. ex., por meio do exemplo infeliz em favor de sua concepção das palavras da instituição como *synekdoche* na Escritura. *Vom Abendmahl Christi* 1528, WA 26, p. 444. Cf. ainda a crítica justificada de J. ROHLS, *op. cit.*, p. 146s.

da "conversão" dos elementos eucarísticos (*DS* 1642) e condenou a doutrina da consubstanciação da Reforma (can. 2, *DS* 1652), sendo, no entanto, que o texto doutrinário deu ênfase principal à idéia da transformação de "toda a substância" dos elementos (*totius substantiae*). No lance contrário a Fórmula de Concórdia colocou sob anátema a doutrina da transubstanciação,[633] enquanto LUTERO ainda se contentara nos *Artigos de Esmalcalde* a rechaçar sua reivindicação de ser dogmaticamente compromissiva (*BSELK*, p. 452,1-7). Em contraposição, a concepção de uma "transformação" do pão no corpo de Cristo já havia sido aceita por ME!ANCHTHON em 1530 na *Apologia* à CA (*Apol* 10,2, *BSELK*, p. 248,15ss). No diálogo religioso de Regensburg em 1541 foi possível, por isso, que luteranos e católico-romanos concordassem na idéia de uma transformação "mística", ao contrário de uma transformação física dos elementos na celebração da ceia do Senhor.[634]

Na apreciação das controvérsias em torno da definição da transformação de pão e vinho como transubstanciação muito depende da possibilidade de se identificar essa expressão com a doutrina criticada por LUTERO (e atribuída aos tomistas), de que os acidentes de pão e vinho persistem sem a substância que lhes é subjacente. Uma vez que a diferenciação e correlação de substância e acidentes é aristotélica, ninguém deve se admirar que tais afirmações sejam medidas pela doutrina aristotélica e rejeitadas como intelectualmente impraticáveis. Acontece, porém, que KARL RAHNER afirmou, apesar do uso dos conceitos de substância e acidentes na condenação doutrinária do Concílio de Trento (*DS* 1652), que no dogma nem sequer se trataria da linguagem conceitual de substância e acidentes, mas apenas da presença real de Cristo no sacramento.[635] A doutrina da transubstanciação apenas

---

[633] *SD* VII, 108, *BSELK*, p. 1010,16ss., cf. Ep. VII,22, *BSELK*, p. 801,5-12.
[634] *Conversio* como *mutatio mystica*, não *conversio physica* (*CR* 4,263s). O conceito da transformação tampouco foi rejeitado no âmbito reformado, mas, p. ex., BEZA falou de uma mudança não da *substância*, mas do *uso* dos elementos (J. ROHLS, *op. cit.*, p. 154).
[635] K. RAHNER, *Die Gegenwart Christi im Sakrament des Herrenmahls*, Schriften zur Theologie IV, 1961, p. 357-385, esp. 362ss., 369ss. Conforme RAHNER o Concílio de Trento *fundamentou* a declaração da transubstanciação com o argumento de que Cristo afirmou do pão oferecido que ele "*é seu corpo*" (p. 369). Sobre a discussão em torno da doutrina da transubstanciação na teologia católica

afirmaria que na ceia do Senhor se oferece o corpo de Cristo, não algo diferente (a saber, pão), e sob esse aspecto se trataria de "uma explicação lógica, não ôntica, das palavras de Cristo tomadas literalmente".[636] Isso significa que conforme a opinião de RAHNER a doutrina aristotélica ou tomista de substância e acidentes não é componente essencial do dogma.[637]

No sentido pretendido por RAHNER, "substância" significa aquilo *que* é oferecido e recebido: Isso não é simplesmente pão, e tampouco é pão e, além disso, mais outra coisa, mas o corpo de Cristo (obviamente na "figura" do pão). Será que isso, contudo, já não traz implícito o conceito aristotélico da substância? Porque conforme ARISTÓTELES substância é aquilo *que* é (*to ti estin*: Met. 1028a,14s), e ademais como essa coisa individual (1037b,27) diferenciado de todas as outras (1038b,10). Esse, no entanto, é para ARISTÓTELES somente o ponto de partida da descrição do conceito de substância. Ela por um lado se estende para o pertencimento do objeto individual a determinada espécie (ou gênero) de objetos, em contraposição à função de ser fundamento (*hypokeimenon*: 1038b,2) de todas as definições individuais (acidentes). A essas definições mais precisas especificamente aristotélicas do conceito de substância se referem às dificuldades posteriormente surgidas com essa doutrina, especialmente em vista da conjugação de substância e relação (que ARISTÓTELES contava entre as definições acidentais). Disso, porém, é possível diferenciar a idéia fundamental de substância como aquilo que é (*to ti estin*), e sob esse aspecto se pode concordar com RAHNER, de que um falar limitado a esse aspecto, de substância ou alteração de substância, ainda não implica em um compromisso com a doutrina especificamente

---

romana nos preliminares do Concílio Vaticano II, cf. também E. GUTWENGER, "Das Geheimnis der Gegenwart Christi in der Eucharistie", *ZKTh* 88, 1966, p. 185-197, bem como idem, "Substanz und Akzidenz in der Eucharistielehre", *ZKTh* 83, 1961, p. 257-306. Devo essa referência a MARKWART HERZOG.

[636] K. RAHNER, *op. cit.*, p. 375.
[637] K. RAHNER, *op. cit.*, p. 376s, cf. p. 381s. Caberia perguntar se essa também poderia ter sido a opinião do Concílio de Latrão IV de 1215. Seja como for, cabe levar em conta que naquele tempo as declarações aristotélicas mais precisas sobre o conceito da substância da metafísica ainda não eram conhecidas no Ocidente. Cf. também H. JORISSEN, *Die Entfaltung der Transsubstantiationslehre bis zum Beginn der Hochscholastik*, 1965, p. 24ss. Diferente é o caso do Concílio de Trento, mas lá deve ter-se tratado fundamentalmente de persistir, contra a crítica da Reforma, na regulamentação terminológica existente desde 1215.

aristotélica sobre substância e acidentes. Nesse sentido mais genérico, aliás, tampouco se pode eliminar a problemática designada aqui como "substância". Ela não é objeto apenas de determinada teoria filosófica. Porque nenhuma língua humana pode se eximir de designar coisas e situações e dizer com isso o *que* são. Sob esse aspecto o conceito de substância tem a ver, nessa mais genérica das acepções, primordialmente com a lógica lingüística e ainda não com uma explicação física ou ontológica daquilo que é assim designado, embora a nominação de objetos e situações possa se tornar ponto de partida de descrições e explicações mais precisas. Por isso a asserção da transformação da substância também é de fato, nesse sentido, apenas "uma declaração lógica, não ôntica, das palavras de Cristo tomadas literalmente", como diz RAHNER (cf. acima).

Entretanto, isso ainda não descreve suficientemente o que expressa a palavra do pão de Jesus: "Isso é meu corpo." Porque o pronome demonstrativo "isso" aponta para o pão. Ou seja, está implícita uma *relação* do pão com a realidade de seu corpo, respectivamente de sua pessoa (se o aramaico *gwf* significa a rigor a pessoa toda), oferecida em decorrência das palavras de Jesus. O pão é percebido simultaneamente com o ouvir das palavras da instituição, e não obstante aquilo que está aí agora não significa mais pão, mas o corpo de Cristo. Essa situação é descrita quando se afirma que o pão seria "sinal" para o corpo de Cristo:[638] Todo sinal aponta para o assinalado e, nisso, "é" algo diferente do que seria sem a função de sinal. Via de regra, p. ex., na placa de trânsito, o sinal permanece distinto da coisa assinalada, enquanto a palavra do pão de Jesus diz "Isso é meu corpo". Sinal e coisa coincidem aqui em um só, como nos casos em que o sinal é *indício* para a presença da coisa assinalada.[639] Por

---

[638] Sobre isso, cf. J. ROHLS, *op. cit.*, p. 149s.
[639] Essa diferenciação (mas cf. abaixo, nota 780) se aproxima daquela de P. SCHOONENBERG entre sinal que meramente informa e outro que realiza. Sobre isso, cf. A. GERKEN, *Theologie der Eucharistie*, 1973, p. 177. A presença da coisa assinalada no indício, porém, como mostra o exemplo subseqüente no texto, não está restrita à presença especificamente pessoal, que também é coadunável com a ausência físcio-espacial da pessoa (GERKEN, p. 177ss.). No caso da coincidência de sinal e coisa, porém, com cuja possibilidade conta também J. ROHLS, *op. cit.*, p. 150, resulta certamente que a coisa está presente não apenas "com", mas também "em" o sinal: Sinal e coisa não ficam simplesmente lado a lado, muito menos no mesmo nível.

exemplo, com a aurora rósea já está presente o começo do dia que ela assinala. Assim já irrompeu na mensagem e atuação de Jesus o senhorio de Deus que ele proclamava. Desse modo também na prática terrena de refeições por Jesus o senhorio de Deus, que a ceia representa, já se tornou atualidade pela participação de Jesus. É assim que também a palavra do pão de Cristo assinala a presença da coisa designada no sinal: No pão, que na palavra do pão de Jesus apenas está representado pelo termo "isso", o próprio Jesus Cristo está presente (e com ele o senhorio de Deus), contudo não de tal forma que assim penetraria no pão como uma "substância" sobrenatural ("empanação"), mas assim como a coisa assinalada está aí no sinal como indício de sua presença. Nessa questão, porém, cabe ainda levar em conta que o corpo de Cristo na figura do pão é oferecido para consumo: No consumo o pão desaparece, mas não o corpo de Cristo. Pelo contrário, os companheiros da refeição se tornam membros do corpo de Cristo. Assim aquilo que é oferecido e recebido constitui o corpo de Cristo. O sinal é preenchido e consumido pela presença do assinalado através de sua oferta e do consumo do que foi oferecido.

  Em direção semelhante apontam as tentativas iniciadas por FRANZ LEENHARDT e desenvolvidas na teologia católica por J. DE BACIOCCHI, bem como um pouco mais tarde em especial por PIET SCHOONENBERG e EDWARD SCHILLEBEECKX, de explicar a doutrina da transubstanciação através de uma reflexão sobre o caráter de sinal da cerimônia da ceia de Jesus e a "trans-significação" dos elementos por meio das palavras da instituição de Jesus.[640] Na trans-significação se trata de uma *mudança de significado*, que altera a identidade *da própria coisa*, assim como uma folha de papel sobre a qual se escreve uma comunicação pessoal a alguém depois não é mais simplesmente um pedaço de papel como outros, mas uma carta.[641] A relação dessa trans-significação com o conceito da transformação da natureza não foi plenamente esclarecida no curso da discussão.[642]

---

[640] Como introdução continua ainda instrutivo J. POWERS, *Eucharistie in neuer Sicht*, 1968, esp. p. 120-197.

[641] Para esse exemplo de P. SCHOONENBERG ("Tegenwoordigheit", in: *Verbum* 31, 1964, p. 395-415, 413), cf. E. SCHILLEBEECKX, *Die eucharistische Gegenwart. Zur Diskussion über die Realpräsenz* (1967), 2ª ed. 1968, p. 79.

[642] N. SLENCZKA, *Realpräsenz und Ontologie. Untersuchung der ontologischen Grundlagen der Transsignifikationslehre*, 1993, comprovou que as declarações sobre transsignificação nas exposições sobre a relação entre sinal e coisa assinalada, mas

Apesar disso trata-se, em uma mudança de significado, sem dúvida de uma mudança na identidade da coisa, portanto, de uma mudança que afeta sua "substância". Isso pode ser esclarecido à luz do desenvolvimento do conceito de substância até mesmo na história da filosofia na Idade Moderna. Seu resultado é que a substância não pode mais ser concebida como fundamento permanentemente imutável de todas as mudanças no sentido de um ser para si, que logicamente antecede a todas as relações com outras coisas, porque as relações, em que uma coisa se encontra, ajudam a definir sua identidade e, logo, seu conceito de essência.[643] O alcance da *característica relacional da essência* para o conceito da transubstanciação foi analisado, na discussão alemã, em adesão a BERNHARD WELTE, por ALEXANDER GERKEN.[644] Está em jogo nesse caso o fundamento ontológico para a doutrina da trans-significação não como alternativa, mas como interpretação do pensamento da transubstanciação; porque também sinal, sentido e significado são conceitos relacionais. Quando a identidade de uma coisa (seu ser o quê) e, portanto, sua essência depende das relações em que se encontra, então essa identidade muda com a modificação do sistema de relações ou do contexto, a partir do qual se define o significado da coisa (no sentido da análise de significado de DILTHEY). Dessa maneira cada evento e cada objeto, quando entram em novos relacionamentos,

---

também na presença pessoal de Cristo, muitas vezes já pressupõem objetivamente o conceito de substância (p. 200ss; cf. já p. 165s), mas que em contrapartida pretedem contrapor à ontologia da substância, equivocadamente entendida como regional – como se ela tivesse a ver somente com a região do ser da natureza ou do mundo material – uma destinação não-substancial da presença de Cristo, que foi concebida no horizonte de uma fenomenoologia do sinal interpretada como dotação de sentido.

[643] Essa situação já foi tratada na análise do conceito da essência no contexto da doutrina sobre Deus (vol. I, p. 494ss., cf. já p. 478ss.). A modificação na concepção da categoria da substância pode ser notada especialmente no fato de que KANT em sua tabela de categorias tratou o conceito tradicional da substância como correlato aos acidentes e a relação entre ambos como subespécie da relação. Em consonância, HEGEL analisou a substância como relacionada aos acidentes em sua lógica da essência.

[644] A. GERKEN, *Theologie der Eucharistie*, 1973, esp. p. 199ss. A consideração da história do conceito de substância na Idade Moderna permite dissociar o auge das exposições de WELTE, às quais GERKEN se refere, da vinculação ao enfoque específico da filosofia de HEIDEGGER e considerá-la como uma tese de validade geral mais ampla.

estão abertos para uma redefinição de sua identidade. Pode-se entender essa situação de tal maneira que a "essência" de um objeto ou também de um acontecimento ainda não está definitivamente determinada enquanto o processo da história ainda modifica seu contexto. Uma vez, porém, que em contraposição cada objeto (ou o acontecimento) já "possui" de algum modo a seu tempo sua essência peculiar e também no contexto da experiência humana é nominado como esse ou aquele, pode-se falar de uma antecipação da essência ainda não manifesta em definitivo das coisas no tempo de sua existência.[645] Então, porém, se precisa igualmente admitir que a essência, respectivamente a definição antecipada de sua existência de uma coisa ainda se altera no tempo. Então, de uma pretensa absurdidade, a transubstanciação passa a ser uma ocorrência cotidiana,[646] mas com a ressalva de que a transubstanciação definitiva de toda realidade de criatura será somente o resultado do futuro escatológico de Deus. Sob o ponto de vista da historicidade do ser e da experiência, aquele caráter definitivo da essência, que o pensamento platônico imaginou no *eidos* [forma, espécie, natureza] como identidade atemporal e que também permaneceu determinante para o conceito aristotélico da substância, deve ser aguardado apenas do futuro escatológico. No caminho até lá a experiência dos seres humanos acerca do significado das coisas assim como ele mesmo permanece provisória, e por isso aberto para a revisão e "trans-significação". Apesar disso, a mudança de significado do pão no contexto da celebração da ceia de Jesus pode ser considerada definitiva pelo fato de que o pão oferecido para consumo de fato é recebido e mastigado. Porque dessa forma desaparece o pão que se tornou sinal, e resta unicamente o assinalado: o corpo de Cristo, que pelo consumo se tornou propriedade dos receptores e por sua vez os torna membros dele. Nesse ponto se mostra a relevância da referência, enfatizada pela Reforma, à promessa da presença de Jesus com o *uso* dos elementos para a compreensão do caráter definitivo da presença do próprio Jesus neles.

A tese da Reforma, de que a presença de Cristo na santa ceia estaria restrita ao uso dos elementos previsto por sua instituição (p. ex., LUTERO *WA* 39/2, p. 147,29), tornou-se uma fórmula de luta

---

[645] Sobre isso cf. minhas exposições acerca de conceito e antecipação, in: *Metaphysik und Gottesgedanke*, 1988, p. 66-79, esp. p. 76ss.
[646] E. SCHILLEBEECKX, *op. cit.*, p. 88 escreve por isso com razão que o ser humano "vive na prática de constantes 'trans-significações'".

contra a suposição de uma presença de Cristo na hóstia consagrada também fora do contexto da celebração da ceia, em particular com a finalidade da adoração, mas também no que LUTERO chamou de "missa de beco", ou seja, uma missa sem comunhão por parte de uma congregação, apenas como sacrifício de expiação para vivos e finados, que seria eficaz, como se pensava, *ex opere operato*, ou seja, por força da execução pelo sacerdote.[647] No entanto, na regra luterana, de que a presença de Cristo em pão e vinho é prometida unicamente para o *usus*, a utilização, não se trata de uma restrição da presença de Cristo ao "ato de comer e beber" (*Concórdia de Leuenberg* 1973, § 19). Sem dúvida o sacramento do altar foi instituído, conforme LUTERO, para que Cristo seja recebido sob pão e vinho, mas sua presença não está restrita ao ato do consumo (*sumptio*).[648] A *Fórmula de Concórdia* salientou expressamente que o uso do sacramento fundamentado na instituição por Cristo (*usus a Christo institutus*), ao qual se refere a promessa de sua presença, consiste não somente na obtenção crente ou no ato do consumo, mas se estende sobre toda a celebração da ceia.[649] A condenação da concepção que limita a presença de Cristo ao ato do consumo, feita pelo Concílio de Trento (DS 1654), por isso não atinge a doutrina luterana.[650]

---

[647] Acerca do último ponto, cf. o documento citado acima, nota 623, *Das Herrenmahl*, 1978, p. 101-105, e sobre isso LUTERO, *WA* 6, p. 513 e esp. MELANCHTHON, *Apol.* 13, 18ss (*BSELK*, p. 295), e ainda *Apol* 24,9, bem como 12 e 27 (*BSELK*, p. 351,36; 352,21; 357,5ss.). Sobre o conceito da "missa de beco", cf. H. GRASS, *Die Abendmahlslehre in Luther und Calvin*, 1940, p. 107s.

[648] Para isso são particularmente importantes as considerações de H. GRASS, *op. cit.*, p. 110ss, 114s. Cf. também *Das Herrenmahl*, p. 88. É notável que o fato de a instituição da ceia do Senhor visar ao consumo foi também enfatizado por K. RAHNER, *Schriften zur Theologie*, vol. IV, 1961, p. 383s mediante recurso ao Concílio de Trento (*DS* 1643).

[649] *SD* 7,86 (*BSELK*, p. 1001,15-20): *Vocabula autem usus seu actio in hoc negotio proprie non signiflcant fidem nec solam manducationem, quae ore fit, sed totam externam visibilem actionem coenae dominicae a Christo institutam* [O termo uso ou ação nessa questão não significa propriamente fé nem apenas o consumo que vai à boca, mas toda a ação exterior visível da ceia dominical instituída por Cristo].

[650] Cf. também *Das Herrenmahl*, p. 88. O subseqüente artigo 89 dá atenção às decorrências práticas: Elas se estendem *primeiramente* à pergunta até que ponto vai a presença de Cristo *in usu* [no consumo]: Somente até o final do culto da congregação ou, quiçá, a ponto de que os elementos consagrados também podem ser levados do culto da congregação, em acordo com o costume da

Em que, pois, se baseia a transformação de significado de pão e vinho na ceia do Senhor? Até agora deveria ter ficado claro tanto que isso está vinculado às palavras da instituição. Qual, porém, é a função delas? Deveriam porventura as palavras da instituição aqui ser entendidas como atos de conferir ou fundamentar sentido?[651] Inegavelmente um momento desses faz parte da constelação. Apenas cabe perguntar se é possível fundamentar unicamente sobre isso a convicção da presença de Cristo nos elementos do pão e do vinho. Em um caso desses, a "trans-significação" deles através de sua instituição como sinal, somada à correlata mudança de função (transfinalização), não permaneceria algo meramente subjetivo, que não poderia mudar nada na realidade objetiva de pão e vinho? De fato foi levantada a suspeita de que a explicação da transubstanciação como trans-significação favoreceria uma concepção simbolista das palavras da santa ceia de Jesus, que dissolve a confissão da presença real de Cristo em pão e vinho.[652] Também o papa Paulo VI advertia em 1965 na Encíclica *Mysterium Fidei* diante de uma reinterpretação simbolista da transubstanciação.[653] No entanto, somente pode se tratar da mudança na essência quando a mudança de significado acontece não apenas nas intenções dos humanos, mas na própria coisa. Por isso não basta aqui o ponto de vista da dotação de sentido. Essa dificuldade provavelmente também será difícil de solucionar pelo recurso de atribuir às palavras de Jesus a força de uma

---

igreja antiga, aos membros enfermos da congregação? Cf. sobre isso também H. GRASS, *op. cit.*, p. 114s, esp. sobre a opinião de LUTERO do outono de 1540, in: *WA* TR 5,5314. A *segunda pergunta* refere-se à adoração do Cristo presente no sacramento. Contra ela não foram levantadas objeções na Reforma luterana, desde que aconteça no âmbito do culto da santa ceia, cf. *SD* 7, 126 (*BSELK*, p. 1016 n. 15, bem como também *Epit.* 7,19; *BSELK*, p. 803) e H. GRASS, *op. cit.*, p. 110s. acerca da concepção de LUTERO. A *terceira questão* refere-se a como lidar adequadamente o os restos não-consumidos, porém consagrados depois de terminada a ceia: Na medida do possível devem ser consumidos pelo liturgo ou sob supervisão dele. De qualquer forma o modo de lidar com eles deve corresonder à dignidade da celebração da ceia (cf. GRASS, *op. cit.*, p. 113s, bem como novamente: *Das Herrenmahl*, p. 89).

[651] Posição de E. SCHILLEBEECKX, *op. cit.*, p. 90.
[652] Entre outros, também posição de K. RAHNER, *op. cit.*, p. 378. Cf., em contrapartida, A. GERKEN, *Theologie der Eucharistie*, 1973, p. 177-184.
[653] *AAS* 57, 1965, p. 753-774, versão alemã, in: *Herderkorrespondenz* 19, 1964/65, p. 653-661.

dotação de sentido não apenas humana, mas divino-criadora.[654] O recurso não-mediado e não-apropriado à situação de origem da ceia do Senhor à divindade de Cristo é desnecessário quando se consideram as palavras da instituição não isoladas para si, mas no contexto não apenas da situação da ceia de despedida de Jesus, mas de sua atuação pré-pascal como tal, e singularmente de sua prática de refeições. Então a princípio é relacionada, pela palavra do pão, à presença do senhorio de Deus, ligada apenas com a pessoa de Jesus e sua participação na ceia, com o pão oferecido e seu recebimento. O pão substitui o próprio Jesus e a garantia com ele ligada para a participação dos companheiros da ceia no senhorio de Deus.

O pão transformado em sinal passa a ter essa função inicialmente apenas na medida em que foi oferecido na situação de origem da ceia do Senhor pelo próprio Jesus. Será que é capaz de cumprir essa função também na ausência de Jesus? Até mesmo se a palavra do pão proferida na ceia de despedida de Jesus tivesse tido uma intenção que transcendesse a situação dessa ceia, no sentido da ordem de repetição transmitida em Paulo e Lucas, certamente teria de se levantar a pergunta em que poderia estar fundamentada a convicção de que Jesus seria capaz de realizar, também depois de preso e executado, a intenção de estar presente para seus discípulos na partilha do pão. Isso dificilmente poderia ser esperado daquele que morreu na cruz. Foi somente a ressurreição de Jesus que podia fundamentar a certeza de que Jesus de fato possui o poder de estar presente para seus discípulos na forma do pão que eles partem e consomem. Por isso dificilmente será um acaso que entre as histórias pascais do Novo Testamento se encontra uma série de narrativas que relatam a participação do Ressuscitado

---

[654] Assim já F. J. LEENHARDT, *Ceci est mon corps*, 1955, p. 31. Cf. a observação crítica sobre o "extrinsecismo" [o que não é pertencente à essência] inerente a essa concepção, in: E. SCHILLEBEECKX, *op. cit.*, p. 51. A idéia de LEENHARDT corresponde à concepção de LUTERO das palavras da instituição como "palavra-ação" ("thettelwort": *WA* 26, p. 283,32s, sobre isso U. KÜHN, "Sakramente", in: *HSTh* 11, 1985, p. 55, bem como também G. WENZ, *op. cit.*, p. 253). Ocorre igualmente na Fórmula de Concórdia (*SD* VII,77, *BSELK*, p. 999,17ss.). Essa concepção repousa sobre uma interpretação das palavras da instituição a partir da visão do dogma da divindade de Cristo. Contudo a situação de origem da ceia do Senhor ainda tem de ser interpretada sem pressupor esse dogma.

na ceia de seus discípulos.[655] Será que somente à luz da experiência da Páscoa que se chegou à continuação da comunhão de mesa com Jesus através do grupo de seus discípulos? Em todos os casos a promessa de sua presença no sinal do pão oferecido e recebido era capaz agora de encorajar para que a comunhão da ceia fosse continuada na confiança nessa promessa e na convicção nela fundamentada, de que o próprio Senhor está presente no partir do pão no círculo de seus discípulos. Nisso a ceia do Senhor se tornou inevitavelmente celebração da ceia da igreja. Apesar disso o culto eucarístico da igreja continua sendo a ceia do Senhor, porque é celebrado na lembrança da última ceia de Jesus e nas palavras de Jesus ali proferidas, bem como de sua morte, tendo nisso seu fundamento, mas também porque somente o Ressuscitado pode cumprir através de seu Espírito a promessa de Jesus, de estar presente em sua congregação no partir do pão. Em decorrência, no culto eucarístico da igreja não deixa de ser sempre o próprio Jesus aquele que convida para a ceia do senhorio de Deus na comunhão com ele.

c) A mediação da presença de Jesus Cristo na liturgia eucarística da igreja

A promessa da presença de Jesus expressa nas palavras da instituição não está limitada aos "elementos" da ceia, portanto, ao pão e vinho, ou também especificamente ao pão – quando se segue a versão das palavras da instituição em Paulo e Lucas. Ela, pelo contrário, se refere, com o pão oferecido e recebido, à celebração toda da ceia e visa em última análise aos recebedores da ceia. No contexto da celebração cultual da ceia pela igreja a presença de Cristo é mediada pela memória de sua instituição pelo próprio Jesus na noite da traição, bem como de sua morte. Tal memória acontece à luz da fé pascal e por isso está vinculada à prece pela presença de Jesus Cristo por meio de seu Espírito para cumprir o que é prometido nas palavras da instituição. Em decorrência, a anamnese e epiclese caracterizam a configuração

---

[655] Cf. esp. Lc 24.30s. Quanto ao significado da experiência pascal para o surgimento da celebração da ceia do Senhor no cristianismo primitivo, cf. O. CULLMANN, *Urchristentum und Gottesdienst*, 1950, p. 17ss., a cuja opinião aderiu também F. HAHN, in: *Ev. Theol.* 35, 1975, p. 554. Cf. também L. GOPPELT, *Theologie des Neuen Testaments*, vol. I, 1975, p. 268s. Sob o ponto de vista dogmático, cf. U. KÜHN, *Sakramente*, 1985, p. 268 e 276s.

litúrgica da celebração da ceia do Senhor. Ao mesmo tempo a execução da memória e da prece pela vinda de Cristo é expressão da gratidão pelo agir salvador de Deus na morte e ressurreição de Jesus Cristo e pela promessa de sua presença na congregação que celebra a ceia do reinado de Deus. Justamente como ação de graças a celebração da ceia pela igreja, formada por anamnese e epiclese, é culto, no que a congregação cultual acolhe a ação de graças de Jesus ao Pai, em cujo contexto foram proferidas as palavras da instituição sobre o pão e o vinho.[656] Justamente por meio da celebração da ceia do Senhor como eucaristia, na forma de ação de graças, a igreja repete, portanto, o ato da ceia do próprio Jesus, e precisamente por participar da relação de Jesus com o Pai nela articulada. Essa participação, contudo, é mediada pela memória, a anamnese.

aa) Anamnese e sacrifício de Cristo

O significado da celebração da santa ceia como anamnese de Cristo para o entendimento da presença de Cristo no pão e no vinho foi intensamente discutida desde os trabalhos de ODO CASEL sobre o "mistério cultual" cristão.[657] O caráter memorial da celebração da ceia do Senhor já foi destacado expressamente pela ordem de repetição transmitida por Paulo e Lucas, na qual é dito: "Fazei isso em minha memória" (1Cor 11.24; Lc 22.19). Paulo, que comunicou essa ordem não apenas na palavra do pão, mas igualmente na palavra do cálice (1Cor 11.25), acrescentou que na ceia do Senhor deveria ser "proclamada"

---

[656] Por isso não é correto que a designação da celebração da ceia do Senhor como eucaristia já posiciona de forma inadequada a igreja como sujeito dessa cerimônia em primeiro plano e negligencia que Jesus Cristo como aquele que convida continua sendo o sujeito do acontecimento da ceia. É a posição de E. VOLK em sua crítica à segunda parte da Declaração de Lima (Batismo, Eucaristia e Ministério, 1982), in: *KuD* 31, 1985, p. 33-64 (*Mahl des Hern oder Mahl der Kirche? Theologische Anmerkungen zu einem ökumenischen Dokument*), esp. p. 37s. De forma semelhante também J. ROHLS, *op. cit.*, p. 202. Sobre isso, cf. já do autor: "Lima – pro und contra", in: *KuD* 32, 1986, p. 35-51, 41.

[657] O. CASEL, *Das christliche Kultmysterium*, 1932. Uma excelente visão geral sobre a discussão subseqüente a isso foi dada por U. KÜHN, em seu ensaio "Abendmahl IV", in: *TRE* I, 1977, p. 145-212, 164ss (cf. também as volumosas informações bibliográficas, p. 206-210).

a morte do Senhor até a sua volta (1Cor 11.26). Podemos desconsiderar aqui se, ao acrescentar isso, o apóstolo tinha em mente a recitação das palavras da instituição na ceia ou a própria celebração da ceia, ou finalmente um ato adicional de proclamação, assim como se tornou, como pregação da mensagem do evangelho, elemento integrante do culto cristão: De qualquer modo está claro que a "memória" associada à ceia se refere à morte expiatória de Cristo. Já nas palavras do apóstolo não deve ter-se tratado simplesmente de um recordar de um acontecimento passado, que como algo passado estaria indisponível para os que vivem atualmente. Porque para Paulo a morte expiatória de Cristo possui atualidade permanente: "Se alguém morreu por todos, todos morreram" (2Cor 5.14). Isso pode ser significativo, além de para a compreensão paulina do batismo (Rm 6.3ss), também para as implicações da "memória" da morte de Cristo na celebração da ceia, ainda mais que a convicção da força presente da memória cultual já estava profundamente enraizada na tradição judaica, em especial no contexto da memória do *Passá*.[658] Dali não é muito distante o passo até a concepção, demonstrada com muita amplitude para a patrística grega por ODO CASEL, do culto cristão, mas principalmente de batismo e eucaristia, como exposição cultual e atualização do "mistério do *Passá*" da morte e ressurreição de Jesus. De relevância decisiva para a compreensão da anamnese da santa ceia é, contudo, que nela não se trata de um ato de mera recordação humana, cujo sujeito continuaria sendo o ser humano, mas de que o próprio Jesus Cristo se torna presente através de seu Espírito.

Na seqüência o enfoque de CASEL foi desenvolvido posteriormente e aprofundado principalmente por GOTTLIEB SÖHNGEN no sentido de uma presença atual de Cristo que acontece na celebração dos sacramentos pela *memoria passionis* [memória da paixão], mediada pela atuação do Espírito.[659] Esse modo de ver também penetrou na teologia evangélica do culto e particularmente da santa ceia, em

---

[658] Êx 12.14 e 13.3. A concepção subjacente é analisada em detalhe por W. SCHOTTROFF, *'Gedenken' im Alten Orient und im Alten Testament*, 2ª ed. 1967.

[659] G. SÖHNGEN, *Christi Gegenwart in Glaube und Sakrament*, 1967. Sobre o deslocamento de ênfase realizado por SÖHNGEN em contraposição a CASEL e sobre o significado de suas idéias para o desenvolvimento da teologia da anamnese na doutrina católica da eucaristia, cf. U. KÜHN, *op. cit.*, p. 168.

especial através de PETER BRUNNER,⁶⁶⁰ mas também de MAX THURIAN.⁶⁶¹ Ela foi acolhida em numerosos documentos ecumênicos sobre a ceia do Senhor, de modo especial também das declarações de convergência da Comissão para Fé e Ordem de 1982: *Batismo, Eucaristia e Ministério*. Lá consta que Cristo "com tudo o que ele consumou para nós e para a totalidade da criação", estaria "presente" na anamnese eucarística "e nos presenteia com comunhão com ele" (II,6). Ligado a isso está "também o antegosto de sua parusia e do reino de Deus consumado", de sorte que, conforme II,7, a anamnese eucarística é tanto "atualização quanto antecipação". Para PETER BRUNNER foi decisivo que na anamnese cultual não se trata apenas de um ato de recordação humana, mas de uma obra do Espírito de Cristo nos crentes. Conforme Jo 14.26 o Espírito "lembra" os crentes em Jesus e em suas palavras, e quando consta em Jo 16.13s que o Espírito "glorificará" a Jesus, está pressuposta nisso a lembrança dele, e precisamente não apenas de suas palavras, mas de sua pessoa e história.⁶⁶² Uma vez, porém, que através do Espírito age o próprio Senhor ressuscitado, BRUNNER podia afirmar: "Justamente por meio dessa anamnese cultual o Senhor se torna presente em sua própria congregação com tudo que naquela ocasião aconteceu lá nele e através dele".⁶⁶³ No documento de 1982 sobre Batismo, Eucaristia

---

⁶⁶⁰ P. BRUNNER, "Zur Lehre vom Gottesdienst der im Namen Jesu versammelten Gemeinde", in: *Leiturgia* 1, 1954, p. 83-361, esp. p. 209ss., 229ss. Sobre a subseqüente controvérsia entre BRUNNER e ERNST BIZER ("Lutherische Abendmahlslehre?", in: *Ev. Theologie* 16, 1956, p. 1-18) cf. G. WENZ no trabalho citado acima, nota 620, p. 242ss e 261s. Criticamente à concepção desenvolvida por P. BRUNNER e adotada, entre outros, por R. PRENTER posicionou-se esp. também O. KOCH, *Gegenwart oder Vergegenwärtigung Christi im Abendmahl? Zum Problem der Repraesentatio in der Theologie der Gegenwart*, 1965.

⁶⁶¹ M. THURIAN, *Eucharistie. Einheit am Tisch des Herrn?* 1963, p. 157ss. Na teologia católica francesa esse enfoque foi desenvolvido adiante principalmente por J. M. R. TILLARD, *L'Eucharistie Pâque de l'Eglise*, 1964.

⁶⁶² Cf. P. BRUNNER, *op. cit.*, p. 210. Com isso concorda enfaticamente G. WENZ, *op. cit.*, p. 247. Também conforme J. ZIZIOULAS, *L'eucharistie: quelques aspects bibliques* (in: J. ZIZIOULAS; J. M. TILLIARD; J. J. VAN ALLMEN, *L'eucharistie*, 1970, p. 13-74) Jo 14.26 é fundamental para a compreensão da eficácia do Espírito na eucaristia (p. 24s) e especialmente para sua concepção como anamnese no contexto de uma epiclese (p. 25).

⁶⁶³ P. BRUNNER, *op. cit.*, p. 210. Cf. a seção final sobre a anamese de Cristo como presença, causada pelo Espírito, do evento único da salvação (p. 210-214), bem como esp. ainda p. 237s.

e Ministério essa correlação não foi salientada com tanta nitidez. A fundamentação da presença eucarística de Cristo pelo Espírito (II,14) consta ali ao lado das afirmações sobre sua atualização através da anamnese (II,6s), sem que a importância do agir do Espírito já se tornasse um tema para a própria anamnese.

Também na anamnese da santa ceia o agir do Espírito se mostra na forma da elevação extática. Ela acontece durante a execução da memória de fé. Por isso a anamnese começa com a convocação: "Elevai os corações!" Os participantes do culto estão pela fé fora deles próprios, em Cristo, ao lembrarem o sofrer e morrer de seu Senhor. Unicamente ao estarem no ato da memória fora de si mesmos em Jesus Cristo o objeto de sua memória se lhes torna presente. Por isso a memória acontece na forma da ação de graças, aliando-se a gratidão pelas dádivas da criação à gratidão pelo envio do Filho e por sua morte de reconciliação. Ela faz a transição para a recordação da instituição da ceia do Senhor, em que pão e vinho se tornaram o meio da presença de Cristo. As próprias palavras da instituição são parte integrante da memória e recitadas no contexto da anamnese e como auge dela. Mas também a ação toda da ceia possui o caráter da anamnese: A memória possui aqui o sentido da atualização cultual na forma da celebração.

Na reflexão sobre o caráter de anamnese da liturgia eucarística estava em jogo na teologia católica principalmente uma compreensão melhor da doutrina do sacrifício da missa. Ele era interpretado como atualização cultual do sacrifício de Cristo. Pelo fato de que a interpretação do sacrifício da missa pelo Concílio de Trento como representação do sacrifício de Cristo uma vez oferecido na cruz (*DS* 1740) foi combinada com a realização da anamnese na liturgia eucarística, foi desenvolvida uma nova interpretação da doutrina do sacrifício da missa, sobre cuja base se pode excluir a concepção combatia pela crítica da Reforma do sacrifício da missa como repetição ou complementação sacramental do sacrifício de Cristo: Assim como o caráter único do sacrifício de Cristo na cruz já foi enfatizado pelo Concílio de Trento (cf. acima), assim também foi eliminada agora a aparência de uma repetição simbólica no nível da oferenda sacramental pelo fato de que na anamnese se trata da *apropriação*, não de uma repetição do sacrifício na cruz. Isso se torna tanto mais claro quanto mais intensamente o pensamento da "representação" sacramental é relacionado com a própria ceia como celebração de sua instituição e subordinado ao ponto de vista da anamnese.

>   LUTERO e a Reforma luterana notaram na concepção da missa como sacrifício o abuso da santa ceia que de longe é o pior praticado pela igreja papal,[664] considerando-o cada vez mais o objeto central da controvérsia com Roma propriamente dita. Consta, p. ex., em 1537 nos *Artigos de Esmalcalde* de LUTERO que "a missa no papado... é o maior e mais abjeto horror", porque ela "pressiona direta e violentamente contra esse artigo principal", a saber, contra a justificação do ser humano unicamente pela fé em Jesus Cristo. Isso é assim por causa da opinião de "que tal sacrifício ou obra da missa (ainda que praticada por um malfeitor) ajudaria a pessoa contra os pecados, tanto aqui na vida quanto lá no purgatório, algo que, afinal, deve e precisa ser realizado unicamente pelo cordeiro de Deus..." (*BSELK*, p. 416,8-15). No sacrifício da missa, portanto, LUTERO tinha diante de si o exemplo central para a justificação por obras combatida no enfrentamento da igreja papal (cf. p. 418,5ss). Por isso os escritos confessionais luteranos dirigem contra a doutrina e prática do sacrifício da missa tantas condenações doutrinárias como contra nenhum outro abuso combatido pela Reforma.[665] Já em 1520 LUTERO se queixou que a missa era "entendida como um sacrifício, não como um testamento". Em verdade, porém, o sacramento seria apenas o sinal para o testamento, a saber, para aquilo que é outorgado nas palavras da instituição, e separar disso o sacramento transforma a missa em "sacrifício... que eles sacrificam para Deus, o que sem dúvida... é quase o pior abuso".[666] Com essa afirmação LUTERO assinalou o que as pesquisas modernas confirmam sobre a história prévia da crítica da Reforma ao sacrifício da missa, a saber, que a separação entre sacrifício e comunhão, de *sacrificium* e *sacramentum* na teologia e prática do sacrifício da missa criou a situação a que se referia a crítica de LUTERO.[667] Foi somente sob o aspecto da anamnese que a moderna teologia católica recuperou a consciência da vinculação de celebração da CEI e sacrifício. Nas controvérsias

---

[664] M. LUTERO, *WA* 6, p. 512,7s: *longe impiissimus ille abusus* [de longe o mais ímpio dos abusos].
[665] *CA* 24,21 (*BSELK*, p. 93,5ss.), *Apol* 24,60s (*BSELK*, p. 367,4 e 16ss.), Fórmula de Concórdia *SD* VII, 109 (*BSELK*, p. 1010,37-40), etc.
[666] M. LUTERO, *Sermon von dem Neuen Testamente*, *WA* 6, p. 367 e 365.
[667] Posição de E. ISERLOH, art. "Abendmahl III/3.2", in: TER I, 1977, p. 122-131, 124.

do tempo da Reforma, porém, foi ignorado o nexo entre sacrifício da missa e memória da paixão de Cristo, e justamente em ambos os lados da disputa confessional.

Já a igreja antiga havia relacionado o entendimento da eucaristia como sacrifício com a circunstância de que na celebração da ceia do Senhor se rememora o sacrifício de Cristo na cruz. LUTERO estava consciente disso e citou, na preleção sobre a carta aos Hebreus de 1517/18, CRISÓSTOMO como testemunha dessa concepção. CRISÓSTOMO havia dito: Sacrificamos, porém, para a memória de sua morte, que é o sacrifício único, uma vez ofertado. Disso LUTERO deduziu que não se trata de uma ação sacrifical independente, mas da memória do sacrifício de Cristo.[668] Cristo teria sofrido apenas uma vez, embora sempre de novo se recorde seu padecimento. LUTERO diferenciou, portanto, embora soubesse diferenciar a santa ceia como *signum memoriale* [sinal memorial] da promessa proferida em sua instituição,[669] entre memória e sacrifício. Mas igualmente seus adversários como EMSER, COCHLÄUS e ECK defendiam naquele tempo a opinião de que o sacrifício ainda era acrescentado à memória como oferenda do Cristo realmente presente após a consagração.[670] Essa situação é propícia para confirmar a justeza da crítica de LUTERO: "Como tendes tamanha ousadia de fazer da memória um sacrifício?"[671] Em contrapartida, GASPAR SCHATZGEYER e o Cardeal CAIETANO tentam vincular a oferecimento do sacrifício mais estreitamente com a lembrança eucarística. Pois o sacerdote não agiria em nome próprio, mas *in persona Christi* [na pessoa de Cristo], ao proferir as palavras de Cristo, e também o próprio oferecimento do sacrifício não seria diferente do sacrifício único de Cristo, mas na repetida celebração da eucaristia tão-somente se tornaria atual esse sacrifício único.[672] De forma semelhante o Concílio de Trento também descreveu em seguida que: Na missa se trata da exposição e do direcionamento do único sacrifício de Cristo e de sua eficácia.[673]

---

[668] M. LUTERO, *WA* 57, p. 218,1: *non tam oblatio quam moemoria est oblationis illius* [não tanto a oferenda como a memória dessa oferenda], cf. CRISÓSTOMO, *Com. Hb.* 17,3 sobre Hb 9.25 (*MPG* 63, p. 131).
[669] *WA* 6, p. 518,10s.
[670] L. ISERLOH, *op. cit.*, p. 125.
[671] M. LUTERO, *WA* 8, p. 421,18; cf. p. 493,23s.
[672] E. ISERLOH, *op. cit.*, p. 125s. Cf. TOMÁS DE AQUINO, *S. th.* III, 83,1 ad 1.
[673] *DS* 1740: Cristo legou à sua igreja o eucarístico *sacrificium, quo cruentum illud semel in cruce peragendum repraesentaretur eiusque memoria infinem usque saeculi*

Contudo, de acordo com as palavras do concílio, o oferecimento do sacrifício em sua forma sacramental (*ratio offerendi* [maneira de ofertas]) continua diferente do sacrifício uma única vez realizado na cruz.[674] Será que assim, apesar de tudo, a oferenda sacramental não continua sendo algo adicional ao sacrifício único de Cristo? A verdade de que o sacrifício da missa não é entendido como idêntico à memória da morte de Cristo na cruz é evidenciada pela condenação da concepção de que a missa é apenas um sacrifício de gratidão e louvor ou também mera recordação do sacrifício na cruz, não, porém, um sacrifício expiatório.[675] Essa condenação doutrinária pode estar direcionada especificamente contra ZWÍNGLIO, que havia entendido a santa ceia como tornar presente o sacrifício de Cristo pela ceia memorial,[676] mas ela também atinge a exposição de MELANCHTHON em *Apol* 24,19-40 sobre a diferença entre *sacrifício de gratidão* (no sentido de Rm 12.1) e *sacrifício expiatório* (BSELK, p. 354-362), segundo o que o sacrifício expiatório, pelo qual se agradece, já foi pressuposto no sacrifício de gratidão (BSELK, p. 354,31-37). Ainda na discussão ecumênica da atualidade se asseverou que o contraste entre as confissões na doutrina da santa ceia e da missa residiria no fato de que o lado da Reforma na verdade entende o culto – e além dele toda a vida cristã – como um sacrifício de gratidão a Deus no sentido de Rm 12.1, mas não poderia deixá-lo valer como sacrifício expiatório.[677]

---

permaneret, atque ililus salutaris virtus in remissionem eorum, quae a nobis quotidie committuntur, peccatorum applicaretur [... sacrifício, pelo qual uma vez consumou na cruz o ato sangrento, cuja memória permaneça por séculos sem fim, e ainda seja aplicada sua força salvadora na remissão daqueles pecados que diariamente são por nós cometidos].

[674] DS 1743: *Una enim eademque est hostia, idem nunc offerens sacerdotum ministerio, qui se ipsurn tunc in cruce obtulit, sola offerendi ratione diversa* [Pois uma mesma é a hóstia, um mesmo é sacerdote que se oferece pelo ministério, que a si mesmo se entregou então na cruz, somente com outra razão de oferecimento].

[675] Posição do can. 3 acerca do Decreto sobre a missa: Seja condenado quem pensa que *Missae sacrificium tantum esse laudis et gratiarum actionis, aut nudam commemorationem sacrificii in cruce peracti, non autem propitiatorium* [... que o sacrifício da missa é um sacrifício de louvor de ação de graças, ou comemoração nua e crua do sacrifício consumado na cruz, mas não propiciador] (DS 1753).

[676] Sobre a doutrina de ZWÍNGLIO, cf. J. STAEDTKE, Art. "Abendmahl III/3.1", in: *TRE* 1, 1977, p. 106-122, 113, bem como J. ROHLS, *op. cit.* (acima, nota 620), p. 121ss.

[677] Posição de A. E. BUCHRUCKER, "Die Repräsentation des Opfers Christi in der gegenwärtigen katholischen Theologie", in: *KuD* 13, 1967, p. 273-296, 294s, cf.

Diferente de ZWINGLIO, portanto, na doutrina da santa ceia da Reforma luterana a memória da paixão de Cristo não desempenava um papel central.[678] Se ZWINGLIO não estivesse bloqueado na questão da presença real por sua concepção de que o Cristo exaltado, fixado com sua corporeidade no lugar celestial, está sentado à direita de Deus, ou seja, se ele tivesse conseguido combinar sua concepção da santa ceia como ceia memorial com o problema da presença real, ele teria ido além de uma *nuda commemoratio* [comemoração nua e crua] e teria podido indicar antes dos luteranos o caminho para solucionar os problemas da doutrina da santa ceia, ainda mais que ZWINGLIO também soube combinar a anamnese com a realização da ceia – um ponto de vista, cujo alcance somente foi redescoberto na fase mais recente da discussão teológica.

O progresso decisivo para além das barreiras, que se podem notar em todas as posições litigantes nas controvérsias da época da Reforma, consiste em que todo o culto eucarístico é entendido como anamnese e essa anamnese, por assim dizer, como o "lugar" da presença real de Cristo na celebração da ceia do Senhor. Isso não significa que a presença real de Cristo seria causada pela anamnese: Para isso continuam sempre decisivas as palavras da instituição por Jesus. Mas as próprias palavras da instituição têm lugar no contexto da anamnese, e justamente em seu centro. Também a mera recitação das palavras da instituição, contudo, ainda não efetua a presença real de Cristo em pão e vinho. A tradição do cristianismo ocidental tendeu a uma contemplação isolada das palavras da instituição, chegando nesse contexto a concepções exacerbadas do "poder de transformação" do sacerdote. Unicamente na correlação da memória de fé, na qual estão unidas a congregação e o liturgo, Jesus Cristo, em consonância com sua promessa, se torna presente aos seus no pão e no vinho. Para a compreensão desse acontecimento, porém, precisa ser considerado como terceiro momento, além das palavras da instituição e de seu contexto na anamnese da santa

---

com R. PRENTER, *KuD* 1, 1955, p. 53. Ainda em 1978 a Comissão Conjunta Católico-romana e Evangélico-luterana em seu Documento *A ceia do Senhor* não conseguiu alcançar nenhum acordo sobre essa questão, de sorte que o Documento teve de expor nos Nºs 57-60 as duas posições confessionais em separado.

[678] O motivo da memória aparece apenas à margem na *Apologia* de MELANCHTHON (*Apol* 24, 38, *BSELK*, p. 361,27ss.) e falta completamente em seus *Loci*.

ceia, ainda a função do Espírito Santo e sua invocação para o cumprimento da promessa da presença de Jesus expressa por ele nas palavras da instituição.

bb) A presença física do Exaltado na santa ceia

Cabe inicialmente tirar da importância fundamental da anamnese para a compreensão da presença de Cristo na celebração da ceia do Senhor uma conseqüência para a compreensão da própria realidade de Jesus, cuja presença na ceia do Senhor se afirma: Na anamnese, afinal, está em jogo o Jesus histórico, sua paixão e morte, sua última ceia no grupo de seus seguidores. Logo a presença de Cristo na celebração da ceia do Senhor em todos os casos não poderá ser adequadamente refletida como mero descer, mediado pelas palavras da instituição, do Exaltado do céu com sua corporeidade transfigurada sobre os "elementos" de pão e vinho preparados sobre o altar. O Senhor presente na ceia é o mesmo que morreu na cruz. Ele é também o Ressuscitado. Mas esse está presente na ceia apenas por meio da memória do Senhor histórico que se encaminha para a morte. À luz desse dado, que na situação da origem da ceia de despedida de Jesus decorre com suficiente nitidez da alusão da palavra do cálice à "nova aliança em meu sangue" (1Cor 11.25) e que muito em breve também foi conectado pela tradição do primeiro cristianismo com a palavra do pão (Lc 22.19), carecem de correção as concepções tradicionais de como a corporeidade celestial do Exaltado se torna presente no pão e no vinho.

Muito cedo a teologia cristã já concebeu a presença de Cristo na ceia do Senhor em analogia à encarnação: Como no nascimento de Jesus o *Logos* divino desceu do céu e assumiu a carne, assim ele também viria sobre o pão e o vinho sobre o altar. Foi o que já relatou Justino em *Apol* 66,2 como concepção tradicional, e em *Haer*. IV, 18, 5 Ireneo aludiu a uma idéia semelhante, quando afirmou do pão eucarístico que depois da invocação de Deus ele não era mais pão comum, mas "consistia de dois elementos, um terreno e outro celestial". Ao que parece, nesse pensamento as palavras da instituição de Jesus foram entendidas como concretizações do *Logos* divino que se tornou carne por meio do Espírito Santo e agora se combina de forma análoga com pão e vinho.⁶⁷⁹ A teologia alexandrina, principalmente de ORÍGENES, passou a conceber a presença do *Logos* no pão e no vinho como presença pessoal do Cristo exaltado,⁶⁸⁰ e apesar de todo distanciamento do espiritualismo que estava relacionado com isso em ORÍGENES, essa concepção se tornou determinante para os tempos posteriores. Ela ainda constitui a base das controvérsias da época da Reforma entre LUTERO e ZWÍNGLIO, e precisamente como uma concepção suposta por ambos como óbvia. Apenas sua formulação exata era litigiosa.

Na disputa entre LUTERO e ZWÍNGLIO estava em jogo a pergunta se e como o corpo do Cristo exaltado pode se tornar presente no sacramento a partir do céu. ZWÍNGLIO considerava isso uma concepção absurda, uma vez que Cristo estava exaltado à direita de Deus e seu corpo humano tinha lá sua localização. Um corpo, ou corpos, sem vínculo com um lugar era inconcebível para ZWÍNGLIO – como, aliás, ainda para CALVINO – porque desse modo seria anulado o próprio conceito do corpo. Por isso ZWÍNGLIO e seus sucessores reformados não podiam falar de uma presença corporal de Cristo na santa ceia.⁶⁸¹ LUTERO, porém, argumentou que por causa da unificação com o *Logos* divino a natureza humana de Cristo teria obtido participação nos atributos da majestade divina, portanto também na onipresença de Deus, de modo que Cristo (em todos os casos o Cristo exaltado) também poderia estar presente nos elementos da santa ceia segundo sua natureza humana, ou seja, corporalmente.⁶⁸² Uma posição conciliadora entre LUTERO e ZWÍNGLIO foi assumida por CALVINO, ao rejeitar de um lado a presença de Cristo nos elementos e considerá-los apenas como sinais para o corpo e sangue de Cristo, mas por outro ensinava uma presença espiritual de Cristo na santa

---

⁶⁷⁹ Sobre isso, cf. o exposto por G. KRETSCHMAR, art. "Abendmahl III/1", in: TRE 1, 1977, p. 58-89, 67ss. Outros comprovantes do paralelismo entre a presença eucarística de Cristo e a encarnação, in: J. BETZ, *Die Eucharistie in der Zeit der griechischen Väter*, vol. I/1, 1955, p. 267-300.

⁶⁸⁰ G. KRETSCHMAR, TRE 1, 1977, p. 68, cf. também p. 79-81 sobre CIRILO de Alexandria.

⁶⁸¹ Sobre isso, cf. em detalhe W. KÖHLER, *Zwingli und Luther*, vol. I, 1924, bem como as exposições de J. ROHLS, *op. cit.* (acima, nota 620), p. 160ss sobre a teologia reformada posterior, bem como esp. p. 156s sobre a objeção reformada de que uma anulação da restrição espacial anula o próprio conceito de corpo.

⁶⁸² Cf. sobre os detalhes da doutrina da ubiqüidade de LUTERO, que não serão analisados mais detidamente aqui, cf. a excelente exposição em H. GRASS, *Die Abendmahlslehre bei Luther und Calvin*, 1940, p. 50-79.

ceia, inclusive no que tange à sua humanidade, a ser captada pela fé. Decisiva é nesse pensamento conforme CALVINO a atuação oculta do Espírito Santo, no que, porém, a carne transfigurada de Cristo não penetra em nós, mas apenas sua vida é comunicada a nossas almas pelo Espírito.[683] Semelhante é a afirmação do *Catecismo de Heidelberg*: "Participamos de seu corpo e sangue, pela obra do Espírito Santo, tão realmente como recebemos com nossa própria boca estes santos sinais, em memória dele" (Pergunta 79). Na *Fórmula de Concórdia*, em contraposição, os luteranos persistiram na presença corporal de Cristo na santa ceia, porque a comunhão com Cristo no pão da santa ceia teria de ser chamada "não de comunhão no corpo, mas no Espírito, na força e nos benefícios de Cristo", se o corpo de Cristo "se tornasse presente e fosse consumido unicamente segundo sua força e eficácia".[684] Por isso também foi rejeitada a concepção reformada de que desde sua ascensão ao céu Cristo estaria, segundo sua humanidade, vinculado ao lugar no céu e por isso não poderia estar corporalmente presente na terra no sacramento.[685] Tornou-se característica precípua de diferenciação nas duas igrejas confessionais da Reforma a doutrina luterana da *manducatio impiorum* [consumo pelos ímpios], segundo a qual também os incrédulos recebem na santa ceia o corpo de Cristo, no entanto não para a salvação, mas para o juízo.[686]

Uma superação das diferenças na doutrina da santa ceia no interior da Reforma tornou-se possível somente pelo reconhecimento exegético de que nas palavras explicativas, principalmente na palavra do pão, se trata da presença de toda a pessoa de Cristo, não especificamente do aspecto corporal de sua realidade. O reconhecimento

---

[683] Sobre o efeito da *arcana spiritus operatio* [operação misteriosa do Espírito] (*Inst. chr. rel.* IV, 17,31) nos fiéis consta em CALVINO: ... *nobis sufficit Christum e carnis suae substantia vitam in animas nostras spirare, imo propriam in nos vitam diffundere, quamvis in nos non ingrediatur ipsa Christi caro* [... a nós basta que Cristo inspire vida em nossas almas a partir da substância de sua carne, e assim em nós difundir vida própria, embora em nós não entre a própria carne de Cristo] (IV,17,32; *CR* 30, p. 1033).
[684] *SD* VII,55 (*BSELK*, p. 989,43ss), cf. VII,11 (*ib.*, p. 976,20ss), bem como as condenações doutrinárias em VII,117s (*ib.*, p. 1013,1-13).
[685] *SD* VII,119 (*BSELK*, p. 1013,14ss.), cf. *SD* VII,9 (p. 976,6ss.).
[686] *SD* VII, 123 (*BSELK*, p. 1015,11ss.). Cf., porém, CALVINO, *Inst. chr. rel.* IV, 17,34: São *dados*, na verdade, corpo e sangue de Cristo aos indignos da mesma forma como aos verdadeiramente crentes e eleitos, mas aqueles, por estarem empedernidos, não podem *receber* a dádiva.

de que a palavra do pão se refere, no sentido do aramaico *gwf* que muito provavelmente está por trás do conceito grego do *sõma*, à presença e comunicação da pessoa toda de Jesus, pesa ainda mais quando de qualquer forma se precisa reconhecer, com Paulo e Lucas, na palavra do cálice, que a dádiva sacramental está na nova aliança, firmada pelo sangue de Jesus, e não com Marcos no sangue de Jesus como tal. O acordo na compreensão da presença de Cristo na santa ceia como presença pessoal tem por conseqüência uma relativização do questionamento da Idade Média e nomeadamente também da Reforma luterana, centrado de forma excessivamente unilateral nos elementos. Perdem peso, pela concentração na *pessoa* de Jesus, as discussões sobre se faz parte do corpo a vinculação com o lugar e se por isso também o corpo transfigurado do Cristo exaltado está vinculado a um lugar no céu. Em contraposição, a idéia da presença pessoal de Cristo facilitou para os teólogos reformados o reconhecimento de que uma presença pessoal de Cristo na celebração da ceia também não poderia deixar de ter conseqüências para os que dela se aproximam sem fé. São esses os dois fatores mais importantes que contribuíram para a aproximação da concepção reformada e da luterana nas *Teses de Arnoldshain* de 1957. Decisiva é a frase na tese 4: "Ele, o Senhor crucificado e ressuscitado, se deixa tomar por nós em seu corpo entregue à morte em favor de todos e em seu sangue derramado em favor de todos através de sua palavra promissora com o pão e o vinho..."[687] Entretanto a frase também deixa nítidas as limitações da convergência alcançada: Por um lado se afirma que a autocomunicação de Cristo está vinculada "com" a entrega de pão e vinho, mas não se descreve mais precisamente sua relação com esses "elementos" da ceia, e não há menção de uma "consagração" de pão e vinho.[688] Assim a concordância de Arnoldshain aconteceu mais sobre a base de CALVINO que sobre a de LUTERO. Os trabalhos naquele tempo já disponíveis de FRANZ LEENHARDT, que teriam viabilizado uma acolhida da idéia da transformação da essência de pão e vinho no contexto do acontecimento da ceia a

---

[687] Sobre isso, cf. o exposto por U. KÜHN, in: *TRE* 1, 1977, p. 150s, especialmente sobre O. WEBER, bem como U. KÜHN, *Sakramente*, 1985, p. 282ss.

[688] Esse era um dos pontos criticados por P. BRUNNER, "Die dogmatische und kirchliche Bedeutung des Ertrages als Abendmahlsprächs", in: *Gespräch über das Abendmahl. Die Arnoldshainer Thesen in der theologischen Auseinandersetzung*, Berlim (EVA) 1959, p. 51-75. Cf. também U. KÜHN, *Sakramente*,1985, p. 282, nota 109.

ser descrito como ação de sinal, deixaram de ser considerados, da mesma forma como os esforços, apoiados também por teólogos reformados como (então) MAX THURIAN em favor de um entendimento de toda a cerimônia da ceia como anamnese.[689] Por isso a tese 5 de Arnoldshain podia se contentar, em vista da doutrina católica, com uma delimitação polêmica, que não leva em conta os aspectos comuns da concepção luterana e católica acerca da presença real como uma presença "em" e "sob" pão e vinho. Questões semelhantes permanecem em aberto no § 19 da *Concórdia de Leuenberg*. Aqui a "comunhão com Cristo em seu corpo e sangue" é relacionada tão-somente com o "ato de comer e beber", mas não igualmente com os "elementos" do pão e do vinho, de cuja "consagração" tampouco aqui se fala. A pergunta pelo significado de pão e vinho como sinal da presença de Cristo não foi esclarecida nem aqui nem das *Teses de Arnoldshain*. Não fica explícito o que significa que Jesus Cristo vinculou a outorga de sua presença ao pão e ao vinho. Um esclarecimento dessa questão, porém, é necessário para um entendimento acerca do lugar da ceia do Senhor na vida da igreja e em seu culto. As diferenças luterano-reformadas sobre a doutrina da santa ceia, portanto, carecem de maior elaboração também para além das fórmulas de 1957 e 1973.

Se a presença de Jesus Cristo na santa ceia não deve ser imaginada como um descer não-mediado do Exaltado sobre as formas de pão e vinho – em analogia à encarnação (por mais que tal comparação metafórica possa ter uma força de expressão limitada), se, pelo contrário, ela acontece pela mediação da memória da história terrena de Jesus e de sua paixão, então deveria ficar anulada em tal memória a diferença de tempo que separa daquele acontecimento a congregação de séculos posteriores, mas também já o cristianismo primitivo. Não raro foi duvidado que isso seja possível.[690] Contudo, pelo menos em relação à realidade presente do Ressuscitado e Exaltado será preciso admitir que ela é idêntica ao Jesus da história, contudo não da forma como pessoas nesta vida temporal podem ser idênticas ao que foram em uma fase anterior da vida – ou seja, apesar de novas experiências e das mudanças pessoais

---

[689] O motivo da anamnese foi mencionado nas teses de Arnoldshain somente em posição secundária, na tese 3,4.
[690] Cf. U. KÜHN, in: *TRE* 1, 1977, p. 166s, bem como p. 159.

por elas condicionadas – mas de tal modo que a vida do Ressuscitado é a realidade de sua história de vida terrena transfigurada pela participação na eternidade de Deus.[691] Nisso – e nessa medida também na vida do próprio Ressuscitado – a congregação participa da memória eucarística, mas de tal maneira que ela lembra, pela elevação crente, da trajetória terrena de Jesus em sua morte e que no sinal de pão e vinho – unicamente assim – se torna convicta de sua presença.

cc) Sacrifício e presença de Cristo

Os que celebram e recebem a ceia de Jesus participam, pelo partir e consumo do pão e pela distribuição e o beber do vinho, da trajetória de Jesus para seu martírio, e precisamente com tudo que faz parte dele. Na proporção em que dele faz parte que a morte de Jesus possui caráter de sacrifício expiatório, também participa dele a congregação que o rememora na celebração da ceia. Entretanto, a diferenciação de MELANCHTHON entre sacrifício de louvor e gratidão por um lado, e de sacrifício expiatório por outro[692] não cala, porque deixa de considerar o ponto de vista da participação dos fiéis em Jesus Cristo. Em LUTERO isso foi diferente. Para o conceito de fé de LUTERO é característica a participação naquilo em que a fé se fia, por mais que se trate de uma participação na realidade de Cristo *extra nos*. A essa estrutura da fé, tão significativa para a doutrina da justificação de LUTERO, corresponde também a recordação crente na celebração da ceia do Senhor. Ou seja, se na santa ceia de Cristo se trata da comunhão com Jesus Cristo em seu caminho até a cruz, e se a morte de Jesus na cruz deve ser entendida como sacrifício expiatório, então, justamente a partir da compreensão luterana da fé, não pode haver nenhuma objeção contundente contra o fato de que realizar e receber com fé a santa ceia não apenas propicia participação no "fruto" do sacrifício de Cristo, mas também em sua execução.[693] O sacrifício de louvor e ação de graças da fé é um deixar-se arrastar para

---

[691] A relação da nova vida a partir da ressurreição dos mortos com a existência temporal dos que foram acordados da morte ainda será mais bem analisada no cap. 15,3, bem como em 15,5 e 6.
[692] MELANCHTHON, *Apol* 24,19-26 (*BSELK*, p. 354-356). Cf. *CR* 21, p. 871-876 (*Loci praecipui theologici*, 1559).
[693] Cf. G. WENZ, *op. cit.*, p. 247 e 261 sobre a controvérsia entre P. BRUNNER e E. BIZER.

dentro do sacrifício do próprio Jesus Cristo, não uma oferenda adicional a Deus. O protesto contra a concepção de tal oferenda adicional constituía a foco da crítica da Reforma à doutrina e prática do sacrifício da missa daquela época. O problema assim levantado, porém, não se deixa superar pela diferenciação entre sacrifício de gratidão e sacrifício expiatório. Também o sacrifício de louvor da fé ainda pode ser entendido mal no sentido de uma obra adicional. Importa que na celebração da ceia do Senhor a congregação, respectivamente o liturgo, nem sequer seja compreendido como "sujeito independente do oferecimento" ao lado Jesus Cristo.[694] Também o sacrifício de louvor e gratidão dos cristãos poderá obter o beneplácito do Pai "somente como sacrifício de louvor da fé, portanto, participando do louvor de Deus por Jesus Cristo. Tal participação em Jesus Cristo sempre é também participação em sua auto-entrega na cruz e em decorrência sacrifício do próprio coração deles, cuja vontade própria é inserida no morrer de Jesus".[695] A celebração da ceia do Senhor não pode ser sacrifício da igreja no sentido do "oferecimento de uma oferta sagrada diante de nós sobre o altar a Deus pela mão do sacerdote humano", mas somente como a "entrada da igreja na entrega de Jesus Cristo, i. é, *oferecimento de nós mesmos* por meio, com e em Jesus Cristo como *oferenda viva*" nos sinais do pão e do vinho.[696] "Porque 'nenhuma outra coisa efetua a participação no corpo e sangue de Cristo, senão que transitemos para dentro daquilo que recebemos'".[697]

---

[694] Isso já foi admitido pelo Concílio de Trento (*DS* 1743), ao enfatizar a unidade da oferta do sacrifício e daquele que "pelo serviço de sacerdote" a si mesmo se sacrifica. Cf. sobre isso K. Lehmann; E. Schlink (eds.): *Das Opfer Jesu Christi und seine Gegenwart in der Kirche. Klärungen zum Opfercharakter des Herrenmahls*, 1983, p. 236 (teses conclusivas do grupo de trabalho ecumênico, Nº 4.5.1). O sacerdote atua na celebração da eucaristia não em sua própria pessoa, mas *in persona Christi*.

[695] K. Lehmann; E. Schlink (eds.), *op. cit.*, p. 236 (tese 4.5.2).

[696] *Op. cit.*, p. 237 (tese 4.6.2). Nesse ponto, porém, várias formulações das orações magnas eucarísticas introduzidas na igreja católica romana desde o Concílio Vaticano II ainda permanecem aquém das percepções da teologia e continuam dando motivo para mal-entendidos. Cf. sobre isso H.-J. Schulz, "Christusverkündihung und kirchlicher Opfervollzug nach den Anamnesetexten der eucharistischen Hochgebete", in: P.-W. Scheele; G. Schneider (eds.), *Christuszeugnis der Kirche. Festschrift Bischof Hengsbach* 1970, p. 91-128.

[697] Leão Magno, *Sermo* 63,7 (*MPL* 54, 357 C), citado em *LG* 26.

Lutero soube se expressar de forma bem análoga, a saber, em total vizinhança com a polêmica contra a interpretação equivocada e o abuso da missa como de um sacrifício e uma obra adicionais do ser humano acrescentados ao sacrifício de Cristo. Consta no *Sermão do Novo Testamento* de Lutero em 1520, que de Rm 8.34 "devemos aprender que não somos nós que sacrificamos a Cristo, mas que Cristo se sacrifica por nós, e dessa maneira é recomendável, e até mesmo útil que chamemos a missa de sacrifício, não por causa dela, mas para que nós nos sacrifiquemos com Cristo, isso é, que nós nos deitemos sobre Cristo com uma fé sólida em seu testamento, e não compareçamos de outro modo com nossa oração, louvor e sacrifício perante Deus senão por meio dele e seu meio, e não duvidemos que ele é nosso pastor ou pároco no céu perante a face de Deus".[698] Isso é assim "como se na missa eu quisesse sacrificar na terra o pastor corporal, e lhe entregasse minha aflição e o louvor a Deus para levar... assim como sacrifico aqui o pastor, assim também sacrifico a Cristo, para que eu almeje e creia que ele acolhe a mim, meu louvor e minha oração e os leva perante Deus através de si mesmo".[699] Essas frases mostram que Lutero foi capaz de acolher positivamente até mesmo a concepção de que a igreja sacrifica Cristo, desde que estivesse claro que se trata da participação do crente em Cristo e não de uma obra acrescentada em complementação. Nesse contexto Lutero não utilizou a interpretação da santa ceia como memória do sacrifício de Cristo, mas na substância suas palavras correspondem ao entendimento do sacrifício como é discutido hoje no âmbito da anamnese da santa ceia. Nisso o liturgo e a congregação formam uma unidade. A congregação acompanha na fé o que o liturgo apresenta por meio de seu agir e falar; e o que o liturgo apresenta é o agir do próprio Jesus Cristo como aquele que convida para a ceia, mas que ao mesmo tempo se entrega a si mesmo.

Nesse ponto, porém, é preciso agregar mais um esclarecimento: Será que a santa ceia de Jesus como origem da ceia do Senhor da igreja realmente deve ser entendida como um ato de auto-entrega de Jesus? E, no caso afirmativo, em que sentido? A cerimônia da ceia, como Lutero observou com perspicácia no *Sermão do Novo Testamento*,[700] nem

---

[698] M. Lutero, *WA* 6, p. 369,3ss.
[699] M. Lutero, *op. cit.*, p. 370,1ss.
[700] M. Lutero, *op. cit.*, p. 366.

sequer possui a forma de uma ação de sacrifício dirigida a Deus, mas a configuração de uma ceia. Jesus Cristo partilha conosco, os recebedores da ceia, sob a forma de pão e vinho, a si próprio. A cerimônia da ceia, portanto, não representa um sacrifício ofertado a Deus, mas se processa no direcionamento aos seres humanos. Assim ela corresponde à característica básica da atuação de Jesus, cuja mensagem da proximidade do senhorio de Deus se dirigiu aos humanos, a fim de lhes conceder participação em sua salvação. Esse foi também o sentido da prática das refeições de Jesus: Ao acolher outros em sua comunhão na imagem escatológica da ceia, Jesus, por meio do qual o senhorio vindouro de Deus já agora se torna presença plena de salvação, lhes concede ao mesmo tempo participação na futura comunhão de salvação no reino de Deus. Isso vale também para a última ceia de Jesus. Expressa-se de modo especial na palavra do pão. Contudo também na idéia da nova aliança está em questão a candidatura mediada e concedida por Jesus à participação na salvação escatológica do senhorio de Deus. O que era o sentido de toda a sua atuação terrena é selado pela morte de Jesus. A alusão a seu iminente martírio ao falar do sangue da nova aliança alicerça o caráter definitivo e perdurável da participação na salvação expressa por meio da idéia da nova aliança. Isso corresponde ao significado da morte de Jesus como conseqüência de seu envio escatológico aos seres humanos, o qual ele assumiu para si. Por isso EDWARD SCHILLEBEECKX afirmou com razão que o fundamento da celebração da ceia do Senhor é "a auto-entrega pessoal de Cristo a seus concidadãos e – nisso – ao Pai".[701] Um sacrifício ao Pai, a auto-entrega de Jesus o é unicamente como expressão da obediência a seu envio recebido do Pai, como, aliás, o conceito da obediência no Novo Testamento também se tornou importante para a interpretação da morte de Jesus (Rm 5.19; Hb 5.8). Essa obediência, porém, chega à expressão no "serviço" de Jesus às pessoas, que consiste em que Jesus lhes trouxe a salvação do governo de Deus. É assim que também cumpre entender a palavra de Jesus do servir, que foi combinada no evangelho de Lucas (Lc 22.27s) com o relato sobre a última ceia de Jesus e que o evangelista talvez considerou como interpretação da referência à nova aliança, que

---

[701] E. SCHILLEBEECKX, *Die eucharistische Gegenwart*, 2ª ed. 1968, p. 92. Cf. também as exposições de T. SCHNEIDER, *Zeichen der Nähe Gottes*, 1979, p. 167s acerca dessa "remodelação da idéia do sacrifício" (p. 167).

está fundada sobre o sangue de Jesus e é firmada através da ceia. Nisso é outorgado concretamente o agir reconciliador de Deus na morte de Jesus Cristo.

Quando, pois, se fala da ceia do Senhor como sacrifício, é preciso conceber a própria cerimônia da ceia de Jesus como execução, com caráter de sinal, do sacrifício. No sacrifico de Jesus não se trata de um oferecimento diretamente direcionado a Deus, mas da obediência de Jesus a seu envio ao mundo para testemunhar a presença da salvação do senhorio de Deus. Sua morte foi a conseqüência de tal obediência. Pelo fato de que o objetivo do envio de Jesus, a presença do senhorio de Deus, se configurou como sinal na cerimônia da ceia, por isso foi possível que em sua última ceia o pão oferecido se tornasse sinal de sua entrega a seu envio para tornar presente o senhorio de Deus nos seres humanos, mas o cálice oferecido, sinal da consolidação dessa sua entrega por meio de sua morte e da nela fundamentada nova aliança de Deus com os seres humanos. Assim a ceia do Senhor interpreta, particularmente pela palavra do cálice, o sentido da iminente morte de Jesus na cruz. Ceia e sacrifício formam uma unidade na ceia do Senhor, assim como ocorria em Israel no sacrifício da aliança e no banquete da aliança.

Pelo fato de a ceia propiciar, pois, comunhão com Jesus Cristo e por meio dele a participação na salvação do senhorio de Deus, ou seja, comunhão com Deus, os participantes também recebem perdão dos pecados. Isso fazia parte do teor de sentido das refeições conjuntas de Jesus já durante sua atuação na terra. Em vista do iminente martírio de Jesus também esse momento, porém, se vincula à sua morte, recebendo assim um significado mais profundo. Na tradição das palavras da instituição de Jesus foi possível formulá-lo explicitamente em conexão com o "em favor de vós" da palavra do pão ou também como peça interpretativa da referência ao sangue de Jesus na palavra do cálice, de maneira que o sangue derramado de Jesus agora já não fosse interpretado apenas como lacre da nova aliança, mas também como sacrifício expiatório em favor dos que participam da comunhão da ceia. Por isso a associação dos motivos da morte expiatória e da remissão dos pecados com a tradição da santa ceia, embora dificilmente faça parte da configuração original das palavras da instituição, não deixa de ser fundamentada no conteúdo da ação da ceia de Jesus e de sua vinculação com sua iminente morte. Ocorre que o motivo do perdão dos pecados na tradição das palavras da instituição de Jesus faz parte da explicação mais ampla do evento da ceia. Não forma seu cerne original. Ele consiste, pelo contrário, na concessão da comunhão com Jesus e por meio dele com a salvação do reinado de Deus. O motivo do perdão dos pecados está implícito e fundamentado nela. Contudo não esgota o sentido da comunhão com Jesus e com a salvação do senhorio de Deus.[702] Na remissão dos pecados se trata da eliminação da barreira que separa o pecador da salvação do senhorio de Deus. Além disso, por meio da participação na ceia as pessoas às quais visava o envio de Jesus, são arrastadas para dentro de seu sacrifício, a saber, em seu serviço aos seres humanos para o testemunho em favor do senhorio de Deus, e dessa maneira unificados entre si no "corpo de Cristo". Assim o senhorio do próprio Deus se torna neles realidade viva.

dd) Presença de Cristo e Espírito Santo

Através da memória da entrega a seu envio selada na morte de Jesus os que participam da ceia são incluídos nesse envio para o testemunho em favor do governo de Deus, que já se fez e faz presente na atuação de Jesus – também nessa ceia. No poder do senhorio de Deus e de seu futuro ele próprio como o Ressuscitado na ceia se torna presente para sua congregação, e dessa maneira é suspensa a diferença de tempo que separa a congregação da época da atuação terrena de Jesus. Isso, porém, não acontece unicamente por meio da memória dos seres humanos. Por isso a anamnese tem de transitar para a *prece* pela vinda do Senhor, como evidentemente ocorria já no culto dos primeiros cristãos: O chamado: "Vem, Senhor Jesus" (*maranatha*: 1Cor 16.22; cf. Ap 22.20) não deve ser entendido apenas como súplica pela vinda escatológica do Exaltado para consumação de seu reino, mas também como prece por sua vinda para a comunhão da ceia como antecipação

---

[702] Em função disso o Concílio de Trento se opôs com razão a um estreitamento da dádiva da ceia do Senhor para o perdão dos pecados (*DS* 1655). A Reforma luterana tendia desde o Escrito de LUTERO *De capt. Babyl. eccl.* de 1520 a ver a dádiva e força da santa ceia em sua concentração unilateral no perdão dos pecados (*WA* 6, p. 513,34s e 517,34s). Contudo no *Catecismo Maior* LUTERO também soube assinalar como força e proveito desse sacramento, ao lado do perdão dos pecados, a nutrição e o fortalecimento do novo ser humano (*BSELK*, p. 712ss.). Cf. sobre isso U. KÜHN, *Sakramente*, 1985, p. 56s.

do reino vindouro de Deus (*Did* 10,6), no que o chamado pode ser entendido como prece, mas também como proclamação da presença do Senhor na ceia.[703] No lugar desse chamado entrou no séc II a invocação do *Logos*[704] ou do Espírito,[705] por meio do qual Jesus foi nascido e ressuscitado dos mortos.

Nas declarações teológicas dos pais gregos sobre o significado da invocação do Espírito na celebração da ceia do Senhor foi destacado principalmente o paralelo com a encarnação:[706] Assim como a unificação do *Logos* com a natureza humana de Jesus foi mediada pelo Espírito, assim também a presença de Jesus Cristo no pão e no vinho. A ênfase dessa analogia é compreensível no contexto das controvérsias da patrística em torno da interpretação do evento da encarnação. Contudo, desse modo ainda não se explicita suficientemente a conexão entre epiclese e anamnese da história de Jesus Cristo e particularmente de sua morte, bem como a origem da celebração da ceia da igreja na ceia de despedida de Jesus. Tomado isoladamente, o paralelo com a encarnação pode até mesmo seduzir para imaginar a presença de Cristo na ceia do Senhor – como já analisado acima – totalmente independente da anamnese como efeito do Espírito que desce sobre o pão e vinho. Por isso o significado da invocação do Espírito no contexto da celebração da ceia do Senhor é captado mais apropriadamente quando ele é conectado em primeira linha com a ressurreição de Jesus através do Espírito e assim relacionado com a memória do Senhor que se encaminha para a morte.[707] Por

---

[703] Cf. o ensaio de K. G. KUHN, sobre "Maranatha', in: *TWNT*, vol. IV, 1942, p. 470-475.

[704] Sobre Justino, *Apol.* 1,66,2, cf. J. BETZ, *Die Eucharistie in der Zeit der griechischen Väter*, vol. I/1, 1955, p. 268. Uma epiclese do *Logos* também poderia estar pressuposta em IRENEO, *Haer.* V,2, 3. Posição diferente é a de G. KRETSCHMAR, *TRE* 1, p. 67s em concordância com C. ANDRESEN. De qualquer modo ela ocorre ainda por volta de 350 no *Euchologion* de SERAPIÃO de Túmis (cf. o ensaio citado na nota subseqüente, de W. SCHNEEMELCHER, p. 74).

[705] Acerca dos primórdios da epiclese do Espírito que remontam aos atos apócrifos dos apóstolos, cf. G. KRETSCHMAR, *op. cit.*, p. 68s. Igualmente pode ser encontrada na ordem eclesiástica de HIPÓLITO de Roma (*SC* 11,53). Sobre isso em detalhe W. SCHNEEMELCHER, "Die Epiklese bei den griechischen Vätern", in: *Die Anrufung des Heiligen Geistes im Abendmahl* (suplemento à *Ökumenenische Rundschau* 31, 1977), p. 68-94.

[706] W. SCHNEEMELCHER, *op. cit.*, p. 93s. Cf. acima nota 679.

[707] Assim foi explicada a relação de epiclese e anamnese em TEODORO de Mopsuéstia. Cf. sobre isso, J. BETZ, in: *Mysterium Salutis*, vol. IV/2, 1973, p. 219s.

meio da vinculação da epiclese com a anamnese se torna presente no culto eucarístico a ressurreição do Crucificado e ao mesmo tempo se antecipa o futuro de seu retorno e da consumação do reino de Deus. Assim como a realidade do Espírito do Ressuscitado está presente para o crente em todo lugar unicamente pelo Espírito, assim ela também pode ser tornar presença viva no culto da igreja apenas através de seu Espírito. Por isso se invoca na liturgia da igreja grega com razão o Espírito, para que ele traga à nossa presença Jesus Cristo – em consonância com a promessa de Cristo nas palavras da instituição – na forma do pão e do vinho.[708] Como, porém, a memória da morte do Senhor em sua igreja sempre já acontece à luz da mensagem da Páscoa, também a anamnese eucarística como um todo já é sustentada pela atuação do Espírito e pela prece por seu apoio.[709]

No cristianismo ocidental a epiclese definhou desde o início da Idade Média, porque, partindo de AMBRÓSIO e AGOSTINHO a consagração de pão e vinho foi cada vez mais conectada exclusivamente com a pronúncia das palavras da instituição de Cristo pelo sacerdote. Foram somente as pesquisas de história da liturgia no séc. XX, bem como o movimento de renovação litúrgica com ela relacionado e o renovado diálogo ecumênico com o Oriente cristão que levaram a teologia das igrejas ocidentais a refletir novamente sobre essa dimensão do culto eucarístico, que no Ocidente foi por muito tempo esquecida, mas preservada nas igrejas orientais. Afirma-se, p. ex., na *Declaração de Lima* de 1982: "Na ceia eucarística o Espírito Santo realmente torna presente para nós o Cristo crucificado e ressuscitado, ao cumprir a promessa das palavras da instituição."[710]

---

[708] Cf. as observações de W. SCHNEEMELCHER, *op. cit.*, p. 77s acerca da liturgia de CRISÓSTOMO.

[709] J. ZIZIOULAS classifica por isso a eucaristia como anamnese no contexto de uma epiclese (cf. acima, nota 662).

[710] LIMA II (Eucaristia) 14-18, citação 14. Já no Documento da Comissão conjunta católico-luterana sobre a ceia do Senhor de 1978 se afirma: "Tudo o que o Senhor nos cocede e tudo o que nos capacita a nos apropriar disso, nos é propiciado através do Espírito Santo. Isso se expressa na liturgia especialmente na invocação do Espírito Santo (epiclese)" (n. 21). Nessa formulação a epiclese é referida tanto ao apoio do Espírito para o recebimento crente (cf. também n. 23), quanto às próprias dádivas de pão e vinho ("Tudo o que o Senhor nos concede..."). Um não se deixa separar do outro na unidade do acontecimento cultual.

A redescoberta da epiclese e de seu significado para a celebração da ceia do Senhor pode enriquecer a teologia ocidental da santa ceia em vários aspectos. Inicialmente ela atua contra o estreitamento da concepção de como Cristo se torna presente no pão e no vinho para a pronúncia das palavras da instituição pelo liturgo e a concepção correlata de uma autoridade especial de transformação pelo sacerdote: A presença de Cristo não é produzida por agir humano, tampouco de tal maneira que Jesus Cristo tivesse se prendido ao agir do liturgo. Algo equivalente precisa valer naturalmente também para a epiclese como ato de oração: Como tal ela não causa a presença de Cristo no pão e no vinho: Disso é capaz unicamente o próprio Espírito, ao qual se dirige a oração. É justamente isso que se expressa através da *prece* pelo Espírito. Nisso a epiclese tampouco faz concorrência com as palavras da instituição; porque aquilo que é pedido, a atuação do Espírito que torna Cristo presente no pão e no vinho se refere às palavras da instituição como cumprimento delas e somente nesse direcionamento pode ser suplicado com a certeza de atendimento. Muito despropositada é a concepção de concorrência entre as palavras do próprio Jesus Cristo e do Espírito,[711] que na anamnese faz lembrar a Cristo e suas palavras. Uma concepção da autoridade total das palavras de Cristo que excluísse o Espírito seria "cristomonista" e violaria a fé trinitária da igreja. Tampouco corresponderia ao significado da ressurreição de Jesus e da esperança por seu retorno para o surgimento da celebração da ceia do Senhor pela igreja.

A reflexão sobre a função da epiclese (como invocação do Espírito do Ressuscitado) para a celebração da ceia do Senhor, e justamente

---

[711] Cabe dizer isso criticamente contra o exposto por K.-H. KANDLER no ensaio: "Abendmahl und Heiliger Geist. Geschieht Jesu Christi eucharistischesWirken durch den Heiligen Geist?", in: *KuD* 28, 1982, p. 215-228, esp. p. 220ss. A peculiaridade da presença de Cristo no pão e no vinho (como presença real) diante de sua presença atual nos fiéis e sua comunhão não consiste em que a primeira, diferente da última, fosse direta, ou seja, não mediada pelo Espírito, mas em que a presença de Cristo na santa ceia é vinculada ao pão, ao vinho e a seu consumo, de modo que ele se deixa tomar por nós em pão e vinho, o que ademais não possui paralelo. A verdade de que também a presença de Cristo na santa ceia tem a ver com o Espírito está assinalada (contra KANDLER, *op. cit.*, p. 220) já pelo fato de que em 1Cor 10.3s Paulo fala de um "alimento espiritual" e de uma "bebida espiritual" (cf. também 1Cor 12.13) que todos nós comemos e bebemos.

como correlata à anamnese nela ocorrente,[712] é em segundo lugar também significativa para a compreensão da presença de Cristo na ceia: No poder da transformação escatológica do mundo, cuja irrupção se torna eficazmente presente no acontecimento da Páscoa, chega ao cumprimento a promessa do Senhor que se encaminha para a morte, de que ele deseja se fazer presente para seus discípulos no pão e no vinho da ceia. A identidade do Ressuscitado com o Crucificado, de quem a congregação se lembra em sua anamnese, torna-se assim acontecimento – mas somente para a fé que se lembra das palavras da instituição por Jesus e ainda aguarda sua revelação definitiva em seu retorno.[713]

Desse modo incide mais uma vez uma luz também sobre a controvérsia interna à Reforma em torno da santa ceia: Cristo se torna presente para sua congregação através de seu Espírito, como ensinou CALVINO. Mas ele está presente para ela nos elementos de pão e vinho, porque Jesus vinculou a promessa de sua presença a eles e a seu consumo. Por isso a anamnese, como memória da instituição da ceia por Jesus na hora da despedida de seus discípulos, é o meio ou o "lugar" de sua presença nos fiéis.

Seguramente o Espírito não passa a atuar na celebração da ceia do Senhor somente em decorrência da epiclese. Pelo contrário, ele já está operando em todo o curso da ação de graças e anamnese cultuais, e através do Espírito o próprio Jesus Cristo está presente para sua congregação de acordo com sua promessa (Mt 18.20). A presença atual de

---

[712] Ela foi descrita de forma particularmente acertada por G. WENZ, "Die Lehre vom Opfer Christi im Herrenmahl als Problem ökumenischer Theologie", *KuD* 28, 1982, p. 7-41, 37: "... o passado de Jesus aponta por si mesmo para a futuridade escatológica do reino de Deus e é como tal presença antecipada dela. Na epiclese essa dignidade escatológica do passado de Jesus Cristo é expressamente concretizada. A epiclese preserva, portanto, a recordação contra fechar-se em si mesma; ela, pelo contrário, abre à memória de Jesus Cristo o olhar para sua glória espiritual escatológica e assim permite que a recordação esteja pronto para o futuro daquele que veio".

[713] A inserção da eucaristia na situação do povo de Deus *peregrino* entre o "já" da primeira atuação de Cristo e o "ainda não" de sua volta para a consumação do mundo foi repetidas vezes enfatizado por J. M. TILLARD, por último em suas exposições sobre "eucharistie et l'église" no contexto do escrito publicado com J. ZIZIOULAS e J. J. VAN ALLMEN, *L'eucharistie*, 1970, p. 75-135, esp. p. 109ss., 119ss., 132s. Cf. também já J. M. TILLARD, *L'eucharistie Pâque de L'Eglise*, 1964, e as exposições nele apoiadas de A. GERKEN, *Theologie der Eucharistie*, 1973, p. 76ss., 219.

Cristo através do Espírito em sua congregação faz com que a memória da morte de Jesus e da origem da ceia do Senhor na noite da traição se torne a forma de o próprio Jesus Cristo se tornar presente, e dessa maneira essa presença atual de Cristo é ao mesmo tempo fundamento de sua presença real no pão e no vinho,[714] que cumpre para a congregação presente as palavras de promessa proferidas na situação originária da santa ceia na oferta de pão e cálice por Jesus.

O Espírito capacita os cristãos a elevar os corações e agradecer a Deus. Porque o Espírito é a força para toda a oração cristã (Rm 8.15). Ao agradecerem a Deus pelo sacrifício da vida do Filho dele em fidelidade ao envio recebido do Pai, e ao se deixarem arrastar pessoalmente para dentro desse sacrifício dele, os fiéis também oferecem a Deus a gratidão por sua própria existência e pela dádiva de sua criação. Porque a comunicação de si mesmo por parte de Jesus para a comunhão com ele, com sua relação filial com o Pai, foi combinada nas palavras de bênção sobre o pão e o cálice com a gratidão, que segundo o costume judaico estava ligada ao partir do pão e à bênção do cálice: A gratidão pelas dádivas da criação e pela própria vida é realizada pela entrega ao chamado recebido de Deus, para a glorificação da divindade de Deus. Assim também pode haver participação no sacrifício de Cristo unicamente na forma da gratidão, que se refere à salvação recebida de Deus em conjunto com as dádivas de sua criação. Desse modo o crente se torna capaz de entregar sua própria vida corporal para um "sacrifício vivo, santo, agradável a Deus" no serviço a Deus e ao futuro de seu reino (Rm 12.1). Assim os crentes são "metamorfoseados" (Rm 12.2), assim como o Cristo crucificado foi pelo poder do Espírito transformado em uma nova vida (Rm 8.11), uma vida, à qual se encaminham também os cristãos, ao esperar pela "transformação" dessa vida mortal na nova vida sem morte, perpassada pelo Espírito da vida de Deus (1Cor 15.51ss). A atuação transformadora do Espírito se refere, portanto, não apenas aos elementos eucarísticos, mas abarca, no curso da celebração da ceia, também os que dela participam – em antecipação, na forma de sinal, da transformação escatológica do mundo. A prece expressa pelo Espírito ecoa em diversos momentos do culto, porque os fiéis não sabem por si mesmos, sem o Espírito, nem agradecer nem orar da

---

[714] Sobre a diferenciação entre presença atual e presença real, cf. J. BETZ, in: *Mysterium Salutis* 4/2, 1973, p. 267ss (também acima, nota 624).

maneira correta, e tampouco conceder a bênção uns aos outros ou mesmo mudar a si próprios para render a vida em sacrifício de louvor a Deus – da mesma forma como não conseguem tornar Cristo presente no pão e no vinho. Unicamente o Espírito de Deus pode efetuar a transformação desta vida, e somente por meio dessa transformação nós podemos – através de e com o pão e o vinho – ser atraídos para dentro do movimento da vida de Jesus Cristo. Isso é realizado em forma de sinal na celebração da ceia do Senhor, que é simultaneamente anamnese, presença de Cristo como dádiva para nós e participação em seu sacrifício, e tudo isso como ação de graças na força do Espírito. Trata-se de uma ação com caráter de sinal. A consumação da transformação do mundo e de nossa vida pelo Espírito ainda está por acontecer. Porém no envio e ressurreição de Jesus ela já começou, e sua presença na forma da ação eucarística de sinal (como também na realização do batismo) é presença eficaz. Faz parte disso também que a realização da oração eucarística irradia da celebração no culto para a vida cotidiana.

d) Ceia do Senhor e comunhão eclesial

Pelo fato de a comunhão com Jesus Cristo na ceia ao mesmo tempo também unir entre si participantes da ceia em uma comunhão, na qual a comunhão escatológica dos humanos no reino de Deus vindouro já chega à expressão atual – em caráter de sinal – por isso ceia do Senhor e comunhão eclesial estão estreitamente ligados na substância. Isso em todos os casos vale quando a comunhão propiciada e recebida na ceia deve ser entendida como sinal e fundamentação de um pertencimento recíproco *duradouro*. É o que acontece na ceia de despedida de Jesus que ele celebrou com os discípulos na noite da traição, por causa da idéia da aliança com ela relacionada na palavra de Jesus sobre o cálice: A nova aliança constitui o novo povo da aliança. Por isso a última ceia de Jesus não foi celebrada, de acordo com a tradição, em uma comunhão de mesa aberta, mas foi uma ceia para o grupo de discípulos de Jesus. Com a fundamentação de uma união duradoura dos participantes a partir da comunhão com Jesus, representada na ceia, foi constituída uma nova comunhão, a igreja. Isso obviamente podia ser reconhecido somente à luz do acontecimento da Páscoa e no poder do Espírito. Apenas assim foi efetivada a fundamentação da igreja na ceia de despedida de Jesus.

Por causa da estreita relação entre ceia do Senhor e igreja a participação na ceia do Senhor já foi combinada cedo com o compromisso de preservar a comunhão dos cristãos entre si, nela fundamentada. Esse compromisso se refere tanto ao comportamento dos membros de cada congregação individual entre si, como também à relação entre as diferentes congregações locais que confessam a mesma fé e em que se celebra a mesma ceia do Senhor. Em ambos os níveis vale o que Paulo escreveu aos coríntios sobre a coesão dos cristãos, fundamentada com base na participação do corpo do Senhor na ceia do Senhor, dos cristãos como membros de seu corpo: "Porventura o pão que partimos não nos concede participar do corpo de Cristo? Por ser *um só pão*, nós muitos somos *um só* corpo; porque recebemos todos nossa parte do *único* pão" (1Cor 10.16s). O corpo único, no qual os participantes da ceia do Senhor estão unidos, é o corpo do próprio Cristo. Já pelo batismo cada cristão se tornou um membro de Cristo. Na ceia do Senhor se visualiza a comunhão dos cristãos nela alicerçada. Entretanto, pelo fato de que Deus unificou todos os cristãos para a unidade de um corpo, "não deve acontecer uma cisão no corpo, mas todos os membros devem ter igualmente cuidado uns pelos outros" (1Cor 12.25), e em vista das divisões surgidas na congregação de Corinto o apóstolo podia indagar: "Será que Cristo foi fracionado?" (1Cor 1.13). Por mais impossível que soe, não deixa de ser realidade, toda vez que cristãos negam a comunhão a outros cristãos; porque, afinal, são membros do corpo de Cristo. No contexto da escatologia ainda teremos de versar sobre isso, de que no discurso do corpo de Cristo não apenas se trata de uma palavra figurada, mas de uma realidade espiritual do Cristo ressuscitado.

Estão igualmente relacionadas com o compromisso da comunhão vinculado à participação na ceia as palavras de advertência do apóstolo contra um abuso da ceia do Senhor: "Quem ao comer e beber não avalia corretamente o corpo, come e bebe para condenação de seu próprio juízo" (1Cor 11.29). Trata-se, no caso, na diferenciação do corpo de Cristo recebido no pão, não apenas de alimento profano, mas também de uma dádiva propiciada ao indivíduo para si sozinho. Pertencer a Jesus significa ter participação em sua entrega a Deus e a seu reino e, por isso, também na comunhão com todos aqueles que dessa maneira estão ligados ao mesmo Senhor. Ao recebimento correto, que discerne a singularidade desse alimento, corresponde o auto-exame dos recebedores, demandado pelo apóstolo, para que ninguém coma e beba "indignamente" (1Cor 11.27). "Se a nós julgássemos corretamente, não seríamos condenados (no juízo final de Deus)" (1Cor 11.31), porque já aplicaríamos a nós mesmos a sentença de Deus sobre o comportamento que lhe desagrada.

    A igreja antiga e a da Idade Média compreenderam a indignidade, de que se fala aqui, no sentido de faltas morais. Por isso se esperava dos recebedores da ceia do Senhor não apenas reverência, mas também santidade – santidade não necessariamente no sentido de perfeição moral, mas certamente no de pertencimento a Deus e de segregação dos comportamentos do mundo. Já no Didaquê é dito: "Quem for santo, aproxime-se; quem não é, que se converta" (*Did.* 10,6), e a instrução de que ninguém exceto as pessoas batizadas está autorizado a receber a ceia (*Did.* 9,5) é justificada pela referência a Mt 7.6: "Não deis aos cães o que é santo..." Por isso ainda o Concílio de Trento exortava que ninguém deveria receber a comunhão "sem grande reverência e santidade" (*DS* 1646). O segundo aspecto significaria, como é dito, conforme o "costume eclesiástico", que cada um que estiver consciente de um pecado capital, teria de se submeter antes da comunhão à confissão e receber a absolvição (*DS* 1647). Mero arrependimento não seria capaz de substituir esse condicionalidade. Na prática isso podia significar a confissão regular antes de cada comunhão, para que um pecado capital oculto, do qual alguém não estivesse consciente, não inviabilizasse absolutamente o recebimento salutar da ceia. Também a *Confissão de Augsburgo* afirma em seu artigo sobre a penitência que o sacramento não seria concedido nas igrejas luteranas "aos que antes não forem interrogados e absolvidos" (*CA* 25).[715] Um interrogatório dos comungantes também era prescrito pela *Formula Missae* de LUTERO de 1523 e pela instrução de MELANCHTHON aos visitadores na Saxônia.[716] No entanto, na *Formula Missae* LUTERO teve em mente mais interrogar sobre a fé que a ouvir uma confissão.[717] O interrogatório sobre a fé deveria

---

[715] *BSELK*, p. 97,35-37: *nisi antea exploratis et absolutis* [senão antes sondados e absolvidos]. Cf. *CA* 24, 6 *lat* (*op. cit.*, p. 91, 33s).

[716] *WA* 12, p. 215,18ss e *WA* 26, p. 220,7-19. Cf. ainda P. BRUNNER in: *Leiturgia* 1, 1954, p. 337s.

[717] *WA* 12, p. 215,21s: *petentes non admittat, nisi rationem fidei suae reddiderint, et interrogati responderint, an intelligant, quid sit caena domini* [não admita candidatos se não expuserem a razão de sua fé, e que respondam quando interrogafos, ou entendam o que é a ceia do Senhor]. LUTERO ainda acrescenta que cabe ao

acontecer uma vez por ano. Confissão e absolvição em particular antes da comunhão eram consideradas úteis por LUTERO, e ele achava que não deveria ser desprezada, mas não a classificava como necessária, uma vez que o próprio Cristo não a tinha ordenado. Os pecadores graves, porém, dos quais o pastor tem ciência, deveriam ser completamente excluídos da participação na santa ceia, se não existisse uma prova clara de que haviam mudado de vida.[718] A concepção posteriormente condenada pelo Concílio de Trento, de que unicamente a fé (aqui entendida como aceitação da doutrina eclesiástica) seja um preparo suficiente para a comunhão (*DS* 1661), de forma alguma era partilhada por LUTERO, embora ele não insistisse – como lá se reforçou mais uma vez – na necessidade da confissão e absolvição antes do recebimento da comunhão. A *Fórmula de Concórdia*, contudo, evidentemente reagindo à condenação por Trento, rejeitou a opinião de "que a dignidade não se baseia unicamente na verdadeira fé, mas na preparação dos próprios seres humanos".[719] Mas também aqui é dito que os "ímpios epicureus e zombadores da palavra de Deus" pela comunhão atraem sobre si a condenação no juízo final.[720] Digno de nota é que a negativa de LUTERO para tornar obrigatória a confissão antes da comunhão (diferente da Fórmula de Concórdia), acarretou a exigência de se aplicar a disciplina eclesiástica aos "desprezadores" dos mandamentos divinos.

Em que consiste, conforme Paulo, a indignidade que exclui da participação na ceia do Senhor? De acordo com a opinião da exegese atual de Paulo não se trata, nesse caso, nem da pergunta pela doutrina correta sobre a presença de Cristo na ceia, cuja aceitação o apóstolo, aliás, pressupõe, nem da inatacabilidade moral. Pelo contrário, a ênfase reside em que a participação no corpo de Cristo tem por conseqüência a comunhão entre os participantes da ceia e por isso necessariamente

---

pastor observar, *an vita et moribus eam fidem et intelligentiam probent* [se pela vida e conduta comprovem essa fé e entendimento] (p. 216,9).

[718] *WA* 12, p. 216,10ss.: ... *si viderit aliquem... crimini manifesto infamem, prorsus ab hac caena excludat, nisi manifesto argumento vitam sese mutasse testatus fuerit* [... caso veja alguém... em crime infame flagrante, daí em diante o exclua dessa ceia, a menos que por argumento evidente tenha sido testado para mudar por si mesmo de vida].

[719] *SD* 7, p. 124 (*BSELK*, p. 1015,29-32).

[720] *SD* 7, p. 123 (*op. cit.*, p. 1015,23s). Cf. *SD* 7,60 (*op. cit.*, p. 991s).

inclui a preservação dela pela consideração mútua.[721] Também o autoexame demandando em 1Cor 11.28 não se refere primordialmente à condição moral do indivíduo, mas à ruptura da comunhão que deve estar existindo entre os membros do corpo de Cristo. No entanto dessa forma não se apequena o significado fundamental da fé no Senhor presente na ceia, que, pelo contrário, o apóstolo pressupõe, nem tampouco a coerência entre fé e condução da vida. Também em Paulo se lê: "Quem não ama o Senhor seja anátema" (1Cor 16.22), e ele solicitava que a congregação se separasse de membros cuja conduta na vida contradiz grosseiramente ao pertencimento a Jesus Cristo: "Quando se trata de um assim chamado irmão que vive em desregramento, usura ou idolatria, como blasfemo, ébrio ou assaltante, não vos relacionareis com ele e celebrareis a ceia conjuntamente com ele" (1Cor 5.11). Por que em tais casos o apóstolo considerava obrigatórias a separação e exclusão da ceia do Senhor? No sentido de 1Cor 11.29 se pode responder: As citadas transgressões não apenas dizem respeito ao indivíduo para si, mas igualmente ao convívio na congregação. Significam uma ruptura da comunhão dos fiéis fundamentada em Cristo. Ou seja, em 1Cor 5.11 não se faz valer uma premissa adicional para a admissão à ceia, ao lado da comunhão, por ela propiciada, com Jesus Cristo e entre os companheiros da ceia. Pelo contrário, o próprio compromisso da comunhão implica tanto na compreensão do significado da dádiva sacramental quanto na correspondência de fé e conduta de vida. Uma como a outra é relevante para a comunhão dos que participam da ceia. Não se trata simplesmente de qualificações a ser entendidas de modo individualista, cuja existência ou não decide sobre a admissão à ceia, mas das implicações de sentido da própria comunhão da ceia.

Essas implicações de sentido da participação na ceia do Senhor não valem somente para a relação entre os membros de uma congregação local. Valem da mesma forma para a relação entre as diferentes igrejas locais, portanto, para a comunhão eclesial no sentido mais amplo da

---

[721] Aqui talvez seja suficiente remeter ao ensaio de G. BORNKAMM: "Abendmahl und Kirche in Paulus", in: *Studien zu Altertum und Urchristentum. Gesammelte Aufsätze*, vol. II, 1959, p. 138-176. Lá ele diz sobre 1Cor 11.29: "... honrar o corpo de Cristo em sua singularidade significa entender que o corpo de Cristo dado por nós e recebido no sacramento unifica os recebedores no "corpo" da congregação e os torna responsáveis uns pelos outros em amor" (p. 169).

palavra: As diferentes igrejas locais são também por sua vez membros do único corpo de Cristo e a partir da celebração da ceia do Senhor compromissados para a comunhão. Esse compromisso, no entanto, também nesse caso está vinculado à concordância na fé e nas regras fundamentais de uma conduta cristã da vida. Em cada congregação local o reconhecimento recíproco entre as congregações se expressa quando o ministro responsável pela doutrina do evangelho e pela celebração da ceia do Senhor, sob cooperação das demais igrejas locais ou através de um ministério regional superior de direção da igreja é chamado para seu ministério. As questões correlatas com esse ministério ainda terão de ser analisadas mais de perto. Aqui basta inicialmente a menção do nexo entre ceia do Senhor e ministério eclesiástico,[722] que se fundamenta no compromisso com a comunhão de todos os cristãos para além dos limites de uma congregação local.

Essa realidade também possui implicações ecumênicas: Quando na celebração da ceia do Senhor não se preserva a comunhão com todos que pertencem a Jesus Cristo, acontece uma violação do dever da comunhão, que está alicerçado sobre a essência da ceia do Senhor. A partir daí se levanta a angustiante pergunta se as cisões do cristianismo, que se manifestam na exclusão recíproca ou unilateral da mesa do Senhor, não devem ser consideradas expressão de violações contra o mandamento da comunhão. A conseqüência disso seria que nas celebrações da ceia do Senhor das igrejas separadas Jesus Cristo está presente para os fiéis por um lado para a salvação, mas, por outro, sempre também para o juízo sobre as divisões dos cristãos.

A ceia do Senhor não é expressão de uma comunhão humana preestabelecida em outros espaços, e tampouco expressão da comunhão de determinada igreja: Ela não é a ceia da igreja, mas a ceia do Senhor de sua igreja. O convite de Jesus, ao qual cabe ao liturgo servir, ao proferir em lugar de Jesus (*in persona Christi*) as palavras da instituição, dirige-se a todos os seus discípulos. Em função disso é preciso falar de uma "abertura" do convite de Cristo, que nenhuma igreja pode restringir por sua iniciativa para sua própria comunhão, historicamente

---

[722] Essa correlação é enfatizada especialmente por teólogos católicos e ortodoxos, como em J. ZIZIOULAS, *op. cit.*, p. 31-43, e ainda na exposição das declarações da Constituição da Igreja do Concílio Vaticano II sobre esse tema, in: B. FORTE, *op. cit.* (nota 615), p. 315ss.

surgida com sua particularidade.[723] Com razão JÜRGEN MOLTMANN declarou: "Não a abertura desse convite, mas as medidas restritivas das igrejas precisam se justificar perante a face do Crucificado."[724] Será que de fato pode haver motivos que justifiquem a exclusão?

Enquanto argumentei em 1970 que se conceda a admissão à comunhão a todo cristão batizado desde que se possa pressupor a "vontade para comunhão com Jesus, que é mediada pela a ceia do Senhor",[725] MOLTMANN avança um passo a mais nesse ponto. Ele rejeitou absolutamente que a admissão à comunhão fosse restrita. "A abertura do convite do Crucificado à ceia dele... alcança até mesmo para além dos limites do cristianismo, porque se dirige a 'todos os povos' e primeiramente a 'pecadores e publicanos'".[726] Contudo a restrição da admissão àqueles em que se pode "pressupor a vontade para ter comunhão com Jesus..." decorre da peculiaridade da ceia de despedida de Jesus, e embora essa formulação seja intencionalmente ampla, ela não deixa de ter implicações decisivas. A ceia do Senhor na igreja é, como a ceia de despedida de Jesus na noite, uma ceia com discípulos, que já pressupõe o discipulado dos participantes. Isso certamente deve ser visto em conjunto com a constituição da "nova aliança" na ceia de despedida de Jesus. Permanece mantida uma relação com a prática de refeições do Jesus terreno que inclui "publicanos e pecadores", porque o grupo dos discípulos está por princípio aberto a todas as pessoas que desejam ser seguidoras de Jesus. Também nos "publicanos e pecadores" se expressou pela comunhão de mesa com Jesus a vontade de ter comunhão com ele e a aceitação do senhorio de Deus que se instaura com a

---

[723] J. MOLTMANN, *Kirche in der Kraft des Geistes*, 1975, p. 271. MOLTMANN se reportou para isso a O. WEBER, *Grundlagen der Dogmatik*, vol. II, 1967, p. 678ss e também a minhas *Thesen zur Theologie der Kirche*, 1970, tese 85.

[724] J. MOLTMANN, *op. cit.*, p. 272.

[725] *Thesen zur Theologie der Kirche*, 1970, tese 87.

[726] J. MOLTMANN, *op. cit.*, p. 272. MOLTMANN prossegue: Por isso compreendemos o convite de Cristo não somente como convite *aberto à igreja*, mas também como *aberto ao mundo*" (p. 273). Para isso remete à tese 81 de minhas *Thesen zur Theologie der Kirche*. Lá de fato se fala de uma abertura "para todas as pessoas também para além do grupo originário dos discípulos de Jesus". Contudo lá não se trata da prática de admissão à celebração da ceia do Senhor, mas da posterior missão da igreja aos gentios estabelecida pela abertura da comunhão de mesa de Jesus com "publicanos e pecadores".

pessoa dele. Ora, a prática de refeições de Jesus até sua despedida de seus discípulos ainda acontecia no contexto do povo da velha aliança, do qual também faziam parte os "publicanos e pecadores". Na última ceia de Jesus, todavia, foi fundada a comunhão da nova aliança. É essa comunhão que precisa buscar todo aquele que busca a comunhão com Jesus em sua ceia.

O pressuposto do discipulado para a participação nessa ceia significa em primeiro lugar que a admissão para ela está condicionada ao batismo (*Did* 9,5). A vontade para a comunhão com Jesus somente poderá ser aceita quando alguém entregou toda a sua vida ao Deus triúno pelo batismo. Quando isso não ocorre, é preciso duvidar da vontade séria para a comunhão com Jesus. Mas, além disso, deverão existir igualmente dúvidas fundamentadas quanto à seriedade da vontade para a comunhão com Jesus nos casos em que a conduta individual da vida contradiz de maneira crassa e escandalosa para a comunhão da igreja, ao pertencimento a Jesus Cristo e à comunhão dos que confessam seu nome e estão ligados a ele. A circunstância de que hoje na maioria das igrejas cristãs se negligencia mais ou menos o nexo entre admissão à santa ceia e disciplina eclesiástica não pode ser reconhecida como um progresso para uma prática da santa ceia mais condizente com o evangelho.[727] Evangelho e discipulado formam uma unidade. Quando não se leva mais a sério a relevância da ligação entre fé e condução da vida para o discipulado, a participação na salvação franqueada pelo evangelho se torna graça barata, e proclamação e culto se tornam um psicofármaco, um "ópio do povo". A meia-volta para Deus é de fato *condição* para a participação na ceia de Jesus. Em cristãos batizados, porém, essa condição já deveria estar de uma vez por todas cumprida com seu batismo, de sorte que eles apenas carecem de ser lembrados ocasionalmente do significado de seu batismo. Sob esse aspecto não se justifica uma exigência geral de confissão e absolvição antes da participação na ceia do Senhor. Ela pode obscurecer o significado da ceia, de modo que fique à sombra de uma devoção penitencial, cujos escrúpulos os cristãos deveriam ter deixado para trás através de seu batismo. Faz parte da ceia do Senhor a alegria da comunhão de

---

[727] Discordando de G. Wingen, in: *TRE* 1, 1977, p. 223. Quanto à reconciliação com a igreja como motivo do surgimento do instituto da penitência na igreja antiga, cf. acima, p. 204ss. (cap. 13, 3, 1 b).

mesa no senhorio de Deus, embora relacionado com o pensamento na morte de Cristo e por isso também no próprio batismo, por meio do qual os fiéis foram unidos com a morte de Cristo e morreram para o mundo do pecado. Entretanto, a ocorrência de graves transgressões que não são compatíveis com a comunhão na mesa do Senhor, deveria ser a exceção na congregação cristã e também ser tratada como tal.

A pergunta pela compreensão teológica da dádiva da santa ceia pode apenas ter um papel subordinado para a admissão à comunhão. Aqui às vezes se tiraram conseqüências exageradas da exigência do apóstolo para "discernir" o corpo de Cristo de outro alimento (1Cor 11.29). Premissa da admissão somente pode ser que se busque na santa ceia a comunhão com Jesus Cristo, ou seja, a fé na presença de Cristo na ceia, mas não essa ou aquela interpretação teológica do modo dessa presença. As questões relacionadas com isso ademais ultrapassam os limites da compreensão humana. Esses limites se tornam tanto mais nítidos quanto mais longe avançar sua iluminação teológica. A pergunta, p. ex., de como se deve entender mais precisamente e de como se fundamenta a anulação da diferença de tempo entre a celebração da ceia do Senhor e o tempo de Jesus na realização da anamnese em correlação com a presença de seu futuro escatológico, respectivamente da realidade do Exaltado por intermédio do Espírito, suscita todos os problemas da relação entre tempo e eternidade, e perguntas não menos difíceis continuam relacionadas com a corporeidade da presença de Cristo e a participação nela ao se receber a ceia do Senhor. O teólogo sempre de novo se encontrará aqui diante de uma situação que por princípio não é diferente da fé singela, por menos que a fé possa abrir mão do entendimento: Fundamentalmente sempre continua valendo que aquilo que é agarrado na fé transcende o entendimento, e a clareza dessa verdade caracteriza justamente o entendimento teológico. Apesar de toda característica inconclusa o entendimento teológico é importante para a proclamação e doutrina da igreja sobre a ceia do Senhor, mas ele não constitui condição prévia para recebê-la. Isso possui relevância prática, p. ex., para a pergunta da comunhão com criança: Ela não é questionável tão logo uma criança fora capaz de captar a idéia de que Jesus está presente na celebração da ceia, por mais misterioso que isso possa permanecer para ela. Pela mesma razão a divergência na tradição doutrinária confessional via de regra não deveria constituir um impedimento para a admissão à comunhão, enquanto nela for buscada a presença de Cristo e se concordar com a vinculação na fé com todos os demais que participam da mesa do Senhor.

e) *A ceia do Senhor e a proclamação do evangelho no culto da igreja*

Desde a época do cristianismo primitivo a celebração da ceia do Senhor e a proclamação do evangelho estão estreitamente ligadas no culto cristão. Ainda que a celebração da ceia do Senhor formasse a "peça axial" do culto dos primeiros cristãos,[728] ela nunca deixou de acontecer sem a proclamação do evangelho.

Em seu relato da instituição da ceia do Senhor Paulo transmitiu no contexto da palavra do cálice a solicitação – até mesmo como palavra do próprio Senhor: "Fazei isso, sempre que beberdes, para a minha memória" (1Cor 11.25). E Paulo acrescentou: "Porque sempre que comeis esse pão e bebeis dessa taça, anunciais a morte do Senhor até que ele venha" (1Cor 11.26). Ou seja, faz parte da memória de Jesus e de sua morte a proclamação, e justamente de tal modo que a congregação é instruída à lembrança por meio da proclamação. Isso não exclui que também o próprio ato da comunhão seja proclamação. Mas tamanho significado da cerimônia da santa ceia por sua vez repousa sobre as palavras da instituição da ceia e sobre as implicações delas.

A proclamação da morte de Cristo já acontece pela pronúncia das palavras da instituição na celebração da ceia, porém jamais se restringiu a isso. A "memória" de Jesus e de sua morte na celebração da ceia do Senhor requeria uma explicação do evento de salvação que serve de base para a ceia, como também da realização da própria celebração da ceia nela fundamentada. Tal explicação parece ter sido no culto do cristianismo primitivo a tarefa dos profetas e mestres,[729] no que a participação de profetas dos primórdios cristãos deve ter estado ligada à vinculação entre celebração da ceia e a consumação escatológica vindoura do reino de Deus no retorno de Cristo. Em contrapartida, a leitura do Antigo Testamento (1Tm 4.13) e a explicação de suas palavras como profecia em direção de Cristo devem ter exercido um papel relevante para a proclamação no contexto do culto eucarístico do primeiro cristianismo: Por meio dela a memória de Jesus e de sua morte era

---

[728] F. HAHN, art. "Gottesdienst III", in: *TRE* 14, 1985, p. 28-39, 35.
[729] F. HAHN, *op. cit.*, p. 34 com documentação.

ampliada para história de Deus na antiga aliança, cuja função profética direcionada para a pessoa de Jesus e sua história por sua vez permitia reconhecer nela o agir de Deus para a salvação da humanidade. Às leituras do Antigo Testamento foram acrescentadas leituras de cartas apostólicas e mais tarde também dos evangelhos, nos quais o Senhor como instância interpretativa do Antigo Testamento estava agora credenciado pessoalmente. Nos inícios, porém, a proclamação no âmbito do culto cristão primitivo deve ter tido principalmente a forma da interpretação cristológica de textos do Antigo Testamento.[730]

Proclamação do evangelho, contudo, não acontece apenas no culto da igreja. No mínimo tão originário e fundamental para a igreja é o testemunho missionário em público perante os que ainda não crêem. A isso se somou o ensino para o batismo. Todas as formas de catequese são também proclamação do evangelho. O sermão no culto da congregação é apenas uma forma dessa proclamação entre outras. Sua peculiaridade é determinada pelo contexto do culto, em que se realiza. Via de regra isso é desde os primórdios da igreja o culto eucarístico. Além dele existe o culto puramente de pregação e oração, p. ex., na forma da prédica de arrependimento, ou também como culto de pregadores. Revestiu-se de um significado especial não apenas na Idade Média latina, mas na época da Reforma também se tornou ponto de partida para a forma reformada do culto, enquanto o luteranismo preservou o culto eucarístico da "missa" como forma normal do culto cristão.[731] De qualquer modo o culto eucarístico foi na história do cristianismo o lugar normal de pregação cultual na congregação. A pregação nele realizada deveria, por isso, também inserir no contexto formado na celebração da ceia do Senhor pela anamnese do agir salvador de Deus em Jesus Cristo. Em contraposição, cabe à pregação nesse âmbito uma função peculiar, que também é uma das determinantes da celebração da ceia do Senhor.

Cabe partir de que não somente a liturgia da ceia do Senhor, mas também a pregação é anamnese do acontecimento da salvação. Isso já

---

[730] F. Hahn, op. cit., p. 33s.
[731] P. Cornehl, art. "Gottesdienst VIII: Evangelischer Gottesdienst von der Reformation bis zur Gegenwart", in: TRE 14, 1985, p. 54-85, 57s. Quanto às mudanças na função e concepção da pregação no curso da história do culto cristão não é possível analisá-las aqui em detalhe. Cf. a visão panorâmica de A. M. Müller, art. "Homiletik", in: TRE 15, p. 526-565 e a bibliografia ali apresentada.

é flagrante pela vinculação ao texto que se impôs na história da pregação já na igreja antiga. Nisso o respectivo texto especial de pregação visa a constituir o acesso à temática central do acontecimento da salvação, tal como constitui especialmente o objeto da anamnese na santa ceia. Em contraposição se dilata, pela pregação sobre textos bíblicos, assim como pelas leituras no culto, a moldura da anamnese da morte de Cristo para o todo da história da salvação, que culmina na morte e ressurreição de Jesus.

A função da pregação como anamnese, pois, não consiste apenas em trazer à lembrança o evento da salvação como agir passado de Deus, mas do mesmo modo como a anamnese na santa ceia em sentido mais estrito desse conceito ela sempre também deveria estar direcionada para o futuro escatológico do agir de Deus em sua criação e em particular na humanidade. O ensejo para isso está no próprio evento passado da salvação, atestado pelos textos bíblicos. A referência escatológica com a consumação dos caminhos de Deus com os seres humanos, contida na história bíblica – a saber, seu teor de promessa – constitui como que o fundamento para lembrar o acontecimento passado de salvação, também e justamente ao se lembrar a mensagem e trajetória de Jesus Cristo, no qual já começou o futuro do senhorio de Deus.

O lugar do direcionamento escatológico da anamnese referente ao acontecimento da salvação foi muitas vezes assumido na prática da pregação pelo procedimento de uma aplicação acentuada de uma ou outra maneira, a saber, a "aplicação" da história bíblica à situação dos ouvintes da pregação. Em tal aplicação – avaliada sob o ponto de vista da referência escatológica ao futuro da história bíblica da salvação – seguramente reside algo correto, a saber, a suposição de um cerne de validade geral humana nas histórias bíblicas. Apesar disso a aplicação homilética facilmente possui algo forçado, quando procede sem a mediação pela perspectiva futura fundamentada no próprio evento da salvação. Já a suposição de que a afirmação ou história bíblica que forma o conteúdo do respectivo texto de pregação deve ter uma validade geral direta, de modo que a situação dos atuais ouvintes da pregação permita ser subsumida a ela por analogia, é muitas vezes forçada, a saber, quando as diferenças entre a situação histórica a que o texto se refere e a da congregação de hoje são escamoteadas, como se fossem secundárias. A validade geral do conteúdo do texto, imputada na aplicação homilética, parece então como introduzida de fora no texto. Isso também pode ocorrer na forma de que a afirmação do texto é adaptada, para a finalidade da aplicação, à situação da época do intérprete e colocada a serviço de quaisquer interesses da atualidade, que são alheios aos conteúdos da história bíblica ou apenas possuem pontos de contatos exteriores com ela. Tais perigos podem ser evitados quando a referência escatológica, inerente à própria história bíblica, à futura consumação da criação e da humanidade, que já se instaurou em Jesus Cristo, recebe a devida atenção como mediação da relevância atual dos textos bíblicos e do evento de salvação neles testemunhado.

Visto para as histórias bíblicas em seu respectivo lugar está em jogo o futuro da consumação do mundo e do ser humano a partir de Deus, pode se manifestar neles algo que caracteriza em definitivo a situação do ser humano perante Deus (e por isso também a problemática vivencial dos humanos em seu mundo) para além de todo condicionamento de época. Na medida em que nas afirmações e histórias bíblicas se expressa a destinação futura do ser humano, elas também têm a dizer às pessoas de eras posteriores algo decisivo para sua vida. Uma explicação capaz de articular essa referência escatológica da história bíblica, sem negar a historicidade da situação a que os textos se referem, possibilitará ao ouvinte que ele se enquadre entre o que aconteceu no passado e o futuro, para o qual a história aponta, no contexto da economia divina da salvação.

Como pregação do evangelho o sermão cristão sempre precisa ser proclamação do futuro de Deus e de seu senhorio para a humanidade, que em Jesus Cristo já passou a acontecer. Na medida em que o for, revela-se aos ouvintes como palavra do próprio Deus (1Ts 2.13). Essa função, no entanto, o sermão cristão somente poderá ter como anamnese do evento histórico de salvação, no qual a palavra de Deus se tornou carne. A história de Jesus é a palavra de Deus, que forma seu conteúdo. Porém essa história de Jesus incide na congregação de hoje como interpelação atual do próprio Deus por causa do futuro escatológico de salvação já irrompido nele, ao qual ainda se encaminham também as pessoas da atualidade do pregador.

Em tudo isso a pregação no culto da congregação não difere fundamentalmente da proclamação missionária do evangelho. Mas, enquanto essa última visa à conversão e ao batismo de pessoas ainda não crentes, a pregação na congregação no contexto do culto eucarístico da igreja se interessa em certificar, pela anamnese, na fé, já aceita pelos ouvintes.

Nisso cabe à pregação uma dupla função integradora. Por um lado, pela pregação bem-sucedida, o culto é integrado para uma unidade que, no caso de uma pregação ruim, ele precisa afirmar a partir da força dos hinos, da liturgia e da celebração da ceia do Senhor contra o efeito dispersivo de uma pregação dessas. A pregação condizente arrasta pela articulação da relevância presente da história bíblica à luz do futuro de Deus os membros da congregação com suas situações vivenciais para dentro da correlação da história da salvação. A pregação bem-sucedida converge com a dinâmica que atua nos cânticos, nas orações litúrgicas, nas leituras bíblicas e na confissão conjunta da fé da igreja, para envolver os participantes do culto, de modo que possam elevar os corações a Deus. Essa dinâmica culmina na inclusão dos fiéis na comunhão com Deus, fundamentada em Jesus Cristo, pela ceia do Senhor.

Entretanto, ainda em outro sentido a pregação possui uma função integradora. Pela explicação do evangelho ela integra os membros dessa congregação específica a que se dirige, na unidade da fé da igreja, que na confissão da fé é apropriada por cada indivíduo repetitivamente para si. Depende da pregação que essa confissão no culto não apenas permaneça um rito formal. Dessa maneira ela também protege a celebração da ceia do Senhor de se tornar uma questão de conventículo, em que a congregação reunida celebra sua própria comunhão ao invés da interligação universal de todos os cristãos por meio da fé no único Senhor, que está presente para todos eles em sua ceia.

Também a pregação possui, portanto, como a ceia do Senhor, uma relação com a comunhão eclesial. Por isso a proclamação pública do evangelho, assim como a condução na celebração da ceia do Senhor, é confiada na igreja ao ministério com ordenação, que de maneira singular foi chamado para firmar e preservar a unidade da igreja, que, como disse LUTERO, é "governada" pela pregação do evangelho e pelos sacramentos.[732]

---

[732] M. LUTERO, *WA* 6, p. 441,24s.

3. A pluralidade de significados do conceito de sacramento e o caso singular do matrimônio

a) O conceito tradicional de sacramento

No uso terminológico atual, a palavra "sacramento" designa sinteticamente uma série de cerimônias cultuais, mais precisamente ações simbólicas ou "simbólico-reais", ou também – como no caso do matrimônio – a condução vivencial santificada por tais ações. A vinculação com uma cerimônia cultual é essencial em cada um dos casos.[733] Em contrapartida, a situação que se tem em mente, pelo menos quando deve incluir o ministério espiritual e o matrimônio, não é suficientemente coberta com o conceito da cerimônia. Teólogos católicos por isso também preferem descrever sacramentos como "auto-execuções" ou "execuções fundamentais" da igreja "em situações fundamentais de seus membros".[734] Também essa expressão cabe apenas condicionalmente no matrimônio: Talvez designe sua finalidade espiritual, mas sua base na realidade do ser humano como criatura dificilmente pode ser caracterizada como execução fundamental da igreja. Em ambas as descrições falta, ademais, uma referência expressa à instituição por Jesus Cristo, que conforme os ensinamentos compromissivos das igrejas constitui o critério de diferenciação entre sacramentos e outras ações cultuais ou execuções vivenciais da igreja. Em tais caracterizações, portanto, ainda não se trata das definições do conceito de sacramento. Representam apenas paráfrases aproximadas do assunto em questão.

O significado das cerimônias e execuções vivenciais da igreja designadas de sacramentos não depende dessa designação. Ele não é constituído pelo nome "sacramentos", mas apenas caracterizado posteriormente,

---

[733] O caráter de ação dos sacramentos foi frisado por U. Kühn, *Sakramente*, 1985, p. 306 como um traço que foi insuficientemente levado em conta na concepção tradicional, agostiniana, dos sacramentos como "sinais". Isso talvez convença quando o conceito do sacramento é restrito ao batismo e à santa ceia como ações "simbólico-reais". Do contrário permanece predominante o conceito abrangente do sinal ou símbolo (P. Tillich), ainda mais que nisso igualmente se expressa a estreita relação sistemática entre "sacramentos" e conceitos de igreja.

[734] O primeiro termo em K. Rahner, *Kirche und Sakramente*, 1960, p. 36, o segundo, p. ex., em T. Schneider, *Zeichen der Nähe Gottes. Grundriß der Sakramententheologie*, 1979, p. 47ss., 53s, que por sua vez se baseia em Rahner (p. 48).

e precisamente em vista daquilo que todas as ações e execuções vivenciais da igreja, assim designadas, possuem em comum e que as diferencia de outras. Ocorre que o conceito de sacramento se tornou usual na igreja antiga apenas relativamente tarde como classificação sintetizadora de cerimônias eclesiásticas ou execuções vivenciais, e somente no apogeu da Idade Média ele foi limitado para essa função. O número de sete sacramentos se impôs somente no séc. XII como opinião doutrinária teológica e se tornou em 1274, no Concílio de Lyon, doutrina oficial da igreja. As origens dos atos simbólicos posteriormente descritos como "sacramentos", entretanto, retrocedem muito mais ao passado. Desde o cristianismo primitivo eles podem ser detectados com maior ou menor clareza.[735] Em todos os casos a ceia do Senhor e o batismo foram atribuídos a uma ordem do próprio Jesus já no cristianismo primitivo. Contudo também eles foram designados de "sacramentos" em época posterior.[736] Por isso também se diz hoje na teologia católica dos sacramentos com razão que não se deve "procurar primeiro por conceitos", mas sim "enfocar antes a coisa... independente de como ela possa ser conceitualmente formulada".[737] Assim já procedeu do lado evangélico a *Confissão de Augsburgo*, quando somente depois de tratar do batismo (*CA* 9), da ceia do Senhor (*CA* 10) e da confissão de pecados (*CA* 11 e 12) foi discutido o conceito sintetizador do sacramento (*CA* 13) e assim também a pergunta pelo número dos sacramentos (*Apol* 13).

Se, pois, no conceito de sacramento se trata de uma caracterização posterior de síntese, referente a cerimônias ou execuções vivenciais existentes independentemente dela, então se reduz dessa maneira consideravelmente o peso de controvérsia teológica da pergunta, conflitante em termos confessionais, pelo número dos sacramentos. Também sob ponto de vista ecumênico importa inicialmente se as respectivas cerimônias e execuções vivenciais realmente existem como situações da vida eclesiástica nas diferentes igrejas e que proporção de concordância existe

---

[735] Posição defendida com razão por R. Schulte na citada contribuição para *Mysterium Salutis* IV/2, 1973, p. 93s.

[736] No caso da eucaristia o mais antigo comprovante de sua designação como sacramento encontra-se em um fragmento de Hipólito (cf. K. Prümm, "'Mysterion' und Verwandtes bei Hippolyt", in: *Zeitschrift für katholische Theologie* 63, 1939, p. 207-225, 219). O batismo foi chamado de sacramento desde Tertuliano, *De bapt.* 1,1; CCL 1,277.

[737] R. Schulte, *op. cit.*, p. 95.

no tocante ao entendimento de seu conteúdo peculiar. Diante disso cabe em segundo plano a pergunta pelo nome.[738] Porque o número de atos contados como sacramentos depende em boa medida da amplitude maior ou menor com que se define o conceito de sacramento, em especial tendo em vista a exigência da instituição divina.

No séc. XIII se defendeu a posição de que alguns sacramentos teriam sido instituídos somente pelos apóstolos.[739] ALEXANDRE de Hales afirmava que até mesmo o sacramento da confirmação teria sido aprovado no ano 845 pelo Sínodo de Meaux.[740] Em contraposição, TOMÁS DE AQUINO insistiu em que somente o próprio Deus poderia instituir um sacramento.[741] Contudo também no pensamento dele essa idéia ainda tinha uma formulação bastante ampla. Por exemplo, TOMÁS admitia ao lado de sacramentos da nova aliança também os da antiga, ações com caráter de sinal, que apontam adiante para a vinda de Jesus Cristo (*S. teol.* III,60, 3). Porque também as pessoas que viveram antes da encarnação do Filho de Deus se tornam partícipes da salvação somente pela fé no futuro de Cristo (III,61,4 cf. 3). Assim todos os sacramentos estão relacionados com a paixão de Cristo como causa da salvação (60,3), e para um sacramento da nova aliança é, além do mais, constitutiva a instituição por Cristo (64,2 ad 1). Entretanto TOMÁS estava tão ciente como seus contemporâneos do fato de que não para todos os sacramentos da igreja foi legada na Escritura uma instituição pelo próprio Jesus Cristo. Mas ele pensava que nesses casos seria possível, apesar disso, afirmar uma instituição por Jesus com base na tradição apostólica.[742] Quando se aceitava a instituição demandada por TOMÁS como

---

[738] E. SCHLINK, *Ökumenische Dogmatik*, 1983, p. 517.
[739] BOAVENTURA, *Sent. IV*, d 23 a 1 q 2 (*Opera Omnia IV*, Quaracchi 1889, p. 590-592).
[740] ALEXANDER HALENSIS, *S. theol.* IV, q 28 membr.1. A terceira parte da Summa de ALEXANDRE ainda não foi editado na nova edição, sendo citada aqui de acordo com a impressão de Lyon de 1516, fol. 103v. Após analisar uma série de outras concepções afirma-se ali que a confirmação não foi instituída nem pelo Senhor nem pelos apóstolos, confirmados sem sacramento por meio do Espírito, mas *spiritus sancti instinctu* [por estímulo do Espírito Santo] somente pelo referido concílio.
[741] TOMÁS DE AQUINO, *S. teol.* III,72, 1 ad 1, cf. 60,1 e 64,2.
[742] *S. theol.* III,64,2 ad 1: *Et licet non sint omnia tradita in Scripturis, habet tamen ea ecclesia ex familiari apostolorum traditione* [Permite-se que não todas as tradições estejam nas Escrituras, mas apesar disso essa igreja possua a tradição conhecida dos apóstolos]; cf. III, suppl. 29,3.

critério para reconhecer uma cerimônia como sacramento, mas com os teólogos franciscanos do séc. XIII e posteriores se considerava essa instituição assegurada somente quando podia ser exclusivamente comprovada pela Escritura, era imperioso chegar a uma redução do número de sacramentos. Assim se explica a limitação da Reforma a três (com inclusão da penitência) ou apenas dois sacramentos, batismo e santa ceia. Chegava-se à limitação para essas duas cerimônias, que já na escolástica haviam sido designadas como *sacramenta maiora* ou *principalia* [sacramentos maiores ou principais], quando se exigia tanto para a palavra, conforme AGOSTINHO constitutiva para um sacramento,[743] quanto para o sinal, com que ela está vinculada, a origem no próprio Jesus. Em vista da confissão e absolvição, cuja instituição por Cristo LUTERO considerava assegurada por causa de Mt 18.15ss (*WA* 6, p. 546), a contagem como sacramento parecia duvidosa por causa da falta do sinal (p. 572). Apesar disso MELANCHTHON em *CA* 11 e 12 listou a confissão ou penitência entre os sacramentos, como se depreende do fato de que apenas no artigo seguinte (*CA* 13) é acrescentada uma análise do conceito de sacramento. Na *Apologia* MELANCHTHON declarou que além disso seria possível contar também a ordenação e o matrimônio entre os sacramentos (*Apol* 13,10-15; *BSELK*, p. 293s). Porque nesses dois casos existe um mandamento divino, bem como promessas com ele associadas, ou seja, as condições que conforme MELANCHTHON são constitutivas para admitir um sacramento, embora no caso do matrimônio as promessas se refiram mais à vida corporal e terrena (p. 294,19s). A disposição de MELANCHTHON para reconhecer ao lado da penitência também a ordenação e o matrimônio como sacramentos se alicerça sobre o fato de que definiu o conceito do sinal sacramental de modo mais amplo que LUTERO e podia atribuir a cada *ritus* que se baseia em um *mandatum Dei* [mandamento de Deus] e com o qual está ligada uma *promissio gratiae* [promessa da graça] o nome de sacramento (p. 292,14ss).[744] O próprio rito, nesse caso, já vale como sinal sacramental. Entretanto, também a *Apologia* de MELANCHTHON rejeitou o número de sete sacramentos (*Apol* 13,1; *op. cit.*, p. 291s), porque para a confirmação e extrema unção não existiria

---

[743] AGOSTINHO, *in Ioann.* 80,3: *Accedit verbum ad elementum, et fit sacramentum* [Agrega-se a palavra ao elemento, e está feito o sacramento] (*CCL* 36, p. 529).
[744] Sobre o conceito de sacramento em MELANCHTHON, cf. U. KÜHN, *Sakramente*, 1985, p. 77ss. Quanto à relação de MELANCHTHON com a visão de LUTERO nessa questão, cf. G. WENZ, *Einleitung in die evangelische Sakramentenlehre*, 1988, p. 33ss.

nenhum *mandatum Dei* (n.6, 293,12s). O Concílio de Trento, porém, insistiu no número de sete e condenou aqueles que não os deixam valer (*DS* 1601). No entanto o concílio não deixou tampouco de reconhecer a categoria diferenciada dos sacramentos no sentido do destaque de batismo e eucaristia como *sacramenta maiora* (*DS* 1603). Na substância, portanto, as posições confessionais não estão muito distantes uma da outra nesse ponto, ainda mais que as cerimônias rituais designadas de sacramentos também são praticadas nas igrejas evangélicas, com exceção (parcial) da unção de enfermos.[745] Em vista da insistência católica no número de sete sacramentos impõe-se a pergunta se nesse caso se trata em última instância de uma "regulação lingüística" eclesiástica, ou se é uma questão de declaração de fé propriamente dita,[746] enquanto do lado evangélico *Apol* 13 mostra que o número dos sacramentos não era uma questão confessional. Mais fortes eram evidentemente em MELANCHTHON as ressalvas quanto à confirmação e unção de enfermos. Nesse aspecto a situação se apresenta sub uma luz diferente na perspectiva do estágio atual de conhecimento em relação à vinculação histórico-literária de confirmação e batismo por um lado (cf. acima, p. 365ss.), e da dimensão histórico-vivencial do batismo e sua concretização em confirmação, arrependimento e aconselhamento espiritual para enfermos e moribundos por outro.

b) Dificuldades na aplicação e justificação do conceito de sacramento

Na situação da discussão teológica atual a formatação rigorosa do conceito de sacramento na Reforma se depara com dificuldades até

---

[745] Acerca da unção dos enfermos, cf. acima, p. 371ss. Aqui falta do lado evangélico o rito da unção, não, porém, a visita aos enfermos e a oração com o enfermo. Sobre a relação entre as posições confessionais no que tange ao conceito e ao número dos sacramentos, cf. K. LEHMANN; W. PANNENBERG (eds.), *Lehrverurteilungen – kirchetrennend?*, vol. I, 1986, p. 77-88.

[746] Quanto ao peso diferente das condenações doutrinárias do Concílio de Trento, cf. no volume citado na nota anterior, nota bibliografia arrolada na nota 1, em especial acerca das condenações doutrinárias referentes ao conceito do sacramento em geral, V. PFNÜR, "Verwirft das Konzil von Trient in der Lehre von den Sakramenten die reformatorische Bekenntnisposition? Zur Frage der Kenntnis der reformatorischen Theologie auf dem Konzil von Trient. Untersuchung der Irrtumslisten über die Sakramente", in: W. PANNENBERG (ed.): *Lehrverurteilungen – kirchentrennend?*, vol. III, 1990, p. 159-186, esp. p. 184ss.

mesmo no batismo e da ceia do Senhor, em vista de sua exigência de comprovação da instituição pelo próprio Jesus. Levando em conta os resultados da exegese histórico-crítica se poderia no máximo falar de uma ordem expressa por parte do próprio Jesus para uma cerimônia a ser repetida, em vista da ceia do Senhor, mas também somente quando se considera autêntica a ordem de repetição transmitida por Paulo e Lucas, em desacordo com a opinião majoritária dos exegetas. Enquanto na doutrina da ceia do Senhor se recomendava, por causa das incertezas na tradição das palavras da instituição, o contorno pela prática pré-pascoal do próprio Jesus como acesso ao significado de sua ceia de despedida na noite da traição, no batismo somente se pode falar de uma instituição por Jesus ainda no sentido ampliado de que o batismo cristão possui seu fundamento no próprio Jesus, a saber, no fato de seu próprio batismo e na relação dele com sua paixão. Sobre a tradição isolada de Mt 28.19 dificilmente se pode alicerçar ainda a concepção de que, segundo o testemunho global do Novo Testamento, o batismo foi instituído pelo Ressuscitado como cerimônia eclesiástica. A diferença, p. ex., em relação à cerimônia eclesiástica da unção de enfermos (cf. Tg 5.14) já não se apresenta hoje como tão fundamental como ainda podia parecer a MELANCHTHON em 1530 (*Apol* 13). Embora na cerimônia eclesiástica do batismo se trate de um rito divulgado em todo o cristianismo primitivo e atestado como fundamental para o ser cristão, essa tradição consideravelmente mais ampla em comparação com a unção de enfermos simplesmente atesta apenas a cerimônia eclesiástica como tal, não uma concepção amplamente divulgada de sua instituição por uma instrução expressa do Ressuscitado.

Somada ao fato de que justamente batismo e ceia do Senhor no Novo Testamento ainda não foram designados de "sacramentos" (*mystéria*), essa situação pode causar a impressão de que dessa forma o próprio conceito de sacramento se teria tornado problemático em sua função tradicional de caracterização sintética de cerimônias eclesiásticas (ou também execuções vivenciais). A suposição de uma estrutura básica comum das cerimônias eclesiásticas chamadas de "sacramentos" não parece se comprovar justamente no ponto decisivo para a teologia evangélica – no que tange à instituição expressa por Jesus.[747]

---

[747] É difícil conciliar a concepção de E. SCHLINK, de que devemos crer independente de qualquer formação de critérios históricos na instituição de batismo e

Essa aparência parece se confirmar pela tendência eficaz na teologia católica de recuar o conceito de sacramento para o conceito de igreja e entender os sacramentos individuais como execuções básicas do "sacramento originário" ou "sacramento fundamental" da igreja.[748] Porque também dessa maneira se contorna a problemática da instituição, no sentido da exigência de comprovar a origem de cada sacramento individual em Jesus Cristo. Essa exigência outrora levantada como regra por TOMÁS DE AQUINO e também reconhecida pelo Concílio de Trento (DS 1601) sempre já causou, pelo menos em alguns casos, consideráveis dificuldades. Por isso é compreensível que podia ser sentida como alívio a possibilidade de referir o conceito de sacramento com Ef 3.3-10 inicialmente à igreja em sua comunhão com Cristo, concebendo então cada sacramento como desdobramentos desse "sacramento-raiz".[749] Contudo a teologia evangélica não pode transitar por essa via de escape, e toda teologia cristã deveria resistir a essa sedução. Porque a comprovação de um ponto de partida específico para cada um dos sacramentos no próprio Jesus Cristo é, como TOMÁS DE AQUINO frisou com razão, imprescindível pelo fato de que os sacramentos comunicam graça e de que essa pode ser pensada em termos cristãos somente como mediada por Jesus Cristo. Na proporção em que se preservar essa função dos sacramentos, terá de ficar definido que somente o próprio Deus em Jesus Cristo pode instituir um sacramento da nova aliança.[750]

---

santa ceia pelo próprio Jesus no sentido de Mt 28.19 e da ordem de repetição em Paulo e Lucas (*Ökumenische Dogmatik*, 1983, p. 493; cf. idem, *Die Lehre von der Taufe*, 1969, p. 30), com o princípio da Escritura da teologia evangélica, que requer que as afirmações da Escrifura sejam interpretadas a partir de seus próprios contextos.

[748] Essa é a continuação dos enfoques de O. SEMMELROTHe K. RAHNER também, por exemplo, em R. SCHULTE, in: *Mysterium Salutis* IV/2, 1973, p. 47ss.

[749] K. RAHNER fundamentou a derivação dos sacramentos individuais do conceito de igreja, ao invés de uma respectiva instituição específica por Jesus, expressamente com a impossibilidade de uma comprovação bíblica de tal instituição no mínino para quatro dos sete sacramentos (matrimônio, ordenação sacerdotal, unção de enfermos e confirmação): *Kirche und Sakramente*, 1960, p. 38ss.

[750] TOMÁS DE AQUINO, *S. teol.* III,64,2. TOMÁS se dirigiu em *ib.* ad 3 expressamente contra a suposição de que os apóstolos poderiam ser, em determinados casos, autores de sacramentos: ...*sicut non licet eis constituere aliam ecclesiam, ita non licet eis tradere aliam fidem, neque instituere alia sacramenia: sed per sacramenta quae de latere Christi pendentis in cruce fluxerunt, dicitur esse fabricata Ecclesia*

Em sua função como manancial da graça e reconciliação Jesus Cristo se contrapõe à igreja de modo ineludível como cabeça de seu corpo. Cabe preservar isso até mesmo quando se admite que a carta aos Efésios unifica Cristo e sua igreja no conceito do mistério da salvação.[751] Podemos argumentar com esse dado para enfatizar o pertencimento da igreja a Jesus Cristo, sua participação nele, e até mesmo a consumação do evento da reconciliação entre judeus e gentios, na igreja, emanado de Jesus Cristo. Contudo não nos podemos remeter a isso para contornar o recurso ao próprio Jesus Cristo como fundamento e fonte da salvação presente na igreja e mediada através dela, fazendo com que a igreja seja posta no lugar dele.

Nesse ponto tem sua razão a crítica protestante, tratada acima, cap. 12, 2b, à "sacramentalização" do conceito de igreja na teologia católica da atualidade: Na pergunta pela instituição dos sacramentos de fato está em jogo que eles podem ter um fundamento exclusivamente em Jesus Cristo, e não somente na igreja. É sobre isso que repousa também a relação direta dos fiéis com Jesus Cristo ao receberem os sacramentos, sem prejuízo de toda mediação eclesiástica em sua "administração". A justeza dessa crítica a uma tendência no seio da atual teologia católica dos sacramentos, contudo, é enfraquecida, quando se contrapõe à doutrina católica da igreja como mistério da salvação a tese de que unicamente Jesus Cristo seria o mistério da salvação de Deus, ou seja, sacramento exclusivo: Essa alternativa é falsa e não se justifica a partir do conceito de mistério da salvação no Novo Testamento, principalmente, porém, a partir de Ef 3,3-10. Em contrapartida, a participação da igreja no mistério da salvação de Deus revelado em Jesus Cristo não anula que Jesus Cristo é e continua sendo o fundamento da igreja como cabeça de seu corpo. Pelo contrário, unicamente a partir de Jesus Cristo e no confronto com ele se pode fundamentar e entender adequadamente o caráter de sinal sacramental da igreja, o lugar de mistérios de salvação específicos em sua vida e o significado deles para a participação dos fiéis em Jesus Cristo como único mistério de salvação de Deus.

Christi [assim como não lhes é permitido constituir outra igreja, assim não podem transmitir outra fé, nem instituir outros sacramentos, mas por meio dos sacramentos que jorrarem do lado do Cristo pendente na cruz, diz-se que é formada a igreja de Cristo].
[751] Cf. supra, cap.12, 2b, esp. p. 72ss.

Na teologia protestante as dificuldades de uma comprovação histórico-exegética da instituição dos sacramentos pelo próprio Jesus conduziram a uma estratégia peculiarmente análoga à do lado católico: Enquanto lá se tenta escapar da dificuldade remetendo cada sacramento individual à igreja, e não à pessoa de Jesus, aqui se tende a recolher a doutrina dos sacramentos para dentro da doutrina da palavra de Deus eficaz, de sorte que os sacramentos expressam apenas aspectos da própria palavra, porém sua fundamentação independente a partir de Jesus perde importância.[752]

No entanto cabe indagar, então, como da palavra da mensagem de Cristo deve ser fundamentada a "autorização" dos sacramentos. Quando se abre mão completamente do conceito da instituição por Jesus Cristo, certamente resta apenas que no caso dos sacramentos se trata de criações dos primeiros cristãos, ou seja, novamente da igreja, embora não sem "ligação interior" com a trajetória de Jesus. Essa descrição da vinculação com Jesus permanece vaga demais para que ainda se possa atribuir aos sacramentos que o recebedor tem a ver neles – e especificamente em sua peculiaridade como sacramentos – diretamente com o próprio interlocutor Jesus Cristo. Essa função passa agora integralmente para o acontecimento da palavra do evangelho, do qual os sacramentos participam à sua maneira especial e como cujas "modificações" devem ser entendidas, conforme GERHARD EBELING.[753] Diferentemente de LUTERO, não se pronuncia mais claramente em EBELING o *vínculo* da promessa com o pão e seu consumo, bem como com a água do batismo. Esse vínculo significa que os ouvintes do evangelho não se podem tornar nem ser membros de Cristo sem a decisão em favor do batismo e tampouco sem a participação na ceia do Senhor. EBELING enfatiza, em contraposição, que o sacramento não propicia "nenhuma outra dádiva que a propiciada pela palavra oral; mas propicia-a de outro modo que ela".[754] Essa fórmula na verdade possui um bom sentido, mas facilmente é entendida equivocadamente, como se aquele que tem a palavra não

---

[752] Posição de G. EBELING, "Erwägungen zum evangelischen Sakramentsverständnis", in: *Wort Gottes und Tradition*, 1964, p. 217-226, 218s e 225, cf. idem, *Dogmatik des christlichen Glaubens*, vol. III, 1979, p. 295-325, esp. p. 315ss sobre a problemática da instituição. As exposições subseqüentes no texto se referem à p. 317.
[753] G. EBELING, 1964, p. 218s.
[754] G. EBELING, *Dogmatik des christlichen Glaubens*, vol. III, 1979, p. 322.

precisasse dos sacramentos. Em todos os casos ela é insuficiente para expressar o *proprium* [o específico] dos sacramentos, que tem de ser presumido quando, afinal, precisa ser dito que a proclamação do evangelho como proclamação missionária visa ao batismo e como pregação na congregação pressupõe o batismo, porque é pelo batismo que se fundamenta a ligação definitiva do ouvinte com Jesus Cristo.[755] No lugar da coordenação de palavra e sacramento, característica para a Reforma luterana, entra em EBELING uma subordinação do sacramento à palavra, antes ambientado na tradição reformada.[756] EBELING chega ao ponto de asseverar que na realidade estaria destruída a essência da igreja católica, mas não a da evangélica, se lhe fossem tirados os sacramentos.[757] A réplica certamente deve ser se, afinal, seria concebível o surgimento de uma igreja cristã sem ceia do Senhor e batismo: Assim como o partir do pão era central para os encontros dos discípulos e adeptos de Jesus, assim o batismo foi desde o início fundamental para a ampliação de seu grupo por meio de novos membros.

Outra saída das dificuldades, em que caiu a asserção da instituição dos sacramentos por Jesus em decorrência dos resultados da pesquisa histórico-crítica das origens de batismo e da ceia do Senhor, é apresentada quando o conceito da instituição é tomado de forma mais ampla. Então não precisa se apoiar em uma instrução dada expressamente por Jesus no sentido da ordem batismal ou da ordem de repetição na ceia do Senhor. Ao invés disso, deve ser possível mostrar que ceia do Senhor e batismo remontam a Jesus de tal modo que seus primórdios no primeiro cristianismo podem ser entendidos como conseqüência do que é preestabelecido na atuação e história de Jesus à luz do evento da Páscoa. Na ceia do Senhor essa correlação é particularmente estreita,

---

[755] Também EBELING fala do batismo como "adjudicação do crente a Cristo" (*op. cit.*, p. 319), de modo que ele "fundamenta em definitivo o ser em Cristo" (p. 323). Será que isso não vai realmente além da dádiva da palavra oral? Certamente também ali o próprio Cristo é a dádiva, mas ele apesar disso é recebido integralmente apenas na fé, quando o ouvinte ainda não-batizado é conduzido por meio dela ao batismo (ou pelo menos à decisão em favor do batismo) e a pessoa batizada é reassegurada de seu batismo.

[756] Quanto a essa diferença (sem referência a EBELING), cf. G. WENZ, *Einletung in die evangelische Sakramentennlehre*, 1988, p. 69, cf. p. 47ss.

[757] G. EBELING, *op. cit.*, vol. III, p. 308.

como foi mostrado acima, de modo que a ordem de repetição pode ser compreendida como formulação explícita da intenção de sentido própria da ceia de despedida de Jesus à luz da comunhão de mesa dos discípulos com o Ressuscitado. Contudo, também no caso do batismo existe, como ficou evidenciado, uma ligação que define o ser cristão como comunhão com o batismo do próprio Jesus e assim com sua morte e que é subjacente à prática batismal cristã. Sem dúvida teve participação na formatação de ambas as cerimônias a igreja do cristianismo primitivo com o desenvolvimento de sua vida cultual. Contudo ela esteve envolvida como recebedora, assim como a igreja também esteve envolvida no surgimento e na aceitação do cânon do Novo Testamento: Assim como no segundo século o cânon de escritos do Novo Testamento "impressionou" a igreja pela evidência compromissiva de seu conteúdo como testemunho originário de Cristo, assim a santa ceia e o batismo se impuseram aos discípulos de Jesus nos primórdios do cristianismo primitivo a partir de sua experiência da história de seu Senhor. Nesse sentido cabe afirmar que o próprio Deus instituiu a ceia do Senhor e o batismo por meio de Jesus Cristo e no poder de seu Espírito. Dessa forma fica formulada em termos trinitários a realidade da instituição, em lugar de uma fundamentação exclusiva sobre o Jesus histórico. Assim, porém, permanece preservada a vinculação com a pessoa de Jesus e principalmente a idéia de uma outorga divina: batismo e santa ceia não são criações da primeira igreja, não são meras invenções humanas, mas estabelecimentos do próprio Deus no contexto da revelação de sua salvação em Jesus Cristo.

Será que com isso também já foi tomada a decisão em favor da caracterização de batismo e ceia do Senhor como "sacramento"? É preciso diferenciar entre a questão de conteúdo, recém-analisada, e a questão terminológica, embora sejam conexas. Não podemos argumentar com o uso terminológico no cristianismo primitivo para fundamentar a designação "sacramento" para batismo e ceia do Senhor. A concentração cristológica do discurso sobre o mistério da salvação de Deus revelado em Jesus Cristo pode até mesmo tornar plausível diferenciar entre Cristo como o único sacramento de Deus e os "sinais sacramentais" da igreja. Isso foi ponderado já por Lutero em vista dos dados exegéticos.[758]

---

[758] Sobre isso cf. as declarações de Lutero já citadas acima, p. 72ss., nota 130, de *WA* 6, p. 501 e p. 86,7s, bem como p. 551,9-16.

Recentemente KARL BARTH e EBERHARD JÜNGEL recorrerem a isso, pleiteando que o conceito de sacramento, em consonância com o uso terminológico do Novo Testamento, deveria ser usado unicamente para Jesus Cristo.[759] Se tomarmos essa decisão, as cerimônias, com caráter de sinal, do batismo e da ceia do Senhor como componentes da vida eclesiástica, se distinguem fortemente do agir de Deus em Jesus Cristo, ainda que permaneçam relacionadas com ele como sinais e expressões da obediência de fé que responde a esse agir. Cabe perguntar se isso é condizente com o conteúdo das duas cerimônias, que, de acordo com o testemunho do Novo Testamento ligam realmente os crentes com Jesus Cristo – não, nas quais o próprio Jesus Cristo liga por meio de seu Espírito os crentes consigo e a si com eles.[760] Será, portanto, que existe, não obstante, a partir do conteúdo objetivo do batismo e da ceia do Senhor, uma relação mais estreita com o único mistério de Cristo, uma relação que por sua vez serve para tornar compreensível a participação da igreja no mistério de Cristo, asseverada em Ef 3.3-10? Acaso poderia ser que precisamente por meio do batismo e da santa ceia a igreja formada de judeus e gentios tem parte no mistério de salvação de Deus manifesto em Jesus Cristo? Nisso o batismo e santa ceia não fazem concorrência à palavra e à fé, mas as pressupõem. Contudo a palavra da proclamação do evangelho, que é aceita pela fé, chega a seu alvo na ligação estabelecida pelo batismo e pela santa ceia entre os crentes e Jesus Cristo.

---

[759] K. BARTH, *KD* IV/2, 1955, p. 59; E. JÜNGEL, *BARTH-Studien*, 1982, p. 295-331. Também eu mesmo fui favorável em 1970 (*Thesen zur Theologie der Kirche*, p. 38-40) à renúncia ao conceito do sacramento na doutrina do batismo e da santa ceia, porque o conceito bíblico de mistério aponta em outra direção (tese 98). Na 2ª ed. de 1974, no entanto, corrigi minha conclusão, porque a conexão do conceito bíblico de mistério com o conceito de igreja também parecia implicar em uma vinculação com os sacramentos como componentes centrais da vida de culto da igreja e, além disso, já no uso terminológico do Novo Testamento se fala de mistérios no plural, ainda que com uma exceção não em relação aos posteriormente assim chamados sacramentos.

[760] Cf. a bela formulação de G. EBELING: "O batismo se torna adjudicação do crente a Cristo, e a santa ceia adjudicação de Cristo ao crente" (*op. cit.*, vol. III, p. 319). À presença real de Cristo no pão e no vinho na santa ceia corresponde inversamente o deslocamento extático da pessoa a ser batizada para fora de si pela implantação em Cristo no batismo.

c) Um só mistério da salvação e a pluralidade de sacramentos

Porventura existe um nexo na substância, que leva das afirmações do Novo Testamento sobre Jesus Cristo como o único mistério da salvação de Deus[761] à posterior concepção dos sacramentos da igreja?

Já no uso idiomático do Novo Testamento se encontra ao lado da concepção do plano de salvação de Deus manifesto em Jesus Cristo uma série de situações isoladas designadas de mistérios. Faz parte delas o sentido salvador do endurecimento de Israel (Rm 11.25), assim como a hora da transfiguração dos fiéis na nova vida da ressurreição (1Cor 15.51). Por isso Paulo falava no plural dos "mistérios" de Deus, de cuja administração ele foi incumbido como apóstolo (1Cor 4.1; cf. Mt 13.11). Seria totalmente anacrônico se nesses termos se pensasse em batismo e santa ceia que Paulo não chamou de mistérios. Pelo contrário, trata-se de elementos do plano divino da história, o qual como um todo está resumido em Jesus Cristo e já agora foi revelado de forma antecipada.[762]

Esse plano histórico, que é revelado no final da história, ou seja, a partir de seu resultado, já se dá a conhecer em seu curso por meio de eventos e fatos que apontam tipologicamente para eventos futuros, mais especificamente para o derradeiro futuro,[763] ainda que essa função

---

[761] Sobre isso cf. acima, p. 72ss., notas 132ss.

[762] Cf. vol. I, p. 158ss. Ou seja, já em Paulo ocorre um uso da palavra mistério no plural, de modo que sua ocorrência na patrística (K. PRÜMM, "'Mysterion' von Paulus bis Origenes", in: *Zeitschrift für katholische Theologie* 61, 1937, p. 391-425, 402ss.) não representa um problema especial. Significativa é, entretanto, a ação continuada do pensamento paulino do mistério como o plano de salvação de Deus que aponta para a consumação escatológica, mas que em Jesus Cristo já está manifesto, em Ireneo, p. ex., *Adv. haer.* 5,36, 3 e *Epid.* 11,2, 58 e 70 (K. PRÜMM, *op. cit.* p. 423).

[763] Sobre isso, cf. L. GOPPELT, *Typos. Die typologische Deutung des Alten Testaments im Neuen,* 1939, bem como idem, *Theologie des Neuen Testaments,* ed. por J. ROLOFF, seção 1, 1975, p. 49s e esp. seção 2, 1976, p. 385ss. GOPPELT, no entanto, considerava a interpretação tipológica como contrastante com uma teologia da história, enquanto ela na realidade deveria antes ser apreciada como um instrumento a serviço dela, ainda que nas cartas paulinas naturalmente existam apenas pontos rudimentares para uma teologia da história. De Rm 11.25 deveria ser suficientemente claro que o conceito paulino do *mystérion* não apenas abrange "o desígnio secreto de Deus para o fim dos tempos" (posição de GOPPELT,

deles somente se torne perceptível posteriormente. Foi assim que Paulo em 1Cor 10.4 relacionou a rocha, em que Moisés bateu, extraindo água para dar de beber ao povo de Israel na peregrinação pelo deserto (Êx 17.6), tipologicamente com Cristo e – junto com a alimentação com maná (Êx 16.4) – com a ceia do Senhor (1Cor 10.3). Depois de Paulo foi aplicada a tais episódios a expressão *mystérion* (JUSTINO, *Dial*. 44, bem como 78; etc.), provavelmente porque na retrospectiva se reconheceram neles elementos do plano histórico divino rumo à consumação.[764] Com esse sentido tipológico já na carta aos Efésios se designou a destinação do ser humano para a comunhão matrimonial de homem e mulher, inerente à criação (conforme Gn 2.24), em sua pré-sinalização da comunhão de Cristo com sua igreja, como "mistério" (Ef 5.32): É a única afirmação no Novo Testamento em que a expressão *mystérion* aparece relacionada com uma situação mais tarde designada de "sacramento", e é significativo que nisso está subjacente o referencial da tipologia, porque dessa forma é estabelecida a relação com as elaborações da carta aos Colossenses e da carta aos Efésios sobre Jesus Cristo como quintessência do mistério da salvação de Deus: A vontade salvadora, manifesta em Jesus Cristo, do plano histórico divino direcionado para a consumação final se anuncia em determinados acontecimentos e situações precedentes, que por isso são eles mesmos designados de "mistérios".

A expressão *mystérion* foi utilizada na época pós-apostólica também para as realidades fundamentais da história do próprio Jesus – seu nascimento, sua crucificação, sua ressurreição.[765] Esses acontecimentos da história de Jesus definidos como mistérios possuem

---

p. 387), mas igualmente os fatos históricos precedentes aos eventos finais em seu significado para o fim dos tempos.

[764] Trata-se aqui da componente especificamente cristã do conceito de mistério da patrística, que em outras passagens também podia ser usado no sentido da terminologia gnóstica ou também em analogia com as religiões de mistérios. Cf. o ensaio de K. PRÜMM, citado acima, nota 736, sobre HIPÓLITO, onde às p. 208ss e 215ss foram compiladas comprovações de ambos os tipos de uso terminológico. Comprovantes da interpretação tipológica de batismo e eucaristia de BASÍLIO e CRISÓSTOMO são arrolados por R. HOTZ, *Sakramente – im Wechselspiel zwischen Ost und West*, 1979, p. 38s. Contudo, trata-os apenas como exemplos do platonismo dos pais gregos.

[765] INÁCIO, *Mag*. 9,1; Justino, *Apol*. 1,13 e *Dial*. 74 e 91; IRENEO, *Haer*. V,32,1.

todos uma relação com a futura consumação escatológica da história da humanidade. Por isso deve-se supor que precisamente por isso são chamados de mistérios – em consonância com os fatos da velha aliança que apontam tipologicamente para o futuro da salvação, com a diferença, porém, de que em Cristo, segundo o desígnio divino, tudo deve ser "reunido uniformemente" (Ef 1.10). Na multiplicidade dos mistérios de Deus trata-se, em função disso, sempre do mesmo mistério da salvação, que em Jesus Cristo já se tornou manifesta antecipadamente – ainda que de modo oculto – e foi por ele revelada (Rm 16.25s).

A ligação da concepção apocalíptica do mistério da salvação divina, como plano divino oculto no curso da história e somente revelado no final, para o alvo e transcurso da história, com a interpretação tipológica de acontecimentos históricos é possibilitada por meio do aparecimento de Jesus Cristo como revelação antecipatória do alvo da salvação da história: É somente por meio dele as alusões ao futuro de salvação em eventos passados se tornam legíveis já agora. Ao mesmo tempo se tornam reconhecíveis como relacionados com a vinda de Cristo. Mas também a história do próprio Jesus se apresenta, então, como prenúncio da consumação vindoura da salvação: Esse é o presumível quadro referencial para a interpretação da designação também de batismo e ceia do Senhor como mistérios ou sacramentos, surgida desde a virada do séc. II para o séc. III.[766] Por meio dela a salvação escatológica consumada na paixão de Cristo se torna acessível na atualidade. Assim, de acordo com AMBRÓSIO a cruz de Cristo é o mistério da salvação do batismo,[767] e CIPRIANO chamou a eucaristia de

---

[766] Cf. acima, nota 736. A extensão do conceito de mistério para o batismo e a ceia do Senhor sem dúvida aproximou o cristianismo das chamadas religiões de mistérios, de seu entendimento de culto e de sua concepção de mistérios. No séc. II já tinham consciência da proximidade aqui existente Justino (*Apol* 1,66) e TERTULIANO (*De praescr. haer.* 40, *CCL* 1, 220s, bem como *De bapt* 2, *CCL* 1, 227s). Porém não se trata, na designação cristã de batismo e eucaristia como *mysteria* ou *sacramenta*, como no passado frequentemente se supôs, de um empréstimo do linguajar das religiões de mistério (como ainda pensou R. HOTZ, *op. cit.*, p. 26ss.). Isso se depreende do fato de um desenvolvimento especificamente cristão desse conceito por um lado no contexto do linguajar apocalíptico, e por outro no da interpretação tipológica da Escritura.

[767] AMBRÓSIO, *De sacr.* 2,2, 6: *Ibi est omne mysterium quia pro te passus est. In ipso redimeris, in ipso salvaris* [Ali está todo o mistério porque por ti sofreu. Nele serás redimido, nele serás salvo] (*SC* 25,76).

sacramento da paixão do Senhor e nossa redenção.⁷⁶⁸ É significativo que batismo e ceia do Senhor não se chamam "sacramentos" para si, mas em vista da paixão de Cristo que por meio deles está presente para nossa salvação.

A multissegmentação da concepção de sacramento na patrística ainda ressoa na célebre definição de Tomás de Aquino do sacramento como um sinal comemorativo, demonstrativo e prognóstico.⁷⁶⁹ Pois sob todos os três aspectos se trata da paixão de Cristo, a qual lembramos e cujo efeito em nós recebemos em direção da salvação futura nele fundamentado.⁷⁷⁰ Entre os inícios na patrística, referentes à aplicação do conceito de mistério para batismo e eucaristia e a doutrina dos sacramentos do apogeu da Idade Média latina, está posicionada, no entanto, a interpretação introduzida por Agostinho, dos sacramentos como sinal.

d) Os sacramentos como sinais

Em conexão com a delimitação do conceito de sacramento a uma série de cerimônias eclesiásticas com cunho de sinal a interpretação do sacramento como sinal fez com que recuasse a idéia da própria sacramentalidade de Jesus Cristo e de sua paixão como mistério da salvação divina. Desse modo a doutrina dos sacramentos se transformou em doutrina de cerimônias com caráter de sinal, que tão-somente distribuem a graça adquirida pela paixão de Cristo.⁷⁷¹ Pela função dominante

---

⁷⁶⁸ Cipriano, *ep.* 63,14: *Dominicae passionis et nostrae redemptionis sacramentum* [O sacramento é da paixão do Senhor e de nossa redenção] (*MPL* 4, 385 B).

⁷⁶⁹ Tomás de Aquino, *S. teol.* III,60, 3: ... *sacramentum est et signum rememorativum eius quod praecessit, scilicet passionis Christi; et demonstrativum eius quod in nobis efficetur per Christi passionem, scilicet gratiae; et prognosticum, idest, praenuntiativum futurae gloriae* [... o sacramento é tanto um signo rememorativo daquilo que antecedeu, ou seja, a paixão de Cristo; quanto a demonstração daquilo que é efetuado em nós pela paixão de Cristo, ou seja, a graça; quanto o prognóstico, isso é, um prenúncio da glória futura].

⁷⁷⁰ *S. theol.* III,61, 1 ad 3: ... *passio Christi quodammodo applicatur hominibus per sacramenta* [... a paixão de Cristo é de certo modo aplicada aos humanos pelos sacramentos].

⁷⁷¹ Cf. também a análise crítica direcionada um pouco em outra direção em R. Hotz, *Sakramente im Wechselspiel zwischen Ost und West*, 1979, p. 60ss, sobre o distanciamento entre as expressões *misterium* e *sacramentum*.

de um conceito abstrato de sinal[772] foi no mínimo afrouxada a ligação dos sacramentos com o mistério da salvação divina. O conceito de sacramento se transformou em um conceito de categoria para ações com cunho de sinal.

Em AGOSTINHO esse desenvolvimento foi preparado através de sua diferenciação aguda entre sinal e coisa (*De doctr. chr.* I,4).[773] Poderia ter sido plausível para a orientação platônica de AGOSTINHO atribuir a todas as coisas uma função de sinal ou, com palavras modernas, um aspecto significativo que aponta para além dela mesma a Deus, e se insere no contexto de seu plano de salvação para o mundo. Então a doutrina de AGOSTINHO acerca do sinal poderia ter sido uma transposição do modo de enfoque tipológico e histórico-soteriológico associado ao conceito de mistério para a linguagem conceitual da filosofia platônica. Pelo que parece, a separação entre sinal e coisa inviabilizou isso. Embora na visão de mundo platônica de AGOSTINHO o mundo visível como um todo deveria ter a função de apontar e conduzir para a realidade invisível de Deus (*ib.* I,9),[774] ela permanece oculta para os olhos carnais do pecador, e isso vale até mesmo para a vinda do próprio Deus para este mundo (*ib.* I,4; *op. cit.*, p. 9). Por isso há necessidade da palavra da pregação e do ensino que aponta para além do visível e precisa ser captado com fé.[775] Em contraposição, porém, as pessoas como entes sensoriais, igualmente dependem de pontos tangíveis de referência. Por isso os seres humanos em todas as religiões são ligados entre si pela participação em sinais visíveis ou sacramentos.[776] Em conseqüência,

---

[772] Para isso era possível argumentar com AGOSTINHO: *sacramentum, id est sacrum signum* [sacramento, isso é, sagrado sinal] (*De civ. Dei* X,5). Cf. também a visão panorâmica sobre a fundamentação agostiniana do conceito de sacramento sobre o do sinal, in: G. WENZ, *Einleitung in die evangelische Sakramentenlehre*, 1988, p. 16-20.

[773] *CSEL* 80,9,4s. É verdade que AGOSTINHO admite que também os sinais são à sua maneira coisas. Contudo segundo sua opinião os sinais são coisas especiais diferentes de todas as demais: *Non autem omnis res etiam signum est* [Nem toda coisa, porém, já é um sinal] (1,5).

[774] *Op. cit.*, 10,17ss. Conforme AGOSTINHO algumas pessoas de fato chegam a essa constatação: 1,16, *op. cit.* 12,8ss.

[775] AGOSTINHO, *ib.* 1,25 (*op. cit.*, p. 14,24s). Cf. *De magistro* 12s (*CCL* 29, p. 196-201).

[776] AGOSTINHO, *c. Faustum* 19, 11: *In nullum autem nomen religionis, seu verum, seu falsum, coagulari homines possunt, nisi aliquo signaculorum vel sacramentorum visibilium*

não apenas a palavra de ensino, mas também o sacramento é sinal da realidade invisível de Deus e da salvação: Ele é palavra visível,[777] como tal, no entanto, dependente da palavra, que é acrescentada ao elemento visível e o transforma em sinal sacramental.[778]

Quando se define o conceito de sacramento nesse sentido como sinal, enseja-se, justamente também em vista de sua vinculação com a função da palavra como sinal, uma reflexão crítica, assim como foi formulada a partir da visão da teologia da Reforma por GERHARD EBELING:[779] Quando com AGOSTINHO se compreende a palavra como sinal, que aponta para uma coisa distinta dele, então ela "na realidade aponta para a *res* [coisa], mas também separa e mantém afastado dela". Essa separação entre coisa e sinal é ainda aguçada quando a palavra é tornada visível no sinal sacramental: A palavra, "quando tornada visível mediante sinais sacramentais sem dúvida é reforçada em sua função de sinal, tornada mais marcante, mas ainda assim preservada no que é significativo. O fato de que a própria palavra é acontecimento, e em que medida o é, fica encoberto pela circunstância de que, para que se torne visível, agora também faz parte um ato de cerimônia cultual". Porque, se essa própria ação, por sua vez, visa a ter não mero cunho de sinal, mas ser eficaz, a ação sacramental conduz "para fora da situação de palavra".

Esse quadro se explicita para EBELING no fato de que conforme TOMÁS DE AQUINO (*S. teol.* III,61,3; cf. 62,2) fazia parte da *barreira* dos sacramentos da velha aliança que eles possuem apenas o caráter

---

consortio collingentur [Mas em nenhum nome de religião, seja verdadeiro, seja falso, as pessoas conseguem se juntar, se não forem conectados por alguma combinação de sinais ou sacramentos] (*MPL* 42, p. 355). Cf. também *ep.* 1387: *(signa) quae cum ad res divinas pertinent, Sacramenta appellantur* [(sinais) que se referem a coisas divinas são chamadas sacramentos] (*MPL* 33, 527).

[777] O sacramento é *verbum visibile* [palavra visível]: *In Ioann. tr.* 80, 3 (*CCL* 36, p. 529); cf. *De catech. rud.* 26,50 (*CCL* 46, p. 173s), bem como *c. Faustum* 19,16 (*MPL* 42, p. 356s).

[778] *In Ioann. tr.* 80,3: *Accedit verbum ad elementum, et fit sacramentum* [agrega-se a palavra ao elemento, e está feito o sacramento] (*CCL* 36, p. 529)

[779] G. EBELING, "Erwägungen zum evangelischen Sakramentsverständnis", in: *Wort Gottes und Tradtion*, 1964, p. 217-226, esp. p. 219-221; as citações abaixo, à p. 220.

de promessa e meramente justificam pela fé no advento futuro de Cristo (*per fidem futuri Christi adventus*: 61,3 ad 2), enquanto os sacramentos da nova aliança de acordo com TOMÁS efetuam por si o que representam (*efficiunt quod figurant*: 62,1 ad 1). EBELING encontra aqui a promessa superada, em virtude de seu cumprimento em Cristo, pela "causa direta do efeito da salvação".[780] Isso, porém, segundo sua opinião, precisa ser combatido pela teologia da Reforma, porque: "A promessa de Deus não pode ser superada por uma dádiva imediata." Pelo contrário, a própria promessa precisa ser entendida como palavra eficaz no sentido da outorga a ser aceita pela fé: "Na antiga como na nova aliança trata-se, na substância, da mesma coisa, apenas que pelo fato da chegada de Jesus Cristo a *promissio* passa a ser captada puramente como *promissio*, a fé agarrada e vivida puramente como fé. Por isso os sacramentos não devem ser entendidos como causas mediadoras (instrumentos), diferentes do próprio Jesus Cristo, do efeito da graça (como pensa TOMÁS DE AQUINO, *S. teol*. III,62,1), mas por meio de sua promessa "o próprio Jesus Cristo" se dá "a si mesmo no sacramento".[781]

A crítica perspicaz de EBELING ao conceito de sinal de AGOSTINHO e às conseqüências dele na doutrina escolástica dos sacramentos citou de forma convincente determinadas barreiras dessa conceituação. No entanto, ainda não decorre daí que qualquer interpretação dos sacramentos como sinais também se torne refém dessa crítica. Talvez o conceito de sinal tenha sido definido até mesmo por AGOSTINHO de forma excessivamente unilateral. Também a doutrina escolástica dos sacramentos não precisa ser submetida como um todo sob um veredicto negativo por causa dos problemas decorrentes do conceito agostiniano de sinal. Embora possa ser passível de melhoramento, sua descrição das cerimônias cultuais da igreja como ações com características de sinal não deixa de ter o mérito de captar, pelo menos de maneira aproximada, o entrelaçamento de presença da salvação neles e a ainda pendente consumação da salvação. Em especial deveria ser valorizada a diferença entre os sacramentos da nova e os da antiga aliança, como foi descrita por TOMÁS DE AQUINO, apesar da necessidade de criticar a com ela associada concepção instrumental da transmissão da graça, também como expressão da diferença de promessa e cumprimento, que em vista do acontecimento da encarnação não deveria

---

[780] G. EBELING, *Dogmatik des christlichen Glaubens*, vol. III, 1979, p. 310.
[781] G. EBELING, *op. cit*., p. 311 e 313.

ser contestada por nenhuma teologia cristã: Uma vez que em Jesus Cristo já irrompeu o futuro escatológico do senhorio de Deus e que batismo e santa ceia propiciam comunhão com Jesus Cristo, eles de fato não podem ser situados no mesmo nível como as instituições do Antigo Testamento que pré-sinalizam a Jesus Cristo. EBELING insere a diferença integralmente no entendimento da própria palavra da promessa, ao afirmar que, através de sua promessa, Cristo dá a si mesmo. Justamente a palavra da promessa, porém, pode por seu turno também ser considerada expressão da diferença entre palavra e coisa (ainda pendente), respectivamente cumprimento. A partir do sentido da palavra da expressão "promessa" representa um caso excepcional incomum que a própria palavra da promessa já concede o que é prometido. Unicamente porque EBELING define o significado da palavra nesse sentido como outorga, ele pode afirmar que o sacramento faz valer meramente determinados aspectos do acontecimento da palavra de forma particularmente aguçada.[782] Porém, será que batismo e santa ceia de fato são apenas ilustrações de um acontecimento da palavra que em si mesma já tem por conteúdo a presença da salvação?

Na Reforma luterana os sacramentos não foram entendidos como meras visualizações e corporificações da salvação já afiançada pela palavra de promessa como tal. Pelo contrário, a instituição dos sacramentos se reveste aqui de um caráter de mandamento. Isso significa: Aqueles que por meio da proclamação do evangelho não chegam ao ponto de se deixar batizar ainda não entenderam e nem eles próprios aceitaram na fé plenamente o sentido de promessa da mensagem de Cristo. A mensagem de Cristo como mensagem escatológica sempre já visa àquela entrega definitiva do ser humano a Jesus Cristo, para dentro da relação filial dele com o Pai, que é designada e executada no batismo e que não se estabelece quando um ouvinte da mensagem não consegue se decidir pelo batismo. Nesse sentido o batismo de fato acrescenta algo à proclamação oral e a seu ouvir. Somente por meio dele acontece a incorporação em Jesus Cristo. Algo análogo vale para a ceia do Senhor: Já a mensagem apostólica do Cristo como tal não visa apenas ao indivíduo, mas à fundamentação de uma congregação

---

[782] G. EBELING, "Erwägungen zum evangelischen Sakramentsverständnis", *op. cit.*, (cf. acima, nota 779), p. 224.

como representação provisória do reino de Deus vindouro. Também no batismo existe implicitamente essa referência, na medida em que o batismo alicerça a filiação do indivíduo à igreja. Contudo, essa intenção da mensagem do evangelho e o batismo do indivíduo não se efetivam quando as pessoas batizadas não participam do culto eucarístico da congregação: É somente na comunhão eucarística elas se experimentam e confessam como membros da igreja. Quem não participa da ceia do Senhor poderá se sentir em particular ligado à tradição cristã e à fé cristã, mas não concretiza sua vida de membro da igreja que se torna visível na celebração da ceia do Senhor. EBELING tem razão em que existe uma relação estreita entre o sentido de promessa da mensagem de Cristo e os sacramentos, mas essa relação não significa que os sacramentos sejam algo como ilustrações da palavra oral. Mas a intenção da promessa na palavra proclamada chega ao alvo preliminar somente nos sacramentos, e não sem eles, porque os ouvintes da proclamação recebem apenas através do batismo e da ceia do Senhor participação plena no mistério único da salvação que une Cristo com sua igreja como a esfera da eficácia da reconciliação por ele consumada e cuja configuração consumada será inaugurada pelo futuro do reino de Deus. Essa relação se expressa em que o conteúdo das palavras da instituição do batismo e da ceia do Senhor por um lado na verdade corresponde ao conteúdo do evangelho propriamente dito, e por outro possui a forma de promessas especiais,[783] que se referem a atos bem definidos de batizar, comer e beber, ligados à água, ao pão e ao vinho.

Ainda que com boas razões se possa falar, especialmente na santa ceia, do caráter de promessa das palavras da instituição, o acontecimento da ceia de forma alguma pode ser descrito cabalmente como promessa. A promessa contida nas palavras da instituição é cumprida pela presença do próprio Cristo na ceia. Ela, porém, como foi mostrado acima, não pode apenas ser entendida como efeito da força inerente às palavras como tais. Na verdade também a ceia como um todo possui sentido de promessa em seu direcionamento para o futuro do reino de Deus, porém esse futuro também já está presente na celebração da

---

[783] Em todos os casos isso vale para a ceia do Senhor. Para o batismo somente se pode afirmar algo equivalente quando se reúne com LUTERO Mt 28.19 e Mc 16.16 ou se recorre às implicações soteriológicas do batismo de Jesus, como aconteceu acima.

ceia com Jesus Cristo, obviamente de maneia oculta. Em consonância, o batizando é ligado pelo batismo com a morte de Cristo e assim renascido para a esperança pela nova vida a partir da ressurreição dos mortos, que já agora lhe é afiançada pela dádiva do Espírito. Também aqui o cumprimento já está presente, porque o batismo como a santa ceia conferem participação em Jesus Cristo, no qual estão cumpridas as promessas de Deus, mesmo que a verificação e consumação definitivas do evento cumpridor da encarnação ainda esteja por acontecer pelo futuro do Cristo que retorna. Por isso não se deveria negar que – como formulou TOMÁS DE AQUINO[784] – os sacramentos da nova aliança "efetuam o que representam" (*efficiunt quod figurant*). De que maneira se deve entender sua eficácia constitui, porém, outra pergunta. Mas em todos os casos sua eficácia é mediada pela função de sinal que lhes advém de sua instituição.

O caráter de sinal da presença sacramental de Cristo e do reino de Deus no batismo e na santa ceia é expressão do "ainda não" da existência cristã na tensão com a consumação escatológica da salvação. Um conceito de sinal que como o de AGOSTINHO tem em vista unilateralmente a diferença entre sinal e coisa, contudo, não basta para descrever a característica dos sacramentos como sinais. Trata-se neles da presença da própria coisa no sinal. Logo, o sinal tem função de "indício" da presença da coisa,[785] sem que com isso desapareça completamente a diferença entre sinal e coisa. Assim como na história de Jesus Cristo o futuro do reino de Deus era diferente da situação de sua atuação e, não obstante, nela já se tornava presente, e assim como particularmente na prática da ceia de Jesus o futuro do senhorio de Deus foi representado pela ceia e nela já se tornou presença, assim acontece também na celebração da ceia do Senhor no culto da igreja, agora, porém, mediada pela memória da última ceia de Jesus e de sua morte, bem como através da prece por seu Espírito, que cumpre a promessa de estar presente. Em analogia, na cerimônia-sinal do batismo está

---

[784] TOMÁS DE AQUINO, *S. teol.* III,62, 1 ad 1.
[785] LUTERO o expressou na forma de uma diferenciação entre uso terminológico teológico e filosófico: *Signum filosofiicum est nota absentis rei, signum theologicum est nota praesentis rei* [O sinal filosófico é a característica sem a coisa, o sinal teológico é a característica com a coisa presente] (*WA* TR 4, p. 666 nº 5106). A diferença, porém, seguramente também pode ser formulada com precisão conceitual. Cf. acima, p. 408, nota 639.

presente o mistério da salvação de Cristo, quando o batizando é vinculado com a morte de Jesus em direção da esperança de sua ressurreição. O caráter de sinal desse acontecimento caracteriza a natureza oculta da presença de Cristo, da qual faz parte, do lado objeto, que a participação na vida do Ressuscitado é mediada pela comunhão com seu sacrifício e sua morte. O sinal seguramente aponta para a coisa assinalada e, por conseqüência, para longe de si mesmo. Contudo no batismo e na santa ceia isso acontece como no caso do indício, de maneira que na realização do sinal a coisa está simultaneamente presente.

Por causa da presença do mistério da salvação de Cristo pode-se afirmar dos sacramentos que eles "efetuam o que representam". Contudo GERHARD EBELING salientou com razão que no caso não se trata de um efeito da graça a ser diferenciado de Jesus Cristo, mas que "Jesus Cristo se dá a si próprio no sacramento".[786] Nesse ponto a barreira do conceito agostiniano de sinal na doutrina trouxe conseqüências bastante nefastas para a doutrina escolástica: Se o sinal for radicalmente diferente da coisa assinalada, seu efeito não pode ser simplesmente a presença da própria coisa. Por isso TOMÁS DE AQUINO diferenciou entre a paixão de Cristo como causa da salvação (*res sanctificans*), à qual o sinal sacramental se refere primordialmente, e o efeito dela emanado, que por sua vez é novamente diferenciado em vista da forma atual de seu recebimento e da consumação futura. Assim se chegou à diferenciação tríplice de que o sacramento é primeiramente sinal memorial do acontecimento passado da paixão de Cristo, em segundo lugar sinal do efeito de sua graça em nós, e como terceiro ponto, sinal prognóstico da glória vindoura.[787] Com essa diferenciação TOMÁS descreveu de modo admirável a complexidade do acontecimento sacramental e a natureza multifacetada de seus aspectos, não, porém, sua unidade como participação, pela anamnese, no único mistério de salvação de Jesus Cristo. A diferenciação abstrata entre sinal e coisa acarretou, ademais, que o efeito da graça assinalado pelo sinal sacramental se soma exteriormente à sua função de sinal: O fato de que o efeito da graça realmente acontece deve-se, conforme TOMÁS, não à força do sinal como tal, mas por força da ordem divina.[788] Nisso se mostram claramente os obstáculos

---

[786] G. EBELING, *Dogmatik des christlichen Glaubens*, vol. III, 1979, p. 313.
[787] TOMÁS DE AQUINO, *S. teol.* III,60,3 (texto, cf. acima, nota769).
[788] TOMÁS DE AQUINO, *S. teol.* III,62,1: *divina ordinatione* [por ordem divina].

do conceito agostiniano de sinal em comparação com o que ele devia render na doutrina dos sacramentos.

Do pensamento bíblico acerca do mistério da salvação divina manifesta em Jesus Cristo torna-se compreensível a unidade interna dos momentos que aparecem na doutrina escolástica dos sacramentos dominada pelo conceito agostiniano de sinal como apenas exteriormente conectados: O mistério da salvação de Cristo abrange não apenas a história passada de Jesus Cristo, mas está presente também na vida cultual da igreja pela proclamação do evangelho, pelo batismo e pela ceia do Senhor, concretizando assim também na igreja a unidade do acontecimento da reconciliação. Por isso especialmente a ceia do Senhor e sua celebração na eucaristia da igreja foi com razão entendida e designada como forma de manifestação desse mistério da salvação, como "sacramento". Contudo também no caso do batismo, pelo fato de ligar o batizando com a paixão de Cristo, está presente e atuante o mesmo mistério da salvação na igreja, e precisamente com inclusão das irradiações histórico-vivenciais do batismo. O teor objetivado de sinal de batismo e ceia do Senhor, em vista da presença do mistério da salvação de Cristo nessas cerimônias, não pode ser dissociado de sua execução e seu recebimento. Justamente por isso não se desvinculam o evento passado da salvação e o efeito atual da graça. A comemoração ou anamnese da paixão de Cristo, pelo contrário, constitui, ela mesma, o meio de sua presença, uma vez que o acontecimento passado de salvação como evento de reconciliação traz consigo ao mesmo tempo o futuro escatológico de salvação, que pelo Espírito se torna presente para os fiéis na realização da anamnese. A presença sacramental do acontecimento da salvação e sua força que integra o recebedor no recebido se apóiam por isso sobre o futuro escatológico já inaugurado nessa história. Somente porque o acontecimento da paixão de Cristo, como já toda a trajetória pré-pascal de Jesus, esteve pleno da irrupção do futuro escatológico de Deus e de seu reino, que se tornaram manifestos na ressurreição de Jesus, eles também podem se tornar presentes no culto da igreja pela mediação da anamnese, que como recordação do evento de salvação que antecipa a consumação escatológica necessariamente está vinculada à prece pelo Espírito, que é o Criador da nova vida – nos crentes assim como outrora no acontecimento da ressurreição de Jesus (Rm 8.11).

e) O entorno do sacramental

Porventura o mistério de Cristo é exposto na vida da igreja apenas nas duas cerimônias de batismo e santa ceia? Ou será que também se manifesta de forma comparável, como sinal, em outras "execuções vivenciais" da igreja? Fundamentalmente isso pode acontecer sempre na vida da igreja quando se pode reconhecer uma relação com a atuação e pessoa de Jesus de tal maneira que se possa declarar que nisso o próprio Jesus está presente. Poderíamos lembrar, p. ex., as obras de misericórdia citadas em Mt 25.35-37 ou a evangelização e cura de enfermos no sentido do sinal da presença da salvação citado em Mt 11.4s, que caracterizaram a atuação de Jesus. Tais ações[789] sem dúvida se encontram na dimensão de sinal *sacramental*, ainda que elas não sejam *ações rituais com cunho de sinal*. Entretanto participam simultaneamente também em maior ou menor grau da ambivalência de execuções vivenciais humanas. Falta-lhes o caráter inequívoco do caráter de sinal sacramental, fundado, no caso de batismo e ceia do Senhor, com base em sua instituição.

O pertencimento à dimensão da presença "sacramental" do mistério de salvação de Cristo deve ser asseverado particularmente também para a proclamação do evangelho. A palavra do evangelho era tida na Reforma como palavra de promessa, em que o conteúdo da promessa já está presente e é outorgado aos crentes. Isso evidentemente não vale para qualquer palavra de promessa, mas vale para a mensagem de Jesus sobre o futuro do senhorio de Deus, que já irrompe naqueles que aceitam sua palavra. Algo idêntico se pode afirmar sobre a mensagem pascal do evangelho apostólico. Nele, como na mensagem do próprio Jesus, a consumação escatológica do senhorio de Deus já está presente, embora de modo diferente: na mensagem de Jesus como interpelação de Deus ao ser humano pela força do Primeiro Mandamento, e na mensagem pascal do evangelho, porque tem por conteúdo a consumação

---

[789] Sob o ponto de vista de ações às quais foi dada uma promessa especial, MELANCHTHON ponderou na última versão de seus *Loci* em 1559 incluir no conjunto dos sacramentos a oração, a paciência e o sofrimento, a disposição de perdoar, as esmolas, e outros (*CR* 21, p. 848s). A limitação ao batismo, à ceia do Senhor e à absolvição ele a fundamenta com a instituição desses "ritos" ou "cerimônias" na proclamação de Cristo (*institutis in praedicatione Christi, op. cit.*, p. 849).

escatológica do futuro de salvação de Deus já realizada em Jesus, contendo também o acesso à salvação para todos os humanos. Nisso está fundamentado o que tinha primordialmente em vista o entendimento da Reforma acerca do evangelho como outorga da salvação nele presente: a outorga do perdão dos pecados. Não se pode afirmar de igual modo sobre as promessas do Antigo Testamento que a palavra da promessa já traz consigo seu conteúdo, mas que pressupõe seu cumprimento em Jesus Cristo. Porém a palavra do evangelho, pleno da presença da realidade da salvação escatológica é, ela mesma, sacramental,[790] porque tem participação do evento de revelação e reconciliação do mistério da salvação de Deus em Jesus Cristo. Essa sacramentalidade própria da palavra do evangelho não anula a peculiaridade de batismo e santa ceia como "sacramentos": Não muda nada no fato de que a proclamação da palavra somente está plenamente aceita na fé quando se chega ao batismo e sua apropriação na história da vida, bem como à participação na vida da igreja pela comunhão da ceia do Senhor. O significado diferenciador de batismo e ceia do Senhor, porém, tem a ver com a circunstância de que eles são de maneira singular sinais e ações com caráter de sinal, por meio dos quais o mistério da salvação de Cristo é representado e ao mesmo tempo comunicado.

Quando se restringe terminologicamente o conceito do sacramento a tais cerimônias com característica de sinal na vida cultual da igreja,[791] como aconteceu tendencialmente na história da teologia cristã desde a Idade Média, e considerando que a formulação estreita da Reforma quanto à exigência da comprovação de uma instituição expressa pelo próprio Jesus Cristo não é sustentável em seu rigor original, porque se depara com dificuldades já no batismo, e talvez até mesmo na ceia do Senhor, então é plausível ponderar a inclusão, no conceito de sacramento, de outras ações com cunho de sinal ao lado do batismo e da ceia do Senhor. Então o critério precisa ser se por meio dessas

---

[790] G. EBELING, op. cit., vol. III, p. 297. A sacramentalidade da palavra também foi elaborada pela renovação de uma teologia da palavra em teólogos católicos. Cf., p. ex., K. RAHNER, Schriften zur Theologie, vol. IV, 1960, p. 313-355 (Wort und Eucharistie), bem como idem, LTK 2ª ed. vol. X, 1965, p. 1235-1238 com bibliografia (art. "Wort Gottes"), e ainda G. EBELING, in: Wort Gottes und Tradition, 1964, p. 209ss.

[791] O mesmo no conceito de MELANCHTHON dos sacramentos como ritos ou cerimônias (CR 21, p. 849).

cerimônias se torna accessível aos fiéis, de maneira comparável ao batismo e à santa ceia, a presença do mistério da salvação de Cristo. A outorga da remissão dos pecados, embora não instituída como rito por Jesus, e a bênção de enfermos, bem como a confirmação originalmente vinculada ao batismo, sem dúvida possuem relações com o mistério da salvação de Cristo, do qual se deve derivar todo o falar sobre sacramentos. Essas relações não são tão específicas que cada uma dessas cerimônias por si pudesse valer como expressão direta e irrefutável da presença da salvação de Deus em Jesus Cristo. Como cerimônias rituais elas não estão alicerçadas em ações do próprio Jesus. Contudo todas elas estão de uma ou outra maneira em estreita relação com o batismo e sua relevância para a história da vida. Participam, por assim dizer, da sacramentalidade do batismo, ao articular e comunicar a relevância dele para a história vivencial em pontos significativos dela – assumir autonomamente a confissão batismal, nova remissão dos pecados, ligação com Cristo no sofrimento e na morte.

Por natureza e até mesmo depois de ser delimitado para cerimônias eclesiásticas com característica de sinal, o conceito de sacramento não é, em sua aplicação a aspectos parciais do único mistério de Cristo, nenhum conceito de categoria que possa ser aplicado no mesmo sentido a todos os casos isolados que entrariam em cogitação. As diferentes cerimônias definidas como sacramentos não se situam no mesmo nível, mas devem ser chamadas de sacramentais apenas em um sentido análogo. Isso vale já na relação de batismo e santa ceia, tanto em vista da forma da comunhão com Cristo que propiciam, quanto em vista da problemática da instituição, ou seja, da modalidade de sua origem no próprio Jesus. Muito mais o conceito de sacramento se deixa empregar apenas por analogia para as demais cerimônias chamadas pela igreja anterior à Reforma como sacramentos, em comparação com o batismo e a santa ceia de Cristo. Desse modo resultou para a penitência, a confirmação e a unção de enfermos, que elas não podem ser chamadas diretamente de sacramentos, mas apenas pela mediação de sua relação com o batismo, sendo que essa relação é bem diferente em cada um dos casos. Para o matrimônio e o ministério eclesiástico a situação é mais uma vez diversa. Têm em comum que o que se designa de sacramento não é uma cerimônia, mas uma forma de vida prevista para ser permanente. No caso do ministério eclesiástico pelo menos o ato da ordenação ainda é considerado constitutivo, enquanto no caso do matrimônio o casamento na igreja não é considerado constitutivo para a sacramentalidade do matrimônio.

f) O matrimônio como recordação de uma compreensão mais ampla de sacramento

Ponto de partida para conceber o matrimônio como sacramento é Ef 5.31s, onde é dito acerca da afirmação bíblica sobre a criação do ser humano como homem e mulher e sobre sua finalidade de serem um único corpo (Gn 2.24): "Grande é esse mistério. Eu o interpreto para Cristo e a igreja." Mediante referência a essa palavra o matrimônio foi classificado de sacramento já em TERTULIANO e LACTÂNCIO,[792] e foi essa a acepção vigente também em séculos posteriores, embora o entendimento da realidade nela expressa confrontasse a teologia até o apogeu da escolástica e além dela com consideráveis dificuldades:[793] Se Ef 5.32 se refere à comunhão conjugal entre homem e mulher, na medida em que constitui forma de expressão natural da destinação de homem e mulher com base em sua criação, e não apenas ao matrimônio de cristãos, como, então, o conceito do sacramento como meio da graça se aplicaria a ela? Além disso, Ef 5.32 seguramente não deve ser considerado palavra de instituição para um sacramento do matrimônio, ainda mais que nem sequer se refere a um rito de enlace matrimonial. A palavra *mystérion* tampouco designa aqui a comunhão de homem e mulher tomada isoladamente, mas sua referência à comunhão entre Cristo e sua igreja.[794] Nessa passagem, porém, o *mystérion* tampouco é simplesmente idêntico com a comunhão de Cristo e sua igreja, mas consiste na *relação* entre a comunhão de homem e mulher inerente à sua condição de

---

[792] TERTULIANO, *adv. Marc.* 5,18 (CCL 1, p. 719), cf. *Exhort. cast.* 5 (CCL 2, p. 1023) e *De monogamia* 5 (CCL 2, p. 1235). LACTÂNCIO, *Epitome* 66 relacionou a expressão *sacramentum* com o juramento de fidelidade inviolável (MPL 6, p. 1080). Cf. também AGOSTINHO, *De bono coniugali* 7 (MPL 40, p. 378).

[793] Sobre isso, cf. J. DUSS-VON WERDT, in: *Mysterium Salutis* IV/2, 1973, p. 422-449, esp. p. 430ss.

[794] Acerca da exegese da passagem, cf. H. SCHLIER, *Der Brief an die Epheser. Ein Kommentar*, 1957, p. 262s. Cf. também M. BARTH, *Ephesians. Translation and Commentary on Chapters 4-6*, 1974, p. 643s, 734s. Porém BARTH não vê a correlação com o desenvolvimento do conceito de sacramento, como revelam suas exposições pouco sensibilizadas às p. 744ss., esp. p. 748s.

criaturas de um lado, e o acontecimento da encarnação de Jesus Cristo e sua comunhão com sua igreja, de outro. O *tertium comparationis* [ponto de comparação] deve ser fornecido para tanto pela concepção da igreja como corpo de Cristo (Ef 1.23; cf. 5.23), em consonância com a destinação de homem e mulher, condizente com a criação, de serem "um só corpo".

Será aqui o matrimônio entendido como "sacramento"? Seguramente não na acepção posterior da palavra como de uma cerimônia cultual da igreja. Mas a criação do ser humano como homem e mulher com a finalidade da comunhão conjugal aparece em Ef 5.32 como parte integrante do "plano" divino da história da salvação que conduz a Jesus Cristo, que foi manifesto de modo abrangente pelo aparecimento de Cristo: Já nos dois gêneros dos seres humanos transparece esse plano de salvação de Deus. O mistério de Cristo que visa à reconciliação da humanidade (cf. Ef 1.9s) e se patenteia na reconciliação de judeus e gentios na igreja do primeiro cristianismo (Ef 3.3ss), pode ser retrospectivamente percebido como preparado já na criação do ser humano, a saber, precisamente na destinação de homem e mulher para a comunhão matrimonial. Entretanto, sob esse aspecto o matrimônio é para a epístola aos Efésios parte integrante do mistério de Cristo e por isso também é "sacramental". Afinal, em Ef 5.32 não é dito simplesmente, como em Ef 3.4, que Cristo é o mistério de Deus, mas ao que foi dito em Gn 2.24 se observa que seria um grande mistério, a saber, em relação ao futuro de Cristo e sua igreja. Nessa observação Gn 2.24 é referido *tipologicamente* a Jesus Cristo e sua relação com a igreja.[795] Isso corresponde, conforme

---

[795] Posição correta de H. SCHLIER, *op. cit.*, p. 262, ao contrário de outros intérpretes, que equivocadamente falam de uma interpretação "alegórica" de Gn 2.24 nessa passagem. SCHLIER, contudo, não traçou as conseqüências desses dados para a assim estabelecida relação com a unidade do mistério divino da salvação, como foi manifesto em Cristo. A concepção de que o plano de salvação de Deus revelado em Cristo é assinalado em eventos da antiga aliança que apontam tipologicamente para Cristo, pode ser comprovado também em outros autores no séc. II (cf. acima, notas 763ss). SCHLIER reinterpretou a relação tipológica em direção a Cristo de forma platônica, ao explicar a relação entre Cristo e igreja como "protótipo" fundamentado na preexistência (p. 255s) da relação entre homem e mulher, que seria "assumido" na relação entre os gêneros (p. 262s, esp. p. 263, nota 1). É verdade que na parênese da carta aos Efésios a entrega de Cristo à igreja a ser gerada pelo seu serviço (Ef 5.25, cf. Ef 5.2; Rm 4.25; etc.) de fato é usada como exemplo para exortar os maridos a amarem suas esposas, mas para isso a história

mostramos acima, a um linguajar comum no início da patrística, de falar de "mistérios" individuais em relação ao único mistério de Cristo. Esse modo de falar arcaico já precede os primeiros vestígios de uma designação de batismo e ceia do Senhor como sacramentos e até mesmo pode fazer parte das premissas de seu surgimento. Formulações posteriores do conceito de sacramento como meio da graça e cerimônia eclesiástica com caráter de sinal são, no entanto, estreitas demais para corresponder à realidade descrita em Ef 5.32.[796] É compreensível que os teólogos da escolástica medieval hesitaram por muito tempo para reconhecer que o matrimônio teria a função de um meio da graça. Aqueles que como BOAVENTURA, ALBERTO MAGNO e TOMÁS DE AQUINO tendiam a responder afirmativamente a essa pergunta, viram-se levados a isso principalmente por causa do conceito geral de sacramento,[797] ainda que a consideração de que conforme 1Cor 7.9 o matrimônio deve ser visto como remédio contra a concupiscência tenha influenciado essa posição (cf. acima, nota 793). Foi somente o Concílio de Trento que, reagindo ao questionamento da Reforma quanto à aplicabilidade do conceito geral de sacramento ao matrimônio, determinou de forma compromissiva que o matrimônio transmite graça (*DS* 1801),[798] sem, no entanto, falar expressamente de graça justificadora.[799] Sobretudo,

---

de Cristo e de sua morte de reconciliação, bem como a relação tipológica da criação do ser humano rumo ao futuro de Cristo já são pressupostos.

[796] Nesse aspecto LUTERO, in: *De capt. Babyl. eccl.* disse em 1520 com razão em vista da interpretação do matrimônio em Ef 5.32 como *figura Christi et Ecclesiae* [figura de Cristo e da igreja] (*WA* 6, p. 553,9): *At figura aut allegoria non sunt sacramenta, ut nos de sacramentis loquimur* [Mas figuras ou alegorias não são sacramentos, de modo que nós falamos de sacramentos] (*WA* 6, p. 550,31s), a saber, como meios da graça e sinais instituídos por Deus. Mas uma teologia orientada segundo a autoridade das Escrituras certamente deveria examinar criticamente os conceitos sistemáticos que se tornaram usuais (*ut nos de sacramentis loquimur*) a partir do uso terminológico das Escrituras.

[797] TOMÁS DE AQUINO, *S.c.G.* IV,78: *Et quia sacramenta efficiunt quod figurant, credendum est quod nubentibus per hoc sacramentum gratia conferatur, per quam ad unionem Christi et Ecclesiae pertineant* [E pelo fato de os sacramentos efetuarem o que ilustram, é preciso crer que por meio desse sacramento é conferida graça aos nubentes, pela qual se estendem à união de Cristo e a igreja].

[798] O concílio fala de uma graça que aperfeiçoa o amor natural e santificador dos cônjuges, a que Paulo "aludiu" em Ef 5.25 e 32 (*DS* 1799).

[799] Por isso o grupo de trabalho ecumênico de teólogos católicos e evangélicos pôde constatar no volume: *Lehrverurteilungen – kirchentrennend?*, vol. I (ed. por

nem o concílio, nem a teologia medieval do matrimônio encarou a verdade de que Ef 5.32 de forma alguma fala apenas do matrimônio entre cristãos, mas da realidade antropológica estabelecida com a criação do ser humano.

A Reforma luterana enfatizou que enlace e estado matrimonial como "negócio mundano" fazem parte do âmbito do direito civil, mas ao mesmo tempo reconheceu o matrimônio como fundado por Deus.[800] Em consonância também MELANCHTHON falou em 1530 de uma instituição divina do matrimônio.[801] Ela, porém, não consiste de uma instituição por Cristo, mas no mandamento do Criador, e as promessas ligadas a ela dizem mais respeito ao bem-estar físico que à vida espiritual da nova aliança (*Apol* 13,14).

Nessas declarações não se levou em conta a situação descrita em Ef 5.32. É verdade que também ali vem primeiro a citação do relato da criação (Gn 2.24), mas a frase subseqüente refere a realidade da criação dos dois gêneros humanos e sua destinação para o matrimônio tipologicamente a Jesus Cristo e sua relação com a igreja. Esse é o objeto da fala do *mystérion*. A teologia escolástica levou mais bem em conta essa verdade,[802] e já MELANCHTHON retornou a ela na versão tardia de seus

---

K. LEHMANN; W. PANNENBERG) 1986, p. 147, que existe concordância a respeito de "que no sacramento do matrimônio (também de acordo com a doutrina católica) não é conferida nenhuma graça justificadora que fundamenta a existência cristã..."

[800] É o que diz o livreto de LUTERO sobre o matrimônio de 1529, *BSELK*, p. 528,6s e p. 530,33. Cf. as afirmações no *Catecismo Maior* sobre o Sexto Mandamento, in: *BSELK*, p. 612,13-43 (n. 206-208).

[801] *CA* 23,17 (texto alemão), *BSELK*, p. 89,26ss.

[802] Em TOMÁS DE AQUINO, p. ex., consta que o matrimônio na verdade já teria sido instituído no estado originário, mas não como sacramento, e sim como uma incumbência dada com a natureza do ser humano: Ele seria sacramento somente em sua função como sinal prévio da futura comunhão de Cristo com sua igreja (*S. teol.* III,61,2 ad 3: *matrimonium fuit institutum in statu innocentiae, non secundum quod est sacramentum, sed secundum quod est in officium naturae. Ex consequenti tamen aliquid significabat futurum circa Christum et Ecclesiarn: sicut et omnia alia quae in figura Christi praecesserunt* [O matrimônio foi instituído no estado da inocência, não conforme é um sacramento, mas conforme a incumbência da natureza. Por conseqüência, porém, significou algo futuro em torno de Cristo e da igreja: como também todas as demais coisas que precederam a figura de Cristo]). TOMÁS, portanto, viu a relação tipológica do matrimônio com Cristo e a igreja com razão no âmbito dos demais exemplos de exegese tipológica do Antigo Testamento nos escritos do Novo Testamento. Mas ele também por seu

Loci. Declarou agora que o matrimônio poderá ser chamado de sacramento, se esse conceito não for restrito a ações com caráter de sinal (*ceremoniae* [cerimônias]).[803] Dessa forma foi acertado de fato um ponto importante, porque a restrição do conceito de sacramentos no apogeu da Idade Média a cerimônias com caráter de sinal tendia a deixar valer somente ainda como sacramentos cerimônias cultuais instituídas por Cristo. Embora o conceito *signum* permita ser aplicado, ao lado de ações com cunho de sinal, também a uma situação que por sua natureza tem função de sinal, tal aplicação permaneceu rara e a sacramentalidade do matrimônio continuou assim sendo remanescente de um linguajar mais antigo que, no entanto, era santificado pela autoridade das Escrituras.

Diante do uso terminológico bíblico em Ef 5.32 a teologia não deveria insistir em uma definição tão estreita do conceito de sacramento, de modo que a situação ali descrita tenha de ser excluída dele.[804] O

---

turno não chegou ao pensamento de que a relação tipológica já conferida com a instituição do matrimônio na intenção de Deus com o futuro do mistério da salvação de Cristo é aquela que provoca a designação *mystérion*. Por isso podia restringir em *S.c.G.* IV,78 as afirmações sobre sacramentalidade e eficácia da graça do matrimônio ao casamento entre cristãos (cf. *S. teol. suppl.* q 42, 2 e 3).

[803] P. Melanchthon, *Loci praecipui theologici* (1559), CR 21, p. 849. Também nessas declarações tardias Melanchthon, no entanto, continuou ignorando a diferença, causada pela referência tipológica ao mistério de Cristo, entre o matrimônio e outra *opera moralia* [obras morais], que são ordenadas no Decálogo e cujo cumprimento é vinculado a promessas (*ib.*).

[804] Melanchthon já declarou em 1530: "... se alguém quiser chamá-lo de sacramento, não o atacaremos intensamente" (*BSELK*, p. 294,21-23) – uma concessão admirável no contexto da argumentação daquele tempo, quando se leva em conta que naquela época considerava o matrimônio meramente como uma ordem da criação de Deus sem qualquer relação com Cristo. Entretanto Melanchthon também reivindicou que nesse caso o uso do conceito de sacramento fosse diferenciado daqueles sacramentos da nova aliança instituídos pelo próprio Jesus Cristo, *quae proprie sunt signa novi testamenti et sunt testimonia gratiae ei remissionis peccatorum* [que são propriamente sinais do Novo Testamento e são testemunhos da graça e da remissão dos pecados] (*op. cit.*, p. 294,22-25). À luz da situação levada em conta nos *Loci* referente a Ef 5.32, a sentença deveria ser consistentemente mais positiva: A designação "sacramento" para o matrimônio absolutamente pode ser defendida apenas em vista de sua relação tipológica com o futuro de Jesus Cristo, no entanto ainda de forma distinta de batismo e santa ceia, que efetivamente ligam os féis a Jesus Cristo, o que não se pode afirmar do matrimônio.

matrimônio pode ser designado de sacramento no sentido de que as pessoas já por sua natureza de criaturas, e particularmente pela finalidade de sua criação como dois gêneros para a comunhão conjugal, estão relacionadas com a finalidade do ser humano a ser revelada na relação de Jesus Cristo com sua igreja.[805] No entanto, a própria asserção de que por sua sexualidade as pessoas foram planejadas para o matrimônio como uma comunhão de vida indissolúvel já representa a declaração de uma antropologia especificamente cristã, que se alicerça sobre a proibição do divórcio por Jesus (Mc 10.9). Embora para tanto Jesus tenha argumentado com Gn 2.24 (Mc 10.6-8), sua conclusão final baseada nesse texto de forma alguma era incontestável: Evidentemente não se trata de um dado natural automaticamente realizado em todos os lugares, mas de uma finalidade que – como a natureza do ser humano como tal – para sua configuração depende da mediação da vida social e cultural, mas por isso também pode não ser concretizada. É somente à luz da mensagem escatológica de Jesus que o caráter inviolável da comunhão conjugal instalada na criação do ser humano se evidencia como referência à destinação da humanidade para a comunhão imperecível do reino de Deus e como analogia da relação de fidelidade de Deus com seu povo eleito, que se expressou da forma mais esplêndida na entrega de Jesus no serviço a seu testemunho em favor do senhorio de Deus e, por conseguinte, também em favor da comunhão de uma nova aliança decorrente desse serviço. Nisso está alicerçada a ligação entre cristianismo e monogamia, que de acordo com a opinião do sociólogo HELMUT SCHELSKY "se tornou o nascedouro de nossa cultura ocidental e de suas atitudes psíquico-intelectuais".[806] Alicerçou especialmente uma asseguração e solidificação da posição social da mulher que não existia nem na tradição judaica, nem tampouco na cultura greco-romana da Antiguidade, formando o fulcro

---

[805] Cf. a bela formulação de MELANCHTHON, in: *CR* 21, p. 849: *Hunc amorem et hanc storgè in marito honesto significat Paulo ideo inditam esse naturae, ut sit imago adumbrans verum amorem Christi erga sponsam Ecclesiam* [Tal amor e tal afeição no marido sincero significa que Paulo por isso considera natureza adequada para que seja imagem que esboça o verdadeiro amor de Cristo por sua noiva igreja].

[806] H. SCHELSKY, *Soziologie der Sexualität. Über die Beziehungen zwischen Geschlecht, Moral und Gesellschaft*, 1955, p. 34. Cf. também do autor: *Anthropologie in theologischer Perspektive*, 1983, p. 426-431.

para uma eqüidade de gênero que, apesar de todas as desigualdades, está baseada na reciprocidade da entrega em amor (cf. Gl 3.28). Essa norma especialmente expressa em Ef 5.22-33 com certeza não foi concretizada em sua substância plena na história do cristianismo em todos os lugares, mas antes raramente. Embora corresponda à natureza do ser humano como criatura, ela continuou sendo, junto com a exigência de uma rigorosa monogamia, um "ideal matrimonial", como afirmou SCHELSKY. Mas trata-se de um ideal que na história da influência cultural do cristianismo alcançou relevância normativa, porque "em uma monopolização das relações sexuais no matrimônio, visa a conduzir fundamentalmente cada um dos parceiros conjugais para além da busca por felicidade pessoal, especialmente sexual, culminando na gestação de um pertencimento mútuo e de uma unidade de destino entre homem e mulher que dura além da morte, que constituem o fundamento do matrimônio e da realização da personalidade". Dificilmente se pode formular melhor o sentido humano do entendimento cristão do matrimônio alicerçado sobre o mistério de Cristo. Disso, porém, decorre, com palavras de SCHELSKY: "Justamente porque essa exigência amalgama a sexualidade humana nas alturas mais sublimes da existência e intelectualidade humanas, ela continuará sendo imperdível em nossa cultura como desafio último à relação entre homem e mulher, apesar de todas as comprovações estatísticas e psicológicas sobre a raridade e inverossimilhança de sua concretização."[807]

A distinção do matrimônio como expressão da destinação do ser humano para a participação no mistério da salvação de Deus manifesto em Jesus Cristo e sua vinculação com sua igreja evidentemente não significa que aqueles que permanecem solteiros não tenham participação nessa finalidade do ser humano. Afinal, o matrimônio é apenas um sinal que aponta para a destinação do ser humano para a comunhão com Deus, tal como se manifesta na comunhão reconciliada de Jesus Cristo com sua igreja. Unicamente quando esse caráter indicativo do matrimônio é captado e afirmado *na fé*, os cônjuges cristãos participam com seu matrimônio da salvação de Cristo.[808] Aquilo para o que o

---

[807] H. SCHELSKY, *op. cit.* Cf. ainda T. RENDTORFF, *Ethik. Grundelemente, Methodologie und Konkretionen einer ethischen Theologie*, vol. II, 2ª ed. 1991, p. 68.
[808] O matrimônio não é, portanto, por si mesmo um meio da graça. Ao contrário de batismo e santa ceia, ele é como sinal diferente do assinalado. Esse não está

matrimônio aponta, a saber, a destinação do ser humano para a comunhão com Deus, que foi concretizada por Jesus Cristo e na relação de sua igreja com ele, também pode ser compreendido na vida não-matrimonial do indivíduo. A renúncia à realização da finalidade natural do ser humano para a comunhão dos gêneros, assim como concretizada no matrimônio, pode, quando acontece por causa do reino de Deus, até mesmo ser expressão de um chamado especial (cf. 1Cor 7.32ss).[809] Isso naturalmente vale apenas quando a condição de solteiro não é simplesmente expressão de uma preferência pela promiscuidade sexual. Para toda a esfera da vida sexual o matrimônio continua a ser, na visão cristã, a norma, à qual se devem referir as demais formas de conduta e vivência.

> A normatividade do matrimônio para toda a esfera das relações de gênero não precisa acarretar nenhuma intolerância diante de formas de conduta que divergem dessa norma. Ela apenas implica em que outras formas e fenômenos de comportamento sejam aferidos em sua relação com essa norma. O próprio conceito da tolerância sempre já pressupõe a diferença entre norma e desvio da norma. Quando essa diferença não existe mais, a tolerância foi substituída pela indiferença. Contra essa última se dirige o apego às normas éticas em geral e, logo, também a ênfase na normatividade do matrimônio para a conduta sexual. Isso vale também em vista da homossexualidade. O cristão individual e a igreja podem tolerá-lo, mas não podem admitir um relacionamento homossexual como eticamente equivalente e com os mesmos direitos do matrimônio.[810]

---

presente nele, mas somente ao apontar para além de si, e pelo fato de que esse caráter de sinal tipológico ser agarrado na fé, ele possui participação no mistério da salvação de Cristo.

[809] Nos escritos confessionais luteranos a condição de solteiro no sentido descrito da "virgindade" foi até mesmo reconhecida como uma dádiva que estaria acima do estado matrimonial (*Apol* 23,38s, *BSELK*, p. 340s). A Reforma somete rejeitou o *voto* da castidade permanente como não apropriado à natureza dos humanos, conforme foram criados por Deus (*CA* 23,7ss e 17, bem como *CA* 27,18ss; *BSELK*, p. 87s e 89, bem como p. 113ss.).

[810] Cf. T. RENDTORFF, *op. cit.* vol. II, p. 69ss., esp. p. 70. Para essa conclusão é significativo que "a homossexualidade via de regra não significa uma determinação absoluta que não permita mais um posicionamento autônomo frente à disposição e tendência" (p. 71). Isso resulta já do dado antropológico básico da

Enquanto a Reforma tendia a considerar o matrimônio monogâmico meramente como uma ordem de Deus fundamentada na criação sem vínculo constitutivo com a revelação de Deus em Jesus Cristo, nas sociedades secularizadas de hoje surgidas do cristianismo um matrimônio que continua não-divorciado quase já se tornou um testemunho de vida cristã. Em todos os casos está claro que no caso da norma do matrimônio monogâmico temos a ver com uma influência cultural do cristianismo, não com uma questão óbvia dada pela natureza referente à socialização humana. Em função disso as declarações da tradição cristã desde Ef 5.32 sobre a relação do matrimônio com o mistério de Cristo se revestiram hoje de uma nova atualidade.

g) A questão dos critérios ao se falar de sacramentos (síntese)

Como ficou evidenciado, desde cedo o conceito de sacramento teve vários significados em sua história. Em seu âmago designava o plano de salvação de Deus, que somente será desvendado para todos os olhares no final da história, mas que agora já está manifesto em Jesus Cristo, uma vez que visa a sintetizar tudo nele (Ef 1.10). Sendo o próprio Jesus Cristo a quintessência do mistério divino de salvação, certamente também elementos isolados do plano divino de salvação podiam ser designados de mistérios: o endurecimento temporário de Israel como ocasião para a missão da igreja aos gentios, mas igualmente a prefiguração tipológica do mistério da salvação de Cristo e sua igreja pela criação do ser humano na duplicidade de gêneros com o objetivo da comunhão conjugal. Faz parte disso, por fim, mas apenas em período pós-bíblico, também a presença de Cristo para aquele que crê na ceia do Senhor e no batismo.

A teologia fará bem se permitir que o conceito de sacramento mantenha essa multiplicidade de inflexões. Por isso não deveria insistir em um uso terminológico demasiado estreito. Pela mesma razão tampouco deveria posicionar no mesmo nível todas as realidades pertinentes ao único mistério de salvação e por isso classificadas em

---

plasticidade do comportamento, mas naturalmente não exclui em casos isolados uma fixação comportamental condicionada pela história de vida. Entre a bibliografia citada em RENDTORFF, cf. esp. G. LOOSER, *Homosexualität – menschlich – christlich – moralisch*, 1980.

um ou outro sentido como sacramentos. Apesar disso precisa haver um limite para o reconhecimento de um fato ou uma cerimônia como sacramento. A partir da história do conceito de sacramento esse limite é demarcado pelo pertencimento demonstrável de uma situação ou cerimônia ao mistério de salvação de Jesus Cristo. No caso de uma *situação* cabe perguntar se é possível comprovar um direcionamento ou pertencimento ao mistério da salvação de Cristo. Em uma *cerimônia* designada de sacramento é preciso produzir a demonstração de que ela está fundamentada no agir de Deus em Jesus Cristo, e precisamente de tal modo que ela constitui em forma de sinal, como no batismo, a nova existência do cristão em Cristo ou que ela mantém e preserva os fiéis nessa comunhão com Cristo. Esse último aspecto de certo modo pode ser afirmado, com base na relação tipológica do matrimônio com o mistério de Cristo, também da cerimônia de enlace de cônjuges cristãos, embora ela, ao contrário do próprio matrimônio, não seja considerada um sacramento pela tradição eclesiástica. Aliás, cabe considerar apropriadamente as consideráveis diferenças que existem entre batismo e ceia do Senhor de um lado, e todas as demais cerimônias designadas de sacramento de outro. Além disso, a celebração da ceia do Senhor se diferencia absolutamente de todas as demais cerimônias designadas de sacramento, inclusive do batismo, pelo fato de que nela se exterioriza, em caráter de sinal, o próprio mistério de Cristo, a saber, a comunhão da igreja alicerçada sobre a união dos fiéis com Jesus Cristo como antecipação da comunhão de mesa no reino de Deus.

    As condições diferenciadas em cada uma das cerimônias designadas de sacramentos se salientam nitidamente no contexto das discussões sobre sua instituição. Para batismo e santa ceia as questões correlatas já foram exaustivamente analisadas, com o resultado de que apesar de dúvidas justificadas na instituição expressa dessas cerimônias pelo Jesus histórico, em ambos os casos há suficientes motivos que depõem a favor de que na substância o comportamento e a história de Jesus fundamentaram a prática de batismo e ceia do Senhor no incipiente cristianismo, de sorte que na ceia do Senhor a ordem de repetição em Paulo e Lucas e também a ordem batismal de Mt 28.19 expressam acertadamente essa correlação, ainda que em sua formulação como ordens expressas não se originem de Jesus. A ceia do Senhor e, embora não pela mesma via direta, também o batismo podem ser atribuídos a Jesus não apenas em seu conteúdo, mas também como cerimônias rituais.

Isso os diferencia de todas as outras cerimônias eclesiásticas posteriormente designadas de "sacramentos".

Em relação à outorga da remissão dos pecados no contexto do sacramento eclesiástico da penitência não se pode falar da instituição do rito penitencial por Jesus, apesar das notícias bíblicas de uma transmissão do poder das chaves aos discípulos (Jo 20.23; Mt 18.18, cf. Mt 16.19). É questionável se o poder das chaves se referia originalmente ao perdão dos pecados ou, antes, a decisões normativas.[811] A institucionalização do perdão dos pecados estava combinada no cristianismo primitivo com o batismo, que somente mais tarde teve de ser complementado por ritual específico para cristãos que tiveram uma recaída. Apesar disso a outorga do perdão tem origem no próprio Jesus,[812] e a autoridade e até mesmo a obrigação para o perdão foram comunicados a todos seus discípulos.

Algo análogo vale para o ministério eclesiástico: Os evangelhos relatam várias vezes um envio e credenciamento dos discípulos pelo próprio Jesus. Nesse contexto ocorre também a palavra: "Quem vos ouve, ouve a mim" (Lc 10.16), que ao lado da transmissão do poder das chaves aos discípulos exerceu uma função importante na fundamentação bíblica da autoridade do ministério eclesiástico, em particular também no protestantismo.[813] Enquanto o Concílio de Trento localizava a origem do ministério sacerdotal na ordem de repetição na última ceia de Jesus (*DS* 1764, cf. 1762), o Concílio Vaticano II atribuiu a origem do ministério eclesiástico à vocação dos discípulos por Jesus (*LG* 19), e para a instituição divina dos bispos como pastores da igreja ele argumentou com Lc 10.16, como já fizera a *Confissão de Augsburgo* para fundamentar o ministério eclesiástico. Contudo nessa palavra (mas tampouco em 1Cor 11.24s) não se fala de uma diferenciação entre detentores de ministérios e outros discípulos. Somente se uma diferenciação dessas tiver de ser pressuposta como fundamentada em outro contexto, p. ex. em conexão com a fundamentação do ministério apostólico originário do Ressuscitado, será também possível reclamar

---

[811] Sobre isso, cf. J. GNILKA, *Das Mathäusevangelium II. Teil*, 1988, p. 63ss.
[812] Mas cf. vol. II, p. 467s. acerca de dúvidas exegeticamente fundamentadas nos relatos dos evangelhos como Mc 2.5ss e Lc 7.47, segundo os quais Jesus anunciou a pessoas isoladas diretamente o perdão dos pecados.
[813] *CA* 28,22 (*BSELK*, p. 124,12), cf. *Apol* 7,28 (p. 240,45).

Lc 10.16 como outorga de plenos poderes aos detentores de ministérios. Uma afirmação da instituição da cerimônia de ordenação por Jesus, porém, não pode ser alicerçada sobre isso. O nexo entre o cargo diretivo eclesiástico e o ministério da salvação, em que a igreja está ligada a Jesus Cristo, já constitui a premissa de que à ordenação para esse ministério pode de algum modo ser atribuída uma função "sacramental". Por essa razão essa última será analisada somente no último bloco (cf. abaixo, p. 527).

Para o ministério eclesiástico como de outra maneira também para as formas rituais desenvolvidas na igreja, de um "segundo" arrependimento (que se torna necessária adicionalmente ao batismo), resulta, portanto, que por um lado existem vinculações objetivas com a mensagem de Jesus e as concessões de autoridade a seus discípulos, mas não de uma maneira comparável com batismo e ceia do Senhor no sentido de uma justificativa da instituição da penitência e do ministério eclesiástico pelo próprio Jesus. Apesar disso não é preciso negar que na instituição eclesiástica da penitência, bem como no ministério diretivo da igreja o mistério da salvação de Cristo, que está vivo na igreja, chegou e chega a uma expressão em forma de sinal. Na medida em que na instituição penitencial eclesiástica e na incumbência do ministério eclesiástico se expressa a autoridade do próprio Jesus Cristo – ou seja, que não se trata de instituições arbitrárias quaisquer da igreja – não é preciso que se conteste para ambas a designação de "sacramental".

Será que se pode afirmar algo semelhante da unção de enfermos? Sua origem e ponto de referência devem seguramente ser localizados na atividade de curas de Jesus, continuada por seus discípulos. Contudo o relato do evangelho de Marcos, de que os discípulos enviados por Jesus, ao lado de outras atividades, também curavam enfermos, ungindo-os com óleo (Mc 6.13), não permite inferir sem mais nem menos uma instrução pelo próprio Jesus. Em todos os casos tampouco consta aqui, contra a concepção defendida pelo Concílio de Trento (*DS* 1695), nenhuma "instituição" de um rito eclesiástico, como mais tarde é atestado pela carta de Tiago (Tg 5.14) como costume dos primeiros cristãos. Apesar disso existe um vínculo histórico e objetivo com o mistério de Cristo, acima de tudo por meio do ato da unção, que faz lembrar o título de Cristo e o batismo, de modo que a unção de enfermos sem dúvida pode ser entendida como expressão disso em forma de sinal.

Novamente diferente é a situação na confirmação. Já foi mencionado que aqui a teologia medieval já teve as maiores dificuldades para comprovar uma instituição por parte de Jesus Cristo. A apelação para os anúncios de João acerca do envio do Espírito (Jo 16.7; cf. 7.39) em TOMÁS DE AQUINO (*S. teol.* III,72,1) não é capaz de suportar o ônus da prova, já pelo fato de que o cristianismo primitivo associou a obtenção do Espírito com o batismo, não com um rito de confirmação distinto dele e autônomo, sem falar de que nesse contexto não se menciona nenhum rito de unção da fronte (cf., porém, 1Jo 2.27). Em At 19.6; etc., a transmissão do Espírito no contexto da cerimônia batismal na realidade é relacionada com uma imposição apostólica de mãos, mas não com uma unção. Apesar disso, é preciso reconhecer que a unção como símbolo da transmissão do Espírito, bem como da ligação com Cristo, o Ungido por excelência, foi um elemento central da prática batismal dos antigos cristãos e, como parte integrante do arcabouço ritual do batismo, participa de alguma maneira da sacramentalidade do batismo.

De qualquer modo o critério para designar uma cerimônia eclesiástica de "sacramental" continua sendo a origem do conteúdo de uma cerimônia, não necessariamente da própria cerimônia, em Jesus Cristo, e sua função como expressão com caráter de sinal, do mistério de Cristo, que une Jesus Cristo e sua igreja. Já por essa razão não se poderá aumentar aleatoriamente o número das cerimônias chamadas de "sacramentos": Se o mistério da salvação tem algo a ver com a unidade da igreja em Cristo (Ef 1.10; cf. Ef 2.14), então é preciso que em cerimônias a ser chamadas de sacramento também se apresente a unidade da igreja ao longo dos tempos, *i. é*, serão designados de sacramento apenas aqueles ritos, para cuja função como exposição do mistério de Cristo no mínimo exista um fulcro (como na penitência e confirmação) já nos primórdios apostólicos da igreja. Isso, evidentemente, não acontece apenas nos ritos específicos chamados de sacramentos, mas está particularmente configurado no culto cristão, como cresceu em torno do cerne da celebração da ceia do Senhor: No culto cristão fica manifesta a igreja em sua comunhão com Cristo como sinal e instrumento da futura unidade da humanidade no reino de Deus. Sob esse aspecto o culto cristão como um todo possui estrutura sacramental.

A exigência de que um sacramento deve ter origem em um ato específico de instituição por Deus em Jesus Cristo (respectivamente por um *mandatum Dei* [mandado de Deus]) não se deixa corroborar por nenhuma prova da Escritura. Por isso foi apropriado que a Reforma nesse ponto se manteve disposta a contemporizar nessa questão da terminologia. Na teologia escolástica a exigência da comprovação da instituição divina também teve a função de aparar as barreiras que estavam ligadas à fundamentação da doutrina dos sacramentos no conceito agostiniano de sinal: Aos sinais não se podia atribuir a eficácia da graça com base em sua função de sinal, mas somente por causa da instrução divina com eles relacionada. Essa concepção foi também seguida pelos reformadores, aplicando-a apenas de modo mais estrito. Contudo na história de cada sacramento e também no conceito cristão primitivo do mistério e sua concretização em mistérios específicos a ordem divina e o sinal não se relacionam entre si de modo tão exterior. Se a eficácia específica dos sacramentos está alicerçada sobre a peculiaridade do acontecimento da salvação como presença da salvação escatológica, de modo que sua atualização pela anamnese por meio do Espírito é o meio de sua eficácia salvadora, então o *mandatum Dei* já está implicitamente atuante nela: O mistério da salvação manifesto em Jesus Cristo precisa ser proclamado em sua relevância de salvação universal – mas com isso também lembrado e apropriado em sua relevância escatológica e existencial. Por isso a continuação da prática de refeições de Jesus por seus discípulos sob a impressão do acontecimento da Páscoa está fundamentada na própria coisa, com ou sem ordem expressa de repetição na última ceia de Jesus na noite da traição. Algo equivalente vale para o batismo, a partir na ligação do batismo de Jesus com a paixão e com o lacre da confissão a Jesus. A unção da fronte participa da função comemorativa da cerimônia batismal, ao fazer rememorar a "unção" de Jesus com o Espírito Santo em seu batismo. Também absolvição, ordenação e unção de enfermos podem ser entendidas de maneira análoga como anamnese dos respectivos aspectos da atuação de Jesus, que continua eficaz nessa memória e sempre de novo alcança novas pessoas, incluindo-as no mistério salvador da reconciliação, o qual une Jesus com sua igreja e cuja dinâmica está direcionada para a humanidade toda. Essa tendência universal do evento da reconciliação se expressa de maneira central na filiação de Jesus como o novo ser humano em contraposição ao primeiro Adão. Em vista disso a igreja antiga também foi capaz de ver na destinação de homem e mulher para a comunhão do matrimônio em sua criação um indicativo do plano divino de salvação no evento de reconciliação que une a igreja de Cristo com seu Senhor.

O evento da reconciliação visa à superação da ruptura ocorrida com o pecado na comunhão do ser humano com Deus e à consumação do próprio ser humano. Pelo fato de que esse futuro escatológico do ser humano em Jesus Cristo já iniciou, ainda que oculto sob a cruz, ele também se torna presente na anamnese sacramental do mistério da salvação de Cristo,[814] embora não como um efeito da graça distinto de Jesus Cristo, mas como transformação dos humanos na imagem do próprio Cristo, o novo ser humano (Rm 8.29; Fl 3.21; cf. 1Cor 15.49).

Neste mundo transitório os efeitos do evento da reconciliação permanecem parciais e ocultos. Não transformam o presente mundo no reino de Deus. Também em casos específicos eles permanecem reféns das ambigüidades da vida humana no mundo ainda não consumado. A nova existência do cristão possui caráter inequívoco somente além de nós mesmos em Cristo e na configuração com cunho de sinal, da participação dos fiéis nele, através do batismo e da ceia do Senhor como sinais prévios da comunhão de mesa do reino de Deus, bem como, aliás, em toda a vida cultual da igreja, não por último em seus cânticos.

Algo análogo vale para a comunhão da igreja. Também nela a comunhão da salvação do reino de Deus é realidade presente apenas na forma do sinal, a saber, em seu culto eucarístico e principalmente no centro dele, a celebração da ceia do Senhor. A essa presença com cunho de sinal, do mistério da salvação de Cristo, precisa servir também a configuração organizativa da vida eclesiástica.

---

[814] TOMÁS DE AQUINO ensinou tanto a aplicação dos sacramentos para a superação da ruptura do pecado quanto para o aperfeiçoamento do ser humano em seu relacionamento com Deus (S. teol. III,65,1). G. EBELING criticou a segunda finalidade certamente sem muita razão (*Dogmatik des christlichen Glaubens*, vol. III,1979, p. 313), como se nesse caso se tratasse de uma perfeição diversa da participação em Jesus Cristo e da consumação escatológica do mundo iniciada com ele sob o signo da cruz. Se algo assim fosse asseverado, realmente teríamos de dizer para qualquer teologia cristã: "Aqui se separam os caminhos" (EBELING, *op. cit.*).

4. O ministério diretivo como sinal e instrumento da unidade da igreja

A igreja foi enfocada até aqui como congregação cultual. O culto de fato constitui o centro de sua vida. No culto o cristão individual está ligado aos outros para a comunhão da igreja por meio da ligação "extática" com Jesus Cristo, a qual eleva cada um acima dele próprio. Unicamente no culto fica concretizada a comunhão dos fiéis como sinal da comunhão futura das pessoas que eternamente louvam e exaltam a Deus no reino de Deus. No entanto, assim como cada cristão não apenas está, como crente, além de si mesmo em Cristo, mas também precisa viver neste mundo como alguém no qual Cristo está presente e atua por intermédio de seu Espírito, assim a igreja também existe como comunhão dos fiéis não apenas na realização do culto, mas igualmente no cotidiano do mundo. O que isso significa ainda será mais concretamente elaborado no capítulo subseqüente. Tanto para a igreja quanto para cada crente vale que aquilo que constitui sua identidade como cristãos batizados e como congregação cultual precisa ser aprovado no cotidiano do mundo, porém novamente não de tal maneira que somente a partir disso seria formada a verdadeira realidade da vida cristã.[815] A concretização da fé neste mundo e sua história, pelo contrário, permanece sempre refém das ambigüidades do mundo. Embora nas influências mundanas da fé a transformação do mundo e de nossa vida, a ser manifesta no futuro escatológico do reino de Deus, já se encaminhe de maneira oculta,

---

[815] O contraste entre domingo e dia de trabalho simbolizava para HEGEL a dissociação entre religião e a "consciência restante" do ser humano (*Begriff der Religion*, ed. por G. LASSON, *PhB*, p. 59,11), uma dissociação que HEGEL já havia lamentado e tratado criticamente em seus *Fragmentos* sobre religião popular e cristianismo em contraposição ao cristianismo em sua propriedade como "religião privada" diante do ideal formado na religião grega da *pólis* como religião do povo (*Hegels theologische Jugendschriften*, ed. por H. NOHL, 1907, p. 19,26s). O HEGEL maduro passou a crer na novidade inaugurada pela Reforma de que poderia reconhecer a eliminação desse contraste, a concretização da reconciliação e da liberdade cristã "também no que é mundano" (*Die absolute Religion*, ed. por G. LASSON, *PhB* 63, p. 217ss., cf. as preleções de HEGEL sobre a filosofia da história mundial, ed. G. LASSON, *PhB* 171 d, p. 881s, 887ss.). Com isso, no entanto, dissolveu unilateralmente a tensão da consciência escatológica do cristianismo em relação ao mundo atual e sua ordem.

a vida cultual de forma alguma é mera expressão e, nesse sentido, sinal para uma realidade da vida cristã a ser buscada fora do culto. Antes, o culto é a verdadeira realidade da igreja neste mundo, assim como o batismo constitui a identidade do cristão como pessoa perante Deus. A concretização tangível que vai além de tal presença da salvação com cunho de sinal, sempre está, no âmbito da comprovação secular da fé, apenas a caminho de modo fragmentário e mais ou menos inaparente e oculto, sendo revelada somente no futuro do reino de Deus.

A vida cultual é, portanto, a figura manifesta da igreja. A realidade mais ou menos difusa da comunhão dos crentes fora do culto poderia, diante disso, ser chamada de igreja "latente", no entanto de outra maneira que em PAUL TILLICH:[816] Trata-se sem dúvida de cristãos batizados, de suas associações e instituições. Mas é somente no culto que essas associações se mostram de forma não-ambígua como igreja de Cristo. De qualquer modo vale para essa igreja "latente" que em seus membros atua o poder do Espírito de Cristo através de fé, esperança e amor – ora com maior, ora com menor clareza – e não por último são eles os que se reúnem para os cultos. Para isso, como também para outras atividades – catequéticas, diaconais, missionárias – há necessidade de uma organização e "ordem" da comunhão dos fiéis. Ela está vinculada à vida cultual da igreja por meio do ministério da liderança da congregação. As tarefas da liderança da congregação são praticadas de forma bastante diferente nas diversas igrejas, dependendo da forma e proporção da participação dos membros da congregação ou de seus representantes eleitos na direção das atividades conjuntas. Nessa organização, porém, precisa permanecer determinante para a direção da igreja a tarefa dada à igreja toda de proclamar o evangelho e louvar a Deus na memória cultual do evento de salvação que a fundamenta.

---

[816] P. TILLICH, *Systematische Theologie*, vol. III (1963), ed. alemã 1966, p. 180s, contava com uma presença latente da comunhão no Espírito que supera a ambigüidade da vida em todas as culturas em que se encontram as pessoas que "não tiveram um encontro com a revelação central em Jesus, o Cristo" (p. 180), enquanto está manifesta na igreja cristã (p. 181). Aqui é acolhida a diferenciação de TILLICH com a modificação de que ambos os lados se aplicam à própria a igreja: Manifesta é a igreja como aquilo que ela é segundo seu conceito essencial, apenas em sua vida cultual. Dessa maneira também se corresponde, entre outras, a uma das razões que detiveram TILLICH a não identificar a igreja inequivocamente com a idéia da "comunhão espiritual" (*op. cit.*, p. 176s, cf. 202ss).

Em razão disso, em que pese toda a diversidade na ordem institucional das igrejas, o ministério responsável pelo ensino público do evangelho em uma igreja também terá de assumir responsabilidade última pela configuração do culto e das demais iniciativas da congregação dos fiéis, a saber, a responsabilidade por seu direcionamento ao centro da vida cultual na proclamação do evangelho e na celebração dos sacramentos.

1. A incumbência conjunta dos fiéis e o ministério da unidade

Existem na vida da igreja muitos ministérios e serviços em consonância com a multiplicidade de tarefas, mas igualmente de talentos e capacidades individuais que se tornam atuantes como dons do Espírito (carismas) no serviço à igreja de Cristo e às suas tarefas.[817] Uma vez que as tarefas a ser cumpridas na vida da igreja mudam de acordo com a situação, também os carismas não formam um número rigorosamente definido. Em situações com novas necessidades podem aparecer novos carismas. A enumeração por Paulo em 1Cor 12 não demanda ser completa, e nem tudo ali citado é necessário para todos os tempos na vida da igreja. No mais, o alvo de sua enumeração pelo apóstolo consiste na unidade do corpo de Cristo, a ser preservada sem prejuízo de sua multiplicidade espontânea, no qual os muitos são membros cada qual em sua colocação (1Cor 12.12ss; 12.27). Os diversos carismas na realidade se manifestam de maneira mais ou menos espontânea, mas devem servir à unidade da congregação. Disso resulta "que para definir as *ocupações* específicas na congregação temos de partir da *vocação da congregação toda*. Os diversos *ministérios* na igreja têm como pressuposto e base o único *ministério conjunto* da igreja.[818] Essa vocação conjunta de todos os cristãos consiste em dar continuidade ao envio de Jesus Cristo para o testemunho em favor do reinado de Deus: "Assim

---

[817] Acerca da relação entre dons naturais e carismas, cf. G. EICHHOLTZ, *Erfahrung und Theologie des Heiligen Geistes*, 1974, 16. Por causa da eficácia do Espírito divino já na criação como princípio da vida e em especial também na vitalidade intelectual do ser humano não se deveria afirmar um contraste ontológico entre dons "naturais" e carismas "sobrenaturais". Critério de diferenciação é, antes, a relação com a vida da igreja de Cristo: Todo dom que contribui para a vida da igreja de Cristo deve ser designado, no sentido de 1Cor 12, como carisma.

[818] J. MOLTMANN, *Kirche in der Kraft des Geistes*, 1975, p. 327.

como o Pai me enviou, assim eu vos envio" (Jo 20.21; cf. Jo 17.18). Essa palavra vale para todos os discípulos de Jesus, do mesmo modo como Lc 10.16: "Quem vos ouve, a mim me ouve" (cf. Jo 13.20).[819] Da mesma forma a ordem de repetição na instituição da ceia do Senhor (Lc 22.19) se dirige, como frisou LUTERO (cf. abaixo, nota 832), a todos os discípulos de Jesus. A continuidade do envio de Jesus adquiriu desde a Páscoa inevitavelmente a forma do testemunho da irrupção do senhorio de Deus em Jesus Cristo. Por isso a vocação conjunta de todos os cristãos consiste em testemunhar Jesus Cristo como salvação para todos os humanos: "Todos são chamados e enviados a dar profeticamente testemunho do evangelho de Jesus Cristo, a celebrar conjuntamente o culto e a servir às pessoas."[820]

A teologia da igreja antiga e da Idade Média descreveu a participação de todos os crentes e batizados no envio de Jesus Cristo pelo Pai como partilha de seu ministério sacerdotal e real.[821] Nessa tradição também se insere a doutrina da Reforma acerca do sacerdócio geral de todos os crentes, que se reportou principalmente a 1Pd 2.9.[822] A participação em Jesus Cristo fundamentada pela fé e

---

[819] Isso é admitido hoje também por teólogos católicos. Cf. B. D. DUPUY, "Theologie der kirchlichen Ämter", in: *Mysterium Salutis* IV/2, 1973, p. 488-525, 490. DUPUY, no entanto, acrescenta que para os ministros da igreja essa asserção valeria *a fortiori* [com muito mais razão] (*ibid.*). Seja como for, torna-se, então, necessário definir mais claramente o específico do ministério com ordenação no âmbito da incumbência dada a todos conjuntamente.

[820] Gemeinsame römisch-katholische/evangelisch-lutherische Kommission, *Das geistliche Amt in der Kirche*, 1981, n.13 (p. 17). Cf. também as afirmações correspondentes da Declaração sobre o ministério (1982) n.4 e 5.

[821] Consta em AGOSTINHO, *De civ. Dei* XX,10: ... *sicut omnes Christianos dicimus propter mysticum chrisma, sic omnes sacerdotes, quoniam membra sunt unius sacerdotis* [... assim como chamamos a todos de cristãos por causa da unção mística, assim todos são sacerdotes, porque, afinal, são membros de um só sacerdote] (*CCL* 48, p. 720). Cf. AMBRÓSIO, *De sacr.* IV,3 (*SC* 25, p. 106-108). Outros comprovantes em P. DABIN, *Le sacerdoce royal des fidèles dans la tradition ancienne et moderne*, 1950, p. 69ss., 259ss., 507ss. Quanto à relação entre sacerdócio geral dos crentes e sacerdócio específico, cf. também H. DE LUBAC, *Betrachtung über die Kirche* (1953), ed. alemã 1954, p. 90ss.

[822] Posição de LUTERO, 1520, *WA* 6, p. 407s e 564,10ss. Cf. *WA* 8, p. 422,35-38. Em 1Pd 2.9 é evidente que, em vista da idéia do povo sacerdotal de Deus, não se expressa uma vocação "sacerdotal" de cada indivíduo cristão para si, mas a da

pelo batismo inclui conforme LUTERO não apenas a participação em sua vida e sua justiça, mas também em seus ministérios, em sua realeza e seu sacerdócio.[823] Assim como a participação na realeza de Cristo se manifesta na liberdade espiritual dos fiéis, assim a participação no sacerdócio de Cristo significa que toda pessoa batizada é digna de se apresentar em oração perante Deus, interceder por outros e anunciar-lhes a doutrina divina.[824] LUTERO também sabia ligar oferecimento do sacrifício com o sacerdócio geral dos crentes, a saber, no sentido de Rm 12.1 e 1Pd 2.5 como entrega da própria vida no serviço a Deus e ao semelhante.[825]

A asserção de uma participação de todos os cristãos no ministério sacerdotal de Jesus Cristo a princípio não é alvo de controvérsia confessional. Por isso também o Concílio Vaticano II pôde acolher e revestir de nova ênfase a idéia do sacerdócio conjunto de todas as pessoas batizadas em sua constituição eclesiástica.[826] O viés especifico dado à idéia pela Reforma decorre somente das conseqüências tiradas dessa asserção: O sacerdócio não mais aparece como aquilo que diferencia entre os detentores de ministérios na igreja e os leigos, mas é "uma categoria cristã genérica".[827] Os presbíteros e bispos não se diferenciam dos demais cristãos através do sacerdócio e o *status* espiritual vinculado a ele, mas somente através de seu serviço ou seu ministério na igreja. Consta, p. ex., em 1520 no escrito de LUTERO à nobreza cristã: "... todos os cristãos pertencem verdadeiramente ao *status* espiritual, e entre eles não há diferença, a não ser apenas por força do ministério" (WA 6, p. 407,13-15).

O Concílio Vaticano II manteve a designação ""sacerdócio" para o ministério eclesiástico, diferenciando-o como "hierárquico"

---

igreja toda como povo de Deus e seu envio ao mundo. Cf. L. GOPPELT, *Der Erste Petrusbrief*, 1978, p. 151ss. Apesar disso naturalmente todo cristão individual tem participação nessa vocação, embora no contexto da carta não seja essa a ênfase.

[823] Sobre isso, cf. esp. as afirmações de LUTERO, in: *De lib. Christiana*, 1520, p. 14s (WA 7, p. 56s).

[824] LUTERO, *op. cit.*, WA 7, p. 57,25s.

[825] Para as afirmações de LUTERO em WA 8, p. 416,12-16 e p. 420,10-26, cf. W. STEIN, *Das kirchliche Amt bei Luther*, 1974, p. 129. A idéia aparece já na preleção de LUTERO sobre os Salmos, WA 2, p. 236,2-7 (sobre isso, STEIN, *op. cit.*, p. 57).

[826] LG 10. Sobre isso, cf. o comentário de A. GRILLMEIER no suplemento nº 1 à *LTK*, 1966, p. 181s.

[827] W. STEIN, *op. cit.*, p. 211, bem como acerca da origem dessa conseqüência no ano 1519 (WA Br.1, p. 595,17-37) ali, p. 50 e p. 126s.

do sacerdócio comum de todas as pessoas batizadas.[828] Contudo não está mais vinculada a isso a asserção de um estado espiritual da graça diverso dos demais cristãos, por meio do qual o sacerdote estaria mais perto de Cristo que os demais cristãos. Pelo contrário, apesar de preservar o conceito de sacerdócio (*sacerdotium*) para o ministério da igreja com ordenação, esse ministério é consistentemente descrito com ênfase na teologia católica da atualidade como serviço.[829] No linguajar luterano a palavra *ministerium* foi geralmente traduzida para o termo alemão *Amt* [cargo], porque nele ecoa o momento do encargo (divino), que não se expressa diretamente com a idéia do serviço, embora nele por sua vez ecoe também toda a abundância de significados do termo *diakonia* do Novo Testamento. Independente, porém, da terminologia que se preferir, o decisivo é que nesse ponto não existe mais nenhuma diferença de princípio entre a concepção católica e a da Reforma acerca da relação entre ministério ou serviço (*ministerium*) eclesiástico e sacerdócio geral

---

[828] LG 10. Em seu comentário A. GRILLMEIER, *op. cit.*, p. 181s, menciona que para a diferenciação entre o cargo de serviço eclesiástico e o sacerdócio comum dos fiéis se ventilou a expressão sacerdócio "sacramental", mas que por fim foi rejeitada, porque também o sacerdócio dos crentes possui "um fundamento sacramental" (p. 182), a saber, no batismo. Sobre a problemática de manter o termo sacerdote como caracterização da peculiaridade do cargo de serviço eclesiástico, cf. H. KÜNG, *Die Kirche*, 1967, p. 493, bem como p. 451s, e ainda a constatação de H. FRIES, *Fundamentaltheologie*, 1985, p. 435 acerca da falta do termo sacerdote nas declarações das cartas pastorais sobre os ministérios na igreja.

[829] Posição não apenas de H. KÜNG, *Die Kirche*, 1967, p. 458-521, e idem, *Wozu Priester? (Eine Hilfe)*, 1971, p. 27ss., mas também de B. D. DUPUY, in: *Mysterium Salutis* IV/2, 1973, p. 489-492, que descreveu o ministério eclesiástico como "serviço e autoridade", no que o conceito do serviço está em primeiro lugar. Cf. também p. 514. Ainda A. DULLES, *Models of the Church* (1974) 1978, p. 171. J. RATZINGER afirmou acerca do entendimento de Paulo quanto ao ministério do apóstolo: "O serviço é a medida do ministério" (*Das neue Volk Gottes. Entwürfe zur Ekklesiologie*, 1969, p. 111). Conforme RATZINGER trata-se do serviço na "edificação do corpo de Cristo", que como "serviço da reconciliação" é essencialmente "a princípio, serviço à palavra" (*op. cit.*). O ponto de partida para a definição do caráter de serviço do ministério eclesiástico reside nas afirmações do Concílio Vaticano II, que em sua constituição eclesiástica fala de um *"Sacerdotium... ministeriale seu hierarchicum"* [sacerdócio... ministerial ou hierárquico] (*LG* 10). Nisso a idéia do serviço possui a função de definir corretivamente mais de perto o conceito da hierarquia, que possui vários significados e pode ser entendido também como ordem de domínio.

dos crentes. Quando o concílio afirma do "sacerdócio hierárquico" do serviço eclesiástico que ele difere por essência não (apenas) por grau (*essentia et non gradu tantum*) do sacerdócio geral dos fiéis, essa diferença essencial precisa, não obstante, ser vista justamente no serviço especial dos bispos e presbíteros e nas credenciais com ele relacionadas, não em um *status* especial na graça. A graça que conforme a doutrina católica é conferida pela ordenação se refere como graça ministerial à autoridade e função do detentor do cargo, mas não o destaca como pessoa acima da vinculação com Jesus Cristo, comum a todos os cristãos.[830] Essa última concepção, porém, foi o foco da crítica da Reforma à restrição do conceito do sacerdócio aos ministros ordenados da igreja: Pelo batismo todos os cristãos são "sacerdotes" e, portanto, pertencem de igual modo ao estado espiritual.[831]

A incumbência comum de todos os cristãos, de testemunhar sua fé e levar adiante a mensagem do evangelho, testificando-a mediante sua vida, inclui também uma responsabilidade conjunta para que isso aconteça em consonância com a unidade dos crentes em Jesus Cristo e, portanto, em comunhão. A tarefa comum dos cristãos não deixaria de ser cumprida se cada um para si – e também em contradição ao outro – desse seu próprio testemunho em favor de Jesus Cristo. Pelo contrário, a incumbência dada a todos os cristãos requer que ela seja cumprida como uma incumbência conjunta. Esse aspecto da tarefa conjunta precisa se preservado tanto no testemunho da fé como na celebração da ceia do Senhor. Mas ela não surge automaticamente, e tampouco pode se tratar de qualquer aspecto comum, mas unicamente daquela fundamentada

---

[830] Para a correlação das dádivas espirituais propiciadas pela ordenação com as funções dos bispos, presbíteros e diáconos, cf. B. D. DUPUY, *op. cit.*, p. 507ss., para a concepção combatida pela Reforma, cf. a posição crítica de H. KÜNG, *op. cit.*, p. 453ss. Acerca da problemática atual do "sacral concept of the priesthood" [conceito sacro do sacerdócio], cf. ainda A. DULLES, *op. cit.*, p. 174s, bem como as observações de H. DE LUBAC, *op. cit.*, p. 93: "Quanto à participação do cristão na graça de Cristo o sacerdócio do bispo e dos sacerdotes... a rigor não representa nenhuma dignidade superior", e: "Os crentes não podem ser chamados de sacerdotes, como pensaram vários teólogos, apenas por causa de sua subordinação diante daquele segundo sacerdócio" (p. 94). Nesse a questão não seria um "grau superior no 'sacerdócio interior'", que é comum a todos e insuperável... mas um 'sacerdócio exterior', que é reservado a alguns".

[831] M. LUTERO, *WA* 6, p. 407,10ss. Sobre isso, cf. W. STEIN, *op. cit.*, p. 66s e 175.

no evangelho de Jesus Cristo. Sempre já é anterior à pluralidade dos membros da igreja, mas também precisa ser colocada junto à pluralidade das contribuições individuais para a vida da congregação, para integrá-las na unidade do testemunho de Cristo. Uma instância destinada a cumprir essa função depende por um lado da consciência conjunta de fé dos membros da igreja, mas por outro representa diante deles a unidade da incumbência de Jesus Cristo, no qual aquela mesma consciência conjunta de fé se fundamenta e a partir da qual ela sempre de novo precisa se renovar.

LUTERO descreveu de tal maneira esse quadro complexo, que ele por um lado atribuiu a cada cristão o mesmo poder (*potestas*) em vista da proclamação da palavra e administração dos sacramentos,[832] mas por outro enfatizou que disso não decorre que todos exerçam igualitariamente esse serviço no espaço público da congregação – portanto, na esfera de sua vida conjunta.[833] Para isso, pelo contrário, há necessidade de um chamado especial que conforme LUTERO em última análise remonta aos apóstolos e sua vocação pelo próprio Jesus Cristo. Isso não impediu que LUTERO atribuísse a cada cristão uma atuação e responsabilidade conjunta para que esse serviço de fato seja exercido na igreja.[834]

---

[832] M. LUTERO, *De capt. Bab. eccl.* 1520, *WA* 6, p. 566,27s (cf. o texto abaixo, nota 837). Em consonância é dito por LUTERO em 1521, in: *De abroganda missa privata*, que cada cristão pode assumir as tarefas do sacerdote, em especial ensinar o povo e orar por ele (*WA* 8, p. 422,35ss.). Nesse contexto LUTERO também relaciona a palavra de Cristo: "Quem vos ouve, a mim me ouve" (Lc 10.16) com todos os cristãos. Também a ordem de repetição, que Jesus proferiu na instituição da ceia do Senhor (Lc 22.19), dirige-se segundo LUTERO não apenas a um grupo privilegiado de detentores de cargos, mas a todos os cristãos, e a memória de Cristo aqui ordenada não é outra coisa senão a proclamação da palavra (*aliud nihil est quam praedicare verbum*). Ela acontece, de acordo com Paulo, já por meio do próprio comer e beber (*WA* 12, p. 180s).

[833] *De lib. chr.* 1520, *WA* 7, p. 58,20: *non tamen possumus nec, si possemus, debemus omnes publice servire et docere* [mas se temos o poder, devemos servir e ensinar a todos publicamente]. Cf. *WA* 8, p. 253,29s: "exercer tal autoridade e conduzir a obra não compete a qualquer um". Cf. também *WA* 7, p. 647,7-11, bem como contra HENRIQUE VIII da Inglaterra, *WA* 10/2, p. 220s. Cf. W. STEIN, *op. cit.* p. 94-99.

[834] Essa é a mais importante função da autoridade geral (*potestas*) enfatizada por LUTERO em vista de palavra e sacramento.

As declarações de LUTERO sobre esse tema não são inequívocas, como já mostraram em 1521 as reações de JERÔNIMO EMSER e HENRIQUE VIII da Inglaterra. Ambos os críticos de LUTERO imputam à doutrina dele do sacerdócio geral dos crentes a intenção de eliminar totalmente a ordenação e o ministério eclesiástico. Por mais que LUTERO enfatizasse, contra isso, a intenção de preservar a necessidade de um chamado especial para o exercício público das funções da proclamação da palavra e administração dos sacramentos, não é facilmente entendível a vinculação com suas afirmações sobre o sacerdócio geral dos fiéis. Na interpretação de LUTERO e da teologia ministerial protestante ela é controvertida até hoje.

Com freqüência a vinculação é apresentada de tal maneira que LUTERO "deriva o ministério especial a partir do geral". Para tanto seria determinante a exortação de Paulo em 1Cor 14.40, de que na congregação "tudo deve acontecer de maneira ordeira". "Por isso a congregação tem de convocar um indivíduo para o ministério especial, no serviço à palavra e ao sacramento" (WA 6, p. 440,30). "Acontece assim uma delegação da autoridade que toda a congregação e cada indivíduo possuem, a uma pessoa que ela escolhe dentre seu meio ou que um superior convoca".[835]

Essa concepção foi contestada em 1974 por WOLFGANG STEIN com argumentos de peso. Quando LUTERO fala do mesmo poder de cada cristão em vista da proclamação da palavra e administração dos sacramentos, essa expressão deve ser entendida no sentido de um uso terminológico oriundo da tradição agostiniana, e segundo o qual *potestas* deve ser entendida "como incumbência à igreja toda e por isso como posse da *universitas fidelium* [universo dos fiéis], porém não como uma credencial conferida a cada indivíduo por si, da qual ele poderia fazer uso a seu bel-prazer.[836] Em decorrência, LUTERO diferencia entre a autoridade e seu uso. Esse último somente seria admissível com o consentimento da comunidade, e logo a autoridade não é transferida por delegação dos cristãos individualmente a um detentor de ministério que atua em lugar deles. Porque para isso todos os cristãos não apenas teriam de participar da autoridade, mas também poder dispor cada um por si sobre seu uso. LUTERO negou isso expressamente.

---

[835] P. ALTHAUS, *Die Theologie Martin Luthers*, 1962, p. 280s. Sobre 1Cor 14.40 em LUTERO, ALTHAUS remete a WA 12, p. 189,24.
[836] W. STEIN, *Das kirchliche Amt bei Luther*, 1974, p. 88s, cf. p. 69s.

De acordo com a concepção dele não compete ao indivíduo fazer uso por si mesmo (*singulariter*) de uma autoridade que foi transferida à totalidade (e somente assim também a cada membro individualmente).[837]

Se devemos entender sob comunhão, à qual segundo LUTERO foram transferidas a tarefa e autoridade para proclamar o evangelho e administrar os sacramentos, a totalidade do cristianismo desde os tempos dos apóstolos, então se compreendem a partir daí as afirmações de LUTERO que vinculam o exercício público desse ministério – em todos os casos em situações normais – à incumbência dada aos apóstolos, passada a seus sucessores e transmitida até a atualidade.[838] Essa é justamente a maneira como a comunhão dos cristãos desde sua fundação apostólica e em fidelidade lida com essa sua origem apostólica como um todo. Em contrapartida, porém, a partir daquela idéia básica também se torna compreensível "que em situações nas quais essa ordem normal da instalação no ministério por qualquer motivo não funcionar, todos os cristãos batizados não apenas possuem o direito, mas igualmente o dever de cuidar para que aconteçam a proclamação do evangelho e a administração dos sacramentos, porque a igreja não pode existir sem o exercício desse serviço".[839]

---

[837] M. LUTERO, *De capt. Babyl. eccl.* 1520: *Esto itaque certus... omnes nos aequaliter esse sacerdotes, hoc est, eandem in verbo et sacramento quocunque habere potestatem, verum, non licere quemquam hac ipsa uti nisi consensu communitatis aut vocatione maioris. Quod enim omnium est communiter, nullus singulariter potest sibi arrogare, donec vocetur* [Esteja, pois, certo... todos nós somos igualmente sacerdotes, ou seja, temos o mesmo poder na palavra e no sacramento, no enanto, não é lícito que alguém faça uso dela a menos que por consenso da comunidade ou por chamado de um superior. Por isso que é comum de todos, nenhum pode arrogar a si sozinho, a menos que seja chamado] (*WA* 6, p. 566,26ss.). Cf. também *WA* 10/3, p. 215,25ss. Por isso E. HERMS afirmou sem razão contra STEIN, *op. cit.*, p. 90) "que por princípio *toda* pessoa batizada tem a *capacidade* e o *dever* de reivindicar e exercer o que é propriedade comum da igreja" (posicionamento sobre a terceira parte do Documento de Lima "Ministério", in *KuD* 31, 1985, p. 65-96, 77). Cf. sobre isso do autor: "Das kirchliche Amt in der Sicht der lutherischen Lehre", in: idem (ed.): *Lehrverurteilungen – kirchentrennend?*, vol. III, 1990, p. 286-305, 295ss.

[838] *WA* 40/1, p. 59,14-24 (Grande comentário aos Gálatas, 1535). Cf. *WA* 11, p. 414,17-20.

[839] *Lehrverurteilungen – kirchentrennend?*, vol. III, 1990, p. 296s (na contribuição do autor citada na nota 837).

Nos primórdios da igreja a autoridade dos apóstolos[840] cuidou da preservação das congregações na fé no Senhor crucificado e ressuscitado. Nas comunidades da missão, constituídas pela mensagem do evangelho apostólico o apóstolo, ao qual devem sua fundação, permaneceu como autoridade determinante também para a preservação na doutrina dele recebida. Depois da morte dos apóstolos parece ter havido na segunda e terceira gerações do cristianismo primitivo uma fase de insegurança no que tange à realização dessa função. Os ministérios existentes na congregação não parecem ter tido condições sem mais nem menos para assumir uma função dessas. Os carismáticos itinerantes (e evangelistas? Ef 4.11),[841] nos quais se registrou uma continuação para o tipo do apóstolo do primeiro cristianismo, não ofereciam nenhuma garantia para preservar as congregações na fé que elas haviam recebido dos apóstolos, mas careciam por sua vez ser examinados com base nessa norma (cf. *Did* 11s). Isso já se havia mostrado em Corinto nos tempos de vida do apóstolo Paulo (2Cor 11). Os demais ministérios na congregação, a saber, por um lado a constituição dos anciãos, vinda do judaísmo, e por outro os mestres residentes no local, mencionados por Paulo (1Cor 12.28; Rm 12.7; cf. Ef 4.11), bem como os presidentes

---

[840] Conforme J. Roloff, art. "Apostel etc. I", in: *TRE* 3, 1978, p. 430-445, cabe diferenciar entre os apóstolos de Jerusalém (Gl 1.17ss) e os apóstolos itinerantes carismáticos enviados de Antioquia como Paulo e Barnabé (p. 435s). Enquanto os primeiros (cujo número excede os Doze convocados por Jesus) eram apóstolos por força de um chamado e envio do Ressuscitado, o apóstolo itinerante do primeiro cristianismo pode ter sido influenciado por uma "reinterpretação" da tradição pré-pascal de um envio dos discípulos por Jesus "no horizonte da atuação escatológica do Espírito experimentada como atual" (p. 436). Pelo que parece, Paulo combinou as duas concepções, ao entender seu apostolado itinerante após o reconhecimento da aparição de Cristo a ele e da assim fundamentada incumbência apostólica por parte dos apóstolos de Jerusalém, no sentido do conceito deles de apóstolo e a si mesmo como o último na série conclusa das testemunhas apostólicas da ressurreição (1Cor 15.8; p. 436s).

[841] Acerca do apostolado itinerante, cf. G. Theissen, "Wanderradikalismus", in: *ZTK* 70, 1973, p. 245-271, bem como J. Roloff, art. "Amt etc. IV", in: *TRE* 2, 1978, p. 509-533, esp. p. 515ss. Sobre o ministério do evangelista em Ef 4.11, cf. H. Merklein, *Das kirchliche Amt nach dem Epheserbrief*, 1973, p. 345ss. O escalonamento dos evangelistas como missionários itinerantes abaixo da posição dos apóstolos (Ef 4.11 os posiciona somente em terceiro lugar depois dos apóstolos e profetas) pode ser atribuído à opinião do autor de Ef.

de congregações nas casas (epíscopos),[842] os quais eram ajudados por "diáconos",[843] inicialmente parecem não ter tido a autoridade necessária para a continuação da função do apóstolo. A concepção de que os apóstolos por sua iniciativa teriam instituído bispos como sucessores na realidade é sugerida pelas cartas pastorais. Contudo se evidencia como fictícia, considerando que essas cartas não foram escritas por Paulo, mas somente décadas depois de sua morte sob o nome dele, como hoje assume a preponderante maioria dos exegetas. Mas justamente o surgimento de cartas pseudônimas de Paulo na terceira tradição do cristianismo primitivo deve ser compreendido – em analogia ao surgimento da literatura dos evangelhos – como expressão do esforço de preservar a orientação na doutrina vinculada à autoridade pessoal do apóstolo e também fazê-la valer para os problemas constituintes do período pós-apostólico. Nesse esforço se salienta nas cartas pastorais a tendência de desprender o ministério de epíscopo da limitação às congregações cultuais caseiras e referi-lo à congregação geral do lugar, que assim passou a ser entendida como comunhão domiciliar ampliada, na qual agora também cabia ao epíscopo o ministério do ensino. Desse modo passou a ser competente para preservar sua igreja local na doutrina do evangelho recebida do apóstolo.[844] Essa solução se impôs com razão no segundo século diante de outros modelos,[845] porque por

---

[842] Sobre o sentido original do cargo de bispo já mencionado por Paulo em Fl 1.1, que mais tarde as cartas pastorais (1Tm 3.1; Tt 1.7) relacionaram com a direção da congregação toda (1Tm 3.5), cf. J. ROLOFF, *Der erste Brief an Timotheus*, 1988, p. 171ss. O plural *episkopoi* em Fl 1.1 deve assinalar que naquele tempo ainda não se tratava do presidente da congregação.

[843] Sobre isso, cf. J. ROLOFF, *op. cit.*, p. (1988), p. 174s, bem como idem, art. "Amt etc.", in: *TRE* 2, 1978, p. 522.

[844] Sobre isso, cf. J. ROLOFF, *op. cit.* (1988), p. 175s e 177s. Cf. *Did* 15,2, bem como o exposto por H. MERKLEIN, *op. cit.*, p. 362ss e esp. p. 381, sobre os "pastores e mestres" de Ef 4.11.

[845] Nesse caso trata-se de modelos mais fortemente orientados na direção da congregação por colégios de anciãos. Cf. J. ROLOFF, *op. cit.* (1988), p. 175 sobre 1Pd 5.1-5 e At 20.17 e 28. Sobre a primeira carta de CLEMENTE, o Pastor de Hermas, POLICARPO, cf. ROLOFF, p. 182, onde também consta que INÁCIO de Antioquia teria sido "o primeiro a ver em conjunto as duas estruturas ministeriais em uma unidade coesa". Acerca do desenvolvimento do séc. II ainda continua fundamental H. V. CAMPENHAUSEN, *Kirchliches Amt und geistliche Vollmacht in den ersten drei Jahrhunderten*, 1953, p. 91-107. De acordo com a opinião de ROLOFF esse

meio da vinculação das funções de ensino e direção da congregação ela deu início a uma instituição capaz de cumprir, diante dos riscos constantes de ameaças à unidade das congregações por heresias, a função outrora detida pelos apóstolos de sua preservação na doutrina do evangelho sob as circunstâncias entrementes modificadas.

Para o ensinamento dogmático do ministério eclesiástico esses dados históricos são importantes e plenos de conseqüências. Significam *primeiramente* que a autoridade e configuração do ministério diretivo eclesiástico como ministério episcopal não podem ser fundamentadas diretamente sobre uma ordem dos apóstolos em associação com uma instituição de sucessores. Essa concepção, que já aparece na primeira carta de CLEMENTE (42,4), repousa sobre uma idealização do processo histórico mais complexo e evidentemente muito menos retilíneo do surgimento do cargo episcopal na igreja antiga.[846]

Como *segundo* ponto, porém, existe na substância uma correspondência entre a unificação da autoridade doutrinária e a função diretiva no ministério episcopal com um aspecto parcial do ministério do apóstolo, a saber, com a função do apóstolo como instância credenciada para preservar as congregações na doutrina do evangelho. A concepção de que os apóstolos instalaram bispos para serem seus sucessores é, portanto, na realidade uma idealização historicamente não-consistente da história do surgimento do cargo episcopal na antiga igreja, mas apesar disso contém em seu conteúdo objetivo um cerne correto: A legitimação teológica do surgimento do cargo episcopal e de seu significado determinante permanente na igreja reside na circunstância de que ele

---

desenvolvimento na realidade seguiu os impulsos das cartas pastorais em dar destaque ao cargo episcopal, mas não em vista da relação de bispo e presbíteros.

[846] Essa idealização ainda está subjacente à exposição da origem do ministério episcopal no próprio Jesus Cristo e de seu envio dos apóstolos em LG 28. Também a concepção desenvolvida por J. RATZINGER, *Das neue Volk Gottes. Entwürfe zur Ekklesiologe*, 1969, p. 116, da "transição da responsabilidade apostólica a personagens como Tito e Timóteo" como "nítida cristalização do ministério do bispo" carece da diferenciação no sentido acima explicitado. Ressalvas consideravelmente maiores se levantam contra a atribuição do ministério espiritual propriamente dito à vocação do grupo dos Doze por Jesus, como RATZINGER (p. 109ss.) ainda considerava possível, muito embora levando em conta a circunstância de que o grupo dos Doze tinha "uma função essencialmente de sinal, escatológica" (p. 111). Sobre a diferenciação entre a função dos Doze e o ministério apostólico, cf. J. ROLOFF, in: *TRE* 2,1978, p. 511ss., bem como *TRE* 3,1978, p. 433s.

foi capaz de cumprir a responsabilidade originalmente vinculada ao ministério apostólico de preservar as congregações na fé do evangelho apostólico, ainda que apenas em um contexto localmente limitado, ao contrário da competência do apóstolo que se estende sobre a igreja toda ou, como em Paulo, a todo o cristianismo gentílico. Foram somente a reunião de bispos da igreja antiga e o desenvolvimento da constituição metropolitana e patriarcal que permitiram cumprir a função do ministério episcopal de preservar a unidade na fé também regionalmente e no todo da igreja. Por causa dessa função, porém, o ministério episcopal na igreja antiga não apenas é expressão de uma "ordem" aleatória segundo a forma e teologicamente neutra, da vida da congregação, ou seja, que em princípio também seria viável de forma bem diferente. Pelo contrário, a combinação que se configurou nele, de direção da congregação e da doutrina, deve ser reconhecida como a solução que se tornou clássica na igreja, da tarefa de preservar as congregações na fé do evangelho apostólico, nesse sentido também como fundamentada na incumbência do envio do Ressuscitado.

Como *terceiro* ponto, porém, é preciso combinar com isso o reconhecimento de que o evangelho apostólico teve a função de norma preestabelecida no processo da constituição do ministério episcopal,[847] que é a única capaz de legitimar esse ministério e à qual os bispos permanecem ligados no exercício de seu ministério. Essa norma não se dilui a tal ponto na autoridade doutrinária dos bispos que nem sequer possa mais ser diferenciada dela e essa última não possa mais ser medida com ela. "O ministério magisterial não está acima da palavra de Deus, mas lhe serve..."[848] É verdade que a palavra do evangelho e o

---

[847] Isso se expressa na descrição típico-ideal da relação entre Timóteo e Paulo em 2Tm 1.5s; 2.2-14; 3.10 e 14; 4.2; cf. 1Tm 1.11ss e 18. ROLOFF, *Der erste Brief an Timotheus*, 1988, p. 179s.

[848] Posição da Constituição do Concílio Vaticano II sobre a revelação divina *DV* 10: ... *Magisterium non supra verbum Dei est, sed eidem ministrat, docens nonnisi quod traditum est...* [O magistério não está acima da palavra de Deus, mas lhe serve, não ensinando a menos que tenha sido legado]. Essa frase do concílio possui seguramente mais o caráter de uma constatação do que de convite para examinar o exercício do ministério doutrinário em uma instância superior a ele. O reconhecimento de uma instância dessas, porém, implica em sua diferenciação do exercício do ministério doutrinário e com isso também na possibilidade de examinar a declarada concordância.

serviço a essa palavra formam um unidade. "Uma palavra hipostaseada existente isoladamente não existe,"⁸⁴⁹ pelo menos não na esfera da proclamação doutrinária eclesiástica. Mas a relação entre palavra e serviço à palavra certamente é outra no caso do apóstolo que nos ministros de gerações posteriores. Para o apóstolo vale em certo sentido: "A palavra não existe sem o ministério; está vinculada à testemunha, à autoridade e ao envio."⁸⁵⁰ Paulo na verdade fez uma clara distinção entre "seu" evangelho (Rm 2.16) e sua própria pessoa, sendo esse o evangelho de Deus (1Ts 2.2,8s), ao qual servia (Rm 1.1; cf. Rm 1.9) e cuja proclamação ele não podia ousar abandonar (1Cor 9.16). Apesar disso esse evangelho não se deixa separar dele; somente se deixa sondar quanto a sua origem na história de Jesus Cristo. Nos ministros posteriores da igreja isso é diferente. Para eles está preestabelecido o evangelho apostólico como norma de seu serviço, tal como está contido no cânon dos escritos do Novo Testamento, o qual adquiriu sua forma definitiva em conjunto com a formação do ministério episcopal e por sua vez está vinculado à autoridade do Antigo Testamento como profecia direcionada para a revelação de Deus em Jesus Cristo. A norma apostólica do evangelho, porém, demandava de sua parte na época pós-apostólica a formação de um ministério que correspondesse ao serviço apostólico para preservar as congregações na fé, como depois passou a se configurar no ministério episcopal da igreja antiga.⁸⁵¹

---

⁸⁴⁹ J. RATZINGER, op. cit., p. 115, cf. p. 111s. Com essa formulação com certeza RATZINGER não se voltou contra o conceito trinitário do Logos: O Logos trinitário de fato é hipostático. A partir daí existe muito bem também uma "autonomia da palavra perante a igreja", inclusive em vista da palavra encarnada. Contudo abaixo desse nível a palavra realmente possui "seu lugar no arcabouço de envio e serviço" (RATZINGER, p. 111s). Não existe uma palavra isolada *ao lado* do Logos trinitário que esteja encarnada em Jesus de Nazaré e sua história.

⁸⁵⁰ J. RATZINGER, op. cit., p. 115. Com isso não se afirma que o apóstolo possa dispor de sua mensagem por si próprio. RATZINGER destaca que o ministério apostólico é um serviço, a saber, "serviço da reconciliação" (2Cor 5.18) "e sob esse aspecto primeiramente serviço à palavra" (op. cit., p. 111). Cf. J. ROLOFF, art. "Apostel etc.", in: TRE 3, 1978, p. 438s.

⁸⁵¹ O detentor desse ministério "é responsável pela continuidade do legado da doutrina apostólica e deve defendê-lo diante da heresia nova, por natureza não compromissada com nenhuma tradição (2Tm 4.3; Tt 1.10). A legitimidade de sua condução do ministério persiste ou não com sua fidelidade a essa incumbência" (J. ROLOFF, *Der erste Brief an Timotheus*, 1988, p. 180).

Nesse contexto resulta, como *quarto* ponto, dos dados sobre o surgimento do ministério episcopal por causa da unidade das congregações na fé no evangelho, que esse ministério por sua vez está enraizado na fé das congregações vinculada ao evangelho, por mais que ele represente, em contraposição, diante das congregações a autoridade do evangelho e do próprio Jesus Cristo. Nisso está baseada a exigência da participação das congregações na escolha de seus bispos e no exercício de sua função diretiva por parte deles.[852] A transmissão do ministério de ministro para ministro tem uma boa razão de ser, uma vez que os ministros ordenados agem como representantes da igreja toda assim como da incumbência de proclamar o evangelho dado à igreja toda. Contudo ele não deve levar à autonomia de uma "igreja oficial" perante a consciência de fé das congregações, que por causa de sua vinculação ao evangelho pode muito bem atuar também por sua vez como corretivo para o ministro. A congregação não deve sua relação com o evangelho exclusivamente à atuação e à autoridade de seus respectivos bispos, embora o serviço à palavra do evangelho (Lc 1.2) tenha sido dado de modo especial aos bispos como mestres das congregações. Ambos estão ligados entre si pela sujeição conjunta à norma do evangelho.

A situação histórica complexa na pergunta pelo nexo entre o ministério dos apóstolos, aos quais foi confiada depois da Páscoa a mensagem do evangelho, e a formação do ministério episcopal em época pós-apostólica para atender à função apostólica de preservar as congregações na unidade da doutrina do evangelho, constitui o fundamento também para a apreciação da validade do conteúdo na constatação do Art. 5º da *Confissão de Augsburgo*, de que "Deus instituiu o ministério da pregação, deu-nos o evangelho e os sacramentos, meios pelos quais ele nos dá o Espírito Santo que... faz nascer a fé." No ministério da pregação (*ministerium verbi* [ministério da palavra]) não se trata do dever individual de cada cristão, de testemunhar sua fé, mas do ministério do ensino público e da administração dos sacramentos na igreja,

---

[852] Cf. sobre isso H. KÜNG, *Die Kirche*, 1967, p. 518s e já p. 515ss. Cf. ainda a bibliografia citada por W. STEIN, *Das kirchliche Amt bei Luther*, 1974, p. 92, nota 122, acerca da pergunta de uma participação do povo crente na instalação no ministério.

transmitido por "chamamento legítimo" (*CA* 14).[853] Que Deus instituiu esse ministério pode ser asseverado somente sob a premissa de que esse ministério de ensino e preservação da congregação na fé do evangelho (cf. *CA* 28,20-22), relacionado com a comunhão toda dos fiéis e nesse sentido "público", se encontra em uma conexão substancial com o envio dos apóstolos para a proclamação do evangelho, de modo que deve ser entendido como expressão da função, necessária para além do tempo de vida dos apóstolos, de preservar as congregações na fé no evangelho uma vez recebido e em sua divulgação contínua.

Na teologia luterana do séc. XIX JOHANN WILHELM FRIEDRICH HÖFLING desenvolveu em 1850 a tese de que a afirmação de *CA* 5 sobre o ministério da pregação instituído por Deus se refere ao sacerdócio geral dos crentes. Entretanto, "o ministério eclesiástico legitimamente instituído" existe, como toda a ordem eclesiástica, somente segundo o direito humano. HÖFLING acreditava que essa concepção estava em consonância com a afirmação de *CA* 7, que para a unidade da igreja não seriam necessárias as cerimônias organizadas por seres humanos em concordância com as tradições humanas.[854] Críticos de HÖFLING como WILHELM LÖHE contestaram sua diferenciação rígida entre "ordem da salvação" e "ordem eclesiástica". Por isso, argumentando com Ef 4.11, LÖHE afiançou em 1851 que, com o apostolado, Cristo também teria instituído o ministério eclesiástico que persiste pelos tempos e que teria sido transmitido pelos apóstolos a seus sucessores, e deles adiante, pela ordenação (no sentido de *CA* 14).[855] Dos ministérios citados em Ef 4.11, contudo, nos tempos pós-apostólicos teriam sobrado apenas os pastores e mestres.[856]

---

[853] Assim opinam com razão A. DULLES e G. LINDBECK, in: H. MEYER; H. SCHÜTTE (eds.), *Confessio Augustana. Bekenntnis des einen Glaubens. Gemeinsame Untersuchung lutherischer und katholischer Theologen*, 1980, p. 139-167, esp. p. 149s.

[854] J. W. F. HÖFLING, *Grundsätze evangelisch-lutherischer Kirchenverfassung*, 1850. Sobre a posição de HÖFLING, cf. H. FAGERBERGER, art. "Amt etc.", in: *TRE* 2, 1978, p. 574-593, esp. p. 587s, e ainda do autor: "Das kirchliche Amt in der Sicht der lutherischen Lehre", in: idem (ed.): *Lehrverurteilungen – kirchentrennend?*, vol. III, 1990, p. 286-305, 290.

[855] W. LÖHE, *Kirche und Amt. Neue Aphorismen*, 1851. Cf. a citação de LUTERO acima, nota 838.

[856] Com essa posição LÖHE seguiu o veredicto de CALVINO, que em seu esforço por uma fundamentação bíblica da ordem eclesiástica se havia orientado especialmente em

A controvérsia, protagonizada por HÖFLING e LÖHE, em torno da interpretação das afirmações da *Confissão de Augsburgo* sobre o ministério, não serenou até os tempos atuais. Isso transpareceu particularmente na discussão desencadeada pela *Declaração de Lima* sobre o ministério eclesiástico (1982).⁸⁵⁷ A argumentação em favor da concepção que segue a linha de HÖFLING, porém, se confronta com a dificuldade de que os artigos da *Confissão de Augsburgo* que dizem respeito ao ministério eclesiástico não distinguem explicitamente em lugar algum entre a incumbência geral, dada por Deus, e sua ordem concreta, apoiada em direito meramente humano, pela instituição do ministério eclesiástico como ministério dos bispos e pastores.⁸⁵⁸ É improvável que CA 5 possa ter tacitamente como base uma diferenciação dessas, tanto por causa da ali oferecida descrição do ministério eclesiástico como *ministerium docendi evangelii et porrigendi sacramenta* [ministério do ensino do evangelho e da distribuição dos sacramentos], quanto em vista da circunstância de que naquela época essa declaração foi relacionada de ambos os lados com o ministério eclesiástico concretamente regulamentado dos bispos e pastores, como se infere da *Apologia* de MELANCHTHON.⁸⁵⁹ Se, entretanto, em CA 5 se trata do ministério eclesiástico concreto dos bispos e pastores (cf. CA 28,5), então esse ministério eclesiástico

---

Ef 4.11, diferenciando entre os ministérios restritos aos primórdios apostólicos do apóstolo, profeta e evangelista de um lado, e de outro os ministérios necessários na igreja a qualquer época, dos pastores e mestres (*Inst. chr. rel.* 1 559, IV,3,4; *CR* 30, p. 779s). Sobre a doutrina dos ministérios em CALVINO, cf. A. GANOCZY, *Ecclesia Ministrans. Dienende Kirche und kirchlicher Dienst in Calvin*, 1968, p. 177-342. Sobre suas reflexões acerca da história da ordem ministerial cristã primitiva de Ef 4.11 no caminho do desenvolvimento para o cargo de bispos na igreja antiga CALVINO deve ter sido inspirado por BUCER (GANOCZY, *op. cit.*, p. 211s). Ao contrário de CALVINO, LÖHE não considerava pastores e mestres como ministérios distintos, mas designações de diferentes funções do mesmo ministério. Sobre isso, cf. o ensaio do autor citado na nota 854, p. 291.

⁸⁵⁷ Sobre isso, cf. o relato de L. KUGELMANN, in W. PANNENBERG (ed.): *Lehrverurteilungen – kirchentrennend?*, vol. III, 1990, p. 264-285.

⁸⁵⁸ Somente em vista da diferença entre os ministérios do bispo e dos presbíteros a Reforma luterana afirmou que se trata aqui de uma diferença baseada tão-somente no direito humano. Cf. já *CA* 28,30 (*BSELK*, p. 125,16s), *Apol* 14,1 (*BSELK*, p. 296,17s), bem como de MELANCHTHON o tratado *De potestate Papae*, p. 60ss (*BSELK*, p. 489s).

⁸⁵⁹ Essa argumentação é apresentada com mais detalhes e fundamentada pelo autor no ensaio citado na nota 854, p. 297ss., cf. também já p. 291ss.

também está subentendido nas declarações de *CA* 7 sobre a doutrina pura do evangelho e a correta administração dos sacramento como condições suficientes para a unidade da igreja, não devendo ser contado entre as tradições e cerimônias humanas, em relação às quais não é necessária concordância absoluta em vista da unidade da igreja.[860] Os escritos confessionais luteranos na verdade também conhecem a idéia de uma ordem a ser estabelecida por direito humano na igreja. Mas esse ponto de vista não se refere à fundamentação do ministério espiritual dos bispos e pastores, mas às cerimônias e aos estatutos a serem organizados por eles ao lado de sua incumbência divina de pregar o evangelho e administrar os sacramentos, inclusive a pertinente jurisdição (*CA* 2,21s), bem como ao surgimento de diferentes graus do ministério espiritual (*CA* 28,30). Aqui vale "que os bispos ou pastores estabeleçam a ordem para que haja ordem na vida da igreja" (*CA* 28,53), e as congregações devem cumprir tal ordem "pelo amor e pela paz" (*op. cit.*, 55): Essa idéia da ordem já pressupõe o ministério eclesiástico dos bispos e pastores e sua instituição divina e se refere apenas à diferenciação entre aquelas funções desse ministério em que lhe cabe, por sua origem divina – e, portanto, segundo o divino direito (*CA* 28,21s) – irrestrita autoridade, e as regulamentações para as quais a autoridade por um lado também está vinculada à sua incumbência divina, mas

---

[860] Posição de H. MEYER e H. SCHÜTTE no comentário ecumênico por eles editado sobre a CA (*Confessio Augustana. Bekennnis des einen Glaubens*, 1980, p. 189). Posição diferente é a de L. GRANE, *Die Confessio Augustana. Einleitung in die Hauptgedanen der lutherischen Reformation*, 1970, p. 69, bem como certamente também W. MAURER, *Historischer Kommentar zur Confessio Augustana*, vol. II, 1978, p. 165s (cf. sobre isso o ensaio do autor citado na nota 854, p. 292ss.). E. SCHLINK, porém, opiniou com razão em sua *Theologie der lutherischen Bekenntnisschriften*, 3ª ed., 1948, que na *CA* 7 "não se pode ter em mente nenhuma proclamação nem administração dos sacramentos dissociadas do ministério espiritual" (p. 276). Isso resultaria da correlação com os artigos 5 e 14, no que SCHLINK via em *CA* 5 a instituição divina do ministério espiritual "na vocação dos apóstolos por Jesus Cristo" (p. 325). "O ministério da pregação pública não é uma criação da congregação demandada pelo princípio moral da ordem, mas instituição direta de Deus por meio da ordem e da promessa de Jesus Cristo. Os escritos confessionais não permitem contrapor o sacerdócio geral como instituição divina ao ministério da pregação pública como instituição humana. A idéia da transferência dos direitos do sacerdócio geral para a pessoa do pastor é estranha aos escritos confessionais" (p. 330). Cf. de SCHLINK, *Ökumenische Dogmatik* 1983, p. 591ss.

cujo conteúdo, por outro, somente reside sobre o direito humano e por isso é alterável.

A Reforma luterana descreveu o ministério eclesiástico predominantemente como ministério da pregação. Nisso consistia a correção da Reforma a uma compreensão de ministério que havia negligenciado em boa medida a tarefa da pregação,[861] relacionando o ministério do sacerdote em primeira linha com a oferta do sacrifício eucarístico. Por meio do Concílio Vaticano II o contraste daquele tempo foi hoje em boa parte amenizado. Embora o concílio – como já o Concílio de Trento (*DS* 1752) – mantenha a designação do ministério dos presbíteros como sacerdotes (*sacerdos*) e sua vinculação ao sacrifício da missa (*PO* 2,6,7,12, etc., *LG* 26 e 28), ele definiu, em coerência com sua doutrina sobre a participação do ministério do presbítero no ministério episcopal, a proclamação do evangelho como "a primeira tarefa" também dos sacerdotes.[862] Assim o concílio acolheu uma exigência principal da Reforma, e em vista do avançado entendimento teológico sobre o sacrifício da missa como participação, como anamnese, no sacrifício único de Cristo (cf. acima, p. 318-322), a diferença confessional existente nesse ponto desde a Reforma hoje já não pode ser avaliada como divisora da igreja, ainda mais que o ministério eclesiástico do lado da Reforma nunca foi entendido como mero ministério da pregação, mas sempre incluiu a administração dos sacramentos, de modo que a condenação doutrinária do Concílio de Trento (*DS* 1771) referente a isso não atinge as igrejas da Reforma.[863]

Ao contrário da proclamação da palavra e administração dos sacramentos, os escritos confessionais luteranos não mencionaram

---

[861] Posição de M. Lutero, *WA* 11, p. 411,22-30 (1523), etc. Cf. W. Stein, *Das kirchliche Amt bei Luther*, 1974, p. 91ss, esp. p. 93.

[862] *PO* 4 (*LTK* suplemento III, *Das Zweite Vaticanische Konzil*, 1968, p. 157), cf. 7 (*op. cit.*, p. 171). Acerca do ministério de pregação dos bispos, "aos quais os sacerdotes auxiliam", cf. ainda *IG* 21 (*op. cit.*, vol. I, 1966, p. 217). O Concílio de Trento havia simplesmente definido em um de seus decretos reformatórios a proclamação do evangelho como *praecipuum episcoporum munus* [ministério precípuo dos bispos] (*Sess. 5 Decr. super lect. et praed.* n. 9; *Conciliorum Oecumenicorum Decreta*, ed. J. Alberigo, etc., Bolonha 1973, p. 669).

[863] Sobre isso, cf. K. Lehmann; W. Pannenberg (eds.), *Lehrverurteilungen – kirchentrennend?*, vol. I, 1986, p. 159.

expressamente como tarefa do ministério eclesiástico a *direção* das congregações no sentido de sua preservação na fé apostólica. Entretanto, de *CA* 28,21s se depreende que na compreensão do ministério eclesiástico como ministério da pregação essa função estava implicitamente incluída. Contudo, sem dúvida não esteve em primeiro plano. Isso foi semelhante em ZWINGLIO, mas foi sendo modificado nas igrejas reformadas sob a influência de BUCER e CALVINO. Associado com a tarefa do pregador foi enfatizado mais o ministério pastoral,[864] e ao contrário da tendência luterana, de considerar a ordem concreta da vida eclesiástica como um assunto de direito humano, buscou-se uma fundamentação dessa ordem no Novo Testamento, que conforme a ordem eclesiástica de Genebra de 1541 é determinada pelos quatro ministérios de pastores e mestres (conforme Ef 4.11), bem como dos presbíteros e diáconos, por meio dos quais Cristo governa sua igreja.[865] A esses quatro ministérios das Escrituras CALVINO também foi capaz de reconhecer na trindade de ministérios da igreja antiga, de bispo, presbítero e diácono, porque se costumava obter mestres e pastores dentre as fileiras dos presbíteros e o título de bispo apenas designava a presidência no colégio dos presbíteros.[866] O *livro de ordenações* anglicano de 1550, porém, acreditava poder depreender diretamente das cartas pastorais o esquema tríplice da igreja antiga.[867]

A visão atual do desenvolvimento do ministério eclesiástico no cristianismo primitivo se diferencia do modo de ver de CALVINO pelo fato de que ela não se apóia em mera combinação de diferentes afirmações

---

[864] W. NIESEL, *Die Theologie Calvins*, 2ª ed. 1957, p. 200s.
[865] De acordo com H. H. ESSER, esse número de quatro dos serviços diretivos na ordem eclesiástica de Genebra exclui o ministério do bispo ("Verwerfungen und Abgrenzungen innerhalb der Ämterlehre der Reformierten Bekenntnisschriften", in: W. PANNENBERG (ed.): *Lehrverurteilungen – kirchentrennend?*, vol. III, 1990, p. 237-263, 239 com referência a *Conf. Helv. Post.* 17). De fato a *Confessio Helvetica posteriormente* rejeitou a fixação da superioridade dos bispos sobre os sacerdotes pelo Concílio de Trento (*DS* 1776s), argumentando com as notícias, já aduzidas pelo lado luterano, de JERÔNIMO sobre uma igualdade originalmente idêntica dos ministérios de bispos e presbíteros (sobre isso, cf. J. ROHLS, *Theologie reformierter Bekenntnisschriften*, 1987, p. 294). Sobre isso, cf. ainda J. CALVINO, *Inst. chr. rel.* 1959 IV,4,2 (*CR* 30, p. 788ss.). CALVINO, porém, empregou o termo bispo como equivalente ao do sacerdote (IV,3,8; *CR* 30, p. 782).
[866] *Inst.. chr. rel.* (1559) IV,4,1s (*CR* 30, p. 788s).
[867] H. FABERBERG, art. "Amt etc. VII", in: *TRE* 2, 1978, p. 574ss., 576s.

bíblicas,⁸⁶⁸ mas tem diante de si as diferentes raízes dos ministérios dos epíscopos e diáconos de um lado, e do ministério do presbítero de outro, localizado na constituição da comunidade judaica, e considera sua fusão no esquema tríplice de INÁCIO em correlação com a ascensão do ministério do bispo para assumir e dar continuidade à função apostólica da preservação das igrejas locais na unidade da fé apostólica. Desse modo incide uma ênfase consideravelmente maior sobre o significado do ministério episcopal. Contudo continua sendo mérito singular de CALVINO, que ele não se contentou simplesmente, sob as condições da interpretação da Escritura pela Reforma, com a concepção formal de uma transferência da autoridade apostólica aos sucessores dos apóstolos, mas que levantou a pergunta pelo nexo histórico que liga a constituição da igreja antiga com os diferentes ministérios do cristianismo primitivo. Acima de tudo, porém, CALVINO viu corretamente que no caso não se trata apenas da tarefa da pregação, mas do mesmo modo da ordem vivencial da congregação e de sua constituição. As funções do ministério eclesiástico que se referem a isso estão, no entanto, vinculadas da maneira mais estreita com a tarefa da proclamação e do ensino. Até mesmo se fundamentam nela, como evidencia o desenvolvimento da ordem ministerial da primeira igreja.

Nos documentos ecumênicos mais recentes sobre o ministério espiritual se salienta mais fortemente que antes na tradição da Reforma o ponto de vista da direção das congregações ligada à tarefa da proclamação doutrinária (e da direção na celebração da eucaristia), sobretudo mais fortemente que no luteranismo. No documento da comissão internacional luterana e católica romana sobre o ministério espiritual na igreja (1981) afirma-se que nos tempos pós-apostólicos se mostrou "necessário" um ministério especial "por causa da direção das congregações".⁸⁶⁹ Como serviço pastoral ele estaria vinculado ao

---

⁸⁶⁸ J. ROLOFF, *Der erste Brief an Timotheus*, 1988, p. 188 fala de um "biblicismo que diferencia historicamente" em CALVINO – que diferença historicamente porque CALVINO reconheceu que os profetas e evangelistas de Ef 4.11 pertencem aos tempos iniciais da igreja, enquanto os "pastores", "objetivamente com certeza condizentes" com os presbíteros/epíscopos das cartas pastorais adquiriram importância permanente, no entanto de tal maneira que lhes foi atribuída a tarefa do ensino.

⁸⁶⁹ *Das geistliche Amt der Kirche*, 1981, n. 17 (p. 20). A seguir será citado dessa obra somente com os números dos artigos.

"serviço da unidade na congregação e entre as congregações" (n. 27), e a partir daí também se deveria entender, conforme a concepção católica, que o ministro ordenado presida a celebração da eucaristia, porque ela seria "o sacramento da unidade" (n. 28). Mas igualmente de acordo com o entendimento luterano "o ministério" estaria "a serviço da unidade da igreja" (n. 29).[870]

Na *Declaração de Lima* sobre o ministério (1982) aparecem afirmações semelhantes. Para fundamentar o papel de destaque do ministério com ordenação consta ali que a igreja precisa de "pessoas que sejam responsáveis pública e permanentemente" para lembrar à igreja "sua fundamental dependência de Jesus Cristo, e que dessa forma representam um ponto de referência da unidade dela no seio dos múltiplos dons".[871] Aqui se fala, em uma formulação um pouco incomum, substancialmente da tarefa da proclamação do ministro ordenado, e precisamente de tal modo que sua função de conduzir a congregação está associada ao serviço à palavra e se fundamenta nele.[872] Além disso, fica mencionada, com a função do ministério como "ponto de referência para a unidade" da congregação, sua peculiaridade diante dos demais "dons" e serviços, uma peculiaridade que também constitui o motivo de seu destaque por meio de uma ordenação especial. Com certeza o próprio ministério eclesiástico é

---

[870] *Op. cit.* n. 31 diz que as igrejas podem "hoje dizer *em conjunto*, que a função essencial e específica do ministro ordenado consiste em reunir e edificar a comunhão cristã pela proclamação da palavra de Deus, bem como pela celebração dos sacramentos e conuzir a vida... da comunhão". Por um lado se rejeita a fundamentação do ministério pela delegação por parte da congregação (23), mas por outro também se vê o risco do perigo de uma supressão da liberdade cristã pelo ministério, sendo demandada em contraposição "a participação de toda a comunhão" no exercício de sua autoridade (24).

[871] *Taufe, Eucharistie und Amt. Konvergenzerklärungen der Kommission für Glauben und Kirchenverfassung des Okumenischen Rates der Kirche* [Documento de Lima], 1982, seção ministério, n. 8.

[872] Posição expressa também em *op. cit.*, 13. O texto de comentário a esse respeito frisa: "Essas tarefas não são exclusivamente exercidas pelo ministério com ordenação". Pelo contrário, "todos [os membros da comunhão] têm participação no cumprimento dessa função". Essas formulações mostram que não se justifica a acusação às vezes levantada contra o texto de Lima, de ter desconsiderado a co-participação da congregação nas tarefas diretivas.

um dos carismas, um dom do Espírito para a edificação da comunhão da igreja.[873] Até mesmo o ministério do apóstolo foi relacionado por Paulo entre os carismas (1Cor 12.28). Contudo isso não significa que esteja colocado no mesmo nível dos demais carismas. A idéia da igualdade não é parte integrante da doutrina paulina dos carismas, sem levar em conta que todos os membros do corpo possuem uma função em favor da unidade desse corpo. No mais Paulo frisou justamente a diferença dos carismas. Porém a peculiaridade do ministério do apóstolo – e em seu seguimento a do ministério episcopal – consiste na responsabilidade pela unidade da congregação na fé do evangelho face a toda a diversidade de seus membros e dos dons que lhes foram concedidos pelo Espírito.

---

[873] A doutrina paulina dos carismas foi em tempos recentes usada de diversas maneiras como ponto de partida da apresentação teológica do ministério eclesiástico, como em J. MOLTMANN, *Kirche in der Kraft des Geistes*, 1975, p. 318ss (A congregação no processo do Espírito Santo) e p. 327ss (A incumbência da congregação e as incumbências dentro da congregação). Em sua exposição MOLTMANN se dirige contra a *"fundamentação monárquica do ministério"* (p. 331), que ele atribui a INÁCIO de Antioquia. Na substância MOLTMANN adotou de sua parte o fulcro no sacerdócio geral dos crentes, ainda que se pronuncie criticamente frente às implicações polêmicas dessa terminologia da Reforma (p. 328s) e prefira falar de carismas: "Cada membro da congregação messiânica é um carismático" (p. 323). A unidade dos carismas em Cristo (p. 324), porém, não torna necessário para MOLTMANN nenhum ministério especial, integrador de tendências divergentes (p. 335), como, afinal, é sugerido pela formação do ministério dos epíscopos no tempo pós-apostólico. MOLTMANN conhece unicamente uma incumbência pela congregação (p. 330s). De outra forma E. SCHLINK, em sua *Ökumenische Dogmatik*, 1983, p. 597ss tomou a doutrina paulina dos carismas como ponto de partida de suas elaborações sobre o ministério eclesiástico (p. 603ss.) apoiado sobre um envio especial (p. 600s). É característico que SCHLINK versa, ainda antes de analisar os carismas, sobre o ministério dos apóstolos (p. 591ss.), embora destaque que o próprio ministério apostólico conforme 1Cor 12.23 é um carisma. De acordo com SCHLINK não é por acaso que ele é citado como primeiro entre os carismas (p. 598). Assim como os apóstolos foram "os carismáticos fundadores de igrejas" (*ibid.*), assim conforme SCHLINK o serviço apostólico "da fundação missionária de igrejas e da condução de igrejas" (p. 601) é continuado pelo ministério eclesiástico, que é descrito como serviço da "direção da congregação" (p. 602, cf. p. 609), sendo assim relacionado com a unidade da congregação (p. 609).

Essa peculiaridade do ministério do pastor[874] foi marcada na tradição da Reforma pelo caráter público. *Publice docere* [ensinar publicamente] é conforme a *CA* 14 a função, para a qual há necessidade de um chamamento regularizado (*rite vocatus* [legitimamente chamado]). No ponto de vista do caráter público está contida a idéia da relação com o todo, não apenas de cada congregação, mas também da igreja como tal. Quando o Concílio Vaticano II afirmou acerca do ministério do serviço eclesiástico que ele se diferencia na essência, e não apenas no grau (*essentia et non gradu tantum* [na essência e não tanto no grau]) do sacerdócio conjunto dos fiéis (*LG* 10), isso corresponde à ênfase da Reforma no caráter público do ministério da pregação. Problemática na fórmula do concílio é apenas a palavra *tantum*; porque no ministério do serviço eclesiástico não pode se tratar de forma alguma de uma diferença de grau em relação ao sacerdócio geral dos crentes, porque o ministro como tal não participa em grau mais elevado que outros cristãos da graça de Cristo (cf. acima, nota 830). Mas a peculiaridade do ministério eclesiástico tampouco consiste simplesmente na incumbência de proclamar o evangelho; porque essa incumbência é dada à igreja toda e em certo sentido, como testemunho cristão de vida, atribuído a cada cristão. É somente o caráter público do exercício dessa função que pertence à peculiaridade do ministério do serviço eclesiástico. Essa peculiaridade não está fundamentada, p. ex., no fato de que o ministro atua em lugar de Cristo (*in persona Christi*), como afirmou a bula da união para os armênios no Concílio de Florença em 1439 sobre o sacerdote que administra o sacramento (*DS* 1321, cf. *LG* 21 e 10).[875] Se for correto que por causa da participação em Jesus Cristo

---

[874] Na figura do pastor foi expressa de forma determinante a tarefa da direção da congregação no cristianismo primitivo. Sobre isso, cf. J. ROLOFF, "Die Apostolizität der Kirche und das kirchliche Amt nach dem Zeugnis der Heiligen Schrift", in: *Beiheft zur Okumenischen Rundschau* 49, 1984, p. 48-61, esp. p. 58s. E. SCHLINK, *op. cit.*, p. 609s e p. 611ss. (*Hirtenamt und Kirche*) enfatizou a relevância fundamental dessa categoria do Novo Testamento para a doutrina dogmática do ministério eclesiástico.

[875] Foi nessa concepção que se procurou ainda em época recente em ambos os lados o motivo do contraste entre o entendimento do ministério católico romano e o da Reforma (p. ex., P. E. PERSSON, *Repraesentatio de Cristo: Der Amtsbegriff in der neueren römisch-katholischen Theologie*, 1966, e do lado católico L. SCHEFFCZYK, "Die Christusrepräsentation als Wesensmoment des Priesteramtes", in: *Catholica* 27, 1973, p. 293-311. A esse respeito, do autor: "Ökumenisches Amtsverständnis" (1974), agora in: idem, *Ethik und Ekkllesiologie*, 1977, p. 268-285,

fundamentada pela fé todos os cristãos também participam de seu ministério e envio, decorre disso, como escreveu LUTERO em 1520, que cada um praticamente se torna um Cristo para o outro.[876] A participação no envio de Cristo, especialmente em seu ministério sacerdotal, implica no engajamento em favor de outros, representativo de Cristo. Específico para o ministério eclesiástico especial é também aqui novamente apenas que esse agir acontece *in persona Christi* publicamente em nome da igreja toda. Isso se mostra de forma especial pela presidência na celebração da eucaristia,[877] quando o dirigente da congregação realiza como liturgo a anamnese eucarística em lugar de toda a congregação, de sorte que todos os seus membros participam de sua ação, quando profere *in persona Christi* as palavras de Jesus sobre o pão e o vinho. No entanto, a realização pública no nome de Cristo, da tarefa dada à igreja toda, acontece também na proclamação da palavra, que deve ser ouvida e aceita não apenas como palavra do pastor, mas do próprio Cristo – e assim como "palavra de Deus" – do mesmo modo como a outorga do perdão dos pecados, que o ministro anuncia e assegura por força da autoridade de Jesus Cristo concedida à igreja toda – e assim em lugar de Cristo.

O "caráter público" do ministério da pregação eclesiástica e diretivo, relacionado com a unidade da igreja toda e que a representa no local de uma congregação cultual, significa que o ministro não age em nome pessoal, mas na autoridade da incumbência dada ao cristianismo todo para o ensino do evangelho e, portanto, por incumbência do

---

277ss.). Expressamente se afirma, porém, já em MELANCHTHON, *Apol* 7,28, que os ministros ao se desimcumbirem de sua tarefa não agem em seu próprio nome, mas represemtam a pessoa de Cristo (*repraesentant Christi personam propter vocationem ecclesiae, non repraesentant proprias personas, ut testatur Christus: Qui vos audit, me audit* [Representam a pessoa de Cristo por causa do chamado da igreja, não representam sua própria pessoa, conforme testemunhou Cristo: quem vos ouve, ouve a mim.] *BSELK*, p. 240,42-45). Cf. também M. LUTERO, *WA* 6, p. 530,11ss., 19ss. Isso, contudo, não diz que a idéia da *repraesentatio Christi* constitui a peculiaridade deferenciadora do ministério com ordenação (sobre isso, cf. acima no texto).

[876] M. LUTERO, *De libertate Christiana* 27, *WA* 7, p. 66,3ss e 27 (*unusquisque alteri Christus quidam fieri* [cada qual de certo modo se torna Cristo para o outro]).

[877] Cf. o destaque desse quadro na *Declaração de Lima* sobre o ministério 14 (com comentário 14).

próprio Jesus Cristo: Nesse sentido específico os ministros públicos da igreja atuam *in persona Christi* e ao mesmo tempo no nome de todo o cristianismo e da tarefa que lhe foi dada pelo envio dos apóstolos.

Neste ponto se levanta a questão intensivamente discutida desde algumas décadas no contexto da introdução da ordenação de mulheres por algumas igrejas da Reforma, se também mulheres podem ser portadoras desse ministério responsável publicamente em nome de Jesus Cristo pela unidade de sua igreja. Enquanto na história da igreja mulheres foram excluídas da ordenação ao ministério de presbítera pelo menos desde o séc. IV, talvez já desde o sec. III, e no cristianismo ocidental do decreto de Graciano se tornou determinante no direito eclesiástico para excluir as mulheres de qualquer forma de ordenação ao ministério espiritual,[878] os dados dos testemunhos do cristianismo primitivo são mais complexos. É verdade que em 1Cor 14.34 Paulo ordenou às mulheres que silenciem nas reuniões da congregação (cf. 1Tm 2.11), o que parece implicar também em sua exclusão da direção do culto. Mas em contraposição ele mencionou pelo nome mulheres como diácona (Rm 16.1s), colaboradora e presidente de uma congregação domiciliar (Rm 16.5; cf. Cl 4.15), missionária (Fl 4.2s). Uma Junia chega a ser contada em Rm 16.7 junto com Andrônico no grupo dos apóstolos. É difícil supor que todas essas mulheres sempre apenas tenham silenciado nas reuniões das congregações.[879] Antes 1Cor 14.34 poderia

---

[878] Quanto a isso, cf. esp. I. Raming, *Der Ausschluß der Frau vom priesterlichen Amt. Gottgewollte Tradition oder Diskriminierung? Eine rechtshistorisch-dogmatische Untersuchung der Grundlagen von Kanon 968 § 1 des Codex Iuris Canonici*, 1973. Com severa rejeição julga M. Hauke em sua vasta análise: *Die Problematik um das Frauenpriestertum vor dem Hintergrund der Schöpfungs- und Erlösungsordnung*, 1982, esp. p. 471 por causa de 1Cor 14.37s (cf. sobre isso já ali, p. 363-392). Para rejeitar a ordenação de mulheres nas igrejas ortodoxas, cf. as contribuições de N. Chitescu e G. Khodre no fascículo de *Faith and Order: Zur Frage der Ordination der Frau* (ed. por L. Vischer, 1964), p. 67-71, esp. p. 68ss e p. 72-75.

[879] M. Hauke, *op. cit.*, p. 352-354 assevera sobre Rm 16.7 sem qualquer comprovação que a exegese moderna decide "via de regra" em favor da leitura *Junianos* (portanto pela citação de um "apóstolo" masculino). Contudo veja em contraposição U. Wilckens, *Der Brief an die Römer*, vol. III, 1982, p. 155s. A argumentação restante de Hauke causa uma impressão um tanto forçada, de que inclusive no caso da suposição de uma "apóstola" Junia sua tarefa não precisaria "se situar no âmbito da proclamação pública" (p. 353). Hauke não sabe citar nenhum exemplo de apóstolos que não tenham proclamado e não tenham sido

ser entendido como instrução para uma situação peculiar,[880] a ser vista em correlação com a concepção, dominante tanto no entorno judaico quanto helenista do cristianismo primitivo, da subordinação devida pela mulher ao homem (cf. também 1Cor 11 3-10).[881] Paulo, porém, corrigiu a concepção da subordinação unilateral da mulher ao homem pela regra da reciprocidade vigente "no Senhor" (1Cor 11.11s). Isso corresponde ao pensamento fundamental de Gl 3.28, segundo o qual a comunhão em Jesus Cristo torna relativas todas as diferenças entre pessoas, inclusive a diferença de nível entre homem e mulher. Para Paulo isso era uma consequência do batismo (Gl 3.27), que ao contrário do sinal da aliança antiga, a circuncisão, é recebido por ambos os sexos. Do batismo comum a todos resulta que desigualdades existentes no mundo entre os seres humanos na igreja, embora não eliminadas, são superadas pela reciprocidade das relações dos humanos fundamentadas no amor de Cristo. Isso é um fato fundamental extremamente significativo para o cristianismo, justamente em respeito à libertação da mulher para a mesma dignidade que o homem, inclusive na discussão com outras religiões. Pela suspensão dos contrastes que no mais separam as pessoas umas das outras se patenteia na vida da igreja a destinação escatológica do ser humano para a comunhão no reino de Deus. Não condiz com isso

---

"enviados" precisamente para isso. Com razão, porém, HAUKE nota que no caso da aceitação de uma atividade dessas no caso de Junia as proibições de ensinar em 1Cor 14.34 e 1Tm 2.11 "não são facilmente compreensíveis" (p. 353). É esse de fato o caso, mas isso não depõe contra a explicação dessas frases por HAUKE como uma proibição geral de ensinar.

[880] Posição de A. DUMAS no fascículo citado: *Zur Frage der Ordination der Frau*, p. 34s mediante referência a R. C. PROHL, *Woman in the Church*, 1957. Cf. ainda a visão panorâmica sobre a problemática exegética nessa questão, também no geral muito bem informada, in: J. C. JANOWSKI, "Umstrittene Pfarrerin. Zu einer unvollendeten Reform der Kirche", in: U. GREIFENHAGEN (ed.): *Das evangelische Pfarrhaus. Eine Kultur- und Sozialgeschichte*, 1984, p. 83-107, 88ss., esp. p. 90.

[881] Acerca da limitação da afirmação de Gn 1.26s, de que o fato de o ser humano ter sido criado à imagem de Deus se refere ao homem, pelo que Paulo seguiu em 1Cor 11.7 a uma combinação da passagem com Gn 2.22-24, muito difundida na exegese judaica daquele tempo, cf. acima vol. II, p. 311s. A concepção da inferioridade da mulher em relação ao homem, fundamentada na exegese do Gênesis, tornou-se fundamental para o posicionamento negativo diante do ministério sacerdotal da mulher na história da igreja (sobre isso, I. RAMING, *op. cit.*, p. 53ss.), contudo precisa avaliada como tecnicamente equivocada a partir da visão de hoje em vista do emprego da palavra *Adam* em Gn 1.26s, que caracteriza o ser humano como espécie.

a exclusão das mulheres do ministério da igreja com ordenação, baseada em fundamentações hoje superadas. A princípio não deveria ser oposto nenhum impedimento ao chamamento de mulheres para cargos de direção eclesiástica. Não precisa ser motivo de escândalo que uma mulher atue no culto em lugar de Jesus Cristo *(in persona Christi)*, quando se considera que ela não apenas representa o homem terreno Jesus de Nazaré, mas o Cristo exaltado, em cujo "corpo" foram suspensos as oposições de gêneros, assim como os contrastes de posição social, pertencimento étnico ou raça.

Ao desempenhar sua tarefa os ministros da igreja atuam em nome de Cristo e por isso também como representantes de toda a igreja que remonta aos apóstolos. Isso também vale quando um ministro apenas desempenha seu serviço em uma pequena congregação local: Ele (ou ela) representa nesse lugar a igreja toda e a tarefa de Cristo dada a ela. Por isso o agir de todo ministro sempre deverá estar relacionado com a unidade de igreja toda. A preservação do vínculo entre a área específica de tarefas confiadas a ele (ou a ela), p. ex., da vida de uma congregação local, com a igreja toda e seu envio a partir dos apóstolos que continua atuando ao longo da história do cristianismo pertence de forma muito especial à responsabilidade de seu ministério. Pelo fato de que os ministros da igreja publicamente encarregados com o ensino do evangelho e por isso também com a direção das congregações corporificam e representam em pessoa, em cada uma das congregações e para seus membros, a igreja toda e o envio que ela recebeu de Jesus Cristo por meio de seus apóstolos, por isso o ministro é também como tal pessoalmente – como diz a *Declaração de Lima* sobre o ministério – "ponto de referência para a unidade da vida e do testemunho da comunhão".[882] Aos ministros compete uma função dessas não no sentido de que eles mesmos sejam fundamento da unidade da igreja na respectiva localidade de sua atuação.[883] Fundamento da igreja e de

---

[882] *Taufe, Eucharistie und Amt*, 1982, *Amt* 13, comentário. Cf. também a declaração conjunta da comissão internacional anglicana e católica romana sobre o ministério, de 1973 n. 7, versão alemã in: H. Meyer, et. al. (eds.): *Dokumente wachsender Übereinstimmung. Sämtliche Berichte und Konsenstexte interkonfessioneller Gespräche auf Weltebene 1931-1982*, 1983, p. 151.

[883] A formulação da Constituição Eclesiástica do Concílio Vaticano II, de que os bispos seriam em suas igrejas particulares *principium et fundamentum* [princípio

sua unidade é unicamente Jesus Cristo (1Cor 3.11).[884] Em função disso os ministros da igreja somente podem ser sinais e representantes da unidade da igreja de Jesus Cristo alicerçada sobre ele e do envio que parte dele. É assim que eles geralmente também são experimentados pelos membros das congregações – ou assim, afinal, as congregações gostariam de ver seus pastores. Isso não é apenas um fato psicossocial, mas também expressão da consciência de fé cristã antes de qualquer reflexão teológica e contra teologias minimalistas do ministério em várias igrejas. Sobre sua função como sinais e representantes do envio de Cristo e da unidade da igreja nele fundamentada repousa a autoridade dos ministros em cada congregação, e eles terão autoridade na proporção em que exercerem essa função com credibilidade. Isso, porém, não acontece simplesmente pela existência de pastores como "ponto de referência" e sinal para a unidade da congregação, porém através da proclamação do evangelho, para a qual eles são chamados, bem como através da prática de seu ministério pastoral.

2. Ordenação e sucessão ministerial apostólica

Se fizer parte da natureza do ministério eclesiástico diretivo que ele está relacionado com a unidade da igreja na fé no evangelho por meio de sua incumbência de proclamação, uma unidade que se expressa pelo ministro em caráter de sinal – singularmente ao presidir a celebração da ceia do Senhor – então será compreensível que contrariedades na doutrina e prática do ministério eclesiástico podem trazer

---

e fundamento] da unidade (*LG* 23), é sumamente passível de mal-entendidos por causa da concorrência com a função de fundamento de Cristo, assim como a afirmação correspondente sobre o papa em relação à igreja toda (*ib.*, bem como *LG* 18).

[884] W. JOEST, "Das Amt und die Einheit der Kirche", in: *Una Sancta. Zeitschrift für interkonfessionelle Begegnung* 16, 1961, p. 236-249, por isso enfatizou com razão que nenhum personagem do ministério eclesiástico "é como tal *fiador* da unidade da igreja" (p. 239). Apesar disso os detentores de ministérios são – o que JOEST curiosamente nega como conseqüência daquela constatação – seguramente chamados "a unir a igreja em seu verdadeiro fundamento e essência", a saber, em Cristo, de modo que pela atuação deles a unidade é "preservada, respectivamente instaurada" (*ibid.*). A verdade de que isso nem sempre tem êxito é outra questão.

perigos à unidade da igreja e até mesmo sua perda. Na história da igreja isso de fato aconteceu sempre de novo. Também a fragmentação atual do cristianismo em um sem-número de igrejas que entre si não se encontram em comunhão plena não por último se deve a divergências referentes ao ministério eclesiástico. Na relação entre as igrejas ortodoxas do cristianismo oriental e a igreja católica romana a contrariedade diz respeito apenas ao ministério diretivo universal, que a igreja católica romana demanda para o bispo de Roma. No caso das igrejas da Reforma, porém, é contestada por parte de Roma a validade de seu ministério eclesiástico como tal.

Entretanto ficou demonstrado que a rigor não precisam mais existir contrariedades intransponíveis no entendimento da natureza e tarefa do ministério eclesiástico entre a concepção católica romana e a da Reforma. De acordo com o veredicto do Concílio Vaticano II, pois, o antagonismo também está relacionado principalmente com a transmissão do ministério, a ordenação, com a conseqüência de que na visão de Roma "a natureza genuína do mistério eucarístico" não foi preservada pura nas igrejas protestantes.[885] De acordo com a concepção de Roma – e de forma similar opinam também os ortodoxos – não fica adequadamente exposta no ministério das igrejas da Reforma a unidade da igreja, o que faz com que na celebração da ceia do Senhor não seja assegurada a unidade com a igreja toda, que faz parte do conteúdo essencial da ceia do Senhor: É assim que se deverá interpretar a conclusão do *Decreto do Ecumenismo*. Houve controvérsias se com a expressão *defectus* se estaria afirmando uma incompletude ou a ausência total do sacramento da ordenação nas igrejas da Reforma. De qualquer modo a deficiência, que na visão católica romana compromete o ministério eclesiástico das igrejas da Reforma, evidentemente está relacionada com a deficiência na transmissão do ministério, a ordenação.

Em que consiste essa deficiência? Ela poderia estar fundamentada ou na rejeição da Reforma em designar a ordenação como sacramento ou estar ligada à incompletude da própria cerimônia da ordenação, a

---

[885] É o que consta do *Decreto sobre o Ecumenismo* do concílio a respeito dessas igrejas: *propter sacramenti ordinis defectum, genuinam atque integram substantiam Mysterii eucharistici non servasse* [Por causa da deficiência no sacramento da ordenação, não preservam a substância genuína e íntegra do mistério eucarístico] (*UR* 22).

concepções divergentes sobre o efeito da ordenação, ou finalmente a uma resposta diferente à pergunta sobre quem está autorizado a realizar a ordenação. Ficará evidenciado que a diferença citada por último é decisiva, mas que por sua vez deve ser vista em um contexto mais amplo. Inicialmente, porém, serão analisados os outros três pontos, e desse modo será simultaneamente exposta positivamente a compreensão evangélica da ordenação.

a) Sacramentalidade e exercício da ordenação

LUTERO rejeitou a designação da ordenação como sacramento. Escreveu em 1520 que não existe no Novo Testamento nenhuma promessa da graça (*promissio gratiae*) que se refere a essa cerimônia, e nem mesmo a própria cerimônia é mencionada com nenhuma sílaba no Novo Testamento.[886] Essa opinião de LUTERO somente é compreensível com vistas à forma, então determinante, da cerimônia da ordenação, conforme havia sido fixada pela bula da união do papa EUGÊNIO IV para os armênios em 1439 no Concílio de Florença. Segundo ela a ordenação era realizada pela entrega de cálice e patena com as palavras: "Tome a autoridade para oferecer o sacrifício na igreja em favor dos vivos e dos mortos..."[887] Em relação à cerimônia assim definida estava plenamente

---

[886] M. LUTERO, *De capt. Bab. eccl.*: *Hoc sacramentum Ecclesia Christi ignorat, inventumque est ab ecclesia Papae: non enim solum nullam habet promissionem gratiae ullibi positam, sed ne verbo quidem eius meminit totum novum testamentum* [A esse sacramento a igreja ignora, que foi inventado pela igreja do papa: não apenas carece de qualquer promessa da graça, mas com nenhuma palavra ele é mencionado em todo o Novo Testamento] (*WA* 6, p. 560,20-2 3). Cf. sobre isso W. STEIN, *Das kirchliche Amt bei Luther*, 1974, p. 83s.

[887] *DS* 1326: *presbyteratus traditur per calicis cum vino et patenae cum pane porrectioonem... Forma sacerdotii talis est: "Accipe potestatem offerendi sacrificium in Ecclesia pro vivis et mortuis..."* [O prebiterato é transmitido pelo cálice com vinho e pela patena com pão da distribuição... A fórmula do sacerdote é esta: "Toma a potestade de oferecer sacrifício na igreja em favor de vivos e mortos..."]. Cf. a esse respeito K. LEHMANN; W. PANNENBERG (eds.), *Lehrverurteilungen – kirchentrennend?*, vol. I, 1986, p. 160. Ao lado da entrega dos utensílios eucarísticos surgiu na igreja ocidental (ao contrário da oriental) desde o séc. X o costume, igualmente relacionado com a cerimônia sacrifical, de uma unção das mãos do futuro sacerdote (cf. A.-G. MARTIMORT, *Handbuch der Liturgiewissenschaft*, vol. II, 1965, p. 38s). A esse costume, mais tarde reforçado pelo Concílio de Trento (*DS* 1775) como de forma

justificada a sentença de LUTERO, de que o Novo Testamento não conhecia um sacramento desses. Porém, diante das afirmações das cartas pastorais (esp. 1Tm 4.14), LUTERO não teria podido afirmar isso de uma cerimônia realizada por imposição das mãos e oração.[888]

> A crítica de LUTERO à ordenação em *De captivitate* [Do cativeiro babilônico da igreja] de 1520 foi entendida por muitos absolutamente como rejeição do ministério eclesiástico com ordenação ou pelo menos do direito do bispo em realizar a ordenação. Por isso, em um escrito contrário, Henrique VIII da Inglaterra apontou que conforme Tt 1.5 o próprio Paulo deu ordens para instalar anciãos. A isso LUTERO respondeu em 1522 que tão-somente negou que a *ordenação* fosse um sacramento como batismo e eucaristia, i. é, baseada em uma promessa e vinculada com um sinal de graça, mas que com isso não teria rejeitado a ordenação como vocação e instituição de um ministro e pregador.[889] Henrique VIII também havia referido 1Tm 4.14, onde se fala do dom da graça (*charisma*) comunicado pela imposição das mãos do colegiado de presbíteros, como prova do Novo Testamento a favor da ordenação. Na visão atual isso estava completamente correto. Mas LUTERO respondeu naquele tempo que a imposição das mãos não era idêntica ao ato da ordenação classificado pela igreja como sacramento (*WA* 10/11, p. 221,5-9). Isso, por sua vez, somente pode ser compreendido quando se pensa na descrição da cerimônia da ordenação pela bula para os armênios de 1439, segundo a qual essa cerimônia consiste da entrega de cálice e patena. Já em 1523 o próprio LUTERO aconselhou aos boêmios a introduzir seus pregadores no ministério com oração e imposição das mãos, fortificando-os assim para exercê-lo.[890] Contudo naquele tempo esse rito orientado nas Escrituras não lhe podia parecer idêntico à cerimônia da ordenação da igreja romana.

---

alguma desprezível ou supérfluo, aludiu várias vezes à polêmica de LUTERO (*WA* 6, p. 561,31; 563,32s; 566,15s; cf. *WA* 38, p. 238,13ss; 253,16, etc.).

[888] Sobre isso, cf. o excurso sobre a ordenação em J. ROLOFF, *Der erste Brief an Timotheus*, 1988, p. 263ss.

[889] M. LUTERO, *WA* 10/11, p. 220,34-221,5. Já em 1520 ele havia escrito: *Non quod damnandum censeam eum ritum per tanta saecula celebratum* [Não que penso que deva ser condenado um rito celebrado por tantos séculos] (*WA* 6, p. 560,24s). Essa declaração evidentemente se referia ao rito mencionado acima, na nota 887. Cf. W. STEIN, *op. cit.*, p. 97ss.

[890] M. LUTERO, *De instituendis ministris Ecclesiae*, *WA* 12, p. 191,20ss.

Na igreja medieval a imposição das mãos, apesar de sua atestação bíblica,[891] não era considerada o rito específico para a ordenação,[892] porque uma imposição de mãos acontece em diversos sacramentos. Somente em 1947 Pio XII tirou a conseqüência das pesquisas litúrgico-científicas sobre a história da ordenação e declarou a imposição das mãos como o sinal próprio (respectivamente como *materia*) da cerimônia da ordenação (DS 3859), enquanto ficou estabelecido expressamente que a entrega de cálice e patena (*traditio instrumentorum* transmissão dos instrumentos]) não deveria ser considerada componente essencial desse sacramento de acordo com a vontade de nosso Senhor Jesus Cristo (*DS* 3858). Dessa maneira também se estabeleceu uma nova situação para a análise ecumênica da ordenação. Porque já no séc. XVI a Reforma luterana demandou a prática da ordenação de acordo com o modelo atestado nas Escrituras pela imposição das mãos e a oração, introduzindo-o em seus domínios. Foi nesse sentido que LUTERO se posicionou desde 1523,[893] e MELANCHTHON como também CALVINO adotaram essa argumentação. Na *Apologia* a CA 13 MELANCHTHON escreveu em 1530 que a rejeição do sacramento da ordenação pela Reforma somente se dirige contra a concepção e prática da cerimônia da ordenação como consagração para serviço sacrifical análogo ao sacerdócio levita. "Mas se alguém designasse o sacramento da ordenação um sacramento do ministério da pregação e do evangelho, não haveria dificuldade em chamar a ordenação de sacramento." Porque Deus teria instituído o ministério da pregação e lhe dado "gloriosas" promessas. "Se alguém quiser entender dessa maneira o sacramento da ordenação, que

---

[891] Além de 1Tm 4.14, cf. 2Tm 1.6, bem como At 13.3. O rito remonta à instalação dos levitas pela imposição das mãos (Nm 8.10) e era usual no judaísmo também na época do movimento missionário do cristianismo primitivo como rito de ordenação. Cf. E. LOHSE, *Die Ordination im Spätjudentum und m Neuen Testament*, 1951, bem como J. ROLOFF, *op. cit.*, p. 264ss., que destaca uma "notória proximidade com a ordenação judaica de eruditos na época depois do ano 70" (p. 264).

[892] Sobre isso, cf. L. OTT, *Das Weihesakrament (Handbuch der Dogmengeschichte,* vol. IV/5), 1969, p. 92ss., bem como p. 54ss. Para exceções, cf. também W. STEIN, *op. cit.*, p. 194, nota 65, com referência a U. M. VAN ROSSUM, *De essentia sacramenti ordinis*, 1914, p. 51ss.

[893] W. STEIN, *op. cit.*, p. 101. Cf. também as exposições de STEIN, *op. cit.*, p. 194ss sobre o formulário de ordenação de LUTERO de 1535.

também chame de sacramento a imposição das mãos. Porque a igreja tem a ordem de Deus, de que deve instalar pregadores e diáconos."[894]

A mudança da opinião acerca da sacramentalidade da ordenação em MELANCHTHON em 1530 diante da argumentação de LUTERO de 1520 se explica inicialmente pelo fato de que MELANCHTHON se referia a uma instalação no ministério da pregação executada segundo o modelo bíblico por imposição de mãos e oração. Acerca do preparo para o serviço sacrifical pela entrega de cálice e patena ele se pronunciou tão criticamente quanto LUTERO. Enquanto, porém, LUTERO havia asseverado em 1520 que a ordenação não estaria vinculada a uma promessa divina de graça (*promissio gratiae*) (*WA* 6, p. 560,21s), MELANCHTHON considerou tais promessas como asseguradas. A diferença ou se explica porque LUTERO também nessa situação tinha diante de si a entrega de cálice e patena, bem como a unção das mãos, ou porque LUTERO pensava, na promessa constitutiva para um sacramento, em promessas que diziam respeito à salvação pessoal do recebedor (cf. *WA* 6, p. 531ss.), enquanto as promessas relacionadas com o ministério da pregação se referem à função do exercício do ministério.

Os escritos confessionais luteranos, portanto, "não rejeitaram por princípio a aplicação do conceito de sacramento ao ministério".[895] Essa conclusão, no entanto, pressupõe que o conceito do sacramento não

---

[894] *Apol* 13,9-11 (*BSELK*, p. 293s). Cf. também as exposições de MELANCHTHON em seus *Loci praecipui theologici* 1559 (*CR* 21, p. 852). À semelhança de MELANCHTHON também CALVINO se voltou contra o entendimento de ordenação caractrerizado pela entrega de cálice e patena e, assim, relacionado com o serviço sacrifical do sacerdote (*Inst. chr. rel.* 1559 IV, 19,28; *CR* 30, p. 1086; de forma análoga já a edição de 1539, *CR* 29, p. 1086). Quanto à questão da sacramentalidade da ordenação CALVINO se pronuncioou de forma mais reservada que MELANCHTHON, porque no caso não se trata de uma dádiva da salvação distribuída a todos os fiéis, mas somente de um rito para confiar a alguns poucos uma função específica (*Inst.* 1559 IV, 19, 28; *CR* 30, p. 1086). Na edição de 1543, contudo, CALVINO também (provavelmente sob influência de MARTIN BUCER) soube escrever sobre a *impositio manuum* [imposição das mãos]: *quam ut in veris Iegitimisque ordinationibus sacramentum esse concedo* [a qual admito que seja um sacramento para a ordenação legítima] (*CR* 29, p. 1094 nota). Cf. ainda A. GANOCZY: *Ecclesia Ministrans. Dienende Kirche und kirchlicher Dienst bei Calvin*, 1968, p. 266ss., esp. p. 270s.

[895] Comissão conjunta católico-romana e evangélico-luterana: *Das geistliche Amt in der Kirche*, 1981, n. 33.

seja restrito a cerimônias que transmitem ao recebedor a graça da justificação. Contudo já a análise do matrimônio e de sua relação com o mistério de Cristo, atestada por Ef 5.32, obriga a definir o conceito do sacramento a partir da participação no mistério de Cristo, deixando espaço para as formas diferentes do pertencimento ao mistério de Cristo. Assim como o matrimônio, o ministério eclesiástico não se deixa comparar com o batismo e a santa ceia, que ligam o recebedor ao próprio Jesus Cristo. Ao contrário do matrimônio, porém, já se pressupõe para a transmissão do ministério eclesiástico a ligação com Jesus Cristo fundamentada pela fé e pelo batismo. A partir daí o testemunho do ministro, como o de cada cristão, sempre já se encontra sob a promessa de Cristo: "Quem vos ouve, a mim me ouve" (Lc 10.16). Contido essa promessa vale (assim como a ordem de lembrar Jesus na santa ceia em Lc 22.19)[896] para todos os cristãos e já por isso não pode ser aceita como instituição da ordenação ao ministério eclesiástico diretivo. Esse último aspecto remonta apenas indiretamente à incumbência pelo próprio Jesus, a saber, pela mediação da incumbência dos apóstolos pelo Ressuscitado. Na medida em que o ministério eclesiástico diretivo dá continuidade ao serviço apostólico à unidade das congregações na fé do evangelho, ele, no entanto, igualmente se encontra sob essa incumbência do Ressuscitado, e nessa medida vale para ele também de modo especial a promessa: "Quem vos ouve, a mim me ouve" (Lc 10.16). O ministro que no exercício de seu ministério atua na autoridade do próprio Jesus Cristo, sem dúvida participa do mistério da salvação de Cristo, e precisamente em conjunto com a igreja toda. Sua função e incumbência especiais são mediadas pela vocação dos apóstolos e pela igreja que se desenvolveu a partir do serviço deles. E não obstante através dessa mediação ele também se encontra em uma relação imediata com a incumbência e o chamado de Cristo, que o capacita – novamente da mesma forma como a qualquer outro crente – a enfrentar, se necessário, também criticamente qualquer autoridade humana em nome de Cristo. A única coisa que diferencia o ministro da igreja é que por força de sua ordenação está chamado a exercer essa tarefa em público na igreja. A vocação ao testemunho público que é dada a cada cristão acontece por meio de uma cerimônia com caráter de sinal que designa

---

[896] Para o Concílio de Trento, nessa ordem de repetição ainda se tratava da instituição do ministério sacerdotal do Novo Testamento (*DS* 1752).

a igreja como sacramento, a saber, por meio do batismo ou especificamente através da cerimônia da confirmação, originalmente ligada a ele. O chamado à participação no envio apostólico ao serviço especial à unidade da igreja acontece igualmente por meio de uma cerimônia com caráter de sinal, a ordenação. Por conseqüência, essa cerimônia, como concretização do único mistério da salvação que une Cristo e sua igreja, também pode ser chamado de sacramento, ainda que, ao contrário do batismo, não comunica a seus recebedores a graça justificadora e a inserção na filiação, mas já pressupõe o pertencimento, alicerçado pelo batismo, a Jesus Cristo e sua igreja.

b) A eficácia da ordenação

Conforme a doutrina católica romana transmite-se pela ordenação um dom da graça. Para fundamentá-lo, o Concílio de Trento argumentou com 2Tm 1.6, onde de fato – à semelhança de 1Tm 4.14 – se fala de um *charisma* que é comunicado pela imposição de mãos. A transmissão de tal dom da graça, que para o Concílio de Trento constituía o fundamento para a designar a ordenação de sacramento (*DS* 1766), tampouco foi contestada por LUTERO já em 1522.[897] Conforme o formulário de ordenação de LUTERO de 1535 a oração de ordenação a ser combinada com a imposição de mãos se refere justamente à dádiva do Espírito suplicada para o ordenando.[898] Em uma pregação de LUTERO de 1529 lemos: "Um ser humano pode ter o Espírito Santo de duas maneiras, para sua pessoa e para seu ministério. Para nossa pessoa o Espírito Santo não está constantemente conosco... Mas para nosso ministério, quando pregamos o evangelho, batizamos, absolvemos, distribuímos o sacramento de acordo com a instituição e ordem do Espírito Santo, o Espírito Santo está sempre conosco."[899] O dom da graça, entretanto, não foi descrito por LUTERO como uma marca (*character*) gravada na alma do recebedor. Isso tem a ver com o conceito de graça em LUTERO que difere diante da escolástica aristotélica e que já em vista do batismo o levou

---

[897] *WA* 10/11, p. 221,8s: *Impositio manum tunc erat donatio visibilis spiritus sancti* [A imposição das mãos era então a doação visível do Espírito Santo].
[898] *WA* 38, p. 429,4-20; cf. p. 427,19-34.
[899] *WA* 28, p. 468,28-36, sobre isso H. LIEBERG, *Amt und Ordination bei Luther und Melanchthon*, 1962, p. 223, bem como W. STEIN, *op. cit.*, p. 101.

a opinar criticamente sobre a concepção de uma graça infundida na alma.⁹⁰⁰ Conforme LUTERO a transformação efetuada por batismo e fé atinge a relação do ser humano com Deus, não, porém, aquilo que o ser humano é em si mesmo, também independente de sua relação com Deus. Por isso a doutrina formulada de modo compromissivo em 1439 no Decreto para os armênios, de uma marca indelével concedida pela ordenação em analogia ao batismo e à confirmação (*DS* 1313: *character indelebilis*) tinha de parecer suspeita a LUTERO, ainda mais que ela parecia posicionar o dom da graça transmitido pela ordenação como concorrente ou sobrepujante ao dom da salvação prometida no batismo à pessoa do recebedor e recebida pela fé. Em função disso LUTERO sempre de novo se voltou contra a doutrina do *character indelebilis* como eficácia da ordenação, e ocasionalmente declarou também que um sacerdote que é deposto não é mais sacerdote.⁹⁰¹ O Concílio de Trento condenou essa concepção e se apegou à idéia de uma marca permanente inculcada pela ordenação (*DS* 1774).

À primeira vista o contraste parece ser considerável e por muito tempo também foi assim avaliado. O Concílio Vaticano II, no entanto, relacionou claramente a comunicação da graça associada à ordenação e a marca permanente (pelo *sacrum characterem* [marca sagrada]) com a capacitação do ministro a ser ordenado, para agir na pessoa de Cristo como mestre, pastor e sacerdote (*LG* 21). O dom da graça propiciado ao ministro através de sua ordenação refere-se, portanto, à função ministerial dele e não à sua condição pessoal na graça.⁹⁰² Esse é o ponto decisivo da controvérsia. Já a bula aos armênios em 1439, porém, tratou a doutrina do caráter indelével somente como expressão da impossibilidade de repetir a ordenação. Uma repetição da ordenação, contudo, por princípio tampouco acontece nas igrejas da Reforma – após uma fase de insegurança por causa da estreita vinculação entre ordenação e transmissão de um ministério concreto de pregação em

---

⁹⁰⁰ *WA* 6, p. 335,2 (*gratia infusa* [graça infusa]). Cf. acima, p. 277ss.
⁹⁰¹ *WA* 6, p. 408,22ss., bem como p. 567,18s; cf. *WA* 38, p. 227,20ss; *WA* 7, p. 663,16-18. Cf. ainda W. STEIN, *op. cit.*, p. 71 e 90.
⁹⁰² Cf., porém, p. ex., o exposto no supplemento à *Summa* teológica de TOMÁS DE AQUINO sobre a pergunta, se a ordenação comunica uma *gratia gratum faciens* [graça que torna agradecido] (*S. teol. supl.* III,35,1). Lá se afirma expressamente que, como no batismo, assim também o recebedor da ordenação recebe essa graça.

uma congregação.⁹⁰³ Quando se entende a doutrina romana do *character* como uma marca permanente da pessoa ordenada "a partir da idéia da promessa e do envio..., que determina a pessoa ordenada de forma duradoura e a coloca a serviço de Cristo", então não há mais necessidade de contradizê-la do lado luterano, porque esse ponto de vista é expresso também nas igrejas luteranas: A ordenação não é repetida por duas razões, a saber, *primeiramente* porque o chamado para o ministério eclesiástico acontece "no contexto da instituição do ministério para a igreja toda" e não apenas para o serviço em determinada congregação isolada, e *em segundo lugar* porque ela "também segundo a concepção luterana é realizada sem prazo e por conseqüência sem delimitação temporal".⁹⁰⁴ O ato único da ordenação que exclui uma repetição é hoje avaliado como o real sentido da doutrina católica romana do *character indelebilis*:⁹⁰⁵ Assim como a pessoa batizada continua sendo batizada de uma vez por todas, assim também a pessoa ordenada continua para todo o tempo alguém publicamente chamado pela igreja ao ministério, também quando não exerce mais esse ministério ou seu exercício lhe é proibido.

c) A execução canônica da ordenação como um sinal da unidade da igreja

Enquanto as contrariedades confessionais em vista da natureza do ministério eclesiástico, bem como da sacramentalidade, da prática e da eficácia da ordenação aparecem hoje como superáveis, persistem ainda dificuldades na pergunta de quem é capacitado para realizar uma ordenação válida e, sobretudo, nas conseqüências daí decorrentes para a avaliação do ministério nas igrejas evangélicas e sua prática de ordenação. Já a explicação da *Confissão de Augsburgo*, de que apenas deve ensinar publicamente e administrar sacramentos somente quem foi corretamente chamado (*rite vocatus; CA* 14), deu, em 1530, motivo para a pergunta, da parte contrária, se essa fórmula deve ser entendida

---

⁹⁰³ *Das geistliche Amt in der Kirche*, 1981, n. 38. Cf. W. STEIN, *op. cit.*, p. 196-200, bem como p. 194 sobre as reordenações de CIPRIANO, das quais trata LUTERO em *WA* 34/1, p. 432,1-10.
⁹⁰⁴ *Das geistliche Amt in der Kirche*, 1981, n. 37 e 38.
⁹⁰⁵ Já defendido no Relatório de Malta em 1972: *Das Evangelium und die Kirche*, n. 60 = H. MEYER, et al.: *Dokumente wachsender Übereinstimmung*, 1983, p. 264.

no sentido da ordenação canônica, para a qual unicamente os bispos são autorizados. Sobre isso MELANCHTHON explicou em sua *Apologia* que os luteranos estão dispostos a deixar valer essa ordem para eles "de modo que os bispos tolerem nossa doutrina e aceitem nossos sacerdotes" (*Apol* 14,2; *BSELK*, p. 297,1-3). Contudo a igreja da Reforma queria reconhecer a superioridade dos bispos sobre os pastores, ou seja, os "degraus" no ministério eclesiástico, bem como o direito exclusivo dos bispos em realizar a ordenação, somente como uma regulamentação da ordem eclesiástica compromissiva por direito humano, mas não de direito divino.[906] Depois que sobre essa base não foi possível um acordo em Augsburgo em 1530, o lado luterano se decidiu pela introdução de uma prática própria de ordenação,[907] à qual foi dada em 1535 uma moldura sólida com o formulário de ordenação de LUTERO. O Concílio de Trento, em contraposição, insistiu em 1563, em seu Decreto de Ordenação, no direito exclusivo dos bispos de ordenar (*DS* 1768) e expediu seu anátema sobre aqueles que consideram a autoridade para confirmar e ordenar como comum aos bispos e presbíteros ou também aceitam pessoas como servos legítimos (*ministri*) de palavra e sacramento que não foram canonicamente ordenadas e enviadas, mas "vêm de outras bandas" (*aliee veniunt*, *DS* 1777). Aqueles que somente foram convocados pelo povo ou chegaram ao ministério por magistrados seculares, devem ser considerados, conforme Jo 10.1, como ladrões e salteadores (*DS* 1769).

A interrupção da sucessão episcopal nos ministérios das igrejas da Reforma em decorrência da introdução de ordenações não-realizadas por bispos deve ter constituído ainda no Concílio Vaticano II o motivo principal para a constatação de uma "deficiência" no ministério dessas igrejas (*defectus ordinis*, *UR* 22).[908] Por um lado ainda se preservou, na

---

[906] *Apol* 14,1: *nos summa voluntate cupere conservare politiam ecclesiasticam et gradus in ecclesia, factos etiam humana auctoritate* [Com máxima vontade desejamos conservar a política eclesiástica e as categorias na igreja, criados também por autoridade humana] (*BSELK*, p. 296,16-18).

[907] Cf. o escrito de LUTERO sobre a missa de beco e ordenação de padrecos, de 1533, especialmente na retrospectiva sobre a Dieta de Augsburgo, *WA* 38, p. 195,17-24. Do tempo anterior se tem conhecimento com segurança em Wittenberg de somente uma ordenação dessas, a de GEORG RÖRER em Wittenberg (W. STEIN, *op. cit.*, p. 190).

[908] Sobre isso, cf. K. LEHMANN; W. PANNENBERG (eds.), *Lehrverurteilungen – Kirchentrennend?*, vol. I, 1986, p. 166.

forma, a sucessão ministerial oficiada por bispos em algumas igrejas da Reforma – nos anglicanos e nas igrejas luteranas escandinavas. Mas, por outro, pela adesão dessas igrejas à Reforma perdeu-se, apesar disso, a unidade eclesiástica, cujo sinal é a transmissão do ministério pelos bispos. Teologicamente não importa apenas a circunstância exterior de que um bispo consagrado, ainda que entrementes tenha se tornado herege, realize a ordenação, mas que pelo agir do bispo, ao realizar a ordenação, seja preservada a unidade com a igreja toda.[909] Justamente por isso, no entanto, precisa ser decisivo para a avaliação da ruptura da corrente de ordenações episcopais na época da Reforma que a transição da Reforma luterana para uma prática própria de ordenação significa que a unidade da igreja lhe tenha sido indiferente em seu ministério. O exame dos textos pertinentes evidencia que de forma alguma foi esse o caso. Os reformadores se empenharam diligentemente para justificar a divergência da regra da ordenação episcopal mediante recurso aos fundamentos da teologia ministerial tradicional.

Em primeiro lugar, porém, estava a alegação de uma situação emergencial, que deu motivo para introduzir uma prática própria de ordenação: As congregações evangélicas, entrementes formadas, tinha de ser atendidas por pastores. Não podiam permanecer sem o ensino do evangelho. Por isso Lutero escreveu já em 1523: "Como, porém, em nossos tempos existe a necessidade e não existe bispo que providencie evangelicamente pregadores, de nada vale aqui o exemplo de Tito e Timóteo, mas é preciso convocar dentre a congregação, queira Deus que seja confirmado por Tito ou não."[910] De forma análoga argumentou Melanchthon em 1537.[911]

> A possibilidade de corresponder a uma situação emergencial dessas reside conforme Lutero no fato de que em todos os lugares em que uma comunhão de cristãos se apega à palavra do evangelho está

---

[909] Isso é enfatizado com razão por Y. Congar, in: *Mysterium Salutis* IV/1, 1972, p. 555s.
[910] M. Lutero, *WA* 11, p. 413s, bem como p. 414,30ss. Cf. *WA* 12, p. 189,25ss., e ainda W. Stein, *op. cit.*, p. 156, 159s, 171s. Digna de nota é a referência de Stein, de que aqui se trata de um prolongamento das concepções medievais sobre batismo de emergência e confissão de emergência para a ordenação (p. 160, nota 75).
[911] *Tract.* 66s, *BSELK*, p. 491,1ss.

a igreja (*WA* 12, p. 194s). Na igreja local a igreja toda está presente. Uma vez que não pode existir igreja sem proclamação da palavra (*op. cit.*, p. 191,16ss., cf. *WA* 38, p. 253), é permitido que em uma situação dessas de necessidade, em que não se dispõe de nenhum ministro ordenado por um bispo, a todo cristão seja confiada a tarefa da proclamação. Em tal caso é preciso que se creia firmemente que a vocação e ordenação, assim efetuadas, de um ministro, sejam produzidas pelo próprio Deus.[912]

Entretanto, um procedimento desses não era para LUTERO a forma normal de uma instalação no ministério. Pelo contrário, ele a descreveu em seu Grande Comentário aos Gálatas de 1531 (impresso em 1535) por meio da diferenciação entre convocação direta dos apóstolos ao ministério, feita pelo Ressuscitado, e a vocação indireta daí decorrente, de todos os ministros posteriores: Assim os apóstolos chamaram seus alunos, Timóteo e Tito, e esses por sua vez chamaram bispos para seus sucessores (de acordo com Tt 1.5, cf. 7). Esses bispos, porém, convocaram novamente outros para bispos e sucessores. LUTERO declarou a esse respeito: Foi assim até os nossos tempos, e continuará sendo até o fim do mundo.[913] LUTERO, portanto, apoiou sem dúvida a regra da sucessão ministerial apostólica pela vida dos bispos como portadores do ministério vindo dos apóstolos e até mesmo a declarou imutável. Conforme as declarações de LUTERO, a situação emergencial de sua época, que obrigou a instituir ministros por outra via, não alterava nada nessa regra geral. Por isso a Reforma luterana também depois de 1530 de instituir uma ordem própria de ordenação, continuou empenhada em cumprir tanto quanto possível a regra da sucessão apostólica dos ministérios, apesar do desvio, inevitável em vista das circunstâncias, do vínculo jurídico-eclesiástico da autoridade de ordenação com o ministério episcopal. Na ordem emergencial da ordenação, ora introduzida, se tentou levar em conta a sucessão ministerial apostólica pelo princípio de ordenar ministros por outros ministros já ordenados – a saber, em harmonia com o cânon 4 do Concílio de Nicéia de 325, por no

---

[912] M. LUTERO, *WA* 12, p. 191,25s: *indubitata fide credendo, a deo gestum et factum esse* [Deve-se crer com fé inabalável que foi gerada e realizada por Deus].

[913] *WA* 40/I, p. 59,14-24. A frase de conclusão é: *haec est generalis post Apostolos vocatio in orbe terrarum. Neque est mutanda* [Essa é a vocação geral conforme os apóstolos no orbe terrestre. E tampouco deve ser mudada].

mínimo três ministros. Em vista disso WALTER KASPER falou em 1971 de uma sucessão ministerial presbiteral nas igrejas da Reforma,[914] e com isso o quadro com certeza foi corretamente caracterizado. Contudo o destaque é que essa ordenação "presbiteral" de pastores por pastores foi entendida do lado luterano como uma forma – ainda que não a forma normal – da sucessão ministerial episcopal mediante recurso à unidade originária dos ministérios de bispos e presbíteros.

A questão propriamente dita será mais bem aprofundada no próximo bloco (cf. abaixo, p. 555). Aqui basta constatar que os reformadores se reportaram a ela em consonância com uma linha principal da teologia ministerial e canonística medievais. Nisso teve importância particularmente a interpretação de Tt 1.5-7 por JERÔNIMO, que pelo *Decretum Gratiani* I, 95, 5 (*MPL* 187, p. 448s) também obteve acolhida no direito eclesiástico medieval. Em seu escrito sobre a missa de becos e ordenação de padrecos LUTERO recorreu em 1533 ao fato de que conforme JERÔNIMO bispo e pastor inicialmente teriam "a mesma coisa".[915] Principalmente, porém, prossegue LUTERO, a competência do bispo estava confinada a uma comunidade local: "Porque cada cidade tinha um bispo, como agora elas têm pastores." O Santo AGOSTINHO "não teria tido uma paróquia maior que nossa paróquia em Wittemberg".[916] Da unidade original entre ministério pastoral episcopal resultava para LUTERO como conseqüência plausível a fundamental legitimidade da ordenação ao pastorado por pastores, ainda que ele desse preferência à ordenação por detentores de um cargo ministerial superior de supervisão e direção, em concordância com a ordem canônica da igreja.

O interesse de LUTERO e MELANCHTHON nessas questões é digno de nota. Porque nele se evidencia com toda a clareza que a Reforma não encarou absolutamente com rejeição a idéia da sucessão ministerial, levando também a sério as daí decorrentes conclusões para a prática da ordenação.[917] Mais uma vez se confirma aqui que não se pode falar na Reforma Luterana de uma derivação do ministério eclesiástico a partir do

---

[914] W. KASPER, "Zur Frage der Anerkennung der Ämter in den lutherischen Kirchen, in: *Theologische Quartalschrift* 151, 1971, p. 97-109, esp. p. 99ss.
[915] *WA* 38, p. 237,23. Cf. já *WA* 2, p. 228,5ss e *WA* 25, p. 17,12s.
[916] *WA* 38, p. 237,29.
[917] Cf. também W. STEIN, *op. cit.*, p. 188s.

sacerdócio geral dos crentes. No ministério com ordenação da igreja está em jogo a continuação da função diretiva dos apóstolos. Na realidade o ministério dos apóstolos é de certo modo único e não-repetível, uma vez que se baseia em um envio direto pelo Ressuscitado e tem por conteúdo o primeiro testemunho da ressurreição do Crucificado, fundamental e determinante para todas as eras subseqüentes da igreja, bem como a fundamentação da igreja. Porém a direção das congregações por meio da proclamação do evangelho apostólico e de sua expansão missionária carecem de continuação. Nessas funções o ministério eclesiástico dá continuidade ao envio dos apóstolos. Por isso LUTERO o designou com razão de "ministério dos apóstolos" e "ministério de Cristo".[918] Apesar de que a convocação dos ministros posteriores da igreja, diferentemente dos apóstolos, não acontece diretamente pelo Ressuscitado, a ordenação pela igreja, não obstante, convoca para o "estado de pastor, que Deus instituiu, ao qual a pessoa precisa conduzir em conjunto com pregação e sacramentos".[919] Por isso o pastor precisa lembrar que seu ministério "não é dele, mas ministério de Cristo".[920] Por isso também no ato da ordenação o próprio Jesus, o "bispo de nossas almas" (IPt 2,25), é aquele que de fato age, ao enviar em, decorrência da oração de ordenação, seu Espírito Santo aos corações dos que oram.[921] "A ordenação acontece primordialmente por meio do Senhor exaltado, que move, fortalece e abençoa a pessoa ordenada através do Espírito Santo."[922]

Na discussão mais recente sobre o conceito da sucessão apostólica se impôs o reconhecimento de que nela está em jogo em primeira linha o seguimento na doutrina e fé dos apóstolos, e somente em segunda linha a sucessão ministerial.[923] A sucessão no ministério, que surge pela

---

[918] M. LUTERO, *WA* 38, p. 241,14-21 e p. 243,23. Cf. também P. HAUPTMANN, "Die Bedeutung der apostolischen Sukzession für das kirchliche Amt nach der Lehre der Reforrnatoren", in: *Ökumenische Rundschau*, suplemento 49, 1984, p. 73-87, esp. p. 74ss., 77s.

[919] M. LUTERO, *WA* 6, p. 441,24s.

[920] *WA* 38, p. 243,23. Cf. ainda da perspectiva católica romana H. DÖRING, *Grundriß der Ekklesiologie*, 1986, p. 252.

[921] *WA* 12, p. 193,28ss.

[922] *Das geistliche Amt in der Kirche*, 1981, n. 34, cf. a *Declaração de Lima: Batismo, Eucaristia e Ministério*, 1982, III (ministério), n. 40.

[923] *Das geistliche Amt in der Kirche*, 1981, n. 60s; *Batismo, Eucaristia e Ministério*, n. 34-36. Também conforme Y. CONGAR, in: *Mysterium Salutis* IV/1, 1972, p. 557ss.,

ordenação de ministros por cristãos que por sua vez já são ministros ordenados da igreja, expressa a unidade da igreja toda na fé apostólica em forma sinal, porque o ministro ordenado, como representante da igreja de Cristo toda, passa adiante a incumbência dos apóstolos recebida do próprio Jesus Cristo. Por isso tornou-se costume que via de regra o detentor de um cargo superior de direção eclesiástica realiza a ordenação. Em todos os casos, porém, é essencial para toda cerimônia de ordenação que ela aconteça preservando a unidade da igreja toda, representada pelo ministro envolvido em sua realização.

A controvérsia acerca da validade de ordenações sempre se desencadeou quando a transmissão do ministério eclesiástico acontecia de uma maneira que feria a unidade da igreja toda, exposta nessa cerimônia. Esse é, então, também o cerne das acusações que foram levantadas do lado católico romano contra a prática de ordenação das igrejas da Reforma. Mas a Reforma percebeu absolutamente os problemas aqui existentes, empenhando-se por sua vez por corresponder à exigência da unidade em sua prática de ordenação tanto quanto era possível sob as condições da situação de então. Se nas doutrinas controvertidas daquele tempo hoje é possível atingir a concórdia, de modo que as diferenças remanescentes perdem seu peso de divisão das igrejas, então as igrejas da Reforma também deveriam poder esperar da igreja católica romana que é possível reconhecer a situação emergencial com que os reformadores argumentaram naquela época e, por conseguinte, também a legitimidade dos ministérios nas igrejas da Reforma. Entretanto, uma solução dessas somente é concebível sob a premissa de que as igrejas evangélicas entendam sua prática de ordenação no sentido dos escritos confessionais luteranos como expressão de um direito emergencial e não a atribuam, p. ex., ao sacerdócio geral dos crentes como fonte de uma autoridade ministerial fundada sobre uma delegação. Porque dessa maneira desenvolveriam um conceito alternativo de

---

a sucessão apostólica é *"formalmente constituída pela preservação da doutrina, que foi transmitida desde os Apóstolos"* (p. 557). Do lado evangélico foi particularmente E. SCHLINK que destacou enfaticamente que a sucessão apostólica da igreja consiste acima de tudo "na fé na mensagem apostólica", enquanto a sucessão ministerial apenas poderia ser um *"sinal"* disso: "Die apostolische Sukzession" (1957), in: *Der kommende Christus und die kirchlichen Traditionen. Beiträge zum Gespräch zwischen den getrennten Kirchen*, 1961, p. 160-195, 192 e 194. Cf. ainda SCHLINK. *Ökumenische Dogmatik*, 1983, p. 614-622.

ministério e ordenação que não é coadunável com a tradição representada nessa questão pela igreja católica romana. Em contraposição, as igrejas da Reforma deveriam, não apenas por razões ecumênicas, mas por causa de seu próprio entendimento da ordenação, preservar rigorosamente que a proclamação pública independente da palavra e a administração dos sacramentos sejam condicionadas à ordenação prévia. O lugar da ordenação não pode ser ocupado por atos burocráticos de "incumbência" por uma direção de igreja ou diretores de seminários de pregadores. Porque na ordenação ao ministério pastoral da igreja, exercido pelo serviço à palavra do evangelho, trata-se da transmissão de uma tarefa que provém do próprio Jesus Cristo e que fundamenta a autonomia da pessoa ordenada também perante as autoridades eclesiásticas. Em função disso a ordenação não pode ser substituída por instruções de autoridades eclesiásticas. Tampouco ela pode ser usurpada como instituição de uma igreja particular. Toda pessoa ordenada recebe o chamado através do próprio Jesus Cristo para o serviço à unidade da igreja dele, portanto, ao conjunto de todos os crentes, através do ensino do evangelho. Por isso também se deve abrir mão de uma re-ordenação de pessoas já ordenadas em outra igreja parcial mediante imposição de mãos e oração para serviço da proclamação pública do evangelho e da administração dos sacramentos, quando passam ao serviço em uma igreja de confissão da Reforma. Aqui basta um compromisso público de exercer o serviço eclesiástico sobre o solo da confissão da Reforma. Quando em tais casos se realiza uma re-ordenação, fica desnudada a ordenação da própria igreja envolvida como mera medida da respectiva autoridade eclesiástica na instalação de seus ministros. Então a ordenação não seria mais realizada como serviço ao envio que parte do próprio Jesus Cristo e que abarca todas as diferenças de igrejas particulares, para proclamar o evangelho e preservar as congregações na fé em sua doutrina.

3. A unidade da igreja e o escalonamento de seu ministério diretivo

A vinculação do ministério diretivo, ligado à incumbência do ensino público do evangelho, com a unidade da igreja obriga a uma análise mais precisa desse tema. Afinal, é evidente que a unidade da igreja justamente não foi preservada na realidade histórica do cristianismo. Como, pois, o mandato do ministério eclesiástico diretivo se relaciona com o fato do cristianismo fragmentado em igrejas confessionais? Essa realidade não precisa se tornar motivo de resignação quanto ao mandato do ministério eclesiástico unicamente porque, apesar de tudo, a unidade do cristianismo não está cabalmente perdida. Porque tem seu fundamento no próprio Jesus Cristo e continua persistindo pela fé no único Senhor também no cristianismo dividido. Logo a unidade das igrejas do cristianismo em Jesus Cristo é algo preestabelecido para elas como também incumbência delas: É preestabelecida como comunhão do corpo de Cristo na fé e nos sacramentos, é incumbência no sentido da preservação e renovação da unidade fundamentada em Jesus Cristo. É para esse segundo aspecto que se destina o serviço à unidade, que foi transferido aos detentores do ministério eclesiástico diretivo: A circunstância de tal serviço realmente ser necessário já implica em que a existência e persistência da unidade da igreja não são simplesmente óbvias – embora fundamentadas em Jesus Cristo e por isso também constantemente renovadas na vida da igreja. Entretanto, que aspectos da unidade da igreja o serviço a essa unidade precisa observar de modo especial?

a) Os atributos essenciais da igreja

A unidade do corpo de Cristo vincula entre si cada um dos crentes para a comunhão da igreja. Por isso faz diretamente parte da essência da igreja (cf. acima, p. 72ss.; 154ss.). Na confissão "nicena" de Constantinopla de 381 d. C., o predicado da unidade da igreja foi combinado com as qualidades da santidade, apostolicidade e catolicidade. Esses quatro atributos do conceito de igreja implicam um ao outro,[924] mas não é por acaso que a unidade da igreja aparece em primeiro lugar,[925] porque ela é estabelecida diretamente com o ser da igreja como comunhão fundamentada pela participação dos fiéis no único Senhor, Jesus Cristo. Os três atributos restantes podem ser entendidos como

---

[924] Y. Congar, "Die Wesenseigenschaften der Kirche", in: *Mysterium Salutis* IV/1, p. 357-502, esp. p. 362ss.

[925] Também Y. Congar fala de uma preferência lógica da unidade (*op. cit.*, p. 363s), mas enfatiza seu vínculo indissolúvel com a santidade da igreja: Não se poderia "tratá-la como um atributo, que qualificaria um ser já constituído" (p. 364). Isso é correto, contudo apenas atesta que na santidade se trata (como também nos demais atributos) de um *proprium* da igreja, não de uma propriedade acidental.

implicações da unidade da igreja como unidade alicerçada em Jesus Cristo.[926] Por isso ela é explicada pela sua definição mais precisa como santa, apostólica e católica.

A igreja, portanto, é chamada de "santa", porque é santificada para seu Senhor Jesus, de maneira análoga como o povo Israel é um povo separado por eleição de Deus para a comunhão com ele e nesse sentido "santo" (Êx 19.6),[927] apesar de todos os pecados pelos quais os membros na prática vivem em contradição com sua eleição. A igreja foi santificada pelo próprio Jesus Cristo para ele – e conseqüentemente para o Pai. Porque ele "a si mesmo se entregou... para torná-la santa e pura pelo banho de água na palavra" (Ef 5.25s). Por meio do batismo o Cristo exaltado não apenas fundou sua igreja no início, mas por meio dele ele também continua a santificar pessoas para Deus, quando morrem para o pecado no batismo e formam uma igreja santa como membros de seu corpo. Porém, da mesma maneira como na vida individual a purificação do pecado realizada no batismo é também para a comunhão da igreja um tema vital, que a acompanha ao longo de toda a sua história para sempre de novo se afastar do pecado do mundo, rumo ao aprofundamento de sua comunhão com Jesus Cristo.[928] Esse é o tema de toda reforma da igreja que mereça esse nome. Sob esse aspecto o pertencimento a Jesus Cristo não apenas separa a igreja do egoísmo e da discórdia do mundo, mas igualmente significa envio para dentro do mundo, assim como Jesus Cristo foi enviado ao mundo.

Nesse ponto a santidade da igreja está estreitamente ligada à sua apostolicidade. O envio para testemunhar em favor da verdade universal

---

[926] Para essa vinculação dos quatro atributos da igreja entre si é determinante que a unidade da igreja sempre seja entendida como unidade fundamentada em Jesus Cristo, nunca apenas como formada pela comunhão dos fiéis entre si. Cf. E. Schlink, "Christus und die Kirche", in: idem, *Der kommende Christus und die kirchlichen Traditionen*, 1961, p. 88-105, 95; cf. ainda J. Moltmann, *Kirche in der Kraft des Geistes*, 1975, p. 363s.

[927] Sobre isso, cf. Y. Congar, op. cit., p. 4580477, esp. p. 459ss.

[928] De forma semelhante se afirma em *LG* 8 sobre a igreja: "Ela é ao mesmo tempo santa e sempre carente de purificação, ela anda constantemente o caminho do arrependimento e da renovação." Cf. Y. Congar, *op. cit.*, p. 470s e esp. p. 471, nota 66. Somente na consumação escatológica a igreja "será a noiva perfeita". Quanto à designação da igreja como noiva de Cristo, cf. também H. Fries, no mesmo volume, p. 229s.

e definitiva da revelação de Deus em Jesus Cristo é o elemento originalmente apostólico. Por isso a apostolicidade da igreja expressa em primeira linha que o envio dos apóstolos à humanidade toda é continuado pela igreja.[929] A tarefa da missão não acabou com a era dos apóstolos. Evidentemente faz parte da continuação do envio apostólico também a fidelidade à origem apostólica e em especial ao evangelho apostólico. Mas a unidade com a igreja dos apóstolos não consiste na conservação de situações e idéias dos tempos iniciais da igreja.[930] Trata-se da vinculação duradoura com um envio que precisa continuar para dentro de novos horizontes de experiência histórica. Em sentido autêntico a igreja será apostólica somente quando preservar, como igreja missionária, a disposição de transformar formas tradicionais de pensar e viver e quando se renovar sempre de novo a partir de sua origem, não por causa de uma adaptação ao respectivo espírito da época, mas para poder explicar a verdade escatológica da verdade da revelação de Deus em Jesus Cristo a cada nova época e em cada nova situação mundial, tanto de forma crítica quanto libertadora.

A compreensão da apostolicidade da igreja a partir do envio apostólico aponta para além do presente histórico até a consumação escatológica do mundo. O envio apostólico da igreja visa à renovação de toda a humanidade no reino de Deus, que já teve início na revelação do Filho na pessoa e história de Jesus de Nazaré, e que se concretiza como reconciliação da humanidade com Deus por meio da transformação na "imagem" do Filho para participar da relação dele com o Pai. A universalidade de seu envio, inerente a isso, é também constitutiva para a catolicidade da igreja.[931] Ela não se esgota na "generalidade" de sua disseminação sobre toda a terra, nem seria idêntica à instituição de uma igreja mundial. Pelo contrário, a idéia da catolicidade deve ser entendida em termos qualitativos a partir da plenitude da consumação escatológica da igreja (Ef 1.23), que se manifesta em cada presença histórica pela

---

[929] Esse sentido do atributo da apostolicidade da igreja foi enfatizado pelo autor em 1968 no âmbito do trabalho do Grupo de Trabalho conjunto do Conselho Mundial de Igrejas e da Igreja Católica Romana: "Die Bedeutung der Eschatologie für das Verständnis der Apostolizität und der Katholizität der Kirche" (agora in: idem, *Ethik und Eschatologie*, 1977, p. 219-240, esp. p. 222ss.).

[930] Acerca dessa tendência surgida já desde o séc. II, cf. R. L. WILKEN, *The Myth of Christian Beginnings*, 1971.

[931] Cf. o exposto pelo autor no ensaio citado na nota 929, p. 234ss.

abertura da comunhão eclesiástica concreta para além da peculiaridade própria rumo à plenitude de Cristo a ser alcançada somente no fim dos tempos (Ef 4.13; cf. Cl 1.19, Jo 1.16). Em decorrência, precisa ser considerada uma perversão da verdadeira catolicidade, quando uma igreja afirma de modo exclusivo suas próprias constituição e tradição eclesiásticas – em verdade sempre também particulares – como as únicas católicas, em delimitação contra outras igrejas. A catolicidade genuína permanece ciente da interinidade da própria forma de percepção e vida e nisso permanece aberta para a comunhão com outros. Assim entendida, a catolicidade constitui o aspecto mais abrangente da unidade da igreja em sua fidelidade à origem apostólica, na comunhão com o cristianismo de todas as épocas passadas e de todas as igrejas atuais, bem como na abertura para o futuro do cristianismo à luz da chegada do senhorio de Deus, ao qual se encaminha também o mundo ainda não cristão.

Se, portanto, o atributo da catolicidade da igreja deve ser compreendido a partir da plenitude de Cristo e da consumação escatológica da igreja a ser realizada nele, surge a pergunta em que sentido, então, a igreja atual, afinal, já pode ser classificada de "católica". A resposta é que a catolicidade da igreja se manifesta primordialmente em uma respectiva congregação concreta, e precisamente em sua vida cultual. De acordo com o comprovante mais antigo da expressão *kathòlikè ekklesia* ela está sempre está onde está Cristo (INÁCIO, *Esmirn*. 8,2). Essa declaração certamente deve ser entendida assim que no culto eucarístico de cada congregação local, em que Cristo está presente, toda a igreja universal também está presente. No mesmo sentido se pronuncia o relato sobre o martírio de POLICARPO, dizendo que ele era bispo "da igreja católica que está em Esmirna",[932] assim como o próprio Policarpo havia escrito "à igreja de Deus que vive em Filipos no estrangeiro". A igreja universal se patenteia em cada congregação reunida para o culto pelo fato de que nela é anunciado o mesmo evangelho e celebrada a mesma eucaristia, de sorte que ela se encontra além dos limites se sua própria particularidade em uma comunhão (*koinonia*) com todas as demais igrejas locais. A igreja católica, portanto, não consiste primordialmente

---

[932] *Mart. Polyc.* 16,2 (SC 10, p. 264). A citação seguinte pertence ao proêmio da seguda carta de POlICARPO *Aos Filipenses*. Cf. sobre isso o exposto por J. D. ZIZIOULAS, sobre a comunhão da santa ceia e catolicidade da igreja, in: *Katholizität und Apostolizität*, *KuD* suplem. 2, 1971, p. 31-50, esp. p. 31, nota 3.

na unidade de uma organização e estrutura administrativa de abrangência mundial e que abarca todas as igrejas locais, mas se evidencia das diversas igrejas locais e através da comunhão delas entre si. Essa comunhão se mostra especialmente na "conciliar" dos dirigentes das congregações, assim como inversamente o bispo ou pastor representa em sua congregação individual a igreja toda.[933]

A catolicidade da igreja constitui, assim como sua apostolicidade, santidade e unidade, uma característica essencial, não porém sem mais nem menos um sinal de reconhecimento da igreja (*nota ecclesiae*). O fato de a igreja como corpo de Cristo ser uma comunhão indestrutível dos crentes, santificada por Jesus Cristo, que leva adiante o envio dos apóstolos e em cuja vida cultual a plenitude escatológica de Cristo já está presente, por um lado faz parte de sua essência, como reconhecida pela fé, mas por outro não pode ser empiricamente constatado como dado inequívoco, de maneira que se pudesse afirmar: Pelo fato de que essas características indubitavelmente estão presentes em determinada igreja, ela dessa forma está credenciada como a verdadeira igreja. Pelo contrário, os atributos da unidade, santidade, apostolicidade e catolicidade são afirmados acerca de uma realidade eclesiástica que "ao invés de confirmá-los, está em total contradição com eles. Exatamente por isso a unidade da igreja precisa ser declarada com tanta ênfase, porque é tão radicalmente questionada. Do mesmo modo a apostolicidade precisa ser tão salientada porque se sente em demasia como a igreja é arrancada de sua origem apostólica e está à deriva rumo a um futuro incerto. A santidade da igreja se torna tão importante pelo fato de que as marcas de sua não-santidade se impõem de modo penetrante. E a universalidade passa a ocupar tão intensamente o foco da igreja porque ela se debate tanto com sua própria tendência à particularidade."[934] Com razão GERHARD EBELING designou os quatro atributos da igreja do símbolo ecumênico de Constantinopla como "atributos de fé", que "precisam ser imaginados em conjunto com a experiência de igreja sem retoques e sem disfarces".[935]

---

[933] Referente à relação de igreja local com a catolicidade, cf N. NISSIOTIS, "Die qualitative Bedeutung der Katholizität", in: *Die Ostkirche im ökumenischen Dialog*, 1968, p. 86-104. Cf. também Y. CONGAR, in: *Mysterium Salutis* IV/1, 1972, p. 478-502, esp. p. 486s.
[934] G. EBELING, *Dogmatik des christlichen Glaubens*, vol. III, 1979, p. 369s.
[935] G. EBELING, *op. cit.*, p. 370, cf. p. 352. O tópico "Glaubensattribute", p. 369ss.

Na discussão com a tese da Reforma de que é possível "reconhecer seguramente a congregação cristã onde se anuncia o evangelho puro",⁹³⁶ a teologia católica contrária interpretou desde o séc. XVI as qualidades essenciais (*proprietates*) da igreja, citadas pela confissão de Constantinopla de 381, como "características" (*notae*) da verdadeira igreja.⁹³⁷ Opinava-se que, ao contrário das igrejas da Reforma, a igreja romana era a única comprovada como igreja una, santa, católica e apostólica, enquanto as características (*notae*) da verdadeira igreja asseveradas pela Reforma, a saber, o ensino puro do evangelho e administração "correta" dos sacramentos condizente com a instituição por Cristo, não seriam marcas úteis para a diferenciação entre igreja verdadeira e falsa, porque somente pela autoridade da própria igreja seria possível decidir o que seria verdadeiro ensino e distribuição dos sacramentos.⁹³⁸ Entretanto, para a teologia católica de hoje também se tornou questionável, no que tange aos quatro atributos da igreja, se no caso deles se trata de fenômenos empíricos inequívocos que sejam mais conhecidos que a própria igreja e por isso podem servir de características de diferenciação entre igreja verdadeira e falsa.⁹³⁹ Em razão disso se retornou à concepção dos atributos da igreja como características essenciais ou "dimensões" (H. KÜNG) da igreja. Conforme H. KÜNG essas característica precisam "repousar" sobre a proclamação pura do evangelho e a administração correta dos sacramentos.⁹⁴⁰ Entretanto, também elas

---

⁹³⁶ M. LUTERO, *Dass eine christliche Versammlung oder Gemeine Recht und Macht habe, alle Lehre zu urteilen, etc.*, 1523, WA 11, p. 408,8-10; cf. WA 25, p. 97,22s. Com isso e com a administração dos sacramentos condizente com sua instituição MELANCHTHON combinou em *Apol* 7,5 e 7 sua designação como *externas notas* (*BSELK*, p. 234,30s e p. 235,16), mediante argumentação com Ef 5.25s, mas também com o símbolo de Nicéia. Também foi acolhida nas edições posteriores dos *Loci*, p. ex., em 1535, CR 21, p.506.

⁹³⁷ Sobre isso, cf. H. KÜNG, *Die Kirche*, 1967, p. 313-320, e Y. CONGAR, *op. cit.*, p. 357ss., bem como igualmente H. DÖRING, *Grundriß der Ekklesiologie. Zentrale Aspekte des katholischen Selstverständnisses und ihre ökumenische Relevanz*, 1986, p. 167ss. Cf. ainda H. J. POTTMEYER, "Die Frage nach der wahren Kirche", in: W. KERN; H. J. POTTMEYER; M. SECKLEC, *Handbuch der Fundamentaltheologie*, vol. III, 1986, p. 212-241, esp. p. 221ss.

⁹³⁸ H. DÖRING, *op. cit.*, p. 169.

⁹³⁹ H. DÖRING, *op. cit.*, p. 169s; acerca do critério da notoriedade como específico para o conceito da característica em distinção da marca essencial, Y. CONGAR, *op. cit.*, p. 358s.

⁹⁴⁰ H. KÜNG, *op. cit.*, p. 319.

constituem, antes, características essenciais da igreja que "marcas exteriores", em vista do fato de que de forma alguma é óbvio, mas controvertido, o que é conteúdo do evangelho e o que é administração correta dos sacramentos.⁹⁴¹ É verdade que hoje teólogos católicos romanos e evangélicos são capazes de afirmar de comum acordo "que entre cristãos a fidelidade ao evangelho constitui o critério supremo para a fé e a igreja", mas "ainda não existe unanimidade plena" sobre aquilo que isso significa em termos de conteúdo,⁹⁴² de modo que nesse aspecto dificilmente se pode falar de uma "marca exterior" da verdadeira igreja. Diante disso se pode apontar para a autoridade das Escrituras, reconhecida de ambos os lados. Mas essa novamente não é unívoca. Para precisar o vínculo ao evangelho KARL RAHNER destacou a apostolicidade como característica e critério da verdadeira igreja.⁹⁴³ Mas esse critério por sua vez já pressupõe a fundamentação da igreja a partir do evangelho. Decisiva é, portanto, a tarefa de buscar acordo sobre o conteúdo do evangelho. Aqueles que crêem no evangelho já têm nele o critério para a verdadeira natureza da igreja. Contudo os de fora inevitavelmente se escandalizarão com as contradições da realidade histórica das igrejas cristãs quanto à sua suposta unidade, santidade, apostolicidade e catolicidade. Também a função da igreja como sinal da futura consumação da humanidade no reino de Deus⁹⁴⁴ está tão obscurecida

---

⁹⁴¹ Posição já exposta pelo autor: *Thesen zur Theologie der Kirche*, 1970, p. 21.

⁹⁴² H. J. POTTMEYER, *op. cit.*, p. 222.

⁹⁴³ K. RAHNER, *Grundkurs des Glaubens. Einführung in den Begriff des Christentums*, 1976, p. 336-357, desdobrou a apostolicidade da igreja como "continuidade com a origem" (p. 342s), "preservação da substância básica do cristianismo" (p. 343) e princípio de uma autoridade objetiva preestabelecida à subjetividade do crente (p. 344s). Conforme H. J. POTTMEYER, *op. cit.*, p. 225, isso é "uma proposta convincente", que corresponde tanto à tradição católica quanto à situação ecumênica atual. De fato RAHNER formulou seus critérios na expectativa de que também fossem aceitáveis para as igrejas da Reforma (p. 343), reportanto-se afirmativamente às características da igreja citadas em CA 7 (p. 344). De uma maneira comparável com RAHNER E. SCHLINK salientou a apostolicidade como aquilo entre os quatro atributos da igreja, sobre o que "os outros de certa forma se fundamentam", porque a doutrina apostólica seria o "parâmetro", "no qual cabe medir o que é verdadeira unidade, santidade e catolicidade da igreja, e com o qual se pode notar onde existe no mundo a igreja una, santa e católica" (*Ökumenische Dogmatik* 1983, p. 589).

⁹⁴⁴ A função da igreja como sinal foi definida por J. RATZINGER em seu artigo sobre a igreja, in: *LTK* 6, 1961, p. 172-183, 180 como ponto de partida para um novo

pelas contradições entre sua dilaceração histórica e sua adaptação ao mundo e seus atributos essenciais em que se crê, de modo que a partir disso a igreja não pode ser facilmente reconhecida como aquilo que ela deseja ser conforme sua autopercepção. Por isso não a partir dela mesma, mas unicamente a partir do evangelho é possível afirmar qual é a essência da igreja.

Especialmente crassa e flagrante é a contradição entre a essência crida da igreja e a condição real do cristianismo na asserção da unidade da igreja.[945] Isso somente pode ser ignorado quando se relaciona a afirmação do símbolo "niceno" sobre a unidade da igreja exclusivamente com a própria comunhão eclesial, como se sua separação de todas as demais igrejas cristãs praticamente excluísse os membros dessas igrejas da unidade do corpo de Cristo. No estágio atual das relações ecumênicas entre as igrejas, porém, um juízo desses sobre os cristãos de outras igrejas é difícil de acompanhar e de sustentar consistentemente até mesmo para as igrejas católica romana e ortodoxa.[946] Somente dessa forma o "escândalo do cristianismo desunido"[947] chegou a seu último e insustentável aguçamento para a consciência de fé de incontáveis cristãos da atualidade: Como é possível reconhecer e tratar um ao outro como irmãos e irmãs cristãos, que estão ligados pela fé no único Senhor e sua explicação trinitária na igreja, mas apesar disso negar um ao outro a comunhão plena? Seguramente há também "*separações* que

---

acesso à pergunta de como reconhecer a verdadeira igreja. Uma tentativa para fundamentar uma análise da questão nessa direção é trazida por H. J. POTT-MEYER, *op. cit.*, p. 226-240.

[945] G. EBELING, *op. cit.*, p. 371. EBELING, porém, pensa que a unidade do corpo de Cristo seria, não obstante, "uma realidade apesar de todas as cisões da igreja que perpassa diagonalmente todas as igrejas" (p. 373), de maneira que ele vai de encontro dos "esforços ecumênicos por unidade da igreja no macro" (p. 375) com certa reserva e até mesmo defensivamente por causa do perigo de "estabelecer uma pseudo-unidade" (p. 373).

[946] Do lado católico romano o Concílio Vaticano II em sua Constituição Eclesiástica e seu Decreto sobre o Ecumenismo não empregou mais o conceito de heresia para cristãos e igrejas ou comunhões eclesiais (ainda) não unidos com Roma, contudo, em contraposição, posicionamentos oficiais posteriores da parte romana continuam utilizando essa terminologia (W. HUBER, art. "Haeresie III", in: *TRE* 14, 1985, p. 341-348, 343).

[947] E. SCHLINK, *op. cit.*, p. 678-683.

são necessárias", a saber, no caso da apostasia da fé em Jesus Cristo.⁹⁴⁸ Tais separações tiveram de ser realizadas pelo cristianismo primitivo diante da heresia judaísta e do gnosticismo, e depois pela igreja antiga diante do arianismo. Mas em muitos cismas que se concretizaram na história da igreja fica muito menos explícita a necessidade que forçava para tanto. Paradigmático disso são as contrariedades que eclodiram na sequência do Concílio de Calcedônia (451), além da ruptura entre o cristianismo oriental e ocidental no séc. XI, bem como as cisões decorrentes das controvérsias da época da Reforma. Desses três acontecimentos partiram as separações da maioria das igrejas até hoje separadas uma da outra. Será que essas cisões de fato foram e são inevitáveis por causa da fé e da confissão a Jesus Cristo, ou será que se trata, antes, de catástrofes da história eclesiástica com conseqüências nefastas de amplo alcance, cada uma delas resultante de uma mescla de culpa e destino, em que estavam enleados todos os participantes, rupturas que por princípio poderiam e deveriam ter sido evitadas e cuja superação por isso é hoje imperiosa?

> No contexto dessa pergunta se impõe inegavelmente a pergunta pelo significado e alcance do fenômeno da heresia para a unidade da igreja e para a ruptura dessa unidade.⁹⁴⁹ Em todos os três acontecimentos recém-definidos como catástrofes da história da igreja as partes envolvidas se acusaram mutuamente de heresia, independentemente se tais acusações antecederam a cisão, dando motivo para ela, ou foram acrescentadas posteriormente a fim de justificar a separação já efetivada. Que, porém, é heresia? A teimosa (*pertinax*) rejeição de uma verdade pertinente à fé?⁹⁵⁰ Quando se nega *como tal* uma verdade realmente pertencente à fé, não existe já

---

⁹⁴⁸ E. SCHLINK, *op. cit.*, p. 680.
⁹⁴⁹ Curiosamente E. SCHLINK, op. cit., nem mesmo tratou do tema heresia em suas impactantes exposições sobre a problemática das cisões de igrejas. Apenas de passagem surgem os conceitos heresia e herege no contexto de sua análise.
⁹⁵⁰ CIC 1983, can. 751: *Dicitur haeresis, pertinax, post receptum baptismum, alicuius veritatis fide divina et catholica credendae denegatio, aut de eadem pertinax dubitatio* [Chama-se heresia a negação pertinaz, após a recepção do batismo, de qualquer verdade que se deva crer com fé divina e católica, ou a dúvida pertinaz a respeito dela...]. O conceito de heresia é diferenciado por um lado do cisma como negativa de subordinação ao papa, e por outro da apostasia como da *fidei Christianae ex toto repudiatio* [repúdio total da fé cristã].

obrigatoriamente apostasia, dissidência do todo da fé cristã?[951] De fato se atribui com freqüência à heresia uma "separação da igreja de cristo... que tem por alvo a total incredulidade".[952] Então o ameaçador na heresia é a rigor a apostasia da fé (real ou presumida ou temida por outros). Em contraposição, tenta-se preservar a diferença entre heresia e apostasia. Para isso, porém, não basta a diferenciação quantitativa entre rejeição de verdades especificas da fé e rejeição da fé como um todo,[953] porque com isso se ignora a unidade orgânica da verdade de fé. Em conseqüência, KARL RAHNER descreveu o herege como um cristão que nem sequer pretende negar a fé, mas "contra sua vontade" de fato nega a totalidade da verdade da revelação.[954] Isso, porém, pressupõe naquele que é designado de herege uma situação ambígua. Será que ele, talvez, não rejeite apenas formulações que ele justamente não é capaz de reconhecer como expressão

---

[951] Cf. K. RAHNER, Was ist Haeresie?, Schriften zur Theologie, vol. V, 1964, p. 527-576, 543s. Por isso RAHNER falou de uma "imprecisão" (p. 544) da versão tradicional do conceito de heresia no que diz respeito à diferença com a apostasia. O problema ainda não se solucionou quando no novo CIC (cf. nota anterior) a formulação nomen retinens Christianum [apegando-se ao nome cristão], criticada por RAHNER como imprecisa, simplesmente foi deixada fora, mas mantida a diferenciação, vinculada a ela, da apostasia.

[952] Posição de J. BROSCH, art. "Haeresie", in: LTK 5, 1960, p. 6-8, 7: Heresia seria "um separar-se da igreja de Cristo oriundo da falta de fé (dúvidas), direcionado para a incredulidade total, gerado pelo desprendimento de uma verdade isolada do organismo do acervo de revelação, com a tendência de tornar-se pessoalmente uma igreja". Cf. idem, Das Wesen der Haeresie, 1936, p. 110ss. esp. p. 112, bem como Y. CONGAR, op. cit., p. 447: "Toda heresia se dirige contra a verdade do relacionamento com Deus, que nos permite perceber... a revelação". Dessa maneira, porém, o apego do herege à confissão a Jesus Cristo ou se torna um auto-engano ou pura hipocrisia, como na citação AMANDUS POLANUS, trazida por K. BARTH, KD I/2, 1938, p. 907, de seu Syntagma theol. chr. 1609, p. 3527. A concepção usual, utilizada também por BROSCH, do isolamento de uma verdade individual pelo herege está em contradição com a definição da heresia no CIC can. 751 como negação de uma verdade isolada da fé, sendo principalmente (diferente da formulação de CONGAR) inconciliável com a impossibilidade de dividir a fé, enfatizada por K. RAHNER (cf. nota anterior) e de seu relacionamento com a verdade divina.

[953] Em contrapartida, cf. acima, na nota 951, as exposições citadas de K. RAHNER.

[954] Conforme K. RAHNER, heresia é "sempre uma doutrina que contra sua vontade ameaça o todo de uma unidade intelectual, na medida em que ela se baseia sobre a relação com o evento único e integral de revelação, que também o herege afirma" (op. cit., p. 529).

compromissiva e apropriada da verdade da fé? Dúvidas em formulações contemporâneas de uma verdade de fé não precisam negar a própria fé. Então, com tais dúvidas e também com a rejeição de tais formulações tampouco estaria preenchida a concepção de heresia. Além disso, o fenômeno historicamente caracterizado como heresia em geral não consiste ou primordialmente não consiste na *rejeição* de uma norma doutrinária vigente na igreja, mas na *divergência* dela por meio de reformulações do conteúdo da fé, que podem ocasionar uma rejeição de fórmulas tradicionais. Nisso repousa – ao lado da impressão surgida no mínimo *prima facie* [à primeira vista], da incompatibilidade com a fé da igreja – a função ocasionalmente já atribuída à heresia pelos pais da igreja, de favorecer a percepção teológica e contribuir para o desenvolvimento da própria doutrina eclesiástica.[955] Esse aspecto nem sequer entrou na definição de heresia do código de direito canônico (CIC) da igreja católica, assim como tampouco o ponto de vista destacado por RAHNER como decisivo, da relação subjetiva com o todo da verdade cristã,[956] e tampouco ainda a complexa problemática da historicidade da percepção da fé. Essa última não apenas consiste no condicionamento de suas formulações pela época[957] – tanto por parte do magistério eclesiástico quanto por parte de cada teólogo – mas também em

---

[955] Sobre isso, cf. Y. CONGAR, *op. cit.*, p. 444ss., esp. sobre declarações de ORÍGENES e AGOSTINHO. Quanto ao significado fundamental dessa questão, cf. K. RAHNER, *op. cit.* p. 552s.

[956] O último ponto de vista ainda está contido na definição citada na nota 950, pelo menos no momento da teimosia (*pertinax*) do apego à opinião pessoal. Ela foi atribuída por TOMÁS DE AQUINO, seguindo a AGOSTINHO, ao orgulho (*S. teol.* II/2,11, 1 ad 2). Mas, será que ela não pode também ser expressão da seriedade diante da verdade, que proíbe revogar uma afirmação contra a convicção pessoal? Cf. B. LOHSE, "Luthers Antwort in Worms", in: *Luther* 29, 1958, p. 124-134. Por isso é problemático já classificar, com Y. CONGAR, como herege aquele "que segue sua idéia até que a tenha desenvolvido para formar uma teoria, sem ser detido pelo fato de que ele se coloca em contradição com a igreja e sua tradição" (*op. cit.*, p. 432). Por causa da percepção melhor da verdade da revelação pode ser imprescindível assumir o ônus de tal contradição – no entanto não a contradição com o próprio evangelho, portanto a apostasia.

[957] Com razão Y. CONGAR, *op. cit.*, p. 452ss explicitou que a consciência histórica e o saber, fortalecido por ela, da interinidade de toda compreensão da fé aquém da consumação escatológica obrigam a uma "nova visão das coisas" no que tange à história das heresias, assim como igualmente no que diz respeito ao próprio conceito de heresia.

que intenções e afirmações objetivas aparentemente opostas apesar disso podem constituir uma unidade na substância,[958] ainda que tal unidade muitas vezes seja perceptível apenas posteriormente, porque novos pontos de vista são geralmente apresentados como crítica às concepções até então tidas como condizentes com a causa. Sem divergências na forma vigente da doutrina não haveria progressos no entendimento da fé.[959]

Para a reapreciação e superação das cisões sobrevindas na história eclesiástica e de suas conseqüências é imprescindível uma nova definição do conceito de heresia,[960] que supere as dificuldades e insuficiências internas de sua formulação tradicional. Nisso caberá atenção especial ao entrelaçamento entre fenômenos que apenas permitem

---

[958] Y. CONGAR, op. cit., p. 435 encontra essa percepção já em B. PASCAL, Pensées, nº 862s. Um caso clássico disso foram os contrastes cristológicos antes e depois do Concílio de Calcedônia em 451. Cf. sobre isso A. GRILLMEIER, "Haeresie und Wahrheit. Eine häresiologische Studie als Beitrag zu einem ökumenischen Problem heute", in: idem, Mit ihm und in ihm. Christologische Forschungen und Perspektiven, 1975, p. 219-244. Algo semelhante vale, porém, igualmente para muitas das condenações doutrinárias recíprocas das igrejas da época da Reforma. Cf. K. LEHMANN; W. PANNENBERG (eds.), Lehrverurteilungen – kirchentrennend?, vol. I, 1986.

[959] Defendeu a justeza de tais diferenças como expressão do individualmente peculiar em cada elaboração da dogmática F. SCHLEIERMACHER, Der christliche Glaube (1821) 1830, § 25, tornando relativo a partir daí o contraste entre ortodoxo e heterodoxo. Contudo SCHLEIERMACHER também demandou que toda "peculiaridade da apresentação" seja relacionada à doutrina comum, no empenho de "colocá-la sob a luz mais clara possível" (§ 25,2), motivo pelo qual precisa se precaver contra as quatro "heresias naturais" do cristianismo, que destroem em diversas direções as condições para o pensamento central do cristianismo, o da redenção (§ 22). A Reforma ainda estava distante de tal justificação do peculiar na teologia, embora a própria teologia de LUTERO seja um eminente exemplo disso: Seguramente ainda se seguia a concepção de TOMÁS DE AQUINO, de que apegar-se àquilo quae sibi propria mens suggerit [sugestiona a si a própria mente] (S. teol. II/2, 11,1) constitui a raiz da heresia: Essa idéia ainda está impregnada na concepção de LUTERO acerca do entusiasmo como raiz de todas as doutrinas falsas. Cf. J. WIRSCHING, "Wahrheit und Gemeinschaft. Zur Frage der Haeresie", in: KuD 30, 1984, p. 147-171, 152ss.

[960] Uma renúncia completa a esse conceito não faria justiça às reivindicações de veracidade da mensagem cristã e de suas diferentes explicações. Cf. J. WIRSCHING, op. cit., p. 163s, 166s, bem como J. BAUR, "Lehre, Irrlehre, Lehrzucht" (1974) in: idem, Einsicht und Glaube, Aufsätze, 1978, p. 221-248, esp. p. 236ss.

uma separação abstrata entre si, como o cisma, a heresia e a apostasia. *Heresias são apostasias veladas, de que nem mesmo seus causadores estão plenamente conscientes.* Somente onde for preciso levantar essa acusação grave, porém não já em cada divergência isolada da norma doutrinária da igreja, deveria ser utilizado o termo heresia.[961] Unicamente então serão também inevitáveis a excomunhão e cisão.[962] Em contraposição, a heresia se expressa na tendência a se separar da igreja. Por isso essa tendência pode valer como um indício de heresia, porém apenas como um indício que sozinho não é suficiente.[963] Em decorrência, defensores de formas doutrinárias divergentes, havendo disposição de manter e preservar a comunhão eclesiástica, são muitas vezes tolerados em maior proporção que nos casos em que não existe essa disposição e a dissidência se transforma em escândalo público na igreja.

Esses fenômenos multissegmentados de cisma e heresia fazem com que apareça sob forte iluminação a tarefa do ministério eclesiástico diretivo: Cabe-lhe preservar a unidade da igreja na fé em Jesus Cristo e eventualmente restaurá-la em vista das constantes ameaças a que está exposta e cujas formas de manifestação aguda se destacam nos fenômenos de cisma, heresia e apostasia. Esse serviço à unidade da igreja acontece, e somente pode acontecer, pela proclamação e pelo ensino do evangelho, bem como através da certificação da comunhão na fé em Jesus Cristo pela celebração da ceia do Senhor. Unicamente em Jesus Cristo, ao qual o evangelho anuncia e que é recebido pelo sacramento, a igreja possui sua unidade. Santificada nele ela também está vinculada ao envio e à doutrina dos apóstolos e aberta para a plenitude de Cristo que a tudo abarca.

---

[961] Isso corresponde à inversão da concentração da confissão na pessoa de Jesus Cristo, cf. acima, p. 169ss.

[962] E. SCHLINK, *op. cit.*, p. 682 julgou com razão que "no cristianismo uma divisão se justifica em última análise somente quando se trata da apostasia de Cristo", de modo que "outras razões de uma separação não podem ser responsabilizadas perante Deus". Cf. também o exposto por A. DULLES sobre "Ecumenism and the Search for Doctrinal Agreement", in: idem, *The Reshaping of Catholicism. Current Challenges in the Theology of the Church*, 1988, p. 227-245.

[963] Por isso raramente se fez uma diferenciação nítida na igreja antiga antes de CONSTANTINO e TEODÓSIO entre cisma e heresia. Cf. Y. CONGAR, *op. cit.*, p. 411s., 427, mas também já 1Cor 11.18s; Gl 5.20. Cf. ainda M. ELZE, "Haeresie und Einheit der Kirche im 2. Jahrhundert", in: *ZTK* 71, 1974, p. 389-409.

b) Níveis distintos da unidade da igreja e de seu ministério diretivo

Em seu cerne, portanto, o ministério diretivo da igreja é ministério doutrinário. Através do ensino do evangelho precisa ser governada a igreja, como disse LUTERO.[964] Dessa forma sempre de novo a multiplicidade das manifestações vivenciais, não raro divergentes nas congregações, é integrada na unidade da igreja fundamentada em Jesus Cristo, sendo assim ao mesmo tempo purificada e renovada. Por isso também faz parte da tarefa e responsabilidade do ministério eclesiástico estabelecer pontes, pelo serviço à palavra, o ensino do evangelho, por sobre as contradições entre a dilaceração e adaptação históricas da igreja ao mundo e sua essência crida como igreja una, santa, apostólica e católica, e superá-las na medida em que Deus por seu Espírito concede a força e graça para isso.

A tarefa se impõe em diversos níveis na vida do cristianismo e da igreja. Inicialmente existe o nível *local* da congregação local, na qual o pastor representa, por força de sua ordenação, o envio que emana de Jesus Cristo para toda a sua igreja e assim sua unidade,[965] a fim de preservar a congregação local através da proclamação e do ensino do evangelho na comunhão da igreja una, santa, apostólica e católica. Mas o mandato de preservar a unidade da igreja também se impõe em vista das relações entre as diversas igrejas locais e os ministros que a representam no âmbito da comunhão abrangente da igreja. A essa tarefa servem encontros (sínodos) dos ministros dirigentes e de outros representantes das congregações isoladas. Esses sínodos, por seu turno, também precisam de uma direção, independente de como ela for designada, e precisamente também uma direção continuamente atuante que estabeleça a continuidade entre os encontros. Além disso, para preservar a unidade a nível supralocal, *regional* (como, aliás, também a nível supra-regional de províncias ou países) há necessidade de um empenho constante por meio de ministros especificamente nomeados para isso. Na história da igreja essa tarefa foi atribuída de modo crescente, especialmente desde o séc. IV, aos bispos, que antes exerciam uma tarefa de direção predominantemente local. Ao mesmo

---

[964] Por isso LUTERO falou do "estado do pastor, que Deus instituiu, que precisa governar uma congregação com pregação e sacramentos" (*WA* 6, 441,24s).
[965] Sobre isso, cf. acima, p. 445ss.

tempo a direção local da congregação passou a ser tarefa do presbítero, cujo ministério igualmente sofreu, assim, uma profunda mudança. A diferença entre o ministério do bispo e o presbítero atuante como pastor passou a ser a diferença entre um ministério diretivo local e outro regional. Nesse caso diferem apenas o nível e a abrangência da competência (jurisdição). Trata-se de configurações distintas do mesmo ministério diretivo. Isso foi particularmente enfatizado pela Reforma luterana (*CA* 28; *Apol* 14), mas tampouco foi contestado por princípio pela igreja católica romana, por mais que insistisse na supremacia dos bispos sobre os presbíteros (*DS* 1768 e 1776). O Concílio Vaticano II chegou até mesmo a falar do único ministério de serviço (*ministerium ecclesiasticum*), que é exercido em diversos degraus (*diversis ordinibus*), que "desde tempos antigos" são caracterizados pelas designações de bispos, presbíteros e diáconos (*LG* 111,28).[966]

> Na diferenciação entre nível local e regional para o exercício do ministério eclesiástico diretivo por um lado e da tradicional tripartição do ministério por outro trata-se, a rigor, de temas diferentes que, no entanto, se imbricam pelo fato de que o primeiro se vinculou, em decorrência do desenvolvimento do ministério episcopal, em um cargo regional de direção e supervisão, mediante a diferenciação entre bispos e presbíteros, enquanto o ministério dos diáconos perdeu nessa evolução sua proximidade original com o ministério episcopal (cf. abaixo). Entretanto, a unidade objetiva do ministério diretivo assumido por bispos ou presbíteros remonta à época diretamente pós-apostólica.

---

[966] O Concílio Vaticano II se expressou nesse ponto de forma intencionalmente mais reservada que o Concílio de Trento, que havia designado o ministério em três degraus, dos bispos, presbíteros e diáconos como uma hierarquia fundada sobre ordenamento divino (*hierarchiam, divina ordinazione institutam*, DS 1776). De qualquer modo, também naquele tempo já se evitou falar de uma "instituição" divina (*divina institutio*) desse desmembramento do ministério em três. Agora se fala apenas de diferentes maneiras de atender ao único ministério, que tradicionalmente eram diferenciados por aquelas designações de ministérios. Dessa forma a afirmação do Concílio Vaticano II se encontra em maior proximidade com aquela tradição teológica na teologia ministerial, da qual também surgiu a concepção luterana. Cf. sobre o conteúdo HUBERT MÜLLER, *Zum Verhältnis zwischen Episkopat und Presbyterat im Zweiten Vatikanischen Konzil. Eine rechtstheologische Untersuchung*, 1971.

No cristianismo primitivo o ministério do bispo, assim como do presbítero, se referia ao ministério em uma congregação local. A diferença na designação ministerial se explica, como já foi mencionado acima (p. 506s., 517s.), a partir das raízes diversas do ministério cristão de direção da congregação a partir do cargo judaico (e judaico-cristão) do ancião por um lado, e das congregações paulinas por outro, das quais se originam os cargos dos epíscopos e diáconos, a princípio provavelmente relacionados com congregações caseiras (Fl 1.1). Nas diferentes tentativas pós-paulinas de combinar e equalizar essas duas ordens ministeriais, ou os anciãos aparecem em conjunto como epíscopos (At 20.28; cf. 20.17), ou a função de supervisão aparece como uma atividade atribuída aos anciãos (1Pd 5.2),[967] ou a um dentre os presbíteros era atribuída a função do supervisor (*epískopos*) sobre a congregação toda (Tt 1.5-7; cf. 1Tm 3.1 *epískopos* com 1Tm 5.17 *presbteroi*).[968] Ainda em meados do séc. II a carta de Policarpo *aos Filipenses* conhece ali somente presbíteros e diáconos (2 *Polyk* 5,3; cf. 5,2 e 6,1): Onde ficaram os epíscopos, dos quais falava Paulo em sua carta aos Filipenses (Fl 1.1)? Será que agora eram chamados de presbíteros? Também em outros escritos dos pais apostólicos constam lado a lado os títulos presbítero e bispo sem uma diferenciação precisa (Cf. *1Clem* 42,4 e 44,1 com 44,5)[969] ou somente as designações paulinas de bispos e diáconos (*Did* 15,1). Unicamente em INÁCIO DE ANTIOQUIA, em meados do séc. II, já se destacou inequivocamente o bispo sobre o colégio de presbíteros, a saber, em combinação com a tripartição, mais tarde tornada determinante, dos ministérios de bispo, presbítero e diácono (In. *Esmir.* 8,1; de forma semelhante *Tral.* 2,1-3). Nessa especificação o diácono era considerado enviado e representante do bispo, em consonância com a relação entre Jesus Cristo e o Pai (*Tral.* 3,1), e algo semelhante parece ter sido o caso ainda pouco depois em Roma. Embora a ordem dos ministérios de INÁCIO se impusesse a partir do final do séc. II[970] e posteriormente se consolidasse a diferença entre bispos e presbíteros pela competência *regional* dos primeiros, e *local* dos últimos, ainda se preservou a recordação da visão mais antiga referente à unidade do ministério dos bispos e

---

[967] Cf. L. GOPPELT, *Der erste Petrusbrief*, 1978, p. 318ss.
[968] J. ROLOFF, *Der erste Brief an Timotheus*, 1988, p. 175s.
[969] Coforme H. v. CAMPENHAUSEN, Kirchliches Amt und geistliche Vollmacht in den ersten drei Jarhhunderten, 1953, p. 91ss.
[970] Conforme H. v. CAMPENHAUSEN, *op. cit.*, p. 183, isso já acontecia no final do séc. II.

presbíteros. Ela foi legada à Idade Média principalmente através de JERÔNIMO e até mesmo foi acolhida no *Decretum Gratiani* do direito eclesiástico.⁹⁷¹ Essa concepção permaneceu predominante na escolástica dos séculos seguintes,⁹⁷² e a ela aderiu também a argumentação de MELANCHTHON na *Apologia* à *CA* (*Apol* 14,1, *BSELK*, p. 296,17s) e em seu *Tractatus de potestate Papae* [Tratado sobre o poder do papa] de 1537 (*Tract.* 60-65, BSELK, p. 489s), bem como a de LUTERO nos *Artigos de Esmalcalde* (II,4; *BSELK*, p. 430,10s, cf. p. 458,14s). O Concílio de Trento, porém, para respaldar sua tese da superioridade dos bispos sobre os presbíteros contra a concepção da Reforma de que na diferença entre os dois se trata apenas de uma diferença de direito humano, apelou à estruturação hierárquica do ministério eclesiástico em bispos, presbíteros e diáconos como expressão de uma ordem divina (*divina ordinatione*; DS 1776). O Concílio Vaticano II não reiterou mais a reivindicação contida nisso, mas apenas falou de designações diferentes "desde tempos antigos" (*ab antiquo*) para o exercício diferenciado do mesmo ministério (*LG* 28a). Sem prejuízo do destaque do cargo episcopal como "plenitude" do sacramento da ordenação (*plenitudo sacramenti ordinis*: LG 21b), da qual os presbíteros participam "em categoria inferior" (PO 2 e 7), também esse concílio preservou, portanto, a unidade do ministério (*LG* 28a) e não ensinou nenhuma diferença sacramental entre ministério do bispo e ministério dos presbíteros, mas deixou essa questão em aberto.⁹⁷³ Nesse posicionamento, porém, o concílio tratou apenas tangencialmente a questão de que os presbíteros "nas diversas congregações locais dos crentes" tornam "de certo modo presentes" ao bispo (*LG* 28b) (cf. *LG* 26a). Contudo, a diferença assim aludida entre a atuação ministerial *local* do presbítero ou pastor

---

⁹⁷¹ JERÔNIMO, *Comentário a Tito* c.1 (*MPL* 26, p. 563 sobre Tt 1.5) e *ep.* 146,1: *cum Apostolus perspicue doceat eosdem esse Presbyteros quos Episcopos* [porque o apóstolo ensina claramente que são os mesmos os presbíteros e os epíscopos] (*MPL* 22, p. 1193). Sobre isso, cf. H. MÜLLER, *op. cit.*, p. 39s. Lá também às p. 42s sobre o *Decretum Gratiani* 1,95, 5: *Presbyter idem est qui episcopus, ac sola consuetudine praesunt episcopi presbyteris* [o presbítero é o mesmo que o bispo, e somente pelo costume os bispos presidem aos presbíteros] (*MPL* 187, p.448 C f, referindo-se à interpretação de Tito por JERÔNIMO).
⁹⁷² A esse respeito, cf. em detalhe H. MÜLLER, *op. cit.*, p. 42-53, bem como A. M. LANDGRAF, *Dogmengeschichte der Frühscholastik*, vol. III/2, 1955, p. 277-302. Cf. também os dados de Y. CONGAR, *Heilige Kirche*, 1966, p. 288s e 292s sobre a concessão do direito de ordenação a abades por papas medievais.
⁹⁷³ Posição de H. MÜLLER, *op. cit.*, p. 345-351.

e a competência *regional* do bispo alicerça acima de tudo a diferença das duas funções ministeriais na vida real da igreja, uma diferença que não tem nada a ver com o sentido original do esquema ministerial tríplice de INÁCIO.

Por esse motivo também não ajuda muito a recomendação da *Declaração de Lima* sobre o ministério, de renovar em todas as igrejas cristãs a estruturação tríplice do ministério eclesiástico:[974] Na realidade corresponde ao esquema de INÁCIO aplicado à congregação local mais facilmente a diferenciação e correlação de pastor local (em lugar do bispo) e colégio de dirigentes da igreja (como presbíteros), enquanto a função do diácono na igreja antiga apenas poderia ser reavivada através de uma combinação das atividades de diáconos de hoje com a posição do estagiário* como delegado e representante do pastor (bispo). Desse modo, porém, ainda não teria sido dada nenhuma contribuição para esclarecer o problema recorrente no final da Antiguidade e na Idade Média na relação entre ministério de presbítero e bispo, se o ministério eclesiástico diretivo local e o regional devem na essência ser entendidos como o mesmo ministério.

Valorizando o desenvolvimento e a transformação históricos das funções ministeriais práticas tradicionalmente vinculadas ao nome do ministério, as igrejas deveriam ser capazes de se entender acerca de que tanto a configuração atual do ministério (regional) do bispo quanto o ministério do presbítero, "sacerdote" ou pastor de hoje possui um caráter episcopal. Nessa questão possui significado secundário se consideramos o ministério diretivo local do pastor (ou do sacerdote-presbítero) como forma básica do ministério eclesiástico, da qual se diferencia o ministério regional do bispo apenas pela ampliação da competência de seu cuidado e responsabilidade pela unidade (bem como eventualmente pela atribuição da autoridade de ordenação para esse nível do exercício ministerial), ou se inversamente compreendemos com

---

[974] *Batismo, Eucaristia e Ministério* (1982), Seção III (ministério), n. 19ss., esp. n. 22, onde se afirma com bastante otimismo que tal restauração da forma tríplice do ministério poderia "servir hoje como expressão da unidade que buscamos e também como um meio para alcançá-la". Na realidade a igualdade nas designações simplesmente encobriria as profundas diferenças na substância.

* NdT: "Vikar" = Na Alemanha, candidato ao pastorado em período prático de habilitação.

o Concílio Vaticano II o ministério do bispo como a configuração plena do ministério eclesiástico diretivo, do qual os presbíteros (pastores) somente participam. A primeira alternativa corresponde à circunstância de que o ministério eclesiástico diretivo do bispo se formou primeiramente no nível da congregação local. A solução do Concílio Vaticano II, porém, faz justiça ao fato de que precisamente o ministério do bispo se tornou a configuração clássica do serviço à unidade da igreja, no que, entretanto, cabe levar em consideração que aqui originalmente não se trata de um ministério regional, mas local, em analogia ao ministério pastoral de hoje.

De qualquer modo há necessidade na vida da igreja, ao lado do *ministério local* de direção da congregação pelo pastor chamado ao ensino do evangelho, também de um ministério *regional* de direção e supervisão, como já foi assumido na igreja medieval pelos bispos. Em consonância, se formaram no nível superior seguinte órgãos supra-regionais de supervisão e direção para arcebispados e patriarcados. Para todos eles vale que instituições sinodais e um ministério diretivo assumido por uma única pessoa não se excluem, mas se complementam. Enquanto na época da Reforma as igrejas reformadas se posicionaram majoritariamente com ceticismo diante do ministério do bispo por causa de sua evolução falha acontecida na Idade Média latina rumo a um cargo de dominação, a Reforma luterana sem dúvida reconheceu a necessidade de cargos diretivos regionais "por causa do amor e da concórdia",[975] bem como se declarou disposta à subordinação de congregações e pastores sob uma autoridade episcopal exercida segundo o parâmetro do evangelho (*CA* 28,21s).[976] Ainda que na visão luterana a diferença entre tais ministérios regionais de supervisão e direção e o pastorado era vista como não diretamente ordenada pelo próprio Jesus Cristo nem autorizada pelo Novo Testamento, sendo, sob esse aspecto, avaliada como uma instituição "de direito humano", a instalação de tais ministérios ainda não carece de fundamentação teológica. "Amor

---

[975] Posição de M. LUTERO, nos *Artigos de Esmalcalde*, BSELK, p. 457,8s. Cf. *Apol* 14,1s, BSELK, p. 296s.
[976] BSELK, p. 124,5ss (texto alemão). Por isso as igrejas luteranas também não são atingidas pela condenação proferida pelo Concílio de Trento, daqueles que não reconhecem os bispos como superiores aos presbíteros (*DS* 1777), ou seja, que negam um ministério diretivo superior.

e concórdia" não são adiáforos na vida da igreja (cf. *CA* 28,53-56, *BSE-LK*, p. 129). Preservar amor e paz por meio da instituição e obediência de uma ordem da vida conjunta, ainda que sua forma não seja fixada para todos os tempos através de uma autoridade divina, pertence necessariamente à vida da igreja de Cristo, e a essa tarefa servem os ministérios de direção regionais como desmembramentos do único serviço fundado pelo próprio Deus à unidade da igreja pelo ensino do evangelho.[977]

c) Um serviço à unidade do cristianismo todo

Será que ao lado do ministério diretivo em nível *local* e *regional* também há necessidade, a nível *universal* da igreja toda, de um serviço à unidade dos cristãos, não apenas na forma sinodal de concílios ecumênicos, nas quais as regiões do cristianismo estão representadas por seus bispos, mas também pelo ministério de uma só pessoa que pode tornar-se ativa como porta-voz para a totalidade do cristianismo?[978] A igreja católica romana afirma que possui um ministério desses em combinação com o do bispo de Roma: O bispo de Roma não é apenas desde antigamente o patriarca do Ocidente, ao lado dos quatro patriarcados do cristianismo antigo em Alexandria, Jerusalém, Antioquia e Constantinopla. Ademais, com seu ministério, correspondendo à tradicional primazia da congregação de Roma na totalidade do cristianismo, combina-se uma reivindicação por autoridade sobre a igreja universal, por um primado entre os bispos da totalidade do cristianismo.[979]

---

[977] Cf. sobre ainda G. GASSMANN; H. MEYER (eds.), *Das Kirchenleiterde Amt. Dokumente zum interkonfessionellen Dialog über Bischofsamt und Papstamt*, 1980.

[978] A Comissão Católica Romana e Anglicana (ARCIC) constatou em seu relatório final em Windsor em 1981 "que a preservação da unidade visível em nível universal demanda o episcopado de um primado universal". Essa constatação foi designada expressamente como afirmação doutrinária. Texto in: H. MEYER et. al. (eds.), *Dokumente wachsender Übereinstimmung. Sämtliche Berichte und Konsenstexte interkonfessioneller Gespräche auf Weltebene 1931-1982*, 1933, p. 176 (n.8). Cf. também p. 168, n.23 = Veneza 1976.

[979] Mais pormenores em W. KASPER, "Dienst an der Einheit und Freiheit der Kirche", in: J. RATZINGER, (ed.), *Dienst na der Einheit. Zum Wesen und Auftrag des Petrusamts*, 1978, p. 81-104.

Não se trata, nesse caso, simplesmente de reivindicações exageradas por parte da igreja católica romana. Constitui um fato da história do cristianismo que desde o final da primeira comunidade cristã em Jerusalém Roma se tornou o centro histórico do cristianismo. Se existir algum bispo cristão que, em situações em que isso vier a ser necessário, possa falar em nome de todo o cristianismo, então esse será mais provavelmente o bispo de Roma. Apesar de todos os amargos conflitos em decorrência do crônico abuso de poder político da autoridade de Roma não existe aqui nenhuma alternativa realista. Disso hoje está consciente tanto a opinião pública mundial quanto a maioria das igrejas do cristianismo. O fato dessa primazia da congregação de Roma e de seu bispo no cristianismo deveria ser admitido sem embaraço. Conflitante, pois, é menos o fato em si que a maneira de sua descrição e a pergunta pelos direitos a serem derivados disso. As igrejas orientais sempre concederam à congregação de Roma e a seu bispo o primado de honra entre os demais patriarcas e bispos do cristianismo, contudo rejeitam reivindicações adicionais do papado, conforme foram formuladas nos dois Concílios Vaticanos.[980] Entre as igrejas formadas a partir da Reforma os anglicanos, nos diálogos doutrinários mantidos com Roma sobre "autoridade na igreja" entre 1976-1982, ainda vieram consideravelmente mais ao encontro da doutrina dos dois Concílios Vaticanos sobre o papado, ainda que não sem ressalvas, tanto em vista da autoridade doutrinária infalível do primaz universal, quanto em relação ao primado de jurisdição por ele reivindicado.[981] As demais igrejas da Reforma se mantiveram mais reservados nessa questão. Contudo também da parte luterana foi apoiado por princípio um "serviço à unidade da igreja em nível universal". Nessa posição também se desenharia, além da idéia, sempre preservada pela Reforma luterana, de um concílio geral, a "*possibilidade* de que também o ministério de Pedro do bispo

---

[980] Sobre isso, cf. D. PAPANDREOU, "Bleibendes und Veränderliches im Petrusamt", no volume citado na nota anterior, p. 146-164, esp. p. 158ss.
[981] Cf. o relatório final da ARCIC, de 1982, versão alemã in: H. MEYER et al. (eds.), *Dokumente wachsender Übereinstimmung*, 1983, p. 159-190. Acerca do posicionamento da Congregação romana para a fé a esse respeito, de 1982, cf. do Autor: "Der Schlußbericht der anglikanisch-römisch-katholischen Internationalen Kommission und seine Beurteilung durch die römische Glaubenskongregation", in *KuD* 29, 1983, p. 166-173. Lá são analisadas também as mencionadas ressalvas e a reação romana a elas.

de Roma como sinal visível da unidade da igreja global não precisa ser descartado pelos luteranos, desde que seja subordinado ao primado do evangelho pela reinterpretação teológica e reestruturação prática".[982]

A Reforma luterana nunca excluiu por princípio um ministério "para a preservação da unidade cristã em nível universal, da totalidade do cristianismo".[983] O próprio LUTERO somente se voltou contra o papa no momento em que esse – pelo menos como tinha de parecer a LUTERO – condenou a doutrina do evangelho, ao invés de se empenhar por preservá-la.[984] Contra um papa que coloca a sua autoridade acima e contra a autoridade e doutrina das Escrituras, no entanto, LUTERO dirigiu a acusação de que ele seria um anticristo no sentido de 2Ts 2.4, porque condizem com ele as características ali citadas. De maneira similar se pronunciaram os escritos confessionais luteranos.[985] Para tanto argumentaram com a determinação do Decreto de Graciano, de que a um papa herege não cabe nenhuma obediência.[986] Apesar disso, LUTERO foi capaz de expressar também em anos posteriores uma disposição condicional para reconhecer o ministério do papa,[987] obviamente mediante a premissa de que largue os traços anticristãos. A subordinação expressa pelo Concílio Vaticano II, do magistério sob a palavra de Deus

---

[982] *Gemeinsame römisch-katholische /evangelisch-lutherische Kommission: Das geistliche Amt in der Kirche*, 1981, n.73. A citação foi retirada do relatório de Malta da Comissão, de 1972: O evangelho e a igreja (n. 66). Cf. ainda o *Common Statement* da comissão conjunta luterana e católica romana nos EUA, in: P. C. EMPIE; T. A. MURPHY (eds.): *Papal Primacy and the Universal Church* (Lutherans and Catholics in Dialogue V), 1974, 9.23, bem como esp. as ponderações subseqüentes dos participantes luteranos, *op. cit.*, p. 23-33.

[983] K. LEHMANN; W. PANNENBERG (eds.), *Lehrverurteilungen – kirchentrennend?*, vol. I, 1986, 167. Cf. H. MEYER, "Das Papsttum in lutherischer Sicht", in: H. STIRNIMANN; L. VISCHER, *Papsttum und Petrusdienst*, 1975, pp. 73ss., 77ss., 81ss., bem como G. KRETSCHMAR, "Erwägungen eines lutherischen Theologem zum 'Petrusamt'", in: H.-J. MUND (ed.), *Das Petrusamt in der gegenwärtigen theologischen Diskussion*, 1976, p. 57ss.

[984] H. MEYER, "Das Papsttum bei Luther und den lutherischen Bekenntnisschriften", in: W. PANNENBERG (ed.): *Lehrverurteilungen – kirchentrennend?*, vol. III, 1990, p. 306-328, 308ss., esp. p. 311ss.

[985] *AS* II,4 (*BSELK*, p. 430,14s; 432,11), cf. *Apol* 7,24 (p. 240,8) e 15,18 (p. 300,31s), *Tract. de potestate papae* 39 (p. 484,9s), 41 (p. 485,28), 42 (P. 485,47), 57 (p. 489,1s), *FC SD* X,20 e 22 (p. 1060s).

[986] MELANCHTHON, *Tract.* 38 (*BSELK*, p. 483,46s). Cf. *Decr. Grat.* I,40, 6, bem como II,2,7,13 (*MPL* 187, p. 214s, 640s).

[987] Sobre isso, cf. H. MEYER, *op. cit.* (1990), p. 316ss.

(*DV* 10), eliminou hoje o motivo para tais imputações. Isso também é reconhecido por parte das igrejas da Reforma. Além disso, lamenta-se que a Reforma tenha designado o papa de anticristo, "bem como a decorrente história de sua influência de ofensas mútuas".[988] Apesar de toda a agudeza do contraste daquele tempo também é preciso conceder aos papas da época da Reforma que eles pensavam que precisavam defender a doutrina apostólica contra Lutero e outros reformadores. Isso também precisa ser levado em conta quando se é obrigado a considerar objetivamente equivocada e injusta a condenação da Reforma.

Que significa, agora, a exigência levantada da parte luterana de reinterpretação teológica e reestruturação prática do ministério papal em subordinação ao primado do evangelho? Que se deve entender mais precisamente sob a premissa, assim definida, de um possível reconhecimento de sua função como sinal visível da unidade da igreja toda? A análise dessa questão terá de ponderar tanto a fundamentação teológica para o primado papal como também a forma do ministério doutrinário com ele vinculado e a reivindicação de um poder jurisdicional sobre toda a igreja. Partiremos aqui – em concordância com a essência do ministério eclesiástico propriamente dito como de um serviço realizado à unidade dos cristãos pelo ensino do evangelho – da pergunta pela configuração de um magistério para a igreja toda.

O ministério eclesiástico diretivo é um magistério (*ministerium verbi*) em todos os níveis de sua atuação. Na vida da congregação paroquial essa função é exercida principalmente pela pregação no culto, que mantém unida a congregação na consciência da fé comum no evangelho e assim também fortalece a fé de cada um de seus membros. Somente em segundo lugar aparece, ao lado, o ensino. Em nível regional os bispos exercem cada um para si ou em comunhão com outros seu magistério pela supervisão sobre os pastores, bem como através de escritos doutrinários ou memorandos.[989] Também em nível eclesiástico global o

---

[988] *Lehrverurteilungen – kirchentrennend?*, vol. I,1986, p. 168,7f. Cf. as observações a essa pergunta por parte dos participantes luteranos, in: P. C. Empie; T. A. Murphy (eds.): *Papal Primacy and the Universal Church*, 1974, p. 25s (n. 30).

[989] Em algumas igrejas formadas a partir da Reforma, especialmente nas igrejas luteranas, essa função de posicionamentos doutrinários regionais e suprarregionais, uma vez concluída a formação da confissão na época da Reforma, na realidade foi pouco desenvolvida. Isso, contudo, tem menos razões de princípio que histórico-aleatórias.

memorando (encíclica) ou a carta pastoral constituem o instrumento normal do exercício do ministério doutrinário. Por meio dos modernos meios de comunicação de massas também discursos e palestras se revestiram de maior significado para além do âmbito local, ao qual se referem primordialmente. Em contraposição, os pronunciamentos de concílios gerais possuem um caráter mais extraordinário por causa de sua raridade. Entretanto durante toda a história da igreja eles valeram como forma particularmente representativa para todo o cristianismo e por isso compromissiva de exercer o magistério. Em muitas igrejas do cristianismo, como especialmente nas ortodoxas, o concílio ecumênico é considerado também hoje como a instância suprema da autoridade doutrinária na igreja, e precisamente na proporção em que suas declarações são aceitas pelo povo dos crentes como expressão de sua fé. Como expressão da consciência de fé da igreja toda, tais declarações doutrinárias participam de forma singular da promessa de Cristo de que as portas do inferno não derrotarão sua igreja (Mt 16.18), que ele permanecerá em seus discípulos "até a consumação do mundo" (Mt 28.20; cf. Jo 14.16).[990] É sobre isso que repousa a concepção do caráter definitivo de compromisso escatológico e inerrância de tais asserções doutrinárias. A promessa de preservar na verdade de Cristo evidentemente vale em primeiro lugar para a igreja como um todo, e somente de maneira derivada para um órgão representativo da igreja toda como um concílio ecumênico.[991] Por isso um concílio continua dependente de ser aceito na totalidade dos fiéis. Concílios tomados por si só podem errar, como toda instância isolada da igreja, e de fato também erraram repetidas vezes na história.[992] A totalidade da igreja,

---

[990] Essas promessas na realidade talvez não façam parte do acervo básico histórico da mensagem pré-pascal de Jesus, porém no conteúdo correspondem à promessa da presença de Jesus Cristo em sua congregação, vinculada principalmente à instituição da ceia do Senhor e reforçada para o cristianismo primitivo por meio do acontecimento da Páscoa.

[991] Sobre isso, cf. as declarações de LUTERO sobre concílios como *ecclesia repraesentativa* em contraposição à totalidade dos fiéis por eles representada (WA 39/1, p. 187,7s, da *Disputatio de potestate concilii* de 1536). Cf. também o escrito de LUTERO, *Dos concílios e das igrejas* (1539), WA 50, p. 509-624.

[992] Sobre isso, cf. a constatação da comissão anglicana e católica romana (ARCIC) de 1981, *The Final Report*, 1982, p. 72, versão alemã in: H. MEYER et al. (eds.), *Dokumente wachsender Übereinstimmung*, 1983, p. 173.

porém, não pode errar tampouco segundo a convicção da Reforma luterana, por causa da promessa de Cristo, de que ninguém a arrancará da mão dele (Jo 10.28).⁹⁹³

A igreja católica romana assevera, pois, que a "infalibilidade"⁹⁹⁴ prometida à igreja toda também cabe naquelas declarações doutrinárias em questões de fé e de conduta vivencial que o papa de Roma emite expressamente em sua qualidade como portador do magistério representativo da igreja toda (*ex cathedra* [de cátedra]), e precisamente de tal modo que essas declarações são infalíveis e inalteráveis (*irreformabiles*) por si mesmas (*ex sese*) e não somente com base em um ato de concordância da igreja representada por quaisquer outras instancias.⁹⁹⁵ Problemático nessa posição não é tanto que declarações doutrinárias, por serem verdade, são verdade por si mesmas (*ex sese*) e não devem sua verdade a que primeiro se forme um consenso: Isso vale para toda sentença verdadeira.⁹⁹⁶ A pergunta, porém, é sob que condições fica estabelecida a premissa de que as respectivas afirmações são verdadeiras. A esse respeito KÜNG declarou com razão que nem mesmo a igreja poderia "produzir sentenças... que de antemão nem sequer podem estar erradas".⁹⁹⁷ Porque faz parte da lógica de qualquer sentença afirmativa

---

⁹⁹³ M. LUTERO, *WA* 18, p. 650,3s. Ali LUTERO argumenta, além de Jo 10.28, com Mt 28.20, e ainda com Rm 8.14 e 1Tm 3.15. Cf. também *WA* 38, p. 215s, bem como *WA* 51, p. 518,33. A concepção de LUTERO nessa questão corresponde no essencial à tradição escolástica. Cf. TOMÁS DE AQUINO, *Quodl.* IX q. 8.

⁹⁹⁴ Y. CONGAR, *Der Heilige Geist*, 1982, p. 199s prefere em lugar desse conceito, o da indefectibilidade (*indefectibiliter*), também usado pelo Concílio Vaticano II em *LG* 39. Lá outra bibliografia. Fundamental é a contribuição de CONGAR sobre "Infallibilität und Indefektibilität. Zum Begriff der Unfehlbarkeit", no volume citado a seguir, na nota 998, editado por K. RAHNER, p. 174-195.

⁹⁹⁵ *DS* 3074 ... *eiusmodi Romani Pontificis definitiones ex sese, non autem ex consensu Ecclesiae irreformabiles esse* [... de modo que as definições do pontífice de Roma são por si mesmas, não porém por consenso, irreformáveis].

⁹⁹⁶ Isso evidentemente não significa que se ignore o sentido originalmente jurídico dessa fórmula, a exclusão de uma instância legal de aprovação. Cf. sobre isso H. J. POTTMEYER, *Unfehlbarkeit und Souveränität. Die päpstliche Unfehlbarkeit im System der ultramontanen Ekklesiologie des 19. Jahrhunderts*, 1975, esp. p. 352ss., cf. p. 364ss., bem como idem, "Das Unfehlbarkeitsdogma im Streit der Interpretationen", in: K. LEHMANN (ed.): *Das Petrusamt*, 1982, p. 89-109, esp. p. 96s.

⁹⁹⁷ H. KÜNG, *Unfehlbar? Eine Anfrage*, 1970, p. 142. A fundamentação dessa tese, entretanto, deveria ser mais apoiada na lógica da sentença afirmativa do que acontece na prática nas exposições de KÜNG (p. 128-132, também p. 140).

que ela possa ser ou verdadeira ou falsa, e que ela por isso desafie a que se verifique se sua reivindicação é verdadeira.[998] Em decorrência, uma sentença somente pode ser levada a sério quando permite em sua forma a pergunta se ela é ou não verdade. Na realidade o cristianismo crê que a igreja não escapará integralmente da condução do Espírito Santo e apostatará (defectibilidade). Algo análogo pode valer também – de modo derivado – para um ministério que representa a igreja toda, mas unicamente de tal modo que realmente represente, no respectivo caso, a igreja toda. A resposta se essa condição está dada em todos os casos se revela pelo processo da "recepção" da decisão doutrinária de um ministério desses na igreja toda: Assim ensinam as igrejas ortodoxas em relação à autoridade dos concílios, e isso o fizeram valer também os anglicanos nos diálogos doutrinários com Roma (Windsor 1981) em vista ao magistério do papado. Também afirmações doutrinárias do papa somente podem ser levadas a sério como sentenças afirmativas se forem acessíveis a uma formação de opinião acerca de seu teor de verdade, e sua reivindicação de ser representativas da igreja toda é comprovada no processo receptivo de formação de juízo e aceitação, inclusive quando a proclamação de tais asserções doutrinárias não carece do consentimento de outras instâncias para sua vigência em termos de direito eclesiástico. Por isso, apesar do consentimento com a "necessidade de um primado universal em uma igreja unificada", os anglicanos com razão não se viram em condições de aceitar "que com o ministério do bispo de Roma está forçosamente vinculada a posse garantida daquele dom de respaldo divino em sentenças doutrinárias, com base no qual suas

---

[998] Acerca da discussão da tese de Küng, cf. esp. K. Rahner (ed.). *Zum Problem der Unfehlbarkeit*, 1971, bem como o volume de respostas editado por H. Küng: *Fehlbar. Eine Bilanz*. A contribuição do próprio K. Rahner no volume por ele editado: "Kritik an Hans Küng. Zur Frage der Unfehlbarkeit theologischer Sätze", in: *op. cit.*, p. 27-48, na realidade trata das considerações posicionadas por Küng no centro sobre "inadequação, possibilidade de mal-entedidos e exposição a riscos" de todas as sentenças humanas (p. 37ss.), não, porém, da questão de análise semântica, a meu ver decisiva, de que não existem frases afirmativas em que não se pode mais *indagar* sensatamente *se* elas são verdadeiras ou falsas – portanto, "sentenças verdadeiras a priori. Esse problema tampouco foi escalrecido por O. Semmelroth, "A priori unfehlbare Sätze?", in: H. Küng (ed.), *op. cit.*, p. 196-215, esp. p. 204ss.

decisões formais, prioritárias à sua aceitação pelos crentes, podem ser reconhecidas como totalmente garantidas".[999]

Desde os primórdios do cristianismo constitui um fato conhecido na igreja que toda doutrina, justamente também a doutrina proclamada com a reivindicação de ter validade como autoridade, depende da recepção por seus destinatários. Paulo, p. ex., frisou em 1Cor 15.1, que o evangelho da morte e ressurreição de Jesus Cristo não apenas foi proclamado aos coríntios, mas também foi "aceito" por eles.[1000] Em toda a história da proclamação doutrinária cristã e em todos os seus níveis há uma correspondência recíproca entre tradição e recepção. Nesse processo as congregações cristãs acolheram, desde a primeira proclamação apostólica, a doutrina de seus bispos e concílios à luz da vinculação preestabelecida na consciência de fé de todos os cristãos a Jesus Cristo e ao evangelho. Dessa maneira sempre também esteve relacionado um exame, explícito ou não, quanto à concordância da doutrina apresentada com essa norma fundamental da consciência de fé cristã, e é ela que em última análise decide sobre a recepção ou não-recepção de uma doutrina na igreja de Cristo (cf. Jo 10.27). Essa verdade é ilustrada não apenas pela história dos concílios da igreja antiga e de sua recepção.[1001] Foi também devidamente considerada na teologia da Idade Média,[1002] e ainda foi destacada no escrito de Lutero sobre direito e poder de uma congregação cristã de "julgar toda doutrina" (1523).[1003] O magistério da igreja, a começar pela pregação do pastor, assim não está sendo medida por um parâmetro estranho; porque sua autoridade na igreja se apóia justamente em que ele explica a palavra de Deus do evangelho,

---

[999] H. Meyer (ed.), *op. cit.*, p. 187. Conforme H. J. Pottmeyer, *op. cit.* (1982), p. 1000s, o ponto de vista da recepção tampouco foi excluído pelo Concílio Vaticano I, mas expressamente incluído. Isso, no entanto, acontece somente na forma de uma constatação, não na de uma condição para o caráter compromissivo último da decisão papal.

[1000] Outros comprovantes bíblicos em W. Beinert, "Die Rezeption und ihre Bedeutung für Leben und Lehre der Kirche", in: *Catholica. Vierteljahresschrift für ökumenische Theologie*, 44, 1990, p. 91-118, p. 97s.

[1001] Sobre isso, cf. A. Grillmeier, "Konzil und Rezeption" (1968), in: idem, *Mit ihm und in ihm. Christologische Forschungen und Perspektiven*, 1975, p. 303-334, esp. p. 314ss., bem como Y. Congar, "La 'réception' comme réalitè ecclésiologique", in: *Revue des sciences filosofiiques et théologiques* 56, 1972, p. 369-403, 372ss.

[1002] Y. Congar, *op. cit.*, p. 385ss.

[1003] M. Lutero, *WA* 11, p. 408ss.

compromissiva para a fé de todos os seus membros: "O magistério não está acima da palavra de Deus, mas lhe serve ao não ensinar nada além do que foi legado..." (*DV* 10). Isso implica em que o evangelho também exerça a função de critério para a formação de opinião acerca da doutrina apresentada no processo de sua recepção. Contudo, essa função da palavra de Deus como critério da doutrina não foi até agora salientada nas declarações do magistério católico romano sobre esse tema. Pelo menos tampouco foi negada, embora as declarações sobre essa questão somente têm diante de si o caso positivo da concordância com a palavra de Deus por um lado e da consciência da fé da igreja por outro. Mas se vale que para as afirmações de cunho compromissivo máximo do magistério da igreja global "nunca pode faltar o consentimento da igreja" (*LG* 25: *assensus Ecclesiae numquam deesse potest*) – como de fato precisa ser o caso, se esse magistério se pronuncia com razão em nome da igreja toda, a qual representa, e por isso também reivindica para seus pronunciamentos a infalibilidade prometida à igreja toda – será que então não vale inversamente que a não-ocorrência do "consentimento da igreja" significa *ipso facto* [por isso mesmo] que nem sequer foi proclamada uma decisão doutrinária infalível? Nesse caso a intenção do ministro em tomar uma decisão dessas não pode ser por si só um indício suficiente de que ele de fato realizou sua declaração em sua função como representante da igreja toda e da infalibilidade a ela prometida. Do contrário, por exemplo, também a explicação de Bonifácio VIII, de que é necessário para a salvação de cada ser humano que ele se submeta ao papa de Roma,[1004] teria de ser um dogma infalível da igreja.

[1004] *DS* 875: *Porro subesse Romano Pontifici omni humanae creaturae declaramus, dicimus, deffinimus omnino esse de necessitate salutis* [Além disso, declaramos, dizemos e definimos como totalmente necessário à salvação que cada criatura humana se submeta ao pontífice de Roma]. Devo a um amigo católico a indicação da ocorrência, nessa sentença, de todas as formulações muitas vezes consideradas como indícios formais suficientes para uma decisão doutrinária infalível, que apesar disso não é considerada como dogma. Sobre Bonifácio VIII, cf. G. H. Tavard, "The Bull *Unam Sanctam* of Bonifaz VIII", in: P. C. Empie; T. A. Murphy (eds.), *Papal Primacy and the Universal Church*, 1974, p. 105-119. A intenção do papa, "que tem de ser nitidamente identificável a partir da formulação ou das circunstâncias", foi classificada, p. ex., por L. Ott, *Grundriß der katholischen Dogmatik*, 9ª ed. 1978, p. 347 como suficiente para uma decisão doutrinária infalível. Cf. também M. Schmaus, *Katholische Dogmatik*, vol. III/1, 3-5ª ed. 1958, p. 809.

A discussão mais recente sobre o tema da recepção diferenciou com razão entre a recepção no sentido jurídico como condição da validade de uma lei por um lado e o processo que ocorre de fato de recepção ou não-recepção na comunhão por ela atingida.¹⁰⁰⁵ Somente a primeira pressupõe uma instância de direito que tem de confirmar uma lei para que alcance vigência. A dependência de tais atos de consentimento foi excluída nas decisões doutrinárias infalíveis do papa no Concílio Vaticano I (DS 3074). A dependência da recepção no segundo sentido, no entanto, nem sequer pode ser excluída, porque se trata nesse caso de um processo vivencial que acontece independentemente de toda a validade jurídica.¹⁰⁰⁶ Nisso a exclusão da dependência de uma recepção formal tampouco impede que a recepção ou não-recepção de fato indiretamente também possua conseqüências para a vigência formal de uma norma doutrinária.¹⁰⁰⁷ Infalibilidade na fé, afinal, foi prometida unicamente à igreja toda, e reivindicações nesse sentido, de um magistério da igreja

---

¹⁰⁰⁵ A. GRILLMEIER, *op. cit.*, p. 310ss, p. 320, diferencia, p. ex., entre recepção como recebimento de um bem e recepção como decisão sobre a validade de uma norma a ser acolhida na esfera de competência da instância receptora. Y. CONGAR, *op. cit.*, p. 391ss. diferencia de maneira semelhante entre recepção no sentido jurídico e no teológico. Essa diferenciação, contudo, a rigor já foi intencionada nas exposições de R. SOHM (*Das altkatholische Kirchenrecht und das Dekret Gratians*, 1918, p. 130s) citadas por GRILLMEIER, p. 311, quando distinguiu entre os direitos de consentimento canônico de determinadas instâncias e grêmios e a recepção pela "*ekklesia* não-organizada", à qual ele, porém, ao contrário de GRILLMEIER, também queria atribuir relevância jurídica.

¹⁰⁰⁶ Sobre isso, cf. de modo geral J. D. ZIZIOULAS, "The Theological Problem of Reception", in: *One in Christ* 21, 1985, p. 187-193, esp. p. 192s. Cf. Y. CONGAR, *op. cit.*, p. 392: "La vie résiste aux théories" [A vida resiste às teorias]. Foi por isso que a Comissão conjunta católica romana e evangélico-luterana também constatou em seu documento: *Das geistliche Amt in der Kirche*, 1981, p. 52 expressamente como doutrina católica (cf. 50) que decisões doutrinárias infalíveis do papa "por um lado não carecem, para sua validade jurídica, de um consentimento formal especial pela totalidade das igrejas locais com seus fiéis; mas certamente, por outro, dependem de uma recepção abrangente, para que alcancem na igreja vitalidade e fertilidade espiritual".

¹⁰⁰⁷ Acerca do problema da não-recepção de decisões do magistério, cf. H. J. POTTMEYER, "Rezeption und Gehorsam – Aktuelle Aspekte der wiederentdeckten Wirklichkeit 'Rezeption'", in: W. BEINERT (ed.), *Glaube als Zustimmung. Zur Interpretation kirchlicher Rezeptionsvorgänge*, 1991, p. 51-91, esp. p. 61s, 73s e também p. 66ss.

toda, estão vinculadas à premissa de que ele realmente expresse a fé convergente da igreja, vinculada ao evangelho de Jesus Cristo. Essa expressão não pode permanecer intocada pela acolhida das declarações doutrinárias por parte da igreja, portanto tampouco no caso de que a longo prazo venha a faltar para um pronunciamento doutrinário o "consentimento da igreja". Apenas por tempo limitado, mas não para sempre, a recepção pode ser turbada pela influência de fatores alheios ao assunto sobre a formação de opinião dos fiéis. Quando a recepção deixa de acontecer a longo prazo, inevitavelmente se torna questionável a reivindicação do magistério de, com determinado pronunciamento, ter expresso a consciência de fé da igreja toda. Mas, quando a igreja toda não significa apenas a totalidade dos crentes que em determinada época estão ligados a Roma, mas de todo o cristianismo, deveria haver dúvidas, em vista de sua condição dilacerada, se sob essas condições realmente é possível atribuir infalibilidade a quaisquer pronunciamentos doutrinários do magistério mediante recurso à função representativa do cristianismo todo por parte de um magistério eclesiástico supremo.

Não menos problemático que o conceito de um magistério infalível é a reivindicação do papa de Roma por um primado de jurisdição universal no cristianismo (*DS* 3059-3064). Essa reivindicação está ligada para o cristianismo dentro e fora da atual igreja católica romana com dolorosas recordações de uma longa história de confusão entre serviço diretivo e coerção dominadora por detentores da sé romana. Nesse ponto seria necessária, por isso, em medida especial uma disposição para a autocrítica do papado romano no fluxo de uma "reestruturação prática" do ministério diretivo universal da igreja em sujeição ao evangelho (cf. acima, nota 982). Um ponto inicial para isso poderia ser o desenlaçamento das funções do bispo de Roma como primaz da igreja toda e como patriarca do Ocidente.[1008] No diálogo romano-anglicano

---

[1008] Sobre isso, cf. as exposições norteadoras de J. Ratzinger, *Das neue Volk Gottes. Entwürfe zur Ekklesiologie*, 1969, p. 142s. A inexistência da diferenciação entre ministério de Pedro e poder patriarcal dos papas no Ocidente poderia, segundo Ratzinger, ser a responsável pela "imagem de estado central" que a igreja católica romana apresentou até o Concílio Vaticano II e que – assim se pode agregar – ela torna a apresentar de modo crescente nos últimos tempos. As exposições de Ratzinger também são norteadoras em suas breves alusões sobre a possibilidade de um futuro status de autogestão das igrejas da Reforma no âmbito de uma renovação da unidade eclesiástica universal.

esse ponto de vista infelizmente não foi suscitado nem desenvolvido adiante. As condições ali formuladas para a aplicação do poder jurisdicional "universal, ordinário e direto" do papa já deveriam ter validade no âmbito do patriarcado latino: o respeito à autonomia das dioceses, bem como o exercício da autoridade jurisdicional mediante vinculação à incumbência pastoral do ministério papal.[1009] A 'jurisdição' de um ministério diretivo universal do cristianismo deveria consistir essencialmente em que seu ocupante age como defensor supremo da unidade nas relações entre as igrejas. Essa função, aliás, o bispo de Roma já a poderia assumir e exercer hoje em proporção muito maior que acontece na prática. Trata-se de uma função que tem menos a ver com poder ministerial (*potestas*) que com força de convencimento (*auctoritas*). O peso de sua autoridade no cristianismo todo crescerá quanto mais o papa falar e agir como defensor da reconciliação entre as igrejas hoje ainda separadas e quanto mais ele aproximar, nessa função, da consciência do cristianismo todo, as angústias especiais das parcelas oprimidas e perseguidas do cristianismo.

O terceiro problema a ser analisado aqui, que se vincula à reivindicação eclesiástica global do papado romano, consiste na afirmação de que o primado do bispo de Roma na igreja global se apóia em direito divino, a saber, na instituição imediata e direta do apóstolo Pedro como "cabeça visível" da igreja pelo próprio Jesus Cristo de acordo com Mt 16.16-18 e Jo 21.15-17 (*DS* 3055 e 3058). Hoje existe na exegese teológica do Novo Testamento – também entre exegetas católicos romanos – ampla concordância em que essas palavras a Pedro no Novo Testamento, independentemente de como se queira avaliá-las, se referem unicamente a Pedro, não a quaisquer sucessores em seu ministério.[1010] Entretanto, o fato de que o papel de destaque do apóstolo

---

[1009] ARCIC. *The Final Report*, 1982, autoridade na igreja II (Windsor 1981), p. 18ss (versão alemã em H. MEYER et al. (eds.), *Dokumente wachsender Übereinstimmung*, 1983, p. 182s).

[1010] Cf. P. C. EMPIE; T. A. MURPHY (eds.): *Papal Primacy and the Universal Church*, 1974, p 13ss., bem como especialmente as contribuições de P. HOFFMANN e F. MUSSNER, in: J. RATZINGER (ed.): *Dienst an der Einheit. Zum Wesen und Auftrag des Petrusamts*, 1978, p. 9ss e 27ss., esp. p. 22ss e 33, e ainda J. BLANK, "Petrus – Rom – Papsttum", in: V. v. ARISTI et al., *Das Papstamt – Dienst oder Hindernis für die Ökumene*, 1985, p. 9-41, esp. p. 21: "... justamente essa função de fundamento-rocha é como tal única e não-transferível. Ela não pode ser trocada e tampouco

Pedro se expressa nos mais diversos escritos do cristianismo primitivo constitui um fenômeno único que não possui paralelo em outros apóstolos.[1011] Pedro aparece principalmente como personagem paradigmático, por ser o primeiro a testemunhar a ressurreição de Jesus, por sua fé e sua confissão exemplar, mas também por sue papel como o primeiro entre os Doze. Na igreja antiga Pedro era considerado desde o séc. II como protótipo do bispo, e, logo, todo bispo como um sucessor de Pedro.[1012] É compreensível que o bispo da congregação de Roma, com sua tradição acerca da atuação dos apóstolos Pedro e Paulo nessa cidade, não por último em vista do martírio de ambos os apóstolos ali, se entendia de forma singular como seguidor deles. Contudo parece que no início a reivindicação do bispo de Roma a uma primazia na igreja não foi fundamentada nas palavras do Novo Testamento sobre Pedro, mas antes brotou do significado especial da congregação de Roma como igreja da capital do Império, cuja importância para a igreja era ressaltada pelo martírio dos dois principais apóstolos nessa cidade. Somente em momento posterior, desde o séc. V, os papas também recorreram aos relatos do Novo Testamento sobre Pedro e a sua posição no grupo dos discípulos, bem como na primeira igreja, para respaldar suas aspirações.[1013]

Essa realidade exegética e histórica revela que os fundamentos para o surgimento do primado de Roma não residem no personagem histórico Pedro. Isso não exclui que os bispos romanos puderam encontrar na figura de Pedro do Novo Testamento o protótipo da função reivindicada por eles na igreja. As razões mais profundas para o desenvolvimento

---

    repetida. O texto não expressa nada sobre a pergunta de um sucessor de Pedro e suas possibilidades". Ainda R. Pesch, "Neutestamentliche Grundlagen des Petrusamtes", in K. Lehmann (ed.), *Das Petrusamt*, 1982, p. 11-41, esp. p. 35ss. No mais, cf. sobre Mt 16.18s também acima, p. 60s., nota 85s.

[1011] Isso foi destacado especialmente por R. E. Brown et al. (eds.), *Peter in the New Testament*, 1973 (cf. esp. p. 162ss.). Cf. também F. Mussner, *op. cit.*, p. 41ss.

[1012] J. Blank, *op. cit.*, p. 30 e 36, bem como mais detalhado, in: J. Ludwig, *Die Primatworte Mt 16.18-19 in der altkirchlichen Exegese*, 1985.

[1013] Sobre isso, cf. W. de Vries, "Die Entwicklung des Primats in den ersten drei Jahrhunderten", in: *Papsttum als ökumenische Frage* (ed. Arbeitsgemeinschaft ökumenischer Universitätsinstitute), 1979, p. 114-133, bem como idem, "Das Petrusamt im ersten Jahrtausend", in: K. Lehmann (ed.), *Das Petrusamt*, 1982, p. 42-66.

do primado de Roma – independente da ambição de poder dos bispos romanos, antes prejudicial à sua autoridade na igreja toda – talvez possam ser localizadas já na necessidade que transparece na figura de Pedro do cristianismo primitivo, por uma autoridade determinante para a igreja toda e que sirva à sua unidade. Um ministério vinculado a uma autoridade dessas poderia de fato trazer ricas bênçãos para a unidade de todo o cristianismo, por mais que infelizmente na prática tenha sempre de novo dado motivo, na realidade da história da igreja, pela associação com a ambição de predomínio de Roma, para conflitos e cisões. A autoridade de um ministério desses e de seu detentor[1014] pode ser, com palavras da Reforma, unicamente de direito humano, porque justamente não se deixa remeter a uma instituição expressa pelo próprio Jesus. Apesar disso, como representação da unidade da igreja toda, não é apenas expressão de arbitrariedade humana, mas uma configuração singular do ministério eclesiástico propriamente dito como serviço à igreja em todos os níveis de sua vida.[1015] Esse fato assegura ao bispo de Roma já hoje, na realidade do cristianismo dividido, uma consideração de seus pronunciamentos e atos que vai muito além da igreja católica romana. De forma alguma seu peso é comprometido pela dependência da recepção pela totalidade dos fiéis. Não por aspirações por um poder concorrente com outros bispos ou igrejas parciais, mas unicamente pelo peso próprio da função que se desenvolveu historicamente em torno de Roma como representante da totalidade do cristianismo e da

---

[1014] O detentor de um ministério desses, no entanto, não deveria ser chamado de cabeça (*caput* – DS 3055, 3059, etc.) da igreja ou fundamento de sua unidade (LG 18), porque essas designações foram usadas no Novo Testamento de modo específico e exclusivo para Jesus Cristo (1Cor 11.3s; 12.21; Ef 1.22; 4.15; cf. 5.23; Cl 1.18 e 2.10). Em função disso, sua utilização para o bispo de Roma sempre de novo causou motivo para justificado escândalo. Seria totalmente suficiente se seu ministério realmente se tornasse um sinal para a unidade da totalidade do cristianismo, ao invés de ser motivo e sinal de divisões.

[1015] Em razão disso a alternativa entre direito divino e direito humano permanece insatisfatória, como mostrou H. MEYER, "Das Papsttum bei Luther und in den lutherischen Bekenntnisschriften", in: W. PANNENBERG (ed.), *Lehrverurteilungen – kirchentrennend?*, vol. III, 1990, p. 306-328, esp. p. 326s Cf. também o *Common Statement* da comissão luterana e católica romana nos EUA, in: P. C. EMPIE; T. A. MURPHY (eds.), *op. cit.*, p. 30s, bem como ali a contribuição de G. A. LINDBECK, "Papacy and *Ius Divinum:* A Lutheran View" (op. cit., p. 193-208).

incumbência de seu Senhor, válido para ela, pode prevalecer a autoridade de um serviço à unidade universal da igreja de Cristo.

5. Igreja e povo de Deus

Igreja existe como comunhão dos que crêem, porque nela chega à concretização histórica a união dos diversos fiéis para a comunhão do corpo de Cristo. O corpo de Cristo é o conceito mais profundo da natureza da igreja. Ele se realiza e se configura na celebração da ceia do Senhor. A ceia do Senhor constitui a igreja como corpo de Cristo e, logo, como comunhão dos fiéis.

Igreja não é, portanto, primeiramente uma liga social de pessoas com idéias afins que depois também desenvolve certos ritos para sua coesão. A ceia do Senhor não é uma criação da igreja. Sem a ceia do Senhor a igreja nem sequer teria surgido como *comunhão* dos crentes. Então talvez os indivíduos, para os quais Jesus significa algo porque ele os conduz ao conhecimento de Deus e da salvação, lembrariam dele cada um para si. Também a união de tais indivíduos para a troca e o cultivo de experiências e convicções comuns ainda não seria igreja. A multidão dos que crêem é igreja somente pela celebração da ceia do Senhor, que os torna corpo de Cristo e assim uma congregação da nova aliança. É aqui que se localiza a prédica na congregação, e para esse fim foi direcionado também o batismo, que incorpora o indivíduo no corpo de Cristo, o qual os fiéis recebem na celebração da ceia do Senhor e que os une para a comunhão da igreja.

Acontece que a ceia do Senhor é uma cerimônia com caráter de sinal. Por isso a igreja detém sua realidade primordialmente no nível do sinal. Ela não é primeiramente algo para si, uma comunhão de pessoas com pensamentos afins, organizada de uma ou outra forma, e que como tal também seria ainda sinal para algo mais, porém ela é constituída pela cerimônia da ceia de Jesus com função de sinal. É sobre isso que repousa tanto sua essência de comunhão do corpo de Cristo quanto sua função de sinal para a destinação de toda a humanidade rumo ao futuro do reinado de Deus. A igreja somente possui essa função de sinal porque no centro de seu culto é celebrada a ceia do senhorio de Deus em memória de Jesus, em cuja atuação o futuro do governo de Deus já irrompeu, e na expectativa de sua consumação pelo Senhor que retorna para a comunhão de uma humanidade renovada no reino de Deus. Como corpo de Cristo a igreja é parte integrante do mistério da salvação manifesto em Jesus Cristo, parte integrante do plano da salvação de Deus para a humanidade. Nela e por meio dela se realiza já agora a reconciliação da humanidade com Deus, a qual emana do Crucificado e Ressuscitado. Ela se realiza segundo os desígnios de Deus pelo fato de que tudo é sintetizado em Cristo (Ef 1.10), a saber, inserido na relação de Jesus como do Filho com o Pai. O resultado é a comunhão do corpo de Cristo, que é realizada e apresentada no culto eucarístico da igreja.

Entretanto a igreja possui sua realidade não apenas na cerimônia da ceia do Senhor com caráter de sinal. Pelo contrário, é a partir daí que se fundamenta a comunhão dos fiéis, que então também se manifesta em formas de coesão social. Ela encontra sua configuração original na reunião cultual, por causa dela, porém, igualmente na forma organizativa de uma comunhão de fé, cujos membros sempre de novo se reúnem para o culto em conjunto. A igreja, portanto, também tem a configuração de uma associação, tanto como congregação local quanto na comunhão das congregações locais, que por sua vez se expressa em instituições comuns e nos ministérios responsáveis pela coesão das igrejas locais. Nisso a essência da igreja como corpo de Cristo também exerce influência a partir da vida cultual sobre o convívio das congregações e seus membros no mundo. Isso acontece, entre outras, por meio de atividades diaconais e de outros sinais da eficácia restauradora da salvação escatológica presente na igreja em prol das aflições do mundo. Tais repercussões da essência da igreja como corpo de Cristo sobre a vida da congregação no mundo e sobre o mundo que a cerca correspondem à maneira como na vida de cada cristão sua justificação e sua elevação à filiação em Deus pela fé em Jesus Cristo deve repercutir sobre toda a sua conduta de vida na forma de santificação e renovação de sua vida. Assim a igreja está destinada, a partir do centro cultual de sua vida, também como liga social, a ser sinal da vontade de salvação divina para a humanidade, sinal da reconciliação com Deus e da dela decorrente renovação nos relacionamentos entre os seres humanos, sinal da futura comunhão dos humanos no reino de Deus.

Lamentavelmente não se pode afirmar que, no formato configurado como comunhão religiosa, a igreja tenha sempre desempenhado muito bem sua função como sinal da esperança pela consumação futura da humanidade no reino de Deus. Por meio de cisões, pela intolerância e ambição de poder de seu clero, mas também por adaptação excessiva aos modismos cambiantes do mundo de um lado e por formas estreitas e coercitivas de devoção de outro, que permitem notar pouco do hálito libertador do Espírito, a igreja sempre de novo obstruiu a tarefa fundamentada em sua essência. Contudo também um sinal que se tornou impreciso continua sendo, segundo sua finalidade, um sinal. Pode ser purificado, e assim também houve sempre de novo na história da igreja épocas em que ela se tornou mais clara e nitidamente reconhecível como sinal da destinação da humanidade para participar do reino de Deus. A força para isso emana sempre de novo da mensagem do evangelho, que lembra os membros da igreja de seu pertencimento a Jesus Cristo e de sua ligação mútua na unidade do corpo de Cristo.

Vista sob essa perspectiva a igreja é povo de Deus, exposição provisória do futuro da humanidade como reconciliada com Deus no reino de Deus e assim liberta para a comunhão dos humanos entre si. Até aqui o conceito da igreja como povo de Deus foi deixado em segundo plano. No caso dele não se trata nem da caracterização mais fundamental nem da mais específica da essência da igreja. Essas duas coisas são muito antes produzidas pela descrição da igreja como corpo de Cristo. A afirmação sobre a igreja como de povo de Deus é derivada dela, e seu sentido específico precisa ser definido a partir daquela descrição mais fundamental de sua natureza. Em comparação com a designação da igreja como corpo de Cristo o conceito do povo de Deus é relativamente genérico. Isso se mostra no fato de que ele é comum à igreja e a Israel, ou mais precisamente, que foi transferido de Israel para a igreja. Fundamental para isso é a idéia da nova aliança, vinculada à instituição da santa ceia, e sob esse aspecto também enraizada no entendimento da igreja como corpo de Cristo (1Cor 11.25): Aliança de Deus e povo de Deus constituem uma unidade. A maneira como a igreja ou o cristianismo pode ser chamado povo de Deus precisa ser definida, portanto, a partir do conceito da essência da igreja como corpo de Cristo: Ao contrário do povo de Deus da antiga aliança, caracterizado pela descendência física de Abraão, a igreja foi fundada pela nova aliança no sangue de Cristo como congregação escatológica que é convocada pelo Espírito de Cristo dentre todos os povos e assim constitui o povo de Deus da nova aliança. O conceito da igreja como povo de Deus possui, pois, como fundamento a ceia da nova aliança, que une os participantes pela comunhão do corpo de Cristo.

Povo de Deus é um conceito de eleição. Seu desdobramento mais preciso pertence à doutrina da eleição. Em decorrência, essa há de complementar a doutrina sobre a igreja, precisamente sob o aspecto da concretização histórica de sua essência no mundo. Porque faz parte da eleição o envio, e o envio remete os eleitos para dentro do mundo e sua história, que vai ao encontro do futuro do senhorio de Deus.

Capítulo 14
ELEIÇÃO E HISTÓRIA

Na atuação de Jesus o futuro de Deus e seu senhorio, que ele anunciou, tornou-se presente de maneira antecipada: Assim Jesus em pessoa se tornou o sinal do senhorio vindouro de Deus, de sorte que através dele e em comunhão com ele os seres humanos já agora podem obter certeza de participar da futura salvação do senhorio de Deus. Isso vale especialmente para a ceia que Jesus celebrava como sinal da presença do senhorio de Deus e que, para além de sua trajetória terrena, também une os crentes com Jesus e por meio dele com a salvação vindoura. De maneira análoga o batismo vincula os crentes com Jesus, quando o batizando é selado simbolicamente em direção do futuro de salvação que em Jesus já se tornou presente.

Por meio de sua relação escatológica – e no caso do batismo ainda por meio da antecipação da morte do batizando, realizada no horizonte do futuro escatológico de Deus – as cerimônias eclesiásticas com caráter de sinal antecipam toda a trajetória de vida daqueles em que são realizadas. Sua própria vida se torna a apropriação daquilo que foi representado de modo antecipatório na cerimônia em caráter de sinal. Na apropriação, pois, entra em campo também a atividade própria dos seres humanos, porém evidentemente assim que ela sempre continua sendo apropriação: A graça presente no sinal sacramental e comunicada aos recebedores sempre já foi anterior à apropriação daquilo que perfaz o conteúdo do sinal. Apesar disso a apropriação na vida e no agir pessoal dos seres humanos continua sendo imprescindível como aquisição daquilo que foi outorgado na forma do sinal. Isso constitui já em Paulo o sentido dos imperativos que visam à renovação da conduta vivencial no sentido da santificação da vida para Deus (como Rm 6.4ss) sobre a base do indicativo da outorga da salvação, fundamentado na comunhão com Jesus Cristo.

Em outras palavras, a história da formação das pessoas para ser imagem de Deus, a que o ser humano foi destinado desde a criação e que em Jesus Cristo, como o "segundo Adão", se configurou para os humanos que devem levar a imagem dele, ser-lhe "conformes" (Rm 8.29; 1Cor 15.49),[1] carece de sua participação ativa: Se for admissível considerar a história da religião da humanidade como uma divina "educação do gênero humano",[2] então essa história da educação transitará, o mais tardar com o aparecimento do Filho de Deus e da destinação do ser humano para a filiação em Jesus Cristo, para uma história da formação. Diferente da educação, a formação nunca consiste apenas de influência pedagógica de fora, mas se move no meio da espontaneidade dos que se formam[3] – e sem tal espontaneidade a imagem do Filho e seu relacionamento livre com o Pai na vida dos seres humanos não conseguem se configurar.

A espontaneidade de formar-se possui como fundamento elementar a auto-organização daquilo que é vivo[4]. A direção de seu desenvolvimento, no entanto, é determinada, nas espécies de seres vivos, somente através de fatores seletivos. Isso igualmente acontece ainda no estágio do ser humano e sua história. Na competição das culturas ainda tem continuação a luta pela existência, embora em outro nível, a saber, na associação com uma disputa entre ideais de

---

[1] Através do Mestre ECKHART essas afirmações de Paulo (cf. ainda Gl 4.19 e 2Cor 3.18) se tornaram ponto de partida da história do moderno conceito de formação. Sobre isso, cf. do autor: "Gottebenbildlichkeit und Bildung des Menschen" (1977), agora in: *Grundfragen systematischer Theologie*, vol. II, 1980, p. 207-227, 211s.

[2] Acerca desse pensamento sistêmico de G. E. LESSING, que acolhe com novo viés a idéia da *paideusis* [educação] grega e sua interpretação cristã pela teologia alexandrina da patrística, cf. agora E. QUAPP, *LESSINGS Theologie statt Jacobis "Spinozismus". Eine Interpretation der "Erziehung des Menschengeschlechts" auf der Grundlage der Formel "hen ego kai pan"* [Sou um e tudo], vol. I, 1992.

[3] Em direção da idéia da autoformação, J. G. HERDER, seguindo PARACELSO e SHAFTESBURY, modificou o conceito teológico de formação de ECKHART, sem com isso cortar o vínculo com sua origem teológica. Cf. o ensaio do autor citado na nota 1, p. 213ss. A idéia da autoformação como variação individual do que é humanamente comum foi plenamente desenvolvida em F. SCHLEIERMACHER, como demonstrou M. PIEMER em sua excelente dissertação: *Bildung und Christentum. Der Bildungsgedanke Schleiermachers*, 1989, esp. p. 29-41 e 139-155.

[4] Cf. acima, vol. II, 1991, p. 193ss.

vida alternativos[5]. Aos seres humanos, como entes conscientes de si mesmos, sua identidade como alvo de sua vida constitui o tema da própria realização da vida por meio dos ideais de vida que os conduzem. Apesar de sua concorrência, esses ideais não apenas se excluem mutuamente. Pelo contrário, cada um deles tenta integrar a força dos demais, porque o objeto de sua competição lhes é comum: a unidade da humanidade como espécie e a concretização do que é conjuntamente humano na vida dos indivíduos e nas formas de sua socialização.

Os ideais de vida das culturas como dos diversos indivíduos, em que se combinam a destinação geral e específica do ser humano, normalmente possuem nas culturas da humanidade um enraizamento religioso. Isso significa que eles não somente devem ser entendidos como produtos dos seres humanos, mas como expressão de sua destinação no contexto do mundo. Quando – diferente das mitologias cosmológicas – a divindade é experimentada como atuante na história e revelando-se por meio dela, de modo que também a ordem de vida dos seres humanos repousa sobre fenômenos históricos, a origem divina dos ideais de vida se manifesta em uma consciência de eleição e vocação que de um ou outro modo posicionam a vida do indivíduo ou a de uma comunhão particular em uma relação com as demais pessoas e povos.

Tal consciência de eleição se tornou característica para o povo de Israel, uma vez que seu pertencimento a Deus e à ordem de vida dele recebida não remete já de volta à ordem do cosmos, mas ao livre agir histórico de Deus, que escolheu Israel dentre todos os povos como sua propriedade – o povo da aliança. Originou-se daí a consciência de eleição da igreja, porém ela se dissociou da concepção do pertencimento a Deus através do nexo natural de vida do povo uma vez eleito como o "Israel segundo a carne" (1Cor 10.18; cf. Rm 9.6ss). Embora também a existência da igreja, comparável ao acontecimento do êxodo, se deva a um agir histórico de Deus, sobre o qual ela lança um olhar retrospectivo – a saber, ao agir de Deus na história de Jesus de Nazaré – ela não obstante precisa se configurar sempre de novo em seus membros: A

---

[5] Acerca desse pensamento fundamental oriundo da ética antropológica de ERNST TROELTSCH, acerca de sua construção da história da religião, cf. do autor: "Die Begründung der Ethik in Ernst Troeltsch", in: *Ethik und Ekklesiologie. Gesammelte Aufsätze*, 1977, p. 70-96, 87ss.

igreja não possui sua consistência através da seqüência física de nascimentos, mas pelo novo nascimento do evento do batismo: Pelo batismo cada novo membro é inserido na unidade do corpo de Cristo, de modo que a partir de Cristo também a comunhão da igreja é renovada sempre de novo por cada cristão batizado. Dessa forma a consciência cristã de eleição em última análise possui fundamentação escatológica, a saber, a partir da realidade escatológica da vida do Cristo ressuscitado, que como o "novo ser humano" acolhe em sua comunhão os que foram batizados no nome dele.

O caráter escatológico da compreensão cristã da eleição se expressa em que a eleição acontece para o indivíduo em uma cerimônia com caráter de sinal que antecipa sua vida terrena e seu fim na morte, para vinculá-la ao futuro da salvação de Deus, que já se manifestou na ressurreição de Jesus. É por isso que a vida dos cristãos se torna apropriação do que foi realizado neles no sinal do batismo. Nisso a correlação entre a presença antecipada em forma de sinal, do alvo e do processo de participação ativa na história da formação pessoal da conformidade com Jesus Cristo, é estabelecida precisamente pelas idéias da eleição e da vocação: Quando seres humanos se dão conta da própria vocação e se deixam cativar por ela como de uma vontade superior que paira sobre sua vida e lhe confere seu direcionamento, eles são simultaneamente postos no caminho, rumando para essa sua destinação. Sabem-se chamados ou eleitos, também quando inicialmente vêem diante de si apenas de forma imprecisa o caminho e o alvo. A obtenção de clareza sobre o conteúdo da própria vocação faz parte, ela mesma, do processo de autopercepção e auto-atividade que passa a ser desencadeado.

A ênfase no caráter de sinal da vida cultual da igreja no capítulo precedente não devia ser entendida no sentido de uma separação abstrata entre sinal e coisa. Pelo contrário, nos sinais sacramentais está presente a própria coisa, a realidade escatológica da salvação. Além disso, no entanto, vale para o sinal do batismo como nova fundamentação da identidade das pessoas batizadas e para a eucaristia como apresentação da unidade da igreja em sua fundamentação a partir da presença de Cristo, que faz parte dessas ações significantes da igreja o processo de sua recuperação na história vivencial, quer na história da igreja, quer na vida do indivíduo: Também a comunhão da igreja vive historicamente em um processo fundamentado por vocação, eleição e envio (a ela inerente) direcionado para um alvo escatológico. Também nessa dimensão da história da igreja podem se manifestar as tensões entre indivíduo e comunidade, que ocorrem em todo o mundo da vida humana, e de fato a história da igreja está repleta de tais tensões: Serão definitivamente solucionadas somente na consumação escatológica. Porém quando cada cristão se compreender em sua trajetória a partir de sua vocação singular, ele sempre estará relacionado, não obstante todas as tensões, com a comunhão da igreja, porque também a vocação do indivíduo somente pode ser entendida como fundamentada no único Senhor Jesus Cristo, ao qual a comunhão da igreja reconhece como seu cabeça. Aqui o interesse individual e o comunitário já não se contrapõem com a mesma aspereza como na vida política. Em contrapartida a luta pelo sentido do interesse geral, pelo conteúdo de vocação e envio da igreja como um todo pode ser tanto mais intensa.

A compreensão de eleição e vocação esboçada nessas observações parece à primeira vista não ser congruente em todos os aspectos com a doutrina teológica clássica da eleição – e de fato também é assim. Por isso é preciso primeiramente justificar e clarear por meio de uma análise crítica da configuração tradicional da doutrina da eleição – primordialmente relacionada com os indivíduos e sua participação na salvação eterna (1). Na seqüência deverá ser acrescentado um estudo da relação entre eleição e igreja, em cujo centro estará o conceito do povo de Deus (2). Depois será tratada a relação entre a doutrina teológica da eleição e a história do cristianismo e as formas secularizadas, nela manifestas, de uma fé na eleição (3), e finalmente algumas observações sobre eleição e governo universal de Deus na história (4) farão a transição para o tema da escatologia.

1. A eleição do indivíduo

a) A doutrina clássica da eleição

O desenvolvimento da doutrina de eleição e predestinação na teologia cristã foi determinado principalmente por idéias paulinas, e justamente menos pela análise exaustiva do tema em Rm 9-11 que pela afirmação sucinta, porém rica em conteúdo, sobre o "desígnio de eleição" (Rm 8.28) de Deus: "Aos que de antemão elegeu, aos que previamente destinou a ser conforme à imagem de seu Filho: O Primogênito entre muitos irmãos devia ele ser; e aos que convocou, a esses também justificou; e aos que justificou, a esses também glorificou" (Rm 8.29s). Enquanto, porém, Paulo falou aqui do plano de salvação do agir histórico divino relacionado com Jesus Cristo, o interesse dos teólogos posteriores se voltou principalmente à pergunta pelos indivíduos eleitos que são mencionados nesse contexto.

Já no gnosticismo cristão o viés individualista da idéia da eleição[6] desempenhou um papel significativo, embora sob uma alienação helenizante: A diferenciação entre sárquicos e psíquicos de um lado e pneumáticos de outro provavelmente deve ser entendida como uma interpretação de Paulo que reinterpreta a idéia da eleição para a esfera ontológica.[7] Diante do determinismo relacionado com isso, os pais antignosticistas enfatizaram a liberdade da decisão volitiva como origem da diferença entre eleitos e condenados.[8] Assim, ainda que de maneira muito distante e fracionada, fizeram justiça à historicidade da eleição divina. Esse modo de ver levou nas considerações de ORÍGENES sobre Rm 8.29s em seu comentário à carta aos Romanos a uma primeira elaboração e coordenação sistemática e dos conceitos de eleição, predeterminação, vocação e justificação.[9] Nessa exposição ORÍGENES descreveu a eleição como um ato de presciência divina: Segundo ela, Deus prevê o comportamento futuro dos seres humanos e organiza em consonância a predeterminação de seus caminhos para a salvação ou perdição.[10] A predeterminação dos

---

[6] Poderiam ter-se apoiado mais facilmente no Novo Testamento sobre Mt 22.14 (Muitos são chamados, poucos, porém, escolhidos) que sobre Paulo: Essa palavra atribuída a Jesus lança mão de uma contraposição corrente no apocalipsismo judaico (cf. *4 Esdras* 8.3), para advertir contra um fiar-se excessivamente seguro na eleição coletiva do povo.

[7] Sobre isso, cf. W.-D. HAUSCHILD, *Gottes Geist und Mensch. Studien zur frühchristlichen Pneumatologie*, 1972, p. 153ss acerca de VALENTIM (esp. p. 154), bem como p. 160s acerca de HERACLEÃO (também p. 165), p. 167s acerca de PTOLEMEU, p. 173s acerca de TEÓDOTO.

[8] W.-D. HAUSCHILD, *op. cit.*, p. 273s.

[9] ORÍGENES, *Comment. in epist. ad Rom.* VII,7-8, *MPG* 14, p. 1122-1127.

[10] Nisso ORÍGENES seguiu a seqüência de *proégno* [predeterminou] e *prohórisen* [previu] em Paulo, Rm 8.29. Interpretou o primeiro termo não apenas helenisticamente presciência de uma situação, mas também no sentido da origem do termo no Antigo Testamento como um conhecer eletivo, n. 8, *MPG* 14, p. 1125 B, cf. os comprovantes bíblicos disso, in: U. WILCKENS, *Der Brief an die Römer*, vol. II, 1980, p. 163, nota 728). Nessa interpretação, porém, ORÍGENES relacionou a

eleitos como cuidado amoroso de Deus por sua trajetória, portanto, se alicerça sobre um saber de suas livres decisões futuras.

Ao contrário da exegese paulina de ORÍGENES, AGOSTINHO interpretou a eleição como um ato volitivo de Deus antes de qualquer consideração acerca do futuro comportamento de suas criaturas. Para tanto, argumentou principalmente com Rm 9.16: "Não depende do querer ou correr de alguém, mas da livre misericórdia de Deus", a quem ele se inclina. Desde seu escrito a *Simpliciano* (p. 395), dedicado particularmente à interpretação de Rm 9, AGOSTINHO se havia afastado da concepção sugerida pelo teor de Rm 8.29, de que a presciência de Deus acerca da fé e obediência humanas constitui o fundamento da predeterminação para a salvação. Ao invés disso, declarou agora que o próprio propósito de predestinar é o fundamento para a eleição de alguns humanos dentre a multidão dos perdidos (*massa perditionis* [massa da perdição])[11]. Esse passo já havia sido dado no desenvolvimento do pensamento de AGOSTINHO antes do começo da disputa com PELÁGIO. Porém no curso desse conflito teve de ser dado peso especial ao pensamento da predestinação como fundamentação da soberania da graça divina.[12]

---

vocação "de acordo com o desígnio" (Rm 8.28) com o bom propósito antevisto por Deus nos que serão chamados (p. 1125s). Se, contudo, tentássemos entender "presciência" no sentido mais genérico, em consonância com o qual ela se estende tanto aos bons quanto aos maus, valeria ainda mais que o fundamento da salvação ou perdição não reside na presciência de Deus, mas na conduta dos seres humanos (p. 1126 B: *Nam et si communi intellectu de praescientia sentiamus, non propterea erit aliquid, quia id scit Deus futurum: sed quia futurum est, scitur a Deo antequam fiat* [Pois ainda que pelo senso comum pensássemos da presciência que não por isso fosse algo pelo que Deus sabe o futuro: mas porque existe o futuro, é sabido por Deus antes que aconteça]).

[11] Cf. M. LÖHRER, "Gottes Gnadenhandeln als Erwählung des Menschen", in: *Misterium Salutis* IV/2, 1973, p. 773-827, esp. p. 779, bem como G. NYGREN, *Das Prädestinationsproblem in der Theologie Augustins*, 1956, p. 41ss.

[12] AGOSTINHO descreveu em 429 a predestinação como *praeparatio gratiae* [preparação para a graça] na eternidade de Deus (*De praed. sanct.* 10,19; *MPL* 44, p. 959ss.). No mesmo ano consta em seu escrito sobre o dom da perseverança: *Haec est praedestinatio sanctorum, nihil aliud: praescientia scilicet, et praeparatio beneficiorum Dei, quibus certissime liberantur quicumque liberantur* [Essa é a predestinação dos santos, e nada mais: a saber, presciência e a preparação dos benefícios de Deus pelos quais são certissimamente libertos todos aqueles que são libertos] (*De dono perseverantiae* XIV,35; *MPL* 45, p. 1014). Sobre a função da idéia da predestinação no disputa pelagiana, cf. também G. NYGREN, *op. cit*, p. 274s.

Apesar de todos os contrastes entre a concepção agostiniana e a interpretação da predestinação desenvolvida primeiro por Orígenes, ambas as concepções não deixam de ser cercadas de premissas não-discutidas, comuns a ambas: Tanto Orígenes quanto Agostinho trataram a eleição como um ato de Deus, que acontece na eternidade, antes de todos os tempos, em concordância com a diferenciação feita já por Paulo em Rm 8.29 entre eleição e predeterminação por um lado, e vocação por outro. Nessa reflexão, porém, como segundo ponto, tanto em Agostinho como em Orígenes a eleição eterna foi diretamente relacionada a indivíduos isolados, acrescida da restrição ao tema de sua participação escatológica na salvação. Em Agostinho isso já foi condicionado pela orientação de seus pensamentos no exemplo, já analisado por Paulo, do comportamento diferenciado de Deus diante de Jacó e Esaú (Rm 9.13). Em Orígenes, no entanto, a situação requer uma explicação diferente. É plausível situar o motivo de ele interpretar de modo individualista a eleição e predestinação nas concepções gnósticas, com as quais os pais do dos séc. II e III tiveram de se defrontar: Assim como na visão do gnosticismo a salvação do indivíduo humano dependia de que ele fosse, em sua natureza, um pneumático ou sárquico ou psíquico, assim também a posição contrária da igreja teve de se concentrar sobre o fundamento da participação individual da salvação. A diferença consistia no peso dado à decisão volitiva individual e à sua eterna previsão por Deus.

Também na teologia escolástica da Idade Média latina a predestinação foi analisada no contexto da pergunta pela relação entre a presciência eterna de Deus acerca de todos os acontecimentos com as criaturas de um lado e a predeterminação pela vontade dele de outro. Ou seja, a interpretação intelectualista da presciência de Rm 8.29 permaneceu determinante, e não se reconheceu que o conhecer prévio como tal (no sentido do uso terminológico de "conhecer" no Antigo Testamento) já constitui um ato de eleição e, portanto, um ato volitivo. A eleição foi justaposta a esse conceito como momento fundamental da predestinação. A localização do tema no contexto da definição de relação entre intelecto e vontade de Deus torna compreensível que tenha sito tratado no final da doutrina sobre Deus, antes da transição para a doutrina da criação. A obra de sentenças de Pedro Lombardo já havia inserido o tema aqui.[13] De modo

---

[13] Pedro Lombardo, *I. Sent.* d.40-41.

análogo procederam não apenas os comentários de sentenças, mas também as *Summas* teológicas no apogeu da escolástica[14]. Também a vinculação direta dos conceitos de eleição e predestinação com a salvação eterna de determinados indivíduos não apenas continuou sendo determinante para as análises escolásticas do tema, mas até mesmo ainda para a teologia da Reforma. CALVINO, por exemplo, apesar de outro enquadramento do tema (na doutrina sobre os meios da graça) descreveu a predestinação como desígnio de Deus em sua eternidade sobre o destino previsto para cada ser humano: Já em sua criação uns foram predefinidos para a vida eterna, os outros para a perdição eterna.[15] Também aqui a idéia da predestinação permanece, na substância, mais estreitamente vinculada ao conceito de Deus que à história da salvação e especificamente à eclesiologia. Por isso os dogmáticos reformados antigos (ao contrário dos luteranos) conseqüentemente retornaram à inserção de sua análise entre a doutrina de Deus e a doutrina da criação, no contexto de uma peça doutrinária própria acerca dos decretos divinos.[16]

O quadro geral da concepção do ato da predestinação pressuposta conjuntamente em AGOSTINHO e ORÍGENES, sem prejuízo de sua divergência na questão, se nisso teria alguma importância a presciência divina do uso que os humanos fazem de sua liberdade de criaturas, pode ser designada de, na comparação com as afirmações bíblicas sobre o agir eletivo de Deus na história, concepção "abstrata" de eleição.[17] A concepção é abstrata:

---

[14] Em TOMÁS DE AQUINO, *S. teol.* 1,23 a doutrina da predestinação até mesmo foi totalmente inserida na doutrina da natureza e dos atributos de Deus, e aparece ainda antes da doutrina da Trindade.

[15] J. CALVINO, *Inst. chr. rel.* III,21,5: *Praedestinationem vocamus aeternum Dei decretum, quo apud se constitutum habuit, quid de unoquoque homine fieri vellet. Non enim pari conditione creantur omnes; sed aliis vita aeterna, aliis damnatio aeterna praeordinatur* [Chamamos de predestinação o eterno decreto divino, o qual tem constituído junto de si o que pretende fazer de qualquer pessoa. Pois não são todos criados na mesma condição. Mas alguns são predeterminados para a vida eterna, outros para a condenação eterna] (CR 30, p. 683).

[16] H. HEPPE; E. BIZER, *Die Dogmatik der evangelisch-reformierten Kirche*, 1958, p. 107ss., 120ss. Cf. também o trecho sobre "Die Stellung der Erwählungslehre in der Dogmatik", in: K. BARTH, *KD* II/2, 1942, p. 82-100.

[17] Posição do autor, in: *Die Bestimmung des Menschen. Menschsein, Erwählung und Geschichte*, 1978, p. 42ss. Cf. também K. BARTH, *KD* II/2, p. 51.

a) por causa da atemporalidade da decisão divina – abstraindo da historicidade concreta do agir divino de eleição, como é atestado na Bíblia,
b) por causa da separação entre indivíduos, imaginados como objeto da eleição, e todas as relações comunitárias,
c) por causa da restrição da intenção eletiva para a participação futura na salvação, mediante dissociação de toda função histórica dos eleitos.

Essa concepção abstrata de eleição está longe das afirmações bíblicas sobre a eleição do povo Israel ou também de pessoas individualmente como os patriarcas ou o rei, mas tampouco corresponde às do Novo Testamento, especialmente às afirmações paulinas sobre a eleição dos cristãos.

Nas tradições de Israel sobre a eleição de Israel, a eleição sempre é um agir histórico concreto de Deus, ponto de partida e *"fundamentação da história da salvação"* de Deus com seu povo.[18] No contexto dessa visão também se inserem as afirmações sobre a eleição de indivíduos, especialmente do rei – e aqui principalmente de Davi[19] – ou também dos patriarcas.[20] O ato da eleição dirige-se a pessoas individuais não em sua dissociação de todas as relações sociais, mas com uma função determinada em favor do povo. Uma concepção independente da eleição de indivíduos, e nesse caso em vista da salvação eterna, ocorre somente em período pós-exílico, depois do surgimento da concepção de que cada indivíduo receberá para si sozinho salvação ou desgraça de acordo com seu próprio comportamento (Ez 18.4-20), e depois de sua vinculação com a expectativa escatológica. Conforme *Enoque* 1.1 (cf. 45.3),

---

[18] K. Koch, "Zur Geschichte der Erwählungsvorstellung in Israel", in: *ZAW* 67, 1955, p. 205-226, citação à p. 212. Em contrapartida, as exposições de H. Seebass, in: *ThWBAT*, vol. I, 1973, p. 593-608, e in: *TRE* 10, 1982, p. 182-189 se restringem excessivamente à ocorrência do termo *bhr*. A tese de que a concepção de uma eleição do povo somente seria deuteronômica (*TRE* 10, 1982, p. 186) tem de minorar o fato de que Amós já pressupõe como corrente a concepção de uma eleição do povo (Am 3.1s; 9.7), ainda que a expresse através de outro verbo *(jdh)*.
[19] 2Sm 6.21; cf. 1Rs 8.16; 11.34, também 2Sm 16.18 e Sl 78.70; 89.4. Sobre o rei de modo geral 1Sm 10.24; 16.1-13; cf. Dt 17.15. Cf. H. Seebass, in: *TRE* 10,1982, p. 182s.
[20] Sl 105.6 e 43; Sl 135.4; cf. Sl 47.5; 33.12. K. Koch, op. cit., p. 206ss., 223. Veja ainda Gn 18.19; cf. Ne 9.7.

por exemplo, não todos os membros do povo, mas somente os eleitos participam da salvação (*En* 93.5), para a qual já Abraão foi eleito por Deus. Também aqui persistiu ainda, pela conexão com Abraão, bem como em contraposição também com a eleição do Filho do homem (*En* 62.7ss; 39.4s), pelo menos um contexto histórico-soteriológico para o agir eletivo de Deus no indivíduo, embora a segregação de determinados indivíduos agora se tenha tornado um ato de previsão divina de seu comportamento futuro. Aqui se localizam as raízes da concepção abstrata de eleição na teologia cristã posterior.

Ao todo as afirmações do Novo Testamento sobre eleição (quando se desconsidera Mt 22.14, cf. acima, nota 6) não acompanharam o rumo que resultaria na concepção abstrata de eleição, porque pelo surgimento da igreja no agir revelador de Deus em Jesus Cristo o cristianismo primitivo se sabia inserido em um novo agir histórico de eleição de Deus, que pela fundação da igreja e pela missão cristã abriu para pessoas de todos os povos, em vista do juízo final que dizia respeito a todas pessoas, a chance de participar na salvação futura do senhorio de Deus. Assim os membros da congregação cristã em Paulo são chamados "os eleitos de Deus" (Rm 8.33), e o conceito eletivo "povo de Deus" é aplicado a eles Rm 9.24ss) mediante recurso a Os 2.25: Foi essa promessa profética que Paulo considerou cumprida no surgimento das congregações missionárias gentílico-cristãs.[21] A idéia da dilatação da eleição para além do povo de Israel aos gentios forma também a moldura da argumentação do apóstolo em Rm 9.6-29,[22] em cujo contexto se insere o exemplo que se tornou significativo para AGOSTINHO, da eleição de Jacó e a preterição de Esaú (Rm 9.13). Nesse caso se trata da liberdade do agir divino para eleger, mas não de que a eleição se refere à salvação eterna para indivíduos tomados isoladamente. O agir eletivo de Deus na fundação da igreja de judeus e gentios, porém, está ancorado para Paulo na eternidade de Deus e por isso é inviolável: Em razão disso Rm 8.28-30 atribui a vocação acontecida na história ao propósito eterno da eleição divina e à predestinação alicerçada no governo universal de Deus. A vocação por meio do evangelho é expressão da eterna vontade eletiva de Deus, não mero incidente.[23]

---

[21] Sobre isso, cf. U. WILCKENS, *Der Brief an die Römer*, vol. II, 1980, p. 205s.
[22] Cf. U. WILCKENS, *op. cit.*, p. 183, bem como p. 191-197 e 199s (sobre Rm 9.15s).
[23] Cf. a contraposição das declarações paulinas sobre a eleição com AGOSTINHO in: G. NYGREN, *op. cit.*, p. 135ss., bem como U. WILCKENS, *op. cit.*, p. 165.

É somente a separação das afirmações de Rm 8.29s e 9.13 de sua vinculação histórico-soteriológica, em que estão inseridas em Paulo, que permite sua combinação no âmbito daquela concepção "abstrata" de eleição, que determinou a história da doutrina da predestinação desde Orígenes e Agostinho. A atemporalidade da decisão de Deus no sigilo de seu desígnio antes da fundação do mundo foi relacionada diretamente com a destinação de cada indivíduo para a eterna salvação ou desgraça. Disso resultam, então, inevitavelmente as aporias que oneraram as discussões da doutrina da predestinação na Idade Média e muito além dela: *Ou* Deus planejou desde o início conceder apenas a algumas de suas criaturas a salvação eterna, mas preteriu as demais e assim as entregou de antemão ao destino derradeiro da condenação eterna, *ou* a universalidade do agir salvador divino é mantida em princípio, porém sua eficácia em cada caso é tornada dependente da reação da criatura, ou seja, da resposta da fé à oferta divina da graça que é calculada na presciência divina e que é responsável para que desde o início uns sejam predeterminados para a salvação eterna e os outros deixados na perdição eterna. A segunda concepção de uma destinação prévia por causa de méritos sabidos antecipadamente (*destinatio propter praevisa merita*) encontrava-se com razão sob a suspeita do pelagianismo ou semipelagianismo, que torna a salvação eterna dependente do mérito dos seres humanos. Quem, porém, diante disso tentava assegurar que a salvação somente pode ser recebida como livre dádiva da graça divina, via-se pressionado para o lado do determinismo agostiniano, segundo o qual Deus desde a eternidade não apenas planejou para os eleitos a beatitude, mas igualmente destinou os não-eleitos para a condenação eterna, sem que uma culpabilidade da parte deles pudesse ser o fundamento para essa decisão divina. Então Deus aparece forçosamente como injusto e cruel: Por que, então, criou, afinal, os que são destinados à perdição? A resposta fornecida a essa pergunta, de que os condenados teriam simplesmente sido criados para que Deus exercesse neles sua justiça punitiva,[24] podia se

---

[24] Posição de Tomás de Aquino, *S. teol.* I, 23,5 ad 3, seguindo a Agostinho: A perfeição divina cada vez poderia ser expressa pelas coisas criadas apenas de maneira parcial. *Et inde est quod ad completionem universi requiruntur diversi gradus rerum, quarum quaedam altum, et quaedam infimum locum teneant in universo... Voluit igitur Deus in hominibus quantum ad aliquos, quos praedestinat, suam repraesentare*

apresentar como distorção repugnante da idéia bíblica da justiça de Deus.²⁵

Por causa de sua crítica às tendências "pelagianas" da doutrina escolástica de graça e predestinação, os reformadores se inclinaram para o rigorismo de AGOSTINHO, como LUTERO em *De servo arbitrio* em 1525 e mais tarde especialmente CALVINO. É verdade que CALVINO incluiu na última versão de suas *Institutas* em 1559 a história da salvação do agir eletivo divino em suas exposições sobre o tema da predestinação, mas de antemão a posicionou sob o ponto de vista da dupla predestinação de uns para a salvação e dos demais para a perdição eterna.²⁶ A posição de LUTERO era mais complexa – mas também menos homogênea – uma vez que ele por um lado enfatizou a necessidade imposta a todos os acontecimentos pela vontade oculta de Deus,²⁷ mas por outro contrapôs ao insondável desígnio do Deus oculto a vontade salvadora do Deus manifesto e aconselhou

---

bonitatem per modum misericordiae, parcendo; et quantum ad aliquos, quos reprobat, per modum iustitiae, puniendo. Et haec est ratio quare Deus quosdam eligit et quosdam reprobat [E logo é o que é preciso para a consumação do universo uma categoria diversa das coisas, das quais uma determinada possui no universo posição elevada e outra, baixa... Intentou, portanto, Deus, dentre os humanos preservar a alguns que predestinou para que representem sua bondade pela modalidade da misericórdia, e punir a outros, que reprova, pela modalidade da justiça. E essa é a razão pela qual Deus elege alguns e reprova a outros].

²⁵ Já HENRIQUE DE GENT, *Quodl.* VIII q 5 c, argumentou contra TOMÁS que nada se perderia da perfeição do universo, se todas as criaturas fossem boas e se tornassem herdeiras da beatitude, e DUNS SCOTUS aderiu a isso (*Duns Scotus Lectura* I, d 41 n. 15: *immo si omnes essent boni, nihil periret de perfectione universi* [Portanto, se todos fossem bons, nada se perderia da perfeição do universo]. *Opera Omnia,* ed. Vat. XVII, 1966, p. 518,10s). Cf. do autor: *Die Praedestinationslehre des Duns Skotus im Zusammenhang der scholastischen Lehrentwicklung,* 1954, p. 72ss.

²⁶ J. CALVINO, *Inst. chr. rel.,* 1559, vol. III, p. 21,5s; cf. p. 22,11 (CR 30, p. 633ss., 697s).

²⁷ M. LUTERO, *WA* 18, p. 699,15: *omnia necessitate fieri* [tudo tem de ser feito por ncessidade]. LUTERO concordou aqui com uma frase de WYCLIFF condenada pelo Concílio de Constança em 1415 (cf. *DS* 1177). Desde sua preleção sobre a carta aos Romanos em 1515/16 LUTERO considerou essa frase condenada em Constança como premissa imprescindível para a salvação unicamente por graça (*WA* 56, p. 381,29). Cf. sobre isso, do autor: "Der Einfluß der Anfechtungserfahrung auf den Praedestinationsbegriff Luthers", in: *KuD* 3, 1957, p. 109-139, 117s. Acerca da concepção de LUTERO, cf. também G. ROST, *Der Prädestinationsgedanke in der Theologie Martin Luthers,* 1966.

apegar-se, em toda tribulação, a esse último.²⁸ A *Fórmula de Concórdia* correspondeu a essa intenção de LUTERO ao abandonar, à semelhança do que já fez DUNS SCOTUS, o paralelismo da estrutura de fundamentação de eleição e condenação, fundamentando a eleição unicamente sobre a clemência de Deus manifesta em Jesus Cristo, mas a condenação sobre a culpabilidade dos condenados prevista por Deus.²⁹ É verdade que essa solução não era logicamente satisfatória, enquanto se analisava a relação entre eleição e condenação sob o ponto de vista do saber e querer eterno de Deus prévios à criação em relação direta com o destino definitivo dos indivíduos: A particularidade da eleição sempre já implica na rejeição dos que na escolha foram preteridos, e de modo contrário a não-existência de uma culpa que fundamente a rejeição na providência de Deus tinha de aparecer como condição da eleição, se esse ponto de vista realmente tivesse de justificar a diferença entre condenados e eleitos. Por isso não causa surpresa que os dogmáticos luteranos antigos retornassem majoritariamente à fundamentação da diferença de eleitos e condenados pela presciência divina da conduta futura dos seres humanos. Na *Fórmula de Concórdia*, contudo, como em LUTERO, a concentração em Jesus Cristo, no qual se encontra a vontade

---

²⁸ *WA* 18, p. 685s, 689s. De acordo com *De servo arbitrio* será somente a luz da glória que solucionará essa contradição e a aparência, com ela relacionada, da injustiça de Deus em seus juízos (*WA* 18, p. 785,23ss). Contudo em um dos discursos à mesa de 1542 LUTERO diz: "... se aceitas o *revelatum* [Deus revelado], ele te trará junto o *absconditum* [Deus oculto]. *Qui me vidit, videt et Patrem meum*" [Quem me vê, vê também o meu Pai] (*TR* V, 295,5s = Nº 5658a). Cf. sobre isso e as afirmações correlatas da preleção de LUTERO sobre o Gênesis, cf. o ensaio do autor citado na nota anterior, p. 127ss.

²⁹ *FC* 11, *Epitome* (*BSELK*, p. 817ss.) restringe a declaração sobre a predestinação unicamente aos eleitos em Cristo, enquanto a presciência divina (inclusive o com ela correlato governo mundial de Deus) também se estende até os maus, sem, contudo ser causa do mal (*Ep.* 11,3; *BSELK*, p. 817,8ss.). Cf. *SD* 11,5ss (*BSELK*, p. 1065ss.). Acerca da antecedência dessa tese em DUNS SCOTUS, cf. dele a *Lectura* I, d 41 n. 24: *nullum meritum est praedestinationis, sed aliquod est meritum reprobationis* [Não há mérito nenhum na predestinação, mas há algum mérito na reprovação] (ed. Vat. XVII, p. 520,6s), cf. sobre isso o ensaio do autor citado na nota 25, p. 93ss. O abandono do paralelismo de eleição e rejeição pela *Fórmula de Concórdia* correspondia à vinculação de LUTERO, cada vez mais estreita, da predestinação com Cristo. Desse modo LUTERO também foi além de DUNS SCOTUS, embora formalmente tenha preservado o paralelismo daqueles dois conceitos. Cf. *WA* 18, p. 730 e 784.

eletiva de Deus,[30] apontou para além do mencionado dilema em direção de uma concepção do agir eletivo divino que no todo é mais orientada pela história da salvação.

A luta de LUTERO com os problemas da doutrina da predestinação levou ao reconhecimento de que cabe buscar a eleição eterna de Deus em Jesus Cristo e não atrás dele em uma deliberação oculta de Deus, que fosse totalmente diferente de sua inclinação histórica aos seres humanos em Jesus Cristo. Nenhuma teologia cristã deveria recuar atrás dessa percepção, que também se registrou na *Fórmula de Concórdia*. Igualmente CALVINO tentou fixá-la à sua maneira, designando Cristo de espelho (*speculum*) de nossa eleição.[31] Contudo essa percepção não conseguiu se firmar nele como determinante para sua doutrina da eleição contra a coerção lógica que parte da idéia de uma escolha e predestinação fundamentada unicamente na vontade eterna de Deus. O problema reside na questão de como a eficácia da eleição divina em e por meio de Jesus Cristo se relaciona com a decisão divina tomada antes de todos os tempos, de que se fala nos testemunhos bíblicos. Também a conexão estabelecida na *Fórmula de Concórdia* entre a idéia da eleição em Cristo e a tradicional diferenciação e coordenação de presciência divina e predestinação mostra que aqui são necessárias outras clarificações, caso se queira evitar uma recaída nas alternativas insatisfatórias da teologia mais antiga. Afinal, a idéia de uma eleição eterna não pode ser simplesmente abandonada. Ao contrário das declarações sobre eleição no Antigo Testamento, que apresentam o ato da eleição divina como um acontecimento histórico, afirma-se expressamente na epístola aos Efésios que os fiéis em Jesus Cristo foram eleitos "antes da fundação do mundo" (Ef 1.4), e também a concepção paulina do "propósito" divino, segundo o qual os que crêem em Jesus Cristo foram eleitos "anteriormente" por Deus e destinados para "ser tornados conforme o seu Filho" (Rm 8.28s), remete a um eterno ato de Deus como origem do evento da salvação no tempo e de sua aceitação pela fé. Paulo diferencia expressamente entre predeterminação e vocação (Rm 8.30), por mais que a ênfase recaia sobre a vinculação de eleição eterna e

---

[30] Assim, seguindo a LUTERO, *FC* Ep XI,6ss (*BSELK*, p. 817s) e 13 (p. 819s).
[31] J. CALVINO, *Inst. chr. rel.*, 1559, III,24,5 (*CR* 30, p. 715s). Cf. a esse respeito também K. BARTH, *KD* II/2, 1942, p. 65ss.

predeterminação por um lado, e a vocação que ocorre no tempo por outro. Também sob a premissa da concentração cristológica da idéia da eleição permanece por isso necessário esclarecer a questão de como nela se relacionam eternidade e tempo.

b) Eleição e vocação

Repercutiu singularmente também sobre a compreensão da vocação o dilema da doutrina clássica da eleição, segundo a qual a diferença entre eleitos e não-eleitos se fundamenta ou em uma diferença sabida previamente por Deus no comportamento dos dois grupos – pelo que se solapa a gratuidade da eleição – ou, porém, unicamente na decisão de Deus, de sorte que os não-eleitos são preteridos sem culpa sua.[32] Se a vocação, ocorrida no tempo, para a fé[33] por meio do evangelho se encontra sob a prerrogativa da decisão tomada na eternidade, antes de todo tempo, entre eleitos e não-eleitos, então a vocação para a fé somente pode se dirigir aos que foram eleitos desde a eternidade. Os demais nem sequer podem aceitar a oferta de salvação do evangelho, porque estão excluídos desde a eternidade ou porque Deus sabe previamente desde a eternidade que eles se negarão a crer no evangelho. Até mesmo nesse último caso se impõe a pergunta se a presciência divina deixa espaço para uma decisão livre da criatura em sua situação histórica. Muito mais é preciso que em uma compreensão "absoluta" do ato da predestinação, para a qual a eleição ou não-eleição divina não é condicionada por nenhum fato previamente observado da parte dos envolvidos, a abertura da vocação emitida na história por meio do evangelho tenha de se tornar problemática: Será que então a promessa da salvação para os fiéis, em vista de todos a

---

[32] Acerca do seguinte, cf. F. WAGNER, art. "Berufung II und III", in: *TRE* 5, 1980, p. 684-713, esp. p. 693ss (*Berufung und Erwählung*).

[33] De acordo com o uso terminológico do primeiro cristianismo, a vocação pelo evangelho (2Ts 2.14), respectivamente pela graça de Deus nele atuante (Gl 1.6), visa em primeiro lugar à fé dos recebedores e dessa forma à sua participação na salvação em comunhão com Cristo (1Cor 1.9). Cf. F. WAGNER, *op. cit.*, p. 686s com outra bibliografia. Em primeiro plano está, portanto, não como nas vocações de discípulos de Jesus o serviço de testemunhas (diferente de K. BARTH, *KD* IV/3, 1959, p. 637-703, esp. p. 644ss., 658ss.), porém o próprio recebimento da salvação, por mais que disso também decorra o compromisso de testemunhar.

que se dirige a proclamação do evangelho, ainda pode ter uma intenção igualmente séria?

Como já AGOSTINHO[34], assim também CALVINO se viu forçado a responder negativamente a essa pergunta, diferenciando entre uma vocação que acontece exteriormente e outra interna: A vocação exterior por meio da pregação do evangelho convida a todos de igual modo para a fé, mas a vocação interior por meio do Espírito Santo, que capacita para a fé, é concedida apenas aos eleitos.[35] Contudo, porventura tais diferenciações não depreciam a palavra do evangelho? A partir dessa preocupação a *Fórmula de Concórdia* condenou aqueles que afirmam que Deus não deseja seriamente a salvação de todos aqueles aos quais ressoa a proclamação do evangelho por meio da igreja.[36] A rigor tampouco era essa a conotação que CALVINO tinha em mente, porque era capaz de descrever a vocação como atestação manifesta da eleição, de modo que as pessoas chamadas nela já podem se alegrar por sua eleição.[37] Apesar disso persiste que conforme CALVINO a proclamação do evangelho *unicamente* para seus destinatários ainda não pode ser uma prova suficiente de sua eleição.[38] Isso ela passa a sê-lo somente pela combinação com a

---

[34] AGOSTINHO, *De praed. sanct.* 16,32 (*MPL* 44, p. 983) e 18,37: *Ex hoc proposito eius est illa electorum propria vocatio, quibus omnia cooperatur in bonum: quia secundum propositum vocati sunt (Rom VIII,28), et sine poenitentia sunt dona et vocatio Dei* (*MPL* 44, p. 988).

[35] J. CALVINO, *Inst. chr. rel.* III,24,8: *duplicem esse vocationis speciem. Est enim universalis vocatio qua per exteram verbis praedicationem omnes pariter ad se invitat Deus... Est altera specialis, qua ut plurimum solos fideles dignatur, dum interiori sui spiritus illuminatione efficit, ut verbum praedicatum eorum cordibus insideat* (*CR* 30, p. 718s). De forma diferente, a saber, como vocação para um ministério específico, LUTERO empregou o termo *vocatio externa* [vocação exterior], ao contrário da *vocatio spiritualis* [vocação espiritual], comum a todos os cristãos (*WA* 34/2, p. 300 e 306). Cf. sobre isso, F. WAGNER, *op. cit.*, p. 691.

[36] FC SD XI Neg. 3 condena aqueles que asseveram: *Quando Deus nos ad se vocat, quod non serio hoc velit, ut omnes homines ad ipsum veniant* [Quando Deus nos chama a si, é porque não o deseja seriamente, para que todas as pessoas venham a ele] (*BSELK*, p. 821).

[37] J. CALVINO, *op. cit.*, III,24,1 (*CR* 30, p. 711).

[38] J. CALVINO, *op. cit.*: *Nam etsi evangelii praedicatio ex fonte electionis scaturit, quia tamen reprobis etiam communis est, non esset per se solida illius probatio* [Pois mesmo que a pregação brote da fonte do evangelho, muito embora algo seja rejeitável e público, ela ainda não constitui como tal uma prova sólida disso]. Cf. também vol. III, p. 21,7 (p. 685s).

dádiva do Espírito. Será que desse modo o ser humano não é inevitavelmente motivado a procurar pelos sinais da ação do Espírito em si próprio, ao invés de se ater à promessa outorgada na palavra do evangelho que vem de fora? E porventura o Espírito não é comunicado justamente àqueles que por meio do evangelho (Gl 3.2) aceitam sua palavra na fé? É compreensível que hoje também teólogos reformados já não desejam defender a diferenciação de Calvino entre vocação interior e exterior e, ao invés, enfatizam a unidade de eleição eterna e concreta vocação histórica. Lê-se, p. ex., em Otto Weber de maneira marcante que a *"vocatio* experimentada não é *decorrência*, mas *formato* da escolha de Deus".[39] Entretanto, por mais justificado e necessário que seja enfatizar a vinculação de eleição e vocação, o problema aqui existente não se deixa solucionar simplesmente fazendo coincidir os dois conceitos. Afinal, Paulo diferencia justamente entre a vocação histórica por meio do evangelho e a eterna eleição como seu fundamento, para que os fiéis possam se saber abrigados na fidelidade de Deus, que alicerça a consistência de seu governo universal.

A relação entre eleição eterna e vocação temporal somente pode ser elucidada mediante a consideração do relacionamento entre eternidade e tempo como tais. Para isso foi exposto anteriormente[40] que a eternidade não precisa ser imaginada meramente como contrastante com o tempo, mas que ela, em sua diferença diante do tempo, abarca simultaneamente todo o percurso dele: Como totalidade da vida, que na seqüência de momentos temporais sempre é realizada apenas de modo parcial e está segmentada por sua sucessão, a eternidade constitui simultaneamente a base constitutiva do tempo, a saber, a condição da coesão na seqüência de seus momentos. À idéia de um propósito eterno de Deus corresponde por isso como concretização temporal apenas o todo do acontecer temporal, que somente será consumado a partir de seu último futuro. É por isso que também consta na carta

---

[39] O. Weber, *Grundlagen der Dogmatik*, vol. II, 1962, p. 553. Para esse posicionamento Weber se reportou também a K. Barth, *KD* II/2, p. 204. Semelhante na substância, E. Brunner escreveu que a eleição eterna seria em Jesus Cristo um acontecimento no tempo (*Dogmatik*, vol. I, 1953, p. 343). "Quem crê está eleito" (p. 345). Sobre a diferenciação entre vocação exterior e interior, cf. Weber, *op. cit.*, p. 556ss.

[40] Aqui, vol. I, p. 532-543, esp. p. 541ss.

aos Efésios, que Deus teria organizado a ordem dos tempos (*oikonomia*) de tal maneira em direção de seu cumprimento que tudo no céu e na terra deverá ser unificado no Cristo (Ef 1.10). Assim alude-se ao referencial para o entendimento da afirmação precedente, e que em Jesus Cristo Deus "nos escolheu antes da fundação do mundo" (Ef 1.4). Pelo fato de que o propósito do amor de Deus visa a ter criaturas que são incluídas na comunhão do Filho com o Pai (Ef 1.5), e porque o envio do Filho ao mundo serve à concretização desse propósito a ser concluída apenas na consumação final, por isso a comunhão dos fiéis com Jesus Cristo é expressão de sua eleição eterna por Deus. Nesse caso o "nós" dos fiéis como dos eleitos por Deus não deve ser entendido de forma exclusiva. Embora eleição sempre signifique, pelo menos para o respectivo momento, também seleção, o número dos eleitos permanece aberto para todos que mais tarde ainda serão atraídos por Jesus Cristo e pelo evangelho dele para a comunhão do Filho com o Pai. A todos eles se estende o desígnio eletivo de Deus antes da fundação do mundo, apesar de não se concretizar em todos eles ao mesmo tempo. De forma análoga devem ser também entendidas as afirmações de Paulo em Rm 8.28s. Porque conforme Paulo Jesus Cristo deveria ser "o primogênito entre muitos irmãos" que, acolhidos em sua relação filial com o Pai, são "configurados em conformidade" com o Filho (Rm 8.29; cf. 1Cor 15.49). Também aqui o "nós" dos crentes como recebedores da eleição de Deus não possui um sentido exclusivo, mas se localiza no contexto do plano divino de salvação e de sua concretização no processo da história da salvação (cf. Rm 11.25-32). Nisso com certeza cada crente individualmente é objeto da eleição eterna de Deus, assim como da vocação por meio da mensagem do evangelho. Contudo nenhum o é para si sozinho, e todo indivíduo se torna participante da eleição eterna de Deus por meio do acontecimento histórico da vocação para crer no evangelho de Jesus Cristo.

> Constitui uma das mais importantes e permanentes realizações de SCHLEIERMACHER que ele recuperou a relação da idéia da eleição com a história da humanidade e que nessa moldura ele combinou a vocação (respectivamente a justificação) histórica e eleição eterna. Superou-se assim a relação abstrata e não-mediada do ato da eleição eterna com indivíduos isolados, como a caracterizou a

forma clássica da doutrina da predestinação.⁴¹ Assim como "a aparição de Cristo" precisa ser compreendida, conforme SCHLEIERMACHER, em conjunto com a "nova vida comunitária" da igreja, dela emanada, como "a criação somente agora consumada da natureza humana",⁴² assim a doutrina da eleição e predeterminação descreve "a ordem em que se concretiza em cada um a redenção" (§ 119,1). A expressão "ordem" designa nessa frase a seqüência e as condições dos diversos momentos em que acontece a inserção na correlação da redenção que provém de Cristo: "Assim esse processo de inserção do indivíduo, cada qual a seu tempo, na comunhão de Cristo, é somente o resultado de que a atividade justificadora divina em sua manifestação é determinada pela ordem geral do mundo e constitui uma parte dela" (*op. cit.*). Os que em uma fase da história não são eleitos foram preteridos somente para o respectivo momento histórico, mas não definitivamente condenados (§119,2). Em conexão com a direção da história pela providência divina apresenta-se, assim, a eleição divina que se manifesta na justificação dos indivíduos como processo na história da humanidade.⁴³

---

⁴¹ De forma semelhante já opinou A. RITSCHL sobre a importância da doutrina da eleição em SCHLEIERMACHER, *Die christliche Lehre von der Rechtfertigung und Versöhnung*, vol. III, 2ª ed. 1883, p. 120s. Cf. também o artigo do autor sobre o tópico "Erwählung" (III), in: *RGG* 3ª ed., vol. II, 1958, p. 614-621, que em vários aspectos acolhe a visão de SCHLEIERMACHER. RITSCHL remeteu a uma série de teólogos do protestantismo antigo que prepararam a visão de SCHLEIERMACHER, como do lado luterano V. STRIGEL e S. HUBER, e entre os teólogos reformados especialmente W. AMESIUS e J. H. HEIDEGGER.

⁴² F. SCHLEIERMACHER, *Der christliche Glaube*, 2ª ed. 1830, § 89 Tese. Cf. sobre isso com mais detalhes aqui, vol. II, p. 436ss. As referências subseqüentes no texto se referem à citada obra de SCHLEIERMACHER.

⁴³ Com mais detalhes e mais estreitamente ligado a CALVINO SCHLEIERMACHER se pronunciou sobre o tema no tratado: "Über die Lehre von der Erwählung, besonders in Beziehung auf Herrn Dr. Bretschneiders Aphorismen", in: *Theologische Zeitschrift* 1, 1819, p. 1-119) (cf. *Sämtliche Werke* I/2, 1836, p. 393-484). A esse tratado respondeu K. G. BRETSCHNEIDER, "Die Lehre Calvins und der reformierten Kirche von der göttlichen Vorherbestimmung dargestellt nach der neuesten Vertheidigung derselben durch Doctor SCHLEIERMACHER, beleuchtet", in: *Für Christenthum und Gottesgelahrtheit* 4, 1820, p. 1-96. Também a crítica de D. F. STRAUSS, *Die christliche Glaubenslehre*, vol. II, 1841, p. 458ss tão-somente conseguiu encontrar na doutrina da eleição de SCHLEIERMACHER uma deturpação do determinismo calvinista, embora modificada por SPINOZA. A acusação de determinismo foi retomada recentemente por T. KOCH, art. "Erwählung IV", in: *TRE* 10, 1982, p. 197-205 (p. 199). Conforme KOCH a concepção da onipotente

A doutrina cristocêntrica da eleição de KARL BARTH é comparável com a concepção de SCHLEIERMACHER em vários aspectos, principalmente em que em BARTH, como em SCHLEIERMACHER, a doutrina da eleição combina cristologia e antropologia no sentido da interpretação paulina de Jesus Cristo como o último e definitivo Adão (Rm 5.12ss).[44] Entretanto a relação entre antropologia e cristologia em BARTH foi definida de outra maneira que em SCHLEIERMACHER, a saber, não primordialmente em termos de teologia da história, mas no sentido de correspondência de imagem com o que foi realizado de forma exemplar em Jesus Cristo. Enquanto em SCHLEIERMACHER a encarnação de Cristo havia sido entendida como o "começo do renascimento de toda a espécie humana" (§ 116,2) e a eleição como caminho para a concretização desse alvo através do governo mundial divino (§ 116.1), BARTH pensou o próprio ser humano Jesus Cristo como primeiro e abrangente objeto da escolha divina, e precisamente de tal modo que nele estaria eleito simultaneamente o ser humano em si e como tal.[45] BARTH sabia que estava legitimado para tanto através de uma série de afirmações bíblicas, entre as quais Ef 1.4 é a mais sustentável: Deus nos escolheu em Jesus Cristo antes da fundação do mundo[46]. Com essa posição, porém, BARTH não combinou, no sentido de Ef 3.9-11, a idéia de uma história do agir eletivo divino como síntese do nexo de ação que visa a todas as coisas em Cristo, mas entendeu eleição acontecida conforme Ef 1.4 "antes da fundação do mundo" como eleição do Deus-homem preexistente

---

predeterminação de tudo que acontece pela vontade de Deus faz com que se tornem questionáveis tanto o sentido de falar da graça quanto a diferenciação entre bem e mal. Esse veredicto, porém, deve subestimar em relação a SCHLEIERMACHER o peso da orientação para o alvo em sua concepção da ordem divina do mundo rumo à redenção que parte de Cristo.

[44] Acerca da importância desse tema em BARTH, cf. seu escrito *Christus und Adam nach Röm 5. Ein Beitrag zur Frage nach dem Menschen und der Menschheit*, 1952.

[45] K. BARTH, *KD* II/2, 1942, p. 124ss., 132. As referências abaixo no texto dizem respeito a esse volume.

[46] *KD* II/2, p. 109s. No entanto Ef 1.4 não fala diretamente da eleição de Jesus Cristo antes dos tempos, mas dos crentes "nele". Em favor da idéia da eleição de Jesus, BARTH poderia ter-se valido da voz celestial em seu batismo (Mc 1.11; par.). Lá a afirmação da eleição, contudo, não está associada à concepção da predestinação. Tal asserção sobre a eleição de Jesus Cristo somente seria demonstrável no Novo Testamento se pudéssemos, acompanhando BARTH (*op. cit.*, p. 102ss.), relacionar o início do prólogo do evangelho de João com o ser humano Jesus e lê-lo como declaração de eleição. Sobre isso, cf. abaixo, p. 610, ncta 71.

Jesus Cristo, em correspondência com o qual os demais seres humanos igualmente são objeto da eleição de Deus.[47]

Assim como SCHLEIERMACHER, também KARL BARTH preservou, fiel à tradição calvinista, a concepção de uma rejeição necessariamente ligada ao conceito da eleição. Mas, enquanto SCHLEIERMACHER interpretou a rejeição como preterição provisória de alguns no curso da concretização do desígnio eletivo divino, BARTH ancorou também a idéia da rejeição na origem cristológica da eleição, ao descrever o Deus-homem Jesus Cristo não apenas como aquele único eleito por Deus, mas ao mesmo tempo também como o único ser humano condenado por Deus, mais precisamente por nossa causa e vicariamente em nosso lugar (II/2, p. 500ss.). Foi apenas através dessa inclusão também da rejeição na relação entre o Pai e o Filho como a origem eterna do evento da eleição que BARTH a apresentou como coesa em si e independente de qualquer relação para fora, assim que qualquer outra eleição e rejeição somente podiam entrar em cogitação como correspondência e repetição da "história eterna" que acontece entre Pai e Filho (p. 202). Todavia a interpretação cristológica de BARTH no tocante à rejeição não pode ser reconhecida como biblicamente fundamentada. A "entrega" do Filho na cruz (Rm 4.25; 8.32; cf. 1Cor 11.23) não significa a mesma coisa que sua rejeição pelo Pai. Apesar de ter sido rejeitado por outros (Mc 8.31; Lc 9.22; 17.25) e ter suportado na cruz a maldição por nós (Gl 3.13; cf. Dt 21.23), ele justamente nisso não foi rejeitado por seu Pai, mas foi obediente no enviou recebido do Pai e foi confirmado em sua ressurreição dentre os mortos como Filho obediente do Pai (Fl 2.9).

O acontecimento da vocação é em BARTH a configuração temporal da eleição eterna. Ele "apenas desvenda" que os destinatários da vocação já são eleitos desde a eternidade (II/2, p. 375). É nesse sentido que se trata em sua vocação de "correspondência" (p. 380) com sua eleição eterna, não de sua concretização no processo da história. A predestinação é conforme BARTH "a destinação eterna do acontecer temporal" (p. 203). "Ela *acontece* eternamente no tempo" (p. 204). Em contraposição, trata-se em Paulo da execução do propósito divino tomado "anteriormente" no curso da história da salvação como uma história de chamamento e justificação em direção da glorificação futura (Rm 8.30). E também na carta aos Efésios está em pauta o plano histórico (*mystérion*, Ef 1.9) de Deus, que no

---

[47] Acerca do primeiro aspecto, cf. *KD* II/2, p. 111ss., esp. p. 118, para o segundo, II/2, p. 457s e 382.

decorrer das eras é concretizado em direção de seu cumprimento através da síntese de todas as coisas em Cristo, assim que a manifestação de Jesus Cristo na história faz com que ele seja manifesto aos crentes com antecedência. Essa relação histórico-soteriológica da eleição eterna foi mais bem preservada em SCHLEIERMACHER que em BARTH. Mas, ao pensar a rejeição apenas como a preterição temporária das respectivas pessoas ainda não eleitas (§ 119,2), SCHLEIERMACHER chegou de forma semelhante a BARTH, mas por causa de sua relativização cristológica da rejeição, mais decididamente que aquele, à concepção do resgate de todos como necessário alvo final da eleição divina em Cristo (§ 118,1; cf. § 120, adendo). Com essa posição ele contrariou as afirmações da doutrina eclesiástica, mas também dos escritos bíblicos sobre o juízo final, que incidirá sobre os ímpios.[48] Temos de nos expor ao peso integral das razões que levaram SCHLEIERMACHER a isso, e do mesmo modo deveríamos levar em conta as advertências de BARTH diante de ressalvas teológicas que fazem com que a vontade da graça divina pareça duvidosa. A ira de Deus sobre os ímpios e a concepção do juízo final não devem ser imaginadas assim que delas resulte um malogro da vontade salvadora universal de Deus em Cristo e que em contraposição seja ferido desse modo o "sentimento de simpatia cristã" (SCHLEIERMACHER, § 118), que, afinal, precisa ser entendido como participação no amor do próprio Deus, que deseja o salvamento do perdido. A solução dessa tarefa extrapola os contornos da doutrina da eleição. Ela somente poderá ser tratada no contexto da escatologia. Nessa questão será decisivo como, afinal, juízo e salvação se relacionam mutuamente. Associado a isso também será preciso clarear como o juízo final pode ser entendido como um aspecto da síntese de todas as coisas em Jesus Cristo, que conforme Ef 1.10 constitui o objeto do plano de salvação divino. Nem SCHLEIERMACHER nem BARTH refletiram suficientemente a conexão entre a doutrina da eleição em seu

---

[48] Sobre isso, cf. o exposto pelo autor in: *RGG* 3ª ed., vol. II, 1958, p. 618. Quanto à pergunta pela relação de BARTH com a doutrina da apocatástase, cf. G. C. BERKOUVER, *Der Triumph der Gnade in der Theologie Karl Barths* (1954), trad. alemã 1957, p. 98ss., p. 107s. BARTH provavelmente tenha conseguido se furtar à conseqüência da doutrina da apocatástase porque na realidade abriu mão de qualquer metafísica da história em favor da *pregação* da graça (p. 103). As perguntas dirigidas sempre de novo a BARTH nesse ponto, porém, evidenciam que em última análise também o pregador não pode simplesmente se esquivar das conseqüências intelectuais de suas frases.

conceito de finalidade e a escatologia. É somente a partir daí que se pode refutar a suspeita de um determinismo que, do contrário, se instala tão facilmente com a idéia da eleição "antes da fundação do mundo", um determinismo que justamente também em um "triunfo da graça", rumo a uma reconciliação universal no fim da história, tolhe a autonomia do ser humano: Ao minorar o peso eterno de pecado e culpa, na verdade se deixa de levar a sério a liberdade humana, a saber, a espontaneidade dos humanos se voltarem para o Pai, que é imprescindível para concretizar neles a filiação.

O ato da eleição não está apenas correlacionado com o aspecto pré-temporal da eternidade "antes da fundação do mundo" (Ef 1.4), mas também com o futuro escatológico da consumação, ao qual visa o "propósito" eterno do plano divino da história. Essa consumação consistirá conforme Ef 1.10 na síntese de todas as coisas em Jesus Cristo. Com isso também deve ser relacionado o pensamento de Ef 1.4 – a eleição dos crentes "em Cristo". Tudo deverá ser sintetizado nele como o Filho. Para participar disso os fiéis foram eleitos desde os primórdios; porque o ato da eleição se dirige à inclusão na relação filial de Jesus Cristo com o Pai (Ef 1.5). Sob esse aspecto os fiéis são como tais os eleitos "em Cristo". Sua eleição consiste em que lhes é concedido já agora prolepticamente o que no futuro de Deus será a consumação da criação. Nesse sentido eles recebem de fato com sua vocação para a fé simultaneamente a certeza de sua eleição eterna.

O Filho não é apenas o consumador da criação, mas igualmente sua origem. Isso repercute na afirmação de que os fiéis foram eleitos "nele" antes da fundação do mundo. A certeza se sua eleição está ancorada no princípio criador que fundamenta a existência do mundo desde o começo. Mas o Filho não é a origem da criação no mesmo modo como será seu consumador. O Filho é origem da criação pelo fato de que sua autodiferenciação do Pai se torna princípio generativo de toda a realidade diferente de Deus em sua alteridade perante Deus, bem como no relacionamento com as demais criaturas.[49] Nisso se baseia a singularidade e autonomia da existência das criaturas. Consumador da criação, no entanto, o Filho se torna porque nele todas as coisas são "uniformemente sintetizadas". Nisso está pressuposta sua

---

[49] Cf. aqui, vol. II, p. 52-63.

existência autônoma. A diferença entre a atuação do Filho na produção criadora e na consumação escatológica de todas as coisas lhe abre, portanto, o espaço de sua própria existência autônoma. Sem prejuízo dessa diferença, obviamente a protologia e a escatologia sempre já estão interligadas na eterna comunhão do Filho com o Pai por meio do Espírito. O existir autônomo das criaturas sempre já carece da comunhão com Deus pelo Espírito.[50] E assim como o Filho vive pelo Espírito em eterna comunhão com o Pai, assim é também exclusivamente pela atuação do Espírito que se configura a filiação nas criaturas, embora novamente apenas de tal forma que o Espírito glorifica neles o Filho e o Pai, ou seja, que os capacita a aceitar, como o Filho, sua condição de ser diferentes do Pai (e com isso sua finitude e condição de criaturas). Da mesma forma como o Espírito é origem de toda a vida, salienta-se nas criaturas pela atuação dele a espontaneidade da relação filial com o Pai. Isso é mediado pela obra da reconciliação, pela qual o Filho dá lugar à autonomia das criaturas a seu lado[51] para seu relacionamento com o Pai, que é concretizado pelo Espírito como participação na relação filial de Jesus Cristo com o Pai. É assim que o Espírito consumará a criação, ao sintetizar tudo na relação filial de Jesus com o Pai.

Cristo escolhe para si todos aqueles que participam de sua relação filial com o Pai e que assim estão vinculados a ele. Quem recebe e aceita a vocação para crer em Jesus Cristo pode por isso ter certeza já agora de sua eterna eleição. Ela, entretanto, não é propriedade apenas dos que foram chamados agora. A eleição, afinal, significa participação na consumação escatológica da destinação da humanidade e de toda a criação. Concretamente mediada, porém, é a relação dos indivíduos eleitos com a destinação da humanidade através da comunhão a que os eleitos pertencem e que por sua vez é objeto da eleição de Deus.

c) A eleição do indivíduo e a comunhão

Enquanto a doutrina cristã clássica da eleição relacionou a decisão eletiva eterna de Deus com a pessoa individual e sua salvação, as tradições da eleição de Israel versavam predominantemente sobre

---
[50] Sobre isso, cf. vol. II, p. 65ss., 171.
[51] Cf. aqui, vol. II, p. 622s.

a eleição do povo.⁵² Também quando se fala da eleição de indivíduos, ela no Antigo Testamento não deixa de se inserir sempre em uma relação com o povo (cf. Sl 78.70s sobre Davi). O indivíduo é eleito ou chamado para um serviço em favor do povo eleito. Sem dúvida ele por isso também entra em um relacionamento especialmente próximo com Deus. Mas até mesmo para a escolha de um rei valia em Israel que ela estava correlacionada à eleição do povo e que assim em certo sentido também lhe estava subordinada.⁵³ A eleição do povo, no entanto, não foi vista no Antigo Testamento consistentemente sob o ponto de vista do serviço a outros:⁵⁴ Especialmente no Deuteronômio a eleição

---

⁵² Esse pensamento ocorre não apenas no Deuteronômio (Dt 14.2; cf. 4.37; 7.6; 10.14s), mas já em Amós (Am 3.2). Em uma série de salmos ele está associado especificamente com Jacó como patriarca de Israel (Sl 135.4; 105.6; cf. 47.5), e conforme K. Koch isso já está pressuposto tanto em Deuteroisaías (*op. cit.*, p. 221s) quanto no Deuteronômio (p. 214ss.) que, contudo, vinculou a hora da eleição com o êxodo e expressou a relação com as tradições dos patriarcas com outra terminologia (Koch, p. 216), de modo que Koch pôde designar como "visão antiga de todo o Israel... que Javé havia eleito o patriarca Jacó e conseqüentemente a Israel, para conquistar a partir dele um povo como sua propriedade herdada..." (p. 223). A concepção de Koch foi defendida contra H. Wildberger e H. Seebass, que ambos atribuem a primazia à concepção da eleição do rei diante da eleição do povo, por B. E. Shafer, e posicionada com novos argumentos sobre uma base mais ampla em "The Root *bhr* and the Pre-Exilic Concepts of Chosenness in the Hebrew Bible", in: *ZAW* 89, 1977, p. 20-42. Para isso Shafer também aduz declarações dos salmos sobre a eleição da terra (propriedade de herança por Javé (como Sl 47.5; e 71) como comprovantes em favor da concepção da eleição do povo (*op. cit.*, p. 29, 39s, 41s).

⁵³ Cf. G. Quell, in: *TWBNT* IV, 1942, p. 159 sobre 2Sm 5.12. Também em termos gerais se deve, conforme a opinião de Quell, ver a "eleição de pessoas individualmente por Javé" (p. 156ss.) no contexto da "fé na eleição da congregação de Javé" (p. 158), a saber, como eleição para funções especiais na vida do povo eleito. Não é possível analisar aqui como esse traço se relaciona com o entendimento da eleição de reis na Mesopotâmia e particularmente também no Egito, para o que Quell traz comprovantes (p. 161). Conforme B. E. Shafer, *op. cit.*, p. 31ss., as concepções pré-exílicas sobre a eleição de reis em Israel já pressupõem a concepção da eleição do povo e foram sobrepostas somente em um segundo momento por concepções do antigo Oriente da eleição de reis. Diferente é a posição de H. Wildberger, in: *Theologischen Handwörterbuch zum Alten Testament*, vol. I, 1971, p. 275-300.

⁵⁴ Cf. K. Koch, *op. cit.*, p. 220 contra T. C. Vriezen, *Die Erwählung Israels nach dem Alten Testament*, 1953, p. 32, 41, 53, 109s.

do povo foi tão-somente concebida como segregação dentre todos os demais povos para se tornar "propriedade" de Javé (Dt 7.6; 14.2).[55] Em Deuteroisaías, porém, Israel como foi apresentado como o "servo" de Deus que como seu eleito está equipado do Espírito de Deus "para que leve o direito para o meio das nações" (Is 42.1) e as conduza a reconhecer a divindade de Javé (Is 43.10).[56] Assim Israel é a "luz dos povos" (Is 42.6; 49.6). Em analogia à tradição de Abraão (Gn 18.18s e 12.3) se relacionam nas palavras de Deuteroisaías a destinação do povo de Israel e sua vinculação peculiar com seu Deus com a totalidade do universo de nações, mas agora conectada com a idéia da eleição, que nisso, à semelhança das demais referências, relaciona a eleição de indivíduos com uma função de serviço, o serviço da testemunha da divindade de seu Deus e de sua vontade jurídica.

Nas declarações do Novo Testamento sobre a eleição estão mais fortemente enfocados os indivíduos como objeto da eleição divina. Isso corresponde ao linguajar apocalíptico que destacava os eleitos do restante do povo, com os quais se forma a congregação escatológica. À semelhança de seitas judaicas como Qumran[57] se manifesta para a consciência dos cristãos já no presente a congregação escatológica dos escolhidos de Deus em sua própria comunhão. Por isso, quando Paulo fala dos eleitos no plural, trata-se concretamente da congregação cristã (1Cor 1.27-29; cf. 1Ts 1.4; também Rm 8.33s). Razão de sua eleição, porém, é seu pertencimento a Jesus Cristo (1Cor 1.30; cf. Ef 1.4), de maneira que Paulo não apenas considerava realizado historicamente o aparecimento dos eleitos como congregação escatológica, mas também o evento da escolha de seus membros. Porque o eterno fundamento da eleição deles, Jesus Cristo (cf. Ef 1.4), entrou pessoalmente na história, tornando-se assim ponto de partida de sua vocação. Através disso a

---

[55] Sobre isso, cf. H. WILDBERGER, *Jahwes Eigentumsvolk. Eine Studie zur Traditionsgeschichte und Theologie des Erwählungsgedankens*, 1960, esp. p. 17ss e 76ss.

[56] Cf. Is 2.3; sobre o motivo da "função de testemunho" de Israel em Deuteroisaías também G. QUELL, *op. cit.*, p. 172s. De forma mais nitidamente reconhecível que em K. KOCH, *op. cit.*, p. 220, essa função de serviço já deve ser expressa no emprego coletivo da idéia do servo de Deus em Deuteroisaías.

[57] Cf. F. DEXINGER, *Henochs Zehnwochenapokalypse und offene Probleme der Apokalyptikforschung*, 1977, p. 177ss. Como mostra Dexinger (p. 177ss., 188), essa autocompreensão também já se encontra já no apocalipse das dez semanas em *En* 91-93. esp. 93.5 e 10.

referência dos eleitos à comunhão da congregação recebe uma ênfase diferente que nos indivíduos especialmente eleitos, dos quais relata o Antigo Testamento: Por meio do pertencimento ao único Senhor cada cristão individual está ligado à congregação, de sorte que a filiação à congregação já constitui expressão da eleição individual e que ela apenas secundariamente se manifesta em determinados serviços carismáticos.

Apesar da definição diferente da relação entre eleição individual e coletiva, a vontade eletiva de Deus certamente visa também no Novo Testamento à congregação e, ultrapassando-a, à humanidade toda. A igreja cristã como congregação escatológica testemunha a vontade salvadora de Deus em Cristo, que a transcende, direcionada que está à humanidade toda, e ela a testemunha justamente pelo fato de que nela os crentes são juntados para a comunhão fundamentada em Cristo, de modo paradigmático para a destinação de toda a humanidade, sim, até mesmo de toda a criação (Ef 4.10s). É assim que a eleição particular – quer do indivíduo cristão, quer da congregação cristã – está a serviço da vontade salvadora abrangente de Deus. Em relação à congregação, assim como ao indivíduo, a eleição particular pode ser descrita como antecipação da destinação da humanidade em Jesus Cristo para a comunhão no reino de Deus. Essa antecipação constitui o conceito da eleição: A destinação escatológica da humanidade manifesta em Jesus Cristo se torna antecipadamente presente no evento da vocação para a participação na eterna eleição de Deus em Cristo. Em cada eleito se revela cabalmente a destinação da humanidade. É isso que alicerça a consciência específica de ser eleito, e através disso o eleito é simultaneamente engajado no serviço aos alvos maiores a que se dirige o agir redentor de Deus: Os eleitos não possuem apenas para si mesmos sua eleição e a salvação que com ela lhes foi concedida. Pelo contrário, essa é a perversão da certeza da eleição: o arrogante auto-isolamento diante dos demais, supostamente condenados. A verdadeira consciência de eleição chega à expressão no serviço à humanidade e às comunhões, nas quais a humanidade se concretiza provisoriamente para o indivíduo. Isso foi realizado de forma exemplar na atuação e na história de Jesus como o eleito de Deus por excelência (Mc 1.11; par.; 9.7; par.; esp. Lc 9.35); porque viveu a vida na terra como serviço aos seres humanos (cf. Lc 22.28), de modo que a si mesmo se rebaixou na obediência ao envio recebido do Pai (Fl 2.7s).

A vontade eletiva de Deus visa à socialização escatológica da humanidade sobre o alicerce de sua reconciliação com Deus. Por isso seu alvo mais imediato na história é o povo de Deus, mas não por causa dele próprio, e sim como concretização paradigmática da humanidade escatológica consumada. Nesse sentido também a eleição de Jesus de Nazaré como o Messias esteve primeiramente relacionada com o serviço do evangelho ao povo de Deus da antiga aliança, antes que desse serviço surgisse, após a rejeição de seu povo, a igreja da nova aliança fundamentada a partir da comunhão de mesa pelo sacrifício de sua vida. A configuração tradicional da doutrina cristã da predestinação perdeu de vista esse viés de comunhão do agir eletivo de Deus em conjunto com sua historicidade, de maneira que também o vínculo entre a eleição de Jesus Cristo e a congregação do reino de Deus já não era concebido como tema da doutrina da eleição. O individualismo abstrato que se tornou característico para a doutrina tradicional da predestinação foi rompido com impacto, após as iniciativas precursoras de alguns teólogos reformados do séc. XVII, apenas por SCHLEIERMACHER, quando concebeu como objeto da eleição primordialmente a igreja e apenas em segundo lugar os eleitos individualmente. Esses eleitos o são somente como membros da igreja, à qual são acrescentados em momentos diferentes.[58] No entanto SCHLEIERMACHER ainda não aplicou o conceito da eleição ao próprio Jesus, para desse modo caracterizar a relação de sua atuação com a igreja.[59] Isso ocorreu somente em ALBRECHT RITSCHL. Porém o sentido exato dessa ligação ainda não foi plenamente esclarecido até a discussão teológica da atualidade.

ALBRECHT RITSCHL reconheceu como mérito de SCHLEIERMACHER que conforme o § 89,1 da doutrina da fé o conceito do desígnio divino visa à consumação da criação do ser humano e por conseqüência à *"totalidade da nova criatura"* (§ 119,3), e não à eleição de pessoas

---

[58] F. SCHLEIERMACHER, *Der christliche Glaube*, 2ª ed. 1830, § 117. O conceito do reino de Deus empregado nesse parágrafo era para SCHLEIERMACHER idêntico ao da igreja (cf. § 113,4). Acerca da eleição da igreja, cf. já MELANCHTHON, *CR* 21,913ss.
[59] Havia rudimentos disso na doutrina medieval da escolástica acerca da predestinação de Cristo para ser cabeça da igreja. Essa doutrina, no entanto, não foi relacionada sistematicamente com a doutrina geral da predestinação. Acerca do tratamento desse tema na dogmática protestante antiga, cf. A. RITSCHL, *Die christliche Lehre von der Rechtfertigung und Versöhnung*, vol I, 2ª ed. 1882, p. 306ss.

isoladas.⁶⁰ Desse modo SCHLEIERMACHER teria rompido com o individualismo na doutrina da eleição que remonta a AGOSTINHO. Esse individualismo foi duramente condenado por RITSCHL: "Eleição eterna de alguns não é nem idéia bíblica nem uma concepção religiosa, mas é mera dedução de AGOSTINHO a partir de seu conceito abstrato de Deus..."⁶¹ A restrição associada ao pensamento da escolha – no sentido de uma seleção mediante preterição de outros – chega conforme RITSCHL à expressão apropriada na concepção desenvolvida pela teologia reformada, da congregação como objeto da eleição divina,⁶² que porém deve ser entendida como aberta a indivíduos dentre todas as nações e por conseqüência para a humanidade. Nesse ponto RITSCHL concordou com SCHLEIERMACHER. Contudo ele imaginou a conexão entre Cristo e o surgimento da congregação não em primeira linha de tal forma que a última deveria ser entendida como efeito da perfeição e beatitude próprias da pessoa de Jesus,⁶³ mas que "a fundação da congregação" deve ser considerada "finalidade direta de sua atuação histórica", a saber, como finalidade da proclamação do reino de Deus através dele.⁶⁴ Nesse sentido RITSCHL renovou a concepção de Cristo como "cabeça dos eleitos", referindo assim a idéia da eleição também ao próprio Jesus e a seu

---

[60] A. RITSCHL, *Die christliche Lehre von der Rechtfetigung und Versöhnung*, vol. III, 2ª ed. 1883, p. 120ss (§ 22). A opinião de T. KOCH, de que com "a pergunta básica da Reforma pela certeza pessoal de salvação do indivíduo" qualquer formulação corporativa ou eclesiológica da doutrina da eleição estaria "superada na substância" (*TRE* 10, 1982, p. 197), não leva nem em conta a tendência contrária, que corre de SCHLEIERMACHER sobre RITSCHL até BARTH (cf. nota 66), no discernimento da história da teologia mais recente, nem os argumentos deles diante do individualismo na teologia da eleição e de suas aporias, que nem sequer remontam especificamente à Reforma, mas a AGOSTINHO. Com certeza se impõe também em uma doutrina da eleição orientada mais corporativa e eclesiologicamente de novo a pergunta pela participação do indivíduo na salvação acessível *na comunhão*, pela eleição dela. A pergunta seguramente não é respondida já pelo "pertencimento formal" à igreja. Mas a aqui resultante "incerteza do indivíduo sobre si mesmo" (T. KOCH, p. 198) não é eliminada na teologia da Reforma por meio de uma doutrina diretamente referida ao indivíduo, mas pela outorga do evangelho e pelo recebimento dos sacramentos na vida da igreja.
[61] A. RITSCHL, *op. cit.*, p. 114.
[62] A. RITSCHL, *op. cit.*, vol. I, p. 308ss., esp. p. 309, cf. vol. III, p. 118ss., 122ss.
[63] Cf. F. SCHLEIERMACHER, *Der christliche Glaube*, 2ª ed. 1830, § 103, 2.
[64] A. RITSCHL, *op. cit.*, vol. I, p. 309.

envio.⁶⁵ Ambos os motivos – tanto a ligação entre a concepção da eleição e a congregação como objeto da escolha divina antes dos indivíduos quanto a inclusão da pessoa de Jesus Cristo no objeto da eleição – foram acolhidos e desenvolvidos adiante por KARL BARTH. Suas observações críticas contra o individualismo da doutrina clássica da predestinação, ⁶⁶ no entanto, deixaram de mencionar o fato de que ele com isso seguiu o caminho preparado por SCHLEIERMACHER e RITSCHL. A concentração cristológica da doutrina da eleição, no entanto, ainda se salienta de modo consideravelmente mais forte em BARTH que em RITSCHL. Isso se deu com ajuda da interpretação de Ef 1.4 que consta no teólogo reformado federal FRANS BURMAN em 1678, de que o próprio Jesus Cristo seria tanto o primeiro eleito segundo sua humanidade quanto aquele que elege no que tange aos membros de seu corpo.⁶⁷ BARTH acolheu essa tese de tal modo que ele não concebia a congregação, mas Jesus Cristo para si como o objeto mais próximo da escolha divina, como o ser humano eleito por excelência, ⁶⁸ enquanto a congregação seria objeto da eleição de Deus apenas em segunda linha, como entorno e reflexo da eleição de Jesus Cristo.⁶⁹ Foi somente a peculiar conexão de BARTH entre as concepções de eleição e rejeição – relacionando eleição e rejeição com a mesma pessoa – que lhe permitiu fazer, apesar disso, a asserção de que Jesus Cristo não teria sido eleito para si mesmo, mas para sofrer em prol dos outros seres humanos: "Pois não foi eleito por sua própria causa, mas por causa deles, do ser humano em si e como tal..."⁷⁰ Para chegar a esse resultado, porém, não há necessidade nenhuma do desvio pela combinação dialética de BARTH de eleição e rejeição. Pelo contrário reside já na concepção teológica federal da eleição de Jesus Cristo como "cabeça" a vinculação com o "corpo" de sua congregação: A cabeça existe não para si sozinha, e assim cabe imaginar, com ALBRECHT RITSCHL e contra BARTH, a eleição

---

⁶⁵ Posição de A. RITSCHL, *ibid.* e vol. III, p. 121s em adesão a J. C. K. VON HOFMANN e K. A. G. VON ZEZSCHWITZ, com referência expressa ao avanço ocorrido nesses dois teólogos sobre a exposição de SCHLEIERMACHER.
⁶⁶ K. BARTH, *KD* II/2, p. 215s e 336ss.
⁶⁷ K. BARTH, *op. cit.*, p. 122s.
⁶⁸ K. BARTH, *op. cit.*, p. 110ss, 125s.
⁶⁹ K. BARTH, *op. cit.*, p. 216s. A terminologia dessas exposições introdutórias ao § 34 da *KD* mostra nitidamente a relevância, determinante para a estrutura, no esquema platonizante de protótipo e réplica da doutrina das analogias em BARTH.
⁷⁰ K. BARTH, *op. cit.*, p.132, cf. 129.

de Jesus Cristo de antemão como relacionada com a congregação eleita do reino de Deus, em associação com seu envio para a proclamação do evangelho da proximidade do senhorio de Deus. A proclamação de Jesus, entretanto, não deve ser referida, com faz Ritschl, diretamente à fundamentação da igreja, mas ela se dirigia inicialmente ao povo de Deus judaico. Era a esse que se referia o envio de Jesus. A relação entre a eleição de Jesus Cristo e os demais humanos não poderá ser descrita adequadamente por meio de concepções platonizantes de protótipo e réplica, de espelhamento ou círculos exteriores e interiores em torno do centro cristológico. Pelo contrário, a eleição de Jesus Cristo está a serviço da eleição do povo de Deus, que por sua vez configura a destinação da humanidade para a comunhão com Deus. Esse serviço faz mediação entre a identidade do ser humano Jesus de Nazaré e o Filho eterno, para cuja relação com o Pai são arrastados os fiéis, que formam o povo de Deus, sendo assim configurados à semelhança de Jesus Cristo. A eleição dos crentes em Cristo "antes da fundação do mundo" (Ef 1.4) deve ser vista em conexão com a afirmação sobre o plano divino de salvação que visa à síntese de todas as coisas em Jesus Cristo: Pelo fato de que os fiéis são puxados para dentro da relação de Jesus com o Pai, eles são eleitos "nele". Nesse processo com certeza é preciso que a relação de filho ou criança na relação com o Pai se configure em cada crente pessoalmente. Mas isso não significa que o desígnio eletivo de Deus tenha de ser dirigido a cada um individualmente. É verdade que ele de fato se volta a cada indivíduo, mas sempre em correlações com outros e com a humanidade toda. Isso vale também para a eleição do próprio Jesus. Se a eleição do indivíduo for coadunada por princípio com a da comunhão, isso também precisa dizer respeito a Jesus. Nesse ponto Barth não foi conseqüente. A concepção de que Jesus deve ser considerado inicialmente para si sozinho como o primeiro ser humano eleito[71]

---

[71] Nesse sentido Barth, *op. cit.*, p. 114, corrigiu Tomás de Aquino, *S. teol.* III, 24,1, porque pensava conforme sua própria exegese de Jo 1.2 que a existência do ser humano Jesus no início em Deus implicava na idéia de uma eleição isolada desse ser humano antes de todos os outros. Contudo essa interpretação é exegeticamente questionável. O sentido de Jo 1.2, pelo contrário, é que o eterno *Logos* de Deus apareceu no ser humano Jesus e por isso "esse" esteve no início com Deus. No começo com Deus estava, pois, o *Logos*, não a realidade humana de Jesus, na qual o *Logos* se mostrou agora. Por inserir a predestinação de Jesus Cristo no nexo abrangente da predeterminação da história da salvação divina (*de his quae*

ainda está sujeita ao pressuposto de que o desígnio eletivo estaria relacionado primordialmente a indivíduos e sua salvação, no que então, pela hierarquia entre os humanos, evidentemente Jesus Cristo teria de ocupar a primeira posição. Mas, se o desígnio eletivo de Deus no sentido de Ef 1.4 e 10 está relacionado com o propósito de salvar a humanidade toda, sim, a criação toda, e em função disso nem sequer se refere a indivíduos isolados, mas ao povo de Deus como representante da humanidade, então também a eleição de Jesus com seu envio histórico, em analogia à eleição do rei no Antigo Testamento, deve ser de antemão entendida como serviço à comunhão futura dos seres humanos, realizada no reino de Deus, que se manifesta interinamente na forma do povo de Deus.[72] Para isso aponta já o título Cristo, que se tornou parte do nome de Jesus: O Cristo é o Messias do povo de Deus e como tal – e, portanto, não para si sozinho – Jesus Cristo é "o Filho eleito do Pai" (Lc 9.35). Precisamente assim são eleitos também todos os demais através dele e nele.

A função da comunhão entre os seres humanos sobre a base de seu liame com Deus como objeto direto da intenção eletiva de Deus, que visa à consumação da criação do ser humano, nos permite agora dar mais um passo rumo à clarificação da relação entre eleição e rejeição.

Na versão do conceito da eleição que se tornou determinante desde AGOSTINHO foi inevitável que a eleição de um número limitado de criaturas incluísse, como conseqüência lógica, a não-eleição de outros, ou seja, sua rejeição. Como se imaginava a eleição como um ato prétemporal e imutável de Deus, era preciso que com a eleição de uma seleção de indivíduos também valesse como definitiva a exclusão dos demais da eterna salvação. A rejeição no sentido de mera preterição na escolha na realidade ainda não precisaria conter a sentença da condenação dos não-eleitos, porque para isso se presumia o pecado dos condenados. Mas, não obstante, os preteridos na eleição para a salvação ficaram privados da graça necessária à salvação e, logo, deixados indefesos entregues ao pecado e finalmente à condenação.

---

per gratiam Dei sunt fienda in tempore [das coisas que pela graça de Deus está por acontecer no tempo], *op. cit.*), TOMÁS estava mais perto do testemunho da Escritura, esp. de Ef 1, que BARTH.

[72] Cf. sobre isso também do autor o art. "Erwählung III", in: *RGG* 3ª ed. vol. II, 1958, p. 614-621, 616.

Se o ato da eleição se dirige primordialmente a uma comunhão, então o caráter da escolha como seleção tem igualmente por conseqüência a exclusão de outras comunhões. Assim a eleição do povo Israel significa a exclusão de outras nações. Porque Deus elege somente esse povo para ser sua propriedade, logo como pertencente a ele (Dt 7.6ss), ao contrário de outros. Apesar disso permanece em aberto o número dos indivíduos que hão de participar dessa destinação do povo. Ademais, se o povo eleito for entendido como guardador de espaço para uma comunhão futura e definitiva de seres humanos sob o senhorio de Deus, então continua ainda mais em aberto quais indivíduos pertencerão a essa comunhão escatológica e quais não. Isso vale em especial quando a chance de pertencer à comunhão escatológica não é restrita a dependentes de um povo ligados entre si por uma descendência comum e, desse modo, delimitados de outros. A igreja de judeus e gentios, como configuração da comunhão escatológica dos seres humanos no reino de Deus, se caracteriza já agora – ao contrário do povo Israel – por essa abertura. Em contrapartida a igreja cristã não reivindica ter, não menos que o povo de Deus do Antigo Testamento, um conhecimento dos critérios pelos quais se decidirão a admissão dos indivíduos à comunhão escatológica do reino de Deus ou a exclusão dela: Trata-se por um lado da vontade jurídica de Deus, atestada no Antigo Testamento, e por outro de sua interpretação por Jesus e logo também a relação com a pessoa de Jesus. Esses critérios formam na perspectiva cristã uma unidade substancial. A explicação de Jesus não acrescenta nada em termos de conteúdo ao direito de Deus do Antigo Testamento. Mas, de forma inversa, o conteúdo da ordem jurídica divina foi determinado em caráter definitivo apenas pela interpretação de Jesus. Logo existe muito bem um nexo entre a configuração atual e a definitiva da comunhão eleita por Deus. Essa vinculação é estabelecida pelos critérios de pertencimento e pelo conhecimento deles: Por isso aquele que corresponde à vontade jurídica de Deus e se confessa em favor de Jesus como proclamador e intérprete dela pode ter certeza já agora da participação na comunhão definitiva da salvação. Mas já na mensagem dos profetas o pertencimento formal ao povo de Deus não constitui garantia para a participação na salvação futura, e inversamente os seres humanos que não pertencem ao povo histórico de Deus terão acolhida na comunhão escatológica da salvação, porque correspondem aos critérios da vontade jurídica de Deus (Mt 8.11; par.).

A eleição de uma comunhão para ser povo de Deus não exclui que alguns de seus membros sejam rejeitados, ao cominarem a si o juízo de Deus devido à sua conduta. Isso pode até mesmo valer para a maioria de toda uma geração (Jr 7.29; cf. 14.19 e Lm 5.22), e conforme a opinião do apóstolo Paulo também para a geração de seu povo que viva em sua época (1Ts 2.16). Apesar disso a eleição da respectiva comunhão como tal pode ser mantida como inabalável (Jr 31.37; cf. Rm 11.1s e 28s). Seu endurecimento temporário não deve ser confundido com condenação eterna.[73] Também no caso dos indivíduos o endurecimento temporário não precisa excluir a possibilidade do arrependimento e, logo, também da vida (Ez 18.21s).[74] Embora cada qual tenha de suportar as conseqüências de seus atos, a salvação da comunhão de Deus não precisa ser bloqueada em definitivo para o culpado. Em favor disso existe, assim como não há garantia de uma reconciliação universal final, ainda aberta na história, a possibilidade do perdão prometida aos que se arrependem.

2. A igreja como povo de Deus

A comunhão dos humanos a que visa a eterna eleição de Deus há de encontrar sua configuração definitiva apenas na comunhão escatológica do reino de Deus. O agir eletivo de Deus na história se dirige a pessoas que ainda se encontram a caminho daquele alvo. Ele se dirige a uma comunhão de pessoas que se constitui pela vontade jurídica de Deus tanto na relação com Deus quanto nos relacionamentos dos seres humanos entre si, formando assim uma antecipação da destinação definitiva da humanidade para a comunhão no reino de Deus. Como antecipação da comunhão vindoura dos seres humanos no reino de Deus a congregação eleita existe em sua particularidade ao mesmo tempo como sinal da destinação de toda a humanidade no desígnio de seu Criador. Com essa função de sinal está vinculada também a tarefa

---

[73] Isso foi enfatizado, diante da doutrina calvinista da rejeição eterna como correlato à eleição eterna, por A. RILTSCHL, *Die christliche Lehre von der Rechtfertigung und Versöhnung*, vol. III, 2ª ed.1883, p. 123.
[74] Sobre isso, cf. J. JEREMIAS, *Die Reue Gottes. Aspekte alttestamentlicher Gottesvorstellung*, 1975, p. 75ss.

do testemunho em favor da vontade salvadora de Deus e, portanto, o envio da congregação eleita para dentro do mundo das nações.

No caso da igreja cristã essa função escatológica de sinal foi, desde o início, constitutiva para a congregação cristã como comunidade cultual e para a identidade de seus membros. No caso de Israel isso foi diferente no início. É verdade que a tradição de Abraão talvez já tenha enfocado desde cedo um significado positivo da eleição de Israel para o mundo das nações, um efeito de bênção que parte de Israel para os demais povos (Gn 12.2s). Entretanto na tradição de Jacó,[75] importante para a idéia da eleição do povo, esse motivo está ausente, e também no Deuteronômio (Dt 7.6ss) a eleição de Israel é descrita meramente como segregação do mundo das nações para ser "propriedade" de Javé. Obviamente era a doutrina do Deuteronômio e praticamente constituía o cerne de sua mensagem que o relacionamento de Israel com Deus está ligado à conexão com o direito de Deus. Mas a reivindicação de que o direito de Deus vale para além de Israel não estava em discussão ali. Contudo a profecia de Miquéias (Mq 4.1-4) e Isaías (Is 2.1ss) entendia a vontade jurídica do Deus de Israel como determinante também para os povos e aguardava uma futura adesão dos povos a Javé, para buscar dele instrução sobre o direito e conseqüentemente também a solução das disputas jurídicas que dilaceram as nações. A partir desse ponto Deuteroisaías foi capaz de interpretar a eleição de Israel praticamente como eleição para testemunhar a vontade jurídica de Deus no mundo dos povos (Is 42.1s). Dessa maneira o povo eleito de Deus se tornou antecipação paradigmática e prefiguração da destinação da humanidade para a comunhão de direito escatológica do reino de Deus.

No corolário da individualização da esperança de salvação no período pós-exílico,[76] bem como de sua escatologização em vista da experiência de que o povo Israel não correspondia em todos os seus membros às demandas do direito de Deus, formaram-se no tempo helenista congregações judaicas como a seita de Qumran para reunir e configurar o povo de Deus escatológico. Nesse sentido também a primeira congregação cristã se entendeu como congregação escatológica.

---

[75] Ela foi descrita por K. Koch, apoiado em palavras de salmos como Sl 135.4 e 105.6, como raiz da fé na eleição de Israel: "Zur Geschichte der Erwähungsvorstellung n Israel", ZAW 67, 1955, p. 205ss.

[76] Sobre isso, cf. abaixo, cap 15,3.

Uma congregação dessas se pode entender como *idêntica* com a congregação dos eleitos para o fim dos tempos, ou pelo menos como seu núcleo, ao qual ainda poderão aderir outros membros. Mas igualmente pode se entender como *apresentação* antecipada do reino de Deus do fim dos tempos, que permanece diferenciada dele. A igreja cristã teve de lutar desde os primórdios contra a tentação de identificar sua própria comunhão com a comunhão dos eleitos do fim dos tempos em um sentido exclusivo, entendendo-se assim como a configuração inicial do reino de Deus. Quando isso acontece, perdem-se facilmente o sentido da interinidade da própria forma de vida e o referencial para além da própria particularidade até a universalidade da humanidade, à qual visa a intenção salvadora de Deus. O próprio Jesus não reuniu os verdadeiramente eleitos, segregando-os do restante do povo como congregação escatológica de salvação. Apenas celebrou simbolicamente, na celebração da ceia, a presença do senhorio de Deus geradora de comunhão. A partir daí também a igreja deveria se entender como exposição antecipada da comunhão do reino de Deus, que ainda não é idêntica com a forma definitiva dele. Na realidade o reino de Deus já está presente na celebração da ceia de Jesus através da presença de Jesus, contudo isso acontece em forma de sinal. A presença do reino de Deus e de sua congregação escatológica de salvação na igreja é sacramental. Ou seja, os cristãos de fato recebem mediante batismo e santa ceia, em conexão com a fé no evangelho, participação em Jesus Cristo e por meio dele na futura comunhão de salvação do reino de Deus. Mas a forma definitiva de tal participação e comunhão ainda permanece invisível neste mundo em transição e atua para dentro dele por meio de fé, esperança e amor. Por isso faz parte da essência da igreja que ela aponta para além do provisório e imperfeito de sua própria configuração em direção do futuro da comunhão do reino de Deus. A igreja é apenas apresentação interina dele, e na vida de seus membros muitas vezes está oculto e distorcido até a impossibilidade de reconhecê-lo.

Tal autocompreensão da igreja é capaz de captar a própria realidade histórica dela em sua possibilidade de mudança e sua transformação real como expressão de eleição divina a partir do futuro do senhorio de Deus e em direção dele. Em vista da igreja, leva-se desse modo em conta o primado da escatologia, que caracterizou a mensagem de Jesus, para a relação com Deus e para a autocompreensão dos que crêem. Na retrospectiva dela insere-se ao mesmo tempo também todo agir salvador divino de eleição existente até então na perspectiva da escatologia. Para o entendimento da eleição de Israel tornam-se determinantes, por isso, a promessa dada a Abraão e a visão do Segundo Isaías: O povo de Israel foi eleito como testemunha daquela vontade jurídica divina em meio ao mundo das nações, que há de encontrar na comunhão do reino de Deus sua concretização definitiva para toda a humanidade. Algo correlato precisa ser dito também acerca da igreja. Contudo não está no centro de sua vida, como em Israel, a idéia de uma ordem jurídica instituída por Deus de uma vez por todas. Por meio da mensagem de Jesus ela foi suspensa nas idéias do amor de Deus e da participação em sua atuação. Em função disso a congregação cristã se caracteriza não como comunhão de vida legalmente organizada, mas como exposição sacramental-simbólica da futura comunhão escatológica de uma humanidade renovada pela participação na morte e ressurreição de Cristo.

Pelo fato de que, ao se despedir de seus discípulos na noite da traição, Jesus conectou a comunhão de mesa com ele na forma do cálice oferecido e recebido por todos com o conceito da "nova aliança" (1Cor 11.25; Lc 22.20), o grupo de discípulos de Jesus, até então aberto, se tornou a comunhão da igreja segregada do restante do povo judeu pela confissão a Jesus. O conceito da nova aliança legitima também a demanda cristã de usar a designação "povo de Deus" para a congregação cristã (Rm 9.24ss; 1Pd 2.10): A idéia da aliança possui como correlata a do povo de Deus, com o qual é celebrada a aliança e que é constituído por meio da aliança. Porém resta esclarecer mais precisamente que peso específico possui a designação "povo de Deus" para o conceito da igreja cristã (a), que relação com o povo de Deus judaico resulta disso (b) e, finalmente, como o conceito teológico da eleição da igreja como povo de Deus se relaciona com sua configuração institucional como "igreja oficial" hierarquicamente organizada (c).

a) *O conceito do povo de Deus na eclesiologia*

A concepção da igreja como povo de Deus teve uma função importante na história da igreja antiga, da qual ainda teremos de tratar (item c). Mas desde o séc. V ela passou para segundo plano, depois que no ano 390 o cristianismo se havia tornado confissão oficial do Império Romano. É verdade que a noção de que a palavra "igreja" designa a totalidade dos que crêem como povo de Deus continuou viva nos textos litúrgicos e até recebeu nova ênfase no tempo carolíngio.[77] Contudo no centro do interesse e das controvérsias estava desde o séc. V a pergunta pela relação entre poder espiritual e secular, inicialmente no Império Romano, depois em seus estados sucedâneos, particularmente no Ocidente do antigo Império Romano. Em conexão com isso se desenvolveu a concepção jurídico-hierárquica da igreja como uma ordem de governo sacerdotal (*sacerdotium*), não apenas diante do poder secular (*regnum*), mas igualmente diante do povo da igreja.

Na substância, essa concepção já havia sido plenamente desenvolvida em GELÁSIO I.[78] Suas raízes remontam até a tese de CIPRIANO, de que Cristo teria fundamentado a igreja sobre os bispos.[79] A configuração especificamente ocidental dessa tese foi favorecida pela glorificação de Roma enraizada na idéia pré-cristã de Roma como cabeça do mundo, respectivamente do orbe terrestre,[80] que na teologia dos papas e da cúria romana foi modificada para a concepção de Roma como cabeça (*caput*) do "corpo" social (*corpus*) do cristianismo no âmbito espiritual, mas igualmente no político.[81] Essa concepção rechaçada com razão pelo lado bizantino com a fundamentação de que a igreja não possui outro cabeça senão a

---

[77] Y. CONGAR, *Die Lehre von der Kirche. Von Augustinus bis zum Abendländischen Schisma* (HDG III,3c), 1971, p. 20ss, 29ss.

[78] DS 347. Lá não apenas a *auctoritas sacrata pontificum* [autoridade sagrada dos pontífices] é colocada ao lado do poder de domínio secular com a observação de que à primeira caberia o peso maior (*gravius pondus est sacerdotum* [peso maior é do sacerdócio]), mas também se ensina a subordinação dos crentes aos sacerdotes (*sacerdotibus recte divina tractantibus fidelium convenit corda submitti* [convém aos fiéis que de coração se submetam aos sacerdotes que corretamente tratam das coisas divinas]) e de todos à sé romana.

[79] CIPRIANO, *ep*. 27, argumentou em favor dessa posição com Mt 15.18s (*MPL* 4, p. 298).

[80] Conforme T. LÍVIO já o RÔMULO moribundo teria prenunciado que seria vontade dos céus que Roma fosse cabeça do orbe terrestre (*Roma caput orbis terrarum* [Roma cabeça do orbe das terras], *Ab urbe condita* I,16). Quanto à recepção desse pensamento na bibliografia da igreja antiga, cf. P. E. SCHRAMM, *Kaiser, Rom und Renovatio. Studien zur Geschichte des römischen Erneuerungsgedankens vom Ende des Karolingischen Reiches bis zum Investiturstreit* (1929), 3ª ed. 1962, p. 29ss., esp. p. 31s, cf. p. 37s.

[81] Y. CONGAR, *op. cit.*, p. 11s.

Cristo (Ef 1.22; 4.15; Cl 1.18) chegou no Ocidente ao apogeu desde Gregório VII.⁸²

Diante desse conceito de igreja hierárquica, a concepção da igreja como "povo de Deus" voltou a conquistar o peso de um conceito eclesiológico fundamental na Reforma. Conforme LUTERO, por exemplo, a igreja é "o santo povo cristão, não somente no tempo dos apóstolos... mas até o fim do mundo", e esse povo, como povo santificado por Deus, é o povo de Deus.⁸³ No entanto essa idéia na Reforma luterana não adquiriu uma função sistemática para a compreensão do cristianismo como unidade, diferentemente que a comunhão dos crentes (*communio sanctorum*, respectivamente *congregatio fidelium*).⁸⁴ Em contraposição, a Contra-reforma reforçou o entendimento jurídico-hierárquico de igreja,⁸⁵ que no lado católico romano permaneceu determinante até o Concílio Vaticano II. Somente esse concílio justapôs à concepção da igreja como igreja clerical de forma complementar o conceito, previamente renovado na discussão teológica, da igreja como povo de Deus e em sua Constituição da Igreja chegou até mesmo a trazer as exposições acerca desse tema (*LG* c.II) antes daquelas sobre a hierarquia dos ministérios. Dessa maneira o ministério eclesiástico passou a ser compreendido como instituição no contexto vivencial da igreja, e não mais como uma hierarquia independente diante do povo eclesiástico e que primeiramente seria geradora dele. Ao mesmo tempo a constituição eclesiástica do Vaticano, ao renovar o conceito do povo de Deus, inseriu novamente a igreja no contexto da história da salvação.⁸⁶

---

⁸² Y. CONGAR, *op. cit.*, p. 60, cf. já p. 50.
⁸³ M. LUTERO, *WA* 50, p. 625,21-23, cf. p. 9s. Sobre isso, cf. P. ALTHAUS, *Die Theologie Martin Luthers*, 1962, p. 248ss., esp. p. 251 com mais comprovações.
⁸⁴ Assim com razão M. KELLER, *"Volk Gottes" als Kirchenbegriff. Eine Untersuchung zum neueren Verständnis*, 1970, p. 39, cf. p. 36ss. Em contraposição J. VERCRUYSSE, *Fidelis Populus*, 1968, tratou o conceito do povo como centro ou "cerne" da eclesiologia de LUTERO, sem, contudo diferenciar suficientemente essa expressão do conceito da *communio sanctorum* (cf. esp. p. 205).
⁸⁵ Acerca dos antecedentes históricos, cf. Y. CONGAR, *op. cit.*, p. 61.
⁸⁶ Quanto à história prévia dessa concepção, cf. em detalhe M. KELLER, *op. cit.*, p. 83-306, com ênfase nos impulsos que partiram da exegese evangélica, p. 151ss., bem como principalmente p. 209ss e p. 217ss., sobre N. A. DAHL, *Das Volk Gottes. Eine Untersuchung zum Kirchenbewußtsein des Urchristentums*, 1941. Como exemplos contrários do lado católico KELLER cita, sobretudo L. CERFAUX e A. WIKENHAUSER (p. 224ss.).

A retomada do conceito "povo de Deus" para a igreja suscitou a pergunta por sua relação com outras designações de sua essência, em especial pelo conceito anteriormente determinante na eclesiologia católica romana da igreja como "corpo de Cristo".[87] O concílio listou essa concepção, em seguimento ao conceito da igreja como mistério da salvação de povo de Deus, entre as "figuras" para a essência da igreja (LG 6), ainda que de modo destacado (LG 7). Na realidade já em 1943 na encíclica *Mystici corporis* a concepção da igreja como corpo místico e "social" de Cristo havia sido de fato tratada como metáfora, pela diferenciação entre o corpo "místico" de Cristo e sua corporeidade física e presente na eucaristia. Nesse aspecto o concílio se moveu na mesma linha, ao atribuir agora a concepção da igreja como corpo de Cristo às afirmações figuradas acerca da igreja. Em contraposição, porém, foi também acrescentada à descrição desse dado, orientada nas afirmações bíblicas, a participação eucarística no corpo de Cristo (LG 7), que, entretanto, não deve ser entendida apenas em sentido figurado. JOSEPH RATZINGER já em 1956 se havia posicionado, seguindo HENRI DE LUBAC e as descobertas exegéticas de ALFRED WIKENHAUSER, contra a diferenciação entre corpo de Cristo místico e verdadeiro.[88] Em razão disso também rejeitou uma compreensão apenas figurada do discurso da igreja como corpo de Cristo.[89] Disso resultou uma definição alterada da relação dessa descrição da natureza da igreja e sua designação como povo

---

[87] Expoente desse conceito de igreja foi entre os antecedentes do concílio a encíclica *Mystici corporis* de 1943 (DS 3800ss). Segundo ela o corpo "social" da igreja como *corpus mysticum Christi* [corpo místico de Cristo] deve ser diferenciado de seu corpo histórico ou físico e presente na eucaristia (DS 3809). O corpo social ou místico é organizado hierarquicamente, mas não somente é formado de detentores de ministérios da igreja, e sim de todos aos quais Cristo transmite seus bens por meio da igreja (como *quasi altera Christi persona* [praticamente outra pessoa de Cristo]; 3806). Cf. L. OTT, *Grundriß der katholischen Dogmatik*, 9ª ed., 1954, p. 327s, cf. p. 335. Quanto ao pano de fundo dessa concepção, cf. J. RATZINGER, "Der Kirchenbegriff und die Frage nach der Gliedschaft in der Kirche" (1963), in: idem, *Das neue Volk Gottes. Entwürfe zur Ekklesiologie*, 1969, p. 90ss.

[88] J. RATZINGER, "Vom Ursprung und vom Wesen der Kirche" (1956), agora no volume citado na nota anterior, p. 75-89, esp. p. 83ss. Cf. A. WIKENHAUSER, *Die Kirche als der mystische Leib Christi nach dem Apostel Paulus*, 1937, e H. DE LUBAC, *Corpus Mysticum. L'Eucharistie et l'Eglise au Moyen Age*, 2ª ed. 1949.

[89] J. RATZINGER, p. ex., designou em seu art. "Kirche III. Systematisch", in: LTK 2ª ed. 6, 1961, p. 173-183 como "errado contrapor 'povo de Deus' como conceito objetivo à simples metáfora 'corpo de Cristo'" (p. 176).

de Deus. De acordo com RATZINGER a fundamentação eucarística da realidade da igreja como corpo de Cristo é fundamental para a maneira como a igreja é povo de Deus: "Os cristãos são povo de Deus unicamente pelo fato de serem corpo de Cristo."⁹⁰

O conceito do povo de Deus, no entanto, é mais abrangente que o da igreja: Ora, inicial e originalmente ele não designa a igreja, mas o povo de Israel. O Concílio Vaticano II tentou levar em conta esse fato, diferenciando entre a igreja como o *novo povo de Deus* e Israel, o *antigo povo de Deus* (*LG* 9), para assim expressar tanto a continuidade histórico-soteriológica da igreja com Israel quanto sua diferença. Em que consiste, no entanto, a novidade do povo de Deus da igreja? O concílio tinha consciência do fato de que na designação "povo de Deus" se trata de um conceito de eleição, e ele conectou esse ponto de vista particularmente com o conceito da aliança (*LG* 9), de maneira que da diferença entre a nova e a antiga aliança também se obtém a peculiaridade do novo povo de Deus diante do antigo: "Essa nova aliança foi instituída por Cristo, a saber, o Novo Testamento, em seu sangue" (cf. 1Cor 11.25). Assim ele convocou para si dentre judeus e gentios um povo que haveria de crescer para uma unidade não segundo a carne, mas no Espírito, formando o novo povo de Deus".⁹¹ O contraste entre Espírito e carne caracteriza, portanto, conforme a opinião do concílio, a diferença entre o novo povo de Deus e o povo de Deus da antiga aliança. Essa diferença é relacionada com 1Pd 1.23 à circunstância de que não é mais a descendência física que fundamenta o pertencimento ao povo de Deus, mas o batismo, pelo qual se recebe o Espírito. Ao mesmo tempo a eleição desse novo povo messiânico é referida ao futuro de uma humanidade unificada e reconciliada no reino de Deus: A igreja vale como gérmen desse futuro da

---

⁹⁰ J. RATZINGER, *Das neue Volk Gottes. Entwürfe zur Ekklesiologie*, 1969, p. 82 (do artigo de 1956 citado na nota 88), cf. também lá, p. 108, etc.

⁹¹ Na seqüência â menção da promessa da nova aliança em Jr 31.31-34 afirma-se em *LG* 9: *Quod foedus novum Cristo instituit, novum scilicet testamentum in suo sanguine (cf 1. Cor 11.25), ex Judaeis ac gentibus plebem vocans, quae non secundum carnem sed em Spiritu ad unitatem coalesceret* [Cristo estabeleceu este novo pacto, a nova aliança do seu sangue (cf. 1Cor 11.25), formando, dos judeus e dos gentios, um povo que realizasse a sua própria unidade, não segundo a carne mas no Espírito, e constituísse o novo povo de Deus].

humanidade.⁹² Dessa forma é retomada a destinação fundamental da essência da igreja no primeiro capítulo de *Lumen Gentium*, segundo a qual a igreja em Cristo deve ser entendida como "sinal e instrumento para a mais íntima união com Deus como para a unidade de toda a humanidade" (*LG* 1). A partir de *LG* 9 se evidencia, pois, que essa função da igreja para toda a humanidade é fundamentada em termos de teologia da eleição e assim está conectada com o conceito da igreja como povo de Deus.

A descrição da igreja como expressão e parte integrante do mistério divino da salvação em Jesus Cristo se torna perceptível na perspectiva histórico-eletiva do conceito de povo de Deus em sua dinâmica histórica que aponta para além do recinto interno da igreja: A unificação e o envio do povo escatológico de Deus formado a partir de todos os povos se processa na história rumo à destinação escatológica da humanidade para a comunhão com Deus. Sob esse aspecto a descrição da igreja como povo de Deus não deixa, pois, de aportar uma característica significativa para a compreensão de sua essência, que na realidade não leva para além de seu conceito essencial como corpo de Cristo, mas, apesar disso, torna explícito o que significa ser o corpo do Cristo, do Messias da humanidade. Desse modo entra no campo de visão não somente a configuração exterior da igreja como comunhão dos crentes, mas também sua função no contexto da economia divina da salvação. A descrição da igreja como comunhão dos fiéis é referida, pelo conceito de eleição do povo de Deus, à função da igreja para a destinação da humanidade à comunhão com Deus na consumação de seu reino. Entretanto, está ligada a isso simultaneamente a necessidade de esclarecer a relação entre igreja e povo de Israel: Porventura essa relação é substituída ou reprimida – na autocompreensão do cristianismo – pela igreja como povo de Deus? Ou será que na perspectiva da fé cristã Israel continua existindo ao lado da igreja como o povo eleito de Deus? Nesse caso a relação entre "antigo" e "novo" teria de ser definida em termos aditivos? O conceito do povo de Deus não tolera o plural: À multiplicidade dos povos se contrapõe o único povo do Deus único. Portanto, será que igreja e Israel, apesar de sua flagrante diferença e seus penosos

---

⁹² *Op. cit.*: *pro toto tamen genere humano firmissimum est germen unitatis, spei et salutis* [o povo messiânico... é para toda a humanidade um germe fecundíssimo de unidade, de esperança e de salvação].

contrastes no decurso da história, devem de alguma maneira ser compreendidos como uma mesma unidade no plano de salvação de Deus? Essas perguntas carecem de esclarecimentos mais detalhados.

b) Igreja e Israel

A renovação da compreensão da igreja como povo de Deus insere-se entre os acontecimentos mais importantes na discussão mais recente sobre a essência da igreja. Obteve registro tanto em documentos do Conselho Mundial de Igrejas quanto também na constituição da igreja do Concílio Vaticano II. Para a conferência mundial de igrejas em Evanston em 1954 o conceito "povo de Deus" deve ter-se recomendado como uma daquelas expressões bíblicas para a comunhão dos cristãos que ainda não haviam se tornado prerrogativa de uma ou outra dogmática confessional.[93] Nisso, porém, parece não ter havido consciência clara acerca das dificuldades que o emprego do título "povo de Deus" suscita para a relação entre a igreja e o povo judaico. Algo semelhante vale para o Concílio Vaticano II com sua contraposição da igreja como o "novo" povo de Deus a Israel como o "antigo" povo de Deus (LG 9). Nos pronunciamentos eclesiásticos dessa fase foi ignorado, via de regra, que no Novo Testamento não se fala em momento algum da igreja como o "novo" povo de Deus, e que, pelo contrário, essa forma de expressão remonta apenas à *carta de Barnabé* (5,7; 7,5), onde ela exercia uma função fortemente antijudaica: Conforme Barnabé os judeus não aceitaram a aliança que lhes foi oferecida por meio de Moisés, como se concluiu da confecção do bezerro de ouro. Por isso, de acordo com a opinião da carta de BARNABÉ nunca foram realmente povo de Deus. Somente a igreja se tornou o povo de Deus prometido no Antigo Testamento (*Barn* 14,1ss).[94] Essa idéia foi abrandada desde MELITO de Sardes

---

[93] Acerca do relato emanado da Conferência sobre Fé e Ordem em Montreal em 1963 e adotado em 1967 em Bristol sobre "A igreja e o povo judaico", cf. E. DINKLER in: *Ökumenische Rundschau* 17, 1968, p. 283-286, esp. p. 285s. O texto foi reproduzido em síntese no volume de W. WIRTH, citado abaixo, nota 98.

[94] Essas declarações deram um passo consideravelmente além de Mt 21.43: "O reino de Deus vos será tirado e dado a outro povo que traz seus frutos." Aqui ocorre apenas implicitamente a concepção de um "novo" povo de Deus, e ao contrário da carta de BARNABÉ não se contesta que outrora Israel de fato foi povo de Deus. Acerca de Mt 21.43; par., in: Justino, *Dial* 26,1 e 80,1, bem como in: *V. Esdras*, 35ss

e HIPÓLITO de Roma para a concepção de uma substituição na história da salvação de Israel como povo de Deus pela igreja em sua propriedade como "novo" povo de Deus.[95] Contudo também com essa tese da substituição,[96] que permaneceu eficaz até tempo muito recente, está relacionado o veredicto de que atualmente o povo judaico não deve mais ser considerado povo de Deus.

As colocações do apóstolo Paulo na carta aos Romanos sobre a eleição de Israel haviam apontado em uma direção bem diferente.[97] Aqui Paulo levantou a pergunta se a rejeição do evangelho de Jesus Cristo pela maioria do povo judeu significaria que Deus havia repudiado seu povo (Rm 11.1). A pergunta somente foi feita para de imediato ser energicamente negada: Como os cristãos poderiam ter certeza da durabilidade de seu pertencimento comparativamente novo no grupo dos eleitos de Deus se Deus não permanecesse fiel à sua eleição apesar da incredulidade de Israel? Por isso o apóstolo argumentou, defendendo a irrevogabilidade da eleição do povo judeu (Rm 11.29; cf. Rm 9.6), ao mesmo tempo em favor da certeza de eleição dos cristãos.

Deus não cancelou sua aliança com o povo judeu.[98] Como Paulo podia ser firme nessa convicção em vista da experiência, tão dolorosa

---

(E. HENNECKE, *Neutestamentliche Apokryphen in deutscher Übersetzung*, 3ª ed.,editado por W. SCHNEEMELCHER, vol. II, 1964, p. 490s) cf. D. FLUSSER, "Das Schisma zwischen Judentum und Christentum", in: *ET* 40, 1980, p. 214-239, 225s.

[95] Sobre isso, cf. A. HAMEL, *Kirche bei Hippolyt von Rom*, 1951, p. 23ss.

[96] Acerca dessa tese e sua conseqüência de uma "deserdação de Israel", cf. W. LIEBSTER, "Umkehr und Erneuerung im Verhältnis von Christen und Juden", in: B. KLAPPERT; H. STARCK (eds.), *Umkehr und Erneuerung. Erläuterungen zum Synodalbeschluß der Rheinischen Landessynode 1980 "Zur Erneuerung des Verhältnisses von Christen und Juden"*, 1980, p. 55-65, 55ss.

[97] Bem ao contrário da dura declaração sobre o povo judaico que por causa de sua rejeição do evangelho tornou-se definitivamente entregue ao juízo de Deus na primeira carta de Paulo 1Ts 2.14-16. Cf. sobre isso F. MUSSNER, *Dieses Geschlecht wird nicht vergehen. Judentum und Kirche*, 1991, p. 73-76.

[98] Quanto às afirmações eclesiásticas a esse respeito desde a primeira conferência mundial de igrejas em Amsterdã em 1948, cf. W. WIRTH, *Solidarität der Kirche mit Israel. Die theologische Neubestimmung des Verhältnisses der Kirche zum Judentum nach 1945 anhand der offiziellen Verlautbarungen*, 1987, p. 199s. O documento de estudos de Fé e Ordem sobre "A igreja e o povo judeu" ainda havia relatado em Bristol em 1967 sobre concepções divergentes acerca dessa questão (III,21; cf. W. WIRTH, *op. cit.*), enquanto o Concílio Vaticano II em *Nostra Aetate 4* ensinou inequivocamente a eleição duradoura de Israel, de modo que o papa João

justamente para ele, da rejeição majoritária do evangelho de Jesus Cristo pelo seu povo? Encontrou inicialmente a solução na idéia do remanescente no profetismo do Antigo Testamento.[99] Como na época de Elias, assim também na existência da congregação judaico-cristã um "remanescente" do povo foi preservado por Deus e conduzido à fé (Rm 11.7). Inicialmente, pois, o povo de Deus de Israel ficou restrito a esse remanescente, mas depois ampliado através da missão apostólica aos gentios pelos fiéis vindos dentre as nações (Rm 9.24-26).[100] Desse modo já se estabeleceu um nexo permanente entre igreja e povo judeu, um nexo que Paulo em seguida descreveu pela figura da raiz da árvore que também sustenta os ramos enxertados (contra todas as regras de cultivo) na oliveira (Rm 11.17s). À mesma realidade referem-se também as palavras da carta aos Efésios acerca da paz entre judeus e gentios fundada pela morte de Jesus Cristo (Ef 2.12-20): É uma paz *no seio da* igreja de Cristo que foi unificada de judeus e gentios para formar a unidade do corpo de Cristo (Ef 2.15s). Que, porém, a igreja cristã tem a dizer sobre a maioria do povo judeu que permaneceu fora da comunhão do corpo de Cristo e que se fechou ao evangelho de Jesus Cristo? Ao contrário das afirmações dos evangelhos sobre a separação

---

Paulo II pôde falar em 1980 da "aliança antiga jamais rescindida por Deus" com Israel (F. MUSSNER, *op. cit.*, p. 118ss., cf. sobre isso ainda as exposições exegéticas ali, às p. 39-49, sobre Rm 11.27). Cf. igualmente o estudo da Igreja Evangélica da Alemanha (EKD), *Christen und Juden II. Zur theologischen Neuorientierung im Verhältris zum Judentum*, 1991, p. 18s, cf. p. 43ss., esp. p. 47ss.

[99] Sobre isso, cf. U. WILCKENS, *Der Brief an die Römer*, vol. II, 1980, p. 234-240 sobre Rm 11.1-10, e acerca da raiz da idéia no Antigo Testamento, esp. p. 235s.

[100] Essa é a hora da verdade do "modelo restritivo" para a definição da relação entre a igreja e sua origem judaica no estudo da EKD de 1975: "Christen und Juden" a qual, no entanto, como constatou criticamente com razão B. KLAPPERT, não serve para descrever a relação com o judaísmo pós-bíblico e atual, porque o significado da singularidade permanente do povo judaico não é expressa nela em sua particularidade e diferenciação pela igreja (B. KLAPPERT, "Die Wurzel trägt dich. Einführung in den Synodalbeschluß der Rheinischen Landessynode", in: B. KLAPPERT; H. STARCK (eds.), *Umkehr und Erneuerung*, 1980, p. 23-54, esp. p. 25ss.). Contudo não basta afirmar com a declaração do Sínodo da Renânia 4 (4 que a igreja teria sido "incluída por meio de Jesus Cristo na aliança de Deus com seu povo" (sobre isso, cf. W. LIEBSTER, *op. cit.*, p. 58s); porque assim surge a impressão de que a igreja foi acolhida junto na antiga aliança, e a diferença, constitutiva para a existência da igreja, entre nova e antiga aliança não é levada devidamente em conta.

do povo judeu de Deus ocorrida pela rejeição de Jesus,[101] mas também ao contrário de sua própria opinião inicial (1Ts 2.15s), Paulo avaliou na carta aos Romanos esse comportamento judeu como expressão de um "endurecimento" que partiu do próprio Deus (Rm 11.25), que se baseia no plano de salvação de Deus, ou seja, que se deve a ele mesmo (cf. Rm 11.7s) e não durará para sempre, mas "até que haja entrado o número total dos povos gentílicos" (Rm 11.25), de maneira que esse endurecimento também não exclui definitivamente de Deus e da participação em sua salvação e, em conseqüência, a eleição do povo judeu por parte de Deus tampouco foi invalidada em relação a essa sua maioria.

Com essas considerações o apóstolo não afirmou um "caminho à parte" para Israel até a salvação escatológica, que conduzisse por outra via que Jesus Cristo e o evangelho dele, de modo que Jesus somente entraria em cogitação como Redentor dos povos gentílicos, enquanto os judeus teriam sem ele um relacionamento com seu Deus.[102] Pelo contrário, Paulo parece ter esperado que, ao retornar, o próprio Cristo – que pelo retorno se evidenciará como idêntico com o Messias ou Filho do Homem aguardado pelos judeus – renovará a aliança de Deus com o povo judeu pela remissão de seus pecados.[103] Nisso Paulo se apóia sobre a promessa profética de uma nova aliança que Deus firmará com seu povo. Ele o fez mediante referência a Is 59.20s, mas combinou com essa profecia a idéia do perdão dos pecados conforme Is 27.9c, respectivamente Jr 31.34.[104] A nova aliança, assim como se fala

---

[101] Sobre isso, cf. o exposto no estudo da EKD, *Christen und Juden. Zur theologischen Neuorientierung im Verhältnis zum Judentum II*, 1991, p. 49ss.

[102] Um "caminho à parte" para o povo judeu nesse sentido (cf., p. ex., as exposições de P. LAPIDE, "Der Messias Israels? Die Rheinische Synode und das Judentum", no volume *Umkehr e Erneuerung* (cf. acima), p. 236-246, esp. p. 241s) foi também rejeitado por F. MUSSNER, *Dieses Geschlecht wird nicht vergehen. Judentum und Kirche*, 1991, p. 32s. Sua própria asserção de um caminho à parte para Israel (*op. cit.*, p. 33ss.) apenas declara que a conversão do povo judaico como um todo será resultado não da missão cristã aos judeus, mas da parusia do próprio Jesus Cristo. Com isso MUSSNER respondeu à crítica de E. GRÄSSER à tese de um caminho à parte para os judeus: "Zwei Heilswege? Zum theologischen Verhältnis von Israel und Kirche", in: P.-G. MÜLLER; W. STENGER (eds.), *Kontinuität und Einheit* (Festschrift Franz Mussner), 1981, p. 411-429.

[103] Posição de F. MUSSNER, *op. cit.*, p. 39ss.

[104] Acerca da referência a Jr 31.33s, onde a idéia do perdão dos pecados está vinculada à promessa da nova aliança em Jr 31.31, cf. F. MUSSNER, *op. cit.*, p. 44ss.

dela aqui, não constitui um povo de Deus totalmente novo, sem vinculação com o povo de Deus da aliança de Moisés. Afinal, ele não foi abandonado por Deus. Por isso a nova aliança escatológica significa para Israel a renovação da antiga relação de aliança com seu Deus.[105] A renovação da relação pactual entre Deus e Israel que acontecerá com a chegada do "Redentor para Sião" (Is 59.20) difere, porém, já segundo afirmações proféticas, da aliança concedida aos pais pelo fato de que Deus deitará sua lei no íntimo dos seres humanos (Jr 31.33), respectivamente deixará seu Espírito "repousar" sobre eles (Is 59.21). Além disso, igualmente será diferente do pacto de Moisés pelo fato de agora também não-judeus serem incluídos na relação de aliança com o Deus de Israel.[106]

A nova aliança, da qual conforme Rm 11.27 Israel deve se tornar partícipe no retorno de Cristo, não é outra senão a nova aliança firmada de acordo com 1Cor 11.25 no sangue de Cristo, na qual o cálice oferecido na ceia do Senhor propicia participação. Isso significa: A igreja unificada na comunhão de mesa com Jesus para a unidade de seu corpo possui já agora participação na nova aliança que será concedida ao povo de Israel como todo (Rm 11.26)[107] no retorno de Cristo como chegada do Redentor escatológico aguardado por Israel. É somente a partir dessa destinação escatológica, sobre a base da nova aliança escatológica, que judeus e cristãos podem ser entendidos como partes do mesmíssimo povo de Deus. A unidade do povo de Deus, portanto, não se baseia em que o mundo das nações seja incorporado na forma do cristianismo na história da aliança de Israel a partir de Moisés. Pelo contrário, ela se apóia no fato de que na nova aliança prometida pela profecia judaica, e que renovará a relação de aliança do povo judeu

---

[105] Assim afirma com razão o estudo da EKD, *Christen und Juden II. Zur theologischen Neuorientierung im Verhältnis zum Judentum*, 1991, p. 48, bem como já as teses do Sínodo territorial da Renânia de 1980 IV,1 (citadas cf. U. SCHWEMER (ed.), *Christen und Juden. Dokumente der Annäherung*, 1991, p. 129).

[106] Os documentos eclesiásticos citados na anotação anterior não levaram suficientemente em conta nesse ponto a diferença entre a nova aliança e a relação de aliança do povo judeu com seu Deus, a qual remonta aos patriarcas de Israel e foi fundada por Moisés, de maneira que a participação afiançada aos cristãos na relação de aliança com o Deus de Israel pode ser lida em alguns trechos como uma incorporação da igreja na aliança de Moisés.

[107] Sobre isso, cf. U. WILCKENS, *Der Brief an die Römer*, vol. II, 1980, p. 255s.

com seu Deus, o antigo povo de Deus estará unido com a igreja de Jesus Cristo, que por sua comunhão com Jesus Cristo já participa atualmente dessa nova aliança. De acordo com Paulo não apenas para os cristãos, mas da mesma forma para o povo judeu a nova aliança está alicerçada sobre Jesus Cristo, que em seu retorno se mostrará a seu povo como o Messias por ele aguardado.

A resolução do Sínodo territorial da Renânia da igreja evangélica alemã de 1980 deparou-se nesse ponto[108] com a objeção da parte judaica: "Jesus *não* foi o Messias de Israel e apesar disso se tornou Redentor dos gentios." Na história das religiões da humanidade não existe "nenhum exemplo de que uma comunhão de fé tente prescrever à outra que papel uma pessoa – e ainda que seja portador de salvação – teria de desempenhar na história de salvação da última.[109] PINCHAS LAPIDE omite aqui o fato de que a asserção de que Jesus era o Messias entre os primeiros cristãos, que eram pessoalmente judeus, surgiu sem dúvida no seio da comunhão religiosa judaica, e justamente no sentido de que por meio de sua ressurreição Jesus foi elevado por Deus à dignidade do Messias aguardado pelo povo judeu (cf. Rm 1.3).[110] Não se pode duvidar de que houve diferenças sobre essa questão no âmbito do judaísmo daquele tempo que persistem ainda hoje entre cristãos e judeus. Em especial, porém, não deveria cair no esquecimento que no caso se tratou inicialmente de uma controvérsia intrajudaica. Seu motivo na controvérsia acerca da pessoa de Jesus, sua mensagem e sua atuação, e a pergunta nela levantada quanto à autocompreensão da fé judaica também ainda tem relevância decisiva para o diálogo atual entre cristãos e judeus. A fé dos discípulos judeus de Jesus em sua exaltação como Messias tornou-se, pela ressurreição dele dentre os mortos, até hoje a base para a fé cristã nele como Redentor do mundo. Por fim, a expectativa de que em seu retorno Jesus se mostrará

---

[108] Deliberação Sinodal acerca da renovação da relação entre cristãos e judeus (11.1.1980) 4(3): "Confessamo-nos a Jesus Cristo, o judeu, que como Messias de Israel é o Salvador do mundo e liga os povos do mundo com o povo de Deus", in: U. SCHWEMER (ed.), *Christen und Juden. Dokumente der Annäherung*, 1991, p. 118.

[109] P. LAPIDE, "Der Messias Israels? Die Rheinische Synode und das Judentum", in: B. KLAPPERT; H. STARCK (eds.), *Umkehr und Erneuerung. Erläuterungen zum Synodalbeschluß der Rheinischen Landessynode 1980 "Zur Erneuerung des Verhältnisses von Christen und Juden*, 1980, p. 236-246, citações às p. 242 e 241.

[110] Sobre isso cf. com mais detalhes aqui, vol. II, 443ss.

também ao povo judeu como seu Messias é fundamental em Paulo para que pudesse reconhecer consistentemente também o povo judeu separado como eleito por Deus para ser seu povo e unir esse reconhecimento com sua fé cristã.

A esse quadro também se deve que todo cristão no diálogo com judeus precisa se confessar como crente em Jesus como o Cristo de Israel e testemunhar essa fé aos parceiros de diálogo judeus. Esse é o núcleo irrenunciável da "missão" cristã aos judeus. O Sínodo da Renânia de 1980 afirmou com razão que não pode haver uma missão cristã aos judeus *do mesmo tipo* como a missão cristã aos povos gentílicos.[111] Isso é auto-explicativo pelo fato de os judeus já crerem "no Deus vivo e único verdadeiro" (1Ts 1.9), que é anunciado em primeira mão aos demais povos pela missão cristã como o Criador dos céus e da terra e como Pai de Jesus Cristo. Mais ainda: Eles antecederam os cristãos nessa fé. No relacionamento com o povo judeu o testemunho dos cristãos se concentra em que esse Deus de Israel se revelou definitivamente em Jesus de Nazaré, mais precisamente primeiro aos judeus e depois aos gentios pela mensagem do evangelho. Nessa verdade, porém, está fundamentado que Jesus como o "Filho" do Pai pertence de forma inseparável à identidade do Deus de Israel, porque a mensagem de Jesus acerca do reino de Deus se concentrou inteiramente no Primeiro Mandamento do Decálogo (respectivamente em Dt 6.4s) e, como interpretação dele, constitui também o critério da exclusividade da confiança em Deus demandada por esse mandamento. Nisso reside um desafio

---

[111] U. Schwemer (ed.), *Christen und Juden. Dokumente der Annäherung*, 1991, p. 118. O Sínodo declarou aqui sua convicção de "que a igreja não pode exercer seu testemunho perante o povo judeu da forma como exerce sua missão ao mundo das nações". Cf. também *op. cit.*, p. 132 (tese 5). Com essa formulação, se nos ativermos ao teor das palavras, não foi dito nada de essencialmente novo. No contexto da declaração do Sínodo, porém, ela podia ser entendida como um afastamento da tarefa da missão cristã aos judeus como tal em favor da concepção de um testemunho comum de cristãos e judeus (*op. cit.*, p. 118, 132, tese 2; cf., p. ex., P. G. Aring, "Absage an die Judenmission", in: B. Klappert; H. Starck (eds.), *Umkehr und Erneuerung*, 1980, p. 207-214). A idéia do testemunho conjunto, que transpõe as diferenças entre judeus e cristãos, é importante para o futuro do diálogo judaico-cristão, contudo não deve diluir os contornos da indagação à autocompreensão da fé judaica que parte da proclamação de Jesus e da mensagem apostólica da Páscoa, e muito menos recalcar essa indagação e por conseqüência o tema da missão aos judeus. Pelo contrário, ela adquire premência justamente na consciência conjunta de que essa indagação persiste.

à autocompreensão de Israel, que na vinculação com os eventos da história de Jesus, sua crucificação e ressurreição se tornou o fundamento para o surgimento do cristianismo primitivo e cuja clarificação por isso é irrenunciável até os dias de hoje como tema do diálogo judaico-cristão para a identidade da fé e da igreja cristãs. Essa indagação à autocompreensão judaica forma o ponto central da "missão" cristã aos judeus. A igreja pode e precisa condenar todas as formas de uma coerção para a conversão que deformaram no curso dos séculos a missão cristã aos judeus e feriram a dignidade humana de pessoas judaicas. Porém ela não pode abrir mão de perseverar nessa indagação à autocompreensão dos judeus.

De forma menos diferenciada que Paulo, a primeira carta Pedro já aplicou o conceito do povo de Deus à igreja gentílico-cristã: "Outrora não éreis povo, mas agora sois o povo de Deus, outrora longe da misericórdia de Deus, mas agora presenteados com sua misericórdia" (1Pd 2.10). Diferente de Paulo, a designação da igreja como povo de Deus aqui já não se tornou motivo para suscitar a pergunta pela relação com o povo judeu. Apenas indiretamente se mencionam no contexto da carta os judeus como aqueles que tropeçaram na "pedra angular" que Deus lançou em Sião (1Pd 2.8). Depois dos acontecimentos do ano 70 a destruição de Jerusalém e do templo judeu por Tito era entendida como sinal explícito do juízo divino sobre o povo judeu, conforme havia sido anunciado pela profecia de Jesus contra o templo (Mc 13.1-4; par.; cf. v. 15-17; par.) e por seu lamento sobre Jerusalém (Lc 19.43s).[112] Os cristãos – após o fim da igreja primitiva de Jerusalém, unificados basicamente na igreja gentílico-cristã – agora se consideravam autorizados a reivindicar de forma exclusiva para sua própria comunhão o título povo de Deus. Essa tendência culminou na carta de BARNABÉ, que não apenas considerou o antigo povo de Deus dispensado e substituído pelo novo povo dos cristãos, mas que chegou a contestar o direito do povo judeu de ter sido um dia o povo de Deus (cf. acima, nota 94). Diante de tal rudeza, a tese de substituição histórico-soteriológica, surgida desde MELITO de Sardes e HIPÓLITO de Roma, ainda se destacava por certa medida de lealdade, ao pelo menos conceder ao povo judeu de outrora realmente ter sido o povo eleito de Deus. Em comparação,

---

[112] Cf. sobre isso, vol. II, p. 478s.

porém, com as afirmações paulinas sobre o caráter irrevogável da eleição divina do povo judeu, essa tese de substituição era expressão de uma consciência escatológica equivocada, uma consciência de cumprimento escatológico que supostamente já teria acontecido com a existência da igreja. Como agora se evidenciava, Paulo havia advertido em vão os gentílico-cristãos contra a pretensão daí resultante, de serem os únicos escolhidos (Rm 11.17-24).

Em suas relações com o povo judeu a igreja teve de decidir pela primeira vez se ela queria entender seu próprio lugar na história de Deus com a humanidade no sentido da interinidade do sinal em direção da ainda não realizada consumação, ou compreender a si mesma como lugar em que pelo menos rudimentarmente já se realizou a consumação escatológica. A decisão foi tomada em favor dessa segunda alternativa e foi expressa na reivindicação da igreja, de ser exclusivamente idêntica com o "novo" povo escatológico de Deus. A história subseqüente do cristianismo ficou marcada pelas conseqüências perigosas e destrutivas desse posicionamento, em forma de intolerância dogmática (como decorrência de um falso caráter escatológico definitivo que não considera igualmente a própria interinidade) e em uma corrente ininterrupta de cisões que emergiram de tal exclusivismo dogmático.

É importante ter a clareza de que o erro subjacente a essa nefasta evolução se salientou pela primeira vez na relação da igreja com o povo judeu. O risco interior de tal consciência de eleição exclusiva poderia ter sido notado a tempo se a advertência do apóstolo Paulo tivesse sido ouvida na igreja gentílico-cristã e se ela tivesse se lembrado das advertências por trás dela, vindas dos profetas do Antigo Testamento, contra a presunção do eleito que endurece seu coração e o conduz à perdição. Assim, porém, a história da igreja teve de se tornar, como a do povo Israel, uma história não apenas de eleição, mas também do juízo de Deus sobre seu povo. Também nisso se delineia a comunhão de destinos da igreja de Cristo com o povo judeu. Evidentemente durou muito tempo e foi necessário o pavor face ao genocídio aos judeus pelo nacional-socialismo alemão, até que a igreja se dispusesse a se confessar a favor dessa comunhão de destino e da condizente solidariedade com o povo judeu.

A teologia cristã de hoje deveria tratar abertamente a relação entre a igreja e o conceito do povo eleito de Deus com a franqueza que sugerem as afirmações paulinas sobre esse tema. Sem dúvida a igreja pode se entender como povo da nova aliança com Deus, firmada no sangue de Jesus Cristo e renovada em cada celebração da ceia do Senhor. Contudo por isso ela ainda não se deve contrapor como o "novo" povo de Deus ao antigo povo de Deus judeu, como se ele fosse descartado agora junto com a antiga aliança. A nova aliança foi prometida em Jeremias (Jr 31.31s) e em Deuteroisaías (Is 59.21) não a outro povo, mas a Israel como renovação e consumação escatológicas de sua relação de aliança com seu Deus. Se Jesus na ceia de despedida com seus discípulos na noite antes de seu aprisionamento relacionou a promessa da nova aliança à comunhão de mesa com os discípulos selada por seu sacrifício de vida, isso não anula a relação dessa promessa com o povo de Israel. Pelo contrário, identifica-se mais uma vez a comunhão com Jesus como futuro de salvação para todo o povo judeu que já se instaura na comunhão do grupo de discípulos. Nada disso se altera pela inclusão posterior de não-judeus na congregação cristã em virtude de sua confissão a Jesus selada pelo batismo.

A unidade de Deus e seu reino, ao qual se dirige a esperança escatológica por concretização da comunhão dos seres humanos entre si no louvor do Deus único, demanda a concepção de um único povo de Deus, que constitui o objeto e o alvo do agir divino de eleição. Em vista disso o conceito do povo de Deus não conhece o plural. Mas oferece espaço para toda a humanidade transformada e renovada para a participação no senhorio de Deus. A igreja cristã não é exclusivamente idêntica com o povo escatológico de Deus. Ela é apenas uma configuração provisória desse povo e sinal prévio de sua consumação futura, que abarcará não apenas os membros da igreja, mas também o povo judeu e os "justos" que há de acorrer de todas as culturas da humanidade ao banquete do senhorio de Deus dentre todo o mundo das nações.

c) Povo de Deus e igreja oficial

Sendo a igreja povo de Deus como forma de manifestação provisória e antecipação em forma de sinal do povo escatológico da aliança formado dentre todas as nações, levanta-se a pergunta como ela se apresenta com essa propriedade em termos historicamente concretos. No caso de Israel o conceito do povo de Deus se refere a um povo historicamente concreto, uma nação, e não apenas no sentido de uma linguagem e cultura comuns, mas também no sentido de uma ligação vivencial fundamentada sobre uma descendência comum, e em períodos importantes de sua história também pela posse de um território próprio, bem como pela ordem política da vida conjunta. Sem dúvida a unidade e identidade do povo das doze tribos de Israel em última análise repousam sobre a fé no Deus de Israel, mas essa unidade étnica se manifesta não apenas na vida cultual-religiosa, mas se exterioriza pelo menos a princípio em todos os aspectos da comunhão vivencial concreta na sociedade de uma nação. Isso parece não ser cabível assim para a igreja cristã. Será que sua peculiaridade como povo espiritual de Deus, diferente da comunhão "carnal" do povo judeu (1Cor 10.18) e de outras nações, se caracterize talvez pela circunstância de que a comunhão de vida dos cristãos como povo se manifesta apenas na vida cultual e não também como comunhão social e política? Essa imagem de fato é oferecida pelo cristianismo no âmbito da moderna sociedade secularizada. Contudo ela não resulta como decorrência quase que natural da natureza espiritual da igreja como povo de Deus.

"Espiritual" a igreja é como comunhão da nova aliança (2Cor 3.6), porque o pertencimento a ela não está fundado sobre a descendência, mas sobre o batismo como sinal da comunhão com Cristo e da filiação em seu corpo (1Cor 12.13). Em consonância, a igreja somente é, como corpo de Cristo, assim como se configura na celebração da ceia do Senhor, sinal preliminar da comunhão escatológica de uma humanidade renovada no reino de Deus. Um judeu pode se tornar ateu ou até mesmo cristão ou muçulmano: Apesar disso, como membro de seu povo, continuará sempre sendo um judeu. Um cristão que abandona a fé e a confissão a Jesus Cristo deixa de ser cristão. A existência cristã está alicerçada sobre batismo e fé, e o batismo fundamenta seu ser *extra nos in Christo* [fora de nós em Cristo], no qual participamos unicamente por meio da fé. Dessa forma a comunhão da igreja se caracteriza a partir de seus membros, que se torna visível na celebração da ceia do Senhor. Ou seja, a igreja possui sua essência no *extra nos* da fé, a qual os fiéis vivem além de si mesmos em Jesus Cristo. Desse modo evidentemente não se exclui, mas até mesmo se torna plausível como conseqüência, que a unidade dos cristãos com e através de Cristo se reflete sobre a santificação não apenas da vida pessoal, mas igualmente em todas as áreas da convivência humana, inclusive nas formas políticas e econômicas dessa convivência. Se a comunhão dos cristãos não for apenas uma minoria em uma sociedade não-cristã, então também as formas políticas e econômicas da vida comunitária deveriam ser determinadas pelo espírito cristão. É nesse ponto que se situa o potencial crítico do conceito "povo de Deus" na vida da igreja: A partir dele se pode muito bem imaginar e até mesmo esperar uma transformação e reconfiguração de todas as formas de convívio social que não sejam determinadas pelo espírito cristão. Entretanto qualquer nova configuração da vida social poderá ter na consciência dos cristãos apenas relevância provisória, tendo de permanecer superável por princípio, porque a consciência escatológica da fé cristã aguarda a forma definitiva da convivência social humana, assim como de nossa existência individual, somente do futuro do reino de Deus. Toda configuração terrena da convivência humana pode ser, na melhor das hipóteses, uma réplica e prefiguração em direção desse futuro e na realidade sempre permanecerá mais ou menos fragmentária em vista do poder do pecado que na convivência dos seres humanos ainda não foi definitivamente derrotado e por causa da necessidade de medidas preventivas contra suas conseqüências destrutivas.

ADOLF V. HARNACK demonstrou a grande importância que adquiriu nos primórdios do cristianismo desde Justino, do *Pastor de Hermas* e de ARISTIDES a concepção dos cristãos como um *novo povo* formado de judeus e gentios.[113] Os cristãos eram tidos como o "terceiro gênero" (*tritos genos*) ao lado de judeus e gentios e constituídos de ambos. Já JUSTINO compreendeu a igreja cristã nesse sentido em seu *Diálogo com Trifão* como povo eleito de Deus, ou seja, como uma nova nação (*Dial*. 123,7s). A autocompreensão assim estabelecida representa um importante fator para explicar a intensidade do conflito entre o incipiente cristianismo e o império gentílico,[114] mas também para compreender as condições de viabilidade da associação ocorrida no séc. IV entre igreja e Império pelo fato de que os imperadores aderiram à confissão cristã. Ainda EUSÉBIO de Cesaréia concebeu no séc. IV sua *História Eclesiástica*, em seu segundo livro, como história do novo povo cristão,[115] não meramente como história

---

[113] A. v. HARNACK, *Die Mission und Ausbreitung des Christentum in den ersten drei Jahrhunderten* (1902), 4ª ed. 1924, p. 259-289.
[114] Sobre isso, cf. A. v. HARNACK, *op. cit.*, p. 272ss., esp. p. 288.
[115] Para a fundamentação mais precisa dessa tese, cf. do autor: *Die Bestimmung des Menschen. Menschsein, Erwählung und Geschichte*, 1978, p.62s, cf. também p. 65s.

de uma nova religião ou prática cultual que se configuraria em uma instituição "igreja" separada da vida política. A reivindicação da *História Eclesiástica* de Eusébio somente pode ser compreendida a partir da idéia do novo povo surgido da proclamação dos apóstolos, cuja ascensão apesar de todas as perseguições formou o objeto de sua obra. É por isso que a emancipação política desse novo povo, sobre a base da verdadeira fé e em combinação com a restauração do Império Romano, que igualmente abrangia as diferenças das nações, representou também o alvo e a conclusão da obra historiográfica de Eusébio. Quando se toma não apenas como metáfora, mas literalmente, a concepção da carta aos Efésios, acerca do novo povo dos cristãos que se forma de todos os povos e supera suas contrariedades (e em especial o contraste entre judeus e gentios; Ef 2.14), então o modo de ver de Eusébio se reveste de uma plausibilidade que muitas vezes deixou de ser entendida, porque não se parece ter captado corretamente sua idéia fundamental. Também a avaliação que Eusébio faz da era de Constantino poderá, então, ser compreendida como conseqüência de sua concepção da essência e da tarefa da igreja e não se apresenta como variante da antiga ideologia imperial, sem qualquer conexão com aquela, e apenas ornada levemente como cristã. Quem salienta a responsabilidade política do cristianismo em cada situação atual de qualquer modo deveria julgar a Eusébio com menos leviandade e desprezo do que geralmente se costumou fazer.[116]

---

[116] A avaliação unilateral negativa da teologia política de Eusébio foi reforçada nas últimas décadas especialmente pela influência de E. Peterson, *Der Monotheismus als politisches Problem. Ein Beitrag zur Geschichte der politischen Theologie im Imperium Romanum*, 1935. Contudo Peterson não apenas julgou a Eusébio, mas também o império cristão de Bizâncio, que por um lado foi não apenas uma instituição secular, mas também espiritualmente fundamentada na vida do cristianismo por outro, a partir de uma tomada de partido em favor das reivindicações de domínio dos papas sobre a igreja. A acusação de Peterson de arianismo contra o império cristão de Bizâncio se apoiava no mal-entendido de que a concepção do domínio imperial como réplica terrena do senhorio de Deus pressupunha um monoteísmo não-trinitário. Na verdade, porém, o sistema imperial era compreendido como réplica terrena do senhorio do *Logos* (respectivamente do Cristo exaltado), não do Pai (cf. do autor: *Die Bestimmung des Menschen. Menschsein, Erwählung und Geschichte*, 1978, p. 119s, nota 17). Acerca da discussão com Peterson, cf. esp. A. Schindler (ed.), *Monotheismus als politisches Problem? Erik Peterson und die Kritik der politischen Theologie*, 1978.

O Estado, como cujos cidadãos os cristãos se entendem, possui sua verdadeira realidade além deste mundo, no futuro de Deus. Trata-se do *politeuma* [sistema comunal-estatal] celestial, do qual falou Paulo em sua última carta (Fl 3.20). Por isso a comunhão escatológica dos cristãos não pode chegar à configuração totalmente adequada em nenhuma ordem política imanente. Foi justamente por isso que depois da guinada constantiniana do séc. IV a contraposição de poder espiritual e secular, de bispo e imperador (ou rei) se tornou a forma específica para o cristianismo na definição da relação entre Estado e religião. Ela não tinha paradigma na Roma antiga e faz uma profunda diferenciação entre os efeitos histórico-culturais do cristianismo e os de outras religiões, e um pouco do islamismo.

A diferenciação entre a competência dos bispos e da ordem política e de seus representantes, porém, não representa a expressão de uma separação de igreja e Estado, mas caracteriza pelo contrário a ordem interior de uma sociedade cunhada integralmente pela fé cristã. Ou seja, ela não se localiza na relação externa da igreja para com um mundo estranho para ela, mas no interior da igreja como "povo" cristão. A separação de princípio entre o conceito de igreja e a ordem política da sociedade e suas tarefas representa somente o resultado de um desenvolvimento posterior que restringiu o conceito de igreja à vida cultual de seus membros e conseqüentemente a um aspecto parcial de sua vivência real, razão pela qual também a um aspecto parcial da correlação da vivência social constituída por cristãos.

Um fulcro desse desenvolvimento já se encontra no dualismo de Agostinho entre *civitas Dei* [cidade de Deus] e *civitas terrena*, porque aqui o conceito da igreja como *civitas Dei* foi basicamente eximida das tarefas da paz terrena, que Agostinho atribuiu à *civitas terrena* (*De civ. Dei* XV,4). Assim o conceito de igreja foi limitado à comunhão cultual dos cristãos, embora conforme Agostinho os cristãos não apenas fazem uso da paz terrena, mas também a referem e direcionam à paz celestial no reino de Deus (XIX,17). Ao contrário do enfoque do conceito de igreja quando se pensa o cristianismo como um novo povo formado de todos os povos, exclui-se desse modo o aspecto de sua forma de organização política do conceito de igreja.[117] No entanto o

---

[117] Cf. adicionalmente as exposição do autor, in: *Die Bestimmung des Menschen*, 1978, p. 67ss. Em publicações anteriores o autor ainda subentendeu como

desenvolvimento aqui instalado chegou à configuração plena somente na associação com a concentração do conceito de igreja na igreja oficial, na hierarquia dos bispos e sacerdotes com seu ápice no ofício do bispo de Roma. Foi na exigência da *libertas ecclesiae* [liberdade da igreja] restrita à igreja oficial que ruiu na Idade Média latina a "sinfonia" da igreja antiga entre bispos e imperadores (ou reis).[118] Uma vez que as reivindicações do papado e do *sacerdotium* por autoridade também sobre a ordem secular do *regnum* se evidenciaram como irrealizáveis, chegou-se a uma contemporização que fez uma separação entre as competências de *regnum* e *sacerdotium*, pela primeira vez, e historicamente cheio de conseqüências no acordo de Worms em 1122:[119] Igreja (*ecclesia*) e Estado (*respublica*) passaram a se separar. Consolidou-se, assim, a delimitação do conceito de "igreja" a um setor específico na vida social do cristianismo, a saber, à ordem institucional da vida religiosa e cultual. Nas igrejas orientais ela não possui até os dias de hoje uma contrapartida equivalente. Quando, pois, o Concílio Vaticano II abandonou como estreita demais a descrição da igreja exclusivamente a partir do *sacerdotium* e recorreu ao conceito do povo de Deus, então reside nisso a possibilidade de uma correção no estreitamento do conceito de igreja na Idade Média latina, justamente também na relação com o regimento secular –um estreitamento que encontrou como correspondente a tendência à autonomia do governo secular diante de quaisquer vínculos espirituais. A renovação do conceito de povo de Deus na eclesiologia contém, portanto, um potencial para novas soluções futuras da pergunta pela relação entre igreja e ordem política, por menos atuais que tais possibilidades possam parecer em vista do progressivo desligamento, pelo secularismo do universo estatal "ocidental", da raiz cristã de sua tradição cultural.

Com a consciência escatológica da fé cristã é incompatível que a comunhão dos cristãos ou também cada um de seus membros se identifiquem sem reservas com determinado modelo de ordem política. Isso vale para o Império Bizantino, mas igualmente para a democracia

---

óbvio esse conceito mais estreito da igreja, compreendendo-a conseqüentemente como "apenas uma das instituições na vida do povo de Deus cristão" (*Wissenschaftstheorie und Theologie*, 1973, p. 405).

[118] Mais detalhes sobre a história da influência desse modelo bizantino na Idade Média ocidental constam in: *Die Bestimmung des Menschen*, 1978, p. 70ss.

[119] Sobre isso, cf. Y. CONGAR, *Die Lehre von der Kirche. Von Augustinus bis zum Abendländischen Schisma* (HDG III,3c), 1971, p. 74.

ocidental de hoje como tipo de ordem. A distância cristã diante da ordem política terá de ser tanto maior quanto menos ela e seus representantes por sua vez se sentirem compromissados com a fé cristã e responsáveis perante o Deus da Bíblia. Também da cristã fé – assim como de toda religião a ser levada a sério – faz parte a reivindicação de, como fundamento determinante para a configuração de todas as áreas da vida humana, ser reconhecida e tornar-se eficaz, não apenas no comportamento dos indivíduos, mas igualmente na convivência das pessoas, chegando até a ordem política e jurídica da vida comunitária. Nisso a influência do cristianismo sobre a configuração da ordem política e social sempre de novo estará relacionada com a diferenciação entre provisório e definitivo, entre secular e espiritual.[120] Contudo é algo diferente se essa diferenciação se salienta como diferenciação fundamental *no interior* de uma concepção da ordem social que em seu todo possui fundamentação cristã, ou se um Estado secular que a si próprio institui como absoluto pratica o princípio da separação da religião, a fim de restringir o cristianismo a um papel marginal na vida social. A segunda tendência que se tornou característica para o Estado moderno sem dúvida admite várias formas intermediárias. Ademais, um julgamento justo sobre a tendência do Estado secular de marginalizar a religião precisa ter em vista o beco sem saída a que chegaram as tentativas nas controvérsias do início da Idade Moderna, de fixar o Estado confessionalmente, bem como a necessidade daí decorrente de tornar independentes os fundamentos da vida social e da ordem estatal diante da intolerância fratricida da época nas contrariedades confessionais. Contudo, isso não muda nada em que por princípio a ordem estatal depende de uma fundamentação e justificação que pela fé dos cidadãos antecede a toda a manipulação pelos detentores do domínio – a saber, que seja religiosa ou semi-religiosa. A tese de total liberdade religiosa do Estado é por isso ilusória. Ela tão-somente encobre no Ocidente ex-cristão uma orientação religiosa (ou semi-religiosa) diferente da fé cristã quanto aos fundamentos da vida cultural e da ordem estatal. Em contraposição, a consciência do cristianismo está hoje começando a crescer para fora dos antagonismos da era confessional e, assim, das causas históricas da privatização do temário religioso. Uma renovação da consciência de comunhão dos cristãos como "povo

---

[120] Cf. acima, p. 85ss. (cap.12,2c).

de Deus" – acima de todas as diferenças confessionais e como sinal de tolerância e de respeito frente a outras formas de fé, em particular na vinculação de uma nova consciência de vizinhança e pertencimento próximos com o povo judeu – poderia por isso descortinar uma nova era para a configuração da relação entre cristianismo e ordem pública, embora em uma situação geral modificada em comparação com séculos anteriores, na qual para as sociedades européias e norte-americanas já não se pode pressupor de forma inquestionável e sem rupturas o vínculo da maioria da população com a tradição cristã.[121]

3. A eleição do povo de Deus e a experiência da história

O agir eletivo de Deus não é apenas um ato exercido pela vocação histórica, ainda que fundamentado na eternidade de Deus, mas representa também o ponto de partida de uma história do eleito, porque a eleição está voltada para um alvo futuro e via de regra atribui ao eleito uma função para um contexto vivencial mais amplo, orientada para esse alvo. Considerando que em Israel a idéia da eleição não apenas foi relacionada a indivíduos, mas ao povo inteiro, e que o povo se sabia constituído como ente histórico pelo agir eletivo de Deus em sua condução para fora do Egito e na promessa da terra dos cananeus, com uma história prévia que remontava até os patriarcas Abraão, Isaque e Jacó, foi constituído aqui pela idéia da eleição simultaneamente também um arcabouço para compreender a história do povo. Uma de suas versões está relacionada com a tradição de Abraão, que vinculou a eleição de Israel com um futuro de salvação que abarca toda a humanidade: De Abraão deve emanar bênção para todas as gerações da terra. De forma diferente a eleição do povo alicerçou no Deuteronômio uma moldura para a compreensão de sua história: A ali expressa vinculação da eleição do povo para a comunhão com seu Deus (como sua "propriedade") com o cumprimento do direito da aliança franqueou a possibilidade de uma interpretação da história do povo de Israel tal como foi desdobrada sob a influência do profetismo clássico de juízo na obra historiográfica deuteronômica: uma interpretação da história de Israel

---

[121] Acerca dessa problemática, cf. R. J. Neuhaus, *The Naked Public Square. Religion and Democracy in America*, 1984.

até o fim da época dos reis como uma história da paciência de Deus e de seu agir julgador com seu povo eleito. Enquanto essa exposição no mínimo deixava em aberto a pergunta pelo futuro da eleição de Israel, Deuteroisaías interpretou, para além do fracasso de Israel na exigência jurídica de Deus, contudo incluindo-a, o sentido de sua existência histórica por meio da idéia de sua eleição para o testemunho em favor da vontade jurídica de Deus no concerto das nações (Is 42.1s).

A teologia cristã está acostumada a considerar esse acontecimento da eleição e a nela fundamentada história da salvação[122] de Israel como algo totalmente extraordinário e sem analogia no conjunto dos povos. Esse caráter único, em última análise, deve se mostrar sempre de novo como objetivamente justificado também para uma investigação histórico-cultural. Entretanto, não exclui a possibilidade de comparação com outras culturas. Justamente a observação comparativa é que lança uma luz clara sobre a peculiaridade de todo fenômeno histórico. Nesse processo, porém, também permite reconhecer a inserção em um lastro comum e, não por último, a relevância do peculiar para o que é histórico-culturalmente geral. Em função disso ela é igualmente importante para a pergunta sistemática pela relevância humana geral de certas peculiaridades da história e cultura do Israel antigo. Isso vale também para a ligação entre eleição, unidade nacional e consciência histórica, que pode ser depreendida das tradições do antigo Israel.

a) *A idéia da eleição como categoria religiosa para a constituição histórica da ordem cultural*

As civilizações do antigo Oriente na verdade também entenderam seus sistemas de ordem político-jurídicos, assim como o antigo Israel,

---

[122] O significado constitutivo da eleição divina para o conceito da história da salvação foi enfatizado com razão por O. CULLMANN, *Heil als Geschichte. Heilsgeschichtliche Existenz im Neuen Testament*, 1965, p. 135, 141s, cf. p. 241, etc.). Cf. também G. E. WRIGHT, *God Who Acts. Biblical Theology as Recital*, 1952, p. 55s, cf. p. 62s. Com a tese de CULLMANN, de que por meio do ato da eleição divina certas séries de acontecimentos da história geral são excluídas, com o resultado de uma dualidade de história da salvação e história geral (*op. cit.*, p. 140ss, p. 146, etc.), discuti em outra oportunidade: "Weltgeschichte und Heilsgeschichte", in: H. W. WOLFF (ed.), *Probleme biblischer Theologie. GERHARD de Rad zum 70. Geburtstag*, 1971, p. 349-366, esp. para 358ss.

como fundamentados na religião, ou seja, remeteram-nos a um ato divino da fundação dessas ordens, porém não a um ato de eleição. Contudo vincularam a origem da ordem social e política com a da ordem cósmica.[123] Nisso a ordem política era entendida como expressão e representação da ordem cósmica. Segundo nosso conhecimento, no entanto, tratou-se no surgimento das civilizações antigas *de facto* de acontecimentos históricos, acompanhados de transformações também da consciência religiosa dos seres humanos, que nos respectivos momentos históricos levaram à fundamentação dos "reinos cosmológicos" (E. VOEGELIN) dessas culturas. Se a autocompreensão de Israel, expressa na lista de povos do Escrito Sacerdotal em Gn 10, se diferencia da derivação cosmológica direta da ordem política da Babilônia ou de Eridu pelo conhecimento da *origem histórica* de Israel a partir de um agir eletivo divino,[124] transparece nisso ao mesmo tempo uma medida maior de clareza consciente sobre a origem realmente histórica da própria ordem de vida social. Então, porém, está por trás da consciência mítica das culturas do antigo Oriente, da origem diretamente divina de sua ordem social uma situação cuja peculiaridade antes corresponde às idéias de eleição do Antigo Testamento que à autopercepção mitológica daquelas culturas: A origem divina de sua existência e sua importância no mundo possui de fato a forma de uma origem intrahistórica. A concepção da eleição expressa isso melhor que a cosmogonia. No âmbito da fundamentação cosmogônica da realeza mesopotâmica, no entanto, já no final do terceiro milênio a. C. a lista de reis sumérios registrou uma consciência da mudança de centros de dominação, ao falar de uma transferência do domínio real pelo deus da tempestade Enlil, de uma cidade para outra.[125] No mais a relação

---

[123] E. VOEGELIN, *Order and History*, vol. I, 1956. nesse primeiro volume de sua vasta obra, VOEGELIN havia combinado com a contraposição da autopercepção histórica do antigo Israel contra as demais civilizações do antigo Oriente ainda a tese de que somente com Israel teria surgido a consciência da historicidade (De forma análoga, na época, também, entre outros, M. ELIADE, *Der Mythos der ewigen Wiederkehr*, 1953, esp. p. 149ss.). No vol. IV de sua obra (1974) VOEGELIN revisou essa tese e, ao invés, ofereceu uma exposição mais ampla do surgimento da consciência histórica nas culturas do antigo Oriente ("historiogênese"). Cf. também do autor, *Anthropologie in theologischer Perspektive*, 1983, p. 478ss.
[124] G. VON RAD, *Das erste Buch Mose* (ATD 2), 1950, p. 120s.
[125] T. JACOBSEN, in: *Frankfort, Wilson, Jacobsen: Frühlicht des Geistes* (1946), versão alemã 1954, p. 154ss., 213ss.

daquelas culturas com a ordem social, cuja origem cosmogônica é representada pelo mito, corresponde em muitos aspectos à relação de Israel com o direito de Deus que para o povo eleito era compromissivo em virtude de sua relação de aliança com Deus. Nisso as antigas civilizações sem dúvida também tinham consciência de que para o ser humano está em jogo na ordem jurídica a possibilidade de seu ser pessoa propriamente dita – ainda que com a conseqüência de que, por exemplo, no antigo Egito o conceito do ser humano fosse coincidente com o do egípcio.[126]

Enquanto em Israel o surgimento e desenvolvimento de uma consciência histórica no sentido de uma história do agir divino[127] estava estreitamente vinculado às concepções da promessa e eleição divinas, que permitiam esperar certa coesão do agir divino, havia nas civilizações do antigo Oriente, além dessa, outras origens da consciência histórica. Entretanto a recordação de eras passadas, reis, dinastias na estava conectada na Suméria e no antigo Egito com a idéia de um progresso da história rumo a um alvo, como se tornou característico através da fé na promessa e na eleição de Israel para a consciência história judaica. Nas civilizações do antigo Oriente os inícios de uma consciência histórica talvez tenham surgido mais provavelmente a partir da experiência de tempos de crise e da esperança por restauração da ordem originária.[128] Contudo esparsamente também se encontram nas culturas do antigo Oriente rudimentos de uma consciência histórica ligados à experiência ou à postulação de eleição divina, mais precisamente em particular no contexto do chamamento de pessoas irregulares para o reinado. Assim Tutmoses IV relatou, em gravação sobre uma estela, a eleição que o sobreveio no sonho aos pés da grande esfinge de Gisé por parte do deus sol Re para se tornar rei.[129] Com muito mais consistência esse motivo atuou no império hitita, onde a eleição não apenas de um indivíduo, mas de toda uma dinastia

---

[126] Posição de J. A. WILSON, *op. cit.*, p. 39s.
[127] Sobre isso, o exposto sobre esse tema no vol. I, p. 317s.
[128] Mais detalhes sobre isso do autor in: *Anthropologie in theologischer Perspektive* 1983, Cf. também J. A. WILSON, *op. cit.*, p. 35: "Nenhum faraó podia ter esperança de conseguir realizar mais que a restauração das condições conforme prevaleciam na época Re, no início."
[129] J. B. PRITCHARD (ed.) *Ancient Near Eastern Texts Relating to the Old Testament*, 2ª ed. 1955, p. 446s; cf. a esse respeito E. OTTO, *Ägypten. Der Weg des Pharaonenreiches*, p. 147s.

e sua sustentação pela divindade eletiva se tornou objeto da tradição.[130] A consciência histórica hitita associada à idéia da eleição, porém, estribava-se tanto quanto a própria concepção de eleição, na pessoa do rei, respectivamente na dinastia. Nunca o povo como tal se tornou objeto do agir eletivo divino nem da história nele fundamentada.[131] Pelo fato de que em Israel a eleição se referir ao povo, ela se tornou ali ponto de partida de uma consciência dos processos históricos muito mais ampla e melhor elaborada por iniciativas sempre novas.

O enquadramento da concepção do Antigo Testamento acerca da eleição de Israel e da história da aliança dela decorrente de Deus com seu povo no contexto histórico-cultural, dentro do qual se desenvolveu essa concepção específica, possibilita em primeiro lugar a definição exata do ponto a partir do qual se pode definir a peculiaridade da concepção histórico-soteriológica de Israel na relação com as demais culturas do mundo oriental: Esse não é o pensamento da eleição como tal, mas a ligação da concepção da eleição com o povo e não apenas com a casa real. Em segundo lugar fica explícita assim a função da idéia da eleição ou da aliança para um tema que não diz respeito a Israel, a saber, para a fundamentação religiosa da ordem social e cultural. Somente pela ligação do pensamento da eleição ou aliança com o povo foi possível que a assim obtida fundamentação histórica da ordem social entrasse no lugar de seu alicerce cosmológico, que haviam cunhado a autocompreensão das culturas de destaque no antigo Oriente. Desse modo, porém, a argumentação leva de volta à pergunta se a descrição da origem divina de uma ordem social e cultural no sentido de uma *origem histórica*, conforme foi fundamentada pela idéia da eleição, permite ser generalizada. Deporia em favor que desse modo o conhecimento atual acerca da origem histórica dos sistemas culturais e sociais poderia ser unificado com a autocompreensão religiosa das culturas antigas, desde que elas se soubessem fundamentadas sobre uma origem divina, embora não na forma cosmológico-mítica, nas quais se expressou a autocompreensão dessas culturas. Parece depor contra isso que a idéia da eleição no Antigo Testamento designa o específico da relação de Deus com Israel na diferença com os demais povos: Ao contrário dos demais povos Israel foi eleito por Deus como povo de sua propriedade

---

[130] Sobre isso, cf. H. Cancik, *Mythische und historische Wahrheit*, 1970, p. 47 e 65.
[131] H. Cancik, *op. cit.*, p. 70.

(Dt 7.6s). Isso exclui que o relacionamento de Deus com outros povos seja do mesmo tipo como aquele com Israel. Contudo não exclui que o Criador do mundo também assumiu relacionamentos especiais com outros povos e culturas, que podem ser designados em sentido mais genérico pelo conceito da eleição. Isso é sugerido pela palavra do profeta Amós: "Não fiz eu subir Israel do Egito como os filisteus de Caftor e os arameus de Quir?" (Am 9.7b). Com essa pergunta e com a subjacente equiparação de Israel com outros povos o profeta se voltou contra a consciência de singularidade de seu povo, que se apoiava sobre o acontecimento da saída do Egito e a concessão da terra na Palestina como objeto da mais importante tradição eletiva de Israel. Certamente essa palavra profética é única no cânon do Antigo Testamento. Porém quando se deixa de lado a equiparação polêmica de Israel com outros povos, contida nessa palavra, ela sem dúvida pode ser unificada com outras afirmações sobre a eleição de Israel no sentido de que a singularidade da eleição de Israel não exclui qualquer possibilidade de comparação com outros povos. O profeta Amós, no entanto, atribuiu a outros povos, em contrariedade com o conteúdo de suas próprias tradições religiosas, um relacionamento com o Deus de Israel. A condução que lhes é atribuída, pelo Deus de Israel, que é também Criador deles, de suas regiões originárias não foi registrada, pelo que sabemos, em suas religiões, mas foi encoberta por variações do mito cosmogônico como forma de fundamentação de sua ordem social e cultural. Ou seja, em Amós 9.7b se trata de uma *releitura* da autopercepção religiosa dos povos a partir da visão da experiência de Deus de Israel. Apesar disso, essa interpretação não é mera projeção na perspectiva da fé de Israel. Afinal, pode se louvar de um ponto de referência empírico, a saber, na real origem histórica desses povos. Nesse sentido ela poderia ser considerada a mais realista que a presumível autocompreensão desses povos. Em analogia a isso seria possível que também em uma teologia geral das religiões a idéia da eleição em tal sentido mais genérico fosse aplicada à relação entre o governo divino do mundo para o surgimento e a história das diferentes culturas religiosas da humanidade.[132] Muito mais a história do cristianismo, que como o povo Israel

---

[132] Nesse sentido pleiteei no livro *Die Bestimmung des Menschen*, 1978, p. 94 em favor da possibilidade de utilizar o conceito de eleição como uma categoria descritiva de teologia material da história.

foi chamado à comunhão da fé com o Deus que elege, pode e deve ser levada à elaboração teológica sob o ponto de vista de uma história da eleição e no contexto dos aspectos, com ela vinculados, do compromisso da aliança, do envio ao restante da humanidade, e do agir de juízo de Deus em seu povo, quando não corresponde a seu dever na aliança e a seu envio. Essas categorias histórico-teológicas estreitamente vinculadas ao conceito da eleição do povo de Deus ainda serão mais bem analisadas na seqüência.

b) Os aspectos da autocompreensão histórica correlatos à idéia da eleição

A idéia da eleição não designa apenas a origem histórica da ordem de vida cultural de uma comunhão no sentido de um estatuto divino, mas, como já foi salientado na introdução ao presente bloco (acima, p. 638), faz com que também a vida comunitária por ela fundamentada seja experimentada como processo de uma história que se encontra debaixo do senhorio do Deus que elege. Isso se depreende da referência a um alvo contida na própria idéia da eleição e da pergunta pela correspondência do eleito com sua destinação por parte do Deus que o elege.

1 – Em primeiro lugar cabe citar aqui a correlação entre eleição e revelação. A envergadura do tema da revelação é mais ampla. A revelação não está sempre combinada com eleição. Existe também uma revelação de Deus no juízo. Contudo em contrapartida a consciência da eleição sempre pressupõe um conhecimento do Deus que elege, ainda mais quando seu conteúdo não é apenas uma eleição sentida de modo indefinido, mas se alicerça sobre determinados acontecimentos. Não se pode dissociar disso uma consciência, ainda que vaga, a instância eleitora. A automanifestação dela não precisa ter de antemão o caráter de auto-revelação no sentido de um desvendamento pleno e definitivo da essência daquele que elege, contudo tem de pelo menos incluir o poder para acompanhar o eleito na trajetória de sua vocação ao alvo dela. Com o agir eletivo de Deus em Israel esteve, ademais, relacionada desde cedo a idéia de um autocomprometimento daquele que elege mediante uma promessa ou mediante um juramento prestado aos patriarcas (Dt 7.8; cf. Dt 4.31). Ao lado do poder está pressuposta a inalterabilidade ou fidelidade do Deus que elege para além do momento da experiência da eleição, para que o eleito, confiando nele, possa obter

certeza do alvo de sua eleição, respectivamente da promessa com ela vinculada. Por isso uma comunhão que se compreende como eleita estará sumamente interessada na realidade e divindade daquele que a elege, do mesmo modo como na constância de sua inclinação a seus eleitos.

    Nesse contexto cabe lembrar o que foi dito anteriormente acerca da verificação da divindade em que se crê no campo da experiência do mundo por parte de uma comunidade religiosa e nas controvérsias entre as religiões sobre o entendimento da realidade do mundo.[133] A confirmação ou não-confirmação de certezas religiosas através da experiência do mundo no curso da própria história na realidade acontece em todas as culturas e religiões, porém se torna especialmente um tema para a fé na eleição e para uma cultura religiosa que se baseia nele. A perspectiva, descortinada por uma fé na eleição, de experiência histórica, possui um cunho essencial em termos *histórico*-religiosos, uma vez que no processo de tal experiência se trata em última análise, e de modo plenamente abrangente, da realidade e identidade do Deus que elege. O mesmo vale para a história do cristianismo. Sob esse aspecto a história da igreja como história da religião do cristianismo justamente não tem a ver apenas com uma história da concepção humana acerca da divindade e das formas com ela relacionadas da vida religiosa e cultural, mas deve ser entendida como história de uma luta pela aprovação da fé na divindade de Deus na autodemonstração de seu agir histórico.[134] As configurações concretas em que se levanta

---

[133] Cf. vol. I, p. ...[175ss].
[134] Na seqüência às exposições do autor sobre esse tema, in: *Wissenschaftstheorie und Theologie*, 1973, p. 393-406, B. JASPERT, *Hermeneutik der Kirchengeschichte*, ZTK 86, 1989, p. 59-108, esp. p. 90ss e 99 concordou com a descrição da tarefa da história eclesiástica como história da religião do cristianismo, embora sem se dispor a debater o ponto central, de que na pergunta, sempre de novo suscitada no processo da experiência histórica, pela comprovação de afirmações transmitidas sobre Deus e sua revelação na experiência da realidade mundial e na autopercepção dos seres humanos se trata da verdade das afirmações tradicionais e por isso da realidade do próprio Deus. A circunstância de que esse ponto central foi muito pouco entendido é evidenciada pela reprodução que JASPERT faz de minha tese, de que a tradição religiosa no processo de tal comprovação histórica funciona formalmente como hipótese, ao formular que nesse caso está em jogo a integração dela "na" multiplicidade da experiência atual

a pergunta pela realidade do Deus em que se crê e por sua aprovação na experiência histórica para o cristianismo no processo de sua história, foram sempre mais ou menos co-determinadas pelo entendimento da igreja como povo de Deus, ou seja, pelo tema da eleição: Dessa maneira a consciência de fé cristã, à semelhança de como anteriormente já a judaica, está aberta para uma experiência da história como campo do agir divino, mas também como campo do envio e da aprovação dos eleitos.

A irrevogabilidade da eleição se alicerça sobre a inabalável auto-identidade e fidelidade do Deus que elege. Ela precisa ser comprovada para o eleito no curso de sua história rumo ao alvo dela. Sob esse aspecto a experiência da história traz para ele implícita a expectativa da auto-revelação definitiva do Deus que revela Deus. Na história de Israel esse motivo se salientou particularmente desde o profetismo exílico.[135] Com a concentração na revelação escatológica de Deus, porém, igualmente o conteúdo da consciência de eleição ganha uma abertura para frente: Também ele será determinado definitivamente apenas pelo futuro de Deus. Por isso, para a fé cristã, a antecipação do futuro de Deus na atuação de Jesus e em sua história se torna a base da consciência de eleição da igreja.

(p. 93, acerca do exposto pelo autor, *op. cit.*, p. 317s), enquanto justamente se trata da questão se aquela multiplicidade da experiência atual pode ser integrada na compreensão da tradição religiosa sobre Deus, depois de aceita por seus adeptos, como realidade que determina a tudo. Se nessa integração a experiência atual for "avaliada mais alta que a experiência passada da história" (JASPERT, *op. cit.*) ou vice-versa, é irrelevante para o sentido e a premência daquela pergunta que se impõe a cada pessoa religiosa já no ato de sua experiência vivencial, e não, p. ex., apenas no nível da reflexão teórica, embora ambas possam ocorrer na exterioridade da relação entre contemplação histórica e tradições religiosas. Infelizmente JASPERT não reage mais detalhadamente a meu estímulo, de tratar a consciência de eleição da igreja como povo de Deus como tema-chave de uma teologia da história da igreja como história da religião no sentido especificado, embora seja citada a referência correspondente de *Wissenschaftstheorie und Theologie* (p. 405; *op. cit.*, p. 95). Cf. sobre isso minha exposição, in: *Die Bestimmung des Menschen*, 1978, p. 61-84. Para minha compreensão da tarefa de uma teologia descritiva da história eclesiástica isso teria sido mais importante que a idéia, a mim atribuída, "da aceitação de uma fé racional por humanos racionais em um mundo racional" (*op. cit.*, p. 99), acerca da qual se pergunta onde, afinal, o autor a encontrou em mim.

[135] Cf. vol. I, p. 285ss.

2 – Assim como, pois, a consciência de eleição tem como premissa uma automanifestação do Deus que elege ou até mesmo sua revelação definitiva, assim decorre dela a consciência de um compromisso dos eleitos, de corresponder por meio de seu comportamento à comunhão com o Deus que elege, fundamentada pelo ato da eleição. Essa verdade chega à expressão clássica no Antigo Testamento em associação com o conceito da aliança: Ainda que "aliança" represente inicialmente um estatuir unilateral de um mais poderoso diante de outro mais fraco, que somente pode receber ou aceitar tal estatuto, e ainda que esse estatuir não tenha de ser vinculado expressamente a condições, que cabe ao destinatário cumprir,[136] não deixa de estar contido nele, na substância, um compromisso por parte do destinatário de preservar o relacionamento de comunhão assim estabelecido.[137] Na elaboração posterior da tradição do Sinai essa implicação também foi formulada expressamente de várias maneiras, ora representando a preservação do estatuto jurídico de Deus como premissa para que ele mantenha sua outorga da aliança (Dt 7.12; cf. Dt 5.3), ora designando a preservação da própria "aliança" (Êx 19.5) como condição do pertencimento

---

[136] A concepção de uma "aliança" como de uma instituição unilateral por pare de um mais poderoso foi lançada em 1944 por J. BEGRICH: "Berit. Ein Beitrag zur Erfassung einer alttestamentlichen Denkform", in: idem, *Gesammelte Studien zum Alten Testament*, 1964, p. 55-66. Em contraposição, a idéia de um contrato mutuamente compromissivo seria secundária. Cf. também E. KUTSCH, art. "Bund I", in: *TRE* 7, 1981, p. 397-403. Enquanto KUTSCH separa entre o uso do termo *berit* por um lado para o comprometimento de si próprio por meio de uma promessa solene, por outro para um estatuto imposto (p. 399s), K. BALTZER, *Das Bundesformular*, 2ª ed. 1964 e outros tentaram comprovar que os dois aspectos ocorrem juntos. Conforme L. PERLITT, *Bundestheologie im Alten Testament*, 1969, no entanto, na idéia da aliança, desenvolvida primeiramente no Deuteronômio, não deve se tratar de um pensamento formado mediante apoio no modelo de contratos hititas entre governos, mas, pelo contrário, de uma reação aos contratos assírios para vassalos dos séc. VIII e VII.

[137] Conforme G. v. RAD, Begrich "separou de forma excessivamente rígida entre *berit* unilateral e bilateral, porque nem mesmo a mais original celebração de aliança não pode ser muito bem imaginada sem uma vontade contratual imposta no destinatário" (*Theologie des Alten Testaments*, vol. I, 1957, nota 33). No Antigo Testamento, pelo menos, "a aliança de Deus por um lado e a revelação da vontade jurídica a Israel por outro estão coadunadas da forma mais estreita" (p. 137).

continuado do povo (como "propriedade") a esse Deus que o conduziu para fora do Egito.[138]

O quadro também foi nominado de outra forma. Por exemplo, o povo chamado a ser "propriedade" (Êx 19.5) do Deus de Israel é chamado "um povo santo" (Êx 19.6): separado dentre os povos para a comunhão com Deus. No Deuteronômio, onde talvez se deva localizar a origem também desse pensamento,[139] ele serve para fundamentar a abstinência de práticas cultuais costumeiras em outros lugares (Dt 14.21; cf. 14.2; 7.6). Através do cumprimento das instruções de Deus o povo deve se evidenciar como um povo "santo" pertencente a ele (Dt 26.19; cf. 28.9). O Escrito Sacerdotal transformou esse pensamento em motivo central de sua tradição da lei: "Sereis santos, porque eu sou santo, o Senhor, vosso Deus" (Lv 19.2). Um eco disso se encontra ainda na palavra de Jesus transmitida por Mateus: "Deveis ser perfeitos, assim como vosso Pai no céu é perfeito" (Mt 5.48). Para além de todas as determinações específicas o pertencimento a Deus significa segregação do mundo do pecado. Esse é o motivo fundamental da santificação da vida, que é asseverada em Paulo sempre de novo como conseqüência do pertencimento a Jesus Cristo (1Ts 5.23; 1Cor 6.11; 1.2; etc.), singularmente em vinculação com o batismo (Rm 6.19ss). Digno de nota nisso é que a convocação à santificação via de regra se dirige à congregação, não ao indivíduo isolado: O motivo da santificação forma uma unidade com a idéia do povo eleito de Deus e sua segregação do mundo para a comunhão com Deus.

A separação do povo de Deus diante do mundo se exterioriza em um estilo de vida comum que diferencia entre a comunhão dos eleitos e os caminhos do mundo. O cristianismo moderno se esqueceu dele em grande medida. Seus membros pensam que precisam se adaptar ao mundo, em vez de se diferenciar de maneira consciente e comunitária das regras e formas de vida dele. Porém justamente a diferença entre o modo de vida dos cristãos e um entorno moralmente corrupto

---

[138] Sobre Êx 19.3-8, cf. L. PERLITT, *op. cit.*, p. 167-181. Conforme PERLITT *berit* designa em Êx 19.5 "um compromisso imposto" como condição do relacionamento com Deus (p. 171). Cf. também lá p. 61s sobre Dt 7.9 e 12, bem como p. 102-115 sobre a fórmula da aliança do Deuteronômio em Dt 26.17s e sua história precedente (esp. p. 108s).

[139] L. PERLITT, *op. cit.*, p. 172ss.

contribuiu nos inícios do cristianismo para a força de atração de sua comunhão e de sua fé. Os cristãos precisam desenvolver uma nova sensibilidade para o fato de que a comunhão com Deus traz consigo conseqüências específicas para a convivência dos que crêem, conseqüências que também se concretizam em regras de um estilo de vida comum, sem que com isso já houvesse razão para suspeitar de um novo legalismo.[140] No antigo Israel o direito de Deus era a quintessência de tal ordem vivencial do povo que correspondesse à comunhão com Deus, ao qual Deus havia separado dentre as nações para comunhão com ele.

O interesse na ordem adequada ao fundamento de toda a realidade na convivência dos seres humanos de forma alguma era apenas uma preocupação de Israel, mas movia todas as civilizações antigas. A pergunta pela ordem de convivência dos seres humanos de fato apropriada para a realidade divina, ou seja, verdadeiramente justa e por conseqüência também verdadeiramente humana constitui conforme Eric VOEGELIN o tema central de toda a história humana. Da fundamentação dessa ordem da sociedade a partir da ordem do próprio cosmos tratam em última análise os mitos cosmológicos dos povos e os cultos relacionados com eles. Nas controvérsias da história, porém, se desencadeia a disputa em torno do conteúdo dessa ordem verdadeira, do verdadeiro direito de Deus. Na visão de Israel os povos transgridem o direito por não conhecer o verdadeiro Deus. Por isso hão de peregrinar no fim dos tempos ao Sião, para se deixar instruir pelo Deus de Israel sobre o direito e permitir que ele solucione suas disputas jurídicas (Mq 4.1-4; Is 2.2-4). Até então Israel está convocado a ser, por meio de sua existência como povo de Deus, testemunha a favor da vontade jurídica de Deus entre os povos (Is 42.1 e 51.5-7). Na perspectiva de tal expectativa escatológica o direito de Deus de Israel deveria ser compreendido como uma antecipação da futura ordem do reino de Deus,[141] não como um estatuto do passado que de hoje em diante fosse imutável.

---

[140] Cf. adicionalmente o exposto acima, no cap. 12,3 d (esp. p. 96ss.) sobre a diferença e vinculação entre direito e lei.

[141] Faz parte disso também a diferença entre a norma e sua concretização; porque a forma ainda a ser realizada deve ser concebida como antecipação da configuração concreta, em que forma e conteúdo estão unificados. Cf. I. KANT, *Kritik der reinen Vernunft*, 1781 (A), p. 166s, bem como p. 246.

É por isso que toda forma histórica do direito de Deus carece sempre de novo da interpretação à luz do futuro escatológico do senhorio de Deus, como Jesus a realizou através de sua interpretação da lei.

Da vinculação de eleição e compromisso com o direito de Deus se pode depreender o caráter antecipatório também da própria eleição como clarão prévio ou, melhor, como prefiguração do futuro escatológico do reino de Deus. No caso da igreja cristã essa prefiguração não se dá mais de forma mediada na comunidade de direito de seus membros como povo de Deus, mas na forma da configuração sacramental no sinal da ceia de Jesus, na qual com ele pessoalmente já se torna presente o senhorio de Deus. A comunhão da ceia em caráter de sinal implica na comunhão real dos que dela participam, assim como também deve ser realizada concretamente entre eles a partir da força do amor de Deus e de Jesus Cristo, contudo sem fixação em uma forma jurídica definitiva para além da comunhão cultual da igreja. No entanto, está relacionada com isso não apenas a liberdade cristã nos relacionamentos dos membros da igreja entre si, mas também o perigo de que a comunhão eucarística da igreja se torne mero ritual simbólico que dificilmente traz conseqüências para os relacionamentos vivenciais concretos de seus membros.

3 – A relevância humana geral da temática do direito que está implícita no engajamento do eleito para Deus, contém já o momento do testemunho ou da missão do eleito em relação ao restante da humanidade. A missão universal é o reverso da particularidade da eleição. Ela consiste no testemunho em favor da vontade jurídica de Deus entre os povos (Is 42.1). A vontade jurídica de Deus para a renovação da comunhão dos seres humanos entre si sobre o fundamento de sua comunhão com ele, que se expressa em que eles lhe tributam a honra de sua divindade,[142] dirige-se à humanidade toda. Ela á testemunhada por parte do povo de Deus não tanto pela instrução moral de outros, mas antes pelo fato de que sua própria comunhão corresponde à vontade jurídica de Deus – onde quer que esse seja o caso – contudo também por meio das condenações de Deus na história sobre a desobediência de seu povo.

---

[142] Sobre isso, cf. do autor "Leben in Gerechtigkeit", in: H. Franke et al. (eds.), *Veritas et Communicatio. Ökumenische Theologie auf der Suche nach einem verbindlichen Zeugnis* (Festschrift U. Kühn), 1992, p. 310-320.

A percepção da correlação geral entre eleição como separação do mundo dos povos e envio do eleito para testemunhar entre os povos constitui o arcabouço para entender a peculiaridade da tarefa missionária cristã: Anunciar aos povos o evangelho e transformá-los em seguidores por meio batismo em nome do Deus triúno (Mt 28.19) significa atrair pessoas dentre todos os povos para dentro da presença do senhorio de Deus vindouro comunicada em forma de sinal e que já irrompeu com Jesus Cristo, e dessa maneira servir à destinação dos seres humanos para a reconciliação com Deus e uns com os outros. A configuração especial do testemunho de que a congregação cristã foi incumbida na forma da missão cristã aos povos tem por fundamento o caráter escatológico da atuação e da história de Jesus Cristo e a autopercepção, nele baseada, da igreja como congregação escatológica. O próprio Jesus e a congregação primitiva ainda parecem ter vivido na expectativa profética da peregrinação escatológica dos povos ao Sião como lugar do anúncio do direito de Deus.[143] Até então cabe à congregação dos fiéis testemunhar a irrupção do senhorio de Deus, assim como a cidade sobre o monte, amplamente visível, não pode permanecer oculta no mundo que a cerca (Mt 5.14). Foi, porém, da mensagem cristã da Páscoa e da convicção, nela baseada, de que o Ressuscitado já agora está exaltado para o governo messiânico como o *Krios* à direita do Pai, que resultou a incumbência formulada em Mt 28.18s, de levar essa notícia a todas as nações.[144] O fato de que foi emitido o chamado para que os povos creiam, sem que fossem compromissados com o direito de Deus da tradição judaica de terem sido motivados pela compreensão da crucificação de Jesus como expressão da maldição da lei (Gl 3.13). Por isso, à luz da ressurreição do Crucificado, a lei perdeu sua autoridade compromissiva: Por intermédio de sua morte Jesus Cristo derrubou o "muro da inimizade" entre judeus e gentios (Ef 2.14s), abolindo a lei (Ef 2.15). Em vista do desenvolvimento posterior das relações entre cristãos e judeus essa declaração da carta aos Efésios pode ser considerada como exageradamente otimista ou, pelo contrário, como expressão de um entusiasmo escatológico: De maneira tanto mais impactante ela documenta a motivação da missão cristã aos povos a partir da consciência escatológica do primeiro

---

[143] J. JEREMIAS, *Neutestamentliche Theologie*, vol. I, *Die Verkündigung Jesu*, 1971, p. 235ss.
[144] Cf. adicionalmente F. HAHN, *Das Verständnis der Mission im Neuen Testament*, 1963, p. 52ss.

cristianismo. A consciência do senhorio de Deus já iniciado na atuação de Jesus, bem como da exaltação do Ressuscitado para exercê-lo como *Krios*, forma uma unidade com a missão universal como forma de testemunho adequada a essa confissão.

4 – Assim como o motivo do envio vinculado à particularidade da eleição no contexto vivencial de um mundo circundante, assim também as experiências de respaldo divino na trajetória dos eleitos, mas igualmente o juízo de Deus sobre seu desvio dos caminhos de Deus, pertencem à perspectiva histórico-teológica descortinada pela idéia da eleição. Para a interpretação teológica da história do povo eleito de Deus no Antigo Testamento a idéia do juízo se tornou especialmente importante, porque permitiu trabalhar até mesmo as catástrofes da história de Israel a partir de sua fé no Deus de Israel como o Senhor sobre a história de seu povo e de todas as nações. A relevância histórico-teológica da idéia do juízo, porém, não se limita ao Antigo Testamento e à história de Israel. Sua eficácia ou seu desaparecimento constituem um indício para constatar se indivíduos ou comunidades se submetem á soberania de Deus, cônscios de sua vocação ou eleição, sabendo-se responsáveis perante ele, cientes de seu senhorio sobre o curso da história, ou se sua fé na eleição está ideologicamente pervertida.

O juízo de Deus evidentemente não apenas atinge o povo eleito. No curso da história ele atinge mais cedo ou mais tarde a todos que não se atêm à vontade jurídica de Deus. Por meio de sua ação de juízo a realidade de Deus também se mostra como inescapável aos pecadores que se desviam dele. Contudo os povos que vivem fora do círculo de luz da revelação bíblica de Deus e sem uma consciência expressa da condução de sua história por Deus, experimentam os juízos de Deus como destino cego. Entretanto para Israel, ao qual foi anunciada a vontade jurídica de Deus por Moisés (Sl 103.7), as catástrofes de sua história se tornaram perceptíveis como efeito e expressão do juízo divino. Nesse sentido deve ser entendida a palavra de Amós: "Unicamente a vós eu escolhi dentre todas as gerações da terra; por isso vingo em vós toda a vossa culpa" (Am 3.2).[145] A santidade de Deus em seus juízos se revela justamente em seu povo eleito.

---

[145] Naturalmente o profeta inverte assim as expectativas vinculadas em seus ouvintes com a declaração da eleição, destacando o compromisso ligado à eleição. Cf H. W. WOLFF, *Dodekapropheton* vol. II, *Joel und Amos*, 1969, p. 215s.

Entretanto, também em outros povos Deus age como Juiz, ao permitir que se efetive no destino deles a lei da correspondência entre atos e conseqüências, sem preservar por sua intervenção clemente os perpetradores diante das decorrências de seu agir. A vinculação jurídica entre atos e conseqüências permitiu ao profetismo de Israel proclamar, em suas declarações sobre povos estrangeiros, o juízo de Deus também sobre outras nações. Mas também fora de Israel havia uma consciência de tais correspondências. Na Grécia ela praticamente se tornou, em HERÓDOTO, a origem e o pensamento básico da historiografia grega, cujo objeto preferido não era a ascensão de uma constelação estatal (isso apenas a partir de POLÍBIO), mas a variabilidade dos destinos humanos na competição dos povos e Estados.[146] A comprovação de correlações entre a *hbris* [orgulho] dos seres humanos e a *nêmesis* [justiça distributiva] divina subseqüente a ela no curso da história[147] caracteriza em especial a obra de HERÓDOTO, mas também ocorre ainda em TUCÍDIDES, e percepções análogas na concatenação dos destinos humanos se encontram nos grandes trágicos. Assim o conhecimento das conexões, que a Bíblia descreve como agir divino de juízo no curso da história, de forma alguma se limita ao entorno da revelação bíblica. Tampouco permite ser descartada simplesmente como expressão de uma concepção pré-crítica da história. Pelo contrário, também uma contemplação moderna da história ainda é capaz de reconhecer o motivo do juízo sobre

---

[146] Sobre HERÓDOTO, *Hist.* 1,5, cf. W. SCHADEWALDT, *Die Anfänge der Geschichtsschreibung bei den Griechen*, 1982, p. 21s. Por isso os gregos segundo SCHADEWALDT não conheciam um direcionamento do curso histórico (p. 125). Em todos os casos isso está correto para os primórdios de sua historiografia. Também H. CANCIK, que assevera a existência dessa concepção na historiografia grega, a comprova somente para a descrição da ascensão de Roma em DIODORO de Agirião ("Die Rechtfertigung Gottes durch den 'Fortschritt der Zeiten'. Zur Differenz jüdisch-christlicher und hellenisch-römischer Zeit- und Geschichtsvorstellungen", in: A. PEISL; A. MOHLER, *Die Zeit*, 1983, p. 257-288, 265ss.). No entanto, a idéia do "direcionamento do curso histórico" não permite – como ainda pensava sob influência de W. DILTHEY ao lado de K. LÖWITH e outros também W. SCHADEWALDT (*op. cit.*, p. 125) – ser descrita como algo criado somente pelo cristianismo, embora essa idéia em historiadores antigos como DIODORO ou POLÍBIO de fato permanecesse enquadrada em sua visão de mundo na concepção estóica de ciclos cósmicos.
[147] Cf. H. BUTTERFIELD, "God in History" (1952), in: idem, *Writings on Christianity and History* (ed. C. T. MCINTIRE), 1979, p. 3-16.

os feitos dos seres humanos e povos como *implicit in events* [implícita nos eventos],[148] quando não se fecha, preconceituosamente contra toda acusação sóbria da concepção histórica, a interpretações teológicas da experiência história.[149]

> HERBERT BUTTERFIELD não hesitou em aplicar esse modo de ver também a eventos da história moderna.[150] Pareceu-lhe, historiador inglês que era, particularmente evidente essa verdade nas derrotas alemãs em ambas as guerras mundiais, e escreveu a respeito que esse tipo de juízo na história seria "um fato que dificilmente poderia ser negado".[151] Nessa concepção BUTTERFIELD estava muito próximo da teologia da história de REINHOLD NIEBUHR. No centro dela igualmente está a idéia do juízo. Em NIEBUHR, porém, diferente de BUTTERFIELD, que para tanto recorreu à evidência empírica, tratava-se de expressão de uma visão da história com uma orientação teológica específica, que se baseia sobre o pensamento do senhorio de Deus e de seu contraste com as tentativas dos seres humanos de a si mesmo se colocarem no lugar de Deus.[152] Também no jovem BARTH pensamentos semelhantes tiveram certa importância. Contudo em KARL BARTH não se trata tanto de um juízo de Deus na história como, pelo contrário, da contrariedade de Deus contra *toda* a história: Motivo para isso, porém, foi uma experiência histórica específica, a saber, o abalo geral causado pela Primeira Guerra Mundial e seu desfecho. Essa experiência foi tanto a condição para o surgimento da "teologia da crise" na nova versão de BARTH em sua interpretação da carta aos Romanos de 1922, como também um fator que não deve ser subestimado em vista do efeito impactante que partiu dela.

---

[148] H. BUTTERFIELD, *op. cit.*, p. 190.
[149] Nesse ponto é necessária uma discussão com a perda da dimensão teológica, ainda preservada em L. VON RANKE e J. G. DROYSEN, na consciência histórica em geral. Sobre isso, cf. A. DUNKEL, *Christlicher Glaube und historische Vernunft. Eine interdisziplinäre Untersuchung über die Notwendigkeit eines theologischen Geschichtsverständnisses*, 1989. Sobre DROYSEN ali esp. p. 107ss. A relevância do tema do juízo, porém, é apenas tangenciada em DUNKEL, ao contrário da idéia da eleição (p. 290ss.).
[150] H. BUTTERFIELD, *Christianity and History*, 1949, citação conforme a tradução alemã: *Christentum und Geschichte*, 1952, p. 59ss.
[151] H. BUTTERFIELD, *op. cit.*, p. 68.
[152] R. NIEBUHR, *Faith and History. A Comparison of Christian and Modern Views of History*, 1949.

A interconexão dos temas da eleição, revelação, do compromisso e envio nelas fundamentados, bem como do agir de Deus relacionado com elas na proteção e no juízo, deve ser depreendida inicialmente dos testemunhos bíblicos do agir de Deus na história de Israel e em Jesus Cristo. Entretanto não há razão para restringir a relevância dessas categorias a essa história particular. Especialmente o agir divino de juízo na história não constitui nem mesmo nos testemunhos da Bíblia uma verdade restrita à história do povo de Deus, ainda que a ação da *nêmesis* na história dos povos apenas seja testemunhada na perspectiva da história bíblica de Deus como um agir do *Deus de Israel*. Um dado similar resultou, ainda que esparsamente, para a idéia da eleição. Pois o profeta Amós era capaz de asseverar um agir de Deus análogo à tradição central da eleição para Israel, o evento do êxodo , também com outros povos (Am 9.7), seguramente não no sentido de sua própria autocompreensão sobre a fundamentação de sua ordem de vida, mas certamente como descrição de sua origem histórica a partir da visão da experiência da realidade de Israel.

A partir daí impõe-se a pergunta se teologia cristã também deve falar de um agir de Deus na história para além do perímetro da história bíblica, um agir de vocação e envio, mas também de juízo. Como é que os cristãos podem falar do Deus de Israel que age na história, se eles querem ver seu agir histórico em sua própria história e, da mesma maneira como os profetas do Antigo Testamento, tampouco atuante no mundo dos povos? Dificilmente parece ser justificado confessar-se em locuções genéricas pelo governo mundial do Deus da Bíblia, quando a aplicação desse pensamento à experiência concreta da história é classificada ao mesmo tempo como uma espécie de transgressão de limites. A confissão genérica a favor do governo mundial de Deus se torna vazia e inexpressiva quando não se detecta e nomeia o agir concreto de Deus nos acontecimentos da história, ainda que não possa ser perceptível de igual modo em todos os lugares nem acessível em seu sentido. Nessa questão as pessoas com certeza não estão protegidas contra equívocos como tampouco em outras áreas de sua formação de opinião, e o sentido definitivo dos caminhos de Deus na história somente será reconhecível à luz da consumação escatológica da criação. Não obstante: Se nem sequer falamos mais do agir concreto de Deus na história pela proteção e pelo juízo, não devemos nos surpreender quando a realidade de Deus como tal esmaece na consciência dos seres humanos. Abster-se nessa questão não é nenhum sinal de humildade especial em vista da impossibilidade de sondar os caminhos de Deus. Isaías acusou seus contemporâneos: "... a obra do Senhor, eles não a consideram, e o agir de suas mãos, não o vêem" (Is 5.12). Para aperceber-se do agir preservador de Deus e de seus juízos no curso do acontecimento, para isso não há necessidade como, p. ex., para prenunciar tais eventos, de uma inspiração profética especial, mas unicamente da disposição de contar concretamente com Deus como o Senhor da história, ao contrário daqueles que em sua segurança ilusória zombam dizendo que Deus não faz nem o bem nem o mal (Sf 1.12).

Tudo isso vale novamente de forma especial para a concepção e exposição da história de cristianismo e igreja.

4. A tarefa de uma interpretação teológica da história de igreja e cristianismo à luz da doutrina da eleição

Em nenhuma outra área a teologia cristã se adequou tão livre de ressalvas a uma compreensão de realidade puramente secular, dissociada de todas as relações com a realidade de Deus, como no trato da história da igreja.[153] Já desde o final do séc. XVI a história mundial como "história humana" (*historia humana*) foi diferenciada da história divina, conduzida e marcada pela intervenção milagrosa de Deus,[154] e desde o abandono do esquema de Daniel, das quatro monarquias, para interpretar a história *post Christum natum* [após o nascimento de Cristo][155] também a história eclesiástica foi enquadrada, ao contrário da história bíblica, no âmbito da história "humana". A historiografia "pragmática" do séc. XVIII, que buscava "as causas dos acontecimentos e processos históricos meramente no ser humano",[156] consolidou

---

[153] Sobre isso, cf. do autor, in: *Wissenschaftstheorie und Theologie*, 1973, p. 393ss., esp. p. 398ss.

[154] B. JASPERT, *op. cit.*, p. 63s. remete às origens dessa diferenciação em J. BODIN (1566) e em R. REINECCIUS (1583).

[155] Cf. A. KLEMPT, *Die Säkularisierung der universalhistorischen Auffassung. Zum Wandel des Geschichtsdenkens im 16. und 17. Jahrhundert*, 1960.

[156] B. JASPERT, *op. cit.*, p. 65s sobre J. L. VON MOSHEIM.

definitivamente essa maneira de ver a história. O resultado não apenas para a teologia, mas também para a fé cristã, contudo, é fatal: Enquanto os escritos bíblicos falam do agir de Deus na história, a maioria das descrições da história da igreja transmite a impressão de que o mais tardar desde o final do cânon do Novo Testamento Deus se teria retirado da história dos seres humanos.[157]

 Hoje se posicionam cética ou contrariamente a uma interpretação teológica do curso da história de cristianismo e igreja, que inevitavelmente teria de incluir também o desenrolar da história mundial desde a aparição de Cristo, também aqueles teólogos que a enfatizam a relevância fundamental do agir histórico de Deus para as exposições bíblicas da história de Israel e de Jesus Cristo. OSCAR CULLMANN, p. ex., não apenas distanciou seu conceito de história da salvação – como designação da história do agir divino atestado pelos escritos bíblicos – da história mundial, porque a história da salvação abarcaria apenas uma *seleção* não-inteligível dos episódios pertencentes à história mundial.[158] Ele também asseverou que a história da salvação, que continua após a aparição de Cristo como *"desdobramento do evento do Cristo"*, permaneceria oculta, porque com o término do cânon do Novo Testamento também estaria encerrada a revelação acerca do plano divino de salvação.[159] De forma semelhante se pronunciou do lado católico romano KARL RAHNER, ao diferenciar uma história da salvação "oficial", que como tal é identificada por revelação divina, da história restante: Essa seria na realidade, segundo sua substância, igualmente história da salvação, porque também em seus processos há pessoas relacionadas com a pergunta por sua salvação. Contudo ela não nos é reconhecível como história da salvação, porque para isso faltaria a revelação "oficial".[160] Aqui a segregação entre a história

---

[157] Também E. MÜHLENBERG enfatizou que a disciplina da história eclesiástica somente poderá corresponder a seu objeto se ela se compreender como disciplina teológica. A redução aos aspectos captáveis da história profana dos processos na história da igreja "não se coaduna com o objeto" ("Gott in der Geschichte. Erwägungen zur Geschichtstheologie W. PANNENBERGS", in: *KuD* 24, 1978, p. 244-261, citação da p. 245).
[158] O. CULLMANN, *Heil als Geschichte*, 1965, esp. p. 135ss.
[159] O. CULLMANN, *op. cit.*, p. 270.
[160] K. RAHNER, "Weltgeschichte und Heilsgeschichte", in: *Schriften zur Theologie*, vol. V, 1964, p. 115-135, esp. p. 125ss. Sobre a relação entre RAHNER e CULLMANN nessa questão, cf. ensaio do autor citado na nota 122, p. 358ss., esp. 361s.

da salvação "oficial" e a história geral deve ser resultado de um ponto de vista excessivamente formal de interpretação inspirada e credenciada. Em CULLMANN esse ponto de vista se destaca na forma de uma limitação às afirmações expressas dos escritos bíblicos. Entretanto, se for cabível relacionar o conceito da revelação ao plano divino de salvação para a história da humanidade, resumido em Jesus Cristo e revelado em sua história (cf. vol. I, p. 292ss.), então um pensamento desses também carece do desdobramento no sentido da teologia cristã do *Logos* que imaginava Jesus de Nazaré como revelação do *Logos* divino que desde os primórdios perpassava o tempo do mundo. O desdobramento dessa idéia não deveria apenas acontecer em termos cosmológicos na teologia cristã da criação, mas em concordância com os testemunhos bíblicos principalmente também em termos histórico-teológicos. Antes da consumação escatológica ela sempre será provisória e passível de correção. Porém não pode ser totalmente omitida, caso não se queira que o testemunho cristão a favor da encarnação do *Logos* divino na pessoa e história de Jesus Cristo apareça como uma fórmula vazia insustentável no que se refere à vinculação com a realidade.

OSCAR CULLMANN pelo menos encontrou no Novo Testamento uma referência ao tema da história da igreja entre ascensão e retorno de Cristo: Trata-se da tarefa da missão.[161] JEAN DANIÉLOU elogiou isso como uma percepção que apontaria para além do estreitamento cristológico de BARTH: A história da igreja possui, com a tarefa da missão, seu próprio tema, cujo alcance histórico-soteriológico é elucidado pelo fato de que por causa da missão até mesmo se retardou o retorno de Cristo.[162] Contudo DANIÉLOU não deixou valer a missão como o único tema da história da igreja: O desdobramento do dogma e o testemunho dos mártires igualmente precisam ser reconhecidos como expressão do envio e da essência da igreja no tempo entre ressurreição e retorno de Cristo, sem serem redutíveis à idéia da missão. Também as cisões da igreja e sua superação carecem, conforme DANIÉLOU, de uma interpretação histórico-teológica.[163] Além disso, ele demandou que também a história mundial, entrelaçada com a história

---

[161] O. CULLMANN, *Christus und die Zeit* (1946), 3ª ed. 1962, p. 139ss., esp. p. 145s.
[162] J. DANIÉLOU, *Essai sur le mystère de l'histoire*, 1953, p. 18s, cf. também p. 243ss sobre Gregório de Nissa.
[163] J. DANIÉLOU, *op. cit.*, p. 20.

eclesiástica, fosse considerada na interpretação teológica da história depois de Cristo.[164]

DANIÉLOU classificou como erro tipicamente protestante limitar o conceito de história da salvação ao acontecimento testemunhado na Escritura e não perceber sua continuidade na história da igreja.[165] Com isso se poderá concordar já pelo fato de que, ao lado de DANIÉLOU, teólogos protestantes como ERIC C. RUST, REINHOLD NIEBUHR e HENDRIK BERKHOF[166] se inserem entre os poucos que realmente desenvolveram rudimentos para uma interpretação teológica da história da igreja. Entre eles também precisa ser contado, dentre os autores posteriores, ECKEHART MÜHLENBERG (cf. abaixo). Em contraposição, teólogos católicos como KARL RAHNER e HANS URS VON BALTHASAR[167] se pronunciaram com ressalvas semelhantes contra uma interpretação histórico-teológica de acontecimentos e épocas da história da igreja como fez CULLMANN, embora com outra fundamentação. PETER STOCKMEIER, historiador eclesiástico católico e especialista em patrística de Munique, constatou em 1970 que, ao contrário dos exegetas bíblicos, "faltam ao historiador eclesiástico parâmetros 'histórico-soteriológicos" para avaliar fatos e acontecimentos de modo válido.[168]

As objeções contra a concepção teológica tradicional da história se no dirigiram no séc. XVIII especialmente contra a concepção de que além e ao lado do agir humano também entra em cogitação o agir de Deus como causa direta de acontecimentos históricos. O "método pragmático" da historiografia desenvolvido por JOHANN LORENZ VON MOSHEIM e seus seguidores demandava uma explicação de processos históricos unicamente a partir dos motivos do agir humano.[169] A atribuição de

---

[164] J. DANIÉLOU, op. cit., p. 22. De forma análoga já se havia posicionado E. C. RUST, The Christian Understanding of History, 1947.

[165] J. DANIÉLOU, op. cit., p. 17.

[166] H. BERKHOF, Der Sinn der Geschichte: Christus, trad. alemã 1962, conforme a 3ª ed. holandesa de 1959.

[167] H. U. VON BALTHASAR, Theologie der Geschichte, 1950, bem como idem, Das Ganze im Fragment. Aspekte der Geschichtstheologie, 1963.

[168] P. STOCKMEIER, "Kirchengeschichte und Geschichtlichkeit der Kirche", in: ZKG 81, 1970, p. 145-162, 160.

[169] J. L. VON MOSHEIM, Institutionum historiae ecclesiasticae antiquae et recentioris libri quatuor, 1755. Cf. E. MÜHLENBERG, "Göttinger Kirchenhistoriker im 18. und 19. Jahrhundert", in: B. MOELLER (ed.), Theologie in Göttingen. Eine Vorlesungsreihe, 1987, p. 232-255, esp. p. 233-237.

acontecimentos isolados a uma intervenção direta de Deus era evitada pela historiografia pragmática da mesma maneira como a explicação moderna do acontecimento da natureza se voltou contra a concepção de milagres como ruptura das leis que no mais governam os acontecimentos da natureza. O recurso ao agir divino, portanto, foi julgado como concorrência com a explicação dos acontecimentos através de fatores da criação e por isso excluído. Assim também deve ser entendida a rejeição, que perdura até a atualidade, à concepção de um agir de Deus na história, não apenas por parte da maioria dos historiadores profanos, mas igualmente de historiadores eclesiásticos,[170] e nesse sentido ela também se justifica, contudo atinge somente uma forma errônea daquela concepção. O agir de Deus em sua criação não deve ser concebido nem no tocante ao acontecimento da natureza,[171] nem no tocante à história da humanidade, como concorrente com a atuação de fatores da criação. Como princípios de ação, Deus e ser humano não pertencem ao mesmo nível, de forma que possa surgir uma concorrência entre eles. Pelo contrário, o Criador governa sua criação perpassando o agir de suas criaturas.[172] Esse pensamento foi também preservado por Mosheim e, na elaboração de sua concepção de história, por Christian Wilhelm Franz Walch, ao confiarem que a história eclesiástica seria capaz de comprovar a atuação da providência divina na história.[173] Ou seja, o agir do governo universal divino se refere à história como um todo e não se manifesta em intervenções não-mediadas na atuação das causas inerentes à criação.

---

[170] Posição de E. Mühlenberg, *Epochen der Kirchengeschichte* (1980), 2ª ed. 1991, p. 17s. Cf. também idem, "Gott in der Geschichte. Erwägungen zur Geschichtstheologie von W. Pannenberg", in: *KuD* 24, 1978, p. 244-261, esp. p. 254 e 257ss. A opinião de Mühlenberg se reveste aqui de especial interesse, porque ele se empenhou mais intensivamente que a maioria dos atuais historiadores eclesiásticos pela tarefa de tratar a disciplina da história da igreja como disciplina teológica.
[171] Sobre isso, cf. as análises sobre o agir mantenedor de Deus, in: vol. II, p. 43ss. e sobre o conceito de milagre, in: vol. II, p. 81ss., bem como ali, p. 87ss. acerca da cooperação de Deus nas atividades das criaturas.
[172] A idéia do governo mundial de Deus já pressupõe a dependência das criaturas da atuação conjunta de Deus em suas atividades. Cf. sobre o tema do governo mundial de Deus, vol. II, p. 93-100.
[173] Sobre isso, cf. o ensaio de E. Mühlenberg, citado na nota 170, p. 236s e especialmente a definição ali citada, à p. 237, da nota 10, da tarefa da historiografia eclesiástica por Mosheim, bem como às p. 244s sobre Walch.

Mais tarde FERDINAND CHRISTIAN BAUR modificou essa concepção por meio da idéia do desenvolvimento, descrevendo a história eclesiástica como desdobramento da idéia da igreja. Nessa visão a atuação da providência não se contrapõe mais exteriormente ao conceito de igreja, mas por assim dizer penetrou nele e em seu desdobramento.[174] Nisso está suspenso o ponto de vista da eleição divina como fundamentação da igreja como novo povo de Deus, de modo que não constituía um tema próprio para BAUR. A idéia ou o tema da história do cristianismo estava estabelecido para ele por meio da consciência cristã da unidade de Deus e do ser humano em Jesus Cristo,[175] e como desdobramento dela ele tentou compreender a história da igreja na seqüência de suas épocas. Isso lhe rendeu, como à filosofia da história de HEGEL, a acusação de uma racionalização ou logicização do curso da história,[176] ainda mais que o ponto de partida da construção da história eclesiástica em BAUR a partir da idéia do cristianismo já se mostrou empiricamente insustentável em 1857 através da análise de ALBRECHT RITSCHL acerca do surgimento da igreja católica antiga.[177] Apesar disso a concepção de

---

[174] F. C. BAUR, *Die Epochen der kirchlichen Geschichtsschreibung* (1852), reedição 1962, esp. p. 247-269. Em sua crítica a MOSHEIM, BAUR reclamou acima de tudo que seu conceito de igreja teria permanecido excessivamente "formal e vazio de conteúdo" (p. 124), para que com ele se pudesse tornar compreensível sua história. Assim faltaria nele "ainda o conceito de um desenvolvimento imanente à essência da igreja" (p. 114).

[175] F. C. BAUR, *op. cit.*, p. 251. Cf. P. C. HODGSON, *The Formation of Historical Theology. A Study of Ferdinand Christian Baur*, 1966, p. 121ss. Acerca da relação entre a citada declaração e a ênfase, que mais tarde se salienta com mais intensidade em BAUR, no caráter ético da doutrina cristã, cf. W. GEIGER, *Spekulation und Kritik. Die Geschichtstheologie Ferdinand Christian Baurs*, 1964, p. 77ss.

[176] Quanto a esse tipo de acusações contra BAUR e quanto à reação dele, cf. P. C. HODGSON, *op. cit.*, p. 165ss (*a priori historical construction* [construção histórica a priori]); cf. p. 261. Acerca da crítica correspondente de RANKE a HEGEL, cf. esp. L. VON RANKE, *Über die Epochen der neueren Geschichte* (*Weltgeschichte*, tomo 9, seção 2) ed. por A. DOVE 1888, p. 4ss., e ainda C. HINRICHS, *Ranke und die Geschichtstheologie der Goethezeit*, 1954, p. 162ss., mas também já E. SIMON, *Ranke und Hegel*, 1928, esp. p. 106ss., bem como E. TROELTSCH, *Der Historismus und seine Probleme* (1922), *Gesammelte Schriften*, vol. III,2, reimpressão 1977, p. 273. A concepção de RANKE acerca da relação entre Deus e história estava mais próxima do FICHTE idoso (C. HINRICHS, *op. cit.*, p. 112ss.).

[177] Trata-se da nova versão da obra na obra publicada inicialmente em 1850, em sua segunda edição de 1857.

Baur da história da igreja como concretização da idéia do cristianismo continua sendo o exemplo mais grandioso de uma teologia da história eclesiástica na teologia evangélica mais recente. É verdade que Baur transferiu de maneira muito pouco diferenciada a unidade divino-humana, que para a fé cristã foi concretizada na pessoa de Jesus Cristo, ao conceito da igreja. Embora por meio do evento da reconciliação a igreja de fato participe da comunhão de Jesus Cristo como o Filho com o Pai, ela não obstante permanece caracterizada no itinerário de sua história através da diferença em relação à consumação escatológica de sua comunhão com Jesus Cristo. Faz parte disso também que Deus não se vinculou com a igreja assim como ele se uniu na encarnação com o ser humano Jesus. A história da igreja não é a continuação da encarnação, ainda que seja expansão do acontecimento da reconciliação nela fundamentado. Deus e o Cristo exaltado permanecem a contraparte da igreja em sua história, embora Jesus Cristo se torne presente para ele através de seu Espírito pela fé no evangelho e na celebração da ceia do Senhor. A união da igreja com Deus por meio de seu Senhor estará consumada somente no futuro escatológico do reino de Deus. Por conta disso é descrita de forma mais apropriada em vista da história da igreja por meio da idéia da eleição que pela da encarnação. E na caminhada de sua história a igreja continua subordinada à providência de Deus como algo distinto de seu conceito essencial e como realidade transcendente a ela e ao mundo, que se explicita tanto em seu envio e na preservação por Deus quanto em seu agir julgador nela. A idéia do agir divino na igreja no curso de sua história pertence à diferença da igreja – como da humanidade propriamente dita – em relação a Deus, existente apesar de toda a ligação com ele. Na forma do agir de Deus, manifesta-se nela essa diferença sempre de modo concreto e contingente, mas no âmbito da unidade da economia da salvação de Deus que abarca a história da igreja e, além dela, também a história da humanidade.[178]

    A concepção da idéia divina que determina o curso da história – e singularmente a história eclesiástica – pode ser descrita como

---

[178] Acerca do conceito do agir de Deus como um único conjunto de ações que abarca toda a história da criação e cujos momentos isolados por sua vez também são ações, cf. vol. II, 33ss., bem como p. 49, também p. 86ss., aplicado ao falar bíblico do agir de Deus.

uma transposição da economia de salvação do agir divino para um conceito de desenvolvimento histórico imanente. Porém a concepção de "idéias" atuantes na história, afinal, tinha o mérito de ver conjuntamente o múltiplo peculiar de processos históricos perpassado por um tema mais geral como "o princípio motor" do acontecimento.[179] Nesse sentido também JOHANN GUSTAV DROYSEN falou de "poderes éticos" atuantes na história como de "idéias" que interligam os humanos em seu agir e ainda nos contrastes que se apresentam nesse agir.[180] ERNST TROELTSCH fez evoluir esse pensamento para a concepção de parâmetros e ideais culturais a serem depreendidos do próprio material histórico, cuja aceitação seria premissa para a aplicação do conceito do desenvolvimento à história e que ele concebeu como "expressão e revelação do fundamento divino da vida" nela.[181] Entre as exposições atuais da história eclesiástica se aproxima desse modo de ver a tese de EKKEHARD MÜHLENBERG, de que "história é a aparição de Deus".[182] Entretanto MÜHLENBERG considera como "aparição de Deus" na história não a instituição da igreja como tal ou sua "idéia", mas entende-a como o poder do bem distinto da igreja, e cuja manifestação como superação do mal teria sido aguardada pelas diferentes eras da história de maneiras cada vez diferenciadas.[183] Os cristãos da Antiguidade tardia, por exemplo, creram e experimentaram o Deus único da Bíblia como "vencedor dos demônios" e inclusive do politeísmo gentílico. A Idade Média entendeu, conforme MÜHLENBERG, a "Deus como vencedor da anarquia política",[184] enquanto para a Modernidade posterior

---

[179] F. C. BAUR, *op. cit.*, (Epochen), p. 268.
[180] J. G. DROYSEN, *Grundriß der Historik*, 1858, § 42, cf. § 44, na edição da *Historik* por R. HÜBNER de 1936, reimpressão 1958, p. 342s e 344. Cf. ainda as exposições correspondentes da preleção de DROYSEN sobre enciclopédia e metodologia da história, *op. cit.*, p. 180ss.
[181] E. TROELTSCH, *Der Historismus und seine Probleme* (1922), reimpressão 1961, p. 172ss., citação à p. 175.
[182] E. MÜHLENBERG, *Epochen der Kirchengeschichte* (1980), 2ª ed. 1991, p. 17.
[183] E. MÜHLENBERG, *op. cit.*, p. 18s. MÜHLENBERG prefere essa paráfrase da idéia de Deus ao discurso de Deus como a realidade que a tudo determina (no ensaio citado na nota 170, p. 257). Mas será que um poder do bem que não fosse ao mesmo tempo realidade que a tudo determina, ainda deveria ser chamado de Deus no sentido do monoteísmo bíblico e da fé na criação?
[184] E. MÜHLENBERG, *op. cit.*, p. 104-184. De acordo com MÜHLENBERG, na Controvérsia das Investiduras foram "desnudados fundamentos da ordem de domínio medieval", que nisso, porém, ao mesmo tempo se revelaram "como contraditórios

importaria a superação da "auto-escravização humana" a partir de Deus. Nessa exposição as diferentes épocas da história do cristianismo estão ligadas pela expectativa de que Deus se mostre como vitorioso sobre o mal, porém MÜHLENBERG não comprova uma vinculação histórica na seqüência das concretizações desse tema. Uma vinculação dessas poderia residir, p. ex., em que o fracasso histórico de cada um desses modelos seria ponto de partida para cada modelo seguinte.[185] No entanto, isso não é tratado por MÜHLENBERG.

No detalhe é possível fazer valer diversas objeções em vista da propriedade da designação de MÜHLENBERG quanto à temática das diferentes épocas. Por exemplo, a temática indicada para a Idade Média deve reproduzir unilateralmente demais a perspectiva de

---

e não mais entrosáveis" (p. 151), a saber, a "expectativa de poder ordenar o mundo através da instrução divina" (p. 152), no que "a esfera espiritual acabava dando sentido à terrena" (p. 162). Em sua exposição MÜHLENBERG avaliou de forma muito insignificante a situação de que o reinado e especialmente o império (acompanhando a autocompreensão bizantina dele) como tais eram considerados no cristianismo como ministérios "espirituais", que apesar do privilégio papal de coroar o imperador para sua tarefa espiritual não dependiam do papa de Roma. Cf. A. ANGENENDT, "Rex et Sacerdos. Zur Genese der Königssalbung", in: N. KAMP; J. WOLLASCH (eds.), *Tradition als historische Kraft. Interdisziplinäre Forschungen zur Geschichte des früheren Mittelalters*, 1982, p. 100-118. Agradeço pela indicação de Angenendt por E. MÜHLENBERG.

[185] Contudo, MÜHLENBERG não estabeleceu tal ligação entre as épocas que resultaria em uma imagem da história da igreja comparável à concepção de F. C. BAUER, como concretização progressiva da idéia cristã. Para isso, cf. a ressalva formulada em *Epochen der Kirchengeschichte* (1980), p. 19. Uma ligação dessas se formaria se, p. ex., se falasse de um fracasso da renovação da unidade real do Império Romano com a superação dos "demônios" como ponto de partida do desenvolvimento da Idade Média. Da apresentação de MÜHLENBERG se depreende com mais clareza que o fracasso da superação da anarquia política, baseada nas reivindicações do papado, constitui o ponto de partida da era dos primórdios da Idade Moderna. Contudo o temário daquela é determinado de modo unilateralmente negativo pelo motivo da substituição da opressão eclesiástica: Em que, então, se deveria constatar positivamente a expectativa de salvação para essa época inspirada pela fé cristã? E em que consistira seu fracasso, que pudesse viabilizar a transição para a época da Idade Moderna posterior? Ou será que apenas se adota da história profana a diferenciação de épocas entre Idade Moderna incipiente e posterior, como é sugerido particularmente pela concepção das revoluções norte-americana e francesa (ao invés do fim das guerras religiosas no final do séc. XVII) como ponto de partida da Idade Moderna madura?

Roma e das reivindicações papais à fundamentação espiritual da ordem política, enquanto o tema para o início da Idade Moderna condiz principalmente com a parcela do cristianismo abrangido pela Reforma e também aqui não atinge o tema propriamente religioso da fé na justificação, a libertação de pecado e culpa. A Idade Moderna, por fim, certamente aguardou a libertação da auto-escravização humana menos de Deus que do próprio ser humano, e justamente também pela emancipação da marca cristã da tradição cultural. Apesar disso o conceito de Mühlenberg não carece de força esclarecedora. Deus de fato é o poder do qual se esperam o bem e a salvação, e em cada época de sua história os cristãos esperaram que Deus se confirme para eles como esse poder. No entanto, desde a patrística até o início do protestantismo o bem esperado de Deus foi crido preponderantemente como uma salvação transcendente, em contraposição à miséria deste mundo, enquanto a concepção de Mühlenberg verbaliza, pelo menos para as épocas pós-patrísticas da história eclesiástica, antes as expectativas de salvação para o respectivo mundo presente, para esta vida terrena. Careceria de um esclarecimento maior como uma coisa se relaciona com a outra.

Mais bem-sucedida é a definição de Mühlenberg referente ao tema da época eclesiástica da patrística, porque ele consegue mostrar que o motivo gnóstico da luta contra poderes demoníacos já foi ampliado pelos apologistas também para a controvérsia do cristianismo com a fé popular politeísta. Porém a rejeição do gnosticismo pela igreja do segundo século somente se torna compreensível sob a suposição que transcende a concepção de Mühlenberg, de que unicamente o Deus que como Criador do mundo é a realidade que a tudo determina, também pode ser fonte do bem e da salvação para ela. O pensamento de Deus como a realidade que a tudo determina, e que constitui de forma puramente analítica o substrato mínimo de qualquer idéia monoteísta de Deus, contém mais que a concepção de um poder, do qual se esperam o bem e a salvação. Ele contém igualmente o senhorio de Deus sobre as tendências e realidades que se lhe opõe. Fundamento disso é, no cristianismo como na tradição bíblica, a fé na criação. A fé na criação também constitui a premissa para a missão mundial cristã, cuja importância fundamental para a história da igreja antiga não chega a valer com seu peso total[186] na visão de Mühlenberg. Acima de tudo, porém,

---

[186] Cf. sobre isso, p. ex., A. von Harnack, *Die Mission und Ausbreitung des Christentums in den ersten drei Jahrhunderten* (1902), 4ª ed. 1924.

o conceito de MÜHLENBERG não fornece nenhuma chave para uma interpretação teológica das experiências negativas da igreja em sua história. São para ele apenas motivos para que, superando-as, Deus se comprove como o bem e a salvação do ser humano. Em contraposição a isso, lança luz insuficiente sobre a circunstância de que o poder de Deus também se manifesta na experiência do juízo.[187] A exposição de MÜHLENBERG pouco se debruça sobre perguntas como por que, afinal, o Deus cristão não assegurou de forma duradoura aos humanos do império que se converteu dos deuses gentílicos para a fé cristã a paz e proteção que Roma esperou de seus deuses. Será que no ocaso do Império não se explicitou a impotência do Deus cristão? Foi esse o desafio ao qual, por ocasião da conquista e do saqueio de Roma por Alarico em 410, tentou responder a obra de AGOSTINHO sobre o Estado de Deus. MÜHLENBERG analisa essa obra exaustivamente,[188] sem que nisso se explicite a tensão entre a resposta dada por AGOSTINHO – o caráter transcendente da salvação – e o conceito de MÜHLENBERG para a época (Deus como vencedor dos demônios). A interpretação do ocaso de Roma como juízo de Deus sobre os maus costumes dos romanos por SALVIANO de Marselha é mencionada apenas à margem[189] e com razão avaliada de forma moralista como demasiado precipitada. Não obstante, ela constitui uma tentativa de aplicar a categoria bíblica do juízo às experiências negativas da época, e isso pode acontecer de forma muito mais diferenciada que em SALVIANO – em especial sob a inclusão também do fracasso da própria igreja, não por último em vista das conseqüências de cismas na igreja nos séc. V e VI, com a perca de grandes parcelas do império para o islamismo. A desgraça histórica pode ser atribuída a Deus unicamente pela categoria do juízo, de modo que tais experiências não são feitas para refutar a fé no poder de Deus. De acordo com HERBERT BUTTERFIELD (cf. acima, nota 147ss) justamente essa categoria do juízo possui a mais intensa

---

[187] Isso poderia ser devido à desistência de MÜHLENBERG de utilizar o conceito do agir de Deus (cf. o ensaio citado acima, nota 170, p. 256s). MÜHLENBERG sem dúvida fala do "fracasso" das expectativas de salvação de uma época, no que a "identificação concreta" do poder divino do bem se evidencia como "deficitária" (p. 259). Mas essa experiência não é debatida como um agir divino de juízo.
[188] L. MÜHLENBERG, *Epochen der Kirchengeschichte*, 2ª ed. 1991, p. 95ss.
[189] E. MÜHLENBERG, *op. cit.*, p. 97. Cf. SALVIANO, *De Gubernatione Dei* VII, 41-44, 49 e VI, 67 (SC 220, p. 458ss e 405s).

evidência interior entre todas as categorias histórico-teológicas. Na concepção de Mühlenberg, porém, ela não encontra espaço, porque nela Deus é verbalizada apenas como o poder do bem, não como o Senhor sobre o curso da história.

Uma apresentação da história eclesiástica adequada a seu objeto não pode nem ignorar a reivindicação de veracidade da fé cristã em Deus, nem simplesmente pressupô-la dogmaticamente. No primeiro caso deixa de atingir seu alvo, porque na vida da igreja importam a realidade do Deus trinitário em sua revelação e a participação nela, e nada mais. No segundo caso ela se fecharia para a realidade histórica que também determina a própria historicidade da igreja e a respeito da qual vale que nas controvérsias da história permanece controvertida a verdade do falar cristão sobre Deus,[190] por mais que ela tenha sempre de novo sido experimentada na vida de fé dos cristãos como confirmada e revigorada pelo próprio Deus. O caráter controvertido de Deus na história ainda não consumada constitui não apenas o campo para a aprovação da fé nas tribulações e tentações que estão relacionadas com a existência dos fiéis e de sua comunhão em um mundo ainda não redimido, mas ele também abre o espaço para a missão universal do cristianismo entre as nações, para o testemunho da igreja a respeito da verdade de Deus em sua revelação, com o objetivo de transmitir a todas as pessoas o acesso a Deus e sua salvação. Na consumação escatológica a missão da igreja se torna obsoleta. Como testemunho em prol da verdade universal de Deus em sua revelação, que diz respeito a todos os seres humanos, ela se situa justamente na história ainda não consumada e, assim, no campo da controvérsia sobre Deus.[191] A história da igreja entre a ressurreição de Jesus, sua ascensão e Pentecostes de um lado e o retorno de Cristo de outro na realidade não o é exclusivamente, mas sempre também é história da missão. Porque faz parte necessariamente do caráter definitivo da revelação do Deus único de

---

[190] Também E. Mühlenberg pretende que a história eclesiástica seja compreendida como "a história do caráter controverso do Deus cristão" (p. 260, no ensaio citado na nota 170). Faz parte disso não por último também a inevitável "controvérsia com o historiador profano" (*Epochen der Kirchengeschichte*, 2ª ed. 1991, p. 17).

[191] Cf. as exposições de Daniélou citadas na nota 162, seguindo a Gregório de Nissa acerca do atraso do retorno de Cristo por causa da missão da igreja.

todos os seres humanos na pessoa e história de Jesus sua proclamação à humanidade toda, a fim de chamar todas as pessoas à decisão escatológica a favor da fé. Quando a igreja celebra já agora em seu culto eucarístico com caráter de sinal a futura comunhão de uma humanidade renovada no reino de Deus, então faz parte dele o contexto da missão universal que anuncia a toda a humanidade, como seu futuro e destino escatológico, a nova realidade do ser humano já manifesta em Jesus Cristo (o Adão escatológico).

Já foi mencionado o destaque dado por OSCAR CULLMANN à importância central do tema da missão para a continuação da história da salvação na história da igreja (acima, nota 161), assim como a exposição de ADOLF VON HARNACK acerca dos primórdios da história eclesiástica sob o ponto de vista da história da missão (acima, nota 186). Por isso não pode ser surpresa que também por parte de estudiosos da história eclesiástica foi levantada a exigência de versar sobre "história da igreja como história da missão".[192] Uma elaboração abrangente desse programa deveria expor a vinculação do tema da missão com outros aspectos essenciais da vida eclesiástica e da autocompreensão da igreja. Porque evidentemente a essência da igreja não permite ser reduzida ao tema da missão. Isso já foi assinalado com razão em 1951 por JEAN DANIÉLOU (cf. acima, nota 163s), e ele referiu uma série desses outros aspectos temáticos, sem, no entanto, reivindicar completude sistemática nem descrever sua correlação interior. Em contrapartida DANIÉLOU expõe a relevância do tema da missão para o entrelaçamento da história eclesiástica com a história mundial. Nesse caso pensou em primeira linha na inculturação do cristianismo nas diferentes culturas como fenômeno concomitante à missão.[193] Nesse processo a igreja não está presa a nenhuma cultura, mas acolhe em si o legado das culturas e o transmite a todos os que são alcançados por sua missão. Desse modo a cultura grega e a cultura latina pertencem à humanidade toda pela mediação da igreja,[194]

---

[192] H. FROHNES; H. W. GENSICHEN; G. KRETSCHMAR, *Kirchengeschichte als Missionsgeschichte* vol. I, 1974. Nessa obra, contudo, não se trata de um esboço geral uniformemente elaborado, mas de uma coletânea de contribuições isoladas acerca do temário indicado no título.
[193] J. DANIÉLOU, *Essai sur le mystére de l'histoire*, 1953, p. 39-48, cf. já p. 22.
[194] J. DANIÉLOU, *op. cit.*, p. 46s.

assim como hoje o legado do Ocidente,[195] embora a preservação da igreja não esteja atrelada à continuação dessa cultura. Ao guardar em seu seio o legado das culturas alcançadas pelo evangelho, pesando e transmitindo-as de acordo com sua respectiva categoria, a igreja contribui conforme DANIÉLOU para superar a separação dos povos gerada pela separação dos idiomas. Foi assim que se preparou na igreja uma nova cultura mundial através da complementação mútua das tradições culturais.[196] O agir da igreja, portanto, está no centro da atenção de DANIÉLOU. Em contrapartida, a diferença entre o agir de Deus na história e o agir da igreja recebe atenção insuficiente, embora também se fale da ação de juízo de Deus sobre o mal e sobre a arrogância dos povos. A apresentação praticamente não dá atenção à ação de juízo de Deus contra a própria igreja em sua história, embora de passagem também sejam mencionadas as cisões da igreja como tema de uma teologia da história eclesiástica.[197]

O significado fundamental do tema da missão para a história eclesiástica é flagrante já sob o aspecto puramente empírico. Sua importância para uma teologia da história eclesiástica, no entanto, se estabelece em especial pelos pressupostos e pelas implicações da autocompreensão missionária da igreja, cuja consideração é imprescindível para o entendimento: No caso, trata-se acima de tudo da autocompreensão da igreja como congregação escatológica e por isso como povo eleito de Deus do fim dos tempos. Na continuação da ceia escatológica de Jesus no culto da igreja que nesse ato lembra seu Senhor já se configura de forma antecipatória a comunhão escatológica da humanidade renovada no reino de Deus, e sob esse aspecto ela se manifesta na comunhão da igreja como povo de Deus do fim dos tempos. Por isso a igreja e seus membros sabem que são eleitos por Jesus Cristo para participar da comunhão da salvação escatológica com Deus, mas simultaneamente chamados e enviados para testemunhar à humanidade toda acerca dessa destinação escatológica da humanidade e de sua irrupção em Jesus Cristo.

A missão cristã, portanto, pressupõe a consciência de eleição da igreja como povo escatológico de Deus. Sem esse pressuposto não se

---
[195] J. DANIÉLOU, *op. cit.*, p. 44.
[196] J. DANIÉLOU, *op. cit.*, p. 59s.
[197] J. DANIÉLOU, *op. cit.*, p. 101 e p. 20.

consegue compreender o fato da expansão missionária do cristianismo.[198] Contudo essa consciência de eleição naturalmente não foi menos controvertida na história do cristianismo que a mensagem cristã do Deus único e de sua revelação em Jesus Cristo. A exclusividade escatológica da revelação de Cristo alicerçou a reivindicação cristã de exclusividade, entendida como presunção no período das perseguições dos primeiros séculos. Em contraposição, a tolerância e, por fim, adoção da confissão cristã por Constantino e Teodósio puderam ser entendidas com razão pelos cristãos como triunfo do *Logos* divino e da fé dos mártires, mas da mesma forma como confirmação da eleição e do envio da própria igreja. Entretanto, a acolhida do sistema imperial bizantino de Constantino e seus sucessores pela igreja do quarto e quinto séculos não apenas como autoridade secular – isso também o império gentílico havia sido – mas como um ministério que a seu modo representava o senhorio de Cristo na terra e a comunhão dos cristãos foi sempre de novo avaliada em tempos mais recentes como uma espécie de queda no pecado pela igreja: Tais concepções se inserem no Ocidente consciente ou

---

[198] E. MÜHLENBERG não notou essa correlação, assim como em sua crítica à teologia da história do autor entendeu a caracterização da igreja como povo de Deus como uma "fixação dogmática" que o historiador teria de evitar ("Gott in der Geschichte", *KuD* 24, 1978, p. 244-261, 256). MÜHLENBERG pensava que com isso o "evento de Cristo" seria pressuposto como "data originária *normativa*", e isso na realidade seria viável para o dogmático, mas não para o historiador (*ibid.*). Nesse ponto MÜHLENBERG deve ter entendido mal minha concepção (cf. sobre isso minha resposta no ensaio: "Vom Nutzen der Eschatologie für die christliche Theologie", *KuD* 25, 1979, p. 88-105, 98s): Na designação da igreja como "povo de Deus" tão-somente se trata de um motivo que como tal faz parte da explicação do conceito de igreja, assim como está contido na autocompreensão da igreja como ente histórico (*op. cit.*, p. 100s). Uma "fixação" dogmática não se vincula com isso pelo fato de que essa autocompreensão da igreja com a demanda nela contida não é menos controvertida no processo da história entre crentes e não-crentes que a realidade do próprio Deus proclamado pela igreja, por meio da qual a autocompreensão da igreja como "povo de Deus" se liga à idéia da eleição. Ambas precisam ser comprovadas sempre de novo para o cristianismo no curso de sua história e serão eximidas de todo caráter controverso somente na consumação escatológica do reino de Deus. Nesse sentido deveria ser muito bem possível perguntar também de forma historicamente descritiva como essa autocompreensão da igreja se comprova para ela própria no andamento de sua história e onde acontecimentos dessa história devem ser julgados incompatíveis com ela.

inconscientemente no séquito da visão curial na Controvérsia das Investiduras da Idade Média ocidental, mas combinadas com um conceito espiritualista de igreja. Não levam em conta que a igreja em situações nas quais os cristãos já não são apenas minoria tolerada, eles também precisam assumir responsabilidade pela configuração da ordem pública, e precisamente também pela renovação dela no espírito cristão. Por mais que nessa responsabilidade tenha de ser preservada sobriamente a diferença entre a interinidade de ordens de governo terrenas e a consumação da comunidade de direito dos seres humanos no reino de Deus, é certo que uma ordem pública que se renova sobre o chão da confissão cristã pode com razão se entender como forma de vida política do cristianismo, diferenciando-se de outras formas de ordem estatal. Nessa situação, porém, igualmente está exposta à tentação de abuso do nome cristão para consolidar os objetivos de uma política de poder bem terrena, incluindo a falta de escrúpulos, facilmente concomitante, ao emprego de meios que pareçam apropriados para aqueles alvos. Nesse âmbito o cristianismo e seus detentores de cargos eclesiásticos por isso correm perigo em proporções especiais para se tornarem réus do juízo de Deus sobre a arrogância dos seres humanos, justamente também sobre a arrogância de seus eleitos. Isso, porém, obviamente vale também no caso em que a igreja se nega a ser co-responsável pela renovação da ordem política: Precisa então responder pelas conseqüências de tal decisão para seu mundo histórico e, além disso, tem de se deixar questionar se ela não recuou de sua tarefa missionária por medo de se enredar nas ambigüidades do mundo.

Não é possível analisar aqui em detalhe a exaustiva bibliografia sobre Constantino e a fundamentação do império, por ele preparada, mas somente executada por Teodósio I, sobre a confissão cristã.[199] Como paradigmático para a avaliação preponderantemente negativa dessa guinada já foi citada acima (nota 116) a crítica de E. Peterson à teologia política de Eusébio. Como mais um exemplo pode bastar aqui o posicionamento de Reinhold Niebuhr

---

[199] A esse respeito, cf., p. ex., as contribuições in: G. Ruhbach (ed.), *Die Kirche angesichts der konstantinischen Wende*, 1976, esp. o ensaio de H. Berkhof sobre "Die Kirche auf dem Wege zum Byzantinismus" (p. 22-41) por um lado, e as exposições de K. Aland sobre imperador e igreja de Constantino até Bizâncio (p. 42-73) por outro.

em sua obra *The Structure of Nations and Empires*, 1959. De acordo com a opinião de NIEBUHR perdeu-se em Bizâncio o sentido crítico e escatológico da esperança cristã pelo reinado de Deus (*an ideal universal community* [uma comunidade universal ideal], p. 91), porque da mesma forma como antes do universalismo estóico abusou-se dela para a justificação ideológica do reino universal romano (p. 93). Aliás, a formação de impérios supranacionais era considerada por NIEBUHR como exemplo para as "arrogantes e presunçosas tentativas do ser humano" de colocar a si mesmo no lugar de Deus, menosprezando o senhorio dele. Nisso NIEBUHR não levou em conta que alguns desses impérios supranacionais, como a monarquia de Habsburg, se inserem entre as formas de domínio relativamente mais bem suportáveis da história, quando se desconsidera o tempo da perseguição dos protestantes pela casa de Habsburg. A rejeição de NIEBUHR ao império constantiniano, bem como aos esforços de renovar e continuá-lo na Idade Média ocidental teve como contraparte um veredicto surpreendentemente positivo sem restrições sobre o Estado nacional como a única forma justificada de organização política (p. 148ss., 164ss.). Sobre as nefastas conseqüências do nacionalismo na história européia mais recente NIEBUHR silenciou magnanimamente.

Entretanto, em favor do modelo bizantino de uma "sinfonia" de direção episcopal da igreja e de responsabilidade de um império cristão pela unidade pode-se argüir que dessa maneira se criou um contrapeso às tendências de domínio clerical, que por fim levaram na Idade Média latina ao senhorio do papado sobre o cristianismo. Cabe igualmente conceder que na história da igreja antiga os imperadores muitas vezes se empenharam mais em favor da unidade da igreja que os bispos e patriarcas – inclusive os papas de Roma. Além disso, não é correto dizer que a analogia entre o universalismo político do Império Romano com sua *pax augusta* [paz sublime] de um lado e o reino de paz do senhorio de Deus de outro teria levado em Bizâncio ao desaparecimento de qualquer diferença crítica entre os dois. Ao contrário da constituição pré-cristã do império com o imperador como *pontifex maximus* [sumo pontífice], a ordem bizantina esteve marcada pela contraposição de bispos e imperadores, algo sem paralelo na Roma pré-cristã. Como cristão crente também o imperador estava sujeito à autoridade espiritual dos bispos. Podia ser forçado a se penitenciar na igreja, como aconteceu com TEODÓSIO I por AMBRÓSIO de Milão, e quando o imperador era declarado não-ortodoxo, estava sujeito ao risco de uma revolução contra seu governo. Entretanto, fazia parte dos problemas do modelo bizantino a inclinação para um entrelaçamento excessivamente estreito da igreja com os interesses políticos do império em sua relação com outros poderes.

Um exemplo de imagem da história do cristianismo ocidental projetada segundo a visão bizantina é oferecido por um escrito do teólogo dogmático de Atenas JOANNES S. ROMANIDES.[200] O cisma entre o cristianismo ocidental e o Oriente, que se tornou definitivo no séc. XI, é conforme ROMANIDES o resultado da subjugação da parte ocidental do Império Romano por povos germânicos que penetraram ali na migração étnica, e essa subjugação foi concluída conforme ROMANIDES pelos francos. Ele considera a população cristã do antigo Império Romano como uma nação homogênea que não deixou de existir nem mesmo pela perda do sistema imperial em 1453. Até mesmo nas regiões conquistadas pelo islamismo essa nação romana teria continuado a existir em sua nacionalidade, mas parcialmente também com suas instituições por meio das estruturas eclesiásticas com que em países islâmicos foi associada a autogestão da população cristã. Tampouco os impérios germânicos dos vândalos na África setentrional e dos visigodos na Espanha foram capazes de destruir, conforme ROMANIDES, a ordem de vida do povo romano em suas regiões. A população romano-cristã da Espanha, no entanto, teria sentido a dominação dos visigodos como uma ameaça mais forte que o islamismo, que durante muito tempo era considerado uma heresia cristã. A população romano-cristã da Espanha teria tentado acabar com o domínio dos visigodos primeiramente com apoio bizantino, depois finalmente no séc. VIII com ajuda islâmica. Unicamente nos francos não teria obtido sucesso desfazer-se do jugo estranho, porque os francos por sua vez teriam destruído sistematicamente as instituições do povo romano-cristão na Gália, substituindo a ordem de vida urbana da cultura romana por uma ordem feudal que rebaixou a maioria da população romana para a condição de não-livres. Também o sistema da ordem eclesiástica teria sido feudalizado pelos francos, para assim se tornar servil ao domínio deles. Nas controvérsias do papado romano com o império medieval desde CARLOS MAGNO ROMANIDES vê uma luta pela autodeterminação da nacionalidade romana contra a dominação estrangeira dos francos. Para esse fim também teriam surgido

---

[200] J. S. ROMANIDES, *Franks, Romans, Feudalism, and Doctrine. An Interplay between Theology and Society*, 1981.

as falsificações da doação constantiniana e das decretais pseudoisidóricas, a fim de preservar para Roma uma porção mínima de autonomia diante da opressão franca. Ou seja, não Roma e o papado seriam culpados pela separação da igreja ocidental do Oriente, mas os francos. Nessa leitura ROMANIDES é capaz de apontar, entre outros, que Roma acolheu somente depois de resistir longamente, por pressão do imperador Henrique II, o *filioque* no texto do símbolo niceno, fornecendo assim o motivo dogmático para a divisão de 1054.

As teses de ROMANIDES são interessantes como desafio à consciência da Idade Média latina, de estar justamente também através do sistema imperial em continuidade com o império cristão de Constantino. ROMANIDES nega que o cristianismo ocidental teria tido o direito para tal. Nesse caso resta para a Europa ocidental e setentrional somente o papa romano como elo de ligação com a igreja do primeiro milênio. Assim, essa visão da história eclesiástica ocidental, apesar de sua perspectiva enfaticamente bizantina e da apreciação positiva do sistema imperial bizantino, curiosamente se aproxima da avaliação romano-curial do cristianismo ocidental como subjugado em todos os aspectos à autoridade da sé romana. Na verdade isso acontece em ROMANIDES mediante associação com uma coordenação do papado romano com uma *romanitas* [romanidade], que desde o séc. IV tinha seu centro em Constantinopla. O bispo romano não é para ROMANIDES o parâmetro supremo da Roma cristã, mas somente um de seus representantes, ainda que seja o patriarca determinante para o Ocidente. Evidentemente ROMANIDES subestimou a rivalidade entre as reivindicações do papado de Roma e o império romano oriental. Sem essa rivalidade, porém, que levou os papas desde o séc. VIII a se apoiar no império franco, permanece incompreensível na Idade Média o começo do caminho autônomo da história ocidental, uma vez que com a reivindicação de autoridade do império oriental naquela época não havia no Ocidente mais nenhum poder associado para impô-la.

Decisivo veio a ser o episódio da coroação imperial do rei dos francos, CARLOS MAGNO, na festa natalina do ano 800 pelo papa Leão III. Essa coroação tinha de significar para o rei Carlos um ônus político, porque ela o envolveu em compromissos que iam muito além do reino franco. A isso se agregou que um ato desses em Bizâncio, que não foi solicitado previamente a dar seu consentimento, tinha de ser percebido como provocação de traição. O papa, porém, tinha um interesse nessa coroação, porque pela transferência do título de imperador podia recorrer ao poder franco para proteger seus interesses na Itália, não por último também perante o imperador romano oriental e seu domínio no Sul da Itália. É verdade que certamente se deve considerar uma lenda que Leão III praticamente teria tomado CARLOS de surpresa com o ato da coroação.[201] Porém não podem restar dúvidas de que a iniciativa para ela partiu de LEÃO. Por isso depois desse acontecimento o papa também foi com razão considerado um traidor em Constantinopla. Em todos os casos LEÃO III aparece aqui não como aquele que se curva ao domínio dos francos apenas de forma reticente, mas como sendo no coração um súdito leal ao imperador romano oriental, conforme deveria ser segundo o retrato delineado por ROMANIDES. A coroação de CARLOS significou a renovação da linha, interrompida desde 476, de um império romano ocidental ao lado do romano oriental de Constantinopla. O direito à renovação e instalação de um imperador romano ocidental, porém, cabia ao imperador romano oriental, ainda que naquela época a uma mulher, a imperatriz IRENE. De qualquer modo teriam sido necessários, para restaurar o império romano ocidental, a consulta prévia e o acordo com Constantinopla. A não-efetivação desse passo faz com que a indignação em Constantinopla pareça compreensível. A tensão entre a sé romana e o império romano oriental, descarregada nesse acontecimento, no entanto não caiu de um céu de brigadeiro, mas já tinha uma longa história prévia. O papa não estava do lado da Roma oriental contra CARLOS, como deveria ter sido o caso de acordo com a exposição de ROMANIDES. Pelo contrário, foi CARLOS que depois da coroação se empenhou por um entendimento com Bizâncio, e esses esforços foram continuados por seus sucessores, para finalmente culminar no matrimônio do imperador OTTO II com a princesa bizantina Teofânia.

A interpretação da história ocidental no início da Idade Média em ROMANIDES se apóia de um lado sobre uma série de dados de fontes ocidentais daquele tempo, nas quais se informam contrariedades dos francos contra "os romanos", e por outro sobre a tese de que o direito feudal franco teve como alvo destruir a ordem de vida urbana de população romana. Essa última tese não é sustentável. De fato é verdade que houve uma decadência da cultura urbana romana no início da Idade Média. HENRI PIRENNE a atribuiu à queda do comércio no tempo da migração étnica, mas acima de tudo ao

---

[201] P. CLASSEN, "Karl der Große, das Papsttum und Byzanz", in: H. BEUMANN (ed.), *Karl der Große. Lebenswerk und Nachleben* I , vol. I, 1965, p. 537-608, esp. p. 574ss.

período da conquista islâmica da área do Sul do Mediterrâneo nos séc. VII e VIII.²⁰² Contudo a autogestão das cidades não se tornou vítima somente do sistema feudal franco, mas "já nos últimos séculos do tempo dos imperadores" se encontrava em condições de dissolução.²⁰³ Aqui também já se encontram rudimentos do direito suserano.²⁰⁴ Ele emergiu do dever de proteção do Senhor para com o vassalo, que por seu turno lhe deve serviço e fidelidade.²⁰⁵ Concessões materiais aos vassalos com bens (benefícios) devem ter sido acrescentados apenas mais tarde.²⁰⁶ Importante, em todos os casos, era desde cedo o dever do vassalo de prestar serviço militar. Contudo não se podem detectar quaisquer referências de que o desenvolvimento do direito suserano tenha sido associado ao objetivo de desroçar a ordem de vida urbana da população romana na Gália. Com certeza houve inicialmente lá como também na Espanha contrastes entre essa população e os novos senhores. Alguns dos comprovantes aduzidos por ROMANIDES se referem a essa época, como, p. ex., observações da crônica de FREDEGAR sobre as lutas de CLÓVIS em 486 contra SIÁGRIO, que em seu reino de Soissons se intitulava "rei dos romanos".²⁰⁷ Contudo com a passagem de CLÓVIS para a fé católica ficou eliminada a principal contrariedade entre romanos e bárbaros na Gália, e a igreja romana passou a favorecer os francos. Testemunha mais importante dessa posição mudada é GREGÓRIO de

---

²⁰² H. PIRENNE, *Geschichte Europas von der Völkerwanderung bis zur Reformation*, 1936, versão alemã 1956, p. 76ss. PIRENNE falou até mesmo de um "desaparecimento" das cidades (p. 76), sobre cuja rede se havia sustentado a civilização romana, como já a cultura grega da *pólis*. Entrementes se pode considerar assegurada a duração da maioria das cidades no início da Idade Média, ainda que de forma encolhida e mediante perda do autogoverno (F. VERCAUTEREN, "Die spätantike civitas im frühen Mittelalter" (1962), in: C. HAASE (ed.), *Die Stadt des Mittelalters*, vol. I, 1969, p. 122-138, cf. também W. SCHLESINGER, *Beiträge zur deutschen Verfassungsgeschichte des Mittelalters*, vol. II: *Städte und Territorien*, 1963, p. 42ss., esp. p. 46).
²⁰³ W. SCHLESINGER, *op. cit.*, p. 46, cf. H. PIRENNE, *op. cit.*, p. 54ss. Conforme F. VERCAUTEREN, as muralhas anelares ruíam, os abastados emigravam das cidades, e desde o séc. V os imperadores instituíam condes (*comes civitatis*) no lugar dos magistrados citadinos (*op. cit.*, p. 124ss.).
²⁰⁴ H. MITTEIS, *Lehnsrecht und Staatsgewalt*, 1933, 2ª ed. 1974, p. 33.
²⁰⁵ H. MITTEIS, *op. cit.*, p. 95s, e ainda H. PIRENNE, *op. cit.*, p. 56.
²⁰⁶ Posição de H. MITTEIS, *op. cit.*, p. 132s, cf. p. 115s. Diferente é a posição de R. BUCHNER, *Deutsche Geschichte im europäischen Rahmen*, 1975, p. 43-45, que rastreia a concessão de propriedades até KARL MARTELL.
²⁰⁷ Sobre isso, cf. W. SESTON, in: *Propyläen Weltgeschichte*, vol. IV, 1963, p. 598.

Tours.²⁰⁸ Depois dele dificilmente se pode falar ainda de uma oposição nacional dos romanos da Gália contra os francos, como faz ROMANIDES. Outra coisa é que ainda após séculos, na era de OTTO III, bispos alemães ocasionalmente eram capazes de expressar um sentimento de superioridade sobre reais ou pretensos fenômenos de decadência nos romanos da Antiguidade e no Estado-igreja italiano contemporâneo.²⁰⁹

Deve ser tributado à esquematização histórica de ROMANIDES que ele concebeu a história do cristianismo não apenas como história da igreja oficial, mas como história do povo cristão. Contudo ele identifica o povo cristão de modo estreito demais com a romanidade entendida como nação, ao contrário da patrística cristã, que concebeu o cristianismo como o novo povo de Deus formado de todas as nações, de modo que os contrastes entre as nações são suspensos e superados pelos pontos em comum da fé no povo dos cristãos. Essa autocompreensão foi capaz de acolher dentro de si a do Império Romano na relação com a pluralidade das nações e levá-la adiante no sentido de que o liame unificador agora não consistia mais apenas em uma ordem de domínio humano, mas de forma determinante na fé comum no único Senhor, como base da unidade eclesiástica do cristianismo, que por um lado encontrou no império bizantino também uma expressão política, mas cuja abrangência por outro lado sempre transcendia as bordas do império. Em contraposição, o sistema imperial agora podia ser considerado símbolo da vinculação também política dos cristãos por sobre todas as fronteiras nacionais.²¹⁰ Por isso foi possível na Idade Média ocidental que se chegasse à idéia de uma renovação e da continuação do Império Romano apesar das alterações de sua composição nacional em decorrência da migração étnica.

---

²⁰⁸ W. SESTON, *op. cit.*, p. 602.
²⁰⁹ Assim o bispo LIUTPRAND de Cremona, em uma delegação até Constantinopla (*MPL* 136, p. 815, citado em ROMANIDES, *op. cit.*, p. 27).
²¹⁰ Isso não fazia parte da função do imperador como "bispo dos do lado de fora". Porque essa função se referia a não-cristãos. Cf. J. STRAUB, "Kaiser Konstantin als 'ΕΠΙΣΚΟΠΟΣ ΤΩΝ 'ΕΚΤΟΣ" (1957), in: G. RUHBACH (ed.), *Die Kirche angesichts der konstantinischen Wende*, 1976, p. 187-205. Mais facilmente se pode compreender como expressão de um simbolismo desses a prática do apadrinhamento de batismo por parte do imperador quando nobres não-pertencentes ao Império abraçam com suas populações a fé cristã (A. ANGENENDT, *Kaiserherrschaft und Königstaufe. Kaiser, Könige und Päpste als geistliche Patrone in der abendländischen Missionsgeschichte*, 1984, esp. p. 5ss).

Ao tomar a pretensa unidade de uma nação romana como fundamento de sua apreciação da história, ROMANIDES deslocou o parâmetro de uma visão cristã da história. A teologia cristã da história precisa ter como fundamento e parâmetro o agir de Deus por eleição, envio e juízo, contudo não na continuidade de um povo ou reino terreno. Também o império romano-cristão desapareceu nos juízos da história. A igreja foi cindida múltiplas vezes por sua própria culpa no transcurso de sua história. E apesar disso em cada era da história a multidão dos cristãos dispersa em muitos Estados, culturas e igrejas ela sempre de novo é convocada a superar suas separações, a se encontrar em uma comunhão eclesial que une todos os seus membros e a chegar da comunhão da fé também às formas possíveis de comunhão em outras esferas da vida sob as respectivas condições históricas. Nesse desafio se impõe sempre de novo e de nova maneira a tarefa de integrar as condições de vida e formas institucionais de comunhão existentes em formas de uma coesão baseada na unidade da fé cristã e que conforme as circunstâncias às vezes são mais soltas, outras vezes mais sólidas.

A história da igreja não é apenas uma história da expansão missionária da fé cristã. Ela tampouco é somente o caminho para a fundamentação de uma comunhão duradoura que supera em seu seio as barreiras e contrariedades entre povos e raças e que também chega à expressão política em uma ordem de paz abrangente. Era assim que na era da guinada constantiniana podia se mostrar o caminho da igreja. EUSÉBIO o viu assim. Porém já em seu tempo aconteceu a ruptura da controvérsia ariana, que pela conversão de importantes povos germânicos à forma ariana, não predominante na igreja, da fé cristã, ainda teria conseqüências nefastas por muito tempo. No séc. V somaram-se as rupturas que surgiram como decorrência da controvérsia cristológica. Esses desenvolvimentos contribuíram consideravelmente, talvez de maneira decisiva, para o esfacelamento do Império Romano e a ruína da parcela ocidental nas tempestades da migração étnica, bem como em especial para a perda das regiões originárias do cristianismo na Síria e Palestina, mas igualmente no Egito e no Norte da África, para o islamismo no curso do séc. VII, ao que se seguiu a perda da Espanha. Esses acontecimentos não se deixam enquadrar em um conceito da história eclesiástica determinado apenas a partir da idéia da missão. Situam-se transversalmente a eles. São decodificados em termos de teologia da história unicamente sob a categoria do juízo. Em vista do nexo com as cisões dogmáticas da igreja, em particular, porém, com as tentativas de sua eliminação violenta, esses acontecimentos de fato podem ser compreendidos como expressão do juízo de Deus na história sobre sua igreja.

Também para uma compreensão teológica da história da igreja na Idade Média ocidental é imprescindível a categoria do juízo. Isso vale para o papel que a cisão entre o cristianismo ocidental e oriental desempenhou para a perda da Ásia Menor com Constantinopla, bem como dos Bálcãs, para o islamismo. Do mesmo modo a decadência interna do cristianismo ocidental como conseqüência das pretensões exacerbadas de poder do papado, que fizeram fracassar o conceito de uma harmonia do poder espiritual e secular na vida do cristianismo e mais tarde transformaram o movimento de Reforma em cisão da igreja, apenas pode ser avaliada teologicamente sob o ponto de vista do juízo de Deus sobre sua igreja. Como expressão do agir de juízo de Deus na história também deve ser entendido o afastamento do moderno mundo cultural ocidental do cristianismo, na medida em que seu secularismo em última análise remonta às conseqüências da cisão de igrejas no Ocidente do séc. XVI, a saber, às daí decorrentes guerras religiosas do final do séc. XVI e do séc. XVII. A corrosão da paz social pela intolerância vinculada às contrariedades confessionais foi, de acordo com pesquisas históricas mais recentes sobre a história do séc. XVII, a causa decisiva para que se desse adeus à concepção até então vigente, de que a unidade da religião seria fundamento imprescindível para a unidade da sociedade. i[211] A emancipação da sociedade com suas formas de vida política, econômica e finalmente também cultural frente a todas as amarras religiosas levou ao secularismo do moderno mundo cultural do Ocidente. Seu ponto de partida, porém, localiza-se nas decorrências do cisma ocidental das igrejas.[212]

JEAN DANIÉLOU objetou contra uma ênfase – que lhe parecia unilateral demais – na idéia do juízo em uma teologia da história que existiria

---

[211] Posição de T. K. Rabb, *The Struggle for Stability in Early Modern Europe*, 1975, p. 80ss, bem como p. 116ss.
[212] A esse respeito cf., com mais detalhes, do autor: *Christentum in einer säkularisierten Welt*, 1988, esp. p. 18-31.

também na história mundial algo como arrependimento e recomeço.²¹³ Isso de fato é assim, e disso também se pode falar no que se refere aos juízos de Deus na história de Israel e da igreja. Lá como aqui o arrependimento nem sempre é condição prévia para a preservação misericordiosa e para a nova vida a partir da força criadora do governo universal de Deus, que com freqüência ainda fez com que do mal surgisse o bem. No entanto, tal recomeço somente poderá ser frutífero em longo prazo se for vinculado à disposição de reconhecer a culpa do passado e de corrigir as causas de desenvolvimentos errados. Isso vale também para a retomada ecumênica do cristianismo neste século. Nela todos os segmentos do cristianismo têm motivos para a reelaboração crítica da própria tradição e história. Com certeza essa tarefa é a mais difícil para a igreja católica romana em vista do fatídico entrelaçamento do papado tanto na ruptura entre o Ocidente e o Oriente do cristianismo – até ao ponto da chantagem imposta aos cristãos gregos por EUGÊNIO IV no Concílio de Florença, aos quais mesmo assim não foi dada nenhuma ajuda eficaz na hora da aflição extrema antes da queda de Constantinopla em 1453 – como também na destruição da harmonia entre poder espiritual e secular na Idade Média latina e, não por último, na evolução da Reforma para o cisma da igreja ocidental. As igrejas surgidas da Reforma não deveriam bloquear a aqui necessária autocrítica do lado católico romano, para a qual já foi dado o primeiro passo desde o Concílio Vaticano II, insistindo em rejeitar o papado por princípio. Pelo contrário, deveriam facilitar a disposição romana para se autocorrigir, por se mostrarem fundamentalmente dispostas a reconhecer a relevância central de Roma para o cristianismo todo, ressalvada uma redefinição dogmática e eclesiástico-jurídica que não apenas tira as necessárias conseqüências da penosa história do cristianismo, mas que também constitui a premissa para uma nova valorização da função potencialmente benfazeja do centro romano para todo o cristianismo. A mais atual dentre as palavras ditas a Pedro, e que constituem as inscrições em torno das pilastras no interior da igreja de São Pedro em Roma, talvez seja a palavra de Jesus em Lc 22.32 vinculada com a promessa da intercessão pela fé de Pedro: "E, quando te tiveres convertido, fortalece teus irmãos." Contudo não apenas por causa das partes

---

²¹³ J. DANIÉLOU, *Essay sur le mystère de l'histoire*, 1953, p. 147ss., 160, cf. a observação crítica à p. 104 sobre H. BUTTERFIELD.

do cristianismo hoje ainda separadas de Roma, mas também por causa da própria igreja católica romana deve-se esperar que Roma continue o processo da abertura ecumênica, a fim de abrir caminho, pela renovação no espírito do evangelho, para uma manifestação nova, mais plena e autêntica da catolicidade da igreja.

Excurso: Fé secular na eleição e nacionalismo na história do cristianismo[214]

A história do cristianismo ocidental se caracteriza, entre outras, pela ascensão de uma fé secularizada na eleição que, na configuração do nacionalismo, se revestiu de relevância preponderante para a história da Europa na Idade Média tardia e na Modernidade, mas que finalmente desembocou nas catástrofes das duas guerras mundiais no séc. XX. Essa fé secular do nacionalismo europeu na eleição encontrou, no final do reino bizantino em 1453, uma contrapartida na reivindicação russa de liderança para Moscou como a "terceira Roma" e, logo, mais uma no senso de envio da nova nação norte-americana que se formou nos EUA, e por fim ainda um eco no sionismo e na fundação do Estado de Israel, bem como no processo de surgimento de novas nações na esteira da dissolução dos impérios coloniais fundados pelas nações européias. Para compreender o fenômeno global dessa fé secularizada na eleição, que veio a repercutir na história do nacionalismo, é necessário voltar-se a suas origens históricas. Elas se situam na decadência do império cristão de Bizâncio como configuração política da unidade do povo de Deus cristão, bem como no sucesso apenas parcial de tentativas posteriores para renovar essa unidade sob condições históricas alteradas.

A ordem de paz política abrangente do Império Romano, que ORÍGENES ainda no tempo da perseguição da igreja interpretou como uma correspondência providencial com o reino universal de paz do Cristo[215] e cuja concretização terrena o cristianismo depois acreditava

---

[214] Para o que segue, cf. mais detalhadamente do autor: *Die Bestimmung des Menschen. Menschsein, Erwählung und Geschchte*, 1978, p. 61-84, esp. p. 74ss. Ali também há outras comprovações para as situações aqui apenas resumidas sucintamente.

[215] ORÍGENES, *contra Cels.* 2,30 (GCS 1, p. 158,2ss). Cf. *Die Bestimmung des Menschen*, p. 64s.

constatar no sinal do reinado celestial de Cristo no império constantiniano, sempre permaneceu, apesar de sua vasta extensão, particular e por isso aquém da universalidade do senhorio de Cristo. Apesar disso a fragmentação do império na Antiguidade tardia deixou atrás de si o anseio pela restauração de sua ordem de paz na antiga área ocidental do Império Romano. Considerando que depois do ocaso do reino romano ocidental o bispo de Roma se tornou para essa região o único ponto de referência e representante da unidade dos cristãos, ainda remanescente, diante de um sem-número de etnias e reinos independentes, era plausível que também partisse do papa a iniciativa de restauração do sistema imperial romano ocidental pela coroação de CARLOS MAGNO. Como o império ocidental medieval, porém, depois da morte de CARLOS nunca mais conseguiu unificar politicamente todo o cristianismo ocidental sob seu domínio, ampliaram-se também, ao lado do relacionamento com o império, as relações múltiplas dos papas com reinos e principados autônomos, não sem a repetida tentação de jogar politicamente uns contra os outros. Assim houve no relacionamento dos papas com o império medieval do Ocidente desde o início uma constelação diferente da de Bizâncio, onde o imperador se contrapunha a um número maior de patriarcados autônomos: Enquanto lá o imperador era o foco da unidade, no Ocidente era o papa de Roma. Desde as partições do reino carolíngio do séc. IX a autoridade unitária da sé romana se contrapunha a uma variedade de poderes seculares, ainda que o império ocupasse entre eles uma posição especial. O papado soube aproveitar as diferenças políticas entre os poderes seculares para fortalecer sua autonomia e suas reivindicações de liderança. Em contraposição surgiram rivalidades entre os povos que emergiram do reino de CARLOS MAGNO, em torno da prerrogativa vinculada à dignidade de imperador. A rivalidade entre alemães e franceses pelo legado de CARLOS MAGNO constituiu o núcleo germinativo para a fé secularizada na eleição no nacionalismo europeu.

Já CARLOS MAGNO estava ciente de ser, segundo o exemplo do Antigo Testamento, rei eleito por Deus no seguimento a Davi. Certamente também deve ter entendido nesse sentido seu cargo imperial,[216] agora,

---

[216] Sobre isso, cf. *Die Bestimmung des Menschen*, p. 70s e os comprovantes arrolados ali, p. 122, nota 27, de cartas de ALCUÍNO. Para a autocompreensão de CARLOS como imperador são importantes também as titulações mencionadas às p. 120s, nota 26, em sua correspondência com o imperador MIGUEL de Bizâncio.

porém, ampliado sobre todo o cristianismo, respectivamente sobre sua parcela ocidental. Do mesmo modo se entendiam os sucessores de CARLOS MAGNO, os imperadores francos orientais, mas também o rei francês que se sentia como verdadeiro herdeiro do grande CARLOS, o qual a rigor também mereceria a coroa de imperador.[217] Da rivalidade entre o reino francês e os imperadores alemães da Idade Média se formou o protótipo do nacionalismo decorrente de uma fé na eleição, que vinha regularmente acompanhado da convicção de um envio especial do respectivo povo para o cristianismo todo. No caso da França tratava-se na Idade Média no mínimo de uma reivindicação de liderança intelectual, favorecida pela política papal em sua luta a favor da autonomia política do papado diante do império. Assim o papa Inocêncio III concedeu em 1202 ao rei da França o título de *christianissimus rex* [rei sumamente cristão].[218] Desde os primórdios do séc. XIV se pode comprovar, na seqüência, uma consciência de eleição especial e de envio ao cristianismo todo, transferida do rei ao povo francês. Assim se lê no jurista francês PIERRE DUBOIS, que Cristo teria escolhido o rei francês – o sucessor de Moisés e Davi no governo do povo de Deus – para uma honra maior que outros senhores e reis no cristianismo. Afinal, segundo as palavras do papa, a fé cristã teria encontrado na França uma base mais consistente que em outros lugares. Em vista disso, DUBOIS declara expressamente que o povo francês teria sido eleito por Deus de modo especial (*in peculiarem populum electum a Deo*). Por isso seria apropriado que o rei francês como o mais nobre entre os príncipes do cristianismo tenha a primazia no reino que unifica todos os cristãos (*tota respublica omnium Christicolarum*). Afinal, devido à sua descendência de CARLOS MAGNO ele também teria direito ao cargo e à dignidade do império.[219]

Expressões semelhantes de uma fé secular na eleição, embora motivada na raiz por conteúdo cristão, encontram-se no séc. XVI também em relação a outras nações. Por exemplo, na Espanha de FILIPE II TOMMASO CAMPANELLA em sua obra sobre a monarquia espanhola designou o rei espanhol de "rei católico" para o mundo inteiro, chamado para unificar humanidade tanto na Europa quanto na América debaixo do

---

[217] Cf. ainda: *Die Bestimmnung des Menschen*, p. 75 e P. E. SCHRAMM, *Der König von Frankreich* (1939), 2ª ed. 1960, p. 30ss, 42s.
[218] Comprovação in: P. E. SCHRAMM, *op. cit.*, p. 181 e 184s.
[219] P. E. SCHRAMM, *op. cit.*, p. 228.

papa.²²⁰ Consideravelmente mais persistentes foram as conseqüências da contrapartida protestante a essa consciência de eleição política, a saber, da interpretação da Inglaterra como um novo Israel. Embora esse pensamento somente chegasse a florescer depois de 1588, o ano do milagroso salvamento de Inglaterra diante da Armada espanhola, JOHN LYLY já soube falar em 1580 da providência divina especial pela Inglaterra como seu novo Israel, *his chosen and peculiar people* [seu povo eleito e especial].²²¹ Nos anos da revolução de CROMWELL foi particularmente forte a influência de tais idéias na Inglaterra. JOHN MILTON disse em 1644 que a Inglaterra foi chamada a preceder as outras nações com a fundamentação de uma sociedade livre, para assim aperfeiçoar a Reforma.²²² A liberdade civil foi, portanto, concebida como a concretização secular da liberdade cristã, da qual LUTERO falou em 1520.²²³ Esses impulsos também se tornaram eficazes desde o séc. XVII nas colônias norte-americanas da Inglaterra. Nisso se salientou ainda mais a vinculação com o Antigo Testamento: Os emigrados para a América compreenderam sua trajetória como um novo êxodo para uma nova terra prometida, onde os puritanos fundaram uma nova sociedade com base em uma constituição teocrática, de uma aliança (*covenant*) com Deus. As identificações tipológicas da América como um novo Israel ajudaram a fundar a identidade nacional norte-americana e pertencem até o séc. XX ao núcleo central da *civil religion* norte-americana. Especialmente nos discursos de presidentes norte-americanos esse pensamento foi sempre de novo evocado, p. ex., em formato fortemente secularizado pelo presidente LYNDON JOHNSON em 15 de março de 1965. JOHNSON declarou naquela hora em seu discurso de posse sobre os antigos imigrantes: "*They came here... to find a place where a man could be his own man They made a covenant with this land. Conceived in justice, written in liberty bound in union, it was meant one day to inspire the hopes of all mankind, and it binds us still. If we keep its terms, we shall flourish*" [Eles

---

²²⁰ H. KOHN, *Die Idee des Nationalismus. Ursprung und Geschichte bis zur französischen Revolution*, 1950, p. 805.
²²¹ H. KOHN, *op. cit.*, p. 840.
²²² J. MILTON, "Areopagitica", in: idem, *Selected Prose*, ed. por C. A. PATRIDES (Penguin Books 1974), p. 236s. Cf. sobre isso e sobre afirmações do próprio CROMWELL acerca da ligação entre liberdade religiosa e cidadã: *Die Bestimmung des Menschen*, p. 78ss.
²²³ M. LUTERO, *De libertate Christiana* (1520), WA 7, p. 49-73.

chegaram aqui... para encontrar um lugar em que um homem pudesse ser dono de si. Fizeram uma aliança com essa terra. Concebida em justiça, escrita em liberdade, firmada na união, ela se destinava a inspirar um dia as esperanças de toda a humanidade, e ela ainda nos compromete. Se mantivermos seus termos, haveremos de florescer].²²⁴ A maneira como se empregou aqui a idéia da aliança é significativa para a distorção secularista de seu conteúdo bíblico original: Não é mais Deus que firma a aliança, mas os antepassados norte-americanos, e conforme o presidente JOHNSON eles o firmaram não com Deus, mas com a terra. Tais distorções e adaptações da tradição bíblica foram alvo também nos EUA de severa crítica. A crítica se dirigiu especialmente contra a concepção de que por causa de seu envio divino, de trazer liberdade e democracia ao mundo inteiro, a América do Norte estaria imune a toda tentação para o mal. Contra isso sempre de novo se fez valer, particularmente desde Abraão Lincoln, o pensamento bíblico do juízo divino, sob o qual se encontra também o povo norte-americano. Nisso a religião civil norte-americana se diferencia das formas exacerbadas de consciência de envio nacional em outros povos. Contudo também a consciência norte-americana da vocação nacional é secularizada a ponto de não se referir mais à restauração da unidade do cristianismo, mas ser concebida como missão puramente cultural e política.

Paralelos dignos de nota para os exemplos citados de fé nacional na eleição foram encontrados nas últimas décadas em diversas formas da teologia da libertação. Um exemplo particularmente significativo disso é constituído pela "teologia negra" [black theology] de JAMES CONE.²²⁵ Como em muitas concepções de eleição nacional, especialmente na norte-americana, também aqui a transposição análoga da tradição do êxodo se revestiu de importância central. Com ela se podem associar facilmente as exigências de libertação política e econômica, e a determinada região (p. ex., a América Latina) ou a um grupo humano é atribuída a função de vanguarda para toda a humanidade. No caso da "teologia negra" de CONE foi transferida até mesmo a exclusividade de concepções deuteronômicas de eleição aos negros a serem libertos.

---

²²⁴ O discurso foi citado conforme R. N. BELLAH, "Civil Religion in America", in: *Daedalus* 1967 "Religion in America", p. 1-27, 13. Acerca do contexto, cf. *Die Bestimmung des Menschen*, p. 80ss.
²²⁵ J. CONE, *God of the Oppressed*, 1975.

Assim também aqui foi secularizada a fé na eleição: A idéia da eleição não mais relacionada com o futuro a ser trazido unicamente por Deus do reino escatológico de Deus. Pelo contrário, os próprios humanos devem produzir um *éschaton* [fim dos tempos] imanente, uma sociedade em que estará abolida toda opressão. O linguajar da cristologia e eclesiologia tradicionais é reprogramado de acordo, formando um simbolismo para essa definição de objetivos. Em tudo isso ocorrem nítidos paralelos com o discurso de religiosidade civil da fé nacionalista na eleição.

Em todos os aspectos não foram salutares os efeitos de tal secularização da idéia da eleição, cujos inícios se podem compreender historicamente como produto da cisão não apenas eclesiástica, mas também política do cristianismo. Com excessiva facilidade brotam da fé nacional na eleição sentimentos de superioridade e demandas de dominação na relação com outros povos. A história européia mais recente oferece exemplos de advertência dos excessos de sentimentos nacionalistas de eleição e envio que conduziram, por amargos conflitos entre os povos da Europa e finalmente por meio de duas guerras mundiais, à ruína da antiga ordem estatal européia. É verdade que nos diferentes fenômenos de fé nacional na eleição muitas vezes também existem momentos de verdade – a consciência de uma singular vocação e compromisso em determinada situação histórica. Contudo com excessiva facilidade se combina com isso aquela *hbris* [arrogância] que conjura a catástrofe histórica, o juízo de Deus na história. Isso acontece de forma especial quando uma fé nacional na eleição se distanciou tanto de suas raízes bíblicas que já não se submete à disciplina do temor a Deus na consciência de que Deus é Juiz sobre a auto-exaltação humana.

5. O objetivo da eleição e o governo mundial de Deus no processo da história

O agir eletivo de Deus na história geralmente coloca o eleito a serviço da fundamentação e do fomento de uma comunhão maior. Portanto os indivíduos são eleitos para a participação e para diferentes serviços ao povo de Deus, mas o povo de Deus para o testemunho da vontade salvadora do Criador válida para toda a humanidade. Essa vontade salvadora visa à comunhão dos seres humanos com Deus, por meio da qual participam da vida eterna de Deus, mas ela ao mesmo tempo se destina também a que cheguem através da comunhão com Deus à verdadeira comunhão entre os seres humanos que tem por fundamento a relação conjunta com Deus.

A vontade salvadora de Deus se concretiza para humanidade conforme 1Cor 15.49 pelo fato de que pessoas são atraídas para dentro da imagem de Cristo (cf. 2Cor 3.18). É precisamente a isso que visa conforme Rm 8.29 a eleição e predestinação por Deus: Os eleitos devem ser igualados à figura de seu Filho, ou seja, participar do relacionamento do Filho com o Pai. Devem reconhecer e aceitar o mistério divino insondável que paira sobre sua vida, com Jesus como amor paterno, e devem render ao Pai a gratidão que lhe compete como origem de todas as coisas, honrando-o assim em sua divindade e preservando a comunhão com ele.

Participar no relacionamento de Jesus com Deus faz com que os fiéis que, ligados com o Filho pela fé, também são os eleitos de Deus, cresçam para a comunhão entre si. Porque a configuração igual com Jesus Cristo como Filho do Pai, concedida a cada crente, está também, conforme Rm 8.29, mais uma vez sob uma destinação: Visa a que o Filho venha a ser o primogênito entre irmãos (e irmãs). Sua ligação uns com os outros foi descrita por Paulo em outra ocasião como a unidade do corpo de Cristo: A comunhão com Jesus Cristo na fé alicerça a comunhão dos crentes uns com os outros. Isso é realizado e apresentado de forma sensoriamente concreta na celebração da ceia do Senhor (1Cor 10.16s). A eleição do indivíduo para participar da relação do Filho com Deus o Pai, portanto, jamais pode ser dissociada de que os fiéis se tornam membros do corpo de Cristo. Não podem ter para si sozinhos a salvação da comunhão com Deus. Somente como membros da igreja podem participar dela, participando simultaneamente do direcionamento da igreja para a humanidade, a saber, para a comunhão futuro de uma humanidade renovada no reino de Deus.

Dessa maneira dissolve-se a problemática aliada à particularidade da eleição: A participação dos eleitos na salvação não se comporta de modo excludente com os demais, que são preteridos, mas encontra-se sob a condição da inclusão dinâmica, ou seja, do movimento em direção da incorporação de todos. Muitas vezes isso foi negligenciado nas contraposições de eleitos e não-eleitos. Dessa forma a doutrina da predestinação, que na realidade pretendia fundamentar a certeza da graça na consciência dos crentes com base em sua origem na eternidade de Deus, no eterno desígnio divino da eleição (Rm 8.28-30), se transformou em horror de corações sensíveis, atribulados que são pela pergunta: Que, porém, será feito dos outros? A resposta a essa pergunta é: A eleição do indivíduo e também a do povo de Deus, ao qual os indivíduos pertencem como membros, é *aberta* para a participação de todos os seres humanos na relação de Jesus com Deus. E ainda mais: Os indivíduos eleitos e o povo de Deus como um todo recebem com seu chamado ao mesmo tempo a incumbência, a missão, de atuar na direção da inclusão da humanidade toda no relacionamento de Jesus Cristo com Deus. Não existe nenhuma garantia de que de fato todas as pessoas concordarão em aceitar o convite para crer. Mas trata-se de dar certeza da participação na comunhão com o Criador aos que apenas de toda a alienação e distorção sempre já anseiam esperançosos por essa comunhão.

Ou seja, o agir eletivo de Deus visa em última análise à comunhão de uma humanidade renovada no reino de Deus. Nela a intenção criadora de Deus em sua criação chegará à consumação. Porque a intenção do Criador está voltada à situação de que suas criaturas vivam diante dele. O alvo do reino de Deus, no qual se concretizará essa intenção da criação, pela superação de pecado e morte, não é exterior às próprias criaturas. Porque seu anseio se dirige à vida que persista também para depois de sua própria finitude, e somente poderão encontrar essa vida ligados ao Criador. Também a destinação específica dos seres humanos, sua humanidade, pode ser concretizada unicamente assim. Porque somente no reino de Deus a comunhão dos seres humanos chegará à consumação liberta de todo egoísmo e opressão recíproca. Para tal comunhão de uns com os outros as pessoas e os povos se tornam capazes, conforme o testemunho da Bíblia, unicamente pelo fato de permitirem que Deus lhes conceda o parâmetro para seus relacionamentos recíprocos: É esse o direito de Deus que supera os conflitos das reivindicações jurídicas dos seres humanos uns contra os outros, concedendo "a cada um o seu" e gerando assim paz entre os seres humanos (Mq 4.1-4; Is 2.2-4).[226]

---

[226] Acerca da relevância fundamental da relação com Deus para a justiça nos relacionamentos entre os humanos, cf. do autor: "Leben in Gerechtigkeit", in: H. FRANKE et al. (eds.), *Veritas et communicatio. Öumenische Theologie auf der Suche nach einem verbindlichen Zeugnis. Festschrift U. Kuhn* I, 1992, p. 310-320.

A comunhão dos seres humanos no reino de Deus alicerçada sobre o direito de Deus não é apenas o alvo do agir eletivo divino na história. Igualmente constitui o tema que está em jogo nas discussões e lutas da história mundial. Em todas as disputas da história humana está em jogo a fundamentação e preservação da ordem verdadeiramente humana para a convivência das pessoas.[227] Porém as pessoas não conseguem chegar a um acordo sobre a ordem correta da sociedade, ou seja, sobre os parâmetros de direito e justiça e sobre sua aplicação na convivência das pessoas. Por isso a história está cheia da luta dos povos e Estado uns contra os outros. Das lutas da história também se formaram sempre formas novas de ordem de convivência, contudo sempre de novo se acaba constatando que elas se apóiam em maior ou menor grau sobre relações de poder de dominação e opressão.

Em meio às controvérsias da história mundial o povo de Deus foi chamado a ser modelo do reino de Deus. No antigo Israel isso acontecia de tal forma que a vida do povo era submetida ao direito de Deus, transmitido como revelado a Moisés. Na igreja cristã a comunhão do reino de Deus está presente de forma sacramental na celebração da ceia de Jesus. A forma de sinal de sua presença tem a vantagem de que não pode ser frustrada pela desobediência dos seres humanos como a lei da antiga aliança, que foi dada a Israel para a vida, mas se efetiva para a morte do pecador. No entanto a execução sacramental não deve permanecer sendo um ritual formal. Ela está direcionada para a interpretação e apropriação pela proclamação da igreja e na vida dos cristãos. Ocorre que o comportamento da igreja e de cada cristão pode obscurecer o que a igreja celebra como sinal na ação da ceia de Jesus. Em razão disso nem sempre se torna claro para o mundo que e como no culto dos cristãos é configurada a destinação dele, do mundo, a destinação da humanidade. Obviamente isso não se deve apenas aos cristãos, mas igualmente à cegueira do mundo, que está obcecado através do poder do pecado. De um ou outro modo a igreja é envolvida nos conflitos do mundo, e para se afirmar nesses conflitos ela muitas vezes, por intolerância, por busca de domínio clerical, por suas discórdias e sua falta de amor, bem como finalmente por suas cisões, obscureceu o mistério do reino de Deus, para cuja apresentação foi convocada.

---

[227] Por isso consta em E. VOEGELIN, "The order of history emerges from the history of order" (Order and History, vol. I, 1956, IX).

Desse modo os cristãos contribuíram por seu comportamento para as catástrofes que ocorreram na história do cristianismo.

Será que na rejeição com que a igreja sempre de novo se depara no curso de sua história é possível perceber a diferença entre eleitos e não-eleitos? Porventura os eleitos são aqueles que se deixam atrair para dentro da comunhão da igreja e se tornam conformes com Cristo, enquanto os condenados por Deus são aqueles que permanecem do lado de fora?[228] Certamente seria assim se a igreja sempre e em todos os lugares cumprisse com total clareza sua função de sinal e representação da consumação da humanidade no reino de Deus já instaurada em Jesus Cristo. Considerando, porém, que o sinal do senhorio de Deus na vida da igreja com freqüência está deformado até ficar irreconhecível, pode haver motivos subjetivamente justificados para alguém se manter distante da igreja. Porventura isso não significa que alguns daqueles que se mantêm distantes da igreja ou se desligam dela talvez ajam por anseio desiludido pelo reino de Deus, o qual não conseguem reconhecer na vida da igreja?

Neste ponto parece plausível transferir o escopo dos pensamentos paulinos sobre o sentido providencial do endurecimento de Israel (Rm 11.11s) analogamente à missão mundial da igreja: Assim como de acordo com a percepção do apóstolo a apostasia e a rejeição temporária do povo judeu se tornou, no plano de salvação de Deus, um meio para incluir os gentios na salvação do senhorio de Deus, assim a deturpação da comunhão do corpo de Cristo na vida da igreja poderia ser considerada um meio do governo mundial divino para manter aberta ainda uma chance de participar da salvação do senhorio de Deus também para aqueles que se escandalizam com a igreja. Entretanto, também para eles Cristo Jesus anunciado pela igreja continua sendo o critério da participação na salvação de Deus.

Constitui o primor do governo mundial de Deus fazer emergir do mal o bem (Gn 50.20) e assim derrotar o mal pelo bem, como Jesus demandou de seus discípulos (Mt 5.39) e Paulo formulou como regra de vida cristã (Rm 12.21). Assim brota das catástrofes históricas a chance do recomeço. Isso vale também para a história da igreja: Os juízos

---

[228] Cf. 2Cor 4.3s: "Se, porém, nossa mensagem de salvação permanece encoberta, são os perdidos aos quais está encoberta, os incrédulos, nos quais o deus desse éon ofuscou os sentidos..." (traduzido segundo U. WILCKENS).

de Deus sobre sua igreja a obrigam à renovação ou concretizam por meio de um desvio aquilo contra o que a igreja recalcitrava. Foi assim que somente o cisma da igreja no Ocidente abriu o caminho para a idéia da tolerância – não apenas na vida civil, mas também na vida e fé da igreja. A igreja não formulou esse princípio por iniciativa sua, por mais que deveria ter sido próprio dela. Apropriou-se dele apenas através do desvio de um mundo em vias de se alienar da igreja, e o cisma dos cristãos serve até o dia de hoje à interiorização dessa lição, que também transforma a relação com as religiões não-cristãs. Por menos que na tolerância – como aconteceu no mundo cultural secularizado – possa tornar-se indiferente o contraste entre verdade e erro, não deixa de penetrar mais intensamente na consciência da igreja o elemento da interinidade da formação de juízos humanos sobre tais contrastes, a qual permanece assim – em consonância com a parábola de Jesus acerca do joio no trigo (Mt 13.24-30) – aberta rumo ao futuro de Deus e ao juízo dele.

Capítulo 15

A CONSUMAÇÃO DA CRIAÇÃO NO REINO DE DEUS

1. O tema da escatologia

a) Escatologia e senhorio de Deus

A salvação escatológica a que se dirige a esperança cristã preenche o mais profundo anseio das pessoas e de toda a criatura, embora nem sempre estejam plenamente cônscios de seu objeto. Apesar disso ela excede – do mesmo modo como a própria realidade de Deus – toda a nossa compreensão.[1] É assim porque a salvação escatológica significa participação na vida eterna de Deus. O futuro do reino de Deus, por cuja vinda os cristãos oram com as palavras de Jesus (Mt 6.10a), é a quintessência da esperança cristã. Tudo o mais que está conectado com ele – tanto a ressurreição dos mortos quanto o juízo final – é efeito decorrente da vinda do próprio Deus para a consumação de seu governo sobre sua criação.

Em vista da relevância dessa verdade e de sua clara atestação nas tradições da mensagem de Jesus é surpreendente que o tema reino de Deus na história da escatologia cristã de forma alguma exerceu um papel tão dominante como se deveria esperar. Na realidade a primeira carta de Clemente ainda caracterizou a mensagem dos apóstolos como evangelho da proximidade do senhorio de Deus (*1 Clem* 42,3), e também nos demais pais apostólicos não raramente

---

[1] Exposto de modo exemplar nas observações introdutórias de C. Schütz, "Allgemeine Grundlegung der Eschatologie", in: J. Feiner; M. Löhrer (eds.): *Mysterium Salutis* V, 1976, p. 553-700, 554s.

se fala do reino de Deus como objeto da esperança cristã.² Contudo já nos apologistas é raro o conceito *basileia* [reino],³ enquanto a esperança da ressurreição dos mortos se tornou o objeto central da discussão com o pensamento helenista. Em IRENEO o tema ocorre significativamente mais vezes, porém não no sentido de Deus vir a governar, mas – como já de forma preponderante nos pais apostólicos – no sentido do bem da salvação que há de ser propiciado ao perfeito como "herança".⁴ No mais, constam também em IRENEO a ressurreição dos mortos e a conformação dos fiéis com a imagem de Cristo no centro da esperança cristã pelo futuro.⁵ O senhorio de Deus sobre o mundo, no entanto, ele o imaginou como sempre já existente.⁶ A base disso era a fé na criação a ser defendida contra o gnosticismo, não a escatologia. Dessa maneira se explica o refluxo, no mais notório, do pensamento do senhorio de Deus como objeto da expectativa escatológica de futuro. Algo equivalente vale para a história posterior da patrística.⁷ Por isso já não causa surpresa que

---

² Posição expressa esp. nas orações do *Didaquê* 9,4 e 10,5, em 2 *Clem* e no *Pastor de Hermas*, onde, porém, comumente se fala de "entrar" no reino de Deus ou (como esp. em INÁCIO *Ef.* 16,1; *Fil.* 3,3, bem como em POLICARPO *Fil.* 5,3) de "herdar" o reino, como já em Paulo (1Cor 6.9s; 15.50; Gl 5.21; cf. Ef 5.5). Aqui está se preparando o que C. SCHÜTZ afirma sobre 1 *Clem*: "No lugar do Senhor e de seu reino entram... os bens da promessa divina" (op. cit., p. 569). Relevância central possui em CLEMENTE (como já para Paulo) a ressurreição corporal.
³ R. FRICK, *Die Geschichte des Reich-Gottes-Gedankens in der alten Kirche bis zu Origenes und Augustin*, 1928, p. 40.
⁴ IRENEO, *Haer.* V,9,3-5, cf. 14,4 e 32,1, e ainda 36,3 (cf. também os comprovantes paulinos citados acima, nota 2). Como se depreende de V,9,4 e 32,1s, IRENEO entendia o legado do reino de Deus como senhorio sobre a terra (cf. V,34,2 com Dn 7.27). Nesse sentido ele podia falar do cumprimento das promessas de Deus no reino do Filho (V,36,3), e o sétimo dia da criação era para ele o tempo do reino (V,33,2), a saber, do descanso de Deus diante de todas as suas obras, da qual os crentes tomarão parte (IV,16,1; V,30,4).
⁵ IRENEO, *Haer.* V,12-14. Acerca do significado da "apologética da ressurreição" para o início da patrística, cf. C. SCHÜTZ, *op. cit.*, p. 576ss.
⁶ Por isso esse tema não é combinado em *Haer.* V,22 com o futuro escatológico. Como o Criador, Deus sempre já é o único Deus e Senhor (cf. vol. II, p. 11ss.).
⁷ Cf. R. FRICK, *op. cit.*, p. 89 e 92s sobre CLEMENTE de Alexandria, que com a concepção do senhorio de Deus apoiada na fé na criação tentou combinar assim como IRENEO o pensamento bíblico de herdar o futuro do reino e de entrar nele. A entrada no reino, porém, recebe agora, com base em Mt 5.8, a definição de conteúdo de contemplar a Deus. A interiorização espiritualista, assim viabilizada, do senhorio de Deus foi aprofundada por ORÍGENES mediante referência a

no final da exposição sintética da fé ortodoxa em João Damasceno a esperança cristã do futuro foi tratada sob o ponto de vista da ressurreição dos mortos em combinação com o juízo final,[8] mas sem mencionar o tema do reino de Deus. De modo análogo, na teologia ocidental Pedro Lombardo se restringiu, nas últimas oito distinções de sua obra de *Sentenças*, que deveriam ter-se tornado ponto de partida para o desenvolvimento do tratado de escatologia,[9] aos temas da ressurreição dos mortos e do juízo final. A subjacente concentração na esperança escatológica individual e ao futuro do juízo final, à qual se encaminha cada individuo e com a qual também estará vinculado o fim do mundo atual, permaneceu determinante para a escatologia do apogeu da escolástica,[10] mas também para a dogmática do

---

Lc 17.21 (R. Frick, *op. cit.*, p. 100s). Sua célebre palavra sobre Cristo como *autobasiléia* [reino próprio] de Deus (sobre Mt 18.23) expressa que nele como o Rei celestial (assim como nos crentes) se manifesta o reinado mundial de Deus fundamentado na criação (*Origenis in Evangelium Matthaei Commentariorum*, p. 1, ed. C. H. E. Lommatzsch 1834, p. 283). Um sentido bem diferente tinha esse pensamento em Marcião, quando afirmou que o Batista teria anunciado o reino de Deus, e a isso se seguiu a *initiatio evangelii in quo est dei regnum, Christus ipse* [a iniciação do evangelho no qual está o rei de Deus, o próprio Cristo] (citado em Tertuliano, *adv. Marcionem*, Books 4 and 5 ed. por E. Evans, Oxford 1972, p. 446 s.6). Na verdade foi suspensa aqui, de modo semelhante como em Orígenes, cristologicamente a tensão frente ao futuro escatológico do reino. Mas conforme Marcião o senhorio de Deus começa somente com a aparição de Cristo, em contraposição à época do Antigo Testamento. Para a teologia da igreja estabelecida opõe-se a isso a fé na criação. Também Agostinho imaginou a *civitas Dei* [cidade de Deus] como existente desde a criação (cf. *De civ.* XI,24; XII,1,1) como reflexo da *civitas* celestial (XV,2), cuja verdadeira configuração, porém, ainda era futura (*ibid.*) e que foi fundada por Cristo (XV,8, 1). Possui sua configuração atual na igreja (XX,9,1s, cf. acima, cap. 12,2a, esp. p. 46s). Nisso é específico para Agostinho a reconhecimento do caráter comunitário do senhorio de Deus como "cidadania".

[8] João Damasceno, *De fide orth.* IV,27 (*MPG* 94, p.1218-1228).

[9] Pedro Lombardo, *Sententiae in IV Libris Distinctae* Vol.II,1981, p. 510ss (1.IV, d. 43- 50). Para as fontes do Lombardo aponta a nota à p. 510. Cf. esp de Agostinho o *Enchiridion* XXIII, 84ss (CCL 46, p. 95ss.).

[10] Sobre isso, cf. C. Schütz, *op. cit.*, p. 589s. Como paradigmático podem ser consideradas as considerações de Tomás de Aquino em sua *Summa contra os gentios* IV,79-97 em combinação com sua observação na introdução ao quarto livro (IV,1). Segundo ele a escatologia (esse termo ainda não é usado aqui) com a última destinação (*finis*) do ser humano, a saber, com a ressurreição e glorificação dos corpos, a beatitude duradoura da alma e com as questões com isso relacionadas.

protestantismo antigo.¹¹ Na verdade no contexto do juízo também se versou sobre a consumação do mundo, mas ao lado da glorificação das pessoas eleitas eles não formavam um tema próprio.¹² Isso se evidenciou com especial ênfase na tese dos dogmáticos luteranos antigos acerca do *aniquilamento* escatológico do mundo, em contraposição à qual os reformados preservaram com o a escolástica medieval a idéia da *transformação* do mundo, para a qual também retornou a dogmática luterana posterior.¹³ Foi apenas na teologia federal de JOHANNES COCCEJUS que o reino de Deus retornou

---

¹¹ É o que consta nos capítulos sobre morte e ressurreição dos mortos, bem como sobre o juízo final em D. HOLLAZ, *Examen theol. acroam.*, 1707, vol. II, reimpressão 1971, p. 370-416 (p. III s.II, c.9 e 10).

¹² TOMÁS DE AQUINO escreveu em *ScG* IV,97 sobre as condições do mundo depois do juízo, que o devir e o desaparecer, causados atualmente pelo movimento celeste, hão de acabar com o fim dos tempos (Ap 10.6), que animais, plantas e tudo que é transitório desaparecerão completamente, mas que a substância do mundo será transformada no estado imperecível dos corpos celestes, de conformidade com a transformação dos seres humanos para a incorruptibilidade. Diante de Deus permanece existindo o mundo com sua substância: *Creavit enim res ut essent* [pois criou as coisas para que existissem] (cf. *Sap. Sal.* 1,14a Vg.).

¹³ Para fundamentar a tese do aniquilamento do mundo em J. GERHARD, cf. K. STOCK, *Annihilatio mundi. Johann Gerhards Eschatologie der Welt*, 1971. De forma análoga opinaram A. CALOV, *Systema locorum theologicorum*, vol. XII, Wittenberg 1677, p. 166-196 e ainda D. HOLLAZ, *op. cit.*, p. 415: *Consummatio mundi formaliter consistit non in qualitatum hujus mundi mutatione aut alteratione, sed in totali substantiae mundi abolitione aut annihilatione* [A consumação do mundo consiste formalmente não na mutação ou alteração das qualidades deste mundo, mas na abolição e no aniquilamento da substância total do mundo]. Nessa posição se expressa, conforme P. CORNEHL, um "estreitamento personalista e abandono acósmico do mundo", uma vez que HOLLAZ aponta como finalidade do aniquilamento do mundo, ao lado da *gloria Dei* [glória de Deus] também a *liberatio piorum* [libertação dos crentes]: "O alvo não é a redenção do mundo, mas libertar do mundo" (P. CORNEHL, *Die Zukunft der Versöhnung. Eschatologie und Emanzipation in der Aufklärung, in Hegel und in der Hegelschen Schule*, 1971, p. 31). Acerca da rejeição dessa tese dos luteranos entre os reformados, cf. H. HEPPE; E. BIZER, *Die Dogmatik der evangelisch-reformierten Kirche*, 1958, p. 566s. Sobre o retorno dos dogmáticos luteranos posteriores do séc. XVIII à idéia da transformação do mundo, como já aconteceu em S. J. BAUMGARTEN, *Evangelische Glaubenslehre*, vol. III, ed. por J. S. SEMLER, 1760, p. 724s, § 6, cf. K. G. BRETSCHNEIDER, *Systematische Entwicklung aller in der Dogmatik vorkommenden Begriffe*, 3ª ed. 1825, p. 830, bem como esp. as preleções de F. V. METZLER sobre a dogmática, ed. por J. G. I. BERGER, 1801, p. 679-681.

à cena como tema dominante da história da salvação também para a escatologia,[14] embora mediante uma conexão estreita, que lembra AGOSTINHO, com o conceito de igreja, como consumação da igreja. A partir de COCCEJUS o tema do reino de Deus permaneceu vivo no pensamento escatológico do séc. XVIII, ainda que inicialmente menos na escatologia dogmática,[15] mas no Pietismo e, pela mediação dele, no pensamento do Iluminismo alemão, nomeadamente em LEIBNIZ e LESSING. Na controvérsia dos fragmentos o uso do conceito reino de Deus na mensagem de Jesus passou a ser descolado de seu pretenso significado político nacionalista na expectativa judaica e formulado como quintessência da destinação social do ser humano como ente moral. Nessa forma ocorreu também acima de tudo na filosofia da religião de KANT,[16] por meio da qual o conceito tornou a repercutir sobre a escatologia teológica até a ALBRECHT RITSCHL e sua escola,[17] mas também na teologia católica de Tübingen.[18] A interpretação filosófico-moral do reino de Deus, no entanto, fez com que esse tema se tornasse o conceito-alvo do agir ético dos humanos, e apenas JOHANNES WEISS lembrou novamente a teologia em 1892 de que, em decorrência da proclamação de Jesus, o reino de Deus vem sem qualquer contribuição humana exclusivamente de Deus.[19]

Pelo fato de que Deus e seu senhorio constituem o conteúdo central da salvação escatológica, a escatologia não é apenas o tema de um

---

[14] G. SCHRENK, *Reich Gottes und Bund im älteren Protestantismus vornehmlich in Johannes Coccejus* (1923) 2ª ed. 1985, p. 190-288, esp. p. 239ss. Cf. de COCCEJUS a *Summa doctrinae de foedere et testamento Dei* (1660), cap.16, § 641 (*Opera omnia* 6, ed. sec. 1689, 131).

[15] Na dogmática evangélica representativa de meados do séc. XVIII, de S. J. BAUMGARTEN, *Evangelische Glaubenslehre*, vol. III 1760, a doutrina dos *novissima* [novíssimas coisas] ou *éschata* [últimas coisas] (conforme *Sir* 7,36) era apresentada completamente no conteúdo temático tradicional (*op. cit.*, p. 678-728).

[16] I. KANT, *Die Religion innerhalb der Grenzen der bloßen Vernunft* (1793), 2ª ed. 1794, p. 127-206, esp. p. 198ss., também p. 226s.

[17] Sobre isso, cf. N. METZLER, *The Ethics of the Kingdom*, dissertação Munique 1971.

[18] P. MÜLLER-GOLDKUHLE, *Die Eschatologie in der Dogmatik des 19. Jahrhunderts*, 1966, não apenas apresentou a idéia do reino de Deus da escola de Tübingen (p. 120-127), mas também suas origens (p. 58ss.), esp. em BERNARD GALURA (p. 59ss.).

[19] J. WEISS, *Die Predigt Jesu vom Reiche Gottes* (1892) 3ª ed., ed. por F. HAHN, 1964, esp. p. 105s. Acerca da relação crítica da exegese de WEISS com a interpretação de ALBRECHT RITSCHL do reino de Deus, cf. N. METZLER, *op. cit.*, p. 205ss., esp. p. 209ss., e sobre o próprio RITSCHL, p. 139-204.

capítulo à parte da dogmática,[20] mas determina a perspectiva para a totalidade da doutrina cristã. Com o futuro escatológico a eternidade de Deus entra no tempo, e a partir dele ela está presente de maneira criadora em tudo que é temporal e que antecede esse futuro. Afinal, o futuro de Deus é a origem criadora de todas as coisas na contingência de sua existência[21] e ao mesmo tempo o último horizonte para o significado definitivo e, portanto, para a essência de todas as coisas e acontecimentos. No caminho de sua história no tempo, as coisas e pessoas existem somente pela antecipação daquilo que elas serão à luz de seu último futuro, do advento de Deus.[22]

Também a revelação de Deus na história tem a forma de uma antecipação da manifestação definitiva de sua eterna e onipotente divindade no evento da consumação de todo tempo e toda história.[23] A verdade da revelação de Deus em Jesus Cristo, portanto, depende do real início do reino de Deus futuro, e ela é asseverada e anunciada no presente sob a premissa de sua vinda. Sobre a vinda do reino estava baseada a mensagem de Jesus, e sem a ocorrência desse futuro ela ficaria privada de sua sustentação. É verdade que o futuro do reino de Deus já se tornou presente pela atuação de Jesus naqueles que deram crédito a ele e a sua mensagem, e sua força transformadora dessa vida terrena já se tornou manifesta no acontecimento da ressurreição de Jesus. Mas a possibilidade de que aquilo que aconteceu naquela época tenha sido corretamente descrito, permanece dependente da ainda pendente chegada de fato do senhorio de Deus com todo o seu poder e glória.[24] E assim como a atuação e história de Jesus foram essencialmente antecipação do senhorio de Deus e em relação a seu sentido e sua verdade dependem do futuro da vinda definitiva dele, assim acontece também com a vida cultual da igreja, a presença de Jesus Cristo na celebração

---

[20] O termo *eschatologia* foi provavelmente empregado pela primeira vez por A. CALOV como título do vol. XII de seu *Systema locorum theologicorum* (Wittenberg 1677), em concordância com a predileção dos últimos dogmáticos protestantes antigos pelas designações gregas das peças doutrinárias dogmáticas. No conteúdo, a designação corresponde totalmente ao título mais antigo *De novissimis* (op. cit., 3 q 1).
[21] Cf. aqui, vol. II, p. 158ss., bem como p. 208ss., esp. p. 218ss.
[22] "Ainda não se tornou manifesto o a haveremos de ser" (1Jo 3.2).
[23] Vol. I, p. 287ss., esp. p. 290s., também p. 364s., 351ss.
[24] Cf. vol. II, p. 493s.

de sua ceia, a eficácia salutar do batismo, mas também a convicção cristã da eleição e a certeza da justificação da fé. Toda a doutrina cristã depende, no que tange a seus conteúdos e sua verdade, do futuro da vinda do próprio Deus para a consumação de seu senhorio sobre sua criação.

A relevância do objeto da escatologia para a doutrina cristã em seu todo retornou à consciência da teologia apenas neste século. "O cristianismo que não é cabal e integralmente escatologia não tem cabal e integralmente nada a ver com *Cristo*."²⁵ A redescoberta dessa verdade fundamental para o primeiro cristianismo foi precedida de um período de decadência parcial da doutrina das "ultimas coisas". As razões disso são instrutivas e não devem ser negligenciadas nos esforços da teologia atual para fundamentar afirmações escatológicas. Acerca do alcance da descoberta de JOHANNES WEISS, por sua vez, nem mesmo um século completo depois da publicação de sua obra em 1892 a discussão de forma alguma está concluída. A relevância fundamental do futuro do reino de Deus para a teologia certamente deve ser que a exposição da doutrina cristã teria de iniciar pela escatologia , e não com a doutrina de Deus e de sua criação. As declarações da escatologia já pressupõem tanto a fé quanto os conteúdos de antropologia e cristologia. Como, apesar disso, poderá a exposição da doutrina cristã fazer justiça à relevância constitutiva da escatologia para a teologia cristã? A problemática da fundamentação de asserções escatológicas e da posição da peça doutrinária no contexto da doutrina cristã terá de ser elucidada na seqüência. Nesse empreendimento cabe partir da história da decadência da escatologia na história mais recente da teologia e das percepções que viabilizam sua renovação. Somente depois disso o conteúdo temático tradicional da doutrina das últimas coisas poderá ser objeto da análise.

b) *O caminho para fundamentar afirmações escatológicas*

"Desde o Iluminismo o sentido e a necessidade de afirmações escatológicas não são mais evidentes. A tradição se torna carente de interpretação."²⁶ Esse destino, a doutrina teológica "das últimas coisas"

---

²⁵ K. BARTH, *Der Römerbrief*, 2ª ed. 1922, p. 300.
²⁶ P. CORNEHL, *Die Zukunft der Versöhnung. Eschatologie und Emanzipation in der Aufklärung, bei Hegel und in der Hegelschen Schule.* 1971, p. 319.

o partilhou com todos os demais temas da tradição doutrinária cristã. Porém no caso da escatologia não apenas calou consideravelmente fundo a crítica, mas também permaneceram ausentes os auxílios filosóficos para a reconstrução do teor doutrinário substancial, que no caso da doutrina do pecado já partiram de Kant, da doutrina da Trindade e da cristologia da filosofia do idealismo alemão. Na escola de Hegel a dissolução da escatologia de fato apenas chegou a seu ponto culminante, porque o monismo hegeliano do espírito absoluto somente podia deixar valer a existência autônoma de seres finitos, também de sujeitos finitos, como pontos de transição do desenvolvimento do Espírito. O *páthos* da presença do absoluto, por isso, tinha como reverso a tendência de dissolver a concepção da imortalidade individual, que ainda havia sido preservada pelo pensamento do Iluminismo como núcleo central da escatologia e renovada por Kant sobre base antropológica, como condição para uma conduta de vida ética.[27] Sobre o chão da tese hegeliana da presença do absoluto, ou seja, de uma realização completa do *éschaton* no presente, Ludwig Feuerbach caracterizou a concepção da imortalidade e a fé na ressurreição como expressões do egoísmo excessivo dos indivíduos, que não aceitam sua finitude e não querem se contentar com esta vida terrena,[28] e Friedrich Richter as descreveu como duplicações desnecessárias da vida terrena.[29]

> A teologia do Iluminismo alemão havia entendido as concepções escatológicas dos escritos do Novo Testamento com maior ou menor abrangência como remanescentes do pensamento judaico, que na realidade faziam parte das condições originárias do cristianismo, mas seriam externas ao novo enfoque da religião intelectual-moral de Cristo.[30] Nisso o conceito do reino de Deus foi despido

---

[27] Esse é o tema central do livro citado na nota anterior de P. Cornehl. Cf. ali sobre Hegel, p. 93-162 e esp. a exposição da controvérsia sobre a imortalidade desencadeada em 1833 por F. Richter, p. 260-312.

[28] P. Cornehl, *op. cit.*, p. 216ss. Cornehl também mostrou como essa crítica à fé na imortalidade se ampliou para a crítica ateísta à concepção de Deus (p. 224ss.).

[29] P. Cornehl, *op. cit.*, p. 267ss sobre o livro de Richter, *Die Lehre von den letzten Dingen. Eine wissenschaftliche Kritik, aus dem Standpunct der Religion unternommen*, 1833.

[30] Sobre isso, cf. a bibliografia tratada em P. Cornehl, *op. cit.*, p. 32ss., bem como esp. G. Hornig, *Die Anfänge der historisch-kritischen Theologie. Johann Salomo Semlers Schriftverständnis und seine Stellung zu Luther*, 1961, p. 227ss.

de seus traços político-messiânicos e interpretado eticamente,[31] de sorte que a concretização do reino de Deus se tornou assunto da prática moral da vida. A esperança por uma consumação dos indivíduos no além se vinculou principalmente com a doutrina da imortalidade da alma. Tornou-se controvertido desde o final do séc. XVIII se, ademais, também se deveria aguardar uma ressurreição corporal dos mortos.[32] KANT[33] e seus adeptos racionalistas entre os teólogos se posicionaram contra isso ou interpretaram a palavra de Jesus sobre a ressurreição dos mortos (Mc 12.24-27) como invólucro meramente figurado do pensamento da imortalidade, enquanto os supranaturalistas tentavam defender a expectativa da ressurreição dos mortos com base na fé na imortalidade, seja porque não seria imaginável uma vida da alma sem corpo e funções corporais,[34] seja também porque uma nova corporeidade significaria uma potenciação da vida da alma e de sua atividade, que seria muito bem possível para a onipotência divina.[35]

---

[31] Acerca do significado da controvérsia de J. S. SEMLER com REIMARUS em sua "Beantwortung der Fragmente eines Ungenannten insbesondere vom Zwecke Jesu und seiner Jünger", 1779; para essa reinterpretação, cf. P. CORNEHL, *op. cit.*, p. 36ss., esp. p. 41, bem como G. HORNIG, *op. cit.*, p. 229s: Assim como SEMLER considerou autêntica de Jesus de um modo geral a escatologia presente do evangelho de João em contraposição à escatologia futura do fim dos tempos da expectativa judaica, assim ele considerou a interioridade do reino de Deus conforme Lc 17.21 como característica para a forma genuína da proclamação do reino por Jesus.

[32] J. S. SEMLER ainda havia preservado o cerne da esperança da ressurreição, bem também a ressurreição de Jesus, cf. P. CORNEHL, *op. cit.*, p. 42ss. Cf. também a tentativa de SEMLER, de uma modalidade doutrinária teológica livre, 1777, p. 679ss (§ 190), esp. p. 680s.

[33] I. KANT, *Die Religion innerhalb der Grenzen der bloßen Vernunft* (1793) 2ª ed. 1794, p. 192s. Nota: A razão não teria "interesse... de arrastar eternamente consigo um corpo que... tem de ser constituído sempre da mesma matéria... e que ele próprio na vida nunca chegou de fato a amar..." Acerca do estado da discussão em torno do ano 1800, cf. a visão panorâmica em K. G. BRETSCHNEIDER, *Systematische Entwicklung aller in der Dogmatik vorkommenden Begriffe*, 3ª ed. 1825, p. 819s.

[34] Assim F. SCHLEIERMACHER inicia sua análise da fé na ressurreição, in: *Der christliche Glaube* (1821) 2ª ed. 1830, § 161,1. Criticamente sobre isso também K. G. BRETSCHNEIDER, *Handbuch der Dogmatik der evangelisch-lutherischen Kirche*, vol. II (1823), 3ª ed. 1828, p. 454 (b).

[35] Acerca dessa última concepção cf. K. G. BRETSCHNEIDER, *Handbuch der Dogmatik der evangelisch-lutherischen Kirche*, vol. II (1823), 3ª ed. 1828, p. 456s.

Desde SCHLEIERMACHER[36] e sob sua influência[37] a teologia evangélica alemã alicerçou a esperança cristã por uma vida para além da morte totalmente sobre a comunhão dos fiéis com Jesus,[38] sem recorrer à justificação racional através da doutrina filosófica da imortalidade da alma, de maneira que a forma dessa vida futura podia aparecer como uma questão subordinada.[39] Com a fundamentação sobre a comunhão da fé com Cristo sem dúvida foi corretamente designado o fundamento da esperança especificamente cristã.[40] A esperança pela vida futura como conseqüência da comunhão com Jesus Cristo, porém, de fato já pressupõe o poder de Deus que supera a morte, em especial a convicção da ressurreição de Jesus e com ela a possibilidade de uma ressurreição dentre os mortos: "Ora, se não existe ressurreição dos mortos, também Cristo não foi ressuscitado" (1Cor 15.13).[41] Por mais que a comunhão

---

[36] F. SCHLEIERMACHER, *Der christliche Glaube* (1821), 2ª ed. 1830, § 158,2.
[37] C. I. NITZSCH, *System der christlichen Lehre* (1829), 3ª ed. 1837, 340 (§ 214). Nota: SCHLEIERMACHER teria "explicado corretamente a consciência cristã no sentido de que não pode haver para aquele que vive e morre na comunhão do Redentor nenhuma interrupção desse relacionamento... embora possa existir nisso uma purificação e aperfeiçoamento essenciais".
[38] Cf. I. A. DORNER, *System der christlichen Glaubenslehre*, vol. II/2, 2ª ed. 1887, p. 920ss (§ 151,3s), cf. H. R. VON FRANK, *System der christlichen Wahrheit*, vol. II, 1880, p. 421ss. (§ 46,3), cf. p. 442ss., M. KÄHLER, *Die Wissenschaft der christlichen Lehre von dem evangelischen Grundartikel aus* (1883), 2ª ed. 1893, p. 416 (§ 514c). Também na escola de A. RITSCHL esse ponto de vista obteve a devida consideração (p. ex., em J. KAFTAN, *Dogmatik* (1897), 3ª e 4ª ed. 1901, p. 651, § 72,4), embora ao lado dele se enfatizasse a idéia do reino de Deus (p. 649), respectivamente da realidade do próprio Deus como fundamento da esperança (T. HÄRING, *Der christliche Glaube*, 1906, p 557). A exposição de W. ÖLSNER, *Die Entwicklung der Eschatologie von Schleiermacher bis zur Gegenwart*, 1929, infelizmente permanece na superfície.
[39] Posição do próprio SCHLEIERMACHER, *op. cit.*, § 158,3, o que foi criticado por T. HÄRING *op. cit.*, p. 557. Consideravelmente mais longe que SCHLEIERMACHER avançou no ceticismo diante dos traços individuais das "figuras" da escatologia bíblica K. HASE, *Lehrbuch der Evangelischen Dogmatik*, 2ª ed. 1838, p. 139ss., que pretendia preservar como cerne apenas a "idéia de que o ser humano continua vivendo em uma eternidade que é consistente com a vida terrena" (p. 139).
[40] Cf. esp. Jo 11.25s; Rm 6.5; 8.11; 1Cor 15.21s; 2Cor 4.14; Fl 3.10s. Cf., porém, as ressalvas levantadas por C. SCHÜTZ contra uma fundamentação exclusivamente cristológica da escatologia por causa da tendência vinculada a ela, de estreitamento para a escatologia individual, in: *Mysterium Salutis* 5, 1976, p. 650ss.
[41] Sobre isso, cf. aqui vol. II, p. 494s., bem como todo contexto da argumentação às p. 486ss.

dos crentes com Jesus Cristo seja determinante para a fundamentação da esperança especificamente cristã por uma nova vida para além da morte, não se devem negligenciar as premissas nela subentendidas. Em função disso o início da patrística reconheceu com razão já no segundo século a luta também pela credibilidade intelectual da esperança da ressurreição como tema central da inevitável discussão da mensagem cristã com o espírito da cultura helenista. Sem uma suficiente plausibilidade da esperança da ressurreição nem mesmo o vínculo dos crentes com Jesus é capaz de fundamentar a esperança por uma vida para além da morte. Pelo contrário, a mensagem cristã da Páscoa por seu turno ficará sujeita a dúvidas. Então a esperança por uma consumação supraterrena da reconciliação com Deus experimentada pela fé na justificação sobrevive no máximo como complemento postulatório de uma concretização fragmentária na vida imanente, e sua expressão se torna refém da perplexidade.[42]

Sob tais circunstâncias também a redescoberta do significado fundamental de uma expectativa de cunho apocalíptico do futuro do senhorio de Deus para a mensagem de Jesus, como ocorreu em 1892 por meio de JOHANNES WEISS, não foi capaz de conduzir diretamente à renovação da escatologia teológica. Inicialmente resultou dessa descoberta, muito pelo contrário, a impressão da estranheza e inatingível

---

[42] É o que defende A. RITSCHL, *Unterricht in der christlichen Religion* (1875; reimpressão 1966, p. 64s (§ 77). Além disso, porém, havia teólogos como ISAAK AUGUST DORNER, que já em 1856, recorrendo a J. A. BENGEL, demandavam uma renovação da escatologia: "Die Deutsche Theologie und ihre dogmatischen und ethischen Aufgaben in der Gegenwart", impresso in: *Dorners Gesammelte Schriften aus dem Gebiet der systematischen Theologie, Exegese und Geschichte*, 1883, p. 1-47, esp. p. 16-23). Em sua dogmática DORNER saldou essa demanda através de uma exaustiva exposição da escatologia como doutrina da consumação da igreja e do mundo: *System der christlichen Glaubenslehre*, vol. II/2, 2ª ed. 1887, p. 916-979. Embora também ele acompanhasse a interpretação ética da proclamação de Jesus acerca do reino de Deus (op. cit., p. 676ss., cf. p. 940), não deixou de se posicionar contra a concepção da consumação do reino de Deus "por meio de um processo puramente imanente, constante", ao considerar a crise do fim do mundo e o retorno de Cristo como premissas imprescindíveis da consumação escatológica (p. 916, cf. p. 943s.). Contudo a exposição de DORNER tinha por base o pensamento fundamental de SCHLEIERMACHER (cf. acima, nota 36) e se diferenciava dele principalmente por meio de uma ligação com as concepções bíblicas que apresenta menos rupturas críticas.

distância da mensagem de Jesus para o moderno ser humano. A "escatologia de catástrofes" de Jesus e sua expectativa imediata do reino de Deus, já por causa de sua não-vinda após o fim da primeira geração do cristianismo primitivo, pareciam estar liquidadas.[43] Já o próprio JOHANNES WEISS e ADOLF VON HARNACK optaram em favor da idéia de Jesus, da filiação em Deus como substitutivo da expectativa pretensamente não mais acessível ao ser humano moderno, de um reino de Deus que viria atravessando a catástrofe do fim do mundo e o juízo.[44] De fato os fundamentos de cosmovisão das concepções escatológicas tradicionais, os "lugares" escatológicos de inferno e céu, mas também a concepção de um fim do mundo, que incidiria em breve e como surpresa, já haviam sido perdidos pelas pessoas da Idade Moderna.[45] Contudo será que a filiação em Deus continua sendo o que ela é na mensagem de Jesus, sem a luz que a partir do senhorio próximo de Deus incide sobre o mundo e os afazeres humanos e torna relativas todas as demais intenções?

Foi apenas KARL BARTH que conseguiu novamente interpretar a mensagem escatológica do senhorio de Deus de maneira atual e concernente às pessoas dos dias de hoje. *Primeiramente* compreendeu o senhorio de Deus como a relação da própria realidade de Deus com os seres humanos e com o mundo, e *em segundo* lugar ensinou a compreender essa realidade como a do juízo sobre o mundo que se tornou independente diante de Deus.[46] A disposição para acolher tal interpretação atualizadora da "escatologia de catástrofes" do Novo Testamento havia sido preparada pela catástrofe da Primeira Guerra Mundial e de seu desfecho, experimentados por muitos como ruína da cultura

---

[43] Posição que acompanha A. SCHWEITZER, *Von Reimarus zu Wrede. Eine Geschichte der Leben-Jesu-Forschung*, 1906, esp. M. WERNER, *Die Entstehung des christlichen Dogmas, problemgeschichtlich dargestellt*, 1941.

[44] J. WEISS, *Die Predigt Jesu vom Reiche Gottes* (1892), 3ª ed. por F. HAHN 1964, p. 242ss., esp. p. 245s; A. VON HARNACK, *Das Wesen des Christentums* (1900), 1902, p. 40ss. Cf. N. METZLER, *The Ethics of the Kingdom* (dissertação Munique 1971, p. 234ss., 329ss.).

[45] Para isso apontou com razão H. U. VON BALTHASAR, em sua contribuição "Eschatologie" para o volume *Fragen der Theologie heute*, ed. por J. FEINER et al. 1957, p. 403-421 (p. 406s). Entretanto não há como entender de que maneira deve seguir daí uma nova e abrangente atualidade da escatologia.

[46] K. BARTH, *Der Römerbrief*, 2ª ed. 1922.

européia da Idade Moderna, bem como pela correlata nova sensibilidade para o significado do limite da morte no sentimento individual de vida, cuja articulação havia sido mediada no próprio BARTH por FRANZ OVERBECK e que poucos anos mais tarde encontraria sua expressão clássica na análise da existência por HEIDEGGER.[47] A atualização da atmosfera escatológica do cristianismo primitivo trazida por BARTH, no entanto, se referia mais à exposição da teologia em seu todo e ensejou menos uma reconfiguração dos temas da escatologia teológica voltados ao último futuro do ser humano e do mundo. O futuro escatológico não podia constituir o foco da atenção de BARTH já pelo fato de que ele em 1922 compreendeu o juízo escatológico de Deus sobre o mundo como expressão da confrontação, que acontece *em todo o tempo*, entre o mundo dos seres humanos e a eternidade de Deus.[48] Precisamente o recuo, dessa forma condicionado, da futuridade temporal fazia parte das condições da aqui alcançada atualização da mensagem bíblica: A escatologia futura bíblica foi relacionada em BARTH e, de forma similar, em BULTMANN, pela concentração na realidade de Deus constitutiva dela, com o presente. Todavia com isso foi despida de sua estrutura temporal específica, de sua tensão rumo à consumação vindoura, de sorte que seus conteúdos apenas ainda tinham função de metáforas, ou, como concepções "míticas", se tornaram reféns da interpretação existencial. Na *Kirchliche Dogmatik* de BARTH, pois, desapareceu novamente a atmosfera escatológica da interpretação da carta aos Romanos, porque a ali transmitida guinada, surgida "dialeticamente" sem mediação, do juízo para a graça[49] foi agora substituída pela orientação cristológica na unidade de Deus e do ser humano em Jesus Cristo. Tampouco nessa forma tardia da teologia de BARTH se chegou a uma reconfiguração da doutrina tradicional das "últimas coisas". Apesar disso,

---

[47] Acerca da importância do tema na relação entre BARTH e OVERBECK, cf. o ensaio de K. BARTH, "Unerledigte Anfragen an die heutige Theologie" (1920), in: K. BARTH, *Die Theologie und die Kirche, Gesammelte Vorträge*, vol. II, 1928, p. 1-25, esp. p. 5ss. Em M. HEIDEGGER, cf. *Sein und Zeit*, 1927, § 46-53 (p. 235-267).

[48] Isso foi descrito com freqüência. Cf., p. ex., W. KRECK, *Die Zukunft des Gekommenen. Grundprobleme der Eschatologie*, 1961, p. 40-50.

[49] Cf. K. BARTH, *Der Römerbrief*, 2ª ed. 1922, p. 143, etc. (p. 177, 185, 315, também p. 151 sobre Adão: "Ele é aceito quanto está unificado no Cristo"). Outras referências em meu ensaio "Dialektische Theologie", in: *RGG* 3ª ed., vol. II, 1958, p. 168-174, esp. p. 170.

por meio de sua inicial concentração da expectativa cristã primitiva do reino de Deus sobre a realidade do próprio Deus,[50] cuja proximidade para os seres humanos e seu mundo significa tanto juízo quanto salvação, BARTH prestou uma contribuição duradouramente significativa para a reconstituição da escatologia cristã. Entretanto a reflexão sobre a futuridade do reino de Deus e sua relevância para a compreensão de Deus, bem como para a presença dos humanos e a presença de Deus com eles, restou como tarefa para os tempos subseqüentes.

À perda de temporalidade da escatologia dos primeiros cristãos na teologia dialética de BARTH e BULTMANN se opuseram WALTER KRECK e JÜRGEN MOLTMANN – bem como, quase simultaneamente com MOLTMANN, GERHARD SAUTER[51] – com a exigência de restabelecer o sentido futuro da escatologia bíblica também no pensamento teológico. Isso deveria acontecer com ajuda do conceito bíblico da promessa. Enquanto KRECK ainda se esforçava para comprovar, contra BULTMANN, o direito da categoria da promessa em sua tensão com o cumprimento também sobre o chão do Novo Testamento, em vista do cumprimento ocorrido em Jesus Cristo[52], MOLTMANN interpretou o próprio evento da salvação em Jesus Cristo como promessa, inserindo-o assim na história da promessa bíblica.[53] Nessa reflexão MOLTMANN permaneceu próximo da

---

[50] Esse escopo da compreensão de escatologia por BARTH em seu comentário à carta aos Romanos de 1922 fica obscurecido quando a concepção de BARTH é caracterizada como "escatologia transcendental" (como faz J. MOLTMANN, *Theologie der Hoffnung*, 1964, p. 38ss., 43-50). Embora não se possam ignorar os vínculos de BARTH com o neokantismo, e embora o próprio BARTH em 1922 chegasse a usar ocasionalmente a expressão "transcendental" (*Der Römerbrief*, p. 484s, citado em MOLTMANN, *op. cit.*, p. 44), a contraposição da eternidade de Deus a toda realidade humana em BARTH apesar disso não está ancorada em uma "transcendental" condição de possibilidade no sentido de KANT, no sujeito humano. O falar de MOLTMANN sobre uma "subjetividade transcendental de Deus" em BARTH (*op. cit.*, p. 43) é apenas uma metáfora e, ademais, leva a equívocos, porque ela se atravessa na contrariedade pretendida por BARTH entre Deus de um lado e mundo e ser humano de outro.

[51] G. SAUTER, *Zukunft und Verheißung. Das Problem der Zukunft in der gegenwärtigen theologischen und philosophischen Diskussion*, 1965.

[52] W. KRECK, *Die Zukunft des Gekommenen*, 1961, p. 97ss.

[53] A ressurreição de Jesus foi entendida na *Teologia da Esperança* de J. MOLTMANN, de 1964, como ratificação da promessa (p. 132s, 137ss.), não como seu cumprimento: Sobre o "entusiasmo do cumprimento" no primeiro cristianismo (p. 140ss.) MOLTMANN, pelo contrário, se posicionou criticamente, ao acreditar

teologia da palavra de Deus de BARTH e BULTMANN, pelo fato de rejeitar qualquer legitimação da palavra da promessa na realidade da experiência humana e conceber a promessa essencialmente como contradição contra a realidade existente do mundo.[54]

Com a reconstrução da escatologia sobre o conceito da promessa PAUL ALTHAUS, nas edições posteriores de seu *Lehrbuch der Eschatologie* [Manual de escatologia],[55] já antecedeu às propostas de KRECK e MOLTMANN. Sob esse aspecto ALTHAUS seguiu a linha de argumentação que partiu de SCHLEIERMACHER, ao buscar a fundamentação da esperança cristã na "realidade de Jesus Cristo". Essa, porém, como é dito desde a 4ª edição de sua obra, na realidade seria definitiva, mas "apesar disso, ao mesmo tempo provisória" (p. 27), porque ainda "oculta" em seu caráter definitivo (p. 30). Desse modo foi ultrapassada a concepção da eficácia histórica de SCHLEIERMACHER em favor da diferença escatológica paulina de "já" e "ainda não". O caráter oculto (ou melhor, a presença oculta) da revelação de Deus e da salvação em Jesus Cristo significa agora "*promessa* de desvelamento vindouro" (p. 35). Ou seja, o futuro da revelação e da salvação parece estar fundado sobre a realidade histórica de Jesus Cristo. Contudo em ALTHAUS não ficou totalmente esclarecida a modalidade dessa fundamentação, porque afirma que

---

localizar no "suposto cumprimento de todas as expectativas" a causa da helenização do cristianismo (p. 143, cf. 208). Para os crentes a ressurreição está "presente como promessa" (p. 146). Por conta disso MOLTMANN podia se desviar da pergunta histórica pela ressurreição de Jesus (p. 156-165). A cruz "é suspensa interinamente na promessa e na esperança por um *éschaton* ainda pendente, real..." (p. 155). Unicamente à luz da fé na promessa, a saber, na proporção em que a história de Jesus "é vista como determinada a partir do *éschaton*... a ressurreição de Jesus dentre os mortos pode ser chamada de 'histórica'" (p. 183).

[54] J. MOLTMANN, *op. cit.*, p. 14, 76, 107, 206, etc. Cf. também P. CORNEHL, *Die Zukunft der Versöhnung*, 1971, p. 344.

[55] P. ALTHAUS, *Die letzten Dinge* (1922), 4ª ed. 1933. Na primeira edição ALTHAUS havia proposto, em contraposição à escatologia "de tempo final" uma "axiológica", que enfatizava a presença da salvação em Jesus Cristo. Cf. sobre isso a obra citada na próxima nota, de G. HOFFMANN, p. 41-49, esp. p. 45ss e 50-53. A aplicação do termo "escatologia" à experiência da presença da salvação foi atribuída por P. ALTHAUS, *op. cit.* 4ª ed., p. 18, a E. TROELTSCH, *RGG*. vol. II 1ª ed. 1910, p. 622ss. Nas edições posteriores foi corrigida expressamente em ALTHAUS a exclusão de referência ao futuro, entre outros, também mediante delimitação crítica contra R. BULTMANN (p. 2ss).

Jesus Cristo, "assim como a fé o conhece", seria promessa (p. 36). Portanto, será que a fé vê mais em Jesus que no geral se pode ver nele? Em que consiste esse "mais"? Apesar de toda a falta de clareza, porém, ALTHAUS preservou a "presença da salvação estabelecida em Cristo" como "razão da esperança" dos cristãos (p. 41) contra a crítica de GEORG HOFFMANN, que pretendia alicerçar a escatologia diretamente sobre a palavra da promessa, com o argumento de que cabe ordenar "objetivamente o futuro da salvação acima da presença da salvação".[56] Uma crítica a ALTHAUS que cala mais fundo, porém, resulta em vista da circunstância de que ALTHAUS de fato conseguiu asseverar a presença da salvação em Cristo como *oculta* unicamente à luz de um já pressuposto futuro da salvação (do reino de Deus). ALTHAUS também o admitiu pessoalmente, talvez sem estar plenamente consciente das conseqüências dessa concessão. Pois declarou acerca da fé: "Somente na esperança de 'revelação' vindoura ela pode levar a sério, como realidade, a realidade de salvação *oculta* presente. Nesse sentido a salvação presente de fato se encontra necessariamente 'sob a luz da escatologia'", como HOFFMANN havia afirmado (p. 43). O horizonte do futuro escatológico, portanto, já está pressuposto para a asserção da presença da salvação em Jesus Cristo e da promessa a ser reconhecida nele. A expectativa escatológica de futuro, por conseqüência, não pode estar fundamentada cabalmente e em todos os sentidos primeiramente sobre Jesus Cristo. Somente sob determinado aspecto, a saber, para a participação escatológica na salvação dos crentes, é possível asseverar uma correlação de fundamentação dessas. Sob esse aspecto, a "realidade de Jesus Cristo" de fato é fundamental para a esperança de futuro especificamente cristã. Apesar disso não consegue representar a base exclusiva da escatologia propriamente dita, porque a expectativa escatológica do reino de Deus (i. é, a escatologia judaica) já está pressuposta para o fato e o entendimento da presença da salvação em Jesus Cristo (como presença antecipatória do reino). *Se* a consciência de um futuro de salvação repousa sobre promessa, então GEORG HOFFMANN continua objetivamente com razão diante de ALTHAUS, com sua tese de que a promessa sempre já constitui a base mais profunda da escatologia. Essa concepção foi renovada

---

[56] G. HOFFMANN, *Das Problem der letzten Dinge in der neueren evangelischen Theologie*, 1929, p. 61-90, citação à p. 78 em ALTHAUS, *op. cit.*, p. 42. Acerca da controvérsia entre ALTHAUS e HOFFMANN, cf. também J. MOLTMANN, "Richtungen der Eschatologie", in: idem, *Zukunft der Schöpfung. Gesammelte Aufsätze*, 1977, p. 26-50.

por MOLTMANN em 1964. Em contraposição, ao inserir a história de Jesus Cristo em uma perspectiva exclusivamente determinada pelo conceito da promessa, MOLTMANN não fez justiça à fé cristã na encarnação.[57] É aqui que, portanto, também deve se situar o motivo do apego de ALTHAUS à fundamentação da esperança escatológica cristã sobre a pessoa e atuação históricas de Jesus Cristo.

A fundamentação da escatologia sobre o conceito da promessa é correta pelo fato de que a esperança escatológica apenas pode se basear no próprio Deus. Esse último ponto já foi reconhecido nitidamente por CHRISTIAN HERMANN WEISS em 1833 na controvérsia com a crítica da escatologia por FEUERBACH e RICHTER.[58] A isso corresponde a percepção do jovem BARTH de que na esperança pelo reino de Deus se trata da presença julgadora e redentora do próprio Deus. Na medida, porém, em que tal presença de Deus por sua vez é futura e também sua irrupção proléptica na história de Jesus Cristo precisa ser entendida a partir de seu futuro, sua salvação ainda constitui objeto de promessa. Ora, a promessa, no entanto, pode fundamentar a certeza da esperança escatológica de salvação somente como promessa *de Deus*. Nesse ponto reside a dificuldade de fundamentar a escatologia sobre o conceito da promessa. Porque para isso não basta meramente invocar o fato de promessas terem sido dadas, as quais são *asseveradas* como promessa de Deus.

Ainda que promessas transmitidas sejam proferidas em nome de uma divindade, como promessas do *Deus verdadeiro* elas somente podem ser compreendidas sob a condição de que, nesse caso, a convicção da realidade de Deus já pode ser pressuposta como fundamentada

---

[57] Cf. a crítica expressa pelo autor já em 1967 no volume publicado por J. M. ROBINSON; J. B. COBB, *Theologie als Geschichte* (*Neuland in der Theologie*, vol. III), p. 336 n. 45.

[58] A recensão que C. H. WEISS fez da obra de RICHTER, *Die Lehre von den letzten Dingen* (1833) foi publicada em Setembro de 1833 in: *Berliner Jahrbücher* Nº 41s, 321ss. Nela consta: "Se deve surgir uma nova esperança para a fé na imortalidade... cabe transferir a investigação a esse respeito para o âmbito da ciência *do Espírito absoluto*" (p. 329, citado in: P. CORNEHL, *Die Zukunt der Versöhnung*, 1971, p. 273). Porque a dissolução da fé na imortalidade por RICHTER repousa sobre a concepção do absoluto como substância no sentido de ESPINOZA, e somente se pode enfrentá-la quando Deus é imaginado como pessoa, que também concede espaço à pessoa humana.

em outra situação. Também nesse sentido WEISS continua tendo razão com sua tese de que a investigação dos fundamentos da escatologia teria "de ser deslocada ao campo da ciência *do Espírito absoluto*". Acontece que a análise da escatologia no âmbito da teologia sistemática sempre já se move sobre o chão da ciência de Deus; porque Deus é o objeto da teologia.[59] Nisso, porém, ficou evidenciado que a realidade de Deus nas discussões da história permanece controvertida. Por isso ela também não pode simplesmente ser usada como base para a fundamentação da escatologia na esteira da exposição da doutrina cristã como explicação trinitária da revelação de Deus em Jesus Cristo como um resultado concluso em si. Pelo contrário, justamente de acordo com a revelação de Deus atestada na Bíblia sua realidade está vinculada de forma indissociável com o futuro de seu reino neste mundo.[60] O futuro do reino de Deus no mundo, porém, pressupõe a existência do mundo como criação de Deus. Se o mundo não fosse criação de Deus, ele tampouco poderia se tornar expressão do ilimitado senhorio de Deus no sentido da expectativa bíblica do reino. Inversamente o futuro do reino de Deus deve ser entendido como consumação da criação do mundo: Na consumação da criação estarão eliminados os motivos para a dúvida se este mundo é a criação de Deus. Como futuro do mundo e sua consumação, portanto, Deus também ficará definitivamente evidenciado como seu Criador. Em razão disso ele é causador da existência e essência de todas as coisas conjuntamente com o fato de ele ser seu último futuro.[61] Em contraposição, o futuro do mundo somente pode ser imaginado dessa maneira como consumação, e o causador desse futuro ser imaginado como Criador do mundo unicamente quando ele sempre já estiver projetado rumo a esse futuro. A comprovação de tal condição projetada das criaturas, em especial dos seres humanos, para semelhante futuro de sua consumação, portanto, constitui uma condição de que as promessas legadas sejam com razão entendidas como promessas *de Deus*.

---

[59] Cf. vol. I, p. 95ss.
[60] Isso, porém, não vale de forma geral, mas apenas sob a premissa da existência do mundo. Ou seja, Deus não precisa de um mundo para ser pessoalmente real; mas se existe um mundo de fenômenos finitos, então a divindade do Deus único não é concebível sem seu senhorio sobre o mundo como sua criação.
[61] Cf. sobre isso do autor, *Theologie und Reich Gottes*, 1971, p. 9-29.

À mesma conclusão leva a reflexão sobre as implicações do conceito de promessa: Na proporção em que nos conteúdos da escatologia se trata de objetos de promessa, esses conteúdos têm de estar em uma *relação positiva* com a peculiaridade e com o mais profundo anseio dos humanos e do mundo, aos quais se referem. Do contrário não se poderia mais indicar por que uma declaração sobre o futuro deve ser entendida como promessa e não, antes, como ameaça. A referência positiva às necessidades e ao anseio do recebedor de tal anúncio constitui o critério dessa diferença[62] e caracteriza a essência da promessa em associação com o outro momento, de que aquele que promete garante com sua identidade pelo cumprimento do prometido. Ou seja, se como condição do caráter divino da promessa se exija que os conteúdos da promessa escatológica se deixem comprovar como correspondentes ao ser e à destinação das criaturas, para que o Deus da promessa escatológica seja o Criador, ou seja, nenhum Deus "estranho" de uma redenção no sentido de Marcião ou dos maniqueus, então o conceito da promessa como tal pressupõe no mínimo uma relação positiva de seu conteúdo para a vida do recebedor da promessa. De ambas as coisas resulta a necessidade da *comprovação antropológica* para os temas da escatologia. É fato que na escatologia a argumentação antropológica pode desempenhar apenas uma função limitada, porque a esperança escatológica em última análise depende da realidade e do poder de Deus e não do ser humano. Porém a situação a ser comprovada antropologicamente é imprescindível para que aquilo que é asseverado e proclamado como promessa também possa ser ouvido como promissor e seja digno de crédito como promessa *de Deus*. Nisso a antropologia também constitui o chão sobre o qual se pode argumentar em prol da validade geral da esperança escatológica cristã, embora no caso não se possa tratar de provas conclusivas em relação aos conteúdos dessa esperança, cujo cumprimento ultrapassa de longe qualquer poder de pessoas e depende exclusivamente de Deus.

Peso especial recai sobre a argumentação antropológica em favor dos conteúdos da esperança escatológica na situação intelectual

---

[62] Cf. já acima, cap. 13,2.2 (A esperança), esp. p. 243s., bem como do autor, "Constructive and Critical Functions of de Christian Eschatology", in: *Harvard Theological Review* 77, 1984, p. 119-139, esp. p. 122s.

da Idade Moderna, porque ela se caracteriza pelo fato de que a natureza do ser humano é vista como base de tudo que culturalmente possui validade geral, de modo que os temas tradicionais da religião, mas também da metafísica precisam comprovar sobre esse chão suas postulações de ser universalmente compromissivas. Isso vale não por último também para a idéia de Deus, de maneira que nesse aspecto fica estabelecida uma base de argumentação comum para a apreciação da idéia de Deus e dos temas da esperança escatológica.

Uma argumentação *restrita* à base da antropologia, em favor dos conteúdos da esperança escatológica, consegue, porém, chegar no máximo a postulados. KANT, p. ex., fundamentou a idéia da imortalidade como postulado no sentido de uma condição de autocompreensão apropriada do ser humano no exercício do agir ético.[63] Contudo tais postulados não podem conduzir a uma certeza racional. Permanecem sujeitos à suspeita de se apoiar em projeções subjetivas – no caso da fé na imortalidade, sobre a projeção do desejo de viver por parte da subjetividade que não está disposta a aceitar sua própria finitude, para além do fim da própria existência individual. Em contrapartida, no entanto, também a tentativa do jovem HEGEL, de desmascarar a esperança escatológica como projeção de desejos egoístas não foi capaz de sufocar o surgimento de tais esperanças. O motivo para isso somente seria eliminado se a atual vida finita pudesse valer como concretização adequada de sua verdadeira destinação. Contra isso, porém, deporão sempre de novo as imperfeições e o caráter fragmentário de toda concretização terrena da existência. Por isso também é significativo que a crítica à escatologia por parte da filosofia pós-hegeliana foi seguida de uma nova onda de insatisfação dos seres humanos com sua forma de vida presente.[64] No caso se tratava inicialmente de uma consciência insatisfeita em sua atualidade social, que se exteriorizou no desenvolvimento de expectativas escatológicas secularizadas de futuro, cuja concretização agora era esperada do próprio ser humano e do curso da história da humanidade. O fracasso das expectativas de salvação social vinculadas a um futuro a ser produzido por seres humanos remete o indivíduo de forma tanto mais dura à finitude

---

[63] I. KANT, *Kritik der praktischen Vernunft* (1788), p. 219-223.
[64] Sobre isso, cf. P. CORNEHL, *Die Zukunft der Versöhnung*, 1971, p. 314ss., acompanhando H. STUKE, *Philosophie der Tat. Studien zur "Verwirklichung der Philosophie" in den Junghegelianern und den Wahren Sozialisten*, 1963, p. 51ss.

de sua existência, refém da morte. Tal experiência se torna sempre de novo solo fértil para a disposição para uma fé religiosa, porque não se podem encontrar respostas sustentáveis às perguntas aqui emergentes a partir da força de um sentido produzido meramente por via humana.

A contribuição mais relevante da teologia atual para uma fundamentação e interpretação antropológicas de afirmações escatológicas foi apresentada por KARL RAHNER em 1960.[65] Fundamental para a escatologia é, conforme RAHNER, de um lado o caráter oculto do futuro da consumação escatológica, de outro a referência do ser humano como ente histórico a esse futuro.[66] Tratando-se no futuro, pois, do futuro de salvação como "a consumação do ser humano *todo*"[67], então o saber acerca desse futuro – sem prejuízo de seu caráter oculto – já é constitutivo para a atualidade da vida humana. Porque essa atualidade, justamente como realidade fragmentária, somente se pode compreender à luz de um saber acerca de sua possível integralidade. Em razão disso os conteúdos escatológicos não são algo adicional à autocompreensão do ser humano em seu tempo presente e na relação deles com o passado, mas "um momento interior dessa autocompreensão do ser humano".[68] Pelo fato de agora pertencer ao conteúdo dessa consciência escatológica tudo aquilo, e somente aquilo, que é condição da integralidade do ser humano e, assim, de sua salvação, por isso a escatologia tem de "ser escatologia geral e individual, porque o ser humano sempre é indivíduo e essência da comunhão", e as afirmações da escatologia individual têm de dizer respeito ao ser humano tanto como ente pessoal intelectual quanto como corporal.[69] Nas declarações da escatologia cristã,

---

[65] K. RAHNER, "Theologische Prinzipien der Hermeneutik eschatologischer Aussagen", agora in: *Schriften zur Theologie*, vol. IV, 1960, p. 401-428.
[66] K. RAHNER, *op. cit.*, p. 408ss., 410ss.
[67] K. RAHNER *op. cit.* p. 411.
[68] K. RAHNER *op. cit.*, p. 412. A partir desse ponto RAHNER chegou a uma rigorosa contraposição entre "escatologia", como anúncio da salvação a partir do presente em direção do futuro, e "apocalíptica" como "reportagem" antecipatória "a partir do futuro" (*op. cit.*, p. 417 nota 12 e p. 414-419, *passim*). Essa contraposição J. MOLTMANN rejeitou com razão em sua controvérsia com H. BERKHOF sobre "Methoden der Eschatologie" (1974, agora in: *Zukunft der Schöpfung*, 1977, p. 51-58, 54).
[69] K. RAHNER, *op. cit.*, p. 423.

portanto, se trata "da repetição das afirmações da antropologia dogmática... transpostas para a modalidade da consumação".[70]

Ponderações antropológicas gerais dessa espécie, no entanto, conseguem levar apenas a uma *idéia* de sua consumação que seja complementar à realidade fragmentária da vida humana atual. Não são capazes de comunicar nenhuma certeza a respeito disso. RAHNER obviamente pensava que tal certeza seria possível pelo fato de que em Jesus Cristo já se tornaria realidade presente o futuro oculto de salvação da consumação da natureza humana, de sorte que ele poderia ser "lido" nele.[71] Do conhecimento acerca do futuro, principalmente acerca do (possível) futuro de salvação como constitutivo para a autocompreensão de todo ser humano em sua atualidade, a linha de pensamento de RAHNER transita para a presença real desse futuro da salvação em Jesus Cristo,[72] a partir do qual o crente por seu turno adquire a "antevisão *para fora* de sua situação histórico-soteriológica determinada pelo acontecimento de Cristo... rumo à consumação definitiva".[73] Porém, porventura não faltam nessa transição, nas considerações antropológicas gerais sobre a pessoa de Jesus Cristo, elos intermediários imprescindíveis de mediação? A linha de pensamento de RAHNER omite que já na história judaica do surgimento da escatologia bíblica não mais se trata do ser humano, mas de Deus e seu reino, de conseqüências da

---

[70] K. RAHNER, *op. cit.*, p. 422s. Entre transposição e extrapolação dificilmente se pode diferenciar com tanto rigor como propõe J. MOLTMANN em suas observações ao ensaio RAHNER ("Methoden der Eschatologie", *op. cit.*, p. 53s.). A extrapolação não precisa ser entendida em termos meramente quantitativos. Pelo menos já não é esse o caso na argumentação antropológica de RAHNER acerca da presença histórica a partir da autocompreensão em direção da integralidade da existência, que é *complementar* à atualidade histórica a ser encontrada nela. Acerca do uso teológico do conceito da extrapolação com base na atualidade da salvação em Cristo, cf. H. BERKHOF, *Christian Faith. An Introduction to the Study of the Faith*, 1979, p. 522ss.
[71] K. RAHNER, *op. cit.*, p. 414. Premissa dessa possibilidade de leitura é que em Jesus Cristo a destinação do ser humano como tal já é uma realidade. Contudo de acordo com RAHNER a consciência escatológica cristã consiste unicamente em "que a consumação é precisamente apenas a de Cristo" (p. 415), de modo que a leitura a rigor se refere à pessoa de Cristo.
[72] K. RAHNER, *op. cit.*, p. 413.
[73] K. RAHNER, *op. cit.*, p. 415.

fé em Deus e sua justiça,⁷⁴ ou seja, de uma luta em torno das implicações da idéia de Deus constitutiva para a fé judaica. Muito mais ainda na consciência escatológica de Jesus, como se expressou em sua mensagem e atuação, se tratou em primeira linha da vinda de Deus e a reivindicação do Primeiro Mandamento, e somente como conseqüência disso da presença da salvação do senhorio de Deus que pela atuação dele já se instaura nos crentes. Isso coage para uma modificação da descrição de RAHNER acerca da estrutura de fundamentação de declarações escatológicas. Porque aqui se trata não mais somente de uma extrapolação ou transposição do saber implícito pertencente à situação do ser humano como ente histórico a respeito de si próprio no futuro da consumação da salvação, mas, pelo contrário, da certeza de fé da participação na salvação constituída pela intervenção do futuro do Deus vindouro na atualidade, cuja consumação na realidade pertence ao futuro de Deus, mas do qual os crentes já agora têm certeza.

Em Jesus Cristo vem ao encontro da extrapolação do saber contido na autocompreensão histórica do ser humano acerca de sua possível integralidade (sua salvação) rumo à sua consumação futura, o movimento inverso a partir do futuro de Deus rumo ao ser humano. É somente desse modo que se fundamenta a certeza da esperança cristã. Nesse sistema de referências também passa a ser localizado o conceito da promessa. A promessa proclama que e como o futuro de Deus vem ao encontro da necessidade dos humanos por salvação. Isso foi concretamente articulado na história bíblica da promessa desde a promessa a Abraão, passando pela promessa de Natã a Davi e sua casa até as promessas do profetismo pós-exílico e as afirmações do apocalipsismo sobre a salvação do fim dos tempos a ser revelada no futuro. As promessas aproximam a atualidade dos humanos com o sofrimento de sua incompletude e de seu erro, da luz do futuro de Deus que vem ao encontro das pessoas para sua salvação. Obviamente desse modo o futuro afiançado ainda não se torna presente: O conceito de promessa

---

⁷⁴ Sobre isso, cf. o exposto abaixo, p. 719ss., a respeito das condições de surgimento da fé judaica na ressurreição. Também KARL RAHNER evidentemente estava cônscio de que a presença da salvação em Cristo é fundamentada, respectivamente "dada" pelo "futuro que é de Deus, e somente dele" (op. cit., p. 413). Mas ele não deu maior desdobramento a esse dado no contexto de sua hermenêutica de declarações escatológicas.

estabelece uma relação recíproca entre a atualidade humana carente de salvação e o futuro de Deus, mantendo-os ao mesmo tempo separados. Porque a promessa como tal permanece distinta do cumprimento prometido. Por isso a atuação de Jesus, sua pessoa e sua história não se deixam caracterizar adequadamente por meio do conceito da promessa apenas, ainda que de fato também exerçam a função da promessa para as demais pessoas. Na atuação de Jesus o futuro do reino já se tornou presente, e o mesmo vale em relação à sua pessoa para o acontecimento da Páscoa. Quando se concebe a atuação de Jesus apenas sob a categoria da promessa, ele é transformado em mero profeta. No entanto ele foi (e é) "mais" que um profeta (cf. Lc 11.32; par., bem como Mt 11.13; par.), porque nele o reino prometido de Deus já se tornou atualidade. Disso resulta para a consciência da fé cristã a peculiar tensão entre "já" e "ainda não", que também é característica para a situação da congregação cristã. Por isso também a situação da igreja não pode mais ser descrita simplesmente no referencial dado pelo conceito da promessa. Porque a consumação acontecida em Jesus Cristo já está presente para sua congregação quando rememora seu Senhor, ou seja, especialmente quando realiza a anamnese e epiclese no contexto de sua vida cultual. Justamente assim, porém, Jesus Cristo é para sua congregação, em vista de sua consumação ainda pendente, ao mesmo tempo também fundamento da esperança. Por conta disso Paulo escreveu não apenas que nele todas as promessas de Deus são sim e amém (1Cor 1.20), mas também que por meio dele as promessas de Deus novamente "passaram a vigorar" (Rm 15.8; cf. 4.16).

O cumprimento das promessas de Deus em Cristo constitui o fundamento para que vigorem para nós. Nesse aspecto, porém, não se podem separar a presença da salvação de Deus nele e sua concretização em nós, porque o envio de Jesus era destinado ao povo de Deus judeu e para além dele diz respeito a toda a humanidade, de maneira que chega à consumação somente na reconciliação da humanidade com Deus, assim como em contraposição a ressurreição de Jesus dentre os mortos precisa ser entendida apenas como despontar da ressurreição geral dos mortos. Em razão disso também se levanta mais uma vez em vista da presença da salvação de Deus em Jesus Cristo a pergunta antropológica fundamental pela relação entre escatologia individual e geral.

c) *A relação entre escatologia individual e geral e a atuação do Espírito na consumação da criação*

A subdivisão feita por KARL RAHNER dos temas da escatologia em *éschaton* individual e geral[75] é expressão de uma convergência da formação de opinião à qual levou a tratamento dessa peça doutrinária na teologia do séc. XX: A escatologia tem de abarcar tanto os temas que têm a ver com a consumação da salvação da vida individual para além da morte, quanto também com a consumação da humanidade e do mundo no reino de Deus[76]. Nessa tarefa, porém, impõe-se o problema de como a idéia da consumação da vida individual e sua comunhão com Jesus Cristo para além da morte pode ser vinculada com a concepção de uma consumação da humanidade e do cosmos no fim de sua história. Se o indivíduo se torna definitivamente partícipe de sua

---

[75] Além do ensaio de K. RAHNER citado acima, notas 65ss., (esp. na nota 69), cf. sobre isso seu art. "Eschatologie", in: *LTK* 2ª ed., vol. III, 1959, p. 1094-1098, esp. p. 1097 e 1094s.
[76] Do lado da teologia evangélica, cf. esp. P. ALTHAUS, *Die letzten Dinge* (1922), 4ª ed. 1933, p. 75. Premissa disso foi a redescoberta do tema do reino de Deus como objeto da escatologia, como se tornou efetiva desde a teologia federal no séc. XVII e em contraste com a forma tradicional da doutrina das últimas coisas na dogmática da Reforma, assim como na católico-romana. Já M. KÄHLER opinou, em seu artigo sobre escatologia, in: *RE* 3ª ed. vol. V, 1898, p. 490-495, que a doutrina de ambas as igrejas acerca das últimas coisas teria "captado plenamente... apenas um dos princípios escatológicos bíblicos", a saber, a consumação individual da salvação. "Em contraposição recuou o significado fundamental da consumação do reino" (p. 494). Isso valeria em especial para a teologia protestante mais recente, e esse "individualismo protestante" teria continuado a ter influência apesar e ao lado da concepção bíblica mais plena inspirada por BENGEL no séc. XIX (*ibid.*). No ensaio "Die Bedeutung, welche den 'letzten Dingen' für Theologie und Kirche zukommt", in *Dogmatische Zeitfragen*, vol. II, 1908, p. 487-521, KÄHLER falou confiantemente de que "no século passado finalmente se teria aberto o caminho para a escatologia" (p. 495), e precisamente no sentido de uma complementação da restrição da Reforma à salvação individual. KÄHLER, pois, tentou também em sua própria dogmática fazer valer o horizonte da consumação do mundo, embora sua escatologia por seu turno partisse do enfoque da fé na justificação (*Die Wissenschaft der christlichen Lehre*, 1883, 2ª ed. 1893, p. 414-438, esp. p. 414ss., § 513s). Contudo o estreitamento individualista da escatologia influiu ainda em PAUL ALTHAUS nas primeiras edições de seu livro. Sobre isso, cf. a crítica em G. HOFFMANN, *op. cit.*, p. 88ss.

salvação apenas na ressurreição dos mortos no fim da história, qual é então seu destino no recorte de tempo entre a morte individual e o talvez ainda distante fim da história da humanidade? Se, porém, em contrapartida, cada crente individualmente estará unido com Jesus Cristo já diretamente depois de sua morte, como sugere Fl 1.23 (cf. Lc 23.43), que terá ele a esperar a mais que isso, de um fim distante da história da humanidade? A decisão do papa Bento XII em 1334 a favor do ingresso instantâneo na beatitude plena da visão de Deus por parte dos justos falecidos (*DS* 1000s) ainda exacerbou esse problema. PAUL ALTHAUS salientou com razão que tanto a escatologia individual quanto a geral, como concepções da salvação escatológica, se referem a algo "total" e por isso parecem excluir uma à outra: "Ou se aguarda para depois da morte a verdadeira e plena salvação pessoal – então fica desvalorizado o acontecimento além do fim, não tendo mais significado decisivo para a consumação do indivíduo, mas apenas ainda complementar; tudo o que é decisivo já aconteceu. Ou se aguarda a verdadeira decisão por meio da salvação apenas do último dia – então fica desvalorizada morte como ida até Cristo, como decisão, como libertação do pecado e transformação."[77] Essa dificuldade já havia sido formulada com uma acentuação um pouco diferente por FRIEDRICH SCHLEIERMACHER, e sua conseqüência foi o recuo à declaração da duração da ligação dos fiéis com Cristo para além da morte, independente de como se deva imaginá-la.[78] Ainda PAUL ALTHAUS, principalmente na primeira edição de sua obra (1922) e CARL STANGE (1930) se viram forçados, por causa

---

[77] P. ALTHAUS, *op. cit.*, p. 76.
[78] F. SCHLEIERMACHER, *Der christliche Glaube* (1821), 2ª ed. 1830, § 158,2s. A unificação dessa idéia com a concepção de uma futura consumação da igreja em seu todo foi considerada por SCHLEIERMACHER (§ 159) como difícil de executar de forma intelectualmente inquestionável. T. HÄRING designou essa "*apreciação dialética*" de SCHLEIERMACHER como a "melhor orientação" na introdução à escatologia (*Der christliche Glaube*, 1906, p. 563) e com razão classificou como importante "progresso" a nela formulada "diferenciação e correlação mútua do indivíduo e da comunhão" (*op. cit.*, p. 564), contudo considerou "superada" a "dúvida" de SCHLEIERMACHER quanto a uma exeqüibilidade impecável da ligação dos dois pontos de vista já pela referência à ligação recíproca entre ambos (p. 565). Nisso resida talvez uma importante percepção, embora careça de uma fundamentação mais precisa que a dada por HÄRING.

dessa dificuldade, a renunciar a uma escatologia do fim da história ou "teleológica".[79]

O reconhecimento de que as duas formas de esperança cristã para o futuro – como escatologia individual e como geral – formam uma unidade pressupõe inicialmente um entendimento de sua história pregressa no pensamento do Antigo Testamento e judaico. Aqui vale: "A esperança para o indivíduo é posterior à esperança para o povo".[80] No Israel antigo, até a época do exílio a esperança do devoto individual era idêntica à de seu povo. Acreditava-se que o indivíduo permaneceria vivo através de sua descendência na comunhão do povo por causa de bênção ou maldição, por meio das quais os feitos dos pais influem sobre as gerações seguintes e sobre a comunhão de vida de todo o povo. Essa posição, contudo, foi abalada pelas experiências da geração que no início do séc. VI a. C. experimentou o fim do Estado de Judá. Essa geração, que ainda se recordava do governo do rei devoto Josias, já não conseguia reconhecer no andamento da história a justiça de Deus. Assim surgiu o adágio cínico: "Os pais comeram uvas verdes, e os dentes dos filhos se embotaram" (Ez 18.2 = Jr 31.29).[81] Jeremias enfrentou esse desespero na justiça de Deus na história com o anúncio de uma nova ordem para a época vindoura de salvação, na qual cada um expiará somente seus próprios atos (Jr 31.30). Ezequiel deu um passo adiante e proclamou o início dessa nova ordem já para o seu tempo: De agora em diante deve valer que apenas o pecador terá de morrer, mas o justo viverá (Ez 18.4 e 20). Entretanto na experiência das pessoas essa regra conseguiu funcionar muito menos ainda. No curso da vida de muitos indivíduos não se podia reconhecer a justiça de Deus, que deveria se efetivar pelo bem-estar para os bons e pelo fracasso dos maus. Não apenas o livro de Eclesiastes relata queixas "de que existem devotos aos quais acontece como se praticassem as obras dos ímpios, e que existem ímpios aos quais acontece como se praticassem as obras dos devotos" (Ecl 8.14). Na luta com esse tipo de experiências a fé judaica

---

[79] P. ALTHAUS, *Die letzten Dinge. Entwurf einer christlichen Eschatologie*, 1922, p. 23; C. STANGE, *Das Ende aller Dinge. Die christliche Hoffnung, ihr Grund und ihr Ziel*, 1930, p. 107s.
[80] P. ALTHAUS, *op. cit.*, 4ª ed. 1933, p. 13.
[81] Sobre isso, cf. G. VON RAD, *Theologie des Alten Testaments*, vol. I, 1957, p. 389ss. Cf. também R. H. CHARLES, *Eschatology. The Doctrine of a Future Life in Israel, Judaism and Christianity. A Critical History* (1899) 1963, p. 61-81.

na justiça de Deus chegou ao ponto de contar com uma continuação da vida individual para além da morte, respectivamente com uma ressurreição dos mortos, e precisamente primeiro para aqueles nos quais não funcionou na vida terrena a correspondência entre ação e condição vivencial, mas que precisa ser estabelecida por causa da justiça de Deus, ou seja, para os justos sofredores de um lado e para os ímpios que vivem na felicidade terrena de outro (Dn 12.2).

A esperança por consumação individual para além da morte surgiu, pois, no povo judeu em vista de uma insuficiência na esperança mais antiga, de consumação coletiva e em uma nítida tensão em relação a ela. Apesar disso não se chegou, como na idéia grega da imortalidade da alma, a uma concepção totalmente desvinculada do futuro da salvação do povo, de consumação do sentido de vida individual. Uma vez que a ressurreição dos mortos deverá suceder a todos os justos conjuntamente nos derradeiros dias, não a cada um para si diretamente depois de sua morte, os justos representarão em sua comunhão o povo escatológico de Deus do fim dos tempos e, assim, a síntese da salvação individual e comunitária.[82]

Embora o surgimento da expectativa escatológica judaica tenha sido causado pela fé de Israel em Deus, pelo que parece esteve em jogo desde cedo em sua elaboração também a pergunta antropológica pela relação entre a destinação final da vida individual e daquela da comunhão do povo. Sob esse aspecto foi processado no desenvolvimento das concepções escatológicas judaicas um tema de relevância humana geral, e esse dado por sua vez é significativo para a pergunta se o Deus de Israel deve ser entendido como o Deus único de todos os seres humanos. O significado humano geral da escatologia judaica com sua vinculação entre destinação do indivíduo e a do povo se explicita de maneira especial na comparação com a idéia grega da imortalidade. A escatologia judaica se mostra nessa comparação como antropologicamente

---

[82] Cf. P. ALTHAUS, *Die letzten Dinge*, 4ª ed. 1933, p. 15ss., bem como R. H. CHARLES, *op. cit.*, p. 79s e p. 129ss., sobre Is 26.19, diferenciando-se de Dn 12.2, mas principalmente p. 223, sobre o final da visão dos setenta pastores do livro de Enoque (*En* 90,29-38). Esse último texto permanece como prova da asserção de CHARLES acerca de uma síntese de escatologia individual e coletiva, inclusive quando se entende Is 26.19 como expressão simbólica para a renovação do povo. Cf., porém, a exegese de Is 26.12-19 em O. PLÖGER, *Theokratie und Eschatologie*, 1959, p. 84ss e 95.

mais profunda, por não ter isolado o tema da destinação eterna da existência individual da pergunta pela destinação da comunhão humana. Inversamente, porém, também expressa a participação dos indivíduos na consumação da destinação comunitária dos seres humanos.

Nisso consiste a superioridade da escatologia bíblica diante das formas secularizadas da esperança por consumação da sociedade como quintessência da destinação do ser humano, como foram geradas pela Idade Moderna ocidental, particularmente na forma do marxismo. Pois quando se espera, da criação de uma ordem verdadeiramente justa da vida social por uma geração futura, a concretização da destinação social do ser humano, então tem de se levantar a pergunta: Como os indivíduos de gerações passadas, que, afinal, também são membros da humanidade, poderão participar de tal concretização futura de sua destinação? A idéia de uma destinação da humanidade como um todo parece demandar a chance de participação dos indivíduos de todas as gerações, porque a humanidade existe nos indivíduos humanos. A pergunta já preocupou a LESSING em sua "Educação do gênero humano", e ele soube respondê-la unicamente pela ponderação de uma possível reencarnação dos indivíduos.[83] Esse pensamento preencheu nele a mesma função que na escatologia bíblica a concepção de uma futura ressurreição conjunta dos mortos em associação com o futuro do reino de Deus: Em ambos os casos se trata, por isso, na concepção de uma consumação definitiva da destinação da humanidade e do ser humano, de manter unidos o aspecto individual e o comunitário desse tema.

Entretanto, essa vinculação de escatologia individual e coletiva leva a dificuldades para a necessidade de uma visão geral coesa em si, acerca do futuro escatológico. Isso já foi mencionado no início do presente bloco. Mas essas dificuldades realmente aparecem sob uma luz diferente quando deixamos claro para nós que nas concepções da escatologia do fim da história se trata da intenção antropológica da unidade de destinação individual e social do ser humano. É sobre isso que repousa a função e evidência simbólicas de tais concepções. Como expressão dos motivos antropológicos subjacentes, as duas formas principais de concepções de consumação escatológica, as declarações sobre o futuro individual como coletivo do ser humano, são compreensíveis tanto cada uma para si quanto em sua conexão uma com a outra,

---

[83] G. E. LESSING, *Die Erziehung des Menschengeschlechts*, 1780, § 93s, cf. § 81ss.

embora dessa conexão surjam dificuldades para uma concepção mais precisa dos acontecimentos escatológicos. Como será mostrado, essas dificuldades somente podem ser esclarecidas e talvez solucionadas em outro nível.

A comprovação da função simbólica das declarações escatológicas, referidas aos motivos antropológicos subjacentes a elas, ainda não responde à pergunta pelo teor de realidade que lhes pode ser atribuído como asserções sobre o futuro. Essas declarações adquirem um vínculo com um futuro real, sem prejuízo de seu caráter simbólico, somente pelo fato de que são compreendidas como conteúdo de promessa divina. As declarações escatológicas das tradições bíblicas surgiram, tanto na linha da escatologia política (respectivamente comunitária) quanto na da individual, da experiência de Israel com Deus. Sob esse aspecto elas têm caráter de promessa. Referem-se a um agir divino futuro, que transcende todas as concepções humanas, mas apesar disso estão vinculadas à existência atual dos seres humanos com sua natureza inconclusa e contra toda a deturpação e deformação de sua destinação humana. A esperança escatológica da Bíblia se dirige, na confiança na justiça e fidelidade de Deus, ao futuro de uma consumação dos caminhos de Deus com sua criação e com seu povo.

A esperança escatológica cristã emerge no contexto dessa perspectiva de fé judaica na promessa. Contudo dentro desse contexto ela repousa sobre um fundamento específico, sobre o qual também não-judeus se tornaram herdeiros da esperança de Israel. Esse fundamento é dado pelo fato de que o futuro do reino de Deus (como quintessência da esperança coletiva de Israel) já começou a se tornar presente na atuação de Jesus, e precisamente presente tanto nos indivíduos que deram crédito a ele e a sua mensagem, quanto na comunhão daqueles que celebraram em conjunto com ele em antecipação sinalizadora a ceia do senhorio de Deus. Na presença de Jesus chegou, pois, ao alvo o encontro de Deus com o anseio de consumação que ele implantou em suas criaturas humanas e que se haviam expressado pelo simbolismo das expectativas escatológicas. Por meio da ressurreição de Jesus não apenas se confirmou o início do senhorio de Deus em sua atuação e sua pessoa, mas com ela também já se tornou manifesta nele a salvação individual da ressurreição dos mortos conectada com a consumação coletiva da salvação, de sorte que o pertencimento a ele para todo crente agora pôde vir a ser o penhor da participação futura na salvação da nova vida, que com Jesus já se tornou realidade. É sobre isso que repousa a certeza da salvação mediada pelo batismo cristão para o indivíduo, enquanto a congregação cristã, acompanhando o agir de Jesus, lembrando dele e confiando em sua presença, realiza já agora a ceia do reino vindouro de Deus.

A comunhão com Jesus Cristo como fundamento da esperança escatológica cristã é mais que mera promessa, porque ela se apóia em um acontecimento já consumado, de cumprimento. Não obstante, esse acontecimento de cumprimento não está concluído como tal. Ele contém uma referência futura para uma consumação vindoura, e essa não deve apenas ser entendida como complementação da salvação já propiciada agora, mas é constitutiva para a salvação já acontecida em Jesus Cristo e para o caráter definitivo dela – assim como, contrariando o modo de ver a que nós humanos estamos acostumados, o futuro de Deus é absolutamente constitutivo para aquilo que somos no presente e já fomos. Nessa acepção o elemento da promessa também continua eficaz no evangelho de Jesus Cristo e na esperança cristã, nele apoiada, ainda que sob condições mudadas.

Isso significa, porém, que a salvação para a humanidade ainda não foi concretizada em definitivo unicamente com o envio do Filho, mas apenas chegará à consumação pela atuação do Espírito, tanto que a obra do Espírito consiste em que ele atesta e glorifica nos corações dos fiéis o Filho e sua obra.

Justamente porque Jesus é o Cristo, o Messias, sua atuação se refere a algo distinto dele, a saber, ao povo de Deus, que há de alcançar nele, o Filho, sua configuração definitiva pela fé no Deus único, à qual ele convocou e, portanto, pelo reconhecimento da presença do próprio Deus. Como indivíduo Jesus Cristo, no qual o Filho eterno do Pai se apresentou historicamente e se fez ser humano, ainda não é idêntico com o povo escatológico de Deus, que passa a se configurar com a chegada do reino de Deus. Na realidade esse povo de Deus forma uma união tão íntima com Jesus como o Messias, que ele pode ser chamado o corpo dele em sua apresentação através da ceia escatológica, ou também a noiva, com a qual o Messias se torna "uma só carne", em consonância com o relato bíblico acerca da criação do ser humano como homem e mulher (cf. Ef 5.31s). Contudo é o Espírito que edifica esse corpo por meio de sua atuação, ao credenciar Jesus Cristo nos corações dos fiéis. É por isso que o cristianismo também espera do Espírito de

Deus a consumação escatológica dos fiéis, a transformação de sua vida finita na nova vida a partir da ressurreição dos mortos (Rm 8.11). E a espera da criação pela revelação dos filhos de Deus (Rm 8.19) sugere que também sua interinidade será superada pela força do Espírito gerador da vida na transformação do mundo para a nova criação de um novo céu e uma nova terra, assim como já a primeira criação emanou da força do Espírito (Gn 1.2). Não é preciso salientar de modo especial que nisso a atuação do Espírito sempre está estreitamente vinculada à do Filho. No contexto da escatologia essa verdade será tratada particularmente no tema do retorno de Cristo.

Uma relação especial do temário escatológico com a obra do Espírito já é plausível pelo fato de que o Espírito atua tanto no indivíduo quanto na comunhão. Isso vale já para a ação do Espírito na criação. Porque em virtude da extática das atuações do Espírito a vida dos indivíduos está ligada de múltiplas formas com os outros e sua comunhão. Da mesma maneira a atuação redentora do Espírito se refere tanto aos indivíduos quanto à comunhão.[84] Quando cada um dos fiéis recebe através do batismo o Espírito como dádiva permanente, ele mesmo assim não é dado a cada um sozinho, mas unifica a todos entre si para comunhão da igreja (1Cor 12.13). Por meio dessa função dupla do Espírito para a vida dos indivíduos e para a fundamentação da comunhão entre eles sua atuação se encontra em uma relação estreita com a configuração dupla da esperança escatológica, que se dirige por um lado à totalidade da vida individual, por outro à consumação da comunhão através da paz em justiça. Esses dois aspectos são integrados pela atuação consumadora do Espírito, e assim é superado o antagonismo de indivíduo e sociedade, como vige neste mundo terreno.

À reconciliação de indivíduo e sociedade sobre a base de sua reconciliação com Deus por meio da confissão a Jesus Cristo corresponde na atuação do Espírito a vinculação entre futuro e presente: Através do Espírito o futuro escatológico já é presença nos corações dos fiéis. Sua dinâmica fundamenta antecipações da salvação escatológica já na ainda não consumada história do mundo. É assim na encarnação do Filho no tempo, que aconteceu pela força do Espírito – tanto em vista do nascimento de Jesus quanto no contexto de seu batismo por João e finalmente no evento confirmador da ressurreição do Crucificado. Da

---

[84] Cf. acima, cap. 12, 1c (p. 39ss.).

mesma maneira a dádiva do Espírito constitui, como "sinal de negócio" da glória futura (2Cor 1.22; 5.5; Ef 1.14; cf. Rm 8.23), a certeza da salvação escatológica daqueles que estão ligados com Jesus pela fé e pelo batismo.

A vinculação de pneumatologia e escatologia foi destacada com especial ênfase por GERHARD EBELING no terceiro volume de sua *"Dogmatik des christlichen Glaubens"* (1979). Nela EBELING apontou para uma "convergência" de pneumatologia e escatologia sob o ponto de vista da "experiência da transcendência": "Considerando, pois, que aquilo que tem a ver conosco a partir do *éschaton* e aquilo que nos sobrevém a partir do *pneuma* se encontram no fato de que de ambas as maneiras o mundo é transcendido, é compreensível que ambas as maneiras também se podem combinar entre si. A expectativa escatológica intensiva se exterioriza em fenômenos pneumáticos."[85] A concomitância de escatologia e pneumatologia pode ser descrita mais precisamente, conforme EBELING, como um transgredir da temporalidade em direção do eterno. Porém justamente esse aspecto comum seria captado de formas diferentes na expectativa escatológica e na experiência pneumática, porque "o presente pleno do *pneuma* já permite experimentar o eterno como presente, enquanto na outra visão o presente direcionado para o *éschaton* capta o eterno como futuro".[86] A junção dos dois temas está, por isso, para EBELING assegurada somente pela "concatenação cristológica" na pessoa de Jesus Cristo; porque nele o reino de Deus é simultaneamente presente e futuro.[87] Não há como discordar disso, mas pergunta-se se a presença do reino na atuação e pessoa de Jesus já não foi por sua vez expressão da dinâmica do Espírito divino (cf. Mt 12.28 como explicação de Lc 11.20). Não constitui justamente a especificidade da atuação do Espírito e também do *pneuma* como dádiva escatológica, que a consumação escatológica já atua para dentro do presente das criaturas, sem contudo fazer desaparecer a diferença entre esse presente e o futuro escatológico?[88] A vinculação

---

[85] G. EBELING, *Dogmatik des christlichen Glaubens*, vol. III, 1979, p. 23. Cf. toda a linha de reflexão às p. 21ss.
[86] G. EBELING, *op. cit.*, p. 24.
[87] G. EBELING, *op. cit.*, p. 31s e 44s.
[88] Nesse sentido posso concordar com a asserção de EBELING: "A duidade de *pneuma* e *éschaton* não pode ser suspensa no interior do tempo e em decorrência da temporalidade do ser humano" (*op. cit.*, p. 25). Apenas que se trata, no caso, de

de futuro e presente do reino de Deus na pessoa de Jesus já deve ter sido mediada de forma pneumática, e isso tanto na situação histórica da proclamação terrena de Jesus quanto em vista da relação entre o Jesus da história e o Cristo que retorna e que atualmente exerce seu senhorio por meio do Espírito.[89]

Pneumatologia e escatologia formam uma unidade pelo fato de que a própria consumação escatológica precisa ser atribuída ao Espírito, que como dádiva do fim dos tempos já determina a atualidade histórica dos fiéis. Por isso, em contraposição, a escatologia não tem apenas a ver com um futuro de consumação ainda pendente, mas ele atua por meio do Espírito já para dentro do presente dos seres humanos. Por isso a presença do Espírito também já significa, em contrapartida, a superação do pecado e da morte. Mesmo que pecado e morte estarão definitivamente vencidos apenas na consumação escatológica, seguramente já ocupou a cena a vitória sobre ambos pela atuação presente do Espírito e, acima de tudo, por sua presença como dádiva nos crentes. A presença do futuro escatológico por meio do Espírito tem de ser entendida como um momento interno da própria consumação escatológica, a saber, como um antecipar-se do Espírito, que no futuro escatológico há de transformar os crentes e com eles toda a criação para a participação na glória de Deus.

Por isso a vinculação de pneumatologia e escatologia não deve ser desdobrada apenas de maneira cristológica, mas igualmente segundo a teologia trinitária.[90] Porque precisamente a consumação do mundo e do ser humano tem de ser imaginada como fundamentada no próprio Deus, embora isso sempre possa acontecer somente sob as condições da finitude do ser humano, da condicionalidade histórica de seus processos mentais e sob a premissa da revelação

---

uma dualidade que faz parte da própria realidade e maneira de atuar do *pneuma*, uma vez que o *pneuma* por sua vez é realidade escatológica.
[89] Cf. também o exposto acima, p. 434ss. (cap. 13, 3/2 sob *dd*) sobre o significado do Espírito para a presença de Cristo na celebração da santa ceia.
[90] G. EBELING tangencia essa possibilidade (*op. cit.*, p. 53), porém não prossegue nesse caminho por preocupação com os perigos temidos por ele, de um procedimento especulativo. Por isso EBELING transferiu a doutrina da Trindade, como no passado SCHLEIERMACHER, bem para o final da dogmática (*op. cit.*, p. 529-546).

histórica de Deus em meio a esse mundo transitório. O peculiar entrelaçamento de futuro e presente, de eternidade e tempo, de escatologia e pneumatologia, precisa ser entendido como expressão característica do modo de atuação histórico-soteriológica do Espírito divino e como momento na consumação da criação por meio dele.

As confissões de fé da igreja antiga atribuíram a obra da criação ao Pai, a da reconciliação ao Filho, mas a apropriação da salvação e a consumação ao Espírito. Tais atribuições (apropriações) são valorizadas corretamente unicamente quando se leva em conta o princípio da unidade da Trindade em todas as suas obras "para fora", contudo não deixam de expressar que cada uma das três fases da economia divina da salvação se encontra em uma relação particularmente estreita com uma das três pessoas divinas, de maneira que no curso da economia da salvação do agir divino se expressa a diferenciação interior da vida trinitária de Deus.[91]

A correlação da terceira e última fase da economia da salvação com o Espírito Santo somente parece sensata sob o ponto de vista de que ao Espírito Santo, que como o Espírito da comunhão do Pai e do Filho aperfeiçoa a unidade de toda a Trindade, seja atribuída também a participação escatológica da criação na vida da Trindade por meio da glorificação. Nisso a glorificação de Deus pelas criaturas e a glorificação das criaturas por Deus formam uma unidade como duas faces do mesmíssimo acontecimento. Em e para si seria possível atribuir o Espírito já como origem da vida (como também das inspirações proféticas) à obra da criação, como aconteceu algumas vezes nos primórdios da teologia cristã.[92] O terceiro período da economia da salvação foi depois atribuído ao Pai, porque somente na consumação escatológica acontecerá o pleno conhecimento do Pai, a contemplação de Deus (cf. 1Cor 13.12). Se nos símbolos da fé da igreja se impôs com a tripartição também a alocação do Espírito à terceira e última fase da economia da salvação, isso aconteceu porque o Espírito não é apenas o Criador da vida terrena e o Espírito do profetismo, mas igualmente o Criador da nova vida, assim como foi dada já agora aos crentes como penhor de sua glorificação futura. Por meio dele as criaturas recebem – sem que fosse abolida sua diferença em relação a Deus – participação na vida do próprio Deus. Isso, porém, acontece de duas maneiras: pela dádiva do Espírito nos crentes e por sua efusão sobre a comunhão da igreja de

---

[91] Cf. vol. II, p. 32ss.
[92] Ireneo, *Haer*. IV,20,3 e 5.

um lado, e pela transfiguração do mundo e da vida na consumação escatológica de outro. A pergunta pelo sentido dessa duplicidade constitui o cerne do problema na pergunta pela relação entre pneumatologia e escatologia.

Há de ser evidenciado que a duplicidade na obra de salvação do Espírito, a tensão de futuro e presença do eterno, tem algo a ver com a preservação e consumação da existência de criaturas, à qual visa o agir de Deus em sua criação. Pois assim como da parte da criatura sua autodiferenciação de Deus é a condição de sua comunhão com Deus, assim se evidenciará a partir de Deus a diferença entre a atualidade da criatura e o futuro do *éschaton*, ou seja, a partir do futuro do próprio Deus, como condição de sua existência autônoma. A verdade de que a autonomia da criatura também persistirá em sua consumação escatológica perante Deus, de que a criatura não será absorvida pela presença de Deus, será então evidenciada como o sentido da tensão e vinculação entre presente e futuro do Espírito, entre reconciliação e consumação da criatura, entre pneumatologia e escatologia.

2. Morte e ressurreição

A exposição pormenorizada dos temas escatológicos inicia nesta seção com a escatologia individual. No entanto, não se deve perder de vista a conexão com a escatologia geral e a doutrina sobre Deus. Pelo contrário, nos conteúdos e problemas da escatologia individual se evidenciará o significado constitutivo dessa vinculação.

A escatologia individual tem a ver com a pergunta pela destinação dos indivíduos humanos para além da morte. Por isso tem de começar pelo esforço por uma compreensão teológica da morte.[93] Somente quando o significado antropológico da morte for definido de maneira teologicamente correta, também será possível descrever adequadamente o conteúdo da esperança cristã pela ressurreição.

---

[93] Nesse ponto são inevitáveis os cruzamentos com as exposições apresentadas no âmbito da antropologia acerca da morte como decorrência do pecado (vol. II, p. 382-393). O que foi dito ali, entretanto, permite manter abreviadas as elaborações subseqüentes. No mais, seu direcionamento temático é outro, porque aqui se trata de compreender a morte como premissa negativa da esperança da ressurreição.

a) A teologia da morte

Faz parte das peculiaridades da existência humana que o ser humano – aparentemente como único ser – sabe de sua própria morte. Ele sabe que terá de morrer, assim como as demais pessoas em redor. Isso está estreitamente ligado à circunstância de que seres humanos como tais possuem a consciência de um futuro diferente de seu presente. A consciência do tempo especificamente humana, aliada à capacidade de contemplar a própria vida em analogia com a de outras pessoas em nosso redor, é premissa de sabermos da inevitabilidade de nosso próprio morrer.

Com a noção da morte está relacionada desde os primórdios da idade da pedra a ocorrência de sepultamentos como indício de uma fé na continuidade da vida dos mortos, ou seja, religião. Todavia, nas culturas antigas as pessoas individuais estavam tão integradas na comunhão que a morte do indivíduo não era experimentada como crise de sentido da vida em si como acontece desde a independência do indivíduo diante da comunhão, que depois de eventuais prelúdios nas civilizações antigas nos séc. VI e V antes de Cristo se processou em Israel no tempo do exílio e na Grécia de maneiras diferentes.[94] Nessa época surgiram as concepções de um futuro do indivíduo para além de sua morte, que forjaram o pensamento ocidental até o séc. XIX e continuam repercutindo para além dele até a atualidade: imortalidade da alma e ressurreição dos mortos. Depois da esperança da ressurreição, contudo, no séc. XIX também a concepção da imortalidade se tornou vítima de uma crítica de princípio à tradicional expectativa escatológica, e essa crítica deixou atrás de si uma duradoura insegurança.

A dissolução crítica, não apenas da concepção de imortalidade, mas também de sua base na suposição de uma "alma" distinta do corpo, levou à chamada tese da parte de teólogos católicos da "morte total" do ser humano: Se o ser humano está preso com todas as suas manifestações vitais à sua corporeidade e por isso não é nada mais que

---

[94] KARL JASPERS situou esse fenômeno em um contexto ainda mais abrangente por meio de sua tese de uma ruptura acontecida sincronicamente por volta de 500 a. C. em todas as culturas antigas rumo a uma nova concepção do ser humano como sendo a "época axial" da história do mundo: *Vom Ursprung und Ziel der Geschichte*, 1949, p. 19ss.

esse ente corpóreo, então a morte é para ele o fim absoluto. Ao mesmo tempo a morte aparece na consciência da moderna cultura secular também como o fim correspondente à *natureza* do ser humano, *natural*, de sua existência. O equipamento orgânico do ser humano como de toda vida pluricelular está programado para esse fim. Não atinge o ser humano apenas como que de fora por um acaso maléfico.

Da combinação da idéia da morte total e da concepção da morte como um evento natural, inato na finitude da vida humana, com o saber antecipatório, ainda que indefinido, do ser humano sobre sua morte futura emergiu no séc. XX a tentativa filosófica de interpretar a morte como consumação da existência individual.[95] Segundo ela, é somente no saber "precursor" acerca da própria morte que o ser humano consegue existir na totalidade de sua existência.[96] A indagação humana originária por consumação, pela integralidade do próprio ser, agora não aponta mais para além da morte, mas justamente a partir do saber da própria morte (e unicamente assim) o ser humano consegue encontrar sua integralidade, e isso já na vida imanente.

Essa tese de HEIDEGGER foi acolhida, ao lado de alguns outros teólogos católicos, especialmente por KARL RAHNER, com a modificação de que a existência é consumada na morte ou pelo autofechamento contra Deus – esse é o caso do pecador – ou em abertura em direção de Deus: Essa é a morte de Cristo como ação livre de auto-entrega da própria vida a Deus.[97] Em contraposição, JEAN-PAUL SARTRE criticou severamente a tese

---

[95] Posição encontrada principalmente em M. HEIDEGGER, *Sein und Zeit*, 1927. Em suas considerações acerca "da possível inteireza da existência e do ser para a morte" (p. 235-267) HEIDEGGER se colocou a tarefa "de mostrar como tal 'findar' pode constituir uma *inteireza* do ente que *existe*" (p. 242), em vista do dilema já constatado por WILHELM DILTHEY, de que por um lado a totalidade de significado da existência em sua historicidade somente pode entrar no campo de visão no fim da vida, mas que por outro ela aflora à consciência no máximo de forma "momentânea" (W. DILTHEY, *Gesammelte Schriften*, vol. VII, p. 237 e 233, e ainda do autor, *Grundfragen systematischer Theologie*, vol. I, 1967, p. 142ss.). "Enquanto a existência *é* como ente, nunca alcançou sua 'inteireza'. Mas quando a conquista, o ganho se torna perda do estar-no-mundo propriamente dito. *Como existente* então nunca mais poderá ser experimentado" (M. HEIDEGGER, *op. cit.*, p. 236).
[96] M. HEIDEGGER, *op. cit.*, p. 262ss.
[97] K. RAHNER, *Zur Theologie des Todes*, 1958, p. 36ss. Cf. L. BOROS, *Mysterium Mortis. Der Mensch in der letzten Entscheidung*, 1962. Cf. também idem, *Aus der Hoffnung leben* (1968), 1972, p. 23-30. Posição crítica a isso, aqui vol. II, p. 393ss.

de HEIDEGGER.⁹⁸ Muito distante de aperfeiçoar a existência, a morte antes interrompe a vida, tirando-lhe *"qualquer significado"*.⁹⁹ Sem dúvida a morte faria parte da "situação" do ser humano; mas no para-si de sua liberdade cada ser humano existiria como infinita "transgressão do que é dado", como *"o ser que sempre está adiante de seu estar-aí"*.¹⁰⁰ Conforme SARTRE a morte se relaciona com isso apenas formalmente como *"fato contingente...,* que como tal se subtrai de mim por princípio e desde o início faz parte de meu ser-lançado".¹⁰¹ Apesar disso SARTRE não fundamentou da autotranscendência do ser humano nenhum postulado de um futuro para além da morte, mas ao invés disso imaginou a liberdade do para-si como fundamento da própria finitude.¹⁰²

As exposições de SARTRE estão mais próximas da concepção bíblica da morte que as de HEIDEGGER: Para o Antigo Testamento a morte significa separação de Deus como a fonte da vida e de todo sentido da vida.¹⁰³ Conforme Sl 88.6 os mortos são aqueles, "dos quais não mais te lembras e a estão separados de teu auxílio". Isso não depõe em favor de que na morte aconteceria o aperfeiçoamento da vida humana para sua integralidade. Pois para isso é necessária, na visão bíblica, em primeiro lugar a comunhão do ser humano com o Deus eterno, por cuja benignidade os devotos esperam, "para que salve sua vida da morte" (Sl 33.18s). Por isso a ruptura dessa comunhão através da morte não pode significar ao mesmo tempo a consumação da vida humana para sua integralidade. Tampouco a morte pode ser descrita adequadamente como um

---

[98] J.-P. SARTRE, *Das Sein und das Nichts. Versuch einer phänomenologischen Ontologie* (1943), versão alemã 1962, p. 670-696.

[99] J.-P. SARTRE, *op. cit.*, p. 679. "Se temos de morrer, nossa vida não tem sentido, porque seus problemas permanecem sem solução e porque até mesmo o significado dos problemas permanece indefinido" (p. 680). Como elucidação, cf. o exposto por J. HICK, *Death and Eternal Life*, 1976, p. 101ss.

[100] J.-P. SARTRE, *op. cit.*, p. 688ss., citações às p. 690 e 691.

[101] J.-P. SARTRE, *op. cit.*, p. 687.

[102] J.-P. SARTRE, *op. cit.*, p. 688. Essa tese, que pressupõe uma diferenciação fundamental entre finitude e morte (p. 687s), encontra-se em uma estranha tensão com a asserção de SARTRE, de que o para-si se "anula contra sua contingência" (p. 711) e, no empenho por suprir sua carência de ser, ele é "avidez de ser Deus" (p. 712): Não seria então também esse "ideal" ainda um produto finito da liberdade, ou será que ele não permanece, antes, justamente por isso um ideal inatingível, porque nele foi transpassada a finitude?

[103] Cf. vol. II, p. 383s.

ato do ser humano, por meio da qual ele aperfeiçoa sua vida a partir "de dentro".¹⁰⁴ Pelo contrário, a morte se contrapõe à intenção básica do que é vivo rumo à sua "salvação", que é idêntica com sua integralidade ou totalidade.¹⁰⁵ Uma vez que essa forma uma unidade com a comunhão com Deus,¹⁰⁶ os oradores do Antigo Testamento esperam da continuidade dela a salvação até mesmo para além da morte (Sl 73.26). Nessa visão a morte continua sendo o "último inimigo" (1Cor 15.26) para o anseio de salvação das criaturas, e sua superação pode ser esperada unicamente do poder criador do próprio Deus.

A morte, contudo, não se encontra em uma relação tão exterior com o ser humano em sua subjetividade como SARTRE afiançava. Embora SARTRE defendesse com razão que se deve diferenciar entre finitude e morte, não deixa de existir uma relação entre essas duas, se a finitude do ser humano não deve apenas ser compreendida como produto de sua liberdade, mas já faz parte da situação em ele é "lançado": A finitude de seu próprio ser, que deve ser assumida pelo livre posicionamento do indivíduo, sempre já é definida temporalmente como um findar. A própria finitude, por isso, vem à consciência como iminência da própria morte. Nisso o saber do limite do tempo de vida já se faz notar no sentimento vital a caminho do fim dela. Isso sem dúvida foi descrito acertadamente por HEIDEGGER. A isso corresponde também que todas as situações de vida diminuída, como especialmente a enfermidade, eram percebidas nas culturas antigas como próximas da morte. Também o Antigo Testamento já soube considerar os enfermos e debilitados como separados de Deus e da vida.¹⁰⁷ Acima de tudo,

---

¹⁰⁴ Contra essa tese de K. RAHNER (*op. cit.*, p. 29s) E. JÜNGEL protestou com razão (cf. vol. II, p. 393s. nota 337).
¹⁰⁵ Sobre isso, cf. vol. II, p. 555ss.
¹⁰⁶ Entretanto não no sentido da "avidez de ser Deus", descrita por SARTRE (cf. acima, nota 102), porque essa avidez pelo contrário caracteriza o pecado do ser humano, que o separa de Deus e o entrega à morte. Comunhão com Deus pressupõe o reconhecimento da infinita superioridade de Deus e de seu senhorio sobre o ser humano. Contudo justamente por isso é possibilitado o ato de livre aceitação da própria finitude. Sob esse aspecto SARTRE situou a liberdade com razão em conexão com a finitude da existência, embora a finitude possa ser entendida não apenas como produto da liberdade, mas já caracteriza a situação existencial a ser assumida por ela.
¹⁰⁷ Cf. G.VON RAD, *Theologie des Alten Testaments*, vol. I, 1957, p. 385s.

porém, estão juntos nessa visão o pecado e a morte, porque já o pecado separa o ser humano de Deus, a origem da vida. Logo o pecador já é refém da morte, e inversamente a morte aparece como o "soldo" que o pecado paga ao final às pessoas que se tornaram servas dele.[108]

Para Paulo a morte não fazia parte da destinação do ser humano como criatura. Em contraposição, afirma-se, porém, que o primeiro ser humano teria sido criado como "alma vivente" (Gn 2.7), em diferenciação com o Espírito vivificante (1Cor 15.45).[109] Ou seja, ele seria "terreno" (1Cor 15.47ss) e como tal transitório (1Cor 15.42-44). Como isso se coaduna? É possível diferenciar entre a finitude e, logo, o caráter passageiro do ser humano de um lado e seu aprisionamento pela morte de outro? A teologia patrística tentou fazê-lo. Conforme ATANÁSIO, p. ex., o ser humano, apesar da natural interinidade de sua vida corpórea, com certeza foi originalmente destinado à obtenção da imortalidade (pela participação de sua alma no *Logos*) e foi somente em decorrência de sua separação de Deus pelo pecado *deixado* à mercê da transitoriedade de sua carne.[110]

A teologia protestante da Idade Moderna não diferenciou mais assim, mas considerou a morte física como algo natural,[111] e essa concepção ainda foi tratada nos teólogos proeminentes do séc. XX com a diferenciação entre morte "natural" e morte de juízo.[112] A expressão "morte de juízo" no caso se refere apenas ainda à qualidade da separação de Deus que a "morte natural" assume em decorrência do pecado. Contudo, porventura a concepção da morte como morte de juízo não se torna uma qualificação meramente subjetiva? A morte como tal não aparece mais como oposta à natureza do ser humano como criatura. Conseqüentemente a qualidade da morte como morte de juízo tampouco consegue dizer respeito à realidade

---

[108] Rm 6.23; cf. 7.9s e ainda vol. II, p. 383s. A vinculação de pecado e morte chega a formar em Paulo a base para sua asserção da disseminação geral do pecado: Essa asserção resulta para ele da generalização do destino da morte (Rm 5.12).
[109] Sobre isso, cf. vol. II, p. 269ss.
[110] ATANÁSIO, *De inc.* 3s. Cf. também vol. II, p. 307s. e p. 384s.
[111] Sobre isso, cf. vol. II, p. 385s.
[112] Quanto aos posicionamentos de P. ALTHAUS, E. BRUNNER, K. BARTH, E. JÜNGEL sobre esse tema, cf. vol. II, p. 386s. Também deve ser contada aqui a interpretação teológica da morte apresentada por K. RAHNER em seu livro citado acima, na nota 97.

antropológica da própria morte, mas apenas marca ainda a maneira como essa realidade se apresenta em relação ao pecado (respectivamente à consciência do pecado). Nesse ponto é difícil escapar da redução à psicologia da compreensão da morte. Do mesmo modo como o próprio pecado, ainda se preserva a relação decorrente de pecado e morte como conteúdo da consciência de fé cristã, entretanto já não consegue ser apresentada também para o não-crente como realidade ineludível de sua existência. Nesse ponto se situa a profunda diferença entre a concepção moderna da naturalidade da morte e a interpretação teológica desenvolvida sobre essa base de um lado, e a concepção bíblica da vinculação de pecado e morte de outro, como foi formulada no Novo Testamento especialmente por Paulo.

O argumento principal para a suposição de que a morte faz parte da natureza do ser humano como criatura é a finitude da vida humana.[113] Pelo fato de que a finitude faz parte da condição do ser humano como criatura e não deve ser considerada já como pertencente ao pecado e a suas conseqüências, parece que algo análogo precisa valer também para a morte. No entanto, será que a finitude está sempre vinculada a mortalidade e morte? Se fosse assim, a vida não-transitória do Cristo ressuscitado deveria ter consumido a finitude de sua existência humana e a deixado para trás. Mas a igreja confessa – contra o monofisitismo – que também o Cristo ressuscitado continuou sendo humano e logo um ente diferente da divindade, embora não morra mais. O mesmo vale de acordo com a esperança cristã para os fiéis que futuramente participarão da nova vida do Ressuscitado.[114] Disso se conclui que é preciso diferenciar entre finitude e mortalidade. Desse modo, porém, perde sua plausibilidade a tese de que a morte faz parte da natureza do ser humano como ente finito. A circunstância de que nos tornamos cônscios de nossa finitude apenas na correlação com o saber de nossa morte iminente, tem a ver com a busca de autonomia de nossa vivência contra Deus, que é característica para o pecado do ser humano. Algo análogo vale para a transitoriedade já da vida extra-humana. De acordo com Paulo a criação "geme" sob o fardo da transitoriedade

---

[113] Posição também de K. Barth, *KD* III/2, 1948, p. 765-770, cf. p. 761.
[114] Sobre isso, cf. do autor, "Tod und Auferstehung in der Sicht christlicher Dogmatik" (1974), in: *Grundfragen systematischer Theologie*, vol. II, 1980, p. 146-159, 152s.

(Rm 8.22), porque Deus vinculou seu destino com o do ser humano (Rm 8.23). Não é preciso entender essa vinculação como decorrência da queda no pecado, mas também se pode entendê-la como indício de uma analogia estrutural entre as tendências de busca de autonomia na natureza extra-humana, em especial nos seres vivos, e do pecado do ser humano, que traz consigo a morte. Será possível falar aqui somente de uma analogia, porque a responsabilidade que distingue o ser humano por sua condução de vida não é imposta à criatura extra-humana. A analogia existente aqui significa, no entanto, que a ligação do morrer humano com a transitoriedade a ser encontrada em toda a natureza, especialmente nas formas de vida pré-humanas, não depõe contra o pensamento paulino de que a morte é conseqüência do pecado.

Ainda sob outro ponto de vista existe uma relação entre pecado, finitude e morte. Porque o pecador nega a finitude de sua própria existência, ao "querer ser como Deus" (cf. Gn 3.5). É justamente por isso que ele é fixado em sua finitude, e isso ocorre por meio da morte. Aqui a diferença entre finitude e morte se mostra pelo fato de que justamente a não-aceitação da finitude pessoal entrega o pecador à morte. Também a indagação dos humanos para além da morte, por isso, não está livre da sombra do pecado: A concepção de uma vida para além da morte pode ser expressão de uma presunção de vida eterna que não quer aceitar por verdadeira a própria finitude. Em função disso a teologia do primeiro cristianismo a princípio encarou com grande ceticismo a idéia platônica da imortalidade da alma. A suposição de uma imortalidade pertencente à natureza do ser humano, ainda que somente à sua alma, lhe pareceu expressão de uma arrogada igualdade com Deus, tal como caracteriza o pecado do ser humano. Em contrapartida, porém, no protesto contra a morte também se expressa a verdadeira destinação do ser humano, que não é consumada, mas interrompida, na morte. As concepções de uma vida para além da morte e os motivos dos quais elas emergem são, portanto, profundamente ambíguos. Possuem uma faceta que de fato é atingida pela crítica de LUDWIG FEUERBACH e FRIEDRICH RICHTER ao desenfreado egoísmo que subjaz às esperanças para além da morte. Apesar disso se expressa nessas concepções também uma consciência mais ou menos nebulosa da destinação divina que distingue os seres humanos a partir de sua criação.

A relação entre finitude, pecado e morte pode somente ser compreendida sob o ponto de vista da relação entre finitude e tempo. A vida finita das criaturas é uma existência no tempo. Mas por isso ainda não haveria necessidade de que ela se processasse no fracionamento de nossa experiência temporal, para a qual toda a vida está dilacerada pela dissociação de passado, presente e futuro.[115] No presente de nossa vida o passado já não é mais, e seu futuro ainda não é. Por causa dessa dilaceração sempre de novo se furta de nós a totalidade de nossa vida. Em razão disso o tempo, assim como a morte, não é um dado teologicamente neutro. Pelo contrário, na dilaceração de nossa experiência do tempo a temporalidade está entrelaçada com a pecaminosidade estrutural de nossa vida. A finitude dos perfeitos, quando "este corruptível se revestir da incorruptibilidade" (1Cor 15.53), não terá mais a forma de uma seqüência de momentos cronológicos separados um do outro, mas "representará a *totalidade* de nossa existência terrena. Essa totalidade de nossa vida individual nunca nos é dada integralmente no processo temporal de nossa trajetória de vida. Sempre temos nosso si-próprio, nossa identidade, somente pela *antecipação* que avança sobre o todo de nossa vida". Nessa antecipação do todo, porém, esse todo se nos apresenta sempre de forma mais ou menos distorcida, porque experimentamos a vida e a realidade do mundo "na perspectiva do respectivo momento temporal, referidos ao nosso centro do eu. Esse centro do eu não coincide com a identidade e integridade de nosso si-próprio, com a integração do todo de nossa existência individual. Pelo contrário, o eu está amarrado ao respectivo instante. Na referência a si próprio, com a qual ele se experimenta a cada instante como centro do mundo, esse eu sempre já está estruturalmente determinado como *amor sui* [amor a si mesmo], conforme descreveu AGOSTINHO. Na realidade o eu sempre está também acima de si mesmo, ele é excêntrico. Chega a si próprio no que é diferente de si mesmo. Mas no outro ele não deixa de estar sempre de novo em si mesmo".[116] Embora o eu seja referido

---

[115] O aspecto temporal da finitude do ser humano justamente não consiste apenas na limitação do processo de vida que transcorre no tempo, como "tempo aprazado" (K. BARTH, *KD* III/2, 1948, p. 671-695, esp. p. 686) e logo também como "tempo findável" (*op. cit.*, p. 714-780), mas igualmente também na dilaceração do tempo em presente, passado e futuro (*op. cit.*, p. 616ss., esp. p. 218ss.).

[116] Citação do autor, de *Grundfragen systematischer Theologie*, vol. II, 1980, p. 153. Para a diferenciação e relação recíproca entre o eu e o si-próprio, cf. em detalhe, idem: *Anthropologie in theologischer Perspektive*, 1983, p. 194-217, bem como p. 228ss., e ainda aqui, vol. II, p. 280-290, acerca da descrição do pecado por

excentricamente ao todo da realidade e nisso no mínimo implicitamente a Deus como origem dela, essa referência de fato é concretizada na forma do egoísmo (*amor sui* [amor a si mesmo]). Dessa maneira também fica co-definida a forma específica de nossa experiência do tempo: Pelo egoísmo do eu o instante de sua hora presente é separado dos momentos cronológicos seguintes, e então o futuro vem ao nosso encontro como estranho, arranca-nos de nós mesmos, de maneira que aquilo que há pouco era presente se esvai para nosso passado. A dissociação dos momentos cronológicos no processo de nossa experiência do tempo, portanto, encontra-se em uma relação com a estrutura de nosso eu, que constitui o lugar de nossa experiência temporal.

O eu vive por um lado no presente que transpõe o tempo. Seu agora caminha com ele ao longo do câmbio do tempo. Na consciência da própria identidade no curso do tempo de certo modo mantemos presente para nós ao mesmo tempo, por memória e expectativa, também as coisas passadas e futuras de nossa vida.[117] Nisso nossa consciência praticamente participa, para o tempo de sua vida, da eternidade, e igualmente mantém presente para si a própria existência e o mundo como um todo, embora somente na modalidade da recordação e expectativa, bem como pela rede das concepções que simbolizam o mundo para nós. Por outro lado, no entanto, isso acontece sob a influência estruturalmente determinante do *amor sui* e por isso sobre a base da separação e contraposição dos momentos cronológicos, de modo que sempre de novo somos avassalados por um futuro imprevisto e perdemos o passado da atualidade de nosso eu. Com isso, pois, também

---

AGOSTINHO como *amor sui*, cf. vol. II, p. 351ss. e *Anthropologie in theologischer Perspektive*, p. 83ss.

[117] A descrição, aqui assinalada, da consciência do tempo está apoiada na análise de AGOSTINHO acerca da experiência do tempo no livro II das *Confissões*. Cf. sobre isso K. H. MANZKE, *Ewigkeit und Zeitlichkeit. Aspekte für eine theologische Deutung der Zeit*, 1992, p. 323ss., esp. p. 329ss. No entanto, essa análise, diferente da concepção de AGOSTINHO, da eternidade como presente atemporal, é referida a uma concepção de eternidade que liga a plenitude da eternidade de Deus com o futuro escatológico da história (cf. abaixo) e que em contraposição está vinculada com o conceito agostiniano do pecado, que pouco transparece na análise do tempo das *Confissões*, mas para o qual as declarações sobre a "dilaceração" do tempo (*op. cit.*, p. 334s) de qualquer modo oferecem um fulcro (acerca da interpretação, cf. também *op. cit.*, p. 346, 356ss.).

está ligado que o fim de nossa existência nos atinge como morte de nosso eu, quando ele é acometido, contrariando sua pretensa igualdade com Deus e sua eternidade, com a finitude de sua existência. Desse modo nossa finitude se torna para nós em morte. Isso não seria assim se pudéssemos viver nossa vida por inteiro, na aceitação de nossa própria finitude, e nisso, viver ao mesmo tempo a partir da relação com a realidade de Deus que transcende nossa finitude, que liga nossa existência com a de todas as demais criaturas, mas também faz com que seja limitada por eles. Contudo não conseguimos viver nossa vida assim, porque vivemos a partir do respectivo instante de nosso eu, ao invés de que a cada momento do eu somente fosse manifesto nosso si-próprio – o todo de nossa vida. "Para esse eu... o fim de nosso processo vital significa a morte. Isso não teria de ser assim. Se pudéssemos existir como nós mesmos, como o todo finito de nosso ser, então o fim estaria integrado como momento na identidade de nossa existência e por isso não lhe poria um fim. O eu, porém, sempre possui, na referência a si mesmo, que estrutura sua consciência de si próprio, seu fim sempre fora dele próprio." Isso é assim porque o eu vive na quimera de sua infinitude e igualdade com Deus. "Na verdade sabemos como seres humanos acerca da morte, porém, como afirmou FREUD, a rigor não cremos em nossa própria morte. O eu tem seu fim fora de si, e justamente por isso ele esta definido como ser para a morte."[118]

b) *A relação entre esperança de ressurreição e outras formas da fé em um futuro do indivíduo para além da morte*

Nas culturas antigas da humanidade a convicção de que os mortos continuam vivos de algum modo parece ter pertencido às obviedades de uma concepção de mundo em que por um lado todo acontecimento natural estava cercado de mistério insondável e em que por outro era difícil de conceber um fim total da existência pessoal.[119] Em muitas dessas culturas se confiava (e confia) em que os mortos podem influenciar os destinos dos vivos. Muitas vezes está associado a isso um culto aos ancestrais, que deve dispor os mortos favoravelmente aos vivos, pelo menos acalmá-los e mantê-los afastados de demonstrações

---

[118] *Grundfragen systematischer Theologie*, 1980, p. 154.
[119] Cf. J. HICK, *Death and Eternal Life*, 1976, p. 57.

nocivas de seu poder. Em contrapartida, outras culturas, como na antiga Mesopotâmia,[120] ao contrário do Egito, atribuíram aos mortos apenas uma forma existencial como de sombras, sem influência sobre os vivos.

A religião de Israel se contrapôs severamente à fé em uma influência dos mortos sobre os vivos e principalmente ao com ela relacionado culto aos mortos (cf. Lv 19.31; 20.6; Is 8.19). O Antigo Testamento considerava a veneração dos mortos uma concorrência com a fé em Deus como o único poder sobre o futuro dos humanos.[121] A existência dos mortos na *sheol* foi por isso entendida em Israel como mera existência nas sombras.[122] Porque na *sheol* os seres humanos estão separados do poder vital de Deus. A poderosa presença de Deus, no entanto, reina por sua vez até para dentro da *sheol*, de maneira que também ali ninguém se pode esconder dele (Sl 139.8).

As concepções da existência dos mortos como sombras não apresentam nenhum traço de uma *esperança* para além da morte. Tais motivos estavam vinculados pela primeira vez com as concepções egípcias de um julgamento dos mortos, a saber, para aqueles "que eram aprovados perante o juiz dos mortos Osiris, ou eles se disseminavam com o culto a divindades, com as quais estavam associados os sazonais morrer e renascer do crescimento natural. Em contraposição, eles desempenham nas concepções de reencarnação oriundas do mundo da religião indiana no máximo um papel secundário. Sob o domínio da fé no *karma* a expectativa de reincorporação é pouco consoladora, no máximo na versão de uma chance para diminuir o fardo do *karma* por

---

[120] H. Schmökel, *Das Land Sumer. Die Wiederentdeckung der ersten Hochkultur der Menschheit*, 1955, p. 151ss.

[121] G. von Rad, *Theologie des Alten Testaments*, vol. I, 1957, p. 275 falava de uma "dura luta defensiva", que o antigo Israel teve de travar contra o culto aos mortos, e da "peculiar intolerância" da fé em Javé nessa controvérsia. Cf. também L. Wächter, *Der Tod im Alten Testament*, 1967, p. 187s.

[122] Nisso consiste uma analogia digna de nota com as concepções gregas antigas acerca da existência dos mortos no *hádes* – lá talvez como conseqüência da repressão às divindades quitônicas pelos olímpios. Sobre isso, cf. E. Rohde, *Psyche. Seelencult und Unsterblichkeitsglaube der Griechen*, 9ª e 10ª ed. 1925, vol. I, p. 204ss. U. von Wilamowitz-Möllendorf, *Der Glaube der Hellenen*, vol. I, 1931, p. 315s frisou a concepção da impotência dos mortos como característica das visões mais antigas dos gregos. No entanto, do rancor dos mortos que continua influente fala Ésquilo, Cho. 322-332. Cf. também W. F. Otto, *Theophania. Der Geist der altgriechischen Religion*, 1956, p. 55s.

meio de uma conduta irrepreensível, com a conseqüência de um renascimento em configuração melhor para a próxima vida. A verdadeira esperança dos hinduístas, assim como dos budistas, não se dirige ao renascimento, mas à libertação do ciclo dos renascimentos pelo poder do conhecimento.[123]

As diferentes formas de doutrinas de reencarnação foram exaustivamente analisadas por JOHN HICK.[124] Os ensinamentos da Vedanta acerca de uma migração da alma (transmigração) ou reincorporação (reencarnação) da alma individual (*jiva*) em uma série de corporificações de diversos tipos abarcam um espectro amplo de interpretações, que vai do monismo, que explica como ilusórias as almas individuais distintas do *Atman* eterno, até o pluralismo teísta com sua concepção das almas individuais como criações da divindade. A concepção budista da reencarnação rejeita qualquer concepção de alma (p. 334ss.) e de um eu imutável que estaria por trás dos sujeitos empíricos (p. 344s, cf. p. 338s.) e localiza o princípio contínuo na seqüência de tempos de vida individual unicamente no *karma* que resulta de ações e se consolida em "*mental dispositions*" [disposições mentais] (p. 316), "*a system of character dispositions, the karmic deposit of former lives, animated and propelled onwards by the power of craving*" [um sistema de disposições de caráter, o depósito kármico de vidas passadas, animado e impulsionado para frente pelo poder do almejo] (p. 343s). O ponto problemático em que todas essas interpretações divergem é, portanto, a pergunta pela continuação da identidade pessoal na série de reencarnações. A raiz da concepção de uma migração da alma, a asserção de recordações de incorporações passadas (p. 302-305), parece inicialmente corroborar a suposição de uma continuidade do sujeito na seqüência de reencarnações. Contudo essas recordações apenas se manifestam em relativamente poucas pessoas, e ademais seus conteúdos, conforme HICK, geralmente permanecem vagos demais[125] para poder consolidar uma identidade do sujeito (p. 305ss.). Apesar disso HICK –

---

[123] Nesse ponto existe uma diferença de profundo alcance entre as doutrinas de renascimento oriundas da Índia e sua acolhida na antroposofia, que tenta combinar a doutrina da reencarnação com a idéia da redenção. Sobre isso, cf. P. ALTHAUS *Die letzten Dinge* (1922), 4ª ed. 1933, p. 152-164, esp. 154s.
[124] J. HICK, *Death and Eternal Life*, 1976, p. 297-396. As referências de páginas abaixo no texto se referem a essa obra.
[125] Cf. J. HICK, *op. cit.*, p. 327ss., 350ss, 373-378 e p. 381.

certamente também sob a impressão de dados parapsicológicos (p. 143s) – considera plausível a concepção de uma migração da alma pelo menos na forma genérica de um *"unconscious thread of memory linking each life with one and only one series of previous lives"* [filamento inconsciente da memória que conecta cada vida com uma, e somente uma, série de vidas prévias] (p. 308, cf. p. 364 e 391s).[126] Nisso ele pressupõe que a ligação dos fenômenos da consciência com funções corpóreas não exclui uma sobrevida da alma consciente (*mind*) na morte do indivíduo.[127] Quem aqui julga com ceticismo também não conseguirá acompanhar integralmente a apreciação positiva das doutrinas da migração da alma por HICK. Além disso, porém, a reflexão teológica cristã sentirá falta, nas doutrinas da reencarnação, de uma apreciação apropriada do caráter único da vida individual entre nascimento e morte, bem como de seu peso perante Deus – e logo na perspectiva da eternidade.[128]

A doutrina do karma, subjacente à concepção de uma migração das almas, tem uma afinidade com a concepção bíblica de um nexo

---

[126] J. HICK, *op. cit.*, p. 408s, 414ss e 456. HICK tem clareza de que o problema da desigualdade injusta das condições individuais da existência não é solucionado por nenhuma doutrina da reencarnação (p. 389ss., cf. 308s, 314), como alegam seus defensores. Esse problema é considerado por HICK como a raiz antropológica de todas as concepções de imortalidade (p. 152-166).

[127] J. HICK, *op. cit.*, p. 126. A ação recíproca entre fenômenos corpóreos e psíquicos é considerada como certa por HICK (p. 121), enquanto rejeita a concepção da consciência como mero epifenômeno das funções cerebrais. A interação entre o corpóreo e o psíquico, no entanto, não depõe contra que o último sempre careça de um fundamento corporal. Permanece questionável se o fenômeno da telepatia (p. 123ss.) oferece um ponto de apoio suficiente para demonstrar a possibilidade de uma função psíquica independente do fundamento corporal, como pensa HICK.

[128] É surpreendente que J. HICK não entre nessa questão em suas exposições sobre a relação entre o cristianismo e a concepção da reencarnação (*op. cit.*, p. 365-373). É verdade que menciona o interesse cristão no caráter único da redenção por meio da morte de Jesus Cristo (p. 372), mas não o correlato antropológico dessa sentença de fé no interesse pelo caráter único da vida terrena. Sem dúvida está vinculado a essa segunda suposição o ônus da pergunta da teodicéia em vista da desigualdade das condições de vida e do destino vivencial dos indivíduos, como HICK enfatiza com razão (*op. cit.*, p. 156ss., 161) e destaca como motivo das doutrinas de transmigração. A resposta que essa pergunta recebe no contexto da escatologia cristã será explicitada abaixo, no bloco sobre o retorno de Cristo para o juízo.

causal entre ação e condição vivencial.[129] Falou-se com razão de uma "esfera de ação geradora de destino",[130] que conforme a concepção das tradições bíblicas afeta negativamente, para além da existência dos indivíduos, a vida da comunhão e cujas repercussões se tornam motivo para ritos de expiação ou para o redirecionamento da desgraça sobre a cabeça do perpetrador. A analogia com a doutrina do *karma* se evidencia particularmente também no fato de que a concepção de um nexo, quase que de lei natural, entre atos e conseqüências, unida à postulação de que esse nexo tem de influir na vida de cada indivíduo (Ez 18.20), e diante da experiência de que isso com freqüência não acontece aquém da morte dos indivíduos, se tornou uma das raízes das concepções bíblicas da ressurreição dos mortos e do juízo (Dn 12.2), que viabilizam uma compensação no além das contas que permaneceram em aberto do lado de cá. Porém, enquanto a doutrina do *karma* tem em vista tanto as conseqüências exteriores de uma ação quanto suas repercussões retroativas sobre o caráter do perpetrador,[131] trata-se na concepção bíblica da ação e condição vivencial apenas do primeiro aspecto, acima de tudo dos efeitos nocivos do agir maligno, não de posições comportamentais supra-individuais consolidadas no perpetrador.[132] Em decorrência, a concepção bíblica também não precisa de nenhum substrato independente diante da vida corporal como portador de tais disposições de caráter para além da morte do indivíduo. Ela tende, porém, a supor uma restauração dos mortos em sua forma existencial corpórea, para receberem as conseqüências de sua própria ação.

---

[129] Essa correspondência foi salientada com precisão por J. Hick, *op. cit.*, p. 351s. mediante a referência a Gl 6.7: "O que o ser humano semeia, isso ele colherá."

[130] Cf. o ensaio citado no vol. II, p. 572, nota 47, de K. Koch, "Gibt es ein Vergeltungsdogma im Alten Testament?", in: ZTK 52, 1955, p. 1-42.

[131] J. Hick, *op. cit.* 351: "*Within the present life the effects of action are felt both inwardly, in what it does to the agent's own character, and outwardly in the world, by contributing to the future circumstances in which Hb (and hence, inevitably, to some extent others also) shall live*" [Na vida presente se sentem os efeitos da ação tanto internamente, no que ela causa ao caráter do próprio perpetrador, e externamente no mundo, ao contribuir para as circunstâncias futuras em que ele (e logo, inevitavelmente, até certa medida também outros) viverão].

[132] Esse último aspecto faz lembrar antes a descrição aristotélica do surgimento de um hábito: *Eth. Nic.* 1104 b 19ss., cf. 1104 a 27ss., bem como 1105 b e 1114 a 9s.

A fé em uma vida futura dos indivíduos além da morte somente se tornou objeto de esperança quando com ela se combinou a expectativa de uma vida melhor, mas em especial de comunhão com a divindade.[133] Essa é a segunda raiz, mais profunda, também da fé bíblica na ressurreição. O apocalipse de Isaías, p. ex., proclama aquele que busca a Deus e sua salvação, mas que desespera dela: "Teus mortos viverão e ressurgirão, despertarão e rejubilarão os habitantes do pó" (Is 26.19). Esse tema transparece com maior clareza ainda no Salmo 73, porém sem associação com uma concepção de ressurreição: "Que o corpo e mente se me desgastem, Deus é eternamente minha rocha e minha porção" (Sl 73.26). A partir da confiança no Deus da aliança de Israel emerge "a indestrutibilidade da comunhão com Deus e, assim, a vida eterna do ser humano".[134] A mesma idéia foi contraposta por Jesus aos saduceus, adversários da fé em uma ressurreição dos mortos, quando mediante recurso à auto-identificação de Deus como o Deus de Abraão, Isaque e Jacó (Êx 3.6) declarou: "Ele não é Deus dos mortos, mas dos vivos" (Mc 12.27).

Nessas declarações se expressa um entendimento diferente da ressurreição dos mortos que naquelas que remontam ao motivo da falta de desfecho do nexo entre ação e condição vivencial na vida terrena. Nas últimas trata-se da concepção de uma ressurreição tanto dos maus quanto dos bons, e precisamente ou de todos os seres humanos como tais (*Bar. sir.* 50.2-4), ou pelo menos daqueles para os quais a condição vivencial correspondente à sua ação ainda não foi concedida em vida.[135] A ressurreição constitui aqui a condição prévia para a execução

---

[133] Posição também de J. Hick, *op. cit.*, p. 63s.

[134] J. Ratzinger, *Eschatologie – Tod und ewiges Leben* (1977), 6ª ed. 1990, p. 76. Essa tese, à qual conforme Ratzinger não se contrapõe o realismo do Antigo Testamento em relação à morte como fim da vida, possui seu mais sólido fundamento em Sl 73.26, e Ratzinger enfatiza seu contraste com a orientação no nexo causal entre ação e condição vivencial (p. 80s).

[135] O exemplo mais claro disso é trazido por *Enoque Et.* 22,4-13. Cf. a esse respeito U. Wilckens, *Auferstehung. Das biblische Auferstehungszeugnis historisch untersucht und erklärt*, 1970, p. 118-122. Talvez se deva situar aqui também Dn 12.2, a saber, no caso em que nessa passagem não se tratar da concepção de uma ressurreição geral de todas as pessoas (ou de todos os membros do povo da aliança) – a interpretação mais plausível a partir do teor das palavras – e sim estiver asseverada uma ressurreição somente dos especialmente bons e dos especialmente maus.

do juízo final (assim também em Jo 5.29; At 24.15), e por isso, nessa perspectiva, ela não é idêntica à salvação, que aguarda os justos após o juízo. Para a outra concepção da ressurreição, no entanto, que brota da certeza da indestrutibilidade da comunhão com Deus também em vista da morte, a ressurreição para uma nova vinda na comunhão com Deus já é a própria salvação.[136] A expectativa de um juízo que se desencadeia sobre todos via de regra não é atingida por isso.[137] Mas, enquanto para os adeptos da concepção de uma ressurreição dupla – para a salvação eterna de um lado, para a condenação de outro – um juízo sem restauração prévia da identidade corporal dos finados obviamente era inconcebível, esse problema surpreendentemente teve pouca importância no contexto da concepção, para a qual a expectativa da ressurreição como tal já era esperança de salvação. Na análise das concepções do juízo final será necessário retornar novamente a esse problema. Aqui, porém, cabe decidir, em vista da impossibilidade de compatibilizá-las, qual das duas concepções divergentes da ressurreição dos mortos merece teologicamente a primazia.

Já na expectativa judaica da ressurreição dos mortos está em primeiro plano a esperança pela ressurreição para a vida eterna,[138] embora a irreconciliabilidade com a outra concepção, de uma ressurreição geral

---

[136] A diferença entre essas duas formas de expectativa da ressurreição já foi salientada por R. H. CHARLES, *Eschatology. The Doctrine of a Future Life in Israel, Judaism and Christianity. A Critical History* (1899), reimpressão 1963, p. 132-139, etc. Cf. sobre isso também a análise com ênfase um pouco diferente em P. HOFFMANN, *Die Toten in Christo. Eine religionsgeschichtliche und exegetische Untersuchung zur paulinischen Eschatologie*, 1966, p. 172ss., bem como sobre Paulo, p. 330-338. A divergência na concepção da própria ressurreição, no entanto, passa ali para o segundo plano diante da pergunta se o evento imaginado acontece no fim da história ou imediatamente após a morte do indivíduo. De forma semelhante, G. GRESHAKE, *Auferstehung der Toten. Ein Beitrag zur gegenwärtigen theologischen Diskussion über die Zukunft der Geschichte*, 1969, p. 233ss.

[137] P. ex., embora conforme a convicção de Paulo aqueles que estão ligados a Jesus Cristo por fé e batismo já agora tenham a certeza da participação futura na nova vida que despontou em sua ressurreição, ele esperava que também eles teriam de comparecer perante o tribunal de Cristo, "para que cada um receba seu salário pelo que praticou em vida, coisas boas ou más" (2Cor 5.10; cf. 1Cor 4.5; Rm 14.10), assim como todas as pessoas (Rm 2.5-11). De modo diferente, porém, consta em Jo 5.24 que o crente não entre no juízo, porque "já deu o passo da morte até a vida".

[138] Cf. U. WILCKENS, *op. cit.*, p. 122ss.

como condição prévia para o juízo, aparentemente não foi sempre notada com clareza. Algo semelhante vale também para o cristianismo primitivo. Não apenas na resposta transmitida de Jesus à pergunta dos saduceus, mas igualmente em Paulo a ressurreição como tal já significa participação na salvação da vida eterna.[139] Por isso ela constitui objeto da esperança cristã. Esse sentido de salvação da ressurreição dos mortos é derivado em Paulo a partir da correlação com o pensamento da participação dos fiéis no destino de Jesus Cristo, o Crucificado e Ressuscitado. A experiência do acontecimento da Páscoa e a convicção da ligação dos fiéis com Jesus, que por nós passou da morte para a vida, consolidaram, portanto, no cristianismo primitivo definitivamente a primazia da esperança por uma ressurreição para a vida. As poucas passagens do Novo Testamento em favor da ressurreição para a outra concepção, de uma ressurreição geral dos mortos como precondição para a execução do juízo final, possuem, em contrapartida, um peso teológico menor. Apesar disso, na história da teologia cristã essa forma de conceber a ressurreição, neutra diante da questão da salvação, tornou-se a determinante. Pois quando se subordina a ressurreição para a vida àquela concepção geral da ressurreição dos mortos como uma variedade dela, a expectativa da ressurreição como tal perde inevitavelmente seu caráter de esperança de salvação e é subordinada à idéia do juízo.

Na tradição teológica as duas concepções divergentes da ressurreição dos mortos foram muitas vezes combinadas sem uma consciência clara de sua contrariedade. De qualquer modo já ATENÁGORAS tentou fazer justiça à sua diferença, ao dar maior ênfase à concepção da ressurreição como consumação da salvação, enraizada na intenção criadora de Deus com o ser humano, enquanto lhe subordinou a idéia de uma ressurreição para o juízo, alicerçada sobre o princípio da justiça.[140] Em IRENEO, como já em Paulo e na primeira carta de CLEMENTE (1Clem 24,1; 26,1), praticamente se fala

---

[139] Já em 1Ts 4.13-16; cf. 1Cor 15.21ss; 2Cor 5.4; Rm 6.5 e 8; Fl 3.11.
[140] Acerca da segunda linha de argumentação cf. ATENÁGORAS, De resurr. 18ss (SC 379, p. 286ss.), sobre a primazia da ressurreição para a vida, porém, Evol. 14 (op. cit., p. 266-270). Ali ATENÁGORAS se volta expressamente contra aqueles que querem saber de uma ressurreição somente como prelúdio do juízo. Até mesmo pensa que não todos os ressuscitados serão julgados.

apenas de uma ressurreição para a vida mediante a participação na ressurreição de Jesus Cristo.[141] Unicamente à margem IRENEO menciona ocasionalmente, na polêmica antignóstica, em tom de ameaça uma ressurreição para o juízo.[142] Uma tentativa para transpor o contraste entre esses dois tipos de concepção certamente terá de ser reconhecida já na diferenciação, que se tornou tão importante para o milenarismo, entre uma primeira ressurreição apenas dos justos ligados a Cristo e uma segunda ressurreição geral para o juízo, que se apóia no Apocalipse de João (Ap 20.5s e 20.12).[143] Essa diferenciação obviamente devia possibilitar que fosse preservada a peculiaridade da esperança cristã de salvação por participação na vida manifesta pela ressurreição de Jesus Cristo diante da concepção de um despertar geral dos mortos como prelúdio do juízo final. Justino, no entanto, falou, sem maior diferenciação, da ressurreição no fim dos tempos, de uns para a salvação e dos outros para o juízo (*Apol*. 1,52), e TERTULIANO praticamente chegou a afirmar que o juízo constitui a razão (*ratio*) para a restauração corporal dos mortos.[144] Não muito diferente se posicionou ORÍGENES acerca da ressurreição dos mortos no fim dos tempos.[145] Obviamente ela é precedida nos justos por uma ressurreição espiritual "na fé e no direcionamento para longe da realidade terrena rumo à celestial".[146] Notoriamente

---

[141] É o que consta na análise exaustiva da esperança da ressurreição no 5º livro de *Adversus haereses*, esp. V,3 e 7, bem como 12 e V,31,2. Em contraposição, nas exposições sobre o juízo final em V,27 e 28 não se menciona a ressurreição como premissa para a realização do juízo. Justamente em V,27 a dupla menção da ressurreição se refere à salvação. Somente em V,35,2 se menciona à margem "os acontecimentos por ocasião da ressurreição geral e do juízo", sem dar maior atenção à primeira. A formulação de G. GRESHAKE, "Enquanto nos gnósticos a ressurreição é um evento inequívoco da salvação... nos teólogos antignósticos a ressurreição conduz essencialmente ao juízo de Deus, que decide sobre salvação e desgraça", carece, portanto da diferenciação (G. GRESHAKE; J. KREMER, *Resurrectio Mortuorum. Zum theologischen Verständnis der leiblichen Auferstehung*, 1986, p. 189).

[142] IRENEO, *Haer*. I,22,1.

[143] Sobre isso, cf. G. KRETSCHMAR, *Die Offenbarung des Johannes. Die Geschichte ihrer Auslegung im 1. Jahrtausend*, 1985, p. 59. Cf. também *Did* 16, 6s (*SC* 248, p. 196-198).

[144] TERTULIANO, *Apologeticum* 48,4: *ratio restitutionis destinatio iudicii est* [a razão da ressurreição é a destinação para o juízo] (*CCL* 1, p. 166).

[145] ORÍGENES, *De princ*. II,10, 3 (ed. por GÖRGEMANS; KARPP 1976, p. 426,10-20).

[146] G. GRESHAKE, *op. cit*., p. 206, cf. acerca do contexto sistemático dessa concepção em ORÍGENES, ali, p. 202-207.

próxima dessa concepção está a de Agostinho, que por um lado descreveu a ressurreição do fim dos tempos bem no sentido da concepção da ressurreição geral dos mortos como prelúdio para o juízo final,[147] mas por outro, na célebre controvérsia com o milenarismo, em *De civitate Dei* referiu a "primeira" ressurreição conforme Ap 20.5s somente aos justos de Jo 5.25s, interpretando-a como ressurreição da alma, que acontece "agora", ao contrário da ressurreição dos corpos no juízo final.[148] Justamente essa interpretação espiritualista da esperança de salvação do Novo Testamento como ressurreição para a vida em comunhão com Jesus Cristo mostra que pela inserção dessa idéia na concepção de uma ressurreição geral de todos os mortos como preparação do juízo nivela-se o específico das esperanças de salvação do Novo Testamento. Essa perda é compensada pela idéia espiritualista de uma ressurreição da alma que ocorre já agora na fé e pelo batismo. Contudo esse pensamento não consegue substituir a esperança concreta por ligação indissolúvel dos fiéis com a vida do Cristo ressuscitado, que como tal é uma vida corporal.

Se a expectativa bíblica de um futuro da pessoa individual para além da morte adquiriu seu sentido de esperança pelo fato de que ela se baseava sobre a inviolabilidade da comunhão dos fiéis com Deus e sua vida eterna – que para os cristãos se manifestou na ressurreição de Jesus como prevista para os seres humanos – existe justamente nesse ponto uma correspondência com a doutrina platônica da imortalidade da alma, que no mais foi contraposta em muitos aspectos com razão à esperança bíblica da ressurreição.[149] A correspondência consiste em que conforme Platão a imortalidade da alma se deve à sua participação no eterno e divino. Isso, porém, de acordo com Platão não se alicerça sobre a confiança no Deus criador que age elegendo e agindo

---

[147] Agostinho, *Enchir.* 29, *CCL* 46, p. 109,32ss.
[148] Agostinho, *De civ.* XX,6,1 e 2 (*CCL* 48, p. 706-708).
[149] Posição constante em P. Althaus, *Die letzten Dinge* (1922), 4ª ed. 1933, p. 92-110, esp. p. 109s. Mais severamente opinou C. Stange, *Das Ende aller Dinge. Die christliche Hoffnung, ihr Grund und ihr Ziel*, 1930, p. 122s. Cf. também seu escrito: *Die Unsterblichkeit der Seele*, 1925. Especialmente influente tornou-se O. Cullmann, *Unsterblichkeit der Seele oder Auferstehung der Toten?*, 1962. Cf., porém, igualmente as posteriores restrições a essas contraposições em P. Althaus, "Retraktationen zur Eschatologie", in: *TLZ* 75, 1950, p. 253-260.

na história, nem tampouco em suas promessas, mas na percepção das idéias eternas e imutáveis (*Fedr.* 74 ass, 79 d). Por isso a alma para PLATÃO se contrapõe a tudo que é transitório, ficando do lado do que é não-transitório e divino (*op. cit.*, 80 as). Daquilo que é verdadeiramente, ou seja, das idéias, se nutrem, segundo o *Fedro* platônico, até mesmo os próprios deuses imortais (*Fedr.* 247 d 3), e se nesse diálogo a imortalidade da alma é demonstrada de outra forma que no *Fédon* a partir de sua capacidade de automovimento (*Fedr.* 245 c 5-246 a 2), certamente está implícita nisso também sua divindade. Porque na alma que a si mesma se movimenta, e que pelo automovimento é simultaneamente origem de todos os demais movimentos, PLATÃO não teve em mente primordialmente as almas humanas, mas as almas dos astros que causam os movimentos celestes.[150]

Após oscilações iniciais, a teologia cristã acolheu a idéia da imortalidade da alma, combinando-a com a esperança bíblica de ressurreição. Nisso se processaram incisivas mudanças na doutrina platônica, que em sua configuração original tinha de ser sentida como dificilmente conciliável com o entendimento bíblico do ser humano em sua relação com Deus. Apesar dessas modificações, porém, avaliou-se em tempos mais recentes a conexão da concepção de uma imortalidade da alma com a esperança bíblica da ressurreição de forma crescente como combinação de concepções totalmente heterogêneas.

> Inicialmente os teólogos do primeiro cristianismo se defrontaram de modo reticente com a idéia de uma imortalidade própria da alma segundo sua natureza essencial, porque parecia estar vinculada à aceitação da divindade da alma.[151] De fato toda teologia de orientação bíblica precisa insistir no caráter de criatura do ser humano não apenas em relação ao corpo, mas também da alma. Entre os apologistas do segundo século foi por isso principalmente TACIANO que asseverou expressamente a mortalidade da alma (*or. c. Gr.* 13,1). O ser

---

[150] *Fedr.* 245 b 6f; cf. *Nomoi* 892ss, esp. 896 d 10 – 897, c 9. Acrescenta-se 898 d 3 – 899 b 9, onde se versa sobre o caráter divino das almas dos astros.
[151] Justino, *Dial.*5. Cf. sobre isso do autor, "Christentum und Platonismus. Die kritische Platonrezeption Augustins in ihrer Bedeutung für das gegenwärtige christliche Denken", in: *ZKG* 96, 1985, p. 147-161, esp. p. 151. Mas Justino não obstante pensava que na morte do ser humano a alma não se decompõe com o corpo, mas o sobrevive (*Apoll*, 18).

humano na verdade foi também segundo Taciano designado pelo Criador para a imortalidade (7,1), mas essa propriedade é concretizada nele somente pelo *pneuma* divino (13,2ss).[152] De forma semelhante pensaram ainda Teófilo de Antioquia (*ad Autol.* II,27) e Clemente de Alexandria.[153] Contudo já Ireneo (*Haer.* 11,34) e Tertuliano (*De an.* 22,21s.) consideraram a alma como tal imortal.[154] Acontece, no entanto, que ambos – assim como Atenágoras (*de res.* 15) – frisaram de forma totalmente não-platônica a vinculação de alma e corpo na unidade do ser humano como criatura.

Ao contrário da visão de Platão acerca do caráter divino da alma, a teologia cristã considera o ser humano em corpo e alma como criatura, que certamente está destinada à imortalidade em comunhão com Deus, mas que não a possui por si mesma, nem tampouco é capaz de arranjá-la para si, porém apenas a recebe como dádiva da graça de Deus.

Vincula-se com isso da forma mais estreita uma segunda diferença: A alma não é para si sozinha o ser humano propriamente dito, de modo que o corpo apenas fosse um apêndice importuno ou até mesmo um cárcere, ao qual a alma estivesse acorrentada pela duração de sua existência terrena. O ser humano, pelo contrário, é uma unidade de corpo e alma, de maneira que também um futuro para além da morte para ele somente pode ser imaginado como renovação corporal. Assim já argumentou Atenágoras. Nesse ponto cabe diferenciar entre a pergunta pela possibilidade real de um futuro também de vida corporal para além da morte[155] e a pergunta que para Atenágoras estava

---

[152] Sobre isso, cf. M. Elze, *Tatian und seine Theologie*, 1960, p. 88ss., esp. p. 90. Cf. também G. Kretschmar, "Auferstehung des Fleisches. Zur Frühgeschichte einer theologischen Lehrformel", in: *Leben angesichts des Todes* (Festschrift H. Thielicke), 1968, p. 101-137.

[153] Sobre Clemente de Alexandria, cf. H. Karpp, *Probleme altchristlicher Anthropologie. Biblische Anthropologie und philosophische Psychologie in den Kirchevätern des dritten Jahrhunderts*, 1950, p. 102s.

[154] Mais detalhes in: vol. II, p. 267s.

[155] Nesse aspecto a esperança bíblica da ressurreição, com uma compreensão correspondente à ciência moderna, do ser humano como ente corpóreo, naturalmente de forma alguma se deixa coadunar mais facilmente que a idéia platônica da imortalidade acompanhada das doutrinas correlatas de renascimento. A esse respeito J. Ratzinger indagou com razão: "... quem é capaz de,

no centro, se a concepção da consumação escatológica do ser humano é apropriada para o reconhecimento de sua peculiaridade como ente corpóreo. Esse ponto de vista ainda se revestiu de peso maior diante do estágio de conhecimento de hoje no que tange à vinculação corporal de todos os fenômenos psíquicos,[156] ainda que para nós não possa mais como para ATENÁGORAS afiançar ao mesmo tempo a realidade de um futuro que lhe corresponda.

Um terceiro contraste entre a esperança judaico-cristã de ressurreição e a concepção grega antiga da imortalidade da alma resulta do fato de que a alma, cuja imortalidade PLATÃO ensinou no *Fédon*, não é idêntica ao indivíduo, cuja história de vida transcorre de forma singular entre nascimento e morte. A alma na acepção platônica passa por um número indefinido de reincorporações, pertencendo por isso a um nível de ser distinto do caminho ímpar da existência corpóreo-individual. A mensagem cristã, porém, tem a ver com a salvação eterna dessa existência individual.[157] Por isso a idéia da imortalidade da alma é incomensurável em sua forma genuinamente platônica. Foi somente a nova formatação da concepção da alma pela teologia patrística como parte integrante do ser humano individual – e, portanto, sob renúncia à concepção da reencarnação – que fez com que a alma fosse pensada como alma desse indivíduo, de maneira que também a imortalidade a ela atribuída permanece referida a esse indivíduo, mas dessa forma

---

a partir dos dados atuais das ciências naturais, conceber uma ressurreição do corpo?" (*Eschatologie – Tod und ewiges Leben* (1977) 6ª ed. 1990, p. 94). Somente como expressão simbólica da esperança por uma consumação escatológica do ser humano como ente corpóreo a concepção bíblica da ressurreição está mais próxima da concepção moderna do ser humano, determinada pelas ciências naturais, que a concepção de que uma a alma separada do corpo que continua existindo autonomamente.

[156] Cf. para isso a observação de J. RATZINGER, *op. cit.*, p. 94 acerca da ênfase moderna no contraste entre a concepção bíblica de uma ressurreição corporal e o pensamento grego da imortalidade: "A força de impacto das novas ponderações se deveu em uma proporção fundamental ao fato de que a concepção, designada como bíblica, da absoluta indivisibilidade do ser humano coincidiu com a moderna antropologia, determinada pelas ciências naturais, que localiza o ser humano inteiramente em seu corpo e não quer saber nada de uma alma dissociável dele."

[157] Cf. do autor, *Die Bestimmung des Menschen. Menschsein, Erwählung und Geschichte*, 1978, p. 7-22, esp. p. 8ss.

igualmente à ressurreição do corpo, sem o qual a alma assim entendida continuaria sendo apenas uma parte não-autônoma da pessoa concreta.

Em vista das profundas diferenças entre as concepções da imortalidade da alma e uma ressurreição corporal suscita-se, agora, a pergunta por que, afinal, a teologia cristã combinou entre si concepções tão heterogêneas. Ficará evidenciado que isso não foi somente adaptação ao espírito da época determinado pelo platonismo. Para isso a proporção das modificações era grande demais, as quais se relacionavam com a adaptação cristã da imortalidade platônica da alma. Ao se acolher a concepção da alma imortal se trata, antes, de um indício da problemática interna da própria concepção da ressurreição e de um meio de solucionar um de seus principais problemas. Ele é inerente à pergunta como aquele que em um futuro mais ou menos distante será ressuscitado dentre os mortos pode ser idêntico com a pessoa atualmente viva.[158] Diante dessa pergunta sucumbem as doutrinas da migração da alma e com elas também a concepção platônica da alma imortal. Será que a concepção da ressurreição consegue fazer-lhe frente? Quando formulamos a pergunta pela identidade da pessoa individual para além de sua morte como pergunta pela *continuidade* de sua existência, então nos deparamos com o problema do chamado "estado intermediário" e, logo, com a problemática inerente à própria concepção da ressurreição, que levou na teologia dos primórdios do cristianismo à recepção e reformulação da doutrina platônica da imortalidade da alma.

---

[158] Essa pergunta se impõe sem prejuízo da forma metafórica da concepção de um ser despertado e ressurgir da morte – metafórica porque transferida da experiência do acordar e levantar-se do sono (cf. vol. II, p. 486s.). Também uma concepção ou declaração metafórica tem de se deixar questionar quanto à sua intenção, e tampouco precisa em absoluto carecer de conteúdo conceitual. Ainda que a origem da expressão metafórica resida em que aquilo que se tem em mente não pode ser diretamente nominado por meio de uma expressão que designa sua peculiaridade em diferenciação com outra designativa, a metáfora por sua vez não coloca nenhum limite por princípio à reflexão diferenciadora e definidora. Em termos de história da linguagem, pois, também vários usos originalmente metafóricos se tornaram mais tarde designação conceitual de algo ou de uma situação na peculiaridade delas, enquanto o significado denotativo original caiu em esquecimento.

c) A problemática interior da concepção da ressurreição

A identidade da vida futura com a vida corpórea vivida na atualidade é fundamental para o sentido da esperança da ressurreição. É verdade que essa esperança se dirige também a uma transformação da vida atual, da qual se espera a superação de suas deficiências, desvantagens e falhas.[159] Não obstante vale: *"Este transitório se revestirá da incorruptibilidade e este mortal da imortalidade"* (1Cor 15.53). Não será assim que algo diferente tomará o lugar desta vida atual, mas esta existência finita com toda a sua miserabilidade será recebedora da salvação eterna. É isso que nenhuma reencarnação para dentro de uma existência bem diferente é capaz de realizar: Não redimiria essa existência terrena, mas a deixaria para trás. Contudo, será possível imaginar uma ressurreição desta existência atual, cuja vida, sem prejuízo de toda transformação, não certamente continua idêntica a esta existência terrena e à pessoa individual definida por sua história única?

Não está em jogo aqui uma identidade do não-diferenciado, mas uma identidade do diferente, e até mesmo do contrastante, mas precisamente uma identidade. Como se pode imaginar a identidade de uma vida futura, participante da glória de Deus com a existência corporal presente? A possibilidade aparentemente mais plausível de conceber isso pressupõe que os componentes materiais de nossa corporeidade terrena atual serão novamente arrancados das novas ligações em que entrarem depois da dissolução de nosso corpo e outra vez unificados da maneira e para a configuração que perfazem nossa corporeidade

---

[159] Isso deve ser reforçado já aqui diante das objeções, levantadas por J. Hick, *Death and Eternal Life*, 1976, p. 215ss., contra a explicação da concepção cristã da ressurreição no sentido de uma *"recapitulation theory"* [teoria da recapitulação] da vida eterna, entre as quais também a concepção exposta por mim em publicações anteriores (p. 221-226). Hick rejeita uma concepção dessas em vista das muitas pessoas *"whose earthly lives have been almost empty of moral, physical, aesthetic and intellectual good"* [cuja vida terrena tem sido praticamente desprovida de bens morais, físicos, estéticos e intelectuais] (p. 225). Na crítica Hick não leva em conta as implicações, conforme Paulo (1Cor 15.50ss), da transformação fundamental desta vida terrena vinculada à ressurreição dos mortos, que também correspondem às afirmações das bem-aventuranças de Jesus sobre o futuro escatológico dos humanos. Cf. sobre isso do autor: "Constructive and Critical Functions of Christian Eschatology", in: *Harvard Theological Review* 77, 1984, p. 119-139, esp. p. 131-135.

atual. Em parcelas do apocalipsismo judaico o processo da ressurreição dos mortos de fato foi imaginado desse modo, na proporção em que as pessoas de fato desenvolveram pensamentos mais precisos a respeito: "... seguramente a terra então devolverá os mortos que ela recebe agora, para guardá-los, não alterando nada em seu aspecto; porém assim como os recebeu, assim ela os devolve... Porque então será necessário mostrar aos que vivem que os mortos reviveram e que retornaram aqueles que haviam ido embora" (*Bar. sir.* 50,2s). Também quando se admite que esse apocalipse imaginou a "devolução" como restauração dos corpos putrefatos e, portanto, não foi ingênuo diante do fato da decomposição dos mortos, persiste, não obstante, a pergunta do que será feito das partes de nossos corpos que interinamente se tornaram componentes de outros organismos. A apologética do primeiro cristianismo se defrontou com essa pergunta principalmente em vista de pessoas que haviam sido devoradas por feras ou que já antes de morrer haviam perdido membros do corpo. Sobre isso ATENÁGORAS opinou que Deus seria capaz de reunir tudo isso de novo, porque os animais silvestres ou canibais nem sequer seriam capazes de assimilar um alimento não destinado a seu próprio organismo (*De res.* 5). Em vista de tais implicações da concepção da ressurreição dos mortos como mera restauração de sua condição anterior não se pode ignorar a queixa de ORÍGENES de que alguns cristãos não deram ouvidos às declarações paulinas sobre a transformação que ocorre na ressurreição para um corpo pneumático.[160]

A segunda solução que praticamente se tornou clássica, desenvolvida pela teologia cristã dos primeiros tempos para a pergunta da identidade dos que serão despertados no futuro com as pessoas que vivem aqui na terra, repousa sobre a identidade da alma individual. A alma, que na morte é separada do corpo, mas como tal não morre, funciona inicialmente como princípio de continuidade entre esta vida e a futura. Por causa dessa função a teologia cristã primitiva deve ter adotado a concepção grega da imortalidade da alma, porém modificando simultaneamente a concepção da alma no sentido de que seja definida

---

[160] ORÍGENES, *De princ.* II,11,2. ORÍGENES por isso procurou por uma via intermediária entre aqueles que negam absolutamente a corporeidade da ressurreição e aqueles que a concebem como mera restauração da corporeidade terrena (*op. cit.*, II,10,3).

como princípio de vida apenas desse único indivíduo.¹⁶¹ A concepção daí resultante foi também defendida por ATENÁGORAS. Mas ele teve de *complementar* a concepção da alma individual e de sua duração para além da morte com a idéia da ressurreição do corpo, a fim de dar expressão à esperança bíblica da ressurreição. Justificou isso com o argumento antropológico de que a alma para si é apenas um componente autônomo do ser humano inteiro, para o qual Deus previu a salvação da imortalidade. Para a concepção da execução da ressurreição do corpo, porém, ATENÁGORAS acreditou que precisaria recorrer à suposição questionável de uma restauração material do mesmo, que já foi mencionada.

Nesse ponto, pois ORÍGENES desenvolveu uma alternativa que em termos intelectuais é muito superior à solução de ATENÁGORAS para essa questão específica. Porque ORÍGENES compreendeu a alma como princípio da forma essencial (*eidos*) também do corpo, mais precisamente da respectiva corporeidade individual, de maneira que de acordo com o esquema a ela inerente também será formado o novo corpo transfigurado dos ressuscitados. O esquema da corporeidade individual fundamentado na alma passa a garantir, então, "a identidade do corpo transfigurado com o terreno",¹⁶² sem que para isso fossem necessários para a identidade componentes materiais do corpo. Esse pensamento, isento da tendência espiritualista,¹⁶³ que pode ser observado em outras

---

¹⁶¹ Cf. acima, p. 749s. Acerca da função da alma separada do corpo para transpor o tempo interino entre a morte do indivíduo e a futura ressurreição, esp. também O. CULLMANN, *Unsterblichkeit der Seele oder Auferstehung der Toten?*, 1962. Cf. também a crítica de P. ALTHAUS à concepção do "estado intermediário" (*Die letzten Dinge*, 4ª ed. 1933, p. 135-152) como uma condição de paz bem-aventurada da alma. Essa concepção foi desenvolvida de forma especial na dogmática protestante antiga desde J. GERHARD (p. 143ss.).

¹⁶² G. GRESHAKE, in: G. GRESHAKE; J. KREMER, *Resurrectio Mortuorum. Zum theolpgischen Verständnis der leiblichen Auferstehung*, 1986, p. 205. GRESHAKE está se referindo em especial às considerações de ORÍGENES no *Comentário aos Salmos* 1,5 (*MPG* 12, p. 1093). Cf. também ORÍGENES, *De princ.* II,10,3, onde ORÍGENES fala, acompanhando a analogia paulina da semente lançada na terra, de uma *insita ratio, quae substantiam continet corporalem* [razão implantada, que contém a substância corporal] (GÖRGEMANS; KARPP, p. 424) e que pela força do *Logos* divino seria capaz de reconstituir os corpos. Cf. também METÓDIO, *De res.* III,18 (*GCS* 27, p. 415), cf. III,10 (*GCS* 27, p. 404-407).

¹⁶³ ORÍGENES, *De princ.* II,33. Ali é dito que, por vestir a imortalidade (1Cor 15.53), a natureza material poderia desaparecer completamente, na qual a morte é

passagens de ORÍGENES, foi ainda apresentado e mais bem elucidado por TOMÁS DE AQUINO. Pelo fato de a alma ser imaginada na teologia cristã como princípio vital desse corpo, e somente desse corpo determinado, ela por assim dizer contém em si mesma o plano de construção – ou, como disse ORÍGENES, o esquema – desse corpo.[164] O corpo pode ser reconstituído de acordo com esse plano de construção inerente à alma, ainda que de outros componentes. Os componentes materiais do corpo já mudam na vida terrena. São continuamente trocados por elementos equivalentes. Deles, portanto, não pode depender a identidade do corpo individual.[165] Ela depende apenas da forma individual de vida, e essa permanece preservada com a alma na morte.

Trata-se aqui de uma concepção muito impressionante da identidade do ser humano para além de todas as transformações, uma identidade que independe da troca dos componentes de nossa existência corporal e que até mesmo é capaz de compensar deficiências. Apesar disso persiste uma dificuldade em vista da identidade da vida futura dos despertados da morte com sua existência singular aqui na terra. Ela se baseia no fato de que para a individualidade de uma pessoa é

---

capaz de algo (*materialem naturam exterminandam declarat, in qua operari mors aliquid poterat* [afirma que a natureza material deve ser exterminada, no que a morte pode operar alguma coisa], GÖRGEMANS; KARPP, p. 306), de modo que um dia estaremos sem corpo (*reliquum est ut status nobis aliquando incorporeus futurus esse credatur* [resta que se crê que para nós a condição um dia será de um futuro incorpóreo], *op. cit.*, p. 308). Em II,10,1s, contudo, é defendida justamente a idéia da ressurreição corporal.

[164] TOMÁS DE AQUINO falou da alma como a única forma essencial do ser humano constitutiva da unidade dele: *Et sic relinquitur quod sit principium earum forma aliqua una per quam hoc corpus est tale corpus, quae est* anima [E assim resta que constitui um princípio disso uma determinada forma pela qual esse corpo é um corpo tal como é a alma] (*S.c.G* II,58).

[165] TOMÁS DE AQUINO, *op. cit.*, IV,81, *tertio*. ST. T. DAVIS, *The Resurrection of the Dead*, in: idem (ed.), *Death and Afterlife*, 1989, p. 119-144) entendeu mal a TOMÁS nesse ponto, ao lhe atribuir exatamente a concepção contrária (p. 128). No entanto, também na passagem em que DAVIS se apóia para sua interpretação (*S.c.G*, IV,84, citada em DAVIS, p. 130), TOMÁS apenas assevera que o corpo dos que ressuscitarem no futuro teria de ser um corpo da mesma espécie (*eiusdem speciei*) que o atual, com os mesmos componentes essenciais e assim também iguais no número (*idem numero*). A interpretação dessas declarações tem de recorrer a *S.c.G* IV, 81.

constitutiva sua história vivencial única.¹⁶⁶ Uma história vivencial diferente geraria outra individualidade. Assumindo-se, porém, que depois da morte a alma do ser humano dura até a hora da ressurreição dos mortos, impõe-se a pergunta se nesse ínterim ela também realiza novas experiências. As concepções católicas romanas medievais do purgatório o induziram sem problemas, ilustrando concretamente. No entanto, porventura através de tais novas experiências o próprio ser humano não se transformaria em outro? Então, na hora de sua ressurreição estará tão mudado que seria responsabilizado no juízo final, por assim dizer, pelos pecados da juventude de seus dias na terra. Porém é inconcebível uma vida da alma que perdura no tempo sem todas as novas experiências.¹⁶⁷ Por meio de novas experiências, porém, as pessoas se tornariam mais ou menos mudadas em relação ao que foram no todo de sua história vivencial terrena transcorrida entre nascimento e morte. Justamente em vista do ínterim entre morte e ressurreição, portanto, também a concepção da alma não é capaz de assegurar aquela identidade da vida futura com a terrena, que a idéia da ressurreição dos mortos parece requerer. Porque de conformidade com ele a vida presente deve ser submetida a uma mudança somente na medida em que ela, depois de encerrada a existência terrena, for agora confrontada com a eternidade divina.

Na discussão teológica atual foi desenvolvida por teólogos católicos romanos uma proposta que contorna completamente o problema do estado interino. Especialmente GISBERT GRESHAKE, argumentando com passagens da Escritura como a promessa de Jesus ao criminoso crucificado à sua direita (Lc 23.43) e também com declarações paulinas como Fl 1.23, entendeu a ressurreição como um acontecimento que

---

[166] Sobre isso, cf. do autor, *Anthropologie in theologischer Perspektive*, 1983, p. 488-501, esp. p. 494ss.

[167] Uma saída foi capaz de fornecer tão-somente a concepção de um sono da alma, à qual tendia LUTERO (comprovantes em P. ALTHAUS, *op. cit.*, p. 140s). Mas embora também no cristianismo primitivo fosse usual a designação metafórica dos mortos como "os que dormiram" e Paulo até mesmo podia falar dos que adormeceram "em Cristo" (1Cor 15.18; cf. 1Ts 4.13), a figura do sono em última análise permanece inapropriada. Pelo contrário, mediante uma aplicação condizente com o sentido de Mc 12.27 se pode designar como "certeza fundamental" cristã: "Os mortos em Cristo vivem..." (como diz J. RATZINGER, *Eschatologie – Tod und ewiges Leben*, (1977) 6ª ed. 1990, p. 113).

acontece com o indivíduo já no instante de sua morte e não apenas no fim dos tempos: Quem morre passa desse modo do tempo à eternidade, à presença do último dia, do retorno de Cristo, da ressurreição e do juízo.[168] Um caminho na direção do pensamento de participação perfeita na salvação para o indivíduo depois de sua morte já havia sido aberto pela decisão de Bento XII em 1336, segundo o qual as almas dos aperfeiçoados na fé, desde que não careçam do purgatório, já chegam diretamente após sua morte à beatificadora contemplação de Deus (*DS* 1000). Os defensores atuais de uma ressurreição "na morte" apenas ampliaram essa idéia para a concepção moderna da pessoa como unidade psicossomática.[169]

Não se pode contestar facilmente que essa concepção possui pontos de apoio no Novo Testamento: "O estar com Cristo franqueado pela fé é vida de ressurreição iniciada e por isso dura além da morte".[170] Em favor dessa posição se pode remeter, ao lado de Fl 1.23, bem como 2Cor 5.8 e 1Ts 5.10, principalmente também a Cl 3.1-4: Das pessoas batizadas se

---

[168] G. Greshake, *Auferstehung der Toten*, 1969, p. 387. Cf. também idem (com G. Lohfink): *Naherwartung – Auferstehung – Unsterblichkeit. Untersuchungen zur christlichen Eschatologie*, 5ª ed. 1986, bem como idem (com J. Kremer) *Resurrectio Mortuorum. Zum theologischen Verständnis der leiblichen Auferstehung*, 1986. Na última das publicações citadas Greshake arrola outros defensores do pensamento de uma ressurreição na morte (p. 254, nota 270), mas também críticos dessa concepção (p. 255, nota 274).

[169] "A idéia de uma ressurreição na morte pretende salientar, em contraposição à de uma separação da alma do corpo e sua continuidade não-corpórea, que o ser humano também em sua beatitude pós-mortal é um ente corpóreo e com constituição mundana que jamais se pode concretizar apenas como 'alma' (*anima separata* [alma separada])" (G. Greshake; J. Kremer, *Resurrectio Mortuorum*, 1986, p. 264). Paralelamente a discussão em torno da acolhida corporal de Maria no céu pode ter servido de estímulo para as teses defendidas por Greshake e outros (J. Ratzinger, *Eschatologie – Tod und ewiges Leben*, 6ª ed. 1990, p. 95). Contudo, como mostra a citação, os fundamentos dessa posição são sem dúvida de cunho mais geral.

[170] J. Ratzinger, *Einführung in das Christentum. Vorlesungen über das Apostolische Glaubensbekenntnis*, 1968, p. 294. A citação evidencia que Ratzinger compartilha a intenção defendida por Greshake e outros, apesar de sua crítica, a ser mencionada em seguida, à ligação isolada da ressurreição com o momento da morte. Cf. também as considerações de Ratzinger in: *Eschatologie – Tod und ewiges Leben*, 6ª ed. 1990, p. 100ss. "Pertencer" a Cristo, "ter sido chamado por ele, significa encontrar-se na vida indestrutível" (p. 100).

pode afirmar não apenas que, unidas com a morte de Cristo, possuem a esperança de participação *futura* também em sua ressurreição (Rm 6.5), mas até mesmo que elas já foram despertadas com Cristo. Entretanto, em seguida é preciso acrescentar com a carta aos Colossenses que essa vida se manifestará somente em junção com o retorno de Cristo (Cl 3.4). A tese de uma ressurreição na morte – conforme Cl 3.1 até mesmo no ato do batismo, que conforme Rm 6.3s antecipa a morte do batizando – não expressa a totalidade do testemunho do Novo Testamento sobre a ressurreição dos mortos. Como futuro da salvação ela permanece vinculada ao retorno de Cristo, à qual se volta a expectativa dos cristãos, sem prejuízo de que esse futuro já intervém na atualidade das pessoas batizadas e crentes. Se o acontecimento da ressurreição fosse concebido como fundamental no momento da morte individual e ocorrendo não apenas em conexão com o retorno de Cristo, a corporeidade desse acontecimento seria inconcebível,[171] e a consumação da salvação do indivíduo seria assim dissociada e tornada independente em relação à consumação da humanidade. Justamente a correlação entre consumação da salvação do indivíduo e da humanidade, porém, constitui um momento essencial da esperança bíblica de futuro:[172] Ao se conceber a ressurreição dos mortos como um acontecimento que sobrevém todos os indivíduos em conjunto no fim da era presente, a escatologia individual e a geral ficaram interligadas.[173] A

---

[171] J. RATZINGER, *Eschatologie – Tod und ewiges Leben*, 6ª ed. 1990, p. 96s.
[172] Também GRESHAKE deseja preservar essa ligação (*Resurrectio Mortuorum*, 1986, p. 266). Entretanto, quando ele fala de um "processo dinâmico progressivo" que leva da ressurreição na morte à "ressurreição de todos no fim da história", na qual a primeira chegaria "à derradeira consumação" (*ibid*), isso não corresponde às afirmações bíblicas. A diferenciação que ocorre nos escritos de João, entre uma primeira e uma segunda ressurreições (cf. acima, p. 748) não se refere às mesmas pessoas, e a segunda não é uma potenciação da primeira no sentido da participação na salvação escatológica. A concepção predominante no Novo Testamento acerca da ressurreição como partilha concedida no bem da salvação da vida, porém, permite apenas falar de uma antecipação do acontecimento futuro na vida da fé, e precisamente em virtude da participação do crente em Jesus Cristo, em cuja ressurreição essa antecipação se tornou um acontecimento. Sobre isso, cf. as observações subseqüentes no texto.
[173] J. RATZINGER enfatizou essa interconexão em sua obra *Einführng in das Christentum*, 1968, p. 292s, mas não a tratou em sua crítica a GRESHAKE em seu livro sobre escatologia.

consumação do ser humano como indivíduo não pode ser dissociada da pergunta pela consumação da humanidade, do mesmo modo como essa não pode ser dissociada daquela. Quando o Novo Testamento fala, no caso de Jesus, acerca de uma ressurreição individual antes do fim desta era e da ressurreição geral dos mortos, trata-se de uma antecipação do futuro da salvação da humanidade, que não diz respeito a Jesus como indivíduo isolado, mas lhe aconteceu em sua função de Messias do povo de Deus do fim dos tempos e o confirmou como tal: Por isso ele é o primícias dos que ressurgem dos mortos (1Cor 15.20; Cl 1.18), o primogênito entre muitos irmãos (Rm 8.29), o líder da salvação (Hb 2.10; At 5.31). Por causa das amarras à função messiânica de Jesus não se pode simplesmente generalizar a antecipação da ressurreição geral dos mortos em sua sorte individual:[174] Não é assim que a ressurreição dentre os mortos, da qual fala a fé pascal cristã, aconteceria a cada indivíduo falecido do mesmo modo como a Jesus. O evento da ressurreição de Jesus pertence à singularidade de sua pessoa e história. No entanto, pelo fato de esse acontecimento de Jesus não ter acontecido para ele sozinho, mas em sua qualidade de Mediador do senhorio de Deus e Redentor da humanidade, por isso é possível já agora que os que estão ligados a Jesus por batismo e fé participem da realidade da nova vida que irrompeu nele. E essa participação, pertencente ao mistério da salvação de Deus em Cristo e por isso "sacramental", não é destruída pela morte dos fiéis. Por isso eles pertencem a Jesus Cristo não apenas na vida, mas também em seu morrer (Rm 14.8).

---

[174] Isso parece ter sido muito pouco considerado no recurso de G. Greshake ao exemplo da ressurreição de Jesus como antecipação do acontecimento do fim, *op. cit.*, p. 271, muito embora ele fale de nossa ressurreição na morte "como participação na dele": A forma de tal participação precisa ser mais claramente refletida. Aquilo que aconteceu em Jesus não se deixa transferir de forma idêntica a outros. Isso prevalece como ressalva também diante da concepção da acolhida corporal de Maria ao céu (*DS* 3900-3904). Pelo fato de que a antecipação da ressurreição escatológica dos mortos no acontecimento da Páscoa faz parte da função que cabe exclusivamente a Jesus como portador da salvação escatológica, por isso ela não se deixa transferir simplesmente à mãe de Jesus. Em contraposição, não será preciso contestar que Maria participa com a igreja toda, pela fé, desse acontecimento, e sem dúvida de um modo condizente com a peculiaridade de seu relacionamento com seu filho (cf. sobre isso G. Greshake, *op. cit.*, p. 268s).

Evidentemente o futuro concebido como fim da história e o presente dos fiéis não podem ser simplesmente delimitados de forma excludente um contra o outro. A presença da nova vida, que há de ser revelada futuramente em nós, tampouco pode ser diferenciada de maneira apropriada como ressurreição da alma e futura ressurreição corporal, como fizeram Orígenes e Agostinho. Contudo, a maneira como estão relacionadas uma com a outra poderá ser elucidada apenas no âmbito de considerações sobre a relação de eternidade e tempo. Inicialmente é preciso registrar que da concepção da ressurreição no fim dos tempos, de todos os indivíduos despertados da morte, depende conjuntamente a vinculação da destinação individual com a social do ser humano. Em função disso é sobre essa segunda que a análise terá de se debruçar agora, e precisamente em conexão com a concepção de um fim da história, contida no bojo da idéia da ressurreição dos mortos no fim dos tempos.

3. Reino de Deus e fim dos tempos

a) O reino de Deus como consumação da sociedade humana

Por ser Deus o Criador do mundo, no lugar em que ele domina também suas criaturas chegam ao alvo da destinação que constitui sua essência. Isso vale para a pessoa individual, cujo anseio inquieto encontrará paz somente na comunhão com Deus, mas igualmente para a sociedade humana, na qual se configura a destinação comunitária dos indivíduos. É somente no louvor conjunto do Criador que ela adquire a base da comunhão desembaraçada dos humanos entre si.

Por que a vontade de Deus com sua criação, sendo ele de fato o Criador, não está sempre já consumada? Não seria isso a única coisa adequada à atuação do Criador, que não admite resistência? Por que, então, seu reino ainda precisa ser aguardado como vindouro, ao invés de sempre já estar consumado? A circunstância de que o senhorio de Deus sobre o mundo por ele criado não está concretizado já de modo definitivo e incontestável parece lançar dúvidas sobre a divindade de Deus, assim como sobre a fé na criação. No entanto, essa situação curiosa se torna compreensível, que tem por conseqüência a controvérsia em torno da existência de Deus no mundo por ele criado, quando se leva em conta que a autonomia para a qual Deus criou suas criaturas e entre elas particularmente o ser humano precisa do tempo como forma de existência, para que as próprias criaturas possam configurar sua vida em direção do futuro de sua destinação que Deus lhes propiciou.[175] Porque a autodeterminação das criaturas não corresponde sem mais à destinação, rumo à qual as dispôs seu Criador. Pelo contrário, o erro pessoal dos humanos em sua busca de independência contra Deus, tem por conseqüência que eles tentam impor seu pretenso interesse próprio não apenas perante Deus, mas igualmente na relação com seus semelhantes e contra todas as demais criaturas. O resultado é a discórdia na criação, com a conseqüência de que o senhorio do Criador nela não pode ser reconhecido sem mais.

O governo mundial de Deus é aquela forma de seu senhorio sobre a criação, pela qual Deus conduz o curso dos acontecimentos do mundo, apesar da busca de independência de suas criaturas e dos males que assim o acometeram, ao alvo destinado por ele às criaturas.[176] Nesse governo a atuação da providência de Deus no mundo e na história da humanidade de forma alguma permanece totalmente inacessível às pessoas. Pelo menos em momento posterior se podem perceber correlações do acontecimento que podem ser consideradas vestígios da providência e do governo mundial de Deus (cf. Gn 50.20, e ainda em contraposição Ez 25ss). A historiografia de MOSHEIM, mas da mesma forma a de RANKE, divisam a tarefa mais sublime do historiador em descobrir tais vestígios da providência divina no andamento da história.[177] Contra isso não depõe que essa percepção também pode ser reprimida, assim como até mesmo a existência de Deus é controvertida na história do mundo ainda não-consumada. Entretanto o fato de que o curso da história e a atuação de Deus nela em última análise apontam para a salvação dos seres humanos realmente permanece oculto nas aparências, em vista de todas as coisas horríveis que acontecem na história. A economia da salvação do governo divino mundial permanece oculta especialmente porque seu alvo ainda não se concretizou no curso da história. Por isso há necessidade de uma revelação especial, para que

---

[175] Cf. vol. II, p. 153 e 391, cf. ainda p. 381, bem como p. 210 e 327s.
[176] Vol. II, p. 93ss., 101s.
[177] Como consta no cap. 14,4 (p. 656ss., esp. p. 660).

o alvo dos caminhos de Deus com o mundo possa se tornar conhecido já antes para as pessoas. Na história de Jesus Cristo o cristianismo incipiente pôde reconhecer essa revelação, porque na atuação de Jesus já havia despontado o reino de Deus e com ele o futuro escatológico do mundo, e justamente para a salvação dos humanos. É a partir daí que a teologia cristã pode falar, em relação à história da humanidade, de uma economia *da salvação* do governo divino mundial.

À luz da história de Jesus Cristo se pode perceber que a economia da salvação do agir de Deus em sua criação está direcionada para a finalidade de, embora suas criaturas se desviem do caminho de sua destinação, apesar disso conduzi-las ao alvo para o qual foram criadas. A primeira condição para tanto é reconhecer a Deus, porque sem conhecimento de Deus não é possível nenhuma comunhão com ele, e para a comunhão com Deus os seres humanos foram criados. Mas aos que aprenderam a reconhecer Deus como seu Criador, o caráter oculto de seu senhorio na discórdia vigente em sua criação se torna um desafio e uma tribulação para a fé, e o senhorio de Deus se lhes torna futuro esperado, do qual vem ao encontro das criaturas não apenas a cada instante sua vida, mas igualmente a consumação de sua destinação.

O caráter oculto do senhorio de Deus na criação aflora apenas na consciência daquele que aprendeu a discernir entre a natureza de Deus e os poderes que flagrantemente dominam o curso do mundo.[178] O povo de Israel fez essa experiência porque a realidade de seu Deus se havia vinculado para ele de forma indissolúvel com a vontade jurídica dele que, no entanto, é somente concretizada de forma imperfeita na realidade do mundo e no curso de sua história. Por isso nesse contexto a fé no senhorio de Deus se transformou em esperança por um estado de concretização definitiva do direito e da paz nas relações entre os seres humanos, bem como entre os povos.[179] Nessa situação a esperança pelo direito se alicerça sobre o conhecimento de Deus: Sobre a base do reconhecimento do Deus único e de seu direito serão apaziguadas as

---

[178] De acordo com W. F. Otto o caráter manifesto dos poderes divinos "em todo o ser e acontecer" é característico para a compreensão de Deus da Grécia antiga, ao contrário daquela "do Oriente Médio", com o que provavelmente esteja se referindo em especial ao bíblico, in: *Theophania. Der Geist der altgriechischen Religion*, 1956, p. 29.

[179] Cf. acima, cap.12,2a (p. 58ss.), bem como 2c (p. 85ss.).

disputas jurídicas dos povos, de sorte que possa prevalecer paz duradoura. Em decorrência, reduz-se a concepção do reino de Deus a uma quimera insustentável quando o reino é visto apenas na comunidade de direito e na paz dela resultante. Fundamento e condição para sua concretização é o reconhecimento conjunto do Deus único. Sem ele o direito continua sendo uma instância que tolhe os indivíduos de fora. Mas, em contraposição, decorre do reconhecimento conjunto do Deus único também o consentimento com sua vontade de direito – fundamentada no amor por suas criaturas.

O senhorio de Deus e a concretização do direito entre os seres humanos formam uma unidade porque Deus não é apenas o Criador dos humanos como de todas as demais criaturas, mas também os escolheu para a comunhão com ele mesmo, e justamente não apenas como indivíduos isolados, mas como povo. Essa verdade se destacou concretamente na história pela eleição do povo Israel, mas possui relevância mais geral, porque, por intermédio desse povo, a eleição de Deus visa em última análise à humanidade toda. Por isso a dependência da ordem jurídica da relação com a divindade também se explicita na consciência dos povos que ainda não alcançaram a percepção da verdadeira identidade da realidade divina, como ela se salientou pela história da revelação bíblica. A consciência dos fundamentos religiosos da ordem de direito esteve via de regra ligada à sua atribuição à ordem cósmica e ao poder divino nela fundamentado. Embora tal vinculação abreviada de ordem jurídica e cosmologia ignore a historicidade das ordens jurídicas concretas das nações,[180] não deixa de ser explicitada nela uma consciência de que o direito e sua natureza compromissiva dependem da autoridade do Criador do mundo.

Tendo em vista que Deus deseja a comunhão com as pessoas, a saber, sua participação na comunhão do Filho com o Pai por meio do Espírito na vida da Trindade – e logo também a comunhão dos seres humanos entre si – por isso ele também quer que as pessoas reconheçam umas às outras em sua peculiaridade e, dito de outro modo, estejam a serviço uma da outra com suas peculiaridades, de modo que cada uma experimente nas outras uma complementação da própria vida e a si mesma como membro de uma comunhão de vida. As condições e regras de reconhecimento recíproco e solidariedade constituem a forma

---

[180] Cf. acima cap. 14,3a (p. 639ss.).

jurídica de toda vida em comunhão organizada para durar, e onde a cada membro se assegura seu direito, ali se instalou a paz social no convívio dos humanos. Comumente, porém, as pessoas não se sentem, ou não plenamente, reconhecidas pelas outras. Em decorrência, os indivíduos e os povos fazem valer suas reclamações jurídicas uns contra os outros ou cedem apenas com resistência a uma ordem de relacionamentos admitida como inevitável. Apenas quando o fundamento da ordem real do convívio compromete cada membro individualmente em sua autocompreensão, sendo por todos aprovado conjuntamente, quando, pois, se reconhece um parâmetro do bem e do justo válido para todos e preestabelecido a todos os interesses particulares, assim como foi estabelecido no direito divino de Israel, somente então existe também a paz jurídica genuína, não apenas preservada exteriormente. Pela aplicação desse parâmetro são apaziguadas, então, as disputas jurídicas entre as pessoas e os povos, e do conseqüente reconhecimento mútuo emerge a paz entre pessoas e povos (cf. Mq 4.1ss; Is 2.2ss).

Em vista da recalcitrância dos indivíduos contra as reivindicações de direito dos outros, nenhuma sociedade humana pode prescindir de instituições que implementam o direito válido para todos ali onde não se lhe corresponde de fato pela naturalidade da vivência dos costumes. A preservação e implementação do direito é tida na maioria das culturas da humanidade como o dever mais nobre e a legitimação do comando político. Contudo o próprio domínio de pessoas sobre pessoas jamais está isento de injustiça. Certamente existem grandes diferenças tanto entre as constituições políticas em vista das barreiras que elas impõem ao abuso do poder político, quanto entre a administração mais ou menos positiva dos interesses públicos pelos respectivos detentores do poder. Contudo até mesmo na melhor das hipóteses o domínio de pessoas sobre pessoas permanece onerado pela inevitável capacidade limitada de compreensão, julgamento e ação dos indivíduos dela encarregados, somada a unilateralidades na preservação do direito e, nesse sentido também onerado com injustiça. Com freqüência, porém, o direito é ainda distorcido por arbitrariedade e usurpação dos governantes, tanto em sua aplicação quanto já em sua formulação, ou suas normas se evidenciam como insuficientes para fazer frente com eficácia às mazelas públicas e às transgressões de determinados grupos ou alguns indivíduos. Por conta disso se levantam contra todo comando político forças contrárias que por sua vez se apresentam em nome do direito. Nas relações entre os Estados e nações se manifesta o contraste das postulações de direitos de forma ainda mais ameaçadora, porque nesse campo faltam, em grande medida, instâncias mediadoras comparáveis à jurisprudência interna dos países. Assim surgem os golpes internos e as controvérsias bélicas entre os povos. Ambos os fenômenos levaram na história da humanidade sempre de novo à ruína dos sistemas de domínio político e à sua substituição por outros.

Unicamente uma formulação e concretização do direito que satisfaçam a todas as demandas válidas poderiam fundamentar uma ordem duradouramente estável das relações humanas. Para isso evidentemente teria de ser superado em todos os membros da sociedade o poder do pecado que gera reivindicações exacerbadas – não apenas nos governantes. A vontade jurídica de Deus teria de estar viva e atuante – conforme profetizou Jeremias (Jr 31.33s) – nos corações de todas as pessoas. Isso, contudo, significa: O próprio Deus precisaria ter assumido o poder nos corações dos seres humanos, de maneira que eles deixassem valer um ao outro, se perdoassem e se apoiassem mutuamente. Então já não seria necessário impor reivindicações de direito de uns contra os outros. Somente então todo domínio de pessoas sobre pessoas teria se tornado obsoleto, inclusive a injustiça que o acompanha.

Pelo fato de que o realismo das tradições bíblicas não apenas concatenou a concretização plena da vontade jurídica divina e, logo, do reino de Deus à condição de um fim de todo domínio de pessoas sobre pessoas, mas também e acima de tudo à superação do poder do pecado na conduta de cada ser humano individual, por isso a esperança pelo reino de Deus foi combinada na expectativa judaica com a concepção de uma transformação das condições naturais da própria existência humana: Nada menos que um novo céu e uma nova terra (Ap 21.1; cf. 20.11; Is 65.17) estão sendo demandados como condições referenciais para a concretização definitiva do reino de Deus. Pois, devido ao domínio do pecado, a contrariedade dos seres humanos em seus relacionamentos está profundamente enraizada nas condições naturais da presente existência. A autonomia para a qual as pessoas foram criadas e que elas devem concretizar ativamente por meio de seu comportamento, de fato transita para o egoísmo de cada um em relação ao restante do mundo. Por isso a esperança pela vinda do reino de Deus está necessariamente vinculada à expectativa por uma renovação cósmica do mundo. Faz parte disso também a ressurreição dos mortos. Sua ligação com a esperança pela consumação do reino de Deus, porém, se apóia ainda em outro motivo.

A esperança pelo reino escatológico de Deus já contém como tal a idéia da reconciliação de indivíduo e sociedade. Afinal, o domínio da vontade de direito de Deus significa que a cada um é dado o que lhe cabe e ninguém se arroga mais do que lhe cabe. Encerra-se assim a disputa pelo que cabe a cada um segundo sua peculiaridade, e por isso igualmente o sofrimento dos indivíduos sob a sensação de desvantagens injustificadas por outros e pelo "sistema" da sociedade em geral. Na realidade social deste mundo o sentimento da alienação diante dos outros, que brota da impressão de desvantagens injustificadas, é em parte seguramente decorrência de reivindicações excessivas dos indivíduos. Em outra parte, porém, justifica-se com isso também o sentimento de reconhecimento e valorização insuficientes da própria pessoa pelos outros: Ambas as dimensões estão entrelaçadas de forma inextricável, e em vista disso é surpreendente que neste mundo ainda exista comunhão humana em reconhecimento mútuo. Ela acontece predominantemente em pequenas comunhões de vida de fácil supervisão, onde cada um conhece a todos, e todos dependem uns dos outros. Contudo também ali há necessidade da força para, superando decepções, voltar-se novamente aos outros. Também na família, no mundo do trabalho, na esfera da sociabilidade espontânea acontecem profundas violações e deformações dos indivíduos. Unicamente o direito de Deus, que foi consumado pelo amor, reconcilia no reino de Deus definitivamente os indivíduos entre si e, assim, igualmente com a sociedade.

Essa reconciliação entre indivíduo e sociedade, fundamentada na idéia do reino de Deus, é expressa na esperança escatológica cristã particularmente pela conexão da consumação do senhorio de Deus no fim dos tempos com a ressurreição dos mortos. Essa conexão já foi apreciada ao ser tratada a escatologia individual no bloco anterior como expressão da vinculação entre destinação do indivíduo e destinação comunitária da humanidade. Agora cabe dizer pelo avesso que a sociedade humana e a humanidade como gênero não podem chegar à consumação sem a participação de todos os seus membros. Na verdade tal participação pode significar coisas diferentes para cada uma das pessoas, dependendo da maneira de sua vivência individual terrena. Em caso extremo a participação na consumação escatológica da humanidade no reino de Deus para alguns poderia significar o cumprimento do anseio que os anima na vida e de sua fé, para os outros, porém, aflição eterna por causa da contradição de sua conduta vivencial na terra em relação à destinação de sua própria vida e de sua consumação. A esse respeito ainda será falado com mais detalhes. De qualquer modo, porém, não pode existir a consumação da sociedade ou da humanidade como gênero sem a participação de todos os seus membros concretizada *de uma ou outra maneira*: Do contrário os indivíduos acabariam sendo apenas *meios* passageiros para as sociedades e os Estados. Mas que são a sociedade ou a humanidade, senão a totalidade de seus membros individuais?

Sem a participação de todos os indivíduos da humanidade na consumação de sua destinação, como foi expressa na escatologia cristã pela vinculação entre a concepção da consumação do reino de Deus e a ressurreição dos mortos, não haveria reconciliação de indivíduo e sociedade no pensamento de uma consumação da destinação do ser humano. Por isso toda escatologia da sociedade, concebida apenas para dentro deste mundo,[181] fica devendo para a consumação da destinação do ser humano: Ainda que se deixe de lado se um estado de paz eterna realmente seria atingível, como vislumbrou KANT como alvo da história[182] e como se tornou em MARX, na configuração de uma futura sociedade sem classes, o alvo e parâmetro do agir político, de qualquer modo apenas os indivíduos da geração então vivente poderiam participar dela. Em comparação com a conexão entre ressurreição dos mortos e reino de Deus na expectativa escatológica cristã, as utopias intramundanas de uma configuração consumada da sociedade a ser concretizada pelo agir humano apenas podem valer como formas de expressão muito imperfeitas da esperança por uma consumação futura da humanidade. Explicitaram-se, pois, as conseqüências do aproveitamento funcionalista dos indivíduos relacionada com elas, também particularmente no caso do marxismo pelo fato de a felicidade dos agora vivos ser sacrificada sem escrúpulos em nome do pretenso alvo da humanidade.

---

[181] Já P. ALTHAUS enfatizou com razão o contraste entre a esperança pelo reino de Deus e o "milenarismo seculaizado" dos filósofos idealistas: *Die letzten Dinge*, 4ª ed. Nesse contexto também tratou do eco a essa tendência na teologia protestante dos séc. XIX e início do séc. XX: de SCHLEIERMACHER e ROTHE (p. 224ss.) até o socialismo religioso (p. 234).

[182] I. KANT, *Zum ewigen Frieden. Ein philosophischer Entwurf*, (1795), p. 104.

b) O reino de Deus como fim da história

Éschaton significa fim, o fim desta era e da história que nela transcorre (Ap 10.6s).[183] Como fim da história ele é ao mesmo tempo sua consumação, na medida em que a história é uma história dos feitos de Deus, mas também em vista da destinação do ser humano como tema da história. Os dois aspectos no conceito do *éschaton* como consumação e como fim não representam uma alternativa, mas formam um unidade, a saber, de tal forma que por um lado é imaginável um fim sem consumação, mas por outro nenhuma consumação que não fosse também um fim. Na realidade, conforme KANT, a idéia de um fim, com o qual acaba toda mudança e, logo, também o tempo, representa "uma concepção que revolta a força de imaginação", porque involuntariamente combinamos com cada ponto do tempo a concepção de um depois. Porém KANT declarou igualmente que a idéia de uma finalidade derradeira da destinação humana requer a suposição de um fim desses, com o qual "finalmente será *atingida* um dia a *finalidade derradeira*".[184] Se quiséssemos presumir uma consumação sem o fim dos tempos, o tempo corrido posterior teria de ficar privado de qualquer conteúdo. Em contraposição, a concepção de uma continuidade ilimitada da experiência histórica exclui a idéia de uma consumação jamais realizada na história. Então nem sequer haveria consumação, nem "finalidade derradeira" da existência humana. Porque, se ela não for "finalmente *atingida* um dia", falar dela se torna uma concepção vã e enganosa. Contra isso tampouco adianta transferir o fim para um além da história. A existência do ser humano como ente histórico possui uma finalidade e um alvo apenas quando essa própria consumação de sua história se torna acontecimento histórico e como tal será o fim da história.[185] Quando a idéia da consumação apenas paira acima da

---

[183] P. ALTHAUS, *op. cit.*, p. 241: "O reino não vem pelo curso da história, mas como fim da história."

[184] I. KANT, *Das Ende aller Dinge* (1794), *KANT's Gesammelte Schriften* (AA) VIII, 1923, p. 334 e 335.

[185] Diferente é a posição de P. ALTHAUS, *op. cit.*, p. 241ss. Embora ele tenha salientado que "a parusia é um acontecimento histórico-temporal tanto quanto a morte que põe fim à nossa vida", na medida em que o fim chega, conforme Mc 13.32, em tempo determinado, tendo, portanto "dia e hora" (p. 241), ALTHAUS não deixa de asseverar "que o último dia como revelação do Senhor em glória

história, sem entrar nela como acontecimento que põe fim a essa história, isso significa que para a existência histórica dos humanos e da humanidade nem sequer existe consumação.

Essa é a problemática também da concepção de PAUL TILLICH acerca do reino de Deus como alvo da história.[186] De acordo com TILLICH o alvo da história vai "muito além do fim". Isso é correto, na medida em que fim não precisa significar consumação. A consumação diz mais que apenas fim. Porém TILLICH negligenciou a percepção de KANT, de que inversamente a consumação sem dúvida significa também fim. Em TILLICH é dito acerca do alvo da história: "Ele transcende cada momento do processo temporal; ele é o fim do tempo no sentido do alvo da história."[187] Esse alvo, porém, transcenderia "todo momento temporal", de maneira que o "cumprimento da história" residiria "no sempre presente fim e alvo da história".[188] Desse modo, no entanto, o futuro escatológico se torna mero símbolo: "O eterno não é um estado futuro das coisas. Ele está sempre presente...",[189] e isso significa em outras palavras, que não existe um futuro de consumação para a história.

A idéia de um *éschaton* da história, que seja tanto seu fim quanto sua consumação, remonta ao apocalipsismo judaico. Desde Daniel 2 e 7 ele aguardou a vinda do reino de Deus como o fim da seqüência de impérios que o antecedem. A perspectiva assim descortinada determinou o horizonte de entendimento para a mensagem de Jesus acerca da proximidade do senhorio de Deus vindouro e acerca do desenvolvimento da escatologia cristã. Sob as condições do pensamento medieval,

---

já não seria mais um dia histórico" (p. 244), de maneira que a parusia seria "não um acontecimento do final da história, mas que põe fim à história" (p. 242). A essa opinião subjaz uma concepção da história como "a vida de decisão marcada por pecado e morte" (p. 244) que, então, na realidade desloca a história para um contraste intransponível com a eternidade de Deus. Se ALTHAUS apesar disso pretendesse conceber a parusia como "acontecimento", ele inegavelmente estaria pressupondo ainda outro conceito de história, a saber, de uma história em que esse acontecimento se realiza: Do contrário seria absurdo falar da parusia como acontecimento.

[186] P. TILLICH, *Systematische Theologie*, vol. III (1963), trad. alemã 1966, p. 446-477.
[187] P. TILLICH, *op. cit.*, p. 446.
[188] P. TILLICH, *op. cit.*, p. 448, cf. p. 449s.
[189] P. TILLICH, *op. cit.*, p. 452.

porém, a concepção de um fim do mundo e com ela a asserção de um fim da história da humanidade se tornou problemática.

A doutrina da dogmática luterana antiga, de um aniquilamento do mundo por fogo, foi abandonada desde meados do séc. XVIII na teologia evangélica em favor da concepção anterior, de uma transformação escatológica do mundo.¹⁹⁰ Mas já SIEGMUND JACOB BAUMGARTEN também não relacionou mais a idéia de uma transformação do mundo com o universo todo, mas apenas pensou em uma destruição do sistema solar com nossa terra.¹⁹¹ FRANZ VOLKMAR REINHARD defendia que a "grande transformação" pareceria "referir-se apenas ao nosso chão e sua atmosfera". Porque haveria como estimar "de que maneira toda a imensurável criação restante deve ser envolvida no destino de nossa pequena terra". No mais se poderia entender sob o novo céu e a nova terra de Ap 21.1 "igualmente tanto um novo lugar de moradia em outro corpo celeste... que há de ser indicado para a espécie humana". As Escrituras não declarariam nada de específico a esse respeito.¹⁹² KARL GOTTLIEB BRETSCHNEIDER na realidade considerou fisicamente muito bem possível uma grande "transformação de nosso sistema solar e especificamente de nossa terra por fogo", mas relacionou as promessas bíblicas de um novo céu e uma nova terra principalmente com o novo relacionamento com o mundo por parte dos futuros ressuscitados: Para eles se formaria com novos sentidos "um novo mundo, ainda que os objetos do mundo dos sentidos não se modifiquem".¹⁹³ Os dogmáticos posteriores do séc. XIX se tornaram ainda mais cautelosos em vista de declarações concretas sobre a transformação escatológica do mundo.¹⁹⁴ O recuo das declarações dogmáticas sobre o mundo

---

¹⁹⁰ Cf. acima, p. 696s., nota 13, esp. sobre S. J. BAUMGARTEN.
¹⁹¹ S. J. BAUMGARTEN, *Evangelische Glaubenslehre*, vol. III, ed. por J. S. SEMLER, 1760, p. 724s.
¹⁹² F. V. METZLER, *Vorlesungen über die Dogmatik*, ed. por J. G. I. BERGER, 1801, p. 680s.
¹⁹³ K. G. BRETSCHNEIDER, *Handbuch der Dogmatik der evangelisch-lutherischen Kirche*, vol. II (1823), 3ª ed. 1828, p. 465 e 470s.
¹⁹⁴ M. KÄHLER falou de "encerramento da história de nosso mundo" ligado ao retorno de Cristo, um evento que traria consigo "também transformações abrangentes da natureza", mas renunciou à tentativa de externar declarações mais precisas a respeito: *Die Wissenschaft der christlichen Lehre von dem evangelischen Grundartikel aus im Abrisse dargestellt* (1883), 2ª ed. 1893, p. 421s. Muito mais

à relação do ser humano e da humanidade com Deus levou na escola de ALBRECHT RITSCHL a que se encontrasse o verdadeiro sentido das declarações bíblicas sobre o fim do mundo na morte dos indivíduos, que "para eles pessoalmente significa o fim da vida no mundo".[195] Entretanto, junto com a idéia do fim do mundo também seria abandonada a idéia de uma consumação da igreja e da história da humanidade. Outro teólogo dogmático da escola de RITSCHL, JULIUS KAFTAN, preservou isso com razão, porque "a consumação do indivíduo" poderia ser imaginada "apenas em e com a consumação do todo". O "reino da consumação" como "alvo da história mundial", porém, poderia "ser alcançado apenas por meio de uma catástrofe", não como resultado de progressivo desenvolvimento rumo a algo mais sublime.[196]

A asserção peculiar da fé cristã, de um fim vindouro do mundo, não se pode apoiar no conhecimento do mundo elaborado pelas ciências naturais, embora tampouco tenha de estar em contradição com ela. Existe hoje também nessa questão uma proporção maior de concordância que em séculos anteriores da Idade Moderna. A cosmologia científica não assevera mais uma dilatação ilimitada do universo no espaço e no tempo, mas ensina a sua finitude no espaço para

---

detalhadamente seu mestre J. T. BECK ainda havia versado sobre a "confecção de um novo sistema mundial": *Vorlesungen über Christliche Glaubenslehre*, ed. por I. LINDENMEYER, vol. II, 1887, p. 754ss., no que se referiu afirmativamente (p. 755) à doutrina de R. RITHE sobre a consumação da terra como intelectualização do mundo bem como do ser humano (cf. *Rothes Theologische Ethik*, vol. II, 2ª ed. 1867, p. 478ss.), mas não se pronunciou sobre a relação com a compreensão do mundo pelas ciências naturais. Próxima da concepção de ROTHE estava também a doutrina de I. A. DORNER sobre a "consumação transfiguradora" do mundo natural como dos humanos: *System der christlichen Glauberslehre*, vol. II/2, 2ª ed. 1887, p. 972-979, esp. p. 973s.

[195] Posição de H. H. WENDT, *System de christlichen Lehre*, 1906, p. 644 Semelhante a ele mais tarde ainda E. HIRSCH, *Leitfaden zur christlchen Lehre*, 1938, p. 173s (§ 90). Também W. HERRMANN citou, em sua dogmática editada postumamente, em 1925, como conteúdo da esperança escatológica dos cristãos apenas a expectativa "de que nós mesmos estaremos juntos do Espírito pessoal" (p. 90, § 53).

[196] J. KAFTAN, *Dogmatik* (1897), 3ª e 4ª eds. 1901, p. 649s. Também T. HAERING, *Der christliche Glaube*, 1906, p. 594 queria pelo menos preservar a declaração de que o retorno de Cristo significa o fim "deste mundo", à semelhança de A. SCHLATTER, *Das christliche Dogma*, 2ª ed. 1923, p. 536s.

dentro do qual se expande, e um começo de seu movimento de expansão antes do tempo finito.[197] Também a concepção de um futuro fim do mundo é familiar à cosmovisão hodierna das ciências naturais, pelo menos como possibilidade, seja no sentido da morte térmica, muito debatida no passado, como conseqüência da vigência irrestrita da lei da entropia,[198] seja no sentido de um desaparecimento de toda matéria em "buracos negros".[199] Sem dúvida a imagem de um mundo finito no espaço e principalmente no tempo é mais facilmente coadunável com a compreensão bíblica do mundo que a idéia de um mundo por si próprio infinito e não-transitório. Contudo a escatologia bíblica do mundo, que conta com a proximidade de seu fim – ainda que sem fixação cronológica (Mc 13.32; par.) – não é congruente com as extrapolações científicas que visam a um futuro distante, no que tange a um possível fim do mundo. Em função disso não é fácil afirmar que ambas se referem ao mesmo acontecimento. Se isso, não obstante, for o caso, então apenas no sentido de formas muito diferentes de aproximação. As perspectivas apocalípticas de uma destruição do entorno terreno da humanidade pelo abuso da tecnologia[200] são mais angustiantes. No entanto não envolvem o fim do universo, nem sequer o de nosso planeta, muito embora, talvez, desenvolvimentos catastróficos para a humanidade. Podemos reconhecer, naqueles fenômenos que ameaçam a sobrevivência da humanidade, *sinais do fim* (Mc 13.28s.), sinais que apontam para a possibilidade de catástrofes para nós inimagináveis. Contudo sinais do fim não devem ser confundidos com o próprio fim e não tornam sua irrupção calculável: "O dia, porém, e a hora ninguém conhece, os anjos do céu não, e nem mesmo o Filho, mas unicamente o Pai" (Mc 13.32). Para a verdade, porém, de que temos de qualquer modo contar com um fim deste mundo e da história humana, existe ainda outro ponto de referência que a "perspectiva de futuro da cosmologia das ciências naturais e

---

[197] Sobre isso, cf. vol. II, pp. 226ss., 230ss.
[198] Tambem em K. Heim, *Weltschöpfung und Weltende* 1952, p. 109-125, esp. p. 114ss., 121ss. Cf. ainda H. Schwarz, *On the Way to the Future. A Christian View of Eschatology in the Light of Current Trends in Religion, Philosophy and Science*, 2ª ed. 1979, p. 122ss.
[199] A esse respeito, cf. vol. II, p. 232s.
[200] H. Schwarz, *op. cit.*, p. 127ss relacionou com razão a problemática ecológica da atualidade com os temores apocalípticos de eras passadas.

os problemas da ecologia. Essa é a lógica interior da historicidade de nossa consciência de sentido.²⁰¹

Toda experiência individual possui sua determinação apenas na correlação com um contexto, que por sua vez se encontra no âmbito de contextos mais abrangente até chegar à totalidade de todas as experiências e acontecimentos. Ou seja, cada significado isolado em última análise depende do todo significante de cada experiência, e desse modo também da totalidade de tudo que acontece e de todas as realidades que podem vir a ser objeto de experiência. Uma vez que, por causa da historicidade de nossa experiência, cujas correlações estão abertas para o futuro, temos de pensar aquele todo de significados como ainda inconcluso, toda experiência isolada e toda realidade nela captada têm seu significado definido e, logo, sua essência singular (no sentido do aristotélico *ti en einai*) unicamente na medida em que o próprio todo ainda inconcluso da experiência e da realidade experimentada se manifestar, portanto como antecipação desse todo ainda inconcluso. Disso segue, porém, que em cada experiência isolada, desde que combinemos com ela determinado conteúdo e determinado significado, sempre já pressupomos um todo de realidade como condição da determinação da experiência isolada (embora os contornos daquele todo por sua vez nesse processo possam permanecer mais ou menos imprecisos). Uma vez, porém, que o todo do real, assim como da experiência dela, precisa ser pensado como um processo ainda inconcluso no tempo, resulta que: Toda experiência individual pressupõe como condição de sua determinação um fim da história, a partir do qual é constituída a história não apenas da humanidade, mas do universo como processo global. Com a reflexão sobre essa premissa, no entanto, ainda não está de forma alguma vinculado um conhecimento de como o fim da história poderá ser caracterizado. Também o mero aspecto de o fim ser um fato, ou melhor: *que* o mundo ruma ao fim, pode somente assomar à consciência como implicação da concepção da realidade em seu todo como processo único, como história.

---

²⁰¹ A realidade descrita a seguir foi diversas vezes exposta e elucidada por mim, p. ex., in: *Grundfragen systematischer Theologie*, vol. I, 1967, p. 142ss e principalmente in: *Wissenschaftstheorie und Theologie*, 1973, p. 286ss. Ela também foi analisada no diálogo com GERHARD Sauter: H. N. JANOWSKI; W. PANNENBERG; G. SAUTER, *Grundlagen der Theologie – ein Diskurs*, 1974, p. 97ss.

A suposição de um fim da história poderia ser designada de condição transcendental (condição da possibilidade) da experiência propriamente dita em relação à sua historicidade,[202] se não se contrapusessem a isso ressalvas em vista da rigorosa possibilidade de distinguir entre funções transcendentais no sentido de KANT e dados empíricos, e principalmente por causa do fato de que conforme KANT todas as formas transcendentais da experiência são apenas expressão da unidade do sujeito da percepção.[203] Entretanto, a argumentação em favor da premissa de um fim da história, sempre já estabelecida junto com a historicidade de toda experiência, está, na substância, próxima da argumentação de KANT em favor da suposição de um fim de todas as coisas como dado na idéia de uma finalidade derradeira, a qual deriva da consciência moral da lei ética.[204] Na comparação com KANT, porém, alarga-se a base do argumento na linha de pensamento acima apresentada, ao não ser fundamentada sobre uma descrição da autoconsciência moral, mas sobre a historicidade da experiência humana como de um vivenciar de significado no sentido das análises de WILHELM DILTHEY. Essa argumentação possui caráter mais geral também pelo fato de que dela por um lado resulta a inevitabilidade da suposição de um fim da história, mas não, por outro, o caráter desse fim como consumação no sentido qualitativo de preenchimento positivo de sentido.

Apesar disso, a suposição de um fim da história permanecerá controvertida porque ela, como disse KANT, leva a "uma concepção revoltante

---

[202] Precisamente isso geraria, então, uma "escatologia transcendental", como foi atribuída sem razão por J. MOLTMANN ao jovem BARTH (cf. acima, nota 50). Ela, no entanto, justamente não seria caracterizada como a escatologia de BARTH na segunda edição de sua "carta aos Romanos" por atemporalidade do fim (*Der Römerbrief*, 2ª ed. 1922, p. 486), mas, no sentido do escrito de KANT: *Das Ende aller Dinge*, 1794, levaria à idéia de um fim vindouro da história. Também KANT, porém, não classificou essa argumentação como "transcendental", certamente porque ela estava alicerçada sobre a razão prática, enquanto o conceito do transcendental em KANT foi usado predominantemente para as funções sintéticas da razão teórica.

[203] Sobre isso, cf. a crítica de F. GREINER à ampliação de KARL RAHNER do conceito "transcendental" para as condições (também teológicas) de situações antropológicas: *Die Meschlichkeit der Offenbarung. Die transzendentale Grundlegung der Theologie in Karl Rahner*, 1978.

[204] Cf. acima, nota 184.

para a força de imaginação". Contudo o próprio KANT, como foi dito acima (nota 184), não se deixou impedir por isso, de propugnar por outras razões em favor do direito dessa suposição. Isso é tanto mais digno de nota porque a concepção de um fim da história se encontra em uma tensão também com a análise que KANT faz da primeira antinomia nas idéias cosmológicas da razão especulativa.[205] Elas na verdade se ocupam explicitamente com a pergunta do *começo* do mundo, respectivamente com sua ausência de começo alegada pela posição contrária. Mas elas valem do mesmo modo para a pergunta acerca de um fim do mundo. Ao discutir essa antinomia, KANT pensou que para além de cada momento cronológico se poderia imaginar mais um tempo (B 461). É verdade que nossa razão tem necessidade, por um lado, de conceber a "síntese perfeita" de todas as partes do todo (B 457 nota), mas por outro existiria para cada ponto limítrofe no tempo e no espaço um estar fora desse limite (B 461). É por isso que KANT fala em seu escrito do fim de todas as coisas de que a concepção de um fim da história revolta nossa força de imaginação. Contudo, assim como lá ele teve motivos para apesar disso asseverar um fim desses, assim existem também no interior da própria crítica da razão pura pontos de referência que indicam nessa direção. Porque, de acordo com a estética transcendental, constitui o caráter de observação do espaço que nós o imaginamos como "algo infinito *dado*" (B 40), mas que somente conseguimos conceber toda quantidade maior de espaços apenas como partes do mesmo espaço (B 39). Em consonância, vale também do tempo: "Tempos diferentes são apenas partes precisamente do mesmo tempo" (B 47), de maneira que "a concepção original do tempo como irrestrito precisa ser dado" (B 48), ou seja, como um todo. Nisso, porém, já foi posta junto a suposição de um começo e de um fim, em contrariedade à antítese da primeira antinomia. Sem essa suposição o tempo na realidade poderia ser um contínuo, mas não um "todo" dado na observação.

> Diante das dificuldades em vista das concepções de começo e fim do tempo, relacionadas com a consciência do tempo para a força de imaginação, é compreensível que minha asserção de um fim dessa era como implicação e condição de cada significado isolado

---

[205] I. KANT, *Kritik der reinen Vernunft*, 2ª ed. 1787, (B), p. 454ss. As referências seguintes a páginas no texto se referem a essa obra.

vivenciado se deparasse com ceticismo e discordância. IGNAZ BERTEN, p. ex., declarou que a idéia de um fim da história pode ser pensada somente sob a premissa da idéia de Deus, enquanto eu procedo de modo inverso e por isso, como pensa ele, de modo circular.[206] Entretanto, o fato de que para a suposição de um fim da história não está pressuposto já o conceito de Deus como argumento, poderia ter sido depreendido por BERTEN da argumentação de KANT no pequeno escrito sobre o fim de todas as coisas. Isso não exclui que para o cristão a chegada real do fim do mundo está vinculada à fé em Deus e é esperada como ato dele. A dedução de implicações estruturais de nossa experiência atual para a realidade futura de um fim não pode ser apodíctica, já por causa da contingência do acontecimento real também em relação às formas de nossa experiência (que por isso conforme KANT são apenas antecipações de experiência de fato). Porém uma abertura e até mesmo um direcionamento para um fim desses podem muito bem ser afiançados em virtude da historicidade de nossa experiência de sentido e significado.[207] Cabe diferenciar disso não apenas a chegada real do fim, mas também seu caráter como consumação.[208] Por isso se entende por si mesmo que o fim do mundo tem o caráter de consumação ao inves de mera interrupção e precipitação para o nada. Nesse ponto o anseio por totalidade ou salvação do ser humano e seu empenho ético já vão além das implicações da historicidade da experiência de significado (no sentido formal dessa palavra). Para KANT importava no escrito sobre o fim de todas as coisas a consumação do ser humano e sua destinação ética e apenas por causa delas também o conceito do fim. No entanto, também a partir de tais ponderações não existe garantia de que o fim de fato aconteça dessa maneira. A expectativa de uma consumação da criação para a salvação pode ser fundamentado apenas do agir salvador escatológico de Deus em Jesus Cristo e do reconhecimento, a ser colhido dele, de que já a criação do ser humano está direcionada ao aparecimento do segundo Adão.

---

[206] I. BERTEN, *Geschichte, Offenbarung, Glaube. Eine Einführung in die Theologie Wolfhart Pannenbergs*, 1970, p. 77ss. BERTEN propõe abrir mão absolutamente do conceito do fim (p. 70ss; cf. sobre isso no posfácio, do autor, p. 131ss.).

[207] Cf. também M. PAGANO, *Storia ed escatologia nel pensiero di W. Pannenberg*, 1973, p. 91 e 227ss.

[208] Posição acertada de M. PAGANO, *op. cit.*, p. 91ss. (La "fine-salvezza").

Outra objeção contra a concepção da consumação da salvação em ligação com um fim do mundo afirma que a suposição de um fim desses estaria em contradição com a idéia de uma vida eterna. Uma parada do tempo parece significar antes morte que vida. Essa ressalva já foi formulada antes de Schleiermacher[209] e David Friedrich Strauss[210] por Kant em 1794: "Mas que um diz chegará uma hora em que cessará toda mudança (e com ela o próprio tempo) é uma concepção que revolta a força de imaginação. Porque em seguida toda a natureza enrijece e praticamente se petrifica... Para um ente que consegue obter consciência de sua existência e da grandeza (e duração) dela apenas no tempo, uma vida dessas, se é que pode ser chamada de vida, precisa parecer igual ao aniquilamento..."[211] Ou seja, não apenas para a força de imaginação teórica, como foi analisada até aqui, mas igualmente para o interesse de vida dos seres humanos, a concepção de um fim do tempo é "revoltante". No entanto, aqui Kant pretendia expressar que uma condição dessas "ultrapassa nossa força de compreensão". Não pretendia refutar a idéia de um fim consumado propriamente dito. O interesse prático do ser humano em poder um dia também alcançar a "finalidade derradeira" de sua destinação, predominou na ponderação dos argumentos por Kant e pendeu em favor da concepção do fim consumado.

A dificuldade de combinar com a idéia de um fim do tempo a concepção da vida, seja ela também a de uma vida eterna, somente desaparece quando se leva em conta que *não o nada, mas Deus é o fim do tempo*. Assim como o finito é limitado pelo infinito, assim o tempo e a temporalidade são limitados pela eternidade. O fim do temporal – também o fim do tempo e da história como tais – significará então a transição para a eternidade. Isso pode significar a participação na vida eterna do próprio Deus: Se a transição para a eternidade realmente tem esse sentido positivo é algo que se decide no juízo, no qual a existência temporal é confrontada com a eternidade de Deus. Na medida em que a eternidade está contraposta ao tempo, sua relação com o tempo de fato possui a forma do juízo.

Esse constituiu o pensamento fundamental da incipiente teologia dialética, a teologia da crise. Karl Barth chegou à sua interpretação

---

[209] F. Schleiermacher, *Der christliche Glaube* (1822), 2ª ed. 1830, § 163,1.
[210] D. F. Strauss, *Die christliche Glaubenslehre*, vol. II, 1841, p. 680s.
[211] I. Kant, *Das Ender aller Dinge*, 1794, AA VIII, p. 334.

atualizadora da expectativa imediata do primeiro cristianismo por entender a eternidade de Deus – e logo o próprio Deus – como o fim do tempo a qualquer hora, de modo que assim perderam seu peso todas as perguntas acerca da possibilidade ou probabilidade de um futuro fim do mundo: "Porque o fim anunciado pelo Novo Testamento não é nenhum acontecimento temporal, nenhum fabuloso 'ocaso do mundo', totalmente sem relação com eventuais catástrofes históricas, telúricas ou cósmicas, mas realmente o fim, tão intensamente o fim, que os 1900 anos não apenas têm pouco, mas *nada* a dizer no que se refere à sua proximidade ou distância..."²¹² O preço dessa atualização foi em BARTH – e ao lado dele também na escatologia de PAUL ALTHAUS²¹³ – a destemporalização da expectativa escatológica do cristianismo primitivo, a abstração da *futuridade* do fim aguardado do mundo. Mais tarde BARTH, assim como ALTHAUS, realizou correções nesse ponto. Por exemplo, BARTH escreveu em 1940 em uma retrospectiva autocrítica que em seus primeiros anos teria tido coragem de levar a sério "certamente com a transcendência do reino vindouro de Deus, mas justamente não sua vinda como tal".²¹⁴ Dez anos mais tarde ALTHAUS publicou *Retraktationen zur Eschatologie,*²¹⁵ em que concedeu novamente a devida importância ao significado da escatologia do fim da história para a esperança bíblica pela consumação não apenas do indivíduo, mas da humanidade. No entanto, não ficou plenamente esclarecida a possibilidade intelectual disso. A concomitância de todos os tempos com

---

²¹² K. BARTH, *Der Römerbrief*, 2ª ed. 1922, p. 486.
²¹³ P. ALTHAUS, *Die letzten Dinge*, 1922, p. 64s, 96, etc. na 4ª ed. de sua obra em 1933 ALTHAUS escreveu sobre a intenção que o conduziu na luta contra a escatologia do fim da história que para ele teria estado em jogo "fazer valer de novo a atualidade da expectativa do fim" (p. 267). Agora, porém, já não se excluía a referência ao fim da história, cuja expectativa teria "a mesma atualidade que a expectativa da morte" (p. 265). Apesar disso continuou sendo afirmado em ALTHAUS, semelhante ao que consta no *"Römerbrief"* de BARTH: "O fim é essencialmente próximo. O mundo tem *por princípio* seu fim no juízo e no reino, em Cristo" (p. 264). A diferença entre ALTHAUS e o jovem BARTH consiste principalmente em que para ALTHAUS a confrontação a qualquer hora da atualidade histórica com a eternidade não apenas pode significar juízo, mas em Cristo também presença da salvação. Cf. sobre isso G. HOFFMANN, *Das Problem der letzten Dinge in der neueren evangelischen Theologie*, 1929, p. 43 e 50ss.
²¹⁴ K. BARTH, *KD* II/1, 1940, p. 716.
²¹⁵ *TLZ* 75, 1950, p. 253-260, 257s.

a eternidade, que havia possibilitado a interpretação atualizadora da expectativa imediata do primeiro cristianismo pela incipiente teologia dialética, excluía "a idéia da eterna concretização da salvação como de um acontecimento único no fim do tempo".[216] Uma apreciação positiva da escatologia do fim da história, em contrapartida, pressupunha uma revisão do entendimento da eternidade. Ela não mais podia ser pensada apenas em contraposição ao tempo, mas tinha de ser pensada como englobando em si o tempo, respectivamente dando espaço em si para as diferenças temporais. KARL BARTH de fato desenvolveu um fulcro nesse sentido, ao definir a eternidade de Deus, acompanhando BOÉCIO, como "duração genuína" e assim como fonte, quintessência e fundamento do tempo.[217] A partir daí ele pôde agora conceber o tempo da criatura positivamente como dádiva e participação na eternidade de Deus.[218] Mas com isso ainda não se fez justiça à peculiar primazia do futuro escatológico no entendimento da fé no cristianismo primitivo.[219] Essa deficiência tampouco pode ser compensada pelo simples recurso à idéia bíblica da promessa, por mais que ela fundamente "uma nova percepção da abertura da história para frente".[220] O significado do futuro para o tema da escatologia precisa estar, pelo contrário, fundamentado na compreensão da própria eternidade e de sua relação com o tempo.

c) O reino de Deus como entrada da eternidade no tempo

A relação de tempo e eternidade é o problema-chave da escatologia, e os efeitos de sua solução se estendem para todos os setores da

---

[216] G. HOFFMANN, *op. cit.*, p. 101.
[217] K. BARTH, *KD* II/1, p. 686ss; *KD* III/2, p. 639s. Cf. ainda aqui vol. I, p. 538ss.
[218] Posição já exposta em *KD* II/1, p. 704. Cf. *KD* III/2, p. 63ss., p. 633ss.
[219] As exposições de BARTH sobre a pré-temporalidade, supratemporalidade e pós-temporalidade de Deus (*KD* II/1, p. 698ss.) na verdade expressam que a eternidade de Deus deve ser pensada como abarcando todo o tempo criado, porém não conseguem fazer justiça ao destaque dado ao futuro na escatologia do primeiro cristianismo. BARTH chega até mesmo a rejeitar expressamente a idéia de uma primazia de uma dentre as três formas de relação da eternidade com o tempo (respectivamente com a temporalidade; p. 711s).
[220] Posição de J. MOLTMANN, *Theologie der Hoffnung*, 1964, p. 50.

doutrina cristã. A identidade dos que ressuscitarão no futuro com os agora viventes, a relação do futuro do reino de Deus no fim da história com sua presença na atuação de Jesus, a relação da ressurreição geral dos mortos no retorno de Jesus Cristo com o fato de que os que nele adormeceram já depois de sua morte estão nele, de modo que sua comunhão com ele não seja interrompida, a relação do retorno do próprio Jesus com sua atuação terrena, e não por último a relação do reinado eterno de Deus e seu governo sobre o mundo com a futuridade de seu reino – tudo isso são perguntas e temas que permanecem sem resposta e cujo objeto não se torna compreensível sem esclarecer a relação entre tempo e eternidade. No entanto, as respostas aqui fornecidas repercutem também sobre a compreensão do ser humano como criatura, ao contrário de sua distorção pelo pecado, e evidentemente trazem consequências para o entendimento da economia da salvação divina como um todo em relação à vida interior trinitária de Deus.

Pontos de partida para tratar dessa temática serão o distanciamento de KARL BARTH de sua contraposição inicial, dualista, da eternidade contra o tempo, e sua adoção da concepção orientada em BOÉCIO (e com isso implicitamente em PLOTINO), da eternidade como posse ou dar-se conta da totalidade da vida.[221] Com base nesse entendimento em BARTH por meio do conceito, aliás, carente de clarificação, da "duração"[222]

---

[221] K. BARTH, *KD* II/1, p. 688s sobre BOÉCIO, *De consol. philos.* V,6,4: *Aeternitas igitur est interminabilis vitae tota simul et perfecta possessio* [a eternidade, pois, é uma posse interminável da vida, ao mesmo tempo total e perfeita] (CCL 94, 101). Acerca da origem dessa concepção da eternidade em PLOTINO, cf. vol. I, p. 535s

[222] K. BARTH, *KD* II/1, p. 688. É dito também: "Eternidade é exatamente aquela duração de que o tempo... prescinde." Nessa duração estão fundamentadas, conforme BARTH, a divina constância, imutabilidade e confiabilidade (p. 686s). O conceito da duração, porém, não recebe nenhuma definição mais precisa, exceto a frase: "Ela tem e é simultaneamente" (p. 686). Com isso provavelmente se tem em mente primordialmente a simultaneidade de Deus consigo mesmo, que se expressa em sua imutabilidade, ao contrário da não-simultaneidade do agora da criatura com seu passado por um lado, de seu futuro por outro. O conceito de duração, no entanto, requer de mais esclarecimento adicional (cf. o ensaio de W. WIELAND sobre esse tópico, in: *Hist. WB Philos*, vol. II, 1972, p. 26s). A definição da duração por BARTH como simultaneidade deixa de analisar se com isso qualquer sucessão de momentos de tempo deve estar excluída, ou se duração deve ser pensada como presença que abarca o tempo. Acima de tudo,

da eternidade, BARTH pôde caracterizar o tempo "dado" à criatura por Deus como participação em sua eternidade: "... ao nos dar tempo, ele de fato também nos *dá* eternidade".²²³ Entretanto nessa formulação BARTH não pensou em uma duração concedida por Deus à criatura, própria dele mesmo.

A formulação citada é subseqüente à excelente declaração de que nos cabe "buscar" o divino agora da eternidade "*também* em cada agora de nosso tempo, mas *também* no passado e futuro que circunda cada agora de nosso tempo" (*KD* II/1, p. 704). Isso poderia sugerir a idéia de que à "duração" da eternidade divina também corresponde uma duração da criatura no tempo que lhe é dado. Mas BARTH negou expressamente o predicado da duração para o tempo de criatura, "dado" ao ser humano (*KD* III/2, p. 640, cf. p. 622), pelo menos em vista da experiência do presente pelo ser humano.²²⁴ O tempo presente do ser humano se caracteriza, conforme BARTH, pelo agora como limite entre passado e futuro (III/2, p. 636). Por isso ele nunca "tem" tempo (p. 622). Na eternidade de Deus, no entanto, "o agora tem duração e dilatação" (p. 639), porque não

---

porém, falta em BARTH uma diferenciação entre duração limitada e ilimitada. Por isso BARTH tampouco trata de que na escolástica latina o conceito da duração tinha a função de denominador geral para eternidade e tempo (cf. o ensaio "*Nunc stans*" de H. SCHNARR, in: *Hist. WB Philos.*, vol. VI, 1984, p. 989-991, esp. p. 990, sobre ALBERTO MAGNO). A tendência de BARTH, de reservar a característica da duração para o conceito da eternidade, traz implícita uma opção pela concepção da duração ilimitada. Contudo dificilmente se poderá negar que de fato existe o fenômeno da duração limitada (cf. abaixo, nota 224) e que ele até mesmo é primordial para conceber duração. Porque somente por isso é possível, como já reconheceu AGOSTINHO, *medir* o tempo (*Conf.* XI,26, 33). Cf. sobre isso K. H. MANZKE, *Ewigkeit und Zeitlichkeit. Aspekte für eine theologische Deutung der Zeit*, 1992, p. 329ss.

²²³ K. BARTH, *KD* II/1, p. 704. Acerca da doutrina do tempo de BARTH e em especial também acerca de seus fundamentos cristológicos, cf. K. H. MANZKE, *op. cit.*, p. 490-534.

²²⁴ Acerca do passado e futuro do ser humano BARTH podia afirmar sem dúvida que eles têm uma duração: *KD* III/2, p. 619, cf. p. 649s. No contexto da duração que é admitida para o tempo de Jesus (*op. cit.*, p. 555), por isso também se trata da duração como de algo que o tempo de Jesus tem em comum com o das demais pessoas (p. 556). Duração, portanto, significa aqui "duração limitada", e isso está em contradição com as declarações que negam a duração ao tempo do ser humano.

está separado de seu passado e futuro. Apesar disso BARTH falou de que o ser humano existe na *transposição* da fronteira entre passado e futuro (p. 636), de maneira que ele em tal passo de transposição também possui uma relação com o todo de seu ser no tempo (p. 637). Com isso se aborda, na substância, o fenômeno do presente que abarca o tempo, em que nosso ato vivencial possui sua duração limitada. Contudo BARTH não entra nessa questão. Ao invés, fala de que o agora de Deus está co-presente no agora de nosso tempo presente, "pelo que... também nosso andar e caminhar *humano* do acontecido para o vindouro" se torna possível (p. 639). A continuidade da realização da vida humana não é apenas pensada como *fundamentada* na eternidade, mas como presença dela em nossa vida,[225] de sorte que à existência humana não é dada nenhuma duração própria, mas somente o anseio por duração (p. 672ss.).

A duração no tempo é decisiva para a existência autônoma da criatura. Apenas por meio da duração que lhe é própria, ainda que limitada, ela possui uma existência própria, diferente de Deus e de outras criaturas.[226] Nisso, na sensação de vida, está presente para os seres humanos, mas de modo análogo certamente também para outros seres vivos, sua vida como algo indefinidamente inteiro. Essa atualidade, constitutiva para a sensação temporal da duração,[227] da totalidade da vida na sensação,[228] tomada isoladamente, porém, permanece vaga. Contornos definidos são adquiridos por ela apenas por recordação e expectativa até onde alcançarem.[229] Nisso a expectativa tem a primazia,

---

[225] Cf. K. H. MANZKE, *op. cit.*, p. 523, que presume nessa argumentação de BARTH uma silenciosa controvérsia com a concepção de HEIDEGGER acerca de uma autoconstituição da existência em sua temporalidade.

[226] Cf. vol. II, p. 120 e p. 153, também p. 191.

[227] No sentido de H. BERGSON. Cf. dele *Essai sur les données immédiates de la conscience* (1889) 1924, p. 76, bem como *L'évolution créatrice* (1907) 1948, p. 1-7, também p. 201s.

[228] Cf. sobre isso, do autor, *Anthropologie in theologischer Perspektive* 1983, p. 237ss., esp. p. 241ss.

[229] A descrição clássica dessa realidade foi dada por AGOSTINHO na análise do tempo já citada acima, nota 117, no 11º livro das *Confessiones*. Remontou a experiência da duração, p. ex., na audição de uma melodia que soa da sucessão do tempo ou da concatenação de um discurso, à concepção de uma dilatação da alma (*distentio animi*, *Conf.* XI, 26,33) para além do respectivo ponto do agora, a qual possui como raiz a atenção (*attentio*) que se apega ao passado e se dirige

porque é somente a partir do futuro que consuma a vida que se define sua totalidade, de maneira que como o todo de uma canção é captado apenas em antecipação a seu desfecho ainda pendente.[230]

Em comparação com a eternidade divina, a duração experimentada na consciência do ser humano quanto ao presente que transpõe o tempo é limitada, e não apenas pelas limitações do tempo de vida humana, mas, além disso, também pela circunstância de que em nossa consciência do tempo o todo de nossa vida é captado em configuração definida apenas pelo avanço sobre coisas passadas e futuras e, mesmo assim, somente de maneira fragmentária. O eterno hoje de Deus, no entanto, não carece nem de recordação nem de expectativa. Seu dia permanece.[231] Ao agora "parado e permanente" de seu tempo presente corresponde apenas de longe o "agora fluente" de nossa consciência do presente.[232] E, não obstante, existe tal correspondência, seja na "duração" objetiva das configurações da existência de criatura, seja no ser humano, pela consciência, dilatada por recordação e expectativa, da própria duração no fluir do tempo.

Na consciência assim estruturada de sua duração, o ser humano busca se certificar da totalidade e identidade de sua vida apesar da fuga do tempo e até mesmo em sua realização. Porém, pela atenção com que segura o que afunda no passado e antecipa o vindouro, ela de forma alguma constitui a duração de sua existência. Ela fica preestabelecida antes dessa certificação como tempo dado, participação delimitada no eterno presente do Criador. Tem de fracassar a tentativa do pecador de alicerçar a identidade e totalidade da própria vida sobre o agora do

---

ao vindouro (XI, 28, 37s). Cf. sobre isso K. H. MANZKE, *op. cit.*, p. 361s, bem como vol. I da presente obra, p. 542s. e vol. II, p. 146.

[230] AGOSTINHO, *Conf.* XI,28,38, e ainda K. H. MANZKE, *op. cit.*, p. 331.
[231] AGOSTINHO, *En. in Pss.* 121,6: *stat semper ille dies* [está sempre parado aquele dia] (CCL 40, p. 1806). Nas *Confissões* AGOSTINHO fala do esplendor da sempre constante eternidade (*semper stantis aeternitatis*). Cf. sobre isso K. H. MANZKE, *op. cit.*, p. 322s. A concepção do agora "parado" da eternidade tem implícita em AGOSTINHO sua atemporalidade. Mas pode ser pensada também como identidade que abarca o tempo.
[232] A contraposição do *nunc currens* [agora corrente] do tempo presente de criatura e do *nunc permanens* [agora permanente] da eternidade foi formulada por BOÉCIO, *De trin.* IV,71-77 (*Die Theologischen Traktate*, ed. por M. ELSÄSSER, *PhB* 397, 1988, p. 18).

tempo presente do eu e sobre o esforço da atenção que traz à sua presença o passado e o vindouro, porque no fluir do tempo cada agora é levado de roldão por outro. A vastidão do presente na consciência da duração para além do respectivo agora se torna para a autodeterminação do eu em retesamento de um lado e em dispersão na multiplicidade de outro.[233] O eu preso ao agora, que se desvanece e cambia, do fluir do tempo não pode alicerçar sua duração e a totalidade de sua vida sobre si, i é, sobre a própria atualidade momentânea.

Na história da interpretação filosófica do tempo essa problemática possui como contrapartida as tentativas de fundamentar o conceito do tempo sobre a subjetividade da consciência, e não sobre a eternidade como base da coesão dos momentos de tempo em sua seqüência. Já a concepção aristotélica do tempo como número do movimento (*Phys* 219 b 1s) estava vinculada à concepção da alma como sujeito da contagem (223 a 25s.). Em analogia a isso também se poderia entender a interpretação de Agostinho, do tempo como *distentio animi* [distensão da alma], se não fosse caracteriza pelo duplo sentido da dilatação de um lado, e do retesamento e da dispersão na multiplicidade de outro, possuindo, assim, traços do fracasso no parâmetro do agora da eternidade divina, o único constante e que abarca todos os tempos. Para Agostinho a duração da alma humana não se fundamenta em si mesma, mas em Deus, do qual é réplica.[234] A isso Kant contrapôs, em seu ensinamento sobre o tempo como produto da auto-afeição do sujeito, no lugar da eternidade o "eu parado e permanente", para fundamentar a continuidade e unidade do tempo.[235] Paradoxalmente Kant foi motivado

---

[233] Isso se expressa na ambivalência da descrição agostiniana do tempo como *distentio animi* [distensão da alma]: *Distentio* designa por um lado "extensão temporal da consciência", mas por outro retesamento, bem como "dispersão e dilaceração para dentro da multiplicidade". Cf. K. H. Manzke, *op. cit.*, p. 333s sobre *Conf.* XI,29, 39, mediante referência E. A. Schmidt, *Zeit und Geschichte bei Augustin*, 1985, que enfatiza a segunda acepção de *distentio*. Cf. também do autor, *Metaphysick und Gottesgedanke*, 1988, p. 96, nota 7.

[234] Ainda que as *Confessiones* frisem mais fortemente que os escritos anteriores de Agostinho (como esp. *De immortalitate animae*, 387) o distanciamento de Deus pelo ser humano em sua consciência do tempo, a eternidade não deixa de ser o fundamento criador do tempo (K. H. Manzke, *op. cit.*, p. 348).

[235] I. Kant, *Kritik der reinen Vernunft*, 1781, A 123. Cf. B 67f. e B 152ss. Sobre a doutrina do tempo em Kant, cf. as observações do autor, in: *Metaphysik und*

nisso de forma determinante por uma intenção teológica, a saber, pela preocupação de preservar a transcendência de Deus diante do mundo, em contraposição à correlação de tempo e espaço ao conceito de Deus em NEWTON e CLARKE.²³⁶ O resultado, porém, foi de fato a absolutização do eu humano, mais tarde criticada com razão por HEGEL.²³⁷ MARTIN HEIDEGGER, em *O ser e o tempo* (1927), concluiu esse desprendimento do tempo de sua fundamentação pela eternidade, ao alicerçar o tempo não apenas sobre uma estrutura geral de subjetividade transcendente, mas sobre a execução concreta da existência que a si mesma se "temporaliza".²³⁸ A teologia cristã perceberá nisso uma descrição da distorção da constituição do tempo, como de fato acontece no ato vivencial do pecador.²³⁹ Todavia essa distorção sempre já pressupõe a fundamentação da continuidade e unidade do tempo sobre a eternidade divina.²⁴⁰

O tempo dado por Deus às criaturas e a distorção do relacionamento com ele no ato vivencial do pecador não devem ser igualados indistintamente.²⁴¹ A dilaceração do tempo na experiência do ser humano,

---

Gottesgedanke, 1988, p. 60s, bem como a exposição exaustiva em K. H. MANZKE, *op. cit.*, p. 127-160, esp. p. 151ss.

²³⁶ K. H. MANZKE, *op. cit.*, p. 115, com recurso a H. HEIMSOETH e outros.

²³⁷ K. H. MANZKE, *op. cit.*, p. 160 aponta para a contradição ali inserida: "O eu finito que se sabe no tempo a si mesmo se coloca fora do tempo como garantidor de uma unidade". Acera da crítica de HEGEL a KANT no contexto do problema do tempo, cf. ali p. 115s.

²³⁸ K. H. MANZKE, *op. cit.*, p. 161-203.

²³⁹ A tese de R. BULTMANN, de que a constituição básica da existência descrita pela análise existencial filosófica é a da incredulidade (ou seja, do pecado): "Das Problem der natürlichen Theologie", in: R. BULTMANN, *Glauben und Verstehen*, vol. I, 1933, p. 294-312, 309, de qualquer modo é correta para a estrutura da existência descrita por HEIDEGGER e (ao contrário de sua própria intenção) na realidade também para KANT.

²⁴⁰ Continua fundamental para isso a argumentação de PLOTINO trazida no vol. I, p. 535s. Cf. também vol. II, p. 148ss.

²⁴¹ Em KARL BARTH essa diferenciação não foi realizada com a suficiente clareza. P. ex., no final do trecho da *Kirchlichen Dogmatik* sobre o "tempo dado" ao ser humano, consta que, no caso, não se tratou "do que o tempo tem de se tornar, ser e permanecer para nós sob a premissa de nossa alienação perante Deus", mas do tempo, tal como ele faz parte da realidade natural do ser humano (III/2, p. 667), embora ele antes tenha falado da "monstruosidade da existência geral humana no tempo", que apenas seria superada pelo ser do homem Jesus no

que não tem tempo, precisamente porque tenta segurar e ampliar seu presente e arrastar tudo o que for possível para dentro dele, não deve, como tampouco para o vazio do tempo para aquele que não aceita seu tempo presente nem confia no futuro, cegar para o fato de que tanto a duração objetiva do tempo aprazado de vida quanto a sensação do tempo da duração da caminhada do agora pelo tempo, com inclusão de recordação e expectativa, fazem parte da existência de criatura dada por Deus. Isso não é anulado pelo fato de que o passado afunda diante de nós e somente pode ser chamado à memória de modo fragmentário, enquanto podemos apenas antecipar em contornos vagos o futuro ainda não acontecido e sempre de novo somos surpreendidos por sua realização. A multiplicidade dos momentos do tempo e com isso também dos acontecimentos não é apenas condição imprescindível para a multiplicidade e riqueza da realidade de criaturas, mas também – à semelhança da diferenciação das modalidades de tempo – condição para um devir das criaturas à estatura plena de sua existência e, logo, também condição para a autonomia de criatura. Por conta disso tanto a pluralidade de momentos de tempo e acontecimentos consecutivos quanto o caráter diferente das modalidades de tempo devem ser considerados relativos quanto ao presente das criaturas como integrantes da boa criação de Deus, e não com PLOTINO como conseqüências de uma queda da alma da unidade originária.[242] Apenas como reintegração do diverso forma-se a autonomia da duração de criatura. Contudo cada exemplo da concretização da autonomia de criatura é também uma nova configuração da superação de tal multiplicidade por meio da integração em uma forma de duração que constitui uma configuração de participação limitada na eternidade divina. Existe na criação uma série escalonada de tais configurações, as mais complexas das quais se erguem sobre as mais simples, e a limitação de cada uma delas não depõe contra o pressentimento da eternidade, expresso em sua duração, porém aponta para diante, a novos e mais elevados degraus de participação como criatura na vida eterna de Deus.

Em todos os seres viventes age um anseio por uma totalidade de sua vida, que eles ainda não possuem como consumação. No nível do

---

tempo (p. 625) e da qual foi dito: "Assim como descrito, o ser humano *pecador* está no tempo" (p. 623).

[242] Cf. vol. I, p. 152.

ser humano com sua consciência do presente ampliada por recordação e expectativa, que inclui também um saber do não-mais do passado e do ainda-não do futuro, torna-se temática de forma nova a totalidade da própria existência, a saber, na noção de que não possuímos a totalidade de nossa vida da maneira como para a eternidade de Deus a totalidade de sua vida e também de suas criaturas é presente imperdível. Na progressão do tempo é possível apenas, como já PLOTINO sabia, que se busque e espere a totalidade da vida de um futuro que integra a pluralidade dos momentos de vida em uma unidade.[243] A nós humanos, porém, e a todas as criaturas a totalidade de nossa vida ainda está oculta, porque seu futuro ainda está pendente. Unicamente um futuro de consumação de nossa vida – ao contrário do futuro da morte que interrompe a vida, e por isso um futuro para além da morte – pode realizar aquela totalidade que traz à tona a identidade de nossa existência em plena correspondência com a vontade criadora de Deus, em participação não-fragmentada na vida eterna de Deus, na medida em que tal participação, afinal, for coadunável com a finitude de criatura.[244] Inversamente é somente pela participação na eternidade de Deus que a dispersão da vida humana em seus momentos de vida dicotomizados pela progressão do tempo pode ser integrada para a unidade e totalidade. Participação intacta na eternidade evidentemente pressupõe o reconhecimento da divindade de Deus pela criatura, ao agradecer a Deus como seu Criador e adorar e exaltar sua divindade. Para isso é preciso que esteja superada a separação de Deus, causada pelo desejo do eu de ser como Deus, de sorte que na relação da criatura com Deus possa se mostrar a relação do Filho com o Pai. Tal superação da separação de Deus acontece pela atuação do Espírito na pessoa. Eleva o eu sobre si mesmo e permite que participe, pela confissão a Jesus Cristo como o Filho do Pai eterno, em sua relação filial com Deus. Dessa maneira se viabiliza que nossa vida de criaturas como um todo seja aceito

---

[243] Sobre PLOTINO, *Enn.* III,7,11, cf. vol. I, p. 541s. e a ali citada interpretação de W. BEIERWALTES.

[244] A finitude do ser da criatura na realidade exclui a não-limitação da existência, mas não a presença de toda a existência, assim limitada, na forma de pura duração como participação consumada na eternidade. Em contraposição, tampouco se opõe à finitude da existência de criatura que tal participação na eternidade seja, a partir desta, fixada como um momento dela mesma e assim preservada como não-transitória.

da mão do Criador, pela autodiferenciação de Deus e por isso também deixando valer as demais criaturas. Apesar disso também o cristão ainda espera por um futuro, em que sua vida temporal será perpassada na totalidade pelo louvor a Deus e glorificada para a comunhão imarcescível com o eterno Deus.

PAUL TILLICH designou a glorificação da criatura pela superação do negativo como "eternização" dela e a descreveu com o conceito da *essentificação*.[245] Para isso reportou-se a SCHELLING,[246] que por meio dessa idéia pretendia superar a restrição da vida eterna a uma alma imortal e comparou a essentificação com a extração da "essência" – p. ex., do óleo ou do vinho – da planta.[247] O processo da essentificação ocorre conforme SCHELLING na morte do ser humano (W, p. 207), mas certamente apenas na medida em que o ser humano em seu morrer está referido à eternidade de Deus, que pelo Espírito divino no caso de Jesus Cristo já definiu sua vida terrena e em sua morte se tornou "o fator despertador daquele que foi feito ser humano" (*op. cit.*, p. 219). Ora, o conceito da essentificação é, como o próprio TILLICH viu, problemático, uma vez que em TILLICH como em SCHELLING a essência das coisas era imaginada como precedente à sua existência temporal. Essa essência já é eterna em si, porque atemporal. Será que a essentificação significa, então, mero retorno da temporalidade da existência para o ser essencial? TILLICH viu o problema de que o simples retorno a uma essência pré-temporal significaria a declaração de nulidade de tempo e história. TILLICH tentou evitá-lo. Pretendia, por isso, que o conceito da essentificação fosse entendido de tal modo que "o novo que se concretizou em espaço e tempo acrescenta algo ao ser essencial, pela vinculação ao positivo que é criado na existência, gerando assim o incondicionalmente novo, o "novo ser".[248] No entanto, será que o "novo ser" não

---

[245] P. TILLICH, *Systematische Theologie*, vol. III (1963), trad. alemã 1966, p. 453, cf. p. 466, 458s.
[246] P. TILLICH, *op. cit.*, p. 453.
[247] F. W. J. SCHELLING, *Philosophie der Offenbarung*, 32. *Vorlesung* (1845), in: *Schellings Sämmtliche Werke*, vol, II. Seção IV, 1858, p. 207. As citações seguintes no texto se referem a essa obra e essa edição.
[248] P. TILLICH, *op. cit.*, p. 453. O interesse de TILLICH se assemelhou aqui ao de A. N. WHITEHEAD em sua doutrina sobre a *"consequent nature"* [natureza conseqüente] de Deus, que se diferencia da essência eternamente originária (*"primordial nature"* [natureza primordial]) de Deus pela característica de que o resultado

continua sendo uma composição heterogênea, enquanto a "essência" for pensada como independente do tempo e anterior a todo tempo? Como é possível acrescentar a uma "essência" dessas algo que não pertence ao mesmo nível de sentido? Será que aquilo que transcende o conceito de essência poderia ser algo diferente que o não-essencial? Inversamente, se o conceito de essência não inclui em si o conteúdo positivo da existência temporal, será que nesse caso realmente se trata da essência desse ente temporal concreto? A incongruência aqui existente perpassa também as declarações de TILLICH sobre a relação do eterno com o tempo. Por um lado afirma-se que a eternidade seria "o alvo interior, o *télos* do finito criado, que continuamente atrai o finito para junto de si no alto". Por outro, a transição do temporal para o eterno deve ocorrer fora do tempo.[249] Contra a intenção de TILLICH, de preservar o produto positivo da história temporal para a eternidade, incide sempre de novo a atemporalidade de seu conceito de essência, com o resultado de que o tempo passa a ser indiferente. Somente se consegue escapar dessa aporia quando se imagina a própria essência das coisas como constituída pelo processo de sua história e, logo, em última análise a partir do futuro de sua consumação. Então a essentificação significará nada mais que a consumação de todas as coisas. Assim também é possível falar de uma presença da essência de todas as coisas já no processo de sua história. Elas são o que serão no fim, já a caminho para lá. Porém elas o são apenas na maneira da antecipação de seu futuro.[250] Desse modo também as pessoas são elas mesmas, já a caminho de sua história, mas somente na forma da antecipação do futuro de sua consumação. A duração das coisas no tempo é, portanto, participação na eternidade apenas graças à presença precursora de sua identidade, de sua essência, que somente se destacará no fim de sua caminhada e no fim de toda história em sua configuração conclusiva, consumada, já no tempo de sua própria existência.

---

positivo dos processos que ocorrem no mundo é nela acolhido e preservado em seu valor (A. N. WHITEHEAD, *Process and Reality. An Essay in Cosmology* (1929) Macmillan edition Harper TB 523f. e 530f.). WHITEHEAD também chegou a designar essa *"consequent nature"* de Deus como "kingdom of heaven" [reino dos céus] (p. 531s).

[249] P. TILLICH, *op. cit.*, p. 452, cf. p. 474, bem como acima, nota 186ss.

[250] Sobre isso, cf. em detalhe o cap. "Begriff und Antizipation" em meu livro: *Metaphysik und Gottesgedanke*, 1988, p. 66-79, esp. p. 76ss.

O futuro de consumação representa a entrada da eternidade no tempo. Porque tem por conteúdo o que distingue a eternidade, mas que submerge na dispersão do tempo: a totalidade da vida, por isso também sua verdadeira e definitiva identidade.²⁵¹ Em razão disso é no futuro escatológico que se fundamenta a essência duradoura de toda criatura, que na duração de seu tempo de vida, a ela atribuído, já se torna manifesta e, não obstante, chegará a se mostrar somente no futuro escatológico em sua forma plena. Ainda não se manifestou o que haveremos de ser (1Jo 3.2). Isso vale não apenas para a experiência de fé dos cristãos. Todo ser humano ainda está a caminho para se tornar ele mesmo, e apesar disso cada qual já é presentemente de algum modo a pessoa que será à luz de seu futuro escatológico.²⁵²

Entretanto, na duração da existência de criatura a eterna autoidentidade de Deus encontra apenas um eco distante e mais ou menos fragmentado, e precisamente também, e especialmente, no caso dos seres humanos. Apenas na história de Jesus de Nazaré o futuro escatológico e com ele a eternidade de Deus realmente entraram na atualidade histórica. É o que declara a confissão da igreja acerca da encarnação do Filho na pessoa de Jesus. Justamente por meio da autodiferenciação de Deus em sua proclamação e em seu comportamento Jesus se evidenciou, conforme foi mostrado em momento anterior,²⁵³ como o Filho do eterno Pai. E o futuro do reino, que ele anunciou como vindouro já se tornou presente em seu falar e sua atuação.

A irrupção da presença do reino vindouro também é participada às outras pessoas, desde que aceitem a mensagem de Jesus e se abram para a atuação dele. Afirmou ele: "Se pelo dedo de Deus expulso os

---

²⁵¹ Acontece que essa totalidade estará realizada na consumação escatológica na maneira de unidade não-partida daquilo que no tempo do ser humano é dicotomizado em cada ponto em modalidades de tempo de passado, futuro e presente. PAUL TILLICH já considerou sendo preparada a suspensão da exclusão recíproca dos três modos de tempo através de sua interpenetração em formas de vida muito mais no nível da consciência mental dos humanos (*Systematische Theologie*, vol. III, p. 361s). Cf. sobre isso K. H. MANZKE, *op. cit.*, p. 484ss.
²⁵² Cf. a observação do autor, in: *Anthropologie in theologischer Perspektive*, 1983, p. 233, acerca historicidade do ser pessoa. Nela está pressuposto todo o andamento das análises ali precedentes acerca da constituição da autoconsciência e para a relação entre eu e si-próprio (p. 173-235).
²⁵³ Vol. II, p. 508ss.

demônios, então o reino de Deus já chegou até vocês" (Lc 11.20). O Cristo joanino expressa a mesma realidade em relação ao futuro escatológico da ressurreição e do juízo: "Quem ouve minha palavra e crê naquele que me enviou tem a vida eterna e não entra no juízo, mas deixou atrás de si o passo da morte para a vida" (Jo 5.24). O mesmo consta na frase seguinte: "Vem a hora, e ela já está aí, em que os mortos ouvirão a voz do Filho de Deus, e os que a ouviram, viverão." Também aqui "futuro escatológico e tempo presente da mensagem de Jesus são juntados, sem que com isso o futuro seja diluído no presente. Pelo contrário, confere justamente ao presente seu significado oculto".[254]

A mesma estrutura se encontra nas célebres declarações paulinas sobre o "já" e o "ainda não" da salvação. Pelo batismo os crentes já foram, no presente, sepultados com Cristo em sua morte (Rm 6.3) e em razão disso estão livres do pecado (Rm 6.7) e reconciliados com Deus, embora em sua jornada terrena ainda tenham diante de si a morte. Eles já têm participação no Espírito da nova vida (Rm 8.11), embora sua ressurreição ainda seja futura (cf. Rm 6.5). A carta aos Colossenses foi ousada a ponto de designar, à semelhança do evangelho de João, a ressurreição dos batizados como realidade já presente (Cl 2.12), embora também aqui a tensão com o futuro da salvação seja preservada na declaração de que a nova vida do crente ainda está oculta com Cristo em Deus, até o qual foi exaltado (Cl 3.3s).

A mesma tensão impregna até mesmo as declarações da cristologia, e justamente não apenas na retrospectiva da fé pascal sobre a relação da trajetória terrena de Jesus com a identidade do Filho de Deus, manifesta em sua ressurreição e que retroativamente também determina a identidade da pessoa de Jesus antes da Páscoa.[255] Uma tensão similar existe também na relação da realidade presente do Senhor exaltado com a sujeição dos poderes demoníacos, a ser realizada apenas com seu retorno. O Cristo ressuscitado já está instalado no governo à direita do Pai (Fl 2.9s), embora na terra a "luta" (Fl 1.30) ainda

---

[254] Citação do autor, in: *Grundfragen systematischer Theologie*, vol. II, 1980, p. 201. O alcance dessa situação para a teologia em seu todo está no centro da obra de D. WIEDERKEHR, *Perspektiven der Eschatologie*, 1974. Em vista da restrição dos temas escatológicos a uma descrição do último futuro do mundo importa para WIEDERKEHR sua relevância para o presente no sentido da "escática" (escatologia) do primeiro cristianismo.

[255] Cf. vol. II, p. 513ss.

continue e somente chegará ao fim no retorno de Cristo pela "força com que ele é capaz de submeter o universo" (Fl 3.21). Mesmo que ele já seja o soberano do mundo, Cristo não obstante "aniquilará" somente em seu retorno "o que possui domínio, reivindica potestade e exerce poder" (1Cor 15.24). De maneira análoga a própria ressurreição de Jesus é uma antecipação da ressurreição dos mortos no fim dos tempos.

Também independentemente da fé dos humanos a verdade escatológica já é realidade presente, ainda que de forma oculta. Porque com Jesus Cristo já está presente no mundo não apenas a vida, mas igualmente o juízo (Jo 12.31 e 47s), do mesmo modo como já acontece agora a prostração dos poderes deste mundo. Apenas para a fé a presença oculta do *éschaton* é presença da salvação, mas a verdade das coisas, a ser revelada no futuro, a verdadeira essência que há de vir à luz, determina de forma bem geral já sua existência atual, por mais que ela ainda de algum modo tenha à frente de si uma "transformação" radical. É somente no âmbito da ontologia geral da realidade presente do ser como constituído do futuro escatológico de sua essência que as declarações da teologia sobre a presença escatológica da salvação adquirem sua plena plausibilidade.

De tudo isso resulta agora uma inversão significativa para a compreensão das declarações escatológicas: Se as coisas futuras já constituem o presente de forma oculta, fica respondida a partir daí a pergunta pela identidade do atual com o futuro de sua consumação: Esse futuro não vem ao encontro da realidade presente da vida individual quanto social como uma realidade totalmente diferente, porque pelo contrário a própria vida atual deve ser compreendida como forma de manifestação e processo de constituição de sua configuração essencial a ser escatologicamente revelada. Nisso a relação da realidade da essência das coisas é mediada com a configuração presente por meio da relação da eternidade com o tempo, porque a essência das coisas é o todo de sua configuração na forma da simultaneidade, mas purificada das mesclas heterogêneas, deformações e lesões de sua existência terrena – não dos vestígios da cruz, contudo certamente dos vestígios e das decorrências do mal na busca de independência das criaturas contra Deus.

A identidade entre os que despertarão para uma nova vida em uma futura ressurreição dos mortos e os indivíduos que vivem e morrem no processo de sua história terrena será inconcebível enquanto a identidade da pessoa no sentido da continuidade de sua existência for pensada no decurso do tempo e se tentar também imaginar a ressurreição dos mortos em um prolongamento dessa linha. Diferente é quando a impossibilidade de se perder o que aconteceu no tempo é levada em conta para a eternidade de Deus: Para ele tudo que foi um dia permanece presente, e precisamente isso permanece presente no todo de sua existência *como* aquilo que foi. Ora, ficou evidenciado acima que a duração da criatura em seu próprio ato de vida, que por nós seres humanos em nossa consciência do tempo pode no mínimo ser conhecida de forma fragmentária, deve ser entendida como participação na eternidade de Deus e que nisso cada criatura tem sua essência peculiar, assim como está fundamentada em seu ser diferente específico a partir da autodiferenciação criadora do Filho em relação ao Pai.[256] A ressurreição dos mortos e a renovação da criação se apresentam por isso como o ato pelo qual Deus, através de seu Espírito, devolve à existência das criaturas aprovadas em sua eternidade, a forma de seu ser-para-si.[257] Nisso a identidade das criaturas não carece de nenhuma continuidade de seu ser na linha do tempo, mas está assegurada suficientemente pelo fato de que sua existência não está perdida na eterna presença de Deus.

Disso resulta uma solução para a muito discutida pergunta se os indivíduos já entram diretamente depois da morte na eternidade de Deus para participar de sua vida eterna ou se apenas ressuscitarão no fim da história. Ambos os pontos de vista têm sua razão: Cada indivíduo, no instante de sua morte, entra na eternidade, que significa tanto juízo quanto salvação e transfiguração, e não obstante todos que adormeceram em Cristo recebem somente no fim dos tempos conjuntamente por meio do Espírito de Deus o ser-para-si da totalidade de sua existência preservada em Deus, para com todos os demais viverem perante Deus.

De modo análogo chegam à solução os problemas que para a concepção estão vinculados à idéia do reino de Deus como consumação da comunhão na unidade do gênero humano. Se o fim do tempo precisa ser entendido em analogia com a morte do indivíduo como o

---

[256] Cf. vol. II, p. 63ss.
[257] Com isso estão respondidas as perguntas que a mim dirigiu J. Hick, *Death and Eternal Life*, 1976, p. 224.

acontecimento da suspensão do tempo na eternidade – no que não apenas as peculiaridades da realidade de criatura, mas tampouco o caráter diferente dos momentos e as modalidades do tempo não desaparecem simplesmente, mas não estão separadas umas das outras, porque unicamente Deus é o futuro do finito, a partir do qual ele recebe de novo a existência no todo como algo existido, ao deixar simultaneamente a seu lado todo o ser restante de criatura – então estarão superados nisso também os antagonismos entre indivíduo e sociedade. Acima de tudo, porém, na eternidade de Deus a existência de todos os indivíduos é concomitante, de modo que sob as condições da eternidade também a destinação dos humanos à comunhão da humanidade será concretizada por sobre todas as barreiras que separam umas da outras as eras da história. Somente na esfera da eternidade é possível concretizar assim sem restrições a unidade entre a destinação do ser humano como indivíduo e a destinação da humanidade como gênero. A constituição da comunhão da humanidade, que abarca a todos os indivíduos, pelo senhorio de Deus, para a unidade de seu reino se dará pelo hálito da eternidade daquele Deus que para toda a eternidade persevera em seu ato criador.

A participação das criaturas na eternidade de Deus, porém, somente é viável sob a condição de uma transformação radical, não apenas por causa da suspensão do tempo na eterna simultaneidade da vida divina, mas igualmente também e sobretudo por causa do pecado da separação de Deus, vinculado com nossa temporalidade, e do antagonismo das criatura entre si. Na presença de Deus o pecador tem de perecer. Por isso não pode absolutamente permanecer vivo, como Jacó (Gn 32.30s), quem viu a face de Deus. Em decorrência, Deus falou a Moisés: "Não podes contemplar meu semblante; porque nenhum ser humano que me vê permanece vivo" (Êx 33.20). Por isso Isaías foi tomado de pavor quando contemplou a Deus no templo: "Ai de mim, estou perdido! Porque sou uma pessoa de lábios impuros e habito entre um povo de lábios impuros – e vi com meus olhos ao Rei, ao Senhor dos exércitos" (Is 6.5). E não obstante está prometido aos que têm coração limpo que eles verão a Deus (Mt 5.8; cf. Sl 24.4-6). Quem, no entanto, tem um coração tão limpo, se pessoas como Moisés e Isaías não puderam sobreviver na presença direta de Deus? Como, então, é possível uma participação das criaturas na vida eterna de Deus?

4. O juízo e o retorno de Cristo

A expectativa da vinda do senhorio de Deus e da correlata transição definitiva do tempo para a eternidade possui para o cristianismo a forma concreta da esperança pelo retorno de Cristo. O retorno de Cristo não é para a expectativa cristã algo adicional à vir.da do reino, mas o meio concreto dessa sua vinda.[258] Assim como Jesus já em sua proclamação terrena preparou o caminho do senhorio de Deus, assim o senhorio do Exaltado e sua consumação em seu retornc não servem a nenhuma outra finalidade senão à instauração definitiva de seu reino. O reino do Pai, cuja proximidade Jesus anunciou na terra e que já irrompeu por meio de sua atuação terrena, está inseparavelmente ligado à pessoa do Filho e à sua atuação, motivo pelo qual chegará à consumação por meio do retorno de Jesus Cristo em glória.

Desse modo foi dito inicialmente apenas algo sobre a relação entre a esperança cristã pelo retorno de Jesus e o tema central de sua mensagem e história terrenas. Nada ainda está decidido sobre a possibilidade de verificação, a verdade e a fundamentação objetiva da concepção do retorno de Cristo. Entretanto não será cabível considerar essa concepção como algo semelhante a uma duplicação obsoleta da esperança do reino de Deus, porque tem a ver justamente com a inserção da pessoa e história de Jesus como o Ressuscitado nessa esperança. Qual é a razão, porém, que essa inserção assumiu justamente a configuração da concepção do retorno de Jesus?

Representa inicialmente apenas uma resposta histórica a essa pergunta remeter a que a expectativa do retorno de Cristo está estreitamente ligada às raízes da confissão a Cristo como tal, da confissão do caráter messiânico do Crucificado e Ressuscitado.[259] O cristianismo

---

[258] Cf. o exposto no vol. I, p. 417ss. sobre a relação entre o senhorio de Cristo que conforme Mt 28.18 foi transferido ao Ressuscitado, e o senhorio do próprio Deus, especialmente em vista de 1Cor 15.28: O senhorio do Filho não deve ser entendido, como defendia o milenarismo dos montanistas e de outros, como uma época própria da história da salvação, que em seguida seria concluída e substituída pelo senhorio do próprio Deus (o Pai), mas desde já o senhorio do Filho somente faz sentido em submeter tudo ao senhorio do Pa:, e por isso se pode afirmar acerca do Filho que seu reino não terá fim (Lc 1.33).

[259] Mc 8.29; par. Acerca das correlações entre o título de Cristo e a condenação e morte de Jesus na cruz por um lado, e de sua ressurreição dentre os mortos por outro, cf. vol. II, p. 510ss.

primitivo proclamou o Ressuscitado como o Rei messiânico do fim dos tempos esperado pela expectativa judaica de futuro e será enviado por Deus (At 3.20; cf. 1Cor 15.23ss). Nisso fundiu-se para ele a expectativa de seu retorno com a expectativa judaica do Filho do Homem, que há de "vir sobre as nuvens do céu" (Mc 14.62; cf. Dn 7.13), com "grande poder e glória" (Mc 13.26),[260] para realizar o juízo sobre os vivos e os mortos (At 10.42).[261] Acerca do juízo vindouro do Filho do Homem na realidade falou também o próprio Jesus, e precisamente com o foco de que ele acontecerá em concordância com sua mensagem e que por isso o Filho do Homem declarará justos aqueles que agora já se confessam a Jesus e sua mensagem (Lc 12.8).[262] Para a congregação dos primórdios cristãos o discurso de Jesus acerca do futuro do Filho do Homem se apresentou, então, de tal maneira que Jesus teria falado nessas palavras de seu próprio retorno (Mt 10.32s). Dessa forma se combinou com a esperança pelo futuro Messias a função do Juiz vindouro e com isso o problema de como unificar as duas.

Não é essa a única questão que se levanta no contexto da concepção de um retorno de Jesus. Primeiramente há a dificuldade de que realidade, afinal, está sendo asseverada com ele. Como o retorno corporal de Cristo se relaciona com o testemunho cristão da Páscoa e com a esperança da ressurreição dos cristãos? Essa pergunta é fundamental para o pretendido teor de realidade da expectativa de retorno. A isso se acrescenta a pergunta pela relação entre retorno de Cristo e juízo final: Que Jesus de Nazaré, em que o cristianismo crê como o Redentor do mundo, tem a ver com o juízo final? Com isso novamente

---

[260] Essa passagem provavelmente ocasionou a inclusão das palavras "com glória" no texto do Credo "niceno" de Constantinopla em 381 (DS 150), uma ampliação já cocumentada em meados do séc. IV (DS 41s) da menção original do retorno de Cristo para o juízo no texto do Credo Niceno de 325 (DS 125).

[261] Quanto à origem judaica da concepção do juízo do Filho do Homem, cf. esp. En. et. 69,27 e 45,3. Ela também ocorre na parábola de Jesus do juízo sobre o mundo (Mt 25.31).

[262] A função do juízo também está incluída no anúncio da vinda do Filho do Homem por Jesus nas narrativas sinóticas sobre seu processo (Mc 14.62). Cf. vol. II, p. 479s. Em Lc 12.8s a função do Filho do Homem poderia também ser a da testemunha ("confessar" perante os anjos de Deus) e não a de juiz (opinião de E. BRANDENBURGER, art. "Gericht Gottes III", in: TRE 12, 1984, p. 469-483, 470), o que, no entanto, seria uma ocorrência singular no contexto da expectativa judaica do Filho do Homem.

está vinculada outra pergunta pela relação entre o juízo final e a glorificação dos que pela fé estão ligados a Jesus no retorno dele, e essa pergunta levará à função do Espírito no contexto do acontecimento do fim e conseqüentemente a uma solução da pergunta pela relação entre pneumatologia e escatologia.

Para a análise do complexo temático todo se recomenda começar pela concepção do juízo, porque ela está estreitamente ligada à relação, já discutida, entre eternidade e tempo e constitui uma premissa histórica e objetiva da expectativa do retorno de Jesus. Justamente assim pode ficar explícito que significa para a expectativa do juízo que sua execução é correlacionada com a pessoa de Jesus. A pergunta pela relação entre juízo e glorificação está estreitamente ligada a isso. Ela aprofundará o tema da relação entre eternidade e tempo e se evidenciará como acesso à clarificação da pergunta objetivamente fundamental pela modalidade do ser do acontecimento esperado como retorno de Jesus Cristo.

a) O juízo e seu critério

A eternidade é o juízo: Isso foi enfatizado com razão pelos inícios da teologia dialética. Contudo esse juízo não significa simplesmente aniquilamento da existência finita, porque o Deus eterno é o Criador do mundo e também como juiz se atém a sua vontade criadora. Por isso o confronto com a eternidade significa juízo para as criaturas somente na medida em que elas se tornaram independentes diante de Deus, se separaram de Deus e desse modo também entraram em antagonismo com as co-criaturas. Não por último o ser humano vive como pecador na contradição também contra si mesmo, contra a destinação de sua própria existência, recebida em sua criação, e em função dessa contradição interior a existência do pecador perece na esfera em que todos os momentos de sua vida se juntam na relação de uma eterna concomitância. A dissociação e ocorrência temporalmente consecutiva dos momentos vivenciais nesta vida terrena permite também a ocorrência de conteúdos mutuamente contraditórios da vida. Contudo na consonância de todos os momentos vivenciais no eterno presente o que é contraditório passa a ser dissonância estridente.

Já nesta vida estão em jogo a identidade, a fidelidade na concordância conosco mesmos, e também em relação a outros, a integração dos momentos vivenciais na unidade do todo da vida. No entanto o avanço do tempo viabiliza que muitas coisas sejam reprimidas. A dissociação dos momentos vivenciais possibilita também fingimento e máscara. Na esfera da presença eterna, porém, em que ressoa em conjunto tudo o que constituiu o conteúdo desta vida, não é mais possível preservar a identidade pessoal por repressões, máscaras e fachadas. A eternidade traz à luz do dia a verdade sobre a vida terrena (*4 Esdras* 6,28), ainda mais que o conceito da verdade se caracteriza pela unidade e consonância de tudo que é verdadeiro.[263] Tudo que é verdadeiro converge entre si para formar uma unidade sem contradições. A consonância de todos os momentos isolados de nossa vida humana na esfera da eternidade de Deus, no entanto, dificilmente resulta do som limpo da harmonia do verdadeiro, mas certamente se apresentará antes como dissonância mais ou menos estridente. A concepção da eternização de nossa vida temporal leva, portanto, inicialmente a uma imagem que antes retrata o inferno que a beatitude eterna.[264]

Porventura isso significa que nossa vida na perspectiva da eternidade precisa sucumbir impreterivelmente diante suas contradições internas? Isso sem dúvida seria assim se ela ficasse entregue a si mesma. Já no interior da história o juízo de Deus consiste em que as pessoas são deixadas por conta de si mesmas, "entregues" às conseqüências de sua conduta (Rm 1.24,28). Ele não é feito, p. ex., de castigos que seriam vinculados formal e arbitrariamente a determinadas formas de comportamento. Por isso o juízo não é expressão do arbítrio divino. Ele apenas executa o que perfaz a natureza da questão. Deus é juiz apenas na proporção em que é, em sua eternidade, fiador da verdade e da justiça. Algo correspondente vale também para o juízo final. Também aqui o juízo apenas consiste em que os pecadores são deixados à mercê das conseqüências de seu agir. Quando isso acontece, a vida deles tem de se aniquilar nas contradições internas de sua existência.

---

[263] Cf. vol. I, p. 88s., cf. p. 50ss.

[264] J. Hick á encontrou corretamente em minhas exposições sobre tempo e eternidade de 1962 *"the base for a strong, and indeed terrifying, conception of judgment and hell'* [a base para uma concepção forte e com certeza aterradora de juízo e inferno (*Death and Eternal Life*, 1976, p. 225, cf. o contexto de p. 221-226, bem como do autor: *Was ist der Mensch? Die Anthropologie der Gegenwart im Lichte der Theologe*, 1962, p. 49-58.

Mas Deus não é apenas juiz. Ele é e continua sendo também o Criador do mundo. O apego à sua intenção criadora implica em que Deus não deseja deixar sua criatura fracassar nas dissonâncias de sua existência, assim como se salientam na esfera do eterno presente. Por isso Deus foi atrás de suas criaturas no caminho de seu afastamento dele, a fonte de sua vida, para movê-las à reconciliação com ele. Na verdade também a vida dos reconciliados com Deus será confrontada com o juízo da eternidade. Mas para eles o juízo já não se torna aniquilamento, mas purificação da dissonância do pecado e de tudo que contradiz a intenção da criação divina. O juízo se torna assim um fogo purificador do crisol (Is 1.25; Ml 3.2ss). Ele é o fogo que extingue tudo que é inconciliável na vida da criatura com o Deus eterno e com a participação na vida dele (Is 66.15ss). Quem, no entanto, está aliado com Deus pela fé pode até sofrer perda, ao se queimarem suas obras, dependendo se construiu com ouro, prata, pedras preciosas ou, então, com lenha, feno ou palha: "Porque o dia há de revelá-lo, pois ele se manifesta pelo fogo, e conforme estiver constituída a obra de cada um, o fogo o comprovará" (1Cor 3.12s). O que Paulo afirma aqui acerca dos colaboradores da obra da evangelização vale para os crentes de forma bem geral (cf. 1Pd 1.7): Se a obra de alguém, que ele "edificou" sobre o fundamento posto por Deus "permanecer, ele receberá recompensa. Se a obra de alguém queimar, ele sofrerá perda. Ele mesmo, porém, será salvo, porém como que passando pelo fogo" (1Cor 3.14s). A possibilidade de tal salvamento no juízo, porém, depende da ligação com Deus, que se fundamenta do lado de Deus sobre a morte reconciliadora de Cristo, do lado do ser humano sobre batismo e fé.

De forma semelhante como o reino de Deus pela fé já gera o tempo presente, assim o futuro de Deus agora também já atua para dentro do presente no que se refere à purificação pelo fogo do juízo divino. Purificação do pecado, afinal, já acontece na atualidade pela penitência e pelo batismo para remissão dos pecados. Neles é antecipada a purificação pelo juízo.[265] Isso acontece no batismo de tal forma que ele antecipa, em forma de sinal, a morte do batizando, que ele morrerá

---

[265] Também no geral vale conforme a mensagem do Novo Testamento que o juízo vindouro já age para dentro da atualidade do mundo (Rm 1.18; Jo 12.31). Contudo apenas no caso da penitência e do batismo isso acontece no sentido de purificação salutar do pecado.

como decorrência do pecado. Uma vez que o batizando é vinculado nesse acontecimento à morte de Cristo, está lançado ao mesmo tempo nesse ato o fundamento da esperança pela nova vida que despontou em Jesus, que por meio do Espírito já agora se torna ativa, de modo que vem ao encontro da vida do pecado, à mercê da morte, outra vida que deve crescer, enquanto a vida presa ao pecado definha. *Mortificatio* [mortificação] é o sentido sério de toda penitência. Quem dá espaço a essa purificação já aqui em sua vida pode ter a esperança de que não será consumido totalmente no fogo do juízo vindouro, mas que será salvo passando por meio do juízo. Já foi essa a mensagem do Batista e o significado do batismo praticado por ele. Esse motivo ingressou como momento parcial também na mensagem de Jesus, mas permaneceu nela subordinado ao tema central dela. Na mensagem e atuação de Jesus o arrependimento não é um fim em si mesmo, mas acompanha apenas a alegria pela presença da salvação do senhorio de Deus. Com palavras de Paulo, esse último é o fundamento e o ouro e a prata que é disseminado pelo evangelho e que será preservado no fogo do juízo. E apesar disso não existe nenhuma verdadeira aceitação da mensagem da presença da salvação do reino de Deus em Jesus Cristo sem arrependimento. Na própria aceitação dessa mensagem já reside o arrependimento. O perdão dos pecados que é mediado implicitamente por meio dessa mensagem e sua aceitação, tem de se concretizar na vida de que o recebe como purificação do pecado.

Pelo fato de Jesus efetuar com a proclamação da presença da salvação do senhorio de Deus simultaneamente arrependimento e purificação do pecado, ele se tornou fiador da redenção diante da "ira vindoura" do juízo (1Ts 1.10). Essa é a primeira e decisiva função de Jesus em vista do juízo, que Paulo relacionou na passagem citada justamente com o retorno de Cristo.

Paralelamente existem outras declarações que dizem que o próprio Jesus Cristo realizará o juízo, p. ex., em Paulo em 1Cor 4.5 e 2Cor 5.10. Essa concepção é compreensível como resultado da identificação de Jesus com o Filho do Homem, da expectativa judaica do fim, que vem pelas nuvens do céu para o julgamento do mundo (Mt 10.32s; cf. Mc 14.62). Ela subjaz ao mistério do julgamento sobre o mundo em Mateus (Mt 25.31-46), e aparece também sem ligação expressa com o título de Filho do Homem na tradição singular em Lucas e Mateus das palavras de Jesus (Lc 13.25-27; par.), bem como na declaração de Atos dos Apóstolos, de que Deus teria posto o Jesus Ressuscitado "para juiz sobre vivos e mortos" (At 10.42).

A concepção da execução do juízo por Jesus, porém, de forma alguma se encontra tão inequivocamente no centro do testemunho do Novo Testamento como se deveria esperar na perspectiva da posterior formação teológica e confessional da igreja, que com sua declaração sobre o retorno de Cristo[266] se moveu por essa linha conceitual.[267] Mais freqüentemente o próprio Deus é citado como o Senhor do juízo, como em *4 Esdras* 7,33ss. Essa concepção ocorre no Sermão do Monte (Mt 6.4,15,18), na primeira carta de Pedro (1Pd 4.5),[268] mas igualmente no Apocalipse de João (Ap 20.11) e não por último em Paulo (Rm 2.3ss; 3.6; 14.10; 1Cor 5.13). Paralelamente ocorre em Paulo às vezes também a concepção de que "os santos" julgarão o mundo (1Cor 6.2s.; cf. Dn 7.22 e Mt 19.28). Já em Paulo constam, portanto, lado a lado – como também no restante do Novo Testamento – diferentes concepções sobre a pessoa do juiz no juízo final. Nítido é que o Cristo que retorna terá uma função no juízo final, mas a modalidade dessa função é definida de formas diversas. Conforme 1Ts 1.10 ela consiste justamente em que Cristo "salva os crentes diante da ira vindoura" (cf. Fl 3.20). De forma semelhante a primeira epístola de Pedro fala da graça que sobrevém os fiéis "quando Cristo sair da ocultação" (1Pd 1.7). Aquele que retorna aparece aqui mais como defensor perante o tribunal do Pai que como juiz.[269] Com isso combina também a asserção enfática do evangelho de João, de que Jesus não veio ao mundo para julgar, mas para salvar (Jo 3.17; 12.47). Isso vale no sentido do evangelho de João não apenas para a atuação terrena de Jesus. Embora seja dito que o Pai lhe entregou o juízo (Jo 5.22ss), também se afirma do juízo final vindouro que pessoalmente Jesus não condenará ninguém, porque veio, antes, para a salvação do mundo. Apesar disso decide-se em suas palavras o futuro dos seres humanos no juízo final: Quem não crê já tem nisso o

---

[266] Cf. as comprovações em H. MERKEL, no art. "Gericht Gottes IV", in: *TRE* 12, 1984, p. 483-492, começando pela época dos pais apostólicos.
[267] Cf. também E. BRANDENBURGER, *op. cit.*, p. 478s.
[268] Cf. sobre isso L. GOPPELT, *Der Erste Petrusbrief*, 1978, p. 275.
[269] Assim talvez também se deva entender Lc 12.8s; par. Cf. a observação de E. BRANDENBURGER, sobre isso, citada acima na nota 262, bem como suas exposições, *op. cit.*, p. 472, acerca da concepção relacionada de um "juízo de redenção", entre outras também no apocalipse sinótico (Mc 13.26s).

juízo; porque: "A palavra que eu proferi o condenará no último dia" (Jo 12.48) Essa palavra de João já estabelece uma compensação muito consciente na tensão entre a função de Jesus como Redentor de um lado e da concepção do juízo que lhe foi entregue de outro.²⁷⁰ Em vista das declarações divergentes do Novo Testamento sobre a pessoa do juiz, respectivamente sobre as diferentes funções na execução do juízo, a reflexão existente em João sobre essa questão e a solução por ele apresentada se revestem de um peso especial na formação de opinião dogmática. JOSEPH RATZINGER vê nisso com razão "uma última depuração da cristologia e do conceito de Deus. Cristo não distribui perdição a ninguém, ele mesmo é pura redenção, e quem está junto dele, está no espaço da redenção e da salvação. A sentença da desgraça não é proferida por ele, mas ela prevalece onde o ser humano permaneceu longe dele; ela surge pela persistência no que é próprio. A palavra de Cristo como a oferta da salvação há de explicitar, então, que o próprio perdido traçou a linha divisória e se separou da salvação.²⁷¹

A concentração joanina da função do juízo na *palavra* de Jesus como parâmetro do juízo corresponde mais bem ao dito a ser atribuído ao próprio Jesus de Lc 12.8s (Mc 8.38) acerca do juízo que o Filho do Homem há de executar em correspondência com sua mensagem (de Jesus) e por isso segundo a medida da confissão a Jesus ou de sua rejeição. A confirmação de sua palavra através do juízo final é também o escopo da parábola do juízo sobre o mundo em Mt 25.31-46 e da sentença objetivamente paralela da fonte de ditos (Lc 13.25-27, cf. Mt 7.22s), embora nessas passagens Jesus também seja apresentado em pessoa como juiz.

---

²⁷⁰ De acordo com alguns exegetas é responsável por essa compensação a "redação eclesiástica" do evangelho: Posição recentemente defendida por R. SCHNACKENBURG, *Das Johannesevangelium*, vol. II, 2ª ed. 1977, p. 523ss., esp. p. 527s, também p. 536s e ainda J. BECKER, *Das Evangelium nach Johannes*, 1979, p. 414ss. R. E. BROWN, *The Gospel According to John*, vol. I, 1966, p. 491, salienta, porém, o nexo interior de escatologia presente e futura, especialmente em Jo 12.48 como característica da síntese da mensagem de Jesus em Jo 12.44-50 que acolheu elementos de Mateus.
²⁷¹ J. RATZINGER, *Eschatologie – Tod und ewiges Leben*, 6ª ed. 1990, p. 169. RATZINGER se insere entre os poucos que trabalharam teologicamente a escatologia, que de fato levaram em consideração a realidade aqui subjacente das informações diferenciadas sobre a pessoa do juiz nos textos do Novo Testamento (*op. cit.*, p. 168) e o problema correlato para a formação do posicionamento teológico.

O conteúdo decisivo da concepção do retorno de Cristo para o juízo, que mais tarde também foi acolhida na confissão da igreja, deveria ser, portanto, que a mensagem de Jesus será o critério para o juízo. Quem executa o juízo e profere a sentença, isso constitui, em contraposição, uma questão secundária.

Desaparece assim também a aparência de um particularismo desleal na concepção de que a salvação para todas as pessoas dependeria de sua comunhão com Jesus Cristo. JOHN HICK afirmou a esse respeito que uma dependência da salvação dos indivíduos de seu encontro com Jesus e de se terem voltado a ele como Redentor poderia ser afirmado no máximo para pessoas das regiões e culturas que foram alcançadas e marcadas pela proclamação do evangelho, não, porém, para as que faleceram antes da vinda de Cristo nem no que diz respeito às que vivem fora da área de influência histórica da mensagem cristã, que constituem a grande maioria dos seres humanos.[272] Está correto que o acontecimento de um encontro pessoal com Jesus através da mensagem cristã e a resposta crente a ela não poderá ser o *critério universal* para a participação na salvação ou para a exclusão dela, se forem levadas a sério as declarações do Novo Testamento sobre o amor de Deus pelo mundo que se estende a todas as pessoas. Muitas pessoas nunca foram alcançadas pela proclamação do evangelho. Decisivo para sua salvação eterna não pode ser o fato, dependente de casualidades históricas e vivenciais, de um encontro pessoal com Jesus pela proclamação da igreja, mas muito antes a concordância real ou não do comportamento individual com a vontade de Deus proclamada por Jesus. A mensagem de Jesus constitui a norma para a sentença de Deus também sobre as pessoas que nunca encontraram Jesus pessoalmente. Isso significa, como expõe a parábola do julgamento sobre o mundo, que as pessoas que não conheceram a Jesus, mas praticaram as obras do amor, que correspondem à sua mensagem, participam de fato da salvação do reino de Deus e são absolvidas no juízo de Deus, ao passo que os cristãos apenas nominais permanecem excluídos dessa salvação. Também todos aqueles aos quais se dirigem as bem-aventuranças de Mt 5.3ss (Lc 6.20ss) terão participação na salvação vindoura, independentemente de terem ou não ouvido sobre Jesus na vida na terra. Porque de fato partilham de Jesus e de sua mensagem, como revelará o dia do juízo.

---

[272] J. HICK, *Death and Eternal Life*, 1976, p. 225.

Portanto, é absolutamente coadunável com a concepção cristã, de que somente a comunhão com Jesus Cristo propicia participação na salvação escatológica, que todo ser humano, cristão ou não, tem a chance da participação no reino de Deus anunciado por Jesus: "Muitos do Oriente de o Ocidente virão e se deitarão à mesa no reino dos céus com Abraão, Isaque e Jacó – os filhos do reino, porém, serão expulsos para a mais extrema escuridão" (Mt 8.11s).[273] Tais palavras talvez tenham sido transmitidas porque foram mais tarde entendidas como promessas para o acréscimo dos gentílico-cristãos na esteira da missão cristã aos povos. Contudo o alcance do que foi dito vai muito além. Ela possui uma perspectiva universal que obteve uma contrapartida na posterior formação doutrinária cristã da idéia da descida de Cristo ao Hades. Relacionado originalmente de maneira especial aos pecadores no reino dos mortos do tempo anterior ao dilúvio (1Pd 3.19s), mas não obstante já como expressão do significado de salvação universal da morte de Cristo,[274] essa concepção apenas marginal no Novo Testamento foi referida pela exegese patrística aos justos da era originária ou até mesmo a todas as pessoas falecidas antes da vinda de Cristo[275] e penetrou na consciência da igreja como garantia do poder reconciliador da morte de Cristo também para os que faleceram antes de seu aparecimento. Essa é também a função de sua acolhida nas afirmações confessionais dos símbolos batismais da igreja como o chamado Credo Apostólico.[276] Principalmente na iconografia cristã a descrição da descida ao inferno ou da viagem ao Hades por Cristo foi vinculada com os personagens de Adão e Eva como síntese de todo o gênero humano.

---

[273] Cf. Lc 13.28s, onde a palavra de ameaça não se dirige de forma tão genérica contra "os" filhos do reino, mas contra os ouvintes que encaram a Jesus com desconfiança e rejeição. Quanto à outorga de salvação proferida nessa palavra, cf. também Jo 10.16.

[274] Cf. a exaustiva exegese de L. GOPPELT, *op. cit.*, p. 246ss., esp. p. 250 com referência a 1Pd 4.6.

[275] Justino, *Dial.* 72, 4 (*MPG* 6, p. 645); Ireneo, *Haer.* 4,27,2. CLEMENTE DE ALEXANDRIA, *Strom.* V 1,6, 44-46 (*MPG* 9, p. 265B-269A), ORÍGENES, *De princ* 11,5, 3 (ed. GÖRGEMANS; KARPP, 1976, p. 348-350), *Contra Cels.* 2,43 (SC 132, 382). Posição diferente em AGOSTINHO, *ep.* 164,14-17 (*MPL* 33, p. 715s). Cf. A. GRILLMEIER, art. "Höllenabstieg Christi", in: *LTK* 2ª ed., vol. V, 1960, p. 450-455, 453 com bibliografia (p. 454).

[276] Sobre isso, cf. J. N. D. KELLY, *Altchristliche Glaubensbekenntnisse. Geschichte und Theologie*, versão alemã 1972, p. 371-377.

Em que consiste, então, ainda a vantagem dos cristãos em vista do juízo vindouro? Ele consiste em que eles *conhecem* na pessoa de Jesus o parâmetro da participação na salvação eterna e logo também do juízo e, ademais, em que pela vinculação de sua vida com Jesus Cristo no batismo e na fé eles podem já agora obter certeza da participação futura na salvação. Em Cristo eles recebem já agora a justificação, a absolvição pelo Juiz vindouro. Isso, contudo, pressupõe que eles não sejam apenas cristãos nominais, mas de fato, unificados com a morte de Cristo, morrem para sua vida pecaminosa. Os crentes vão ao encontro do juízo confiantes, porque Jesus Cristo, que se tornou ser humano e morreu na cruz para a nossa redenção e reconciliação com Deus será o parâmetro do juízo. Isso também se expressa nas declarações do Novo Testamento que imaginam a execução do juízo de tal maneira que ele foi atribuído ao próprio Jesus Cristo em pessoa. Nisso consiste a "reconfiguração redentora" da concepção de juízo, vinculada à fé cristã.[277] Não apenas a vontade criadora do Pai, mas também seu reforço pela vontade do Filho para a reconciliação do mundo garantem doravante que o juízo não causará a destruição dos seres humanos. Mas sem dúvida ele terá de consumar a purificação dos humanos do pecado e de suas conseqüências, também nos crentes. Independente, pois, de o próprio Jesus Cristo ser imaginado como juiz ou apenas como critério do juízo divino, de uma ou outra maneira a realização do juízo está nas mãos daquele que se manifestou para a nossa redenção e que morreu por nós. Disso resulta uma cadência em direção de uma concepção do juízo no sentido da figura paulina do fogo depurador (1Cor 3.12ss).

A concepção do juízo como fogo depurador foi desenvolvida sob a influência das declarações de Paulo em 1Cor 3.10-15 especialmente pelos teólogos alexandrinos no início do séc. III e também relacionado com a penitência que já acontece nesta vida terrena. Plenamente desenvolvida a concepção geral se encontra em ORÍGENES (*Contra Cels.* 5,15 e 6,26).[278] Foi adotada por CIPRIANO e os pais

---

[277] J. RATZINGER, *op. cit.*, p. 169: "Nisso reside a reconfiguração redentora da idéia do juízo que a fé cristã significa: A verdade que julga o ser humano se pôs pessoalmente a caminho para salvá-lo." Posição semelhante de forma bem geral em W. KRECK, *Die Zukunft des Gekommenen. Grundprobleme der Eschatologie*, 1961, p. 127.

[278] Sobre isso, cf. o art. "Fegfeuer" de R. HOFMANN, in: *RE* 3ª ed., vol. V, 1898, p. 788-792, esp. p. 789s. Cf. também J. RATZINGER, *op. cit.*, p. 183ss sobre CLEMENTE de Alexandria.

capadócios do séc. IV, porém mais tarde combatida por CRISÓSTOMO por causa de sua ligação com a doutrina origenista da apocatástase.²⁷⁹ Por isso desapareceu no Oriente, enquanto foi mantida no Ocidente, a partir de CIPRIANO (*Ep.* 55,20).

Dessa concepção do juízo como fogo depurador cabe diferenciar a doutrina do purgatório, que relaciona a idéia do fogo depurador especificamente à trajetória da alma entre morte e consumação final. Ponto de partida foi a ligação entre a concepção de juízo do fogo depurador e o caminho do arrependimento. A partir dessa idéia já registrada em CLEMENTE de Alexandria foi possível o surgimento da concepção de uma continuação do caminho penitencial da alma também para além da morte, que então foi expressa igualmente pela imagem do fogo depurador. Essa concepção foi adotada no Ocidente por CIPRIANO (cf. acima) e AGOSTINHO (*Ench.* 69). A aplicação da imagem do fogo purificador à execução do arrependimento na vida terrena, porém, ainda constituiu nesses pais o peso maior do pensamento. A concepção do fogo depurador ainda não estava em absoluto restrita ao estágio intermediário da alma entre morte e juízo final. Nessa direção a concepção se desenvolveu somente na Idade Média, e com ela depois se vinculou também o pensamento da prestação vicária de atos penitenciais dos vivos em favor dos falecidos para atenuar seu destino no além. Por fim, foi inserida nesse conjunto resultante de concepções também a doutrina das indulgências, contra a qual se dirigiu a crítica da Reforma.

Inicialmente LUTERO havia concordado com a suposição de um purgatório.²⁸⁰ Mais tarde, porém, ele a rejeitou categoricamente por causa da concepção, com ela vinculada, de um estágio intermediário das almas finadas, sobre o qual os vivos podem influir por meio de realizações penitenciais, porque "unicamente Cristo e não obra humana deve socorrer as almas".²⁸¹ A crítica da Reforma, portanto,

---

²⁷⁹ J. N. KARMIRIS, "Abriß der dogmatischen Lehre der orthodoxen katholischen Kirche", in: P. BRATSIOTIS, *Die orthodoxe Kirche in griechischer Sicht*, 2ª ed. 1970, p. 15-120, esp. p. 112ss., 119s.

²⁸⁰ M. LUTERO, *WA* 1, p. 555ss (1518), esp. p. 555,36. Cf. *WA* 2, p. 70,15-27. Na disputa de Leipzig de 1518 LUTERO já expressou dúvidas acerca da possibilidade de provar a existência do purgatório a partir da Escritura (*WA* 2, p. 324,5ss.).

²⁸¹ M. LUTERO, *AS* II, 2 (*BSELK*, p. 420). No Catecismo Maior de LUTERO consta que na realidade a santificação nesta vida "aumenta diariamente" (*BSELK*, p. 659,2), ou seja, possui o caráter de um processo progressivo pela força do Espírito Santo, mas que depois da morte esse processo não continua mais da

não se voltou contra a concepção do juízo como fogo de purificação, mas contra a ligação dessa concepção com a suposição de um estágio intermediário entre morte e juízo final, como se nele acontecesse um processo de purificação das almas para além do que foi realizado nesta vida terrena. Essa concepção continuou também sendo na teologia mais recente o objeto da crítica protestante à doutrina do purgatório.[282]

A fixação dogmática da igreja católica romana pelo Concílio de Lyon em 1274 (*DS* 856), no entanto, mais pressupôs que asseverou expressamente a existência de um estágio intermediário das almas dos falecidos entre morte e juízo final, bem como a possibilidade de um progresso moral que ocorreria nesse estado, de purificação para além do realizado na existência terrena. Também a reiteração da doutrina do purgatório pelo Concílio de Trento (*DS* 1820, cf. 1580) defendeu contra a crítica da Reforma apenas a existência de um purgatório propriamente dito e a admissibilidade de intercessões em favor dos falecidos. Em razão disso não está certo se a própria admissão do estágio intermediário pertence ao cerne dogmático da doutrina. O "conteúdo permanente da doutrina do purgatório" pôde por isso ser formulado por JOSEPH RATZINGER sem referência explícita à suposição do estágio intermediário, mas em estreita ligação com 1Cor 3.12ss, no sentido de que "o próprio Senhor é o fogo que julga, que transforma o ser humano, que torna seu corpo glorificado "conforme" (Rm 8.29; Fl 3.21)". A purificação aconteceria "não por algo qualquer..., mas através do poder transformador do Senhor, que desobstrui e refunde pelo fogo nosso coração bloqueado, para que sirva dentro do organismo vivo de seu corpo."[283] As afirmações de Paulo aduzidas em favor desse pensamento obviamente são declarações sobre o juízo final, não sobre um processo prévio de purificação. O mesmo vale para a interpretação cristológica da imagem do fogo em 1Cor 3: "... Cristo, o Juiz, é o "*éschatos*", e assim, a partir

---

mesma maneira: "Quando, porém, nos decompormos, ele o fará totalmente em um instante e nos preservará eternamente nisso..." (*GK* II Art. 3, § 59, *BSELK*, p. 659,21-23). Cf. também J. CALVINO, *Inst. chr. rel.* III, 5,6 (1559), *CR* 3O, p. 495s.

[282] Cf., p. ex., P. ALTHAUS, *Die letzten Dinge*, 4ª ed. 1933, p. 202-222.

[283] J. RATZINGER, *op. cit.*, p. 186s, cf. todo o contexto de sua argumentação, p. 179-190, e ainda J. GNILKA, *Ist 1. Kor 3,10-15 ein Schriftzeugnis für das Fegfeuer? Eine exegetisch-historische Untersuchung*, 1955. RATZINGER acolhe a idéia central da exegese de GNILKA, porém a utiliza para interpretar a doutrina do purgatório, e não para criticá-la.

dele, realmente não é possível diferenciar entre o Juízo do último dia e o Juízo depois da morte. A entrada do ser humano no espaço de sua realidade manifesta é entrada no destino definitivo e, assim, ser exposto ao fogo escatológico".[284] A ênfase incide na transformação efetuada pelo fogo, que é o próprio Senhor. Em adesão a 1Cor 3.10-15 consta em RATZINGER: "O sim central da fé redime – mas essa decisão fundamental na grande maioria de nós de fato está encoberto por muito feno, lenha e palha. Apenas penosamente ela se mostra através das grades do egoísmo, que o ser humano não foi capaz de largar. Ele recebe misericórdia, mas precisa ser transformado. O encontro com o Senhor é essa transformação, o fogo que o cerca para fundir aquele personagem sem escórias que pode se tornar recipiente de alegria eterna".[285]

Nessa interpretação a idéia da purificação da doutrina do purgatório é libertada da concepção do estágio intermediário pelo vínculo com o próprio Jesus Cristo, que é o fogo escatológico. Assim se dissolve um acoplamento que na Idade Média se tornou fundamento para a prática das indulgências, assim como para a crítica da Reforma contra ela. A doutrina do purgatório é assim recolhida para dentro da expectativa cristã do juízo final pelo Cristo que retorna. Elimina-se assim também o ensejo para a contrariedade da Reforma.

O juízo transferido a Cristo agora já não é aniquilamento, mas um fogo de purificação e depuração. Ele realiza a transformação de que Paulo fala em 1Cor 15.50ss, a metamorfose do mortal para a imortalidade Dissolve-se assim a contradição de que conforme 1Cor 5.10 todos têm de comparecer diante do tribunal de Cristo, para obter a recompensa de seus atos, enquanto em 1Cor 15.50ss apenas se fala da transformação para a nova vida: A dissolução dessa contradição consiste em que a transformação acontece pelo fogo do juízo.[286] Ela encerra em si a consumação do arrependimento, mas apenas como um momento, a saber, no direcionamento para a nova vida na comunhão com Jesus Cristo. Desse modo o fogo do juízo é fogo depurador, não destruidor.

---

[284] J. RATZINGER, *op. cit.*, p. 187s.
[285] J. RATZINGER, *op. cit.*, p. 188.
[286] Cf., porém, *Bar syr* 50s, onde a transformação dos ressuscitados somente acontece depois da realização do juízo.

Será que, não obstante, o pensamento de João, de que Cristo com sua doutrina é o parâmetro do juízo final, mas não o juiz que condena o pecador, com isso agora não foi abandonado e suspenso pela concepção daquele que retorna como o juiz escatológico? A figura do fogo depurador preserva a explicação do Cristo joanino de que ele não condena a ninguém (Jo 12.47). Mas ela leva para além da diferenciação entre a palavra de Jesus e sua pessoa. O Cristo que ressuscitou e que retorna é sua palavra em pessoa. A realidade do Cristo que retorna, representada pela figura do fogo depurador, permanece reconhecível como idêntica àquele que se tornou ser humano para nossa redenção e pode ser entendida como consumação da transformação, nela iniciada, de nossa existência humana na imagem do Filho.

As igrejas ortodoxas do Oriente cristão rejeitaram expressamente a doutrina do purgatório, relacionada com a concepção de um estágio intermediário, da igreja medieval latina de 1274.[287] Seu pano de fundo representa a crítica de CRISÓSTOMO à interpretação origenista do fogo depurador de 1Cor 3.10-15 no sentido de uma educação divina das almas apontada para a recuperação de todos (*apokatastasis panton*). Essa interpretação é plausível quando o fogo depurador é relacionado no sentido da doutrina ocidental do purgatório com um processo de penitência, que supostamente continua após a morte dos indivíduos. Em contraposição, é possível combinar com o fogo do juízo final interpretado como sendo o retorno de Cristo um espectro de efeitos bastante diversos, desde a purificação e depuração dos fiéis até o aniquilamento total daqueles que persistem em permanecer irreconciliáveis voltados contra Deus. Em vista de claras afirmações do Novo Testamento sobre esse tema[288] de qualquer modo não se pode descartar a possibilidade da condenação eterna de indivíduos. Em casos isolados é possível, depois que o fogo da glória divina consumiu tudo que não é compatível com a presença de Deus, que nada sobre. Mas não é constitutivo para

---

[287] Assim especialmente a *conf. orth.* 1,66 (PETRUS MOGHILA, "Orthodoxa Confessio Fidei Catholicae et Apostolicae Ecclesiae Orientalis", 1640, in: *Orientalia Christiana*, vol. 10, nº 39, 1927, ed. A. MALVY; M. VILLER, p. 39s); cf. *RE* 3ª ed., vol. V, 1898, p. 791.

[288] Sobre isso, cf. em J. RATZINGER, *op. cit.*, p. 176 a compilação das declarações da tradição de Jesus, das cartas paulinas e do Apocalipse de João, somada à referência às decisões doutrinárias eclesiásticas *DS* 72, 76, 801 e 858, bem como 1351.

a concepção do juízo final imaginada no sentido do fogo depurador de 1Cor 3.10-15 que esse caso ocorra, mas trata-se de um caso limítrofe, e precisamente um caso limítrofe diante do qual, de acordo com as declarações paulinas, fica preservada a ligação da fé com Jesus Cristo, mas diante do qual também são preservadas todas aquelas pessoas dentre outros povos e culturas que no sentido das bem-aventuranças de Jesus ou da parábola do julgamento do mundo (Mt 25.31-46) estão próximas do reino de Deus, sem sabê-lo.

Excurso: A linguagem da escatologia

As exposições sobre juízo e purgatório permitem depreender que, ao se tratar desses temas, torna-se plausível, a partir da questão em si e por causa dos testemunhos bíblicos, em medida especial uma linguagem figurada, metafórica. Isso não é assim apenas na figura do fogo. Também o discurso do próprio juízo já é uma metáfora. O mesmo teve de ser dito também para as declarações sobre o futuro de salvação dos mortos como ser despertado ou levantar-se da morte: São concepções que devem seu teor ilustrativo à experiência imanente, terrena, do acordar e levantar-se do sono. Tal predomínio de locuções metafóricas na escatologia não é nenhum acaso, mas expressão do fato de que os temas aqui abordados excedem de maneira especial toda a compreensão humana. As declarações escatológicas da teologia se dirigem a um acontecimento que ainda não se situa no âmbito da experiência atual. Isso não significa que elas careçam de fundamentação e não tenham nenhuma relação com a experiência presente. Pelo contrário, neles se exterioriza uma consciência da deficiência da realidade presentemente experimentada dos seres humanos e seu destino, bem como a tensão entre a consciência de Deus e essa deficiência. Mas uma relação tão indireta com a realidade da experiência humana prévia se expressa em termos lingüísticos justamente na ocorrência de locuções metafóricas. Em seu uso, no entanto, não vigora simplesmente a liberdade poética. Essas declarações são tão precisas quanto consegue ser o falar humano acerca desses temas com base na experiência atual. Quando JOHN HICK demanda que deveriam ser dadas *"literal and not metaphorical answers"* [respostas literais e não metafóricas] às perguntas pelo quando e onde de nossa participação escatológica da visão de Deus sobre nossa vida terrena na perspectiva da eternidade,[289] então é preciso lembrar de que o próprio Jesus se negou a citar um quando e onde a serem tomados por uma acepção tão literal (Mc 13.32). A teologia cristã será bem acautelada se nesse ponto ela não querer saber mais que o Filho e os anjos no céu.

De resto cabe observar três coisas: 1) Não a coisa em si é metáfora, mas apenas a forma da afirmação. Não é admissível inferir da forma metafórica do discurso a irrealidade da questão nela verbalizada. – 2) Os fundamentos das declarações emitidas em forma metafórica, as considerações que levam a formulá-las de uma maneira e não outra, são decididamente acessíveis a uma exposição argumentativa e por isso podem também ser contestadas a princípio com argumentos. O mesmo vale para a exposição das correlações existentes entre tais declarações. – 3) Além das concepções metafóricas existem na escatologia também expressões de outra estrutura, como, p. ex., "vida"[290] ou "eternidade". O conceito "reino de Deus" é um caso complexo, porque de um lado possui características metafóricas (assim como "reinado"), mas por outro não pode ser no todo classificado como metáfora, porque o poder e senhorio sobre o mundo se inserem entre as implicações da idéia de Deus como tal.

b) A obra do Espírito no juízo e na transfiguração

O significado do Espírito Santo para o acontecimento da consumação final não se salienta tão abertamente nos testemunhos do primeiro cristianismo quanto a função da dádiva do Espírito como antecipação da salvação escatológica. Apesar disso seria equivocado deduzir daí que o próprio Espírito não tivesse mais nenhuma função decisiva na consumação escatológica. Pelo contrário, a dádiva do Espírito para o tempo presente dos fiéis pode significar antecipação e penhor de sua salvação futura apenas porque o Espírito também é a força de Deus que gera a própria salvação vindoura.

---

[289] Posição de J. HICK, *Death and Eternal Life*, 1976, p. 224 acerca de observações anteriores do autor sobre o caráter metafórico do falar de juízo e ressurreição dos mortos. Quanto à forma metafórica do discurso sobre despertar e ressuscitar, cf. agora vol. II, p. 486s.

[290] Sobre isso, cf. vol. II, p. 487s. e o ensaio do autor: "Dogmatische Erwägungen zur Auferstehung Jesu", in: *Grundfragen systematischer Theologie*, vol. II, 1980, p. 160-173, esp. 168, nota 4.

O mais nítido referencial disso se encontra nas declarações sobre a esperança pela ressurreição dentre os mortos, que também são fundamentais para compreender a dádiva do Espírito na atualidade dos fiéis. De acordo com Rm 8.11 o "habitar" do Espírito divino, que ressuscitou a Jesus Cristo, representa nos crentes a garantia de que Deus também há de ressuscitar seus corpos mortais, e precisamente através do Espírito de Cristo que já lhes foi concedido. O Espírito é, portanto, a origem criadora da vida na ressurreição – tanto na ressurreição de Jesus quanto em relação às demais pessoas. Nisso é preciso lembrar que nas tradições bíblicas o Espírito de Deus é entendido como a origem da vida propriamente dita, já na criação dela.[291] Em função disso não é surpreendente que o mesmo Espírito fosse pensado também como fonte da vida nova e perfeita, que não se desprenderá mais da origem divina da vida, mas será totalmente penetrada por ela e permanecerá unida com ela. Por esse motivo a nova vida escatológica foi designada em Paulo como vida espiritual, ou seja, vida totalmente imbuída do Espírito criador divino (*soma pneumatikón*) (1Cor 15.42-46), uma vida que, devido a essa união indissolúvel também será imortal junto ao Espírito divino como fonte da vida (1Cor 15.50ss).

Pelo menos para o evento escatológico salvador da ressurreição dos mortos é fundamental a atuação do Espírito. Ora, conforme Paulo a ressurreição significa transformação para uma nova vida (1Cor 15.51s), e dessa maneira resulta uma relação da obra do Espírito também com o tema do *juízo:* Sem transformação o mortal não pode obter participação na imortalidade (cf. 1Cor 15.50). Sendo, pois, correto que na concepção de uma transformação dessa vida terrena existe uma relação com o juízo (no sentido do fogo depurador), então a atuação do Espírito também se encontra em uma relação com a execução do juízo. Por isso João Batista anunciou que o Filho do Homem vindouro batizaria as pessoas com Espírito e fogo (Lc 3.16 = Mt 3.11), ao contrário do batismo de água, que o próprio João executava como sinal desse acontecimento futuro. A ligação de Espírito e fogo no agir de juízo do Filho do Homem pode parecer estranha à luz da esperança de vida geralmente associada no Novo Testamento ao Espírito Santo, e a interpretação do anúncio do Batista como sendo o batismo cristão com o Espírito em Marcos acabou também

---

[291] Vol. II, pp. 126ss., 198s. Cf. também do autor, "Der Geist des Lebens" (1972) ed alemã, in : *Glaube und Wirklichkeit*, 1975, p. 31-56.

deixando fora a ligação com o fogo do juízo (Mc 1.8). Mas porventura não é dito em Is 11.4 que o Messias vindouro haveria de "aniquilar os ímpios com o hálito (*b³rûaḥ*) de seus lábios"? A segunda carta aos Tessalonicenses referiu essa concepção ao juízo do Senhor que retorna (2Ts 2.8). Existe, portanto, em todos os casos uma função do Espírito também no juízo,[292] e a ela corresponde nesta vida sua atuação na prática da penitência no sentido de 2Cor 7.9s, também de Rm 2.4. Conforme Paulo o Espírito capacita para que a pessoa seja apta para avaliar a si mesma e a outras (1Cor 2.13ss; cf. 1Cor 11.31), e essa auto-avaliação na atualidade se antecipa à sentença condenatória no último juízo (*ibid.*, cf. 1Cor 5.5). Com essa capacitação para julgar, conferida pelo Espírito, deve estar relacionada também a concepção ocasionalmente encontrada em Paulo, de que os crentes no juízo vindouro julgarão com Cristo o mundo e até mesmo os anjos (1Cor 6.2s).

Na atuação escatológica do Espírito estão, portanto, interligadas funções muito diferentes: Ele é origem da salvação, da nova e eterna vida, mas também órgão do juízo. Será que é possível entender de algum modo de forma homogênea a vinculação dessas funções a partir da peculiaridade da atuação do Espírito? Toda a abrangência da atuação escatológica do Espírito entra no campo de visão quando se pondera sua peculiaridade como "glorificação". Na idéia da glorificação a nova vida da ressurreição está entrelaçada com o momento do juízo, contido na transformação desta existência terrena, por meio da relação com o Pai, para o louvor de Deus. A glorificação de Deus nesse sentido abrangente é a obra mais essencial e última do Espírito, que também é o Criador da vida, fonte de todo conhecimento, bem como da fé, da esperança e do amor, e logo também o Espírito da liberdade e da paz, e da convivência das criaturas em reconhecimento recíproco, consumada no reino de Deus e que já se expressa na comunhão da igreja em forma de sinal. Em tudo isso a atuação do Espírito sempre já está direcionada para a glorificação de Deus em sua criação, e esse aspecto há de se destacar em sua atuação escatológica de maneira avassaladora, sintetizando e transformando tudo o mais.

---

[292] Essa faceta, em geral ignorada, da atuação do Espírito talvez também se expresse na palavra sobre a blasfêmia contra o Espírito Santo (Mc 3.29). Seu efeito letal é descrito pela narrativa de Atos dos Apóstolos no exemplo de Ananias e sua mulher (At 5.1-11).

Nos testemunhos do Novo Testamento o Espírito e a glória de Deus formam a mais estreitas das uniões e podem responder pela mesma situação. Enquanto se lê em Rm 8.11 que Jesus Cristo foi despertado pelo Pai por meio do Espírito, afirma-se exatamente o mesmo em Rm 6.4 acerca da *doxa* [glória] de Deus: Cristo foi "despertado pela a glória do Pai dentre os mortos". Em 2Cor 13.4 ele fala do poder de Deus, da *dynamis theou*, por meio da qual o Cristo crucificado alcançou a vida e vive, e conforme Rm 1.4 trata-se desse poder do Espírito Santo que instalou a Jesus Cristo por sua ressurreição dentre os mortos na posição de poder do Filho de Deus. A identidade, implícita em tal paralelismo das declarações, entre *doxa* e *pneuma*[293] foi expressamente formulada em outro escrito do cristianismo primitivo, a saber, na primeira carta de Pedro, e precisamente aqui em relação à dádiva do Espírito conferida aos crentes: Sobre eles repousa já agora "o Espírito da glória e do poder de Deus" (1Pd 4.14).[294] Glória e força formam uma unidade na essência e na atuação do Espírito. Assim, pois, também a glória de Cristo (e de Deus), cuja "revelação" há de ocorrer no acontecimento da consumação final e à qual esperam os fiéis, será a explicitação consumada do poder e da glória do Espírito divino e da essência divina. Cristo e o Espírito, afinal, não estão em uma relação de concorrência entre si, assim como tampouco o senhorio do Exaltado e o reino do Pai. Na comunhão das pessoas trinitárias estão ativamente presentes com uma sempre também as outras. Por isso, enquanto o apocalipsismo judaico aguardava o acontecimento do fim como manifestação da glória de Deus, dando prosseguimento a uma expectativa profética mais antiga,[295] a esperança cristã se dirige ao cumprimento

---

[293] Isso foi observado a seu modo também por R. BULTMANN, *Theologie des Neuen Testaments*, 1953, p. 154s.
[294] Para essa passagem difícil em termos de crítica textual, cf. L. GOPPELT, *Der Erste Petrusbrief*, 1978, p. 305s. Ao contrário de GOPPELT (p. 306, nota 30), porém, a tradução acima oferecida pressupõe as palavras "e do poder", trazidas por alguns manuscritos, como integrantes originais do texto.
[295] Sobre isso, cf. o exposto por R. RENDTORFF e U. WILCKENS no volume editado pelo autor, *Offenbarung als Geschichte*, 1961, p. 28ss e p. 48s. Particularmente marcante é a exposição da aparição do Altíssimo no trono de juiz em *4 Esdras* 7,33 e 39ss: Aquele dia é o dia da eternidade, que não tem nem tarde nem manhã, nem inverno nem verão, "nem meio-dia, nem noite, nem alvorada, nem brilho, nem claridade, nem luzes, mas unicamente o fulgor da glória do Altíssimo, no que todos podem contemplar aquilo que lhes foi destinado" (*4 Esdras* 7,42; cf. Is 60.19).

dessa expectativa através do retorno de Jesus Cristo em glória, na força do Espírito divino.[296]

A luz da glória divina, pois, é idêntica ao fogo do juízo. Conforme 4 *Esdras* 7,42 é na luz da glória divina que todos "verão" o que lhes estava destinado. De acordo com *Enoque et.* 50,1 estará ligada ao juízo, que parte da glória divina (cf. 50,4) para os "santos e eleitos", a "transformação" através da luz diurna da glória de Deus que "habita" sobre eles. Como síntese de toda a tradição de concepções por trás de tais declarações é possível afirmar: A luz da glória divina é o fogo do juízo de depuração de 1Cor 3.10-15. A mesmíssima luz divina da glória traz aos crentes libertação das escórias do pecado e da morte, enquanto os ímpios a temem como um fogo que os consome. A força nela atuante, no entanto, é o Espírito de Deus, que deseja levar as criaturas ao louvor escatológico de Deus, por meio do qual glorificam a Deus,[297] assim como eles por sua vez se tornam participantes da glória de Deus através de Cristo (Rm 8.18; Fl 3.21; cf. 1Pd 5.1).

Portanto, na consumação escatológica a glorificação será recíproca. À glorificação das criaturas como ato de Deus na transformação de seu ser que as capacita para a participação na eterna glória de Deus corresponde a glorificação de Deus pelas criaturas, a saber, pelo louvor do Criador, no qual a criatura diferencia de si o Criador como Doador de sua existência e vida e lhe tributa a honra de sua divindade, agradecendo-lhe. Ambos os lados dessa glorificação recíproca são, como foi mostrado, obra do Espírito. Para dentro da última profundeza desse acontecimento, porém, conduz a recordação de que na exposição do evangelho de João tal glorificação recíproca caracteriza a relação entre Pai e Filho. O Filho glorificou ao Pai (Jo 17.4) através da proclamação do senhorio de Deus. Agora ele pede ao Pai que o glorifique através da readmissão na comunhão originária com o Pai (Jo 17.5). Dessa maneira e através da participação dos fiéis na glória conjunta do Filho e do Pai (Jo 17.22) será consumada a glorificação do Pai pelo Filho. Esse acontecimento, contudo, é mediado pela atuação do Espírito, que

---

[296] Assim, conforme Ap 21.23, o fulgor da glória de Deus que ilumina a cidade perfeita haverá de sair do "Cordeiro", ou seja, do Cristo crucificado e ressuscitado, como sua "lâmpada".
[297] Ap 1.6; 7.12; 11.13; 14.7; 19.1; cf. Rm 11.36; 15.6; etc.

glorificará o Filho nos crentes (Jo 16.14), fazendo-os lembrar de Jesus e da mensagem dele (e, assim, do Pai). O Espírito já está envolvido na glorificação recíproca de Pai e Filho: O Filho glorifica ao Pai na força do Espírito que repousa sobre ele (Jo 1.32), e o Pai atende ao pedido pela glorificação de Jesus como seu Filho não apenas através de sua ressurreição dentre os mortos, mas também pelo envio do Espírito, que glorifica o Filho nos crentes. A glorificação dos fiéis, porém, sua transformação por meio da luz da glória divina, atrai-os para dentro da eterna comunhão do Pai e do Filho por meio do Espírito. É o mesmo Espírito que foi propiciado aos crentes já por seu batismo e que os capacita, pela participação na relação filial de Jesus Cristo com o Pai, a invocar a Deus como seu Pai e a experimentar nisso um antegosto de sua própria consumação escatológica para partilhar a vida eterna do Deus trinitário na comunhão do Filho com o Pai por meio do Espírito.

c) *A concretude do Cristo que retorna*

Como a atuação escatológica do Espírito se relaciona com o retorno de Jesus? Já foi dito que a obra do Espírito e a do Filho na consumação escatológica não devem ser entendidas como concorrentes. No sentido da concepção decorrente do dogma trinitário quanto à atuação histórico-soteriológica de Deus somente se pode tratar do mesmo e idêntico acontecimento. Contudo, como participa disso com o Espírito também o Filho, e precisamente como o Cristo que retorna?

A concepção do futuro escatológico como revelação da glória divina determina as declarações sobre o futuro de Jesus Cristo em Paulo e na primeira epístola de Pedro. De acordo com o testemunho do segundo, a glória de Deus foi concedida a Jesus Cristo já no acontecimento de sua ressurreição (1Pd 1.11-21).[298] e os crentes esperam ganhar participação na revelação vindoura dessa sua glória (1Pd 5.1ss; cf. 1Pd 1.7 e 4.13). Também conforme Paulo Cristo há de conformar nosso corpo ao "corpo de sua glória" (Fl 3.21), de sorte que nos tornaremos

---

[298] A história da transfiguração de Jesus transmitida nos evangelhos (Mc 9.2-8; par.), quando considerada como acontecimento da história terrena de Jesus e não, pelo contrário, como um relato que deveria ser entendido originalmente como relato da Páscoa, pode ser compreendida como revelação antecipatória da glorificação experimentada por Jesus em sua ressurreição.

co-herdeiros de sua glória (Rm 8.17s). Esse é em Paulo o conteúdo essencial do acontecimento da salvação do retorno de Cristo (Fl 3.20s), que em 1Ts 4.16s ainda havia sido descrita inteiramente segundo as figuras do apocalipsismo judaico. Ao contemplar a glória do Senhor, somos "transformados para dentro dessa mesma imagem de uma glória à outra" (2Cor 3.18). Isso, porém, como consta aqui expressamente, acontecerá por meio do Espírito. Disso se pode depreender que a atuação do Espírito será constitutiva para o evento do retorno de Cristo, assim como também foi constitutiva para a ressurreição e instalação de Jesus e sua filiação em Deus (Rm 1.4), apenas que em seu retorno Jesus já não será mero objeto da dinâmica criadora do Espírito, pelo fato de que, pelo contrário, a vida do Ressuscitado já está impregnada do Espírito e o irradia. Na atuação do Espírito está presente o Cristo exaltado, e inversamente a obra do Espírito será consumada no retorno de Cristo para a renovação de sua comunhão com os fiéis. Com isso também estarão relacionadas a renovação e consumação do mundo através do juízo transformador dele, tudo sob o signo da glória divina que se manifestará como a gloria de Jesus Cristo (1Pd 4.13), consumando a reconciliação dos fiéis para participarem da vida dele. Nisso Jesus será revelado como o Senhor "para a honra de Deus o Pai" (Fl 2.11; cf. Fl 1.11). A glória do próprio Pai, sua divindade, portanto, será revelada por meio da consumação o senhorio de Cristo, que é idêntico ao de sua *doxa* (1Ts 2.12) e que por seu turno se explicitará pelo fato de que tudo será sintetizado nele, em especial, porém, por intermédio da glorificação dos fiéis. Essa, por sua vez, fará com que os crentes, pela força do Espírito, glorifiquem a Jesus Cristo e ao Pai e sejam pessoalmente transformados pela percepção da glória de Deus no semblante de Cristo de uma glória à outra (2Cor 3.18).

O retorno de Cristo será a consumação da atuação do Espírito que começou na encarnação e com a ressurreição de Jesus. Sob o ponto de vista da eternidade trata-se do mesmo acontecimento, porque já a encarnação é a irrupção do futuro de Deus, a entrada da eternidade no tempo. Para nós, porém, a confissão da encarnação se fundamenta na ressurreição de Jesus, e somente em seu retorno a realidade do acontecimento da Páscoa ficará isenta de toda a controvérsia em torno dela e será definitiva e publicamente corroborada; porque, afinal, a ressurreição de Jesus já é a explicitação proléptica da realidade escatológica da salvação da própria nova vida nele, assim como o senhorio vindouro de Deus, anunciado por Jesus, já despontou com sua atuação terrena. A ligação interna que existe entre ressurreição, encarnação e retorno de Jesus, expressa a unidade do acontecimento fundamentada na eternidade de Deus, que na realidade é dado a nós nesses três aspectos e na configuração de três acontecimentos concretamente diferenciados.

Essa vinculação e até mesmo unidade do que é concretamente diferenciado na entrada da eternidade no tempo já teve de ser considerada na análise do conceito da encarnação.[299] O acontecimento do retorno de Cristo será determinado por ela, conforme os testemunhos do Novo Testamento, em ainda outro sentido. Porque, na realidade do Cristo que retorna, a nova vida da ressurreição dentre os mortos e a vinda do reino de Deus, a escatologia individual e coletiva, se impregnarão mutuamente para formar uma unidade indissolúvel. Já foi mencionado que não pode haver consumação dos indivíduos sem o reino de Deus no mundo e na comunhão dos humanos, mas tampouco pode haver em contrapartida nenhuma consumação da humanidade como gênero sem a participação de todos os indivíduos na modalidade de participação correspondente à sua diversidade. Isso vale, pois, também para o próprio Jesus, e pela suspensão da separação (não da diferenciação) de eu e outros, de indivíduo e comunhão, na vida do Ressuscitado e daquele que retorna, se pode ter uma idéia da profundidade da transformação que nesse sentido também atingirá os crentes.[300]

A ressurreição dentre os mortos sucedeu ao Crucificado como indivíduo isolado, de modo diferente que aos demais seres humanos. E apesar disso a nova vida a ele propiciada está referida à vida em uma comunhão, uma nova humanidade, para a qual ele é o causador da salvação (Hb 2.10; At 3.15), e que será configurada segundo a sua imagem (1Cor 15.49).[301] De acordo com 2Cor 3.18 isso significa até mesmo que devemos ser transformados na mesma imagem, não apenas em uma réplica do Ressuscitado. A isso corresponde a idéia de Paulo, de que o corpo do Ressuscitado não é apenas a forma individual da

---

[299] Em vol. II, p. 435ss. foi fundamentada a tese de que o conceito da encarnação se refere ao todo da trajetória terrena de Jesus e sintetiza em si os acontecimentos separados no curso do tempo.
[300] Sobre isso, cf. também já do autor, *Grundfragen systematischer Theologie*, vol. II, 1980, p. 180ss, 184ss.
[301] Cf. também Rm 8.29; Fl 3.21.

existência de Jesus, mas, além disso, abarca sua congregação. A congregação foi unificada com Cristo para a unidade de *um só* corpo, de *seu* corpo (1Cor 12.27; Rm 12.4s.). A raiz dessa idéia paulina certamente deve ser localizada na tradição da santa ceia.[302] Os intérpretes em geral tiveram receio de acompanhar essa declaração em toda a sua ousadia e tomá-la literalmente, não apenas como palavra figurada e tampouco apenas como declaração acerca de um corpo "místico" diferente do corpo ressuscitado de Cristo.[303] Entretanto, quando se toma da forma como estão as declarações de Paulo sobre a igreja como corpo de Cristo, resulta delas que a nova vida da ressurreição, a vida do Cristo ressuscitado, deve ser entendida como eliminação da separação e independência dos indivíduos entre si, inerentes à corporeidade individual desta vida terrena, sem que desse modo simplesmente submergisse a peculiaridade individual.[304] Isso vale inicialmente para a corporeidade do Cristo ressuscitado: Se Jesus entregou sua vida para a salvação do mundo, então a nova vida do Ressuscitado também como corporal não pode ter uma forma de existência por meio da qual ela estaria separada de outros. Se as tradições das aparições dos evangelhos relatam o Ressuscitado se mostrando com uma corporeidade individual, então reside nisso uma unilateralidade que carece de correção por parte da idéia paulina da igreja como do corpo de Cristo. De igual modo cabe afirmar também o inverso, de que a realidade do Ressuscitado não se resume à existência da igreja. Ela se revelou antes da constituição da igreja e ao lado da comunhão de seus discípulos como uma realidade própria fundamentada em si mesma, ou melhor, no poder criador de Deus. Porém a realidade do Ressuscitado não está fechada em si diante da

---

[302] Posição de U. WILCKENS, *Der Brief an die Römer*, vol. III, 1982, p. 13 sobre Rm 12.4s.
[303] Cf. acima, cap. 14,2, esp. p. 619s., nas notas 87ss.
[304] As considerações de KARL RAHNER sobre o status "pancósmico" da alma espiritual humana após a morte, também na medida em que for entelequia de sua corporeidade concreta (*Zur Theologie des Todes*, 1958, p. 19ss., esp. p. 22s) apontam certamente na mesma direção, mas teriam de ser defendidas sob o citado ponto de vista contra as objeções de J. HICK, *Death and Eternal Life*. 1976, p. 232s, de que o desimpedimento pancósmico significa a dissolução da finitude. Uma possibilidade de defender a idéia de RAHNER por meio de uma interpretação diferenciada é oferecida pela concepção a ser apresentada abaixo, da autodiferenciação como condição da comunhão com outros entes finitos e igualmente com Deus.

comunhão dos fiéis. Ela alicerça, abarca e transcende essa comunhão. Nos escritos de Paulo essa verdade foi expressa pela diferenciação e coordenação de cabeça e corpo.[305]

Pela diferenciação de cabeça e corpo foi preservada a diferença individual de Jesus em relação aos seus, sem prejuízo da unidade com eles na comunhão de seu corpo. Em consonância, terá de valer também da ressurreição dos fiéis que sua peculiaridade individual não desaparecerá, embora "a segregação dos indivíduos entre si em sua existência corporal se insira naqueles momentos que pela transformação escatológica dessa vida mortal na nova corporeidade da ressurreição dos mortos são radicalmente transformados".[306] Os indivíduos são transformados em membros de *um só* corpo, ao não precisarem mais se afirmar uns contra os outros, mas deixarem valer um ao outro como aquilo que cada um é em sua peculiaridade e nisso também *para os outros*, assim como eles aceitam o Pai em sua divindade e Jesus Cristo como seu cabeça e Senhor. Em todas essas relações continuará sendo condição da comunhão, assim como na relação com Deus, não apenas a diferenciação, mas a aceitação afirmativa de serem diferentes, ou seja, a autodiferenciação. Mas nisso a diferença já não significará separação, porque cada um não desejará mais "ser como Deus", mas viverá sua própria finitude em sua relação com a peculiaridade dos outros. A partir disso se descerra agora a fundamentação mais profunda da vinculação entre a revelação da glória de Cristo e a glorificação dos que são interligados por meio dele pela fé em seu retorno, incluindo a transformação do próprio mundo em um novo céu e uma nova terra: A expectativa do retorno de Cristo não se dirige "ao aparecimento de um indivíduo isolado, mas à manifestação de uma relação vivencial que parte do Jesus de Nazaré crucificado à luz da glória de Deus."[307] Por isso é dito em Lc 17.24 sobre o futuro do Filho do Homem, que ele será "como o relâmpago quando lampeja, iluminando de uma extremidade do céu à outra". No caso não se trata apenas do aspecto repentino do acontecimento, mas acima de tudo de que ele não se deixa fixar em um ponto isolado ("eis aí! eis aqui", Lc 17.23) distinto de seu entorno,

---

[305] Cf. as frase quase literalmente idênticas do autor, in: *Grundfragen systematischer Theologie*, vol. 2, 1980, p. 184s.
[306] *Op. cit.*, p. 185.
[307] *Op. cit.*, p. 186.

mas que ele atravessa a vastidão da criação. Em vista de que o retorno de Cristo para o juízo traz consigo a relação vivencial inteira, iniciada em sua encarnação, para a redenção e reconciliação do mundo, a vinculação de tudo que acontece à criação na presença não-dividida da eternidade se tornará revelação do amor do Criador e Reconciliador do mundo, que pela força de seu Espírito é capaz de efetuar a transformação da dissonância do juízo na paz do reino de Deus e na harmonia polifônica do louvor a Deus, que será entoado para ele dos lábios da criação renovada.

5. A justificação de Deus pelo Espírito

A exposição da doutrina cristã sob o ponto de vista do conceito de Deus, ou seja, como teologia, possui em todas as partes uma vinculação com o ensinamento sobre Deus. Desde a doutrina da criação até a escatologia constitui seu objeto o agir do Deus trinitário na economia da salvação, com inclusão das repercussões daí emanadas sobre as criaturas. A unidade desse agir divino como um ato único, embora diferenciado, já foi analisada no começo da doutrina da criação.[308] Contudo a determinação de conteúdo desse um ato que abarca toda a economia da salvação, o qual as pessoas trinitárias realizam em conjunto, ainda que se salientem de maneiras distintas em suas diversas fases, somente pode ser captado a partir de seu desfecho, ou seja, à luz da escatologia. É verdade que já na abordagem da criação se falou de que a formação das criaturas para uma existência autônoma visa a que se tornem aptas a participar da relação do Filho com o Pai, ou seja, da comunhão eterna de amor da Trindade. Essa apareceu como a posição e destinação peculiares do ser humano no contexto da criação, viabilizada pelo escalonamento dos entes criados. Mais tarde, ao analisar a relação de cristologia e antropologia e depois novamente nas exposições sobre justificação e batismo, tornou-se assunto de discussão a concretização dessa destinação do ser humano mediada por Jesus Cristo. Mas nisso ainda se tratava de um falar de antecipação, a saber, de antecipação da consumação escatológica do significado do evento da salvação em Jesus Cristo. Em contraposição, faz parte da essência dessa consumação

---
[308] Vol. II, p. 27-37, esp. p. 35s.

escatológica que ela irrompe justamente não apenas no fim, mas já nesta vida terrena, no meio da história da humanidade. Por que isso é assim? Que expressa isso sobre o Deus que age na história?

A reconciliação do mundo na história de Jesus Cristo precede à consumação escatológica da salvação. Somente no *éschaton*, com a nova vida da ressurreição dos mortos no reino de Deus, estará consumada a reconciliação do mundo. Enquanto a criação gemer sob o domínio da transitoriedade e da morte, não silenciará com o lamento das criaturas tampouco a acusação dirigida contra o Criador, pela qual as criaturas se mostram não-conciliadas com Deus. Em vista da miséria deste mundo tal acusação chega até mesmo a levar à negação da existência de Deus como Criador amoroso e onipotente. Por isso será somente a consumação escatológica do mundo que trará a comprovação definitiva da existência de Deus, em simultaneidade com o esclarecimento definitivo da peculiaridade de sua atuação e natureza. Até então o mundo, tentando ser independente de Deus e diante da absurdidade de seus sofrimentos e de sua maldade, fornece sempre de novo material suficiente para o ateísmo, para o qual um mundo desses é inconciliável com a aceitação de um Criador amoroso e sábio.[309] Por essa razão não foi possível responder conclusivamente à pergunta pela existência de Deus no primeiro volume da Teologia Sistemática, no âmbito da exposição provisória da doutrina sobre Deus, permanecendo refém da controvérsia, característica para a história da religião, quanto à realidade de Deus nas contradições das religiões e entre elas e o ateísmo. Também o conceito cristão de Deus é como todo conceito[310] apenas uma antecipação da realidade, da qual ele demanda ser o conceito. Mas como conceito trinitário de Deus ele remete ao processo da auto-revelação de Deus na criação, reconciliação e consumação do mundo. É somente com a última, no futuro escatológico do mundo, que esse processo chegará ao término pela revelação definitiva da glória de Deus na evidenciação de sua divindade. A consumação escatológica do mundo para a participação na glória de Deus também mostrará a incorreção da incredulidade e de suas dúvidas quanto à existência de

---

[309] Posição já encontrada em D. HUME, *Dialogues concerning natural religion*, 1779, p. 10 e 11 (*ibid.* H. D. AIKEN, 1948, reimpressão1977, p. 61-81).
[310] Para essa tese que acolhe uma percepção de KANT, cf. o exposto pelo autor, in: *Metaphysik und Gottesgedanke*, 1988, p. 66-79 (*Begriff und Antizipation*), esp. p. 72s.

Deus, bem como quanto ao amor do Criador por suas criaturas. Toda teodicéia racional possui diante disso no máximo um significado provisório. Ou será ela mesma já uma expressão de falta de fé?

a) O problema da teodicéia e as tentativas de sua superação argumentativa

Em todos os quadrantes trata-se, na história das religiões da humanidade, da superação da maldade e do mal no mundo. Porém enquanto o mal no mundo podia ser atribuído a demônios ou a contrariedades entre os poderes divinos, ele não se tornou problemático para a convicção da realidade dos deuses. Quanto mais, porém, as pessoas viam atuante na esfera dos deuses uma vontade comum correspondente à ordem do cosmos ou até mesmo ao senhorio de um único Deus, tanto mais insistente tinha de se tornar a pergunta por que o poder divino permitiu o mal e os males desta vida terrena. Pelo fato de que no pensamento grego tais perguntas por fim acabavam sendo remetidas ao destino, ou seja, permaneceram sem resposta, chegou-se no helenismo à perda de confiança na ordem cósmica, e foi essa uma das razões para que os seres humanos se voltassem aos cultos orientais que prometiam ao indivíduo redenção de um mundo mau.

No judaísmo inicialmente não surgiu o problema da teodicéia apesar do monoteísmo judaico, e precisamente não apenas por causa da submissão à vontade insondável de Deus, mas igualmente pela circunstância de que se acreditava que Deus era o causador soberano tanto do mal quanto do bem.[311] Unicamente o sofrimento dos justos e a felicidade dos ímpios tinha de ser percebidos como tribulação para a fé judaica, porque ambos pareciam incompatíveis com a justiça de Deus. Como saída dessa problemática se desenvolveu no judaísmo pós-exílico a escatologia.[312]

O problema teve de se impor de forma muito mais aflitiva ao pensamento cristão, que crê no Deus único como o Deus do amor que reconcilia o mundo. Na verdade a própria mensagem da reconciliação do mundo pela morte de Cristo representa uma resposta à existência

---

[311] Am 3.6; Is 45.7; cf. Jó 2.10; Jr 45.4s; Lm 3.38; Pr 16.4. Cf. no mais, vol. II, p. 240ss., esp. p. 242s.
[312] Cf. U. WILCKENS, *Auferstehung. Das biblische Auferstehungszeugnis historisch untersucht und erklärt*, 1970, p. 115.

do mal e dos males no mundo. Porém, quando o Deus da reconciliação é idêntico ao Criador – e nisso a teologia eclesiástica do novel cristianismo se apegou contra o gnosticismo,[313] – por que, afinal, permitiu o mal e os males desde o início?[314]

Os pais antignosticistas não podiam permitir que essa pergunta simplesmente permanecesse sem resposta. Diante dela não podiam se retrair para a vontade insondável de Deus,[315] porque essa vontade de Deus, afinal, era conhecida por seu agir reconciliador em Jesus Cristo e justamente estava em discussão a compatibilidade dela com a fé no mesmo Deus como Criador do mundo.[316] A resposta dada desde CLEMENTE de Alexandria, de que o mal e as mazelas dele decorrente na criação não se devem a Deus, mas à queda no

---

[313] O gnosticismo e as tentativas de sua superação determinam, como mostrou H. BLUMENBERG, o desenvolvimento do tratamento do problema da teodicéia no transcurso do pensamento cristão: *Die Legitimität der Neuzeit*, 1966. Contudo, quanto à tendência de BLUMENBERG de, ademais, ser crítico ao cristianismo e quanto a pormenores de sua argumentação cf. do autor, *Gottesgedanke und menschliche Freiheit*, 1972, p. 114-128.

[314] De forma semelhante EPICURO já havia argumentado contra a doutrina estóica da providência. Sobre isso, cf. C.-F. GEYER, "Das Theodizeeproblem – ein historischer und systematischer Überblick", in: W. OELMÜLLER (ed.): *Theodizee – Gott vor Gericht?*, 1990, p. 9-32, esp. p. 9s. GEYER diferencia entre cinco estratégias de resposta à questão da teodicéia: instrumentalização do negativo (rumo a uma finalidade de nível superior), despotenciação ontológica, pedagogização, moralização e esteticização do sofrimento e do mal (p. 12s). W. OELMÜLLER, "Philosophische Antwortversuche angesichts des Leidens", *op. cit.*, p. 67-86, resume a ontologização, esteticização e funcionalização como "despotenciações pela visão do todo" (p. 72) e destaca delas as "hipermoralizações" da doutrina cristã do pecado (p. 73s), bem como tentativas modernas de respostas no contexto das experiências da natureza (p. 75ss.) e da cultura (p. 77s).

[315] Assim mais tarde M. LUTERO, *De servo arbitrio*, 1525: *Nec nostrum hoc est quaerere, sed adorare mysteria haec* [Isso não cabe a nós indagar, mas adorar os mistérios] (*WA 18* p. 712,26). Cf., porém, igualmente a observação de LUTERO, aderindo a AGOSTINHO, em sua preleção sobre a carta aos Romanos, *WA 56*, p. 331,27.

[316] O argumento de LUTERO em *De servo arbitrio* somente convence quando a fé em Deus, o Criador, já puder ser pressuposta. Isso mostra a rejeição dessa idéia por P. BAYLE, que considerou o dualismo maniqueu pelo menos digno de apreciação e por isso asseverou, devido à problemática da teodicéia, a impossibilidade de coadunar fé e razão (comprovantes em A.. HÜGLI, art. "Malum VI, Neuzeit", in: *Historisches Wörterbuch der Philosophie*, vol. V, 1980, p. 681-706, 683).

pecado, dos anjos e dos primeiros seres humanos,[317] em última análise permaneceu insuficiente, como já reconheceu AGOSTINHO,[318] porque assim apenas surgia o motivo da pergunta seguinte, por que, então, o Criador não impediu preventivamente a queda de suas criaturas, que acarretou tantos males. Muito mais insuficiente e até mesmo revoltante para o sentimento moral tinha ser c impacto da informação, segundo a qual a existência do mal e dos males amplia a perfeição do universo, por dar motivos para a manifestação da justiça punitiva de Deus e de sua capacidade de criar do mal o bem.[319] Esse último aspecto sem dúvida se insere na exaltação do governo mundial de Deus, mas certamente apenas sob a premissa de que o mal entrou no mundo por outras causas. Como justificação para a tolerância do mal por Deus esse ponto de vista não serve.

Enquanto permanecer sólida a fé em Deus, o Criador, a questão da teodicéia não pode realmente ameaçá-la, porque faz parte de uma fé dessas sempre também a convicção da superioridade de Deus e de seus desígnios sobre todo entendimento das criaturas. É somente quando a existência do Criador é tratada como suposição problemática, carente de fundamentação, que o problema da teodicéia adquire importância, sendo facilmente o motivo para o ateísmo. Involuntariamente a própria argumentação pode contribuir para isso. Por exemplo, justamente a asserção de LEIBNIZ, de que apesar de todos os males o mundo atual sempre continua sendo o melhor dos mundos possíveis e, logo, indubitavelmente digno de um Criador sábio e amoroso, deve ter por fim, à luz da crítica irônica da Candide de VOLTAIRE (1752), mais prejudicado que ajudado à causa por ele defendida.

---

[317] CLEMENTE de Alexandria, *Strom.* 1,17, 82ss (cf. vol. II, p. 244s.) Como causa desse argumento apologético é citado na bibliografia sempre de novo AGOSTINHO (como recentemente em C.-F. GEYER, *op. cit.*, p. 13s e, no mesmo volume, editado por W. OELMÜLLER, também em J. B. METZ, "Theologie als Theodizee?", in: *op. cit.*, p. 103-118, esp. p. 107s). Mas em seu escrito inicial *De libero arbitrio* (388/95) AGOSTINHO argumentou – ainda antes da mudança para sua posterior doutrina da graça e da predestinação – com base na idéia apresentada por CLEMENTE (*De lib. arb.* III,4 e 6, bem como 17ss., CCL 29, p. 280s, 285s, 303ss.).

[318] AGOSTINHO, *De civ.* XIV,27 (CCL 48, p. 450s, cf. vol. II, p. 246s.).

[319] Esse último pensamento em AGOSTINHO, *Enchir.* 3,11 (CCL 46, p. 53), cf. TOMÁS DE AQUINO, *S. teol.* ,I,22, 2 ad 2. Acerca do primeiro argumento mencionado, cf. vol. II, p. 248s.

Não obstante a teodicéia de LEIBNIZ desenvolveu no mínimo um ponto de vista que possui significado duradouro para a controvérsia, em sua reprogramação em uma argumentação em prol do ateísmo.³²⁰ Trata-se do conceito de LEIBNIZ referente ao mal metafísico, sua comprovação de uma imperfeição inerente ao conceito de criatura como um ente finito, que por sua vez constitui a base tanto do mal físico quanto moral.³²¹ Embora esse pensamento sem dúvida exerça em LEIBNIZ a função de um elo na argumentação que levou à asserção de que o existente é o melhor de todos os mundos possíveis, ele para si, no entanto, é independente dessa tese. Tampouco traz consigo nenhuma das atenuações do mal e do fato da maldade, que com razão se tornaram objeto de crítica posterior. Pelo contrário, ele é expressão de um realismo que induz à sobriedade. Justamente por isso ele, no entanto, tampouco basta como base para uma justificação do Criador contra a acusação de que um mundo desses não merece ser criado. Ainda que a onipotência de Deus não consiga gerar um mundo de existências autônomas finitas sem sofrimento, não seria então melhor que não houvesse sequer um mundo desses?

Nesse ponto insere-se o novo enfoque que o idealismo alemão desde as *Untersuchungen über das Weses menschlicher Freihei"* de SCHELLING (1809) introduziu na discussão da questão da teodicéia, declarando agora a superação do mal como tema da história e da auto-realização de Deus nela. A execução mais madura foi dada a esse pensamento pela *Filosofia da História do Mundo* de HEGEL, que concebeu o próprio andamento da história como teodicéia. Nisso HEGEL sem dúvida pôde enfatizar que justamente na história mundial *"nos é apresentado diante dos olhos toda a massa do mal concreto"*. Contudo o espírito pensante estaria sendo reconciliado pelo negativo *"por meio da consciência, em parte do que em verdade seria a finalidade derradeira do mundo, em parte de que a mesma teria sido concretizada nele"*, de modo que *"aquilo negativo se dissipa em algo subordinado e superado"*.³²²

---

³²⁰ É o que consta no discurso de CLEANTES, in: D. HUME, *Dialogues concerning natural religion* (1779) ed. por H. D. AIKEN, (1948) 1977, p. 73ss., esp. p. 78s (seção 11).
³²¹ Sobre isso, cf. com mais detalhes, vol. II, p. 250ss.
³²² G. W. F. HEGEL, *Vorlesungen über die Philosophie der Weltgeschichte*, vol. I. *Die Vernunft in der Geschichte*, ed. por J. HOFFMEISTER, 1955 (*PhB* 171a), p. 48.

É verdade que no conceito cristão de reconciliação não se trata, como aqui, de "reconciliação com o negativo", mas no máximo de reconciliação do ser humano com Deus *apesar* do negativo que acontece e pode ser encontrado no mundo criado por Deus. A reconciliação, porém, diz respeito acima de tudo ao arrependimento do próprio ser humano de sua alienação de Deus. Também em HEGEL o conceito da reconciliação no mais foi pensado nesse sentido mais profundo, a saber, como reconciliação do espírito finito com Deus por "abrir mão" de sua busca de independência, de sua separação de Deus, um abrir mão que por sua vez foi mediado por "ter sido acolhido o finito no eterno, a unidade da natureza divina e humana".[323] HEGEL pensava, portanto, no conceito da reconciliação na encarnação como reconciliação com Deus. Nela se apóia a consciência da liberdade que conforme HEGEL constitui o tema da história universal e encontrou a verdadeira concretização no cristianismo como conseqüência da encarnação de Deus em Jesus Cristo. Nisso, porém, HEGEL não tratou da reconciliação concretizada em Jesus Cristo no que tange à sua tensão com sua consumação futura, mas a considerou como já concluída, de maneira que a presença do *éschaton* na religião cristã apenas ainda carece de sua concretização no interior do mundo, que ele acreditava estar realizada pela concretização secular da liberdade cristã na esteira da Reforma.[324] Foi nesse sentido que HEGEL entendeu o curso da história em sua necessidade filosoficamente concebida como teodicéia interna ao mundo. Em contraposição ao tratamento da doutrina da reconciliação nos teólogos do séc. XIX, mais ou menos concentrada sobre o indivíduo como destinatário da mensagem do perdão dos pecados, ele com razão trouxe ao campo de visão a dimensão da história universal do agir reconciliador de Deus por meio da encarnação de seu Filho em Jesus Cristo, sua crucificação e ressurreição. Problemático nisso continuou sendo apenas que nessa proposta ele sacrificou o singular, a felicidade dos indivíduos, à generalidade da idéia.[325] Nesse

---

[323] G. W. F. HEGEL, *Vorlesungen über die Philosophie der Religion*, vol. III. *Die absolute Religion*, ed. por G. LASSON (PhB 63) 1929, p. 34. Na edição de K.-H. ILTING (G. W. F. HEGEL, *Religionsphilosophie*, vol. I, Nápoles 1978, p. 499), lê-se em lugar de "da coisa finita": "dos finitos".
[324] Sobre isso, cf. P. CORNEHL, *Die Zukunft der Versöhnung. Eschatologie und Emanzipation in der Aufklärung, bei Hegel und in der Hegelschen Schule*, 1971, p. 141ss.
[325] "Diante do fato de que alguns indivíduos são magoados a razão no pode parar; finalidades específicas se perdem no geral" (G. W. F. HEGEL, *Die Vernunft in der*

aspecto a filosofia da história de HEGEL sem dúvida é paradigmática, e o marxismo asseverou, não totalmente sem razão, de estar promovendo sua concretização. Em toda escatologia intramundana a consumação do (supostamente) geral tem de ser buscada e afirmada à custa dos indivíduos. Essa é a estrutura anticristã da escatologia intramundana.³²⁶ Em contrapartida, a escatologia cristã preserva o vínculo indissolúvel de destinação individual e geral da humanidade:³²⁷ Através da glorificação dos indivíduos de mãos dadas com a glorificação do Pai e do Filho por eles, se concretizará o reino de Deus e será não apenas consumada, mas também aceita em geral a justificação de Deus perante os sofrimentos do mundo.

A filosofia idealista da história, contudo, certamente conquistou uma percepção que ajuda a avançar no problema da teodicéia. A saber, ela viu que esse tema não pode ser vencido apenas por clarificações teóricas. Para tanto há necessidade da história real da reconciliação. Na história da reconciliação trata-se daquele futuro do mundo que será infinito e ao mesmo tempo de sua transfiguração.

Geschichte, op. cit., p. 48s). "Também pode ser que o indivíduo sofra injustiça; mas isso não tem nada a ver com a história do mundo, à qual os indivíduos servem como meios em sua progressão" (*op. cit.*, p. 76; cf. P. CORNEHL, *op. cit.*, p. 158s). Será preciso concordar com o veredicto de J. HABERMAS, de que HEGEL teria aqui "vindicado exatamente a mesma estrutura de consciência" para o espírito do mundo, que ele havia "criticado no espírito da Revolução Francesa" (*Theorie und Praxis. Sozialphilosophische Studien*, 1963, p. 104), a saber, que a revolução teria sacrificado por meio da guilhotina os indivíduos ao que ela asseverava como geral (p. 93). Esse é o reverso da suspensão no conceito, que em HEGEL acontece não apenas para a concepção religiosa, mas também às existências individuais.

³²⁶ O *anticristo* não é apenas um personagem individual. Já em 1Jo 2.18 se fala de um número plural de tais personagens. Ou seja, trata-se de um tipo de sedutor (2Jo 7) que desencaminha as pessoas do verdadeiro Messias. O cristianismo antigo associou com isso o surgimento de falsos mestres. De forma especial, porém, o tipo do anticristo se manifesta nas alternativas, particularmente em doutrinas intramundanas de redenção e auto-salvação, às quais as pessoas das sociedades modernas estão expostas.

³²⁷ Em função disso a mensagem cristã da reconciliação do *mundo* com Deus por intermédio de Jesus Cristo se dirige com razão à fé dos indivíduos, em consonância com a maneira como já a proclamação própria de Jesus acerca da proximidade do senhorio de Deus se dirigiu aos indivíduos de seu povo: Na fé do indivíduo irrompe o reino de Deus.

b) A superação do mal e dos males pelo próprio Deus

Em todas as suas formas e em todos os seus temas específicos a escatologia bíblica tem a ver com a superação do mal e dos males. Isso é muito flagrante nas concepções do juízo sobre o mundo, assim como nas descrições dramáticas das lutas de Miguel contra o dragão e do cavaleiro sobre o cavalo branco contra o império ímpio do fim dos tempos e os reis da terra (Ap 12.7ss; 19.11ss). Mas também a ressurreição dos mortos é superação do mal e dos males, porque nela se processa a vitória sobre morte e transitoriedade, sob cujo domínio geme o mundo atual. A comunhão do reino de Deus repousa sobre a superação da injustiça, que é a raiz da falta de paz nas relações dos humanos e entre os povos e Estados. O louvor a Deus da congregação consumada, enfim, representará a superação de todo culto falso a Deus, de toda idolatria, que por sua vez culmina na adoração do anticristo.

A ênfase especificamente cristã dessa expectativa consiste em sua conexão com o evento salvador da reconciliação do mundo na morte de Cristo. Em si o evento da salvação já é superação do mal e efetua a redenção do poder de pecado e morte. Apesar disso ele ainda carece de uma consumação, que somente é possível além desta vida terrena e à qual se dirige a expectativa dos cristãos. Com ela se relaciona o evento da salvação como antecipação real, que continua dependente de uma última corroboração, da qual depende retroativamente sua própria força e verdade, porque sempre já é oriunda desse futuro da salvação de Deus e deve ser entendida como irrupção dele neste mundo atual. Na história judaica a escatologia surgiu a partir da pergunta pela justiça de Deus na vida do indivíduo, bem como a partir da esperança pela consumação da justiça da aliança do Deus que elege, em relação a seu povo escolhido. Para a fé cristã o lugar dessas intenções foi ocupado pelos temas da reconciliação e de sua consumação.

Na secção anterior foi falado do momento da transformação, contido no juízo final, mas mais abrangente na atuação toda do Espírito – como dinâmica da glorificação. É a transformação que conforme as palavras do apóstolo em 1Cor 15.50ss espera a vida terrena dos fiéis, mas que já desponta nas pessoas batizadas e crentes pela força do Espírito. Também o conceito da reconciliação contém esse momento da transformação: A vida daqueles que se deixam envolver pelo convite emitido por Deus em Jesus Cristo para se reconciliarem com ele, na verdade é assim transformada da condição de afastamento e alienação de Deus na da comunhão com Deus. Nisso já se faz presente na consciência da reconciliação a comunhão futura com Deus pela participação em sua vida eterna, que para os crentes ainda é futura. Isso encerra em si também a superação de todo mal e de todos os males, que estão vinculados à auto-segregação da criatura de Deus e a suas conseqüências e que parece dar à criatura alienada de Deus motivos para a acusação contra Deus.

Em sua crítica à escatologia cristã JOHN HICK subestimou o alcance desse momento da transformação da vida terrena, que é fundamental para a consciência de fé cristã da reconciliação com Deus em meio a um mundo não-reconciliado. Típico para as *"recapitulation theories"* [teorias de recapitulação] da vida eterna,[328] criticadas por HICK no exemplo de exposições de PAUL TILLICH e anteriores do autor, é que a vida das criaturas vivida no tempo é preservada por Deus como conteúdo de sua "memória eterna": *"Nothing further happens in eternity, for this is simply time experienced as a non-temporal whole"* [Nada mais acontece na eternidade, porque ela é simplesmente tempo experimentado como um todo não-temporal].[329] HICK alega contra isso que se o conteúdo da vida eterna fosse idêntico ao do atual, então a vida terrena não poderia trazer a compensação para a incompletude e os fracassos desta vida terrena: *"... suppose that this content is a life lived em desparate poverty and degradation, in ignorance and superstition, in starvation, disease and weakness, and in the misery of slavery or oppression? Suppose that it is a poor stunted life, devoid of joy and noblity, in which the good possibilities of human existence remain almost entirely unfulfilled? Or suppose it is the life of a hermit who has only participated minimally in the human community; or again,*

---

[328] J. HICK, *Death and Eternal Life*, 1976, p. 215ss.
[329] J. HICK, *op. cit.*, p. 222. HICK se refere esp. a uma formulação do autor de: *Was ist de Mensch?* 1962, p. 57, de que a vida da ressurreição dos mortos não seria "nada mais que aquilo que constitui já agora a profundeza eterna do tempo e que aos olhos de Deus – para seu olhar de Criador! – já agora é tempo presente. Ou seja, pela ligação da profundeza da eternidade de nosso tempo de vida nós, portanto, já agora somos idênticos à vida, para a qual seremos futuramente despertados." Ao contrário da reprodução do pensamento em HICK a citação, porém, não fala da memória eterna de Deus, mas de seu "olhar de Criador", que transforma nossa vida terrena, e o resultado tampouco é caracterizado como um todo "atemporal", mas como o todo desta vida temporal.

an evil career, only redeemed by conversion in its last moments. How is such a life, even though it also contains a moment of saving faith in Christ, to be significantly different and better as the content of eternal life?... Its evils will still be evils; and indeed they may in their accumulated totatlity seem even more evil than when known one by one" [... suponha que esse conteúdo seja uma vida vivida em pobreza e degradação extrema, na ignorância e superstição, em má nutrição, enfermidade e fraqueza, e na miséria da escravidão ou opressão? Suponha que se trate de uma vida pobre, acanhada, desprovida de alegria e nobreza, nas quais as boas possibilidades da vida humana permanecem praticamente não-atingidas? Ou suponha que se trate da vida de um eremita que participou apenas minimamente da comunidade humana, ou ainda, de uma trajetória maligna, somente redimida por conversão em seus últimos instantes. Como uma vida dessas, muito embora contenha também um momento de fé redentora em Cristo, haveria de ser significativamente diferente e melhor que o conteúdo da vida eterna? Seus males ainda continuarão sendo males, e de fato em sua totalidade somada poderão parecer piores que quando conhecidos um por um].[330] A última frase permite notar que para HICK a rigor a realidade dos males da vida atual – e logo a problemática da teodicéia – fundamenta o escândalo com as "teorias de recapitulação" da vida eterna. Isso é tanto mais grave quanto para HICK é precisamente o protesto contra os males desta vida terrena constitui o argumento religioso fundamental para a aceitação de uma vida para além da morte.[331] De fato HICK teria razão com sua crítica se na expectativa escatológica cristã a idéia de entrar na eternidade de Deus (e logo de uma "eternização" da vida atual) não estivesse vinculada ao momento de sua transformação. É verdade que HICK mencionou esse ponto de vista,[332] mas subestimou seu alcance, porque ele o restringiu a uma relação explícita de fé com Jesus. Dessa maneira ele se tornaria irrelevante para uma escatologia que não apenas tem de levar em conta o futuro da salvação dos cristãos, mas todas as pessoas e seu destino eterno. Quando, porém, se considera que o significado de Jesus no juízo final será em primeira linha a de critério para a relação dos seres humanos com Deus, e justamente de todos eles, então isso significa que Deus vê e julga não apenas os cristãos, mas todas as pessoas sob o ponto

---

[330] J. HICK, *op. cit*. p. 225s.
[331] J. HICK, *op. cit*., p. 152ss., 159.
[332] J. HICK, *op. cit*., p. 223.

de vista de sua relação explícita ou implícita com o ensinamento e o destino de Jesus, principalmente porém com o olhar do amor compassivo que se expressou no envio de Jesus. Por isso a relação de Deus, não apenas para com os cristãos, mas com os seres humanos em seu todo, é outro do que poderia ser sem o envio de Jesus. Por isso também as pessoas que não se tornaram membros declarados da igreja cristã podem ter participação da destinação das pessoas na nova vida manifesta em Jesus Cristo, quando seus corações estiverem abertos para a proximidade de Deus e de seu reino, proclamada por Jesus. Isso, no entanto, inclui a participação na transformação da existência atualmente vivida, sem a qual não pode haver comunhão das criaturas mortais com Deus. Isso significa que aos misericordiosos será concedida misericórdia, que os sofredores serão consolados, que os pobres em si mesmos e os que buscam por justiça e por isso são perseguidos herdarão o reino (Mt 5.3ss), enquanto aqueles que por riqueza e saciedade estão tão contentes consigo mesmos que não anseiam mais pelo futuro de Deus, permanecem excluídos dele (Lc 6.24s). A transformação escatológica contém, pois, sem dúvida também um momento de compensação pelos sofrimentos e fracassos do mundo presente. Afinal, é por isso que a mensagem de Jesus representou de maneira especial o evangelho para os pobres, para os cegos e aleijados desta vida, para os carentes e deficientes, aos quais foi negado o desenvolvimento normal de uma vida humana.

Se, no entanto, na perspectiva da eternidade devem ocorrer transformações tão profundas para a vida terrena das pessoas, será que apesar disso se pode falar de uma *identidade* da vida futura com a atual? Será que ainda é a *nossa* vida que haveremos de reencontrar em uma configuração tão transformada face à eternidade? Obviamente não se trata de uma identidade de seu conteúdo no sentido de que nada fosse acrescentado ou omitido. E apesar disso é possível asseverar uma identidade da consumação escatológica com a vida atual, terrena, dos humanos, quando se considera que, afinal, constitui a identidade da pessoa já nesta vida terrena: Por um lado fazem parte dela as condições e experiências concretas, as realidades de nossa vida que não devem ser reprimidas, mas integradas na unidade de nosso ser em si. Por outro lado trata-se desse nosso ser em si, de nossa destinação como ser humano e como esse indivíduo específico, e aquilo de que consiste esse ser em si sempre é concebível apenas provisoriamente, porque ainda estamos a caminho rumo a nós mesmos,[333] e nessa caminhada sempre de novo transpomos em uma ou outra direção o que já somos ou fomos. E, não obstante, somos também já de alguma forma o que haveremos de ser. Sempre, pois, se entrelaçam, no processo da formação da identidade, a identidade e a transformação – transformação também do caráter significativo daquilo que foi vivenciado no passado.

A incumbência de constituir a identidade consiste em integrar os fatos de nossa vida passada e presente no contexto da idéia que está mais ou menos nítida em nossa mente daquilo que podemos ser e que haveremos de ser. Unicamente se entendermos nossa situação atual de uma antecipação condizente desse nosso ser em si, poderemos esperar obter e preservar uma identidade duradoura. A referência ao ser em si, que sempre ainda excede tudo o que houve em nossa vida, encontra-se, pois, em estreita ligação com a relação com Deus: A rigor nós somos nós mesmos como aqueles que, e como aquilo para que, fomos destinados e chamados por Deus, e a tarefa da formação da identidade consiste em integrar em um todo as circunstâncias de nossa vida na perspectiva de nosso chamado individual. Isso terá sucesso no transcurso de cada vida sempre apenas de maneira mais ou menos fragmentária, e por isso sentimos que nosso verdadeiro ser em si sempre significa mais e outra coisa que aquilo que concretizamos em nossa história de vida. Os olhos do amor vêem em nós esse potencial de nossa destinação apenas realizado de modo fragmentário. Justamente assim, porém, nos vê também o Deus eterno, que é o Criador de nossa vida, bem como a origem e o alvo de nossa destinação. "Vosso Pai celestial sabe que tendes necessidade de tudo isso" (Mt 6.32): Justamente não apenas de alimento e roupas, mas tudo do que precisamos para viver no cotidiano de nossa existência cada dia em concordância com nossa destinação como seres humanos e como indivíduos.

De tudo isso resulta que também o produto de nossa história de vida, a consonância de todos os momentos individuais de nossa vida na presença eterna de Deus, se encontrará sob o ponto de vista da destinação e vocação divinas dessa vida individual e por isso em uma perspectiva em que nossa vida aponta para além dessa concretização

---

[333] Cf. ainda do autor: "Das christologische Fundament christlicher Anthropologie", in: *Concilium* 9, 1973, p. 425-434, 431ss., bem como: "Person und Subjekt" (1979), in: *Grundfragen systematischer Theologie*, vol. II, 1980, p. 80-95, 87ss., 91ss.

fragmentária dessa sua destinação. A transformação escatológica de nossa vida aqui vivenciada à luz da destinação divina que transcende seu sucesso e fracasso e que por isso também relativiza a diferença entre sucesso e fracasso, não põe em risco tal identidade,[334] mas a consuma para além de tudo o que somos aqui – pela complementação daquilo que permaneceu seu cumprimento na configuração fragmentária de nossa vida. Também isso pertence à reconciliação de nossa vida terrena com seu Criador.

Se na reconciliação entre Deus e as pessoas não se trata da reconciliação de Deus, de um apaziguamento de sua ira, e se, pelo contrário, o amor divino não precisa de nenhum redirecionamento reconciliador, enquanto os seres humanos de fato dependem da reconciliação com Deus,[335] então a superação de sofrimento e morte, a que as pessoas na alienação de Deus, e não raro no protesto contra ele, se apegam, faz parte essencial do acontecimento da reconciliação. Isso significa que somente na consumação escatológica a reconciliação estará completa. Contudo, porventura Paulo não diferenciou a reconciliação, em conjunto com a justificação dos humanos pela fé em Jesus Cristo, da consumação futura da salvação?[336] Não é justamente a reconciliação com Deus na atualidade uma condição da participação na salvação futura? De fato os pecadores alienados de Deus carecem da reconciliação com ele para chegar à renovação da comunhão com Deus que não será destruída no fogo do juízo. E apesar disso a própria reconciliação fundamentada na morte de Cristo já é uma disposição prévia da consumação escatológica. Afinal, ela se baseia em que Deus por meio da morte de Jesus afastou a nossa morte e a continua afastando em cada batismo,

---

[334] Profundamente ameaçada, e até mesmo arruinada nossa identidade será apenas pela contradição interior que invade nossa vida por meio do mal e de suas consequências. Cabe perguntar, então, se temos de permanecer eternamente presos nessa contradição contra nossa destinação e nos despedaçamos, ou se nossa vida à luz de sua destinação divina pode ser purificada das escórias de tais contradições pelo fogo da glória divina. Isso depende de que a identidade que formamos nesta vida esteja aberta em direção de Deus ou fechada contra ele. Em outras palavras: Depende da fé ou incredulidade do coração. Para quem crê Jesus é o fiador de que não são seus pecados que decidem quem eles são em última análise perante Deus, mas seu pertencimento a ele.

[335] Cf. vol. II, p. 560-579, esp. p. 573s.

[336] Vol. II, p. 557s.

ao conectar a nossa morte com a morte daquele para o qual a morte se tornou passagem para a vida. A eficácia reconciliadora da morte de Jesus consiste, portanto, em que ele concede aos que estão ligados com ele a confiança da superação escatológica da morte. Logo também o conceito da reconciliação contém mais uma vez a tensão entre o futuro escatológico da consumação da salvação e sua irrupção na atualidade, e precisamente de tal forma que essa disposição prévia desbloqueia o acesso ao futuro da salvação. Que Deus desse modo se antecipa à superação escatológica, através dele mesmo, do mal e dos males, por adentrar o tempo de suas criaturas, é somente isso que faz com que a vitória futura de Deus sobre o mal se torne redenção das criaturas, ao receberem por meio de tal antecipação de Deus a chance de, como criaturas – depois da superação de sua alienação de Deus – obterem participação em seu reino vindouro.

Em vista da tensão entre o futuro escatológico da consumação da salvação e sua irrupção no tempo levanta-se agora mais uma vez a pergunta exposta já no início deste bloco, quanto ao que está sendo afirmado com isso sobre o próprio Deus que age na história.

c) A revelação do amor de Deus na consumação da criação

O alvo dos caminhos de Deus não leva para além da criação, mas seu agir na reconciliação do mundo e em sua consumação escatológica não está direcionado a nada mais que à concretização da própria intenção da criação. Por que, no entanto, a criação não foi, então, criada desde já em sua configuração definitiva, escatologicamente consumada? Nessa pergunta reside mais uma vez o escândalo com a admissão do mal por Deus.

A resposta da teologia cristã a essa pergunta é desde sua análise pelos pais da igreja antiga: A admissão do pecado e dos males dele decorrentes é expressão do risco implícito na liberdade, com a qual Deus quis equipar suas criaturas mais sublimes, os anjos e as pessoas.[337] Na exposição trazida aqui essa resposta foi generalizada e ao mesmo tempo aguçada no sentido de que a admissão do mal e suas consequências

---

[337] Acerca do debate atual dessa *"Free Will Defense"* [defesa do livre arbítrio], cf. as contribuições de A. PLANTINGA sobre a teologia filosófica, principalmente o exposto em sua obra: *The Nature of Necessity* (1974), 1989, p. 164-195.

já está implícita na autonomia das criaturas como tais. Desse modo se introduz na análise do tema a natureza extra-humana, como no fundo também já acontecia na teologia da igreja antiga no discurso da doutrina sobre os anjos, na qual se falava da queda dos anjos (cf. Jd 6; 2Pd 2.4) antes da dos seres humanos. Algum grau de autonomia constitui a indispensável condição para a existência de criaturas ao lado do eterno ser de Deus. Com a autonomia, porém, enseja-se facilmente, e cada vez mais facilmente, também a transição, a rigor "impossível", da relação da criatura com seu Criador,[338] para a progressiva independência, quanto mais a autonomia da criatura assume a forma de configuração ativa da própria existência e de suas condições. Em grau máximo esse é o caso no ser humano e em sua capacidade de escolher entre as diferentes possibilidades do querer e do agir – uma capacidade que muitos já chamam de liberdade, embora ela seja uma condição necessária, mas de forma alguma suficiente, da verdadeira liberdade, da liberdade dos filhos de Deus (Rm 8.21), para a qual o Filho liberta (Jo 8.36) por meio de seu Espírito (2Cor 3.17).[339] A capacidade de decisão sobre as possibilidades do comportamento pessoal é uma forma sublime de autonomia da criatura, mas ao mesmo tempo também extremamente frágil, porque o uso concreto dessa capacidade leva tão facilmente à perda da autonomia, para a qual Deus criou o ser humano, a saber, à escravização do ser humano sob os poderes do pecado e da morte.

Ao designar sua criação para a autonomia, Deus correu um risco também para si próprio, a saber, o risco de que pelo processo de independência de suas criaturas caísse sobre ele, o Criador, a aparência da obsolescência, sim, da não-existência. O fato do mal corrobora para a criatura que se emancipa de Deus a aparência da não-existência de Deus. Propicia assim à ingratidão da criatura em sua busca de independência de Deus e à correlata indisposição de aceitar a finitude da própria existência, a boa consciência do protesto moral. Apesar disso o Criador, pelo agir reconciliador, não desiste de sua criação, e precisamente o faz de uma maneira que respeita a autonomia da criatura.

A autonomia da criatura ainda fica mantida na consumação escatológica e até mesmo chega à consumação em seu verdadeiro sentido

---

[338] Cf. K. BARTH, *KD* III/2, 1948, p. 235.
[339] Sobre isso, cf. também do autor, *Die Bestimmung des Menschen*, 1978, p. 12s, bem como *Anthropologie in theologischer Perspektive*, 1983, p. 108s.

apenas através desse acontecimento, a saber, como concretização da verdadeira liberdade da criatura. Afinal, ela constitui a condição da reciprocidade da glorificação escatológica, em que a criatura não apenas *é* glorificada, mas também por sua vez glorifica Jesus Cristo e o Pai. Dessa reciprocidade somente se pode falar porque a criatura possui uma existência centrada em si mesma, que se distingue pela espontaneidade na relação com Deus, bem como com os semelhantes. Em razão disso a glorificação que lhe é proporcionada não pode significar sua absorção na vida de Deus. Pelo contrário, a espontaneidade da glorificação do Pai que se manifestou em sua glória através do Filho é o meio no qual a se processa a própria glorificação da criatura por meio do Espírito.

A autonomia da criatura, pois, não é viável sem a temporalidade como forma da existência. A criatura não apenas precisa de determinada duração como forma de uma existência própria, mas a autonomia da configuração ativa da existência própria carece também de uma diferenciação nas modalidades de tempo, a saber, da diferença entre futuro, rumo ao qual se pode agir, e o presente, mas também de um passado de experiências já adquiridas, em relação às quais a autoconfiguração da criatura adquire seu perfil. Talvez o produto de uma vida conduzida com autonomia possa durar eternamente, na medida em que a existência temporal é sintetizada na simultaneidade do presente eterno. Mas sem o ingrediente da diferença entre tempo e eternidade o processo de formação de um ente finito autônomo e centrado em si nem sequer seria imaginável.

A relação entre a eternidade divina e o tempo representa a inversão dessa situação. Pois a existência das criaturas constitui o primeiro e fundamental exemplo daquela disposição prévia da eternidade e do antegosto dela que caracterizam consistentemente o agir da economia da salvação de Deus. A existência de criatura, afinal, somente é possível de tal modo que tenha certa duração no tempo, e a duração da existência já é como tal uma antecipação da eternidade, ainda que restrita ao tempo de vida da criatura. Contudo, também o agir reconciliador de Deus em Jesus Cristo repousa sobre a antecipação da eternidade, a saber, do futuro do senhorio de Deus, no tempo presente da existência de criatura: Na mensagem de Jesus e por meio de sua atuação o futuro da salvação do senhorio de Deus já irrompeu naqueles que se abriram para a mensagem da proximidade do reino e de sua presença, assim fundamentada, na pessoa de Jesus. De forma análoga o batismo cristão transmite, em vinculação com a morte de Jesus Cristo, já agora a certeza da ressurreição futura. No caso, já não se trata, como no agir criador de Deus, de uma participação aprazada e fragmentada na eternidade pela duração desta vida terrena, mas de sua participação ilimitada e liberta de todas as barreiras na vida eterna de Deus. Mas uma coisa pressupõe a outra; porque justamente para essa vida terrena descortina-se, para além do fim de seu tempo de vida, a participação na eternidade de Deus. A isso é que visava já a dádiva da vida terrena, aprazada, no ato da criação, mas esse alvo passa a vigorar agora, pelo agir reconciliador de Deus, contra os poderes de destruição do pecado e da morte. Se a vida de criatura já é, pela presença criadora do Espírito divino, nela um antegosto da eternidade, preserva e salva-se pelo agir reconciliador de Deus em Jesus Cristo essa vida de criatura para a eternidade, sendo já agora assegurada de sua salvação vindoura pela dádiva do Espírito.

O diferentemente articulado antecipar-se do futuro escatológico do Deus eterno no tempo da criatura dá a entender algo como a forma de maturação do amor divino: Pois sem prejuízo de sua eternidade o amor de Deus produz tempo, atua para dentro do tempo e assim se torna presente no tempo. Pelo fato de o futuro de Deus já se instaurar no tempo da criatura, de tornar-se presente para ele em seu tempo aprazado, Deus propicia às suas criaturas tanto a existência quanto a comunhão consigo mesmo. Por isso a criação de cada criatura individual já é expressão do amor divino que concede a cada criatura sua existência, ao deixá-la participar, pelo tempo de sua existência, da força vital do Espírito divino. Muito mais ainda o agir reconciliador de Deus é expressão de seu amor, por permitir que já se inicie o futuro de seu reino no tempo daqueles que se abrem para ele na fé. A entrada do amor divino no tempo culmina no acontecimento da encarnação. Pelo fato de que Deus se torna presente para as pessoas em seu Filho, para presenteá-las com a participação na relação filial de Jesus com o Pai e assim na vida eterna, as pessoas, sem prejuízo de sua condição de criaturas, se tornam participantes da comunhão com a vida eterna de Deus. A garantia de tal futuro da salvação e com isso também da certeza do amor divino é dada aos crentes por meio da concessão do Espírito Santo como dádiva duradoura, que há de acordar seus corpos mortais no futuro de Deus para a vida eterna. É somente o futuro escatológico de Deus que há de consumar essa revelação de seu amor na consumação da criação para a participação em sua própria vida eterna, mas por meio da dádiva do Espírito ela já agora é certa para os fiéis. Assim eles vivem já agora como pessoas reconciliadas com Deus no estado da paz com Deus (Rm 5.1).

Somente a consumação escatológica, em que Deus "enxugará todas as lágrimas" (Is 25.8; Ap 21.4), poderá elevar a revelação do amor de Deus na criação e na história da salvação acima de quaisquer dúvidas, embora o amor divino na realidade já atua em cada passo da história da criação. Somente à luz da consumação escatológica será justificada a sentença que o relato da criação pelo Escrito Sacerdotal pôs nos lábios do Criador no fim do sexto dia da criação, depois de ter formado o ser humano: "E Deus viu tudo o que havia feito, e eis que era muito bom" (Gn 1.31). Apenas à luz da consumação escatológica é possível afirmar isso acerca de nosso mundo, como ele é, com todas as suas confusões e seu sofrimento. Contudo somente quem for capaz de afirmá-lo apesar do sofrimento do mundo, honra e louva a Deus como seu Criador. O parecer "muito bom" acerca do mundo da criação não vale simplesmente em vista de sua consistência final dada a qualquer tempo, mas em vista de todo o caminho se sua história, pelo qual Deus está presente para suas criaturas com amor que se antecipa, para conduzi-los por perigos e sofrimentos da finitude finalmente à participação em sua glória.

Em 1945 KARL BARTH já versou sobre o sim de Deus à sua criação, sob o título "criação como justificação" (*KD* III/1, p. 418-476). Alegou ali contra a discussão da teodicéia do séc. XVIII que a ambivalência entre os lados da luz e das sombras na criação somente é superada pela revelação de Deus em Jesus Cristo em favor do lado da luz: "Deus se entregou à humildade e à miséria da existência de criatura pelo fato de que do contrário ela não poderia se tornar participante de sua glória" (p. 440). Sua imperfeição carece de "combate e superação" (p. 441). Isso foi ignorado pelas doutrinas da teodicéia do séc. São XVIII, quando acreditavam ser capazes de depreender a perfeição da criação a partir da ordem do cosmos como tal, sem para isso necessitar da referência a Jesus Cristo (p. 474ss.).

Entretanto, por mais que BARTH tenha enfatizado a vinculação entre criação e aliança, bem como seu significado para o veredicto sobre a bondade da criação, ele refletiu pouco sobre a própria realidade de criatura como processo, que se refere à sua consumação futura. Pelo contrário, perseverou na concepção da criação no início, e sobre esse início segue-se em sua exposição a aliança como um acontecimento diferente, por mais que na intenção de Deus a criação sempre já tenha estado direcionada para a aliança.³⁴⁰ Com isso está relacionado que, apesar de se debruçar sobre o tema da teodicéia, BARTH não queria falar de uma justificação de Deus no que tange à sua criação, mas apenas da justificação da criatura em sua existência mediante o sim divino a ele. "Deus, o Criador, não precisa... de nenhuma justificação" (p. 304). Essa constatação lapidar não é apenas admirável na perspectiva do problema da teodicéia, mas também em vista das próprias elaborações de BARTH sobre o lado das sombras da criação, diante da qual somente por meio de Jesus Cristo seria tomada a decisão em favor do lado da luz. E que significa que segundo o testemunho da Bíblia a justiça de Deus será manifesta somente no fim dos tempos e é anunciada apenas pelo evangelho de Jesus Cristo como já agora evidenciada (Rm 1.17)? Isso não significa que a justiça de Deus para com o mundo, como ele é, justamente não está desde sempre manifesta inequivocamente? Isso não significa que também o louvor das criaturas a Deus, do qual fala o Sl 19 (cf. Rm 1.20), pode ser entendido apenas como antecipação do louvor escatológico de Deus, da mesma forma como o culto da congregação terrena antecipa o louvor da congregação celestial dos perfeitos? E, não obstante, o amor de Deus já esta presente, bem antes de seu futuro escatológico, para as criaturas, visando à sua salvação, e apenas por isso o futuro escatológico do mundo pode propiciar mais e outras coisas que apenas o juízo de Deus sobre ele, a saber, fazendo com que à luz do fim seja manifesta a atuação do amor de Deus em sua criação na caminhada de sua história.

Em toda a extensão de seu caminho do início da criação, passando pela reconciliação, até a consumação escatológica da salvação, o curso da economia divina da salvação é expressão do antecipar-se do eterno futuro de Deus para a salvação das criaturas e, assim, manifestação do amor divino. Ele é o alicerce eterno para a separação da imanência da vida divina para a Trindade da economia da salvação e para a assim mediada inclusão das criaturas na unidade da vida trinitária. Diferenciação e unidade de Trindade imanente e econômica formam o batimento cardíaco do amor divino, e com um único desses batimentos ele abraça todo o mundo das criaturas.

---

³⁴⁰ Cf. vol. II, p. 211s., bem como já p. 74s.

REFERÊNCIAS BÍBLICAS

ANTIGO TESTAMENTO

Gênesis
1.2	724
1.26s.	523
1.31	839
2.7	35, 733
2.24	467, 481, 482, 484, 486
3.5	735
3.10	106
6.3	36
10	640
12.2s.	614
12.3	605
15.6	103, 198, 218, 244
18.18s.	605
18.19	588
32.30s.	794
50.20	690, 761

Êxodo
3.6	743
12.14	417
13.3	417
14.31	197
15.1-18	87
16.4	467
17.6	467
19.3-8	648
19.5	647, 648
19.6	543, 648
20.22-23.33	97
24.11	392, 395
24.8	393, 394
33.20	794

Levítico
14.57	98
18.5	104
19.18	109, 121
19.2	648
19.31	739
20.6	739

Números
11.17	36
15.30	340
23.21	62
25	36

Deuteronômio
1.5	98
4.31	644
4.35ss.	197
4.37	604
4.37-40	97

4.44	98	*2 Samuel*	
5.3	647	25.12	604
6.4	62	26.21	588
6.4s.	628	27.14	36, 87
6.5	121, 258, 259		
7.12	647	*1 Reis*	
7.6	604, 605, 648	8.16	588
7.6s.	643, 612, 614	11.34	588
7.8	644		
7.9	197, 648	*2 Reis*	
10.14s.	604	2.9	36
12	648	2.15	36
14.2	604, 605, 648	2.16	36
14.21	648		
17.15	588	*1 Crônicas*	
21.23	600	17.14	62
26.17s.	648	28.5	62
26.19	648	29.23	62
26-5-9	168		
27.26	105	*2 Crônicas*	
28.9	648	9.8	62
33.5	62, 87	24.19	338
Josué		*Neemias*	
7.19	168	9.7	588
Juízes		*Jó*	
8.23	88	2.10	823
		15.31	207
1 Samuel			
8.7	88	*Salmos*	
10.24	588	2.7	36, 87, 384
11.6	36	5.3	87
12.12	88	19	97, 840
16.1-13	588	24.4-6	794
16.13	36	25.2	244
16.14	36	26.1b	244

28.7	244	*Eclesiastes*	
29	87	8.14	719
31.15	244	12.7	36
31.6	37		
32.1	126	*Isaías*	
32.10	244	1.25	799
33.12	588	2.1ss.	614
33.18s.	731	2.2-4	84, 649, 688
47.4s.	87	2.2ss.	390, 764
47.5	588, 604	5.12	656
47.7	62	6.1ss.	87
56.5	244	6.5	62, 87, 794
62.9	244	7.9	196
68.25	87	8.19	739
68.7ss.	87	9.1ss.	87
71	604	11.1ss.	87
73.26	732, 743	11.2	36
74.12	87	11.4	813
78.70s.	604	11.12	80
84.4	87	25.6	390
88.6	731	25.8	839
91.2	244	26.12-19	720
93	87	26.19	743
99.4	88	27.19	720
103.7	652	27.9c.	625
104.21	363	33.17ss.	87
105.6	588, 604	42.1	36, 63, 384, 605, 649, 650
111.7s.	196	42.1s.	614, 639
119.64	97	42.6	605
119.89ss.	97	43.10	605
119.90s.	196	45.7	823
135.4	588, 604, 614	49.6	605
139.8	739	51.5-7	649
145.1	87	59.20	626
146.6	196	59.20s.	625
		59.21	626, 631
Provérbios		60.19	814
16.4	823	61.1	36, 384

65.17	765	2.44s.	88
66.15ss.	799	7	769
		7.13	88, 796
Jeremias		7.13s.	88
7.29	613	7.22	801
14.19	613	7.27	694
18.18	98	7.3ss.	88
31.29	719	12.2	720, 742, 743
31.31	625		
31.31-34	620	*Oséias*	
31.31s.	392, 631	2.20	197
31.31ss.	393	2.25	589
31.33	626	2.8	197
31.33s.	625, 765	4.1s.	197
31.34	625	12.7	338
31.37	613	13.4ss.	197
45.1ss.	87	14.2s.	338
45.4s.	823		
		Joel	
Lamentações		2.28	383
3.38	823	3.1	31
5.22	613	3.1-5	32, 40
Ezequiel		*Amós*	
18.1ss.	104	3.1s.	588
18.2	719	3.2	604, 652
18.20	742	3.6	823
18.21s.	613	9.7	588, 655
18.4	719	9.7b	643
18.4-20	588		
20	719	*Miquéias*	
25ss.	761	4.1-4	62, 84, 614, 649, 688
39.29	31	4.1ss.	390, 764
		4.7	87
Daniel			
2	769	*Sofonias*	
2.31-45	88	1.12	656
2.34	68		

Zacarias		*Malaquias*	
9.9s.	62	3.2ss.	799
12.9s.	31		
14.9	62		
16	62		

Literatura Intertestamentária

4 Esdras		*Enoque*	
6,28	798	1.1	588
7,33	814	10	605
7,33ss.	801	39.4s.	589
7,42	814, 815	62.7ss.	589
8.3	584	91-93	605
		93.5	589, 605
Baruque		45.3	588
50.2-4	743	50,1	815
502s.	753	50,4	815
		62.14	390

NOVO TESTAMENTO

Mateus		6.7s.	286
1.18.20	31	6.10a	693
3.11	332, 812	6.12	257
31	36	6.12-14s.	291
4.17	338	6.32	833
5.14	651	7.12	134
5.39	690	7.22s.	802
5.3ss.	803, 832	7.24s.	196
5.44s.	121, 257, 294	7.26s.	207
5.48	648	8.11 par.	363, 612
5.8	694, 794	8.11s.	804
5.9	294	8.12	391
6.4,15,18	801	9.2	125
6.6	284	10.32s.	168, 796, 800

10.34-36 par.	78	26.28	403
10.38s.	385	27.50	37
11.13	716	28.18	795
11.25	292	28.18s.	651
11.25s.	289	28.19	172, 331, 332, 334, 379, 380, 386, 459, 460, 474, 490, 651
11.27 par.	56		
11.4s.	79, 478	28.19s.	378, 380, 381, 382
12.18	36	28.20	44, 565, 566
12.28	383, 725		
12.39s.	75, 79	*Marcos*	
12.41s.	79	1.11 par.	599, 606
13.11 par.	74	1.15	339
13.11	466	1.4	332
13.24-30	691	1.8	358, 813
14.23 par.	284	1.9-11	384
16.16-18	572	1.35 par.	284
16.18	565	2.5	127
16.18s.	60, 397, 573	2.5ss.	491
16.19	491	2.15 par.	389
18.14	364	2.16	390
18.15ss.	122	2.23ss. par.	120
18.18	491	3.13ss.	397
18.20	180, 438	3.29	813
18.22-35	121	6.12s.	371
18.23-35	257	6.13	372, 492
18.28	125	6.30-44	389
19.28	801	8.1-10	389
20.20-28	63	8.29	795
20.22s.	385	8.31	600
21.43	622	8.34	386
22.1-10	390	8.38	169, 802
22.14	584, 589	9.2-8 par.	816
25.10	390	9.7 par.	606
25.31	796	10.14	362
25.31-46	800, 802, 810	10.14s.	362, 364
25.35-37	478	10.15	294
25.40	263	10.38	385
26.26-28	388	10.38s.	386

10.6-8	486	5.33	389
10.9	486	6.1-11	121
11.24 par.	291	6.20ss.	803
11.25	291	6.24s.	832
12.24-27	701	6.35	294
12.27	743, 756	6.36	294
12.28-34	121	7.34	389
12.29-31	263	7.36ss.	389
12.29s.	258, 265	7.47	491
13.1-4 par.	629	7.48	127
13.26	796	9.18	284
13.28s.	772	9.22	600
13.32 par.	772	9.23	386
13.32	68, 768, 772, 811	9.26	169
14.22	395	9.35	606, 611
14.22-24	388	10.16	491, 492, 499, 503, 531
14.23 par.	290	10.25ss.	119
14.24 par.	392	10.36	119
14.24	395, 403	11.13	291
14.25 par.	396	11.20	71, 725, 791
14.3	389	11.32 par.	716
14.35 par.	284	11.4	294, 340
14.36 par.	291	12.22-31 par.	291
14.62	796, 800	12.35ss.	390
15.37	37	12.49s.	385
15-17 par.	629	12.8	322, 335, 796
16.16	378, 474	12.8s.	169, 796, 801, 802
		13.22-30	63
Lucas		13.25-27 par.	800
1.2	511	13.25-27	802
1.33	795	13.28s.	804
1.35	31, 35	13.29	390
3.7	333	14.15	390
3.16	358, 812	14.16-24	391
4.1	31	14.27 par.	386
4.18	36, 384	14.27	386
5.16	284	15	252, 257
5.29s.	389	15.11ss.	390

15.2	389, 390	4.1	384
15.22s.	390	4.42	181
17.18	292	47s.	792
17.21	695, 701	5.22ss.	801
17.23	820	5.24	744, 791
17.24	820	5.25s.	747
17.25	600	5.29	744
18.17	294	6.63	32
19.43s.	629	6.69	198
20.18	396	7.39	493
22.19	388, 395, 416, 424, 499, 503, 531	8.36	187, 836
		8.56	218
22.20	394, 395, 403, 616	10.1	535
22.27s.	432	10.27	568
22.28	606	10.28	566
22.28-30	394, 395, 396	10.38	198
22.30	390	11.25s.	702
22.32	680	12.31	792, 799
23.43	718, 756	12.47	801, 809
23.46	36	12.48	802
24.30s.	387, 415	13.34	112, 256
24.47	338	14.13	284, 291
24.49	29, 43	14.16	33, 194, 565
28	284	14.16s.	29
41	387	14.20	43
		14.23	44
João		14.26	29, 30, 42, 284, 377, 418, 418
1.2	610		
1.12s.	326	14.6	221
1.16	545	15.10	256
1.32	816	15.16	284
1.33	31, 358	15.26	29, 33, 34, 48
3.5	313, 324, 340, 364	15.26s.	29
3.16	256	16.13-15	42
3.17	801	16.13s.	43, 418
3.22s.	384	16.13ss.	377
3.34	35, 37, 187	16.14	30, 48, 816
3.35	37	16.23s.	284

16.7	29, 367, 493	28	507
17.10	38	3.15	818
17.18	499	3.20	796
17.21s.	194	5.1-11	813
17.21ss.	256	5.31	759
17.22	38, 815	8.15-17	29
17.4	815	8.15s.	368
17.4s.	38	8.16	332
17.5	815	8.17	358
19.30	37	8.37	166, 355
20.21	499	8.38s.	333
20.22	29, 34, 41	8.39	358
20.23	491	9.18	333
21.13	387	10	357
21.15-17	572	10.2	355
		10.41	387
Atos		10.42	796, 801
1.3	42	10.44ss.	333, 357
1.5	333, 358	10.48	332
1.8	42, 43	11.14	355
2.1ss.	40	11.16	333, 358
2.11	40	13.3	529
2.12s.	40	13.38	332
2.15	40	16.33	355
2.16ss.	32	17.30	338
2.2	41	18.8	355
2.3	41	19.1-6	333
2.4	40	19.1-7	357
2.9-11	40	19.2	358
2.33	29, 30, 383	19.2ss.	358, 367
2.38	332, 333, 338, 339, 358, 383	19.3-5	332
		19.4	332
2.42,46	387	19.5s.	333
20.17	507, 557	19.6	358, 493
20.28	557		
22.16	334	*Romanos*	
24.15	744	1.3	627
26.20	338	1.3s.	35

1.4	30, 817	4.10ss.	103
1.5	216	4.11	104, 218
1.7	150	4.1-22	312
1.17	840	4.13ss.	100
1.18	799	4.14	105
1.20	840	4.15	108
1.21	289	4.16	716
1.24,28	798	4.16s.	103
1.32	111	4.17	202, 248
2.13	104	4.18	244, 245
2.14	101	4.19-21	244
2.14s.	102, 113	4.23s.	302
2.14ss.	123	4.24	323
2.15	102	4.25	482, 600
2.16	510	4.3	103, 244
2.26	111	4.4	314
2.27	106	4.5	311, 318
2.3ss.	801	4.6.	302
2.4	813	4.9	311
2.5-11	744	5.1	327, 839
26	284	5.12	733
28s.	613	5.12ss.	599
3.20	105, 106, 108, 128	5.15	275, 277, 278
3.21-26	319, 322	5.16	111
3.21ss.	100	5.17	275
3.22	103, 309, 311, 360	5.19	432
3.22-25	311	5.2	279
3.22-26	316	5.20	107, 108
3.24	282	5.21	322
3.24s.	310	5.5	113, 122, 256, 262, 270, 271,
3.25	102, 322, 323, 339		276, 279, 306, 309, 333
3.25	394	5.5ss.	280
3.26	302, 309, 311	5.8	282
3.27	101, 103	5.9	394
3.28	103	6	349
3.31	103, 508	6.10	331
3.6	801	6.12	351
4	247, 312	6.12-14	132

6.12s.	351	8.15	35, 44, 187, 194, 284,
6.12ss.	350		384, 439
6.14	113	8.15s.	289
6.14s.	100	8.16	194, 257
6.17	278	8.17	294, 326
6.19ss.	648	8.17s.	817
6.23	733	8.18	815
6.2s.	144	8.19	724
6.3	332, 791	8.1ss.	110, 111
6.3-14	344	8.2	100, 101, 111, 112, 113
6.3s.	758	8.21	187, 836
6.3ss.	35, 354, 417	8.21ss.	187
6.4	37, 336, 814	8.22	735
6.5	334, 702, 745, 758, 791	8.23	194, 333, 334, 725, 735
6.7	791	8.24	245
6.8	294	8.24s.	245
6.8s.	198, 216	8.26	286
6.9ss.	336	8.28	258, 265, 583, 585
7.10	108	8.28-30	589, 688
7.12	108	8.28s.	593, 597
7.13	107, 108	8.29	282, 495, 580, 585, 586, 597,
7.24	143		687, 759, 807, 818
7.25	278, 289	8.29s.	584, 590
7.4	331	8.30	323, 593, 600
7.6	100	8.32	282, 600
7.7-13	103	8.33	589
7.7s.	351	8.33s.	605
7.7ss.	107	8.34	431
7.9s.	733	8.4	109, 111
8	745	8.4ss.	132
8.1	351, 352	8.9	25, 33, 34, 130, 358
8.10	280	8.9,11,15	333
8.11	30, 37, 45, 187, 194, 294,	8.9s.	44
	439, 702, 724, 791, 812, 814	8.9ss.	39
8.12	110	9	585
8.13s.	188	9.13	586, 589, 590
8.14	294, 566	9.15s.	589
8.14-16	44, 269	9.16	585

9.24-26	624	13.1ss.	86
9.24ss.	589, 616	13.8	263
9.29	586	13.8-10	109, 111
9.6	623	14.10	744, 801
9.6-29	589	14.8	759
9.6ss.	581	15.12	245
9-11	583	15.13	245
10.3	103	15.6	815
10.3-10	105	15.8	716
10.4	99, 101, 102, 109, 129, 144	16.1s.	522
10.5	104, 108, 129	16.25s.	74, 468
10.5s.	100	16.5	522
10.8	129	16.7	522
10.9	166, 171, 207, 218	18	111
10.9s.	198, 323		
11	302	*1 Coríntios*	
11.1	623	1.13	441
11.1-10	624	1.13-15	332
11.11s.	690	1.2	150, 648
11.17-24	630	1.20	716
11.17s.	624	1.27-29	605
11.1s.	613	1.30	605
11.25	74, 466, 625	1.4	278
11.25-32	597	2.12	333
11.26	626	2.13ss.	813
11.27	624, 626	2.15	186
11.29	623	2.7	74
11.32	108	2.9	258, 265
11.36	815	3	807
11.7	624	3.10-15	805, 808, 809, 810, 815
11.7s.	625	3.11	43, 162, 525
12.1	422, 439, 500	3.12s.	799
12.1s.	136	3.12ss.	805, 807
12.2	439	3.14s.	799
12.21	690	3.16	25, 39
12.4s.	42, 819	3.18	38
13.10	109, 134	3.21	186
13.14	111	4.1	74, 466

4.5	744, 800	11.26	417, 449
4.7	175	11.27	394, 442
4.8	394	11.28	444
5.10	122, 808	11.29	441, 444, 448
5.11	444	11.31	442, 813
5.13	801	11.3-10	523
5.5	813	11.3s.	574
5.9-13	340	12	498
6.11	334, 648	12.11	46
6.12	109	12.12s.	42, 498
6.14	37	12.13	44, 194, 333, 358, 399,
6.2	394		437, 632, 724
6.2s.	801, 813	12.14-27	399
6.9s.	694	12.21	574
7.14	355, 362	12.25	441
7.19	111	12.27	498, 819
7.32ss.	488	12.28	519
7.5	284	12.3	46, 171
7.9	483	12.4-6	172
8.3	258, 265	13	122
9.16	510	13.12	174, 198, 222, 727
9.20-23	100	13.13	257
9.20s.	101	14.34	522, 523
10.16	394	14.37s.	522
10.16s.	154, 399, 441, 687	14.40	504
10.17	42	15.1	568
10.18	581, 632	15.13	702
10.3	467	15.18	756
10.3s.	437	15.20	759
10.4	467	15.21s.	702
11.11s.	523	15.21ss.	745
11.18s.	554	15.23ss.	796
11.23	600	15.24	792
11.24 par.	403	15.26	732
11.24	290, 395, 416	15.28	39, 795
11.24s.	290, 388, 491	15.3	166
11.25	392, 394, 403, 416, 424,	15.42-44	733
	449, 577, 616, 620, 626	15.42-46	812

15.44s.	31	5.7	245
15.45	31, 733	5.8	757
15.47ss.	733	7.10	340
15.49	495, 580, 597, 687, 818	7.9s.	813
15.50	694, 812	8.1	278
15.50ss.	808, 812, 829	11	506
15.51	74, 466	13	144
15.51s.	812	13.11	256
15.51ss.	439	13.13	172
15.53	736, 752, 754	13.4	814
15.57	289		
15.6	41	*Gálatas*	
15.8	506	1.17ss.	506
16.22	165, 434, 444	2.7	103
		2.16	103, 105
2 Coríntios		2.20	130, 280
1.1	150	3.2	45, 100, 596
1.9	248	3.6	103
1.21	366	3.8	106, 109, 218
1.22	194, 332, 333, 725	3.10	105
3.11	144	3.10-12	105
3.17	187, 836	3.12	104, 108
3.18	580, 687, 817, 818	3.13	99, 651
3.6	101, 111, 632	3.16	106
3.6s.	108	3.19	106, 107, 108
3.6ss.	48	3.21s.	108
3.7	109	3.22	108
4.10ss.	294	3.22s.	108
4.13s.	198, 216	3.23s.	354
4.14	702	3.23ss.	323
4.16	350	3.24	107, 108
4.3s.	690	3.24-26	327
5.10	138, 744, 800	3.24s.	101
5.14	417	3.26s.	326, 354
5.18	510	3.27	332, 523
5.18-21	322	3.28	487, 523
5.4	745	4.5	187, 270
5.5	194, 333, 725	4.5-7	187

4.5s.	101, 187, 269	1.11	75
4.6	44, 187, 204, 284, 285, 289, 384	1.12	245
		1.14	725
4.7	326	1.22	574, 618
4.19	580	1.23	482, 544
4.24	394	10	611
4.24ss.	101	14	75
4.26	66	2.12-20	624
5.1	101, 110	2.14	75, 493, 634
5.3	106, 109, 110	2.14s.	651
5.4	349	2.15	651
5.5	245	2.15s.	624
5.6	257	2.20	162
5.13	136	3.3-9	73
5.14	109, 110	3.3-10	460, 461, 465
5.16s.	350	3.3ss.	482
5.16ss.	351	3.4	74, 75, 482
5.18	111, 132	3.4-9	76
5.20	554	3.6	75
5.21	694	3.9	74
5.22	257	3.9-11	599
5.22s.	110	4.10s.	606
5.23s.	111	4.11	506, 512, 513, 516, 517
5.24	350		
6.1	340	4.13	545
6.2	101, 112	4.15	574, 618
6.7	742	4.15s.	154
6.13	110	4.24	327
		5.2	482
Efésios		5.5	694
1.1	150	5.22-33	487
1.4	593, 597, 599, 602, 605, 609, 610, 611	5.23	482, 574
		5.25	482, 483
1.5	597, 602	5.25s.	543, 547
1.9	74, 600	5.26s.	332
1.9s.	73, 75, 76, 482	5.31s.	723
1.10	468, 489, 493, 576, 597, 601, 602	5.32	467, 481-485, 489, 531
		6.18	286

Filipenses
1	150
1.1	507, 557
1.9s.	186
1.11	817
1.19	33
1.23	718, 756, 757
1.30	791
2.5	110, 136, 294
2.7s.	606
2.9	600
2.9s.	791
2.11	166, 817
3.6	105
3.9	103, 320
3.9-11	323, 354
3.10	294
3.10s.	702
3.11	745
3.20	66, 635, 801
3.20s.	817
3.21	495, 792, 807, 815, 816, 818
4.2s.	522
4.6	289

Colossenses
1.2	150
1.12	289
1.13	71
1.14	71
1.18	574, 618, 759
1.19	545
1.20	77
1.26	74
1.27	77, 245, 251
2.2	74, 75
2.7	289
2.10	574
2.12	791
2.12s.	251
3	349
3.1	758
3.3s.	791
3.4	758
3.9s.	327
3.10	280
3.1-4	757
3.17	289
4.15	522

1 Tessalonicenses
1.4	605
1.9	338, 628
1.10	800, 801
2.2,8s.	510
2.12	817
2.13	452
2.14-16	623
2.15s.	625
2.16	613
4.13	756
4.13-16	745
4.16s.	817
5.10	757
5.17	286
5.18	289
5.21	186
5.23	648

2 Tessalonicenses
2.4	563
2.8	813
2.14	594

1 Timóteo
1.1	245, 251

1.9	139	6.4-6	340
1.11ss.	509	6.4s.	32
18	509	9.25	421
2.11	522, 523	10.22	332, 334
3.1	507, 557	10.26	340
3.5	507	10.32	340
3.15	566	11.1	200, 245
3.16	37	12.17	340
4.13	449	12.22	66
4.14	528, 529, 532	13.14	65
5.17	557	13.15	167
2 Timóteo		*Tiago*	
1.5s.	509	3.2	340
1.6	529, 532	5.14	459, 492
2.2-14	509	5.14s.	371, 372
2.12	394	5.15	371, 372
3.10	509	5.19s.	340
4.2	509		
4.3	510	*1 Pedro*	
14	509	1.2	172
		1.3	245, 313, 324
Tito		1.3s.	326
1.10	510	1.7	799, 801, 816
1.5	528, 537, 558	1.11	29
1.5-7	538, 557	1.11-21	816
1.7	507	1.23	620
3.5	324	2.5	500
3.7	324, 327	2.8	629
7	537	2.9	183, 186, 499
		2.9s.	185
Hebreus		2.10	616, 629
2.10	759, 818	3.18	31
3.1	166	3.19s.	804
3.7-4,11	65	3.21	332
4.14	166	4.5	801
5.8	432	4.13	816, 817
6.1s.	338	4.14	814

5.1	815	*2 João*	
5.1-5	507	7	828
5.1ss.	816		
5.2	557	*Apocalipse*	
		1.5	334
2 Pedro		1.6	185, 186, 815
1.9	332	10.6	696
2.4	836	10.6s.	768
3.13	68	11.13	815
		12.7ss.	829
1 João		14.7	815
1.8-10	340	19.1	815
2.18	828	19.11ss.	829
2.20,27	366	20.5s.	747
2.27	493	20.5ss.	746
4.2	131, 171	20.11	765, 801
4.7	113	20.12	746
4.8	256	21.1	765, 770
4.9	256	21.2	66
4.10	256, 258	21.4	839
4.11	256	21.23	815
4.12	256	22.20	165, 434
4.15	171	3.12	66
4.16	122, 198, 256	5.10	183
4.19	258	5.9s.	185, 186
4.21	258	7.12	815
16	256		

Literatura Cristã Primitiva

1 Clemente		*Barnabé*	
24,1	745	2,6	112
26,1	745	4,8	113
42,3	693	5,7	622
42,4	557	7,5	622
44,1	557	14,3s.	113
44,5	557	141ss.	622

Clemente		9,4	694
42,4	508	10,5	694
		10,6	442
Didaquê		11s.	506
9,5	442, 447	15,1	557
7.1-4	333		

ÍNDICES DE AUTORES

A

Aalen, S. – 392
Abelardo – 274, 347
Afanassiev, N. – 155
Agostinho – 26, 33-35, 38, 50, 65, 66, 80, 113, 114, 117, 121, 122, 133, 135, 161, 191, 199, 203, 207, 208, 231, 259, 261, 262, 273, 275, 298, 301, 331, 351, 355, 356, 380, 381, 436, 457, 469, 470-472, 475, 481, 499, 538, 552, 585, 586, 587, 589-591, 595, 608, 611, 635, 666, 695, 697, 736, 737, 747, 760, 781, 782, 783, 784, 804, 806, 824, 825
Aiken, H. D. – 822, 826
Aland, K. – 355, 671
Alberigo, J. – 515
Alexandre – 347, 367, 456
Allmen, J. J. van – 418, 438
Althaus, P. – 54, 123, 125, 127, 154, 160, 184, 303, 324, 349, 362, 363, 504, 618, 707, 717-720, 733, 740, 747, 754, 756, 767, 768, 778, 807
Ambrósio – 66, 298, 337, 355, 356, 381, 403, 436, 468, 499, 672
Amesius, W. – 53, 295, 598
Anderson, G. – 307, 328
Andreä, J. – 295
Andresen C. – 435
Angenendt, A. – 664, 677
Anselmo – 320, 347, 354
Arendt, H. – 259, 261
Aring, P. G. – 628
Aristi, V. v. – 572
Aristóteles – 142, 250, 255, 277, 407
Arndt, J. – 139

Arnold, F. X. – 163
Atanásio – 733
Auer, J. – 26, 276, 375

B

Baciocchi, J. de – 409
Baier, J. G. – 53, 318, 325
Baier, W. – 295
Baitzer, K. – 87
Balthasar, H. U. von – 292, 659, 704
Baltzer, K. – 647
Barth, K. – 27, 30, 71, 76, 82, 116, 136, 215, 216, 263-265, 269, 295, 298, 321, 356, 357, 358, 382, 386, 465, 481, 551, 587, 593, 594, 596, 599-601, 608-610, 654, 699, 704-706, 709, 733, 734, 736, 774, 777-782, 785, 836, 839
Basílio – 28, 227, 284, 334, 354, 467
Baumgarten, S. J. – 36, 696, 697, 770
Baur, F. C. – 661, 663
Baur, J. – 298, 307, 308, 307, 317, 319, 320, 553, 661, 663
Bayle, P. – 824
Beck, J. T. – 771
Becker, J – 104, 333, 802
Begrich, J. – 168, 647
Beierwaltes, W. – 787
Beinert, W. – 55, 568, 570
Beintker H. – 241
Bellah, R. N. – 685
Benckert, H. – 282
Bengel, J. A. – 57
Berger, J. G. I. – 696, 770
Berger, K. – 31, 286, 291, 383
Bergson H. – 782
Berkhof, H. – 53, 659, 671, 713, 714
Berkouver, G. C. – 601
Berten, L – 776
Betz, J. – 400, 402, 425, 435, 439
Beumann, H. – 675

Billerbeck, P. – 390
Birkner, H. J. – 93
Bizer, E. – 204, 357, 418, 429, 587, 696
Blank, J. – 572
Blank, R. – 573
Bloch, E. – 246, 247
Blumenberg, H. – 824
Bodin, J. – 656
Boécio – 783
Boff, L. – 73, 80, 84, 85
Bornkamm, G. –74, 102, 103, 166, 167, 168, 397, 444
Boros, L. – 730
Braaten, C. E. – 328
Bradwardine, T. – 185
Brandenburger, E. – 796, 801
Braun, H. – 265
Brecht, M. – 314
Bretschneider, K. G. – 598, 696, 701, 770
Brinkel, K. – 362, 363
Brosch, J. – 551
Brown, R. E. – 29, 30, 44, 573, 802
Brunner, E. – 31, 53, 116, 117, 161, 190, 191, 263, 264, 308, 418, 596, 733
Brunner, P. – 154, 160, 306, 308, 360, 418, 427, 429, 442
Bucer – 369, 513, 516, 530
Buchner, R. – 676
Buchrucker, A. E. – 422
Buddei, J. F. – 319
Buddeus, F. – 325
Buddeus, J. F. – 53, 318-320, 325
Bultmann, R. – 27, 30, 32, 101, 103, 105, 207, 213-216, 217, 244, 263, 278, 323, 382, 383, 385, 705-707, 785, 814
Butterfield, H. – 653, 654, 666, 680

C

Calov, A. – 53, 54, 696, 698
Calvino, J. – 27, 28, 52, 53, 83, 135, 161, 204, 306, 342, 356, 357, 371, 401, 425-427, 438, 512, 516, 517, 529, 530, 587, 591, 593, 595, 598, 807

Camelot, P. T. – 50
Campenhausen, H. von – 59, 110, 135, 166, 169, 171, 172, 291, 332, 507, 557
Cancik, E. – 642, 653
Casel, O. – 416
Cerfaux, L. – 618
Charles, R. H. – 397, 719, 720, 744
Chemnitz, M. – 209, 309, 325
Chitescu, N. – 522
Cícero – 9, 11
Cipriano – 50, 73, 342, 355, 468, 469, 534, 805, 806
Cirne-Lima, C. – 199
Clarke, S – 785
Classen, P. – 675
Clemente – 65, 66, 207, 209, 337, 341, 380, 507, 508, 693, 694, 749, 804, 806, 824, 825
Cobb, J. B. – 709
Cochläus – 421
Combès, G. – 259
Cone, J. – 685
Congar, Y. – 34, 51, 150, 159, 191, 536, 539, 542, 543, 546, 547, 551-554, 558, 566, 568, 570, 617, 618, 636
Conzelmann, H. – 278
Cornehl, P. – 252, 450, 696, 699, 700, 701, 707, 709, 712, 827, 828
Crisóstomo – 191, 421, 436, 467, 806, 809
Cromwell – 684
Cullmann, O. – 397, 415, 639, 657, 658, 668, 747, 754

D

Dabin, P. – 183
Dahl, N. A. – 618
Damasceno, J. – 695
Daniélou, J. – 65, 658, 659, 667- 669, 679, 680
Davis, St. T. – 755
Delling, G. – 390
Descartes, R. – 10, 231, 232
Deukamp, F. – 304

Dexinger, F. – 605
Dilthey, W. – 221, 239, 653, 730, 774
Dinkler, E. – 622
Dobmayer, M. – 57
Döring, H. – 155, 157, 159, 163, 539, 547
Dorner, J. A. – 702, 703, 771
Dove, A. – 661
Drey, J. S. – 57
Droysen, J. G. – 654, 663
Dullaart, L. – 49
Dulles, A. – 69, 70, 71, 81, 501, 502, 512, 554
Dumas, A. – 523
Dunkel, A. – 654
Dupuy, B. D. – 499, 501, 502

E

Ebeling, G. – 27, 72, 74, 101, 123, 124, 129-132, 136, 213, 231, 234, 235, 238-240, 283-285, 299, 301, 303, 376, 462, 463, 465, 471-474, 476, 479, 495, 546, 549, 725, 726
Eckhart – 580
Eichholtz, G. – 498
Elert, W. – 153, 155, 165
Eliade, E. – 640
Elsässer, M. – 783
Elze, M. – 554, 749
Empie, P. C. – 563, 564, 569, 572, 574
Eneling, G. – 136
Engisch, K. – 143
Esser, H. H. – 516
Eusébio – 633, 634, 671, 678
Evans, E. – 695
Evdokimov, P. – 34

F

Faberberg, H. – 516
Fagerberger, H. – 512

Feiner, J. – 55, 371, 372, 693, 704
Felmy, K. C. – 29, 275
Fichte – 661
Flusser, D. – 623
Forte, B. – 397, 445
Fraas, H.-J. – 365
Frank, H. R. von – 702
Franke, F. H. R. von – 688
Franke, H. – 650
Fransen, P. – 275, 281
Frick, R. – 694
Fries, H. – 65, 177, 199, 217, 249, 261, 274, 501, 543
Frohnes, H. – 668

G

Ganoczy, A. – 52, 83, 161, 177, 513, 530
Gänssler, H. J. – 66, 95
Garijo-Guemnbe, M. – 401
Gassmann, G. – 561
Geiger, W. – 661
Geiselmann, J. R. – 57
Gensichen, H. W. – 668
Gerhard, J. – 155, 696, 754
Gerhard, J. G. – 295
Gerken, A. – 408, 410, 413, 438
Geyer, C.-F. – 824, 825
Gierke, O. v. – 115
Gnilka, J. – 491, 807
Goertz, H.-J. – 343
Gogarter, F. – 205, 214, 263, 264
Gollwitzer, H. – 401
Goodall, N. – 83
Goppelt, L. – 135, 186, 324, 394, 415, 466, 500, 557, 801, 804, 814
Görgemans – 746
Graf, F. W. – 139, 140
Grane, L – 514
Grass, H – 41, 401, 412, 413, 425
Grässer, E. – 625

Gray, J. – 62
Greiner, F. – 774
Greive, W. – 222, 223
Greshake, G. – 744, 746, 754, 756, 757, 758, 759
Grillmeier, A. – 500, 501, 553, 568, 570, 804
Grönvik, L. – 360, 373, 378, 382
Grundmann, W. – 37, 385, 394
Gruner, J. F. – 321
Grützmacher, R. H. – 47
Gunkel, H. – 168, 288
Gutwenger, E. – 407

H

Haase, C. – 676
Habermas, J. – 828
Haenchen, E. – 41
Haendler, K. – 52
Haering, T. – 702, 771
Hahn, F. – 166, 186, 388, 392, 393, 395, 396, 415, 449, 450, 651, 697, 704
Halensis, A. – 456
Hamel, A. – 623
Hardy, A. – 287
Häring, T. – 223, 702, 718
Harnack, A. von – 41, 50, 100, 296, 633, 665, 668, 704
Hase, K. – 702
Hasler, A. – 304
Hauke, M. – 522
Hauptmann, P. – 539
Hauschild, D. – 26, 27, 584
Hegel, G. W. F. – 92, 140, 143, 233, 237, 410, 496, 661, 700, 785, 826-828
Heidegger, J. H. – 410, 598, 705, 730, 731, 732, 782, 785
Heiler, F. – 283, 287, 288
Heim, K. – 234, 772
Heimsoeth, H. – 785
Heintze, G. – 127
Hennecke, E. – 623
Henrich, D. – 288
Henrique de Gent – 591

Heppe, H. – 204, 357, 587, 696
Herder, J. G. – 580
Herms, E – 505
Herrmann, W. – 215, 220, 222, 223, 771
Hertz, A. – 95, 96, 120
Hick, J. – 731, 738, 740-743, 752, 793, 798, 803, 810, 811, 819, 830, 831
Hinrichs, C. – 661
Hipólito – 623, 629
Hirsch, E – 228, 315, 771
Hirscher, J. R. – 57
Hobbes – 142
Hodgson, P. C. – 661
Hoekendijk, J. C. – 82
Hoffmann, G. – 707, 708, 717, 778, 779
Hoffmann, P. – 60, 572, 744
Hoffmeister, J. – 140, 237, 826
Höfling – 512, 513
Hofmann, J. C. K. – 213, 609
Hofmann, R. – 805
Holl, K. – 127, 160, 312
Hollaz, D. – 53, 208, 209, 212, 280, 295, 318, 325, 696
Hornig, G. – 700, 701
Hotz, R. – 467, 468, 469
Huber, W. – 549
Hübner, H. – 103, 105-111, 663
Hügli, A. – 824
Hülsemann, J. – 317
Hume, D. – 822, 826
Hutter, L. – 155

I

Ilting, K.-H. – 827
Inácio – 154, 380, 382, 467, 507, 517, 519, 545, 557, 559, 694
Ireneo – 112, 113, 124, 166, 275, 380, 424, 435, 466, 467, 694, 727, 745, 746, 749, 804
Iserloh, E. – 404, 420, 421

Iserloh, L. – 421
Iwand, H. J. – 201, 300, 301, 302

J

Jacobsen, T. – 640
Janowski, H. N. – 773
Janowski, J. C. – 523
Jaspers, K. – 729
Jaspert, B. – 645, 656
Jedin, H. – 305
Jeremias, J. – 62, 87, 88, 289, 332, 383, 384, 613, 651
Jerônimo – 344, 504, 516, 538, 558
Joest, W. – 134, 135, 231, 306, 308, 525
Johnson, L. – 684
Jorissen, H. – 404, 407
Jüngel, E. – 73, 76, 77, 357, 465, 732, 733
Jungmann, J. A. – 402
Justino – 112, 424, 435, 467, 468, 622, 633, 746, 748, 804

K

Kaftan, J. – 702, 771
Kähler, M. – 223, 225, 226, 286, 702, 717, 770
Kamp, N. – 664
Kandler, K.-H. – 437
Kant, I. – 67, 92, 96, 117, 140, 233, 264, 312, 321, 410, 649, 697, 700, 701, 706, 712, 767-769, 774-776, 777, 784, 785, 822
Karmiris, J. N. – 806
Karpp – 746, 749, 754, 755, 804
Käsemann, E. – 65, 103
Kasper, W. – 47, 77, 156, 158, 192, 199, 538, 561
Kattenbusch, F. – 50, 397
Kaufmann, A. – 97, 141, 142, 143
Kehl, M. – 77
Keller, M. – 618
Kelly, J. N. D. – 50, 65, 66, 150, 166, 167, 172, 804

Kerber, W. – 93
Kern, W. – 56, 59, 200, 547
Keshishian, A. – 159
Khodre, G. – 522
Kierkegaard, S. – 228
Klappert, B. – 623
Klappert, K. – 624, 627, 628
Klein, J. – 260
Klein, L. – 347
Klempt, A. – 656
Klinger, E. – 57
Koch, K. – 87, 88, 97, 98, 418, 588, 598, 604, 605, 608, 614, 742
Kohn, H. – 684
König, F. – 156, 295
Kraus, H. J. – 88
Kreck, W. – 82, 705, 706, 707, 805
Kremer, J – 746, 754, 757
Kretschmar, G. – 166, 177, 332-334, 337, 354-356, 359, 366, 367, 369, 370, 386, 387, 403, 425, 435, 563, 668, 746, 749
Krusche, W. – 27, 28
Kugelmann, L. – 513
Kuhn, K. G. – 62, 166, 435
Kühn, U. – 82, 114, 134, 160, 161, 307, 389, 414-417, 427, 428, 434, 454, 457, 650
Kümmel, G. – 61
Kümmel, W. G. – 59, 60, 63, 138, 296, 383, 397
Küng, H. – 69, 191, 306, 308, 368, 501, 502, 511, 547, 566, 567
Künneth, W. – 213
Kutsch, E. – 647
Kuyper, A. – 53

L

L. Feuerbach – 251, 700, 735
Lachnit, O. – 246
Landgraf. A. M. – 558
Lange, D – 303
Lanne, E. – 156, 162
Lapide, F. – 625, 627

Lasson, G. – 92, 496, 827
Leenhardt, F. J. – 409, 414, 427
Lehmann, K. – 177, 303, 305, 307, 346, 347, 348, 351, 372, 402, 404, 430, 458, 484, 515, 527, 535, 553, 563, 566, 573
Leibniz – 697, 825, 826
Lessing, E. – 48, 219, 580, 697, 721
Leuba, J. L. – 71
Lieberg, H. – 532
Liebster, W. – 623, 624
Liert, W. – 151
Lindbeck, G. – 512, 574
Lindenmeyer, I. – 771
Link, H. G. – 176
Lívio, T. – 617
Locke, J. – 233
Loewenich, W. v. – 200, 202, 299, 300
Löhe, W. – 512, 513
Lohfink, G. – 56, 59- 61, 379, 757
Löhrer, M. – 55, 585, 693
Lohse, B. – 346, 347, 552
Lohse, E. – 41, 138, 529
Lombardo, P. – 34, 35, 50, 272, 276, 586, 695
Lommatzsch, C. H. E. – 695
Looser, G. – 489
Lorenz, R. – 275
Lossky, V. – 29, 281
Löw, R. – 288
Löwith, K. – 653
Lubac, H. de – 499, 502, 619
Lübbe, H. – 226
Ludwig, J. – 573
Lütcke, K. H. – 208
Lutero, M. – 27, 52, 66, 67, 76, 83, 95, 100, 118, 123-135, 138, 139, 149, 154, 155, 160, 175, 183-187, 198-203, 206, 207, 214, 215, 230-232, 234, 235, 241, 250, 266, 272, 277, 278, 297, 298, 299, 302-304, 306, 307, 311, 312, 314-317, 319, 324, 326, 335, 342-350, 352, 353, 357, 360-362, 368-371, 374, 375, 377, 378, 381, 401, 405, 406, 411-414, 420, 421, 425, 427, 429, 431, 434, 442, 453, 457, 462, 464, 474, 475, 483, 484, 499, 500, 503,

504, 505, 512, 521, 527-530, 532, 534-538, 553, 555, 558, 563, 565-568, 591-593, 595, 618, 684, 756, 806, 824

M

Magno, A. – 483, 781
Magno, C. – 673, 674, 682
Magno, L. – 430
Malmberg, F. – 214
Malvy, A. – 809
Mannermaa, T. – 299, 302, 311, 315
Manzke, K. H. – 737, 781, 782, 783, 784, 785, 790
Marcel, G. – 245
Martell, K. – 676
Martimort, A.-G. – 527
Maurer, W. – 514
Mausbach, J. – 259
May, G. – 49, 50
Melanchthon – 27, 51-53, 125, 126, 135, 160, 203, 204, 206, 209, 215, 277-280, 299, 304, 305, 307, 312-315, 319, 321, 324, 325, 351, 412, 422, 423, 429, 442, 457, 459, 478, 479, 484, 485, 486, 513, 521, 529, 530, 532, 535, 536, 538, 547, 558, 563, 607
Merkel, H. – 112, 801
Merklein, H. – 506, 507
Metz, J. B. – 825
Metzler, N. – 697, 704
Meyendorff, J. – 84
Meyer, H. – 151-153, 512, 514, 524, 534, 561-563, 565, 568, 572, 574
Michel, O. – 168
Milton, J. – 684
Mitteis, H. – 676
Modalsli, O. – 138
Moeller, B. – 659
Mohler, A. – 653
Möhler, J. A. – 57
Moltmann, J. – 68, 71, 77, 78, 82, 190, 246, 247, 251, 389, 446, 498, 519, 543, 706-708, 713, 714, 774, 779
Mosheim, J. L. von – 656, 659, 660, 661, 761

Mössinger, R. – 285, 286, 288, 290, 292
Mouroux, J. – 199
Mühlenberg, E. – 657, 659, 660, 663, 664, 665, 666, 667, 670
Mühlenberg, L. – 666
Müller, A. M. – 450
Müller, G. – 84, 254, 282, 625
Müller, H. – 556, 558, 697
Müller, J. – 213
Müller, W. – 83
Müller-Fahrenholz, G. – 84, 254
Müller-Römheld, W. – 83
Mund, H.-J. – 563
Murphy, T. A. – 563, 564, 569, 572, 574
Mussner, F. – 572, 573, 623, 624, 625

N

Neuhaus, R. J. – 254, 638
Neuner, P. – 200
Neunheuser, B. – 331, 337, 380
Newman, J. H. – 236, 237
Newton – 785
Nicol, M. – 292
Niebergall, A.– 275
Niebuhr, R. – 654, 659, 671
Niesel, W. – 135, 516
Nietzsche, F. – 258
Nissiotis, N. A. – 28, 546
Nitzsch, C. I. – 702
Nohl, H. – 496
Nygren, A. – 258, 259, 261-264, 269, 585, 589

O

Oberman, H. A. – 306
Ockham, W. – 185
Oelmüller, W. – 824, 825
Oepke, A. – 334

Ölsner, W. – 702
Orígenes – 25, 50, 65, 66, 82, 285, 337, 342, 355, 380, 425, 552, 584-587, 590, 681, 694, 746, 753, 754, 760, 804, 805
Ott, L. – 54, 529, 569, 619
Otto, E. – 541
Otto, W. F. – 739, 762
Overbeck – 705
Owen, J. – 53

P

Pagano, M. – 776
Pailin, D. A. – 236
Pannenberg, W. – 97, 303, 307, 347, 348, 351, 372, 402, 404, 458, 484, 513, 515, 515, 527, 535, 553, 563, 574, 660, 773
Papandreou, D. – 562
Pascal, B. – 553
Patrides, C. A. – 684
Patsch, H – 389, 390, 392, 393, 394, 395, 398
Peisl, A. – 653
Perlitt, L. – 647, 648
Persson, P. E. – 520
Pesch, O. H. – 231, 286, 297, 302, 303, 305, 307, 310
Pesch, R. – 60, 286, 306, 573
Peters, A. – 297, 302, 306, 310
Peterson, E. – 634, 671
Pfammatter, J. – 310
Pfnür, V. – 305, 458
Pfürtner, S. – 231
Philips, G. – 281
Piemer, M. – 580
Pieper, J. – 249
Pirenne, H. – 675, 676
Plank, P. – 155
Plantinga, A. – 835
Plathow, M. – 282
Pohlenz, M. – 207
Pöhlmann, H. G. – 297, 298, 311

Posochmann, B. – 341
Pottmeyer, H. J. – 56, 59, 200, 547, 548, 549, 566, 568, 570
Powers, J. – 409
Prenter, R. – 27, 418, 423
Preuss, E. – 309, 318, 325
Pritchard, J. B. – 641
Procksch, O. – 168
Prohl, R. C. – 523
Prümm, K. – 465-467

Q

Quapp, E. – 580
Quell, G. – 604, 605
Quenstedt, J. A. – 295, 309, 317, 318, 325

R

Rabb, T. K. – 679
Rad, G. von – 88, 104, 168, 640, 647, 719, 732, 739
Rahner, K. – 69, 70, 75, 76, 156, 157, 163, 214, 262, 281, 285, 342, 344, 368, 406, 407, 412, 413, 454, 460, 479, 548, 551, 552, 567, 657, 659, 713-715, 717, 730, 732, 733, 774, 819
Räisänen, H. – 101-103, 105-109
Raming, I. – 522, 523
Ranke, L. von – 654, 661
Ratschow, C. H. – 288
Ratzinger, J. – 69, 153, 155-158, 501, 508, 510, 548, 561, 571, 572, 619, 620, 743, 749, 750, 756, 757, 758, 802, 805, 807, 808, 809
Regli, S. – 368
Reineccius, R. – 656
Reinhard, F. V. – 770
Reischle, M. – 223
Rendtorff, R. – 87, 340, 814
Rendtorff, T. – 93, 182, 487, 488
Reventlow, G. – 288
Reventlow, H. G. – 284, 288
Richter, F. – 700, 709, 735

Rithe, R. – 771
Ritschl, A. – 60, 67, 128, 215, 217, 223, 264-266, 269, 271, 289, 295, 311, 312, 320, 321, 323, 375, 598, 607-609, 613, 661, 697, 702, 703, 771
Ritschl, O. – 209, 295, 375
Ritter, A. M. – 166, 172
Robinson J. M. – 709
Rohde, E. – 739
Rohls, J. – 135, 401, 405, 406, 408, 416, 422, 425, 516
Roloff, J. – 40, 41, 61, 332, 358, 368, 394, 466, 506-508, 510, 517, 520, 528, 529, 557
Romanides, J. S. – 673, 674, 675, 677, 678
Rössler, D. – 369
Rossum, U. M. van – 529
Rost, G. – 591
Rothe, R. – 92, 767, 771
Rousselot, P. – 260
Rückert, H. – 306
Ruckstuhl, E. – 282
Ruhbach, G. – 60, 671, 677
Rust, E. C. – 659

S

Salviano – 666
Sanders, E. P. – 101-103, 105, 106, 107, 109, 110
Sartre, J.-P. – 731
Sauter, G. – 47, 192, 247, 706, 773
Schadewaldt, W. – 653
Schanz, P. – 57
Schatzgeyer, G. – 421
Scheele, F.-W. – 430
Scheffczyk, L. – 520
Scheler, M. – 261
Schelling, F. W. J. – 788
Schelsky, H. – 486, 487
Schillebeeckx, E. – 77, 409, 411, 413, 414, 432
Schindler, A. – 634
Schlatter, A. – 771

Schleiermacher – 27, 47, 48, 54, 67, 140, 151, 152, 164, 191, 213, 239, 288, 295, 321, 553, 580, 597-601, 607, 608, 609, 701-703, 707, 718, 726, 767, 777
Schlesinger, W. – 676
Schlier, H. – 74, 75, 107, 135, 136, 162, 350, 481, 482
Schlink, E. – 46, 81, 136, 137, 254, 285, 290, 298, 331, 355, 357, 359, 380, 430, 456, 459, 514, 519, 520, 540, 543, 548, 549, 550, 554, 569
Schmaus, M. – 55, 304, 569
Schmidt, E. A. – 784
Schmidt, K. L. – 397
Schmidt, W. H. – 62
Schmökel, H. – 739
Schnackenburg, R. – 68, 135, 802
Schnarr, H. – 781
Schneemelcher, W. – 435, 436, 623
Schneider, G. – 430
Schneider, T. – 330, 368, 384, 432, 454
Schniewind, J. – 385
Schoonenberg, P. – 408, 409
Schottroff, W. – 417
Schramm, P. E. – 617, 683
Schreiner, J. – 155
Schrenk, G. – 310, 697
Schulte, R. – 331, 368, 455, 460
Schultz, H. – 286
Schulz, F. – 353
Schulz, H. J. – 430
Schütte, H. – 151, 152, 153, 512, 514
Schütz, C. – 693-695, 702
Schwarz, H. – 200, 241, 250, 251, 272, 314, 772
Schwarz, R. – 346
Schweitzer, A. – 704
Schwemer, U. – 626, 627, 628
Scoti, J. D. – 260
Secklar, M. – 59
Secklec, M. – 547
Seckler, M. – 56, 199, 200
Seebass, H. – 588, 604

Seeberg, R. – 123, 318
Semler, J. S. – 139, 319, 321, 696, 701, 770
Semmelroth, O. – 72, 75, 76, 567
Seston, W. – 676, 677
Shafer, B. E. – 604
Shaftesbury – 580
Simon, E. – 661
Sjöberg, E. – 37
Skydsgaard, K. E. – 68
Slenczka, N. – 409
Slenczka, R. – 155, 177, 226
Söhngen, G. – 417
Sölle, D. – 286
Stakemeier, A. – 231
Stange, C. – 719, 747
Starck, H. – 623, 624, 627, 628
Staudenmaier, F. A. – 57
Stauffer, E. – 258
Stein, W. – 500, 502-505, 511, 515, 527, 528, 529, 532, 533, 534, 535, 536, 538
Stenger, W. – 625
Stirnimann, H. – 563
Stock, K. – 696
Stockmeier, P. – 659
Strack, H. L. – 390
Straub, J. – 677
Strauss, D. F. – 598, 777
Strigel, V. – 598
Struensee, A. – 139
Stuke, H. – 712
Stupperich, M. – 314, 315
Stupperich, W. – 315

T

Taille, M. de La – 281
Tavard, G. H. – 569
Teodoro de Mopsuestia – 435
Tertuliano – 112, 172, 341, 344, 354, 355, 362, 380, 455, 468, 481, 695, 746, 749

Theissen, G. – 506
Theodorou, A. – 275, 298
Thunberg, L. – 274
Thurian, M. – 418, 428
Thyen, H. – 333
Tillard, J. M. R. – 155, 418
Tillich, P. – 28, 68, 189, 190, 328, 454, 497, 769, 788, 789, 830
Töllner, J. G. – 320
Tomás de Aquino – 114, 134, 141, 150, 199, 200, 202, 214, 249, 250, 255, 260, 261, 266, 267, 268, 274, 277, 342, 344, 345, 348, 355, 350, 367, 375, 377, 381, 382, 400, 404, 405, 421, 456, 460, 469, 471, 472, 475, 476, 483, 484, 493, 495, 533, 552, 553, 566, 587, 590, 591, 610, 695, 696, 755, 825
Torrance, T. F. – 68
Trilling, W. – 60
Troeltsch, E. – 93, 115, 221, 661, 663, 707
Trütsch, J. – 310
Twesten, A. – 140

V

Vercauteren, F. – 676
Vercruysse, J. – 618
Viller, M. – 809
Vischer, L. – 522, 563
Voegelin, E. – 66, 640, 689
Vögtle, A. – 60
Volk, E. – 416
Vorgrimmler, H. – 341, 342, 346, 347, 371
Vries, W. de – 573
Vriezen, T. C. – 604

W

W. Elert – 155
Wächter, L. – 739
Wagner – 376, 393, 394, 594, 595
Wainwright, G. – 166, 167, 285, 290
Walch, C. W. F. – 660

Warnach, V. – 261, 262, 265, 274
Weber, H. E. – 295, 317, 319, 320
Weber, O. – 27, 28, 82, 217, 218, 317, 319, 427, 446, 596
Weiss, J. – 68, 73, 295, 296, 697, 699, 703, 704
Weite, B. – 199, 410
Wendt, H. H. – 771
Wengst, K. – 166
Wenz, G – 293, 299, 320, 401, 405, 414, 418, 429, 438, 457, 463, 470
Werdt, J. Duss-von – 481
Werner, M. – 704
Westermann, C. – 288
Whitehead, A. N. – 788
Wiederkehr, D. – 791
Wieland, W. – 780
Wikenhauser, A. – 618, 619
Wilckens, U. – 38, 86, 99, 101-103, 108, 110, 166, 171, 257, 258, 278, 285, 311, 322, 323, 332, 334, 383, 522, 584, 589, 624, 626, 690, 743, 744, 814, 819, 823
Wildberger, H. – 604, 605
Wilken, R. L. – 544
Willig, I. – 281
Wilson, J A. – 641
Wingen, G. – 447
Wirsching, J. – 553
Wirth, W. – 622, 623
Wittstadt, K. – 155
Wolf, E. – 116, 223, 225, 226
Wolff, H. W. – 639, 652
Wollasch, J. – 664
Wollebius, J. – 53
Wright, G. E. – 639

Z

Zezschwitz, K. A. G. von – 609
Zimmerli, W. – 278
Zizioulas, J. D. – 45-47, 49, 159, 418, 436, 438, 445, 545, 570
Zwínglio – 161, 357, 369, 422, 423, 425, 516